1992—1994

中国水力发电年鉴

李锐

第四卷

中国水力发电工程学会　主办
中国水力发电年鉴编辑部　编纂

中国电力出版社

一九九五年·北京

图书在版编目(CIP)数据

中国水力发电年鉴:1992～1994　第四卷/中国水力发电年鉴编辑部编辑.-北京:中国电力出版社,1995
ISBN 7-80125-046-X

Ⅰ.中…　Ⅱ.中…　Ⅲ.水力发电-中国-年鉴-1992～1994　Ⅳ.TM612-54

中国版本图书馆 CIP 数据核字(95)第 14706 号

中国电力出版社出版、发行
(北京三里河路 6 号　邮政编码 100044)
北京市地矿局印刷厂印刷
各地新华书店经售
*
1995 年 11 月第一版　1995 年 11 月北京第一次印刷
787×1092 毫米　16 开本　41.75 印张　1404 千字　28 插页
印数 0001—6760 册　定价 **50.00** 元

中共中央总书记江泽民 1994 年 10 月 16 日视察长江三峡工程工地　　彭雄才　摄

1994 年 12 月 14 日国务院总理李鹏在三峡工地宣布三峡工程正式开工　　冯举高　摄

广西岩滩水电站大坝全景　　潘炳康 摄

广西岩滩水电站 500 kV GIS 全封闭 SF_6 组合开关　　潘炳康 摄

湖北隔河岩水电站大坝及枢纽工程鸟瞰　　张祖浩 摄

湖北隔河岩水电站4号机组转子吊装　　张祖浩 摄

福建水口水电站大坝全景　　水口水电站工程建设公司办公室 供稿

福建水口水电站引水钢管安装　　陈诗豪 摄

广州抽水蓄能电站地下厂房内景　　肖子江 摄

云南漫湾水电站全貌　　秉华中 摄

天生桥水电站至贵阳 500 kV 输电线路　　黄振诚 摄

天生桥水电站厂房外景　　黄振诚 摄

四川铜街子水电站大坝全景　　黄永盛 摄

四川华能太平驿水电厂闸坝正式过水　　王勇 摄

四川华能太平驿水电厂引水隧洞全圆式混凝土模板台车施工

四川华能太平驿水电厂建设管理局 供稿

贵州东风水电站鸟瞰　　陈言吉 摄

湖南五强溪水电站 1 号机转子于 1994 年 10 月 28 日吊装就位

海南大广坝水利水电枢纽工程大坝全景(上游立视)

四川二滩水电站 1993 年 11 月 26 日截流

宋志评 摄

四川二滩水电站高 240 m 的拱坝透视图

刘建华 摄

长江三峡工程三斗坪坝址原貌　　黄正平 摄

三峡工程右岸一期围堰水下抛填

三峡工程左岸临时船闸，升船机陆上开挖

黄河小浪底工程中导洞多臂钻钻进　　刘凤翔 摄

黄河小浪底工程主坝防渗墙施工
（墙体最大深度 80 m）　刘凤翔 摄

青海李家峡水电站大坝浇筑现场
孙蔚泓 摄

北京十三陵抽水蓄能电站1号机组安装　周元庆 摄

黄河大峡水电站基坑全貌　马如海 摄

黑龙江莲花水电站大坝为混凝土面板堆石坝，图为大坝底部灌浆

于英斌 摄

西藏羊卓雍湖抽水蓄能电站2号隧洞施工　杨生成 摄

广西全州天湖水电站(装机 4×1.5 万 kW，水头 1074 m)　王民忠 摄

四川省三台盐亭联办的文峰水电站(装机 3 万 kW)　刘南成 摄

福建建瓯市玉山水电站(装机 2.4 万 kW)　程光化 摄

云南元江县依萨河二级水电站，设计水头 861 m，装机 2.5 万 kW。图为压力钢管上段　　昆明勘测设计研究院 供稿

江西井冈冲水电站(装机 1.2 万 kW)　　范红军 供稿

湖南慈利县城关水电站(装机 4800 kW)　　葛源 摄

海南保亭县南改三级水电站(装机 2000 kW)　　刘自箴 摄

碾压混凝土筑坝技术在铜街子水电站主坝上应用，图为浇筑碾压场景　　田毅　摄

高精度水力机械试验台效率综合误差不大于 0.25%，达到国际先进水平。图为试验大厅内景。　　姜雪红　摄

天生桥二级水电站高边坡处理　　武警水电一总队　供稿

1992 年 12 月于岩滩坝下右岸平台为龙滩高坝作现场碾压试验
孙君森　摄

1993 年 11 月在天津召开的第三次中青年学术报告会
中国水力发电工程学会秘书处　供稿

中国水力发电工程学会代表参加国际大坝会议　　　　中国水力发电工程学会 供稿

澜沧江景洪水电站坝址钻探　　　　林和清 摄

龙滩水电站碾压混凝土现场原位抗剪断试验(岩滩电站右岸平台)

陈厚池 摄

专家们在澜沧江大朝山水电站钻探现场查看岩芯

屈定伸 摄

《中国水力发电年鉴》第四届
编 辑 委 员 会

《中国水力发电年鉴》第四卷
编辑出版工作人员

主　　编　王　波

副 主 编　张培基　陈上奎

编辑及特约编辑

袁耀海　丁正乾　门光永　马宗义　王全坤　王　冰　王伯骒　王治明
叶钟黎　刘效黎　吕玉英　陈宗梁　余卫国　张津生　欧阳华　曹国权
戴泽沛

责任编辑　杨万涛　姜　萍　丁　莉　杨伟国　董胜利

美术设计　赵景伟　范文东

版式设计　王　群

责任描图　李冬梅

责任校对　崔燕菊　刘振英　焦秀玲　罗凤贤

出版印制　蔺义舟

责任排版　肖光艺　刘　峰　康源漪　黄　蓓

编　　务　安淑莲

编 辑 说 明

（一）本卷年鉴的时段为1992～1994年（简称第四卷，按序排列，1949～1983年、1984～1988年、1989～1991年分别为第一、二、三卷）。其框架结构由篇目、栏目、条目三个层次组成，共计22个篇目和1个附录、475个条目。每个篇目以隔页列出，栏目、条目分别用通栏、双栏并铺不同网底，以示醒目。鉴首列出三个层次的总目录及所在页码，便于读者查阅。

（二）本年鉴属专业性行业年鉴，其主要服务对象为全国水电行业从事勘测设计、科学研究、建设管理、工程施工、生产运行、院校教学的工程技术人员和师生及各级领导机关的干部。

（三）编纂本卷年鉴的指导思想是：以改革开放统揽全局，以深化改革、适应社会主义市场经济和推进科技进步为主体内容，以加强资料性为核心，提高覆盖率，完善条目化，加强权威性，更好地为中国水电事业服务。这个指导思想贯穿了工作总揽、主体内容、资料核心、全面系统、内容准确、科学体例、达到目的等七个方面，既反映了改革开放的时代特色和水电行业的特点，又体现了宏观、微观的合理配置，为满足读者需要显示了较强的针对性。

（四）根据上述主要服务对象和编纂指导思想，本卷年鉴篇目的设置，除承接第三卷篇目相对稳定不变外，另增加了“水电建设管理”、“水电企事业单位”两个篇目和“国外水电发展水平”1个附录，以加强记述改革开放的内容，并为我国水电发展水平提供对比资料。

（五）本卷年鉴全面反映了1992～1994年时段中我国水电建设的新发展、新成就和新经验，也记载了存在的主要问题和教训，力求内容全面，资料系统、准确，文字精炼，整体规范化，还特别注意了年鉴的实用性、科学性和可读性。

（六）本卷年鉴实行责任编辑负责制。“重要文献”、“中国水电建设概况”、“水电建设管理”、“大中型水电站”、“小水电与农村电气化”、“水电发展战略”、“大事记”等7个篇目的责任编辑为王波；“水库移民与环保”、“规划”、“勘测”、“水工”、“机电”、“施工”等6个篇目和“国内水电发展水平”1个附录的责任编辑为张培基、袁耀海；“水电经济效益与社会效益”、“水电工程经济”、“生产运行”、“科学技术与信息”、“技术标准”、“教育与出版”、“学术团体及其主要活动”、“国际合作与交流”、“水电企事业单位”等9个篇目的责任编辑为陈上奎。

（七）本卷年鉴所刊登的全国性统计数字未包括我国台湾省。

（八）本卷年鉴实行文责自负，条目稿的内容、数据等，均由撰稿人校核及有关领导部门审定。

（九）在编辑本卷年鉴过程中，编辑人员戮力同心，力求内容完善、无误，但由于水平有限，不妥甚至错误之处在所难免，欢迎读者批评指正。

中国水力发电年鉴编辑部

1995年6月

篇　　目

为《中国水力发电年鉴》筹集基金的单位和企业名单

（排名不分先后）

电力工业部安全监察及生产协调司
中国长江三峡工程开发总公司
广东抽水蓄能电站联营公司
四川华能太平驿水电厂建设管理局
漫湾水电站工程管理局
贵州乌江水电开发公司
北京水电开发公司
广西岩滩水电站工程建设公司
黑龙江省水电建设管理局
水口水电站工程建设公司
天荒坪抽水蓄能电站工程建设公司
黄河上游水电工程建设局
中国南方电力联营公司天生桥电站建设管理局
松江河发电厂建设管理处
湖北省清江水电开发总公司
小浪底水利枢纽建设管理局
二滩水电开发公司
中国人民武装警察部队水电指挥部
中国水利水电第一工程局
中国水利水电第二工程局
中国水利水电第三工程局
中国水利水电第四工程局
中国水利水电第八工程局
中国水利水电第九工程局
中国水利水电第十工程局
中国水利水电第十一工程局
中国水利水电第十四工程局
中国长江葛洲坝水利水电工程集团
闽江水电工程局
中国水利水电基础工程局
富春江水电设备总厂
武警水电第一总队
武警水电第二总队
武警水电第三总队
天生桥发电总厂
北京勘测设计研究院
东北勘测设计研究院
西北勘测设计研究院
成都勘测设计研究院
昆明勘测设计研究院
中南勘测设计研究院
贵阳勘测设计研究院
华东勘测设计研究院
上海勘测设计研究院

目　录

1　重　要　文　献

2　中国水电建设概况

3　水电建设管理

4　水电经济效益与社会效益

5　大 中 型 水 电 站

6　小水电与农村电气化

7　水电发展战略

8　水电工程经济

9　水库移民与环保

10　规　　划

11　勘　　测

12　水　　工

13　机　　电

15　生　产　运　行

16　科学技术与信息

17　技　术　标　准

18　教　育　与　出　版

19　学术团体及主要活动

20　国际合作与交流

21　水电企事业单位

彩色照片插页

广　　告

目　　录

上海勘测设计研究院
广西电力工业勘察设计院
中国葛洲坝水利水电工程集团公司
中国水利水电第一工程局
中国水利水电第二工程局
中国水利水电第三工程局
中国水利水电第四工程局
中国水利水电第八工程局
中国水利水电第九工程局
中国水利水电第十工程局
中国水利水电第十一工程局
闽江工程局
中国安能建设总公司
中国人民武装警察部队水电第一总队
中国人民武装警察部队水电第二总队
中国人民武装警察部队水电第三总队
水利部、电力部机电研究所
富春江水电设备总厂
中国长江三峡工程开发总公司设备公司、物资公司
中国电力出版社
中国三峡工程报
天津水电技术开发中心

重要文献

重 要 文 件

国务院批转国家计委关于加强水库移民工作若干意见的通知

（1992年3月25日国发［1992］20号）

各省、自治区、直辖市人民政府，国务院有关部门：

国务院同意国家计委《关于加强水库移民工作的若干意见》，现转发给你们，请结合实际情况认真贯彻执行。

关于加强水库移民工作的若干意见

当前水库移民问题已成为水利水电建设的一大制约因素，如处理不当，将影响农业的发展和社会安定。党的十一届三中全会以来，中央和国务院对水库移民问题十分关心和重视，采取了一系列切实有效的政策措施，使水库移民工作出现了新局面，取得了好的效果。通过专项资金的扶持，使原有的1000万老移民（繁衍至今约1500万人）长期遗留的一系列老大难问题得到了缓解，绝大多数移民已基本安定下来，生产、生活普遍有所改善，上访等现象大为减少，库区社会秩序比较稳定。近10多年来新建的大中型水利水电项目，总装机容量约2800万kW，移民共约72万人，到1990年底已搬迁安置约40万人。从已完成和接近完成移民安置任务的葛洲坝、潘家口、乌江渡、白山、龙羊峡、紧水滩、沙溪口、东江、安康和万安、故县等水库情况看，大多数移民的生产、生活条件恢复得比较快，相当多的移民对安置情况表示满意。但从各地反映的情况看，当前水库移民工作还很不平衡，不少地方仍面临着许多严峻问题。在客观上，由于人多地少矛盾突出，移民安置难度越来越大。在主观上，不少同志，特别是一部分领导同志对水库移民工作的重要性认识不足，削弱了对移民工作的领导；工程建设及其前期工作存在着"重工程、轻移民"、"重搬迁、轻安置"的状况；体制不顺，机构不健全；资金使用不当、管理不严，造成浪费及挪用的现象比较严重。这些都影响了一些工程的建设和移民安置工作的顺利进行。

同时，新上的水利水电项目，移民任务还相当繁重。根据能源部、水利部制定的中期发展计划进行测算，大型水利水电项目37个，总装机容量约5000万kW（不含三峡），移民共约120万人，如考虑三峡工程，移民将超过200万人。如何继续处理好老水库的遗留问题和做好新水库的移民安置工作，将是一项重要而艰巨的任务。为此，经与有关方面协商，提出如下意见。

一、要提高对移民工作重要性的认识

充分发挥我国水电优势，对改善我国的能源结构，发展工农业生产，减少环境污染具有十分重要的意义。加强水利建设，除害兴利，是保障国民经济稳定发展的重要条件。大中型水利水电工程建设涉及到成千上万，甚至几十万、上百万移民，而移民工作的好坏与成败，关系到党和国家的政策能否得到贯彻落实，关系到党在人民群众中的威信，关系到广大移民的生产、生活和社会安定问题，也关系到水利水电建设能否顺利发展的问题。因此，各级领导必须高度重视移民工作，要把移民工作和枢纽工程建设同等对待，克服当前"重工程，轻移民"的思想和做法。各级人民政府都要关心和支持移民工作，在决定上水利水电工程时，要切实做到一手抓枢纽工程的建设，一手抓移民安置的落实。

二、加强移民前期工作，为项目决策提供科学依据

水库淹没处理的前期工作，包括淹没损失和地区经济的调查、移民环境容量分析、移民安置与专项迁建规划以及投资概算编制等内容；同时，水库移民的前期工作还有别于枢纽工程，随着社会经济的发展，影响的可变因素较多，在某种意义上比枢纽工程更复杂、更繁重。水库移民前期工作的好坏，不仅影响项目的正确决策，也直接影响工程的经济效益。因此，这项工作只能加强，不能削弱。

当前水库移民前期工作，同整个工程前期工作相比，无论在深度和进度上，均未做到同步，与国家决策立项的要求和移民实施的需要都存在较大差距。有的淹没实物指标调查精度达不到规定要求，有的移民安置规划粗糙，不切实际，可操作性差，审查未能通过，延误开工建设。所以出现这些问题，同当前重视不够、

专业力量薄弱、经费不足、领导不力有很大关系，必须下决心解决。有关主管单位特别是设计单位的领导要重视这一工作，增加必要的专业人员，保证必要的经费。国务院有关行业主管部门要采取切实措施，充实力量，完善规程规范，建立正常的管理审核制度，保证成果的深度、精度和科学性。

三、切实做好移民安置规划

移民安置规划是水库淹没处理的核心，是搞好移民安置工作的基础。国务院已发布的《大中型水利水电工程建设征地补偿和移民安置条例》（国务院令第74号）明确规定："没有移民安置规划的，不得审批工程设计文件、办理征地手续，不得施工。"当前一些水库安置移民规划未能达到应有的深度，直接影响到项目建设的决策和移民安置实施的顺利进行，对此应该引起重视。要将移民安置规划作为项目建设决策的重要依据，做到既切实可行，又经济合理。

移民安置规划的中心任务，是在开发性移民方针的指引下，将移民安置方式和生产门路落在实处，使移民搬得出，安得下，并能尽快正常生产，正常生活，达到长治久安的目的。根据我国大多数水库建设的客观条件，现阶段移民的生产门路，要因地制宜，宜粮则粮，宜林则林。移民安置方式，后靠或外迁，也要因地制宜。对于就近后靠的移民数量，必须根据每一水库库周剩余土地和其它资源可能承受的环境容量，以及经济合理的原则，具体分析确定，切忌不顾条件盲目后靠。对于离土不离乡，搞第二、第三产业安置移民的，必须落实资源和产供销条件，做到基础牢固，切不可盲目从事。

四、要理顺移民管理体制，健全管理机构

水库移民工作的管理体制亟待进一步理顺。一要理顺中央、省、地、县的领导关系，明确各级的任务与职责；二要理顺工程建设单位、设计单位和移民实施单位（即地方人民政府）的关系，做到既有分工、又有合作；三要理顺各级政府中移民主管部门与其它部门的关系。总的原则应该是有利于充分发挥中央、地方和各方面的积极性，采取"条块结合、以块为主"的管理体制。在具体工作上，国务院有关部门应负责移民工作的宏观决策，制定法规规范，审定安置规划，对实施过程履行监督检查等职责；地方人民政府应密切配合移民前期工作和安置规划的编制，并负责组织实施；有关专业项目和城市的迁建规划，必须由移民主管单位会同有关行业以及地方共同负责编制。

移民机构是水库移民安置实施的组织保证手段。现在，有移民任务的省、地、县，一般都有明确的移民主管部门，配备了相应的工作人员，但多数工作关系不顺，管理权威不够，干部思想不稳定，素质也有待提高，这种状况同所担负的繁重复杂的移民工作任务很不适应，以致成为一些水库移民工作产生失误或措施不力、进度拖后、管理不善、浪费严重的重要原因。必须改变这种状况，凡是任务繁重的地方，主要是移民县，都可根据工作需要，加强移民主管部门，适当充实人员力量，以利于开展工作。同时，要提高人员素质，帮助其解决工作和生活中的实际问题，保持相对稳定，保证工作的连续性。

五、要用好管好移民经费

移民经费一般划分为生活安置和生产安置两部分，目前生活安置部分（主要是建房、搬运费），移民一般都能按政策规定拿到手，而生产安置部分（主要是土地补偿和安置补助费），在使用管理上还存在一定问题。各地对生产安置经费的使用情况不尽一样，有的由县、市统一安排使用，有的分解到基层村组使用。有些生产安置经费没有和农户需要解决的问题挂钩，使农民的生产出路直接受到影响。为了保证这部分经费的合理使用，第一，水库移民工作由省、地、县级政府负责，移民经费从工程预算中划出，交由省、地、县级政府包干使用；第二，无论采取何种使用办法，都要坚持开发性移民的方针，少花钱多办事；第三，要根据移民经费的不同使用方向，做好可行性研究，建立各种不同形式经济责任制和生产目标、效益兑现责任制；第四，要纳入水利水电工程项目基本建设程序，坚持按项目立项、审批、安排资金的一整套管理制度，避免盲目使用、造成浪费。

为保证移民安置和专项迁建方案按计划实施，要对移民经费的使用实行必要的监督、检查、审计、验收制度。这项工作应由国务院主管部门会同有关省、自治区负责，并要十分注意发挥设计单位和银行的作用。为顺利开展这方面的工作，建议由水利部、能源部主持制定有关规定，诸如工作量完成的报表制度，拨款用款的财务管理制度，检查、审计、验收制度，以及各部门各单位的职责等。

六、必须重视和加强人才培养和干部培训

水库移民工作是一项系统工程，涉及众多的社会经济和技术问题。目前移民规划设计人员过少，后继乏人，形势严峻；移民管理干部数量不足，人员老化，队伍不稳，政策水平、业务素质亟待提高。为适应今后长期、艰巨、繁重的移民工作任务，建议：

（一）各设计单位要尽快采取切实措施，补充专业人员，加强培训，充实和提高设计能力；

（二）建立稳定的水库经济专业人才的培养渠道，有关大专院校应有计划地培养中、高级专业人才，定向分配到各级设计和管理单位；

（三）定期轮训现有水库移民工作管理干部，并使之制度化；

（四）在水库移民工作开始前，首先对库区各级领导干部和骨干力量进行系统培训，学习实施方案、政策规定和移民工作方法。要求基层移民工作管理干部，必须通过培训合格后，才能上岗工作；

（五）及时组织移民工作会议，总结交流移民工作经验，提高干部政治、业务水平。

七、切实加强对移民工作的领导

移民工作关系到群众的生产、生活和社会安定问题，工作十分艰巨复杂，群众性、政策性都很强，许多问题因涉及面广，需要通过协调才能解决，因此，必须加强领导。移民任务重的省、自治区，可根据情况成立移民工作领导小组，由主管领导同志负责，作为非常设机构，负责统一协调移民方面的工作。移民工作领导小组的具体工作应由政府有关职能部门承担，其办事机构设在有关部门内。

以上意见如无不妥，请批转各地区、各有关部门执行。

国家计划委员会

1992年1月27日

附1：能源部关于认真贯彻执行加强水库移民工作的若干意见的通知

（1992年4月22日能源计［1992］394号）

各电管局，各省、自治区、直辖市电力局、二滩水电开发公司，中国南方电力联营公司，武警水电指挥部，中国水利水电工程总公司各直属工程局，水利水电规划设计总院，各直属勘测设计院：

现将“国务院批转国家计委关于加强水库移民工作若干意见的通知”（国发［1992］20号）转发你们，请认真贯彻执行，积极做好大中型水电工程的水库移民工作。

国家计委关于加强水库移民工作若干意见，是今后一段时期内我国大中型水电工程库区移民工作的指导性文件，我部将根据文件精神，建立、健全有关移民工作制度，制定相应的规定和办法，使大中型水电工程移民工作制度化、规范化。当前，请各单位抓紧落实以下工作：

1. 加强领导，建立健全电力系统水电站库区移民机构。有移民任务的网、省局及公司要有相应的水电站库区移民专管单位，切实负责，配合地方政府搞好在建工程的库区（含坝区）移民工作和监督、检查移民经费的使用，以及移民安置验收与后期扶持等任务。

2. 加强前期工作，充实水库经济专业人员力量。各勘测设计单位首先要有专业处（室），增加必要的水库经济专业人员，加强库区设计力量；其次在工程勘测设计经费安排上，要保证水库前期工作的需要。各勘测设计单位要认真负责地做好水库淹没实物指标调查工作，积极配合地方人民政府做好水库移民安置规划和实施工作。凡勘测设计单位不能按工程设计阶段完成库区移民工作，或因设计原因影响工程列项建设，应对设计单位资质重新评定，并追究领导责任。

3. 坚决纠正目前仍存在的“重工程、轻移民”倾向。水库移民工作是工程建设的一个不可分割的组成部分，水库移民工作必须同工程建设同步进行。在年度投资安排上各建设单位要根据工程和移民安置工作进度，及时安排移民经费，并负责落实资金。

附2：水利部关于认真贯彻执行国务院批转国家计委关于加强水库移民工作若干意见的通知

（1992年6月14日水移［1992］14号）

各流域机构，各省、自治区移民主管机构，水利水电规划设计总院，小浪底工程建设局：

现将《国务院批转国家计委关于加强水库移民工作若干意见的通知》（国发［1992］20号）转发给你们，请认真贯彻执行。

国务院批转的国家计委关于加强水库移民工作的若干意见，是当前和今后一段时期内水库移民工作的重要指导性文件，涉及水库移民工作中亟待解决的重要问题，具有很强的针对性，完全符合全国水库移民工作的实际。该文件的印发，说明中央对水库移民问题极为重视，对广大移民群众十分关怀。切实贯彻落实文件精神，对于进一步处理好水库移民遗留问题和做好在建新建水库的移民安置工作，将起到重要作用。

根据全国水库移民遗留问题的处理和部直属新建水库的情况，当前要抓紧进行以下几项工作：

一、加强各级移民工作机构的建设

有移民任务的流域机构，要有专管或主管移民工作的单位；尚未确定的要尽快落实。建议各省、自治区的移民主管机构提高管理权限，其级别要与所担负的工作任务相适应。各级移民工作机构要注意补充一批思想好、懂技术、善经营的骨干力量，以利承担繁重艰巨复杂的移民工作任务。

二、深化移民工作的改革

在变补偿性移民为开发性移民，变救济生活为扶持生产的移民工作改革中，各级都抓得不错，取得了一些经验。当前，为了把改革引向深入，适应移民经济开发发展的需要，县一级移民部门要从单纯的管理职能转变为集管理、服务、经营三位一体的综合职能，并要把兴办好移民经济开发服务的经济实体，作为深化改革转变职能的突破口，大力支持和鼓励兴办各类服务实体，强化为移民经济开发服务职能。

为了适应深化移民工作改革的需要，我部已在浙江省杭州市正式成立了全国水库移民经济开发服务中心。希望各流域、各省、自治区加强同这个中心的经济开发信息联络，进行开发项目服务交流，做到优势互补，发展横向联合，促进移民经济开发蓬勃发展。

三、管好用好移民专项资金

我部今年3月已颁发《水库移民专项资金管理办法》和《移民生产周转金管理办法》，各流域机构，各省、自治区要进一步研究认真贯彻，并制定管理细则，切实管好用好资金。要充分运用周转金给地方留成的政策，并通过管好用好专项资金得到的积累效益，建立移民开发基金。一方面用于扩大扶持移民经济开发，加快脱贫致富步伐；一方面又使基金不断滚动增值，增强移民开发的自我"造血"功能，逐步建立起移民开发的良性运行机制。

四、大力加强移民干部培训

担负组织培训全国水库移民干部的"水利部、陕西省移民干部培训中心"（以下简称"中心"）已于今年4月在陕西省临潼县正式成立，我部将有计划地在"中心"举办不同形式的培训班，对县级以上移民部门的负责人、各级主管移民工作的领导干部和从事移民经济开发的移民干部，进行定期轮训，并形成制度化。还将依靠"中心"挂靠大学举办移民骨干力量培训班，发给相应的培训证书。各省、自治区要加强各级移民部门一般干部的培训，"中心"在教材和师资力量上予以支持、指导。今后，我部直属水库设立移民工作机构的移民工作人员和从事移民工作的库区基层干部，要经过"中心"的培训或采取其他正式培训后，才允许上岗工作。

五、认真做好前期工作

对部直属新建水库移民安置的前期工作，水库设计单位要和有关地方政府紧密配合，并以水库设计单位为主，组织各方力量，认真做好淹没实物调查、淹没处理与移民安置规划和实事求是地编制淹没处理概算，确保前期工作应达到的深度、精度和科学性，为顺利开展移民安置工作奠定基础。对水库移民遗留问题的处理，同样要认真做好前期工作，编制处理规划，搞好项目设计。新老水库的前期工作，凡是达不到深度、精度和科学性要求的，一律不予立项审批，不予安排投资。

第七届全国人民代表大会第五次会议关于兴建长江三峡工程的决议

（1992年4月3日通过）

第七届全国人民代表大会第五次会议，审议了国务院关于提请审议兴建长江三峡工程的议案，并根据全国人民代表大会财政经济委员会的审查报告，决定批准将兴建长江三峡工程列入国民经济和社会发展十年规划，由国务院根据国民经济发展的实际情况和国家财力、物力的可能，选择适当时机组织实施。对于已经发现的问题要继续研究，妥善解决。

第七届全国人民代表大会财政经济委员会关于兴建长江三峡工程议案的审查报告

（1992年3月30日第七届全国人民代表大会第五次会议主席团第二次会议通过）

全国人大常委会副委员长
全国人大财政经济委员会主任委员　陈慕华

国务院提出的关于提请审议兴建长江三峡工程的议案，国务院副总理兼国家计划委员会主任邹家华所作的《关于提请审议兴建长江三峡工程的议案的说明》，各代表团进行了审议。全国人民代表大会财政经济委员会根据代表们审议的意见，进行了讨论。现将审查意见报告如下：

三峡工程是综合治理和开发长江的国家重点工程，具有防洪、发电、航运、供水和促进经济发展等巨大的经济效益和社会效益。经国务院审查确定的兴建三峡工程的方案，是在各方面专家经过长期调查研究、论证的基础上提出来的，技术上是可行的，经济上是合理的。代表们对兴建三峡工程非常关心，在审议过程中，提出了很多很好的意见和需要注意的问题，多数代表赞成兴建，有的代表表示有疑虑，有的代表不同意搞这项工程，并都陈述了各自的理由。他们都是从国家和民族利益出发的。财经委员会经过反复研究，分析比较，建议全国人民代表大会批准将兴建三峡工程列入国民经济和社会发展十年规划，由国务院根据国民经济发展的实际情况和国家财力物力的可能，选择适当时机组织实施。同时，提出以下建议：

一、三峡工程规模宏大，技术复杂，工期长，移民数量大，还涉及到生态、环境、社会等诸方面的问题，必须充分估计到建设任务的艰巨性与复杂性。为了建设好三峡工程，建议国务院建立强有力的指挥机构，由国务院领导同志亲自负责，切实加强领导，统一指挥。对工程建设中涉及地区之间、部门之间的关系和群众利益等重大问题，要制订专门的法规，切实做到有章可循。

二、国务院要继续抓紧做好各项前期工作，对已经发现的问题和代表们关切的问题，要继续认真研究，妥善解决；对建设中可能出现的困难和问题，要有充分的估计，并继续听取各方面的意见，进行科学论证，做到决策民主化、科学化。在工程建设中，要广泛采用新技术，精心组织，精心设计，精心施工，力争使三峡工程成为一个高技术、高质量、高效益的优质工程。

三、三峡工程投资巨大，为保证工程顺利进行，应及早测算出动态投资，审定工程预算，落实分年度资金筹措方案。一旦工程上马，投资就应及时到位，不留缺口。同时，要采取得力措施，加强财务管理和审计监督，严格财经纪律，避免损失浪费及资金流失现象。

四、坚持贯彻开发性移民方针，把移民工作和库区经济发展有机结合起来，切实把移民安置好。要把库区工业企业的迁建与企业产品结构的调整和技术改造结合进行，促进企业技术进步和经济效益的提高。

五、切实加强长江中上游地区的造林绿化和水土保持，严格执行《森林法》和《水土保持法》的有关规定，以减少各河流的泥沙下泄及库区的淤积，并把这项工作与发展长江中上游地区的农业生产、增加农民收入和改善生态环境紧密结合起来。

三峡工程是一项具有重大战略意义的特大型工程，是关系到国家和人民长远利益的重大项目。希望各级政府、各部门和全国各族人民同心同德，大力支持三峡工程的建设，努力为三峡工程作贡献；同时要发扬自力更生、艰苦奋斗、勤俭建国、勤俭办一切事业和全国一盘棋的精神，集中必要的财力物力，把这项举世瞩目的重大工程建设好。

以上意见，请予审议。

国务院关于提请审议兴建长江三峡工程的议案

（国函［1992］24号）

长江是我国第一大河，流域面积占全国陆地总面积的19%，养育着全国三分之一的人口，工农业总产值约占全国的40%，在我国国民经济发展中占有重要地位。长江中下游的洪水灾害历来频繁而严重。新中国建立以来，国家在长江流域进行了大规模的防洪建设，对保障中下游地区的经济建设和人民生命财产安全，发挥了很大作用。但由于多方面的原因，长江资源还没有很好开发利用，水患尚未根治，上游洪水来量大与中下游河道特别是荆江河段过洪能力小的矛盾，依然十分突出，两岸地面高程又普遍低于洪水位，一旦发生特大洪水，堤防漫溃，将直接威胁荆江两岸江汉平原和洞庭湖区的1500万人口和2300万亩良田，人民群众的生命财产和一批重要的大中城市、工矿企业和交通设施，将会遭受巨大损失，严重影响国民经济全局。这是我们国家的心腹大患。

如何解决长江的防洪问题，更好地开发长江资源，中共中央和国务院一直很重视，社会各界也十分关注。经过几十年来的治理实践和对各种意见、方案的反复研究和论证，解决长江中下游的防洪问题，必须采取综合治理措施。兴建三峡工程是综合治理的一项关键性措施。三峡工程兴建后，可将荆江河段防洪标准由目前的十年一遇提高到百年一遇；配合其他措施，可以防止荆江河段发生毁灭性灾害；还可减轻洪水对武汉地区及下游的威胁。同时，三峡工程还有发电、航运、灌溉、供水和发展库区经济等巨大的综合经济效益和社会效益。三峡工程建成后年发电量840亿kW·h，占目前我国年发电总量的八分之一，可为华东、华中和川东地区的经济发展提供重要的能源；可以大大提高川江航道通过能力，万吨级船队有半年时间可直达重庆，为发展西南地区的经济和繁荣长江航运事业创造条件。三峡工程还有利于长江中下游城镇的供水，有利于南水北调。总之，三峡工程的兴建，对加快我国现代化建设进程，提高综合国力，具有重要意义。

国务院对兴建三峡工程历来采取既积极又慎重的方针。近40年来，有关部门和大批科技人员对三峡工程做了大量的勘测、科研、设计和试验工作。特别是1984年以来，社会各界提出了许多新的建议和意见。

一些同志本着对国家、人民和子孙后代高度负责的精神，对库区百万移民的安置、生态与环境的保护、上游泥沙的淤积、巨额投资的筹措和回收等疑难问题，从不同角度提出各自的意见，这些意见对于开拓思路，增进论证深度，完善实施方案，起到了十分有益的作用。

经过多年的研究、论证和审查，三峡工程坝址选在湖北省宜昌县三斗坪镇。工程的拦河大坝全长 1983 m，坝顶高程 185 m，最大坝高 175 m。水库正常蓄水位 175 m，总库容 393 亿 m^3。水电站总装机容量 1768 万 kW。工程静态总投资 570 亿元（1990 年价格）。主体工程建设工期预计 15 年。工程建设第九年，即可发电受益，预计在工程建成后不太长的时间里，即能偿还全部建设资金。国务院三峡工程审查委员会对可行性研究报告进行了认真审查，认为三峡工程建设是必要的，技术上是可行的，经济上是合理的，随着经济发展，国力是可以负担的。

三峡工程规模空前，技术复杂，投资多，周期长，特别是移民难度很大。对于已经发现的问题要继续研究，妥善解决，对今后可能出现的各种困难和问题，要有足够的思想准备，要谨慎从事，认真对待，使工程建设更加稳妥可靠，努力把这项造福当代、荫及子孙的事情办好。

国务院常务会议经过认真讨论，同意建设三峡工程。建议将兴建三峡工程列入国民经济和社会发展十年规划，由国务院根据国民经济的实际情况和国家财力物力的可能，选择适当时机组织实施。

请审议

国务院总理　李鹏

1992 年 3 月 16 日

国家计划委员会印发《关于建设项目实行业主责任制的暂行规定》的通知

（计建设［1992］2006 号）

国务院有关部门（公司），各省、自治区、直辖市及计划单列市计委（计经委），有关省、自治区、直辖市及计划单列市建委（建设厅）：

现将《关于建设项目实行业主责任制的暂行规定》印发给你们，请按照全国基本建设项目管理座谈会上领导同志的讲话精神，结合本部门（公司）、本地区的实际情况认真贯彻执行。在执行中出现的问题和意见，请及时告我委。

1992 年 11 月 9 日

关于建设项目实行业主责任制的暂行规定

实行项目业主责任制，是适应发展社会主义市场经济体制，转换建设项目投资经营机制，提高投资效益的一项重要改革措施。为了更好地实施项目业主责任制，特作如下规定：

一、实行业主责任制项目的范围

第一条　从 1992 年起，新开工和进行前期工作的全民所有制单位基本建设项目，原则上都实行项目业主责任制。

在建项目也应积极创造条件，实行项目业主责任制。

二、项目业主和业主组织形式

第二条　项目业主是指由投资方派代表组成，从建设项目的筹划、筹资、设计、建设实施直至生产经营、归还贷款及债券本息等全面负责并承担投资风险的项目（企业）管理班子。

第三条　项目业主可采取多种组织形式：1. 原有企业投资进行建设的项目，业主就是原有企业的领导班子。2. 不同投资方以合资方式投资的新建、扩建项目（鼓励有条件的项目组建符合规范的有限责任公司）成立董事会，董事会是业主。3. 单一由政府投资的新建项目，设立管理委员会，管委会是业主。4. 由投资各方协商组建的各类开发、联营公司的领导班子等也可以成为业主。

第四条　业主班子要保持相对稳定，如果需要政府有关部门任命的，可由投资各方联合推荐上报政府有关部门批准。

三、项目业主的组成

第五条　投资方在酝酿建设项目的同时即可组成业主班子。全部由政府投资以及由政府联合投资的项目，如果其项目建议书或可行性研究报告未经批准，业主班子应予解散。

项目建议书和可行性研究报告的申报和审批，按国家的有关规定执行。

第六条　业主班子的人数、主要负责人等，由投资各方协商确定。

四、项目业主的主要职责

第七条　项目业主的主要职责是：

1. 负责筹集建设资金。

2. 提出项目的建设规模、产品方案、厂址选择和需要落实的建设条件。

3. 负责组织工程设计、监理、设备采购和施工的招标工作，审定招标方案，自主确定设计、监理、设备和施工的投、中标单位。

4. 按照国家有关规定，审查或审定工程设计、概算、集资计划和用款计划。

5. 审定项目（企业）年度投资和建设计划，审定项目（企业）财务预算、决算。

6. 按合同规定，审定归还贷款和其它债务的数额，审定利润分配方案。

7. 根据项目的具体情况，业主可自行聘任和解聘项目（企业）总经理。如需经政府有关部门批准的，可由业主推荐上报政府有关部门批准。总经理的职责范围由业主确定。

8. 根据国家的有关规定，确定企业的产品、劳务价格。

9. 审定项目（企业）机构编制、劳动用工及职工工资福利方案。

10. 批准项目（企业）总经理工作报告。

11. 处理工程建设中的重大问题。

12. 业主需决定的其它事项。

五、项目业主与有关方面的关系

第八条 各投资方通过签定不同方式的投资合同，共同建设项目，共享利益，共担风险，并按投资比例分得相应的产权。属于国家统配的产品，交国家分配。

第九条 合资的建设项目，需要银行贷款和发行建设债券的，可由业主提出申请，按有关规定报批。由此形成的债务由业主承担。

第十条 业主通过招标确定的设计、监理、设备供应和施工等单位，与业主是经济合同关系，并为业主服务。

第十一条 政府依法对项目（企业）进行监督、协调和管理，并对有政府投资的项目进行审批。项目业主的建设、生产和经营权受法律保护。业主有权拒绝摊派，对非法干预行为有权予以拒绝或提起诉讼。

第十二条 各级政府要为项目（企业）建设和生产经营创造良好的外部环境。帮助项目业主协调解决征地拆迁、移民安置和社会治安等问题，并搞好其它各项服务工作。

第十三条 业主遵照国家产业政策和行业、地区发展规划，以自有和自行筹措的资金从事生产性建设，能够自行解决建设和生产条件的，在国家规定的审批权限以内由业主自主决定立项，报政府有关部门备案并接受监督。政府有关部门应当根据登记注册的会计师事务所或者审计事务所的验资证明，出具认可业主自行立项的文件。

第十四条 业主从事建设，超过国家规定的审批权限以及不能自行解决建设和生产条件或者需要政府投资的，报政府有关部门批准。项目批准后，业主如果认为无法按审批部门要求的内容执行的，可通过主要投资方向审批部门陈述理由，提出修改意见或申请撤销该项目；业主未提出修改意见和未提出撤销申请的，将视为业主同意政府部门的意见，由项目业主自行承担责任。政府有关部门在审批文件中承诺安排的有关建设条件和生产条件，应按时负责安排和落实。超出政府审批文件承诺范围的，由项目业主自行负责解决。

第十五条 项目业主在项目（企业）建设过程中，必须执行国家投资管理的各项规定，投资应纳入计划并按时填报统计报表和提供投资及经营信息资料。项目建成后，其生产经营的管理按照《全民所有制工业企业转换经营机制条例》的有关规定执行。

六、其　　它

第十六条 在保证质量、工期和效益的前提下，项目建成验收以后，按审批的概算，节约的建设资金由业主按一定比例提取奖励基金，其它资金可用于扩大再生产、归还银行贷款和用于流动资金等。

第十七条 项日在建设过程中，超过概算的投资，由业主自行筹措。项目建设投产以后，不能按期偿还贷款及债券本息的，业主必须将留归项目和留归企业支配的资金全部用于还款，直至债务全部还清为止。在此期间不得从事其它新的投资活动。

第十八条 因非客观原因造成项目（企业）重大损失浪费的，要依法追究业主的责任。

第十九条 本规定由国家计委负责解释。

国务院关于成立国务院三峡工程建设委员会的通知

（1993 年 1 月 2 日国发 〔1993〕 1 号）

各省、自治区、直辖市人民政府，国务院各部委、各直属机构：

为了确保三峡工程建设的顺利进行，国务院决定成立国务院三峡工程建设委员会（以下简称“委员会”）。现就有关问题通知如下：

一、委员会是三峡工程高层次的决策机构，由李鹏总理任主任委员，邹家华副总理、陈俊生国务委员及郭树言、肖秧、李伯宁同志任副主任委员，全国政协副主席钱正英担任顾问。委员会成员由国家计委、国务院经贸办、公安部、民政部、财政部、建设部、能源部、机电部、交通部、水利部、农业部、林业部、物资部、中国人民银行及国家土地管理局的负责同志组成。考虑到工作需要，请魏廷琤、陆佑楣同志任委员会成员。三峡工程建设和移民开发的日常工作由郭树言同志负责。

二、委员会下设办公室，具体负责三峡工程建设的日常工作。为了加强三峡工程建设中的移民工作，在委员会下设三峡工程移民开发局，负责三峡工程移民工作规划、计划的制定和监督实施。办公室和移民开发局均设在国家计委，编制和户头单列。移民开发局在国务院三峡地区经济开发办公室的基础上组建。

三、成立中国长江三峡工程开发总公司。这是一个自负盈亏、自主经营的经济实体，是三峡工程项目的业主，全面负责三峡工程建设和经营，调能源部副部长陆佑楣任总经理。

四、自本通知下发之日起，过去国务院有关三峡工程方面的非常设机构予以撤销。

附：国务院三峡工程建设委员会组成人员名单

主任委员：李　鹏（国务院总理）
副主任委员：邹家华（国务院副总理）
陈俊生（国务委员）
郭树言（湖北省省长）
肖　秧（四川省副省长）
李伯宁（国务院三峡地区经济开发办公室主任）
顾　　问：钱正英（全国政协副主席）
成　　员：姚振炎（国家计委副主任）
石万鹏（国务院经贸办副主任）
陶驷驹（公安部部长）
崔乃夫（民政部部长）
刘仲藜（财政部部长）
侯　捷（建设部部长）
黄毅诚（能源部部长）
何光远（机电部部长）
黄镇东（交通部部长）
杨振怀（水利部部长）
刘中一（农业部部长）
高德占（林业部部长）
柳随年（物资部部长）
周正庆（中国人民银行副行长）
王先进（国家土地管理局局长）
魏廷琤（水利部长江水利委员会主任）
陆佑楣（能源部副部长）

水电工程建设监理暂行规定

（1993年1月20日能源部
以能源水电［1993］49号文颁发）

第一章　总　则

第一条　为加强水电工程建设监理（以下简称水电监理）工作的管理，逐步完善水电监理制度，提高投资效益和工程建设水平，特制定本规定。

第二条　本规定适用于大中型水电工程建设实施阶段的水电监理。

第三条　水电监理工作包括：

水电监理主管部门通过制定法规和执法，对水电监理的市场、单位和工作实行监督管理，即政府监理。业主（建设）单位委托或自行对水电工程建设实施监理，即社会监理。

第四条　水电监理的依据是国家和水电主管部门制定、颁发的有关法律、法规、政策、技术标准，以及经批准的建设计划、设计文件和依法签订的工程承包合同及有关合同等。国际招标工程，还应参照有关国际惯例。

第五条　所有大中型水电工程必须实行建设监理制，开展社会监理并接受水电监理主管部门的政府监理。

第二章　水电工程政府监理机构及职责

第六条　全国大中型水电工程监理的主管部门是国家电力行业主管部门（能源部），地方水电监理的主管部门是各省、自治区和直辖市电力行业主管部门。

第七条　国家电力主管部门（能源部）水电监理的主要职责：

（一）贯彻国家有关的方针政策，制定水电监理的有关法规，并组织实施；

（二）指导和管理水电监理工作；

（三）管理水电监理单位及监理工程师的资质；

（四）组织监理人员的岗位资质培训、考试、考核和发证、注册工作；

（五）组织水电监理工作总结和经验交流。

第八条　各省、自治区、直辖市电力行业主管部门水电监理的主要职责：

（一）贯彻执行水电监理规定、办法等，并组织实施；

（二）指导和管理所辖范围内水电监理工作；

（三）组织所辖范围内水电监理工作经验交流；

（四）协助国家水电监理主管部门（能源部）对监理单位、监理人员资质进行管理；

（五）完成国家水电监理主管部门（能源部）交给的其它有关任务。

第三章　水电工程社会监理

第九条　实施阶段的社会监理主要内容。实施阶段系指从工程招标、施工准备、正式施工至竣工的阶段。监理内容主要是按合同的要求，进行工程进度控制、质量控制、造价控制、协调工程建设中的矛盾等，具体内容由双方在合同中确定。

第十条　社会监理方式。大中型水电工程可以由业主（建设）单位组建合格监理机构（单位）进行监理，即自行监理，或由业主（建设）单位委托其它合格的社会监理单位进行监理，即委托监理。

第十一条　业主（建设）单位可根据情况，委托监理或自行监理水电工程社会监理的全部，或部分委托监理、部分自行监理。

第十二条　自行监理时，业主（建设）单位应先向水电监理资质主管部门申请自行监理的资格审查，合格并发给相应资质等级证书后方可自行监理。同时也应组建相对独立的专业化监理机构（单位），并签定内部管理办法，明确内部监理的责权利。

第十三条　委托监理时，业主（建设）单位可根据需要，委托一个或几个监理单位。不同的监理单位可以分别承担不同的工程部位或监理内容。

委托监理必须签定监理委托合同。监理委托合同内容应包括监理的工作范围和内容及时间、双方权力与义务、监理费用的计取与支付、争议的解决方式、违约责任和双方约定的其它事项，参照《水电工程建设监理委托合同编制范本（试行）》执行。

委托监理业务时，业主（建设）单位要向监理单位介绍项目有关情况及委托监理的具体范围、内容和要求。监理单位要向业主（建设）单位提供本单位的监理资质证明文件、主要监理人员资质证书及根据监理要求所做的监理规划。

第十四条　监理单位与业主（建设）单位之间是被委托与委托关系。业主（建设）单位应根据工程情况和需要在有关合同中明确授予监理单位责权，为保证施工现场及时、有效、公正地监理，监理单位应有该监理目标的质量否决权、签发付款凭证和开工、停工、返工和复工令权。

监理单位依据合同中业主（建设）单位授予的责权开展监理工作，一般监理单位应是业主唯一的现场施工管理者，业主的决策和意见应通过监理单位贯彻执行，以避免现场指挥混乱。

业主（建设）单位的一些专业人员可以参加监理服务，并作为本项目监理机构的一员，但需取得监理单位同意才能任命。这些人员应受总监理工程师的统一管理和监督，总监理工程师对这些专业人员的错误或过失负担应有的责任。

第十五条　监理单位与施工承包单位是监理与被监理的关系。施工承包单位在执行承包合同的施工过程中，必须接受监理单位的合法监理，并为监理工作开展提供合作与方便。

第十六条　监理单位在监理过程中，负责贯彻设计意图；提出设计修改和优化意见；依据监理合同中的委托管理业主（建设）单位的设计合同；设计变更应按合同及有关规定办理。

设计的有关通知、图纸、文件等须通过监理单位，由监理单位下达到施工单位。

施工单位要求变更设计时，须通过监理单位向设计单位提出。

第四章　水电监理单位及业务的开展

第十七条　监理单位是在授权范围内公正地监督施工承包等合同实施，解决和报告合同实施过程中出现的问题，完成所负任务，保证工程按合同正常进展的专业化管理单位。

第十八条　监理单位应具有与其资质等级和合同规定的现场施工管理和决策能力，保证履行合同中规定的责权，使工程按合同目标进行。

第十九条　经水电监理主管部门批准，工商管理部门登记注册成立的各类水电监理单位（含自行组织监理的业主（建设）单位），可承担与其资质等级相应的水电工程项目的监理业务。

监理单位的开业和资质的审批，依照《水电工程建设监理单位资质管理试行办法》执行。

第二十条　监理单位必须遵守下列规定：

（一）不得与所监理的工程项目的承包单位（承包施工单位）、设备制造和材料供应单位有经营性隶属关系或合伙关系。

（二）监理单位成员不得是所监理工程项目的承包单位、设备制造或材料供应单位的人员。

（三）本工程设计单位承担本工程监理任务时，监理人员与设计人员应严格分开，各自履行自己的职责。

（四）监理业务原则上不得分包，如确需分包需经委托方书面同意，并签订分包合同。

（五）兼承监理业务的单位，其监理机构和主要人员必须相对独立和稳定。

（六）严格遵照资质等级和监理范围承接监理业务。正确执行国家法规政策和水电监理的有关规定，坚持监理的科学性、公正性和廉洁性。

第二十一条 监理单位应根据所承担的监理任务及监理合同要求，派出由总监理工程师、监理工程师、监理员及其他工作人员组成的专业配套高效的项目监理机构进驻现场，履行合同规定的职责。

总监理工程师是监理单位履行监理委托合同的全权负责人，应根据委托的监理合同，领导监理工程师完成所承担的全部职责。总监理工程师变更时，应经业主（建设）单位同意，并通知设计、施工承包等单位。

监理工程师具体履行监理职责时，向总监理工程师负责，并领导其下属监理工作人员开展工作。

工程项目的总监理工程师、监理工程师必须是注册的监理工程师。

第二十二条 水电监理单位应有与其监理任务相应的检测控制手段，一般水电监理单位应独立或与委托方共同拥有一个独立的中心实验室及配备常规必要检测设备，数量及提供方式由双方在合同中具体规定。

第二十三条 在实施监理前，业主（建设）单位应当将监理单位名称、所监理的内容、主要监理工程师姓名及被授予的权限，书面通知施工承包和设计等单位。施工承包单位必须接受监理单位的合法监理，并为其工作提供方便，按规定提供完整的有关施工技术经济资料；特别需要时，可查看各种原始记录。

第二十四条 在监理实施过程中，监理单位不得泄露业主（建设）单位申明的秘密，监理单位对设计、承包等单位提供并申明的技术、经济秘密亦不得泄露。

第二十五条 监理单位要按规定定期向业主（建设）单位报告工程情况；监理单位未经授权无权变更业主（建设）单位与承包单位的施工承包合同；对涉及工程工期、质量和成本等重大变化，应及时向业主（建设）单位报告，由业主（建设）单位最后决定并按国家规定的基建程序办理。

第二十六条 业主（建设）单位与承包等单位在执行合同中发生争议，监理单位应积极协助双方解决，督促双方在协商过程中，保证工程正常进行。

第二十七条 水电监理是一项有偿技术服务活动，所需费用应依据委托的监理范围和工作深度，由双方协商确定，并写入监理合同。

第二十八条 可根据监理工作需要，引进与水电项目有关的监理技术或聘请外国有关专家和机构进行技术、经济咨询和合作。

第二十九条 监理单位及人员，对原设计或施工方案提出合理化建议，被采纳后由此产生的造价和工期等经济效益，可参照国家有关规定或按监理合同规定的办法予以奖励。

第三十条 在工程建设中，属非监理单位责任而造成的损失，监理单位不负经济责任。属监理单位的责任而造成的损失，由监理单位负相应经济责任。具体的内容由双方在合同中协商确定。

第五章 监理工程师

第三十一条 监理工程师是指经过注册的从事工程建设监理业务的技术经济管理专门人员。

第三十二条 申请以监理工程师承担监理业务的，须先取得监理工程师资格证书并经有效注册。监理工程师资格的确认和注册，依照《水电工程师注册试行办法》执行。

第三十三条 监理工程师必须遵循以守法、公正、科学、服务为宗旨的职业准则。

第六章 附 则

第三十四条 对违反本规定的，主管部门将视情节分别给予处罚。情节严重，构成犯罪的，由司法部门依法追究刑事责任。

第三十五条 本规定由国家电力行业主管部门（能源部）负责解释。

第三十六条 本规定自颁布之日起施行。

国家计委关于西南和华南部分省区区域规划纲要（摘录有关水力发电部分）

（1993年6月29日国务院以国发［1993］56号文转发）

本区域水能资源在全国具有突出地位，可开发的水能资源约1.96亿kW，占全国的50%以上，主要集中在川、滇、黔的金沙江、雅砻江、大渡河、乌江、澜沧江、南盘江～红水河等六大河流。这些河流适宜梯级开发，建设大型水电基地，除满足所在省区需要外，可以大规模向东送电。

根据区域资源特点，在加快水能资源开发利用的同时，要积极发展煤炭工业，并与火电建设结合起来，以适应经济发展和电网调峰的需要。经过10～15年左右的时间，建成以水电、火电和煤炭相结合的全国重要能源生产基地。

电力工业首先要开发本区域西部的水电资源，建设大型水电站。火电建设除发展坑口电站，实行煤电联营外，沿海地区有条件的可建设一批燃用本区域外来煤和进口煤的电站。

水电的开发，要根据资源、前期工作和资金的可能，有步骤、有重点地加快六大河流的梯级开发，建设一批调节性能好的水电站。主要项目有：

南盘江～红水河。2005年前，建成1000万kW水电站，向广东送电450万～500万kW。除岩滩和天生桥电站二级工程共209万kW要在“八五”末期建成投产外，天生桥电站一级和二级二期工程，也要抓紧建设。具有多年调节性能的龙滩电站420万kW，效益显著，应加快进度，争取在2005年前全部建成投产。此外，还要抓紧开工建设长洲、百龙滩、恶滩、大藤峡、平班等水电站。

澜沧江。漫湾电站125万kW争取在“八五”期间全部建成；大朝山电站126万kW争取在2000年前建成。“九五”期间开发小湾电站420万kW和糯扎渡电站500万kW。澜沧江电力东送的关键工程是小湾水电站，应抓紧落实，早日开工建设。

乌江。除“八五”计划建设的东风电站外，增加开工洪家渡电站。“九五”开工构皮滩电站200万kW以及思林和彭水电站。90年代合计开工450万kW，建成投产70万kW。

大渡河。“八五”期间建成铜街子电站60万kW。“九五”开工建设瀑布沟电站330万kW，争取2005年投产。

雅砻江。二滩电站330万kW在2000年投产275万kW；并建成桐子林电站40万kW。

金沙江。2000年前主要是加强电站建设、包括电力东送的前期准备工作。2000年后尽快开发向家坝500万kW、溪落渡1000万kW等大型水电站，加强电力东送能力。

电网主要是适应“西电东送”的需要，建设长距离的高压送电线路。要加强各省区电网的建设和相互联络。

电力工业部关于调整水电工程设计阶段的通知

(1993年12月22日电计［1993］567号)

各电管（力）局，部属各勘测设计院，二滩水电开发公司，清江水电开发总公司，乌江水电开发公司，南方电联，武警水指，华能集团公司：

改革开放以来，我国水电建设体制发生了很大变化，而目前水电设计阶段的划分不能适应这一形势发展的需要。首先是水电设计阶段的划分与国家基本建设项目审批程序不协调，其次是水电招标设计无必要的工作周期。为适应招投标合同管理体制的需要，并与国家基本建设项目审批程序相协调，缩短设计周期，加快水电事业的发展，经与国家有关综合部门协商，现对水电工程设计阶段的划分调整如下：

1. 增加预可行性研究报告阶段。

在江河流域综合利用规划及河流（或河段）水电规划选定的开发方案的基础上，根据国家与地区电力发展规划的要求，编制水电工程预可行性研究报告[水电工程预可行性研究报告编制暂行规定（试行）随文颁发执行]。预可行性研究报告经主管部门审批后，即可编报项目建议书。

2. 将原有可行性研究和初步设计两阶段合并，统称为可行性研究报告阶段，取消原初步设计阶段。

加深原有可行性研究报告深度，使其达到原有初步设计编制规程的要求。并以《水利水电工程初步设计报告编制规程》(DL5021－93)为准编制可行性研究报告。在可行性研究报告审批后，可向国家编报可行性研究报告（即原设计任务书）。

坝址和开发方式的选择是做好可行性研究报告的基础。对于装机容量100万kW及其以上的工程或一部分涉及面较广的重大项目，根据工程地质条件复杂程度和外部条件，可在可行性研究报告中间提出选坝报告，由审查单位组织有关部门或专家讨论认定后，再全面开展可行性研究工作。

3. 招标设计阶段。

暂按原技术设计要求进行勘测设计工作，在此基础上编制招标文件。招标文件分三类：主体工程、永久设备和业主委托的其它工程的招标文件。

4. 施工详图阶段。

配合工程进度编制施工详图。

进行上述设计阶段调整后，各设计单位要加强内部审核把关制度，提高设计产品质量。

本通知自发文之日起执行。对于已完成可行性研究报告的项目仍按原设计阶段划分执行，在可行性研究报告审批后，可编报项目建议书；在初步设计报告审批后，可向国家编报可行性研究报告。

附：水电工程预可行性研究报告编制暂行规定（试行）

1. 总则

1.0.1 根据国家计委基本建设项目审批程序，凡列入长期计划或建设前期计划的项目，应有批准的项目建议书。报送项目建议书，应随文附送已经主管部门批准的预可行性研究报告文件。为统一水电工程项目预可行性研究报告编制的原则、工作内容和深度要求，特制定本暂行规定（试行）。

1.0.2 本规定适用于编制新建、扩建的大中型水电站预可行性研究报告。对装机容量10万kW以下的工程可适当简化。

1.0.3 水电工程预可行性研究报告的编制，应在江河流域综合利用规划或河流（河段）水电规划以及电网电源规划（以下统称规划）的基础上进行。

1.0.4 编制水电工程预可行性研究报告，应贯彻国家有关方针、政策、法令，除执行本规定外，还应符合有关技术规程、规范的要求。

2. 预可行性研究报告编制内容与深度

2.1 概述

2.1.1 简述工程的地理位置和所在河流（河段）的规划成果及审批意见，预可行性研究工作的依据、目的、过程。

2.1.2 简述工程供电区内电力系统现状及中长期发展规划、本工程在电力系统中的任务与作用、工程规模、综合利用要求及效益。

2.1.3 简述工程的地形、地质和对外交通条件，初拟的坝址、厂址、基本坝型、枢纽布置、水库淹没、环境影响、施工进展、初估的工程投资及经济初步评价指标，并附工程特性表。

2.2 建设必要性及工程开发任务

2.2.1 应调查有关地区资源情况、社会经济特点及地区经济发展需求，供电及综合利用要求，论证水电工程项目建议的必要性。

2.2.2 调查了解电力工业现状，根据地区系统中长期发展规划、负荷预测、电源规划，并分析研究防洪、灌溉排涝、航运、过木、城市和工业用水、水库养殖、环境保护、旅游等综合利用部门对水电工程项目的要求，提出工程开发任务。

2.3 水文

2.3.1 收集有关测站的气象、水文、泥沙等观测项目的整编资料，分析资料的可靠性。

2.3.2 进行设计依据的径流计算，提出工程场址的年径系列及径流参数。

2.3.3 分析洪水成因、洪水系列代表性，进行频率计算，提出设计洪水成果，缺乏流量资料时用暴雨资料推算设计洪水。

2.3.4 提出多年平均输沙成果。

2.3.5 提出厂、坝区天然情况下的水位流量关系曲线。

2.4 工程地质

2.4.1 区域地质

2.4.1.1 区域地质及稳定性应了解以下内容：

(1)工程地区内侵入岩、喷出岩、变质岩和沉积岩的形成时代、分布范围和岩性岩相特点，第四纪沉积物的成因类型和组成物质；

(2)工程地区区域构造背景，所在大地构造部位和工程区地质构造，区域性活断层的分布，历史地震和现代地震活动情况。

2.4.1.2 区域地质调查研究以搜集已有的最新区域地质和老区域地质图及其说明书为主，结合卫、航片解译和一定数量的路线地质调查。

2.4.1.3 工程区地震基本烈度应按最新颁布的《中国地震烈度区划图》确定。

2.4.2 水库区工程地质勘察

2.4.2.1 水库区工程地质勘察初步了解下列内容：

(1)严重威胁水库成立的大滑坡、潜在的不稳定岸坡、泥石流、大规模浸没和坍岸的分布范围和规模以及库区淤积物的主要来源；

(2)可溶岩地区的喀斯特发育情况、含水层和隔水层的分布，河谷和分水岭的水文地质条件，发生水库严重渗漏的可能性；

(3)重要矿产和古文化遗址的分布。

2.4.2.2 对影响工程方案成立的水库渗漏、库岸稳定、浸没坍岸和淤积物来源等问题的严重性应作出初步评价。

2.4.2.3 水库区工程地质勘察可结合区域地质调查进行，水库地质条件应反映在区域地质图上。如存在重大工程地质问题应进行专门的库区工程地质测绘。根据实际需要布置少量勘探工程。

2.4.3 枢纽工程区工程地质勘测

2.4.3.1 枢纽工程区勘测应了解下列内容：

(1)地形地貌、地质岩性、地质构造和水文地质条件；

(2)两岸及河床覆盖层的厚度、组成成份和成因类型，特别应注意阶地古河道和冰川堆积物的分布；

坝、闸、厂房建筑在第四纪沉积物上的枢纽工程区，应了解土的层次、厚度、级配和性状，特别注意软土、膨胀土、湿陷性黄土、粉细砂等的分布和地下水的状态；

(3)枢纽工程区内的坍滑体、潜在的不稳定岩体的分布和规模；

(4)泥石流的分布与规模；

(5)坝区内强透水岩层和可能发生渗漏的地段，岩体透水性和隔水层的大致深度；可溶岩地区喀斯特发育情况、地下水位高程、隔水层或相对隔水层的分布；

(6)岩体的工程地质特征，并重点了解岩体中主要软弱岩层和软弱夹层的存在和分布情况，大断层、缓倾断裂及第四纪断层的发育情况，风化、卸荷深度和特点；

(7) 枢纽工程区附近天然建筑材料的赋存情况；

(8) 对枢纽工程区有严重影响的重大地质问题，应作出初步评价。

2.4.3.2 枢纽工程区勘探应遵守下列规定：

(1) 在初拟坝址的代表性勘探剖面上，根据需要布置适当的钻孔与平硐。勘探孔（硐）的数量及深度，应以揭露主要工程地质问题为原则。引水线路区与厂区的地质勘察工作，应以地质测绘与物探为主，引水隧洞的进出口、过沟地段，引水渠道的古河道和溶洞洼地等地段，可布置少量勘探工作。

(2) 土探孔应进行一定数量的标准贯入试验。

(3) 主要持力层或软弱夹层视需要进行少量力学性质试验或现场简易测试。

(4) 天然建筑材料普查应通过踏勘和天然露头的观察，初步鉴定岩土材料的性质和估计储量。当天然建筑材料的赋存情况对方案选择有重大影响时，可布置少量勘探工作。

2.5 工程规模

2.5.1 根据下列条件，初拟正常蓄水位和其他特征水位：

(1) 电力系统用电需求；

(2) 水能资源利用的合理性；

(3)具有制约性的重要淹没对象的数量、位置和控制高程；

(4) 与上游水电站的合理衔接；

(5) 地形、地质和工程技术条件；

(6) 综合利用部门对水库水位和水量的要求；

(7) 水库蓄水、排沙要求。

2.5.2 提出供电范围，考虑水库调节性能、负荷发展及负荷特性、地区能源资源情况、系统电源构成及水电站能量指标等因素，通过初步的电力电量平衡初拟装机容量、机组机型。

2.6 水库淹没

2.6.1 对于有重大淹没损失或具有淹没敏感区域的水库，应提出淹没控制高程，作为拟定正常蓄水位的重要条件。

2.6.2 淹没实物指标，应包括城镇、耕地、成片林地、牧草地、人口、房屋、有开采价值的矿产、特殊文物古迹和主要专项设施等项目。淹没实物指标一般可以收集至乡、镇级和县有关单位的统计年报、普(详)查成果以及当地社会经济发展现状、近期农业区划、现有的库区地形、地质等必要的资料为基础，进行分析、计算和统计，必要时可进行重点调查，对有关统计资料进行校核。

2.6.3 应在征求地方政府及有关部门意见的基础上，初步分析安置区环境容量和移民安置的去向和条件。

2.6.4 淹没补偿投资，应根据国家有关规定，可采用扩大指标估算。

2.7 环境影响

2.7.1 调查工程影响地区的自然环境和社会环境状况。

2.7.2 对工程环境有影响的主要因素进行预测和初步评价。

2.7.3 分析工程对环境产生的主要有利影响和不利影响，工程兴建后环境总体变化趋势，从环境角度初步分析工程建设的可行性。

2.8 枢纽工程

2.8.1 工程等别和标准

根据有关规定，初步确定工程等别及主要建筑物的级别、相应的洪水标准和地震设防烈度。

2.8.2 枢纽工程场址

根据枢纽工程场址的地形、地质、工程布置、施工和投资等条件，初拟坝址、厂址和引水系统线路。

2.8.3 工程布置和主要建筑物形式

根据初拟的工程场址条件和工程规模，初拟基本坝型及引水发电、泄洪、通航等主要建筑物的基本形式和必要的防沙、排沙措施。初拟工程总布置，提出工程总布置图，估算工程量。

2.8.4 主要建筑物

2.8.4.1 说明初拟的坝型和各主要建筑物的布置、控制高程和主要尺寸。

2.8.4.2 分项提出初拟各建筑物及边坡、洞室围岩、基础处理等工程量。

2.9 机电及金属结构

2.9.1 机组机型

根据初拟的装机规模与水头，初拟机型、单机容量及机组台数。

2.9.2 送出工程

初步提出电站的送电方向、出线电压、回路数和输电距离。

2.9.3 电气主接线

初拟电气主接线，绘制主接线简图。

2.9.4 金属结构

初拟水工金属结构及启闭设备的规模及布置。

2.10 施工

2.10.1 施工条件

2.10.1.1 概述对外交通（铁路、公路、水运）状况及近期拟建的交通设施、枢纽布置特点、施工场地条件、水文、气象等基础资料。

2.10.1.2 施工期（包括初期蓄水）通航、过木、下游用水等要求。

2.10.1.3 建筑材料的来源，水、电等供应条件。

2.10.2 天然建筑材料

天然砂砾、石料、土料等料场的分布、储量、质量、开采条件，初拟开采运输方式。

2.10.3 施工导流

初拟各期导流标准、导流流量、导流方式、导流建筑物的形式与布置。估算相应工程量。

2.10.4 主体工程施工

初拟主体工程的施工方法。

2.10.5 施工总布置规划

初拟对外交通运输方案和场内交通干线布置，估算施工占地，初拟施工总布置规划图。

2.10.6 施工总进度

根据工程建筑物特点和估算的工程量初排施工总进度，提出第一台机组发电年限和总工期。估列工程所需三材和劳动力。

2.11 投资估算及资金筹措设想

2.11.1 工程投资应根据有关规定，对主体工程项目初步进行单价和指示分析，估算主体工程、机电设备和金属结构设备投资，分析其他项目与主体工程费用的比例关系，估算静态总投资和工程总投资。提出投资估算正文和必要的附件。

2.11.2 提出建设资金来源构成的设想，并尽可能提供国家、地方、部门、企业等有关部门的投资意向。若利用外资时，应提出利用的可能性，并分析外汇平衡情况。

2.12 经济初步评价

2.12.1 进行初步的国民经济评价。

2.12.2 进行初步的财务评价，可根据资金筹措设想或国家公布的电力贷款利率、还贷年限，测算上网电价等进行评价，并做必要的敏感性分析。

水电建设工程施工安全管理暂行办法

（1993年12月27日电力工业部以电水农［1993］583号文颁发）

第一章 总 则

第一条 为加强水电建设工程施工安全管理，理顺关系，明确职责，保障职工和工程的安全，确保工程建设顺利进行，依据国家有关规定，结合水电建设行业的现实情况，制定本办法。

第二条 本办法适用于大中型水电站工程施工阶段的安全管理。工程建设项目业主、建设单位（业主的派出单位）、施工企业、设计院，以及上述各方的主管单位均应执行本办法。由外商承建的工程可参照本办法执行。

第三条 水电建设工程施工必须坚持“安全第一，预防为主”的方针，认真贯彻执行国家有关安全生产的法律、法规和方针、政策。

第四条 水电建设工程施工安全管理工作贯彻“安全生产，人人有责”的原则，实行建设项目的业主、建设单位统一监督、协调，施工企业、设计院各负其责的管理体制。建设单位、施工企业和设计院应组成工程施工安全领导小组，负责工程施工安全工作的监督、协调。

第五条 建设项目业主、建设单位、施工企业和设计院的行政正职是安全工作的第一责任者，对建设项目或本单位的安全工作负领导责任。各单位在工程项目上的行政负责人分别对本单位在工程建设中的安全工作负直接领导责任。

第六条 水电工程施工是一项复杂的系统工程，保证建设过程安全、顺利进行是工程建设各方共同的责任。各单位应密切联系、相互协作，依靠科技进步，实行科学管理，不断提高安全管理水平。

第二章 安全管理机构与职责

第七条 电力工业部是水电建设安全工作的归口管理部门，负责对水电建设施工安全实施监察管理。

其主要职责是：

1. 贯彻国家关于安全生产工作的法律、法规和方针、政策；

2. 制定、修订、颁发水电建设安全生产的管理办法和规定；

3. 监督、检查水电建设行业安全生产情况，协调、解决安全工作中的重大问题；

4. 组织对特别重大事故的调查处理，协调对重大事故的调查处理。

第八条 主管单位职责

建设单位、施工企业和设计院的主管单位对所属单位的安全工作负行政领导责任，应督促、帮助所属单位建立、健全适应工程建设需要的安全工作体系和以安全生产责任制为核心的安全管理制度，遵守国家和行业法规，强化约束机制，保证工程建设的安全。组织对重大事故的调查处理，受部委托组织或参加对特别重大事故的调查。

第九条 建设项目业主职责

按照“管项目必须管安全”的原则，建设项目业主应对建设项目施工安全工作进行监督、协调。

1. 贯彻国家、部有关安全生产的规定、办法和工作部署；

2. 根据工程实际情况，明确建设单位在安全管理工作中的具体职责，审定建设单位组织制定的工程项目安全管理制度；

3. 审批工程建设中的重大安全技术措施，协调有关经费的落实；

4. 加强与建设项目所在地政府和有关部门联系，取得地方政府和有关部门对工程安全工作的支持；

5. 协助对重大和特别重大事故的调查处理；

6. 指导工程施工安全领导小组的工作。

第十条 建设单位职责

建设单位对工程建设安全管理工作负有全面的监督管理责任。

1. 为施工企业的安全生产创造必要条件。在进行建设项目分标和现场施工布置时，应充分考虑施工干扰对安全施工的影响；

2. 审查投标施工企业的资质等级证书、营业执照、项目经理和总工程师资质及企业以往的工程业绩，确保施工企业的能力符合工程建设的要求；

3. 在招标文件中必须提出明确的安全技术要求，并监督有关技术措施的落实；

4. 组织编制建设项目的安全管理制度和重大安全技术措施，并组织或协助落实有关经费，报业主审批后实施；

5. 当施工企业的安全管理工作严重失控，施工安全没有保证时，有权责令其停产整顿，由此产生的损失由施工企业承担；

6. 协助对各类事故的调查处理，并负责建立工程安全档案，进行统计分析；

7. 负责组建工程施工安全领导小组，并担任组长单位。

第十一条 工程监理单位职责

工程监理是建设单位管理工作的一部分，监理单位领导应参加工程施工安全领导小组。经建设单位委派，工程监理单位可代表建设单位对施工现场的安全情况进行监督管理，必要时，协助对各类事故的调查处理。

第十二条 施工企业职责

坚持“管生产必须管安全”的原则，负责承包工程的施工安全。

1. 认真执行国家及上级主管部门颁发的安全生产法规和规定；

2. 建立、健全适应工程建设的安全管理机构、安全工作体系和以安全生产责任制为核心的安全管理制度；

3. 在制定施工组织设计时，必须制定安全技术措施计划，经逐级审核、审定后组织实施，必要时应报建设单位核备；

4. 坚持在计划、布置、检查、总结和评比生产的同时，计划、布置、检查、总结和评比安全工作；

5. 组织对本企业职工的经常性安全教育和技术培训，提高职工的安全素质和自我保护能力，班组长应进行轮训；

6. 企业的安全机构应总结安全管理经验，积极推广应用现代安全管理新技术，使安全管理工作逐步科学化、现代化；

7. 对本企业使用的临时工和分包单位进行安全施工的资格审查，并对其施工安全进行监督、指导；

8. 组织对本企业一般事故和较大事故的调查处理；协助对重大和特别重大事故的调查处理；

9. 建设项目的主要施工单位，应委派项目负责人参加工程施工安全领导小组。

第十三条 设计院职责

设计院应把施工安全贯彻于技施设计的全过程，努力为施工安全创造条件。

1. 工程设计，必须符合国家、行业标准以及部颁规程、规范和规定；

2. 对施工风险较大部位的设计，必须把施工安全放在首位，充分考虑施工条件和技术措施，必要时应参与编制施工安全的实施细则或安全监测系统的设计；

3. 对施工中调到影响安全的各种险情，必须按规定做好测、预报工作，及时向建设单位建议采取有效的技术防护措施，并提出实施措施所需的费用；

4. 协助对各类事故的调查处理；对重大质量事故应提出处理方案；

5. 委派工程设计负责人参加工程施工安全领导小组。

第十四条 工程施工安全领导小组职责

1. 协调工程建设各方的安全工作，分析工程安全生产形势，积极倡导并推动安全、文明施工；

2. 研究、落实工程施工过程中重大安全技术问题的处理措施及相应的费用；

3. 根据工程不同施工阶段的特点，定期或不定期组织安全生产大检查，对查出的问题，督促有关单位及时整改；

4. 协助重大和特别重大事故的调查处理；

5. 其它需要工程施工安全领导小组处理的工作。

第三章 事故报告、统计及调查、处理

第十五条 本办法所称事故，是指在施工生产过程中发生的人身伤害、工程质量和机械设备事故。

第十六条 事故的报告、统计、调查和处理工作必须坚持实事求是、尊重科学的原则。

第十七条 事故等级划分

1. 一般事故：指一次发生只有人员轻伤或重伤1～2人；直接经济损失（不扣除保险公司赔偿，下同）1万元以上，10万元以下的事故。

2. 较大事故：指一次死亡1～2人或重伤3人以上；或直接经济损失10万元以上，不超过100万元的事故。

3. 重大事故：指一次死亡3～49人；或直接经济损失100万元以上，不超过1000万元的事故。

4. 特别重大事故：指一次死亡50人以上；或直接经济损失1000万元以上的事故。

第十八条 事故快报

1. 凡在施工生产中发生的各类事故（一般事故除外）都必须按国家规定，由建设单位和事故发生单位按隶属关系逐级快速上报。

2. 发生人身死亡事故的单位，必须在24小时内报部和主管单位，并同时报工程所在地劳动部门、公安部门、人民检察院和工会。

第十九条 事故调查处理

一、人身伤害事故

根据国务院《企业职工伤亡事故报告和处理规定》的精神，对人身伤害事故的调查处理作如下规定：

1. 一般事故由企业负责人指定安全管理人员及工会成员组织事故调查组，进行调查处理。

2. 较大事故由企业负责人会同所在地劳动部门、公安部门、工会组织事故调查组，进行调查处理。

3. 重大事故由企业主管单位会同同级劳动、公安、监察部门、工会组织事故调查组，进行调查处理。

4. 特别重大事故按国务院的规定组织调查处理。

5. 组织人身死亡事故的调查组应邀请人民检察院派员参加。

6. 一起事故涉及两个以上企业时，根据事故等级，由企业或各自的上级主管单位协商组织事故调查组，进行调查处理。

7. 因事故造成人身伤害，应认真做好善后抚恤或赔偿。

二、工程质量和机械设备事故

根据事故等级，参照人身伤害事故组织调查组，分别由发生事故的企业、企业主管单位、部或部授权单位会同有关单位组织调查处理。

第二十条 作为确定人身伤害事故等级依据的受伤程度、经济损失和事故分析可分别按劳安字（1991）23号、GB6721-86《企业职工伤亡事故经济损失统计标准》和GB6442-86《企业职工伤亡事故调查分析规则》的规定执行。

第二十一条 确定工程质量和机械设备事故的等级，由工程施工安全领导小组和机械设备的拥有企业根据事故情况估算后由企业上报。

第二十二条 事故调查、处理必须严格按《企业职工伤亡事故报告和处理规定》的原则进行。

第二十三条 事故结案

一、事故结案权限

1. 一般事故由发生事故的企业批复结案。

2. 较大事故由发生事故企业的主管单位批复结案。

3. 重大和特别重大事故由部批复结案。

4. 上述各类事故的批复结案文件，应同时抄送参加调查的部门和单位。人身伤亡事故在批复结案前，应事先征得参加事故调查的劳动部门同意。

二、事故结案时限

按《企业职工伤亡事故报告和处理规定》第二十条执行。

第二十四条 工程建设各方必须接受劳动部门对企业执行国家安全法规情况和事故调查处理工作的监督检查。

第二十五条 事故统计及有关材料的报告制度

建设单位、施工企业和设计院必须认真做好事故统计、报告工作。

一、统计范围

建设单位统计建设项目施工过程中发生的事故。

施工企业和设计院统计本单位所有施工人员（包括全民所有制职工、合同工、临时工、民工等）在施工过程中发生的事故。

二、报告内容及时间要求

1. 较大事故及以上等级事故的调查报告必须报部和主管单位（或建设项目的业主，下同），其中属人身伤亡事故的，还须报当地劳动部门备案。

2. 伤亡事故统计表包括事故月报、半年报和年报。各单位应在每月10日前、每年7月10日前、每年1月10日前分别将本单位或本工程的上月月报、上半年报及上年年报报至部及主管单位。

主管单位应在上述日期后10日内，分别将所属企业或工程的事故统计汇总表报部。

3. 建设单位、施工企业和设计院应在每年3月底前对本企业或工程项目上一年的安全工作进行年度工作总结，报部及主管单位。

第四章 奖 惩

第二十六条 对安全生产工作必须做到奖惩严明，并贯彻安全与经济挂钩的原则。对安全生产做出成绩和有突出贡献的单位和个人给予奖励；对造成事故的责任者应给予经济处罚、行政处分直至追究刑事责任；对事故单位亦应依据事故情节给予处罚。

第二十七条 奖惩权限

对企业和其领导人安全、质量工作的奖罚，由部或主管单位进行。

企业内部其它人员和下属单位的奖罚由企业进行。

具体奖罚办法由部或主管单位另行规定。

触犯刑律者，由司法机关依法追究刑事责任。

第二十八条 鼓励业主和建设单位对承包单位在工程施工过程中的安全、质量工作进行经济奖罚。

第五章 附 则

第二十九条 本办法由电力工业部负责解释。

第三十条 本办法自颁发之日起施行。

电力工业部关于加快科技进步的决定

（1994 年 7 月 22 日 电技［1994］446 号）

各网、省（自治区、直辖市）局、科研单位、高等院校，各设计、试验、施工单位，华能集团公司，武警水电指挥部，部属公司及有关单位：

为贯彻《中华人民共和国科学技术进步法》、中共中央十四届三中全会《关于建立社会主义市场经济体制若干问题的决定》和实现电力工业 2000 年及 2020 年发展目标，建立健全电力行业研究、开发和推广有机结合的综合科学技术体系，组织全行业的科技力量，加快电力科技进步，促进电力工业持续、快速、健康地发展，特作如下决定：

一、科学技术是第一生产力。经济建设和社会发展依靠科学技术，科学技术工作面向经济建设和社会发展是我国的基本方针。电力工业的生产、建设和发展必须依靠科学技术，电力科技工作应围绕提高效率、改善环境、降低成本，为 90 年代电力工业的持续、快速、健康发展提供技术支撑，为 21 世纪电力工业的发展奠定坚实的技术与装备基础。

二、电力科技发展的战略与目标：

电力科技的发展战略是：积极开发和广泛应用先进适用的技术，改造现有企业，促进电力企业的技术进步；开展高新技术的攻关，在电力生产、建设和发展的关键技术上有所突破，并促进其成果的商品化、产业化和国际化，跟踪世界电力科学技术的发展，积极组织具有长远性、技术储备性科研项目的攻关。

电力科技发展的目标是：

为电力工业发展提供实用化的先进技术；培养一批具有国际先进水平的科技人才；建成一批技术先进、布局合理的科研试验基地。

争取到本世纪末，电力行业某些领域的技术水平达到 90 年代国际先进水平，并且要在面向 21 世纪的发、输、配、用电和环保关键技术上有所突破，争取到 2020 年全行业的技术达到国际先进水平，高新技术的研究开发与工业发达国家基本同步，并在某些领域处于领先。

三、转变政府职能，加强电力科技工作的宏观管理。

组织全行业贯彻国家科技进步法以及国家有关科学技术的政策与法规，并依之制订电力行业有关科学技术的政策及规定。

组织编制和修订中、长期电力工业科学技术发展规划，根据电力工业发展目标，组织发、输、配、用电各环节、重大节能、计算机应用和环保的关键技术攻关，促进相应重大科技成果在电力设计、建设、生产中的推广应用，加快用新技术改造老企业的步伐。

深化科技体制改革，将电力工业科技工作的重点转移到以大中型电力企业的技术开发为主体的轨道上来。贯彻“稳住一头、放开一片”的方针。按照国家有关规定，积极筹集电力科技开发专项资金，保证对电力工业关键技术研究的资金投入。促进科研院所与电力企业的结合，促进重大攻关项目与工程项目（包括基本建设工程及重大技术改造工程）的结合，加快科技成果的转化，放开技术开发、技术服务的研究和经营活动。

加快全国电力科技信息的交流，利用现代技术手段建立科技开发、科技成果、科技专利与发明等信息网络。加强标准化工作，先进、成熟的科技成果要及时纳入标准，加快电力标准与国际接轨的步伐。

培育和发展电力技术市场体系，引入竞争机制、促进科技成果的商品化和产业化，成立全国电力技术市场协会。

四、充分发挥科学技术委员会的参谋咨询作用。电力工业科技发展规划、方针、政策、电力工业重大技术决策、重大技术法规和重大科技攻关、技术改造、技术引进、工业性试验项目必须通过部科学技术委员会的咨询。

五、电力企业（主要指各电力公司和电力集团公司，以下同）必须建立强有力的科技管理和技术开发体系，逐步建立起市场、科研、生产一体化的技术进步机制，成为技术开发、科技成果推广应用以及科技投入的主体。建立几个电力企业集团的技术中心，进一步增强企业集团的技术开发能力。

电力企业主要领导干部要加强学习和掌握现代电力科技知识，以不断提高自身的科技素质，增强依靠科技进步的自觉性，加强对本企业科技工作的领导。

加强对本企业电力试验研究机构的领导，充分发挥其技术开发的能力。加强本企业与其它科研机构、设计单位及高等院校的联合与协作，增强企业的研究开发、中间试验和工业性试验的能力。积极推广应用新技术，加快对老企业的改造步伐，不断提高发供电效率和供电质量，降低成本，提高劳动生产率和企业效益，加强对基层电力企业的技术革新、群众性合理化建议和技术协作的指导。

按国家科技进步法保证对科技工作的投入，加强对科技资金的管理，努力提高投资效益。科技投入金额按实际发生进入当年成本，并随企业的发展逐年增加。

各电力企业有责任和义务承担整个电力行业的重大攻关项目的研究、中间试验和工业性试验，并在资金和研究、试验条件方面给予支持。

六、部属科研院所要坚持贯彻执行“稳住一头、放开一片”的方针。建立适应社会主义市场经济体制的机制，强化市场观念、竞争意识和效益观念。充分发挥在长远性、技术储备性项目的研究和在全行业关键技术攻关及高新技术产品开发等方面的作用。通过承担国家、部重大攻关项目及技术开发、技术服务工作，不断提高经济效益、技术水平、增强自我发展和市场竞争能力，依靠自身实力求生存、求发展。

按国家科技进步法，部属科研院所实行院、所长负责制，依照国家有关规定享有研究开发、生产经营、经费使用、机构设置、人员聘用等方面的自主权。

深化部属科研院所的改革，发挥部属科研院所人、财、物的综合优势，增强整体攻关实力。推动部属科研院所进入电力工业主战场。要积极为电力企业的生产、建设、发展服务，为技术改造服务，为设计服务，注重跟踪服务和纵深服务，加强对服务对象方的人员培训，以多种形式加强与电力企业的结合，为全面推动电力工业的科技进步作贡献。

七、各电力设计部门要加强勘测、设计的科研工作，结合电站和电网的规划要求，提高设计水平，在工程设计中积极推广采用成熟的新技术、新装备、新材料，创建优质工程，使新建电站及电网的技术水平接近或达到国际先进水平。

八、高等院校是电力科技工作的重要方面军，要努力为电力工业培养、输送高素质人才，要充分发挥高等院校学科齐全、人才集中的优势，积极承担技术含量高、具有技术储备性质的各类重大攻关课题。

九、根据国家科技进步法及有关规定，对科技成果的完成者要给予奖励。事业单位可以从实施和转让科技成果、发明创造所获新增效益中提取一定比例，一般可按技术转让使用费的15%左右和技术实施后年新增留利的0.5%～2%执行。企业应从新增效益的工资中提取一定比例。

十、把加强青年科技人员的培养放在重要的战略地位。为充分调动青年科技人员的积极性，尽快造就一批进入世界电力科技前沿的跨世纪的学术和技术带头人，部决定建立电力青年科技基金。

十一、加强精神文明建设，广泛开展爱国主义和职业道德教育，在电力科技人员中树立以实现电力工业发展目标为已任并为此目标而无私奉献的精神。大力表彰先进科技工作者并积极宣传他们的先进事迹，对在科研工作中无私奉献并取得突出成绩的科技人员应予重奖。

要尊重知识，尊重人才，努力改善科技人员的工作条件和生活条件。

十二、加强国际电力科技合作与交流。在引进设备的同时引进必要的技术，提高国内研究工作的起点，促进高新技术产品国产化。在接受国外资助时，逐渐增大合作研究和联合开发的比例，有条件时鼓励外国投资者与电力科研院所、电力企业建立中外合资、中外合作研究开发机构，加速我国科技成果进入国际市场。

电力工业科学技术发展规划（摘录有关水力发电部分）

（1994年9月19日 电技［1994］563号）

▲水力发电技术发展目标

近期目标（1994～2000年）：

解决300 m级薄拱坝、高土石坝、高碾压混凝土重力坝、混凝土面板堆石坝及深厚（70 m及以上）覆盖层上筑坝、大型抽水蓄能电站的规划勘测、设计、施工、运行的关键技术和高水头大流量泄洪消能关键技术。掌握500万kW以上规模的高难度巨型水电站的工程技术，在三峡水电站建设中创世界一流水平。

针对锦屏水电站研究解决深埋（埋深800～2000 m）长隧洞（20 km、洞径10 m）和地下硐室的勘测和成洞新技术，使我国地下工程的建设达到国际先进水平。

开发单机50万～70万kW的混流式水轮发电机组、20万～30万kW可逆式抽水蓄能机组以及3万～

4万kW的灯泡贯流式机组；开发自适应式微机调速、励磁装置；完善水电站计算机监控系统和综合自动化，逐步实现水电站少人或无人值班，进而实现梯级水电站集中控制。

开发先进实用的水情自动测报系统，为大型水电站施工期和运行期实现洪水预报和水电站优化调度提供有效的手段。

完成水电站技术改造规划及相关技术、政策。

开发改善水电环境的新技术，建立我国水电站建设的环境评价标准体系。

研究金沙江下游溪落渡、向家坝等1000万kW级电站建设和高坝工程力学问题。

研究大坝安全监测新技术、新设备，完善并推广大坝监测系统，有效地对病险坝进行加固处理。

中期目标（2001～2010年）：

结合工程实际继续开发并完善单机50万～70万kW的混流式水轮发电机组、20万～30万kW可逆式抽水蓄能机组以及3万～4万kW的灯泡贯流式机组。

继续开展金沙江水电基地千万千瓦级水电站群的高难度建设技术研究。

远期目标（2011～2020年）：

继续研究开发金沙江水电基地千万千瓦级的巨型水电站的关键技术，对世界第一大水电站——雅鲁藏布江墨脱水电站进行技术经济论证。

开发海洋能发电新技术和其它新能源发电技术，并建立示范电站。

▲大型水电工程勘测、设计关键技术

开发并完善遥感、摄影、测量技术。近期结合工程地质、电站选点、工程水文地质及水库淹没实物调查等方面开展工作，提出可供使用的解译图，逐步达到工程实用化。

开发地质勘测新技术。解决深埋长隧洞及大型地下洞室群的勘测新技术和设计方法。针对软弱夹层及断层破碎带复杂地层研究钻探技术和地下层析成像、超声成像、研究微机钻孔彩色电视及三维地震勘探等技术，达到快速判识并达到工程实用。

300 m级高坝设计技术。开展工程抗震、高水头大泄量泄水建筑物体型优化、高速水流、消能防冲、枢纽布置及结构设计、筑坝材料和渗流特性等技术的研究。

完善规划设计计算机辅助系统，提出通用软件，并达到实用化。

高水头大孔口闸门、启闭机、金属结构以及高坝过坝设施的设计技术的开发。

▲大型水电枢纽建设、运行关键技术

研究高坝快速施工新方法、新技术和施工系统优化设计及质量保证体系，结合工程取得突破。

深埋长隧洞及大型地下洞室群快速施工技术。研究适应复杂地质条件下预应力锚索加固、软弱岩层快速掘进、施工监测系统、施工管理等技术，提出一套完整可靠的施工方法。

高边坡施工期稳定技术。研究爆破振动的动应力分析，合理爆破参数优化；岩锚机理与开挖顺序等技术，为安全施工提供保证。

大坝安全监测技术。研制新的自动化元件、装置，完善大坝实时监测系统，建立大坝安全专家系统和数据库并分析研究反馈设计，以推广应用。

电站水库库岸边坡及下游边坡稳定技术。研究库岸及下游滑坡治理及滑坡对电站运行的危害和对策，为电站安全运行提供保证。

病、险坝水工及金属结构诊断处理技术。研究开发大体积混凝土裂缝及其分布诊断技术、大坝内部钢筋锈蚀和混凝土侵蚀诊断技术、混凝土修补技术和水工金属结构检测修复技术，使大坝能够安全稳定运行。

新型大吨位高速缆机、门机以及各种大型钻孔机械、土石方装运设备的研制。

▲大型水力发电机组关键技术

大型混流、轴流、贯流、蓄能机组技术。研究机组水力性能，提高水力模型效率和优化效率特性，优化机组结构形式。

研究大型水轮发电机冷却、绝缘技术，开展冷却方式的研究。开展机组安全稳定运行技术研究。

水电机组抗磨蚀及修复技术。研究合理水力型式、结构及抗磨蚀材料，进行快速修复，用以延长机组大修间隔，达到安全运行的目标。

发电机推力轴承关键技术。研究超大型重载机组推力轴承合理结构、瓦面材料及润滑机理，解决立轴推力负荷在3000～6000 t级和卧轴正反向500 t级的推力轴承关键技术，达到国际先进水平。

研究大型混流式水轮机转轮现场焊接、加工、热处理等技术，以解决西南巨型水电建设中的运输问题。

海洋能发电技术。重点研究大型潮汐电站建设和装备技术，开发高性能水轮发电机组和浮运厂房技术，为21世纪开发大型潮汐电站作好准备；继续开发研究波浪能、潮流能、温差能、盐差能发电技术，建立示范电站。

新能源互补技术。重点研究风力与抽水蓄能联合

运行，风力、潮汐与抽水蓄能联合运行技术。

▲全国大区电网互联关键技术

全国大区电网互联规划准则及方案研究；进行全国能量平衡及能源、电力开发布局研究，预测全国电力电量流向；提出全国大区电网互联和全国联网的初步规划方案，确定大区之间互联方式，进行满足地区资源优化开发布置的全国大区电网互联方案的研究；研究三峡电力系统对全国大区电网互联发展的作用和影响，提出三峡电力系统的联网方案。

研究大型水、火电基地外送的输电方案，特别是西南大型水电基地电力东送的方案。开展大电站群、长距离输电的电压等级及输电方式论证并提出实施方案；研究直流输电在我国电网互联中的作用和运用。

开展大区电网互联运行的相互影响及对策研究。根据新型大功率输电线路的运行特性和联网系统中各类电源运行特性制定监控措施，提出以三峡为中心的互联电网稳定运行技术措施和大区联网后稳定运行的技术措施；研究全国大区电网互联的功率交换和控制技术、限制互联系统短路电流的综合措施以及交、直流配合、灵活交流输电系统的运行特性及综合控制技术。

全国大区电网互联的效益研究，开发互联电网规划及效益分析的计算机模型和软件；研究以三峡为中心的互联电网和西电东送联网效益的技术措施和政策；建立联网效益分析及运行决策计算机模型，落实全国大区电网互联最大效益的综合措施。

研究电力系统中长期动态过程，水电站、火电站、核电站和抽水蓄能电站数学模型开发；在电力系统模型中增加中长期过程的模型，进行相应的继电保护、安全自动装置的动作配合研究。

研究电力调峰电源和多种调峰电厂的合理经济运行方式，实现各电网合理配置调峰电源。

▲其他

水电站水库对生态包括水库水质的富营养化、珍稀动植物的保护、疾病传染等影响的研究。

库区淹没对库岸滑坡、诱发地震等影响的研究。

火电厂完善并推广分布式控制系统（DCS），实现集中监控，减少运行人员，水电厂（梯级电厂）推广计算机监控（集中控制），实现少人或无人值班。

开发先进的辅机控制系统，提高水、火电机组安全运行水平。

开发水、火电机组运行实时监测及故障诊断系统，建立故障诊断与处理专家系统。

开发水情测报系统，建立流域（区域）水情通信网，实现水电厂水情实时测报和中长期预报。

研究水电开发市场导向决策准则和方法，建立水电开发多目标规划优化决策数学模型，研究新的水电开发规划的现代理论和实用方法。

国务院关于工程设计单位改为企业若干问题的批复

（1994 年 9 月 29 日　国函［1994］100 号）

建设部、国家计委、财政部、人事部，中央编委办公室：

你们《关于请批转〈关于工程设计单位改为企业若干问题的意见〉的请示》（建设［1994］250 号）收悉。现就有关问题批复如下：

一、原则同意实行事业单位企业化管理的工程勘察设计单位逐步改建为企业。

二、工程勘察设计单位改建为企业，是工程勘察设计体制改革的一项重要内容。请你们会同国务院有关部门，按照统一政策、分类指导的原则，抓紧研究制订实施意见和配套办法，使这项工作有领导、有组织、有步骤地进行。

三、工程勘察设计单位改建为企业，不是简单地更换个名称，要着重经营机制的转换，使之真正成为自主经营、自负盈亏的企业法人。

建设部、国家计委、财政部、人事部、中央编办关于工程设计单位改为企业若干问题的意见

我国工程设计（含工程勘察，下同）行业现有近 1 万个单位，70 万职工，其中专业技术人员 50 多万，占职工总数的 70%以上，是一支技术、知识密集型的队伍。

1979 年党中央、国务院对工程设计单位做出了“要逐步实现企业化”的决定，同年开始进行企业化取费试点。在总结试点经验的基础上，1984 年国务院又批转了国家计委《关于工程设计改革的几点意见》，并在全行业实行了由核拨事业费，改为收费制为主要内容的技术经济责任制。15 年的改革已初步形成了以高新技术为先导，以企业经营机制为模式，以市场竞争机制为导向的新格局，调动了广大设计人员的积极性，设计效率大幅度提高，设计单位的技术实力和总体水平有了长足的进步，全面完成了国家基本建设和企业技术改造的设计任务，设计出了一大批具有 80 年代世界水平的工程项目，为社会主义现代化建设做出了应有

的贡献。

但也应该看到,工程设计行业还存在诸多问题,需要研究解决。如设计、科研、生产相互脱节,设计在工程建设和企业技术改造中的主导作用;在科研成果转化中的纽带作用,在引进技术国产化中的关键作用没有得到充分发挥。要从根本上解决上述问题,必须按照小平同志南巡讲话精神,紧紧围绕解放和发展生产力这一目的,尽快把工程设计单位的各项改革推向一个新的阶段。为此提出以下几点意见:

一、从1994年起条件具备的工程设计单位可以改为企业

工程设计体制改革的根本目的是解放和发展生产力,大力发展高新技术,促进设计技术进步,提高基本建设和企业技术改造的综合效益,建立具有中国特色的工程设计体制和运行机制,实现设计技术市场化,设计成果商品化,设计管理行业化。

经过15年的改革,我国工程设计行业有了较大的变化,主要体现在以下几个方面:

1. 思想观念普遍更新,市场观念、竞争意识大为增强。绝大多数设计单位都利用自身技术、人才优势,拓宽了服务领域,有的已走上国际市场,既增强了单位的活力和应变能力,也增加了单位的收入。目前全行业绝大多数单位实现了自收自支,成为我国事业单位中少数不吃事业费的行业之一。

2. 设计市场已初步形成。随着投资主体的多元化,除少数国家重点建设项目的设计任务由上级主管部门指令下达外,绝大多数任务都是设计单位凭技术、质量、信誉优势通过市场竞争得到的。虽然市场机制还不完善,但改革已把设计单位推向市场,初步形成了计划与市场相结合的新机制。

3. 设计单位内部机制开始转变。为适应市场竞争的需要,各单位不断加强内部改革,调整组织机构,实行院长负责制,建立健全多种形式的技术经济责任制,加强成本核算,推行全面质量管理,改革人事制度和奖金分配制度,经营管理水平明显提高,初步实现了由技术服务型向技术经营型的转变。

4. 法规建设有所加强。为适应事业单位企业化管理,近年来初步制订了一些市场、质量、技术、财税、价格等管理法规,在加强宏观管理和规范市场行为等方面起到了积极的作用。

上述情况说明,工程设计单位实行事业单位企业化管理的方向是正确的。在坚持这一方向的同时,要不断总结经验,分门别类,按照不同行业部门、不同条件,采用不同的管理办法,把各项改革不断推向深入。其中,对那些市场广阔,自身活力较大,创收能力较强的工程设计单位,从1994年起可改为企业。成为自主经营、独立核算、自负盈亏、照章纳税的企业法人。

二、工程设计企业的主要任务和模式

工程设计单位改为企业后,它的主要任务是:遵照国家经济建设的各项方针政策和标准规范,从事工程设计、工程咨询、工程监理和工程总承包,在国内外建设市场为项目业主提供全方位、多功能的服务。在完成上述任务的前提下,充分发挥自身的优势,进行技术开发、技术咨询、技术服务和技术转让,走技工贸一体化发展的道路,开展多种形式的经营活动,利用专有技术或资金参股,投资兴办第三产业和各种实业。

根据我国投资体制和设计单位的实际情况,借鉴国外成功的经验,今后工程设计企业主要有以下几种模式:

一是咨询设计顾问公司模式。这类设计企业主要为建设总体规划和项目决策服务,为业主提供工程建设全过程服务,承担关系到提高综合国力和国计民生的重大工程,以及国家重点建设项目的咨询和设计任务。

二是工程公司模式。这类以设计为主的工程公司不仅承担工程设计任务,而且以其技术和管理能力代业主组织和管理建设项目。既可以从项目立项开始到开车交钥匙总承包,也可以对其中的某项工作如设计、设备材料采购、工程监理等进行单项承包。有条件的设计院,特别是大中型工业设计院都应逐步向国际通行的工程公司模式转变。

三是工业集团模式。随着企业投资权的扩大和技术改造任务的增加,部分设计院可以进入大中型工业集团,成为该集团的成员单位,为集团的生产、科研、长远规划、建设和技术改造服务。

四是专业设计所模式。专业设计所(事务所)是专业化、小型化的设计企业,主要承担量大面广的中小型建设项目的设计任务,承担某一专业或某种专门技术的工程设计任务,并能对该项专门技术的实施提供一条龙服务。

工程勘察单位改为企业后,可参照设计企业的模式,根据自身功能和条件,进行合理分流和转换。有的可向岩土工程、工程测量、工程地质勘察、水文地质勘察工程公司发展,有的可与设计企业合并或参加工业集团,相应成立勘察机具租赁公司和机修厂,实现大型机具属地化管理。

除以上模式外,也可以根据自身特点组建其它类型的设计企业。在设计企业集中的地区和部门,还可以股份制的形式进行联合或成立集团公司,发挥综合优

势，形成规模经营。但不论什么样的设计企业都要进入市场，参加竞争，优胜劣汰，在竞争中求生存、求发展。

三、工程设计单位改企业的配套政策

工程设计单位改为企业后，国家应给予必要的配套政策：

1. 为使工程设计企业具有一定的自我发展能力，适应企业经营后成本构成的变化和成本增加的需要，比较客观地反映技术商品的价值，必须将现行事业性质的设计收费标准改为企业性质的收费标准，适当提高设计收费水平，提高幅度原则上控制在工程概算投资额的1%以内。具体由国家计委会同建设部重新核定工程设计企业收费标准。

2. 工程设计单位改为企业后，由财政部按照《企业财务通则》和《企业会计准则》制定适合设计企业生产经营活动的财务会计管理办法。设计单位改企业后，要结合清产核资重新核定设计企业资金。改企业前，国家拨给设计单位无偿使用和设计单位自己积累的资金，全部划为设计企业国家资本金。设计单位改企业后，离休退休人员参加社会统筹，费用由原单位自己负担。继续执行国家计委、财政部《关于勘察设计事业费按建设项目任务情况统一安排的通知》（计设［1986］2590号文）的规定。

3. 工程设计单位改为企业后，仍以工程设计为主业，它是技术型、服务型企业，属第三产业。应根据设计企业是科技型企业的特点，制定相应的税收政策。

四、逐步建立适应市场经济的经营机制

设计单位改为企业，关键是建立起适应企业生存和发展的内在机制及其运行方式。为实现这一重大变革，必须在转变经营机制上下功夫。为此，当前要重点解决好以下几个方面的问题：

1. 政企分开，赋予设计企业经营自主权。各级政府主管部门要简政放权，主要负责制定行业政策，发展规划，控制队伍总量平衡和合理布局；审定技术、质量标准，制定企业资格标准和市场规则，管好市场；运用经济、法律手段调控和引导设计企业，为企业决策和经营活动提供信息、咨询。

设计企业归口管理部门主要负责批准企业经营形式和企业的设立、合并、分立、终止、清算、拍卖；与设计企业签订承包经营合同，按承包合同进行考核、检查和监督；依照法定条件和程序，决定经理的任免和奖惩。

设计企业必须遵守国家的法律、法规，依法进行生产经营活动。按照《企业法》和《全民所有制工业企业转换经营机制条例》，设计企业享有以下自主权：经营形式的协商选择权、国内外经营自主权、资产处置权、留用资金支配权、劳动用工权、人事管理权、工资奖金分配权、内部机构设置权等。各级主管部门不得对设计企业正当的生产经营活动进行干预。

2. 加快内部机制改革，实现转轨变型。设计单位改为企业后，要结合设计行业特点完善工资总额与经济效益挂钩办法，把设计人员的积极性引导到提高设计质量、技术水平和工程效益上来。设计企业必须坚持正确的指导思想，把全面优质完成国家重点基本建设和技术改造的设计任务放在首位，努力做出更多质量高、技术先进、经济效益好的优秀设计。设计企业要按照企业经营的要求，调整组织机构，实行同企业经营相适应的管理制度和管理方法。要实行经理负责制，强化经理为首的生产经营指挥系统，明确党政分工，发挥党组织的政治核心作用和职工的主人翁作用。要建立完善的自我约束机制，严格财务制度，严肃财经纪律。要特别重视人才培训工作，增加技术投入，提足折旧基金，加强技术开发和技术改造资金的管理，确保设计技术进步和企业资产增值，努力提高企业的整体素质和竞争能力。

3. 完善市场机制，逐步建立开放、平等、竞争的设计技术和成果市场。要清理阻碍设计市场发育的规章，制定《工程设计法》、设计文件（图纸）版权保护办法、设计市场管理办法等法规，健全工程设计法规体系，逐步建立起正常的市场运行机制。工程设计关系到国家人民生命财产安全，不属于业余兼职范围。要加强资格管理，制止无证设计。不具备设计企业条件的，不准进入市场。要打破部门、地区封锁，制止垄断和分割市场，鼓励设计企业开展技术和质量的竞争。要大力发育设计技术市场，鼓励设计企业开发新技术、新工艺、新设备、新材料，促进设计专有技术和设计软件的推广应用，加速设计技术和设计成果商品化进程。

国务院各主管部门和各省、自治区、直辖市主管部门要加强对设计体制改革的领导。当前要集中力量，调查研究，结合本部门、本地区的具体情况，制定实施方案，有计划、有组织、积极稳妥地把这项工作做好。工程设计单位改为企业，须经单位申请，主管部门批准，机构编制部门核销事业编制，纳入企业劳动工资计划管理、统计范围，并且根据国家有关规定进行内部分配制度的改革，不再享受事业单位的一切工资、福利待遇。各级计划、建设、财政、人事、劳动等部门，要密切配合，及时解决设计单位转型过程中遇到的问题，确保这项改革顺利进行和设计企业的健康发展。

重 要 讲 话

李鹏总理在国务院三峡工程建设工作会议上的讲话（摘要）

（1992 年 11 月 19 日）

要有个组织保证，这是首要问题

决策定了以后，要人去实现。所以，这次会议重点解决组织保证问题。国务院要成立一个三峡工程建设委员会，这是政治局讨论通过的。考虑到工程非常巨大，需要动员全国的人力、物力来支援三峡工程，中央决定由我来担任三峡建设委员会主任。邹家华同志就三峡工程建设委员会的组成提出了意见，最后要报政治局常委批准。参加委员会的各部的人员请你们回去以后商量一下，部长参加可以，副部长参加也可以，总之要有利于工作。

三峡工程建设委员会工作的性质，在这里应该明确，它是国务院的一个议事机构，对三峡建设中的重大问题进行决策。对于特别重大的问题，由这个委员会提出后，报国务院决定。因此，它是一个议事机构，而不是一个实体，不同于国家计委、经贸委，也不是公司。同时，委员会也不是一个直接指挥三峡工程的指挥机构。

三峡工程应该用社会主义市场经济的办法来进行建设，采取以业主为主导的管理方式。成立三峡工程开发总公司，对三峡工程负全部的经济上的责任，包括债权、债务，以及建成以后的运行管理等。葛洲坝电厂划归三峡工程开发总公司，成为它的组成部分。三峡工程建成之后，开发公司也可以用它的资金再投资，搞长江上其他电站建设。总之，三峡工程开发总公司是一个经济实体。它的地位就相当于石化公司这样的经济实体。当然，这样一个组织方式，在水电系统中已经逐步采用了，但还不完全为大家所接受。看来搞社会主义市场经济，需要用这个方法。

三峡工程建设委员会要有一个办事机构。特别是初期，还有许多问题要进行协调。所以，三峡工程建设委员会要成立一个办公室。这个办公室为工作方便起见，设在国家计委。另外一个就是成立移民开发局。这样就有两个平等的系统，一套系统是移民开发局，另一套系统是三峡工程开发总公司，两个系统在管这件事。这是和大家一起，经过实地考察和开了座谈会以后的新想法。

三峡工程建设委员会，应该是一个短小精悍、工作高效的机构，而不是一个扯皮的机构。我们想，将来实际的责任还是集中统一到常务副主任那里。移民局也好，三峡办公室也好，将来都归口由委员会的常务副主任负责。移民和工程建设紧密地结合在一起，这样比较有利。

关于移民问题

三峡工程的特点，除了工程量大、发电量大、装机容量大之外，还有一个移民问题。从某种意义上讲，工程成败的关键在于移民。因为，有 100 多万人口要迁移，库区许多城市要重新建设，这在世界上恐怕也是罕见的。所以讲成败的关键在于移民工作。

小平同志对移民的方针做了充分的肯定。他指出，现在移民办法对头了，这个办法很好。用这种办法移民 100 万也没有什么了不起，可以发展乡镇企业，搞第三产业，发展旅游业，也可以发展经济作物。

关于移民的方针，第一是搞开发性移民。由补偿性移民转变成为开发性移民，和经济发展结合起来。移民以后的生活水平至少不要低于原来的水平，而且还应有所提高。提高的标准有几种说法，我们以后再统一。比如，一种说法是能够赶上全国的平均水平，这个话讲得是有道理的。因为，三峡地区本来是贫困地区。这几年，万县、涪陵经济发展了，都有很大的进步，已经超过温饱线了，接近四川省的平均水平了。当然，国家对三峡地区的投入，以后应该比现在有一个提高。所以，提移民的生活水平达到全国的平均水平这样一个口号，看合适不合适。当然，有些地区本来已经达到或超过了全国的平均水平，那就是一个再提高的问题了。

第二是通过三峡移民，要把当地人民群众的积极性调动起来，把全国人民的积极性、各级的积极性调动起来。通过移民，能够创造一个好的投资环境。这就不光是一个移民投资问题，而是要把人民的钱、各省的钱都吸引到这个地方来。在涪陵，我们看到三环路、四环路、五环路都修了。修完以后，各家都主动地往上搬。他们用于建设的投资，不是移民赔偿的钱。

国家要给三峡地区政策。可以考虑把宜昌作为开放城市，或者是把整个三峡工程的19个淹没县(市)作为经济开发区。三峡经济开发区可以不改变行政建制，但给予特殊的优惠政策。同志们说，既然是经济开发区，至少要有沿海开放区的政策，甚至是特区的政策，如把所得税率降到15%，这都是可以考虑的。就这么一块地区，通过给它一些优惠政策，就会形成一个自我发展的机制。以后对外招商的基础设施搞起来了，别人就会来投资。当然，也不是说光给个政策，给个投资环境，外商就来了。还要有资源，要和当地的资源相结合。我看劳动力本身就是个大资源，三峡地区人民还是很能吃苦耐劳的。

我们要努力形成一个良性循环的机制，这个机制是市场经济的机制。这一点很重要。办企业要考虑到以集体企业为主，包括一些个体企业都允许存在，少搞国营企业。前一段办了一些企业不大成功，恐怕与机制有关系。国家给他包下来了，产品不对路，没有销路自己就垮了嘛。如果是集体企业机制，产品不对路就转头了，自己主动开发市场，生产适销对路的产品。

要动员全国各地来三峡地区投资建厂。三峡地区没有多少平地，搞太大的企业看来不现实。还是搞些投资省、见效快的，或是能够打出去的外向型企业，以及档次高一点的产品。也可以引进一些外资，我们的政策要放宽一点，准备一点配套的贷款。总之，要形成一个自我发展，自我良性循环的机制。

第三是以农业为主，开发经济作物。三峡移民的特点，从人口的组成来讲，大概是四六开。60%是城镇人口，40%是农村人口，各县不一。经过这一段移民试点以后，大家同意，农村的移民以农业为主，开发经济作物，如柑桔、烟叶，还有其他适合山区的经济作物。这条方针是正确的。但是，也不排除在湖北省有条件的其他地方成片地对移民进行安排，而不是一家一户插花式的安排。组织农民集中办一些第三产业、第二产业，这是可以的。我要特别讲的就是，在三峡工程建设过程中，怎样把农民的这部分力量利用起来，参加建设。搞临时工，不要搞永久工。隔河岩水电站的经验，就是让移民参加建设，有的搞建材，有的搞运输。三峡工程需要大量的物资运输，不一定都由三峡工程开发总公司或施工单位包下来，可以利用社会的力量来承包。

第四是重点和一般相结合。移民顺序可以归纳为：先坝区后库区，先下游后上游。当务之急，就是为坝区创造一个施工条件，坝区移民应该放在第一位。如果把坝区移民搞好了，我们就可以放手地进行前期准备工作，放手地进行大坝的建设，各方面工作就可以开展起来了。库区移民要考虑到第一批机组发电，就是库区达到135 m的发电水位时，这应该是第二期移民。库区达到最后的175 m淹没线时，是第三期移民。分三期来进行移民。当然，我们说分三期搞移民建设，并不是说对于上游万县、涪陵、重庆在第一期移民时，一点钱也不花，但比例要小。主要是搞一些基础设施，创造一些搬迁的条件。重点应放在库区135 m以下，重点应该是秭归、巴东、巫山，云阳也有一部分。为什么我讲135 m这个概念，就是说水轮机一转，黄金万两。《林海雪原》里就曾经讲，火车一响，黄金万两。135 m水位，水轮机基本上能达到设计出力，不过就是损耗率大一点。135 m水位时，三峡水电站第一批机组一年就能发400亿kW·h电。那个时候的上网电价按成本计算，可能是2角每千瓦时，也就是80亿元。

有人提出，在移民的费用上不仅要静态分析，而且要做动态分析，我们现在先移民，将来就可以少花钱。这意见无疑是对的。因为移民还有自然增长、物价上涨等因素。但是，如果能保证先发电，电价也是随物价指数上涨的。从电费里拿出一定的比例，作为移民的后期开发，那么，移民上涨的费用，我们就能承担。这就是以电养工程，以电养后期的移民。

第五是移民工作的责任。我同意大家的看法，移民工作上面有移民局，两省也相应建立移民机构，领导亲自负责，这都是对的。但是，移民工作的重点应放在县。移民费用原则上是包干使用。我们要相信地方政府、相信地方党组织、相信当地的群众。当然，也可能会发生挪用移民费用的情况，发生虚报冒领的情况，发生拿了移民的钱不干移民事情的情况。我们要有政策，要进行监督。所以，移民局主要是制定移民的方针政策，进行移民试点，进行监督，进行每年资金总额的分配，并落实到县。宜昌、秭归、巴东、巫山几个库区县，要把工作立即转移到以经济建设为中心上来，把移民和经济建设有机地结合起来。这和试点时不一样。试点时，一个项目一个项目地管，都是必要的。我们已搞出了一套经验。今后，湖北、四川要对中央负责。到时候135 m发不了电，就请你们省长、书记亲自坐镇。我相信大家还是有觉悟的。村干部、县一级干部，考虑一点本地的利益，有一点本位思想，这是工作的角度不同，是难免的。但是，总的还是要识大体，顾大局。我也相信各级党组织。但是，监督是很重要的。这个监督包括库区移民的户口。我认为，要进行立法，而且要执法，要防止库区淹没区人口的膨胀，当然要除去自然增长。我刚才听说，在移民试点中，巴东县是移民试点好的，但库区人口增长最多。这件事请湖北省抓一下，是不是这个情况。如果是这样，那巴东县做得就不对了。

国务院1月份就要正式发文件了。以后还要制定法律、法规性的文件。并尽快出台一个关于三峡移民的条例，或者是移民的规定。

关于资金问题

有了干部，有了合理的组织机构，又安排好了移民的工作，剩下的就是个资金渠道的问题。这是个大事情，总之一句话，就是多渠道集资。

第一个渠道，每千瓦时电费加收3厘钱，做为建设基金。3厘钱应该是全额征收，因为人大作了决议，全国都要做贡献。所以，3厘钱要坚决地收。随着经济的发展，随着将来电价的调整，以后是不是还可以增加一点，我们今天不定案。如果按照现在的水平，除去一些特殊原因收不上来的，我看至少可以收到10～12亿元，而且这是个不要付利息的钱。这件事，要坚决办。如果放松了，三峡工程资金筹集的第一步就落实不了。刚才，刘仲藜同志谈了可不可以作为省的股份的问题。我看现在不松这个口，这个钱就是征收了，做贡献了。电费附加是一种比较缓和的方式，3厘钱对大家有什么影响呢？这是一种大家比较能接受的方式。有些省为了自己本身的利益，总想把这个钱留下来用于发展自己。所以，我想先不松口，但是，可以研究这个问题。比如，多大的比例能够调动积极性。三峡工程开发总公司将来是一个股份制公司，要按股份制企业来进行管理。作为一个股份制企业，为了调动各方的积极性，可以允许有一些地方股，这都是可以研究的。

第二个渠道，银行贷款，这也是一个主渠道。随着经济的发展，每年拿出10个亿，近3年之内都是可以的。银行每年拿出10亿长期贷款，但利息比较高。我不能要求为三峡贴息。银行是要吃利差的，存贷差，稍微优待一点是可以的，但是，太多了不行。

第三个渠道，葛洲坝水电厂的利润。葛洲坝水电厂的电价4分每千瓦时，太不合理。但一下子涨上来，负担也比较重，湖北省一个省要负担3亿多元。如果推广到全华中，华中几个省也有意见。是不是用这样一种方针，就是一年涨1分，分四年涨完。这样，大家都能够承受，比较合理。至于说怎么摊大家更容易接受，三峡建设委员会办公室以后再来研究。总的意思，就是这4分钱采取逐步到位的方法。另外，我提议，葛洲坝水电厂的电尽可能往上海多送，因为上海现在上网电价就是1角每千瓦时，多给上海送一点，资金会多一点。4分钱照涨，每年涨1分，对上海也一样。葛洲坝水电厂如果电价涨到8分每千瓦时，除去运行管理费，还贷以外，利润至少每年还有5亿元左右。这也是不付利息的钱，这个钱经济效益就很大了。

第四个渠道，就是发行股票。我们也可以发行B股，有没有可能呢？这要进一步研究。不仅要看葛洲坝水电厂的利润怎么样，还要看三峡工程的将来发展。将来我们发行股票是作为三峡工程开发总公司的股票来发。凭三峡的名气，可能股票发行很有点前途。股票问题等酝酿成熟了再说。假如说B股能发到2亿美元，市价能翻到两倍，那就是4亿美元。我们可以拿这些美元来购买一些设备，进口一些物资。

第五个渠道，就是争取一些国际资金。除了发股票（这是另外一种含义），国际资金是国外政府贷款，将来协力基金能不能争取一点，世界银行的资金以及买方信贷等，也可以争取。

第六个渠道，就是发行公债，发行债券。发行债券建设周期很长，负担很重，还要借新还旧，所以效果差一点。

总之，从现在已经出台的措施和国内能够给予的贷款，至少在前3年到前5年，能够保证建设资金。集资单位，将来是三峡工程开发总公司，负责三峡工程的债权、债务。银行贷款由他去借，发行股票由他负责。三峡建设委员会办公室应该有一个财务方面的专家，来帮助他们进行集资，帮助他们来考虑怎样筹集资金这个工作。

几个技术问题

大的技术问题属方案性的技术问题，应该放到三峡建设委员会办公室来讨论。在讨论这种大的技术问题的时候，全体成员都参加。由于有很多同志不一定能参加这个技术问题的讨论，可以采取灵活的方式，由办公室组织有关专家进行讨论，还要进行一次设计的审查等等。我觉得一般性的技术问题就由三峡工程开发总公司来做。在三峡办公室里面可以有一个小组来管技术，在三峡工程开发总公司里面设立一个技术委员会。总之，要有一个技术班子，还得有一个总工程师，需要这样一个机构，把一些很具体的技术问题交到三峡工程开发总公司解决。

按照国际惯例，三峡工程建设的方式采取招标制。按招标的办法应该有一点竞争，我是坚决主张用鲁布革方式来进行这个工作。当然，葛洲坝工程局有得天独厚的条件，将来我们可以想象它是三峡工程的主力。但是也不能没有竞争，有些子项目也不一定都由葛洲坝工程局来承担。在同等条件下也可以优先，总要给它一点优惠，但是也不能没有竞争。参加三峡工程建设的竞争，我想不仅是水电系统的队伍，全国所有施工队伍都可以参加投标。铁道部现在有大量的施工队伍，冶金部、化工部都有大量的土建施工队伍。最近铁道部的任务又饱满一点了，实际上水电施工队伍的任务也是比较饱满的。这种招标的机制，能够促使降低造价，缩短工期，效果是比较好的。

另外，在施工的过程中还有一个监理的问题。要由三峡工程开发总公司聘请监理单位。监理应该同设计工作结合在一起，长江水利委员会对这个工作比较熟悉。但不完全排斥聘请别的单位担任监理，甚至于聘请国外公司担任监理，或者聘请国外的技术人员来参加监理，也可以搞个顾问小组。三峡工程开发总公司不一定要搞很多的人，一般质量监督工作不要都拿到公司来，可以组织一个专门队伍进行监督，可以委托一个机构进行监理工作，由这个机构对公司负责，将具体工作交给这个机构。所有施工队伍的家属一定不要带到现场去，精兵强将上前线，后方基地设在宜昌。如果是外省市单位来施工，后方基地不进湖北省，甚至于宜昌的施工队伍都不要把家属带到现场来，就在原来的基地。工人需要探亲的时候，每年按照施工的季节、施工的进度来安排。现场布置的规划图一定要搞好，一定要划出蓝线和红线，按红线建设，蓝线规划，实行严格的管理。不能说哪个单位来得早就跑马占地，将施工现场搞得一塌糊涂。为了提高施工现场的文明程度，请你们考虑一下，究竟搞不搞沥青路面？还是干线搞沥青路面？我觉得搞了沥青路面以后，也不一定多花多少钱，而轮胎的磨损可以减少，汽油费也可以减少。要成为一个井井有条的工地，就要打破往常的习惯。既然是世界上最大的工程，我看应该是一流的施工质量，一流的现场管理。所以，同志们讲要采用一些大型机械设备，这个我赞成。哪个地方也不能搞人海战术，应该采用现代化的施工方法。设备要尽量上去，该花的钱我们一定要花。

设计单位是长江水利委员会，恐怕要提取一定的设计费用，要有经济责任，也可以改善一下长江水利委员会的经济状况，增加他们的责任感。收费标准可以由三峡建设委员会来确定。他们可以参加监理工作，参加设计图纸的供应工作，也要有责任制，绝对不能因为缺少图纸而影响施工。同时还有一个设计修改的问题，施工中肯定会出现设计修改的问题。将来设计修改的决定权不在长江水利委员会，应该由业主决定，有问题找业主，这个问题必须定下来。一些小的技术问题要通过协商，通过开会，用民主方式来决定，最后决定权应该在业主，因为业主负责嘛，这恐怕也是观念上的一个很大的变化。当然，作为公司，也要尊重图纸，不要轻易地修改。大的方案修改要上报。

三峡工程是个跨世纪的工程，有巨大的综合经济效益，利国利民。小平同志说过，要从长远利益考虑，给子孙后代留下好东西。三峡工程建设委员会和三峡工程开发总公司，历史责任重大，要共同努力，促进工程的开工并把工程建设好，使全国受益。

全国政协副主席钱正英在考察金沙江总结会上的讲话（摘要）

（1994 年 5 月 14 日）

编者说明：1994 年 5 月 6 日至 14 日，全国政协副主席钱正英率领考察团对金沙江下游进行了考察。考察团成员有中国国际工程咨询公司副董事长罗西北，电力部规划计划司、水电开发司、水利水电规划设计总院及中国长江三峡工程开发总公司等单位的领导及专家。陪同考察的有四川省副省长马麟、云南省副省长牛绍尧、四川省政协副主席辛文，四川、云南两省计委、电力局等有关部门负责人，以及成都、中南、昆明勘测设计研究院的领导和有关设计人员等。5 月 14 日在成都金牛宾馆召开了考察总结会，钱副主席在会上作了讲话，这里刊载的是讲话的摘要。

首先谈溪落渡。

溪落渡这个坝址有很多优点，归纳起来主要有三点：第一，根据选坝会议的审查结论，按照当地的地质条件，可以考虑建设 300 m 级的混凝土拱坝，甚至双曲拱坝，这是不可多得的坝址；第二，有一定的调节库容，可以满足金沙江季调节的需要；第三，单位千瓦的工程量和移民数量都比较小，就全国水电站来讲，这两个指标也是很优越的，以这两个指标来衡量，它的单位千瓦造价是相当低的。

当然，溪落渡还有待于进一步的工作，主要有两方面。一方面是根据选坝会议提出的意见，虽然溪落渡的地质条件可以建高坝，但是真要建混凝土拱坝，甚至混凝土双曲拱坝，在地质勘探、水工设计以及许多有关的科研攻关方面，都还需要做大量的工作。对此，选坝会议提出了具体的要求，需要精心完成，不可掉以轻心。另一方面，溪落渡的移民，虽然相对数量少一些，但是地处少数民族地区和深山峡谷，生态环境严峻，环境容量有限，从移民的绝对数量上讲，还是不少的，因此，这方面的工作需要进一步做好。现在两省的领导及有关地区，从大局出发，表态都非常积极，但从我们勘测设计部门来讲，还要认真负责地做好工作。

第二谈向家坝。

向家坝的优点，归纳起来也是三点：第一，地理位置非常好，距离宜宾很近，西电东送的距离最近；第二，有改善航运、发展灌溉的综合效益；第三，前期工作进度比较快，按照原定的进度，今年年底就有可能提出预可行性报告。

看了向家坝以后，认为还有需要进一步研究的问题，第一，向家坝的坝虽然没有溪落渡的坝那么高，但也是一个高坝，与三峡的坝高差不多，地质条件比较复杂，移民的任务比溪落渡还要重，而且还牵扯到两个县的迁建问题，因此在地质勘探、水工设计及移民安置规划等方面都还要进一步做大量的工作。第二，对向家坝的泥沙问题还要进一步做工作。该坝年均输沙量为2.4亿 t，总库容是50多亿 m^3。这两个数字与三峡比较，前者是三峡的二分之一，而后者只有三峡的七分之一，因此向家坝本身所面临的泥沙问题比三峡还要重。我在听汇报时就向中南院的同志提出，先别讲为三峡拦多少泥沙，而首先要考虑向家坝本身怎么解决泥沙问题，本身怎么能够长期保持有效库容，而且保持它的综合效益。我看到资料上写着，为三峡可以拦的泥沙，10年每年1.8亿 t，10年就是18亿 t，30年每年1亿 t，30年就是30亿 t，两个加起来就接近向家坝的总库容；而且淤积不是平的淤积，还要考虑上游的翘尾巴。在这种情况下，如果向家坝没有航运的任务，像溪落渡那样，问题就比较简单一些，但向家坝很重要的问题是应当考虑航运。如果考虑到航运，泥沙淤积问题与三峡面临的问题是很类似的，可能更严重些。过去只看到为三峡拦沙的一面，当然它不可避免地非拦沙不可，但对于本身如何保持综合效益，特别是库区如何保持航运的效益，至少没有看到足够的资料，还要做相当的工作。第三是水利经济计算问题。向家坝的库容有限，又要考虑综合利用效益，水利经济计算还要进一步地考虑。在听汇报时我提出一个问题，现在灌区规划中水库的引水高程是370 m，如果不是370 m，就不能自流灌溉。但是，水库本身的死水位是367 m，防洪限制水位也是367 m，这两个数字与灌溉引水位相差3 m，有矛盾。向家坝的最高水位是380 m，与死水位相差本来只有这十几米，如果死水位按灌溉引水需要，还要提高3 m，这不是个小数字，究竟怎么统一来考虑？如果要进一步研究泥沙问题，要尽量做到蓄清排浑，保持库容，并且保证航运，就需尽量降低防洪限制水位，这又与灌溉引水位有矛盾。我曾与罗西北副董事长谈过，中南院还可以解放一下思想，灌溉不一定非自流灌溉不可，如果死水位维持在367 m，搞一个3 m扬程的提灌站也就行了。如果作为溪落渡发电的反调节库容，与航运也有一定矛盾。总之，向家坝的库容有限，泥沙严重，综合利用的要求又是多方面的，因此水利经济计算还有必要作多种方案的比较和优化。

另外，向家坝处在溪落渡的下游，还需要进一步考虑与溪落渡的关系问题。现在我所看到的资料都是单个电站的，上游完全没有考虑溪落渡。如果上游有溪落渡，溪落渡在向家坝前建成或在后建成，要作不同的考虑，而且要作比较。事实上，上游有溪落渡，还提到向家坝作为反调节，究竟怎么运行，资料上没有看到说明。

第三个问题谈谈两坝兴建的必要性和迫切性。

大家都同意经国务院批准的《长江流域综合利用规划》中推荐溪落渡和向家坝两个梯级作为金沙江河流开发第一期工程。首先，从全国电力发展的需要，以及从保持水、火电的比例来讲，金沙江流域都需要及早开发。记得在1980年制订2000年的规划时，当时整个电力装机是6000万 kW，其中水电大概是2000万 kW，翻两番水电应当是8000万 kW。现在实践的结果是，整个电力发展可以超过预计的速度，但水电装机达不到预计的容量，只能达到7000万 kW。所以，瞻望未来发展的需要，为维持全国水电的比重，要加强金沙江流域的开发。第二，从华东、华中今后缺电的情况讲，金沙江需要加快西电东送的建设步伐。第三，从西部地区的资源开发和经济建设来讲，也需要加快两电站的建设。第四，两电站的建设有利于三峡的进一步发挥效益。从这四方面讲，两电站建设的必要性和迫切性都是明显的。

第四个问题谈谈两电站开发的程序和方式。

刚才发言的同志都回避了两水电站开发的程序和方式这个问题。很明显，两个工程都接近于三峡的规模。怎么可能同时建设，总得是一个先建设，一个后建设。究竟谁先谁后，从高安泽院长发言开始都回避了这个问题，当然也可以等到两省的同志研究和等到两个工程都审查完了以后再作决定。但我认为，从现在的情况看，我们应当有一个倾向性意见，以利于两个工程的可行性研究，使前期工作更有针对性地进行，少走冤枉路。我的倾向性意见是先上溪落渡，顺序应是三峡—溪落渡—向家坝，当然这还要经过讨论。但从目前情况，客观地、合理地分析，这个开发顺序，是有利于金沙江的开发，也有利于向家坝的建设，可以减少向家坝很多复杂问题。我赞成以三峡作为金沙江下游的启动工程，以溪落渡作为三峡的后续工程，东中西部协作，流水作业，连续开发，这是非常有利的。

如果按照这样的开发程序，我认为有几个问题需要加以考虑：一是西电东送的输电方式，特别是第一期工程的西电东送的输电方式问题。现在对两个电站所提出的输电方式，都是不考虑三峡的，单独送华中，特别是单独送华东。到华东的输电距离达2000 km以上，这无疑是增加了复杂性。如果和三峡捆在一起，溪落渡发电以后，改变三峡的输电方式，首先就不要往川东送，然后考虑由三峡送华东，而由溪落渡送华中，这样就简化多了，不需要在第一期工程就搞2000 km的输电线路。到金沙江流域继续开发时，输电线路再作进一步的考虑。第二，两电站的最佳兴建时机，从目前资料上看到的有两个方案：一个是溪落渡在2006年，向家坝在2011年；另一个是向家坝在2006年，溪落渡在2011年。如果作为三峡的后续工程，考虑到西电东送和金沙江开发的迫切性，我感到最佳兴建时机还可以提前。现在看，三峡工程到2002年第一批机组就可能发电。第一批机组发电以后，三峡建设的资金不仅可以自我筹集，而且有很强的还贷能力。如果国家考虑到开发金沙江，能够放宽三峡的还贷时间，则三峡第一批机组发电以后，是完全有能力启动溪落渡工程的；溪落渡发电以后，又完全有能力启动向家坝工程的建设。现在需要解决的问题是，在三峡第一批机组发电前的投资高峰期间溪落渡的前期工作资金问题。金沙江流域的开发属于西电东送，华东和华中都应当而且都愿意集资开发，只要能在前期早一点投入一部分资金，缓解三峡的投资高峰，那么溪落渡工程就有可能提前。从我们整个水电的施工力量来讲，最好的办法是流水作业，从国家大局讲这是最合理、最经济的。三峡的开挖力量下来以后，如能衔接上金沙江，就可避免施工力量的分散。所以这两个电站的最佳兴建时机是值得研究的。现在已经到立项提交预可行报告的时候，水规总院应组织成勘院、中南院等单位，统筹研究输电方式、最佳兴建时机等问题，有必要将溪落渡与向家坝的关系明确，也有必要将溪落渡、向家坝与三峡的关系明确。第三，按照原来的进度，向家坝今年年底提出预可行性研究报告，溪落渡到明年年底提出预可行报告。我认为，这两个电站的预可行性研究报告一并审批为好，单独审批解决不了立项问题。从向家坝来看，还需要进一步做些工作，例如上面谈的泥沙问题、水利经济计算问题等等，都有进一步优化的必要。

第四个问题，我很赞成马麟副省长所提出的，既然两电站的建设势在必行，在预可行性研究报告审批以前，两电站淹没线以下的建设需要及早进行控制，以免造成不必要的浪费，特别是两个县城及有关村镇的规划要考虑。

第五个问题，水电开发关键是前期工作，而前期工作的关键是解决经费问题。我认为水电前期经费应分三个层次：第一个层次，从全国水电开发来讲，都需要加快前期工作，都需要保证前期工作经费，包括中央一级和省一级，都存在这个问题。电力部门要明确提出，加快水电开发必须解决前期工作经费，这不仅仅是金沙江的问题；第二个层次，是关于金沙江流域从普查、规划到上、中、下游的前期工作经费；第三个层次是溪落渡和向家坝的前期工作经费。关于这个问题，许多同志都提出了很好的意见和建议，我这里不好表态。我已与罗西北同志商量，回北京以后，以我们俩人的名义给国家计委并国务院写个报告。这次来考察，最后的成果就是要帮助你们解决前期工作经费问题，不然的话，一切都是空话。

最后一个问题，我很同意牛绍尧副省长所谈的，为了加快金沙江的前期工作，一定要相应地加快金沙江流域的水土保持工作和金沙江地区的扶贫工作，这样才能为金沙江流域的开发创造一个良好的建设环境。现在金沙江的水土保持工作已列入长江流域重点水保的范围，但范围比较小。我建议长江水利委员会进一步考虑，把金沙江流域重点水保的县再增加一些。我们也将向国家计委和国务院提出建议。我们所看到金沙江流域的水土保持有成功的经验，例如绥江，但是从总体上讲，问题非常严重。另外，金沙江流域的扶贫开发，各地都提出了许多设想和要求。这些设想和要求都是可以理解的。如果今后要建设这样的巨型水电站，金沙江地区的贫困面貌和水电站建设的反差太大，是不相适应的，因此，应当加快金沙江地区的扶贫开发工作。所提出的一些要求，我们将转送中央有关部门，希望中央有关部门和两省都要加强金沙江两岸的扶贫开发工作。

电力工业部的两大任务：改革与发展

——史大桢部长在电力工业部成立大会上的讲话（节录）

编者说明：电力工业部成立大会于1993年5月28日在京举行，史大桢部长在会上作了《努力开创中国电力工业改革与发展的新局面》的讲话。讲话共分三部分：一、中国电力工业的发展与现状；二、电力工业部的两大任务：改革与发展；三、关于1993年的重点工作。这里刊登的是其中的第二部分。

电力工业的根本任务，就是保证向社会提供优秀、可靠的电力，以不断满足发展国民经济和提高人民物质文化生活水平的需要。新组建的电力工业部作为国务院主管全国电力工业的职能部门，就是围绕这一根本任务，一手抓改革，一手抓发展。

今后五年到本世纪末，电力工业改革与发展的总体目标是：政府转变职能，逐步做到由对企业的直接管理到对全行业的宏观管理和调控；企业转换机制，逐步成为具有“四自”功能的经济实体；完善法规体系、调整经济政策，促进集资办电，力争满足国民生产总值年均增长8%到9%对电力的需求，到本世纪末，在全国范围内基本缓解缺电局面，消灭无电县，农户通电率达到95%以上，相当一批电力企业的劳动生产率和经济效益达到国内一流水平，一批电力企业达到或接近国际先进水平。

为实现上述目标，电力工业部要重点抓好以下工作：

(一)千方百计努力实现电力工业的超常规发展

实现电力工业新轨道运行和上新阶段，是电力工业部的首要任务。1992年全国发电量比上年增长10.3%，而国民生产总值比上年增长12.8%，其中工业总产值增长20.8%。今年一季度全国发电量比去年同期增长9.7%，而同期的全国工业总产值却增长了22.4%，其中广东工业产值增长达32%，江苏则高达53.9%。按照这样的增长势头，电力工业要做到先行，即使按照调整后的“八五”计划确定的8%～9%的速度增长仍然不够，因此必须在投入力度、年增长速度、利用外资、试行股份制、建立合理的电价机制和转换企业经营机制等方面提出新目标并取得新成效，在这个意义下，可以说是超常规的发展，即要运用新政策、新机制、新的生产关系适应新生产力的发展。这样才能满足国民经济加速发展的需要。

电力工业具有以依靠外延为主扩大再生产的基本特征。因此，实现电力工业的加速发展，主要是解决一个增加投入的问题。而要做到这一点，指望国家或某种单一渠道增加投资是不可能解决的，依靠现有的政策也是不够的，必须进一步解放思想，实事求是，采取更加大胆、更加有力的改革开放措施，创造一种新的加大电力工业投入力度的机制，才能保证电力工业以较高的递增率超常规发展。

1. 继续鼓励集资办电，用足用好现有政策。要继续坚持实行多渠道、多层次、多种形式的集资办电，继续协调运用好国家投资、银行贷款、煤代油资金和专项节能资金，鼓励地方集资和引进外资办电，充分利用国内国际两个市场、两种资源、两种资金，大力提倡跨地区、跨部门联合办电。同时，要进一步完善“谁投资，谁所有，谁用电”的政策，坚持多家办电，统一管网，切实保障国内外投资各方应有的权益。同时，也要继续完善和用足用好已出台的各项政策，特别是用好“2分钱”电力建设基金政策，并力争出台新的政策，加大电力基金的投入力度。

2. 充分利用国家理顺基础工业产品价格的机遇，同步推进电力价格改革。电力作为一种商品，其价格长期与价值严重背离，已成为严重影响我国电力企业活力和电力工业健康发展的重要制约因素，也阻碍着吸引外资办电的进一步开展，问题已经到了非解决不可的时候。电价改革不仅是电力企业转换经营机制、实现“四自”功能的关键，而且直接关系到加大电力工业的投入力度和加快办电的速度。要按照下述四条原则从根本上建立科学、合理的电价机制，即要做到：第一，保证维持简单再生产，包括成本、更改、大修等所需的费用；第二，保证电力建设8%～9%的增长速度的需要；第三，保证按期还贷和上缴税利；第四，保证企业的合理利润水平。我们要力争按上述作价原则确定电价计算公式并核定电价。在此基础上，逐步达到与国际电价接轨。部将根据上述原则尽快拟订《电力价格管理办法》上报国务院，并争取今年出台。

3. 推行电力股份制改革。股份制是适应市场经济发展的一种企业组织形式和经营模式。但从入股集资的角度看，股份制又是集资办电发展到高级阶段的一种形式。股份制是一种利益共同体，它既维持电网最大效益，又合理分配电网效益，有利于协调和理顺多家办电之后有关各方的利益关系，有利于集资办电的健康发展，也有利于增强电力企业的融资、投资功能，带动电价机制的改革，是与集资办电所形成的新生产力相适应的新的生产关系在生产、经营管理和分配上的最好模式，对当前电力行业的发展也是十分有利的。因此，部决定在山东电网等股份制改革试点的基础上，逐步扩大股份制改革。

推行电力股份制，要遵循两条原则：一是要符合电力发展的客观规律，有利于电网和电厂在集资办电基础上获得同步发展，有利于产供销诸环节的内在联系得到加强。因为只解决发电一个环节的问题，而不考虑输电和售电环节，产供销就失去了内在的有机联系。二是要遵循电力工业体制改革的“20字方针”。网、省公司都是实体，两个实体互为依存，互相支持，共同发展。股份制试点必须使网、省公司为实体得到加强而不是削弱，同时也鼓励各投资者参与股份制试点。部将尽快会同有关部门拟订一个推行股份制的规范化意见，使电力股份制有章可循并且有领导、有步骤地进行试点，防止和避免出现不规范的行为。

4. 增强电力企业技术改造的能力。要积极帮助电力企业力争把折旧率提高到合理的水平，并进一步提高加速折旧的比例。

5. 最大限度地发挥投资效益。为此，要继续执行行之有效的电力工业发展战略、方针和产业政策。在电力发展上，要继续坚持开发与节约并重的方针，特别是在一、二次能源短缺的地方，节能尤为重要。要坚持因地制宜、水火并举和适当发展核电，特别要大力发展水电和坑口电站。水电建设要按大中小并举的原则，进行梯级滚动、流域开发。并保证电网和电站的同步建设。

总之，要通过上述改革措施和政策措施，力争从不同的侧面全方位地增加电力工业的投入，实现电力工业更快发展。

（二）按照建立社会主义市场经济新体制的总目标，深化电力工业各项改革

在党中央、国务院的领导下，电力工业改革取得了很大成绩。从1984年开始蓬勃兴起的多渠道、多种形式的集资办电到组建五大电力集团和华能集团，一系列重大改革举措，都有力地促进了电力工业的发展。为适应新时期电力工业超常规发展的需要，必须按照建立社会主义市场经济体制的总目标，结合电力工业自身的特点和规律性，进一步深化电力工业的各项改革，进一步发展和解放电力工业的生产力。除上面提到的电价改革和股份制改革以外，还要抓好以下工作：

1. 加快转换电力企业经营机制。帮助电力企业转换经营机制，使之真正成为自主经营、自负盈亏、自我发展、自我约束的法人实体和市场竞争主体，是电力工业部的一项重要任务。

目前我国的电力行业中，除华能集团等极少数办电企业已经初步建立起基本符合社会主义市场经济的机制外，绝大多数电力企业都没有实现经营机制的转换。它们既缺乏投资功能，又无融资功能，也无外经外贸权力，虽然电力工业可在近5年里新增装机6200万kW，但电力企业也因此债台高筑达996亿元。今年5月7日的《人民日报》和《经济日报》均以显著位置刊登了“中国经济效益纵深行”活动的第一篇调研报告，通过对东北电力集团与华能集团经济效益的对比分析，揭示了我国的办电企业由于政策机制的不同而致使经济效益悬殊的状况及原因。为了加快电力工业的发展，必须加快转换我国大中型电力企业的经营机制，而把造就“华能机制”的政策推广到整个电力行业，将是电力体制改革的必由之路。

要加快完善电力集团的组织结构和功能结构。要尽快把部应给予企业的权力放下去。此外，当前还要帮助电力企业去争取国家赋予企业集团的各项政策，特别是落实投资功能，资金融通权和外经外贸权等。为此部决定先在东北电力集团试点并力争取得突破性进展。各独立省电网要随着改革的进一步深化积极走集团化的路子。

转换电力企业的经营机制，是一项复杂和艰巨的系统工程，需要企业和部协同配合，更需要各综合部门大力支持、共同努力才能完成。我们考虑，要用5年的努力，基本上实现电力企业经营机制的转换。

2. 争取电力集团国有资产授权经营。要按期完成电力企业清产核资扩大试点工作，在此基础上由电力集团向国家有关部委提出国有资产授权经营申请，争取列为第二批试点单位。要认真贯彻《总会计师条例》，抓好财务会计制度的改革。强化审计监督，保证改革健康发展。

3. 继续深化电力企业内部机制改革。要在总结试点单位成功经验和存在问题的基础上，进一步明确改革的指导思想，紧紧围绕建立竞争机制和动态管理机制的纵深目标，在总结试点经验的基础上，指导电力企业全面推行劳动、人事、工资三项制度改革。要高标准、严要求，不走过场，不搞形式主义。对新型电力企业要实行新的管理办法，对老的电力企业也要按新的管理模式进行改革，实现改进了的工资总额承包。

4. 要进一步深化电力基建管理体制改革。积极发挥市场竞争机制的作用，推行业主责任制和建设监理制，完善招标承包制。要积极创造条件，逐步将电力设计、施工、修造等企业推向市场。要重点研究解决电力建设前期经费不足和不能回收的问题以及施工企业基地建设等遗留问题。

5. 要深化电力科技、教育体制改革。电力科技工作要贯彻“稳住一头，放开一片”的原则，继续深化改革，加快结构调整。面向电力生产、建设的主战场，逐步形成科研、开发、生产、经营一体化。按照中央关于教育体制改革的决定，电力高校要真正成为自主办学的法人实体。要改革传统的教育培训制度，大力加强教育培训工作。

6. 坚持走一业为主、多种经营的路子。电力多种经营要努力实现加速发展，同时要在保证安全生产的前提下有领导、有组织地开展。要力争在3～5年内将现有电力企业的人数减少一半，为电力企业提高劳动生产率和经济效益，不断拓宽经营渠道。

7. 完善政策法规，使我国电力工业和电力企业在社会主义法制保护下健康发展。要按照社会主义市场经济的要求，重新修订《电力法》，努力创造条件使之尽早出台。抓好宣传、贯彻《电网调度条例》及《电力供应和使用条例》，统一管理电网，充分发挥大电网的优越性。

世纪大跨越

——电力部汪恕诚副部长

谈水电建设的体制改革

（1992年7月稿，1994年重新整理修改）

党的十一届三中全会以来，我国的水电事业取得

了举世瞩目的发展。根据10年规划和“八五”计划安排，到2000年全国水电装机要达到7000万kW以上，同时，一批世界级水平的水电站将陆续开工建设。在迎接水电建设高潮到来之际，我们要认真总结10年来水电建设改革的历程和主要成就，明确在深化改革中需要解决的若干问题，展望未来，更好地完成历史赋予我们的使命。

一、改革取得了显著成效

我国水电建设的改革始于1984年鲁布革工程引水隧洞国际招标和石塘工程国内招标。在这之后，国内的全部水电工程（西藏羊卓雍湖电站除外）都实行了业主责任制、建设监理制和招标承包制，涌现出一批建设速度快、施工质量好、投资得到一定程度控制的工程建设项目。以100万kW以上的大型水电站建设为例，广州抽水蓄能电站一期工程装机容量120万kW，1988年9月26日开工，1993年7月第一台机组投入商业运行，比国家批准的建设工期提前4个月，与国际上6座同类电站相比，建设速度快1～2年。水电第十四工程局承包广蓄工程施工任务，开挖阶段职工人数1700人，混凝土衬砌及机组安装阶段职工约3000人，高峰劳动生产率达5万元/人·年。水口水电站装机容量140万kW，1987年1月承包商进点，1993年8月8日第一台机组发电。其月最高开挖强度为35万m^3，年最高开挖量309万m^3；混凝土浇筑月平均强度10万m^3，年浇筑量达116万m^3，施工质量优良，表明我国的水电施工水平已跨上了新的台阶。承担水口施工任务的华田公司施工人数为3000～3500人，高峰劳动生产率达5万元/人·年。岩滩（121万kW）、漫湾（125万kW）、隔河岩（120万kW）等水电站也已陆续投产发电，这几项工程的施工人数为5000～7000人，高峰劳动生产率为3～3.5万元/人·年。以上列举的这些大型水电建设项目，与自营工程相比，劳动人数减少1/2～2/3，劳动生产率提高1～3倍，工期减少1～2年，经济效益显著。

“八五”期间，水电出现了投产高峰，全国大中型水电站（含地方中型）可投产1200万kW。从1991年至1993年，各年投产的千瓦数分别为115万、213.28万和334.85万kW；1994～1995年两年计划投产600万kW。这样的投产速度在我国水电建设史上也是绝无仅有的。

二、改革的关键是转换经营机制

近年来，水电建设之所以取得了比较显著的成绩，就我们自身的工作来看，主要是抓了三件事，即：建立健全新机制、实行项目管理和采用新技术。其中，最关键的是转换经营机制。

（一）建立业主责任制、建设监理制和招标承包制

水电建设的业主责任制、建设监理制和招标承包制是在1984年鲁布革水电站引水隧洞工程率先进行国际招标、实行转换机制试点的基础上逐步形成的。这种新机制的确立，主要通过以下三个方面的作用，推动了水电建设的发展。

1. 确立业主的地位　业主单位要负责资金筹集、工程建设、生产运营及资金偿还的全过程。业主单位的各项工作必须以取得电站的整体经济效益为出发点，在建设阶段，即以谋求电站及早投产发电作为主要的奋斗目标，并严格把握工程质量，较好地克服了基本建设不注重经济效益的弊端。

2. 确立甲、乙方关系　在工程建设中确立了甲、乙方关系，作为甲方的建设单位，其工作职责主要为“三控制一协调”：控制进度、质量、资金；协调建设过程中的各种矛盾。甲方的这种监督、管理、协调、服务的职能，无疑对提高工程建设的管理水平是有效的。

3. 把施工企业推向市场　招标承包制的建立，把施工企业推向市场，在市场竞争中谋求企业的生存和发展。抓管理、讲效益、重合同、守信誉成为企业发展的内在要求。竞争带来的压力变为企业深化改革的动力。自主经营、自我约束、自我完善、自我发展的新型施工企业正在兴起，为水电事业的更大发展准备了条件。

（二）实行项目管理和项目法施工

管理是一门科学，在新的机制确立之后，管理是十分重要的，对水电建设行业来说，在初设批准之后，根据国家批准的工程概算、工期和设计，以实现工程成本、质量和工期的整体最优，取得最大的效益为目标，按项目自身特性和它的内在规律来组织全过程的科学管理，即项目管理。为了便于区分甲乙方的项目管理，我们分别称之为“项目管理”和“项目法施工”，现在项目管理和项目法施工已在许多水电工程中运用，取得了明显的效果。

（三）采用新的科学技术

科学技术是第一生产力，新的科学技术的采用是提高水电建设水平的重要途径。以鲁布革水电站为例，据不完全统计，该项工程在不断优化设计和推进技术进步方面，共取得3100万元的直接经济效益；广州抽水蓄能、水口、岩滩等水电站在建设中都十分注重采用新的科技成果和技术，以谋求工程建设的整体经济效益。

三、改革的三个阶段

改革是新生事物，尤其在社会主义的中国，如何探

寻一种符合中国实际的水电建设管理体制，需要一个实践——认识——再实践——再认识的过程，需要认真地探索、总结和完善。

(一) 积极试点认真探索

自鲁布革工程开始，水电建设管理体制改革已有10年了。改革中我们坚持了多种模式的广泛试点，从实践中总结经验，探索道路。现归纳起来，先后出现了四种模式。

(1)由国家行政领导部门直接组建建设单位，建设单位负责工程建设，工程完工后用“交钥匙”的办法移交给业主单位。如鲁布革工程就是这种模式。这种办法，在建设过程中未能发挥出业主的作用，在后来的改革实践中已不再采用。

(2) 由设计院总承包，工程建成后移交给业主单位。如浙江的石塘水电站工程，设计总承包进一步调动了设计人员的积极性，工程建设取得很好的成绩，但这种办法同样没有发挥业主单位的作用，工程后期产生了许多矛盾，使工程移交遇到很大困难。今后运用这种模式必须注意充分发挥业主单位的作用，实行业主管理指导下的设计总承包。

(3)由业主单位组建的建设单位来管理工程建设，如漫湾、水口、岩滩、隔河岩、五强溪、李家峡、二滩等水电站工程。

(4)由业主单位聘请工程监理实施工程建设管理，如广蓄、十三陵、天荒坪、天生桥一级、大广坝、太平驿、莲花等水电站工程。

以上第三、四种模式将是我国水电建设管理的主要形式。在10年多的改革实践中，除探索管理模式外，对具体的管理办法也进行了广泛的探讨，积累了很多经验和教训。

(二) 全面系统地总结经验

随着鲁布革、石塘工程的竣工，广蓄、岩滩、漫湾、水口、隔河岩等电站的陆续投产，标志着我国在新的建设管理体制下运作的电站建设即将完成一个完整的建设周期，完全具备了全面系统总结经验的条件。近年来，各建设单位都在抓紧总结经验，原能源部召开的广州抽水蓄能电站建设经验交流会，以及水电建设管理专业委员会的几次年会，都是对水电改革的全面总结。当前我们的任务就是要认真总结经验，提高管理水平，全面地、科学地、系统地把改革的实践经验上升到理论，形成管理科学，进而更好地指导实践。

(三) 建章建制加以定型

在总结经验并上升到理论科学的基础上，就应迅速制定出各种法规、规定、办法、意见等法律性文件，使之成为水电建设应遵循的准则，依靠法律把改革成果巩固下来。现在，这项工作正在加紧进行。

管理体制改革三个阶段的工作是事物发展的必然过程，其内容是互相穿插的，不能截然分开。从总体看，目前仍主要处于第二阶段。希望通过大家的努力，争取在本世纪末以前确立具有中国特色的水电建设管理体制。

四、深化改革中亟需解决的几个问题

当前，深化水电建设管理体制的改革，主要需解决以下几个问题。

(一) 以现代企业制度来规范、完善和组建甲方机构

随着社会主义市场经济体制的逐步建立，随着改革的不断深化，水电建设要在业主责任制的基础上，以现代企业制度来规范、完善和组建甲方机构。甲方机构必须明确出资人的资产权益和业主单位的经营权益，并逐步实行政企分开。成立流域开发公司或地域开发公司，搞有限责任公司、股份制公司，是水电建设更高层次上的改革，现已开始试行。

(二) 深化设计改革

在水电建设全面推行“三项制度”的情况下，实质上已使水电基本建设进入了市场，建设单位已经主要以经济手段来管理基本建设了。但另一方面，设计工作基本上仍然是用计划经济、行政手段的办法来管理，两者之间必然产生矛盾和摩擦，这种情况已经在许多工程项目建设过程中出现。自党的十一届三中全会以来，设计工作也进行了许多改革，取得了一定成效，1993年以来，设计改革的步伐又进一步加快。设计改革的主要内容可以概括为：设计成果商品化；设计单位企业化；设计管理行业化。现阶段主要是在社会主义市场经济条件下，探索水电前期工作的筹资体制；探索设计院事业体制改为企业体制问题以及进一步完善设计单位内部经营管理机制问题。

(三) 大力发展多种经营，建立施工企业的产业支柱

由于我国经济的高速发展，对电力工业的发展提出了越来越高的要求。水电能源的开发也越来越被国家领导和计划部门重视，水电投资逐年增加，上升速度之快不仅是水电建设史上所没有的，也是全国其他行业所没有的。水电建设的改革和我国其他各行各业的改革一样，在大幅度提高劳动生产率的情况下，施工企业富余人员的安置是改革能否深入持久的最重要问题。近年来，水电施工企业多种经营的发展曾经历了福利型、安置型和产业型三个阶段。现在看来，22万人的施工队伍，至少应有7万～10万人在多种经营岗位，而且一定要使多种经营发展成为产业型，成为工程局的一根产业支柱，才能使施工企业真正摆脱困境，也

才能使水电建设的改革成果得以巩固和发展。

(四) 加强配套改革

国家现行的各种管理体制,如行政管理体制、计划体制、财税体制、外贸体制等等,也都进行了很多改革。但由于水电建设的改革进展较快,就会遇到许多新的问题,提出新的要求,这就是我们经常所说的配套改革的问题。以计划管理的重要手段概算控制为例,静态的概算已经很难适应动态的资金流管理的需要了,除了在静态概算基础上加进动态的变化因素外,最根本的是要建立一套与国际接轨的、又符合中国实际的工程造价管理办法和体系。这项工作正在实施中。

五、历史的使命

1912年,在云南昆明建成了我国第一座水电站——石龙坝。经过水电建设者几代人80多年尤其是解放后40多年的努力,至1993年底,全国水电装机已达到4459万kW。回顾这80年的历程,总结经验,展望未来,我国水电建设可以大致划分为三个阶段。

(一) 石龙坝——葛洲坝

新中国成立以后,陆续建设了刘家峡、丹江口、龚咀、新安江、白山、龙羊峡、葛洲坝等一批大型水电站和一系列中小型水电站,尤其是葛洲坝工程建设,达到了较高的水平,成为我国水电建设史上的光辉一页。但是,也要清醒地看到,这一时期还有"工期长、投资大、见效慢"三顶帽子压在我们头上,我国水电建设的整体水平与世界先进水平还有较大差距。

(二) 鲁布革——广州抽水蓄能电站

为使我国水电建设水平能够有突破性的提高,并迎接水电建设高潮的到来,改革早已成为全体水电建设者的光荣历史使命。从1984年鲁布革改革开始,到全国各水电建设项目普遍推行新的管理体制,改革成果开始显示。广蓄建设经验集中体现了我国水电建设改革成果,并展示了今后水电建设改革发展的方向。水电建设的改革阶段大体将延续到本世纪末。届时将新增装机容量3500万kW左右,总装机容量达到7000万kW以上。改革的不断深入,也为迎接我国一批世界级水平水电站的建设作好了管理和技术上的准备。

(三) 二滩——三峡工程

"八五"、"九五"期间,我国已经和将要开始建设一批特大型水电项目,如三峡1820万kW、二滩330万kW、龙滩420万kW、小湾420万kW、瀑布沟330万kW(或锦屏2×300万kW)。中国的水电建设者一定要有这样的志气:用一流的设计、一流的管理、一流的技术、一流的质量,建成一批世界一流的水电站。到2012年,经过从石龙坝开始的一个世纪的努力,使全国水电装机容量规划达到1.1亿~1.25亿kW左右,实现世纪大跨越。我们不仅要建成世界最大——三峡水电站,夺取"单项"冠军,还要成为世界上水电装机容量(常规机组)最多的国家,夺取"团体"冠军。

1994、1995两年农村水电和初级电气化县建设的任务

编者说明:1994年2月24日,全国农村水电电气化工作会议在北京召开。水利部副部长张春园在会上作了《大力发展农村水电,努力完成第二批200个初级电气化县建设任务》的工作报告。报告分4部分:①3年来农村水电及电气化县建设工作的回顾;②今明两年农村水电和初级电气化县建设的任务;③深化农村水电的改革;④坚定不移地坚持两个文明一起抓。这里刊登的是其中的第二部分。

根据国务院领导指示和国家计委的安排,全国水利部门结合江河治理开发至2000年要完成水电装机1500万kW;"八五"完成200个农村水电初级电气化县的建设,"九五"完成300个农村水电电气化县建设。1994、1995两年是完成"八五"200个农村水电初级电气化县和1500万kW水电装机任务十分关键的时期,要重点抓好以下几方面的工作。

(一)努力搞好第二批200个农村初级电气化县的建设。1991年,国务院批准建设第二批200个农村水电初级电气化县,经过3年努力,有14个县达标验收。今年计划争取完成87个县,明年要全部完成。今年要完成的87个县:四川省13个、福建省13个、湖南省13个、广西自治区14个、江西省5个、云南省6个、浙江省4个、湖北省6个、广东省4个、吉林省4个、甘肃省2个,陕西、青海、河南省各1个。200个县规划需要新投产发电装机257万kW,前3年只完成115万kW,还有142万kW,务必在1994、1995两年完成。希望各级水利部门要在地方党委、政府的领导下加倍努力,认真工作,千方百计完成电气化建设任务。

1. 切实加强领导。第二批已经验收的14个县提前两年达标,他们的经验很丰富,其中关键一条就是加强对电气化建设的领导。各电气化县在政府换届后,人员如有变动,要尽快调整,上岗到位。要加强办公室的工作,办公室的同志要积极主动地开展工作。目前,农村水电初级电气化建设已到了攻坚阶段,除了各电气化县要加强领导外,希望有建设任务的,特别是任务重的省、区、市,也要加强对这一工作的领导,组织和协

调好各方面的关系，南方电气化县建设任务重的水利(水电)厅要有一位分管的厅领导专门抓，保证国务院下达建设任务的完成。

2. 认真落实任务。第二批200个初级电气化县达标验收日期是1995年年底。各省、自治区要逐县检查各项达标指标，以“倒计时法”安排各工程项目的完工时间。个别县在1995年达标确有困难，各省应进行调整。为确保200个县的完成，希望各省在200个县之外多考虑几个“自学成材”的县。对“自学”有可能“成材”的县，在投资安排上要给予照顾。

要认真抓好验收工作，各电气化县要组织专门检查验收班子进行自检，合格后，再由省(区)计(经)委负责组织验收。在电气化县标准上一定要严格要求，保质保量。

3. 多方筹资，增加投入。必须狠抓资金落实，在今、明两年农村水电资金安排上要优先考虑电气化县。

(二)今明两年完成装机确保250万kW，力争270万kW。今年列入投产项目的工程，各省、自治区水利(水电)厅要加强对这些项目的领导，建立投产项目负责人制度和投产项目简报制度。任务重的省分可以仿照电力部门建立装机发电奖。

(三)要积极创造条件新开工一批水电项目。国家计划安排全国水利部门到2000年完成水电装机1500万kW的任务。90年代前3年已完成311万kW，后7年要完成1189万kW，每年平均投产装机170万kW，任务相当艰巨。

建设水利水电工程要有一定的建设周期，从今年开始至1997年这4年中，要新开工建设600万kW，平均每年开工建设150万kW，要是错过这个机会，很难完成这个任务。今年各省(区)对基本条件具备的项目，要抓紧做好各项工作，尽快开工。5万kW以下电站，不需国家安排基本建设贷款的，省(区)计(经)委可以直接批准建设。

要着力抓好前期工作。各省从今年开始，要下力气，下本钱，抓好前期工作。要优先安排有防洪、灌溉、发电等综合效益的龙头项目，优先考虑投资少、工期短、效益好的中型水利水电工程和小型骨干项目。

(四)要抓好农村水电的更新改造工作。争取用5～7年的时间将农村水电主要设备改造一轮，为使农电企业成为现代企业打下物质基础。

关于农电设备技改资金来源，主要依靠电站提取更改资金和折旧费为主，可以适当提高折旧率，同时各省(区)、市要争取在地方更改资金总量中安排一块。

(五)大力发展科技，搞好培训教育。要积极推广与应用新技术、新设备、新材料、新工艺。大力推广小型化变电站技术、小机组自动化技术、调度自动化技术、节能变压器、新型号水轮机转轮、碾压混凝土、沥青心墙和面板堆石坝、中小型抽水蓄能、水系统等技术。要开展申报“九五”国家攻关科技项目工作，鼓励水电行业的科技进步，形成行业重视科学技术发展的风气。

要大力加强职工培训，特别是岗位培训。从1994年起要逐步实施岗位规范，职工要经过培训考核，持证上岗。要选派人员到高等院校去深造。各级水利(水电)部门每年应从应届毕业生中和社会上吸收人才，充实我们队伍的力量。总之，我们在人才问题上一要重视，二要下本钱。

(六)抓好安全生产。各水利水电企业要建立完备的、明确各环节的、各级人员和各工种岗位责任制为中心的安全生产机制。要建立强有力的安全监察体系，要努力实现包括临时工在内的生产方面人身死亡“零”的目标，要大幅度减少或消灭重大设备损坏、垮坝、重大火灾等恶性事故。

中国水电建设概况

2

概　　述

1992～1994 年水电建设情况概述

1992～1994 年我国水电建设取得了很大成绩：工程施工建设水平有了明显提高，投产规模创历史最高记录；建设体制改革不断深化，正向着建立社会主义市场经济体制的目标迈进；科技工作、规划设计、集资办电等各个方面都有新的进展。

一、规划设计

在可行性研究方面，1992 年完成设计报告的主要项目有：

常规电站：小湾（420 万 kW）、三板溪（100 万 kW）。

1993 年完成设计报告的主要项目有：

常规电站：锦屏二级一期（160 万 kW）、百色（48 万 kW）、九甸峡（24 万 kW）；

抽水蓄能电站：蒲石河（120 万 kW）、荒沟（120 万 kW）、乌龙山（40 万 kW）、风香岭（30 万 kW）。

1994 年已完成或将完成设计报告的项目有：

常规电站：光照（63 万 kW）；

抽水蓄能电站：西龙池（100 万 kW）、泰安（60 万 kW）。

在初步设计方面，1992 年完成设计报告的主要项目有：

常规电站：大朝山（135 万 kW）、凌津滩（24 万 kW）、拉西瓦（372 万 kW）、洪家渡（54 万 kW）、旬阳（32 万 kW）、尼那（16 万 kW）、姚河坝（13.2 万 kW）、丰满三期扩机（28 万 kW）；

抽水蓄能电站：广州抽水蓄能二期（120 万 kW）。

1993 年完成设计报告的主要项目有：

常规电站：瀑布沟（330 万 kW）、公伯峡（150 万 kW）、小峡（23 万 kW）、王甫洲（10.9 万 kW）。

1994 年已完成或将完成的主要项目有：

常规电站：思林（84 万 kW）、桐子林（44 万 kW）、冷竹关（15.3 万 kW）、恶滩改建（56 万 kW）；

抽水蓄能电站：张河湾（100 万 kW）。

1994 年底 10 万 kW 以上的水电可行性研究储备项目 32 个、2418 万 kW，其中常规电站 1789 万 kW（含扩机 84 万 kW），抽水蓄能电站 629 万 kW。1994 年底 10 万 kW 以上的水电初步设计储备项目 32 个、1892.8 万 kW，不含 1994 年预备开工的龙滩（420 万 kW）、大朝山（135 万 kW）、百龙滩（19 万 kW）、万家寨（102 万 kW），其中，常规电站 1672.8 万 kW（含扩机 68 万 kW），抽水蓄能电站 220 万 kW。

二、工程建设

东西关（18 万 kW）、莲花（55 万 kW）及天荒坪抽水蓄能（180 万 kW）、松江河梯级（51 万 kW）等大中型水电站分别在 1992 年和 1993 年开工建设。其中，天荒坪抽水蓄能电站是目前我国在建的最大的抽水蓄能电站。1994 年列入国家计划的大中型水电项目（续建）共 25 项，总装机容量 2340 万 kW，在建规模 1722.5 万 kW。

1992～1994 年，包括被誉为水电建设战线上的“五朵金花”—— 广州抽水蓄能（简称广蓄）、水口、岩滩、隔河岩、漫湾等 100 万 kW 级水电站在内的一批水电工程相继投产发电，使水电进入一个投产高峰期。1992 年大中型水电投产突破 200 万 kW，其中投产的大型水电站有：岩滩 1 号（投产时间顺序号，下同）机（30.25 万 kW），天生桥二级 1 号机（22 万 kW），铜街子 1 号机（15 万 kW），白山 5 号机（30 万 kW），安康 3 号、4 号机（计 40 万 kW），万安 3 号、4 号机（计 20 万 kW），潘家口抽水蓄能 3 号、4 号机（计 14 万 kW），丰满扩机 10 号机（8.5 万 kW）。1993 年大中型水电投产 309.45 万 kW，即：广蓄 1 号、2 号、3 号机（计 90 万 kW），隔河岩 1 号、2 号机（计 60 万 kW），漫湾 1 号、2 号机（计 50 万 kW），岩滩 2 号机（30.25 万 kW），水口 1 号机（20 万 kW），铜街子 2 号、3 号机（计 30 万 kW），天生桥二级 2 号机（22 万 kW），青溪 1 号、2 号机（计 7.2 万 kW）。

1993 年水电建设水平登上了一个新台阶，主要体现在：在水电投产方面，创造了三项记录：全国大中型水电年投产突破 300 万 kW；一个电站（广蓄）一年内投产 90 万 kW；一个工程局（葛洲坝工程局在隔河岩、漫湾、天生桥二级 3 座电站工程）一年内安装 6 台机组计 154 万 kW，其中投产 5 台 132 万 kW。土建施工水平也有了较大提高，五强溪年浇筑混凝土 117 万 m^3，刷新了水口工程 1991 年创造的年浇筑混凝土 116 万 m^3的高产记录，工程施工质量总体水平也有较大提高。

1994 年计划投产 15 台机组 286.75 万 kW，争取投产 3 台 71.25 万 kW。1994 年水电投产将再次突破 300 万 kW。上半年，水电已投产 9 台机组 154.45 万 kW，首创水电机组时间过半，投产任务过半的历史记录。投产的 9 台机组是：青溪 3 号、4 号机（计 7.2 万 kW），大广坝 1 号、2 号机（计 12 万 kW），水口 2 号机（20 万 kW），广蓄 4 号机（30 万 kW），隔河岩 3 号机（30 万 kW），漫湾 3 号机（25 万 kW），岩滩 3 号机（30.25 万 kW）。

1992～1993 年，全国水电新增装机容量 671 万 kW。据 1993 年底统计，全国水电总装机容量 4459 万 kW，占全国电力总装机 18291 万 kW 的 24.4%；全国水电年发电量 1507 亿 kW·h，占全国年发电量 8364 亿 kW·h 的 18.0%。按装机容量计算，我国水电开发利用率已达 11.8%。我国水电装机和年发电量均居世界第四位。

三、建设体制改革与法规建设

随着我国改革开放的不断深化，水电建设改革取得了新的进展。1992 年国家计委正式颁发了《关于建设项目实行业主责任制的暂行规定》，水电建设领域在认真总结过去几年实践经验的基础上，对进一步完善推行建设项目业主责任制进行了广泛深入的探讨和实践。目前，业主责任制在水电大中型建设项目中得到了广泛的推行，1984 年鲁布革改革以后新开工的大中型水电建设项目（西藏羊卓雍湖电站除外）几乎全部实现了业主责任制、建设监理制、招标承包制的新机制，在过去自营体制后期建设的一些大中型水电工程，如东风、宝珠寺等，也在按业主责任制的要求进行项目建设管理。

按照党的十四届三中全会作出的《关于建立社会主义市场经济体制若干问题的决定》的精神，水电建设领域正进一步深化体制改革，把业主责任制按现代企业制度再向前推进一步。新开工的大中型水电站将按有限责任公司的模式组织建设，对具有系统开发价值的河流或河段组建水电流域（区域）滚动开发公司。近期将在湖南沅水组建开发沅水流域 的有限责任公司；在四川组建雅砻江（二滩公司）、大渡河（电力公司）、宝兴河（华能集团）和南桠河（电力公司）等流域性开发公司，同时对一些已有的公司按公司法进行有限责任公司改造和规范化。

水电勘测设计工作改革取得了一定进展，1993 年电力工业部下发了《关于调整水电工程设计阶段的通知》，将水电前期工作由以前的河流综合规划、河段水电规划、可行性研究、初步设计、招标和施工详图设计 5 个阶段简化合并规范为：河流综合规划、预可行性研究、可行性研究、招标和施工详图设计等 4 个阶段，迈出了设计改革的第一步。设计审批权限改革、造价体系改革、前期费筹集等措施正着手研究。水电勘测设计研究院和施工企业内部改革也取得了一定进展。

水电建设法规建设得到了进一步加强。1992 年出台了《水电工程建设监理暂行规定》等有关监理的管理办法，1993 年出台了《水电建设工程施工安全管理办法》，1994 年修订了《水电基本建设工程防汛管理办法》。

四、新技术开发和推广应用

1992～1994 年 3 年中，新技术开发重点在以下几个方面进行了研究并有了新的进展：①在高坝建设关键技术方面：特高混凝土拱坝在坝体、库水和坝基的相互作用下的动静力分析研究；高强大体积混凝土材料特性研究、施工工艺和温控指标研究；高水头、大流量泄洪消能工程技术和措施；高土石坝筑坝新材料及复合材料研究、高土石坝的应力、防渗技术及深覆盖层处理技术、高应力土石材料、高孔隙水压力、应力应变关系及应力、水压应变形分布。②在高边坡稳定分析及加固技术方面：岩质高边坡稳定研究；岩质高边坡开挖及加固、失稳机理及监测技术。③在碾压混凝土筑坝技术方面：新结构、新材料、新设计原理和新施工工艺。④在超高钢筋混凝土面板堆石坝方面：面板结构、周边缝结构及防渗技术；堆石料的堆筑技术和坝体汛期过渡技术。⑤在水轮发电机组方面：模型转轮和过流通道的研究；水电站自动化、微机励磁、微机调速和全厂可编程分布式控制等。以上各方面都取得了较好的成果。

在新技术推广方面，碾压混凝土筑坝技术、钢筋混凝土面板堆石坝筑坝技术、水工补偿收缩混凝土建坝技术、水工混凝土掺用氧化镁技术、宽尾墩联合消能工程技术、土石坝设计交互式软件系统、水电站拱坝设计 CAD 系统、工程高边坡失稳和加固分析计算软件系统等，都得到了推广应用。

五、集资办电和引进外资

1994 年国家计划的大型水电建设项目中，二滩、广蓄一期、天生桥一级、李家峡、隔河岩、五强溪、大广坝、漫湾、天生桥二级（二期）、十三陵蓄能、大峡、太平驿、东西关、莲花、天荒坪蓄能、松江河梯级等大部分工程都采用了集资办电的办法。此外，一部分待建工程项目，如大朝山、广蓄二期、龙滩、小湾等也已签订合资建设协议。合资的方式有中央和地方双方合作，也有中央和几个省（区）跨行政区域的多方合作，如广蓄、天生桥一级、李家峡、天荒坪蓄能。有的工程合资的资金只有内资，有的工程合资的资金既有内资也有外资。各合资工程中，地方集资内资部分在工程总投资内资中的比例占20%～80%。

水电年度投资中使用的地方集资逐年增加，1992年、1993年、1994年年度投资中地方集资分别为175056万元、201522万元、327441万元（计划数）。

集(合)资办水电政策的推行，起到了国家导向，吸引地方投资，拓宽水电建设资金、促进水电开发的作用。

利用外资工作也有了新的进展，1992年、1993年、1994年年度投资中水电利用外资分别为160132万元、192973.7万元、151320万元(计划数)，分别占年度总投资的15.2%、14.6%、10.6%。在建大型水电工程中，使用外资的项目有广蓄、岩滩、水口、隔河岩、五强溪、二滩、十三陵、天生桥一级、大广坝、天荒坪等。外资来源主要是世界银行、亚洲银行、日本海外协力基金以及有关国家的政府贷款。外资的引进，除了补充水电投资外，还引进了国外先进的技术和管理经验，对提高我国水电建设水平起到了很好的作用。

（电力工业部水电开发与农村电气化司　张学知）

水电建设的主要经验及存在问题

一、主要经验

改革开放以来，特别是近年来，我国水电建设取得了前所未有的成就，其主要的经验是水电建设领域着重抓了机制、管理、新科技几个方面的工作。

1. 投资体制改革——积极推行集资办电，加大利用外资力度　集资办电政策的推行，极大地调动了地方参与水电建设的积极性，拓宽了水电建设资金来源，缓解了水电投资不足的矛盾。地方政府在工程建设中给予直接的关心和支持，帮助协调解决重大问题，有力地保证了工程建设的顺利进行。1993年广州抽水蓄能(以下简称广蓄)、隔河岩、漫湾分别实现投产3台90万kW、2台60万kW、2台50万kW机组的建设高速度，地方政府为此作了大量有效的工作，充分体现出集资办电的重要作用。

外资的利用，不仅在拓宽水电建设资金来源方面起了重要作用，而且同时引进了国外先进的技术和管理经验，对提高我国水电建设水平起到了很大的作用。

集资办电，包括外资的利用，促进了水电建设体制改革的不断深化。

2. 建设体制改革——建立和完善业主责任制、建设监理制、招标承包制的新机制　业主责任制的推行，进一步确立和加强了业主的地位。按照业主责任制的要求，项目建设业主对建设项目的筹划、集资、设计、建设，直到生产经营、归还贷款本息以及固定资产的保值增值全过程负责，承担投资风险，自求发展、自觉协调、自我约束、讲求效益。业主通过招标，择优选择施工单位以及在建设过程中实行建设监理，全面控制工程进度、质量、造价，以保证获得最佳的整体经济效益。

确立和理顺甲、乙方关系：甲方在工程建设管理中，认真总结经验，通过与乙方建立和谐、协调的关系，较好地履行监督、管理、协调、服务的职能。

建设体制改革，把施工企业推向市场，在市场竞争中谋求企业的生存和发展，有力地推动了施工企业内部改革和自身的建设发展，为水电建设的大发展奠定了坚实的基础。

3. 推行项目管理和项目法施工的科学管理办法

业主在推行项目管理过程中积累了丰富的经验，同时施工企业的项目法施工在水电施工企业系统得到了广泛的推行，并取得了明显的效果。

4. 大力推广新科技　新科技的推广是提高水电建设水平的重要手段。岩滩、水口、广蓄、隔河岩、漫湾等几个100万kW级水电站，取得了工期较短、质量较好、投资较省的成绩，积极采用新技术是其中一个很重要的原因。五强溪1993年年浇筑混凝土117万m^3，这一高产记录也是应用新科技的综合体现。

二、存在的主要问题

1. 开工规模不足　1991～1993年投产规模逐年增加，大中型水电分别投产突破100万kW、200万kW、300万kW，而开工规模却严重不足。“八五”前3年（1991～1993年），开工9个项目854万kW，比原计划少开工771.2万kW，直接影响到“九五”投产，预计“九五”因此将比原计划少投产463.7万kW。

2. 前期工作滞后　目前已经完成和正在进行的前期工作，与“八五”、“九五”的计划开工规模相比，有较大缺口。预计到1995年，最多只能完成“八五”开工规模中的2090万kW，比原计划的2590万kW

少500万kW；最多只能完成“九五”开工规模中的1800万kW，比原计划的2000万kW少200万kW。前期工作中，流域规划工作严重滞后，明显制约了可行性研究和初步设计工作。前期工作的滞后，实际上已制约了“八五”的计划开工规模，而且还将影响“九五”的开工规模，进而影响下个世纪水电的投产。

3. 前期经费严重不足　水电前期工作滞后的主要原因是经费严重不足。1992年是国家水电前期经费投入的高峰年，总投入1.8亿元，和70年代相比，前期费增长了5倍，但水电基建投资增长约10倍。前期经费投入的增长速度远低于水电基建投资的增长速度。根据测算，为满足“八五”末和“九五”水电计划开工项目的需要，1994～1996年，按1991年的设计取费标准(并考虑每年10%的价差)，所需的前期费分别为5.56亿元、5.95亿元、5.58亿元。目前已有的前期经费远远不能满足要求。

4. 现行的工程造价体系不能完全适应新体制的要求　目前水电工程造价体系是在计划经济条件下建立和完善起来的，已不能完全适应社会主义市场经济的要求，需要进行改革，以建立一套适应社会主义市场经济体制、体现水电特点、适合中国国情并和国际接轨的造价体系。

5. 资金问题　水电建设资金的筹集，无论是内资还是外资，与火电相比，与水电建设发展的需要相比，目前都存在一定差距。

6. 水电建设市场规范问题　我国水电建设体制从过去自营体制改革实行招标承包制后，在工程建设取得重大成就的同时，施工队伍自身建设也取得了较大的发展，经受了市场的考验。但由于历史遗留问题、改革不配套、法制不健全等原因，水电建设市场仍然存在一些不规范的问题，出现施工队伍竞相压价抢标的现象；作为业主，也往往偏向于低价取标，从而导致承包商的盈利很低，甚至亏损。

7. 施工企业困难　在国家经济体制改革中，水电施工企业率先走向市场，在改革开放初期以计划经济为主的体制下，在缺乏市场经验的条件下，摸索着走向市场，在取得了很多成功经验的同时，也不可避免地遇到了一些困难和问题，如基地建设、设备装备和流动资金等。施工企业的困难，有历史遗留问题，也有改革不配套、法制不健全带来的问题，有从计划到市场接轨过程中出现的问题。施工企业的困难，从根本上讲，要通过深化改革来解决。施工企业要进一步强化企业内部改革，适应社会主义市场经济体制的需要，同时，国家还必须给予必要的关注和扶持，帮助施工企业尽快走出困境。

(电力工业部水电开发与农村电气化司　张学知)

全国抽水蓄能电站发展情况概述

1992～1994年期间，全国抽水蓄能电站(以下均简称抽蓄电站)的建设和勘测设计工作有较大进展：继潘家口抽蓄电站3台机组先后于1991年、1992年并网发电之后，第一座100万kW级的广州抽蓄电站一期工程4台机组亦先后于1993年至1994年全部投产，并投入商业运行；在建的有十三陵、天荒坪、羊卓雍湖、溪口广州抽蓄二期以及在已建的响洪甸水电站扩建的共6座抽蓄电站，总装机容量415.25万kW。除上述项目外，各地区还做了大量的普查、规划选点、可行性研究和初步设计工作。3年中提出的部分预可行性研究和可行性研究的大型抽蓄电站见表。现分区概述如下。

1992～1994年提出的部分预可行性研究和可行性研究的大型抽水蓄能电站主要指标表

电站名称		板桥峪	遥桥峪	西龙池	呼和浩特(哈拉沁)	乌龙山
上水库	地点	北京密云	北京密云	山西五台	内蒙古呼和浩特	浙江建德
	坝型	混凝土面板堆石坝	混凝土面板堆石坝	沥青混凝土面板堆石坝	混凝土重力坝及堆石坝	钢筋混凝土面板堆石坝
	最大坝高(m)	94	74.5	91	37	62.5
	总库容(万 m³)	621.6	395	522		379.79
	有效库容(万 m³)	556.8	347	466	570	339.13

续表

电站名称		板桥峪	遥桥峪	西龙池	呼和浩特（哈拉沁）	乌龙山
下水库	坝型	混凝土双曲拱坝	混凝土大头坝浆砌石重力坝	沥青混凝土和混凝土面板堆石坝	面板堆石坝	重力坝
	最大坝高(m)	54.5	59	42	55.8	47.7
	总库容(万 m^3)	7690	2560	542		44000
	有效库容(万 m^3)	1120	365	466	570	9000
电站	装机容量(万 kW)	100	100	100	120	40
	平均年发电量(亿 kW·h)	14.6	14.6	16.72	26.28	6.74
	平均年抽水耗电量(亿 kW·h)	20.0	19.2	23.55		9.24
	年发电利用小时(h)	1460	1460	1672	2190	1672.5
	发电最大水头(m)	388	578.3	659.5	619.3	273.3
	发电最小水头(m)	334.6	518.2	582.7	584	235.4
	电站综合效率(%)	73	76	71	73.4	75.7
	输水道总长(m)	1010	500	2579	1582	884
	设计单位	北京勘测设计研究院	天津勘测设计研究院	北京勘测设计研究院、山西水利勘测设计院	内蒙古农牧学院和清华大学	华东勘测设计研究院
	资料来源	预可行性研究报告 1994年11月	预可行性研究补充报告 1992年10月	可行性研究（站址选择报告）1992年7月	规划选厂报告 1993年1月	可行性研究报告 1993年8月

电站名称		风香岭	桐柏	泰安	深圳
上水库	地点	浙江新昌	浙江天台	山东泰安	广东深圳
	坝型	钢筋混凝土面板堆石坝	均质土坝	钢筋混凝土面板堆石坝	钢筋混凝土面板堆石坝
	最大坝高(m)	61	37.15	106	34
	总库容(万 m^3)	307	1157	1271	748
	有效库容(万 m^3)	248	1012	898	668
下水库	坝型	细石混凝土砌石重力坝	钢筋混凝土面板堆石坝	均质土坝	钢筋混凝土面板堆石坝
	最大坝高(m)	68	65.0	22	42.5
	总库容(万 m^3)	13640	1259	2997	854
	有效库容(万 m^3)	9560	1012	1711	764.4

续表

电站名称		风香岭	桐柏	泰安	深圳
电站	装机容量(万 kW)	30	120	80	100
	平均年发电量(亿 kW·h)	5.033	20.10	13.38	19.9
	平均年抽水耗电量(亿 kW·h)	7.046	27.92	19.11	26.5
	年发电利用小时(h)	1677	1675	1825	1990
	发电最大水头(m)	339.58	275.56	256	441
	发电最小水头(m)	289.07	226.34	221	398
	电站综合效率(%)	71.4	72	70	75
	输水道总长(m)	3396	1072	1718	3421
	设计单位	华东勘测设计研究院	华东勘测设计研究院	中国水利水电建设工程咨询公司、北京勘测设计研究院	广东省水利电力勘测设计研究院
	资料来源	可行性研究报告 1993年11月	预可行性研究报告 1994年6月	预可行性研究报告 1994年6月	可行性研究报告 1993年10月

注 1. 总库容均取正常蓄水位以下库容；
2. 遥桥峪、乌龙山、风香岭、泰安均利用已建或在建水库为下水库；桐柏利用已建水库为上水库；
3. 乌龙山下水库指标取自水电部电力基建司1976年编制的《全国大中型水电站》中富春江水电站资料；
4. 本年鉴第三卷（1989～1991）已刊有蒲石河、荒沟、张河湾、广蓄二期4座抽蓄电站的主要指标，1992～1994年期间提出的上述电站可行性研究或初步设计成果，除蒲石河装机容量由194万kW改为120万kW外，其它各站规模均未变化，本表不再列出上述电站主要指标。

一、华北地区

为研究京津唐电网抽蓄电站的后续工程，水利水电规划设计总院（以下简称水规总院）于1992年7月对位于密云县境内的板桥峪和遥桥峪两个站址组织了查勘。其后，天津勘测设计研究院于1992年10月提出了《雾灵山遥桥峪抽水蓄能电站预可行性研究补充报告》，北京勘测设计研究院（以下简称北京院）于1993年3月提出了《板桥峪抽水蓄能电站预可行性研究报告》。1993年3月，十三陵蓄能电站筹建处委托中国国际工程咨询公司对上述两个站址进行了咨询。

对河北省南部电网的张河湾抽蓄电站，1992年5月，水规总院与河北省计委共同主持召开审查会，审查了由北京院编制的《张河湾抽水蓄能电站可行性研究报告》。1994年6月，北京院提出《张河湾抽水蓄能电站初步设计报告》。

对位于山西省的西龙池抽蓄电站，北京院与山西省水利勘测设计院共同进行可行性研究工作。1993年7月，水规总院与山西省计委共同主持召开了选坝会议，1994年12月召开预可行性研究报告审查会。

内蒙古自治区电业管理局委托内蒙古农牧学院和清华大学对位于呼和浩特市郊的哈拉沁沟建设抽蓄电站条件进行研究。两校于1993年1月提出《内蒙古哈拉沁抽水蓄能电站规划选厂报告》。北京院于1993年6月提出《华北地区抽水蓄能电站规划选点蒙西电网规划补充报告》。1993年7月，水规总院会同内蒙古自治区计委、电业管理局主持召开审查会，同意哈拉沁为蒙西电网优先开发的抽蓄电站，开展前期勘测设计工作。

二、东北地区

东北勘测设计研究院（简称东北院）于1992年9月提出《辽宁蒲石河抽水蓄能电站工程可行性研究报告》，水规总院会同辽宁省计委于1993年共同主持召开审查会。东北院于1993年3月提出《黑龙江省荒沟抽水蓄能电站工程可行性研究报告》。1993 年 5 月，水规总院会同黑龙江省计委共同主持召开了审查会。

三、华东地区

国家计委于 1992 年 6 月正式批准兴建装机容量 180 万 kW 的天荒坪抽蓄电站。

为研究华东电网抽蓄电站合理布局与开发时序，水规总院安排华东勘测设计研究院、上海勘测设计研究院(分别简称华东院、上海院)对华东电网抽蓄电站、常规水电站和已建电站的扩机统筹进行专题研究。华东电管局亦参加了此项工作。华东、上海两院于 1992 年 12 月提出《华东电网水电（包括抽水蓄能）开发顺序（1991～2010 年）研究报告》。水规总院于 1993 年 4 月主持召开了审查会。

1993 年 3 月，水规总院会同安徽省计委召开会议，审查上海院 1989 年 12 月提出的《安徽省繁昌响水涧抽水蓄能电站可行性研究报告》。

华东院于 1990 年 3 月、1991 年 9 月和 1993 年 2 月先后提出浙江、江西、福建 3 省抽蓄电站普查报告，并于 1993 年 8 月汇编成《浙闽赣三省抽水蓄能电站普查成果汇总》。该院还于 1992 年 6 月提出了《浙江省抽水蓄能电站规划选点报告》。

1994 年 3 月，水规总院会同浙江省计经委共同主持会议审查了华东院提出的《浙江省建德市乌龙山抽水蓄能电站可行性研究报告》。

华东院还于 1993 年 11 月和 1994 年 6 月分别提出《浙江省绍兴市风香岭抽水蓄能电站可行性研究报告》和《浙江桐柏抽水蓄能电站预可行性研究报告》。1994 年 11 月，水规总院与浙江省计经委共同主持召开桐柏预可行性研究审查会。

浙江省一些地方政府和电力部门亦积极开展中型抽蓄电站建设和前期工作，计有溪口（8 万 kW）、双峰（10 万 kW）、八达国湖（4.8 万 kW）及金光顶等抽蓄电站，其中溪口电站主体工程已于 1994 年 2 月 1 日正式开工。

福建省计委 1993 年 10 月要求福建省水利水电设计院开展仙游抽蓄电站前期工作。该院于 1993 年 12 月提出《福建省仙游抽水蓄能电站选址报告》，推荐仙游 I 期（150 万 kW，最大水头 470 m）为福建省中长期项目，鼓岭（70 万 kW，最大水头 522 m）为近期项目。

安徽省响洪甸水电站增建 8 万 kW 抽蓄电站项目已由国家计委于 1993 年 11 月同意列为预备项目。

北京院继 1989 年 12 月提出《山东抽水蓄能电站规划选点报告》后，于 1992 年 6 月提出《山东泰安抽水蓄能电站规划补充报告》。1992 年 8 月，水规总院与山东省计委共同主持召开了审查会，同意泰安抽蓄电站为近期工程。1994 年 6 月，中国水利水电建设工程咨询公司和北京院共同提出《泰安抽水蓄能电站第一级工程预可行性研究报告》。1994 年 8 月，水规总院会同山东省计委共同主持召开了审查会。

四、中南地区

广州抽蓄电站一期工程 1993 年至 1994 年 4 台机组全部安装完毕，并投入商业运行。二期工程初步设计报告于 1992 年 5 月由水规总院会同广东省建委共同主持审查。国家计委于1993年11月同意列为预备项目。

受深圳市能源总公司委托，广东省水利电力设计院于 1993 年 10 月提出《深圳抽水蓄能电站初步可行性研究报告》。

受海南省电力局委托，中南勘测设计研究院正在开展海南抽蓄电站规划选点工作。

河南省境内除继续由黄河水利委员会（简称黄委）设计院进行宝泉抽蓄电站可行性研究外，该院还于 1993 年 12 月提出《河南省南阳地区回龙抽水蓄能电站初步设计报告》。1994 年 3 月，河南省计委、水规总院和河南省电力局共同主持了审查。该电站装机容量 12 万 kW，最大水头 416 m。郑州市电业局还委托黄委设计院对郑州地区进行中型抽蓄电站规划选点工作。

五、西北地区

新疆电力局为加强乌鲁木齐电网调峰能力，于 1992 年起开始研究开展天池抽水蓄能电站前期勘测设计工作。

六、西南地区

除西藏羊卓雍湖抽蓄电站在继续紧张施工外，四川省出现小型抽蓄电站。蓬溪县寸塘口抽蓄电站装机容量 2000 kW，总投资约 600 万元，1991 年 2 月 1 日开工，1993 年 1 月 16 日投入试运行。

1994 年 11 月，成都勘测设计研究院受成都华西电力（集团）股份有限公司委托，提出了《成都市李家山抽水蓄能电站（一期）预可行性研究报告》。该抽蓄电站装机 20 万 kW，最大水头 379 m。

（水利水电规划设计总院　赵毓昆）

葛洲坝工程局 1993 年完成水电机组安装 154 万 kW

葛洲坝工程局机电建设公司 1993 年承担隔河岩、

漫湾、天生桥二级 3 座大型水电站的机组安装任务，一年内实际完成了 6 台、154 万 kW 的机组安装，其中隔河岩 2 台（2×30 万 kW），漫湾 2 台（2×25 万 kW），天生桥二级 2 台（2×22 万 kW），占当年全国大中型水电安装投产总量（334.85 万 kW）的 46%，创水电建设历史上一个单位一年内安装机组的最高水平；且 6 台机组均系大型机组，引进了大量国外新技术和新设备，机组结构与传统机组有较大差异，并对送变电系统和机组自动保护采用了先进的监测设施，从而增加了安装的难度和施工强度。

葛洲坝工程局机电建设公司(以下简称公司)之所以能在安装难度和施工强度都很大的情况下，一年内完成 154 万 kW 水电机组的安装任务，主要有以下几点体会。

一、熟悉并逐步消化吸收国外新设备的安装与调试

在 3 座电站中，隔河岩两台机组均由加拿大引进；漫湾机组首次采用了加拿大技术，用东方电机制造厂生产的筒阀代替传统的蝴蝶阀；天生桥二级机组采用了日本三菱公司生产的壳式变压器，分相运输，在工地组装顶盖并焊成整体，等等。对上述新技术和新设备，在学习国外的标准与规范的基础上，公司有针对性地派工程师去厂家考察，熟悉并消化吸收其新技术，掌握设备的特点，然后制订可行的安装调试措施，从而使各机组的安装工作能顺利进行并按时投产。

二、依靠科学技术，推广使用安装新技术

蜗壳焊接是水电机组安装的重要工序。3 座电站的金属蜗壳均为日本进口的 500～600 MPa 等级的钢材。对这些特殊钢材，都应按国际焊接质量控制顺序，有效地进行焊接工艺评定，制订科学合理的焊接工艺后才进行焊接工作。对隔河岩电站的蜗壳，焊接时采用了美国林肯公司的 NR－203、直径 2 mm 自保护药芯焊丝气体保护焊（FCAW)新工艺。这种工艺适用于任意位置、任何板厚的焊接，比常规手工焊提高效率 2 倍以上。漫湾电站的蜗壳为 62CF 钢，第一次使用国内自贡产 CHE62CFLH 焊条在日本高强度钢上施焊成功。3 座电站蜗壳焊缝一次合格率都在 96%以上。其它水轮机转轮分瓣组焊成整体，焊前进行全断面焊接模拟试验及接头焊接工艺评定，用 A237 奥氏体不锈钢焊条施焊，焊后上冠法兰面上凸仅 0.05 mm；隔河岩转子铁片堆积使用了效率较高的机械化台车，堆积压紧后的圆度误差为转子平均间隙的 1%。

三、严格质量验收程序，保证安装质量

在机组安装施工中，公司始终坚持了三级质量检查验收制度，对重大问题制订严密的施工技术措施。如隔河岩电站压力钢管是明管布置，钢管直径达 8 m。由于直径大，打压有困难，其 *PD* 值（水压与外径的乘积）达到 14400 kN/m，超过我国大型压力钢管设计规范的上限值。为了保证电站安全，设计选用了日本的 SMS8Q 高强度调质钢，其最大厚度达 46 mm。因此，钢管制作与安装技术要求相应提高，远远超过我国现行的验收规程，大大增加了施工难度。但在施工中由于制订了严密的施工技术措施，并严格按质量控制顺序进行施工与验收，结果不仅解决了技术难题，而且质量优良，建设单位及设计、监理部门都表示满意。

四、科学组织施工，合理安排施工作业计划

为了使机组安装工作能在最优工况下进行，公司在每座电站的安装准备阶段，都组织技术人员对照有关标准，在理解施工图纸的基础上，编制全套机电安装施工组织设计及单项施工技术措施，并召开有关专家的审查会对其进行审定，然后再向施工人员详细交底，从而保证了施工的顺利进行。当遇到外界条件限制时，则千方百计寻找别的优化方案，避免耽误施工。如天生桥二级 2 号机定子安装时，当安装间定子铁芯组装完后，由于土建影响无法及时吊入基坑进行卷线装配。为了不影响工期，经与有关单位商量，决定在安装间进行卷线组装，完成后再整体吊入基坑内，结果不仅未影响工期，而且提前工期 80 天。此外，在每座电站安装前，公司还都编制了机电安装总体施工网络，并配备微机对影响工期的有关参数进行计算控制，对 6 台机组的按时投产发电也起到了一定的作用。

（葛洲坝工程局　王宇运）

组建水电开发公司的新进展和存在的问题

自 1992 年以来，水电系统新组建了 5 个开发公司，它们分别是：广西桂冠电力股份有限公司（以下简称桂冠公司）；中国长江三峡工程开发总公司；青海尼直康水电有限责任公司（以下简称尼直康公司）；北京水电开发公司；云南大朝山水电有限责任公司。正在酝酿成立的水电开发公司有：四川的大渡河开发

公司、宝兴河开发公司、南桠河开发公司；湖南的五凌（五强溪、凌津滩）开发公司等等。

广西桂冠电力有限责任公司于1992年8月由广西自治区人民政府批准成立。公司主要从事电力开发，包括水电、火电开发。注册资本5.2亿元，其中广西电力局1亿元，广西工商银行0.8亿元，广西建设投资公司0.8亿元，南宁交通银行0.1亿元，法人股1.0亿元分别卖给了500家企业，个人股1.5亿元分别卖给了6万股民。1993年大化水电站作为电力局的资产并入公司，经自治区政府同意，电价由每千瓦小时6分提高到16分。大化电站装机40万kW，资产重估11.86亿元，负债3.17亿元。大化并入公司后，公司现有资产和资本金共计17.06亿元，其中电力局拥有12.86亿元，占75%，处于控股地位。电价提高后电站可增加1亿元以上的收入，除了可及时还清债务以外，还有几千万元的资金可投入建设。公司建设的第一个项目是百龙滩水电站，电站装机19.2万kW，1993年开工，1995年发电。电站建设资金来自股本金、大化发电收入和广西工商银行的贷款。

中国长江三峡工程开发总公司于1993年由国务院批准成立，主要从事长江水能资源的开发。其资产是装机容量271万kW的葛洲坝水电站。建设的第一个项目是装机容量1820万kW的长江三峡水利枢纽。葛洲坝水电站的上网电价从1993年起每年上涨1分，增加的收入用于三峡建设。目前正在对葛洲坝电厂进行股份化改造，计划在改造后股票上市出售，为三峡建设筹集资金。

青海尼直康水电有限责任公司于1994年由青海省人民政府批准成立。公司股本金3亿元人民币，共有9个出资单位。其中国家开发投资公司（原国家能源投资公司）出资9600万元，占32%；中国华水水电开发总公司（隶属水利部）黄河水电工程公司出资9000万元，占30%；西北电力集团公司出资3000万元，占10%；西北勘测设计研究院出资300万元，占1%；青海省投资公司出资2550万元，占8.5%；青海电力公司出资3000万元，占10%；青海省水利水电公司出资1500万元，占5%；水电第四工程局出资900万元，占3%；黄河上游水电建设局对直岗拉卡（15万kW）和康扬（16万kW）出资150万元，占0.5%。公司主要从事黄河上游尼那（16万kW）等3座中型水电站的建设。

华北电力集团公司于1994年成立了北京水电开发公司，主要从事北京地区抽水蓄能电站的建设与管理，其第一个项目是十三陵抽水蓄能电站的建设。

云南大朝山水电有限责任公司于1994年由云南省人民政府批准成立。其任务是开发澜沧江中下游梯级水能资源。注册资本16亿元人民币，4个发起单位，其中国家开发投资公司出资8亿元，占50%；云南红塔集团公司4.8亿元，占30%；云南电力公司1.6亿元，占10%；云南省投资公司1.6亿元，占10%。公司的第一个开发项目是装机150万kW的大朝山水电站。

近期成立的开发公司，均按《公司法》的要求组建了有限责任公司或股份有限公司，以资产为纽带把各出资单位联系在一起，并以资产划分了各方的权利、责任和收益。其中桂冠公司不仅吸收了社会上股民的资金，而且接收了电力局老水电站，从而盘活原有国家资产，解决了老水电站电价过低的问题，以老水电站带动新水电站的建设。目前在各水电开发公司之中，桂冠公司的建设资金最充裕，其建设的百龙滩水电站工程进展最快，公司与电力局及公司与地方各单位的关系最顺。桂冠公司的模式对各地组建水电开发公司具有指导意义。尼直康公司由水利、电力、地方各部门共同组建，以资产为核心解决了水利、电力在尼那、直岗拉卡、康扬3座电站建设上的长期争议。

原有的水电开发公司现在大多已经开始着手第二个水电项目的建设，同时作为业主积极参与前期工作。乌江公司的东风水电站即将建成，现已开始筹建洪家渡水电站，并且在组织构皮滩水电站的前期设计工作；清江公司的隔河岩水电站即将建成，正在筹建高坝州水电站，并且在组织水布垭水电站的前期设计工作；南方电力联营公司正在进行天生桥一级水电站建设，同时开始筹备龙滩水电站的建设；二滩公司、三峡总公司也都积极参与雅砻江、金沙江的前期工作。

原有的水电开发公司现在都面临着按照《公司法》进行完善和改造的问题。在改造中最大的难点在于：哪个单位代表国家行使原国有资产或资金的所有权？例如：乌江渡水电站的国有资产算作贵州电力局的固定资产？还是算作乌江水电开发公司的固定资产？这里既有企业之间的矛盾，也有中央部门与地方政府的矛盾。再例如：原国家能源投资公司对二滩、天生桥二级、隔河岩水电站投入的经营资金算作哪个单位的资本金？这是乌江水电开发公司、清江水电开发公司、二滩水电开发公司、南方电力联营公司的股份化改造中必须解决的问题。

（电力部水电开发与农村电气化司　毛亚杰）

集资办水电

1992～1994年集资（包括内资、外资）办大中型水电的情况和经验

1992～1994年期间，水电基建投资有较大增长，3年分别为105.38亿元、131.74亿元和211.43亿元（1994年含三峡、小浪底、万家寨3个项目），总计448.55亿元，相当于1989～1991年3年水电基建总投资（157.73亿元）的2.8倍。主要原因是在资金筹集方面采取了一些新的举措。

一、集资办水电新的形势

（一）投资主体和资金渠道多元化，地方参与集资办水电的积极性进一步提高

（1）全部由国家投资建设的水电项目逐年减少，到1994年，只有四川铜街子水电站（60万kW）和西藏羊卓雍湖抽水蓄能电站（9万kW）两个项目。

（2）内地的一些省（区）继沿海的一些省份之后，也积极参与水电建设项目的投资。青海李家峡（160万kW）是西北地区在建的最大水电站，陕、甘、青、宁4省（区）和原国家能源投资公司在1991年10月签订合资协议后，从1992年起正式参与投资，4省（区）分别承担了该电站投资的7.2%、7.2%、3.6%和2%。

（3）地方投入资金的比例比前3年有所增加，而且在这3年中逐年增长。以原国家能源投资公司参与投资的大中型水电建设项目统计，1992～1994年3年中，各年地方集资总额占当年水电项目计划总投资的25.12%、27.09%、28.43%。

（二）推进现代企业制度，开始组建大型水电项目的股份制企业

1．组建有限责任公司，促进水电事业发展　为了加快建立社会主义市场经济体制和推进现代企业制度，要求基本建设项目包括大型水电项目逐步建立法人投资和银行信贷的风险责任，按照《中华人民共和国公司法》的要求，组建股份制企业。

1993年9月29日，有关投资各方签订了《广东抽水蓄能电站联营公司（有限）合同》，明确该公司的组织形式为有限责任公司，股东三方以各自认缴的出资额对公司承担有限责任，公司以其全部资产对其债务承担责任。该公司的注册资本为10.6亿元人民币，负责建设和经营广州抽水蓄能电站一、二期工程，总装机容量为240万kW。

1993年11月20日和12月30日，有关各方相继签订了《甘肃小三峡水电开发有限责任公司合同》和《四川南桠河水电开发有限责任公司合同》。

有关方面正在酝酿组建一些新建水电项目的有限责任公司和水电流域开发有限责任公司，并且还对现有的一些公司改革和规范化为有限责任公司的可行性进行了探讨。

2．企业以法人地位参与投资　从1993年开始，随着有限责任公司的组建，有些电力企业开始以法人地位参与大型水电建设项目的投资。如广东电力集团公司参与广州抽水蓄能电站一、二期工程的投资，并拥有广东抽水蓄能电站联营公司（有限）54%的股份。电力企业参与大型水电建设项目的投资，对这些项目的建设和经营都将起到有益的推动作用。

更值得注意的是，电力行业以外的企业也开始对大型水电建设项目投资，例如云南红塔（集团）公司（以经营烟草加工为主）已表达了参与投资建设云南澜沧江大朝山水电站（135万kW）的意向，并于1994年5月15日在《云南大朝山水电有限责任公司股东出资协议书》上签字，承担30%的投资。这是一个重要动向，为调动各方面参与投资建设大型水电项目的积极性开创了先例。

（三）国家开发银行成立，积极为大型水电建设项目筹资贷款

1994年3月，经国务院批准，国家开发银行（以下简称开发行）正式成立，这是我国深化投资融资体制改革的重大举措。开发行肩负着筹集和引导社会资金用于国家重点建设，增强国家对固定资产投资宏观调控能力的重责。

水电建设是基础性建设，大中型水电站大多数又是国家重点建设项目。开发行把水电项目作为政策性贷款支持的重点之一，这表现在其覆盖面大，包括三峡工程及绝大部分大型水电建设项目（包括大型水利枢纽中的水电）和部分中型水电项目；还表现在安排的贷款额度大。以1994年为例，开发行安排水电建设项目

硬贷款 123.3372 亿元，占当年该行全部贷款 824.39 亿元的 14%。1994 年开发行提供软硬贷款的水电项目共 24 项，总规模（含三峡工程）4098 万 kW，其资金占这些项目当年资金总量的 54.2%。

（四）亟待解决的问题

当前集资办水电亟待解决的一个问题是落实还本付息电价。水电建设项目投资大，建设周期长，还款期的电价较高。水电项目投产后能提供优质电，可用于调峰、调频、调相，应该按质论价，实行分时电价。水电建设项目实行投入产出挂钩，落实还本付息电价，有利于资金的再投入，有利于促进水电建设事业的发展。

二、利用外资的情况

（一）继续利用国际金融组织贷款

1992～1994 年期间，水电建设项目继续利用国际金融组织贷款，其主要情况和特点是：

(1)进一步拓宽了利用外资渠道，开始利用亚洲开发银行（以下简称亚行）贷款，并在亚行的帮助下实现了联合融资。

广州抽水蓄能电站二期工程是我国第一个利用亚行贷款的水电建设项目，亚行贷款 2 亿美元，另有 6300 万美元的联合融资。1994 年 1 月 5 日签订了主贷款协定，同年 4 月 5 日生效。对日本财团的联合融资贷款协定于 1994 年 4 月 19 日正式签字。

亚行是地区性政府间国际金融组织，成立于 1966 年。我国于 1986 年 3 月加入亚行，并成为亚行的第三大股东。亚行对我国的电力工业，特别是水电建设，深为关注，在批准广州抽水蓄能电站二期工程贷款之后，继续就湖南凌津滩水电站（24 万 kW）、福建棉花滩水电站（60 万 kW）、贵州洪家渡水电站（54 万 kW）和河北张河湾抽水蓄能电站（100 万 kW）的贷款事宜进行调查和商谈，1994 年 5 月亚行已对凌津滩水电站项目进行了评估，同年 8 月草签了贷款协议。

(2) 世界银行（以下简称世行）继续给予贷款。在 1992～1994 年期间，新签订贷款合同的世行贷款项目有：①海南大广坝水电站（24 万 kW），贷款 6700 万美元，1991 年 10 月 31 日世行执行董事会批准，并于 1992 年 2 月生效。②福建水口水电站第二期贷款 1 亿美元，世行执行董事会于 1992 年 9 月 1 日批准。③浙江天荒坪抽水蓄能电站（180 万 kW），贷款 3 亿美元，1993 年 5 月 18 日世行执行董事会批准，同年 8 月 25 日贷款协定正式签字，并于同年 11 月生效。此外，还有黄河小浪底水利枢纽，世行一期贷款 4.6 亿美元，另有该项目水库利用世行贷款 1.1 亿美元。

(3) 1992～1994 年期间，水电建设项目新签订的利用国际金融组织贷款协定的金额为 12.33 亿美元（包括小浪底），相应的水电站和抽水蓄能电站的装机容量为 480 万 kW。

自 1984 年我国水电建设项目开始利用世行贷款以来，截至 1994 年 6 月底，共有 16 个项目利用国际金融组织贷款，贷款总金额约 33.7 亿多美元，相应的水电站和抽水蓄能电站的装机容量为 1898 万 kW。其中已经完建的项目有 3 个（鲁布革、沙溪口、潘家口抽水蓄能），相应的装机容量为 111 万 kW。

（国家开发银行电力信贷局　胡积龄）

长江三峡工程集资渠道和集资形式

三峡工程施工总进度按初步设计报告提出的安排是：施工准备和一期工程共 5 年，完成工程区内外交通、施工供电、供水、供风，为导流工程和主体工程施工创造条件，同时修建右岸一期土石围堰、混凝土纵向围堰等项工程；二期工程为 6 年，即从第 5 年 12 月上旬左部主河床合龙截流开始，到第 11 年 10 月左岸电站厂房第一批机组发电；三期工程也为 6 年，即从第 11 年 10 月第一批机组发电开始至 17 年底工程全部完建。总工期 17 年。

一、三峡工程所需建设资金

三峡工程静态投资按 1993 年 5 月末价格水平总额为 900.9 亿元，其中枢纽工程为 500.9 亿元，水库移民安置费为 400 亿元。按年度划分：施工准备和一期工程每年约需 30～70 亿元，二期工程每年约需 70～80 亿元；三期工程每年约需 80～100 亿元（均按 1993 年价格水平）。以上为静态投资，若包括物价上涨和贷款利息，实际投资需求远比静态投资要多。

中国长江三峡工程开发总公司（以下简称总公司），是三峡工程的业主，全面负责三峡工程的建设和经营。总公司实行计划单列，具体由国家计委落实。为便于对三峡公司的财务和资金管理，将三峡总公司纳入中央预算管理，财务计划在财政部单列。

资金筹措是兴建三峡工程的关键问题之一。三峡工程资金筹措方案，按照“要有可靠的稳定资金来源，充分发挥中央和地方两个积极性，以及资金来源多元化”的原则，其资金渠道有：葛洲坝电厂发电收入；征收三峡工程建设基金；国内银行贷款；预算内基建投资；中央财政专项拨款；地方集资参股；利用外资；三峡工程建设期发电收入；发行三峡工程建设债券和股票等多种集资渠道。至于先用哪些渠道的资金，什么时间用，用多少，可根据当时实际情况研究确定和组织落实。

二、三峡工程建设基金及总公司自有资金

为筹集三峡工程建设资金，1984年国家已决定将葛洲坝水电厂划归总公司所有。其发电收入除偿还葛洲坝水利枢纽建设贷款外，在三峡工程建设期间用于三峡建设。从1993年1月1日起该电厂上网电价在现行电价基础上每年提价1分，第4年到位，即每千瓦时共提价4分，作为三峡总公司自有资金，用于三峡工程建设，作为国家对三峡工程的投入。按现行电价加调价集资，建设期内可为三峡工程提供资金约100亿元。

另一笔资金是从1992年起，全国每千瓦时电（国家扶贫地区农业排灌用电除外），征收3厘钱（1994年改为4厘），作为三峡工程建设基金。这笔资金也是国家对三峡工程的投入，不加各种税收和费用。近期每年可为三峡工程提供20亿元以上的资金，这部分资金将随着全国电量的增长而不断增加。预计建设期（到2011年）可征收623亿元，其中前11年可征收305.7亿元。

以上两项收入，大致可满足工程所需静态投资的45%左右。

三、三峡电厂发电收入

三峡电厂于2003年开始发电，建设期可发电5079亿kW·h，扣除成本和税金，可用于工程建设的资金约810亿元。

四、其他筹资渠道

三峡工程自筹资金能力很强。除上述已明确的资金来源外，三峡工程还有较大资金缺口。解决这一缺口的融资手段包括：①加收三峡基金。随着经济的发展和物价的上涨，适当提高三峡基金征收标准是可行的。②申请开发银行贷款。三峡工程拟利用开行贷款300亿元。③出口信贷。三峡工程进口大宗设备需用外汇14.7亿美元，按国际惯例，可利用供货方政府提供的出口信贷。④根据我国政府对三峡工程的现有政策和主要资金渠道，可筹集到资金平衡年前的大部分资金，不足部分可利用商业贷款和发行债券解决。

五、建设期第13年年为资金平衡年

在发电前的11年是整个建设期间资金平衡最困难时期，首批机组发电后开始有资金收入，至第13年（2005年），当年发电收入加上三峡工程建设基金和葛洲坝电厂利润收入与当年资金需求达到平衡。第14年（2006年）三峡工程出现资金盈余，此后不再向国家借债，并开始偿还贷款本息，至第18年（2010年）可还清全部贷款本息。资金平衡年以前的资金需求、考虑了物价、利润等因素，并预留了预备费等费用。三峡工程既有资金需求多的一面，又有自筹能力很强的有利因素。

鉴于三峡工程举世瞩目，工程效益显著，充分运用国家已确定的集资渠道和发挥其它渠道资金的积极作用，在国内外筹集工程建设所需资金是完全可能的。

（中国长江三峡工程开发总公司北京代表处
魏希侃）

集资办水电前期工作情况及拟采取的改革措施

一、集资办水电前期工作情况

集资办水电前期工作是从1988年开始的，至1994年共签订前期集资合同40项，合同总金额50523万元（注①），其中地方（含电力局）集资21623万元，约占总金额的42.8%。按项目的设计阶段划分：规划项目5项，约1000万kW，为辽宁、山东、江西、海南抽水蓄能规划选点，以及开都河规划和察汗乌苏选坝等，合同总金额1697万元，地方及电力部门集资834万元，约占总金额的49.1%；可行性研究（注②）11项，742万kW，主要项目有张河湾、西龙池、荒沟、蒲石河、泰安、乌龙山抽水蓄能电站，以及小湾、大朝山、思林水电站等，合同总金额6350万元，地方及电力部门集资2230万元，约占总金额的37.6%；初步设计（注③）24项，2161万kW，主要项目有张河湾、蒲石河、荒沟、桐柏、响水涧、宝泉抽水蓄能电站，以及小湾、瀑布沟、大朝山、构皮滩、思林、街面、高坝洲、凌津滩、南桠河梯级（注④）、喜河、泰河、旬阳、穆阳溪水电站等，合同总金额42476万元，地方及电力部门的集资18559万元，占总金额的43.7%。

推行集资办前期，一是可以增加水电前期经费的投入；二是避免由前期主管部门独家选择前期项目；三是地方政府及电力部门参与前期集资后，可使这些单位更加关心前期工作及今后的开工建设工作，协助主管部门解决水库淹没处理及综合利用各部门间的协调工作，加快了前期工作及建设列项等。从实践情况看，凡是地方政府及电力部门集资办前期的项目，一般说来前期工作及建设列项工作均较顺利。

二、拟采取的改革措施

集资办水电前期工作虽已取得了一定成绩，但与当前水电形势发展的要求还相距很远。经费严重不足，勘测设计储备滞后，已是制约水电发展的关键因素。而要象过去在计划经济体制下完全依靠国家解决水电前期经费问题是非常困难的，必须制订相应政策，拓宽集资渠道，实行多部门、多层资集资。按照社会主义市场经济原则，水利水电规划设计总院于1994年研究探索了水电前期工作的投入机制，从水电前期工作的属性明确了有关方面对前期工作投入的职责，即将水电前期工作区分为“政府行为”与“企业行为”两部分。河流河段的规划、预可行性研究具有资源勘探性质，这时尚未形成开发项目，不会有开发商及企业前来投资开发，属政府行为，其前期经费应由各级政府投入。可行性研究（相当于过去选坝以后的可研和初设）是项目开发的组成部分，应属企业行为，开发商及企业前来投资开发，则应支付这个阶段所需的前期工作费用。上述两块前期工作经费，均应列入工程概算。国家的前期工作经费承担“中央政府行为”的前期项目，部分预可行性研究及可行性研究以后的前期经费均由“企业行为”承担。为此，特提出如下措施：①按照“两为”的思路，国家及地方政府承担“政府行为”所需的水电前期经费，企业承担“企业行为”部分的水电前期经费。两部分均列入有关项目的工程概算，回收后国家和地方政府（企业也可以）分别建立水电前期基金，滚动使用。②成立流域开发公司的河流，该河流的水电前期工作经费均列入在建工程概算，加快该河流的水电前期工作。如二滩开发公司，将雅砻江锦屏一、二级，官地、两河口规划等均列入二滩工程概算，三峡总公司，将金沙江（虎跳峡～宜宾）河段水电开发规划，以及溪落渡、向家坝、白鹤滩、金安桥、观音岩、虎跳峡等根据后续工程衔接施工的需要列入三峡及其后续工程，等等。③对于水能资源较多的省份，为了加快水电开发，及时做好水电前期工作，建议在电价中增加1～2分钱。

注　①合同总金额1990年12月底以前的项目执行《水利水电工程设计收费标准（1985）》和《水利水电工程勘测取费控制标准（1985年）》（上述均简称为《85年标准》）；1991年元月起执行《水利水电工程勘测设计收费定额（试行）（1991年）》（简称《91年标准》）。

②文中所列可行性研究项目均执行《85年标准》，且小湾和思林是剩余勘测设计费由有关单位集资。

③文中所列初步设计项目除高坝洲、凌津滩 和南桠河梯级冶勒执行《85年标准》外，其余均执行《91年标准》；且宝泉、桐柏、街面为可研和初设合并计算勘测设计费。

④南桠河梯级为冶勒、栗子坪、姚河坝和大渡河边4个梯级的合称，已签过4个合同，文中汇成一个计算。

（水利水电规划设计总院计划处）

中国华能集团公司集资办水电情况

中国华能集团公司是经国务院批准成立的大型全民所有制企业集团，其宗旨是利用国内外的资金，开展以办电为中心的能源、交通、原材料工业等开发建设，并相应地开展贸易、金融及科技开发各项业务，是一个跨行业多功能的企业集团。

华能集团公司（以下简称华能）投资于水电站建设开始于1989年，第一个项目就是四川华能太平驿水电站，装机26万kW（4×6.5万kW）由华能与四川省阿坝州政府和原国家能源投资公司分别以50%、40%和10%的比例合资建设经营，1989年12月1日三方签署《合资建设经营合同》。为了加强太平驿水电站的建设管理，同时逐步规划开发新的中型水电站，华能经与四川省人民政府协商后，于1990年5月批准成立了中国华能集团公司四川分公司。

华能四川分公司是华能集团在四川的分支机构，代表华能从事以中型水电站为主的投资开发建设和运行管理，并与四川进行多种形式的合作，综合开发，兴办实业。华能四川分公司成立以来仅4年时间，在岷江、嘉陵江、宝兴河上与四川省合作相继开工了4座水电站，总装机达58万kW。岷江上的华能太平驿水电站1991年7月开工，难度较大的开挖直径10.8 m、全长10.5 km的引水隧洞开挖衬砌和80 m高的我国最大规模的全地下差动式调压井工程均以较快速度完成。首台水轮发电机组比计划工期提前5个月于1994年10月发电。位于嘉陵江上的四川华能东西关水电站，总装机18万kW，华能投资55%，1992年实现了当年立项、当年开工、当年截流，1995年9月首台机组发电。宝兴河流域梯级滚动开发，首批项目的铜头水电站（8万kW）于1992年开工，雨城水电站（6万kW）于1993年开工，两个电站华能投资均是55%，都将在1995年10月发电。另5个梯级电站，计划分两批于本世纪内或略长时间基本完成开发。到本世纪末将完成水电总装机超过100万kW。

华能四川水电开发有以下特点：

（一）实行业主责任制，投资、建设、经营管理一体化

华能四川水电开发一开始即实行了业主责任制的管理模式，实行以华能控股、合资开发，融投资、建设、经营于一体，自主经营、自负盈亏、自我发展。董事会

作为项目的业主，拥有充分的决策权，对投资、建设、生产、经营以及投资回收、效益分配、偿还债务等全过程承担责任和风险。

电站建设阶段设立建设管理局（或指挥部），实行董事会领导下的局长（或指挥长）负责制。董事会授权管理局(或指挥部)负责电站工程建设管理和电厂生产运行的准备工作，发挥主导作用，协调好施工、监理、设计各单位关系，密切配合，互相支持，协力奋战，作到投资省、建设速度快。

运营阶段，厂长负责组建电厂生产运营机构，负责生产安全运行管理和成本核算，厂长对董事会负责。

（二）争“四高”，上水平

华能四川水电开发明确提出了项目高起点、建设高速度、管理高水平、经营高效益的“四高”开发经营目标。

高起点，即瞄准世界先进水平，尽量使用计算机和自动化的调控装置，实现综合自动化操作，少人或无人值班。

高速度，引进竞争机制和现代化管理手段，加快建设，缩短周期。太平驿水电站从开工到第一台机组发电不到 40 个月，总工期不到 5 年。东西关、铜头、雨城水电站的建设周期也都比过去同规模水电站短得多。

高水平，以现代化的科学管理，做到电厂运营安全高效率，创国内一流水平。

高效益，即投资省，效益高。电厂建成后不但如期偿还贷款本息，并逐步积累资金，通过滚动开发，形成较强的自我发展能力。

（三）在竞争中求发展

全面引进竞争机制，竞争中增强活力，竞争中求发展，这是华能四川水电开发的一个突出特点。体现在两方面：

(1)走商品电路子。办商品电，把电能开发成商品，既促进了地方经济发展，华能及合资方也从中获得了较好的经济效益。

(2)全面实行招投标。通过公开竞争，根据工程特点和难点，打破行业和地区界限，择优选择工程承包单位、机电设备及金属结构制造厂家和监理工程师单位。宝兴河梯级电站的二、三期工程勘测设计单位也通过招标录用。

（四）实行梯级滚动开发

华能四川分公司在宝兴河流域进行梯级滚动开发实践探索，以便充分利用水能资源，用较少的投资获得较高的效益。

宝兴河流域梯级滚动开发即是以业主负责，按总体规划，对全流域的 7 个梯级电站分期开发建设。一期的铜头、雨城两座电站，计划于 1995 年发电；二期的 3 座电站，总装机 40 万 kW，将相继于 1995 年至 1997 年开工，“九五”期间可陆续发电；三期安排两座电站，总装机 32 万 kW，其中包括有调节水库的硗碛电站，将先后于 2000 年前开工。计划一期电站建成后，收益暂不归还，再用 4～5 亿元少量资本金，相继投入二期、三期建设，梯级滚动开发，合理使用资金，充分利用水能。

滚动开发还可带动流域其它有效资源的配套开发，配套开发将带来补偿效益，积累资金，又有利于水电站项目的建设加快。

华能四川分公司代表华能从事水电站的投资开发建设的时间很短，还处于起步探索阶段。但实践证明，思路和方向是对的，只要坚持下去并不断完善，水电站建设投资省、工期短、效益高的目标是一定会实现的。

（中国华能集团四川分公司　马积泉）

建国以后水电系统历年来全国和部级劳动模范名录

编者说明：在 40 多年的水电建设中，水电系统各条战线涌现出无数英雄模范人物，他(她)们为我国水电事业的发展献出了青春，献出了毕生精力，有的甚至献出了宝贵的生命。他们是我们水电战线的优秀儿女。为了使人们了解和纪念这些英雄模范人物，我们根据中国电力工人运动史志编审委员会编辑的《中国电力职工英模谱》及有关资料，整理出了水电系统历年来全国和部级劳动模范名单。

全国劳动模范名单

（一）1950 年全国工农兵劳动模范

赵庆夫　丰满发电厂

（二）1979 年全国劳动模范

周纪良　水电第四工程局

陈朝刚　以礼河电厂
薛聚高　闽江工程局

（三）1989年全国劳动模范

王招才　水电第十二工程局
王　钜　水电第三工程局
王恒帮　水电第四工程局
徐鸣琴（女）　葛洲坝工程局
姚天禄　水电第十四工程局
曾锡龙　古田溪水电厂
陈有信　牛路岭水电站

部级特等劳动模范名单

（一）1984年全国水利电力系统特等劳动模范

陈厚群　水利水电科学研究院
史振寰　水电第一工程局
张文发　葛洲坝工程局
刘晨晖　武汉水利电力学院
吴次光　昆明勘测设计院

（二）1989年全国能源工业特等劳动模范

黄大可　葛洲坝水力发电厂
徐鸣琴（女）　葛洲坝工程局
张儒林　水电第四工程局

（三）1994年水电单位全国电力工业特等劳动模范

向应宏（苗族）　水电第八工程局
王勇社　水电第三工程局
潘德富　葛洲坝工程局

部级劳动模范名单

（一）1955年全国电力工业劳动模范

程学敏　水电建设总局
李鹗鼎　水电勘测设计局
杨渭汶　水电勘测设计局
卢九渊　水电勘测设计局
王作高　水电勘测设计局
张景礼　东北水电钻孔队
柳香山　东北水电工程局
李人丰　东北水电工程局
吴玉堂　西南水电工程局
王殿元　西南水电工程局
欧阳清玉（女）　中南水电工程局
蒋家灶　古田水电工程处
张利见　古田水电工程处
黄祖忠　古田水电工程处

（二）1979年全国电力工业劳动模范

石根华　水利水电科学研究院
范清良　基建工程兵第61支队
聂　勤　水电第六工程局
荫玉莲　丰满发电厂
尹德合　水电第一工程局
刘恩义　东北勘测设计院
姚新根　水电第十二工程局
陈　斌　水电第十二工程局
王进先　水电第十五工程局
李伊贵　水电第十五工程局
张植义　水电第四工程局
王洪昌　水电第四工程局
孙成杰　基建工程兵63支队
王贵友　水电第七工程局
王赞忠　云南水电建设公司
孙启林　云南水电建设公司
李新倌　水电第八工程局
徐翠松　水电第八工程局
刘杏英（女）　古田溪水电站
薛聚高　闽江工程局
王光耀　西藏水电工程处

（三）1984年全国水利电力系统劳动模范

杨春桂　水电建设总公司
阎继春　水利水电科学研究院
何　璟（女）　北京勘测设计院
杨贺启　水电第二工程局
蒋金龙　水电第二工程局
石　栋　天津勘测设计院
李志友　地质勘测机电研究所
刘　云　基础处理公司
张文忠　山西省沁水县韩王水电站
刘元甫　水电第六工程局
彭文斗　水电第六工程局
张立志　浑江发电厂
史庆章　丰满水力发电厂
侯家桢　水电第一工程局
李考山　吉林水工机械厂
刘俊新　东北勘测设计院
曲慧娟（女）　上海水工机械厂
刘世康　上海勘测设计院
毛昭伦　杭州钻探机械厂
林云龙　新安江水力发电厂
邹思远　华东勘测设计院

吴章斐	富春江水工厂	刘沛然	夹江水工机械厂
王招才	水电第十二工程局	王云智	成都勘测设计院
吴舒敏（女）	水电第十二工程局	陈向荣	四川水利水电勘测设计院
应明耕	浙江水利水电学校	骆继明	四川水利水电勘测设计院
王正来	浙江水电建筑第二工程处	吴有书	云南水利水电勘测设计院
陈应铼	浙江水电勘测设计院	颜瑞佛	水电第十四工程局
李宝龙	水电第三工程局	向荣森	水电第十四工程局
刘劲军	水电第三工程局	李堃谟	水电第九工程局
丁国强	西北勘测设计院	王柏乐	贵阳勘测设计院
郑　丕	水电第三工程局	庄婉容（女）	闽江工程局
薛英臣	陕西水利电力勘测设计院	庄炳连	闽江工程局
濮声荣	陕西水电设计院	应模章	福建水电勘测设计院
祁兆亿	盐锅峡水电厂	方玉丕	福建水电工程局
岳良志	水电第五工程局	苏宏英	广西水电建设工程公司
翁建才	甘肃水利水电勘测设计院	林春山	广西水电工程局
潘智节	甘肃水电工程局	卓乐昆	西津水电厂
张植义	水电第四工程局	曾绍全	基建工程兵第 61 支队
荣燮阳	水电第四工程局	卢昌广	广西水电厅玉林施工队
张德华	青海水电工程局	王介元	广西水电厅第五工程处
彭敦复	新疆水利水电勘测设计院	毛荣恩	青狮潭水电厂
刘长海	阿克苏东方红电站	胡园权	柳州水电基建公司
汤正义	葛洲坝水力发电厂	陆宏策	广东水电勘测设计院
张蔚榛	武汉水利电力学院	郑桃生	广东水电厅机械厂
陈笑霖（女）	葛洲坝工程局	余志瑞	广东水电安装公司
魏焰光	葛洲坝工程局	胡伯水	广东水电厅第三工程局
王怡林	葛洲坝工程局	黄启茂	广东水电厅机械施工公司
徐鸣琴（女）	葛洲坝工程局	孟广发	水电第十三工程局
张　海	葛洲坝工程局	向安礼	西藏八一电厂
毕诗寿	浠水县白莲河二级电站	卓　嘎（女）	西藏水电工工程处
周垂似	马迹塘水力发电厂	（四）1989 年全国能源工业劳动模范	
李云茂	凤滩水电厂	康景俊	北京勘测设计院
黄树棠	水电第八工程局	李启友	水电第二工程局
杨瑞棠	中南勘测设计院	王建明	水电基础处理公司
李求生	水府庙水电站	包兴文	水电第六工程局
张明和	湖南水利水电学校	何　义	水电第六工程局
唐冬生	酒埠江水电站	史克仁	丰满发电厂
周泰经	湖南水利水电科研所	赵玉珍	水电第一工程局
辛祖荫	欧阳海灌区水电工程管理局	孙宝才	吉林水工机械厂
王超明	水电第十一工程局	付国彬	水电第一工程局
孙坤山	南湾水电站	郝一韬	水电第一工程局
徐友盛	江西水电工程局	张书才	云峰发电厂
许心渊	基建工程兵第 63 支队	林甘川	新安江水力发电厂
王　鸿	龚咀发电厂	洪永丛	乌溪江水力发电厂
樊增祥	水电第七工程局	刘艳芳	水电第十二工程局
孟凡林	水电第七工程局	姚建华	富春江水工机械厂
李泽培	水电第十工程局	李君纯	南京水利科学研究院

孔德玉	西北勘测设计院
柏胤万	西北勘测职工中专
沈启光	水电第三工程局
安生祥	水电第三工程局
赵新义	水电第三工程局
傅良德	水电第四工程局
何智彬	葛洲坝电厂
聂焱生	葛洲坝工程局
刘祖德	武汉水利电力学院
王昌均	葛洲坝工程局
刘义华	葛洲坝工程局
郭秋生	葛洲坝工程局
徐小彪	葛洲坝工程局
周志国	葛洲坝工程局
张春初	凤滩水电厂
黄晨旭	水电第八工程局
莫　郦	水电第八工程局
梁文浩	中南勘测设计院
王超明	水电第十一工程局
冯文彬	水电第十一工程局
万全根	柘林水电厂
唐绥东	武警水电第二总队
王树发	武警水电第一总队
周长富	映秀湾发电厂
吴光英	水电第五工程局
杨志杰	水电第五工程局
何质彬	水电第七工程局
王义章	水电第七工程局
蒋渝生	水电第十工程局
蔡玉立	水电第十工程局
刘沛然	夹江水工机械厂
李兆龙	以礼河电厂
王嘉惠（女）	昆明勘测设计院
冉元禄	水电第十四工程局
丁斌台	水电第十四工程局
蒲正中	乌江渡发电厂
吴世昌	乌江渡发电厂
何正才	水电第九工程局
俞崇尚	水电第九工程局
吴桂华	水电第九工程局
曾锡龙	古田溪水电厂
林升锵	闽江工程局
卢国联	广西水电工程局
邹明镜	武警水电第一总队
罗绪亮	水电第十三工程局
陈有信	牛路岭水电站

（五）1994 年全国电力工业劳动模范

韩大伟	丰满发电厂
陈锡奎	新安江水力发电厂
徐普喜	乌溪江水力发电厂
黄　明	葛洲坝水力发电厂
乐祖应	白莲河水力发电厂
郭举才	柘溪水电站
邹述明	万安水力发电厂
李应舟	江西水电工程局
郑淑娥（女）	洪门水力发电厂
肖凤声	碧口水电厂
谈代秀（女）	成都水力发电学校
何永华	以礼河发电厂
赖崇能	广西水电工程局
戴先俊	岩滩水电站工程建设公司
符名锦	牛路岭水电站
赵慧君	天生桥水电总厂
李忠良	水电第一工程局
王安臣	水电第一工程局
王志新	水电第一工程局
杨鸿宜	水电第二工程局
段连广	水电第二工程局
朱自安	水电第三工程局
罗建民	水电第三工程局
江荣忠	水电第四工程局
马仲华（回族）	水电第四工程局
黄家德	水电第五工程局
王玉堂	水电第五工程局
刘进财	水电第六工程局
郭东林	水电第六工程局
张德高	水电第七工程局
李嘉华	水电第七工程局
周建文	水电第七工程局
肖永奎	水电第八工程局
周希濂	水电第八工程局
倪道钺	水电第八工程局
曹廷元	水电第九工程局
赖德元	水电第十工程局
魏国语	水电第十工程局
王桂凤（女）	水电第十一工程局
冯宏朝	水电第十一工程局
黄步善	水电第十二工程局
方胜亮	水电第十二工程局
于成铎	水电第十三工程局
赵士哲	水电第十三工程局
何少润	水电第十四工程局

刘绍莫	水电第十四工程局	张春洲	葛洲坝工程局
冉　凯	水电第十四工程局	汤先祥	富春江水电设备总厂
王作通	闽江工程局	杨永清	夹江水工机械厂
黄建忠	闽江工程局	丁　介	武警水电一总队
周金梅（女）	葛洲坝工程局	蒋俊栋	武警水电二总队
黄桂舟	葛洲坝工程局	方长铨（女）	武警水电三总队
余炳太	葛洲坝工程局	柯天河	中南勘测设计研究院
周才秀	葛洲坝工程局	傅树红	昆明勘测设计研究院
李少中	葛洲坝工程局	熊启明	成都勘测设计研究院
向永忠	葛洲坝工程局	陈慈萱	武汉水利电力大学
谢光月	葛洲坝工程局		
江小兵	葛洲坝工程局		

（陈上奎整理）

部分省、区水电建设（中小）及改革情况

四　川　省

四川省是一个少煤、贫油而水能资源蕴藏丰富的农业人口大省。在省委、省政府制定的“以水为主、水火并举”、“因地制宜、大中小结合”的办电方针指引下，电力建设自“七五”起走出了低谷。四川省电力建设大体分为两块：一是国家建设大中型水、火电站，供应大中城市、大中型工业企业和骨干交通用电；二是地方建设中小型水电站(含配套的中小型火电站，下同)，主要供应全省2/3的中小县城和广大农村用电。本条目主要介绍中小水电情况。

一、中小水电建设发展概况

(1)“七五”期间四川省中小水电累计新增投产装机超100万kW。进入“八五”时期全省每年平均新增水电装机达30万kW以上，其中1992年投产43.82万kW，1993年投产53万kW，1994年预计投产35万kW以上。到1993年年底，四川省中小水电累计装机突破300万kW大关，达到303.74万kW，占全省发电装机1052.7万kW的28.85%。1992～1994年水电发展情况见表1。

(2) 四川省中小水电在建规模、配套网路建设规模、新增投产规模、建设投资规模、年发电量、年均利用小时等6个技术经济指标多年来在全国水利系统中一直占领先地位。

(3) 中小水电建设投资完成情况见表2。

表1　　1992～1994年水电发展情况

年份	水电装机投产容量（万kW）	其中 国家（万kW）	其中 地方（万kW）	地方投产占全部投产比重（%）	备　注
1992	43.82	15	28.82	65.77	“国家”一栏铜街子水电站60万kW，是大型项目
1993	53	30	23	43.4	
1994	35	15	20	57.14	
合计	131.82	60	71.82	54.48	预计

表2　　中小水电建设投资完成情况

年　份	完成投资（万元）	其中 市地州县自筹（万元）	其中 国家拨改贷（万元）	其中 省拨改贷（万元）	其中 银行贷款（万元）	备　注
1992	100496	56291	4257	5456	34492	
1993	130269	62438	4487	4095	59249	
1994	106500	60000	6000	2000	38500	预计
合　计	337265	178729	14744	11551	132241	

(4) 1994年四川省水电建设在建规模561.4万kW，其中大型水电站有二滩（330万kW）、铜街子（30万kW，除去已投产的30万kW）、宝珠寺（60万kW）、太平驿（26万kW）等4座，总计装机容量426万kW。中型水电站14座，总计装机容量83.15万kW。另有小水电32.25万kW。在中小型水电建设中，地方自筹资金占53%以上。

二、农村水电初级电气化县建设情况

根据国务院国发［1991］17号《通知》精神，四川省有25个县（市）列入全国第二批农村水电初级电气化县试点建设，它们是：雅安、名山、郫县、南川、犍为、米易、茂县、蓬安、高县、夹江、康定、泸定、武隆、崇庆、德昌、奉节、汉源、宣汉、石柱、潼南、射洪、铜梁、南坪、平武、秀山。为了完成和超额完成农村水电电气化建设计划，四川省又选择了7个具有一定基础、积极性较高的“自学成才”县，作为电气化建设后备县。它们是：理县、城口、三台、大竹、屏山、乐山市金口河区、邛崃。

省委、省政府十分重视电气化县建设工作，有关部门为实施电气化规划蓝图而通力合作，投资倾斜保重点项目建设。3年来，电气化试点县共新增发电装机24.14万kW，新架设高压线路3242 km，投产变压器容量35.1万kVA。3年中电气化县建设投入产出情况见表3。

表3　第二批农村水电电气化建设投入产出情况表

投　产		投　入							
电气化县（万kW）	占全省地电（%）	总　额（万元）	占全省（%）	国家拨改贷（万元）	占全国（%）	省拨改贷（万元）	占全省（%）	银行贷款（万元）	占全省（%）
24.14	33.6	35002	10.54	7610	12.68	882	20.55	26510	16.8

1993年经省验收合格的农村水电初级电气化建设达标县有：犍为县、屏山县、大竹县。

1994年计划验收合格的农村水电电气化建设达标县有13个，上半年已通过验收合格的有：雅安市、米易县、乐山市金口河区。

三、中小水电发展中的改革重点

（1）地方办电的实力逐步增强，一批以地县自办或联办的中型水电站相继开工建设。它们是：洪雅槽渔滩水利枢纽（7.5万kW），沐川黄丹电站（4.5万kW），雅安雨城电站（6万kW）、雅安铜头电站（8万kW）、涪陵石板水水利枢纽（9.9万kW）、黔江大河口电站（6.9万kW）、万县赶场电站（3.75万kW），理县水电站（3.3万kW）、平昌剪刀垭电站（3.6万kW），共计9站、53.45万kW。

（2）随着中型电站的建设和地方经济的发展，调剂地方电量余缺的跨县、地、省区域性电网开始建设。它们是：西昌市—普格—宁南110 kV跨市县电网；西昌市—冕宁—越西110 kV跨市县电网；岳池—武胜—广安110 kV跨县电网；万县市—忠县110 kV跨县电网；万县市—湖北利川110 kV跨省电网；黔江县—湖北咸丰110 kV跨省电网。

（3）继续执行地方电价放开政策。对近几年投产电站按还本付息加合理利润确定上网电价：水电电价为每千瓦·时0.15元左右，小水电电价为每千瓦·时0.20元左右；原小水电保护性上网电价由每千瓦·时0.05元提高到0.09元。随着小水电电价的提高，中小水电站自身效益有所提高，还本付息能力有所增强。但小水电电价提高的力度还不够，各地发展水平也不一致，有待今后进一步理顺。

（4）深化水电体制改革，转换经营机制。自1992年以来，四川省一大批地县电力公司和一些基建项目纷纷改造为股份制企业，至1994年6月，经省体制改革委员会批准的地方电力股份有限公司共24家，注册股本总金额达22.5亿元。其中1988年3月成立的乐山电力股份有限公司（也是全国第一家地方电力股份公司），注册资本为1.04亿元。该公司股票于1993年4月26日在上海证券交易所挂牌上市。

（四川省水利电力厅　曹　蓉　邹居昌）

广　东　省

1992～1994年广东省水电建设随着市场经济的发展而加快。3年中新增水电装机容量近55万kW（包括青溪电站14.4万kW）。主要经验有如下几点：

（1）制定发展广东省水电的方针。1992年12月16日《中共广东省委、广东省人民政府关于进一步加强水利建设的决定》（粤发［1992］16号文）中明确提出：“电力建设实行水、火、核并举，大、中、小结合。要充分利用我省尚未开发的水能资源，积极发展中小水电，力争每年新增发电装机10万～15万kW”，从而为发展广东省水电制定了方针，并明确提出了具体要求。

（2）实行股份制（或集资）建水电站。随着市场经济的发展，水电建设体制也随之而逐渐健全和发展。现在由于电站所需的材料和设备均为市场价格，而上网电价受政府干预，从而使建设电站的风险愈来愈大。因此，利用集资，实行股份制办水电，是水电建设走向市场的一个手段。电站的产权属于股东（或业主），它以法人代表资格出现于市场，从电站建设的资金筹集到电站的设计、施工、运行管理都由董事会决定。这样促使电站的设计、施工、运行管理都达到最优，产生较好的经济效益。如阳山县称架二级电站（1.2万kW）即为股份制电站的成功例子。3年中广东新增的水电装机容量有20%以上为集资及股份制电站，从而把广东省水电的发展推向了一个新水平。

(3) 放开电价，按需、按质论价。省委、省政府[1992] 16号文决定："水利水电系统各类水电站上网电价，应与火电相近"。3年中，广东省立项的水电站都是以当地经济发展的需要，根据电站的总投资反推电价，并得到当地政府行文认可。因此，新建电站上地方电网的电价较高，单位千瓦造价高的电站上网电价达0.50～0.60元/kW·h。高投入的电站必定要有高电价，方可为发展水电提供条件。

(4) 政府扶持发展小水电。省委、省政府[1992] 16号文还决定："每年在省电力发展基金中增拨一定数额用于中小型水电建设"。为此，省政府利用省电力发展基金每年安排2000万元作为小水电的贴息补助，省财政拨款1000万元作为乡镇办水电的周转金。另外，还从"以水养水"资金中增加2000万元周转金，用于小水电的建设。

(5) 在水资源统一管理、统一规划前提下，实行多家办电。过去，广东省水电开发绝大多数由水电部门筹集资金开发，独家办电，而往往造成资金不落实，工期延误，造价上升。随着市场经济的发展，实行了在水资源统一管理、统一规划的前提下，多家开发小水电的新措施，"谁投资，谁受益"，大大调动了非水电部门参与水电开发的积极性。3年中有近20%的新增水电装机为非水电部门所开发。

(6) 加强施工管理。广东省每年水电在建规模约30万kW。为了管好这些电站，广东省水利电力厅主管部门全面实施《广东省小水电工程施工管理若干规定》、《小水电工程验收办法》，实行管理分级负责制，从而使小水电工程建设走上了全面质量管理的轨道。

3年中广东省水电建设取得了较大成绩，促进了山区经济的发展。但是还存在着建设资金筹集困难、上省电网电价偏低等情况，这有待于继续深化改革，理顺关系，克服困难，以促进广东省水电事业的更大发展。

（广东省水利电力厅　陈康德　唐天培）

湖北省

1992～1994年，全省中小水电建设紧紧围绕提高地方水电供电保证率，巩固和提高第一批7个农村电气化县水平，积极搞好第二批14个电气化县建设，努力适应全省改革开放对电力的要求这个中心来开展工作。

一、电源建设

3年间全省投产中小水电总容量17.55万kW，其中单站装机在4000 kW以上的10处，总容量13.88万kW，占投产总容量79%。这批电站是地（州）县电网中的骨干电源点。

对于小水电地区的骨干水电站，在规划选点时，十分注意流域梯级开发，选择"龙头"水库，用充足的水量调节一条河，照顾一大片，以增强小水电的供电可靠性。如宣恩县龙洞电站，库容0.7亿m^3，装机2.6万kW，是恩施州具有调节性能的电站；宜昌市西北口电站，库容2.1亿m^3，装机1.2万kW，带活了下游3个梯级电站。

在电源建设中，注意抓好流域梯级配套。兴山县湘坪河是香溪河的一条主要支流，自上而下先后建起了苍坪河（7500 kW）、猴子包（9100 kW）、九冲河（6400 kW）、湘坪河（1.2万kW）4座电站，总装机3.5万kW，实现了以水电为主的小流域综合治理，促进了工程系统管理，充分发挥了经济效益，进一步增强了地方办水电的积极性。

另外，还特别注重对边远山区县骨干电站的建设，兴建高水头电站。五峰县是一个土家族自治的边区小县，山高坡陡落差大，是全省的暴雨中心，新建的锁金山水电站，水头588 m，装机4.5万kW，1994年第一台机组发电。这个电站为宜昌市与恩施自治州区域联网创造了条件。

到1994年底，全省中小水电累计装机达到105.3万kW。

二、电网建设

湖北省中小水电的电网建设，主要在电气化县地区进行，重点是完善县级电网。主线路电压为110 kV，区（乡）级为35 kV，10 kV到村。在地区一级的电网建设上，恩施自治州率先使用220 kV线路与大网进行电力电量交换。电网的健全既是电气化建设的需要，也是一个县电力经济效益的需要，在这方面全省投入了大量的精力。3年来共新架设高低压线路28541 km，其中高压线路6447 km，中小水电与省网协作供电，使全省100%的乡（镇）、95.77%的村、94%的农户用上了电。第二批电气化县可按期建成。

三、中小水电的改革

由于投资体制的改革，资金来源和使用性质发生了变化，无偿变有偿，低息变高息；其次是《企业法》的颁布和实施，也给中小水电的经营管理带来了新课题。此外，市场经济的发展，物价的变幅，给工程建设管理增加了很多困难。针对这些情况，全省对新建的较大电站逐步推行了业主负责制。

电价是制约小水电发展的一个重要因素。为了支持山区人民脱贫致富，同时也为了抗衡物价因素，省委、省政府对小水电的电价问题十分重视，经与省物价局、电力局测定，湖北小水电的上网电价，从1994年起由原0.12元/kW·h提高到0.16元/kW·h；对新建的中型水电站，实行在还本付息、微利基础上的新电新价。

为了充分利用季节电能和电站的技术设备，广泛深入开展多种经营和第三产业，省内已合资兴办了1个黄磷厂、1个电石厂、1个汽配厂；不少电站职工集资，兴办商业网点。电站开展多种经营，既为企业本身开辟了新的财源，也为职工创收创造了条件。

省内电站的股份制改造工作刚刚起步。1993～1994年，共兴办了3个股份制电站，有的已投产，有的正在建设中。

湖北省对35 kV变电站的小型化抓得较紧，已装此类变电设备的站约7个，使用情况良好，达到了节约耕地、节约资金的目的。这项工作将继续进行下去。此外，全省还认真抓了标准化站（台）工作。这项工作由省水利厅直接监管，凡经验收符合标准的，发给合格证。

1992～1994年，全省小水电着重抓骨干电站，抓主要河流上的骨干电站，如汉江干流上的王甫洲电站（10.9万kW）、汉江支流上的陡岭子电站（6.0万kW）、乌江支流上的朝阳寺电站（4.5万kW）、南河干流上的白水峪电站（4.5万kW）、香溪河上的古洞口电站（3.6万kW）等；抓好水源配套；抓好电网，扩大农村用电面，搞好与大电网的电力电量交换；注重抓电站的自身效益，巩固小水电战线队伍；广泛集资从事商业活动，努力增加职工经济收入。由于实行了这些措施，湖北省小水电市场活跃，生产良好，可望在2000年前再上一个新的台阶。

（湖北省水利厅农电处　何承继）

浙　江　省

一、中小水电建设概况

到1993年底，浙江省拥有中小水电装机117.3万kW，占全省水电装机243.2万kW的48.2%。其中中型5处、总容量33.5万kW；小型3000多处、总容量83.8万kW。近年建成投产的中型电站有淳安枫树岭电站，位于新安江库区支流枫林港上，是一座混合式高水头电站，大坝为混凝土砌块石重力坝，高64.5 m，总库容5748万m^3，最高水头135.5 m，装机3.2万kW，年均发电量7180万kW·h，1992年建成。在建的中型电站有4座：一是黄坛口电站扩建工程。在原有装机3万kW的基础上，利用大坝右侧泄洪孔埋置压力管道，新建厂房，增容5.6万kW（2×2.8万kW），工程于1992年开工。二是丽水玉溪水电站，系瓯江干流梯级第三级（低水头、河床式电站），位于北埠村峡谷出口处，距上游石塘水电站9 km。电站计划装机4万kW，年均发电量9700万kW·h。三是泰顺三插溪水电站。三插溪是飞云江的主源。电站位于章坑村，距县城80 km。大坝为混凝土面板堆石坝，高88.8 m，总库容4661万m^3，设计水头141 m，装机4万kW，年均发电量1亿多kW·h。四是宁波溪口抽水蓄能电站，位于奉化溪口镇上游，奉化江源流上。上库设计坝高48 m，总库容82.5万m^3，下库坝高31.75 m，总库容64万m^3，电站设计水头250 m，管道长1180 m。设计装机2台，单机4万kW，年均发电量1.07亿kW·h。机组系引进瑞士产竖轴可逆式水泵水轮机发电电动机组。工程于1994年2月正式动工。正在进行初步设计或可行性研究的中型电站有文成珊溪电站，是飞云江梯级开发的骨干工程，综合利用，结合发电，装机20万kW；国家计委已列项。另外有磐安五大岩三级（2.5万kW）、龙泉瑞垟二级电站（3万kW）、文成高岭头二级电站（2.5万kW）、临安华光潭一级电站（6万kW）和青山殿电站（4万kW），共6处，装机38万kW。小型骨干电站新建成的有仙居北岙坑（1.26万kW）；即将投产的有缙云龙宫洞（一期1万kW）；在建的有松阳谢村源电站（1.6万kW）等5处，计7.4万kW。

二、第二批农村水电电气化县建设

1991年国务院批准了浙江省丽水、遂昌、松阳、青田、文成、永加、平阳、苍南、临海、黄岩、磐安、东阳、常山、开化、安吉等15个县列入全国第二批农村水电初级电气化县建设后，各县政府十分重视，都列为“八五”期间的重点任务。这15个县总面积2.59万km^2，人口807万，可开发中小水电资源158万kW。规划时已开发中小水电装机19.81万kW，开发率仅12.5%，规划新增装机20.7万kW，预计投资8亿多元。

目前，各县的电气化建设进展良好。到1993年底，电源建设：陆续开工兴建的中小水电站22.24万kW，已投产6.31万kW，占规划的30.48%，累计投产装机达26.12万kW。在建中小骨干电站11座，计13.76万kW。电网建设：各县电网骨架已基本完成，尚需填平补齐和提高输变电能力。3年来新增35 kV及以上线路222 km，10 kV线路1971 km，变电所11座。约完成规划量的40%。各项供用电和通电面率等指标，大多数县已达到规划目标。各县的电气化建设管理体制，基本上是“地方为主，县为实体”，发供用电统一在县电气化领导小组或电气化建设委员会中。1994年度，将有安吉、遂昌、开化、丽水、磐安、东阳等8～9个县可以达标，其余要到1995年度才能完成建设任务。

三、改革农村水电的投资体制、电价和经营体制

浙江省人民政府在（1993）267号《关于加快水利改革促进水利发展的通知》中明确提出：“积极推行股份合作制，加快水利建设步伐”，“农村小水电电价要实行与大电网同价，同电同价，同质同价”，“可以从小水电价格中提取一部分，建立小水电发展基金”。

股份合作制办电，可调动全社会的积极性来投资开发水能资源。具有产权明晰、机制灵活、利益直接、分配合理等优点，深受群众欢迎。到1994年4月，仅温州市已批准兴建股份合作制小水电站62座，总装机30270 kW。其中已建成20处6075 kW，投资1947万元。

浙江省小水电电价长期偏低，部分老站已难以维持简单再生产。近几年来，对新建骨干电站坚持了新电新价（还本付息电价），但是水电电价总体过低尚未改变。因此，省政府在267号通知中提出了改革电价的指示，省物价部门和其他有关部门随即在调查基础上制定了具体实施办法。

为有利于改革电价，建立水电发展基金，省水利厅发出（1994）34号通知，要求各市（地）、县（市）水电局尽快转换农村水电机制，建立起能够自我积累、自我发展的良性运行机制。主要措施为：①电站由事业转为企业。要求各地属于事业性质、以发电为主的国有水电站（不含防洪、灌溉为主的综合利用水库电站）要尽快转为企业。②组建农村水电公司，加强行业管理。农村水电公司要对国有电站实行统一管理，统一结算电费；乡村集体所有、股份合作制和私人所有的水电站，在所有制不变，确保所有者合法权益的前提下，按照自愿原则，逐步实行由农村水电公司统一结算电费，农村水电公司对其加强行业管理，努力提高经营管理水平和经济效益。③推行股份制。国有电站要在清产核资、界定产权的基础上，逐步向股份制过渡；新建电站或老电站的挖潜改造，都要改革投资体制；各级水利部门投入的资产都要参股经营。④综合利用的水库电站必须与水库统一经营、统一管理、统一核算。有条件的水库可以实行事业单位企业化管理，并逐步创造条件向企业过渡。

（浙江省水利厅　胡继贤）

云南省

1992～1994年期间，云南省水电建设蓬勃发展。大型水电站建设已有专门条目介绍，本条目着重介绍地方中小型水电的发展情况。1992、1993年和1994年全省新增中小水电装机容量分别为9.32万kW、10.94万kW和10.7万kW，突破了“八五”期间规划的7万kW。其中建成中型电站3处：一为1992年投产运行的罗平县腊庄水电站，装机容量6万kW，年均发电量2.79亿kW·h；二为1993年投产运行的保山地区苏帕河三江口电站，装机容量3万kW，年均发电量2.24亿kW·h；三为1994年初投产运行的元江县依萨河二级电站，装机容量2.5万kW，年均发电量0.83亿kW·h，设计水头861 m，是全国第二高水头电站。到1994年末，全省地方电力已拥有装机容量147.77万kW，地方水电发电量达48.88亿kW·h。在开发建设电源点的同时，也加强了地方电网的配套建设。至1994年末，全省地方电力系统已建成110 kV线路1281 km，35 kV线路1.12万km，10 kV线路9.4万km，低压供电线路11.63万km，供电变压器总容量260.36万kVA。配电变压器容量517.96万kVA。全省127个县中有小水电站的县118个，其中以地方电力供电为主的县93个。据统计，1992、1993、1994年全省分别完成投资4.69亿元、5.65亿元和8.36亿元。

根据1991年国务院关于建设第二批农村水电初级电气化县的部署，全省列为全国第二批农村水电初级电气化县的有15个，另有替补县4个，经过3年的努力，取得了较好的成绩。据统计，截至1994年末，全省第二批19个电气化县已拥有总装机容量43.2万kW，比基准年1990年末的20.17万kW增长了114.2%，年发电量13.93亿kW·h，户均生活用电量283kW·h，户通电率95.82%。根据电气化县建设的完成情况，1994年下半年将陆续对罗平、富民等6个县进行达标验收，其余3个县将在1995年上半年前进行达标验收。

随着改革开放的深入发展和全省国民经济建设发展速度的加快，电力紧缺已成为经济发展的主要制约因素。“经济要上，电力必须先行”越来越为大家所共识。3年来，云南省在地方水电规划、建设、经营管理以及农村电气化工作中，认真贯彻执行了国务院和省政府一系列关于发展地方水电事业的各项方针政策和改革措施。1993年5月，制订了《云南省地方电力发展规划纲要（1993年～2000年～2010年）》，为促进和

加速全省地方电力建设提供了重要指南。在建设方面，始终坚持治水办电、合理开发水能资源的方针，遵循“谁建设，谁投资，谁所有，谁受益”的原则，执行“自建、自管、自用”的政策，采取多渠道、多层次集资和多种形式办电的措施，充分调动了地方建设小水电的积极性。在处理大小电关系的问题上，遵循省政府“体制不变，利益分享，照顾小电，共同发展”的原则，积极推进小水电联网、并网运行，搞好小水电自供区的巩固和发展。在不损害双方企业利益的前提下与国家电网联网运行，实行分级调度，分级管理。截至1994年末，全省地方小水电并入省以上电网的电站有23处，装机容量5.92万kW，直接上地、县电网的电站有458处，装机容量101.86万kW。在建设施工中，推行业主责任制、施工监理制，普遍采取招标、投标的办法，选择信誉好、质量进度有保障的施工队伍，科学地组织施工，确保工程建设按计划实施。

目前全省地方电源存在的主要问题是：①电价普遍偏低，上网电价不超过0.08元/kW·h，严重制约了地方电力的发展；②绝大部分为径流式水电站，无调节能力，也无火电补充；③汛期电能多“窝电”，而枯期电能短缺；④装机偏大，设备利用小时较低，单机容量及电站规模较小；⑤技术力量薄弱，经营管理水平较低。为适应地方经济发展的需要，全省正逐步实行新电新价，以调动地方办电的积极性。同时将重点建设一批中型骨干水电站和中小型火电站。如：德宏州的户宋河电站（装机6.3万kW），调节库容1亿m^3，曲靖地区的越州火电厂第一期工程和陆良火电厂第一期工程各5万kW正在兴建；楚雄州骨干电站老虎山（3.7万kW）业已开工，滇、黔合办的响水电站（10万kW）正在兴建，以及目前正在进行前期工作的42万kW的马鹿塘电站等，都标志着云南省地方电力已突破小型规模，进入大中型规模的行列，并将以每年平均新增装机10万kW的速度稳步发展。

（云南省地方电力局　吴　茜）

江　西　省

江西省进入90年代以后，特别是“八五”期间全国第二批农村水电初级电气化试点县的建设，促进了全省中小水电建设事业的蓬勃发展。根据“八五”计划，1991～1995年计划新增中小水电装机20万kW，据统计，1991～1993年已新增装机10.01万kW，至1993年底，全省累计中小水电装机77.57万kW，年增长率为4.09%；年发电量21.72亿kW·h，年增长率为2.65%。到1994年7月底，全省在建中小水电规模达31.29万kW，其中中型水电站4座，总装机16.27万kW。1994年下半年计划新开工6座水电站，总装机7.18万kW。1994年内计划新增投产水电装机3.5万kW。

全省16个农村水电初级电气化县的建设已进入关键的“倒计时”阶段，铜鼓、芦溪、永丰、资溪、宁冈、崇义、上犹、定南8个县（区）正在抓紧进行验收前的各项准备工作，计划1994年第四季度达标验收；力争全部16个县在“八五”期末按时或提前达标。

根据全国水电发展情况和经验，江西省在中小水电建设中积极采取措施，探索并实施了一些深化改革的路子，为加快水电发展起了重要作用。

一、积极吸引省外资金，合资（合股）办电

加快水电发展，关键是资金问题。江西省在进一步争取各级政府支持及银行贷款的基础上，积极寻找合作和投资伙伴，采取合资（合股）等多种办电形式，吸引和引进省外资金，共同开发建设中小水电。据统计，到1994年为止，全省共引进省外资金1.982亿元（其中港资折合人民币8320万元），合资建设的电站总装机容量8.95万kW（其中中型水电站7.75万kW），引进的资金约占电站总投资的40%左右，有效地缓解了建设资金紧缺的矛盾。例如，装机4万kW、总投资近2亿元的赣州地区龙潭水电站，经与香港天龙船务有限公司多次协商，于1994年1月3日达成协议，并签订合同，成立了“江西龙潭水电实业有限公司”，引进港资折合人民币8320万元，进行合资办电。现工程进展比较顺利，计划1995年电站全部投产发电。

二、积极推行建设监理和招标承包制

为了引入竞争机制，择优选择施工队伍，确保工程质量，降低工程造价，江西省于1990年开始推行建设监理和招标承包制，至1994年全省共有19座、总装机容量26.66万kW的骨干水电站，已经或正在推行建设监理制。例如寻乌县的斗晏水电站，装机容量3.75万kW，通过招标投标，择优选择了部属水电十四局作为土建施工队伍，监理单位选择了葛洲坝工程局施工新技术研究所。这些单位施工机械化程度较高，技术力量强，为确保工程质量，降低工程造价奠定了基础。

三、加强质量监督，提高工程施工质量

为确保在建工程的施工质量及投资效益，全省对在建的中小水电站工程进行了质量监督，其中装机容量5000kW以上的水电站工程由省厅组织监督。监督过程中的具体做法是：①严格施工队伍审查，凡在省内承担水利水电工程施工的企业，必须持有相应等级质量监督部门核发的《施工许可证》，所承担的施工任务

必须与其企业的资格相适应，不得超越其范围；②要求建设、施工单位建立相应的质量管理机构，配备相应的质检人员和设备，并帮助、督促建设、施工单位建立健全有关规章制度、质量保证体系，施工单位要坚持初检、复检、终检的“三检制度”；③没有质量监督部门的认可，工程不能办理竣工验收手续，不能申报评优。通过这些工作的开展，各级的质量意识明显增强，工程质量有了一定提高。例如装机容量4800 kW的山坑水电站，原承担隧洞开挖施工的企业资格不够，技术力量较差，施工管理混乱，造成人身伤亡事故，质量也无法保证。经过质量监督，责令施工单位立即停工，并换掉了该施工队伍，择优选定了具有相应资格的施工队伍，情况大有好转，保证了工程施工的顺利进行。

（江西省地方电力建设管理局　刘焕璋　蔡益民）

台湾省

1992年台湾省水电装机容量为257.7万kW（开发利用程度为52.2%），年发电量为83.26亿kW·h，分别占全省电力装机总容量（1924.7万kW）和年总发电量（938.85亿kW·h）的13.38%和8.87%。另火电装机容量和年发电量分别为1152.6万kW和530.88亿kW·h，核电分别为514.4万kW和324.71亿kW·h。1992年全省电力系统容量已达到1900万kW，最高负荷为1670万kW（7～8月份）。从1975年到1992年的17年中，电力装机总容量增长了2.6倍，年总发电量增长了2.9倍；人均年用电量由1393 kW·h增至4459 kW·h。但火电所耗石油、煤炭、天然气等都主要依靠进口。1975～1993年的装机容量的变化情况见表1。

台湾省河流均较短，最长的186 km，流域面积最大的3257 km²，都是中小河流。据1983～1988年普查，理论水能蕴藏量1116万kW，技术可开发的为494万kW，经济可开发377万kW，另可建抽水蓄能电站1043万kW。水电开发较多的有大甲溪、浊水溪、淡水河、立雾溪等。日月潭是最大的天然湖泊，其面积5.5 km²，已修建常规水电站和大型抽水蓄能电站。

表1　台湾省1975年以来装机容量和发电量变化情况

项目＼年份	1975	1980	1985	1990	1991	1992	1993（预计）
装机容量（万kW）	530	905.6	1597.0	1688.3	1838.3	1924.7	2298.9
其中：水电（%）	25.75	15.30	15.59	15.17	13.94	13.38	18.20
火电（%）	74.25	70.65	52.20	54.36	58.08	59.89	59.40
核电（%）	—	14.05	32.21	30.47	27.98	26.73	22.40
发电量（亿kW·h）	239.14	426.07	548.03	854.59	928.51	938.85	1059.34
其中：水电（%）	22.00	6.87	12.64	9.58	5.93	8.87	7.70
火电（%）	78.00	73.89	34.94	51.96	56.06	56.55	62.60
核电（%）	—	19.24	52.42	38.46	38.01	34.58	29.70

大甲溪：在台中县附近，规划可开发140万kW。已建的有德基（23.4万kW）、青山（36万kW）、谷关（18万kW）、天轮（10.6万kW）、新天轮（10.55万kW）等水电站，共计98.5万kW。

浊水溪：上游支流水里溪上有日月潭天然湖泊，建坝壅高湖水面至水位748.5 m，由浊水溪上游经总长15 km的许多隧洞引水共40 m³/s至日月潭，由日月潭经3 km隧洞引水建一级水电站（装机容量10万kW、水头302 m），其尾水再经隧洞488 m引水至二级水电站（装机容量4.35万kW、水头122 m）。

80年代又利用日月潭为上水库，在水里溪建下水库，建设明湖抽水蓄能水电站，最大水头316 m，装机4台共100万kW，于1986年建成。最近在水里溪下游另建下水库，建设明潭抽水蓄能电站，最大水头401 m，装机容量160万kW（6×26.7万kW），第一台机组于1992年投入运行，目前系亚洲第一大抽水蓄能电站。

淡水河：在台北市附近，已建乌来（2.25万kW）、石门（9万kW）、荣华坝（4万kW）、翡翠（7万kW）等水电站，共计23.55万kW。

立雾溪：在东部花莲县附近，50年代曾建立雾水电站，装机3.2万kW。最近由5条支流引水建溪畔水电站，引水隧洞总长20 km，装机16万kW。

台湾已建最高的坝是大甲溪上的德基混凝土拱坝，坝高180 m，1974年建成，已建及在建坝高80 m以上的坝，见表2。已建最长隧洞是天轮水电站的引水洞，洞径5.5 m，洞长11 km，1953年建成。最大的地下厂房是日月潭抽水蓄能电站的地下厂房，宽22.2

表 2 台湾省已建和在建高 80 m 以上的坝

坝名	河流	坝型	坝高(m)	坝体体积(万 m^3)	水库库容(亿 m^3)		装机容量(万 kW)	效益	完成年份
					总库容	有效库容			
德基	大甲溪	混凝土拱坝	180	45.6	2.47	1.75	23.4	灌溉、发电、防洪	1974
石门	淡水河	土石坝	133	705.9	3.16	2.51	9	防洪、供水、发电、灌溉	1964
曾文	曾文溪	土石坝	133	929.5	7.08	5.99	5	灌溉、发电、供水	1973
翡翠	淡水河	混凝土拱坝	122.5	71	4.06	3.59	7	供水、发电	1987
雾社	浊水溪	混凝土拱形重力坝	114	34.9	1.5	1.27	2.1	发电	1959
鲤鱼潭	大安溪	土石坝	96	356	1.26	1.23	2.5	供水、灌溉、发电	在建
南化	后库溪	土石坝	87.5		1.58	1.5		供水、灌溉、发电	在建
谷关	大甲溪	混凝土拱坝	85	7.8	0.17	0.09	18	发电	1961
荣华	淡水河	混凝土拱坝	82	6.8	0.12	0.08	4	发电、拦沙	1984

m，高 44.1 m，长 157 m，1992 年建成。

台湾省为适应经济发展和电力需求日益增长的需要，按今后 10 年年均经济增长率为 7%左右的设想，于 1991 年 11 月制订了 1991～2001 年的长期电力发展规划。规定在 11 年内，将新增电力装机容量 2165 万 kW（其间扣去退役的老电厂 106 万 kW），净增新容量为 2059 万 kW）。其中，水电 226.8 万 kW（占 10.5%、主要为抽水蓄能电站），火电 1738.2 万 kW（占 80.3%），核电 200 万 kW（占 9.2%）。预计到 2001 年 7 月的最高负荷量为 2857 万 kW。这将比 1990 年的最高负荷量 1451 万 kW，高出约 1 倍以上。

根据上述规划，预计 2001 年，台湾电力总装机容量将可达到 3747 万 kW，其中，水电 482.4 万 kW（占 12.9%），火电 2500.4 万 kW（占 68%），核电 714.4 万 kW（占 19.1%）。总计电源开发建设将耗资 23463 亿元（台币，年均 2133 亿元），其中来源于自有资金部分达 26%，其余 74%为外筹资金。电力备用容量和备用率，将分别提高到 640 万 kW 和 22.4%（1990 年分别为 108 万 kW 和 7.4%）。

（水利电力信息研究所　林明华）

统 计 资 料

1992～1994 年水电基建投资及大、中、小型水电比重情况表

项目	1992 年			1993 年			1994 年			备注
基建投资(亿元)	全国电力基建	水电基建	占比重(%)	全国电力基建	水电基建	占比重(%)	全国电力基建	水电基建	占比重(%)	①大、中、小比重系按《水利水电枢纽工程等级划分标准》统计； ②红石 20 万 kW，装机容量统计在“中型”内，但电量与白山合在一起分不出，统计在“大型”内； ③本表所列小型装机容量和发电量数字，由于统计口径不同，与水利部农村水电司统计的有出入。
	400.28	105.23	26.3	557.88	131.74	23.6	725.98	167.12	23	
水电装机容量(万 kW)比重(%)	全国	4068.07	100	全国	4459.25	100	全国	4905.22	100	
	大型	1791.52	44.1	大型	2093.77	46.6	大型	2360.52	48.1	
	中型	818.81	20.1	中型	861.10	19.2	中型	929.96	19	
	小型	1457.74	35.8	小型	1504.38	33.2	小型	1614.74	32.9	
水电发电量(亿 kW·h)比重(%)	全国	1314.63	100	全国	1507.43	100	全国	1667.86	100	
	大型	596.73	45.4	大型	723.11	47.7	大型	809.05	48.51	
	中型	278.54	21.2	中型	291.81	19.2	中型	317.7	19.05	
	小型	439.39	33.40	小型	492.51	33.1	小型	541.11	32.44	

（水利水电规划设计总院　林　艳）

1992～1994年全国水电增长情况统计表

全国及各省、自治区、直辖市	1992年					
	装机容量(万kW)			发电量(亿kW·h)		
	全部	水电	比重(%)	全部	水电	比重(%)
全国总计	16653.24	4068.07	24.4	7541.89	1314.66	17.4
华北地区	2576.05	124.10	4.8	1305.63	13.20	1.2
北京市	276.21	27.09	9.8	142.36	2.49	1.7
天津市	287.70	0.50	0.2	98.07	0.19	0.2
河北省	842.56	67.43	8.0	458.75	6.45	1.4
山西省	754.67	24.80	3.3	384.17	5.96	1.6
内蒙古自治区	414.91	4.28	1.0	222.28	1.11	0.5
东北地区	2317.99	437.39	18.9	1039.97	77.40	7.4
辽宁省	954.45	118.32	12.4	486.89	32.46	6.7
吉林省	617.47	298.12	48.3	204.05	38.69	19.0
黑龙江省	746.07	20.95	2.8	349.03	6.25	1.8
华东地区	4875.55	682.08	14.0	2236.01	205.14	9.2
上海市	769.51			348.05		
江苏省	1084.81	3.12	0.3	481.15	0.28	0.1
浙江省	744.16	241.07	32.4	284.13	63.65	22.4
安徽省	483.67	53.62	11.1	236.27	9.33	3.9
福建省	401.79	230.69	57.4	176.54	94.86	53.7
江西省	372.75	146.11	39.2	143.63	36.79	25.6
山东省	1018.86	7.47	0.7	566.24	0.23	
中南地区	3734.29	1385.15	37.1	1649.35	522.17	31.7
河南省	771.91	52.03	6.7	405.52	14.52	3.6
湖北省	747.86	467.78	62.5	367.20	227.03	61.8
湖南省	652.38	321.26	49.2	244.78	106.19	43.4
广东省	1082.53	284.97	26.3	459.00	92.84	20.2
广西壮族自治区	396.50	230.97	58.3	153.06	73.98	48.3
海南省	83.11	28.14	33.9	19.79	7.63	39.6
西南地区	1684.47	833.22	49.5	708.07	315.75	44.6
四川省	956.53	408.88	42.7	419.40	168.30	40.1
贵州省	303.53	148.93	49.1	129.35	52.07	40.3
云南省	407.75	263.32	64.6	155.75	92.76	59.6
西藏自治区	16.66	12.09	72.6	3.75	2.62	69.9
西北地区	1442.89	584.13	40.5	602.62	177.76	29.5
陕西省	420.77	123.73	29.4	189.05	30.15	15.9
甘肃省	438.91	235.03	53.5	200.32	87.10	43.5
青海省	173.05	138.50	80.0	49.83	34.50	69.2
宁夏回族自治区	164.23	27.63	16.8	76.62	8.40	11.0
新疆维吾尔自治区	245.93	59.24	24.1	86.80	17.61	20.3
不分区	22.00	22.00	100.0	0.24	0.24	100.0

续表

全国及各省、自治区、直辖市	1993年					
	装机容量(万kW)			发电量(亿kW·h)		
	全部	水电	比重(%)	全部	水电	比重(%)
全国总计	18291.67	4459.25	24.4	8364.29	1507.43	18.0
华北地区	2835.14	126.73	4.5	1414.62	19.70	1.4
北京市	275.25	27.09	9.8	141.09	2.72	1.9
天津市	319.60	0.50	0.2	126.17	0.17	0.1
河北省	911.30	67.37	7.4	494.34	8.71	1.8
山西省	852.24	27.40	3.2	417.82	6.97	1.7
内蒙古自治区	476.77	4.37	0.9	235.21	1.13	0.5
东北地区	2429.73	437.96	18.0	1121.83	83.17	7.4
辽宁省	1021.49	118.37	11.6	504.58	27.79	5.5
吉林省	632.22	298.56	47.2	244.94	49.85	20.4
黑龙江省	776.02	21.03	2.7	372.32	5.53	1.5
华东地区	5252.82	707.65	13.5	2442.82	207.05	8.5
上海市	764.74			373.31		
江苏省	1249.04	2.90	0.2	536.65	0.55	0.1
浙江省	772.54	244.03	31.6	307.13	62.65	20.4
安徽省	529.21	49.81	9.4	266.64	11.07	4.2
福建省	427.77	254.52	59.5	195.24	89.76	46.0
江西省	384.58	148.84	38.7	153.13	42.62	27.8
山东省	1124.93	7.55	0.7	610.73	0.40	0.1
中南地区	4403.08	1638.91	37.2	1887.82	614.51	32.6
河南省	830.84	57.27	6.9	440.66	19.02	4.3
湖北省	904.75	548.09	60.6	402.48	255.40	63.5
湖南省	665.77	329.60	49.5	272.71	126.72	46.5
广东省	1475.89	402.08	27.2	572.77	105.96	18.5
广西壮族自治区	436.10	265.88	61.0	174.50	100.83	57.8
海南省	89.72	35.99	40.1	24.69	6.58	26.7
西南地区	1838.06	917.54	49.9	787.97	344.61	43.7
四川省	1052.71	455.89	43.3	470.86	195.86	41.6
贵州省	317.08	139.41	44.0	142.50	49.46	34.7
云南省	451.61	310.15	68.7	171.04	96.67	56.5
西藏自治区	16.67	12.09	72.5	3.57	2.62	73.4
西北地区	1488.24	586.46	39.4	695.25	224.41	32.3
陕西省	443.07	119.80	27.0	215.98	38.39	17.8
甘肃省	453.25	235.77	52.0	227.71	102.07	44.8
青海省	172.37	138.51	80.3	68.28	53.12	77.8
宁夏回族自治区	164.23	27.63	16.8	87.49	10.45	11.9
新疆维吾尔自治区	255.33	64.75	25.4	95.78	20.38	21.3
不分区	44.00	44.00	100.0	13.98	13.98	100.0

续表

全国及各省、自治区、直辖市	1994年					
	装机容量(万kW)			发电量(亿kW·h)		
	全部	水电	比重(%)	全部	水电	比重(%)
全国总计	19988.73	4903.37	24.53	9278.08	1667.86	17.98
华北地区	2986.02	124.76	4.17	1532.89	25.09	1.64
北京市	270.52	27.09	10.01	131.14	2.39	1.82
天津市	333.35	0.50	0.15	134.59	0.22	0.16
河北省	979.20	66.97	6.84	549.83	13.65	2.48
山西省	896.95	25.84	2.88	456.93	7.28	1.59
内蒙古自治区	506.00	4.36	0.86	260.40	1.55	0.60
东北地区	2516.63	440.17	17.49	1151.56	94.84	8.24
辽宁省	1069.40	119.25	11.15	509.94	25.43	4.99
吉林省	666.50	299.89	44.99	259.97	61.44	23.63
黑龙江省	780.73	21.03	2.69	381.65	7.97	2.09
华东地区	5769.85	801.28	13.89	2744.03	247.48	9.02
上海市	758.79			401.12		
江苏省	1396.20	2.82	0.20	631.90	0.41	0.06
浙江省	903.19	250.15	27.70	340.89	61.95	18.17
安徽省	557.60	55.08	9.88	298.29	12.28	4.12
福建省	538.07	336.21	62.48	228.85	121.03	52.89
江西省	410.37	149.44	36.42	165.32	51.04	30.87
山东省	1205.63	7.58	0.63	677.66	0.77	0.11
中南地区	5129.40	1848.05	36.03	2190.32	649.82	29.67
河南省	847.36	54.52	6.43	484.87	17.10	3.53
湖北省	981.36	621.15	63.29	427.14	254.66	57.51
湖南省	711.09	367.86	51.73	292.35	143.25	49.00
广东省	1981.61	454.34	22.93	770.58	118.57	15.39
广西壮族自治区	502.25	302.83	60.29	186.69	115.30	61.76
海南省	105.73	47.35	44.78	28.69	9.94	34.65
西南地区	2034.44	1063.02	52.25	892.78	397.10	44.48
四川省	1137.59	505.43	44.43	525.18	209.54	39.90
贵州省	385.05	183.99	47.78	169.78	57.78	34.03
云南省	495.13	361.51	73.01	194.25	127.16	65.46
西藏自治区	16.67	12.09	72.53	3.57	2.62	73.39
西北地区	1508.39	582.09	38.59	739.08	226.11	30.59
陕西省	431.25	116.80	27.08	218.46	30.77	14.08
甘肃省	451.67	230.69	51.07	244.02	106.30	43.56
青海省	173.53	139.38	80.32	73.13	57.18	78.19
宁夏回族自治区	165.43	27.63	16.70	97.30	10.26	10.54
新疆维吾尔自治区	286.51	67.59	23.59	106.17	21.60	20.34
不分区	44.00	44.00	100.00	27.42	27.42	100.00

（电力工业部规化计划司统计处　王宝乐）

水电建设管理

3

勘测设计管理

1992～1994年水电勘测设计系统改革新进展

1992～1994年期间，水利水电规划设计总院（以下简称总院）系统通过学习邓小平同志南巡讲话和贯彻党的十四大精神，在推行技术经济责任制、实行企业化管理的基础上，1992年根据国务院有关部门批复精神，开始试行"工效挂钩"的承包责任制，从而进一步深化了改革，工作取得新的进展，主要体现在以下四个方面。

一、思想观念更新，经济效益显著提高

由于实行企业化管理，按项目收费承包，并突出以质量为中心，把产品质量、工作成果与经济效益挂钩，实行了多劳多得的分配制度；加上国家对工程勘察设计单位科技咨询、业余设计等一系列优惠政策，从而大大调动广大职工的积极性，很好地完成了水电前期工程任务，经济效益显著提高。据统计，3年中共完成可行性研究1786.1万kW、初步设计1413.6万kW。到1994年底，大中型水电站（10万kW以上）的设计储备项目为：预可行性研究（含原可行性研究）2705万kW/35项（其中：常规电站1852万kW/22项，抽水蓄能电站769万kW/11项，扩机工程84万kW/2项）；可行性研究（含原初步设计）1770.8万kW/30项（其中：常规电站1630.8万kW/27项，抽水蓄能电站100万kW/1项，扩机工程40万kW/2项），为水电建设提供了一定规模可供国家选择的前期储备项目。在经济效益方面，以8个直属院为例，1992年勘测设计总产值2.55亿元，为1991年的113%；1993年达3.7亿元，比1992年提高45%；1994年达5.27亿元，分别比1992年和1993年提高106%和42%。

二、扩大经营范围，搞活了勘测设计单位

3年中，由于认真执行了"一业为主、两头延伸、多种经营"的方针，各直属院在保证完成国家指令性任务的基础上，还扩大了进入市场的经营范围，承担了国内外招标设计和招标设计文件的编制、工程监理任务并开展其它多种经营等，都取得了较好的成绩。以8个直属设计院为例，1992、1993年预算外收入分别为7636万元与14480万元，分别约占该年总产值的30%与40%，1994年约占50%，从而进一步搞活了勘测设计单位，为各院下一步全方位进入市场打下了基础。

三、实行"工效挂钩"是水电行业又一项重大改革

1993年8月7日，人事部、财政部以人计函［1993］33号文批复电力部，同意部直属电力（水电、火电）勘测设计单位自1992年起实行工资总额同经济效益挂钩的试点，这是水电行业实行技术经济责任制以来又一项重大改革。其主要内容是：①工资总额与经济效益挂钩，只是承包经营责任制的一个方面，不含税利上缴包干的概念；②实行工资总额与实现收入和实现税利复合挂钩的比例为1∶0.75，其中与收入挂钩的比例为1∶0.45，与税利挂钩的比例为1∶0.3；③采取总挂分提的办法，即无论是基础工资还是新增效益工资，其中一部分进入成本，一部分在奖励资金中列支，国家给水电整个行业核定的比例是进入奖金部分占整个工资额的24%；④考核指标定为：固定资产折旧、技术开发费提取、产品质量、进度及合同履约和安全生产等五大类，如达不到规定的指标要求，则相应扣减当年新增效益工资。实行两年来，据初步统计，8个直属院提取的奖金与业余设计津贴，1992年为3204万元；1993年为4028万元，比1992年，增长25.7%。但是，随着改革的深化，实行"工效挂钩"涉及勘测设计单位的性质和相关的政策能否继续执行？工资增长率从宏观上能否控制在16%以内？1993年工资制度改革调整幅度较大，可否不纳入新增效益工资自我消化，而单独核定基数？加上1994年，水电前期经费不能到位等因素，都将可能给今后"工效挂钩"带来问题和困难。

四、进行事业改企业的试点

实现由事业改企业，是水电勘测设计行业的改革方向和努力达到的目标。经过10多年来的改革实践，经营范围不断扩大，1993年已有30%左右的产值直接来自市场；思想观念、内部经营管理机制已有较大转变；收费标准也作了一些调整；并探索研究了建立新型

企业一些深层次的问题等，为设计院"事改企"试点准备了条件。1994 年 5 月，国务院办公厅发来中央 5 个部委《关于工程设计单位改为企业若干问题的意见》的征求意见稿，总院经过学习研究，初步设想在近两年内通过试点，争取所有水电直属院改为企业。为此，要求各直属院在"事改企"过程中，一方面要进一步拓展市场，另方面要大力抓好内部管理机制的深化改革。深化改革的重点是：加强激励和约束相结合的管理体制；健全质量保证体系；完善"工效挂钩"办法；按照企业经营的要求调整组织机构；着手三项制度改革，分流富余人员并妥善安置。改制后的企业模式，可由设计院根据实际情况自主决定。但从各直属院现有条件和实际困难考虑，应请求国家有关综合部门和电力部给水电直属院"转机改制"一定的配套政策，例如：①请求国家尽快批准出台以费率为基础的新的收费标准；②将水电设计企业作为科技型企业，给予减免税的政策，以保持原有的税负水平；③对于原有的事业费、资源勘探费以及经营性的前期贷款指标等水电前期工作经费渠道予以保留，并实行有偿使用，使其起到良性循环，促进水电建设；④对于个别设计院历史遗留的生产生活设施建设资金问题，请部酌情给予解决。

（水利水电规划设计总院　倪启香）

1994 年底水电设计储备项目（10 万 kW 以上）一览表

项目名称	设计规模（万 kW）	设计报告完成时间（年．月）	设计单位	备注
一、预可行性研究（含原可行性研究）	2705			
（一）常规电站	1852			
1. 小湾	420	1992.1	昆明勘测设计研究院	正进行初设
2. 构皮滩	200	1988.3	长江水利委员会	正进行初设
3. 锦屏二级一期	160	1993.4	华东、成都勘测设计研究院	未审
4. 水布垭	160	1994.10	长江水利委员会	
※5. 大藤峡	120	1989.4	东北勘测设计研究院	正进行初设
6. 彭水	108	1990.6	长江水利委员会	
7. 三板溪	100	1992.12	中南勘测设计研究院	正进行初设
8. 积石峡	100	1992.12	西北勘测设计研究院	正进行初设
9. 光照	81	1994.4	贵阳勘测设计研究院	
10. 石堤	72	1989.8	中南勘测设计研究院	未审
※11. 紫坪埔	68	1990.4	成都勘测设计研究院 四川省水利水电勘测设计院	正进行初设
12. 龙头石	50	1989.2	成都勘测设计研究院	未审
※13. 百色	48	1993.9	珠江水利委员会勘测设计院	
14. 龙口	40	1988.12	天津勘测设计研究院	正进行初设
※15. 九甸峡	24	1993.	甘肃省水利水电勘测设计院	
16. 泰和	18	1986.	华东勘测设计研究院	正进行初设
17. 洪江	18	1986.12	中南勘测设计研究院	
18. 乌金峡	15	1991.9	西北勘测设计研究院	正进行初设
19. 直岗拉卡	15	1992.12	西北勘测设计研究院	
20. 洗马河	12	1986.12	昆明勘测设计研究院	

续表

项 目 名 称	设计规模（万 kW）	设计报告完成时间（年．月）	设 计 单 位	备 注
※21. 沙坡头	12	1989.	宁夏水利水电勘测设计院	未 审
22. 麒麟寺	11	1988.6	西北勘测设计研究院	未 审
（二）扩机	84			
1. 东江扩机	42	1984.	中南勘测设计研究院	
2. 乌江渡扩机	42	1985.	中南勘测设计研究院	
（三）抽水蓄能	769			
1. 桐柏	120	1994.6	华东勘测设计研究院	
2. 蒲石河	120	1993.3	东北勘测设计研究院	正进行初设
3. 荒沟	120	1993.3	东北勘测设计研究院	正进行初设
4. 响水涧	100	1989.12	上海、华东勘测设计研究院	正进行初设
5. 西龙池	100	1994.4	北京勘测设计研究院 山西水利勘测设计院	
6. 泰安	60	1994.12	北京勘测设计研究院 中国水利水电建设工程咨询公司	
7. 琅玡山	44	1988.	安徽省水利电力勘测设计院	
8. 乌龙山	40	1993.9	华东勘测设计研究院	
9. 风香岭	30	1993.11	华东勘测设计研究院	未 审
10. 瓦屋山	20	1994.	四川省水利水电勘测设计院	
11. 西湾	15	1989.	上海勘测设计研究院	
二、可行性研究（含原初步设计）	1770.8			
（一）常规电站	1630.8			
1. 拉西瓦	372	1993.3	西北勘测设计研究院	未 审
2. 瀑布沟	330	1993.12	成都勘测设计研究院	
3. 公伯峡	150	1993.6	西北勘测设计研究院	
4. 思林	84	1994.12	贵阳勘测设计研究院	未 审
5. 长洲	63		珠江水利委员会勘测设计院 广西电力工业勘察设计院	
6. 滩坑	60	1988.12	华东勘测设计研究院	未审、移民安置规划重新复核
7. 棉花滩	60	1987.12	上海、华东勘测设计研究院	
8. 恶滩改建	56	1994.12	广西电力工业勘察设计院	
9. 洪家渡	54	1992.3	贵阳勘测设计研究院	
10. 吉林台	46	1994.7	新疆水利水电勘测设计院	
11. 桐子林	44	1994.12	成都勘测设计研究院	
12. 穆阳溪梯级	32	1991.3	福建省水利水电勘测设计院	
13. 旬阳	30	1992.8	北京勘测设计研究院	未 审
14. 临江	30	1989.6	东北勘测设计研究院	一半送朝鲜

续表

项目名称	设计规模（万kW）	设计报告完成时间（年.月）	设计单位	备注
15. 石泉二期	27	1991.11	北京 西北 勘测设计研究院	含扩机
16. 高坝洲	25.2	1988.12	长江水利委员会	
17. 冶勒	24	1991.8	成都勘测设计研究院	
18. 凌津滩	24	1992.5	中南勘测设计研究院	
19. 小峡	20	1993.12	西北勘测设计研究院	
20. 尼那	16	1992.5	西北勘测设计研究院	
21. 冷竹关	15.3	1994.12	成都勘测设计研究院	未审
※22. 飞来峡	14	1987.	珠江水利委员会勘测设计院	
23. 姚河坝	13.2	1992.6	成都勘测设计研究院	
※24. 王甫洲	10.9	1993.11	长江水利委员会	
25. 紫兰坝	10.2	1988.6	西北勘测设计研究院	1992年12月完成初设补充
26. 直孔	10	1989.12	成都勘测设计研究院	
27. 新鄂	10	1991.10	东北勘测设计研究院	
（二）扩机	40			
1. 凤滩扩机	30	1988.5	中南勘测设计研究院	未审
2. 湖南镇扩机	10	1985.	华东勘测设计研究院	未审
（三）抽水蓄能	100			
张河湾	100	1994.10	北京勘测设计研究院	

注 1. 可行性研究（含原初步设计）储备中，扣除了1994年预备开工的龙滩、大朝山、百龙滩、万家寨；

2. 打※号的，为水利结合发电项目；

3. 本表所列为直属院、流域委院及所能收集到的部分省院完成的项目。

（水利水电规划设计总院 林 艳）

部属水利水电勘测设计系统多种经营情况及效果

1992～1994年，部属水利水电勘测设计单位在认真总结过去8年来贯彻“一业为主、两头延伸、多种经营”方针经验的基础上，进一步解放思想，深化改革，在坚持完成指令性水电勘测设计任务的前提下，积极拓展技术开发、技术服务范围，向多功能、全方位发展，在两头延伸、多种经营方面迈出了较大的步子，取得较好的社会、经济效益。3年中，部属8个勘测设计研究院累计总收入达115506万元，其中指令性任务收入75608万元，占总收入的65.5%，外协任务（两头延伸）收入34126万元，占总收入的29.5%，多种经营收入5772万元，占总收入的5%。就是说，“两头延伸”和“多种经营”两项收入达34.5%，超过总收入的1/3；而且这两项收入占总收入的比重呈增长的势头：1992年为31%，1993年为36%，1994年为35%。8个勘测设计研究院3年两项收入情况见下表。

3年来各院两项收入之所以能不断增长，总的来说是由于进一步解放了思想，拓宽了服务范围，充分发挥了各自的技术优势和人才优势。具体来说主要有以下几点：①部分院先后开展了以设计为龙头的工程总承包，总承包费用达5500万元；②各院普遍承担了大中型水利水电工程的监理任务，监理收入逐年增加，3年累计达4570万元，而且锻炼培养了一支监理队伍；③各院均建立并健全了咨询服务体系，较广泛地开展了工程咨询、经济咨询和国际咨询服务，3年中共承接咨询服务项目100多项，累计收入4751万元；④部分院发挥了多方面的积极性，开展了集资办水电前期工作，3年累计集资项目40项，总计集资款5000万元；⑤为了解决勘测队伍多、任务不足的矛盾，各院广泛开展了岩土工程业务，3年承揽岩土工程总计收入达

1992～1994 年各院两项收入及占总收入比重情况表　　单位：万元

勘测设计单位名称	1992 年收入			1993 年收入			1994 年收入			3 年合计收入		
	两头延伸	多种经营	占总收入比重(%)	两头延伸	多种经营	占总收入比重(%)	两头延伸	多种经营	占总收入比重(%)	两头延伸	多种经营	占总收入比重(%)
北京勘测设计研究院	236	0	12	600	10	19	600	12	17	1436	22	16.5
华东勘测设计研究院	603	255	32	1991	332	39	1991	332	39	4585	919	37.6
上海勘测设计研究院	137	0	25	156	26	17	159	23	16	452	49	20.5
中南勘测设计研究院	1435	836	45	2726	1015	50	4100	500	47	8261	2351	47.4
西北勘测设计研究院	980	300	26	2450	320	39	2400	350	39	5830	970	35.5
成都勘测设计研究院	1842	225	32	2038	293	30	2190	310	30	6070	828	30.2
贵阳勘测设计研究院	410	56	24	906	78	36	1698	82	59	3014	216	41.7
昆明勘测设计研究院	1129	157	31	2030	83	33	1303	179	22	4462	419	27.9

7208 万元；⑥具有对外经营权的院努力开拓国际市场，通过竞标，承接了几个国家多项勘测设计、咨询和监理任务，扩大了国际影响，取得了较好的经济效益。

部属勘测设计院虽然在“两头延伸、多种经营”方面有较大发展，经济效益也稳步提高，但仍不适应客观要求。当前面临的主要问题是：指令性任务日渐减少，前期经费不足，制约了水电勘测设计事业的发展；勘测队伍比重过大，离退休人员日渐增多，负担愈来愈重，降低了自身的竞争能力；建设市场、技术市场尚未规范、有序地运行，给部属院平等竞争带来重重困难。针对这种情况，各单位应进一步转换经营机制，实行劳动人事等项制度改革，保证两项收入继续稳定增长；同时在资金、政策、人才和场地上扶持分流职工，组织他们兴办自主经营、自负盈亏的经济实体，力争有 1/3 的职工从事多种经营，为实行设计单位企业化打下基础。

（水利水电规划设计总院　谢益恒
西北勘测设计研究院　徐传胜）

水利水电勘测设计行业推行全面质量管理新进展

水利水电勘测设计系统部属和省属勘测设计院推行全面质量管理于 1988 年至 1990 年先后达标验收合格之后，为了进一步提高质量意识、加强推行全面质量管理的自觉性，不断完善质量保证体系，以确保产品质量，1991～1994 年间，水利水电规划设计总院（以下简称水规总院）采取如下主要措施，使质量管理工作取得新的进展。

一、举办院级领导和全面质量管理办公室（全质办）人员深化全面质量管理学习研讨班

1991 年 10 月，首期“水利水电勘测设计院院长 TQC 学习研讨班”在天津进行，为期 20 天，邀请了 9 位质量管理专家、教授，分别进行了“TQC 概论”、“GB/T10300 质量管理和质量保证系列国家标准”、“TQC 发展动向”等 9 个专题讲座。参加学习研讨的 17 个设计院的院长，结合本系统实际，就全面质量管理工作如何深化提高进行了研讨。1991 年 11 月，在上海举办“全质办人员深化 TQC 学习研讨班”，22 个勘测设计单位 47 人参加，率先学习了 GB/T10300 系列国家标准。随后，根据多方要求，又于 1992 年 3 月至 4 月在北京连续举办三期“院级领导全面质量管理学习研讨班”，19 个设计院的 78 位院级领导干部参加，其中正副院长 43 人，正副党委书记 14 人，正副总工程师 12 人，工会主席 9 人。部分设计院的全质办主任、处级干部等 86 人一起参加学习，扩大了学习研讨的成效。对如何深化 TQC，在水利水电勘测设计系统贯彻 GB/T10300 国家标准的必要性等问题取得了共识，为宣传贯彻国标打下了基础。

二、组织对全面质量管理工作的抽查

为及时了解各单位达标验收后在质量管理方面取得的新成绩、新经验及存在的问题，水规总院除要求各设计院每年进行一次自查外，还组织检查组，先后对成都院、华东院、中南院、东北院、黄委设计院、珠委设计院等 6 个单位进行了抽查，采用检查和咨询相结合的方式，发现问题，帮助改进，深化全面质量管理。省级设计院由所在省建设厅组织复查。

三、召开全系统推行全面质量管理总结表彰会

1992 年 7 月 14 日在北京举行水利水电勘测设计系统推行全面质量管理总结表彰会。能源部、水利部联合发文，分别授予 12 个设计院和 68 位同志推行全面质量管理先进单位和积极分子的荣誉称号。会议对前

阶段工作进行了总结，交流了经验，主要经验是：推行全面质量管理成功的关键是领导，根本是质量教育，要党政工团齐抓共管，应建立一个健全的专职办事机构，必须坚持实践。存在的主要问题有：还缺乏坚持推行的自觉性；结合水利水电勘测设计工作实际不够；基础工作还不完善。会议要求深入持久地进行质量教育，积极宣传贯彻《质量管理和质量保证》系列国家标准，进一步加强和完善各项基础工作。

四、创办《质量管理简报》（月刊）

《质量管理简报》用以及时宣传贯彻国家和上级领导部门有关质量管理的政策、法规、标准和指示，报道国内外质量管理动态和信息，交流勘测设计单位巩固深化全面质量管理，提高产品质量和工作质量的新经验，探讨解决新问题。

五、积极宣传贯彻《质量管理和质量保证》系列标准

国际标准化组织（ISO）为了适应国际贸易往来与经济合作的需要，经过近10年的工作，于1987年发布了ISO9000《质量管理和质量保证》系列国际标准。它是世界许多经济发达国家多年质量管理实践的科学总结。我国国家技术监督局以积极的态度引进采用，于1988年发布等效采用ISO9000系列的GB/T10300系列国家标准，1992年又发布等同采用ISO9000系列的GB/T19000—ISO9000系列标准，以替代GB/T10300，自1993年1月1日起实施。为了更好地结合水利水电勘测设计行业的特点贯彻标准，水规总院于1992年开始组织编制实施大纲，1993年5月召开了部属院贯标研讨会，1994年2月正式印发《GB/T19004—ISO9004“质量管理和质量体系要素—指南”水利水电勘测设计行业实施大纲（试行）》，为各单位的贯标工作提供指导。各单位现正按总院意见和要求稳步进行，部分先行单位已开始按标准编制自己的质量手册。通过对国标的宣传贯彻实施，促进了全面质量管理的基础工作和现有的质量体系逐步完善。

六、检查隐蔽质量问题

水利水电勘测设计系统在质量管理方面虽然做了不少工作，产品的总体质量也是好的，但在工程建设中还是出现了一些质量问题。如1993年发生的天生桥二级调压井闸门井胸墙垮塌及青海沟后水库混凝土面板砂砾石坝垮坝两起重大事故。为了吸取教训，检查隐蔽和潜在的质量问题，水规总院于1993年11月及时召开了质量工作会议。在各单位的自查中，发现局部存在着对基础资料重视不够，设计方案比选论证不充分，专业之间工作协调欠佳，设计计算不合理，设计文件质量不高等问题。通过这一次全系统的质量自查和质量工作会议，进一步认识到巩固深化全面质量管理，贯彻《质量管理和质量保证》系列标准的重要性和艰巨性。水规总院决心加强行业管理，把好审查关，加快规程规范的编制修订，组织先进技术的交流推广，争取勘测设计质量创一流水平。

（水利水电规划设计总院　何育才）

推行全面质量管理先进单位、积极分子名单

1992年7月14～16日，水利水电规划设计总院在北京召开了“全国水利水电勘测设计系统全面质量管理总结表彰会”，经能源部、水利部批准，表彰了12个先进单位、68名积极分子。其名单如下。

（一）先进单位名单

成都勘测设计研究院
中南勘测设计研究院
华东勘测设计研究院
天津勘测设计研究院
辽宁省水利水电勘测设计院
福建省水利水电勘测设计院
广西电力工业勘察设计院
四川省水利水电勘测设计院
河南省水利勘测设计院
江苏省水利勘测设计院
吉林省水利水电勘测设计院
陕西省水利电力土木建筑勘测设计院

（二）积极分子名单

高东军　邱彬如（北京勘测设计研究院）
曹士杰　吴启光（上海勘测设计研究院）
张发华　吴熊飞　华庆嘉　邓维康（华东勘测设计研究院）
刘文雪　孙　瑜　李启德（西北勘测设计研究院）
杨培柏　秦惠承　李西瑶　吴钖贤（成都勘测设计研究院）
袁保平　曹淦平　胡葆英　王常敏（中南勘测设计研究院）
蒋明林　谢本泰（贵阳勘测设计研究院）
刘淑君　陈余兆　张青耀（昆明勘测设计研究院）
谭伯琥　杨建设　朱淑贞（黄委会勘测规划设计院）

刘　英　孙国浩　赵慧家（天津勘测设计院）
冯崇安　石家隽　洪永灿（东北勘测设计院）
范锦春　叶维爱（珠委会勘测设计院）
刘　勇　孙祥燕（淮委会勘测设计院）
袁达夫　刘明扬　朱丽如（长江水利委员会）
白庆云（北京市水利规划设计研究院）
陈延顺（黑龙江省水利勘测设计院）
慈常治（辽宁省水利水电勘测设计院）
郝　玺（吉林省水利水电勘测设计院）
杜炎武（河北省水利水电勘测设计院）
周淮源（天津市水利勘测设计院）
张世侃（内蒙古自治区水利勘测设计院）
苗思聪（山西省水利勘测设计院）
何桂山（河南省水利勘测设计院）
曹不凡（陕西省水利电力土木建筑勘测设计院）
梁植树　潘　锋（甘肃省水利水电勘测设计院）
刘立彬　庞映辉（四川省水利水电勘测设计院）
刘德盛（贵州省水利水电勘测设计院）
张代钦（云南省水利水电勘测设计院）
徐　进（湖北省水利勘测设计院）
沈祖余（湖南省水利水电勘测设计院）
徐高垠（广东省水利电力勘测设计院）
徐培基（广西电力工业勘测设计院）
张周南（广西水利电力设计院）
卫　明（上海市水利工程设计研究院）
陈依群（山东省水利勘测设计院）
刘学芦（安徽省水利水电勘测设计院）
杨振江（江苏省水利勘测设计院）
钱继灿（浙江省水利水电勘测设计院）
郑丽娟（福建省水利水电勘测设计院）
陈承斌（水利水电规划设计总院）

（水利水电规划设计总院　何育才）

1992～1994年大中型水电站优秀勘察、优秀设计评选结果

电力工业部委托水利水电规划设计总院进行1992年度优秀工程勘察和优秀工程设计的评审工作。经部审定后，评出部级优秀工程勘察3项、优秀工程设计10项（见表1），并由部统一向建设部申报1993年度第四届全国优秀工程勘察、第六届全国优秀工程设计。经全国评选委员会评选，大中型水电站获奖项目：优秀工程勘察1项（金质奖），优秀工程设计6项，其中：金质奖2项、银质奖1项、铜质奖3项（见表2）。

表1　1992年度大中型水电站部级优秀工程勘察、优秀工程设计项目

类别	序号	项目名称	获奖等级	设计单位	评选时间
优秀工程勘察	1	东江水电站工程勘察	部级优秀勘察	中南勘测设计研究院	1993年8月
	2	铜街子水电站复杂地基工程勘察	部级优秀勘察	成都勘测设计研究院	1993年8月
	3	浙江省石塘水电站工程勘察	部级优秀勘察	华东勘测设计研究院	1993年8月
优秀工程设计	1	葛洲坝大江工程设计	部级优秀设计	长江水利委员会	1993年8月
	2	铜街子水电站	部级优秀设计	成都勘测设计研究院	1993年8月
	3	白山水电站二期工程设计	部级优秀设计	东北勘测设计研究院	1993年8月
	4	石塘水电站	部级优秀设计	华东勘测设计研究院	1993年8月
	5	盐锅峡水电站9号机组扩建工程	部级优秀设计	西北勘测设计研究院	1993年8月
	6	丰满水电站9号、10号扩机工程	部级优秀设计	东北勘测设计研究院	1993年8月
	7	红枫堆石坝钻孔灌浆防渗处理	部级优秀设计	贵阳勘测设计研究院	1993年8月
	8	葛洲坝500kV变电所电气设计	部级优秀设计	长江水利委员会	1993年8月
	9	西沟水电站工程设计	部级优秀设计	东北勘测设计研究院	1993年8月
	10	四川省甘堡水电站	部级优秀设计	成都勘测设计研究院	1993年8月

表2　全国第四届优秀工程勘察奖和第六届优秀工程设计奖获奖项目

类别	序号	项目名称	获奖等级	设计单位	评选时间
优秀工程勘察	1	东江水电站工程勘察	金质奖	中南勘测设计研究院	1994年3月
优秀工程设计	1	葛洲坝大江工程	金质奖	长江水利委员会	1994年3月
	2	铜街子水电站	金质奖	成都勘测设计研究院	1994年3月
	3	白山水电站二期工程	银质奖	东北勘测设计研究院	1994年3月

续表

类别	序号	项目名称	获奖等级	设计单位	评选时间
优秀工程设计	4	石塘水电站	铜质奖	华东勘测设计研究院	1994年3月
	5	广东长潭水电工程	铜质奖	广东省勘测设计院	1994年3月
	6	盐锅峡水电站9号机组扩建工程	铜质奖	西北勘测设计研究院	1994年3月

（水利水电规划设计总院　郗绮霞　傅华玲）

进入全国“100强”的水利水电勘测设计单位

为了促进我国勘测设计单位深化内部改革，提高勘测设计水平和经济效益，1992年国家建设部、国家统计局和中国建设企业评价中心共同组织进行了首次全国勘察设计单位“综合实力100强”评比活动。根据建设部设计管理司《关于开展评选1992年勘察设计单位综合实力100强活动的通知》的要求，水利水电规划设计总院经对8个直属院、6个流域委院的综合比较和测评，推荐成都勘测设计研究院等10个单位参加评选。经过与各行业推荐的勘测设计单位的激烈竞争，总院推荐的10个单位均榜上有名，外加由福建省推荐的福建省水利水电勘测设计院也进入“100强”，因此水利水电勘测设计行业共有11个单位进入“100强”。此次评分标准按1000分制计算，其中“人员状况”为300分，“固定资产”为150分，“完成设计投资额”和“完成勘测任务”为150分，“收入状况”为300分，“获奖情况”为100分。各单位按总分多少排列名次，在总分相同的情况下，再以反映总量规模的指标（总人数、总收入）进行比较，然后排列名次。进入全国“综合实力100强”的11个水利水电勘测设计单位的主要技术经济指标见下表。

进入“全国100强”的水利水电勘测设计单位主要技术经济指标表

项目	成都勘测设计研究院	长江水利委员会	西北勘测设计研究院	东北勘测设计研究院	中南勘测设计研究院	华东勘测设计研究院
1. 排位100强名次	22	29	34	35	47	52
2. 人员状况						
职工总数	3158	7412	3069	2190	2618	1929
高中级职称人数	990	2062	666	817	783	741
所占比重（%）	31.3	27.8	21.7	37.3	29.9	38.4
3. 固定资产						
总值（万元）	7661	52664	7474	5991	6746	5506
人均（万元）	2.4	7.1	2.4	2.7	2.6	2.9
4. 1992年完成设计投资额						
初设（万元）	147000	5906500	1069538	179778	2191710	102985
施工图（万元）	178960	89654	79484	36072	102843	88363
5. 1992年完成勘测任务量						
测量（km^2）	362.9	1169	113	247.7	166.8	100
地质（标准米）	711299	889613	99854	432740	426652	180720
物探（标准点）	17469	47844	13759	17213	19119	5117
6. 1992年收入状况						
总收入（万元）	6797	10956	4232	3634	5067	2677
人均收入（万元）	2.2	1.5	1.4	1.7	1.9	1.4
7. 获奖情况（省部级以上）（1988～1992年）						
优秀设计（项）	19	39	37	24	25	8
优秀勘测（项）	12	2	2	4	1	4
优秀软件（项）	15		3	6	7	12
8. 1992年CAD技术应用						
方案设计（%）	10	50	7	68	51	5
信息管理（%）	90	30	50	70	30	35

续表

项　　目	昆明勘测设计研究院	天津勘测设计研究院	黄河水利委员会勘测规划设计院	福　建　省水利水电设计院	北京勘测设计研究院
1. 排位100强名次	59	74	80	95	98
2. 人员状况					
职工总数	2148	1808	2007	555	923
高中级职称人数	814	802	705	171	318
所占比重（%）	37.9	44.4	35.1	30.8	34.5
3. 固定资产					
总值（万元）	4588	4957	4278	1200	1589
人均（万元）	2.1	2.7	2.1	2.2	1.7
4. 1992年完成设计投资额					
初设（万元）	340450	22703		12412	539290
施工图（万元）	80710	18305	36400	108054	64873
5. 1992年完成勘测任务量					
测量（km^2）	205	383.9	130	38	44
地质（标准米）	2403390	451944	219364	6200	257549
物探（标准点）	15778	6816	14885	3000	6039
6. 1992年收入状况					
总收入（万元）	3277	2993	3467	842	2151
人均收入（万元）	1.5	1.7	1.7	1.5	2.3
7. 获奖情况（省部级以上）（1988～1992年）					
优秀设计（项）	44	11	8	16	9
优秀勘测（项）	8	1	8	2	1
优秀软件（项）	4			2	7
8. 1992年CAD技术应用					
方案设计（%）	67	13	50		15
信息管理（%）	65	70	80		30

（水利水电规划设计总院　何根寿　林　艳）

全国水利水电勘察、设计大师及优秀勘察设计院长名单

1990年8月，建设部以建设[1990]433号文公布了第一批全国工程勘察、设计大师名单，其中水利水电系统有潘家铮（设计大师，能源部）、曹楚生（设计大师，天津勘测设计研究院）、曹乐安（设计大师，长江水利委员会）、陈德基（勘察大师，长江水利委员会）等4位同志。

1994年8月12日，建设部以建设[1994]497号文公布了第二批全国工程勘察、设计大师120名（其中勘察大师20名），水利水电系统有王三一（设计大师，中南勘测设计研究院）、吴奠清（设计大师，昆明勘测设计研究院）、曹克明（设计大师，华东勘测设计研究院）、洪庆余（设计大师，长江水利委员会）、林昭（设计大师，天津勘测设计研究院）、曾宪康（设计大师，福建省水利水电勘测设计院）、刘克远（勘察大师，成都勘测设计研究院）等7位同志。

1994年1月20日，建设部以建设[1994]57号文公布授予137名同志为1993年全国优秀勘察设计院长荣誉称号的名单，其中直属水利水电系统有董槐三、杨培柏、袁保平、曹士杰、王永荣等5位同志，他们分别为昆明、成都、中南、上海、东北勘测设计研究院院长。

（水利水电规划设计总院　王全坤）

水利水电勘测设计单位资格证书等级一览表

序号	单位名称	行业	评定等级		证书编号
			设计	勘察	
1	北京勘测设计研究院 I * e	水利水电	甲	甲	设甲:0100301
					设乙:010030
		建筑	乙		勘甲:010030
		公路	乙	乙	收费:010030

续表

序号	单位名称	行业	评定等级		证书编号
			设计	勘察	
1	北京勘测设计研究院 Ⅰ * e	水运	乙	乙	设甲:0100301 设乙:010030 勘甲:010030 收费:010030
		电力	乙		
		勘察		甲	
2	上海勘测设计研究院 Ⅱ *	水利水电	甲	丙	设甲:0900121 设乙:090012 收费:090012
		建筑	乙		
		市政	防洪乙		
		公路	乙	乙	
		水运	乙	乙	
		电力	乙		
3	华东勘测设计研究院 Ⅰ * e	水利水电	甲	甲	设甲:1200051 设乙:120005 勘甲:120005 收费:120005
		建筑	甲		
		水运	乙	乙	
		电力	乙		
		人防	乙		
		勘察		甲	
4	中南勘测设计研究院 Ⅰ *	水利水电	甲	甲	设甲:1800111 设乙:180011 勘甲:180011 收费:180011
		建筑	甲		
		水运	乙	乙	
		电力	乙		
		市政	防洪甲,给排水乙		
		勘察		甲	
5	贵阳勘测设计研究院 Ⅰ *	水利水电	甲	甲	设甲:2400021 设乙:240002 勘甲:240002 收费:240002
		建筑	乙		
		水运	乙	乙	
		电力	110kV 送变电		
		勘察		甲	
6	成都勘测设计研究院 Ⅰ *	水利水电	甲	甲	设甲:2200131 设乙:2200132 勘甲:2200136 收费:220013
		建筑	乙		
		电力	110kV 送变电		
		勘察		甲	
7	昆明勘测设计研究院 Ⅰ * e	水利水电	甲	甲	设甲:2300051 勘甲:2300056 收费:230005
		建筑	甲		
		电力	110kV 送变电		
		勘察		甲	
8	西北勘测设计研究院 Ⅱ * e	水利水电	甲	甲	设甲:2600121 设乙:2600122 勘甲:2600126 收费:260012
		建筑	乙		
		电力	110kV 送变电		
		勘察		甲	
9	黄河水利委员会勘测规划设计院 Ⅰ *	水利水电	甲	甲	设甲:1600161 设乙:1600162 勘甲:1600166 收费:160016
		建筑	乙		
		公路	乙	乙	
		电力	110kV 送变电单机 12 MW 及以下机组设计		
		勘察		甲	
10	天津勘测设计研究院 Ⅰ *	水利水电	甲	甲	设甲:0200071 设乙:0200072 勘甲:0200076 收费:020007
		建筑	乙		
		公路	乙	乙	
		水运	乙	乙	
		市政	防洪乙		
		农业	甲		
		勘察		甲	
11	东北勘测设计研究院 Ⅰ * e	水利水电	甲	甲	设甲:0700051 设乙:0700052 勘甲:0700056 收费:070005
		建筑	甲		
		公路	乙	乙	
		水运	乙	乙	
		电力	110kV 送变电		
		市政	防洪甲		
		勘察		甲	

续表

序号	单位名称	行业	评定等级 设计	评定等级 勘察	证书编号
12	淮河水利委员会规划设计院 Ⅰ*	水利	甲	乙	设甲:1100061 设乙:1100062 勘乙:1100067 收费:110006
		水电	乙		
		建筑	乙		
		勘察	乙	乙	
13	长江水利委员会 Ⅰ*	水利水电	甲	甲	设甲:1700151 设乙:1700152 勘甲:1700156 收费:170015
		建筑	甲		
		公路	乙	乙	
		水运	乙	乙	
		电力	110kV送变电		
		市政	防洪甲,给排水乙		
		勘察		甲	
14	珠江水利委员会勘测设计院 Ⅱ*	水利水电	甲	甲	设甲:1900051 设乙:1900052 勘甲:1900056 收费:190005
		建筑	甲		
		公路	乙	乙	
		水运	乙	乙	
		市政	防洪、给排水乙		
		勘察		甲	
15	广西电力工业勘察设计院 Ⅰ*	水利水电	甲	甲	设甲:2000041 设乙:2000042 勘甲:2000046 收费:200004
		电力	甲		
		建筑	乙		
		公路	乙	乙	
		水运	乙	乙	
		勘察		甲	
16	中国水利水电建设工程咨询公司 Ⅱ*	水利水电	甲		设甲:0100501 设乙:0100502 收费:010050
		建筑	乙		
		电力	110kV送变电		
17	山东黄河设计院 Ⅱ*	水利	甲		设甲:1500101 设乙:1500102 收费:150010
		建筑	乙		
18	甘肃省水利水电勘测设计院	水利	甲	甲	设甲:2701021 设乙:2701022 勘甲:2701026 收费:270102
		水电	甲		
		建筑	乙		
		勘察		甲	

续表

序号	单位名称	行业	评定等级 设计	评定等级 勘察	证书编号
19	宁夏水利水电勘测设计院 Ⅰ*	水利	甲	甲	设甲:2901011 设乙:2901012 收费:290101
		水电	乙		
		建筑	乙		
20	河南省水利勘测设计院	水利	甲	甲	设甲:1601031 设乙:1601032 勘甲:1601036 收费:160103
		水电	乙		
		勘察		甲	
21	河北省水利水电勘测设计院 Ⅱ*	水利	甲	甲	设甲:0301011 设乙:0301012 勘甲:0301016 收费:030101
		水电	乙		
		建筑	乙		
		公路	乙	乙	
		市政	防洪乙		
		勘察		甲	
22	辽宁省水利水电勘测设计院 Ⅲ*	水利	甲	甲	设甲:0601061 设乙:0601062 收费:060106
		水电	甲		
		市政	给水、桥乙,防洪甲		
23	山西省水利勘测设计院	水利	甲	甲	设甲:0401011 设乙:0401012 收费:040101
		水电	乙		
		建筑	丙		
24	陕西省水利电力土木建筑勘测设计院 Ⅱ*	水利	甲	甲	设甲:2601021 设乙:2601022 勘甲:2601026 收费:260102
		水电	甲		
		建筑	乙		
		勘察		甲	
25	内蒙古自治区水利勘测设计院	水利	甲	甲	设甲:0501031 设乙:0501032 勘甲:0501036 勘乙:0501037 收费:050103
		水电	乙		
		建筑	乙		
		市政	防洪乙		
		勘察		甲(乙)	
26	山东省水利勘测设计院	水利	甲	甲	设甲:1501041 设乙:1501042 勘甲:1501046 收费:150104
		水电	乙		
		建筑	乙		
		市政	防洪乙		
		勘察		甲	

续表

序号	单位名称	行业	评定等级		证书编号
			设计	勘察	
27	黑龙江省水利勘测设计院	水利	甲	甲	设甲:0801041 设乙:0801042 勘甲:0801046 收费:080104
		水电	甲		
		建筑	乙		
		勘察		甲	
28	北京市水利规划设计研究院 Ⅰ*	水利	甲		设甲:0101041 设乙:0101042 收费:010104
		水电	乙		
29	青海省水利水电勘测设计院 Ⅱ*	水利	甲	甲	设甲:2801011 设乙:2801012 勘乙:2801017 收费:280101
		水电	乙		
		建筑	乙		
		勘察		乙	
30	安徽省水利电力勘测设计院	水利	甲	甲	设甲:1101021 设乙:1101022 勘甲:1101026 收费:110102
		水电	甲		
		建筑	乙		
		公路	乙	乙	
		市政	桥乙,防洪乙		
		勘察		甲	
31	吉林省水利勘测设计院	水利	甲	甲	设甲:0701031 设乙:0701032 收费:070103
		水电	乙		
		建筑	乙		
		勘察		甲	
32	云南省水利水电勘测设计院	水利	甲	甲	设甲:2301021 设乙:2301022 勘甲:2301026 收费:230102
		水电	乙		
		勘察		甲	
33	贵州省水利电力勘测设计院 Ⅰ*	水利	甲	甲	设甲:2401021 设乙:2401022 收费:240102
		水电	乙		
34	浙江省水利水电勘测设计院	水利	甲	甲	设甲:1201031 设乙:1201032 勘甲:1201036 收费:120103
		水电	甲		
		建筑	乙		
		勘察		甲	
35	四川省水利水电勘测设计院 Ⅲ*	水利	甲	甲	设甲:2201041 设乙:2201042 勘甲:2201046 收费:220104
		水电	甲		
		建筑	乙		
		勘察		甲	

续表

序号	单位名称	行业	评定等级		证书编号
			设计	勘察	
36	湖北省水利勘测设计院	水利	甲	甲	设甲:1701031 设乙:1701032 勘甲:1701036 收费:170103
		水电	甲		
		建筑	乙		
		勘察		甲	
37	福建省水利水电勘测设计院 Ⅰ*	水利	甲	甲	设甲:1301031 设乙:1301032 勘甲:1301036 收费:130103
		水电	甲		
		建筑	乙		
		市政	防洪乙		
		勘察		甲	
38	江苏省水利勘测设计院	水利	甲	甲	设甲:1001041 设乙:1001042 勘甲:1001046 收费:100104
		水电	乙		
		建筑	丙		
		水运	乙	乙	
		勘察		甲	
39	江西省水利规划设计院	水利	甲	甲	设甲:1401041 设乙:1401042 勘甲:1401046 收费:140104
		水电	甲		
		水运	乙	乙	
		勘察		甲	
40	湖南省水利水电勘测设计院 Ⅲ*	水利	甲	甲	设甲:1801051 设乙:1801052 勘甲:1801056 收费:180105
		水电	甲		
		建筑	乙		
		勘察		甲	
41	广东省水利电力勘测设计院 Ⅱ*	水利	甲	甲	设甲:1901061 设乙:1901062 勘甲:1901066 收费:190106
		水电	甲		
		建筑	乙		
		勘察		甲	
42	新疆自治区水利水电勘测设计院	水利	甲	甲	设甲:3001021 设乙:3001022 勘甲:3001026 收费:300102
		水电	甲		
		建筑	乙		
		勘察		甲	
43	天津市水利勘测设计院	水利	甲		设甲:0201111 设乙:0201112 收费:020111
		水电	乙		
		建筑	丙		
		市政	给水、防洪乙		
44	广西水利电力设计院 Ⅲ*	水利 水电	甲	甲	设甲:2001101 设乙:2001102 收费:200110
		建筑	乙		

续表

序号	单位名称	行业	评定等级		证书编号
			设计	勘察	
45	上海市水利工程规划设计研究院Ⅲ*	水利	甲		设甲:0901181 设乙:0901182 收费:090118
		建筑	乙		
		水运	丙		
46	河北省水利水电石家庄勘测设计院Ⅱ*	水利	甲	乙	设甲:0301141 设乙:0301142 收费:030114
		水电	乙		
		建筑	丙		
47	水电第三工程局设计院Ⅰ*	水利水电	乙	乙	设乙:2610292 收费:261029
		建筑	乙		
		市政	乙		
48	水电第五工程局设计院	水利水电	乙	丙	设乙:2710192 收费:271019
		建筑	乙		
49	水电第十二工程局设计院Ⅰ*	水利水电	乙	乙	设乙:1210102 收费:121010
		建筑	乙		
50	水电第十三工程局设计院Ⅰ*	水利水电	乙	乙	设乙:1510242 勘乙:1510242 收费:151024
		建筑	乙		
		勘察		乙	
51	南京水利科学研究院设计院	水利	丙	乙	设乙:1010342 勘乙:1010347 收费:101034
		水电	丙		
		建筑	工乙,民丙		
		水运	乙	乙	
		勘察		乙	
52	海河水利委员会规划设计室	水利	乙		设乙:0210112
53	武汉水利电力大学设计院Ⅰ*	水利水电	乙	丙	设乙:1710282 收费:171028
		建筑	乙		
54	河海大学设计院Ⅰ*	水利水电	乙	丙	设乙:1010332 收费:101033
		建筑	乙		
		水运	乙	乙	
55	陕西机械学院设计院	水利水电	乙		设乙:2610302 收费:261030

续表

序号	单位名称	行业	评定等级		证书编号
			设计	勘察	
56	长江职工大学设计室	水利水电	丙		设乙:1710292 收费:171029
		建筑	乙		
57	河南黄河河务局设计室	水利水电	乙	丙	设乙:1610262
58	中国水利水电基础工程局设计公司Ⅰ*	水利水电	乙		设乙:0210122 收费:021012
		建筑	乙		
59	杭州机械设计研究所Ⅰ*	水利水电	乙		设乙:1210112 收费:121011
60	黄河水文局勘测总队	水利水电		乙	设乙:1610272 收费:161027
61	农田灌溉研究所	水利	乙		设乙:1610282 收费:161028
62	水利水电科学研究院设计所Ⅰ*	水利水电	乙	乙	设乙:0110582 收费:011058
63	葛洲坝工程局设计院Ⅰ*	水利水电	乙	乙	设乙:1710302 勘乙:1710307 收费:171030
		建筑	乙		
		市政	乙		
		勘察		乙	
64	葛洲坝水利电力学院设计院	水利	乙		设乙:1710312 收费:171031
		水电	乙		
		建筑	乙		
65	武警水电第三总队	水电	乙	乙	设乙:2210422 收费:221042
66	丹江口管理局水电设计室	水利水电	乙		设乙:1710322
67	水电第一工程局设计院	水利水电	乙	乙	设乙:0710132 收费:071013
		建筑	乙		
68	水电第四工程局设计院	水利水电	乙	丙	设乙:2810062 收费:281006
69	水电第六工程局设计院Ⅰ*	水利水电	乙	乙	设乙:0610352 收费:061035
		建筑	乙		

续表

序号	单位名称	行业	评定等级		证书编号
			设计	勘察	
70	水电第七工程局设计院 Ⅰ*	水利水电	乙	丙	设乙:2210432 勘乙:2210437 收费:221043
		勘察		乙	
71	水电第八工程局设计院	水利水电	乙	丙	设乙:1810152 收费:181015
72	水电第九工程局设计院	水利水电	乙	乙	设乙:2410072 勘乙:2410077 收费:241007
		勘察		乙	
73	水电第十工程局设计院 Ⅰ*	水利水电	乙	丙	设乙:2210442 勘乙:2210447 收费:221044
		勘察		乙	
74	水电第十一工程局设计院	水利水电	乙	乙	设乙:1610292 勘乙:1610297 收费:161029
		建筑	乙		
		勘察		乙	
75	闽江工程局设计院	水利水电	乙	丙	设乙:1310042 收费:131004
76	漳卫局设计室	水利	乙		设乙:1510252 收费:151025
77	黄河中游局设计院	水利	乙		设乙:2610312 收费:261031
78	中国水利水电工程总公司建华设计所	水利水电	乙		设乙:0110572 收费:011057
		建筑	乙		

续表

序号	单位名称	行业	评定等级		证书编号
			设计	勘察	
79	长江水利委员会陆水局建筑设计室 Ⅰ*	建筑	乙		设乙:1710272 收费:171027
80	东北水利水电开发总公司	水利水电	乙	乙	设乙:0710172 勘乙:0710177 收费:071017
		建筑	乙		
		市政	给水乙		
		勘察		乙	
81	淮河水利委员会土建设计所	建筑	乙		设乙:1110172 收费:111017

注 1. 表中单位包括水利水电行业全部甲级单位及水利、电力两部所属乙级单位。

2. 栏中有Ⅰ*、Ⅱ*、Ⅲ*者，表示该单位分别于第一、二、三批获得总承包资格证书，其中：甲级单位的总承包证书均为甲级，乙级单位的总承包证书均为乙级。

3. 栏中有"e"者，表示该单位已取得对外经营权。

4. 证书编号一栏中"设甲"表示设计甲级证书编号，其余同；收费表示收费证书编号，没有收费证书编号者，表示该单位不具备收费资格。

5. 表中各单位资格等级资料截止至1994年6月底。

（水利水电规划设计总院计划处　李孝振）

建 设 项 目 管 理

水电建设项目业主责任制实施效果和主要经验

1984年鲁布革引水系统工程实行国际招标，拉开了我国水电建设领域实行项目建设业主责任制及整个建设管理体制改革的序幕。在被国家称为“鲁布革冲击”的体制改革取得成功之后，几乎所有新开工的大中型水电工程(羊卓雍湖电站除外)在建设期间都实行了业主责任制、招标承包制和建设监理制的新机制，如水口、漫湾、岩滩、五强溪、隔河岩、李家峡、广州抽水蓄能、大广坝、十三陵、二滩、天生桥一级、三峡等在过去自营体制下后期开工建设的一些大中型水电站，如东风、宝珠寺等，也逐步按业主责任制的要求进行了项目管理。现在，业主责任制在水电建设领域已得到了广泛的推行。从鲁布革开始到1994年，经过10年的探索，业主责任制的实行，经历了一个逐步完善的过程。

一、组织模式

国际上广泛通用的菲迪克(FIDIC)条款中明确建

设项目施工期的基本管理体制是“业主——工程师——承包商”。我国水电系统，结合国情，建立的施工期基本管理体制为“业主（建设单位）——监理单位——承建单位”。

现行业主单位主要有两种形式：①已有的电力企业（电力集团公司、省电力公司）作为业主，并组建一个有行政隶属关系的建设管理单位负责项目建设。水口、漫湾、岩滩、五强溪等采用的就是这种形式。②投资方组建一个公司（开发公司、联营公司）作为业主，如广东抽水蓄能电站联营公司、湖北省清江水电开发总公司、二滩水电开发公司，公司自身承担从筹资、建设、管理到还贷的全部职责。

业主对项目的监理也主要有两种形式，一种是业主组建的建设管理单位对项目进行直接监理；另一种是业主聘请外单位对项目进行监理。在监理单位的职责范围上，有的实行全面监理，有的只分担其中部分监理工作（如质量监督）。

二、实施效果

随着业主责任制的进一步完善以及整个水电建设体制改革的不断深入，我国水电建设有了很大的发展。业主从电站筹款、建设、经营、运行到还贷全过程负责，具有“贷还结合”、“建管结合”的特点，这在客观上要求业主对建设项目的工期、质量、造价进行全面有效的控制，又快、又好、又省地建设电站，以获得最佳的整体经济效益。被誉为水电战线上“五朵金花”的水口、漫湾、岩滩、隔河岩、广蓄，无论从建设速度还是从质量、造价控制看，都取得了明显的成绩。从建设速度来看，广蓄（一期）工程从主体工程开工到第一台机组发电，工期49个月，与国际上同类工程相比，建设速度快1～2年；水口、漫湾、岩滩、隔河岩，从大江截流到第一台机组发电，工期4～5年左右，从开工到第一台机组发电，工期6年半～7年半，均比国家考核工期有较大提前，和自营工程相比，工期缩短2年左右。从质量和造价控制来看，这些工程都明显优于同时期建设的自营工程，工程质量普遍较好，投资基本上控制在概算范围之内。

纵观目前采用新机制建设的水电站工程，无论是北部的莲花、南部的大广坝、西部的李家峡、东部的天荒坪，工程建设情况普遍较好。一些项目开工之初，由于各种原因，进展不够顺利，随着内部生产关系的逐步理顺，现在都逐步走上正轨，并取得了可喜的成绩。1993年，二滩、大峡胜利实现了截流目标，五强溪年浇筑混凝土117万m^3，刷新了水口工程1991年创造的年浇筑混凝土115万m^3的高产记录。整个水电建设呈现出了百花竞放的大好局面。

近几年来，随着建设速度的加快和建设规模的扩大，水电投产规模走出低谷，逐年上升：1991年、1992年大中型水电投产相继突破100万kW、200万kW，1993年又创造了年投产309.45万kW的历史最高记录。其中，广蓄一年内投产3台机组、容量90万kW，隔河岩、漫湾1年内投产两台机组，投产容量分别为60万kW、50万kW，创造了百万千瓦级水电站投产的高速度。

水电建设取得这样好的成绩，主要是因为实行业主责任制、建设监理制、招标承包制的管理新机制；同时，推行项目管理和项目法施工的科学管理办法，以及新技术的采用也是一个重要原因。

三、主要经验和问题

1. 业主责任制必须与建设监理制、招标承包制统一考虑，同步推行　实行建设监理、招标承包是业主履行职责，进行工期、质量、造价控制并取得最佳经济效益的重要手段。水电建设中，业主责任制、建设监理制、招标承包制三者只有并行推进，才能取得好的成果。

2. 发挥业主在项目建设中总揽全局的主导作用　水电建设内部、外部关系都比较复杂，一方面，要处理好外部关系，为工程建设创造良好的建设环境；另一方面，要理顺内部生产关系，使工程建设形成最大合力。业主单位要在工程建设中发挥主导作用，团结依靠施工、设计、监理各方，通过做好监督、协调、服务工作，对工程建设中的重大问题果断决策，有效地保证工程建设的顺利进行。

3. 推行工期效益目标管理，追求整体经济效益　质量、工期、造价是基本建设三个主要效益目标，它们是相互制约、相互影响的对立统一体，只有处理好局部效益与整体效益的关系，质量、工期与造价的关系，投入与产出的关系，才能获得最佳的整体经济效益。水电建设项目工期是整体效益中最敏感的因素，因此要在确保工程质量的前提下，千方百计加快建设速度，缩短建设工期。从招标选择施工队伍、组织工程建设、经济奖惩、新技术采用等各个方面和各个环节，向工期倾斜，充分挖掘工期潜力。

4. 配套改革，进一步落实业主经营自主权　目前，由于资金、劳务、材料市场没有形成，概算体制、电价体制、设计体制等配套改革还没有跟上，业主的权利还没有很好地落实，业主责任制的推行还存在不少困难和问题。这些都需要在今后的实践中，通过进一步深化改革逐步加以解决。为了更好地落实业主责任制，当前还需做好一些具体工作，如编制合同范本，即建立一个业主、监理工程师和承包商都认可的、适合中国国情的“菲迪克条款”；同时建立仲裁制度，以使合同能够比较顺利地执行。还需建立测算水电工程物价指数的权威机构，定期发布物价指数，以加快概算体制的改革。

党的十四届三中全会确立了建立社会主义市场经济的基本框架，明确提出了实行公司制。随着改革的深入，公司制在水电系统的进一步探索和推行，业主（项目法人）责任制将得到更好地实行，并将极大地推动水电建设的发展。

（电力部水电开发与农村电气化司　吴远海）

隔河岩水电站建设管理

隔河岩水电站位于湖北长阳县境内，安装4台单机容量30万kW水轮发电机组，总装机121.2万kW，年发电30.4亿kW·h。工程由国家与湖北省合资建设，列为国家“八五”能源重点建设项目。工程于1987年1月前期准备工程开工，1993年6月4日第一台机组发电，12月4日第二台机组发电，1994年6月4日第三台机组发电，11月26日第四台机组发电，除升船机外整个工程基本建成。

在隔河岩工程建设过程中，湖北省清江水电开发总公司作为项目的业主，努力探索一条“业主负责、建管结合、流域开发、滚动发展”的水电建设管理新路子，形成具有清江特色的管理模式。

（一）实行国家与省合资，以地方为主组织建设的新体制

隔河岩工程在改革开放的形势下，由地方为主承担百万kW级的大型水电站建设，这在国内属首次。实践证明，鼓励集资办电，多家办电，比一家办电有明显的优越性，是加快我国水电建设的一条成功之路。隔河岩工程投资由国家与湖北省各承担一半，并由湖北省先承担前3年的投资，加上外资贷款由地方偿还，湖北省最终投资将占70%，在国内大型水电建设项目中，属于地方投资最多的工程。这就无形地增强了地方建好工程、管好电站的责任感，自觉地、积极地去争取用少的投入、快的工期，获取好的效益。隔河岩工程实行了国家与地方结合，以地方为主组织建设的体制，由部省组成工程建设领导小组，协调工程建设的重大问题。按投资体制改革的要求，合资双方组成董事会，协调解决工程建设及经营管理的重大问题，保证合资双方的权益。这种机制充分发挥了地方办电的优势，解决了一些过去水电建设难以解决的难题。

（二）实行业主负责制

1986年底，在全国水电建设开始实行改革的初期，隔河岩工程就率先提出了“建管结合，流域开发”的新思路，组建了具有业主性质的清江开发公司，近期负责隔河岩工程建设，电站投产后，负责电站的经营管理，依靠电站的经营收入，逐步开发清江流域其他梯级工程和资源。随着改革的深入，公司实行的业主责任制得到进一步健全和完善，公司既负责工程资金筹措和工程建设管理，又负责电站投产后的还贷和经营管理，在服从电力行业管理和电网统一调度的前提下，电站与电网是售买电关系，双方签订上网协议和售电合同；在电价上，按照社会主义市场经济的原则，实行还本付息电价，这种管理模式形成了集业主、建设管理、生产经营三者职能为一体的责任制。隔河岩实行的业主责任制得到了李鹏总理的充分肯定。

（三）实行全方位的建设承包制

为了强化大型建设项目的管理，争取最佳的投资效益，隔河岩工程自上而下实行了全方位的承包制。首先是业主对国家负责。总公司与董事会签订《工程投资包干协议》，实行“四包三保”：总公司对董事会包工程规模、包投资、包工期、包质量；董事会保建设资金、保主要物资、保应解决的外部条件。公司内部相应实行概算切块包干管理和工期目标管理责任制，使内部形成配套的管理机制。

对施工实行招标承包制，面向全国公开招标，择优选择施工队伍。前期准备工程注重发挥国内不同专业施工队伍的优势；主体工程注重发挥水电行业施工队伍的优势。一旦选定施工队伍，就严格按合同法管理，明确双方工期、质量、造价责任，做到奖罚分明。对设备制造厂家也实行招标竞争办法，择优比价，对厂家实行价格、质量、工期全过程的承包。

对设计实行限额设计办法，公司与设计单位签订限额设计协议，明确设计单位控制工程规模，节省投资的责任，实行节奖超罚，充分挖掘设计节约的潜力。

对库区移民和施工征地由地方政府包干，按照工程进度，制定分期移民安置规划，保证移民与工程建设同步，防止“水赶人”现象的发生。

（四）实行全面的建设监理制

隔河岩工程以质量、进度、投资三大控制为中心，实行全面的建设监理制：一是为了把隔河岩水电站建设成为优质工程，在发挥甲方质量宏观控制的前提下，实行委托第三方质量监理制，督促承包单位健全质量保证体系，坚持部颁标准，制订严格的质量检测、验收、签证结算制度，实行重奖重罚措施，从而把质量控制落实到每个施工部位和生产班组。二是推行工期效益型目标，在保证质量的前提下，千方百计缩短建设工期，向工期要效益。工程实行了总网络控制下的全面计划管理，抓住战机，集中力量组织攻坚战，使各个项目环环紧扣，互相促进，进度不断加快。三是实行投资动态

管理，建立有效的投资控制管理体系。从各个环节抓好投资控制：通过招标，控制发包成本；优化设计、优化施工，节约成本；严格“价差预备费和基本预备费”使用，控制工程成本；统筹安排临时工程，降低成本；并严格把好补充合同关、验收结算关、索赔补偿关，把投资控制落到实处。

（湖北省清江水电开发总公司　郭际康）

岩滩水电站建设管理

岩滩水电站装机容量121万kW（4×30.25万kW），1号机组于1992年9月16日并网发电，比承包合同提前9个半月。从1985年3月主体工程开工到第一台机组发电，总工期7年半，取得了高速度、高质量、低消耗的好成绩。接着2号机组又于1993年8月22日并网发电，3、4号机组也在争取1994年投产。总结其建设管理经验，主要有以下几个方面。

一、实行项目业主责任制

岩滩水电站1984年筹建初期，原水电部明确岩滩水电站建设以广西电力工业局为业主，负责电站的集资、建设、还贷、运行、管理。广西电力工业局以国家批准的初步设计和概算为依据，于1985年11月4日同水电部签订了《岩滩水电站建设项目包建合同》，实行工程总承包。广西电力工业局为了搞好工程建设，先是成立了广西电力开发公司，后又改组成立广西岩滩水电工程建设公司（岩建公司），以独立自主进行经营管理和监理的法人企业，作为代理业主的建设单位，行使业主职权，实行机制转换。岩建公司以《包建合同》为依据，制订了总规划、总目标，并制订了实施目标的具体年度计划和措施，实行目标管理。新体制的建立，促进了岩滩工程建设步伐的加快，并以追求效率和经济效益为目的。

二、实行承发包责任制

为保证岩滩工程建设的高速度、高效益，我们实行多种形式的招标承包制，主要采用了以下5种承发包方式：①招标承包。岩滩工程总计发包的大小项目619个，概算总投资为16.32亿元，其中在国内招标承包的大型项目12个，在国际上招标承包的项目36个。②按概算一类费用切块承包。主要项目是对外永久公路、大桥等，发包总价为3102万元，结算较概算投资降低10%。③按施工图预算加2%预备费包干。主要项目有110kV输电线路，发包总价和结算价较概算投资节约10%。④议标发包。明渠混凝土32万m^3和主变压器设备等，承包总价与概算投资持平或超支。⑤按概算投资降5%包干。场内交通、砂石生产、混凝土拌和系统和水、电五大临建工程即是按概算投资降低5%切块发包给广西水电工程局的。

三、实行工程建设监理制

岩滩工程建设在国内率先实行工程监理制，主要作法和经验是：①严格控制工程质量。主要从5个方面牢牢把关：一是严格控制原材料和混凝土质量，对砂、石、水泥、塑化剂、粉煤灰等原材料和混凝土拌和物，均要求施工单位按部颁标准进行检测，并逐月将测试数据整理报监理工程师处，严格控制；二是严格工序质量检查，对各道工序的施工质量，先由施工单位“三检”，即施工班组技术员一检，工程处安质科二检，经理部安质处三检，监理工程师跟班监理，在施工单位“三检”的基础上再复检；三是建立现场质量登记制度，监理工程师按施工规范要求，制订施工过程质量登记表，要求施工单位逐项登记，由当班负责人和技术人员签字认可后，抄送监理工程师处作为每月一次质量评定的依据；四是对每项工程都进行严格的质量验收，监理工程师参加验收委员会，并主持其下设的验收小组的工作；五是严格奖罚制度，按照《岩滩水电站优质全面完成任务的悬挂式奖励办法》，对大坝和厂房工程施工产量、质量、工期、面貌、安全等进行综合奖励及对应的惩罚制度。②严格控制工程进度：重大工程措施和施工进度计划必须经监理工程师审查；实行监理工程师例会制度；加强施工管理，及时协调解决施工单位之间的矛盾，确保施工计划的实施。③严格投资的监督和管理，有效地控制和节约工程投资：对已完成的工程量进行检验，对隐蔽工程量进行事先测算，认真检验施工单位报送的工程量，经设计、监理、施工三方共同签字认可，作为竣工结算的依据；对施工中每月预结算的计算方法及报表方式作出规定，认真审查工程结算项目和材料使用情况等。

四、建立新型的甲乙方关系

岩滩工程建设实行招标承包制，甲乙双方建立了一种社会主义的新型甲乙方关系：在合同签字后，双方都信守合同，在经济、工期、质量等各方面都坚决按合同办事；在工作上，在电站建设的总目标上，又像是兄弟关系，相互支持帮助，齐心协力、同舟共济。

作为甲方单位的岩建公司，主要是通过以下几方面工作来建立新型的甲乙方关系的：①更多地关心施工单位，及时帮助他们解决困难问题。如乙方的基地和住房有困难，施工设备运不到工地等，甲方认真研究并拿出资金，及时帮助解决了问题；夏季高温施工，甲方岩建公司从自己管理费中支出14万元买清凉饮料送给乙方施工单位职工，称之为“送温暖”。所有这些，都极大地鼓舞了施工单位的工作积极性。②对施工中出现的质量问题或其它问题，作为甲方，坚持原则上一丝不苟，但具体处理上不是埋怨、指责，而是牵头召开事故或质量分析会，帮助乙方做好缺陷处理。此外如施工进度慢、资金不到位、设备订购不及时等，甲方岩建公司都主动出面帮助解决，使工作得以顺利进行。③抓工期，重效益，重奖重罚，说到做到。如葛洲坝工程局提前1年截流，重奖450万元；水电四局安装1号机组提前8天发电，除给按期发电奖外，还另奖了32万元。④为了充分发挥各方面的积极性，不论是施工单位还是设计单位、设备制造厂家、岩滩建设银行等，我们都尽最大努力为他们提供了较好的工作条件和生活条件，并设立了奖励基金，从各方面关心照顾他们。通过上述工作，岩建公司与四面八方的关系都处理得较好，对加快岩滩水电站工程建设起了重要的作用。

（岩滩水电工程建设公司 李锦文）

五强溪水电站建设管理

五强溪水电站位于湖南省沅陵县境内，其枢纽工程由混凝土重力坝、坝后式厂房、三级船闸组成。电站装机120万kW（5×24万kW），年发电量53.7亿kW·h。工程建设按基本建设体制改革要求组建，通过招投标择优选择施工队伍，进行合同管理，实行工程监理制，取得了较好成绩，总进度计划目标将如期实现。五强溪水电站的建设管理经验主要有以下几点。

一、控制总进度是工程建设管理的中心

总进度计划目标的制定与实施是工程成败的关键。根据五强溪工程建设的特点和正确合理的原则，编制的工程总进度计划目标是：1987年10月开工，1991年11月大江截流，1994年底第一台机组发电及船闸通航，1996年底5台机组全部投产。以实施总进度的工期效益为中心进行目标管理，并以推迟1年发电则将损失电量53.7亿kW·h、增加贷款利息7亿元的计算数据教育全体职工，以使全体职工有共同的行动。

要实施总进度的计划目标，关键在于施工单位。为了给施工单位创造有利的生产条件，1991年五强溪水电工程建设公司（以下简称公司）本着实事求是的原则，对1983年的概算单价进行了合理调整，并采取预先支付进度款和暂缓收取设备折旧费等措施；同时积极支持施工单位内部深化改革，全面实行项目法施工，从而使施工得以顺利进行，并取得较优异的成绩，1992年12月和1993年先后创造了月浇筑混凝土14.2万m^3和年浇筑混凝土117万m^3的好记录。

紧紧依靠设计单位，充分发挥其参谋作用，也是实施总进度计划目标的重要环节。五强溪的砂石料是用较坚硬的石英岩轧制的，机械设备磨损严重，抑制了砂石料的生产和混凝土浇筑。为解决这一难题，公司委托设计者对石英岩料场进行可行性研究和对原系统进行工艺性试验，经过科学分析和论证，公司决定采用对原系统增容、改造、加强管理的措施，组织力量攻克了耐磨技术难关，满足了需要，确保了工期。其它如升船机改为三级船闸和原三期导流改为二期导流，也都是公司在物力、财力、生活服务等方面给予大力支持下，设计单位及时拿出设计方案和图纸，满足工程需要的。

二、强化质量管理是工程的生命

五强溪工程实行监理制，公司全权委托监理部对工程质量进行全过程监理。其含义有二：一是它贯穿于整个工程建设的始终；二是贯穿于工程各道施工工艺的始终。监理坚持现场值班，做到超前服务，发现问题及时提出，及时解决，在工程质量上坚持“把关不卡关”。

实行质量奖罚制。工程质量检验以国家规范、标准为依据，结合公司制定的各项质量奖罚办法执行。质量要求合格率100%，优良率超过75%有奖，否则要罚。奖罚按月由监理部评审报公司核批，及时兑现，效果很好。目前工程质量优良率已超过80%，其中金属结构优良率达90%以上。

三、控制投资，筹集资金，保证工程建设顺利进行

控制工程投资，合理使用资金是工程建设管理单位的重要职责。公司的作法是：一是搞好宏观与单项工程控制，进行投资及成本预测，合理节约使用资金；二是实事求是解决工程中出现的资金问题，只要有利于工程建设，决不在枝节问题上纠缠而困扰工程全局；三是紧紧抓住工程渡汛、形象、质量等重大关键项目，根据难度、强度制定赶工奖、特别奖，以调动施工单位积极性。实践证明这种作法非常有效。

1993年是五强溪工程主体施工高峰年，由于受当时国家金融形势的影响，加上国家下达的年度投资计划本身存在缺口，工程资金不能及时到位，严重影响工程建设。为保工程建设顺利进行，公司在向上级汇报的同时四处筹措资金，向有关单位临时借款1.2亿元，从而缓解了资金矛盾，使1993年工程各项指标全面完成。

四、加强公司自身建设，发挥其在工程建设中的“龙头”作用

公司作为甲方管理单位在工程建设中处于中心地位。公司除了要进行进度、质量、投资控制外，还必须高标准、严要求，以改革精神来加强自身建设，不断提高管理水平，赢得各方信任和支持。1991年开始，工程建设走向高潮，公司内部机制进行调整，推行项目法管理，将原工程处改为大坝、厂房、船闸3个项目部；另外还成立机电项目部、设备成套运输部、综合部。各部责任更明确，管理更严密，在组织工程建设中充分发挥了“龙头”作用。

主动搞好工程后勤服务。主标合同规定，器材、物质供应均由承包商自行负责解决，但当工程所需规格品种钢材紧缺，承包商一时组织不到货源时，公司及时向省政府汇报，取得湖南涟源钢铁厂的支持，专门为五强溪生产Φ36螺纹钢6000 t，满足了工程需要。大坝混凝土温控要求严，需要大量中热硅酸盐水泥，依赖外省供应，水泥脱供情况时有发生。公司对石门特种水泥厂生产的中热硅酸盐水泥，经多方调查、考察，支持其试验并改进使其达到国标后用于五强溪工程，不仅保证了工程需要，而且节约了投资。

总之，甲方管理要着眼工程全局，紧抓进度、质量、投资控制三要点，理顺各方关系，创造良好的施工环境，进行科学决策，确保工程建设取得最佳综合效益。

（湖南五强溪水电工程建设公司　曹文贵）

武警水电部队建设管理

武警水电部队是一支以承建水利水电工程为主，兼营其它建筑安装工程的施工、管理部队。武警水电指挥部下辖3个总队（师）和1个水电学校（副师）。部队除了承担国家指令性的重点水利水电工程建设任务外，还积极参与市场竞争性投标承包工程。部队的组织形式和其他武装部队一样，管理机关设司令部、政治部、后勤部，总队下设支队（团）。基层施工以连队为单位，下设排、班。经济核算以支队为基本核算单位。

根据工程任务来源的不同，部队在建设管理上采用不同的模式。

一、对指令性任务，实行工程总承包

对指令性任务，由武警水电部队为总承包单位，并行使建设单位的职能，资金的筹集也由部队负责，包括国内资金的贷款和国外资金的转贷。在部队内部，水电指挥部和各总队之间的职责划分，视各工程的不同情况分别规定。

为了达到“精简、效能、统一”的目的，各总队由一套工程管理班子承担建设单位和施工管理单位的双重职能。属于建设单位的，如资金筹措、征地移民、工程总进度安排、工程拨款结算、工程初验、各分包单位之间的协调等；属于施工单位的，如下属施工部队之间的协调、施工措施、质量监督、安全管理等，都由一套人马来完成。虽然关系较复杂，工作量较大，但是用的人员少，扯皮少。如天生桥二级水电站除了武警水电第一总队本身承担的大坝、引水隧洞、厂房外，对外分包的工程，包括水电九局的调压井和压力钢管，水电十四局的部分隧洞开挖、衬砌，葛洲坝机电建设公司的机电安装，基础公司的隧洞不良地质洞段基础处理，也视同总队与下属支队的关系以同样的方式处理。

万安水电站的土建和机电安装都由武警水电二总队施工建设。羊卓雍湖抽水蓄能电站由武警水电三总队按总承包方式承建，其中压力钢管由水电四局分包，机电安装由武警水电二总队分包。这两个工程建成后都按交钥匙方式向运行单位移交。

二、对于涉及单位较多的工程，由武警水电指挥部牵头，共同协作完成任务

潘家口抽水蓄能电站是在一期工程（大坝和常规机组）已建成的基础上，安装3台抽水蓄能机组并建造下池闸坝，由武警水电一支队代行建设单位职责并承担土建施工，水电五局机电安装处切块承包机电安装工程。由于涉及的单位比较多，且是利用外资引进意大利机组，为了协调各方面关系，由武警水电指挥部牵头，吸收建设、设计、施工、安装、运行等单位参加，组成潘家口抽水蓄能电站机组引进协调领导小组，对工期、各方职责等重大问题进行协调。领导小组下设办公室，处理日常工作，并负责外宾接待联系。办公室主任、副主任由水电指挥部任命，作为水电指挥部指派驻工地机构的代表，副主任同时作为中、意双方联络的中方总代表。办公室的主要任务一是协调各方面的关系和工程进度，组织工程初验；二是处理中、意双方有关引进设备的问题；三是负责意大利驻工地专家接待、考勤等工作。现在全部工程已基本建成，待上级机关组织竣工验收。

三、对于市场竞争中标的工程，部队作为施工单位承包，由各总队或支队组织实施，对业主负责

天生桥一级电站导流洞工程、河北桃林口水库工程、江西界牌航运枢纽工程都采用部队作为施工单位

承包，由各总队或支队组织实施，对业主负责的方式。对于重大或特殊的工程，则由水电指挥部直接管理，武警水电部队三峡指挥部就是为了实施三峡永久船闸一期开挖工程而成立的，对业主三峡开发总公司负责。三峡指挥部主要负责人由水电指挥部首长兼任，统一协调下属各总队的人员设备，以保证三峡工程的顺利开展。

四、引进竞争机制，采用与项目目标挂钩的奖励制度

武警水电部队是一支军事化的建设队伍，承担水利水电建设任务，它“寓兵于工”，平时以建设为主，必要时可以协助维护社会治安、稳定秩序，因而与地方工程局有着不同的部队管理方式；它坚持发扬部队的优势，着重于思想政治教育，严格组织纪律，服从命令听指挥，不是只管上班的8小时，而是坚持部队的“一日生活制度”，管1天24小时，因而可以做到调动灵活，行动迅速，执行任务坚决，令行禁止。

但是处于改革大潮中的施工部队，也不能完全拘泥于以往的部队管理形式，要与市场经济的形势相适应，发挥政治教育与经济杠杆两种方式的优点。因此，在部队也采用了与项目目标挂钩的奖励制度，对于工期中的里程碑点，例如隧洞贯通、单项工程完建、机组投产等，在完成任务后，给予一定数额的奖金。对于重点项目的质量，也确定了质量目标与奖金挂钩。如天生桥二级水电站1号引水隧洞贯通时，交会点的洞线横向偏差为195 mm，高程偏差18 mm，达到了设计精度，就及时兑现了奖金，激励了广大干部战士关心进度和质量，共同为工程献计献策。此外，还设立了合理化建议与技术革新奖，无论是设计或施工单位，集体或个人提出的，经过有关部门认可并付诸实施取得实际的经济效益或社会效益，经评审小组评议，按创造或节约价值的多少，提出一定比例作为奖励金额。

引进竞争机制，是市场经济不可缺少的内容。在武警水电部队承包的工程中，并不是单纯地把任务分配给所属部队，而且也引进外单位的力量参与竞争，打破部队内部吃大锅饭的作法。在天生桥二级水电站引水隧洞开挖中，除了武警水电一总队的二支队、三支队用“钻爆法”和“掘进机”施工外，还引进了在地下施工方面有经验的十四局承担部分隧洞施工任务，以形成相互对比，相互促进的局面；不良地质洞段的加固处理除一总队基础营自己承担一部分外，还引进基础处理工程局的力量，以充分发挥外单位的专长，促进工程建设。

（武警水电指挥部　赵璜山）

太平驿水电站建设管理

四川华能太平驿水电站位于四川省阿坝州汶川县境内，系岷江上游总体开发规划的第二座梯级引水式电站，安装4台混流式水轮发电机组，总装机容量26万kW，设计年平均发电量17.2亿kW·h。电站主体建筑包括首部枢纽、引水隧洞、调压系统和厂区枢纽等四大部分。电站主体工程于1991年7月开工建设，1992年11月8日完成截流，第一台机组于1994年10月29日充水启动，11月7日完成72 h试运行，提前5个月于11月10日正式并网发电。第二台机组于1994年12月28日充水启动，1995年1月3日完成72 h试运行，提前6个月于1月6日正式并网发电。

太平驿水电站由中国华能集团公司、四川阿坝州政府和国家能源投资公司（委托四川省电力局）合资建设经营，三方投资比例分别为50%、40%和10%。为了达到水电能源开发建设投资省、速度快、效益高的目标，太平驿水电站的建设管理实施了一系列的改革。

一、选择高效率建设管理体制

太平驿水电站建设开始即选择了项目业主责任制的管理模式。按合资协议成立的董事会是电站的业主，代表三方对电站建设、工程招标、生产运行、经营管理等重大方案行使决策，实行投资、建设、生产运行管理“三统一”，对电站全过程承担责任并承担物价、偿还债务等风险。

董事会的董事由合资各方委派，并分别拥有与投资比例一致的表决权数。董事长由华能集团公司代表出任，副董事长由阿坝州政府代表出任。

四川华能太平驿水电站建设管理局由董事会领导，并由董事会授权负责电站建设管理的机构，同时还负责水电厂生产运行的准备工作，行使业主代表的职责。建设期间，建设管理局发挥建设管理的主导作用，行使“指导、协调、服务、控制”的管理职能。管理局对合同的管理、变更、经济索赔，对重大设计方案的审查，对重大施工方案的审批，对建设资金的使用等重要事项有相对充分的决策权。实践证明，业主责任制的管理体制效率高，有利于促进工程建设顺利进行。

二、全面实行招标承包制

太平驿水电站所有工程项目均实行招标。招标中，坚持慎重审查资格，根据不同工程项目的特点和难点，发挥施工单位专业、管理、技术和装备的优势，打破地区和行业界限，提倡公平竞争，合理评标，择优选择施

工承包单位和水轮发电机组、金属结构等设备制造厂家。

首部枢纽、导流工程和厂区枢纽水工结构及机电安装比较复杂，专业性很强，通过招标分别选择了两家水电工程局承包建设；引水隧洞和调压井地下工程量很大，地质情况复杂，开挖强度很高，通过招标，选择由地下施工装备比较先进的两家铁道工程局组成的联合体承包建设。招标选择有针对性，扬长避短，发挥施工单位的优势，且有利于形成施工单位之间、行业系统之间友好竞赛、互相促进的施工局面，实践证明这种选择是成功的。

三、实行工程监理制

太平驿电站实行以施工阶段为主的工程全面监理，通过招标选择中国水利水电建设工程咨询成都公司为监理工程师。监理工程师受管理局委托，负责合同管理，执行质量、进度和投资"三个控制"，对业主负责。实行工程监理，对提高工程质量，缩短工期，降低工程造价具有十分重要的作用。

四、提倡"四位一体"的合作精神，携手并进

建设管理单位高度重视同监理、设计，尤其同施工单位的关系，使四方真诚友好合作，成为协力奋战，荣辱与共的"四位一体"，共同努力实现电站提前发电的大目标。"四位一体"合作精神集中体现在《保质量保工期阶段目标管理办法》的实施。根据提前发电的控制总工期，将项目分成若干阶段的目标，再按实现阶段目标的要求，制定措施和施工计划，并在合同原则基础上以协议的方式明确管理局、施工单位、监理和设计人员各自的责任和义务。实施过程中，管理局支持监理大胆履行监督的职能，鼓励设计优化，奖励优秀设计方案和合理化建议，重大施工方案邀请监理、设计和施工单位负责人参加讨论决策，难度较大的关键部位则成立专题攻关组，群策群力，较好地解决了首部深沙卵石覆盖层基础防渗、调压井、地下厂房岩锚吊车梁等难点项目的施工，节约了资金，缩短了工期。

《阶段目标管理办法》实施过程中，加强同施工单位的合作格外重要。执行施工承包合同，这是双方合作的前提和基础，管理局率先做好资金和物资的供应，实实在在地支持各工程指挥部的工作。当出现不可抗拒的自然灾害或者由于物价、地质变化等原因导致原合同的条件发生变化时，则以互相理解、互相支持的合作精神，面对现实，实事求是，友好协商解决。合理地处理经济索赔或补偿事宜对调动施工单位积极性，加快工程建设十分重要。

实践使我们深刻体会到：坚持改革，不断完善建设管理机制，全面实施招标承包和工程监理制，高度重视并正确处理建设单位同施工、监理和设计单位间的关系，加强合作，对加快工程建设，提高工程整体投资效益是至关重要的。坚持下去，用比较少的投资，高质量、高速度地加快水电能源开发建设步伐的愿望是完全能够实现的。

（中国华能集团四川分公司
四川华能太平驿水电厂建设管理局 马积泉）

太平驿水电站施工阶段的监理工作

在太平驿水电站的建设中，通过招标选定中国水利水电工程咨询成都公司为监理工程师单位（以下称监理工程师），以独立的社会监理方式对本电站工程实施以施工阶段为主的全面监理，即受管理局委托，对工程设计合同、施工合同进行管理，对工程的质量、进度和投资实行监督、控制管理。

一、设计合同管理

设计合同是建设单位同成都勘测设计研究院签署的。监理工程师对设计合同的管理侧重在工程施工阶段。每年初监理工程师和管理局会同设计院讨论并签署当年的《供图协议》，同时检查上年度《供图协议》执行情况。当工程进度加快，则及时同设计院协商调整供图时间，以保证施工进度需要。设计院提交的文件、图纸、设计通知均经过监理工程师检查签章后转发施工单位，若发现错误或不尽合理之处则及时同设计人员讨论修改，以保证设计质量。

二、施工合同管理

施工合同是约束合同签约双方行为，共同努力实现工程建设目标的依据。监理工程师必须熟悉合同条文，公正地履行合同赋予的职责和权力。

各个项目单位编制的施工组织设计、施工月度、季度和年度计划等必须经过监理工程师审查批准方可实施，使工程有计划、有目标、有组织地进行，逐步实现科学施工、文明施工。

施工合同管理的重点是质量控制、进度控制和投资控制。

（一）质量控制

监理工程师是工程质量监督检查的主持单位，按合同规定的检查验收内容及程序开展工作。

监理工程师对施工过程的质量控制，包括单项工

程开工前的检查、施工中各工序的监督抽查和结束后的跟踪复查。一般工程部位不定时抽查；隐蔽工程、主体和重要临时工程的混凝土和机电、金属结构安装以及其它施工项目则进行全天候、各工序跟踪检查，验收签证后方准予下一个工序施工。若出现质量事故，监理工程师坚持“三不放过”原则，有权下达停工令、返工令，并有权提出事故处理和惩罚意见。

（二）进度控制

在保证工程质量前提下，进度就是效益。按太平驿管理局制定的总体计划，首台机组将比上级批准的工期提前4～5个月于1994年第四季度发电。监理工程师赞成这个提前发电的计划并配合管理局按要求对工程进度进行严格控制、强化管理。

进度控制贯穿于施工合同管理的全过程。施工合同签订后，监理工程师即对施工单位人员、设备进场情况、准备工作、开工令发出日期进行严格的督促和控制。督促、审查施工单位提交施工月度、季度、年度计划及工程总进度计划。为有效地监督、控制计划的实现，监理工程师配合管理局召开一月一次的月计划调度会和每半月一次分别对各施工单位的现场办公会，检查计划执行和措施落实情况，及时发现问题，及时协调处理问题。

为进一步加强进度的控制，监理工程师配合管理局制定并实行《阶段目标管理办法》，即将控制提前发电总工期的关键性项目的工期层层分解成若干时段的控制工期，然后经协商，管理局、监理工程师、设计代表及施工单位共同签署《阶段目标协议》，协议中分项目、分时段明确控制工期要求，同时明确实现该工期签字四方应尽的义务和承担的责任以及奖惩条款。《阶段目标管理办法》是施工合同管理的补充和加强，有利于促进工程进度。

（三）投资控制

正确理解并认真执行施工合同中有关经济条款，有效地控制工程费用，这也是监理工程师一项重要的职责。

投资控制包含两个方面内容：一是合同条款内的支付，如工程月进度付款等，主要是认真核实项目和工程量，然后报管理局支付；二是合同条款外的支付，如超出设计范围的地质变化、严重自然灾害造成停工及设备、人员损失等，监理工程师配合管理局认真调查，再根据施工单位的申报经核实后，客观地提出经济补贴建议，报管理局批准。

对施工单位提出的合理的经济索赔，也本着实事求是的态度，配合管理局同施工单位进行充分友好协商后予以解决。

经济问题是非常敏感的，涉及双方切身经济利益，处理得好则有利于工程建设。因此，如何客观地尊重事实，从工程建设大局出发，以互相谅解的精神，通过协商及时地合理地解决问题还是很有必要的。在这方面，太平驿水电站做得是比较好的，建设单位和施工单位的合作比较融洽，因此工程建设进度也比较快。

（四川华能太平驿水电厂建设管理局 马积泉）

华源咨询公司开展咨询、监理工作情况

一、基本情况

华源水利水电工程咨询公司成立于1988年。几年来公司业务发展较快，从初期单纯的技术咨询逐步走向技术咨询与施工监理并进发展的道路。公司的实力也在不断壮大，从初期自身单独承担技术咨询工作，发展到以公司为主体、联合12个成员公司组成具有承担可行性研究、初设、评估、编标、施工管理、机电设备选型、机组安装等综合服务能力的联合体。

7年来，公司已先后承担31个大、中型水利水电工程（电站总计装机容量为1794万kW）的全面和单项技术咨询及施工监理任务共54项，服务面覆盖全国14个省（区），常驻现场的各类专业人员逾180人。

公司在技术咨询服务工作中，以推广应用新技术、新工艺、新材料为已任，以缩短施工工期、降低工程造价为目标，取得了较好的成效，也提高了公司的信誉。7年中，公司与水口、万安溪、东津、广蓄、浮石、大埔、岩滩、东风、白云、宝珠寺、天生桥二级、天生桥三级、桃林口、天荒坪、山口、普定等23座大、中型水电站的建设（或承建）单位共签订了35项技术咨询合同。仅就其中8座水电站的统计资料，共为工程节约投资达1.16亿元。为此，公司在中国水利电力企业管理研究会第三次年会上，被评为1991年优秀咨询单位。公司为水口水电站设计的二期混凝土生产和预冷系统被能源部评为1993年度科技成果一等奖。

1988年6月，建设部发出“开展建设监理工作”的通知，原水电部被列为试点部门之一。受能源部委托，公司举办了4期监理工程师培训班，为水电系统开展建设监理工作培训出不少人才。随着公司专业技术力量的不断加强，公司承担了施工监理工作，走上了技术咨询与施工监理双向发展的道路。

华源公司承担的施工监理工作采取了三种不同的形式：一是组成施工监理处，全部人员均由公司选派，对工程实施全部监督管理，如铜头、雨城、白石窟水电站；二是以公司为责任方，建设单位派一定数量人员参

加监管处（站）工作，如龙潭、白水峪、东津水电站；三是在建设单位领导下，共同负责监理工作，如漫湾、李家峡、二滩、东风水电站。几年来的实践表明，三种形式都适合于我国现阶段的情况，均有利于工程建设中施工监理工作的开展。通过实践，公司还总结和制定了符合水电工程特点的《施工监理工作实施细则》、《施工监理制度》等条例和规定。

二、几点体会

华源公司几年来较好地完成了业主委托的各项工作，得到了建设单位的好评，其主要的体会如下：

正确处理以服务为主要目的同有偿服务的关系。公司自成立以来，就确定了为水电建设服务的宗旨，而不是单纯以盈利为目的。据此制定了“三优惠”的收费标准，即：地方中小型工程优惠于大型工程；“老、少、边、穷”地区的工程优惠于一般工程；施工单位投标承包的工程优惠于自建自营投资包干工程。由于正确处理了“服务”与“有偿”的关系，制定了相应的收费标准，因而使委托单位特别是地方中型工程项目乐于接受。

服务对象坚持大、中、小工程相结合，以中型工程为主的方针。由于历史的原因，我国缺少建设中型水电站的经验，从近些年来公司承担的服务项目大部分是中型工程来看，坚持中型工程为主的指导思想是正确的。

要拥有一批经验丰富的权威专家，在技术力量配备上实行老中青三结合。以老中年专家为主，他们经验丰富，可以形成独特的技术优势，可以在激烈市场竞争中立于不败之地。

要建立信息网络，随时了解建筑市场行情，及时反馈，及时为咨询工作所用，不断更新技术。

要建立责任制，实行目标管理。公司为了加强对咨询与监理项目的管理，建立了项目经理责任制，对承担的各个项目实行分工全方位地负责。各施工监理处（站）均建立总监理工程师责任制。总监理工程师是公司总经理委派常驻工地的工程师单位代表，全面负责监理处的工作。这些责任制的建立与实施，尽管时间短，内容还不甚完善，但从实践来看，是十分必要的成功作法。今后还应坚持，并要不断地总结、完善，以便取得更好的成效。

（华源水利水电工程咨询公司　张继华）

施 工 企 业 管 理

水电施工企业改革新进展及效果

为适应社会主义市场经济的需要，水电施工企业加快了企业内部改革、转换经营机制的步伐。尤其是1993年，中国水利水电工程总公司（以下简称水电总公司）所属各单位紧紧围绕水电总公司提出的“组织集团化、资产股份化、产业多元化、经营国际化”的目标，结合三项制度改革，在企业劳动人事、工资分配、生产经营、组织结构、内部管理制度等方面进行了大胆的改革尝试，推动了企业向市场经济体制方向的发展。

一、加快企业内部改革、转换经营机制的步伐

1992年以来，水电总公司所属各单位以项目法施工为突破口，加快了企业内部改革、转换经营机制的步伐，本着精干、高效、多功能，先机关后基层、先干部后工人的原则，大量压缩非生产机构，精减非生产人员，创办经济实体，转变机关职能，提高工作效率。1992年，水电一局、三局、七局、八局、十局、十一局、十二局、葛洲坝工程局等8个单位先后对局机关进行了压缩精减，精减幅度在40%～60%。1993年，水电二局、四局、五局、六局、十三局等单位也先后对局机关进行了大量的压缩精减。

与社会主义市场经济相适应的市场观念、竞争观念、价值观念、效益观念已经扎根企业并开始指导职工的行动。水电八局通过近两年由项目到机关、再由机关到项目的企业内部改革，建立和完善了内部五大模拟市场，即劳务市场、设备租赁市场、物资采购市场、资金市场、技术市场，并按照市场法则进行生产要素资源配置，基本形成了适应社会主义市场经济的企业内部管理格局和运行机制，推动了企业进入市场，搞活了企业，调动了企业各方面的积极性，使企业的整体实力与经济效益都有了相应的提高。

二、三项制度改革取得初步成果

各水电施工企业以调整机关管理机构为契机，推动干部制度改革，普遍实行了干部竞争上岗、双向选

择、逐级聘任的机制。夹江水工机械厂从1993年6月以来，对企业内部干部、人事、工资分配制度进行了大胆改革，通过全员考核和双向选择竞争上岗，完成了定编、定岗、定员、定责，逐级签订聘任合同，打破了几十年来形成的干部任命制、工人调配制以及干部与工人的界限，使该厂经济效益得到了大幅度提高。1993年全厂完成工业总产值4763.56万元，劳动生产率超2.98万元/人·年，实现利润250万元，超过与总公司承包指标的12%。葛洲坝工程局在电力公司和机械公司分别进行了岗位技能工资和全员劳动合同制改革试点，为全面深入地推动三项制度改革提供了宝贵的经验。此外，水电二局、十一局等单位在企业内部改革中，也都进行了大量有效的工作。

三、全面推广项目法施工，加快工程建设速度

水电施工企业根据自身改革发展的客观要求，把项目法施工作为深化企业内部改革的突破口，1992年进行了大范围、深层次的推广和进一步的试点工作；1993、1994年加强了对项目法施工经验交流工作，并与清华大学联合举办了多期项目经理培训班，以提高项目经理的业务知识水平，使项目法施工逐步在全系统普遍推广。

项目法施工的推广，加快了企业内部三项制度的改革和结构调整，改革了过去计划体制下传统的生产管理模式，从而大幅度提高了企业的劳动生产率和施工水平。1992年，水电总公司所属水电施工企业完成建筑施工产值34.39亿元，比1991年增长了44%，全员劳动生产率按施工产值计算16466元/人·年。1993年，水电总公司系统工作取得了突破性进展，完成建筑施工产值49.95亿元，全员劳动生产率达27800元/人·年，并取得了水电年装机突破300万kW的新纪录，达到309.45万kW。各水电施工单位围绕工程项目强化目标管理，使水口、广蓄、隔河岩、漫湾、岩滩以及五强溪等100万kW级电站高速优质建设，实现了100万kW级电站4～5年第一台机组发电的目标。

四、产业结构由单一型向多元化经营转变

由于项目法施工生产方式的推行和机械化施工程度的提高，企业生产力有了较大的发展，这与劳动密集型的队伍结构形成尖锐的矛盾，迫切要求企业调整产业结构和队伍结构。为此，水电总公司及时提出并始终坚持了"工程建设和多种经营两大支柱并举"的经营发展战略。几年来，各施工企业充分发挥自己的优势，大力发展多种经营，并已成为水电施工企业的重要支柱。1993年全系统工业及第三产业资产总值已达7.4亿元，年产值已达9.95亿元，年利润达3898万元，从业人员达5万人。多种经营年产值占全系统年总产值的16.6%。其中葛洲坝工程局、水电一局、水电十一局等单位，工业、第三产业与建筑施工已呈现出齐头并进的势态。水电一局、三局、四局、七局、十局、十一局、十四局等单位，都通过不同方式使多种经营企业脱离了原单位，组建了一个或几个相对集中的多种经营实体，对全局多种经营实行行业管理，发挥整体优势，多种经营已经由单纯安置型向安置效益型过渡，并呈现出集团化的趋势。

五、水电总公司机关内部改革取得实效

1992年底开始，水电总公司机关逐步实现了管理和经营职能的分离，陆续创办了一批经营实体，在市场经营中探索并取得了初步成效。如：北京维康机电设备公司、北京华夏新技术开发公司、深圳百业达投资发展有限公司以及中外合资的能科达工程机械公司等一批经营实体相继开业，并取得了较好的经济效益。水电总公司还将陆续创办华瑞普实业公司和国际工程公司，以利于自身走向市场，向经营型发展。

（中国水利水电工程总公司　张基尧）

在社会主义市场经济中不断完善"项目法"施工

一、项目法施工是水电建设体制综合配套改革的重要内容

水电建设体制的改革是从水电投资体制改革开始的。80年代中期为推动电力工业的发展，在李鹏总理的倡导下，把由国家独资办电的投资体制改革为集资办电，充分调动了中央与地方两个积极性，水电建设投资有了较大的增长，初步解决了由于建设资金不足项目立项开工难的问题。

此后为了明确建设责任，本着筹资、建设、运行、还贷一体化和谁投资、谁受益的原则，我国在借鉴国际经验的基础上，开始在鲁布革电站试行项目业主负责制，改变了过去"项目国家下达、投资国家划拨、计划国家安排、材料国家供给、施工单位既是建设单位又是施工单位"那种自营式的传统格局，真正落实了责、权、利的统一。在此基础上作为项目业主负责制的补充，开始建立了招标承包制、工程监理制，直到1993年国家计委正式下文明确今后所有大型建设项目都必须推行项目业主负责制，把水电建设体制正式明确下来，基本

解决了“国家管钱，工程局管建，水电厂管转”的三脱离状态，使水电建设项目管理走向市场机制运行的轨道。

在水电建设投资体制和水电建设管理体制改革的基础上，如何高速、优质、低耗地进行电站施工，不仅是建设单位所关心的问题，同时也是施工单位在招标投标中如何创造企业信誉、提高企业经济效益的关键。通过鲁布革电站的探索和广州抽水蓄能、水口、隔河岩等一批工程项目的实践，以李鹏总理所强调的“精兵强将上战场”为主要内容的项目法施工，也在以上两项改革综合推进的同时在工程项目上得到逐步完善。1987年全国第一次建设工作会议上，李鹏总理提出全国都要学习鲁布革经验。经过4年探索，1991年召开的建筑业改革座谈会上把项目法施工作为全国施工企业综合体制改革的突破口，直到1992年召开的全国第二次建设工作会议上首次命名186名全国施工企业优秀项目经理，李鹏总理在接见会议代表时高度评价了项目经理的作用和项目法施工的方式。至此，项目法施工作为一项先进科学的施工管理方式得以确认下来，彻底改变了传统的“企业跟着项目走、等着国家下任务、靠着工程养队伍”的旧体制，水电施工管理真正开始找到了有利于生产力发展的途径。因此说，项目法施工是水电建设体制综合配套改革的一项重要内容，经过几年的实践，已逐渐显示出它的无穷生命力。

二、项目法施工为什么具有生命力

首先，这种生产方式一改过去传统管理方式中的上下对口机构臃肿、企业办社会负担沉重、企业依赖政府、政府锁住企业、只计投资不计效益等弊病，通过实行精兵强将上战场，动态优化生产要素，使各种生产要素在工程项目上通过优化而发挥作用，其立足点是工程项目的进度、质量，追求的是工程项目的社会效益和企业的经济效益，因此它是建立在马克思主义生产力理论基础上的，是促进生产力发展的。其次，项目法施工适应了社会主义市场经济的要求。社会主义市场经济的核心，对于企业来说，就是在政府的宏观调控和有关法律、法规范围中，公平竞争，自主经营，在实现国家税赋的前提下，努力创造企业的经济效益，促进企业的不断发展。项目法施工彻底摆脱了“计划国家下、材料国家拨、资金国家给、效益归国家”的计划经济体制的束缚，用甲乙双方经济合同的方式规范企业行为，企业在合同范围内有生产指挥权、设备购置权、专业分包权、内部分配权、资金使用权、劳动人事权等等，充分发挥市场机制的作用，企业真正成为经营主体和利益主体。第三，项目法施工作为企业改革的突破口，又促进了企业组织结构、产业结构和劳动人事制度、企业分配制度等一系列较深层次的改革，给企业提出了建立企业内部生产资料市场的要求，促进企业的人、财、物向生产第一线，向产生经济效益的工程项目流动，改变了过去高级技术管理人才向上浮，各种费用负担向下压的状况，进一步密切了企业与项目的联系，增强了企业的凝聚力。第四，项目法施工经受了工程实践的检验。10年水电建设体制改革过程也是项目法施工不断发展完善的过程，80年代继鲁布革电站之后开工的一批100万kW级电站，如水口、广蓄、岩滩、隔河岩、漫湾等的建设速度一般在4～5年，其中装机120万kW的广州抽水蓄能电站，以工期紧、地质差、强度大、技术复杂闻名全国，从开工到第一台机组发电仅用了53个月，且工程质量优良。其它工程也比过去同等规模的电站建设工期缩短2～3年，基本达到了世界先进国家的施工水平。在工程投资方面，虽说由于物价因素，曾发生部分变化，但“脚踏一块西瓜皮，用到哪里算哪里”的状况不见了，业主不但贷款而且还款的一体化，迫使水电建设投资得到了一定控制(概算控制)。当然，资金如何合理使用尚未完全解决。实践证明，项目法施工，对于水电工程的快速建设起到了巨大的推动作用；对于促进水电施工队伍观念的转变，加强施工现场科学管理，深化企业内部改革，提高水电施工队伍思想素质和技术素质，也都起着不可低估的作用。

三、项目法施工正向规范化、制度化发展

项目法施工的核心内容包括：①以项目经理负责制为核心建立决策层、管理层、作业层三层分离的治理结构。②以经济合同和经济承包责任制为核心，理顺甲乙双方、企业与项目双方、项目之间的经济关系，改变行政管理手段为经济管理手段。③建立设备、材料、资金、技术、人才五大模拟市场，以等价有偿的原则动态优化生产资料，用最小的投入求得最大的经济效益。④实行目标管理，建立速度、质量、成本、利润目标责任网络，并进行层层分解，形成时间、空间、部位、要素的目标跟踪和调整体系，确保各个时段、各个项目、各个部位目标的实现。⑤实行思想工作、行政手段、经济杆杠三位一体的工作方法，以吃苦、吃亏、忍辱负重的干部形象为核心，发挥人格的力量，以感情联络为纽带，入情、入理、入实的工作作风形成企业强大凝聚力，提高市场的竞争能力和施工现场的战斗力。

项目法施工虽然经历了10年探索，但对于生产关系的重大变革还仅仅是开始，而且必将随着社会主义市场经济体制的建立和现代企业制度的形成而不断深化：一要摆脱管理层次对项目法的束缚，坚持以经济效益为中心，不断推动项目法施工的规范化、科学化、制度化，加强目标成本和目标利润的管理，进一步理顺项

目与企业之间的经济关系；二要抓紧培训项目经理，提高项目经理的自身素质和总揽全局的能力，作为企业敢于放权，项目经理善于用权；三要加强项目法施工在面上的推广工作，增强对项目法施工的认识，规范项目法施工管理，彻底摆脱计划经济传统模式惯性的影响，务必真干、实干，求其实效。

项目法施工既是项目与企业的桥梁，也是企业与社会的桥梁，企业的形象必然通过项目体现出来，因此它不可能孤立存在，必然对市场、对社会、对企业提出要求。

对于市场，项目法施工要求：①有规范的市场法则和各类企业的行为规范，以保证公平竞争和企业之间平等的地位。②有开放的市场，打破地区和行业封锁，给项目法施工以更广阔的天地。③合理的价格是项目法施工能否正常进行的关键。为保证项目法施工中各方的经济关系能保持良性循环，需要社会主义市场机制驱动和运行的价格体系和根据《反不正当竞争法》所确定的价格指导界限。④项目法施工是在动态的市场中进行劳动组合的动态优化，这和企业职工的稳定结构形成尖锐的矛盾，解决这一矛盾的办法就是企业大力调整产业结构，安置老弱病残职工。

对于社会，要求有一个良好的社会环境，那就是尽快建立社会保障体系，推动养老保险和待业保险制度早日出台。

对于企业，要求优化下来的职工能尽快回到基地；还要求有一个使在项目上施工的职工足以放心和安心的后方依托，那就是要有一个集生产、生活、培训于一体的综合基地，以解除前线职工的后顾之忧，使之把全部身心投入到为企业创信誉、争效益的有效劳动中去。

（中国水利水电工程总公司　张基尧）

水电施工企业三项制度改革进展情况

劳动、人事、工资制度改革是把竞争机制引入水电施工企业内部，逐步形成“职工能进能出，干部能上能下，工资能升能降”的动态管理机制，这是企业转换经营机制，调整企业的组织结构、产业结构，建立现代企业制度的重要环节，是深化企业内部改革的关键一步。

一、进展情况

中国水利水电工程总公司（以下简称水电总公司）系统三项制度改革始于1991年。1991年8月在水电总公司人事、劳资工作会议上研究确定了水电施工企业工人岗位劳动测评办法，并对“三改”工作进行了布置。1992年7月，电力部在庐山召开了会议，全面部署了电力企业三项制度改革工作。为了抓好干部测评，水电总公司于1993年初成立了干部岗位测评领导小组，设立了办公室，并对工作进行具体布置。1993年7月在总结试点单位工作的基础上召开了干部岗位测评工作研讨会，干部岗位测评工作全面铺开，并随即召开了第二次工人劳动岗位测评结果平衡会。在企业三项制度改革中，坚持建立干部能上能下、职工能进能出、工资能升能降的竞争机制，坚持精干、高效、多功能的原则。各单位深入贯彻《全民所有制工业企业转换经营机制条例》和党的十四届三中全会精神，结合水电施工企业特点，加大改革力度，在三项制度改革中坚持先机关后基层、先干部后工人，从精简机构，精减非生产人员，转变机关职能，提高工作效率着手。首先是水电第十一工程局进行了压缩机构，精减人员，局机关从1987年的1103人精简到目前的161人。1991～1993年全系统各工程局都先后进行了精简机构和人员，并出现了葛洲坝电力公司考试考核、竞争上岗的三项制度改革的典型经验，以及水电第八、十一工程局和富春江、夹江水工机械厂的“三改”经验，这些单位一般都做到了在三项制度改革工作中坚持做好“四定”、精简机构、制定“岗位规范”、进行“岗位评价”、制定“考试考核办法”等一系列的基础工作，采取了由点到面，逐步推广深入并结合水电施工企业特点，本着向一线倾斜，向苦、脏、累、险岗位倾斜，向技术、科研倾斜的原则，确定合理的岗位归级指导区间。特别强调在“三项制度”改革中着重抓好考试考核，真正做到公开、公平竞争上岗，聘后管理和逐步建立劳务市场三个环节。三项制度改革的目的在于调动广大职工的积极性，增强职工的竞争意识和市场观念，从而提高劳动生产率，提高企业的经济效益。1994年4月水电总公司组织人员对夹江水工厂“三改”工作验收合格，该厂通过“三改”精简了机构，机关科室由25个减少到16个；实行了“满负荷”定岗，随岗而聘、岗动薪动、试岗制度；定员到位，由定员前的1604人，下降到1447人，剥离157人，全厂中层行政干部由81人减少到68人；采取各种分流形式，剥离人员全部得到妥善安置。经过“三改”，夹江水工厂1993年创造了工业总产值、净产值、销售总额、销售收入、合同签订等10多项建厂历史新纪录。

为了介绍水电第八工程局在深化企业内部改革中所作的探索和经验，介绍夹江厂的三项制度改革的经验，以推动全系统的“三改”工作的开展，水电总公司于1994年3月在长沙召开了有各局厂党政主要领导参加的深化企业内部改革座谈会。通过这次会议统一了思想，明确了目标，对“三改”是深化企业内部改革的关键取得了共识。总公司党组按照统一规划，分步实施，典型引路，逐步深化的原则，在积极推广项目法施工的同时，以整体推进、重点突破为方针，加强对三项制度改革的领导。此后，各局、厂都切实加强了对三项制度改革的领导，加快了三项制度改革的步伐。水电第十一工程局已经验收合格，水电第一、五、七、十三、十四工程局和富春江厂等单位也初步具备了验收的条件。目前，各施工企业正在按50条确定的市场经济的整体框架，为建立现代企业制度，转换经营机制，并逐步实现自主经营、自负盈亏、自我发展、自我约束的目标而加快内部改革的力度。

二、奋斗目标

我们在推动系统三项制度改革中紧紧抓住建立现代施工企业制度这个目标。一是对总公司系统整体改革做了总体设想，目标是向着组织集团化、资产股份化、产业多元化、经营国际化方向努力，建立大市场的观念，逐步形成以产权为纽带的跨行业、跨地区的集团公司，面向全国建筑市场，同时创造条件从国内市场逐步走向国际市场。围绕这个目标，争取授权管理水电施工企业这部分国有资产，并享有融资权、商品进出口权，积极利用国际工程承包权走向国际市场。二是要切实加强领导班子建设，加强队伍建设，提高队伍素质，加速企业内部组织结构、产业结构调整，在企业内部形成建筑工程、多种经营、社会服务三个方面的独立体系，经过努力，建筑工程方面将成为土木建筑、设计施工、科研咨询一体化，由劳务密集型向技术智力密集型转变。企业经营工作重点将进一步由计划经济向社会主义市场经济转变。

（中国水利水电工程总公司　罗　洪）

水电施工企业基地建设新进展

至1993年底，水电施工企业总计投入基建资金14.96亿元，其中：利用水电项目大型临建设施费7.51亿元，占50%；利用1988年水电项目增列基地费1.95亿元，占13%；部和中国水利水电工程总公司（水电总公司）补助2.04亿元，占14%；企业自筹资金3.46亿元，占23%（包括职工个人集资和售房款）。已建基地总建筑面积820万m^2，其中住宅497万m^2，共9.14万套住房。从1991年到1993年的3年时间里，水电施工企业共投入基建资金3.41亿元，其中：利用水电项目大型临建设施费0.81亿元，占24%；利用1988年水电项目增列基地费0.17亿元，占5%；部和水电总公司补助0.49亿元，占14%；企业自筹资金1.94亿元，占57%（包括职工个人集资和售房款）。新增住宅1.6万套。

这样，到1993年底已有9.14万户职工从临时工棚或危房中搬入新居。这一重大变化对解除水电施工企业职工的后顾之忧，稳定职工队伍，加速水电施工企业走向市场参与竞争，发展社会主义市场经济具有重大作用。但由于旧体制对水电施工企业的束缚，历史形成的对水电施工企业基地欠账过多，基地建设起步过晚，加之每年递增2000户新婚职工，今后面临的形势仍很严峻。至1993年底，水电总公司系统职工23.8万人，眷属32.1万人，总户数12.98万户，尚有3.84万户职工未解决住房问题。其中近2万户职工仍栖身于危险房屋或临时工棚中及库区、滑坡体等地带，对职工家属的安全、队伍的稳定及子女的教育构成严重威胁。就是说，尚需的280万m^2（其中住宅190万m^2，配套设施90万m^2）亟待建设，按低标准测算，需资金18亿元。上述资金准备继续商请国家有关部门多方筹集，以求尽快解决。

（中国水利水电工程总公司　万迪垂）

水电施工企业多种经营情况

自水电施工企业走向市场以后，中国水利水电工程总公司根据当时的形势，提出了“建筑施工，多种经营，两大支柱，共同发展”的方针。同时指出，水电施工企业发展多种经营是调整队伍结构的需要，是发展生产力的需要。1992～1994年期间，在这一方针指导下，经过全体职工的努力，多种经营工作已发展到一个新的阶段。1993年水电施工企业的多种经营产值已占总产值的16%。随着改革的不断深化，多种经营工作还将进一步发展。

一、主要成绩

（1）从过去单一的福利安置型企业转变为以经济效益为主的企业。经营范围延伸到冶炼、化工、建材、机电、仪表、服装、食品及工艺美术等10多个行业。1993年完成产值（营业额）9.95亿元，除解决近5万名从业人员的工资、奖金约1.5亿元外，实现利润3898万元，上交各种税金2600万元。不但取得了一定的经济效益，而且也起到了安定队伍的作用。

（2）一批骨干企业呈现出活力，并形成了可观的生产能力。在建材方面，具有年生产水泥72万t、机砖近1000万块、大理石1万m^2的能力；在化工方面，具有年生产黄磷5000 t、电石4000 t、粘合剂1000 t的生产能力；在冶炼方面，具有年生产硅（锰）铁10000 t的能力；在服装方面，具有年生产羊毛衫15万件，手套150万双，服装32万件，人造素软缎7.5万m的能力。这些企业既有明显的社会效益，也有很好的经济效益。

(3) 建立了一批中外合资企业。不少工程局在资金十分困难的情况下，着眼挖掘内部潜力。利用现有厂房、设备、人才的优势，引进一批外资联营搞项目。已经获得成功的有粘合剂、水泥制品、塑料袋、快餐生产线、饮料生产线等。

(4) 一批产品已涉足高科技领域。如起重机力矩限制器、气垫式皮带机、溴化锂制冷机、氢氧源焊割设备、特种水泥等。其中，有的已通过省、部级鉴定，有的被列为省、国家级科研或试生产项目。

(5) 有些产品已打入国际市场，如千斤顶、硅（锰）铁、服装、设备、生猪及石材等，有的已形成稳定的出口基地。

二、存在问题

水电施工企业的多种经营虽然取得了一定的成绩，但也还存在着一些问题，集中反映在以下几个方面：

(1) 多种经营的管理体制还不适应市场经济的规律，存在统得过多、管理过死的现象，束缚着企业的手脚，使企业有依赖心理，缺乏竞争意识。有些经营项目不具备人、财和经营权以及分配权，因而，谈不上自主经营，自负盈亏，自我约束，自我发展。

(2) 系统内多种经营没有形成行业间、跨工程局间的联系，基本处在各搞各的状态。旅游业没有形成一条线服务，服装业没有形成样式、花色互补的优势。

(3) 除一些经营好的企业外，还存在着经济效益不高的问题。1993年，全系统平均产值利润率只有3.9%，人均创利只有856元，而且还有单位存在着亏损大户。

(4) 统计口径不一致，影响数字的准确性，给统计工作带来困难。另外，由于资金不足，使一些单位手里的好项目失掉良机。

三、发展目标和格局

由于水电事业的日益发展，施工机械化水平在不断提高，水电施工队伍也在进行产业结构的调整。到本世纪末，水电施工队伍应逐步调整为10万人搞工程建设，10万人搞工业和多种经营，2万人搞服务工作的格局。要形成建筑施工与多种经营、社会化服务在人员上的合理分离和经济上的相对独立，促进水电企业实现组织集团化、资产股份化、产业多元化、经营国际化的总体改革目标。为此，下一步要抓好以下工作：

(1) 做好发展规划。根据水电事业的发展，到本世纪末，水电系统的总产值将达到100亿元。其中，工业和多种经营产值达到50亿元，占总产值的50%，使施工和多种经营真正起到两个支柱的作用。为此，水电总公司将根据各成员单位的规划，修订总体目标。

(2) 推动多种经营所有制和投资形式的多元化，实行股份制的试点工作。1994年3月已经制订出《水电系统多种经营企业股份制试行办法》。在提倡新建企业试行的同时，逐步把一些老企业改造成为股份制企业。

(3) 按行业组建联营或集团，使全系统多种经营朝着行业集团化、社会化和规模经营方向发展。首先从服装业或旅游业探讨组成联营的路子，然后再向其他行业延伸。

（中国水利水电工程总公司　肖燕生）

葛洲坝工程局立足水电多种经营

随着社会主义市场经济体制的建立，企业要建立现代企业制度，必须增强体能，增强企业的抗风险能力和市场的竞争能力。施工企业的发展必然是从事施工的人员越来越精干，而富余人员必然向多种经营（工业、第三产业）分流。1988年葛洲坝工程局就提出了“二二一”产业结构调整方案，即2万人从事建安施工，2万人从事工业、第三产业，1万人从事基地建设和管理。之后，该局进一步明确了“一业为主，多种经营”、“施工养局，工贸助局”的经营战略。

一、立足水电，以建安施工为主

建安施工是该局的主业。全局职工5万人，各类技术人员8409人，其中从事建安施工的3万多人，专业技术人员4000多人（其中高级职称350人，中级职称1300多人）。用于建安施工的机械设备9346台套，原值达8.5亿元。在坚持“立足三峡，面向全国，走向世界”的经营方针下，1993年全局累计新签承包工程合同22.18亿元（其中，三峡18.68亿元），比1992年增长257.7%；完成产值10.52亿元，比历史最好水平的1992年增长40.8%，比全面走向市场的1988年提高了3.7倍，占企业总产值的75.5%。1994年计划全年新签承包工程合同15亿元，完成产值13.15亿元，占企业总产值的87.7%。

1993年，胜利完成了湖北隔河岩电站、云南漫湾电站、广西天生桥二级电站共6台大型水轮发电机组的安装任务，其装机台数和装机总容量分别占1993

年全国水电计划装机台数和总容量的46.1%和54.1%，是继该局1987年创全国水电装机新纪录的又一次突破。在三峡茅坪溪防护工程泄水隧洞施工中，该局发挥技术优势，不断缩短进尺循环时间，1993年12月达到了一个工作面月进尺223.4 m，两个工作面月进尺446.8 m的国内同类型洞挖施工月进尺的一流水平。

二、发展多种经营·增强企业整体实力

为抓住兴建三峡工程的机遇，该局大力发展工业和第三产业。1992年7月，制订了《长江葛洲坝工程局工业、第三产业五年（1993～1997）发展规划》。其目标是：通过5年的努力，实现年产值5亿元，利润5000万元；实现新增就业人员1万人；创建“三个一流”，即部系统多种经营中第一流的工业、沿江地区第一流的旅游业、川东鄂西第一流的商贸业；开发“两区”，即商业区和工业区；建设“三一”工程，即一座2万m^2的商业大厦，一条葛洲坝的“南京路”（购物中心），一条葛洲坝的“汉正街”（小商品批零市场）；创办一批高水平、高起点的企业，组建5至7个企业集团，使工业、第三产业真正成为支撑全局经济的重要支柱。

在这一规划的指导下，全局各单位发展多种经营呈现良好势头。

1. 对外开放，招商引资初见成效　1993年，全局先后与中外客商洽谈合资项目数百人次，同时先后4次组团赴厦门、香港、北京等地招商，共签订中外合资合作合同16项，其中13项已申请办理营业执照，总投资1.35亿元，注册资金8590万元；有10家已开业，拟引进资金4800万元，外方实际到位资金1043万元。此外，5家内联企业相继开业，吸收外来资金600万元。

2. 改扩建一批重点项目取得进展　水泥厂抓住三峡上马的契机，1992年和长江三峡工程开发总公司签订了补偿贸易合同，投资5亿元人民币扩建3号窑。经1年的努力，3号窑扩建已完成设计和厂址拆迁，并已动工兴建。三峡混装炸药生产线的兴建成功，结束了该局工程施工靠外采购炸药的旧格局。金峡快餐食品厂完成前期的征地、拆迁任务，主楼已于1994年4月底竣工。粘合剂厂现已完成一期改造工程，形成了年产1000 t规模。两条商业街建设加快，“南京路”新辟商业门面120多间，樵湖一路完成了排水和道路设施建设，现正加紧施工，1994年底可全面投入使用。1993年全局新上项目自筹资金1900万元，其中：粘合剂扩建、金峡快餐食品厂、三峡混装炸药生产线三个项目占1300万元。

3. 兴办实体，建设市场较有规模　据不完全统计，1993年全局申请办理工商营业执照128家，比1992年提高40%。为大力发展工业、第三产业，各单位都给予了相应的优惠政策，积极支持下属单位和个人兴办实体。物资总公司在东湖一路利用库房办起了“商业城”；六公司对公司所辖区的开发做了统一规划，将樵湖二路库房改建成商业门面，优先租给职工经商，并已开始向社会招商；二公司加快筹建西坝、夷陵山商业街；一公司夹湾路市场在原有基础上继续扩大门面，集资建店，滚动发展，已从最初的33个门店发展到现在的168个，并成为宜昌市远近闻名的批发市场。全局已形成数个较有规模的商业区。

4. 1994年全局多种经营企业达600多家　工业企业有水泥厂、机械厂、黄磷厂、粘合剂厂、船厂、企业总公司等200多家；“三产业”企业有基地处、商管处、平湖大酒店、葛洲坝宾馆、汉办、西陵大厦等企业400多家，从业人员达1.7万多人。截止1992年的5年里，工业累计完成产值7.8亿元，盈利4700万元，累计投入资金4000多万元，工业企业工资总额按年平均14%的速度增长。多种经营安置富余人员、待业青年、加上部分从事个体的经营者，总计消化了5000余人。1993年完成工业产值3.03亿元，比1992年增长了31%；第三产业完成营业额2.01亿元，比1992年增长了18.5%，工业、第三产业共盈利2250万元，比1992年增长了21%。

5. 多种经营的发展促进了产品开发和企业管理水平的提高　水泥厂成为省、部级先进企业，全局有4项产品获得部优，12项产品列入国家级、省级重大新产品试制、鉴定、试产计划。有定型产品的主要工业企业实现了计量升级，取得了生产许可证，20余种专利50%已投入生产。第三产业中的旅游业在本地区已形成一定实力，长江上最豪华的游船“平湖2000号”已投入使用并产生效益。多种经营的发展促进了建安施工，增强了企业的竞争力。

（中国水利水电长江葛洲坝工程局　乔生祥）

水电八局深化企业内部改革情况

水电第八工程局的改革是通过推行项目法施工这个突破口起步的。经过几年来的不断深化改革和不断调整完善，目前已初步形成了“三五六”的内部管理体制。所谓“三”，即是水电及其它建筑业、机电制造加工及安装业、包括第三产业在内的多种经营三大产业体系；“五”即是劳务、设备、物资、资金、技术五大

企业内部模拟市场；"六"即是局党政合一办公室、总工程师办公室、总经济师办公室、总会计师办公室及人事部、政治部六大管理部门。通过"三五六"管理模式的贯彻实施，使整个企业发生较大变化：生产经营任务完成较好，企业扭亏为盈。1993年全局完成企业总产值7.13亿元，其中建安产值6.168亿元，全员劳动生产率达到3.5万元，创水电八局历史最好水平。1994年第一季度完成企业总产值1.636亿元，其中建安产值1.426亿元，分别比1993年同期增长28.7%和49.8%。

一、转变观念，调整企业管理体制

深化企业内部改革的首要任务是调整企业管理体制，即是将原来行政管理式的组织结构转变为生产经营式的组织结构。在大力进行思想政治工作、转变观念、上下统一认识的基础上，于1992年将局机关原来的23个处室理顺归并为13个处室，管理人员由原来的400多人精简到100人。二级单位（含分局和工程处）由原来的12个调整为以开挖、浇筑、砂石等为主作业的4个处，按区域归入3个分局及施工局管理。从1993年起，通过进一步调整、理顺，形成"一长三师二部"6个部门的经营管理体系和企业内部五大模拟市场。各分局则转变为受工程局委托管理所在地区各工程项目的派出机构。在管理关系上形成工程局对各施工项目的直线辐射式纵向直接领导关系。其具体组织结构见图。

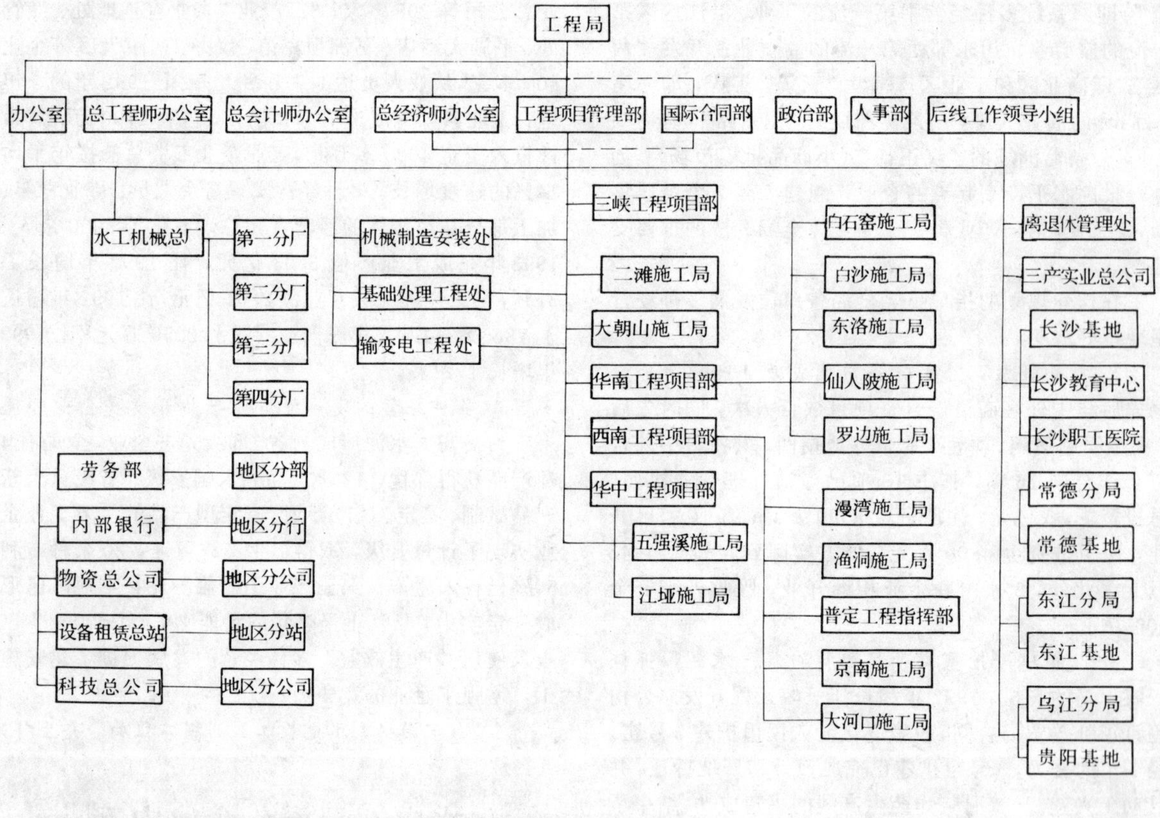

水电八局调整后的组织结构图

新的管理体制取代旧的管理体制之后，一是必须改变管理职能，即是彻底改变过去的行政式管理职能，明确必须围绕生产经营这个中心，为工程项目生产经营服务；二是必须理顺纵向和横向的各种关系，推行项目法施工、项目经理负责制，既有工程局对各项目的宏观调控管理关系，又有各内部市场单位和专业处（厂）与项目间的经营、服务关系，并有以合同形式确定的项目经理与工程局的责权利关系，从而保证了新管理体制的正常运作，有利于提高经济效益。

二、实现企业资源的优化配置

实现企业资源的优化配置，是提高企业经济效益的手段。自1992年以来，我们在此前改革试点的基础上，通过调整、理顺，初步形成了自己的三大产业体系，在保证工程项目人、财、物需求的前提下，对富余人员实行转岗分流，在后方发展其它产业。至1994年，水电八局共有多种经营企业114家，从而使人、财、物资源得到合理配置，收到较好经济效益：1993年创多种经营产值5118万元，安置职工和待业青年2100多人。随着项目施工的动态发展，今后几年约有1/3的职工要在后线从事多种经营产业，劳动力资源的配置还有大量的工作要做。

三、按市场法则规范企业内部管理，充分发挥内部模拟市场的作用

1. 劳务市场　工程局将原劳资处工资管理职能转换组成局劳务部，各分局设立劳务分部或劳务站，企业职工除领导干部外全部进入劳务市场。各用人单位按照《劳务管理办法》向劳务部提出用人计划，通过考核，择优聘用，并向劳务部交纳劳务费，形成对劳务的有偿使用。

2. 资金市场　水电八局资金市场是通过设立局内部银行来实施的，它负责全局工程项目和经营管理所需资金的筹措、现有资金的统一调度与控制管理。各片区设分行，工程项目设办事处，行政关系都隶属于局内部银行。各项目和经营单位都必须在内部银行设立帐户，使用内部银行资金实行有偿使用，还本付息。

3. 物资市场　工程局设立物资集团公司，对局内各工程项目和经营单位所需的材料和配件按市场方式进行采购供应；同时积极参与社会物资的采购调济，对外创收，获得较好的经济效益。1993年该公司42人完成营业额3231万元，创毛利达180万元。

4. 设备租赁市场　设备租赁市场是由局设备租赁总站和归口管理的各租赁站组成，负责全局施工设备的选型配套、购置、租用和维修管理。各使用单位按合同实行单机或整体租赁，交纳租赁费，实行有偿使用。这一措施大大改善了过去设备忙闲不均、调度不灵的状况。

5. 技术市场　组建局技术市场的目的，是为了使技术成果体现它的商品价值，形成企业在市场的技术优势。在实施中，局总工程师办公室和江海科技实业发展公司分别行使技术管理和技术经营职能。前者负责施工组织设计，施工技术方案的制订、实施与监督及竣工验收等，后者主要面对外部市场，承接各类工程设计、科研、监理、测绘等业务，实行独立经营。

通过上述5个模拟市场对人、财、物资源的合理配置和有偿使用，人尽其才，物尽其用，注入了活力，增加了经济效益；随着企业内部改革的进一步改进和完善，今后必将取得更大的效益。

（中国水利水电第八工程局　彭启友）

水利水电施工企业资质等级一览表

企业名称	企业资质等级 资质证书编号	企 业 负 责 人	主营范围	兼 营 范 围
中国水利水电第一工程局 △	水利水电建筑施工壹级企业 37131180	局　　长：刘俊峰 总工程师：常焕生 总经济师：王良生	可承包各类型水利水电建筑工程施工	可承包各类水利水电设备安装或相应的金属结构制造安装工程；12层以下、30 m跨度以下的房屋建筑；单机容量1.2万kW及以下机组火电厂整体建筑安装，高度180 m以下的烟囱施工
中国水利水电第二工程局	水利水电建筑施工壹级企业 37131181	局　　长：程国清 总工程师：肖中兴 总会计师：李伯玉 总经济师：查德法	可承包各类型水利水电建筑工程施工	可承包各类水利水电设备安装或相应的金属结构制造安装工程；可承包30层以下、30 m跨度以下的房屋建筑，高度100 m以下的构筑物的建筑施工
中国水利水电第三工程局 △	水利水电建筑施工壹级企业 37131182	局　　长：李友仁 总工程师：蔡泽夏 总会计师：方　浩 总经济师：蒲绪林	可承包各类型水利水电建筑工程施工	可承包各类水利水电设备安装或相应的金属结构制造安装工程；大型水利水电基础处理工程和地质勘探，以及其它基础处理工程施工；12层以下、21 m跨度以下的房屋建筑，高度50 m以下的水塔、烟囱等构筑物的建筑施工；二级及其以下各级标准的公路、独立大桥的施工

续表

企业名称	企业资质等级 资质证书编号	企业负责人	主营范围	兼营范围
中国水利水电第四工程局 △	水利水电建筑施工壹级企业 37131183	局　　长：李其友 总工程师：袁延举 总会计师：施朵日 总经济师：张儒林	可承包各类型水利水电建筑工程施工	可承包各类水利水电设备安装或相应的金属结构制造安装工程；大型水利水电基础处理工程施工和地质勘探，以及一般工业与民用建筑基础工程施工；单机容量12.5万kW及以下机组火电厂建筑安装工程；贰级标准公路、独立大桥工程；12层以下、21 m跨度以下的房屋建筑，高度50 m以下的水塔、烟囱等构筑物的建筑施工
中国水利水电第五工程局	水利水电建筑施工壹级企业 37131184	局　　长：杨锡纯 总工程师：李昭畔 总会计师：刘生林	可承包各类型水利水电建筑工程施工	可承包各类水利水电设备安装或相应的金属结构制造安装工程；7层以下、21 m跨度以下的房屋建筑，高度50 m以下的水塔、烟囱等构筑物的建筑施工
中国水利水电第六工程局	水利水电建筑施工壹级企业 37131185	局　　长：郑应显 总工程师：李秀清	可承包各类型水利水电建筑工程施工	可承包各类水利水电设备安装或相应的金属结构制造安装工程；6层以下、30 m跨度以下的房屋建筑，高度100 m以下的构筑物的建筑施工
中国水利水电第七工程局 △	水利水电建筑施工壹级企业 37131186	局　　长：邳大兴 总工程师：何庆阳 总会计师：吴树明 总经济师：方可权	可承包各类型水利水电建筑工程施工	可承包各类水利水电设备安装或相应的金属结构制造安装工程；大型水利水电基础处理和地质勘探，以及其它基础处理工程施工；220 kV及以下电压等级的送电线路工程和变电站建筑安装工程的施工；30层以下、30 m跨度以下的房屋建筑，高度100 m以下的构筑物的建筑施工；机场跑道、飞机库工程；贰级标准公路、独立大桥工程施工
中国水利水电第八工程局 △	水利水电建筑施工壹级企业 37131187	局　　长：湛世明 总工程师：黄树棠 总会计师：刘义德 总经济师：张建人	可承包各类型水利水电建筑工程施工	可承包各类水利水电设备安装或相应的金属结构制造安装工程；二级及以下各级标准公路、独立大桥的施工；220 kV及以下电压等级的送电线路和变电站工程的施工；12层以下、21 m跨度以下的房屋建筑，高度50 m以下的水塔、烟囱等构筑物的建筑施工，机场跑道工程施工
中国水利水电第九工程局	水利水电建筑施工壹级企业 37131188	局　　长：柳克勤 总工程师：刘　颖 总会计师：向国彪 总经济师：王献修	可承包各类型水利水电建筑工程施工	可承包各类水利水电设备安装或相应的金属结构制造安装工程；大型水利水电基础处理工程和地质勘探，以及其它基础处理工程施工；贰级标准的公路、独立大桥工程；30层以下、30 m跨度以下的房屋建筑，高度100 m以下的构筑物的建筑施工；110 kV及以下电压等级的送电线路工程和变电站建筑安装工程施工
中国水利水电第十工程局	水利水电建筑施工壹级企业 37131189	局　　长：马世绵 总工程师：钟永为 总会计师：刘高峰 总经济师：邓积瑜	可承包各类型水利水电建筑工程施工	可承包各类水利水电设备安装或相应的金属结构制造安装工程；大型水利水电基础处理工程和地质勘探，以及其它基础处理工程施工；7层以下、21 m跨度以下的房屋建筑，高度50 m以下的水塔、烟囱等构筑物的建筑施工；三级标准公路及相应的桥梁工程施工；220 kV及以下电压等级的送电线路工程和变电站建筑、安装工程的施工

续表

企业名称	企业资质等级 资质证书编号	企 业 负 责 人	主营范围	兼 营 范 围
中国水利水电第十一工程局	水利水电建筑施工壹级企业 37131190	局　　长：段子印 总工程师：陈甲荣 总会计师：王　链 总经济师：凌玉柱	可承包各类型水利水电建筑工程施工	可承包各类水利水电设备安装或相应的金属结构制造安装工程；大型水利水电基础处理工程和地质勘探，以及其它基础处理工程施工；各级公路工程和桥梁建筑工程的施工；各种通用工业与民用建设项目的建筑施工；220 kV 及以下电压等级的送电线路工程和变电站建筑、安装工程的施工
中国水利水电第十二工程局	水利水电建筑施工壹级企业 37131191	局　　长：张介中 总 工 程 师：董润生 副总会计师：章银先 总 经 济 师：马如骐	可承包各类型水利水电建筑工程施工	可承包各类水利水电设备安装或相应的金属结构制造安装工程；单机容量 20 万 kW 及以下机组火电厂整体建筑、安装工程；机场跑道、市政桥梁、道路、自来水厂及污水处理厂工程；贰级标准公路、独立大桥工程；30 层以下、30 m 跨度以下的房屋建筑，高度 100 m 以下构筑物的建筑施工；200 万 m^3 以下疏浚工程，100 万 m^3 以下的陆域吹填工程，2 万 m^3 以下的水下炸礁工程和港口建设的挖泥、吹填、水下炸礁、整治工程的施工
中国水利水电第十三工程局	水利水电建筑施工壹级企业 37131192	局　　长：张　林 总工程师：张广旗 总会计师：张训化 总经济师：黄正宇	可承包各类型水利水电建筑工程施工	可承包各类江河湖海疏浚工程和冲填工程以及其它土石方挖填工程；7 层以下、21 m 跨度以下的房屋建筑，高度 50 m 以下的水塔、烟囱等构筑物的建筑施工
中国水利水电第十四工程局 △	水利水电建筑施工壹级企业 37131193	局　　长：马洪琪 总工程师：刘冬成 总会计师：刘东生 总经济师：赵正杰	可承包各类型水利水电建筑工程施工	可承包各类水利水电设备安装或相应的金属结构制造安装工程；20 层以下、30 m 跨度以下的房屋建筑，高度 100 m 以下的构筑物的建筑施工；220 kV 及以下电压等级的送电线路工程和变电站建筑、安装工程的施工；贰级标准公路及相应的桥梁工程施工
中国水利水电长江葛洲坝工程局（1994 年 6 月改为中国葛洲坝水利水电工程集团公司） △ *	水利水电建筑施工壹级企业 37131194	局　　长：乔生祥 总工程师：孙瑞兴 总会计师：姚本安	可承包各类型水利水电建筑工程施工	可承包各类水利水电设备安装或相应的金属结构制造安装工程；大型水利水电基础处理工程施工和地质勘探，以及其它基础处理工程施工；各类江河湖海疏浚工程和冲填工程以及其它土石方挖填工程；大中型港口、船厂及内河航运建设项目全部配套工程，大型海岸、海洋工程施工；各种航道疏浚工程，陆域吹填工程；220 kV 及以下电压等级的送电线路工程和变电站建筑、安装工程的施工；机场、给水场、管道工程；新建铁路单、双线或增建第Ⅱ线 30 km 以下的综合性工程施工，及路基土石方、一般编组站、铺轨、架梁等配套工程施工；各级公路工程和桥梁建设工程施工；各种通用工业与民用建设项目的建筑施工

续表

企业名称	企业资质等级 资质证书编号	企业负责人	主营范围	兼营范围
中国水利水电闽江工程局	水利水电建筑施工壹级企业 37131195	局长：容加利 总工程师：吴澄 总会计师：肖仲谋 总经济师：王方	可承包各类型水利水电建筑工程施工	可承包各类水利水电设备安装工程或相应的金属结构制造安装工程；三级标准公路及相应的桥梁工程施工；8层以下、21 m跨度以下的房屋建筑，高度50 m以下的水塔、烟囱等构筑物的建筑施工；可承包机场跑道工程施工
中国水利水电基础工程局	水利水电基础处理施工壹级企业 37131196	局长：郝鸿禄 总工程师：高钟璞	可承包大型水利水电基础处理工程施工和地质勘探，以及其它基础处理工程施工	
中国安能建设总公司	水利水电建筑施工壹级企业 37131241	总经理：贺毅 总工程师：马恕仁 总会计师：杨清雪 总经济师：刘万国	可承包各类型水利水电建筑工程施工	可承包中型水利水电设备安装或相应的金属结构制造安装工程；贰级及其以下各级标准公路、独立大桥的施工；30层以下、30 m跨度以下的房屋建筑，高度100 m以下的构筑物的建筑施工
武装警察部队水电第一总队△	水利水电建筑施工壹级企业 37131197	法人代表：魏祥彪 总工程师：方平德 总会计师：戴鹤声 总经济师：孙志诚	可承包各类型水利水电建筑工程施工	可承包三级公路及相应的桥梁工程施工
武装警察部队水电第二总队	水利水电建筑施工壹级企业 37131198	总队长：杨沛田 总工程师：梅锦煜 总会计师：赵永胜 总经济师：林勉	可承包各类型水利水电建筑工程施工	可承包中型水利水电设备安装或相应的金属结构制造、安装工程，累计完成水轮发电机设备安装容量超过50万kW的，允许承包大型水利水电的设备安装工程；12层以下、21 m跨度以下的房屋建筑，高度50 m以下的水塔、烟囱等构筑物的建筑；三级标准公路及相应的桥梁工程施工
武装警察部队水电第三总队	水利水电建筑施工壹级企业 37131239	总队长：方长铨 副总工程师：王信 副总会计师：范守明 副总经济师：何永佳	可承包各类型水利水电建筑工程施工	可承包中型水利水电设备安装或相应的金属结构制造、安装工程，累计完成水轮发电机设备安装容量超过50万kW的，允许承包大型水利水电的设备安装工程；贰级标准公路、独立大桥工程；12层以下、21 m跨度以下的房屋建筑，高度50 m以下的水塔、烟囱等构筑物的建筑施工
广西水电工程局	水利水电建筑施工壹级企业 37091136	局长：柳朗静 总工程师：林友昌 副总会计师：韦思潮 副总经济师：马景文	可承包各类型水利水电建筑工程施工	可承包各类水利水电设备安装或相应的金属结构制造安装工程；大型水利水电基础处理工程施工和地质勘探，以及其它基础处理工程施工；三级公路及相应的桥梁工程施工；12层以下、21 m跨度以下的房屋建筑，高度50 m以下的水塔、烟囱等构筑物的建筑施工

续表

企业名称	企业资质等级 资质证书编号	企业负责人	主营范围	兼营范围
江西 水电工程局	水利水电建筑 施工壹级企业 37091137	局长：高达 总工程师：欧阳敏 副总会计师：张锦玮 副总经济师：陈友盛	可承包各类型水利水电建筑工程施工	可承包各类水利水电设备安装或相应的金属结构制造安装工程；大型水利水电基础处理工程施工和地质勘探，以及其它基础处理工程施工；单机容量20万kW及以下机组火电厂整体建筑工程；220 kV及以下电压等级的送电线路工程和变电站建筑、安装工程的施工；6层和15 m跨度以下的民用房屋建筑施工
湖南省水电 安装工程公司	水利水电设备 安装壹级企业 37133153	经理：徐定保 总工程师：陈山立 副总会计师：宋金鑫 副总经济师：周永安	可承包各类型水利水电设备安装或相应的金属结构制造安装工程	可承包220 kV及以下电压等级的送电线路工程和变电站建筑、安装工程的施工
昆明 岩土工程公司	水利水电建筑 施工贰级企业 能基字 213202	经理：路士彬 总工程师：屠之云 财务负责：舒宇 经营负责：何自康	可承包大（2）型水利水电建筑工程及基础处理工程施工	可承包各类工业与民用建筑岩土工程施工（包括工程勘测、设计、施工、检测）
成都水利水电 建设工程公司	水利水电建筑 施工贰级企业 能基字 213204	经理：万铭 总工程师：刘友全 财务负责：胡志国 经营负责：吴显茂	可承包中小型水利水电建筑工程施工	可承包大（2）型水利水电基础处理工程及其它基础处理工程；三级标准公路及相应的桥梁工程；六层和15 m跨度以下的民用房屋建筑；岩土工程及给排水工程施工
华东 岩土工程公司	水利水电基础 处理施工贰级 企业 能基字 213201	经理：何海源 总工程师：刘忠国 财务负责：陈化尚 经营负责：鲁源祥	可承包大（2）型水利水电基础处理工程施工	可承包各类工业与民用建筑基础处理、岩土工程施工
西北勘测设计院 水利水电工程公司	水利水电建筑 施工贰级企业 电律施 032006	经理：吕保定 技术负责：万宗礼 财务负责：雷晓琴 经营负责：完颜柏龄	可承包中小型水利水电建筑工程施工；大（2）型水利水电基础处理工程施工	地质勘探；各类岩土工程；三级公路工程施工
武装警察部队 水电第十一支队	水利水电建筑 施工叁级企业 能基字 213305	支队长：刘正贤 技术负责：张文彪 财务负责：白登科	可承包中小型水利水电建筑工程施工	
富春江水工 机械厂建筑公司	水利水电建筑 施工叁级企业 能基字 213306	经理：薛开元 技术负责：胡幼良 财务负责：罗建中 经营负责：张书刚	可承包中小型水利水电建筑工程施工	可承包中小型水利水电基础处理工程施工以及其它基础处理工程施工；6层以下、21 m跨度以下的房屋建筑，高度50 m以下的烟囱、水塔等构筑物的建筑施工
中南勘测设计院 基础处理工程队	水利水电基础 处理施工 叁级企业 能基字 213307	经理：张志斌 总工程师：杜伯辉 总会计师：薛道廉 总经济师：王爱民	可承包中小型水利水电基础处理工程施工以及其它基础处理工程施工	可承包水文地质、工程地质钻探，200m以内的水井钻井，直径在500 mm以内的桩基工程，13 m以内的软弱地基基础处理工程，断面在8 m^2以内的中小型坑道、隧道工程

续表

企业名称	企业资质等级 资质证书编号	企业负责人	主营范围	兼营范围
北京金昌实业发展公司	水利水电建筑施工贰级企业 能基字 213203	总经理：陈家昌 总工程师：蒲绪林 总会计师：李秀梅 总经济师：张贵兴	可承包大（2）型及各类中小型水利水电建筑工程施工	可承包12层以下、21 m跨度以下的房屋建筑，高度50 m以下的水塔、烟囱等构筑物
武装警察部队水电第一支队	水利水电建筑施工贰级企业 能基字 213205	支队长：陈洪国 总工程师：马青春 财务负责：彭文武 总经济师：李志中	可承包大（2）型及各类中小型水利水电建筑工程施工	可承包12层以下、21 m跨度以下的房屋建筑，高度50 m以下的水塔、烟囱等构筑物；三级标准公路及相应的桥梁工程施工
五洲基础工程有限公司	水利水电基础处理施工贰级企业 电建施 032007	总经理：商树先 总工程师：肖中兴 总会计师：李伯玉 副总经济师：彭蕴周	可承包大（2）型水利水电基础处理工程施工	土石方工程；建筑装饰；技术咨询等
北京振冲工程公司	水利水电基础处理施工贰级企业 电建施 032008	经理：韦伟 总工程师：康景俊 副总会计师：马依群 副总经济师：诸葛铭明	可承包大（2）型水利水电基础振冲工程，以及一般工业与民用建筑基础振冲工程施工	土石方工程；建筑材料；岩土工程技术咨询

注　1. 注有△符号者，为1992年进入中国建筑业“百强”施工企业；

2. 注有*符号者，为一级工程总承企业。

（电力工业部水电开发及农村电气化司　郭占池）

科学技术管理

水电科技工作改革

1992～1994年间，随着社会主义市场经济的发展，水电科技工作改革进一步深化。主要体现在以下几个方面。

一、建立全行业综合科技体系，发挥科技整体优势

3年来电力部主管科技部门，加快职能转变，开始以宏观调控管理为重点，着重组织贯彻中共中央、国务院关于加速科学技术进步的决定，国家科技进步法及国家有关的科技政策和法规，组织力量编制和修订了《电力工业科学技术发展规划(2000—2010—2020年)》、《电力工业部关于电力工业重大科技项目管理的若干规定》、《电力工业技术与装备政策》等，并把电力科技工作重点转移到以大中型电力（包括水电，下同)企业的技术开发、技术推广和科技投入为主体的轨道上来，建立全行业综合科技体系，以发挥科技整体优势。另外，正积极筹集电力科技开发专项资金和建立青年科技基金，以保证对关键技术研究的资金投入；并要求尽快造就一批进入世界电力科技前沿的跨世纪的学术和技术带头人。1994年6月电力工业部召开了全国电力科技工作会议，总结交流了改革经验，并作出了关于加快电力科技进步的决定。

二、部分科研院所已由服务型向经营型转变，科技成果进入市场

3年中，部属科研院所除了承担国家、部重大科技攻关项目及技术开发外，还积极引入市场竞争机制，承接横向科研任务，搞科技成果产品，向科研、

生产经营实体发展。其横向与纵向合同经费之比一般达到 7：3。例如：①南京自动化研究所，1992 年 7 月推行“一所两制”的改革模式，成立了南瑞自动化总公司及所属的 12 个专业分公司，实行整体转化为高新技术产业；改革财务核算，实行科研合同管理规范化，进一步完善承包责任制，实行工效挂钩，拉开工资档次，提高科技人员待遇，以及制订人才流动等一系列与新体制相适应的规章制度等，充分调动了多方面的积极性，1993 年全所签订各类横向合同 424 项，金额近 2 亿元，横向与纵向合同经费之比达到 9.5：0.5；实现销售收入 1.19 亿元，实现利税 1100 多万元；同年被国家科委评为全国研究与开发机构“综合科技实力”工业类前 300 名中的第七名，“全国运行绩效”工业类前 300 名中名列第一名，受到国家领导人的表扬。②中国水利水电科学研究院根据自身的特点，实行多方面的改革，将全院各所推入市场，划小核算单位，实行院、所级管理和核算，使个人利益与效益挂钩；不断开拓服务领域，有的还通过科、工、贸的形式，把科研成果直接转变为商品进入市场。如该院的结构材料所开发堵漏胶，通过自己的公司与有关部门联合生产；又如地基公司用开发的先进技术为多项技术难度大的地基工程解决了建设中的困难。目前该院各方面都有了深刻的变化，横向合同逐年扩大，对外合作项目的外汇收入也有所增加，约占全院产值的 10%，并有继续增长趋势。

部领导在 1994 年全国科技大会上谈部属科研院所进一步深化改革问题时指出，根据各院所自愿原则，采用三种模式：一是进入电力企业集团，可以享受集团公司的有关政策，但不能直接享受集团的利益；二是院、所组成联合体，成为科技集团；三是保留部属的牌子，走自力更生的道路，为全行业服务，面向社会。不管采用哪一种模式，所有科研院所都有同等权利承担行业攻关项目。

三、逐步建立市场、科研、生产一体化的科技进步机制

大中型电力企业是技术开发、科技成果推广应用、科技投入的主体，其所起的作用越来越显著，例如电力部中南勘测设计研究院解决龙滩高坝碾压混凝土现场试验经费就是依靠这些主体的。他们提出两条门路：一条是求助于工程项目的业主，另一条是求助于生产厂家。结果南方电力联营公司、广西龙滩水电建设公司（筹）等单位大力给予支持，共资助 56.6 万元，广西方面借资 230 万元。此外与湛江外加剂厂协作科研攻关也得到资助。承担现场试验的广西水电工程局、广西水电科学研究所等单位采用低收费制也同样给予了资助。

（电力部科技司　邴凤山
中国电力企业联合会　陈宗梁）

水电科技成果推广应用情况和取得的经济效益

随着改革开放的不断深化，我国水电科技成果在推广应用方面也有所加强，主要表现在：成果多，范围广，推广应用快，经济效益好。10 多年来，在筑坝技术、坝基处理和岩石边坡加固技术、可利用岩体和处理技术、大型地下工程技术、水工补偿混凝土技术、泄洪消能技术、预应力闸墩技术、引水钢管技术、电子计算机技术等方面都取得许多新成果，并在工程实践中广泛应用。其中碾压混凝土筑坝技术、混凝土面板堆石坝技术、水工补偿混凝土技术方面的成果推广应用更为迅速。至 1994 年 6 月，碾压混凝土筑坝技术成果已在全国 17 个省（区）推广应用，已建成 17 座碾压混凝土坝及多座碾压混凝土围堰，在建和计划兴建的还有 24 座坝。混凝土面板堆石坝已建成 20 座、在建的有 33 座坝，待建坝高 100 m 以上的还有 11 座。已建的两种坝型的大坝工程指标见表 1、表 2。

表 1　已建碾压混凝土坝

序号	坝　名	地址	坝高 (m)	碾压混凝土量 (万 m^3)	建成年份
1	坑口	福建	56.8	4.3	1986
2	龙门滩	福建	57.5	7.1	1989
3	潘家口下池	河北	24.5	2.0	1990
4	天生桥二级	广西	58.7	7.9	1990
5	荣地	广西	56.3	6.1	1991
6	马回	四川	24	7.9	1991
7	万安	江西	68	4.0	1992
8	铜街子	四川	82	42.0	1992
9	岩滩	广西	110	37	1992
10	广蓄下库	广东	43	3.5	1993
11	水口	福建	100	26.5	1993
12	锦江	广东	62.45	12.2	1993
13	大广坝	海南	57	25.1	1993
14	普定	贵州	75	12.7	1993
15	水东	福建	63	8.0	1994
16	温泉堡	河北	48.5	5.6	1994
17	山仔	福建	65.0	18.0	1994

采用上述科技新成果，取得了显著的经济效益。现仅列举以下主要事例。

(1)应用碾压混凝土筑坝技术与常态混凝土相比，单价一般可减少 8%～15%，工程总造价降低 20%～

表 2 已建混凝土面板堆石坝

序号	坝名	地址	坝高 (m)	坝体方量 (万 m^3)	建成年份
1	猫跳河二级	贵州	48.7	55	1966
2	柯柯亚	新疆	41.5	44	1982
3	铜街子左副坝	四川	48	70	1992
4	波浪沟	湖北	35.0	10	1992
5	广蓄上库	广东	68.0	90	1992
6	横山加高	浙江	70.0	109	1992
7	花山	广东	80.8	70	1993
8	白杨河	新疆	37.0	37	1994
9	十三陵水库	北京	75	270	1994
10	小梅沙	广东	49.1	22	1994
11	网	浙江	35.5	12	1994
12	万安溪	福建	93.5	129	1995
13	东津	江西	88.5	176	1995

注 已建混凝土面板堆石坝还有西北口、株树桥、成屏、龙溪、关门山、罗村、小干沟等7座坝的工程指标见《中国水力发电年鉴》(1989～1991)第353页。

40%,还可以加快施工进度。如四川铜街子大坝应用此成果,使建坝工期提前半年,节省投资1000万元。广西岩滩采用碾压混凝土围堰,大大加快施工进度,仅用105天完成围堰建设,节省水泥2.5万t,节省投资1221万元。

(2)在应用混凝土面板堆石坝技术成果方面,如湖北西北口大坝应用此坝型后节省投资1300万元,天生桥一级大坝,坝高178 m,是我国在建最高的混凝土面板堆石坝,应用此项技术要比原方案缩短工期约1年,节省投资约1.5亿元。

(3)在应用混凝土高拱坝技术成果方面,二滩和李家峡高拱坝设计上应用了新成果,如高拱坝强度设计准则,拱座稳定安全准则、拱坝抗震设计准则、拱坝整体安全准则、拱坝体型优化以及拱坝抗裂防裂技术等,获直接经济效益1.04亿元。东风薄拱坝应用抗裂防裂技术成果,防止出现危害性裂缝,还节省水泥6万t,直接经济效益近2000万元。

(4)在应用土质防渗体高土石坝技术成果方面,鲁布革、小浪底和瀑布沟等大坝均获显著效益,直接经济效益为2040万元。

(5)在应用基础处理技术成果方面,福建水口主围堰施工中仅应用塑性混凝土防渗墙体和导板液压抓斗两项新成果,提前56天完成,节省水泥3449 t,节省投资26.6万元。在三峡工程围堰防渗墙施工中应用CZF-1200型冲击反循环钻机,比原方案提高工效近2倍。龙羊峡工程灌浆应用大型集中制浆站,节省200万元。

(6) 可利用岩体技术成果在二滩和李家峡两大坝坝基应用后,减少开挖量,获直接经济效益1.0亿元。

(7)在应用水工补偿混凝土技术成果方面,鲁布革导洞封堵和安康导流缺口封堵均用低热微膨胀混凝土,大大提前发电时间,共获经济效益2680万元;福建水口坝基、东风坝基深槽回填、广东青溪坝基均采用外掺氧化镁混凝土,加快了施工进度,直接经济效益约250万元。

(8)在应用地下工程技术成果方面,东风地下厂房开挖中仅应用信息反馈技术一项成果,合理取用工程数据,多次调整锚杆参数,就减少了原设计30%以上的锚杆。

(9)在应用泄洪消能技术成果方面,二滩工程应用泄洪消能新成果进行优化后,比原设计节省投资6753万元。

(10)龙羊峡应用水电站大坝安全远程、自动监测系统成果,为该工程提供了安全运行的科学依据,取得了2亿元的经济效益。

上述水电科技成果的推广应用,既解决工程关键技术问题,也显著提高水电科技水平,例如:①碾压混凝土筑坝技术水平,已能应用到拱坝上,贵州普定拱坝,坝高75 m,已经建成,这是目前世界上已建最高的碾压混凝土拱坝。在建的碾压混凝土拱坝有河北温泉堡拱坝(坝高48.5 m)、福建溪柄溪拱坝(坝高63 m);即将兴建的有四川沙牌拱坝(坝高132 m);正设计的有安徽白莲崖拱坝(坝高102 m);还将结合广西龙滩高坝研究将碾压混凝土筑坝技术用到200 m量级高重力坝上。②混凝土面板堆石坝技术,正研究应用到坝高150～180 m量级的大坝上,如贵州洪家渡坝(坝高186 m)、四川紫坪铺坝(坝高159 m)、新疆吉林台坝(坝高152 m)等。

(中国电力企业联合会　陈宗梁)

水电信息工作的改革与发展

水利电力信息工作在1992～1994年期间,认真落实国家科委"稳住一头、放开一片"的方针,改变运行机制,大力发展信息服务业和信息产业,信息工作的改革与发展踏上了新台阶。

一、面向经济建设主战场,为水电事业服务

在社会主义市场经济条件下,水利水电信息研究所坚持为水电事业服务,并以此作为信息研究工作得以发展的重要条件和依托。据此,我们完成了"国外电力工业体制和资金来源"、"国外水力发电现状和发展水平"、"国际河流开发和管理"、"国外电价研究"、"国外水利水电新技术"等一批信息调研成果和信息资料,

为宏观决策、规划计划、高新技术应用与发展提供了有效的服务。同时利用信息工作自身的优势，积极开展检索查新、专利代理、咨询中介业务，为科技成果向生产力转化架起桥梁。利用“焊接专业情报网”的信息交流会，推广新的焊接技术，承担重大工程的焊接任务。为夹江水工机械厂提供“混凝土泵送机械”专题跟踪技术服务，经济和社会效益显著。由水利电力信息研究所和部外事司共同举办的赴马尼拉国际电力展览，积极宣传我国电力工业成就，探索菲律宾电力市场，洽谈贸易与合作。西北电力集团7项参展项目，有4项与美国和菲律宾达成意向性协议。1993年1月，水利电力信息研究所进行专利代理38项，专利检索5件，为专利技术推广做了贡献。

二、加强信息资源建设，促进信息工作现代化

1992～1994年期间，尽管文献资料价格涨幅很大，但水利电力系统信息资源建设和开发利用仍然取得可喜成绩。据统计，全系统馆藏文献资料约1100万册，其中部信息研究所馆藏近40万册。在文献资源开发利用中，积极引进和利用现代化信息工作手段，协调开发建设以科技文献数据库为核心的文献型、事实型和数值型数据库。依托一次文献支持系统和联机检索终端，完善水利电力计算机检索服务系统。1983年建立国际联机检索终端以来，检索科研课题4000个，建立长江水利委员会等外地分终端29个。联机检索终端可以根据用户要求，检索DIALOG、BRS、EAS、STN四大国际信息系统和国家科委信息数据中心的中、外文科技资料。微型计算机、声像设备、复印印刷等信息工作手段，已为系统内信息单位广泛采用。通过系统内近30期各种学习班培训，大批文献前处理人员、计算机与数据库工作人员业务水平有不同程度提高，为数据库建设和文献资源开发创造了条件。针对各单位情况，突出各单位专业和业务特点的各种数据库，不断扩充数据和完善管理，为实现全系统联机联网、资源共享奠定了基础。

三、坚持对外开放，扩大国际信息交流与合作

随着改革开放向纵深发展，对外交流活动日益活跃。部信息研究所同美国、日本、法国、俄罗斯等国家有关部门建立了固定交流与互访关系；积极举办对外科技展览、信息交流和技术座谈。长江水利委员会信息档案中心、珠江水利委员会信息所、福建水利信息中心站和华东电管局信息中心等单位，充分发挥自身特长和沿海、沿边对外开放优势，积极进入对外开放行列，进行技术投资，信息咨询，开设窗口，扩大自身力量。

四、改革信息系统管理工作，发挥联合优势和整体效能

水利电力信息系统经过多年建设，初步形成了以部信息研究所为中心，各级专职信息机构为骨干，专业信息网站为依托，多层次，多渠道，纵横交错的信息工作网络。至1994年，部直属流域机构、大区和省电管局（电力局）、科研院所以及设计、施工、生产、修造企事业单位和大专院校科技信息机构138个，27个省区建立了水利电力科技信息中心，全国性专业信息网67个（不包括近期建立、尚未纳入归口管理的网站），其中水利水电专业信息网41个。专职信息人员3000名，其中部直属单位1500人，省属单位900人，基层单位600人，还有大量兼职信息人员。3年中，信息网站组织信息交流活动近千次，创办了60多种不同专业特色的网刊；216种科技期刊整理登记，纳入归口管理；评选和推广273项信息成果。随着改革的深入，系统信息工作将进一步发挥整体联合优势，促进系统的信息生产产业化和服务社会化，开拓信息市场，开展多种信息经营活动。部信息研究所与湖南株洲高新技术开发区、四川夹江水工机械厂联合建信息窗口和科技交流培训点和在上海浦东、深圳、三峡地区等筹建信息窗口的工作正在进行。

五、创办公司，开拓进入市场的道路

1992年初，在学习领会邓小平同志南巡重要谈话精神的基础上，结合水利电力信息研究所实际，构想了“试行一所两制，建立新的机制”的改革方案。提出建立高科技公司、信息服务公司，成立文献检索中心、文献出版中心，将科研处更名为“科研经营处”。这些举措的目的是使水利电力信息研究所更快更好地进入市场。公司在创办和经营中注意用市场和制度规范自己，建立较适用可行的分配和内部承包制度，打破分配上的平均主义，调动职工积极性。实践表明，兴办公司实体这一深化改革的大胆尝试，为我们这样的社会公益型科研单位进入市场开拓了道路。

（水利电力信息研究所　李启双）

科技文献数据库建设和计算机检索系统

一、数据库建设情况

数据库是信息检索的基础。水利电力信息研究所

作为两部的科技信息检索中心，组织全系统联合建立了若干数据库。

（一）中国水利电力科技文献数据库

中国水利电力科技文献数据库，是目前国内较权威的专业文献数据库。数据库文献源为水利电力专业及相关学科的期刊、图书、会议论文集、科技成果报告等，其中以专业期刊文献为主。入库文献记录按《中国图书资料分类法》进行分类标引，用《水利水电科学技术主题词典》和《电力主题词表》进行主题标引，核心期刊中重要文章撰写文摘。数据库建设方式为统一标准，系统协调，分散加工，集中建库。该库自 1989 年投入运行以后，截止 1993 年底，累计建库 9.5 万条记录，数据年递增 1.5 万条记录，共有 62 个单位引进了该库数据及检索软件，为广大科技人员提供了大量有价值的文献，在科研、生产、设计、施工、管理等领域发挥了重要作用。

（二）水利电力系统馆藏期刊数据库

馆藏期刊数据库分外文期刊馆藏和中文期刊馆藏两库。"外文期刊馆藏数据库"是 1991 年 4 月水利电力系统有关单位联合建立的，同时编辑出版了《水利电力系统外文期刊联合目录》一书。该目录较系统地反映了我国水利电力各单位外文期刊馆藏情况，共汇集收录了部属研究院（所）、高等院校及勘测设计单位 18 个信息部门的英、德、法、日、俄 5 种文字的馆藏期刊 1886 种，报道年限截至 1990 年。

中文期刊馆藏建库工作由中国科技信息研究所统一组织，全国 56 个部（委）、省（市、区）的信息部门于 1986 年联合建立了"中国科技期刊联合目录数据库"。该库共收录了 10014 条记录，每条记录包含一种科技期刊的刊名、编辑出版单位、简介等 34 项书目字段及各单位的馆藏字段，总信息量 10 MB（兆字节）。

（三）水利电力自产文献信息数据库

水利电力科技文献信息源可大致分为两大部分：一部分为科技书刊，约占总量的 70%；另一部分为综合性自产文献资料，约占总量的 30%。为了把两部分科技文献全部纳入计算机可检索范围内，扩大数据库覆盖面，水利部科教司、能源部科技司于 1993 年 3 月联合发文，决定在水利电力系统内开展自产文献信息数据库联合建库工作。其筹备工作从 1992 年 10 月开始，先后召开了 3 次研讨会，对数据库的著录格式、建库标准及文献标引规则进行了认真的讨论，经 16 个单位试建库后，于 1993 年 10 月开始正式建库，并定于 1994 年汇总集中整理后向全系统推广使用。截止 1993 年底，有 42 个单位参加此项联合建库工作，经集中办班培训后，现在正分头加工准备，为数据汇总提供条目。

水利电力系统除统一组织联合建库外，各单位还结合本部门的业务特点及具体情况，采用自建与引进相结合的建库方法，进行了以小型实用为原则的建库工作。截止 1993 年底，全系统累计建库约 200 万条记录。这些数据库都不同程度地在各单位的文献管理自动化及计算机信息检索等方面发挥了作用。

二、国际联机检索与计算机网络开发

国际联机检索是当前国内外获得信息资源最得力的工具之一。水利电力信息研究所从 1983 年开始建设并应用。国际联机检索网络通过卫星通讯系统与 Dialog，BRS，STN 和 ESA－IRS 等四大联机情报检索系统建立了信息检索联系。利用水电系统微波通讯网和邮电部国际通讯系统，在上海、武汉、沈阳、南宁、成都、石家庄、郑州等大城市设立了 29 个远程联机检索分终端，使水利电力系统联机信息检索网络初具规模，并已发挥了重要作用，主要表现在：①向研究、设计单位和大专院校研究人员提供与研究课题有关的国外研究动向，检索相关文献；②为科技人员申报科研成果及成果鉴定提供检索查新报告；③为工矿企业开发新产品，提高产品质量，定题长年跟踪服务。

地区网络和流域网络的建设工作，其联网方式有两种：一种是利用公共数据通讯网，另一种是利用调制解调器，采用点对点通讯。在水电系统内有 16 个单位已将文献数据库检索系统与本院（所）计算机管理网联机上网运行，部分单位在图书馆内部建立了微机检索局域网。各单位对联机网络建设越来越重视，水电系统多数单位均已将此项工作列为近期重点开发项目。

三、在线 OPAC 管理系统的建立

在线 OPAC 管理系统是 1992 年 6 月做为国外文献管理新技术介绍到国内的。经分析研究，认为此技术对深化我国的信息检索服务体系十分有利。其设计思想是将一次文献管理型数据库与二次文献检索数据库联网，以数据库为基础，利用 OPAC 系统实施程序控制，统一管理；读者通过联机检索命中所需文献后，系统可进一步向读者显示哪些图书馆收藏文献原文，并提示保存文献的载体类型及借阅情况等信息，使文献检索与原文查找实现一体化管理，从而进一步提高文献检索服务水平。水电系统文献管理自动化工作起步较早，很多单位通过前一段的研究开发，已实现原文管理计算机化，在现有数据库联合建库工作的基础上，待联机通讯网络进一步成熟以后，实施在线 OPAC 管理，是今后文献管理现代化工作发展的方向，也是提高水电系统科技信息检索与服务水平的必然趋势。

（水利电力信息研究所　张　伟）

4

水电经济效益与社会效益

水电在电网中的地位、作用和效益

东 北 电 网

（一）水电在电网中的地位和作用

1. 概况　东北电网是跨省区的统一电网，供电范围包括辽宁、吉林、黑龙江 3 省及内蒙古自 治区东部，面积共 124 万 km^2，人口约 1 亿人。1993 年末全区总装机容量为 2604 万 kW，其中水电为 435 万 kW，水电装机比重 16.7%。全区发电量情况见表 1。

表 1　　全区发电量情况表

项　目	1992 年	1993 年
全区发电量（亿 kW·h）	1135.87	1215.95
水电发电量（亿 kW·h）	77.19	80.22
水电发电比重（%）	6.8	6.6

1949～1993 年全网发电量共计 15498 亿 kW·h，其中水电 2180 亿 kW·h，占 14.1%。

表 2　　东北电网 5 万 kW 以上水电厂 9 座（12 站）情况表

序号	名称	地　点	河　流	装机容量（万 kW）	设计保证出力（万 kW）	设计年发电量（亿 kW·h）	水库调节性能	第一台机投产年份
1	白　山	吉林省桦甸市	第二松花江	150	16.7	19.2	多年调节	1983
	红　石	吉林省桦甸市	第二松花江	20	3.5	4.4	日调节	1985
2	丰　满	吉林市	第二松花江	72	16.6	19.4	多年调节	1943
3	云　峰	吉林省集安市	鸭绿江	40/2	15/2	17.5/2	多年调节	1965
4	渭　源	吉林省集安市	鸭绿江	39/2	6/2	12/2	日调节	1988
5	水　丰	辽宁省宽甸县	鸭绿江	63/2	32/2	41.3/2	多年调节	1941
6	长　甸	辽宁省宽甸县	鸭绿江	13.5		0.86	多年调节	1989
	太平湾	辽宁省宽甸县	鸭绿江	19/2	7/2	7.7/2	日调节	1985
7	桓　仁	辽宁省桓仁县	浑　江	22.25	3.3	4.77	年调节	1968
	回龙山	辽宁县桓仁县	浑　江	7.2	1.8	2.74	日调节	1972
8	太平哨	辽宁省宽甸县	浑　江	16.1	2.5	4.3	日调节	1979
9	镜泊湖	黑龙江省宁安县	牡丹江	9.6	2.2	3.03	多年调节	1942

注　鸭绿江上的水电厂装机和发电量中、朝各半，因此除 2。

东北水电有以下特点：①5 大水库（白山、丰满、云峰、水丰、桓仁）具有多年及年调节能力，总发电库容 215 亿 m^3，占 5 大水库平均年入库水量 578 亿 m^3 的 37.2%，径流调节能力强。②11 座水电站组成 3 条河流（第二松花江、鸭绿江、浑江）的梯级水电站，均有龙头水库使其下 5 座日调节水库能充分发挥作用。③地理位置适中，电网中部是白山、红石、丰满（共 242 万 kW），对南北网作用都很大，位于辽宁省东部的水电厂（共 100 万 kW）距辽宁负荷中心较近。

2. 调峰作用　1993 年东北全网（不是全区）最大负荷日为 12 月 2 日，最大负荷为 1736.4 万 kW，最小负荷为 1073.6 万 kW，峰谷差达 662.8 万 kW，日最大负荷率 α 为 0.786，日最小负荷率 β 为 0.618，其中水电调峰 252.4 万 kW，占 37%，水电日最大负荷率 α 为 0.24，日最小负荷率 β 为 0.05。说明水电在尖峰负荷工作。由于水电比重仅为 16.7%，只能调峰 1/3 左右，剩下腰荷全由火电调峰，因此调峰矛盾比较突出。

1993 年骨干调峰水电厂调峰日数和平均每台机开停机次数见表 3。

3. 调频作用　电网第一调频电厂主要由白山水电厂承担，第二调频电厂为丰满水电厂，调频频率为 50±0.1 Hz。目前电网周波变化 0.1 时，负荷变化 50

～80万kW，容量小的水电厂是不可能承担的，其他调频电厂（调±0.1～±0.2 Hz间的周波）为云峰、桓仁、镜泊湖、太平哨、太平湾等水电厂。

表3　骨干调峰水电厂调峰日数和平均每台机开停机次数表

项　目	白山	丰满	云峰	桓仁
年调峰日数(日)	365	365	365	362
平均每台机开停次数(次/台·年)	409.6	134.7	261.5	492.7

4. 跟踪负荷作用　这几年电网最大升荷速度为180万kW/h，最大降荷速度为120万kW/h，最大每分钟负荷上升5万kW，下降3万kW，水电机组可在1～3 min内增减全出力。作为东北电网主力机组——火电20万kW机组——增减出力速度每分钟约为0.3～0.5万kW，全网火电1 h能增减90～100万kW，这还需提前半小时通知，因此火电满足不了快速跟踪负荷变化的需要。

5. 负荷备用作用　目前全网小时负荷预测与实际发生值的误差约在50万kW左右，一般都依靠水电。其中20万kW为热备用（即旋转备用），30万kW为冷备用，因为水电从停机状态开机到带满负荷一般为3～5 min，能满足负荷备用的要求，而火电则不能。

6. 事故备用作用　目前东北电网事故备用容量为60～100万kW，这是考虑网内一台最大火电机组（60万kW）事故或一个百万kW火电厂全厂事故。这个事故备用容量均依靠水电，即一出事故，首先由水电机组顶上去，以期在3～5 min之内使周波恢复正常，并通知火电热备用机组增加出力（最少要半小时前通知），如果热备用不够，要启动火电机组，则需10～12 h才能带上负荷。为此，遇系统事故，水电机组至少需顶0.5～1 h，才能逐渐由火电代替。白山30万kW机组是网内最有效的事故备用容量。1992、1993年东北电网周波合格率分别为99.92%和100%，没有发生低周波事故。

7. 安全效益　见表4。设备完好率和一类设备率水电分别为100%和95%，火电为80%和65%。

表4　水电、火电安全效益表

项　目	水电		火电	
	1992年	1993年	1992年	1993年
发电事故率(次/台·年)	0.18	0.17	0.32	0.39
等效可用系数	95.95	93.39	83.08	85.28
非计划停运率(%)	0.12	0.16	7.33	4.25

8. 自动化程度　水电机组目前都已采用可编程序控制器（PLC）进行开停机、有功无功调整等工作，按一下开机按钮，就可以将机组启动、并网、带负荷，全过程不需人介入。而火电开停机等还需分段操作，需人介入。

（二）水电经济效益

水电利润情况及水、火电售电单位成本、利润比较分别见表5、表6。

表5　水电利润情况表

项　目	1992年	1993年
全局售电利润（万元）	108566	157050
水电售电利润（万元）	38018.4	60186.6
水电占全局的比例（%）	35	38.3
全局总利润（万元）	87059	82793
水电占全局总利润比例（%）	43.7	72.7

表6　水、火电售电单位成本、利润比较表

项　目	1992年		1993年	
	水电	火电	水电	火电
售电平均单价(元/千kW·h)	140.44	140.44	202.14	202.14
售电平均税金(元/千kW·h)	10.37	10.37	10.58	10.58
售电单位成本(元/千kW·h)	67.55	121.10	92.52	182.14
售电单位利润(元/千kW·h)	62.52	8.97	99.04	9.42
成本利税率(%)	1.08	0.160	1.18	0.11

（三）水电综合利用效益

1. 防洪　1992年东北地区松花江和鸭绿江流域降水均比多年平均偏少，汛期5大水库入库水量分别与历年平均值相比为：白山64.7%，丰满55.5%，桓仁85.5%，云峰76.1%，水丰73.4%。5大水库合计来水只相当历年平均值的60.5%，没有发生频率洪水，只有小洪水（水丰发生一次6571 m^3/s洪水，全部蓄在水库里）。除桓仁水库蓄满外，其它水库均未蓄满，5大水库没有弃水。1993年仍是枯水年，5大水库较常年来水少3～4成，特别是汛期来水更少，仅为历年汛期来水的40%左右，大小洪水都没有发生。除桓仁水库靠减少发电把水库蓄满外，其它水库都未蓄满。各水库均未弃水。

2. 灌溉　东北各水库灌溉重点是松花江中下游，主要由丰满、白山水库联合调节，满足丰满水库下游200万亩农田灌溉要求。地方要求每年5、6月间要保证30天丰满水库平均放流量350 m^3/s。近两年，库水位在此时段都偏低，在调度图上处于降低保证出力区，即每天按保证出力发电只需放流200 m^3/s，为满足灌溉要求丰满水库在30天内每年需多放水3.89亿m^3，为此减少了系统调峰出力。

3. 工业及生活用水　吉林市是我国化工基地之

一，为满足供水要求，在枯水季即便丰满库水位较低也要保证120 m^3/s 放流量。因此丰满电厂有一台机带基荷运行放水，为此丰满水库每年在正常发电调峰之外需多放水15.8亿 m^3。

4. 航运　松花江、黑龙江冬季封冻，按黑龙江省规定航行在松花江和黑龙江上的船舶在江封冻前都要集中到哈尔滨过冬，待来年4月份开江时再启航。松花江在哈尔滨有10余公里浅滩，冰排阻航，江水流量需1000 m^3/s 时才能通航，为补河道流量不足，丰满水库近两年4月份需有10天时间放流400 m^3/s，比按正常发电调峰需多放水1.73亿 m^3。

5. 环保用水　由于松花江在吉林市至哈尔滨江段冬季流量减小，吉林市、扶余县等城市排弃物对江水污染严重，若遇嫩江来水再小时，哈尔滨饮用江水水质不合格，为此哈尔滨市及松花江水系保护领导小组办公室近两年来多次要求丰满水库在江水最枯的一个月时间发电流量不小于180 m^3/s，同吉林市供水不小于120 m^3/s 相比，一个月内丰满水库又多放水1.56亿 m^3。

6. 吉林市雾松节用水　丰满电厂至吉林市20余km江段，每到严冬就生成雾松，这是我国独有的一大景观，每年来自国内外观赏者数以万计。自1991年开始吉林市在1月上旬约10天左右举办雾松节，为产生较好的雾松效果，要求丰满水库在此时段加大放流量，近两年来为此每年需多供水1亿 m^3 左右。

以上后5方面综合利用每年共需供水24亿 m^3 左右，特别是近两年水枯，遇到很大困难，有时要牺牲系统调峰电力用水来满足综合利用要求。

鸭绿江流域的水丰水库1993年严重枯水，年末库水位已低于死水位8 m。在此情况下，为保证下游丹东市工业、居民用水，仍加大了放流量。

7. 旅游　水库区的景点有：松花湖（即丰满水库）、镜泊湖、大伙房水库萨尔浒旅游区等。

8. 水库养殖　东北各水电厂水库均养殖各种鱼类，大都是网箱养鱼，也有散养的如白山、丰满等。由于东北气候严寒，产量都不很大，白山水库1993年产鱼量111万斤。

（东北电业管理局　沈　磊　张宝光）

华　东　电　网

（一）水电在电网中的地位和作用

华东电网是我国目前最大的跨省（市）电网。1960年新安江水电站的建成初期投产，促进了1962年形成浙江、江苏、安徽、上海3省1市的华东统一电网，1994年底统计500 kW及以上的发电厂共851座（其中水电厂293座），总装机容量达3221.84万kW（其中水电厂265.85万kW）。华东电网水电资源情况见表1。

293座水电厂中，装机规模达1万kW及以上的共14座，153.29万kW。水库总库容达390亿 m^3，大多数水电站具有多年或年调节性能，在电网中担任调峰、调频和事故备用的作用。水、火电站配合运行，各自发挥运行特点，提高了电网运行调度的安全、经济、灵活可靠程度，取得了全系统的最大经济效益。

表1　华东电网500kW及以上常规水电资源表

省市	可开发		已开发		开发率	
	容量(万kW)	电量(亿kW·h)	容量(万kW)	电量(亿kW·h)	容量(%)	电量(%)
浙江	465.99	145.73	220.71	57.01	47	39
安徽	88.15	25.89	42.82	10.68	48	41
江苏	8.07	2.59	2.32	0.35	29	13
上海	—	—	—	—	—	—
合计	562.21	174.21	265.85	68.04	47	39

注　已开发电站数字统计至1994年底。

随着国民经济的高速发展，用电负荷也较快增长。据统计1970～1990年用电平均年增长率为8.7%，1991、1992年两年用电增长率分别为10.38%及12.71%。1993年增长率略有减少，为8.8%（见表2）。

以火电为主的电力系统中，水电站主要承担电网中调峰、调频以及负载备用和事故备用任务。

1. 调峰作用　华东电网1993年统计水电装机容量为254.97万kW，参加每天调峰的容量约为150～180万kW，其余作为检修或综合利用要求作基荷出力运行。例如，该电网1993年7月16日出现最高负荷为1852万kW，最低负荷为1407.3万kW，峰谷差444.7万kW，水电调峰154万kW。水电装机容量只占总装机容量的8.7%，而担任了调峰任务的34.6%，装机容量1万kW以上的水电厂100%投入调峰。

2. 跟踪负荷爬荷和卸荷　根据1993年7月10日～12日实测资料分析，华东电网7月12日系统负荷为1800万kW，5 min最大爬荷为307.1万kW，卸荷为317.7万kW，即每分钟平均升荷61.4万kW，卸荷62.7万kW。火电机组不论是启动带负荷或快速爬（卸）荷都有难度，据分析，各类燃煤机组热态爬（卸）荷速度为：60万kW机组为1万kW/min；30万kW机组为0.3万kW/min；12.5万kW机组为0.2万kW/min。

表 2　　华东电网需用电量、最高负荷以及负荷特性表

年　　份	1989	1990	1991	1992	1993	1994
需用电量（亿 kW·h）	1004.28	1084.87	1197.50	1349.76	1468.39	1649.2
年增长率（%）	3.0	8.02	10.38	12.71	8.8	12.2
最高负荷（万 kW）	1311.9	1483.5	1634.2	1811.0	2003.8	2177
年增长率（%）	14.3	13.1	10.1	10.8	10.6	10.3
最大峰谷差（万 kW）	440.9	512.5	553.2	580.2	666.1	743
年增长率（%）	23.9	16.2	7.9	4.9	14.8	11.5
年平均日负荷率（%）	89.21	87.03	86.94	87.65	87.53	87.1

若冷态启动，则带负荷过程费时较多（见表 3）。

表 3　　火电机组启动带负荷时间表

启动状态 / 机组容量(万kW)	冷态启动时间(h)	热态启动时间(h)
1.2	3.0	1.0
2.5	3.8	1.3
5.0	5.3	2.0
10.0	7.5	4.0
20.0～30.0	18.0	5.0

水电机组具有启停灵活的优越性，只需 2、3 min 即可由停机状态达到满负荷状态。水电机组在调相运行状态下转为发电运行，其速度更快，如新安江水电厂在调速器上加装快速调压阀，接到命令脉冲后几秒钟内可将调相运行改为发电运行并带上负荷。

3. 承担负载备用和事故备用的作用　系统中必须有一定的备用容量，其中包括负载备用（9%），检修备用（10%）和事故备用（5%），总备用为 24%。水电站在承担上述备用容量方面具有优越性，尤其是华东电网中的几座主力水电站水库，其调节性能良好。因此像新安江等几座主要水电厂每年开停机次数十分频繁（见表 4）。

表 4　　新安江水电厂工况转换统计表

单位：台次

年份	开机	停机	开机停机小计	调相	改发电	调相改发电小计
1987	1793	1841	3634	5010	5047	10057
1988	1833	1870	3703	4773	4809	9582
1989	1865	1795	3660	4937	5046	9983
1990	1906	1871	3777	4770	4759	9529
1991	1849	1899	3748	4814	4665	9479
1992	1952	1951	3903	4347	4487	8834
合计	11198	11227	22425	28651	28813	57464

水电机组不但是调峰调频的得力工具，而且是电网中解救事故危急的备用容量，其作用是难以用货币进行计算的，也是火电无法替代的。表 5 表示新安江水电厂顶替系统事故出力的历史记录。目前系统内火电机组最大单机容量为 60 万 kW，一旦发生故障解列后，电网将会产生电压下降和频率下降（每 30 万～35 万 kW 约下降 1 Hz），用新安江电厂迅速顶替事故出力，是最为理想的，顶替时间可达数天（多年调节水库）。

表 5　　新安江水电厂顶系统事故出力统计表　　单位：次，万kW

年　份	次数：小计	次数：顶 20 万 kW 以上机组	次数：顶其它事故	顶事故总出力	顶事故平均出力	最大顶事故出力：系统事故	最大顶事故出力：新安江顶出力
1963～1976	75		75	1783.85	23.78	30	27.5
1977	3	3	0	29.00	9.67	30	15
1978	9	5	4	139.80	15.33	30	15
1979	12	7	5	214.70	17.89	40	37.5
1980	14	8	6	190.00	13.57	30	30
1981	18	12	6	336.40	24.03	2×30	35
1982	13	10	3	272.75	20.98	35	33.25

续表

年份	次数			顶事故总出力	顶事故平均出力	最大顶事故出力	
	小计	顶20万kW以上机组	顶其它事故			系统事故	新安江顶出力
1983	17	12	5	335.30	19.72	35	21
1984	13	9	4	220.60	16.97	30	25
1985	22	18	4	453.70	20.62	40	35
1986	50	45	5	1062.00	21.24	60	52
1987	39	34	5	809.50	20.76	50	50
1988	68	55	13	1622.00	23.85	51	51
1989	112	59	53	3055.00	27.28	60	60
1990	137	89	48	4694.00	34.26	60	60
1991	82	59	23	2960.00	36.10	60	56
1992	138	90	48	4429.80	32.10	60	58
1993	118	82	36	3370.0	28.56	60	60
合计	940	597	343	25978.4	27.63	60	60

（二）水电在电网中的经济效益

华东电网财务活动中，水、火电厂尚未单独计算销售电价和收入，仅计算水、火电的发电成本（表6）。从表6中可以看出水、火电成本的差别。水电厂建设投资比火电为高，用固定费即略高于火电，这是因为水电开发是一次能源开发与二次能源转换同时完成。但建成以后，它的可变费用（包括燃料费、厂用电率以及管理费在内）大大低于火电。水电每千瓦时的成本仅为火电的25.1%～27.5%。

表6　近年来华东电网统一核算电厂的经济指标表

项目	1990年	1991年	1992年	1993年
总发电量(亿kW·h)	713.60	792.07	808.81	972.38
其中:水电	39.75	47.89	45.01	45.45
火电	673.85	744.18	763.80	926.93
厂用电率(%)	6.91	6.75	6.71	6.69
其中:水电	0.42	0.36	0.42	0.46
火电	7.31	7.18	7.08	6.97
发电用煤量(万t标煤)	2279.4	2484.9	2526.3	2439.2
用油量(折算成万t标煤)	210.6	218.5	212.2	173.7
火电总成本(亿元)	62.02	72.21	81.47	105.86
其中:燃料费(亿元)	49.92	53.63	58.44	73.21
占火电总成本比重(%)	80.5	74.3	71.7	69.2
水电总成本(亿元)	0.954	1.166	1.322	1.37
水、火电平均成本(元/千kW·h)	62.974	73.376	82.792	107.23
水电单位成本(元/千kW·h)	24.20	24.35	29.38	31.23
火电单位成本(元/千kW·h)	92.04	97.04	106.66	143.31
总发电利润额(亿元)	8.14	12.38	11.15	11.51

表7　华东电网直属电厂单位发电量成本

单位：元/千kW·h

电厂	1990年	1991年	1992年	1993年
新安江水电厂	16.63	12.40	12.40	21.74
富春江水电厂	20.48	22.94	22.94	26.32
望亭火电厂	87.0	85.0	85.37	92.15

水、火电厂的发电成本，各有差异（见表7）。

（三）水电综合利用效益

1．防洪效益　华东电网现有水电站多数具有年或多年调节性能的水库，水库调洪库容为101亿m^3。以防洪为主的安徽省的梅山、响洪甸和佛子岭等水库，留有很大的防洪库容。梅山水库和响洪甸水库的库容分别为23.37亿m^3和26.32亿m^3，其中防洪库容分别为11.38亿m^3和14.04亿m^3。陈村和花凉亭水库的库容也很大。梅山、响洪甸、佛子岭和磨子潭4座水库自50年代建成以来，曾遭遇过1969年和1991年两次特大洪水，经这4座水库的调节，大大减轻了下游洪水灾害。花凉亭水库蓄洪以后避免了太湖县4次被洪水淹没的局面。通过建库效益分析，累计减免淹没耕地455万亩次，累计效益30亿元。

浙江省境内的新安江、富春江、乌溪江、黄坛口等水电站每年汛期都担任一定程度的防洪任务。1992～1994年钱塘江水系发生1万m^3/s以上的洪水共计11次之多，由于水库的防洪作用，避免了下游的淹没损失，如1992年7月2日～5日，兰江洪峰流量15900 m^3/s，新安江洪峰流量9173 m^3/s，如两江汇流入富春江至钱塘江，下游就可能出现25000 m^3/s的洪峰。经新安江水库拦蓄洪水，使下游洪峰削减至12500 m^3/s，确保了富春江沿岸45个乡镇326个村约25万人的生命财产安全，减少洪水灾害损失近10亿元。1993年6月17日～7月10日梅雨期的降水集中，前后出现6次洪峰，新安江水库充分发挥了防洪作用，估计减少下游损失近20亿元。1994年6月8日～24日，暴雨频繁，新安江水库入库最大洪峰达20000 m^3/s以上，水库下泄流量控制在5000 m^3/s之内，又一次减轻了下游洪水致涝的损失。

2. 灌溉效益　乌溪江上的黄坛口水库，引发电尾水入东干渠，最大引入流量38 m^3/s，可灌农田40万亩。在水库的西干渠引水6.0 m^3/s入金兰灌区灌溉农田，使20万亩农田得到旱涝保收。新安江水库上、下游约有6.2万亩农田可得到自流灌溉。下游还有5万亩农田使用廉价电力提水灌溉或排涝。新安江水库形成后不但降低了农灌成本而且供电稳定，较低的发电尾水温度，还对防止早稻高温逼熟、晚稻青枯死苗，有良好保护作用，使农作物增收。

安徽省境内大多数水库均兼有灌溉效益。在淠、史河上兴建了佛子岭、磨子潭、响洪甸、梅山等一批综合利用的山谷水库以后，又在下游兴建了淠史杭灌区，灌区面积达945万亩。

3. 供水效益　黄坛口水电站下游引用17 m^3/s左右流量给衢州化工企业集团。新安江水库水质优良，除可满足附近城镇居民生活用水之外，还承担放水顶托杭州市海潮的任务，改善杭州市供水条件，使居民免吃咸水。据1992～1994年的统计，杭州市每天供水60～80万t。通过新安江、富春江两水电站的合理调度，有128天的咸潮被顶托或被冲淡，避免工业停产损失达40亿元以上。其他如大型火电厂的供水质量，一般也是由附近的中型水库来满足。

4. 旅游效益　水电站建成以后，库区和电站周围的环境优美秀丽，形成不可多得的风景旅游区。如新安江水库(又称千岛湖)和富春江水库已成为国家级的旅游热线。1992年有49家旅行社经营千岛湖旅游事业，年游览人数达186万人次，其中海外团体4.21万人次，收入达1.32亿元；1993年有198万人数（其中海外3.5万人次），收入达1.64亿元。1994年1～9月，虽然受“千岛湖事件”的影响，游览人数仍比上年同期增多24%，年收入估计可以增长30%以上。随着旅游业的扩大，当地就业人员也相应增加，平均每增多500人次/年，可增就业人员1名。

安徽陈村水库已被开发成为风景秀丽的太平湖，与傍湖的黄山名胜连为一体，旅游人次每年已超过20万，年收入达24万元。

5. 航运效益　新安江水库和富春江水库提供了改善航道的条件，新安江库内的水运交通已发展到14条航线，富春江水电站设有船闸，300 t级的船队可由钱塘江直达上游各地。

6. 养殖效益　富春江水库的河蟹已成为沪杭一带的餐中珍肴，每年产量可达10万kg以上；新安江水库的淡水鱼类达86种，年产鲜鱼稳定在500万kg，其中，太湖银鱼1993年产量已达5万kg；且开发了河蚌育珍珠的养殖业。

（四）水电站建设对地区经济发展的影响

水电站建设促进了地方城镇工农业生产的迅速发展。如浙江省建德市在1957年以前还只是一个仅有几户人家的普通山村，现在已成为一座拥有44万人口的中等城市，年工业总产值达24亿元。

淳安县新城原为排岭小镇，1957年只有十几户人家百余人口。电站建成后，开辟了公路水路交通，以后电站逐步向淳安县城送电，一些省属企业乔迁于此，从而成为全县政治、经济、文化、交通的中心。1993年11月建立了经济开发区，引进外资、合资项目81项，其中已完工42项，39项已动工兴建。协议利用外资达6.93亿元。

（华东电业管理局　张德旺）

华中电网

（一）水电在电网中的地位和作用

华中电网是由湖北、河南、湖南、江西4省电网组成的跨省电网。电网供电范围的4省面积为73万km^2，人口2.5亿人，同时还通过一条±500 kV直流输电线路向华东地区输电（1992和1993年每年送电10

亿 kW·h)。

1993 年底,华中 4 省装机容量 2618.29 万 kW,其中水电 989.38 万 kW,占总装机容量的 37.8%;1993 年发电量 1238.31 亿 kW·h,其中水电 416 亿 kW·h,占全网总发电量的 33.6%。

1993 年华中主网发电最高负荷 1372 万 kW,其中水电 564 万 kW,占主网的 41.1%。1994 年 8 月 3 日,主网发电最大出力 1502 万 kW,其中水电 586 万 kW,占主网的 39%;同日主网最大日发电量 32545 万 kW·h,其中水电 11646 万 kW·h,占全网的 35.8%,这天的最大出力和发电量都是建网以来的最高水平。

华中电力集团公司直管直调和省电力公司直管、直调大中型水电厂 21 座,其主要情况见表 1。

表 1　华中电网大中型水电厂概况表

厂名	地点	装机容量(万 kW)	设计保证出力(万 kW)	设计年发电量(亿 kW·h)	水库调节性能
葛洲坝	湖北宜昌	271.5	76.8	157	无调节
隔河岩	湖北长阳	120	18.7	30.4	年调节
丹江口	湖北丹江口	90	24.7	38.3	年调节
黄龙滩	湖北十堰	15	5.3	7.6	季调节
白莲河	湖北浠水	4.5	0.96	1.03	多年调节
陆水	湖北蒲圻	3.52	0.48	1.12	不完全年调节
富水	湖北阳新	3.4	1.16	1.42	不完全年调节
南河	湖北谷城	2.25	0.58	0.97	日调节
东江	湖南资兴	50	11	12.3	多年调节
小东江	湖南资兴	5.5	3	1.54	日调节
柘溪	湖南安化	44.75	11.3	21.74	不完全年调节
凤滩	湖南沅陵	40	9.35	20.12	季调节
马迹塘	湖南桃江	5.55	1.74	2.76	无调节
沙田	湖南汝城	5.4	1.18	2.64	周调节
白渔潭	湖南衡阳	1.59	0.47	0.81	日调节
万安	江西万安	40	4.7	14.3	季调节
柘林	江西永修	18	5.6	6.3	多年调节
上犹江	江西上犹	6	1.8	2.9	不完全年调节
洪门	江西南城	3.75	0.84	1.17	季调节
江口	江西新余	3.52	0.60	1.4	不完全年调节
罗湾	江西靖安	1.8	0.50	0.59	多年调节
三门峡	河南三门峡	25	4	12	月调节

1. 调峰作用　华中电网的水电比重较大,在电网的调峰中起着主导作用。1993 年电网平均峰谷差 333.25 万 kW,水电平均调峰 188 万 kW,占电网调峰总容量的 56.4%,其中葛洲坝、丹江口、东江等 3 个直调水电厂平均调峰 103.95 万 kW,占全网峰谷差的 31%。枯水期水电厂进行调峰,汛期则是水电厂大发电量的黄金季节。但由于华中电网电源组成结构条件特殊,水电比重大,水库调节性能差的水电装机容量占 48%,且电网最大峰谷差又出现在主汛期的 7、8 月,致使主汛期(5~9 月)水电调峰任务仍十分繁重。1993 年 5~9 月,全网峰谷差 314.8 万 kW,水电平均调峰 176.6 万 kW,占全网调峰总容量的 56.1%,其中葛洲坝、丹江口、东江 3 个水电厂汛期平均调峰 113.43 万 kW,占全网汛期峰谷差的 36%。在网内水电厂中,调峰作用发挥得最好的是东江水电厂,装机容量 50 万 kW,实际可调出力 37.5 万 kW(1992 和 1993 年每年汛期有一台机组进行改造性大修),1993 年平均调峰 29.45 万 kW。隔河岩水电厂边施工边发电,水库处于初期运行阶段,仍然承担了繁重的调峰任务,在 1993 年第四季度(主要是一台 30 万 kW 机组运行)平均调峰 27 万 kW,充分发挥了容量效益。

水电机组在主汛期承担繁重的调峰任务,就必然有一部分弃水调峰电量损失。以葛洲坝水电厂为例，它是国内最大的径流式水电厂，原设计不考虑承担调峰任务，但由于电网运行的实际需要，它在1992年和1993年实际最大调峰达72.5万kW和83.6万kW，年度弃水调峰损失电量为2.8亿kW·h和3.2亿kW·h。

2. 调频作用　1992年和1993年，华中电网频率合格率分别为98.71%和99.31%，实际发生的不合格时间分别为6823 min和3632 min，符合国家规定的要求。

水电在电网调频中起着关键的作用。为保持华中电网系统频率正常，特确定水库容积大、调节性能好的丹江口和东江水电厂为第一、第二调频厂，电网运行调度中，每天都留有一定的调频容量。这两个厂机组开启后可以实现自动调节，根据电网运行频率变化的需要，最快时几秒钟（8～10 s）能够调节一次，这样快速灵活的调频是同等容量火电机组所不能替代的。

3. 事故备用和安全效益　水电大机组（如12.5万～30万kW机组）在旋转备用中，需要加负荷时一般在30 s可以实现，而火电大机组（如10万～30万kW）增加负荷速度就相当低，每一分钟加负荷1～2万kW，很难承担增减变幅大的负荷备用任务。即使事故备用的机组处于待开机的冷备用状态，水电大机组（12.5万～30万kW）也能在1～2 min里很快启动带上负荷顶上事故机组，而火电大机组（10万～30万kW）从冷备用启动带负荷顶上事故机组则需要7～8 h。相比之下，水电大机组在承担负荷备用和事故备用方面所能发挥的作用，同样是火电大机组难以替代的。

还有，从安全运行角度分析，水电机组明显好于火电机组，用设备可靠性主要指标对照分析，可以说明水电的安全效益好。华中电网水电机组（4.5万kW以上）和火电机组（10万kW以上）1992年度和1993年度可靠性指标见表2。

表2　　华中电网1992年和1993年度发电设备可靠性指标表

年份	类别	机组台数（台）	等效可用系数（%）	计划停运		非计划停运		强迫停运发生率（次/年）
				（次/台·年）	系数(%)	（次/台·年）	系数(%)	
1992	全网	94	87.26	2.11	9.47	2.83	2.23	3.80
	水电	54	90.97	1.82	7.52	0.92	0.24	0.77
	火电	40	84.05	2.49	11.15	5.41	3.94	6.12
1993	全网	104	86.73	1.96	10.44	2.55	1.84	3.28
	水电	56	90.48	1.84	8.23	1.04	0.23	0.94
	火电	48	84.05	2.10	12.02	4.31	2.98	4.95

从表2所列数字可以看出，1992年、1993年水电设备等效可用系数为90.97%、90.48%，比同期火电设备等效可用系数84.05%、84.05%分别高6.92%和6.43%。相应的设备等效可用小时水电比火电分别多606 h和563 h，当机组运行和备用各占50%时，可多发电17.4亿kW·h和16.7亿kW·h。按华中电网当年网内厂供电量不变价格79元/千kW·h计算，增加产值分别为13718.5万元和13166.6万元。

（二）水电在电网中的经济效益

华中电网内水电所占比重虽然较大，但因管理体制复杂，由电网统一核算的水电发电量仅有30%左右，即1992年和1993年电网统一核算的水电发电量分别为74.3859亿kW·h和95.3629亿kW·h。另外70%左右的水电发电量分别作为网内或网外购电量参与电网供购电量核算。下面就华中电网统一核算的水电在电网中的经济效益进行比较分析。

1992年和1993年华中电网主要经济指标见表3。

表3所列数字表明，华中电网1992、1993年售电利润为83833万元和100312万元，其中水电利润为52833万元和88649万元，分别占63%和88.3%。与全网利润总额比，水电利润则分别占72.8%和119.3%。很明显1993年水电利润88649万元，大于电网利润总额74250万元。

1992年和1993年全网投入产出比（成本利税率）分别为0.267和0.224，水电投入产出比分别为1.599和1.781，水电效益显著，其投入产出比分别为全网的6倍和8倍。

按照同样的方法计算，1992年和1993年华中电网火电所获得的利润分别为46976万元和－18780万元，火电投入产出比（成本利税率）分别为0.185和0.031，水电效益分别为火电的8.6倍和57.5倍。

表 3　1992 年和 1993 年华中电网统一核算主要经济指标表

	经济指标	1992年	1993年
1	发电量(亿 kW·h) 其中:水电 火电	590.6214 74.3859 516.2355	556.1515 95.3629 460.7888
2	发电厂厂用电率(%) 其中:水电 火电	7.53 0.35 8.56	7.67 0.32 9.19
3	供电线损率(%)	7.77	7.27
4	发电单位成本(元/千 kW·h) 其中:水电 火电	72.72 25.55 79.52	100.67 32.67 116.0
5	供电单位成本(元/千 kW·h)	17.97	26.75
6	售电单价(元/千 kW·h)	143.74	188.09
7	售电单位税金(元/千 kW·h)	20.69	25.43
8	水电售电单位税金(元/千 kW·h)	10.0	10.0
9	售电单位成本(元/千 kW·h)	110.6	150.65
10	售电单位利润(元/千 kW·h)	10.08	11.17
11	电网利润总额(万元)	73500	74250
12	*水电利润(万元)	52833	88649
13	*售电利润(万元)	83833	100312
14	*水电投入产出比	1.599	1.781
15	*全网投入产出比	0.267	0.224
16	*水电利润与电网售电利润比	0.63	0.883
17	*水电利润与全网利润比	0.72	1.19

注　加*号者为计算分析指标。

（三）水电综合利用效益

华中电网网省直管直调21座大中型水电厂中，大部分以发电为主，兼顾防洪和其它综合利用，少数水电厂（如丹江口、三门峡等）以防洪为主，其次为发电和其它综合利用。

1. 防洪　在水电厂的运行生产过程中，始终把安全生产和安全渡汛放在首位，在确保工程安全的前提下，尽量避免或减轻水库上、下游的洪水灾害损失。1992年和1993年华中电网主要水电厂防汛情况见表4。

对表 4 所列情况补充说明以下几点：

(1) 华中电网主要水电厂在 1992 年和 1993 年里实现了安全渡汛，这两年中没有发生大于20年一遇以上的大洪水，因此，丹江口、东江两个年和多年调节水库未发生泄流，所来洪水全部拦蓄。1992 年有 6 个厂(占 60%）泄洪未超过安全泄量，1993 年有 8 个厂（占80%）泄流未超过安全泄量。

(2) 在 1992 年和 1993 年 12 个水电厂发生的 23 次最大洪水中，各水电厂水库都起到了调洪削峰作用，削减洪峰率达 80%以上的 4 次；削减洪峰率达 50%～80%的 2 次；削减洪峰率 20%～50%的 6 次；削减洪峰率 20%以下的 8 次；另有 3 次没有削减下泄流量的洪水发生在不承担防洪任务的水电厂，而且都是中小洪水。

(3)万安水电厂 1992 年发生接近 10 年一遇洪水，柘林和凤滩水电厂在 1993 年分别发生 15 年一遇和 20 年一遇洪水，由于各级防汛部门采取积极措施，3 座水库都不同程度地发挥了调洪削峰作用，削减洪峰率分别为 8.7%、60.8%和 5.1%。

(4) 利用部分防洪库容和洪峰峰现时间差为下游错峰。1993年7月4日，柘林水库水位超蓄1.65m

表 4　　1992 年和 1993 年华中电网主要水电厂防洪情况表

厂名	防洪标准		正常蓄水位(m)	汛期限制水位(m)	安全泄量(m^3/s)	最大入库流量(m^3/s)		最大出库流量(m^3/s)		防洪效益[削减洪峰率(%)]
	设计(m^3/s)	校核(m^3/s)				1992 年	1993 年	1992 年	1993 年	
葛洲坝	86000 $P=0.63\%$	110000 $P=0.024\%$	66.00	66±0.5	60000(封航)	50300	53000	50700	53400	未因洪水停航
丹江口	81500 $P=0.1\%$	102000 $P=0.01\%$	157	149.5(8 月 20 日) 152.5(9 月 30 日)		11400	11800	1740	1940	全拦蓄未泄流
隔河岩	22800 $P=0.1\%$	27800 $P=0.01\%$	200	193.6			5200		400	23.1
黄龙滩	13300	16600 $P\approx0.2\%$	247	247	6000	3220	3410	2730	2770	15.2 和 18.8
东江	13900 $P=0.1\%$	18600 $P=0.01\%$	285	284	1500	3280	1160	214	439	全拦蓄未泄流
柘溪	23400	29800	169	167.5(6 月 20 日前)	9700	7000	7850	4220	6100	39.7 和 22.3
凤滩	29400 $P=0.1\%$	34800 $P=0.02\%$	205	198.5(7 月 31 日前)	9000	7300	15800	5400	15000	26.0 和 5.1
万安	27800 $P=0.1\%$	33900 $P=0.01\%$	100(初期 96)	88(6 月 20 日)		12700	6730	11600	6640	8.7 和 1.3
柘林	18250 $P=0.1\%$	25600 PMP	65	64(6 月 20 日前)	6500	4000	9110	1570	3870	60.8 和 57.5
上犹江	5600 $P=1\%$	7600 $P=0.1\%$	198.40	196(6 月 20 日前)	800	1580	830	1490	510	5.7 和 38.6
洪门	6890 $P=0.2\%$	13000 PMP	100	99(6 月 20 日前)	500	2370	1290	1810	1280	23.6 和 0.8
三门峡	40000 $P=0.1\%$	52500 $P=0.01\%$	335	300	10000	3800	4350	4650	4020	−22.4 和 7.6

(库容 5.1 亿 m^3)，在关键时刻为下游错峰，减小下游洪峰流量 690 m^3/s，降低下游控制站水位 0.14 m。凤滩水电厂同下游在建的五强溪水电站实行联合调度，每年都通过水库调洪削峰，减轻下游洪水灾害，通过错峰避免与下游洪峰遭遇，1992 年 5 月 17 日 8 时，水库水位 205.10 m，超蓄 0.10 m，为五强溪水电工程错峰 2200 m^3/s，争取抢险和转移时间，减轻了洪水过围堰的损失。

2. 灌溉　华中电网水电厂中，绝大部分水库都没有直接承担灌溉任务。但在干旱季节农田灌溉需要从河道提灌时，要求水库通过持续发电放水而不断流，如东江、洪门、江口、罗湾等水库。已经形成灌溉渠系，需要由水库直接取水灌溉的主要有丹江口、柘林等水库。1992 年和 1993 年丹江口水库为湖北、河南两灌区引提水 6.65 亿 m^3 和 7.56 亿 m^3，灌溉面积分别为 147.2 万亩和 120 万亩，按每立方米 0.06 元计算，灌溉效益为 8526 万元；柘林水库下游灌区在 1992 年和 1993 年里直接从水库引水 2.07 亿 m^3 和 2.20 亿 m^3，灌溉受益面积都为 30 万亩，两年共引水 4.27 亿 m^3，按每立方米 0.06 元计算，灌溉效益为 2562 万元。

3. 航运　在常年通航河流中，航运部门为保持航道水深，要求水库有稳定的下泄流量，如葛洲坝下泄流量不少于 3200 m^3/s，丹江口水库下泄流量不少于 200 m^3/s，万安水库下泄流量不少于 200 m^3/s，东江水库在干旱季节下泄流量不少于 80 m^3/s，柘溪水库下游不允许断流，柘林水库下泄流量不少于 80 m^3/s 等。

华中电网主要水电厂中，建成通航船闸、升船机和过木设施的有葛洲坝、丹江口、黄龙滩、柘溪、凤滩、马迹塘、白渔潭、万安、柘林、上犹江、洪门、江口等 12 个厂，其中有一部分通航设施不太起作用，如丹江口、黄龙滩、上犹江、洪门、江口等大部分货运量由陆路汽车、火车运输替代。通航效益明显的有葛洲坝、万安、柘林、柘溪、马迹塘、白渔潭等，通航效益详见表 5。

表 5　华中电网部分水电厂 1992 年和 1993 年通航效益统计表

厂名	1992 年			1993 年		
	闸次（次）	货运量（t）	客运量（人）	闸次（次）	货运量（t）	客运量（人）
葛洲坝	11057	9284553	4163455	12131	9494878	4148568
万安		931031	49320		565600	42750
柘林	950	9600		536	8400	
柘溪		95500			211267	
马迹塘		95500			211267	
白渔潭	12960（过船数）	259200		23967（过船数）	479340	
合计		10675384	4212775		10970752	4191318

4. 城镇供水　为保证城镇、工矿供水需要，要求水库常年下泄不断流，如东江水库、隔河岩水库供水流量分别为 30 m^3/s，而且要求保证率 100%。湖北省十堰市直接从黄龙滩水库取水，有两条取水管道取水流量各 2 m^3/s，近两年日供水量为 20 万 m^3。湖南省郴州市直接从小东江水库取水，日供水量 10 万 m^3，最大为 20 万 m^3。黄龙滩水库为有偿供水，1992、1993 年每年供水 8000 万 m^3，按每立方米 0.04 元计，两年收入 640 万元。小东江水库为免费供水，每年损失电量 91.25 万 kW·h。

5. 旅游　华中电网部分水电厂水库区域内有自然形成的著名旅游景点，如长江葛洲坝坝址以上的三峡、小三峡、神农溪等一系列旅游胜地；清江隔河岩水库区的武落钟离山及水库蓄水后形成的众多岛屿；东江水库区内兜率岩溶洞，酉水凤滩水库区域内的猛洞河等，每年都有数十万人旅游。另外，还有一部分水电厂靠近中小城市，大坝、水库、厂房就是旅客参观游览的好地方，如葛洲坝水电厂 1992 年和 1993 年分别接待中外旅游宾客 21.6 万人和 8.73 万人，其中港澳台旅客分别为 7900 人和 5000 人，外宾分别为 2700 人和 2300 人；在“三峡热”和“向中堡岛告别”的旅游高潮中，葛洲坝船闸管理局在 1992 年和 1993 年接待旅游客人分别为 63 万人和 31 万人，旅游收入分别为 63 万元（每人实收 1 元）和 62 万元（每人实收 2 元）；江口水电厂水库已成为新余市人民旅游的理想景点和假日休息的场所。

6. 养殖　华中电网主要的大型水库（12 座）在正常蓄水位时形成的水面面积达 1868 km^2（即 280 万亩），为发展渔业生产提供了有利条件，大部分水库发展网箱养鱼。据丹江口水库统计，近年来年产鲜鱼 650 万 kg，按 6 元/kg 计算，年养鱼产值达 3900 万元。

（华中电业管理局　蒲　润）

西　北　电　网

（一）水电概况和地位

截至 1993 年底，西北电网总装机容量为 1083.85 万 kW，其中水电装机容量 464.1 万 kW，占总装机容量的 42.8%。1991～1993 年西北电网水电发电量及占全网总发电量的百分比见表 1。电网中各水电厂的主要性能指标见表 2。

表 1　西北电网 1991～1993 年水电发电量及占全网总发电量的百分比情况表

年份	全网总发电量（亿 kW·h）	水电发电量（亿 kW·h）	水电发电量占总发电量百分比（%）
1991	444.60	152.09	34.21
1992	480.78	146.82	30.54
1993	545.91	188.02	34.21

表 2　电网中各水电厂的主要性能指标表

厂名	地点	装机容量（万 kW）	设计保证出力（万 kW）	设计年发电量（亿 kW·h）	水库调节性能	投产年份
龙羊峡	青海共和县	128	25.5	60	多年调节	1987.9.27
刘家峡	甘肃永靖县	122.5	37	47.3	不完全年调节	1969.3.29
盐锅峡	甘肃永靖县	39.7	13.9	16.8	日调节	1961.11.18
八盘峡	甘肃兰州市	18	7.6	9.2	日调节	1975.7.1

续表

厂　名	地　点	装机容量（万 kW）	设计保证出力（万 kW）	设计年发电量（亿 kW·h）	水库调节性能	投产年份
青铜峡	宁夏青铜峡	27.2	8.7	13.5	日调节	1968.2.13
石　泉	陕西石泉县	13.5	3.2	6.34	不完全季调节	1974.4
安　康	陕西安康市	85.2	17.5	28	不完全年调节	1990.12
碧　口	甘肃文县	30	7.87	14.6	季调节	1976.3

自1980年至1993年，西北电网总发电量4464.9亿kW·h，其中水电为1693.31亿kW·h，占37.92%。

西北电网水电的地理位置有如下特点：黄河上中游梯级电站群主要集中在电网的西部甘（肃）、青海境内，装机容量308.1万kW，占全网水电总装机容量的66.3%；汉江、白龙江水电集中在陕西南部（包括碧口），装机容量128.7万kW，占全网水电总装机容量的33.7%。由于西北电网水电比重大，调节性能好，承担系统的调峰、调频任务，对保证系统安全、经济运行起着重大的作用。

（二）水电的调峰作用

1993年西北电网最大负荷出现在11月19日，当天最大负荷为842万kW，最小负荷608万kW，峰谷差234万kW，负荷率84%。其中水电调峰出力222万kW，占峰谷差的94.9%。当天的负荷率为64%。

1993年西北电网骨干调峰水电厂调峰日数：龙羊峡电厂365天；刘家峡电厂333天；石泉电厂282天（其中汛期满发78天，枯水期全停5天）；安康电厂12天（其中汛期满发6天，枯水期全停6天）；碧口电厂66天。水电厂开停机情况见表3。

表3　　水电厂开停机情况表

厂　名	开停机次数		
	1991年	1992年	1993年
龙羊峡	181	366	426
刘家峡	1301	1321	731
石　泉	957	788	751
安　康	288	490	1024
碧　口	1801	1297	1619

（三）水电调频作用

(1) 1992～1994年，电网第一调频厂主要是龙羊峡电厂，刘家峡电厂有时也担任第一调频厂，但时间比较少。

(2)西北电网由于水电调节性能好，第一调频厂兼具其他调频厂的功能。

（四）水电跟踪负荷爬坡和降荷作用

(1) 1994年5月10日，电网最大负荷为785万kW，该日负荷段的最大升速达61万kW/h，最大降速达77万kW/h，最大爬坡速度5万kW/min，最大降荷速度10万kW/min。

(2) 水电机组增减出力速度。龙羊峡32万kW机组为5～6万kW/min；刘家峡22.5万kW机组为4～5万kW/min；安康20万kW机组为4～5万kW/min。

在空转的情况下，5～6 min内水电机组均能带至满出力。火电机组增减出力的速度受运行工况影响较大，一般20万～30万kW机组为1万kW/min；12.5万kW机组为0.5万kW/min。显然火电机组的调节性能远不及水电机组优越。

（五）水电承担负荷备用作用（包括热备用、冷备用）

(1) 1993年西北电网预计负荷与实际负荷的最大差值25万kW，平均差值8万kW，电网的负荷备用均由水电承担。

(2) 水电冷备用时间：龙羊峡40 min，刘家峡1 h。热备用时间：龙羊峡8～10 min，刘家峡8～10 min。冷备用状态启动主要受提闸门时间制约。

（六）水、火电机组事故比较（见表4、表5）

表4　　每台机组年发生事故次数表

单位：次/台

年　份	水电机组	火电机组
1991	0.79	5.19
1992	0.78	4.86
1993	0.64	4.38

表5　　按容量计算事故次数表

单位：次/10万kW

年　份	水电机组	火电机组
1991	0.075	0.86
1992	0.073	0.73
1993	0.059	0.60

（西北电业管理局　吴光正）

福　建　电　网

（一）水电在电网中的地位和作用

1. 水电概况和在电网中的地位与特点　福建省电网为孤立系统的独立电网，1973年后由闽西和闽南两地区联成闽西南电网和闽北主力电网两部分，1980年2月全省以110kV线架通，以上两部分形成福建省统一电网，以后逐步发展为全回路220kV双环网。

1949～1993年末全网发电量累计（其中1980年以前为全省发电量）为1570.76亿kW·h，其中水电发电量829.61亿kW·h，占52.8%。若以1980年形成全省统一电网统计，即自1980年至1993年末全网发电量累计为1232.24亿kW·h，其中水电发电610.29亿kW·h，占49.5%。

基于福建省水力资源比较丰富，而煤炭资源缺乏的特点，40多年来，福建电力建设始终遵循以水电为主，水、火电并举的方针，到1993年末福建电网总装机容量达374.37万kW，其中水电总装机205.76万kW，占电网总容量的54.96%。

1992年电网总发电量159.87亿kW·h，其中水电发电量78.75亿kW·h，占电网总发电量49.3%；1993年电网总发电量184.63亿kW·h，由于当年水情特枯，水电发电量仅78.54亿kW·h，但仍占电网总发电量42.7%。

1993年底电网内2.5万kW以上大中型水电厂概况见表1。

表1　福建省电网大中型水电厂概况表

水电厂名称	地　点	装机容量（万kW）	设计保证出力（万kW）	设计年发电量（亿kW·h）	水库调节性能	电厂投产年月
古田溪一级	古田	6.6	2.85	3.47	年调节	1956.3
古田溪二级	闽清	13	4.12	4.78	日调节	1969.3
古田溪三级	闽清	3.3	1.18	1.30	日调节	1965.4
古田溪四级	闽清	3.4	1.22	1.34	日调节	1971.5
安　砂	永安	11.5	4.18	6.14	季调节	1975.10
池　潭	太宁	10	3.57	5	不完全季调节	1980.5
沙溪口	南平	30	5.0	9.6	日调节	1987.12
水　口	闽清	140	26.0	49.5	不完全季调节	1993.7
华　安	华安	6	2.1	3.97	日调节	1979.10
船场溪二级	南清	2.5	0.13	0.83	日调节	1969.10
*山　美	晋江	3	0.8	1.1	年调节	1972.10
*范　厝	将乐	3.6	0.99	1.58	日调节	1988.8
*龙门滩二级	德化	2	0.55	1	日调节	1992

注　加*号水电厂不属省电力局管辖（非局属企业）。

根据福建省中长期电网发展规划，2000年前电网总装机容量将达1000万～1200万kW，其中水电装机约540万kW，约占50%左右。

从以上福建水电现状和发展的概况可看出，福建省水电的开发利用在福建省电力供应中占据突出地位，水电建设和生产在福建省国民经济发展中起着举足轻重的作用。

2. 水电调峰调频作用　福建省1993年最大负荷为277.8万kW，发生在8月11日，占电网总装机容量374.37万kW的74.2%，最小负荷为132万kW，电网最大峰谷差为102.3万kW，其中水电调峰容量为51.76万kW，水电调峰出力占峰谷差之比重为50.6%。

福建电网1993年日负荷率α为83.6%～96.9%，日最小负荷率β为71.4%。

1992～1994年电网第一调频厂为古田溪水电厂，其次为安砂、池潭、沙溪口等水电厂。

1993年电网周波合格率为99.99%；电压合格率为99.3%。

3. 水、火电安全效益比较（见表2）。

表2　水火电安全效益比较

项　目	1992年		1993年	
	水电	火电	水电	火电
电厂平均事故统计率（次/台年）	0.055	0.321	0.166	0.232
平均临检率（次/台年）	0	1.5	0.3	1.58
机组平均可用系数（%）	93.47	87.91	94.82	89.37

（二）水电在电网中的经济效益

根据1992、1993两年统计数字对局属水电厂水电利润进行分析，见表3、表4。

表 3 1992 年水电利润分析表

序号	项目名称	计算方法	单位	数量
1	水电售电量		万 kW·h	354912.45
2	成本总和		万元	10699.3
3	售电单位发电成本	$\frac{2项}{1项}\times1000$	元/千 kW·h	30.14
4	电网当年售电单位供电成本		元/千 kW·h	12.7
5	水电售电单位成本	3 项+4 项	元/千 kW·h	42.84
6	电网当年平均售电价		元/千 kW·h	120.83*
7	售电单位税金		元/千 kW·h	18.09
8	水电售电单位利润	6 项－5 项－7 项	元/千 kW·h	59.89
9	水电利润	8 项×1 项	万元	21255.7
10	电网当年利润		万元	17696.9
11	水电利润占电网利润之比例	9 项÷10 项	%	120.1**
12	水电上缴税金		万元	4047
13	水电利税	9 项+12 项	万元	25302.7
14	电网当年利税		万元	37404.5
15	水电利税占电网利税之比例	13 项÷14 项	%	67.6

表 4 1993 年水电利润分析表

序号	项目名称	计算方法	单位	数量
1	水电售电量		万 kW·h	305712.7
2	成本总和		万元	13479
3	售电单位发电成本	$\frac{2项}{1项}\times1000$	元/千 kW·h	44.09
4	电网当年售电单位供电成本		元/千 kW·h	19.44
5	水电售电单位成本	3 项+4 项	元/千 kW·h	63.53
6	电网当年平均售电价		元/千 kW·h	154.15*
7	售电单位税金		元/千 kW·h	19.63
8	水电售电单位利润	6 项－5 项－7 项	元/千 kW·h	77.99
9	水电利润	8 项×1 项	万元	21702.5
10	电网当年利润		万元	10639
11	水电利润占电网利润之比例	9 项÷10 项	%	203.9
12	水电上缴税金		万元	3779
13	水电利税	9 项+12 项	万元	25481.5
14	电网当年利税		万元	35848
15	水电利税占电网利税之比例	13 项÷14 项	%	71.0

* 电网当年平均售电价由于华能售电价较高，所以无法反映水火电平均售电价的实质，现改采用新老电价平均数作为电网平均售电价估算。

** 该数字经分析认为由于煤价和运输费用增长，造成火电售电成本增大，而电价调整又跟不上，因而水电利润弥补了火电的亏损。

（三）水电综合利用效益

1．防洪 1992 年 3 月闽江流域出现特大洪水，洪峰流量 14700 m^3/s，超过百年一遇洪水洪峰流量 13800 m^3/s，造成水口电站施工中船闸围堰过水。同年 7 月 6 日又出现 50 年一遇洪水，洪峰流量 30300 m^3/s。当时古田溪水库入库流量 2360 m^3/s（$P=10\%$），虽然水库库水位较高，为减轻下游水口工地的压力和下游生产生活设施及道路等灾害，调洪下泄流量 1700 m^3/s，同时上游池潭水库入库流量 5800 m^3/s，也适当削峰，下泄流量 4900 m^3/s，这些对减轻下游洪水灾害都起到了一定作用。

2. 旅游　福建省已建成的最大水库——池潭水库，被命名为金湖，是国家级著名风景区之一，共有景观180多处，森林覆盖率达90%，还有多种珍稀动植物，福建省开放以来，旅游人员逐年增加，金湖1993年中外旅游人数达198万人次，创收184万元。由于交通逐年改善，对当地经济开发起了很大促进作用，已有许多海内外人士前来合作投资。

（福建省水力发电工程学会　唐汉铮）

广　西　电　网

（一）水电在电网中的地位和作用

1. 水电概况和在电网中的地位和特点　1993年底广西电网总装机容量达241.97万kW，其中水电装机容量为150.67万kW，占总容量的62%，是一个以水电为主的省级电网。电网运行最高负荷达208万kW，年发电量115.15亿kW·h。1992年、1993年广西电网基本情况见表1。

表1　1992、1993年广西电网基本情况表

项目		1992年	1993年
主电网统调容量(万kW)		211.72	241.97
其中	水电(万kW)	120.42	150.67
	火电(万kW)	91.30	91.30
全网发电量(亿kW·h)		101.43	115.15
水电发电量(亿kW·h)		42.73	63.24
全网最高负荷(万kW)		165.7	208
水电容量比重(%)		57	62
水电发电量比重(%)		42	55

由于岩滩水电站2号机投产，全网装机容量1993年较1992年增加30.25万kW。水电发电量1993年比上年增加20.51亿kW·h，增长48%，其发电量的增长速度超过了电网装机容量的增长速度。这主要是电网调度部门精心调度，充分利用新投运的500kV天生桥至广州输变电工程的送电能力，合理安排电网运行方式，多发成本低廉的水电而获得的巨大经济效益。

广西电网水电运行的特点是，水电比重超过50%，网内7个主要电站除岩滩外，大多为库容小、调节性能差的低水头径流式电站。丰水期极容易受洪水影响，致使全网水电出力锐减，当洪水退落后水电出力又逐渐增加到装机容量的80%～90%，形成全网水电出力不够平稳的态势。枯水期因来水量减少，全网水电发电出力锐减到装机容量的30%～40%。丰、枯水期水电出力两者相差达2～3倍。丰水期的水电发电量占全年发电量的60%～70%，季节性电能比较明显。

2. 水电调峰作用　水电的调峰作用在该电网发挥较好。表2为广西电网水电调峰情况统计表(取典型负荷日资料)，从表中统计数字可知，水电全年综合调峰比例高达50%～78%，水电调峰是广西电网的主要调峰手段。水电参加电网调峰在全年各月所占的比例不同，枯水期1～3月为70%～80%，丰水期4～9月为20%～60%，汛末至年底75%～100%。这主要是根据各月来水量及水库调节特性，一方面考虑多发成本低廉的水电，另一方面要充分利用有限的调节库容和水电空闲容量来决定水电调峰容量。

表2　广西电网水电调峰情况统计表（典型负荷日）

项目 \ 月份		1	2	3	4	5	6	7	8	9	10	11	12	全年综合比例(%)
1992年	水电调峰百分比(%)	91	87	86	60	63	48	55	100	91	90	100	100	78.6
	电网峰谷差(万kW)	52.0	52.8	41.5	58.7	54.5	39.6	48.3	42.9	26.1	33.5	33.1	26.1	
1993年	水电调峰百分比(%)	75	77	100	53	49	11	45	32	25	75	79	79	51.4
	电网峰谷差(万kW)	68.3	42.4	40.8	43.8	57.5	57.3	38.7	60.3	65.0	83.2	80.5	64	

3. 水电调频作用　水电调频作用在广西电网显得特别突出，在统一调度的电网内都是水电厂担任电网调频任务。根据广西自治区电力局1988年12月颁发的《广西电力系统调度规程》规定，西津水电厂为第一调频厂，负责调整频率在50±0.2Hz范围以内；大化水电厂为第二调频厂，当频率超过50±0.2Hz时应主动协助调整，使频率恢复至50±0.2Hz以内。这就从规章制度上明确了水电在广西电网的调频运行方式，以充分发挥其水电机组开停灵活，负荷升降快的特长。

4. 水电跟踪负荷爬坡和降荷作用　用电负荷在一日内有高峰、低谷变化，利用水电机组跟踪负荷爬坡和降荷是比较迅速和经济的。表3是广西电网1992～1993年典型负荷日水电跟踪负荷爬坡和降荷情况统计表。

表 3 广西电网水电跟踪负荷爬坡和降荷作用统计表（典型负荷日）

项目			1	2	3	4	5	6	7	8	9	10	11	12	综合比例（%）
1992年	爬坡	水电占百分比(%)	100	100	88	67	54	27	98	100	100	55	100	100	82.9
		数值	22	13.5	20.2	18.6	14.5	11.5	15	15.9	8.8	13.6	11.3	11.6	
	降荷	水电占百分比(%)	100	60	85	44	37	98	36	78	100	92	100	100	72.3
		数值	17.9	22.4	16.8	16.7	20.9	10.1	21.2	18.5	10.1	16.9	13.5	8	
1993年	爬坡	水电占百分比(%)	54	100	100	30	100	2	76	17	3	80	54	47	52.7
		数值	18.3	18.4	17.3	11.4	13.9	15.6	13.9	29.9	21.3	23.1	19.4	31.2	
	降荷	水电占百分比(%)	71	100	93	15	90	3	11	24	10	35	100	3	45.2
		数值	18.9	15.1	14.1	17	24	19.2	18.1	18.9	22.4	24.7	20.5	19.3	

注 爬坡、降荷计量单位为：万 kW/h。

由表 3 可知，广西电网水电跟踪负荷爬坡的作用为 53%～82%，而降荷的作用为 45%～72%。与水电参加电网调峰一样，水电跟踪负荷爬坡和降荷作用也要考虑水电的调节能力及提供低廉水电电量的问题。

5. 水电承担事故备用作用　电力系统发生机组跳闸等电功率缺额事故，表现为电网频率下降。有功功率缺额越多则频率降低越多，如不及时补充有功缺额或者减少用电负荷则会发生电网频率崩溃事故。水电机组由于启动快（一般从开机到带上负荷只需 3～5 min）、升降负荷快，作为电网事故备用是最好的备用电源。如 1992 年 10 月 23 日 17 时 5 分，岩滩水电厂 1 号机组因出线开关高频保护动作跳闸与系统解列，甩掉负荷 20 万 kW，系统频率从 49.80 Hz 下降到 48.80 Hz。中心调度所调度员即令西津水电厂将运行机组迅速带满负荷并开出备用的 4 号机组并网运行，全厂出力从 7.4 万 kW 上调至 15 万 kW；又令拉浪水电厂备用的 1、3 号机组开出并带满 3.4 万 kW，20 min 后电网频率即回升至 49.50 Hz。

（二）水电综合利用效益

广西电力工业局所属水电厂有岩滩（121 万 kW）、大化（40 万 kW）、西津（23.44 万 kW）、麻石（10 万 kW）、恶滩（6 万 kW）、拉浪（5.1 万 kW）、洛东（4 万 kW）、六甲（0.832 万 kW）、拔贡（0.8 万 kW）等 9 座，除岩滩水电站是不完全年调节外，其余均属于低水头径流式水电站。洛东、拔贡两水电站只有发电效益。拉浪、六甲两水电站以发电为主，兼有自流灌溉效益，设计灌溉面积 2.5 万亩，实际只灌 6000 亩。岩滩、大化、西津、麻石、恶滩等水电站以发电为主，兼有航运、渔业等综合效益。岩滩、大化两水电站设计年货运量均为 180 万 t，由于电站所在河流红水河尚未全线通航，设计通航能力为 250 t 铁驳船队的通航建筑物尚未完建，现在只是水库河段可以通航。西津、麻石两座水电站，船闸已建成。西津水电站船闸设计年货运量为 600 万 t，投产近 30 年来最高年货运量仅达 239 万 t；麻石水电站船闸设计年货运量为 9.7 万 t，投产 20 多年来最高年货运量达 4.2 万 t。岩滩、大化、西津、麻石、恶滩等水库鱼的捕捞量每年达 215 万多 kg，产值达 890 万元。

广西电网水电站库区两岸山峦起伏，林木葱葱，山青水秀，风景宜人，有着丰富的旅游资源。现已初步开发的六甲水库风景区，两岸既有长江三峡悬崖陡壁的气势，又有桂林山水的秀丽，有“小三峡”和“小桂林”之美称，每年到此旅游观光的国内外游客达数万人次，收到良好的经济效益，是该六甲电厂第三产业的主要支柱。随着旅游设施不断完善和新景点的逐步开发，旅游业会有更大的发展。

（广西电力局　傅学盛　牟才荣）

四　川　电　网

（一）水电在电网中的地位和作用

1. 水电概况　四川省 1993 年底，电力总装机容量为 1052.7 万 kW，其中：水电 455.9 万 kW，占总装机容量的 43.3%；四川省电力工业局局属企业（以下简称局属企业）总装机容量 584.7 万 kW，内有水电 195.4 万 kW，占局属装机容量的 33.4%，占参加电网统一调度电站总装机容量的 29.4%。

1992 年和 1993 年，局属企业总发电量分别为 247.1 亿 kW·h 和 271.5 亿 kW·h，其中：水电发电量分别为 68.8 亿 kW·h 和 81 亿 kW·h，占总发电量的 27.8%和 29.8%。

从1950年起至1993年的44年间，局属企业累计总发电量为3820亿kW·h，其中：水电累计总发电量1275亿kW·h，占33.4%。

目前局属水电厂站计有6厂12站，各水电厂站概况见表1。

2.水电的地位和作用 局属主要水电站地理位置比较适中，大渡河流域的龚咀、铜街子电站，距成都、重庆、自贡、乐山等大中城市约40～285 km，岷江水系上的映秀湾、渔子溪、耿达电站，距成都市不过100 km左右。1971年底龚咀电站第一台机组投产发电以前，四川省分割成重庆、成都、川南3个110 kV的电网和乐山、西昌、攀枝花等更小的电网。后由于龚咀等大中型水电站的陆续建成投产，促进了四川从众多孤立的小电网逐步发展成220 kV电压等级的统一大电网。

表1 局属各水电厂概况表

厂站名称		地址	装机容量（万kW）	保证出力（万kW）	设计年发电量（亿kW·h）	水库调节性能
龚咀总厂	龚咀站	乐山市	70	17.9	34.17	日、周调节
	铜街子站	乐山市	60（已投45）	13	32.1	日、周调节
映秀湾总厂	映秀湾站	汶川县	13.5	5.5	7.13	无
	渔子溪站	汶川县	16	4.1	9.61	日调节
	耿达站	汶川县	16	3.8	8.9	日调节
狮子滩总厂	狮子滩站	长寿县	5.1	1.47	2.06	多年调节
	回龙寨站	长寿县	1.6	0.48	0.67	日调节
	下硐站	长寿县	3	1.31	1.69	日调节
	大洪河站	长寿县	3.5	1	1.3	年调节
南桠河电厂		石棉县	12	3	6.5	无
磨房沟电厂		冕宁县	3.75	1.05	2.34	无
龙池水电分厂		峨嵋山市	0.898		0.528	季调节

注 多种经营系统的水电站装机容量4.645万kW和教学电站装机容量0.375万kW未列入表中。

四川省没联网时，狮子滩水力发电总厂在重庆电网中，既是主力电源，又担负着调峰、调频和事故备用的任务。统一电网形成后，龚咀电站不仅是电网的主要电源点，还利用其仅有的日、周调节水库，担负了全网的调峰任务，同时又是第一调频厂。狮子滩总厂仍继续发挥一定的调峰作用，并在电网中担负了有限的补偿调节任务。

1993年电网最高负荷和最大峰谷差分别为487.4万kW和223.5万kW，均出现在12月，最高负荷日为12月22日，该日最低负荷281.9万kW，峰谷差205.5万kW，日负荷率0.804，日最小负荷率0.578，其中水电调峰83.7万kW，占电网峰谷差的40.7%，占局属企业自发电峰谷差的46.7%，日负荷率0.554，日最小负荷率0.252。12月全月电网平均峰谷差170.3万kW，其中局属水电调峰86.1万kW，占50.6%，局属火电调峰60.3万kW，占35.4%；其余为其他并网电站所调。水电50.6%的调峰比大大高于其在统一调度电站中29.4%的装机比例。局属水电站在电网中很好地发挥了发电、调峰、调频和事故备用的作用。

（二）水电在电网中的经济效益

(1)按财务统计口径，试生产期机组和多种经营系统机组上网电量作为省局的外购电。1992年和1993年财务统计口径的局属水电发电量为67.42和66.51亿kW·h，较前述计划统计口径的发电量少。两年中电网有关技术经济和财务指标列于表2。

(2)水电利润和成本利税率。1992年和1993年四川电网自发水电年利润分别为4.4628亿元和4.5978亿元，自发火电年利润为0.0036亿元和－2.5409亿元。近几年由于燃料和运输等价格和费用上涨，成本上升，电价又不能同步提高，发火电已处于政策性亏损状态。这两年中，占电网售电量仅25.3%和22.2%的自发水电，却赢得了占电网售电利润83.3%和101%的较好效益，水电利润同电网的售电利润比已高达售电量比的3.3倍和4.5倍（详见表3）。

1992年和1993年，从发电到将电售出，电网对水电投入39.21元/千kW·h和56.57元/千kW·h，可

表2 1992～1993年电网有关技术经济和财务指标表

项目		1992年	1993年
电量(亿kW·h)	水电发电量	67.42	66.51
	火电发电量	146.56	145.98
	电网售电量	266.35	299.06
消耗(%)	水电厂用电率	0.24	0.23
	火电厂用电率	9.75	9.7
	供电线损率	8.29	8.3
成本(亿元)	发电总成本	12.73	16.39
	其中：水电	1.33	1.59
	火电	11.4	14.8
	供电总成本	4.7	9.1
	售电总成本	23.8	35
电价(元/千kW·h)	平均售电价	133.76	154.84
税金	电力销售税金（亿元）	5.9	6.87
	售电单位税金(元/千kW·h)	22.2	22.99
利润(亿元)	电网售电利润	5.36	4.2

注 水、火电的售电单位成本均只计及售电单位发电成本和售电单位供电成本，而管理单位省局的费用等未摊入，故实际利润会低一些。

形成利税83.25元/千kW·h和86.16元/千kW·h，或者说每投入1元，可形成利税2.12元和1.52元，成本利税率为212%和152%。对火电每投入1元形成的利税则为0.13元和－0.21元，成本利税率为13%和－21%。水电的成本利税率达火电的16倍以上。

表3 水、火电售电成本及利润明析表

项目		1992年	1993年
自发电售电量(亿kW·h)	水电	61.68	60.84
	占电网售电量	25.3%	22.2%
	火电	121.3	120.88
售电单位成本(元/千kW·h)	水电售电单位成本	39.21	56.57
	其中：售电单位发电成本	21.56	26.14
	售电单位供电成本	17.65	30.43
	火电售电单位成本	111.63	152.87
	其中：售电单位发电成本	93.98	122.44
售电单位成本(元/千kW·h)	售电单位供电成本	17.65	30.43
售电单位利润(元/千kW·h)	水电	72.35	75.28
	火电	0.03	－21.02
售电年利润(亿元)	水电	4.4628	4.5978
	占电网售电利润	83.3%	101%
	火电	0.0036	－2.5409

（三）水电综合利用效益

1. 防洪　四川省电力局局属水电厂中，狮子滩水库总库容10.28亿m^3，可进行多年调节，大洪河水库总库容3.68亿m^3，可进行年调节。该两水库可通过控制下泄流量，对下游起到削减洪峰的作用。狮子滩水库1982年7月发生建库后最大洪水，入库流量2740m^3/s，为13年一遇洪水，经水库削峰后，下泄量为1760m^3/s；1992年5月16日洪水入库流量1150m^3/s，全部拦蓄；1993年9月13日洪水入库流量1690m^3/s，经削峰后下泄流量1419m^3/s。大洪河水库1989年发生170年一遇大洪水，入库洪峰流量为2510m^3/s，削峰后下泄流量降为1030m^3/s；1993年9月13日洪峰流量772m^3/s，全部拦蓄。其他水电站的调节性能都低，一般对洪水都不能起调节作用，只有龚咀水库，曾应乐山市要求，进行小量的削峰，以与青衣江错峰；为保证下游铜街子电站的施工和沙石料采集，还对历年小洪水进行了少量的调节。

2. 渔业养殖　狮子滩水库和大洪河水库均建有国营渔场，其中狮子滩水库的重庆市长寿湖渔场，1992年产鲜鱼124.9万kg，1993年产鲜鱼212.8万kg，两年共产鲜鱼337.7万kg（主要为网箱养鱼，共312万kg，占鱼产量的92%），产值达3039万元。

3. 航运效益　局属水电站多在江河上游，电站修建前，由于坡降大、水流湍急，一航不通航。修建电站形成水库后，大水库航运有很大的改善，而径流电站所在河段一般仍不能通航。狮子滩水库和大洪河水库，干流回水长均达40余km，形成了库区两条主要航线，为库区客运和粮食、百货、化肥、建材、煤炭及多种经济作物的运输提供了有利条件，促进了城乡物资交流和工农业发展。龚咀水库近年有机动木船航行于峨边县至龚咀区间，以载人为主，属个体经营，未形成规模。铜街子水库形成后，龚咀—铜街子区间库区通航机动木船，也有少量机动船通航，均以载客为主。

4. 放木　龚咀、映秀湾总厂和南桠河电厂控制流域内，上游森林茂密、材源丰富，设计通过枢纽漂送木材量较大。龚咀水电站设计年最大木材过坝量160万m^3，电站建成后每年约有100多万m^3木材过坝，近年由于控制砍伐，每年木材过坝量减少到20万～40万m^3。映秀湾电站1992～1993年过闸木材量约15万m^3。

5. 供水　目前局属水电站一般无供水任务，仅狮子滩水力发电总厂的狮子滩水库和大洪河水库在1992年和1993年对城乡供水3150万m^3和1890万m^3。

6. 旅游　各水电厂目前尚未开展旅游服务，但均有一定的旅游资源，随着多种经营的发展，旅游业也正在酝酿开发中。其中狮子滩水库，也称长寿湖，是重庆市的旅游开发区，长寿湖渔场已兴办了旅游开发公司，1992年和1993年，每年接纳到长寿湖旅游的人数约5万人左右，年收入约100万元，并解决了40人的就业问题。

（四）水电站建设对地区经济发展的影响

(1)增加了国民生产总值。1992年和1993年，四川省按每千瓦时供电量创国民生产总值3.8元和4.27元计，局属水电发电量各创国民生产总值261亿元和344亿元，促进了四川经济的发展。

(2)对小区经济的影响。局属水电站除狮子滩水力发电总厂外，多处少数民族地区，电站建设前工农业生产较落后，交通不太方便，人民生活水平低下。电站建成后，除地方财政增加了一笔税收外，同时改善了当地交通和供电状况，促进了农副业和工业企业的蓬勃发展，带动了地区建设小水电的积极性，带来了地区性市场的繁荣兴旺，人民生活水平有所提高，民族团结得到加强。其中比较突出的是映秀湾水力发电总厂，这片曾经是阿坝自治州的不毛之地，在电站建成后，制药厂、农机厂、铝厂及冶炼厂等多个工业企业在电站周围纷纷建成投产创收。其所属渔子溪、耿达电站地处大熊猫自然保护区境内，电站的建成，不仅给保护区增添了高峡出平湖的美丽景点，而且状况较好的厂区公路，也成了游人进出保护区的必经之路。

狮子滩水库形成后，具有56.6 km^2的水面，基本上形成了一个独立的气候区，库区气温和湿度等均适宜于柑橘的生产，目前重庆市已在长寿湖建立了夏橙基地。

（四川省电力工业局　何义钦　袁宏斌）

贵　州　电　网

（一）水电在电网中的地位和作用

1. 水电概况　随着天生桥二级水电站（简称天电）建成；天贵（天生桥—贵阳）和天广（天生桥—广州）500 kV超高压输电线路送电，在我国南方形成了贵州、广东、广西500 kV互联电网。其后，1993年8月，云南省网又通过天电联络变压器实现220 kV联网，形成西南和华南两地区装机总容量在2000万kW以上的我国南方跨省互联电网。

据贵州省电网1993年统计，全省参加统一调度电网内的发电设备容量为248.3万kW，其中水电装机90.6万kW（未包括天生桥二级电站），占全网总装机容量的36.5%。全网年发电量122.46亿kW·h，其中水电33.33亿kW·h，占全网年发电量的27.2%。

省网内有1万kW及以上水电厂9座，基本情况见表1。

表1　1993年贵州统调电网装机容量1万kW及以上水电厂基本情况表

序号	电站名称	地点	河流	装机容量（万kW）	年发电量（亿kW·h）	总库容（亿m^3）	调节性能
1	红枫	清镇市	猫跳河	2	0.547	6.33	不完全多年调节
2	百花	清镇市、贵阳市	猫跳河	2.2	0.617	2.17	年调节
3	李官	清镇市、贵阳市	猫跳河	1.3	0.445	0.0235	日调节
4	修文	修文县	猫跳河	2	0.611	0.14	日调节
5	窄巷口	修文县	猫跳河	4.5	0.606	0.09	日调节
6	红林	修文县	猫跳河	10.2	3.0	0.01	无
7	红岩	修文县	猫跳河	3	0.88	0.38	日调节
8	乌江渡	遵义县	乌江	63	34.14	21.4	不完全年调节
9	天生桥二级	贵州安龙、广西隆林	南盘江	44/2	49.2/2（全部投产后）	0.184	日调节

贵州水电的特点如下：①对猫跳河进行梯级连续开发，节省了工程投资，缩短了建设周期，经济效益显著。上游具有年调节和不完全多年调节水库，总库容8.5亿m^3，大大提高了下游5个仅具日调节电站的作用。乌江渡水电站也具有不完全年调节性能，上游东风水电站的建成，还将提高其保证出力2万kW以上。待

将来洪家渡水电站的多年调节水库建成，增加了龙头水库，必将大大提高乌江干流各梯级电站的保证出力，每年增发电量在5亿kW·h以上。②电站位于负荷中心。猫跳河梯级电站距贵阳仅10～50 km，乌江渡在贵阳和遵义两大负荷中心之间，距遵义50 km，距贵阳98 km。有利于发挥水电厂调峰、调频和紧急备用的作用。③水库和电厂的建成，带动了当地经济的发展，也为大型火电厂建设提供了循环用水。

2. 调峰作用　随着用电负荷的增加，尤其是乡镇企业以及城乡居民生活用电的急剧增加，贵州电力系统的负荷构成在一定程度上发生着改变，系统的负荷特性曲线也发生了改变。系统负荷峰谷差值有逐渐加大的趋势，给运行提出了更高的要求。据统计，1993年，系统在高峰期出现的最大负荷为194.6万kW，而低谷时则降为125.2万kW，峰谷差高达69.4万kW。系统日负荷率为0.82，最小负荷率为0.64。这一特性要求全网必须准备足够的调峰容量，以适应负荷的变化。

为满足上述69.4万kW峰谷差值变化，在丰水期水电机组大发电时，利用火电调峰后尚差35.9万kW调峰容量，需要水电厂来承担，有时不得不利用水电弃水来调节。在枯水期的调峰作用就更加明显。网内乌江渡电站和猫跳河梯级电站，几乎都运行在负荷曲线的整个尖峰部分，火电厂只担负腰荷及以下负荷，充分显示出水电在运行中的优势和特点。

3. 调频作用　贵州统调系统水电装机总容量为90.61万kW，其中乌江渡发电厂装机63万kW，乌江渡水库为21.4亿m^3，猫跳河梯级电站装机（包括李官电站1.3万kW）为25.2万kW，一、二级红枫与百花水库库容分别为6.33亿m^3和2.17亿m^3，它们均有较好的调节性能。乌江渡发电厂作为系统的一个主要调频厂，在系统负荷变化时，随时增减发电机出力，稳定系统周波在50±0.2 Hz以内。

乌江渡电站和猫跳河梯级水电站的跟踪负荷作用也是火电厂不能比拟的。水电机组可在几分钟内将机组开启达到额定出力，或将运行的机组出力迅速减少为零。而火电机组增减出力的速度很慢，跟踪负荷的能力相对很弱。

4. 事故备用　据1991～1992年的统计，在系统事故或其它主力电厂紧急停机情况下，乌江渡电厂成功地将停役机组在1～6 min内快速开启带负荷13次，使运行的机组大量增加或减少负荷27次，增减负荷范围为7～18万kW，保证了系统安全稳定运行。如：①1991年9月24日，当清镇电厂8号机组甩负荷时，乌江渡电厂已经满载运行的机组增大出力到66.5万kW，机组过负荷5.6%运行。②1992年8月，两次因水城和普定变电站跳闸甩负荷，在汛期的乌江渡发电厂迅速减负荷7～11万kW，把系统周波从50.56 Hz降至50 Hz的规定水平。③在枯水期共有12次因系统电源事故或系统主要联络线跳闸，调度命令乌江渡增加负荷12～18万kW，使系统频率从49 Hz增至50 Hz，很好地起到了系统调频作用。红枫和百花水库的调节性能也相当好，全停或全开的方式经常有，有时一天开停机次数达4次以上。

（二）水电经济效益

1. 发电效益　猫跳河梯级电站自1960年开始发电以来，至1993年底，累计发电137.7929亿kW·h，乌江渡电厂在1979～1993年中累计发电337.3353亿kW·h，总计发电475.1282亿kW·h。为社会节省标准煤2057.3万t，创造电力工业产值37.96亿元，为社会创造工业总产值1529.9亿元。

2. 乌江渡电厂、猫跳河梯级电站与火电厂利税比较（见表2）

表2　乌江渡电厂、猫跳河梯级电站与火电厂利税比较情况表

项　目	单　位	乌江渡电　厂	猫跳河梯级电站	火电
售电平均电价	元/千kW·h	147	147	147
单位发电税金	元/千kW·h	10.9	10.9	10.9
单位发电成本	元/千kW·h	17.69	77.22	94.26
单位发电利润	元/千kW·h	—	—	—
成本利税率	%	84.85	19.44	15.92

（三）水电综合利用效益

1. 灌溉　猫跳河梯级电站主要任务是发电，一、二级兼有灌溉效益，并建设有提水站，仅一级电站水库即有5.3万亩灌溉面积，其它各级电站均有农民自建提水站，使农业产量从过去每亩250 kg左右增至现在亩产500 kg以上。

2. 工业及生活用水　贵州的电站水库也为工业生产供水，设计红枫水库供水6 m^3/s，百花水库供水1 m^3/s，为贵州有机化工厂、贵州铁合金厂、贵州化肥厂、第七砂轮厂、第三砂轮厂，贵州铝厂以及清镇火力发电厂提供用水，为这些厂年完成工业总产值19.9亿元，实现利税总额3亿元提供了保证。

水库还解决了附近城镇居民用水，目前还规划增加从红枫水库提水作为贵阳市生活用水的补充，从乌江渡水库提水为遵义市工业及城镇生活供水。

3. 旅游　红枫水库已成为贵州重要的风景旅游区。

（贵州省水力发电工程学会
程建贵　韩沛昌　蒲正中）

大中型水电站

5

新开工的大型和部分中型水电站简介

长江三峡工程

长江三峡工程位于长江干流三峡河段的西陵峡中段，坝址在湖北省宜昌县三斗坪，距三峡出口南津关38 km，在已建成的葛洲坝工程上游约40 km处。

一、巨大经济效益

三峡工程不仅具有显著的经济效益，还具有显著的环境效益和社会效益。

三峡工程是解决长江中下游严重洪水威胁的诸多措施中的一项不可替代的关键性工程。长江上游洪水来量大与中下游河道特别是荆江河道过洪能力小的矛盾，十分突出。两岸堤外的地面高程又普遍低于洪水位6～10 m，一旦发生特大洪水，堤防漫溃，将直接威胁江汉平原、洞庭湖区1500万人民的生命财产和2300万亩农田、一批重要的大中城市、工矿企业、交通干线的安全，这一直是我们国家的心腹大患。三峡工程建成后，荆江河段的防洪标准可由目前的10年一遇提高到百年一遇，可不启用荆江分洪区；如遇大于百年一遇的特大洪水，配合分蓄洪措施，可避免荆江两岸发生毁灭性灾害。由于上游洪水得到有效控制，可减轻洪水对武汉地区及下游的威胁，还可减少分流入洞庭湖的水沙，延缓洞庭湖的泥沙淤积。除直接经济效益外，还可避免洪灾对生态与环境的破坏及救灾、防病等一系列社会问题。

三峡水电站建成后将是世界上最大的水电站，装机总容量1820万kW，年发电量846.8亿kW·h，相当于1993年全国发电量的1/9；相当于建设10座装机容量为200万kW的大型火电厂和1座年产5000万t原煤的特大型煤矿或年产2500万t原油的特大型油田以及相应的运输铁路。下个世纪初期，可为华东、华中和川东地区的经济发展提供重要的能源，促进全国电网统一联网；仅华东、华中两大电网联网，就可取得300万～400万kW的错峰效益。以三峡水电替代燃煤发电，每年可少排放二氧化碳1亿t、二氧化硫200万t、氮氧化合物37万t以及大量烟尘和废渣，可大大减轻环境污染和酸雨危害。从社会效益来看，按华东、华中地区1990年每kW·h电平均创造工农业产值6元计算，三峡水电站每年可为增加工农业产值5040亿元提供电力保证。

三峡水库位于长江上游与中游的交界处，地理位置得天独厚，对上可淹没川江滩险109处，显著改善三斗坪至重庆航道；对下可有效增加长江中游航道枯季水深，大大提高重庆至汉口间航道通过能力，万吨级船队每年有半年时间可以汉渝直达，年单向下水货运量可由目前的1000万t提高到5000万t，可满足长江上中游航运事业远期发展的需要。长江上游航运成本可降低1/3，“海损”事故可大量减少，水库两岸遇有崩塌滑坡时，不会再阻断干流航道，使长江成为名副其实的“黄金水道”。

此外，三峡工程还有利于南水北调，发展灌溉、水产和旅游事业，并将有力地促进库区经济的发展。

三峡工程是事关我国加快“四化”进程，提高综合国力，为21世纪发展增加后劲的关键工程。因此，它的建设无论在政治上、经济上，都具有重大而深远的意义。

二、自然条件

三峡工程坝址控制流域面积100万km^2，多年平均径流量4510 m^3/s，多年平均输沙量5.3亿t。坝址区河谷开阔，两岸岸坡平缓，江中有中堡岛顺江分布，将长江分为大江和后河，左、右岸临江山脊高程分别为263 m和243 m。

大坝的坝址选定在三斗坪，是经过大量地质勘探，在两个坝区、15个坝段、数十条坝轴线中，历时24年，由专家充分比较、论证后才选定的。大坝基础岩石为坚硬完整的前震旦纪闪云斜长花岗岩，是建造混凝土高坝难得的好坝址。坝区地壳稳定，经国家地震部门多次鉴定，地震基本烈度为6度，大坝按7度设防。

截至编制初步设计时的1992年，三峡工程规划设计主要依据的宜昌水文站，已有116年的水位与流量观测资料；控制入库洪水的寸滩水文站，已有101年水位与流量观测资料；两个水文站均已积累了40年的泥沙观测资料。积累这样长系列的水文资料，在国内外同类工程中是十分少见的。长江水利委员会（以下简称长委会）自四川宜宾至安徽大通，先后进行了10次较大规模的历史洪水调查，掌握了自1153年以来的历次大洪水的确切资料。

三 、主要枢纽建筑物和施工方案

三峡工程为一等工程，主要建筑物为一级建筑物，按千年一遇洪水进行设计（98800 m^3/s）、万年一遇洪水加大 10%进行校核（124200 m^3/s）。

枢纽建筑物主要由拦河大坝、水电站厂房、通航建筑物三大部分组成（见枢纽布置图）。拦河大坝为混凝土重力坝，坝顶高程 185 m，最大坝高 175 m，坝轴线全长 2335 m，坝顶宽度 15 m；泄洪溢流坝段居河床中部，两侧为厂房坝段和非溢流坝段。水电站为坝后式，左、右厂房分别安装 14 台和 12 台单机容量为 70 万 kW 的水轮发电机组，总装机容量 1820 万 kW。通航建筑物位于左岸，一是双线 5 级连续梯级船闸，每级船闸闸室尺寸为 280 m×34 m×5 m（长×宽×坎上水深），与葛洲坝 1、2 号船闸尺寸完全相同，可通过万吨级船队，单向下水年通过能力为 5000 万 t；二是为客轮快速过坝而设置的钢丝绳平衡重式垂直升船机，最大升降高度 113 m，最大升降重量 11800 t，承船厢有效尺寸为 120 m×18 m×3.5 m（长×宽×厢内水深）。

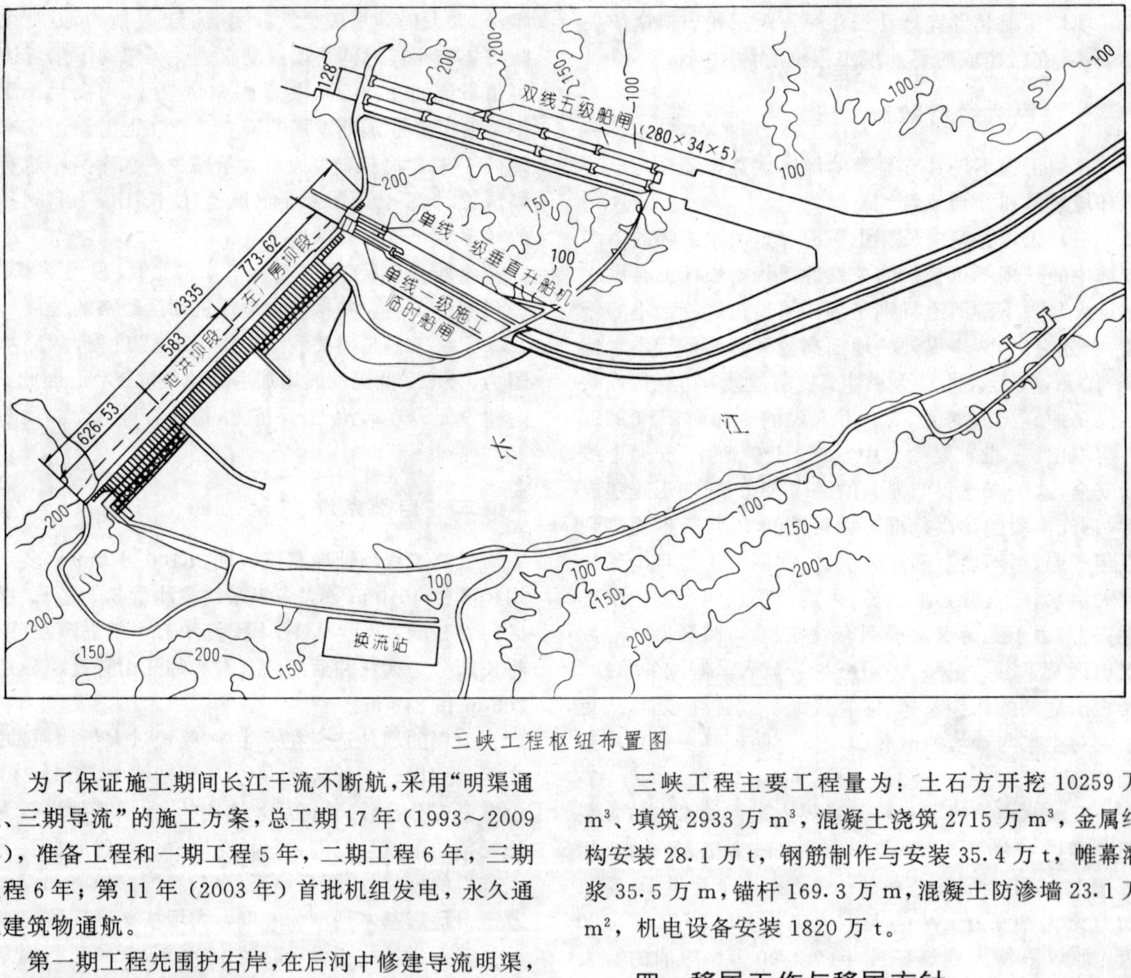

三峡工程枢纽布置图

为了保证施工期间长江干流不断航，采用“明渠通航、三期导流”的施工方案，总工期 17 年（1993～2009 年），准备工程和一期工程 5 年，二期工程 6 年，三期工程 6 年；第 11 年（2003 年）首批机组发电，永久通航建筑物通航。

第一期工程先围护右岸，在后河中修建导流明渠，左岸修建临时船闸、升船机和永久船闸，大江主河道照常过流和通航。第二期工程围护左岸，修建混凝土重力坝溢流坝段、左岸厂房坝段及左岸水电站厂房，继续修建升船机和永久船闸，水流从导流明渠流向下游，船舶通过导流明渠和临时船闸驶向下游。第三期工程再围护右岸，修建右岸厂房坝段及右岸水电站厂房，水流从二期工程已建成的溢流坝段、深孔和预留的导流底孔流向下游，船舶通过升船机和永久船闸驶向下游。

三峡工程主要工程量为：土石方开挖 10259 万 m^3、填筑 2933 万 m^3，混凝土浇筑 2715 万 m^3，金属结构安装 28.1 万 t，钢筋制作与安装 35.4 万 t，帷幕灌浆 35.5 万 m，锚杆 169.3 万 m，混凝土防渗墙 23.1 万 m^2，机电设备安装 1820 万 t。

四、移民工作与移民方针

三峡水库的水面面积为 1045 km^2，水库长度 663 km，末端位于四川省江津市羊角滩。淹没涉及四川、湖北两省 21 个县、市、区，356 个乡，由于三峡水库属典型的狭谷型水库，没有一个乡会被全淹。淹没线以下人口 84.41 万人，考虑各种增长因素后，规划动迁人口约 120 万人。淹没耕地 25.12 万亩，园地 10.82 万亩，河滩地 5.79 万亩，林地 4.79 万亩；各类房屋 3459.48

万 m²，公路 824 km，港口码头 87 处，输电线路 2012 km，通信、广播线路 8667 杆 km；工矿企业 1599 个，其中大型 6 个，中型 26 个，小型 1567 个。全淹或基本全淹的县城有 8 个，大部被淹的有 1 个，这 9 个县城通过地质勘探，均已选好新城址，正在制订新城规划；部分受淹的有 2 个市区、2 个县城，均采取就地后靠的办法，在较高地方延续建设新城。

1993 年 8 月，国务院发布了《长江三峡工程建设移民条例》，使三峡工程移民走上了法制化轨道。《条例》中规定："三峡工程建设中实行开发性移民方针"，并实行"中央统一领导、分省负责、县为基础的管理体制"。1994 年 7 月，国务院三峡工程建设委员会办公室颁布了《长江三峡工程移民安置规划大纲》。《大纲》根据《条例》的各项规定，制订了具体的淹没补偿标准和原则。水利部长江水利委员会依据《大纲》和水库淹没实物指标调查成果，计算出三峡工程水库移民补偿经费概算总额为 400 亿元（1993 年 5 月末价格水平），并将应补偿给四川、湖北两省的，切块给两省包干使用，不能突破。上述概算及切块金额，于 1994 年 11 月，已经国务院三峡工程建设委员会审查批准。《大纲》对库区移民搬迁过程中的环境保护工作给予了高度重视，规定在制订各种移民安置实施规划时都必须提出切实可行的环境保护规划。

五、建设资金

1993 年 7 月，国务院三峡工程建设委员会批准了三峡枢纽工程初步设计。可行性研究阶段，三峡工程包括有输变电工程。1994 年 9 月，国务院决定，今后电站建设与电网建设要分开，电网必须是国家统一建设、统一管理。因此，输变电工程不再纳入三峡工程初步设计中。

三峡工程静态投资（1993 年 5 月末价格水平）总额为 900.9 亿元，其中枢纽工程为 500.9 亿元，库区移民 400 亿元。

三峡工程第 11 年（2003 年）首批机组发电后开始有资金收入，至第 13 年（2005 年），当年发电收入加上三峡工程建设基金和葛洲坝电厂利润收入与当年动态资金需求达到平衡。人们把第 13 年称之为"资金平衡年"。第 14 年（2006 年）三峡工程出现资金盈余，此后不再向国家借债，而且开始偿还贷款本息，至第 18 年（2010 年）可还清全部贷款本息。由此可以看出，三峡工程既有资金需要多的一面，又有自筹能力很强的有利因素。经测算三峡工程资金平衡年前的动态资金需求总额为 1468.4 亿元。

资金平衡年（2005 年）前的动态资金筹措方案是，三峡工程建设基金、葛洲坝电厂利润、三峡电厂利润可筹集到 57.5%的资金；其余部分通过国家开发银行贷款、出口信贷、国外商业借贷和发行债券等渠道进行筹集。

在三峡工程建设阶段，三峡工程的资金需求对国民经济的影响不大，国力可以承受。三峡工程平衡年以前动态资金占同期国民生产总值的 1.75‰，占国有单位基建投资的 4.29‰，比当年建设宝钢一期工程时的 2.54‰和 17.87‰要低。

六、机构设置

为了确保三峡工程建设的顺利进行，1993 年 1 月，国务院成立了国务院三峡工程建设委员会（以下简称建设委员会），这是国务院统一领导三峡工程建设和移民工作的高层次决策机构。

一年多来，建设委员会已经召开了 4 次全体会议，6 次现场办公会议，6 次办公会议，对三峡工程建设中的重大问题及时作出决策，使三峡工程的施工准备工作顺利启动。

建设委员会下设三个机构：一是办公室，具体负责建设委员会的日常工作；二是三峡工程移民开发局，负责三峡工程移民工作规划、计划的制定和监督实施；三是中国长江三峡工程开发总公司（简称三峡总公司），这是一个自负盈亏、自主经营的经济实体，是三峡工程项目的业主，在国家确定的政策和工程初步设计范围内，全面负责三峡工程建设和经营，负责资金的管理、运用和债务的偿还。葛洲坝电厂划归三峡总公司，服从华中电网的统一调度。

鉴于长委会对三峡工程已经进行了近 40 年的勘测、设计、试验和研究，建设委员会决定三峡工程的设计总成任务由长委会承担。设计对业主负责，有偿进行设计。

三峡工程按照社会主义市场经济的原则组织工程建设，实行招标承包制、工程监理制和合同管理制，以控制进度、确保质量、提高效益。

三峡工程各级机构对泥沙、生态与环境和文物保护均给予了高度重视。可行性研究阶段，泥沙专家组虽然对泥沙问题已经论证清楚并作出了可以解决的结论，但为了更加细致和稳妥，建设委员会已于 1993 年 9 月成立了泥沙专家组，运用泥沙物理模型和数学模型继续试验研究。环境影响报告书及其审查意见中提出的各项措施均在落实，对主要环境问题和重点地区的环境保护工作正在组织协调各有关方面作出安排；对生态和环境监测网已提出了总体设计，还将制订三峡工程环境保护法规体系；《三峡工程施工区环境保护管理实施办法（试行）》已开始实行。关于移民迁建区的环境保护工作将在移民实施规划中具体落实。文物是中华民族的宝贵遗产，按照“重点保护、重点发掘”的方针，国家文物局正组织有关单位300多人编制库区文物保护实施规划。

截至1994年10月底，三峡工程建设的领导机构和执行机构已经建立，各项技术准备工作达到了正式开工的要求，各项施工准备工程按网络计划进展顺利，坝区征地与移民安置工作已经完成，库区移民安置工作正在展开，资金筹措方案已经基本形成，资金到位情况良好，已具备了正式开工条件。经党中央、国务院批准，三峡工程已于1994年12月14日正式开工。

（国务院三峡工程建设委员会办公室　陶景良）

广西龙滩水电站*

龙滩水电站位于红水河上游、广西壮族自治区天峨县境内，距天峨县城15 km，距南宁、贵阳各250 km，距广州670 km。电站以发电为主，兼顾防洪、航运等综合利用。由于库区涉及贵州、广西两省区，根据各方集资协议，电站拟分两期开发。初期正常蓄水位375 m，相应库容162.1亿m^3，调节库容111.5亿m^3，防洪库容50亿m^3，电站装机7台，总容量420万kW；后期正常蓄水位400 m，相应库容272.7亿m^3，调节库容205.3亿m^3，防洪库容70亿m^3，电站增机2台，总容量达540万kW。

龙滩水电站水库是红水河龙头水库，也是黔、桂、粤3省区唯一具有较好调节性能的骨干工程。发电、防洪、航运等综合利用效益显著，经济指标十分优越。

电站初期和后期两种正常蓄水位时，保证出力分别为123.4万kW与168万kW，年发电量分别为156.7亿kW·h与187.1亿kW·h，同时可使下游梯级净增保证出力72.2万kW与100万kW，净增年发电量20.2亿kW·h与38.5亿kW·h，发电效益巨大，而且经龙滩水库调节后的径流，枯水增大，洪水减少，大大改善了下游各梯级的运行条件和电力质量。

水库预留50亿m^3与70亿m^3的防洪库容，可使下游防洪标准提高至40年与50年一遇，大大减轻下游约47万ha农田与约800万人口的生命、财产损失。水库建成后，库区干流上200～250 km范围内将形成90%保证率的深水航道，坝址以下最小流量经龙滩水库调节后可达1000 m^3/s，为天然河道枯水流量的5～6倍，加上岩滩、大化梯级建成渠化，将显著改善红水河通航条件，为黔煤外运开辟新通道。

坝址控制流域面积98500 km^2，多年平均降雨量1370.6 mm。坝址多年平均流量1640 m^3/s，年均径流量517亿m^3，实测最大流量16900 m^3/s，调查最大流量21500 m^3/s。500年一遇设计洪水流量27600 m^3/s，万年一遇校核洪水流量35500 m^3/s，可能最大洪水流量42600 m^3/s。河流泥沙以悬移质为主，多年平均输沙量4580万t，平均含沙量0.826 kg/m^3。

坝区位于广西山字型构造西翼反射弧的脊柱部位，由丹池、沫阳～月里、望谟～桑郎、逻西～八南等断裂围成的以三迭系砂岩、泥板岩组成的相对稳定的地块内，无区域性活动断层穿过，不存在发生地震的地质背景。该区地震危险性主要受外围地震影响，经国家地震局审定，坝址地震基本烈度和水库可能诱发地震烈度均为7度。

红水河是桂西北和黔南地区地表和地下径流排泄的基准面。库周地表和地下水分水岭均高于水库蓄水位。库盆主要由三迭系砂岩和泥板岩组成，不存在水库渗漏问题。全长2138 km的库周岸坡，在水库蓄水后，97.1%的库岸仍是稳定的和基本稳定的，稳定性差和较差的库岸段，多零星分布在人烟稀少的深山峡谷之中，距坝址较远，对工程无影响。

坝址河谷为开阔的V型谷，宽高比3.5左右。河流流向150°，到坝址处转为100°。枯水期河水面高程219 m，水面宽90～100 m，水深13～19.5 m。河床覆盖厚0～6 m。左岸地形整齐，两岸岸坡32°～42°，残坡积层厚0.5～2 m，局部地段厚8～25 m。

坝区地层为下三迭统罗楼组和中三迭统板纳组岩层，二者均为轻微变质的浅海深水相沉积岩。罗楼组出露在坝址上游，是以泥板岩为主的岩层，板纳组分布在坝基及其下游，是以砂岩和粉砂岩为主的岩层。岩层走向340°～355°，与河流夹角70°，倾向下游偏左岸，倾角55°～63°，坝区高陡倾角断裂发育，但多数规模小且与河床斜交，工程处理简单。

左岸地下厂房布置区是坝区内地质条件最好的区域。围岩质量好，属Ⅱ～Ⅲ类层状结构岩体。洞室布置区未见缓倾角断层，主要软弱结构面是层面和层间错动，与洞室轴线夹角较大，稳定条件较好，具备修建大跨度地下厂房的有利条件。

当地缺乏天然砂砾料。混凝土骨料需采石轧制。坝址右岸下游5.5 km处的大法坪料场为二迭系厚层灰岩和白云质灰岩，开采条件好，储量、质量都满足要求。

正常蓄水位375 m时，库面面积358 km^2，库区淹没涉及贵州的罗甸、望谟、册亨、贞丰、镇宁5个县及广西的天峨、南丹、乐业、田林、隆林5个县，总计淹

* 龙滩水电站为准备开工项目。

没耕地 5528.3 ha，林地 11868.1 ha，迁移人口推至 2001 年为 73392 人。

水库移民安置实行前期补偿、补助与后期生产扶助相结合的开发性移民方针。通过开垦耕地、甘蔗地，开发用材林、经济林，以及兴办乡镇企业，发展畜牧及水产业等途径，库区 69515 位农业人口均可在其所在县内妥善安置。

电站对生态与环境的影响有利有弊。就总体而论，电站的开发可促进库区周围经济的发展，从而对提高该地区环境质量有利。在不利影响中，除水库淹没为不可逆外，其它均可采取有关对策加以防范和减免，不存在制约工程开发的环境因素。

电站主要建筑物包括碾压混凝土重力坝、泄水建筑物、地下厂房以及通航建筑物等。重力坝河床坝段布置泄水建筑物，左岸布置地下厂房，右岸布置通航建筑物。其枢纽布置见图。

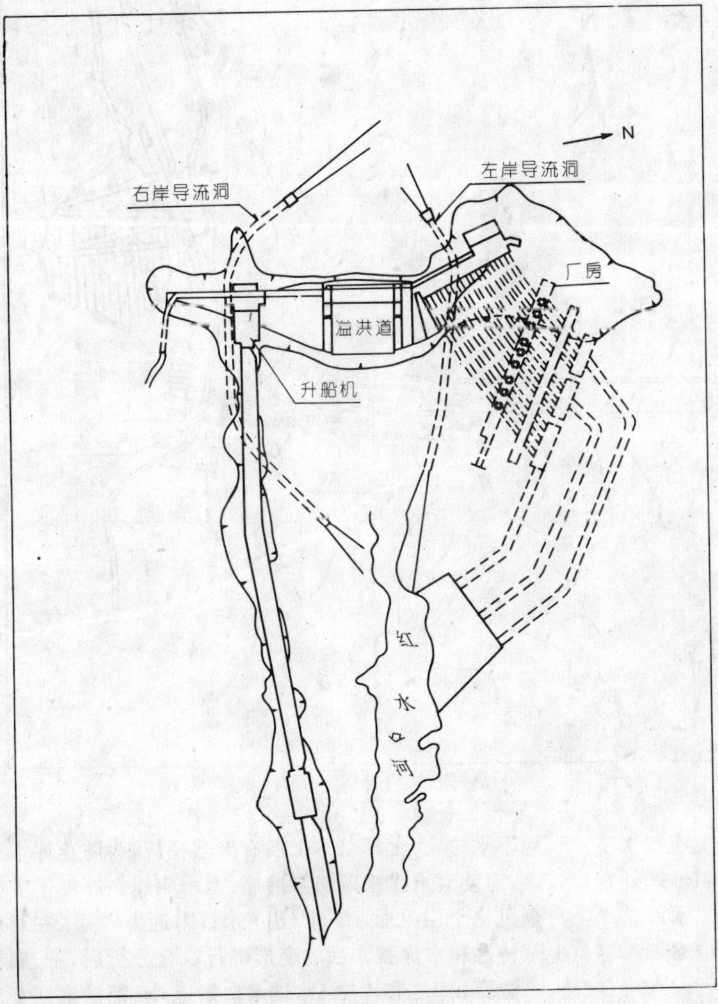

龙滩水电站枢纽布置图

碾压混凝土重力坝初期建设时，最大坝高 192 m，坝顶长 735.5 m，坝体混凝土方量约 535.0 万 m^3。后期提高蓄水时，最大坝高达 216.5 m，坝顶长 830.5 m，坝体混凝土方量达 680 万 m^3。

泄水建筑物孔口有 7 个表孔和 2 个底孔，表孔、底孔均采用鼻坎挑流。

发电厂房布置在左岸山体内。引水管内径 10.0 m，最大长度 364.3 m。主厂房洞室 388.5 m×28.5 m×72.7 m（长×宽×高）。主变压器洞室 397 m×19.5 m×22.5 m（长×宽×高）。每 3 台机共用 1 个尾水调压井和 1 条尾水洞，尾水洞直径 21.0 m，最大长度 732.3 m。中央控制楼、GIS 开关站及出线平台设在坝轴线下游约 500 m 处的左岸山坡，高程 335 m 和 350 m 的两级平台上。

右岸通航建筑物为两级均衡重垂直升船机。整个建筑物包括上游引航道，第一级垂直升船机、错船明渠、第二级垂直升船机、下游引航道等 5 部分，全长 1800 m。升船机按通过 500 t 驳船设计，船厢尺寸 70.0 m×12.0 m×2.2 m（长×宽×水深），两级垂直升船机最大升程分别为 88.5 m 和 90.5 m。

包含导流工程在内，初期建设时，主体建筑物工程量，土石方明挖 1259 万 m^3，石方洞挖 334.5 万 m^3，混凝土 708.6 万 m^3。按 1992 年 6 月价格水平计算，电站静态总投资约 112.5 亿元，动态总投资约 235 亿元。

施工总进度安排：筹建期 2 年，完成南丹至坝址 83 km 山区Ⅱ级公路、龙滩大桥以及现场的“三通一平”建设；准备期 3 年，完成 2 条导流洞开挖、岸坡开挖及上下游围堰浇筑；主体工程工期 4.5 年，进行大坝及厂房施工。不计筹建期，第一台机组发电工期 7.5 年，总工期 10 年。

电站建设资金（包括内、外资）由国家能源投资公司承担 40%，广西壮族自治区人民政府承担 25%，贵州省人民政府承担 20%，广东省人民政府承担 15%。经国家批准，该工程利用世界银行贷款额度 13 亿美元，主要用于大坝土建项目和主要机电设备的国际招标采购。中国南方电力联营公司负责筹资和工程建设管理，目前正抓紧筹建期的各项准备工程建设和世界银行的贷款评估准备工作。中南勘测设计研究院正在进行招标设计和招标文件的编制。

（中南勘测设计研究院 关沛文 周建平）

浙江天荒坪抽水蓄能电站

天荒坪抽水蓄能电站位于浙江省安吉县境内，距上海175 km、南京180 km、杭州57 km，接近华东电网负荷中心。电站装机容量180万kW，上水库蓄能能力1046万kW·h，其中日循环蓄能量866万kW·h，年发电量31.6亿kW·h，年抽水用电量（填谷电量）42.86亿kW·h，承担系统峰谷差360万kW任务。电站设置的事故备用库容一次可向电网提供180万kW·h的事故电能，担负系统事故备用和旋转备用，并可承担系统调相任务。因此，建设该电站除可使华东电网增加调峰能力外，还可改善火电机组的运行条件，减少全网的燃料消耗，提高电网运行的可靠性和经济运行水平，并且有多方面的社会效益。

电站下水库在太湖流域西苕溪的支流大溪（山河港）上，控制流域面积24.2 km^2；上水库在大溪的一条小支沟的源头，流域面积仅0.327 km^2。流域内雨量充沛，多年平均降水量1820 mm。下水库坝址处多年平均径流量2450万m^3，99%保证率的特殊枯水年径流量也有1006万m^3，完全可以满足该抽水蓄能电站运行对水量的需求。

天荒坪抽水蓄能电站属一等工程。主要建筑物有上水库、下水库、输水系统、厂房及开关站等部分。电站枢纽建筑物位于火山岩地区，无重大地质构造问题。下水库坝基、输水道和地下厂房位置均为弱风化、微风化或新鲜的岩石，工程地质条件优越。其枢纽布置见图。

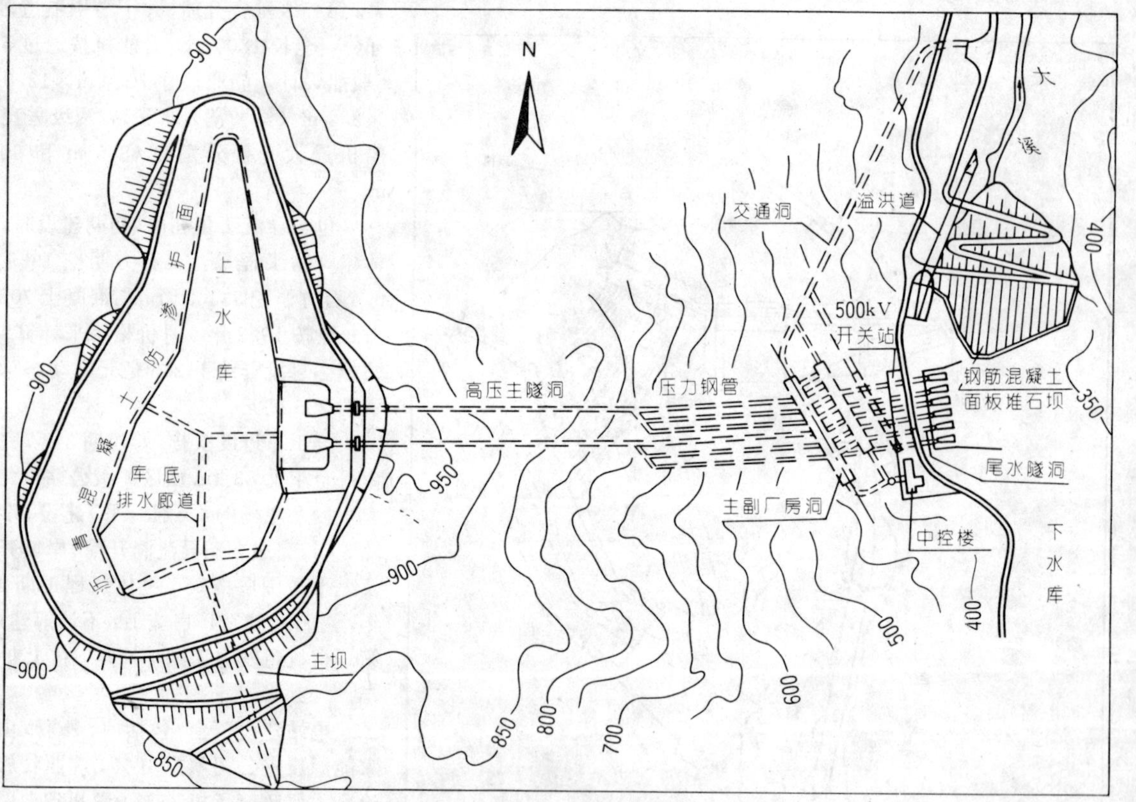

天荒坪抽水蓄能电站枢纽布置图

上水库利用天然洼地挖填而成，建有主坝和4座副坝。主、副坝均采用土石坝坝型。主坝在坝轴线处高73 m，坝顶长度525 m，4座副坝都比较低。水库总库容885万m^3，有效库容835万m^3，其中发电有效库容805万m^3。水库工作深度42.2 m，正常运行时水位日变幅29.43 m。上水库最高蓄水位超过库岸山体天然地下水位，而上库基本上没有天然径流，为防止库水外渗，需要对水库采取防渗措施。上水库建在厚度不等的全风化土层上面，仅进（出）水口附近为岩基。在对地基特性和水库蓄水后的变形进行综合分析后，主、副坝上游面、库底和库岸（除进水口附近外）都设置沥青混凝土防渗护面，护面总面积28.5万m^2。

下水库位于大溪中游峡谷河段。库区两岸为岩质岸坡，地下水位高于水库最高水位，蓄水后不会向库外渗漏。水库总库容 877 万 m^3，其中正常发电库容 805 万 m^3。水库工作深度 49.50 m，正常运行时水位日变幅 43.60 m。下水库坝为钢筋混凝土面板堆石坝，建于弱风化基岩上。坝轴线处最大坝高 92 m，坝顶长 233.5 m，上游坝坡 1∶1.4。左岸设岸边侧槽式溢洪道，溢洪流量考虑了天然洪水与发电下泄流量的组合情况。溢洪道末端设置曲面贴角斜鼻坎，以满足在峡谷中泄洪的要求。

输水系统和厂房布置在上、下水库之间的山体内。电站设两条高压主引水隧洞，每条从上库进（出）水口至岔管长 915 m，内径 7 m，其主要部分是倾角 58°的斜井。每条主隧洞在下平段经岔管分为 3 条内径 3.2 m 的支管。6 条支管长度在 215 m 至 290 m 之间，每条分别与一台机组相连。岔管承受最大静水头 680 m，最大动水头约 800 m。由于沿高压输水道的岩石很好，经充分论证后，主隧洞及岔管均用钢筋混凝土衬砌，并根据满足挪威准则和最小主应力准则的要求，选定了钢筋混凝土岔管的适宜位置。钢板衬砌仅在支管段设置。尾水隧洞共 6 条，内直径 4.4 m，长 217～238 m。

该电站的地下厂房采用尾部布置方案。地下厂房洞群主要有主副厂房洞、主变压器洞、母线洞、尾水闸门洞和其他辅助洞室。主副厂房洞长约 193 m，宽 21 m，高 47.5 m。其纵向轴线与压力钢管进厂房方向成 64°夹角。厂房设岩壁吊车梁。主变压器洞长约 180 m，宽 17 m，高 24.3 m。它与主副厂房洞之间有 6 条母线洞及 1 条主变运输洞相连，每条母线洞长 34 m。尾水闸门洞在主变洞的下游。500 kV 开关站和中央控制楼布置在下水库左岸尾水隧洞出口上方的地面。开关站本身面积 110 m×35 m，中央控制楼在开关站的南面，二者分别经出线竖井和排风兼交通竖井与地下厂房连通。

该电站安装 6 台水泵水轮机—发电电动机组，名义单机容量为 30 万 kW。发电工况水头范围 512～607.5 m，抽水工况扬程范围 523.5～614 m。水泵水轮机为竖轴单转轮可逆混流式，转轮和顶盖采用中拆方案。水轮机额定水头 526 m，单机额定出力 30.6 万 kW，水泵工况单机最大入力 33.28 万 kW，转速 500 r/min，吸出高度－70 m。发电电动机为竖轴悬式空气冷却，发电工况单机额定容量 33.3 万 kVA（电气输出），电动工况单机额定容量 33.6 万 kW（轴输出），额定电压 18 kV。水泵工况启动采用可控硅变频装置，并以“背靠背”同步启动为备用。主变压器 6 台，每台容量 36 万 kVA。每台机组接 1 台主变，两个发电机—变压器单元在 500 kV 侧并联成为联合单元。全厂 3 个联合单元分别用 500 kV 电缆引至地面。地面开关站有 3 回进线、2 回出线，主接线采用双内桥接线，选用 GIS 全封闭组合电器。全厂设计算机监控系统。电站以 500 kV 一级电压接入华东电网，出线 2 回均接至瓶窑变电所。

该工程土石方明挖 571 万 m^3，石方洞挖 71 万 m^3，土石方填筑 559 万 m^3，混凝土和钢筋混凝土 29.8 万 m^3，沥青混凝土 5.74 万 m^3。工程总投资：按 1993 年 6 月价格水平计算的静态总投资为 43.37 亿元，动态总投资（计入价差预备费和建设期贷款利息）为 71.18 亿元。

电站工程由华东勘测设计研究院设计。国家能源投资公司、华东电力集团公司和华东电网一市三省（上海市、江苏省、浙江省、安徽省）共同集资建设。华东电力集团公司担任业主代表，并由该公司组建天荒坪抽水蓄能电站工程建设公司负责工程建设工作。该工程 1992 年被国家列入开工准备项目，1993 年被国家列入年度电力基建新开工项目。电站的施工准备工程于 1992 年 6 月开始。主体土建工程施工单位通过招标选定：下库区及地下厂房土建施工标由水电第十四工程局中标；上库区开挖及填筑工程土建施工标由水电第五工程局中标；上游输水系统土建工程施工标由水电第一工程局中标。上述 3 个工程局分别于 1993 年 4 月、6 月和 9 月进点。华东勘测设计研究院和上海勘测设计研究院联合承担 3 个标的建设监理。1993 年 7 月开始开挖地下厂房施工支洞和进厂交通洞，1994 年 3 月 1 日开始开挖主副厂房洞的顶拱。下水库大溪也在同月截流。该电站的主要机电设备制造以及上水库沥青混凝土防渗护面的施工利用世界银行贷款通过国际竞争性招标选择制造厂商和施工承包商。其中主机和计算机监控系统设备制造合同已于 1993 年 10 月 15 日签字，中标厂商为挪威 KVAERNER—加拿大 GE—奥地利 ELIN 组成的联营体。该电站计划 1997 年底第一台机组投入运行，2000 年 6 月工程竣工。

（华东勘测设计研究院　肖贡元）

黄河小浪底水利枢纽工程

小浪底工程位于河南省洛阳市以北 40 km 孟津县小浪底，是黄河干流在三门峡以下峡谷河段唯一能够取得较大库容的控制性工程。坝址以上流域面积为 694155 km^2，占黄河流域面积的 92.2%，控制进入黄河下游水量的 90.5%和沙量的 98.1%，具有承上启下的重要战略地位。

小浪底坝址上距三门峡大坝 131 km，下距黄河京广铁路桥 115 km。黄河在坝址以下 20 km 出峡谷，河床展宽，河道淤积，至京广铁路桥进入下游大平原，成为地上悬河。受堤防约束，河床不断淤积抬高，河道排洪能力降低，大约每 10 年需加高一次大堤，洪水威胁严重，堤防一旦失事，必将严重影响国家建设和人民生活，打乱国民经济部署。根据黄河存在的突出问题，小浪底工程的开发任务是以防洪(包括防凌)减淤为主，兼顾供水、灌溉、发电，除害兴利，综合利用。

小浪底水库选择正常蓄水位 275 m(黄海基面，下同)，回水至三门峡坝下，总库容 126.5 亿 m^3。与三门峡水库联合运用，并减轻三门峡水库防洪、防凌负担。小浪底水库需保持有效库容 51 亿 m^3 供长期调节运用，其中防洪库容 40.5 亿 m^3，调水调沙库容 10.5 亿 m^3。兴利库容为重复利用防洪库容和调水调沙库容。水库拦沙库容 75 亿 m^3，均在 275 m 高程以下。库区上半段河谷狭窄，将不形成滩地。

小浪底水库设计水位指标为：正常蓄水位 275 m，万年一遇校核洪水位 275 m，千年一遇设计洪水位 274 m，汛期限制水位 254 m（亦为防洪起调水位），正常死水位 230 m，非常死水位 220 m，初始运用起调水位 205 m。

小浪底工程的水工建筑物集中布置于左岸风雨沟内，计有：3 条低位孔板泄洪洞（进口高程 175 m），泄量 4582 m^3/s；3 条高位明流泄洪洞（进口高程分别为 195 m、209 m、225 m），泄量 6450 m^3/s；3 条低位排沙洞（进口高程 175 m），泄量 2025 m^3/s；1 条溢洪道（进口高程 258 m），泄量 3764 m^3/s。各级水位泄水量：非常死水位（220 m）为 6769 m^3/s，正常死水位（230 m）为 8048 m^3/s，最高蓄水位（275 m）为 16821 m^3/s，可满足泄洪排沙要求。初始运用起调水位（205 m）泄流量 4930m^3/s，基本满足初始运用阶段亦可进行调水的要求；汛期限制水位（254 m）泄量 11200 m^3/s，满足 50 年一遇洪水不上滩淤积，使库区滩面（坝前滩面高程 254 m）相对稳定的要求。

小浪底水电站装机容量 180 万 kW，装机 6 台，单机容量 30 万 kW。最大水头 139.2 m，最小水头 77.8 m，设计水头 117.8 m。6 条发电引水洞进口高程 195 m，单洞引水流量约 300 m^3/s。机组泄量未计入水库泄流规模，以策安全。

水电站为地下厂房，其长、宽、高尺寸分别为 251.5 m、26.2 m 和 61.44 m。

小浪底工程枢纽布置见图。

小浪底水库运用方式是根据防洪减淤为主、兼顾综合利用的开发目标制定的，其基本特点如下。

1. 水库运用时期和运用阶段　水库运用初期为“调水、调沙、拦沙”运用，运用后期为“蓄清排浑、调水调沙”运用。初期运用，主要完成水库拦沙，形成高滩深槽淤积相对平衡形态，又分三个运用阶段：①起调水位蓄水拦沙阶段；②逐步抬高主汛期水位拦沙阶段；③逐步形成高滩深槽拦沙阶段。后期运用主要进行年内调水多年调沙，保持 51 亿 m^3 有效库容，长期综合运用。

2. 水库初期拦沙运用特点

(1) 起调水位蓄水拦沙阶段。为了减少持续下泄“清水”冲刷下游河道的时间，并使拦沙库容多拦粗颗粒泥沙，提高减淤效果，保证水电站于水库运用初期发电，选择起调水位 205 m，于工程截流后第三个汛期开始蓄水拦沙运用。205 m 水位以下库容 17.1 亿 m^3，运用 2～3 年淤满，结束蓄水拦沙阶段。

(2) 逐步抬高汛期水位拦沙阶段。为使水库拦粗(沙)排细(沙)，提高减淤效果，在起调水位蓄水拦沙阶段结束后，进入逐步抬高主汛期(7～9 月)水位拦沙阶段。主汛期控制水库平均排沙比约 70%。主汛期库水位由 205 m 逐步升高至 254 m，历时约 11～12 年。

(3)逐步形成高滩深槽拦沙阶段。主汛期库水位有升降变化，最高 254 m，最低 230 m，滩地逐步淤高至设计滩面高程（坝前 254 m），河槽逐步降低至设计河底高程（坝前 226.3 m）。历时约 14～15 年，转入后期调水调沙运用。

3. 后期调水调沙运用特点　后期亦即正常运用期。主汛期利用 254 m 高程以下 10 亿 m^3 槽库容调水调沙，10～6 月蓄水调节运用。库区长期冲淤相对平衡，下游河道继续减淤。

水库运用 50 年后，若发生设计或校核洪水的防洪运用淤积，有效库容小于 46 亿 m^3 后，此时将死水位降至 220 m，有效库容复增至 52 亿 m^3，满足长期运用要求。

水库初期和后期运用均实行调水调沙运用。主汛期调水调沙特点为：①水库补水提高枯水流量，保证发电流量 400 m^3/s，改善下游河道基流和水质；②泄放小水 400～800 m^3/s，满足下游用水要求；③避免平水下泄，减少下游淤积；④增加中水和小洪水，发挥下游大水输沙作用，提高减淤效益；⑤调节高含沙洪水，避免下游严重淤积；⑥滞蓄洪水，控制下游 10000 m^3/s 以下洪水淤滩刷槽。

10～6 月调水方式特点为：①10 月上半月预留后期洪水防洪库容 25 亿 m^3/s，1～2 月预留防凌库容 20 亿 m^3；②按供水、灌溉和发电要求调节径流；③初期运用 10 年按分期移民要求限制蓄水位 265 m。

小浪底水库具有综合利用效益，它与三门峡、陆浑、故县水库联合运用，在下游发生百年一遇洪水时，

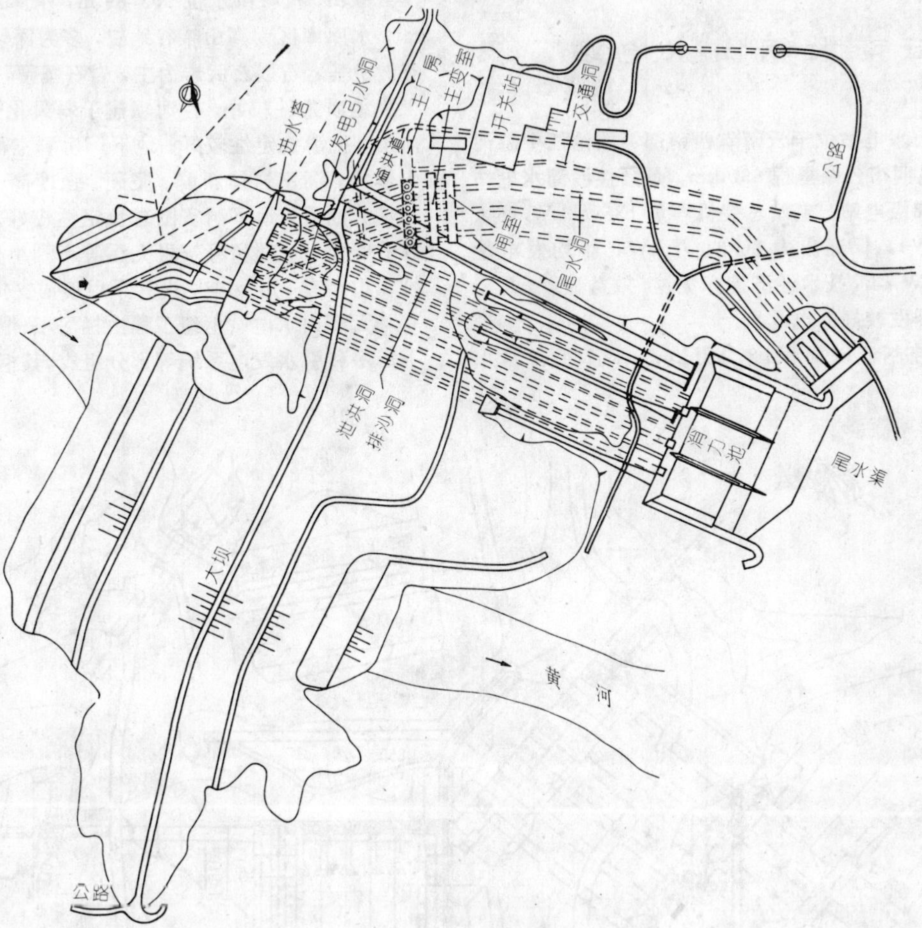

小浪底工程枢纽布置图

将花园口洪峰流量由 25780 m^3/s 削减到 15700 m^3/s，仅用东平湖老湖区分洪；在千年一遇洪水时，将花园口洪峰流量由 34420 m^3/s 削减至 22500 m^3/s，用东平湖分洪，不用北金堤滞洪区；在万年一遇洪水时，将花园口洪峰流量由 41710 m^3/s 削减至 27350 m^3/s，只需北金堤滞洪区分洪 6.6 亿 m^3，东平湖分洪 17.5 亿 m^3；使三门峡水库对其以下发生“下大洪水”的运用机率由十年一遇（花园口 12000 m^3/s）减少到百年一遇，百年一遇蓄洪量由 14.7 亿 m^3 减少到 1.96 亿 m^3，千年一遇蓄洪量由 34.75 亿 m^3 减少到 16.87 亿 m^3，万年一遇蓄洪量由 48.24 亿 m^3 减少到 30 亿 m^3。凌汛期小浪底水库将 20 亿 m^3 的库容先投入防凌运用，控制下泄流量，不足部分由三门峡水库承担，可满足下游防凌要求。在 50 年运用期水库拦沙 100 亿 t 并调水调沙，使下游河道减少淤积 78 亿 t，约相当于 20 余年不淤积抬升，山东河段与河南河段基本上同步减淤。水库调节年内径流，使花园口 3～6 月来水量年平均增加 21.6 亿 m^3，使同期的灌溉引水量增加 17.9 亿 m^3，保证工业和城市供水。另外，多年平均可灌面积由 73.9 万 ha 增加到 152 万 ha。小浪底水电站因水库运用前 10 年蓄水位控制为 265 m，多年平均发电量为 46.9 亿kW・h，10 年后最高蓄水位可达 275 m，年平均发电量为 58・3 亿 kW・h；装机容量 180 万 kW，扣除检修备用及供电山西容量后，可向河南电网提供的调峰容量为 120 万 kW 左右，可改善电网的调峰状况。

综上所述，小浪底水利枢纽有巨大综合效益。按 1991 年价格水平，静态投资 107.7 亿元，动态投资 154 亿元。1991 年 9 月 1 日前期工程开工，1994 年 9 月 12 日正式开工，计划于 2001 年竣工，2000 年开始运行见效益。设计单位为黄河水利委员会勘测规划设计研究院，施工采用国际招标，建设管理单位为水利部小浪底水利枢纽建设局（黄河水利水电开发总公司）。

（黄河水利委员会勘测规划设计院规划一处）

云南大朝山水电站*

大朝山水电站位于云南省西南部、澜沧江中游河段上，距昆明市公路里程 630 km，是紧接漫湾水电站的下一个梯级电站。电站总装机容量 135 万 kW（6×22.5 万 kW），保证出力 36.31 万 kW，年均发电量 59.31 亿 kW·h，技术经济指标优越，效益显著，是云南省近期开发较好的电源点。

坝址控制流域面积12.1万km²。水库正常蓄水位 899 m，校核洪水位 905.89 m，水库总库容 9.4 亿 m³。水库库区为高山峡谷地貌，多为深切陡峻 V 形峡谷。坝基岩石以玄武岩为主，岩石坚硬，岩体较完整，工程地质条件较好。拦河坝建于弱风化带中、下部岩体上，抗滑稳定性较好。地下厂房洞室群布置在右岸山体内，洞室岩体新鲜、坚硬、强度高。主要洞室避开了大断层，地下洞室围岩稳定性较好。局部地段出现的断层、节理和凝灰岩夹层等不利组合，对洞室顶拱和边墙有一定影响，设计采用喷锚支护措施解决。

大朝山水电站枢纽工程由拦河坝、泄洪建筑物、地下厂房和引水发电系统等部分组成，其枢纽布置见图。

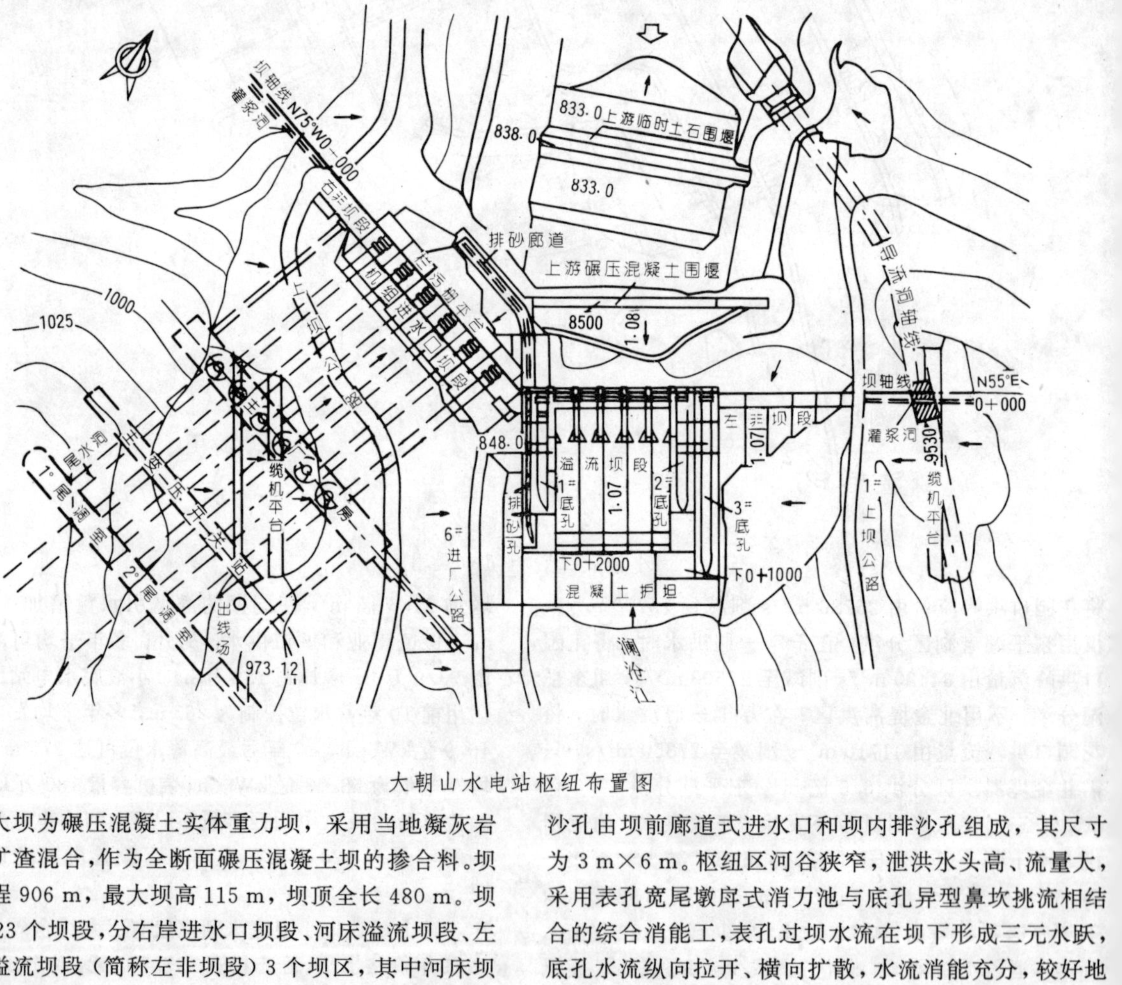

大朝山水电站枢纽布置图

大坝为碾压混凝土实体重力坝，采用当地凝灰岩与磷矿渣混合，作为全断面碾压混凝土坝的掺合料。坝顶高程 906 m，最大坝高 115 m，坝顶全长 480 m。坝体共 23 个坝段，分右岸进水口坝段、河床溢流坝段、左岸非溢流坝段（简称左非坝段）3 个坝区，其中河床坝段与左岸坝段系采用全断面碾压混凝土重力坝，其内部混凝土为 R_{90}150 号，上游面防渗混凝土为 R_{90}200 号。右岸进水口坝段为常态混凝土重力坝。

泄洪建筑物由 5 个开敞式表孔、3 个泄洪排沙底孔和 1 个排沙孔组成。表孔尺寸为 14 m×17 m，泄洪底孔尺寸为 7.5 m×10 m，采用短有压流进口型式，排沙孔由坝前廊道式进水口和坝内排沙孔组成，其尺寸为 3 m×6 m。枢纽区河谷狭窄，泄洪水头高、流量大，采用表孔宽尾墩戽式消力池与底孔异型鼻坎挑流相结合的综合消能工，表孔过坝水流在坝下形成三元水跃，底孔水流纵向拉开、横向扩散，水流消能充分，较好地解决了泄洪消能问题。

地下厂房系统由主厂房、主变开关室、尾水调压室等三大洞室以及附属洞室群组成。主厂房顶拱跨度 30.9 m，洞室高度 63 m；主变开关室顶拱跨度 15.9

* 大朝山水电站为准备开工项目。

m，洞室高度 30.75 m；尾水调压室顶拱跨度 22.4 m，洞室高度 72.4 m。地下洞室群规模宏大，主要洞室已避开断层影响，围岩稳定性较好。

电站采用坝式进水口。压力引水钢管为单机单管引水，管道长 158.0 m。下游 3 条尾水管洞共用 1 个尾水调压室和 1 条长尾水隧洞，形成三机一室一洞的布置格局。

水库淹没耕地 12385 亩，迁移人口 6100 人。为贯彻开发性移民的方针，确定移民安置方式为后靠就地安置和县内迁建安置。

电站主体工程量：土石方明挖 181 万 m^3，石方开挖 157 万 m^3，混凝土量 193 万 m^3，其中碾压混凝土 81 万 m^3，常态混凝土 112 万 m^3。

本工程设计工作由北京勘测设计研究院承担，勘测工作由昆明勘测设计研究院承担。工程静态总投资（按 1993 年 1 月份价格计算）为 44.55 亿元，总投资为 80.74 亿元。由国家开发投资公司、云南红塔集团、云南省投资公司、云南省电力公司等四方，按 5：3：1：1 的比例出资，共同组成云南大朝山水电有限责任公司负责电站的建设、管理与经营。本工程计划施工准备期 2 年（现已完成“四通一平”等准备工程），大坝主体工程施工期 4 年，完建期 2 年半，1996 年 11 月截流，2000 年 12 月第一台机组发电。

（北京勘测设计研究院　于忠政）

广州抽水蓄能电站二期工程

广州抽水蓄能电站二期工程与一期工程处于同一地理位置，即位于广州市东北方向的从化县的吕田镇。二期工程装机规模与一期工程一样，为 120 万 kW（4×30 万 kW），年发电量 25.089 亿 kW·h，担负广东电力系统中调峰任务，并配合大亚湾核电站安全经济运行。在可能条件下还担负系统的临时紧急备用及调频、调相等任务，并吸收大亚湾核电站的低谷电量和水电弃水电量。工程于 1993 年 2 月开始附属洞及施工支洞的施工，1994 年 9 月 12 日主体工程开工，计划 1998 年 7 月第一台机组发电。

二期工程自然条件与一期工程相同，详见本年鉴第二卷（1984～1988）第 174 页，这里不再重述。

二期工程由上下水库、引水系统和地下厂房组成，其枢纽布置见图。

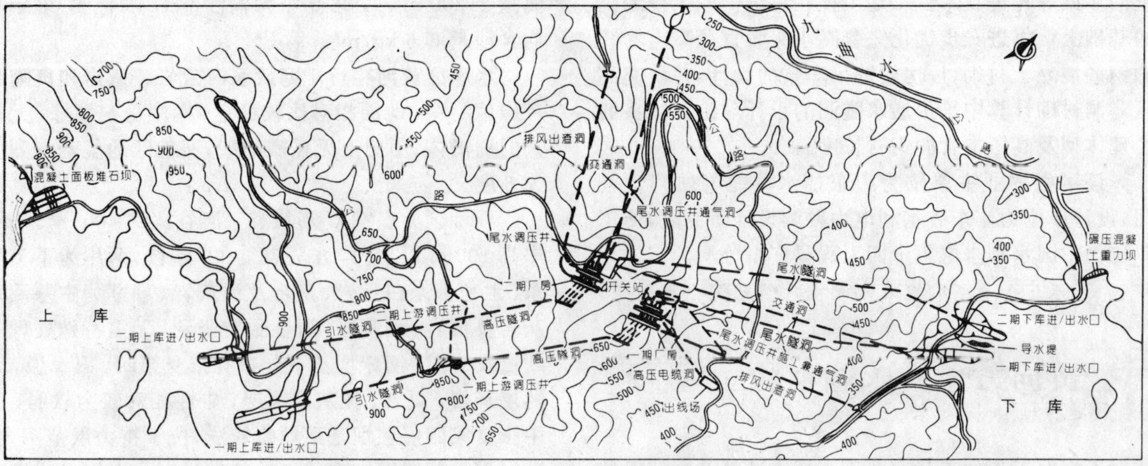

广州抽水蓄能电站二期工程枢纽布置图

上、下水库均系利用一期工程已建的水库，其水位及库容指标见表。

广州抽水蓄能电站上、下水库水位与库容指标表

水　位	上水库		下水库	
	水位（m）	库容（万 m^3）	水位（m）	库容（万 m^3）
正常蓄水位	816.8	2406.0	287.4	2340.0
死水位	797.0	722.0	275.0	629.0
设计洪水位（$P=0.1\%$）	818.25	2568.0	289.9	2761.0
校核洪水位（$P=0.01\%$）	818.30	2575.0	290.33	2832.0

引水系统包括上下水库进出水口、引水隧洞、上游调压井、高压隧洞、尾水洞和下游调压井等。上下水库进/出水口均为岸坡式。引水隧洞长 883.5 m，洞径 9 m，采用钢筋混凝土衬砌。上游调压井为带有上室的阻抗式，上室直径 25 m，大井直径 14 m，连接管直径 8.5 m，阻抗孔口直径 6.3 m。高压隧洞采用二级斜井布置，坡度 50°，上下斜井总长 694.2 m，中平洞长 207.8 m，洞径 8.5 m；下斜井后接水平洞，洞径由 8.5 m 变至 8 m 后即为岔管段；岔管段的主管直径由 8 m 渐变到 3.5 m，4 条支管洞径为 3.5 m，与主管成 60°角，卜

型分岔斜向接入厂房。高压隧洞以及岔管段采用钢筋混凝土衬砌，4 条支管采用钢板衬砌。尾水洞长 2190.34 m，洞径 9 m，采用钢筋混凝土衬砌。下游调压井采用两个尾水调压井，型式为带上廊道的阻抗式，上廊道利用部分尾调通气洞，大井直径 14 m，连接管直径 5.6 m，阻抗孔口 4.0 m。

地下厂房与主变洞两大平行洞室之间的净距为 35 m，由 4 条母线洞连接，安装间布置于主厂房东端，副厂房在西端。尾水闸阀廊道在主变洞下游侧净距 17.075 m。厂房内安装 4 台单机容量为 30 万 kW 的竖轴单级可逆混流式水泵水轮机组，厂房尺寸为 146.5 m×21 m×47.64 m（长×宽×高，下同）。主变洞尺寸为 138.07 m×17.24 m×17.6 m。开关站布设于户外，通过高压电缆洞将其与主变洞连接。开关站的平面尺寸为 102 m×55.5 m。

二期工程主要工程量为：土石方明挖 77.12 万 m^3，石方洞挖 94.72 万 m^3，混凝土及喷混凝土 19.12 万 m^3。工程静态投资为 15.602 亿元，其中外资 1.5496 亿美元，内资 7.1721 亿元；总投资 18.6652 亿元，其中外资 1.8926 亿美元，内资 8.3694 亿元。

该电站在一期工程中已采用钢筋混凝土岔管、岩壁吊车梁等先进技术。二期工程在总结一期工程经验的基础上，将进一步优化完善高水头大直径高压岔管的钢筋混凝土衬砌、厂房岩壁吊车梁的设计，并研究高压隧洞衬砌计算中采用透水隧洞的设计理论、堵头的合理体型及高压支管的钢衬长度。

该工程的业主单位为广东抽水蓄能电站联营公司，设计单位为广东省水利电力勘测设计研究院，施工单位为中国水利水电第十四工程局广东分局。

（广东省水利电力勘测设计研究院 王高亮）

黄河万家寨水利枢纽工程

万家寨工程位于黄河北干流托克托至龙口河段峡谷内，是黄河中游规划开发的 8 个梯级中的第一个。左岸为山西省偏关县，距庄三铁路三岔堡车站 82.3 km；右岸隶属内蒙古自治区准格尔旗，距丰准铁路薛家湾车站 60.6 km。河段两岸邻近地区蕴藏着丰富的煤炭资源，是华北的主要能源及重化工基地；但由于该地区严重缺水，使能源基地工农业生产和建设受到严重影响，解决供水问题刻不容缓。该水电站位于华北电网内，全电网以火电为主，水电比重仅占 5.4%，其中晋、蒙电网几乎全是火电，严重缺少调峰电源。该工程的主要任务是供水，结合建设调峰水电站，同时兼有防洪、防凌作用。年供水量 14 亿 m^3，其中向山西大同、平朔、太原供水 12 亿 m^3，向内蒙准格尔供水 2 亿 m^3。水电站装机容量 108 万 kW，年发电量 27.5 亿 kW·h，将是华北地区近期最大的调峰水电站。

万家寨水库的滞洪提高了天桥水电站的防洪标准，当天桥水电站发生五百年一遇洪水时，由于万家寨水库的调洪，天桥水电站可以不需按原设计破右岸土坝而安全渡汛。

万家寨水库的建成运用，可以缓解天桥库区的冰情。天桥水电站自 1977 年建成以来，库区及以上地区多次发生冰塞冰坝，给左岸的河曲县和右岸准格尔旗沿河村庄、厂矿、农田造成严重损失，天桥水电站亦曾被迫停止发电。万家寨建库后，上游内蒙河段流冰被水库预留的蓄冰库容拦截；坝址以上至拐上的畅流段将变为库区，冬季形成盖面冰，不再产生冰花；冬季万家寨下泄的水温将比天然河道水温略高，因此可大大缓解天桥水电站库区的冰塞壅水灾害，提高该电站的发电效益。

水利枢纽坝址控制流域面积 39.48 万 km^2，多年实测平均流量 790 m^3/s，多年实测平均径流量 249 亿 m^3，设计年径流量 196 亿 m^3，20 年一遇洪峰流量 8350 m^3/s，千年一遇洪峰流量 16500 m^3/s，万年一遇洪峰流量 21200 m^3/s，多年平均输沙量 1.49 亿 t，多年平均含沙量 6.6 kg/m^3。

水库区黄河穿行于寒武系白云岩、灰岩和奥陶系灰岩地层中，地层相对比较稳定。库岸稳定性好，无较大的坍滑体。历史上无强震记载，坝址区地震基本烈度为 6 度。

坝址区为扁宽 U 形峡谷，河谷宽约 400～450 m，岸高 100 m 以上。岸坡呈 75°～90°陡坡，两岸为下奥陶系、上寒武系白云岩、灰岩及泥灰岩。坝基为中寒武系灰岩及页岩、泥灰岩，岩性致密坚硬，无需特殊处理的断层及裂隙。河床坝基下分布有张夏第四、第二层，为薄层灰岩、页岩、泥灰岩互层，岩性相对较为软弱，其中张夏第四层在坝基下埋藏较浅，位于持力层范围内，其层面局部范围内有剪切破碎带或泥化夹层，为坝的深层滑动控制面。其综合抗剪断强度 $f=0.7$ MPa、$C=0.7$ MPa。坝址峡谷出口下游 8.5～36 km 范围有砂石料场分布，但料场分散，粒径偏细，开采不便。经分析比较，以采用两岸（以左岸为主）厚层灰岩采石场作人工骨料较为经济。

万家寨水库系山区峡谷型水库，最高蓄水位 980 m、正常蓄水位 977 m，总库容为 8.96 亿 m^3，长期有效库容 4.45 亿 m^3，为不完全年调节水库。为实现水库年内冲淤平衡，控制水库淤积末端上延，采用“蓄清排浑”运用方式，调节周期为 8 月至翌年 7 月。主汛期运行水位 952～957 m，防洪限制水位 966 m，最低冲沙水位为 948 m。大量试验研究表明，采用以上运行方式可使库尾淤积不影响拐上，水库保持 4.45 亿 m^3 调节库容；同时也可满足华北电网对该电站备用峰荷出力的要求。

水库长 72 km，库区淹没涉及准格尔、清水河、偏关三个旗、县，淹没耕地 4319 亩，迁移人口 3439 人。移民安置主要采取就近后靠农业安置方式。

该工程属一等一级工程，由拦河坝、泄水排沙建筑物、电站厂房、开关站、引黄取水口等组成。其枢纽布置见图。

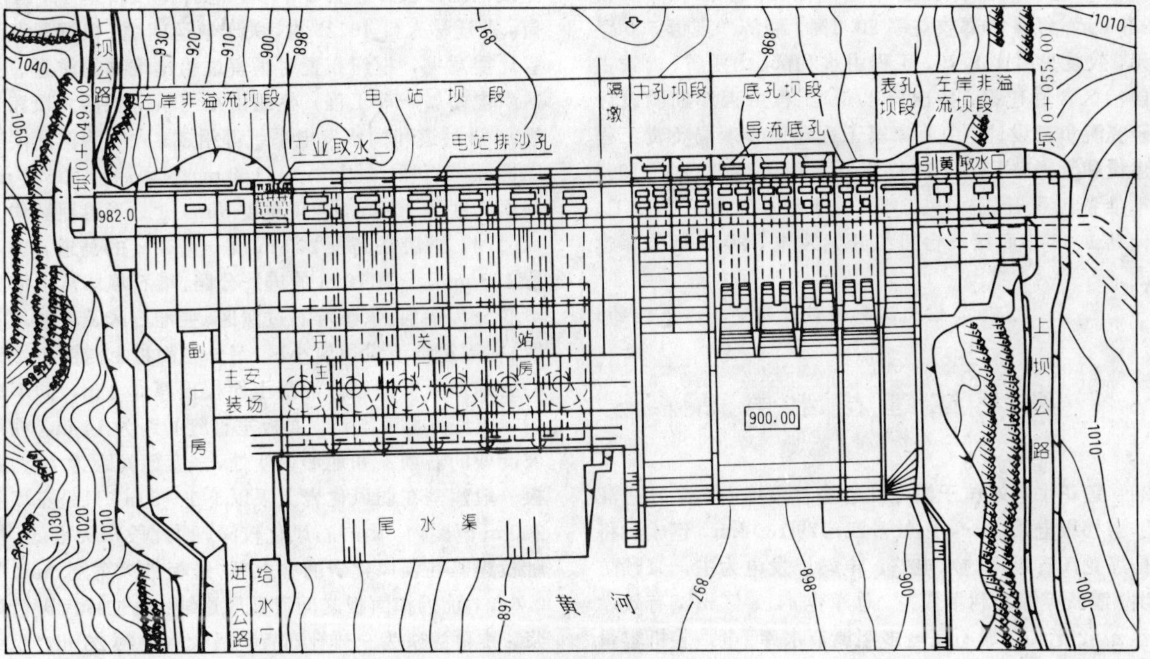

万家寨水利枢纽布置图

拦河坝为半整体式混凝土重力坝，最大坝高 90 m (91)*，坝顶高程 982 m，坝顶长 438 m (436)*。泄水排沙建筑物位于河床左岸，有 8 个 4 m×6 m 的底孔，进口高程 915 m，最大单宽流量 76 m^3/s；4 个 4 m×8 m 的中孔，孔口高程 946 m，最大单宽流量 70 m^3/s；1 个 14 m×10 m 的表孔，进口高程 970 m，最大单宽流量 45 m^3/s，采用长护坦挑流消能。万年一遇洪水下泄流量 8326 m^3/s，千年一遇洪水下泄流量 7899 m^3/s。排沙期最低运用水位 952 m 时，总下泄流量大于 5000 m^3/s，满足水库排沙的要求。在电站进水口下 20 m、高程 912 m 处设置 5 个 ϕ2.7 m 的小排沙孔，用以承担电站进水口"门前清"任务。

电站布置于河床右岸，机组进水口高程 932 m，压力钢管直径 7.5 m，为坝后式厂房。主厂房长 196.5 m，厂房上部宽 27 m，下部宽 43.25 m，总高度 60.7 m，安装场分主、副两部分，分设于厂房的两端部。主厂房装有 6 台单机容量 18 万 kW 的混流式水轮发电机组，机组中心距 24 m，安装高程 894.5 m。副厂房长 63.5 m、宽 15 m，与主厂房成 T 字型布置。220 kV 全封闭式 (GIS) 开关站和主变压器均布置在厂坝间 909 m 高程平台上。电站出线 220 kV6 回，送往内蒙古、山西及华北。

两个引黄取水口设在左岸第 2、3 坝段上，进水口底板高程 948 m，钢管直径 4 m，单孔引水流量 24 m^3/s，两孔总引水流量 48 m^3/s。为减少引水含沙量，取水口采用设置活动取水装置分层取水的型式。具体结构布置是在坝体进水口的上部设钢筋混凝土结构的竖井，竖井上游侧安装下沉式平板取水闸门，水流由取水闸门顶流入竖井，平板取水闸门随着水库水位消落而下降，保持门顶在水下一定深度取水，使取水口始终引取水库上层含沙量较小的水。

为加速施工进度，提高工程质量，降低工程造价，经比较研究，该工程采用低热微膨胀水泥，补偿收缩混凝土筑坝技术。计划分两步实施：第一步准备在大坝基础约束区、边坡坝段、压力钢管槽回填、施工导流底孔和预留缺口封堵、尾水渠隔墙和溢流坝护坦等有边界约束部位使用，数量达 60 万 m^3；在技术可行的情况

* 有括号者为招标书数字，无括号者为初步设计数字。

下，第二步准备推广到全坝应用。

工程主体工程量：土石方开挖130.46万m^3，混凝土184.55万m^3。施工采用分期导流方式。施工总工期6年半，另需筹建期1年半，第5年第一台机组发电。工程静态投资25.6亿元(1992年底价格水平)，总投资（包括价差和利息）39.5亿元，单位kW投资2370元。经济内部收益率20.8%，经济净现值5.5亿元，效益费用比1.29。工程由水利部、山西省、内蒙古自治区合资建设，各出资1/3。工程由天津勘测设计研究院负责设计，由万家寨工程建设管理局负责工程建设和管理。工程于1992年开始现场筹建工作，1993年准备工程开工，1994年10月主体工程正式开工。计划1998年底第一台机组开始发电，2000年全部建成。

（天津勘测设计研究院　朱昭钧）

黑龙江莲花水电站

莲花水电站位于黑龙江省海林市境内，系牡丹江下游梯级电站之一，距牡丹江市约130 km，建成后将是黑龙江省最大的水电站。电站以发电为主，兼顾防洪、灌溉等综合利用效益。总库容41.8亿m^3，有效库容27.2亿m^3，属不完全多年调节水库。电站装机容量55万kW，保证出力5.58万kW，多年平均发电量7.97亿kW·h。电站建成后将缓解东北电网和黑龙江省日趋突出的电力紧缺和调峰矛盾。

坝址以上控制流域面积3.02万km^2，多年平均降雨量500～750 mm。坝址多年平均流量228 m^3/s，实测最大流量7920 m^3/s，多年平均径流量71.9亿m^3。设计洪水流量（0.2%）17500 m^3/s，校核洪水流量(PMF) 29800 m^3/s。多年平均悬移质输沙量102万t，多年平均含沙量0.14 kg/m^3。

水库位于区域构造相对稳定的地区，区内出露的地层主要有下元古界的混合花岗岩、混合岩及角闪斜长片麻岩等，侵入岩主要有元古界的混合花岗岩、花岗闪长岩等。区内构造断裂以南北向断裂为主，规模较大，其次为北东向、东西向及北西向断裂。区域性的牡丹江断裂通过坝址左岸垭口，向南伸入库区，向北延至下游，但无现代活动迹象。经辽宁省地震局鉴定，基本地震烈度为6度。

库区两岸山势高峻，无相邻河谷及单薄分水岭。构成库区的岩石主要为弱透水的花岗岩或混合花岗岩，且地下水位较高，无永久性渗漏问题。坝区河谷为一不对称的U型谷，平水期江水面宽约155 m。右岸为凹岸，因受河流强烈冲刷，沿江形成基岩裸露的陡壁，比高达90～180 m。左岸为凸岸，分布有漫滩和Ⅰ、Ⅱ级阶地，坝头处为一近东西向的条形山脊。坝头后部山脊由于F_1大断层通过，岩石风化破碎，构成一低矮的垭口，垭口左侧山体逐渐升高加厚。

水库正常蓄水位218 m，水库回水长度99.9 km，淹没范围涉及2个县2个乡，总计淹没耕地10.94万亩，需迁移人口40725人。关于航运问题，根据黑龙江省计委意见，枢纽布置时预留过船建筑物的位置。

电站属一等工程，枢纽由拦河坝（包括大坝和二坝）、溢洪道和引水发电系统等组成。大坝为钢筋混凝土面板堆石坝，最大坝高71.8 m，坝顶高程225.8 m，坝顶长度为902 m，坝顶宽度8 m，上、下游坝坡均为1∶1.4。下游在高程200 m设一宽3 m的马道，在高程173 m有一宽10 m的进厂公路。堆石坝体从上游到下游分为垫层区、细堆石过渡区、主堆石区及下游堆石区，在周边缝下设填筑小区，另外在面板上游侧下部设粘土铺盖及保护区。混凝土面板顶厚0.3 m，向下渐增，至底部厚0.5 m。面板垂直缝间距为14 m，在岸坡陡峻的右坝头和地形突变处，垂直缝间距为7 m。趾板一般建基在弱风化岩上限以下1～2 m，只是左坝头200 m范围内，因岩石风化较深，而此段水头很低，把趾板建基在强风化岩的中上部。趾板最大宽度6 m，厚0.6 m，趾板和面板之间设置周边缝。通过趾板进行灌浆。帷幕灌浆为一排孔布置，最大深度约25 m，固结灌浆于帷幕孔上下游各一排，孔深一般为6 m。坝址地处寒冷山区，多年平均气温3.2℃，极端最低气温是－45.2℃，极端最高气温37.5℃。

二坝为粘土心墙砂砾石坝，布置在左岸低矮垭口处，最大坝高64 m，坝顶高程226 m，坝顶长270 m，坝顶宽8 m，上下游坝坡坡度为1∶2和1∶2.25。心墙建基于呈块状的全风化岩下部，通过心墙底板进行灌浆，向右与大坝帷幕相接，向左坝肩延长约120 m，另外在F_1大断层破碎带加强灌浆。

溢洪道位于右岸低分水岭处，为开敞式岸坡溢洪道，由引水渠、溢流堰体、泄槽、挑流鼻坎及出水渠组成，总长650.5 m。溢流堰顶高程205.6 m，设7孔宽16 m、高13.4 m的弧形闸门，设计洪水位220.58 m时下泄流量12210 m^3/s，校核洪水位225.41 m时下泄流量为18570 m^3/s。泄槽由130 m宽变至90 m，泄槽侧墙为钢筋混凝土衬砌，设有掺气槽。挑流鼻坎半径50 m，挑角30°。

引水发电系统布置在右岸，包括进水口、引水隧洞、调压井、压力管道、厂房及开关站等。岸塔式进水口位于右岸坝头上游约300 m处，设2扇宽6 m、高14 m平板滑动检修闸门。2条引水隧洞，圆形断面直径13.7 m（洞身前半部施工期兼作导流洞），长度分别为

663 m 和 541 m。在引水隧洞尾部各设面积 189 m^2 的阻抗式调压井，内设 2 扇宽 7 m、高 8.4 m 的快速闸门。每个调压井后对称引出 2 条直径 8.4 m、长 160.4 m 的压力管道向机组供水。压力管道之后为一地面式厂房，长 160.0 m、宽 28.9 m、高 57.6 m，内装 4 台单机容量为 13.75 万 kW 的水轮发电机组。4 台主变压器布放在厂房后，开关站布置在厂房左后方。电站枢纽布置见图。

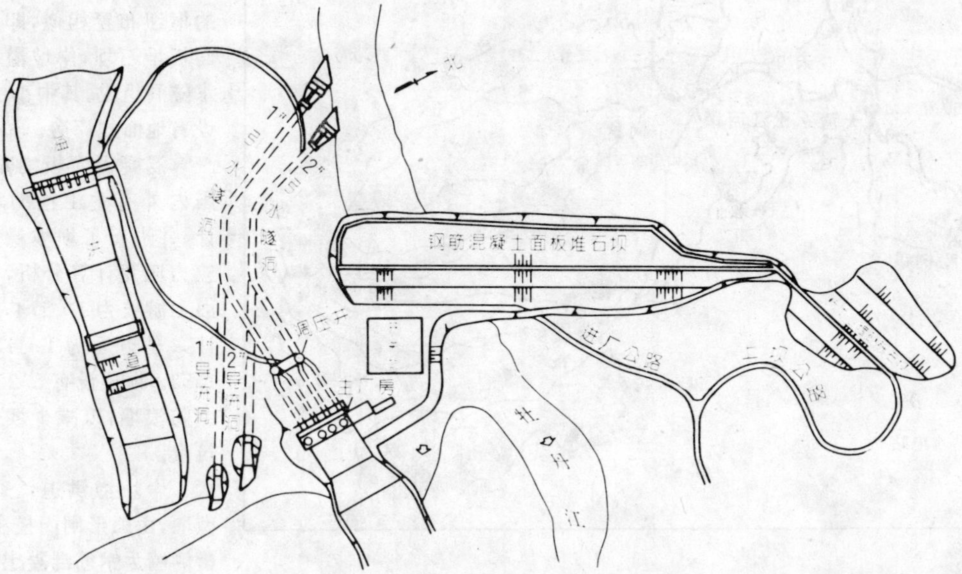

莲花水电站枢纽布置图

该工程采用一次断流、隧洞导流方案，导流洞进、出口及厂房围堰为粘土心墙土石围堰，大坝上游围堰为粘土斜墙十石围堰，按 10 年一遇洪水设计，2 条导流洞为直径 13.7 m 的圆形断面。第一年 10 月中旬先填筑导流隧洞进、出口及厂房围堰，江水从束窄的河床过流，第三年汛末主河床截流，江水由两条导流隧洞宣泄，第五年 6 月下闸蓄水，同年 8 月初首台机组发电。工程总工期 67 个月。

主体工程量：土石方明挖 588 万 m^3，石方洞挖 37 万 m^3，土石方填筑 590 万 m^3，混凝土 48 万 m^3，固结、帷幕灌浆 3.62 万 m，金属结构安装 4110 t，钢筋与钢板 3.28 万 t。

工程总投资按 1991 年价格水平计算的静态投资为 18.35 亿元，总投资为 27.89 亿元。由国家能源投资公司和黑龙江省合资建设，黑龙江省承担总投资 30%，主要用于水库淹没补偿部分，其余由国家能源投资公司承担，投资双方按最终投资比例拥有产权并分利。该工程于 1992 年 10 月 13 日正式开工，黑龙江省水电建设管理局为业主单位，勘测设计工作（含招投标文件的编制）由东北勘测设计研究院承担，工程监理单位为西北勘测设计研究院。经过招标选定主要施工单位为水电第一工程局。

（东北勘测设计研究院　金正浩　苏　萍）

吉林松江河梯级水电站

一、工程概况

松江河梯级水电站位于吉林省东南部山区漫江和松江河两河流域上，系由松山引水工程（将漫江水引入松江河）以及在松江河上修建的小山、双沟、石龙水电站，连同已建成的北江水电站形成的一组梯级电站。此外，为充分利用水能资源，在松江河支流三道松江河上修建引水工程，将水引入小山库区。梯级电站分布在 50 km 范围内，中间有通化至白河铁路通过，各枢纽还有简易公路相通。其所处位置是东部电网与东北主网的联接桥梁。梯级电站位置见图 1。

松江河梯级水电站以发电为主，抚松镇有一般防洪要求，各水库还可发展多种经营事业。该梯级水电站总装机容量为 51 万 kW，多年平均发电量 8.369 亿 kW·h，根据 1990 年初步设计复核概算，工程静态总投资为 11.9 亿元，工程动态总投资为 14.9 亿元（不含送出工程）。工程开发程序为先松山、小山，后双沟、石龙，合理总工期为 6 年 9 个月。一期工程于 1993 年 11 月开工。各枢纽工程特性见表。

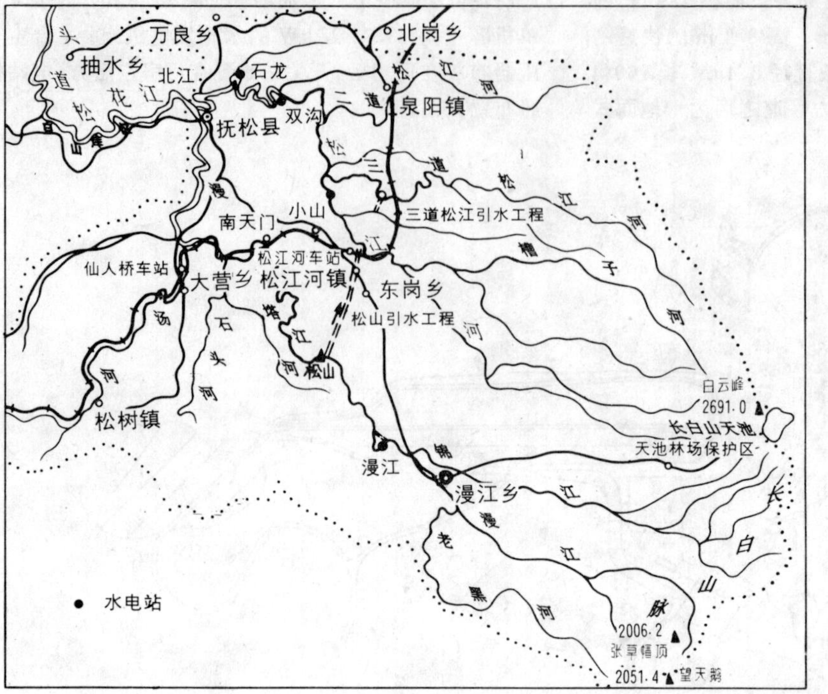

图1 松江河梯级水电站位置图

站、双沟水电站为大Ⅱ型二等工程，石龙水电站为三等工程，三道松江河引水工程为四等工程。

松山、小山、双沟三个工程的枢纽布置相似，即由混凝土面板堆石坝，岸坡溢洪道和引水隧洞组成。其中小山、双沟均设有地面式厂房。

混凝土面板堆石坝：参考国内外有关工程的坝剖面设计，并进行了坝坡稳定及坝体应力应变计算分析，确定坝剖面上游坡为1∶1.4，下游坝坡计入马道后为1∶1.49～1∶1.52。坝顶设有5.2 m高混凝土防浪墙，以减少坝体堆石填筑量。

岸坡溢洪道：采用WES型堰，由弧形闸门控制泄流。陡槽侧墙为钢筋混凝土贴坡式衬砌或重力式混凝土挡墙，底板与侧墙脱开，锚固于基岩上，挑流消能。

引水洞：有压隧洞，根据洞身围岩条件，经比较确定为圆形及方圆形断面。压力管道为圆形断面，靠近厂房段设有钢板衬护。调压井为阻抗式。

1. 松山引水工程　混凝土面板堆石坝坝顶宽8 m，坝体堆石及碎石过渡层填筑151.64万m^3。左岸靠坝头布置开敞式溢洪道，设3孔，每孔净宽8 m，挑流消能。边坡最大开挖深度约52 m。引水隧洞为平底坡。隧洞前部约8 km长度通过主要为Ⅰ、Ⅱ类的安山岩，岩石较完整；后部约4.6 km属Ⅲ、Ⅳ、Ⅴ类安山岩与玄武岩接触带或玄武岩。引水洞径及断面型式根据经济比较，考虑施工出渣要求，并结合洞身围岩条件选择为方圆形断面。Ⅲ～Ⅴ类围岩采用断面尺寸5.3 m×4 m（宽×高）钢筋混凝土衬砌结构，顶拱混凝土厚0.5 m，边墙厚0.4m；其余地段为喷锚结构，断面尺寸为

二、自然条件

漫江、松江河地处吉林省东南部山区，河流封冻期约5个月，最大冻土深1.35 m，多年平均气温4.3℃，绝对最低气温为－37.1℃，抚松测站最大风速为18.0 m/s。该流域暴雨洪水多发生在7～9月份，一次暴雨历时3天，相应的洪水约7天，主要暴雨1天洪量约占3天洪量的40%～60%，3天洪量约占一次洪水总量的70%～75%，一次洪水径流系数在0.6～0.8之间。

松山、小山、石龙、双沟均属峡谷型水库、库岸较陡峻，主要由弱质不透水的安山岩类和玄武类等组成，区域高程为830～600 m。区域地震烈度为6度。

三、枢纽布置及主要建筑物

松江河梯级水电站中的松山引水工程、小山水电

松江河梯级水电工程特性表

项　目	松　山	小　山	双　沟	石　龙
坝址以上流域面积（km^2）	1302	905	1664	1706
引水后流域面积（km^2）	1302	2554	2966	3008
多年平均年径流量（亿m^3）	7.632	5.897	8.830	9.051
设计洪水标准及流量（$P=1\%$）（m^3/s）	1640	1680	2980	2980
多年平均流量（坝址）（m^3/s）	24.2	18.7	28.0	28.7

续表

项　　目	松　山	小　山	双　沟	石　龙
多年平均输沙量（万 t）	15.48	10.80	19.80	20.28
设计洪水位（P=1.0%）（m）	711.00	683.00	585.91	481.05
正常蓄水位（m）	711	683	585	479
死水位（m）	671	664	567	478
水库容积（正常蓄水位）（亿 m^3）	1.23	0.97	3.52	0.31
调节库容（亿 m^3）	1.07	0.53	1.45	0.02
装机容量（万 kW）	—	16（2×8）	28（2×14）	7（2×3.5）
保证出力（万 kW）	—	1.93	3.10	0.83
多年平均发电量（亿 kW·h）	—	3.244	3.868	1.257
坝型	CFRD 坝	CFRD 坝	CFRD 坝	混凝土重力坝
最大坝高（m）	79.00	86.20	109.70	43.00
坝顶长度（m）	234.00	295.27	297.00	219.00
泄水建筑物型式	岸坡式溢洪道			溢流坝
引水系统进水口型式	闸井式	斜墩岸坡式	直栅闸井式	岸坡式
有压引水隧洞内径/长度（m）	$\frac{5.9\times4.6}{126000}$	8/101.34 +9×10.62/728.15	9/21+ $\frac{10.2\times11.7}{489.68}$	6.2/187 +6.2/193
厂房尺寸（长×宽×高）（m）	—	66.5×20×43	71×21×45.8	62×18.6×44.5
土石方开挖（万 m^3）	101.37	149.16	320.91	51.34
石方暗挖（万 m^3）	41.31	26.85	23.95	1.52
堆石填筑（万 m^3）	151.35	142.79	266.2	—
碎石垫层填筑（万 m^3）	9.0	8.62	13.7	—
混凝土（万 m^3）	15.03	17.48	16.52	17.46
钢筋（t）	4792	5957	5730	2450
钢材（包括钢管）（t）	5355	4529	5170	2760
木材（m^3）	3725	6809	9150	5230

注　1. CFRD 坝为混凝土面板堆石坝；

2. 表内工程量为初步设计成果。

5.9 m×4 m（宽×高），喷混凝土厚 0.15 m。相应于松山、小山两水库正常蓄水位情况下设计过流量为 50 m^3/s。松山引水工程平面布置见图 2。

2. *小山电站*　混凝土面板堆石坝坝顶宽度 8 m，坝体堆石及碎石过渡层填筑量为 142.97 万 m^3。岸坡溢洪道设在右岸，傍山开挖，设 3 孔，每孔净宽 8 m，挑流消能。边坡最大开挖深度 58 m。引水发电系统布置在左岸，长 1245.13 m，除进口段 101.30 m 长为内径 8 m 的圆形混凝土衬砌断面外，其余大部为 9.0 m×10.62 m 及 8.2 m×10.52 m（宽×高）方圆形锚喷结构。调压井为阻抗式，内径 21 m，井身上部 18 m 高外露地表，井身下部埋藏在安山岩中。两条压力管道各长 175.29 m，圆形断面，内径 5.7 m。地面式厂房装 2 台 8 万 kW 水轮发电机组。户外开关站，面积为 50 m×41 m。小山电站枢纽布置见图 3。

3. *双沟电站*　混凝土面板堆石坝坝顶宽 10 m。坝体堆石及碎石过渡层填筑方量 257.9 万 m^3。岸坡式溢洪道在左岸，傍山开挖，设 3 孔，每孔净宽 14 m，校核洪水情况下最大泄流量 6183 m^3/s，最大单宽流量 154.58 m^3/s，挑流消能。陡槽在安山岩中通过，边坡最大开挖深度 64 m，边坡基本是稳定的。引水发电系统布置在左岸，隧洞长850m，断面主要为10.2m×11.7m（宽×高）

图2 松山引水工程平面布置图

图3 小山水电站枢纽布置图

方圆形，喷锚结构，顶拱厚 0.1 m，底板为薄混凝土结构厚 0.3 m。调压井为阻抗式，直径 21 m。两条压力管道长为 269.61 m 及 296.35 m，管径 6.4 m。地面式厂房，厂内装 2 台 14 万 kW 的水轮发电机组。户外式开关站，面积为 42 m×50 m。

4. *石龙电站* 为混合式开发，枢纽由混凝土重力坝、引水隧洞、地面厂房及开关站组成。混凝土重力坝坝顶宽 15 m，坝体混凝土量 12.356 万 m^3。河床中部第 3 到第 8 坝段布置 5 孔溢流坝，每孔净宽 12 m，校核情况下（$P=0.2\%$）最大泄量为 3912 m^3/s，最大单宽流量 54.3 m^3/s，挑流消能。引水发电系统布置在左岸，按单机单洞布置，两条隧洞长为 187 m 及 193 m，洞径 6.2 m。地面式厂房内装 2 台单机容量为 3.5 万 kW 的水轮发电机组。开关站设在厂房顶部，面积为 62 m×18.6 m，可满足 3 回 66 kV 出线要求。

（东北勘测设计研究院 关志诚）

广西百龙滩水电站

百龙滩水电站位于广西壮族自治区都安、马山两县交界处的红水河中游，是红水河规划中的第七个梯级。坝址距都安县城 12 km、马山县城 17 km、南宁市 147 km。坝址上游 27.6 km 处，有已建成的大化水电站，装机容量 40 万 kW；坝址下游 75 km 处，有待扩建的恶滩水电站，扩建前后装机容量分别为 6 万 kW 及 60 万 kW。百龙滩工程以发电为主，利用水库回水发展航运。电站厂房安装单机容量 3.2 万 kW 的灯泡贯流式水轮发电机 6 台，总装机容量 19.2 万 kW，设计水头 9.7 m，最大水头 18 m，单机额定流量 377.5 m^3/s。近期保证出力 8.78 万 kW，多年平均发电量 9.85 亿 kW·h；天生桥水电站运行后保证出力 12.15 万 kW，多年平均发电量 11.48 亿 kW·h；龙滩、天生桥水电站运行后保证出力 15.25 万 kW，多年平均发电量 13.35 亿 kW·h；11 月至翌年 4 月枯水期发电量分别占年发电量的 49.3%、52.6%、52.9%，发电效益十分显著。船闸近期可通航 250 t 船队，过坝年货运量 180 万 t。

坝址控制流域面积 112500 km^2。多年平均气温 21.3℃。多年平均含沙量 0.815 kg/m^3，实测最大含沙量 14.6 kg/m^3，年输沙量 5350 万 t。多年平均降雨量 1720 mm。多年平均流量 2020 m^3/s，实测最大流量 18700 m^3/s，经岩滩、大化水电站调节 $P=95\%$时的流量为 521 m^3/s，天生桥、龙滩水电站建成运行后 $P=95\%$时的调节流量为 1202 m^3/s。水库总库容 3.4 亿 m^3，正常蓄水位 126 m，相应库容 0.695 亿 m^3；死水位 125 m，相应库容 0.648 亿 m^3。百龙滩是一座低水头河床式径流水电站，需对大化水电站日调节流量进行适当的反调节。

水库淹没耕地 1000 亩，淹迁 84 人。

坝址为低山丘陵地形，河谷宽阔，河床中有 3 座小山，漫滩基岩裸露，河床覆盖层 0～2.38 m，地层

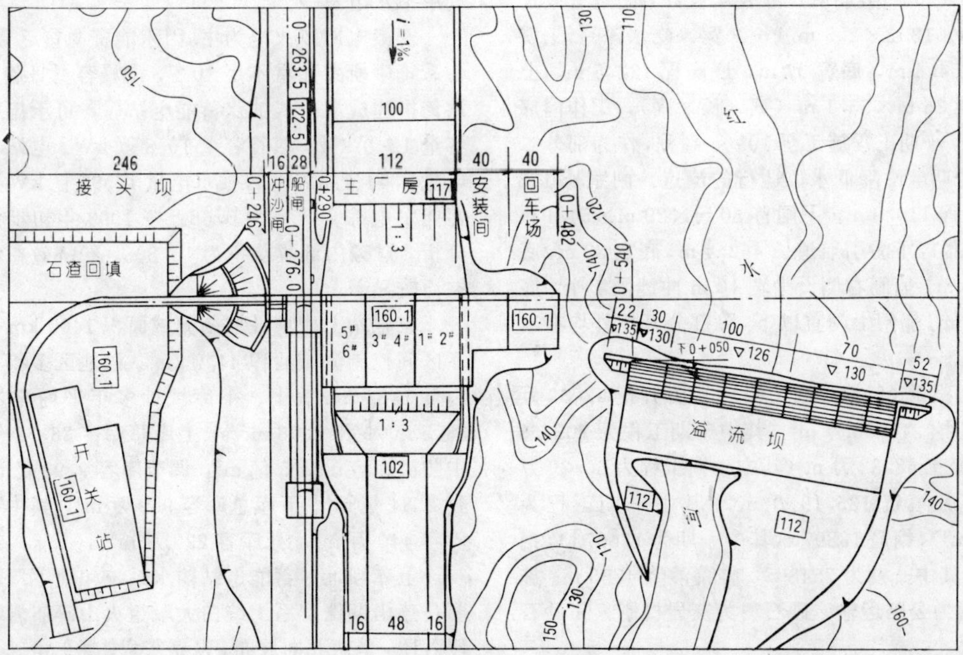

百龙滩水电站枢纽布置图

岩性为中薄层含粉沙、钙质泥岩夹灰岩，白云质灰岩和白云质泥灰岩互层，层面走向与河流夹角70°～80°，倾向上游30°～45°，断层计有23条，破碎带宽度0.03～1.0 m，较大断层有F_9、F_{10}、F_{12}。缓倾角断裂不发育。地震基本烈度为6度，设计建筑物地震不设防。

枢纽按三等工程设计，永久建筑物为3级建筑物，按50年一遇设计洪水流量23400 m^3/s，上游水位153.9 m，下游水位153.4 m；500年一遇校核洪水29600 m^3/s，上游水位159.2 m，下游水位158.7 m。枢纽由混凝土重力式溢流坝、河床式厂房、开关站、船闸、冲沙闸、接头坝组成。其枢纽布置见图。

碾压混凝土溢流坝布置于左岸主河道上，为开敞式自由泄流，总长274 m，最大坝高28 m。堰顶高程126 m、130 m，长度都为100 m；碾压混凝土接头坝顶高程135 m，长74 m。右岸土坝接头顶高程160.1 m，长210 m。

发电厂房布置于右岸滩地上，其尺寸为112 m×69.5 m×72.1 m（长×宽×高），厂顶及桥面高程160.1 m，安装场及发电机层高程为120 m，安装高程101.9 m，底板开挖高程88 m。厂房两侧各设4 m×8 m（宽×高）冲沙孔1个，进水口高程93 m。开关站布置于右岸坝轴线下游，220 kV出线3回，110 kV出线1回。

单级集中式输水船闸布置在右岸滩地岸边，总长1099.8 m，通航流量3500 m^3/s。上游引航道、闸首、闸室按2×500 t驳船队远景通航尺寸要求设计，下游引航道按2×250 t驳船队尺寸要求设计，闸室有效尺寸为120 m×12 m×2.5 m（长×宽×吃水深）。上游引航道长454.4 m，底宽37 m，底高程122.5 m。上闸首28 m×26 m×53.1 m（宽×长×高），工作门底坎122.5 m，一期工程施工至109 m高程，作为部分二期导流、初期电站降低水位运行的流道。闸室长128 m，底板高程110.8 m。下闸首30 m×29 m×54.1 m（宽×长×高）。下游引航道长462.4 m，底宽32 m，底高程110.8 m。船闸右侧设净宽10 m冲沙闸1个，底高程113.5 m。船闸上闸首以下，除部分开挖外均在二期工程施工。

主体工程量（包括导流工程）：土方开挖62.89万m^3，石方开挖241.36万m^3（其中一期工程为202.65万m^3），混凝土68.32万m^3（其中一期工程为60.29万m^3），土石方填筑135.19万m^3（其中一期工程为125.37万m^3），钢筋18897 t（其中一期为17667 t），钢材8577 t（其中一期为7548 t），帷幕灌浆4753 m。施工对外交通为公路运输。砂石料为灰岩机制人工砂石料。

该工程审定修正总投资（按1992年价格水平）为16.44亿元（一期工程为14.18亿元），其中静态投资10.43亿元（一期工程为9.72亿元）。送出工程静态投资1497万元。工程由广西桂冠电力股份有限公司集资建设。勘测、设计及监理工作由广西电力工业勘察设计院承担。工程施工由广西水电工程局承包。工程施工于1993年2月18日进场，设计计划总工期4年8个月（包括准备工期），第一台机组发电工期3年。

（广西电力工业勘察设计院　吴林森）

安徽响洪甸抽水蓄能电站

响洪甸抽水蓄能电站位于安徽省金寨县和六安县境内，距合肥市137 km，距220kV六安变电所45km。该电站是利用已建响洪甸水库为上库，距坝下8.8 km处筑坝形成下库，扩建抽水蓄能电站（装机2台，单机容量4万kW）与已建常规电站（装机4台、单机容量1万kW）组成总容量12万kW的混合式抽水蓄能电站，将在安徽电网中担负调峰填谷、调相调频和事故备用等任务。

已建的响洪甸水库是1958年兴建的以防洪、灌溉为主、结合发电等综合利用的多年调节水库，是淠史杭灌区的主要水源工程之一。已建装机4万kW的常规电站按灌溉用水的要求发电，不能为电网调峰。扩建抽水蓄能电站后，不仅使原以水定电的常规机组容量成为调峰容量，且可避免泄洪隧洞泄放灌溉水，从而充分利用了水电资源。

安徽电网以火电为主，因水能资源贫乏，水电在电力系统中所占比重不足10%，调峰容量日趋紧缺，响洪甸扩建成混合式抽水蓄能电站后，可承担电网调峰容量12万kW，填谷容量10.8万kW。电站年均总发电量2.44亿kW·h，抽水电量1.595亿kW·h，抽水蓄能发电综合效率为0.68。按1990年初步设计成果分析，财务内部收益率为15.8%，经济效益和社会效益均较显著。

该电站上库坝址控制流域面积1400 km^2，上、下库区间控制流域面积44.7 km^2。该地区多年平均年降雨量1452 mm。上、下库坝址多年平均流量分别为35.5 m^3/s和1.03 m^3/s。上库总库容26.32亿m^3，其中防洪库容14.05亿m^2，调节库容9.93亿m^3，死库容2.34亿m^3。下库总库容950万m^3，其中有效调节库容440万m^3，死库容220万m^3。

上库坝址、蓄能电站输水系统和地下厂房地区主要是燕山期侏罗系上统白大畈组火山碎屑岩和正长岩侵入体，呈南北向展布；以凝灰岩、凝灰角砾岩和火山角砾岩为主，偶有粗面岩分布。该区覆盖层薄，基岩裸露，建筑物以上岩覆厚度 60～240 m，岩性新鲜、坚硬、完整，无大的构造破碎带，地质条件优越。下库拦河坝坝高仅 16 m，坝址区无大的断层构造带，可以弱风化岩面作为建基面。本区地震基本烈度为 6 度。

扩建抽水蓄能电站后，不影响也不改变上库原有的运行方式；下库为利用区间河道蓄水而形成的带状水库，淹没范围仅涉及区间两岸沿河低地或滩地，淹没耕地 1231 亩，迁移人口 161 人。

枢纽工程主要建筑物有已建上库的拦河坝、泄洪隧洞、常规电站的厂房和引水建筑物等；新建的抽水蓄能电站的输水系统、地下厂房、升压开关站及下库枢纽工程等。其枢纽布置见图。

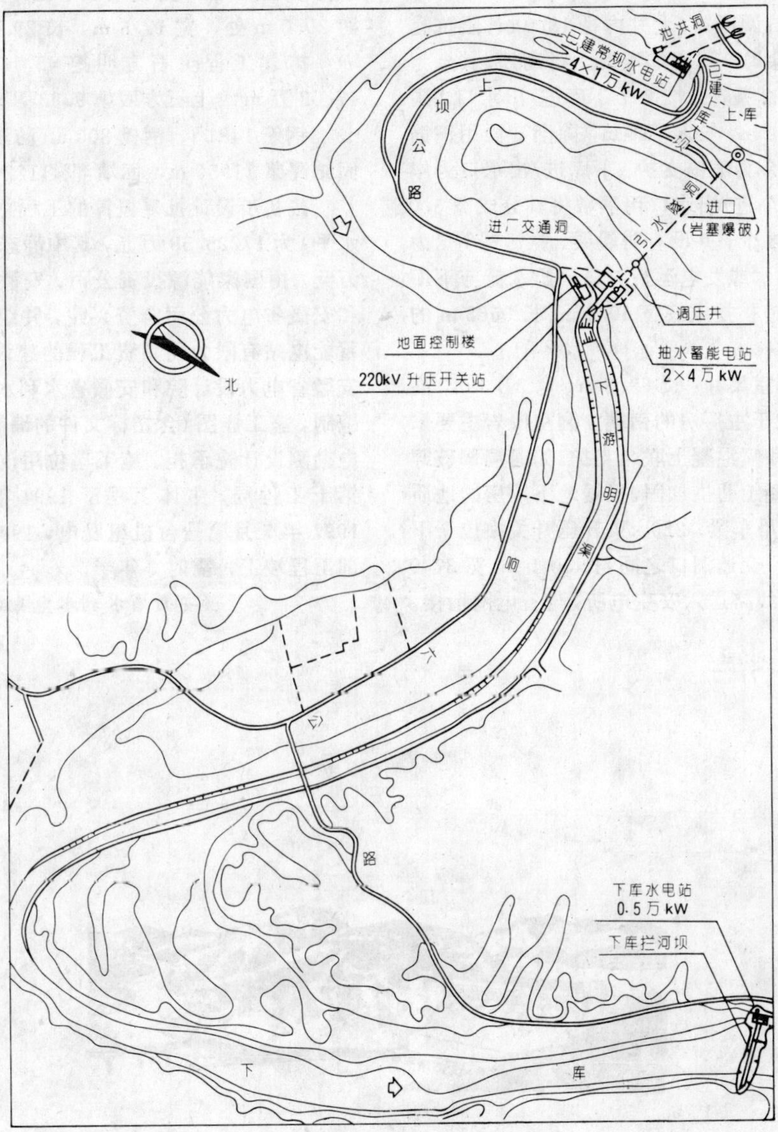

响洪甸抽水蓄能电站布置图

上库拦河坝为混凝土重力拱坝，高 87.5 m；常规电站厂房位于右岸，隧洞引水，厂房为地面式。引水发电洞由 1 条主洞接 4 条支洞，卜形分岔。主洞不衬砌，洞径 8.5～8.7 m，长 172.78 m，最大过流量 120 m^3/s。支洞为钢板衬砌，内径 3.6～2.8 m。泄洪洞 1 条，位于右岸，布置在引水发电洞下游侧，两洞相距 38 m，洞长 310 m，钢筋混凝土衬砌，内径 7.0 m，最大泄量 618 m^3/s。110 kV 开关站布置于厂房右侧山坡上。

抽水蓄能电站的输水系统由上、下库进/出水口、引水洞、引水调压井、压力钢管、尾水洞和下游明渠等组成。上库进/出水口位于大坝左岸上游 200 m 处，采用水下岩塞爆破施工，岩塞底面为9.0 m×9.0 m的城门洞形，最小厚度9.0 m。为避免井喷，减小爆破冲击力，拟采用闸门井高水位和气垫减震等新的技术措施。引水洞1条，钢筋混凝土衬砌后内径8.0 m，长646.599 m，下接2条支洞，钢板衬砌后内径5.5 m，长42.591 m。主、支洞呈Y形分岔，岔管用钢筋混凝土衬砌。主洞最大过流量225 m^3/s（抽水工况）。岔管上游20.273 m设阻抗调压井，大井内径18.0 m，阻抗孔竖井内径5.5 m；除局部用钢筋混凝土衬砌外，其余为喷锚支护。尾水洞2条，分接2个下库进/出水口，洞宽5.0 m，洞高6.0 m，长85.16 m，除渐变段用钢筋混凝土衬砌外，其余为喷锚支护。下库进/出水口为岸边侧向扩散型，每个进/出水口用隔墩将其分成宽5.0 m、高8.4 m的孔3个，并设有防涡梁、拦污栅等。为保证在低水位下抽水或发电运行时进、出水流与下库的衔接，将下游河道扩挖成底宽60.0 m、长3563 m的明渠。

地下厂房主洞室尺寸：长69.3 m，宽21.3 m，高48.2 m。安装间位于主厂房的南端。洞室围岩主要采用砂浆锚杆、挂网和喷混凝土联合支护。如遇局部破碎地段，则用钢筋混凝土肋拱加固。根据地下厂房的地质条件，采用岩壁式吊车梁。220 kV升压开关站位于下库进/出水口与进厂交通洞口之间，长50.0 m，宽37.0 m，以1回220 kV线路送六安变电所，与省电网衔接。

下库枢纽工程由下库拦河坝、溢流坝、下库电站和35 kV开关站组成。拦河坝采用混凝土重力坝，最大坝高16.0 m，坝顶长度260.0 m。其中：溢流坝段61.0 m，挡水坝段151.5 m，河床式电站厂房段31.02 m，左岸接头段16.48 m。溢流坝段与厂房坝段均位于左岸主河床深槽部位。河床式电站装1台5000 kW贯流式发电机组。35 kV开关站位于左岸河边，在电站厂房下游20.0 m处，宽17.5 m，长29.5 m。

扩建工程土石方明挖45.16万 m^3、洞挖石方17.02万 m^3、土石方回填9.93万 m^3、混凝土5.83万 m^3、钢筋1481 t、钢板800 t，防渗帷幕灌浆1560 m，固结灌浆11950 m，回填灌浆12200 m^2。

按初步设计批复概算的工程总投资（1990年价格水平）为17225.59万元，其中静态总投资为12106.84万元。由国家能源投资公司、安徽省电力开发总公司和安徽省电力公司合资兴建，并组建安徽响洪甸抽水蓄能电站有限公司负责工程的建设。工程初步设计由安徽省电力设计院和安徽省水利水电勘测设计院共同编制，施工详图（含招标文件的编制）由安徽省水利水电勘测设计院承担。施工单位用议标方式确定为水电第十工程局。主体工程于1994年12月开工，计划1997年7月第一台机组发电，1997年12月竣工。全部工程竣工，需时3年半。

（安徽省水利水电勘测设计院　沈小英）

统 计 资 料

1992～1994年全国新开工的2.5万kW以上水电站主要指标表

所在省、市、自治区	山西省、内蒙古自治区	黑龙江省	吉林省
电站名称 项目	万家寨	莲花	小山 (松江河梯级第一级)
建设地点、所在河流	偏关县准格尔旗、黄河	海林、牡丹江	抚松县、松江河
控制流域面积(km^2)	394813	30200	905
多年平均流量(m^3/s)	790	228	18.7
坝型	半整体式直线重力坝	混凝土面板堆石坝	混凝土面板堆石坝
最大坝高/坝顶高程(m)	90/982	71.8/225.80	80.2/686.2
正常蓄水位/死水位(m)	977/948	218/	683/664
总库容/调节库容(亿m^3)	8.96/4.45	41.8/15.9	0.97/0.53
设计/校核洪水标准P(%)	0.1/0.01	0.2/PMF	0.5/PMF
设计/校核洪水流量(m^3/s)	16500/21200	17500/29800	1940/4498
主要泄洪设施 孔数－宽×高(m)	坝顶表孔/1－10×14 中孔/4－4×8，底孔/8－4×6	岸坡式溢洪道 7－16×13.4	岸坡式溢洪道 3－12×12.60
隧洞长度/洞径(m)		647.8/12×14	101/8
厂房型式	坝后式	地面式	地面式
厂房尺寸(长×宽×高)(m)	196.5×27×60.7	162.5×29.4×55.98	66.5×20×43
水头：最大/设计/最小(m)	81.5/63.1/51.3	57.2/47/39	101/82/78
主要机组型号	HL220－LJ－580 SF180－60/12750	HLA296－LJ－635	HLA153－LJ－345
机组台数×单机容量(万kW)	6×18	4×13.75	2×8.00
装机容量(万kW)	108	55	16
保证出力(万kW) 年发电量(亿kW·h)	18.5/27.50	5.58/7.97	1.93/3.2
综合利用	供水、发电兼防洪、防凌	发电兼顾防洪和灌溉	发电为主
淹没耕地(亩)/迁移人口(人)	4318.8/3439	109433/40725	264/141
开挖土石方(万m^3)	130.46	624.48	176
填筑土石方(万m^3)		590	151
混凝土总量(万m^3)	184.55	47.69	17.5
总投资(亿元)	25.6	18.35	2.44
动态总投资(亿元)	39.5	27.89	
单位千瓦投资(元)(静态)	2372	3336	1525
开工(停工、复工)年月	1994.10	1992.10	1993.10
开始发电/竣工年月	1998.12/2000	1997.5/1998.5	1997.10/1998.1
设计单位	天津勘测设计研究院	东北勘测设计研究院	东北勘测设计研究院
业主单位		黑龙江水电建设管理局	松江河水电厂筹建处

所在省、市、自治区	吉林省	浙		
项目 \ 电站名称	丰满三期(扩建)	青山殿	湖南镇(扩建)	黄坛口(扩建)
建设地点、所在河流	吉林市、第二松花江	临安县、分水江	衢州市、乌溪江	衢州市、乌溪江
控制流域面积(km²)	156	1429	2151	2388
多年平均流量(m³/s)	439	47	79	85.3
坝型	土坝	重力坝	混凝土梯型坝	重力坝,西侧土坝接头
最大坝高/坝顶高程(m)	15.6/198.6	47.3/90.3	129/242	42.5/120.0
正常蓄水位/死水位(m)	192.2/189.3	84/79	230/190	115.00/114.00
总库容/调节库容(亿 m³)	0.104/0.0828	0.56/0.20	20.6/11.34	0.819/0.061
设计/校核洪水标准 P(%)	2.0/0.1	2/0.2	0.1/0.01	1/0.1
设计/校核洪水流量(m³/s)	5000/7500	5960/8930	11100/16600	8290/11800
主要泄洪设施 孔数－宽×高(m)	170m 泄洪支洞/1－9.2 溢流道/8－10.6×6	坝顶表孔/4－16×14	坝顶表孔/14.5×15.7 底孔/4－2.5×4	实用堰/8－10.5×10.5
隧洞长度/洞径(m)	254.6/9.2	262/8.0	1140/7.8	钢筋外包混凝土 2 条, 140/5.20
厂房型式	地面式	地面式	坝后左岸地面厂房	引水式地面厂房
厂房尺寸(长×宽×高)(m)	90×27.4×55.13	62×35×41	44.5×22×41.32	58.5×19.4×39.8
水头:最大/设计/最小(m)	67.5/53/46		110.7/80/64.9	31.0/28.0/24.0
主要机组型号	HLA296－LJ－585 SF50－10/4850	ZZ587A－LJ－350	HL200－LJ－410	HL(820)－LJ380 SF26－52/7600
机组台数×单机容量(万 kW)	2×14	2×2.0	1×10	2×2.6(原厂 4×0.75)
装机容量(万 kW)	28	4	10	5.2(原厂 3.0)
保证出力(万 kW) 年发电量(亿 kW·h)	/0.24	0.256/1.04	5.12/5.273 (含原电站)	1.63/1.747 (含原厂 1.504)
综合利用	发电兼供水	发电、防洪	发电、兼顾防洪	发电、防洪、灌溉、供水
淹没耕地(亩)/迁移人口(人)	190.35/468	371/459	10910/23658	0/0
开挖土石方(万 m³)	46.54	41.6	7.45(土)/4.627(石)	7.39
填筑土石方(万 m³)	3.23	2.1		0.2
混凝土总量(万 m³)	16.09	16.2	3.2	0.41
总投资(亿元)	3.8116	1.56	0.8173	0.565
动态总投资(亿元)	4.6876	1.98		
单位千瓦投资(元)(静态)	1361	3902	817.3	1087
开工(停工、复工)年月	1994	1994.11	1994	1992.12
开始发电/竣工年月	1998	待定	总工期:1 年 11 个月	
设计单位	东北勘测 设计研究院	华东勘测 设计研究院	华东勘测 设计研究院	华东勘测 设计研究院
业主单位				

续表

江	省			福 建 省
天荒坪抽水蓄能电站		玉 溪	三 插 溪	高 砂
上库	下库			
安吉县、西苕溪支流		丽水市、龙泉溪、瓯江	泰顺县、三插溪、飞云江	沙县、沙溪
0.327	24.2	3407	267.5	11329
～0	0.778	113.4	10.85	336
沥青混凝土斜墙土石坝	钢筋混凝土面板堆石坝	混凝土重力坝	混凝土面板堆石坝	闸坝
(主坝)73/907.0	92/350.2	23.5/81.5	88.8/346.42	25/108
905.2/863.0	344.5/295.0	79/77.5	340/305	103/102
885.0/805.0	877.0/805.0	0.145/0.036	0.4661/0.3026	0.4/0.0578
	1.0/0.1	2.0/0.2	2/0.1	2/0.2
	536/859	7168/7781	2411/3760	8400/9892
	岸边侧堰溢洪道/322×14	泄洪闸/6－12×11 冲沙闸/4－12×13	溢洪道/3－10×9.5	表孔/9－16×14.5
进水口至岔管 915/7.0,岔管至球阀 215～290/3.2～2.2(6条),尾水隧洞 217～238/4.4(6条)			3407/5.0、4.0(衬砌段)	
地下厂房		河床式	地面式	河床式
192.7×21×47.53		74.8×18×18.9	38.2×16.4×17.0	79×31.2×45
607.5/526/512		12.42/10.50/8.96	163/141/122.12	12/10/5.1
水泵水轮机:竖轴、单级、混流可逆式; 发电电动机:三项竖轴悬式空气冷却		卡普兰灯泡式 D1＝5000 SV550/56－133	HL160/D46－LJ－150 SF－J20－12/3250	GZ990－WP－420 SFWG12.5－48/4950
6×30		2×2.0	2×2	4×1.25
180		4.0	4.0	5.0
42.86(抽水电量)/31.6(发电量)		0.51/0.9286	0.548/1.0355	0.9/2.0
调峰、发电、兼顾下游特枯季节补水		发电兼顾航运和灌溉	发电为主	发电、通航
29/0		1643/1488	617/392	379/82
土石方 571.1,洞挖石方 70.9		66.67	69.071	33
559.0		12.50	78.7	30
29.8		24.48	6.73	15.8
43.365		1.7922	1.9199	1.425
				1.567
2409		4480	4799.75	2850
1993.7		1993.12	1993.12	1992.9
1997.12/2000.6				1995.2/1995.12
华东勘测设计研究院		浙江省水利水电勘测设计院	浙江省水利水电勘测设计院	华东勘测设计研究院
天荒坪抽水蓄能电站建设公司				

所在省、市、自治区 / 项目 \ 电站名称	福建省			江西省
	斑竹	竹洲	金山	东津
建设地点、所在河流	三明市、沙溪	三明市、沙溪	上杭县、汀江	修水县、修水
控制流域面积(km^2)	9774	8227	3680	1080
多年平均流量(m^3/s)	298	251	112	30.1
坝型	重力坝	重力坝	混凝土重力坝	钢筋混凝土面板堆石坝
最大坝高/坝顶高程(m)	31.5/135.5	35/153	39.5/216.5	80.5/200.5
正常蓄水位/死水位(m)	125.5/123	146/145		190/165
总库容/调节库容(亿m^3)	0.667/0.057	0.2389/0.035	0.55/0.264	7.95/2.34
设计/校核洪水标准P(%)	2/0.2	2/0.2		0.2/0.01
设计/校核洪水流量(m^3/s)	7890/9892	7200/9470		2256/3365
主要泄洪设施 / 孔数－宽×高(m)	表孔/10－16×9.51	表孔/9－16×9.3		开敞式明渠溢洪道/2－14×5
隧洞长度/洞径(m)				105.28/7.30
厂房型式	河床式	河床式	河床式	地面厂房
厂房尺寸(长×宽×高)(m)	82.5×19.7×45.81	89.5×17.0×45.5		58.62×19.0×35.17
水头:最大/设计/最小(m)	10/7.4/2.11	12.9/10/5.87		67.88/52.7/42.42
主要机组型号	GZSK111B－WP－550 SFWG15－68/5700	GZ－WP－420(暂定) SFWG－12.5－44C		HL250－LJ－275
机组台数×单机容量(万kW)	3×1.5	4×1.25	2×2	2×3.0
装机容量(万kW)	4.5	5.0	4	6.0
保证出力(万kW) / 年发电量(亿kW·h)	0.774/1.66	0.887/1.86	0.44/1.456	1.05/1.164
综合利用	发电、通航	发电、通航	发电、航运	防洪、发电
淹没耕地(亩)/迁移人口(人)	185/39	179/182	930/1250	7860/8560
开挖土石方(万m^3)	39	47	6.59(土)/29.63(石)	239.33
填筑土石方(万m^3)	29	29		208.8
混凝土总量(万m^3)	23	21	15.52	12.12
总投资(亿元)	1.894	2.24	1.578	1.515
动态总投资(亿元)	2.2005	2.78	1.94	1.648
单位千瓦投资(元)(静态)	4209	4480	3946	2525
开工(停工、复工)年月	1994.9	1994.9	1994.1	1992.2
开始发电/竣工年月	1995.10/1997.9	1996.10/1997.12		
设计单位	华东勘测设计研究院	华东勘测设计研究院	华东勘测设计研究院	华东勘测设计研究院
业主单位				

续表

湖 北 省	湖 南 省		
三 峡	潇 湘	近尾洲	白 云
宜昌县、长江	冷水滩市、湘江	衡南县、湘江	邵阳市、巫水上游
100万	21590	28600	556
14300	606	752	16.3
混凝土重力坝	闸坝	混凝土闸坝	混凝土面板堆石坝
175/185	28/104	24/74	120/550
175/155	97/96	66/65	540/505
393/165	1.82/	4.6/	3.6/2.98
0.1%/0.0%×(1+10%)	2/0.2	2/0.2	1/0.05
98800/124300	14600/18700	14800/18900	2150/3950
溢流坝段深孔结合表孔/前缘总长483; 22个表孔,净宽8;23个深孔,7×9	溢流坝 /27—12×8	表孔/实用堰15—14×9 /平底堰6—14×11	无压泄洪隧洞/2—6×8, 城门洞型/14×12—7.5×8.5
坝后式	河床式	河床式	坝后引水式
右584.2,左643.6×38×86.5	70.5×17×	56.5×16.5×	55×14.9×29.82
113/80.6/71	9/6/2	10/6.8/3.0	101.9/90/67.38
混流式	G2TF08-WP-580 SFW13-68/6400	灯泡式 SVs10/72/147	HLA153-LJ160 SF18-14/3250
26/70	4×1.3	3×2.106	3×1.8
1820	5.2	6.318	5.4
499～530/846.8	0.86/2.153	1.0/2.9239	1.089/1.168
417360/844124	979/950	近期1775/415	2891/3136
10259	133.932	50.80	40.52
2933	34.068	9.96	165.71
2715	26.579	17.97	6.81
900.9(1993年5月末价格)	4.383	4.9412	1.5634
	4.974	5.9064	1.7840
4950	8429	7821	2895
1994.12.14	1993.8	1994	1992.3
2003/2009		1997.1/1997.12	1995.12/1996.7
长江水利委员会	湖南省水利水电 勘测设计院	湖南省水利水电 勘测设计院	湖南省水利水电 勘测设计院
中国长江三峡工程开发总公司			

所在省、市、自治区 / 电站名称 / 项目	湖南省		广	
	满天星	高滩	高塘	孟州坝
建设地点、所在河流	汝城县、浙水	沅陵县、酉水	怀集县、北江支流绥江	韶关市、北江
控制流域面积(km^2)	435	17697	170	14720
多年平均流量(m^3/s)	13.1	504	6.15	411
坝型	混凝土双曲拱坝	闸坝	混凝土面板堆石坝	混凝土重力坝
最大坝高/坝顶高程(m)	65/575	28.7/129.2	110/423	33/61
正常蓄水位/死水位(m)	近期556,570/533	118/114.2	420/386	52.5/52.0
总库容/调节库容(亿 m^3)	0.142/0.05	0.2730/0.111	0.96/0.68	2.04/0.069
设计/校核洪水标准 P(%)	3.33/0.05	2/0.2	2/0.1	2/0.2
设计/校核洪水流量(m^3/s)	970/1250	18100/25700	1750/3530	9510/12400
主要泄洪设施 / 孔数－宽×高(m)	中孔/3－6×6	溢流坝/14－14×10	2－8×13	泄洪闸/12－16×10.5
隧洞长度/洞径(m)	2100/2.9		2322/4.5	
厂房型式	引水式	河床式	地面开敞式	河床式
厂房尺寸(长×宽×高)(m)	38.5×15×27.83	81.1×61.1×49.8	53×16.3×28.7	104×20×43.3
水头:最大/设计/最小(m)	182/142.5/134	12/8.5/4	166/144/132	8/5.3/3.0
主要机组型号	HLD46－LJ－130 SF－J15－10/3000	灯泡式	HL169－LJ－110	GZ－WP－580 SFWG11－72/6100
机组台数×单机容量(万 kW)	2×1.5	3×1.9	3×1.2	4×1.1
装机容量(万 kW)	3	5.7	3.60	4.4
保证出力(万 kW) / 年发电量(亿 kW·h)	0.487/1.292	1.26/2.8	0.7/0.96	0.51/1.522
综合利用			发电、防洪	发电、航运其它
淹没耕地(亩)/迁移人口(人)	156.9/0	86/730	230.7/159	16.56/65
开挖土石方(万 m^3)	8.1	50.5	71.5	65.86
填筑土石方(万 m^3)	4.2	3.0	198	13.43
混凝土总量(万 m^3)	7.8	17.5	9.70	26.32
总投资(亿元)	0.7571	4.4	2.81	3.1579
动态总投资(亿元)	0.9482	5.6	3.78	3.8010
单位千瓦投资(元)(静态)	2524	7719	7806	7177
开工(停工、复工)年月	1992.10	1992.9	1994.6	1994.12
开始发电/竣工年月	1994.12/		1996/1998	1995/1996
设计单位	湖南省水利水电勘测设计院	湖南省水利水电勘测设计院	中南勘测设计研究院	中南勘测设计研究院
业主单位				

续表

东　　省

大　河	广蓄二期		白　石　窑	飞　来　峡
	上　库	下　库		
阳春县、漠阳江	从化县、流溪河		英德市、北江	清远市、北江
438	5.0	13.0	17740	34097
24	0.209	0.544	532	1100
混凝土面板堆石坝	钢筋混凝土面板堆石坝	碾压混凝土坝	混凝土重力坝	混凝土重力坝、土坝
68/117	68.2/820	43/290	30.1/46.15	48.8/34.8
110/96.0	816.8/797	287.4/275.0	36.5/34	24/18
3.3229/1.4254	0.2575/0.1684	0.2832/0.1711	4.64/	19.04/13.36
1/0.5	0.1/0.01	0.1/0.01	1/0.1	0.2/0.02
2160/3270	252/308	723/881	11200/14200	21800/28700
开敞式 2—12×10.5	侧槽式岸边溢洪道 1—46.33	溢流坝段 2—9	开敞式/22—10×12	表孔/15—14×12.5
354.26/4.8	4438.34/8.5～9.0			
地面厂房	地下厂房		河床式	河床式
49.25×16.6×33.7	146.5×21×47.65		100.8×68.32×48	137.7×81×47.1
50.03/42/39.17	535.64/497.6/493.69		12.22/7.8/3.0	15/9.3/3.2
HL250-LJ-230 SF15-28/550	立轴可逆式法兰西斯式 三相竖轴可逆式同步电机		GZJF07-WP-580 SFWG18-68/5800	GZ-WP-580 SFWG23.4-64/6100
2×1.5	4×30		4×1.8	6×2.34
3.0	120		7.2	14.0
0.582/0.821	/25.089		0.97/2.78	2.26/5.546
防洪、发电、灌溉供水			发电、航运	防洪、航运、发电
2683/2741	125/0		2453/254	27234/22615
94.70	171.04		352.58	1119.2
112.0	33.24		300.08	920.57
10.20	19.19		29.08	99.49
2.514	15.602		3.0352	18.78
3.661	18.665		3.4122	23.59
8380	1300		4215	13414
1994	1993		1992.8	1994.1
开工后 39 个月/42 个月	开工后 54 个月/72 个月			
广东省水利电力 勘测设计院	广东省水利电力勘测设计院		珠江水利委员会 勘测设计院	珠江水利委员会 勘测设计院
	广州抽水蓄能电站联营公司			

所在省、市、自治区	广东省		广
项目 \ 电站名称	称架一级水电站	双溪	百龙滩
建设地点、所在河流	连山县、东江支流称架河	大埔县、韩江、梅潭河	都安县、红水河中游
控制流域面积(km^2)	113	1095	112500
多年平均流量(m^3/s)	5.42	32.40	2020
坝型	浆砌重力坝	碾压混凝土重力坝	混凝土重力坝
最大坝高/坝顶高程(m)	26.5/736.5	52.2/157.2	34/160.1
正常蓄水位/死水位(m)	729.5/723.9	154/133.5	126/125
总库容/调节库容(亿 m^3)	0.00195/0.0015	0.9460/0.6510	3.4/0.047
设计/校核洪水标准 P(%)	3.33/0.5	2/0.2	2/0.2
设计/校核洪水流水量(m^3/s)	1010/1270	4130/6410	23400/29600
主要泄洪设施 / 孔数－宽×高(m)	表面溢洪道/2－10×4.5	溢流坝段 / 5－10×13	开敞式溢洪道
隧洞长度/洞径(m)	8.33/3×3.5	678.74/2.8～6.2	
厂房型式	地下式	岸边式地面厂房	河床式
厂房尺寸(长×宽×高)(m)	40×13.5×25.3	57.6×16.3×26.81	152×69.5×72.1
水头:最大/设计/最小(m)	377/369.51	52.2/39.0/28.2	17.8/10/3.0
主要机组型号	CJ－L－200/2×18	HLA244－LJ－225 SF1200－28/4250	灯泡贯流式水轮机组
机组台数×单机容量(万 kW)	2×1.25	3×1.2	6×3.2
装机容量(万 kW)	2.5	3.6	19.2
保证出力(万 kW) / 年发电量(亿 kW·h)	0.3556/1.10	0.616/0.972	8.78/9.85
综合利用	发电、防洪	发电、灌溉、防洪供水	发电兼航运
淹没耕地(亩)/迁移人口(人)	25/0	2673/4075	1000/84
开挖土石方(万 m^3)	17.6	37.4	304
填筑土石方(万 m^3)	2.41	1.04	135
混凝土总量(万 m^3)	4.13	20.62	68.32
总投资(亿元)	0.9027	2.530	10.432
动态总投资(亿元)	0.9568	2.800	16.443
单位千瓦投资(元)(静态)	3651	7028	5443
开工(停工、复工)年月	1992.2	1994	1993.2
开始发电/竣工年月	1994.4/1994.8	开工后33个月/36个月	1996.1/1997.9
设计单位	中南勘测设计研究院	广东省水利电力勘测设计院	广西电力工业勘察设计院
业主单位			广西桂冠电力股份有限公司

续表

西壮族自治区		云南省	贵州、云南
贵港	龙滩 （二期开发）	大朝山	响水
贵港市、郁江	天峨县、红水河	云县、景东县、澜沧江	水城市、宣威市、北盘江
81700	95800	121000	4843
1560	1640	1330	81.1
混凝土坝	碾压混凝土重力坝	碾压混凝土重力坝	浆砌石双曲拱坝
33.3/	192/382;216.5/406.5	115/906	68/1164.00
43.1/42.6	375/330;400/340	899/882	1150/1133
6.43/0.18	162/112;273/205	9.4/3.67	0.083/0.0388
2/0.2	0.2/0.01	0.2%/0.02%	2.0/0.2
17100/21900	27600/35500	18200/23800	3010/4700
溢流闸坝/18 −14×14.5	表孔/2−15×20 底孔/2−5×8	表孔/5−14×17 底孔/3−7.5×10	坝顶溢洪/61.0
		1365/15	4172/4.6
河床式	地下式	地下厂房	河岸式
120×76.7×55.2	388.5×28.5×71.2	234×26×63	45.8×30.32
14/8.5/2.5	154/125/97;179/125/107	85.63/72.5/53.02	220.9/212/203.5
灯泡贯流式水轮机组	HL-LJ-750 SF600-54/17300	HLD75-LJ-580	HLD120-LJ-240 SF50-10/4850
4×3.00	7×60;9×60	6/22.5	2×5.5
12	420;540	135	11
5.22/6.91	123.4/156.7;168/188.5	36.31/59.31	3.3/6.02
航运和发电	发电兼防洪和灌溉	发电	发电兼灌溉
6714/40	82924/73392;123324/109900	12385/6100	150/0
467.4	1259	338	57.83
133.4	334.5		
55.8	708.6	19.3	10.05
13.069		44.55	1.75
16.378		80.74	1.978
10891		3300	1591
1994.9			1993.2
1998.3/1999.12			1996/1997
广西电力工业勘察设计院	中南勘测设计研究院	北京勘测设计研究院	贵州省水利电力勘测设计院
	中国南方电力联营公司	云南大朝山水电有限责任公司	

所在省、市、自治区	贵州省		
项目 \ 电站名称	田边寨	大七孔	东西关
建设地点、所在河流	盘县、北盘江乌都河	荔波县、龙江方村河	武胜县、嘉陵江
控制流域面积(km^2)	1233	1320	77299
多年平均流量(m^3/s)	25	30.0	879
坝型	浆砌石重力坝	重力闸坝	闸坝式
最大坝高/坝顶高程(m)	19/1186.1	33.2/755.2	43.2/261.5
正常蓄水位/死水位(m)	1182/1175	743/741	248.5/241
总库容/调节库容(亿 m^3)	390/	190/98	1.65/1.22
设计/校核洪水标准 P(%)	3.33/0.5	2/0.2	2.0/0.2
设计/校核洪水流量(m^3/s)	1230/2000	2060/3110	30500/41700
主要泄洪设施 孔数－宽×高(m)	坝顶溢流/30	坝顶溢流/3－12×7	泄洪排沙闸/ 9－14×31.2
隧洞长度/洞径(m)	3306/3×3.625	5657/3.2	
厂房型式	地面式	地面式	河床式
厂房尺寸(长×宽×高)(m)	35×13×15	45.6×15.3×2	92×60×51.33
水头:最大/设计/最小(m)	221/216/215	333.4/320.5/336.4	24.3/17/9.33
主要机组型号	HLD54－LJ－150 SF125－10/3000	HLD54－LJ－130 SF16－8/2600	ZZ560－LH－640
机组台数×单机容量(万 kW)	2×1.25	3×1.6(一期装机 2 台)	4×4.5
装机容量(万 kW)	2.5	4.8(一期装机 3.2)	18
保证出力(万 kW) 年发电量(亿 kW·h)	0.617/1.45	0.7968/1.98	5.21/9.55
综合利用	发电、灌溉及生活用水	发电和灌溉	发电、通航
淹没耕地(亩)/迁移人口(人)	无	98/0	4604/259
开挖土石方(万 m^3)	34.2	24.4	520.39
填筑土石方(万 m^3)	3.79		18.14
混凝土总量(万 m^3)	2.3	6.4	81.84
总投资(亿元)	0.6009	0.981	5.4776
动态总投资(亿元)	0.7351	1.211	7.2593
单位千瓦投资(元)(静态)	2404	2044	3040
开工(停工、复工)年月		1994.9	1992.8
开始发电/竣工年月		1997.9/1998.2	1995.3/1995.12
设计单位	贵州省水利电力勘测设计院	贵州省水利电力勘测设计院	成都勘测设计研究院
业主单位			

续表

四川省			
石板	黄丹	槽渔滩	雨城
丰都、龙河	沐川县、马边河	洪雅县、青衣江	雅安县、青衣江
1640	3291	10789	8777
34.2	134	461	368
碾压混凝土重力坝	混凝土重力坝	闸坝	闸坝
84/482	53.5/	26.1/523.3	27/601
480/450	378/372	520/	598/590.5
1.0547/0.7693	0.228/0.04	0.272/0.02	0.115/0.015
2/0.2	2/0.2	0.2/0.02	2/0.2
4830/6630	7780/11500	16801/20101	10100/13300
开敞式溢流坝/5－14×13 14×12.5	溢流坝/4－12×16.5 厂顶泄洪闸/3－8.6×3.5	闸孔/9－14×15.6	闸孔/5－14×17
6010.2/4.6			
地面式	河床式	河床式	河床式
67.8×19.6×30.61	48.5×34.5×16.4	88.5×17.2×54.21	89.5×22.2×50.39
229.2/200/181.6	26.9/23/11.8	18.3/15.3/9.8	17.9/16/11.4
HDL54-LJ-235 SF33-16/4250	ZZ500-LH-300 SFIS-28/5500	ZZ560-LH-500 SF25-52/7300	ZZ560A-LH-500 SF20-52/7300
3×3.3	3×1.5	3×2.5	3×2.00
9.9	4.5	7.50	6
2.1/4.549	0.864/2.041	1.7/4.17	1.3/3.11
	发电、通航	发电兼灌溉	
87.7/321	53.33/822	873/669	48/120
68.27	76.84	85.122	33.89
2.903	17.40	66.416	30.61
75.376	27.04	29.15	20.53
3.23	1.5720	2.7641	3.3364
3.73	1.7892	3.6999	4.4840
3263	3493	3685	5561
1993.10	1992.7	1992.9	1993.7
1995.5/1995.12	1995.6/1995.12		
成都勘测设计研究院	成都勘测设计研究院	四川省水利水电勘测设计院	四川省水利水电勘测设计院

所在省、市、自治区	四川		
项目 \ 电站名称	铜头	大桥	大河口
建设地点、所在河流	芦山县、宝兴河	冕宁县、安宁河	黔江县、乌江支流阿蓬江
控制流域面积(km^2)	3047	796.0	4619
多年平均流量(m^3/s)	98.6	34.8	133
坝型	混凝土双曲拱坝	堆石坝	混凝土空腹重力坝
最大坝高/坝顶高程(m)	77/761.5	92.2/2025.2	85/394
正常蓄水位/死水位(m)	760/750	2020/1977	385/369
总库容/调节库容(亿 m^3)	0.225/0.045	6.58/5.98	1.15/0.43
设计/校核洪水标准 P(%)	2.0/0.2	1/0.05	2/0.2
设计/校核洪水流量(m^3/s)	1690/2500	915/1350	8457/12800
主要泄洪设施 / 孔数－宽×高(m)	左岸有压隧洞/1－7×7 右岸无压隧洞/1－7×7	溢洪道/2－6×6	溢流坝表孔/5－11×16
隧洞长度/洞径(m)	337.08/8×11 438.34/8×11	6573/5.1	
厂房型式	地面式	地面式	坝内式
厂房尺寸(长×宽×高)(m)	67.6×16.8×32	74.5×17×35.3	69×15.5×28.4
水头:最大/设计/最小(m)	88.5/80/71.2	189/156/131	63.5/54.3/43.8
主要机组型号	HLA153-LJ-180 SF20-18/4000	HLA194-LJ-145 SF22.5-10/3250	HLD75-LJ-240 SF23-24/5500
机组台数×单机容量(万 kW)	4×2.0	4×2.25	3×2.3
装机容量(万 kW)	8.0	9.0	6.9
保证出力(万 kW) / 年发电量(亿 kW·h)	1.92/4.731	2.96/3.50	1.36/3.75
综合利用		结合发电	
淹没耕地(亩)/迁移人口(人)	698.68/166	19815/8672	734.3/448
开挖土石方(万 m^3)	75.06	207.32	75.79
填筑土石方(万 m^3)	0.061	209.49	6.470
混凝土总量(万 m^3)	15.44	19.96	35.23
总投资(亿元)	3.3466	4.1953	2.1222
动态总投资(亿元)	4.5551	4.9454	2.8822
单位千瓦投资(元)(静态)	4183	4661	3076
开工(停工、复工)年月	1992.5	1993.9	1993.11
开始发电/竣工年月			
设计单位	四川省水利水电勘测设计院	四川省水利水电勘测设计院	四川省水利水电勘测设计院
业主单位			

注 1."总投资"、"动态总投资"项中所列数字,由于审批、开工年份不一,综合利用投资未分摊,以及物价、利率、汇率变动等
2.统计时间为 1994 年 11 月。

续表

省		甘 肃 省	新疆自治区
理 县	磨 房 沟	三 甲	哈巴河山口水电站
理县、岷江杂谷脑河	冕宁县、雅砻江磨房沟河	临洮县、洮河	阿勒泰、额尔齐斯河支流哈巴河
2312	溶洞地下水	18973	6111
62.7	7.3	143	67.5
闸坝	混凝土重力坝	混凝土重力坝	混凝土面板堆石坝
19/1925.5	14/2175.4	35/1971.1	39/627
1924/1918	2174/	1968/	624/610
0.01/0.0038	/溶洞水	0.08/	0.46/0.33
0.2/0.02		3.33/0.5	2/0.1
436/535		2110/3230	1060/1680
底孔/2—4×6		潜孔/4—7.5×4	开敞式溢洪道/1—12×10 泄洪隧洞/1—7×8 钢筋混凝土引水管
2182/4.2	2235/2.8		122.5/40
地面式	地面式	河床式	地面式
54.5×12×29.41	41.69×15.3×27.87	71.5×15.2×33.9	61.75×15×28.97
77.7/70/64.8	326/315/309	17.4/16.3/14.1	33.6/30/28.7
HLD87-LJ-140 SF10.5-14/3250	CJA237-L146/4×14.5 SF12.5-12/2860	ZZ560-LH-300 SF125-10/3000	HLD92-LJ-190 SF6300-20/3250
3×1.1	2×1.25	3×0.875	4×0.63
3.30	2.5	2.625	2.52
1.001/1.9829	0.77/1.43	0.722/1.29	0.4/1.09
	发电	发电、过木及灌溉	发电兼顾灌溉
8.5/12		455/121	0/0
23	12.65	13.81	31.55
4.6248	2.26	4.299	65.64
4.6976	1.64	12.52	5.69
0.7433	0.4845	0.6852	0.9696
0.9089	0.6000	0.7918	1.1329
2252	1938	2610	3848
1992.10	1993	1992.2	1992.10
		1994年底/1995.6	1995.10/1996.6
四川省水利水电勘测设计院	四川省水利水电勘测设计院	甘肃省水利水电勘测设计院	西北勘测设计研究院

因素，可能会有出入，引用时仅作参考。

（水利水电规划设计总院计划处）

1979～1994年全国已建成的大型

项目	葛洲坝	龙羊峡	隔河岩
建设地点、所在河流	湖北宜昌、长江	青海贵南县、共和县、黄河	湖北长阳县、清江
控制流域面积(km^2)	1000000	131420	14430
多年平均流量(m^3/s)	14300	650	403
坝型	闸坝、粘土心墙土石坝	重力拱坝	重力拱坝
最大坝高/坝顶高程(m)	53.8/70 30/70	178/2610	151/206
正常蓄水位/死水位(m)	66/63	2600/2530	200/160
总库容/调节库容(亿 m^3)	15.8/0.8	247/193.5	34/22
设计/校核洪水标准 P(%)	历史洪水	0.1/PMF	0.1/0.01
设计/校核洪水流量(m^3/s)	86000/110000	7040/10500	22800/27800
主要泄洪设施 孔数－宽×高(m)	泄水闸/27－12×24	溢洪道/2－12×17 中孔/1－8×9，底孔/1－5×7， 深孔/1－5×7	坝顶表孔/7－12×18.2 深孔/4－(4.5×8.0～4.5×6.5)
隧洞长度/洞径(m)		661/15×(16～18)	4×446/9.5
厂房型式	带排沙底孔河床式	坝后式	引水式
厂房尺寸(长×宽×高)(m)	二江 327×33×(74～77) 大江 582×33×76	142.5×51×61.42	142×38.6×65.3
水头：最大/设计/最小(m)	27/18.6/8.3	148.5/122/75.5	121.5/103/80.7
主要机组型号	ZZ560－LH－1130 ZZ500－LH－1020 TS1760/200－100 SF125－96/15600	HLD06A－LJ－6000 SF320－48/12800	HL231－LJ－573.92 SF300－48/12300
机组台数×单机容量(万 kW)	2×17.5，19×12.5	4×32	4×30
装机容量(万 kW)	271.5	128	120
保证出力(万 kW) 年发电量(亿 kW·h)	76.8/167	58.98/59.42	18.7/30.4
开发目标	发电、航运	发电、防洪、灌溉	发电、防洪、航运
淹没耕地(亩)/迁移人口(人)	11332/19103	86700/29700	22241/26698
开挖土石方(万 m^3)	8381	345	588
填筑土石方(万 m^3)	2260		111
混凝土总量(万 m^3)	1228	317	325
总投资(万元)	484800	278456	358270
单位千瓦投资(元)	1786	2175	2986
开工(停工/复工)年月	1971.5(1972.11；1974.10)	1979.12	1987.1
开始发电/全部投产年月	1981.7/1988.12	1987.9/1989.6	1993.6/1994.11
设计单位	长江水利委员会	西北勘测设计研究院	长江水利委员会
施工单位	葛洲坝工程局	水电四局	葛洲坝工程局等

及部分中型水电站主要竣工资料表

白山一期	安 康	白山二期	铜 街 子
吉林桦甸市、第二松花江	陕西安康市、汉江	吉林靖宇县、第二松花江	四川乐山市、大渡河
19000	35700	19000	76400
233	608	233	1490
三心圆重力拱坝	混凝土重力坝	重力拱坝	混凝土重力坝
149.5/423.5	128/338	149.5/423.5	82/479
413/380	330/300	413/380	474/469
67.66/49.96	25.85/76.7	67.66/49.96	2/0.54
0.2/0.02	0.1/0.01	0.2/0.02	0.2/0.01
19100/26200	36700/45000	19100/26200	13100/16400
表孔/4－12×13 中孔/3－6×7	表孔/5－15×17 中孔/5－11×12 底孔/4－5×8 冲沙孔/1－4	表孔/4－12×13 中孔/3－6×7	表孔/5－14×18
3×(250.38～327.31)/8.6		2×(376～402)/8.8	
地下式	坝后式	地面式	河床式
121.5×25×54.25	152.55×26.5×57	89.5×25.5×55.78	178.5×30×69.7
126/112/86	88/76.2/50	126/112/86	41/31/26.5
HL200－LJ－550 SF300－48/1230	HL220－LJ－550	HL200－LJ－550 SF300－48/1230	ZZ440－LH－850
3×30	4×20 1×5.25	2×30	4×15
90	85.25	60	60
16.7/19.236	17.5/28	16.7/19.236	13/32.1
发电、防洪、灌溉	发电、防洪、灌溉、航运	发电	发电兼顾漂木
53224/16681	45473/56520		6026/7900
370	1663	61	474
	365	13	231
214	365	19	274
101178	246968	45960	227401
1124	3087	766	3790
1975.5	1978.4	1985.1	1985.1
1983.12/1989	1990.12/1992.12	1991.12/1994.6	1992.10/1994.12
东北勘测设计研究院	北京勘测设计研究院	东北勘测设计研究院	成都勘测设计研究院
水电一局	水电三局	水电一局	水电七局

项　目	鲁布革	东　江	万　安
建设地点、所在河流	云南罗平县、贵州兴义县、黄泥河	湖南资兴县、耒水	江西万安县、赣江
控制流域面积(km^2)	7300	4719	36900
多年平均流量(m^3/s)	163	145	947
坝型	风化料心墙堆石坝	双曲拱坝	重力坝、粘土心墙沙壳坝
最大坝高/坝顶高程(m)	103.8/1138	157/294	68.1/104 37/105
正常蓄水位/死水位(m)	1130/1105	285/237	100/90
总库容/调节库容(亿 m^3)	1.1/0.74	81.2/56.7	22.16/10.19
设计/校核洪水标准 P(%)	0.2/0.02	0.1/0.01(+20%)	0.1/0.01
设计/校核洪水流量(m^3/s)	6460/9210	15000/24100	27800/33900
主要泄洪设施 孔数－宽×高(m)	溢洪道/2－13×17 左岸泄洪洞/1－12×16.38 右岸泄洪洞/1－8.5×10.9	溢洪道/3－10×7.2 左岸泄洪洞/1－8.5×12 右岸泄洪洞/1－7.2×12	表孔/9－14×16 底孔/10－7×9
隧洞长度/洞径(m)	9382/8		
厂房型式	地下式	坝后式	河床式
厂房尺寸(长×宽×高)(m)	105.5×18×39.4	106×23×54.07	197×74.25×68.2
水头:最大/设计/最小(m)	372.5/327.7/295.1	139/118.5/91	32.31/22/12.8
主要机组型号	HL99－LJ－344.2 SF150－18/6250	HL160－LJ－410 SF125－36/8900	ZZ440－LH－850 SF100－78/12800
机组台数×单机容量(万 kW)	4×15	4×12.5	5×10
装机容量(万 kW)	60	50	50
保证出力(万 kW) 年发电量(亿 kW·h)	8.5/28.49	12.3/13.2	6.04/15.16
开发目标	发电	发电、防洪、航运	发电、防洪、灌溉、航运
淹没耕地(亩)/迁移人口(人)	1911/1388	57500/52545	70736/129785
开挖土石方(万 m^3)	300	422	150
填筑土石方(万 m^3)	217	9	137
混凝土总量(万 m^3)	74	175	158
总投资(万元)	159542	107920	138800
单位千瓦投资(元)	2659	2158	2776
开工(停工/复工)年月	1982.11	1958.10(1961、1978.2)	1978(1978、1984)
开始发电/全部投产年月	1988.12/1991.6	1978.10/1989.8	1990.11/1992.12
设计单位	昆明勘测设计研究院	中南勘测设计研究院	长江水利委员会
施工单位	水电十四局、日本大成公司	水电八局	武警部队水电二总队

续表

大 化	凤 滩	老虎哨(渭源)	潘 家 口
广西大化县、红水河	湖南沅陵县、酉水	吉林集安县、鸭绿江	河北迁西县、滦河
112200	17500	26276	33700
1990	504	412	77.8
混凝土空腹重力坝	空腹重力拱坝	混凝土重力坝	上库:宽缝重力坝 下库:混凝土闸坝
74.5/174.5	112.5/211.5	55/171	上库:107.5/230.5 下库:28.5/151.5
155/153	205/170	164/变动 0.7	上库:224.7/180;下库:144.5/139
8.74/0.43	17.15/10.6	6.26/	上库:29.3/19.5;下库:0.3168/0.10
1/0.1	0.1/0.02	0.2/0.02	上库:0.1/0.02;下库:2/0.2
23200/31000	29400/34800	30500/40200	上库:33600/43200;下库:10000/28000
表孔/13－14×14	表孔/13－13.13×14	表孔/18－12×13	上库:表孔/18－15×15 下库:表孔/20－12×10.5
河床式	坝内厂房	坝后式	上库:坝后式;下库:河床式
175×75.6×83.28	85×20.5×40.1	133.5×20×41	上库:128.5×26.2×56.5 下库:45×49.35×39.5
39/22/13	91/73/54	42/39/25	水轮机:85.7/69/36 水泵:86.22/70.04/37.11 贯流式:10.4/5.8/3.9(2.0)
ZZ440－LH－850 SF100－78/12800	HL702－LJ－410 TS854/210－40	HL－240	HL702－LJ－550(常)NL－LJ－553(蓄) SF150－60/12800,WV820/240/40－48
4×10	4×10	6×6.5	1×15＋3×9
40	40	39/2	42
10.68/21.05	10.3/20.4		1×9.3＋3×4.75
发电、航运	发电、灌溉、航运	发电、灌溉、航运	发电
7338.2/1688		240000/16000	1848/800
747	203	125	539
139			243
146	136	96	320
62798	33900	27000	79000
1570	847	692	1880
1975.10	1970.10	1979	1975.10;1984.1
1983.12/1986.6	1978.5/1980	1987.10	1981.4/1985.7;1984.1/1992.12
广西电力工业 勘察设计院	湖南省水利水电 勘测设计院	中朝联合设计	天津勘测设计研究院
广西水电工程局	凤滩水电工程局	朝鲜施工	武警部队水电一总队

项　　目	沙 溪 口	紧 水 滩	红　　石
建设地点、所在河流	福建南平县、西溪	浙江云和县、龙泉溪	吉林桦甸县、第二松花江
控制流域面积(km²)	25562	2761	20300
多年平均流量(m³/s)	778	100	251
坝型	混凝土重力坝	三心双曲变厚混凝土拱坝	混凝土重力坝
最大坝高/坝顶高程(m)	40/93	102/194	46/298
正常蓄水位/死水位(m)	88/85	184/164	290/289
总库容/调节库容(亿 m³)	1.54/1.02	13.93/5.53	2.29/0.66
设计/校核洪水标准 P(%)	1/0.1	0.1/0.01	1/0.1
设计/校核洪水流量(m³/s)	20300/26300	11700/14900	8770/12030
主要泄洪设施 孔数－宽×高(m)	表孔/16－17×14.8	浅孔/2－8.6×8 中孔/2－7.5×7	表孔/8－12×10
隧洞长度/洞径(m)		72～79/4.5	
厂房型式	河床式	坝后式	河床式
厂房尺寸(长×宽×高)(m)	160×67.9×62.57	108.35×18×35.8	134×60×54.6
水头:最大/设计/最小(m)	24/17.5/7	85/69/60.5	25.6/23.3/22.8
主要机组型号	ZZ(F01)-LH-800	HL220-LJ-300 SF-K50-30/6400	ZDA190-LH-600 SF50-56/9000
机组台数×单机容量(万 kW)	4×7.5	6×5	4×5
装机容量(万 kW)	30	30	20
保证出力(万 kW) 年发电量(亿 kW·h)	5.0/9.6	3.03/4.9	3.55/4.35
开发目标	发电、航运、过木	发电、防洪、过木(竹)	
淹没耕地(亩)/迁移人口(人)	8712/10531	16862/21767	8249/2910
开挖土石方(万 m³)	78	73	169
填筑土石方(万 m³)	69	3	36
混凝土总量(万 m³)	86	75	51
总投资(万元)	73672	55902	32367
单位千瓦投资(元)	2456	1863	1618
开工(停工/复工)年月	1984.10	1981.7	1982.9
开始发电/全部投产年月	1987.12/1991.12	1987.3/1991.12	1985.12/1988.12
设计单位	华东勘测设计研究院	华东勘测设计研究院	东北勘测设计研究院
施工单位	闽江工程局	水电十二局	水电一局

续表

太 平 湾	八 盘 峡	丰满扩机	湖 南 镇
辽宁宽甸县、鸭绿江	甘肃兰州市、黄河	吉林吉林市、第二松花江	浙江衢县、乌溪江
53576	215851	42500	2197
800	1039	440	83.4
混凝土重力坝	闸坝	混凝土重力坝	混凝土支墩坝
31.5/36.5	33/1580	90.5/266.5	129/241
29.5/28.8	1578/1576	261/242	230/190
4.2/1.7	0.49/0.09	107.8/53.5	20.6/11.34
0.2/0.02	0.3/0.07	0.1/0.01	0.1/0.01(+ΔQ)
44600/56100	8350/	26000/33700	11300/16600
表孔/28－14×13.6	闸/4－10×13		表孔/5－14.5×15
	/10×14.25		1100/7.8
河床式	河床式	坝后式	地面式
159×71.25×62.6	150.9×18.7×43.2	51×22.7×43	75.2×17×32.7
15.5/12.6/12.3	19.5/18/11.6	71.5/60.55/49.2	117/90/65
ZZ560a－LH－800 SF47.5－88/12640	ZZ560－LH－550 KV4－55	HLA296－LJ－420 SF85－40/8540	HL009－LJ－250 HL200－LJ－250
4×4.75	5×3.6	2×8.5	4×4.25
19	18	17	17
5.75/7.7	10.7/10.5	/0.51	5.21/5.4
发电	发电	发电	发电、灌溉
中方:13154/5877;朝方:800/6999			
357	177	7	127
182			
85	39	2	146
44300	15500	15273	26400
2316	861	898	1553
1982.10	1968.10	1988.4	1958(/1961)
1985.12/1988	1975.6/1980.2	1991.12/1992.6	1979/1980
东北勘测设计研究院	西北勘测设计研究院	东北勘测设计研究院	上海勘测设计研究院
水电六局	水电四局	水电六局、水电一局	水电十二局

项　　目	太 平 哨	渔子溪二级	青　　溪
建设地点、所在河流	辽宁宽甸县、浑江	四川汶川县、渔子溪	广东大埔县、汀江
控制流域面积(km²)	12961	1611	9157
多年平均流量(m³/s)	187	53	268
坝型	混凝土重力坝	闸坝	混凝土重力坝
最大坝高/坝顶高程(m)	44.2/196.2	31.5/1502.5	51/78
正常蓄水位/死水位(m)	191.5/190	1501/1484	73/69
总库容/调节库容(亿 m³)	2.09/1.64	0.00695/0.00657	0.847/0.173
设计/校核洪水标准 P(%)	1/0.1	1/0.2(+10%)	1/0.2
设计/校核洪水流量(m³/s)	11690/18750	1110/1550	10090/12720
主要泄洪设施 孔数－宽×高(m)	表孔/14－12×10.5 深孔/4－4×3.5	闸/2－7×7,1－2.5×7	表孔/5－14×18
隧洞长度/洞径(m)	527.73/10×10.2	7611/5	
厂房型式	混合式地面厂房	窑洞式	河床式
厂房尺寸(长×宽×高)(m)	99×19×40	56.42×18×33.1	74×20×20.7
水头:最大/设计/最小(m)	38.1/36.2/34.6	302.2/259/255.7	25/20.5/10
主要机组型号	HL123－LJ－410 TS900/135－56	HL100(A45－2)－LJ－210 TS425/125－12	ZZ500－LH－500 SF36－48/8540
机组台数×单机容量(万 kW)	4×4.025	4×4	4×3.6
装机容量(万 kW)	16.1	16	14.4
保证出力(万 kW) 年发电量(亿 kW·h)	2.5/4.3	3.8/8.74	1.191/3.729
开发目标	发电、灌溉	发电	发电
淹没耕地(亩)/迁移人口(人)		734/	1663/4554
开挖土石方(万 m³)	94	233	250
填筑土石方(万 m³)	109	7	38
混凝土总量(万 m³)	32	32	37
总投资(万元)	23120	32472	49753
单位千瓦投资(元)	1436	2029	3455
开工(停工/复工)年月	1976.10	1978.10	1987
开始发电/全部投产年月	1979.12/1982.1	1986.5/1988.12	1992.10
设计单位	东北勘测设计研究院	成都勘测设计研究院	广东省水利电力 勘测设计研究院
施工单位	水电六局	水电十局	广东省水电二局

注　本资料系根据部直属设计院和有关省市设计院上报材料编制而成。

续表

水丰电站扩建	南桠河三级	西洱河一级	池 潭	大 山 口
辽宁宽甸县、鸭绿江	四川石棉县、南桠河	云南大理市、西洱河	福建泰宁县、金溪	新疆和静县、开都河
45860	862	2513	4766	22314
755.6	37.9	26.2	151	109
混凝土重力坝	闸坝	闸	混凝土重力坝	混凝土重力坝
104/126.4	21/1370	12.7/1975.2	78/280	72/1409
123.3/95	1369/1363	1973.5/1970.5	275/245	1406/1401.5
148.9/119.3	0.0007/0.0007	27.7/7.35	8.7/6.3	0.298/0.04
0.1/0.01	1/0.2	1/0.1	1/0.1(+ΔQ)	1/0.1(+20%)
56200/70960	900/1200	150/250	8000/12100	1490/2520
	表孔/1－6×6， 2－6×11	泄洪底孔/1－4.5×5	表孔/5－13×15	表孔/7－10×5 底孔/1－5×5
1499.29/10.3×9.45,8.6	1016/4.5	8181/4.3～5.6		181.08/8
地面式	地面式	地下厂房	厂顶溢流式	地面式
64×20.5×44	64.94×15.4×30.5	56.2×18×28	73×22×39	79.7×17.5×32.9
93.5/76.1/62	290/265/260	240/220/213	66.3/51/34	55/51/44
HL200－LJ－380 SF75－40/854	HL004－LJ－210 TS425－125/12	HLA41－LJ－190 立轴三相同步发电机	HL220－LJ－380 TS920/115－44	HLA112－LJ－230 SF20－24/550
2×1.35	3×4	3×3.5	2×5	4×2
13.5	12	10.5	10	8
/0.85	3/6.53	3.75/3.69	3.6/5	1.82/3.1
发电	发电	发电	发电、防洪、航运	发电
			17504/8566	
96	163	240	16	256
23	28			
14	35	12	46	33
12580	20900	18900	13530	20661
932	1740	1800	1353	2583
1981	1971.9	1972.5	1976.10	1985.6
	1983/1983.12	1979.10/1980.12	1980.5/1982	1991.12/1992.12
东北勘测设计研究院	成都勘测设计研究院	昆明勘测设计研究院	华东勘测 设计研究院	新疆水利水电 勘测设计院
水电六局	水电七局	水电十四局	闽江工程局	武警交通第五支队

(水利电力信息研究所　陈丕瑜)

小水电与
农村电气化

6

概　况　综　述

1992～1994年全国小水电发展概况

一、全国小水电装机有新的增长

1992～1994年全国小水电新增装机容量192.43万kW，与1989～1991年新增容量(206.13万kW)相比减少约6.6%。至1994年底，全国累计小水电装机达到1577.77万kW，其中超过100万kW的有四川(244.73万kW)、广东(221.56万kW)、福建(149.50万kW)、湖南(145.27万kW)、云南(124.87万kW)、湖北(101.06万kW)、广西(100.99万kW)等7个省、区。至1994年，全国小水电年发电量达到508.68亿kW·h，其中超过30亿kW·h的有四川(101.91亿kW·h)、广东(72.00亿kW·h)、福建(52.75亿kW·h)、湖南(50.56亿kW·h)、云南(42.75亿kW·h)、广西(35.46亿kW·h)等6个省、区。小水电发电设备利用小时数也有所增长，全国平均为3255h，其中四川省最高，达到4444h。

二、小水电网内电源结构有所改善

过去我国小水电多为径流式开发，调节能力较低，小水电网的丰、枯水期可调出力相差悬殊，在电网内进行电力电量平衡十分困难。近10年来，水利部和地方各级政府十分重视建设有调节性能的小水电站，特别注意建设梯级电站的"龙头"水库，使一个水库能调节多个电站。到1994年，全国小水电有调节能力的电站的比重由1990年的30%提高到44%。另外，在一些有煤炭资源的地区积极建设一批小火电站，以补偿小水电网内枯水期出力的不足。但由于小火电煤耗大，运行成本高，最近几年提倡建设容量大于2.5万kW的火电站，或几个县联合兴建容量较大的火电站，或投资到国家主力网内合资建设大型火电站，以提高配套火电的经济性。

三、加强小水电前期工作

为了落实邹家华副总理关于水利系统在2000年前10年内完成新增水电装机1500万kW的指示，前期工作是关键。为此，水利部于1992年9月在北京召开了水电前期工作会议。会议分析了前期工作中存在的主要问题是经费不足，并商定了如下对策：对一般小水电前期经费，可以从各县"以电养电"资金中列支；对1万kW以上水电站的前期经费，可以从省农村水电基金中列支，以贷款方式使用，开工以后列入电站基本建设计划，并纳入工程造价中，以后归还贷款，使前期经费能够滚动使用。会议还强调小水电建设应在中小流域综合治理规划的基础上进行，防止单纯为了发电效益而忽视水资源的综合利用。各地区、各部门认真贯彻了上述会议精神，两年来问题得到初步解决，前期工作有所加强。

（水利部水电及农村电气化司　李　荧）

第一批农村水电初级电气化县实行目标管理

为了巩固农村电气化建设成果，使第一批已达标的109个农村水电初级电气化县有明确的奋斗目标和发展方向，更好地为农村工农业生产及人民生活用电服务，水利部于1992年4月1日以水电[1992]4号文印发《第一批农村水电初级电气化达标县目标管理的若干规定》。

《规定》要求各县在"八五"期末应达到如下目标：县内自办电源(含在县外投资联办电源)的供电量应达60%以上；全县户通电率达92%以上，其供电保证率达85%以上；人均年用电量增长30%～50%；户均年生活用电量增长20%～30%；电力设施主要设备完好率达96%以上；综合网损率降至11%以下；电力安全运行水平达到同类企业的中等以上水平。

《规定》还要求：继续保留和健全电气化领导班子及办事机构；对水利部门筹资建设所形成的固定资产，其产权归水利部门，不得无偿转移；坚持农村水电及其电网归口水利部门管理的体制；每年用于科技发展、技术革新方面的资金不低于售电收入的1%～2%；要建立并不断完善经营管理责任制，努力改善职工生活、工作条件等。

水利部在作出《规定》之后表示：将对各县建设项目给以继续扶持；并委托各省、区水利水电厅与各县签定目标管理合同书，每年对实施情况进行一次抽查。

第一批农村水电初级电气化县实行目标管理后，取得了显著进展。据统计，到1993年，这109个县的发电装机增长了64.8万kW，增长26.5%；年发电量增长28.4亿kW·h，达到107.47亿kW·h，增长35.8%；年用电量达到97.52亿kW·h，增长33.9%；人均年用电量由240kW·h提高到306kW·h；户均年生活用电量也由205 kW·h提高到254 kW·h，增长23.9%。各省、区在普及用电方面还积极克服困难，使一些偏僻分散而经济效益差的山区农户用上电，1990～1993年共增加10.32万户，使户通电率达到97.29%。由于加强了管理，电网综合网损率由11.33%下降到9.98%，年节约损耗电量达1.86亿kW·h。

第一批农村水电初级电气化县在促进地方经济发展方面充分发挥了作用。据统计，109个县1993年的工农业总产值达到852.94亿元，按1990年不变价计算(以下同)，增长0.95倍；工业产值达到536.16亿元，增长1.15倍；乡镇企业产值达到359.84亿元，增长2.54倍；县财政收入由21亿元增到45.3亿元，增长1.15倍；人均纯收入由620元增到858元。

(水利部水电及农村电气化司　李　英)

第二批农村水电初级电气化县建设进展情况

第二批200个农村水电初级电气化县，自1991年3月国务院以国发[1991]17号文批准在“八五”期内进行建设后，经过紧张的规划和审批，从1992年起全面进入实施。1992～1994年期间，农村电气化建设遇到了前所未有的困难。但在各级领导的努力下，在广大人民群众的支持下，在克服困难的基础上，仍取得了可喜的进展。

一、存在的困难

遇到的困难主要有以下几方面：首先，是建设中的材料、设备及人员工资价格大幅度上涨。从1992年下半年开始，到1993年上半年，水泥价格上升了2倍以上，木材及钢材也上升了1.5倍以上，设备上升了1倍，人员工资提高了50%，从而导致工程项目造价一而再、再而三地轮番突破：200个县原预算5年共需资金110亿元，依据1992年上半年价格框算增到176亿元，增长60%。原来计划的国家补助资金及省、地、县的自筹资金都被突破，缺口数额巨大，无法补充，给建设带来了很大的难度。其二是建设资金不能及时到位。从1992年下半年到1993年上半年，全国金融秩序混乱，大量资金流向沿海，投到房地产或股票市场等其它行业，银行资金短缺，建设资金到位率很低。1993年7月全国农村电气化建设国家下达的基建计划资金仅到位40%，各银行给小水电专项贷款资金仅到位17%。其三是自筹资金减少。中央为减轻农民负担，授权农业部取消一系列各部委规定的各种集资项目及达标项目，其中，取消了与农村电气化建设有关的农村集资办电和农村水电建设基金群众集资项目。这两项自筹资金的取消，使200个县的后3年建设少集资34.6亿元。同时，200个县中，属于老、少、穷地区的县占75.5%，经济基础薄弱，财政困难，有70%的县欠发职工工资达2个月以上，因此，原计划自筹的电气化建设资金有很大部分不能落实。由于以上种种原因，使许多农村水电初级电气化骨干项目陷入停工或半停工状态，严重影响农村电气化县的按期完成。

二、采取的措施

针对上述存在的困难及工作进展情况，水利部采取了以下主要措施。

(一)对第二批电气化县签订达标责任合同

为了落实在“八五”期间第二批200个农村水电初级电气化县的建设任务，水利部水电及农村电气化司于1992年2月下旬在海南省三亚市召开全国农村水电初级电气化工作汇报会议。根据会议精神，水利部以电综字[1992]7号文发出《关于进一步落实第二批电气化建设任务的通知》，正式要求各省、区水利(水电)厅和各县人民政府签订达标责任合同。在合同中应包括以下内容：①该县达标验收的主要指标；②省与县在电气化建设中投资的比例及分年集资的数额；③省与县在电气化建设中各自的责任与奖惩办法；④该县由水利部门投入所形成的固定资产产权属水利部门，并应由水利部门管理，各县不得直接或变相将其经营权、调度权转交其它部门。到1992年底200个县基本上都和省水利(水电)厅签订了合同；有些省还有省计委盖章作公证，在签字仪式上有省长或省领导参加。

(二)采取融通方式度难关

面对1993年上半年的物价大幅度上涨及金融秩序混乱，水利部水电及农村电气化司召开各省、区水利(水电)厅水电处(局)长会议，要求各地采取暂借、融通、暂欠等方式以克服资金暂时困难，力争工程项目不停工。并及时向国务院反映情况，请求国务院尽快采取调控措施，稳定物价，整顿金融秩序。1993年7月国务院采取强有力的宏观调控措施后，各种资金陆续到位，到1993年11月初，农村电气化建设的各种资金基本到位，而且还有增长(比1992年增长49.36%)。水利部又要求各县抓住机遇，采取各种有效措施，加快工程进度，抢回延误的工期。

(三)增加资金投入力度

1993年面对建设材料、设备价格大幅度上涨的局面，水利部及时向国务院报告第二批农村水电初级电气化县建设的困难，要求对农村水电建设增加信贷规模。国务院领导十分重视，在中国人民银行的支持下，决定从1994年起增加7亿元农村水电建设专项贷款指标，由中国农业银行进行操作，而且承诺中央银行配备50%的资金，以支持农村电气化的建设。

(四)召开会议检查电气化进度

根据全国农村电气化建设进展情况，1994年4月水利部和国家计委、中国农业银行在北京联合召开全国农村水电及电气化工作会议。李鹏总理给会议发来贺信，信中指出：200个电气化县建设对于广大山区人民脱贫致富、发展经济、促进精神文明建设，都有十分重要意义。国务院各个部门和各级政府要把建设200个电气化县作为一件大事来抓，加强领导，精心组织，努力给予支持和帮助。实现这个任务，主要依靠当地人民发扬自力更生、艰苦奋斗的精神，充分利用社会主义市场经济赋于农村水电的活力，这样才能顺利完成。国务委员陈俊生也向会议致信，要求各方支持，确保电气化县的建设任务按时完成。会议中国家计委副主任陈耀邦、中国农业银行副行长何林祥先后讲话，要求各地计委及农行同志，都要努力为农村电气化建设服务，努力完成各省的任务。水利部副部长张春园为会议做工作报告，朱尔明总工程师作总结发言。会议还为1993年达标验收的14个农村初级电气化县发了奖牌和证书。这次会议的召开，进一步落实了200个县在1995年底前完成的建设任务，明确了在电气化建设中，各地计委和农业银行都是完成任务的主要力量。这次会议对推动全国农村电气化建设，动员和发挥各方面的积极性，都有十分重要的意义。到1994年底已有104个县经现场验收，确认达到了农村初级电气化县标准。现各县正在积极工作，为“八五”期内按期完成第二批200个县农村水电初级电气化的任务而努力。

(水利部水电及农村电气化司　李　荧)

第二批农村水电初级电气化县——广西百色市率先达标验收

1993年3月14日，广西百色市经广西自治区计委和水电厅组织的验收委员会在现场检查验收，各项指标均达到或超过了《农村初级电气化标准》，成为全国“八五”期间200个农村初级电气化县中第一个达标县。

该市在验收时，其各项指标如下：总装机容量2.64万kW，年发电量8614万kW·h；农户通电率92.5%，农户用电保证率91%；全县人均用电量389 kW·h，全县户均年生活用电量666kW·h；工农业总产值增长51.4%，达14.6亿元，其中工业产值增长72.3%，达8.6亿元；乡镇企业产值增长81.5%，达1.2亿元；农民人均纯收入达789元，接近全国平均水平。

百色市是地处桂西的革命老区，境内居住着壮、汉、瑶、苗等23个民族，曾是邓小平等老一辈无产阶级革命家发动历史上著名的百色起义的策源地。该市自1991年被列为全国第二批200个农村初级电气化县的名单后，市领导采取了以下措施：①将农村电气化建设作为振兴经济、改变农村落后面貌的中心工作，领导班子统一认识、分工负责，到第一线去抓工作；②健全机构，建立县、乡两级电气化领导机构，将建设项目、整改和管理等任务层层落实，做到责、权、利相结合，实行目标管理；③层层动员，鼓励集体和群众集资办电，两年半时间该市共投入3589万元，其中群众集资140.6万元，县财政及企业自筹943.7万元，保证了电气化建设资金的需要；④紧密结合经济发展的需要。该市领导充分认识到农村电气化建设是带动各行各业发展的“龙头”，因此从一开始就紧密结合全市工业、农业、乡镇企业的发展规划，因势利导，以电气化促工农业生产，以工农业生产需求促电气化，相互促进，加速实现了农村电气化建设的进程。

(水利部水电及农村电气化司　李　荧)

农村水电电网的建设与管理

一、农村水电电网的发展现状

1991～1993年我国农村水电电网发展迅速，截止1993年底，全国农村水电电网拥有：固定资产125.68亿元，比1990年增长49.11亿元；110 kV高压输电线路13448 km、110 kV变电站274处、变电容量689.33万kVA，分别比1990年增加3635 km线路、69处变电站和232.63万kVA变电容量；35 kV输电线路84328 km、35kV变电站3447处、变电容量1310.63万kVA，分别比1990年增加13422 km线路、463处变电站和193.03万kVA变电容量；3～10 kV及以下低压配电线路212.85万km、配电容量3548.42万kVA，分别比1990年增加12.89万km和408 kVA。1993年全国用于农村水电电网建设的投资18.52亿元，比1990年增加11亿元，占当年水利系统电力建设总投资的23.36%。全国主要由农村水电供电的县790个、乡17785个，分别占全国县、乡行政区划数的42%和50.3%，供电面积接近全国的1/2，供电人口近3亿人。农村水电供电区总用电量达529.52亿kW·h，比1990年增长78.72亿kW·h，农户通电率达85.2%。1993年水利系统管理的地、县电网售电收入91.04亿元，上交税金4.38亿元，利税总额12.83亿元。

二、建立农村小水电网与大电网的合理关系

我国电网现状是大、小电网并举，两种管电体系即电力部门管理的国家大电网体系与水利部门管理的地方小水电网体系并存。两种体系之间既互相联系，又自成体系，既具有生产技术上的共性，又具有经营上的差异，因而不可避免地带来办电、管电、用电权益等方面的矛盾。为了妥善处理这些矛盾，建立两者之间的合理关系，国家领导人作了许多指示，有关领导部门制订了一系列政策。1991年4月，李鹏总理在与全国农村水电暨第二批农村水电初级电气化县工作会议部分代表座谈，谈到关于大小电网关系问题时说："我同意你们的意见，团结办电，互谅互让，平等协商，合理调度，共同发展"，"大电网要给小水电更大的支持，小电网也要尊重大电网按经济规律办事，这才能互谅互让。但总的是大电网要让一点。"1993年国务院关于水利部"三定"方案中明确："原水利部门管理的大中型水电站、小水电及其小电网，仍由水利部门管理"，今后"水电站建成后，凡与大电网相联的，按照并网协议，由电网实行统一调度"，"大、小电网交叉供电的地区，应统筹规划，避免重复建设，实现共同发展"。1993年6月29日，国务院正式颁布了《电网调度管理条例》，其中第31条规定："省、自治区、直辖市人民政府可以根据本条例制定小水电网管理办法"。同年8月，水利部发出了《关于贯彻国务院〈电网调度管理条例〉制定小水电网管理办法的通知》，重申了"以电养电"和"谁投资、谁所有、谁受益"等一系列政策。上述总理指示和各项文件精神成为各地正确处理小水电与大电网关系的指导原则，一些省(自治区)依据这些指导原则，陆续制订了本省(自治区)的地方电网调度管理办法，一批地方小电网与国家大电网联网运行后，提高了运行的稳定性、电能质量和供电的可靠性，双方都取得显著的经济效益。

三、区域电网的发展和经营机制的转变

随着农村水电的发展，特别是一大批中型水电站的建设，促进了中小河流的综合开发和区域性电网的发展。至1993年底，全国已形成40多个跨县区域性电网，联网县达200多个，其中规模较大的有广西的梧州电网、湖南的怀化电网、福建的宁德电网、湖北的恩施电网、云南的大理电网、四川的雅安电网等。区域电网本着"市县联合，各为实体，分级调度，调剂余缺，平等互利，相互支持，团结治网，共同受益"的原则，经营管理水平不断提高。根据1993年测算，农村水电电网综合线损率为11%左右，比1990年下降了5个百分点，基本达到了国家规定的水平。1994年，在各省、区制订的区域电网规划基础上，水利部开始着手编制《全国中小水电及电网发展规划》，作为今后制订区域电网发展的战略重点、进行电源布点的依据。

随着经济体制改革的深化，小水电行业股份制企业迅速发展。至1994年底，全国已有小水电股份制企业160多家，其中发展最早的四川省，已有股份制企业28家，其注册资金大都在1亿元以上，乐山市电力股份有限公司已获准为上市企业。浙江省有50%的在建电站实行了股份制或股份合作制。这些股份制企业基本上都是以区域电源电网为依托，电网内各县电力公司及当地有关信托投资公司等单位联合发起成立的，并已逐步走上规范化、程序化。

四、农村小水电网国有资产清产核资工作在积极进行

为适应社会主义市场经济发展的需要，明确产权关系已成为小水电行业亟待解决的一个重要课题。根据1994年全国农村水电及电气化工作会议关于"应抓紧理顺产权关系，防止水利基础产业的国有固定资产无偿转移"的精神，各地大都采取了加强水电资产管理的措施，按照水利部的要求，开始了小水电网的清产核资工作。这项工作正在进行中。

（水利部水电及农村电气化司　彭翰鼎）

小 水 电 行 业 管 理

小水电投资体制改革

1994年4月在广西南宁市召开的全国中小水电建设工作会议上提出：中小水电投资体制改革的目标，是建立和完善多元化、多渠道、多层次的水电投资体系，强化投资的风险约束机制，建立和完善水电投资调控体系，促进为水电投资建设服务的市场体系的发展。

怎样建立多元化、多渠道、多层次的投资体系？①积极争取中央和地方各级政府的政策性投资。从1990年开始，国家每年给农村电气化县建设安排2亿元拨改贷资金，并明确以工代赈资金可用于农村水电建设。1991～1993年，中央投入水利部门水电建设资金陆续增加到21.23亿元。②大力利用银行信贷资金。国家投资体制改革以后，政策性投入的范围和数量逐渐压缩，而银行信贷则成为小水电建设资金来源的主渠道。1991～1993年，全国用于水利部门水电建设的银行贷款陆续增加到64.2亿元，其中小水电为21.6亿元；1994年用于小水电贷款达15.6亿元。③通过股份制、股份合作制等形式，探索集资办电的新途径，广泛吸收社会资金。④加大引进外资的力度。随着我国对外开放的进一步扩大，为加快引进外资创造了条件。1994年，湖南、广东、云南、福建等省共有13个项目正式签订了合资协议并开始实施，协议金额为2亿多美元。

改革项目管理机制，推行项目法人责任制，逐步变间接投入为直接投入、无偿投入为有偿投入。首先明确项目责任主体，即先有法人，后有项目，由法人对建设项目的筹划、筹资、建设直至经营管理、还贷付息及资产保值增值等，实行全过程负责，承担投资风险。对改建、扩建和新建项目，都尽可能依托现有水电企业进行，项目由企业或由新组成的法人提出。不能依托现有水电企业的项目，可由政府水电主管部门提出或与有关单位协商后确定法人。对骨干水电项目，要组建规范化的有限责任公司或股份有限公司，水电主管部门可通过控股分享收益和监督其执行。要求已开工的项目尚未明确法人的要尽快明确法人，新开工项目不明确法人的，不能安排资金。这一改革从1994年下半年起在全国逐步推开，并已在四川涪陵、乐山，湖南怀化和广西梧州等地区电网建设中付诸实施。

（水利部水电及农村电气化司　彭翰鼎）

调整小水电电价

为鼓励农村水电的发展，国家早在1986年就明确小水电电量属计划外电量，可以参与市场调节。国务院[1991]17号文又明确指出：小水电电价继续执行计划外电量可参与市场调节、地方自定电价的规定。为提高小水电的还贷和自我发展能力，同意适当提高电价。一般情况，小水电电价要与大电网的平均电价相近。1992～1994年，为落实国务院17号文件精神，增强农村水电的活力和以电养电、自我发展的能力，在各级政府和计划、物价等部门大力支持协助下，水电部门经过不懈的努力，农村水电价格改革取得了较大进展。据1994年不完全统计，福建、广东、广西、江西、湖北、安徽、浙江、山东、河北、吉林、辽宁等省（自治区），农村小水电的平均上网电价由0.11元/kW·h上调到约0.18元/kW·h，其中广东省平均上网电价已达到0.35元/kW·h。浙江省对小水电电价，提出的方案是1985年底前投产的电站，上网电价为0.23元/kW·h；1986年到1990年底前投产的电站，上网电价为0.29元/kW·h；1991年后投产的电站，上网电价为0.39元/kW·h；1994年开始投产的电站，实行还本付息新电新价，并且规定供电部门对上网小水电加计的供电成本和利润不得超过8%。各地对小水电供电区内的销售电价也大都进行了不同程度的调整，平均售电价可接近0.19元/kW·h。但是，还有一些省的电价仍十分低廉，如云南、四川、贵州、湖南等省的上网电价还在0.07～0.09元/kW·h，给小水电站的发展带来很大的困难。

水利部副部长张春园在1994年初召开的全国农村水电及电气化工作会议上的报告中指出："合理的电价要保证：①水利水电企业维持简单再生产的需要；②建设资金筹措的需要；③按期还贷和依法纳税的需要；④企业合理的留利水平。"以这四项小水电的定价原则来衡量，尽管小水电的价格改革迈出了较大步伐，上调面较广、幅度较大，但总的来看，其总体水平仍然是偏低的。1994年全国小水电上国家网的电价加权平均约0.11元/kW·h，上网电量约160亿kW·h，其投入与产出、价值与价格背离的状况仍未得到根本扭转。由于物价上涨，农村水电单位kW造价达5000～6000元，比90年代初增加了近1倍，用于农电建设的贷款利率又相对偏高，一般年息在11.16%～16%之间，使得农村水电建设和生产成本不断增长，普遍不能按市场经济规律运作，缺乏自我发展、良性循环的能力。据1993年底对吉林、河北、广东、广西、湖南、湖北、四川、福建、云南等9个小水电丰富的省（自治区）的综合调查测算结果，小水电建设若按7年偿还投资，平均电价应为0.31元/kW·h；若按10年偿还投资，平均电价应达到0.25元/kW·h。要真正理顺小水电电价，使之在市场经济环境中能继续稳步发展，必须坚决贯彻国务院的规定，通过不断深化改革，加以逐步解决。国家有关政府部门已于1994年开始着手制订电价管理办法，将使电价管理逐步有序和规范化。

（水利部水电及农村电气化司　李　荧　彭翰鼎）

小水电“以电养电”政策扩大到装机5万kW

小水电“以电养电”政策，是国家扶持小水电发展的基本政策。数十年来，“以电养电”政策对小水电的蓬勃发展、滚动开发，激励地方和群众办电的积极性都起到了巨大的作用。这条优惠政策的主要内容是：电站的利润和电网趸售给县产生的利润不纳入地方财政预算，其收入除生产费用（包括人员工资、材料及固定资产折旧等）和按计划归还贷款外，全部用于发展小水电和地方小电网。1983年，针对当时税收政策实行所得税制的情况，国务院发出国发[1983]190号文，明确按国办发[1983]73号文件规定办理；缴纳所得税确有困难的，可给予定期减征的照顾。各省人民政府在1982～1984年之间均先后对小水电的所得税进行免征，使其利润全部用于以电养电。

1992年2月11日，国家计委以计农经[1992]138号文《关于将小水电“以电养电”政策扩大到装机5万kW问题的复函》，明确答复水利部，将小水电“以电养电”政策扩大到装机5万kW。并明确在项目审批程序上要严格按基建有关规定办理，凡是由中央水利补助投资的5万kW以下（含5万kW）的农村水电项目，由水利部审批；全部由地方投资的项目，由省（区、市）审批。其审批文件均要报国家计委备案。

国家计委的文件还指出：农村水电建设对于发展农村经济，改善当地人民生活，促进农村精神文明建设，增强农业发展后劲具有重大意义。将小水电“以电养电”政策扩大到5万kW，是为了调动地方办电的积极性，进一步把农村水电办好，遵照国务院国发[1991]17号文件和李鹏总理与全国农村水电暨第二批农村水电初级电气化县工作会议部分代表座谈时的讲话精神而采取对农村水电的优惠政策。

（水利部水电及农村电气化司　李　荧）

编制小水电行业技术标准

1992年4月1日，水利部以水电[1992]3号文发布《小水电建设项目经济评价规程》（SL16－93），从1992年8月1日起实施。《规程》规定：凡是装机容量2.5万kW以下的水电站和其配套电网的新建、改建、扩建、复建、更新改造项目，以及主要由小水电站网供电的县级农村电气化规划的可行性研究、初步设计及相应规划文件和报告中的有关经济评价均按此规程执行。经济评价是建设项目规划、设计文件的重要组成部分，没有进行经济评价的规划、设计文件，主管部门不予审批。

1992年3月10日水利部以水电[1992]2号文发布《小水电供电区农村初级电气化标准》（SL30－92），从1992年7月1日起实施。该标准是水利部水电及农村电气化司会同有关单位在原水电部颁发的《100个农村电气化试点县初级阶段验收条例》（SD178－86）的基础上，补充修订而成，原标准同时作废。该标准适用于农村水电供电区内的县（市、旗、区）及地（市、州）农村初级电气化的规划、实施和验收。

1992年4月18日水利部以水电［1992］24号文发布《农村水电供电区电力发展规划导则》（SL22－92），从1992年7月1日起施行。该导则适用于农村水电供电区县及跨县的地区农村水电开发及电网规划。

1993年5月11日水利部以水电［1993］260号文发布《农村水电电力系统调度自动化规范》（SL/T53－93），从1993年10月1日起施行。该规范适用于农村水电电力系统调度自动化的开发应用。它是在总结以往开发和应用经验的基础上，立足微机应用的现状，对调度自动化系统的功能和设备配置提出基本要求，以引导调度自动化在农村水电电力系统中的正常发展，提高实用化水平，充分发挥其经济效益。

（水利部水电及农村电气化司　李　荧）

四川省小水电行业股份制企业蓬勃发展

乐山市电力股份有限公司是四川省也是全国小水电行业第一家股份制企业，它成立于1988年3月，1992年11月国家体改委正式批准该公司为可以上市交易的股份制企业。该公司自成立以来，至1994年6月，已筹集股本资金1.04亿元。至1991年底，该公司参股建设的小水电站有9座，装机容量17.005万kW；建设110 kV线路8条、233 km；35 kV线路8条、195 km；变电站10座。继乐山市电力股份公司之后，全省地方电力股份制企业蓬勃兴起，到1994年6月经省体改委批准的有24家，总计股本金额达22.5亿元。具体情况详见下表。

四川省小水电行业股份制企业一览表

序号	名　称	股本金额（万元）
1	乐山市电力股份有限公司	10400
2	四川大渡河股份有限公司	6500
3	四川槽渔滩股份有限公司	25000
4	四川岷江股份有限公司	16311.6
5	绵阳开元电力股份有限公司	10240.7
6	四川三台电力股份公司	9235
7	四川绵竹电力股份公司	4000
8	四川和益电力股份公司	5480
9	四川西昌电力股份公司	5500
10	四川安宁电力股份公司	4000
11	四川三峡电力股份公司	14800
12	四川华能宝兴河电力股份公司	30000
13	四川明珠电力股份公司	10494
14	四川南部电力股份公司	11000
15	四川简阳电力股份公司	1330
16	四川宜宾电力股份公司	3000
17	四川乌江电力股份公司	13000
18	四川川东电力股份公司	10000
19	四川长源电力股份公司	4000
20	江油青连电力股份公司	5000
21	四川明星电力股份公司	国家批准
22	四川富益电力股份公司	1057.9
23	四川蓬安电力股份公司	9597.7

（四川省水电厅　曹　蓉　邹居昌）

新税制对小水电的影响及其解决办法

1993年11月，中共十四届三中全会对建立社会主义市场经济体制的若干重大问题做出决定，为建立社会主义市场经济体制制定了行动纲领。根据决定要求，在1994年1月1日颁发了新的税制改革方案。这是一次全面性的税制改革，涉及到流转税制、企业所得税制、个人所得税制和大部分地方税税种，范围很广，影响面大。其中，对小水电影响最大的是产品税改为增值税。按规定电力行业应缴纳17%的增值税（按收入额计算，但可以扣除进项税。水电方面进项税可以扣除的是一些油料、备品备件等少量费用，按测算最多是0.4%左右），比原来缴纳5%的产品税额增长了11%。如1993年小水电年发电量471亿kW·h，按平均电价0.18元/kW·h计，扣除厂用电1%，小水电每年要增加增值税的税负为9.2亿元。过去全国有1/3的省对小水电实行免征税负。在新税制中，还要征收33%的所得税（过去小水电实行"以电养电"免征所得税）。因此，新税制给小水电带来了沉重的负担。为此，水利部在1993年12月就开始与国家税务总局联系，先后10余次向财政部、税务总局汇报小水电成本核算情况，及新税制前后税负的对比情况，并向国务院呈送紧急报告。1994年3月29日，财政部和国家税务总局财税字[1994]004号文《关于调整农业产品增值税率和若干项目免征增值税的通知》中，明确规定县以下小水电生产的电力按6%计算缴纳增值税，并可开具专用发票，凭此票可作为扣税凭证。各省水利（水电）厅以此文件向当地税务部门交涉，确定当地对小水电的优惠程度。有的省是缴纳6%增值税额而开具17%的专用税票。在新税制的改革浪潮中，小水电仍然享有优惠政策，体现了党和政府对小水电扶持政策的连续性。

新税制规定：所有企业应交纳33%的所得税。关于所得税的免征，是由各省人民政府提出、经财政部核准后生效。基于过去各省人民政府均有明文规定，小水电不缴纳所得税，其利润全部用于"以电养电"，因此，这次新税制颁发后，各省人民政府都在考虑下文免征，或正在下文免征小水电所得税。

（水利部水电及农村电气化司　李　荧）

建立农村水电科学技术进步奖励基金

为了充分调动广大农村水电战线及有关院校、科研设计单位科技人员的积极性和创造性，提高农村水电及其供电电网的建设、管理和技术水平，加速全国农村电气化建设的进程，水利部水电及农村电气化司决定设立“农村水电科学技术进步奖励基金”，并成立由各省、自治区、市水利（水电）厅（局）参加的奖励基金管理委员会，管理此项基金。该奖励基金用于奖励在农村水电规划设计、施工建设、经营管理、科研及理论研究等方面做出重大贡献的单位和科技人员。由全国农村水电方面的权威专家组成评奖委员会，每年评选一次。基金来源由全国第一批109个达标县和第二批200个农村水电初级电气化县筹资，每县一次性筹资1万元，可以从各县“以电养电”资金中列支。同时，也接受国内、外团体和个人的捐赠。奖励基金筹集后，作为经营性资金投放到市场，以其获取的利润用于颁发奖金。

1994年3月，水利部水电及农村电气化司召开全国农村水电科学技术进步奖励基金管理委员会第一次会议，通过了奖励基金管理章程、奖励办法。1994年5月，开始接受各地申报奖励的项目。1994年8月开始审查项目，在1994年内奖励一批项目。自1994年起每年要评选一次。

（水利部水电及农村电气化司　李　荧）

“百个县级农村初级电气化建设试点研究”项目获奖

“百个县级农村初级电气化建设试点研究”是“七五”期间探索我国社会主义农村经济建设道路的一项重大课题。其目的是通过不同类型模式的试验研究，总结出一整套农村电气化建设的方法、途径和经验，以指导同类地区的农村电气化建设，在更大范围内推广应用，促进全国农村电气化事业的发展。此项研究任务涉及面广、要求高、时间紧、难度大，既要求与当地农村水电领域各项先进技术推广结合起来，形成多能互补的供能体系；又要研究如何把电气化建设同当地国土建设、经济建设、生态建设、精神文明建设等有机结合和协调发展，以取得显著的综合效益。从1984年6月开始，水利部水电及农村电气化司组织大批科研单位、高等院校及有经验的省、地、县参加研究，采用以软科学为指导，硬技术为基础，软硬结合、综合研究、联合攻关，试验示范与推广应用相结合的技术路线，经过课题组全体人员5年半艰苦细致的工作，至1989年12月成功地总结出具有广泛代表性的11个典型模式，65个重点科研成果，圆满完成了各项试点任务，达到了预期的目标。完成了109个试点县的试点研究任务，并提出了一整套适用于农村电气化综合规划的方法、模型体系和计算机软件；形成了促进农村电气化综合建设的服务体系和产业体系，积累了一套组织管理经验和实施措施，取得了显著的社会效益、经济效益和生态效益。

该试点研究项目被评为水利部1992年度科技进步一等奖。

（水利部水电及农村电气化司　李　荧）

地方中小水电站选登

浙江枫树岭跨流域开发水电工程

枫树岭水电站位于浙江省淳安县西南部的新安江水库边沿，距杭州市240 km，距县城千岛湖镇64 km，其所在流域属钱塘江上游新安江水系。工程规划布局的主要特点是：利用有利的地形条件，在淳安县枫树岭镇上游约600 m处的风林港上筑坝建库，由隧洞引水至相邻河流夏峰溪支流建站发电，电站尾水与新安江水库衔接，是一座跨流域引水开发的中型水电站。其枢纽平面布置见图。

坝址以上控制流域面积227 km^2，多年平均流量8.25 m^3/s，多年平均年径流量2.6亿m^3。水库正常蓄水位240 m时，相应库容5330万m^3；校核洪水位241.5 m时，总库容为5692万m^3，具有不完全年调节性能。拦河坝为细骨料混凝土砌石重力坝，最大坝高63.8 m。发电引水隧洞总长1816 m，洞径3.5 m，电站设计水头123.4 m。电站装机容量3.2万kW（2×1.6万kW），多年平均发电量7216万kW·h。

枫树岭水电站是淳安县区域电网中的骨干电站，平均每年向电网提供的电量相当于1993年该县用电量的50%。电站在电网中以调峰为主，按现行电价计算，每年发电收入逾2000万元。电站除发电外，还兼有灌溉、供水、防洪和水产养殖等综合效益，每年可向下游乡镇供水720万m^3和保证下游6000亩农田的灌溉用水量。总之，枫树岭水电站的建成，对提高金华电网的供电水平和促进淳安县工农业的发展，起着十分重要的作用。

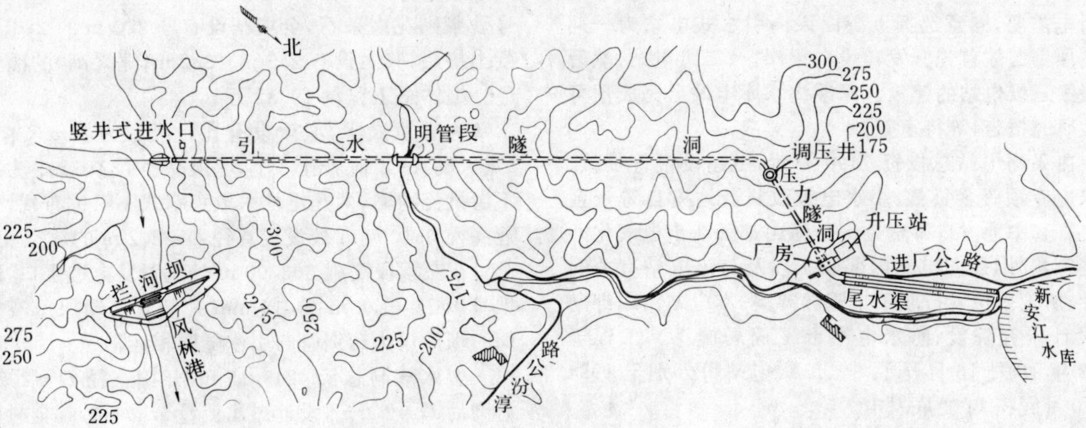

枫树岭水电站枢纽平面布置图

本工程勘测设计工作由浙江省水利水电勘测设计院总负责。施工单位通过招投标和议标方式，选定金华市水电工程处(拦河坝、泄洪闸、电厂、升压站等项目土建)、温州市水电工程处(引水隧洞和混凝土骨料采运)、浙江省建筑设备安装公司(机电安装)等单位。工程于1988年10月开工，计划工期5年。1992年7月7日通过机组启动验收，比计划提前15个月并网发电。1993年12月验收合格，正式交付使用。工程核定总概算11103.59万元，完成总投资10865万元。

(浙江水利水电勘测设计院　康恒秀)

四川白沙河跨流域引水白果岗水电工程

白果岗水电站位于四川省都江堰市境内，系岷江支流——白沙河跨流域引水两级开发工程：一级在白沙河建闸坝(最大坝高15 m)，通过长2456.6 m有压引水隧洞，引水至蒲阳河支流——双龙河左侧的双龙桥村建厂发电；二级电站通过长587.6 m的渠道，衔接一级电站尾水，引水至袁家院子处建厂发电。其平面位置见图。

两级电站均为单一发电工程，水库具有日调节性能。一级电站水库在正常蓄水位848.5 m时，其库容为40万m^3，电站引水流量16.2 m^3/s，设计水头94.8 m，装机容量为2×6300 kW；二级电站设计水头24.0 m，装机容量2×1600 kW。两电站总装机容量为15800 kW，年发电量8260万kW·h。电站主要担负都江堰市电网的调峰任务，对增强地方电网实力，促进该市经济建设具有重要意义。

白沙河跨流域引水开发工程是在规划中经过认真研究和方案比较后确定的。白沙河发源于大梁山南麓，蜿蜒南流至八角庙折向西南，经深溪沟、九甸平，于白沙注入岷江，全长62 km，全流域面积364 km^2，多年平均径流量4.73亿m^3。白沙河的九甸坪与双龙河的双龙桥之间仅一岭之隔，其水面高差超过120 m，而九甸坪沿河至下游的杨柳坪水面相差只有82.5 m。在规划时拟有两种开发方案：一种是常规的沿河开发方案，拟有深溪沟、棕花嘴、杨柳坪3个梯级；另一种是利用优越地形条件的跨流域开发方案，拟有深溪沟、白果岗一、二级，也是3级开发。沿河引水开发方案，引水线路总长7.82 km，利用水头181 m；跨流域开发方案引水线总长仅5.61 km，而利用水头却有242 m。两方案相比，后者引水线路短2.21 km，利用水头多61 m，装机容量多7000 kW，年发电量单独运行时多3972万kW·h，联合运行时多5172万kW·h，因此采用了跨流域开发方案。这个方案是一个因地制宜、充分利用水能资源的好方案。

白沙河跨流域引水白果岗水电工程平面示意图

根据四川省水利电力局关于都江堰市白沙河《白果岗一、二、三级电站设计任务书》的批复意见：——“修建深溪沟水库是必要的，但其经济指标昂贵，可留待远期条件成熟时再行研究开发。从解决都江堰市近期用电需要，同意选择下游白果岗引水式电站为一期开发项目”。故首先开发建设白果岗一、二级电站，然后开展第三级电站的建设。深溪沟水库电站已完成预可行性研究报告，等待审查。

白果岗电站总投资7490万元，由建设银行贷款、小水电专项资金贷款、小水电拨改贷及地方自筹资金解决。其中地方自筹资金部分除由都江堰市电气化办公室筹集外，还向电站内部职工以及与该电站有关的设计、施工单位发行职工集资券筹集。本电站由成都勘测设计研究院设计，水电第十工程局施工。工程于1992年10月16日开工，一、二级电站可分别于1994年10月底和11月底发电。

（成都勘测设计研究院　陈爱芬）

江西井冈冲水电站

井冈冲水电站位于江西省井冈山市境内，系赣江支流蜀水左溪最上游一个梯级。大坝座落在井冈山五指峰东麓南北二河源支流汇合口以下300 m处“V”型峡谷中，距井冈山市区茨坪镇仅6.3 km。厂房位于坝下游另一支流硃沙河河口以上360 m的右岸，厂、坝间直线距离5 km，集中天然落差245 m。坝址以上控制流域面积为48 km^2，厂址以上控制流域面积38.1 km^2。电站枢纽平面布置示意见图。

井冈冲水电站位置图

电站设计正常蓄水位727 m，死水位670 m，总库容1870万 m^3，有效库容1715.2万 m^3，为完全年调节水库。电站主要建筑物有大坝、引水隧洞、压力钢管、电站厂房、升压站等。

大坝为90dC$_{13}$二级配混凝土砌块石双曲拱坝，最大坝高92 m，坝顶中心角106.7°，坝顶弧长298 m，坝顶宽5 m，拱冠梁底宽24 m。大坝上游面为底宽3 m、顶宽0.8 m的28 dC$_{18}$混凝土防渗面板，下游面为100号砂浆砌花岗条石，全坝基设有厚2.0 m的28dC$_{18}$混凝土垫层，其上设有2.5 m×3.2 m（宽×高）的灌浆廊道。坝体总工程量19.82万 m^3。

为宣泄洪水，坝顶设有孔口尺寸为8 m×4.5 m（宽×高）的溢流表孔2个，堰顶高程722.5 m。为减轻下游挑流冲刷，两孔尾坎采取束窄式不对称布置。在拱冠高程661.00 m处设置直径 $D=2.2$ m的放空底孔1个。在左坝段高程663.00 m处设置发电进水口，通过坝身以 $D=1.6$ m、厚14 mm并装有自动保压液控蝶阀的坝后压力明钢管与引水隧洞相连。

引水隧洞总长4245.15 m，开挖直径 $D=2.7$ m，衬砌后 $D=2.0$ m，设计过水流量5.47 m^3/s。全衬段长1300 m，喷锚支护段长814.5 m，不支护段长2130 m，浇筑混凝土底板长2945 m。

引水隧洞末端接长680 m的压力钢管，直径 $D=1.6$ m，自出洞高程632.17 m沿山脊而下至高程417 m的岔管平台，设三岔四支管，支管直径 $D=0.65$ m与机组球阀相接。

电站设计水头284 m，最大工作水头317.2 m，最小工作水头260 m。主厂房内装有4台单机容量为3000 kW的冲击式水轮发电机组，总装机容量1.2万kW，保证出力3200 kW，年发电量3810万kW·h。

本工程由中南勘测设计研究院设计，于1989年9月1日开工，1992年10月28日投产发电。工程总投资9774万元。电站投产后，与井冈山市原有14座小水电站联网运行，可使井冈山市电网系统保证出力由原来的1616 kW增加到5310 kW，并承担主力调峰、调相和事故备用任务，效益十分显著。

（中南勘测设计研究院　范红军）

云南依萨河水电站

依萨河水电站位于云南省玉溪地区元江县城西北的依萨河上。该河与磨房河是红河中游右岸的两条小支流，均发源于哀牢山东麓，其上游原已分别建成街子河、和平子、磨房河3座灌溉水库，总库容为2693.7万 m^3。根据当地地形、地质条件和合理利用水能资源的原则，经比较规划，利用上述修在高山上的水库与灌溉总渠间的落差分两级开发。其平面布置见图。

一级水电站：引水流量由上游磨房河水库调节控制。其引水线路是：从磨房河水库引水，通过已建的长3454 m的灌溉干渠和475 m的引水隧洞，再经过新建的2300 m引水渠道进入前池用于发电。电站利用天然落差123.8 m，设计水头118 m，最大引用流量1.74 m^3/s，装机容量1×1600 kW，年发电量480万kW·h。

该电站已于1992年春建成。

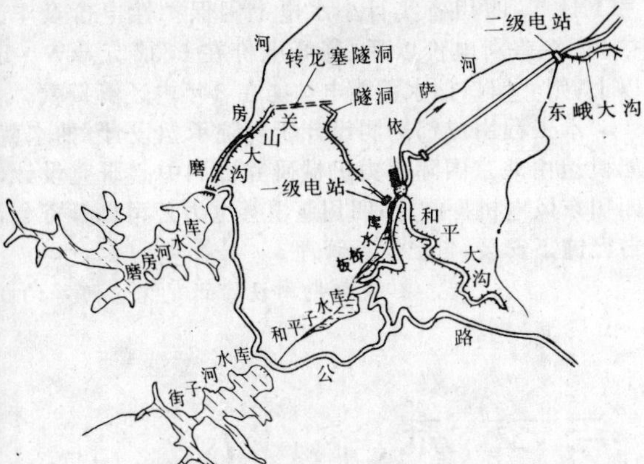

依萨河水电站平面布置示意图

二级水电站：其首部枢纽为板桥水库，拦河坝建在一级电站厂房上游约150 m处。该水库纳上游街子河及和平子两水库的水及和平子水库与板桥水库的区间径流一级电站的发电尾水通过渡槽引入二级电站渠道，总控制面积42.94 km²，年降雨量1920 mm，多年平均流量1.51 m³/s，总库容2875.2万m³，有效库容2782万m³。水库的水及一级电站尾水通过长1188.6 m的渠道和长2670.66 m的压力管道、一管两机供水发电。电站引用流量由下游灌溉系统需要所决定，最大引用流量可达3.6 m³/s，利用天然落差905.15 m，设计水头861 m，装机容量2.5万kW(2×1.25万kW)，年发电量8530万kW·h，主要供电元江县和玉溪市，并接入昆明电力系统。本电站主体工程1991年7月1日开工，1994年3月1日并网发电。工程总投资4842.94万元，单位kW投资1937.18元，由元江县和玉溪卷烟厂合资兴建。勘测设计由昆明勘测设计研究院承担，施工主要由水电第十四工程局承担。

本工程4座水库可实行完全年调节，枯水期（当年12月到次年5月）为农业灌溉期，也是电站发电的时期，发电后的尾水进入灌区。电站发的电全是枯水季电量，对缓解玉溪地区枯期电力紧张起到较大作用。

（昆明勘测设计研究院 杨和风 石求锟）

四川寸塘口抽水蓄能电站

寸塘口抽水蓄能电站位于四川省蓬溪县蓬莱镇附近，在涪江水系的郪江支流——河边河上，利用1973年建成的寸塘口水库作为上库、70年代末建成的马子河水库作为下库，两库间直线距离350 m，落差37 m，安装2台混流可逆式抽水蓄能机组，装机容量为2000 kW(2×1000 kW)，抽水量为2×2.79 m³/s，设计年发电量424.8万kW·h。工程于1991年2月动工，1992年11月两台机组发电，两台机组分别于1993年1月16日和1993年2月28日投入抽水运行。寸塘口抽水蓄能电站的建成，在地区小范围内起到良好的调峰、填谷作用，同时没有影响寸塘口水库原有的灌溉功能，电站枢纽平面布置如图。

寸塘口水库集雨面积106 km²，设计洪水位352.95 m，相应库容1530万m³。为使枯水年电站亦能运行，确定本电站上库的最低运行水位为339.35 m，相应的调节库容为1002万m³。全年均可调峰、填谷，年调峰电量为364.7万kW·h。此外，洪水期可利用水库弃水发电，可得弃水电量30.8万kW·h(按中水年计)。每年灌溉4万亩农田和向下游2个小型水库充水后，电站还可利用寸塘口水库的灌溉余水发电，可得余水电量29.3万kW·h(按中水年计)。将马子河水库扩建后，作为本电站下库，其最高水位316.20 m，最低水位313.30 m，调节库容为14.2万m³。

电站进水口设在寸塘口水库左岸，距大坝170 m处，引水隧洞长317 m，为便于人工开挖，取内径2.0 m，隧洞末端设一圆筒式调压井，内径8.0 m，井内最高涌浪353.60 m，由2台水轮机同时甩满负荷控制，最低涌浪335.40 m，由2台水泵抽水断电工况控制。调压井后接内径2.0 m、长58 m、坡度为44°的压力隧洞，至下平段后分岔为2根内径1.0 m的压力支管，支

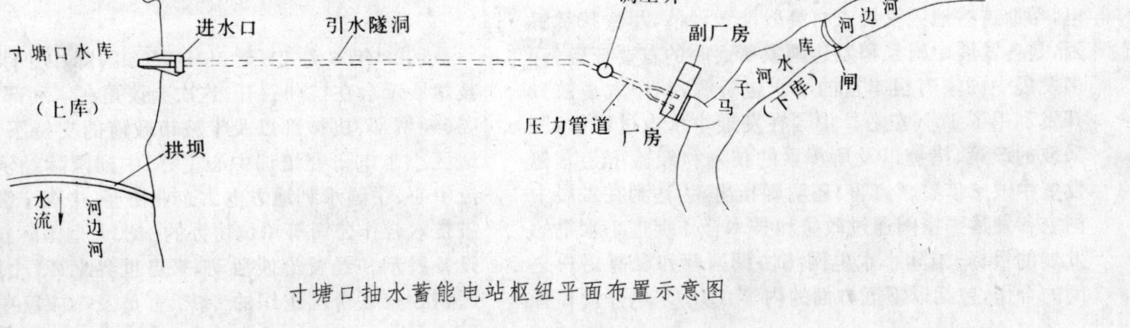

寸塘口抽水蓄能电站枢纽平面布置示意图

管末端用钢管连接蝶阀，再经蝶阀接至每台机组，然后经尾水渠至下库。

工程土石方明挖 2.17 万 m^3，石方洞挖 0.33 万 m^3，浇筑混凝土 0.4 万 m^3，浆砌石 0.28 万 m^3。批准的初步设计，工程总投资 548 万元，抽水消耗电量的电价按 0.04 元/kW·h 计，调峰电价按 0.18 元/kW·h 计，弃水、余水电量的电价按 0.1 元/kW·h 计，每发 1 kW·h 电，交水库运行管理费 0.01 元，贷款月息按 6.6‰计，扣除折旧费、大修费、运行管理费、厂用电消耗及输电损耗等，可在 15 年内还清贷款。自 1993 年 1 月 1 日起，四川省实行小水电上网保护性电价及丰、枯、峰谷差别电价以后，高峰电价在 0.32 元/kW·h 以上，则寸塘口抽水蓄能电站能在 8 年内还清贷款。

本工程由成都勘测设计研究院承担设计；抽水蓄能机组由北京国际水力机械研究协调中心研究设计，四川东风电机厂制造；四川蓬溪县电力公司自筹资金，自己施工安装，自己运行管理。

（成都勘测设计研究院　何苇伯）

国际合作与交流

联合国国际小水电中心在杭州成立

1994 年 12 月 12 至 15 日，由联合国开发计划署与我国政府水利部、对外经济贸易部共同主持的国际小水电网高级决策会议在杭州召开。会议通过《杭州宣言》，宣布由联合国开发计划署、联合国工发组织、联合国教科文组织、中国水利部、对外经济贸易部，五大洲区域中心代表及 7 国集团、国际能源组织等 22 家机构和组织共同倡议的联合国国际小水电中心正式成立。

在为期 4 天的会议中，来自各方的代表就发展中国家广大农村地区面临的能源、环境和扶贫等主题畅所欲言，达到共识，一致倡议成立国际小水电网（IN－SHP）。该网由网总部、区域中心、国家中心、小水电企业、厂家和科研机构组成，并一致同意网总部设在中国杭州，称为联合国国际小水电中心（HIC）。这是在我国境内第一个与联合国系统合建的国际性专业协调机构。

《杭州宣言》指出，农村能源供应是农村发展的关键因素。目前世界上还有近 20 亿农村人口没有用上电，帮助这些地区发展农村高效能源经济，尽快扶贫解困，是各发展中国家和发达国家所面临的首要任务。许多发展中国家有很丰富的小水电资源，其中大多数只开发利用了 10%左右。中国在发展小水电过程中，所采取的政策、措施以及所积累的技术和经验可为其他发展中国家借鉴。《宣言》还明确指出，为达到在发展中国家和发达国家间通过政策和技术合作促进小水电的发展的目标，国际小水电网将协调国营和私有用户之间的合作，包括以下五方面的内容：①小水电开发和管理方面的信息交流；②为小水电项目的建设提供可行建议；③在成员组织中，进行培训和研究方面的资源交流、技术转让和技术援助；④通过各种活动鼓励私人投资开发小水电；⑤通过各种活动促进世界小水电技术市场的形成和发展，从而鼓励小水电技术的革新，降低小水电设备和服务的费用。

国务院副总理邹家华、国务委员陈俊生为联合国国际小水电中心的建立题词。水利部水电及农村电气化司司长郑贤主持会议。会议一致推举水利部副部长张春园为联合国国际小水电网协调委员会（CC）名誉主席，并决定该委员会主席人选由我国政府推荐决定。一致选举亚太地区小水电中心主任童建栋为联合国国际小水电中心主任。

联合国国际小水电中心的建立，不仅对进一步推动全球小水电事业的发展，促进南南合作，振兴发展中国家的农村经济和改善环境起积极作用，而且对扩大中国在国际舞台上的影响，促进我国小水电设备的出口，加速我国小水电及农村电气化的发展，进而对促进我国农村向现代化迈进具有重要意义。

（水利部水电及农村电气化司　李　荧　彭输鼎）

'93 国际中小水电设备展示会

1993 年 6 月 21 至 25 日，'93 国际中小水电设备技术展示会在杭州召开。这次会议是在水利部、国家科委、经贸部、机械部以及宁波市政府的支持下，由亚太地区小水电研究培训中心主办，中国国际经济技术交流中心、中国水利地方电力企业协会、中国宁波国际经济技术合作公司等单位协办的一次大型国际技术交流设备展示和经贸洽谈活动，来自世界上 43 个国家、地区和 5 家联合国组织的专家、官员及 104 家中外设备制造厂家参展，共计代表1100多名；我国30个省(市、自治区)的中小水电建设管理部门、设备生产制造厂家均组团或派出代表参加了展示会。全国政协副主席钱正英、水利部副部长张春园及浙江省有关领导出席了展示会，并在开幕式上作了重要讲话。

'93国际中小水电展示会是一个融设备技术展示、业务订货洽谈及技术研讨合作为一体的综合性大型商贸技术会议。研讨会议在浙江宾馆召开，与会的84位国外代表来自五大洲的40个国家和地区。会议共交流中外学术论文41篇，国内的一些著名专家和学者也出席了会议。与会代表着重就微型水电机组、超低水头微型水电机组以及中小型抽水蓄能机组的设备与技术进行了交流。设备展示会在浙江展览馆举行，累计参展单位104个，5个展厅共2000 m^2，参观人数3542人次。会议总共达成合同及意向协议60余项，已签约的总成交额近2亿元，产品涉及水轮发电机组、变压器、继电保护、自动化、闸阀、控制盘等。会议还就当前我国中小水电建设中如何推广新技术、提高设备质量；如何开展国际合作；如何筹措资金降低成本，促进农村电气化县的建设；如何降损节能，提高现有设备效率等问题进行了探讨。

这次会议全面总结了国际小水电几十年来的发展经验，编辑出版了《国际小水电的理论与实践》、《中国中小水电机电设备产品样本》等一系列专业书刊，一些实用产品和技术微电脑、可调桨叶水轮机、各种拦污栅、清污机、小型抽水蓄能机组、自动化技术等都受到用户的广泛好评。但另一方面也表明，我国的机组效率亟待提高，以提高水电开发利用的效率，增强设备在国内外市场的竞争力。

（农村电气化研究所　童建栋）

统　计　资　料

1992～1994年全国小水电增长情况统计表

全国及各省、自治区、直辖市		1992年				1993年				1994年			
		装机容量		年发电量		装机容量		年发电量		装机容量		年发电量	
		万kW	%	亿kW·h	%	万kW	%	亿kW·h	%	万kW	%	亿kW·h	%
全国总计		1441.91	100	442.00	100	1505.53	100	471.21	100	1577.77	100	508.68	100
华北地区	北京市	5.60	0.39	0.65	0.15	5.60	0.37	0.56	0.12	5.67	0.36	0.99	0.20
	天津市	0.15	0.01	0.01		0.15	0.01	0.01		0.65	0.04	0.22	0.04
	河北省	19.45	1.35	2.65	0.60	21.71	1.44	2.18	0.46	22.24	1.41	3.05	0.60
	山西省	11.46	0.79	1.94	0.44	12.73	0.85	2.28	0.48	12.95	0.82	2.46	0.48
	内蒙古自治区	3.27	0.23	0.73	0.17	3.20	0.21	0.74	0.16	3.20	0.20	1.01	0.20
东北地区	辽宁省	9.84	0.68	2.06	0.47	9.92	0.66	2.05	0.44	10.54	0.67	2.49	0.49
	吉林省	15.40	1.07	4.41	1.00	15.68	1.04	4.78	1.01	16.31	1.03	5.21	1.02
	黑龙江省	7.20	0.50	2.27	0.51	7.27	0.48	2.34	0.50	7.32	0.46	2.68	0.53
华东地区	上海市												
	江苏省	3.27	0.23	0.31	0.07	3.27	0.22	0.60	0.13	3.27	0.21	0.51	0.10
	浙江省	84.82	5.88	22.26	5.04	88.77	5.90	21.18	4.50	87.50	5.55	20.86	4.10
	安徽省	12.60	0.87	2.09	0.47	14.05	0.93	3.41	0.72	15.68	1.00	2.77	0.54
	福建省	133.79	9.28	50.26	11.37	139.08	9.24	46.85	9.94	149.50	9.48	52.75	10.37
	江西省	74.52	5.17	21.16	4.79	77.57	5.15	21.72	4.61	80.43	5.10	23.64	4.65
	山东省	7.47	0.52	0.22	0.05	7.47	0.50	0.49	0.10	7.57	0.48	0.88	0.17

续表

全国及各省、自治区、直辖市		1992年				1993年				1994年			
		装机容量		年发电量		装机容量		年发电量		装机容量		年发电量	
		万 kW	%	亿 kW·h	%	万 kW	%	亿 kW·h	%	万 kW	%	亿 kW·h	%
中南地区	河南省	24.52	1.70	2.93	0.66	24.64	1.64	3.72	0.79	25.06	1.59	3.79	0.75
	湖北省	94.07	6.52	21.85	4.94	98.35	6.54	31.89	6.77	101.06	6.40	27.79	5.46
	湖南省	131.59	9.13	38.24	8.65	137.92	9.16	43.84	9.30	145.27	9.21	50.56	9.94
	广东省	199.85	13.86	66.41	15.02	212.71	14.13	67.95	14.42	221.56	14.04	72.00	14.16
	广西壮族自治区	95.05	6.59	27.93	6.32	98.38	6.53	31.94	6.78	100.99	6.40	35.46	6.97
	海南省	20.12	1.40	5.64	1.28	20.84	1.38	4.86	1.03	21.37	1.35	4.80	0.94
西南地区	四川省	218.73	15.17	88.93	20.12	230.07	15.28	96.86	20.56	244.73	15.51	101.91	20.04
	贵州省	58.50	4.05	15.35	3.47	59.89	3.98	17.06	3.62	62.85	3.98	19.38	3.81
	云南省	115.19	7.99	36.91	8.35	118.42	7.87	36.05	7.65	124.87	7.91	42.75	8.40
	西藏自治区	13.20	0.92	3.19	0.72	13.20	0.88	3.19	0.68	15.19	0.96	4.13	0.81
西北地区	陕西省	17.77	1.23	4.47	1.01	18.34	1.22	5.25	1.11	19.55	1.24	5.12	1.01
	甘肃省	16.99	1.18	4.95	1.12	19.15	1.27	6.13	1.30	20.13	1.28	6.26	1.23
	青海省	7.16	0.50	2.13	0.48	7.80	0.52	2.53	0.54	8.53	0.54	2.68	0.53
	宁夏回族自治区	0.60	0.04	0.18	0.04	0.60	0.04	0.15	0.03	0.60	0.04	0.15	0.03
	新疆维吾尔自治区	39.23	2.72	11.70	2.65	38.12	2.53	10.42	2.21	43.05	2.73	12.38	2.43
水利部直属		0.50	0.03	0.18	0.04	0.63	0.04	0.18	0.04	0.13	0.01		

（水利部水电及农村电气化司 赵 虹）

水电发展战略

7

水电政策研究

水电电价现状及存在问题研究

一、电网销售电价现状

1994年经国务院批准，国家计委和电力工业部联合公布了新的目录电价，电价水平有所提高。其特点是:①废除了“指令性电价”、“指导性电价”，解决了电价多轨制造成的电价混乱。这次把煤运加价、还本付息电价和原指令性电价按作价原则一次并轨，实行国家统一规定的结构电价，并定期按国家规定的调节办法申报调节，严禁另外随意加价。用户只按受电电压不同及行业类型不同执行不同电价，与“计划内”、“计划外”及用哪个电厂的电没有关系。②为解决中央投资建设项目还贷需要，全国电价水平在1993年目录电价基础上，平均每kW·h提高1.5分。③继续在目录电价外征收电力建设基金每kW·h 2分和三峡工程建设基金每kW·h 4厘。以京津唐电网为例，其目录电价见表。

京津唐电网目录电价表

电价类别	电度电价（元/kW·h）			基本电价	
	不满1kV	1～10kV	35kV以上	最大需量（元/kW/月）	变压器容量（元/kVA/月）
居民生活	0.220	0.210	0.210		
非居民照明	0.329	0.318	0.318		
非工业、普通工业	0.293	0.286	0.276		
大工业		0.204	0.194	15.00	10.00
其中:电解烧碱、电石合成氨、电炉黄磷		0.194	0.184	15.00	10.00
农业生产	0.240	0.232	0.220		
贫困县农业排灌	0.081	0.079	0.076		

此次提高电价中存在两个问题：

(1) 定价原则仍然是“电网平均会计成本”或者称“成本补偿”原则，没有实行“长期边际成本”定价方法。会计成本定价原则是把运行成本和过去资本的重置(或者叫偿还)相结合，反映过去一段的发电和建设电站的成本。长期边际成本定价中要反映规划期内负荷预测、电网发展规划和规划期内的投资额，反映未来经济价值，这样有利于保证电力部门按一定贴现率回收投资，使电力部门具有自我改造、自我发展的能力；电价等于长期边际成本是电力系统最佳经济状态。因此此次电价调整只是解决了电价混乱问题和部分中央投资项目的还贷问题，距离长期边际成本电价尚有相当距离。

(2) 按电力部门统计，保证全部中央电力项目按期还贷需要提高电价3～4分，实际中央只批准1.5分，因此还会有相当一批项目不能落实还贷电价。

二、水电电价现状

水电电价是指水电的上网电价，然而上网电价必须在销售电价中落实，因此必须注意：目前销售电价中还贷电价没有全部到位。

(1)自80年代以来建成的水电项目，部分项目还贷电价已经到位；部分项目还贷电价没有到位。

在1994年目录电价中包含有1.5分还贷费用，用于电网内外火电厂、水电厂及送变电工程还贷。以1.5分乘以电网销售电量所得资金，为电网内所有发电、送变电贷款项目的还贷资金总额。把这笔资金分配到电价上的时候，由于项目的隶属关系不同，还贷电价的落实情况也不相同。总的来说，利用外资的水电项目还贷电价基本落实；利用地方和企业资金建设的中小型水电项目落实较好；而利用国家资金建设的大型水电项目落实较差。例如中央与地方合资建设的隔河岩、利用世界银行贷款建设的沙溪口、鲁布革等大型电厂以及部分地方建设的中小水电厂，还贷电价已经到位。其中隔河岩电价中考虑了水电站调峰运行因素上网电价最高，每 kW·h 35 分左右。而天生桥二级水电厂的上网电价每 kW·h 19 分，只保证日元贷款的还本付息，没有归还国家工商银行贷款的还贷利润。龙羊峡水电厂的省际交换电价为 6 分，安康水电厂上网电价 10.8 分，这些电厂属于利用国家拨款及贷款建设的水电站，实际电价与还贷电价相距甚远。

近期投产的水电站测算的还贷电价约在 0.40 元左右，例如天生桥二级水电站还贷电价约 0.35 元，东风水电站约 0.45 元。

(2)部分独立核算的老水电站提高了上网电价。丹江口水电厂的上网电价已经由前几年的每kW·h 2.8 分提高到 6.8 分，三门峡水电厂的上网电价也由前几年的 3.3 分提高到 7.83 分。葛洲坝水电厂向华中电网的上网电价从 1994 年起每年提高 1 分，总计 4 年，到 1997 年上网电价由 4 分提高到 8 分。其涨价产生的利润用于三峡工程建设。广西的大化水电厂的财务关系由电力局转到"广西桂冠股份有限公司"以后，电价由 6 分提高到 16 分，其电价水平不仅可以满足还贷需要，还可以为百龙滩水电站的建设提供资金。大化和葛洲坝两水电厂的上网电价已经由会计成本电价转变为长期边际成本电价。乌江水电开发公司的乌江渡水电厂也在酝酿提高上网电价。

由于电网供电价是按成本补偿作为定价原则，因此在电网中统一核算的水电厂，除了因折旧提高而略微提高了电价以外，与以前没有大的变化，大体上相当于 5 分左右。

三、财税改革中水电电价出现的新问题

财税改革中产品税改为增值税以及税前还贷改为税后还贷，对新建电厂的还贷电价影响很大；增值税使独立核算电厂增加了税收。

水电成本中没有燃料费用等不计增值税的成本，因而实施增值税后水电增加了税收；税前还贷改为税后还贷，对还贷资金流影响也很大。最近北京勘测设计研究院测算了 8 座在建水电站的上网电价，其中 6 座还贷期 12 年，2 座还贷期 15 年，增值税 17%，所得税 33%税后还贷。平均还贷电价由 0.89 元提高到 1.25 元，其中因增值税提高了 0.15 元，因税前还贷改为税后还贷提高了 0.21 元。

在电网外独立核算的中小水电，实施增值税后相当于产品税由 5%提高到 17%，许多水电厂在 1994 年转为亏损，如果上网电价不提高也将面临破产的威胁。例如山西的天桥水电厂及陕西汉中地区的小水电都面临这一问题。

在电网中统一核算的发电厂，增值税统一核定为 0.4分，与原产品税相当，所以增值税对其影响不大。

四、水电电价改革的出路在于独立核算

水电电价改革的目的是提高电价，使水电具有自我滚动发展的能力。要达到这一点，体制上要解决水电独立核算问题；只有独立核算后才能为水电单独申请政策，在定价理论上才能突破成本补偿原则，实施边际成本电价。

电力目前仍然是产品，没有作为商品进入市场。物价部门对供电价严格进行控制，在电网中统一核算的水电厂是电力系统的内部问题，物价部门不单独给予考虑，因此水电在电价上不可能取得突破。目前在电网内，水电在折旧和利润上有节余，由于网架和火电的技术改造任务较重，电网从全网的运行考虑，水电节余资金也优先用于电网及火电的技术改造，极少用于新建水电投资。火电属于低投资、高成本项目，成本补偿计价方式既可保证其发展又可保证其运行，并且火电生产、基建人员的工资待遇和生活待遇都很好，而水电则相反，属于高投资低成本的项目，成本补偿定价原则抑制了水电的利润水平，使得利润与投资不能互补，无法克服水电投资大的弱点，严重抑制了水电的发展。水电内部依靠压低基建费用标准的方法降低工程投资，不仅作用有限，而且造成施工队伍严重困难。在目前及可预见的将来的经济形势下，整个电力系统要突破成本补偿定价原则是不可能的，对于火电也是不需要的。但是水电作为电力系统中的一块，现已得到国家领导人及经济宏观调控部门的高度重视，完全有可能单独获得突破；同时具体实施上也是可行的，只需在电力系统财务上把水电变成外购电，进入电力系统成本的外购电成本，财务上仍可以成本补偿的方式进行操作，不影响电力局的利益。从实践上看，电力局不具备单独为水电争取政策及解决水电电价问题的能力。目前电价取得突破的都是独立核算的水电厂，而与其是否由电网管理无关。因此，水电独立核算是解决水电发展的钥匙，只有独立核算才能解决水电的政策问题，才能解决水电电价过低和不合理的问题；也只有水电电价问题解决了，才能获得发展水电的自有资金，水电才可能滚动发展。

（电力部水电开发与农村电气化司　毛亚杰）

水电发展战略研究

西南、华南能源布局战略研究

为研究西南(川、滇、黔)和华南(粤、桂、琼)6省区(以下简称本区域)如何取长补短、优势互补、联合协作,促进经济发展,1992年4月,国家计委在南宁召开了西南和华南部分省区区域规划会议。邹家华副总理在会上指示,要认真研究和制定一个比较完整的区域规划,并指出其规划方针是:"统筹规划,联合协作,优势互补,互惠互利,外引内联,有分有合,面向市场,共同发展"。国家计委按此精神组织有关省区和部门进行了区域规划研究工作,重点是研究交通、能源工业和原材料工业的发展与布局规划。参加能源工业规划研究工作的有国家计委规划司、原能源部和原中国统配煤矿总公司及其所属的规划设计部门,以及中国电力企业联合会、中国水力发电工程学会、中国能源研究会、中国水利水电勘测设计协会的专家。1992年10月完成了规划研究工作,提出了"西南和华南能源工业发展与布局"。根据上述研究成果,国家计委编制《关于西南和华南部分省区区域规划纲要》上报国务院。国务院于1993年6月将《纲要》批转有关省区和国务院有关部门。现将其主要内容简介如下。

一、能源资源概况

1. 水能资源　水能资源是本区域最重要的能源资源,主要分布在川、滇、黔三省区(以下简称西部)。西部可开发的水电装机容量达19632万kW,年发电量10629亿kW·h,分别占本区域总水能资源的89.3%和91.6%,占全国的51.9%和55.3%。主要河流有金沙江、雅砻江、大渡河、澜沧江、南盘江～红水河和乌江。这些河流都可兴建大型水电基地。

2. 煤炭资源　到1990年底,本区域煤炭资源累计探明储量865亿t,保有储量848亿t,亦主要分布在西部的黔西北、滇东和川南的大三角地带,其储量占全区域的96.5%。粤、桂、琼三省区(以下简称东部)煤炭资源甚少,且质量差,开采条件困难。

3. 天然气资源　天然气资源已探明储量主要分布在四川和海南。四川有2395亿m^3,占全国53.3%,海南莺歌海气田已探明储量1000亿m^3。天然气资源折标煤为4.5亿t。

4. 其它能源资源　油页岩主要分布在广东和海南,已探明储量71亿t,折标煤15.2亿t。石油和铀矿资源甚少。

以上4项能源折合标准煤998.2亿t,其中西部占93%,东部仅占7%,而1990年底的人口西部占61.2%,东部占38.8%。东西部人均占有能源资源差距很大。

二、能源工业现状

1. 煤炭工业　1990年全区域生产煤炭14574万t,其中西部占87.2%,东部仅占12.8%。川、滇基本自给,贵州调出1000万t,而东部三省区煤炭缺口很大,调入量达2343万t,占其消费量的54.4%。

2. 电力工业　1990年底全区域装机容量共2620万kW,其中水电1201万kW,火电1419万kW,分别占45.8%和54.2%;年发电量1059亿kW·h,其中水电415亿kW·h,火电644亿kW·h,分别占39.2%和60.8%。1990年全区域人均占有发电量364kW·h,低于全国的人均543kW·h。电力供需矛盾十分突出,尤其是粤、川两省更是严重缺电。水电比重超过50%的滇、黔、桂三省区,由于径流电站较多,丰水期大量弃水,枯水期电力紧张。海南省以火电为主,缺乏调峰手段。

3. 石油和天然气工业　1990年生产原油77.3万t,而成品油消费386万t,均由外区调入;天然气生产占全国产量43.5%,主要用作化工原料和民用燃料。

三、能源发展方针和发展目标

1. 发展方针　发展方针是:①开发和节约并重,努力改善能源生产结构和消费结构。②能源开发必须以电力为中心,煤炭为基础,大力加快发展水电,积极发展核电,积极开发天然气。③水电火电并举,因地制宜,川、滇、桂三省区应"水电为主,火电结合";贵州应"水火并举";广东应积极投资开发西部能源,输入电力,同时积极发展核电;海南充分利用本省水能资源,重点建设港口火电,后期适当配置核电和蓄能电站。

2. 发展目标　根据需要和可能,可考虑如下发展目标:2005年,原煤生产2.2亿～2.4亿t,年发电量5060亿kW·h;2010年原煤生产2.35亿～2.65亿t,年发电量7646亿kW·h。

四、能源建设布局

1. 煤炭建设布局　设想西部在1991～2005年期间新开工煤矿总规模1.2亿t,投产0.9亿t,2006～2010年再开工1200万t,投产3400万t。重点开发黔西、滇东和四川的大型矿区以及省、地、县重点建设的矿区。东部由于资源有限,以稳住现有生产水平为原则。

2. 水电建设布局　大力加快建设大型水电基地,重点建设南盘江～红水河、澜沧江、乌江、大渡河、雅砻江、金沙江六大水电基地,以及四川的岷江上游、嘉陵江,贵州的北盘江、清水江,广西的郁江等中型水电基地。此外,还要结合水利建设,促进发电效益大的综合利用水利枢纽的建设;配合核电建设,并解决电网调峰问题,在粤、琼两省建设抽水蓄能电站。设想本区域于1991～2010年新开工大中型水电站规模为6553万～8043万kW,新增大中型水电站装机5632万～6560万kW,其中六大水电基地3976万～4361万kW,抽水蓄能电站700万～1070万kW。

3. 煤电建设布局　重点安排坑口、港口和路口电站,以减轻运输压力,在煤炭资源丰富的矿区,建设大型煤电基地,变运煤为输电。在贵州集中力量开发六盘水、黔北煤田,逐步建成煤电基地;在云南滇东和滇东北建设曲靖、昭通等煤电基地;四川以川南煤田为重点,开发古叙、筠连等煤矿,建设一批大型火电厂;在东部港口、路口重点安排大型火电建设。设想1991～2010年煤电新增装机3600万～5400万kW。

4. 核电建设布局　粤、琼两省发展核电建设。广东2005年前建成核电400万～600万kW,2006～2010年再建成600万～1200万kW。海南2000年后开始建设。

另外,海南和两广沿海有风力资源,可考虑安排建设风力发电站,供生活用电。

五、能源供需平衡及"西电东送"规划设想

2010年,黔、滇两省煤炭除可补四川2700万t缺口外,尚可外调1100万t。如果川北地区所需煤炭能由"三西"调运解决,则西部可向东部多调出1350万t。

华南三省区2010年缺煤2.1亿～2.77亿t,以广东缺口最大,达1.8亿～2.2亿t。以上缺口主要依靠"三西"能源基地和西南供给,但从煤源及运输能力分析,是无法满足的,需从节能、与西部合资开发水能资源、发展核电或由北方引进煤电以及进口煤、油等多种渠道解决。

关于西电东送问题,根据负荷预测、能源资源分布和电源建设布局,本区域发展西电东送是必然趋势。通过电力电量平衡,预测各省区电力输出和输入情况如下:①四川省2000年可扭转缺电局面,丰水期尚有80万kW和30多亿kW·h余量;2005年、2010年可有较多电力电量余量参加向华南(或华中)送电。②滇、黔两省是西电东送主力。1995年可外送季节性电力180万kW和电量100亿kW·h;2010年可外送1700余万kW和1000亿kW·h,主要向广东供电。③广西由于现有的水电多为径流电站,2000年前,枯水期仍缺电,但汛期可有15亿～20亿kW·h多余电量外送;2000年后,龙滩水电站建成投产,将有大量电力参与东送;到2010年,外送将逐年减少。④广东经济发展迅速,电力供需矛盾十分突出,预计2000年缺电500万kW,2010年缺电2564万kW以上。海南2010年前仍为孤立电网,电力供需应本省平衡。

(水利水电规划设计总院　赵毓昆)

粤、桂、黔、滇四省区水电站群电能利用研究

一、从滇、黔、桂特别是滇省输入水电是广东电源建设的一条重要途径

广东自实行对外开放和特殊政策以来,国民经济得到了较快发展,1992年国民生产总值已跃居全国第一位,占全国的9.3%。电力建设的发展也很快,1992年底全省装机已达1082万kW,发购电量508亿kW·h,但仍严重缺电,已连续10余年向香港购电。广东的能源资源严重短缺,已查明的煤炭、原油、天然气、水能及油页岩等5种常规能源总量,仅相当于标煤30.4亿t,只占全国的0.4%,其中煤炭储量只占全国的0.07%,水能资源占全国的1.3%。本省的能源资源远不能满足经济发展的需要,必须从外省甚至国外大量进口能源。

煤炭是广东的主要能源,据有关单位预测,2000年广东需煤约9000余万t,本省原煤产量只能维持在800万～900万t之间,已无增产潜力,90%需从省外调入,其中国内调给本省的到不了一半,另一半多寄希望于从国外进口,但二者均不可靠。国内调入的煤炭中,约有一半靠的是缺乏保障的地方煤。至于国外进口,数量如此之大,煤源难以解决。即使有煤源,不仅每年要花10亿多美元,而且风险大,若遇国际风云变化,煤源可能缩减甚至被切断。因而广东煤电的可靠性较

差，煤源不稳定，并且还受铁路、海运的运力和运距的限制。同时环境污染也是发展火电的又一制约因素，特别是珠江三角洲，现已煤电云集，如继续新建，将使生态环境进一步恶化。尽管煤电在当前和今后相当一个时期内仍是主要电源，但从煤炭调入的可能性、可靠性和经济性，以及运输和环保等方面考虑，从长远来说，应当减少煤电的比重。

发展核电虽具有燃料供应稳定且储运方便的优点，但单位千瓦投资达 2000 余美元，比煤电、水电高出 1 倍多，发电成本与还贷期上网电价亦比水电高出 1～2 倍多，且设备的国产化需要一个过程。发展一定数量核电是广东电源建设途径之一，但其发展规模将受一定限制。

输入水电，对广东来说不仅需要，而且可能，还清洁、廉价，是电源建设的一条重要途径。

桂、黔、滇 3 省区中，广西可开发水能资源 639.5 亿 kW·h，除近期开发红水河上的天生桥、龙滩等大水电站时可向广东供部分电力外，从长远看，广西自身还需引入外电，无力向广东送电。贵州水能资源与广西相近，可开发量 652.4 亿 kW·h，近期可将红水河上部分电力供广东外，长远来说还可供些煤电，但数量有限。唯一可能长期大量满足广东用电要求的是云南省。云南实际上是我国水能资源最丰富的省份，单位面积可开发水能资源达 180 kW/km^2 和 100 万 $kW \cdot h/km^2$，居全国第一；人均可开发水能资源亦高达 2.11 kW/人和 1.17 万 kW·h/人，仅次于西藏；可开发水能资源总量达 7100 多万 kW 和 3900 余亿 kW·h，主要富集在金沙江和澜沧江上，而且开发条件十分优越，径流变幅小而稳定，地形地质条件好，工程量小投资少，淹没损失少，具有建设调节性能强的大水库等。尽管云南的地理位置偏西，距广东远些，但从全面看，云南水能资源无论从数量上还是从质量上，优势突出，应是向广东长期大量供电的主要省外水电基地。以广东的经济优势与桂、黔、滇 3 省主要是滇省的水能优势相结合，按互利互惠原则，共同合作开发水电，既可解决广东的缺电问题，又可带动 3 省（区）经济的繁荣，缩小东西部差距，把区域经济推向新的发展阶段，有着重大的经济意义和政治意义。

二、西电东送的起步和展望

从 1993 年丰水期起，云南已经通过天广线开始向广东送电。这是在原能源部、国家能源投资公司和粤、桂、黔、滇 4 省（区）领导及电力部门等的推动下，自 1988 年 6 月至 1991 年 7 月先后签署了关于合资开发红水河天生桥一、二级，龙滩水电站，澜沧江中下游小湾、糯札渡水电站，云南曲靖火电厂，贵州安顺、盘县火电厂，云南向广东输送季节性电能等 8 个协议。这些协议主要是广东为了满足电力市场的大量需求，与云南、贵州等合资开发水电和部分火电。其中，广东可获得红水河电力 350 万～400 万 kW，澜沧江中下游电力 600 余万 kW。另外广西向广东、贵州向广西供应一部分电力。这是“西电东送”的开始和近一时期的规模。这些协议的签订和实施，是省区间互利互惠、合作办电的创举，具有重大经济效益、社会效益和深远影响。

更大规模的西电东送，有待我国最大的水电能源战略基地——金沙江的开发。仅金沙江在云南境内的虎跳峡及以下 4 座电站装机，即达 1500 多万 kW，再往下的云南、四川两省的界河段，还有溪落渡等 5 座电站装机共 4400 多万 kW。根据云南及有关单位研究，2020 年和 2050 年云南可外送电力 2000 万 kW 和 4000 万 kW，大部将由金沙江上的电站输往华中、华东和华南。华南究竟能获得多少电力，除主要取决于国家能源总体平衡和宏观调控外，还在一定程度上与华南在电力市场上同华中、华东的竞争能力有关。

三、权益分配方式

各方权益的分配，有以下几种情况和方式。

第一种方式是合作开发方式。即有关各方合资建设水电站，按合资各方投资比例（股份）拥有产权并分电。资源所在省区除按股份拥有产权和分电外，还可获得地方留成电量。这又有两种情况：一种是按非资源所在省区和国家能源投资公司股份电量的 10%统一从国家能源投资公司股份电量中拨出分给地方，如天生桥电站；另一种是国家能源投资公司从股份电量中拿出 10%留给地方，如龙滩电站。为了支持电站库区和地方经济发展，广东省同意按其投资的股份，除按国家规定提取水库维护基金及库区建设基金外，在电站第一台机组投产后 13 年内，按电站当年广东省实际分得上网电量提供每 kW·h 出厂成本电价（发电成本、企业留利加税金）的 5%作为电站优惠支持费，提供给电站所在省区。第一台机组投产 13 年后各年均按出厂成本价的 20%提取费用，继续提交给电站所在省区（如龙滩、小湾水电站）。

第二种方式是云南向广东输送季节性电能，属买卖电关系。双方同意电价分两个阶段，1993 年至 2000 年每 kW·h 定为按云南平均售电价另加 3 分；2001 年至 2012 年按云南平均售电价计算。除上述电价外，云南向广东收取电力建设资金 2 分/kW·h。实际上，云南在 6～10 月的季节性电能成本要低于平均售电价，而广东在夏季由于防暑降温和灌溉等用电正是全年负荷最高季节，它所得的云南季节性电能，对广东来说已转化成了保证电能，其价值要高于云南平均售电价加2分或5分钱。可见协议规定的电价和电力建设资金体现了互补余缺、双方有利的原则。

四、实行水电站群联合补偿调度，增加保证出力效益

4省区水电站群实行联合补偿调度，可以增加保证出力等效益。例如，按1995年和2000年发展水平，4省区内共13座和18座大、中型水电站实行联合优化补偿调度，分别可比分省区优化调度保证出力之和230.7万kW和501.6万kW增加49.7万kW和119.3万kW，增率分别达21.5%和23.8%，年发电量也有所增加。效益增加的原因，一是因年内丰枯水期在各省(区)间相差1～2个月，丰枯年份也不完全同步。如1995年水平联合调度枯水年为1960年，但该年却是广东的平水偏丰年($P\approx28\%$)，是广西的平水偏枯年($P\approx64\%$)，贵州、云南的年水量频率分别为80%和96%。二是由于各省区水库调节性能的差异，进行库容补偿的结果。1995年水平以广东的相对调节能力最强，广西最差，2000年则以贵州、广西最好，云南最差，广东也差。补偿调度效益在各省区间的分配，应以各省区的贡献大小为准则。各省区的贡献及其大小，包括联合补偿调度前各省区独立补偿调度时保证出力的大小，库容补偿效益的大小，水文补偿效益和被补偿电站的贡献等，有关资料❶提出了一个计算分配式。根据优化补偿调度研究成果，和云南、广东两省丰枯水期起止月份，水库调节能力，水电比重及负荷特性等，为了具体落实提高两省总体效益且有利于双方的原则，有关专家提出了云南向广东送电年内分配特性(2015年水平)建议：9、10月滇丰水多送电，粤枯水少发水电；11～3月为共同枯水期，按联合调度后保证出力工作；4、5月粤丰水，按大于保证出力工作，相应可减少滇送粤电量；6～8月为共同丰水期，7、8月也是粤最高负荷期，滇按大于保证出力向粤送电，8月尽量多送。

(北京水利电力经济研究所　董子敖)

天生桥二级水电站至广州500 kV输变电工程

天生桥二级水电站(以下简称天二电站)至广州500 kV输变电工程(以下简称天广输变电工程)，是天二电站的配套送出项目，它除将天二电站的电能东送桂、粤两省(区)外，同时通过“天贵”输变电工程、天二电站的500/220 kV联络变和220 kV“鲁天”输电线，将滇、黔、桂、粤4省(区)的电网联结在一起，形成南方4省(区)的互联电网。其电力系统主接线见图。

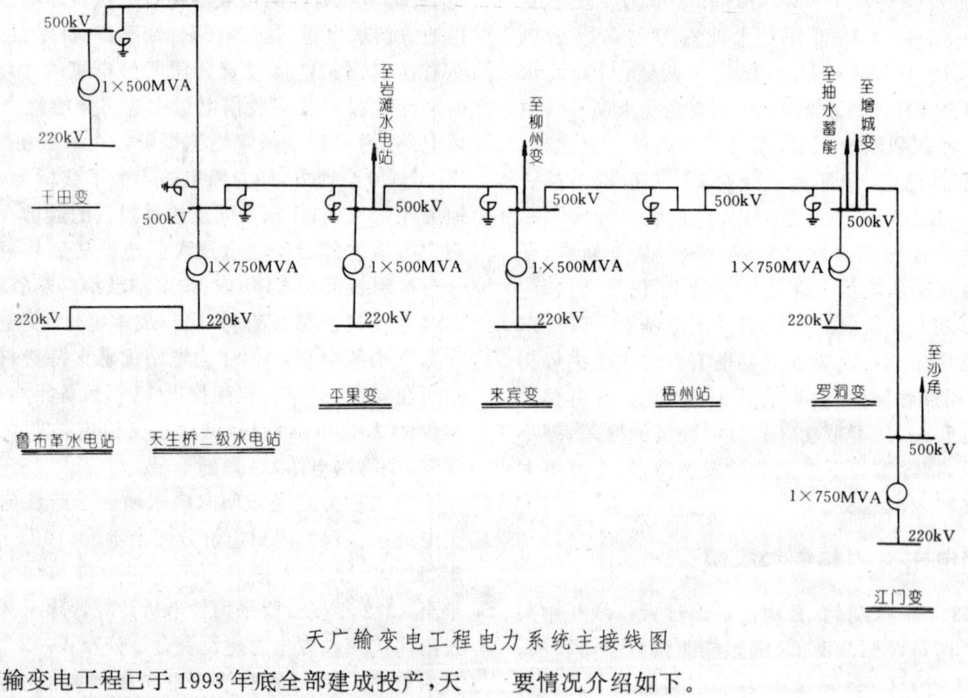

天广输变电工程电力系统主接线图

天广输变电工程已于1993年底全部建成投产，天二电站的电能和滇、黔两省的季节性电能也已于1993年1月和8月先后向桂、粤两省送电，对缓解桂、粤两省电力供应紧张发挥了积极作用。现将输变电工程简要情况介绍如下。

---

❶ 董子敖等，云南同邻省区联网优化补偿调节调度研究，水电能源科学，Vo1.9 No2。

1. 500 kV 输电线路　天广输变电工程输电线路全长 999.878 km，分天平（天生桥至平果）、平来（平果至来宾）、来梧（来宾至梧州）、梧罗（梧州至罗洞）、罗江（罗洞至江门）5 段，其长度分别为 314.4、180.3、238、200.528、66.65 km。各线段情况见表。

500 kV 输电线路分段情况表

线路分段	各分段长度(km)	导线型号 地线型号	覆冰厚(mm) 最大设计风速(m/s)	导线排列/铁塔	备　注
天生桥—平果	314.4	4×ACSR-300/40 2×AACSR-95/55	0(10)/30	三角/猫	
平果—来宾	180.3	4×ACSR-300/40 2×GSW-70	0(10)/30	三角/猫	
来宾—梧州	238.0	4×ACSR-300/40 2×GSW-70	0/30	三角/猫	
梧州—罗洞	200.528	4×ACSR-300/40 2×GSW-70	0/35	三角/猫	包括九水江和小塘跨越
罗洞—江门	66.65	4×ACSR-400/50 2×GSW-70	0/35	水平/酒杯	

2. 500 kV 变电站　由于超高压交流远距离输电技术的需要，结合沿线路工业的发展，新建了 3 座变电站、1 座开关站和扩建了 1 座变电站。

3 座变电站是：①平果变电站。位于平果县城郊，占地 7.1 ha，为敞开式。本期装设 500/200/35 kV500MVA 容量的自耦变压器 1 组。500 kV 主接线为 $1\frac{1}{2}$ 接线，本期装设 5 台断路器和其它相应设备。220 kV 主接线也为 $1\frac{1}{2}$ 接线，本期装设 2 个完整串。②来宾变电站。位于来宾县城郊，占地 8.26 ha，为敞开式。本期装设 500/220/35 kV500MVA 容量的自耦变压器 1 组。500 kV 主接线为 $1\frac{1}{2}$ 接线，本期装设 4 台断路器和其它相应设备。220 kV 主接线为带旁路双母线分段接线，本期装设 5 个出线间隔。③罗洞变电站。位于南海市小塘镇罗洞乡，占地 9.85 ha，为敞开式。本期装设 500/220/35 kV 750 MVA 容量带负荷自动调压的自耦变压器 1 组。500 kV 主接线为 $1\frac{1}{2}$ 接线，本期装设 2 个完整串。220 kV 主接线为带旁路双母线分段接线，本期装设 7 个出线间隔。

1 个开关站为梧州开关站，位于苍梧县河步街，占地 4.01 ha，为敞开式。500 kV 主接线为 $1\frac{1}{2}$ 接线，本期装设 2 台断路器和其它相应设备。

扩建的 1 座变电站为江门变电站，位于新会市杜阮镇，1987 年与沙角 B 厂配套投入运行。本期扩建一串屋内式 SF_6 500 kVGIS 和相应的联结母管。

与天广 500 kV 输变电工程同步建设和投产的还有天生桥至贵阳和天生桥至广州的 480 路数字微波通信，以及广州南方互联电网调度、广西区中调和贵州省中调的调度自动化系统。

（中国南方电力联营公司　陈景武）

澜沧江水电输电广东的研究

昆明勘测设计研究院（以下简称昆明院）于 1984 年开始着手云南水电输电广东的研究工作。1986 年提出的《澜沧江中下游河段规划报告》中初步论证了澜沧江水电供电范围为西南三省和华南两省。根据水利水电规划设计总院（以下简称水规总院）1987 年下达的任务，昆明院于 1990 年 4 月完成了 14 项专题研究和《云南水电开发及联网输电方案研究》综合报告。专题研究报告中有 5 项是分别委托原能源部电力科学研究院（2 项）、北京水利电力经济研究所（1 项）、能源部中南电力设计院（1 项）及西安交通大学（1 项）等单位协作完成的。该项研究的主要内容是：全面综合论证澜沧江水电输电广东技术经济的合理性和现实性。1992 年 3 月水规总院对该项研究成果组织了鉴定。鉴定结论是："研究成果在水电和联网规划方面达到了国内领先水平"。现简要介绍如下。

一、澜沧江水电输电广东是"西电东送"的突破

在综合分析了西南三省及华南两省（区）的水能资源、煤炭资源及经济发展情况之后，得出送电的趋势是：四川省水能资源丰富，目前虽用电紧张，但不需外

省输入，主要靠加速开发本省水电。贵州省水能和煤炭资源均丰富，是能源输出省。广西自治区有红水河“富矿”，总量基本可满足本区用电，近期内稍有多余可送广东。广东省水能较少且开发程度已较高，煤炭缺乏，经济发展速度最快，电力需求量大。云南水能资源非常丰富且开发条件优越，可开发容量7116.79万kW，年发电量3944.53亿kW·h，占全国20.5%，居全国第二位；按人均可开发容量也居全国第二位，为广东的20倍；按单位面积可开发容量居全国首位。可开发水能相当于每年供1.58亿t标准煤。其中澜沧江水电开发条件最好，可装机2202万kW，年发电量1102亿kW·h，洪枯差别相对较小，具有两大多年调节水库（小湾及糯札渡），保证出力高，淹没损失小，工程量小，造价较低，在《我国能源工业中期（1989～2000年）发展计划纲要》中被列为“全国水电重点开发对象之一，为云南能源开发战略重点。”云南煤炭资源储量169亿t（1983年探明），在南方各省（区）中仅次于贵州，居全国第九位，按人均储量为广东的23倍。云南能源丰富且开发条件好，但工农业生产相对后进，与广东差距很大。因此，云南大力开发能源，开发澜沧江为近期战略目标。输电广东对云南和广东两省有利，是完全符合国家合理布局的正确决策。正如鉴定委员会的鉴定中指出的：“《研究》成果是在西电东送方面的突破。使沿海经济发达地区和内地资源丰富但经济不发达地区互利互补，促进了两个地区共同发展。”

二、云电外送电力能力分析

为了正确估计云电外送能力，对1988年至2015年云南水、火电站建设进度和负荷发展分别作了预测。负荷预测作了高、中、低三个水平，以中负荷水平为主，高、低作校核。云南电力送广东分为三个阶段：第一阶段为漫湾第一台机投产后即可送20万kW以上，5台机都投产后可达60万kW以上，主要是汛期电能。第二阶段大朝山投产以后可达40万～100万kW，也主要是汛期电能。第三阶段小湾投产后，由于具有多年调节水库，漫湾和大朝山也都显著提高了保证出力，不仅汛期可大量外送，枯期亦可送250万kW以上。加上曲靖火电等，送电广东能力可达350万kW左右。

1988年6月云南省与广东省签署了《关于合作开发云南能源资源向广东送电的协议》，采纳了上述分析的送电规模。1991年4月在原能源部及国家能源投资公司支持下，两省进一步签订了有关投资及前期工作等协议。

三、云南送电广东电网方案研究

1989年原能源部电力规划设计总院（以下简称电规总院）主持粤、桂、滇、黔四省合资办电电网配套方案研究。昆明院提出对原四省（区）交流500kV网架改为交流500kV及±500kV直流混合网架的建议，电规总院采纳了这个建议。近期云电送广东电网：建鲁布革水电站至天生桥水电站交流220kV线路，经天—广交流500kV线路至广东，送电容量30万kW。1993年鲁—天线已建成，漫湾发电后，汛期送电广东30万kW已实现；至1993年底已送电量5.4亿kW·h；预计1994年送电9亿kW·h。配合天生桥一级水电站建设天—广±500kV直流线路，同时建设曲靖火电站至天生桥一级220kV线路，经天—广直流线路转送云电60万～80万kW。后期送电广东电网：小湾水电站发电后兴建小湾至广东±600kV直流输电工程，直接送电250万kW。

四、小湾送电广东的技术经济分析

小湾水电站至广州输电距离1550km，输电功率250万～300万kW，年送电量125亿kW·h。输电方案比较过交流500kV、交流750kV及直流±600kV等多种方案，推荐采用直流±600kV方案。参照葛洲坝—上海直流工程经验和国外有关资料，对小湾至广州直流工程作了技术经济评价。在小湾可行性研究报告（1992年）中又进一步作了经济分析。按1991年价格，直流工程总投资（包括小湾整流站、广东逆变站及直流线路等）27.52亿元。按建设期3年，投产期50年，贷款年利率8.28%，计算得出财务内部回收率12.1%，投资回收期（从投产算起）7.39年，过网还贷电价5.09分/kW·h。国民经济评价：国民经济内部收益率17.18%。从计算结果可以看出，小湾以±600kV线路一回送电广东250万～300万kW各项经济指标都很优越，比在广东建燃煤电厂经济。

五、联网效益分析

根据计算，云南送电广东的水能补偿效益、错峰效益及可靠性效益都很大。两省联网补偿后增加水电保证出力，1995年可占两省合计水电保证出力7.2%，2000年占6.2%。2000年错峰效益可达60万～70万kW。

（*昆明勘测设计研究院　段世航*）

金沙江中下游水电考察

中国电力企业联合会和中国水力发电工程学会于1993年4月21日至5月5日，组织东南沿海和中南地区电力部门专家考察金沙江中下游河段的水电资源，探讨联合开发、实现西电东送的前景。云南、四川两省领导和电力局与沿江地方政府领导对此十分重视，主动提出加快开发金沙江水电主要用于西电东送，并提出了优惠政策，热忱欢迎华东、华中、华南地区共同投资开发，早日实现西电东送。专家们沿江考察了上虎跳峡、下虎跳峡、金安桥（原为梓里）、观音岩、白鹤滩、溪落渡、向家坝等7个电站坝址，一致认为：金沙江水能资源十分丰富，技术经济指标优越，开发条件好，是我国最大的水电基地，早日开发实现西电东送，是缓解华东、华中、华南地区21世纪初电力短缺的重要措施之一。

一、金沙江水能资源十分丰富，开发条件优越

根据《长江流域综合利用规划要点报告》和昆明、成都勘测设计研究院（简称昆明院、成都院）对中、下游河段开发规划，金沙江干流上游河段（玉树至石鼓），设想分9级开发，共装机1654万kW，年发电量800亿kW·h；中游河段（石鼓至攀枝花）分6级开发，共装机1700万kW，年发电量962亿kW·h；下游河段（攀枝花至宜宾）分4级开发，共装机4158万kW，年发电量1890亿kW·h。干流合计装机7512万kW，年发电量3653亿kW·h，分别占全国水电可开发容量和电量的20%和19%，每年发电能量相当于1.28亿t标准煤，对一次能源平衡占有一定地位。以上指标是按上虎跳峡水库水位为1950 m高程方案计算的，昆明院还提出2012 m方案，不仅上、下虎跳峡两电站可增加装机150万kW，中下游河段梯级电站合计还可增加装机1100万kW，增加年发电量210亿kW·h，效益巨大。金沙江开发还有防洪、拦沙、灌溉、航运、水土保持等综合效益。各梯级电站在工程造价、淹没损失、迁移人口等方面的技术经济指标，都比其他地区的大型水电站优越。通过几次考察，大家对金沙江开发条件有了新的认识。

1. 对地质、地震情况和建坝条件有了进一步认识　金沙江穿行于深山峡谷间，具有建设高坝的地形、地质条件。通过有关勘测设计院多年来的工作，尤其是向家坝、溪落渡电站的可行性研究，进一步查清了地质、地震条件。从区域构造来看，该地区虽属地震多发区，但可以避开断裂带，把坝址选在相对稳定和地质条件优良的地段。如溪落渡电站，坝区上下游为石灰岩地区，但所选几个坝址都在较完整的玄武岩的稳定区域，通过勘探证明地质条件十分优越。向家坝坝区河床覆盖层较厚，但经过勘探研究，现推荐的坝线，覆盖层厚度一般为10～20 m，局部最深30多m，已不再成为建坝的制约因素。

2. 交通条件和建设环境有了较大的改善　改革开放以来，地方经济的发展，促进了流域内城镇建设，使交通条件有了较大的改善，上虎跳峡、金安桥、观音岩、溪落渡、向家坝等电站，均有国道或省级公路通过坝址，下虎跳峡、白鹤滩电站坝址，也都有地方公路可达。以上电站附近都有城镇可资依托，为电站建设提供了有利条件。

金沙江干流下游河段前期工作已有一定基础，下游河段水电规划早已提出，中游河段规划正在进行，向家坝、溪落渡电站可行性研究报告将于1994～1995年完成。白鹤滩、观音岩、金安桥、上虎跳峡电站，水利水电规划设计总院已组织华东、昆明、中南三院分别进点开展勘测工作，前期工作正在积极展开，为早日开发提供了条件。

二、开发金沙江水能资源具有重要的战略意义

1. 开发金沙江，对促进西南地区经济发展，改善产业结构和布局，改善长江上游生态环境，促进民族团结，具有重要的政治经济意义　金沙江中下游地区近10年来经济有了一定的发展，但除攀枝花、宜宾等城市外，整个地区经济仍不发达，少数民族地区仍处于相对贫困状态，而水能、矿产和生物资源都很丰富。考察中，川、滇两省和沿江地方政府都迫切希望尽快开发金沙江，以带动其它资源的开发及地区经济和文化的发展，使资源优势早日转化为经济优势，并可改善我国产业结构和布局。金沙江开发，还将促进我国西部地区国土整治，改善长江上游生态环境；同时，还能促使沿江少数民族地区加快脱贫致富，促进民族团结，巩固西南边陲。

2. 金沙江水电是西电东送的主力，它的开发对改善一次能源结构，缓解东南部地区电力紧张将起到重要作用　我国华东、华中、华南，缺乏能源资源，北煤南运已给运输造成很大压力。随着经济的持续发展，对能源和电力的需求日益增大，仅靠煤炭，其生产和运输也都很难承受，环境污染更是一个大问题。东南沿海地区将逐步建设核电站，但目前核电造价昂贵，在设备国产化前，还不可能大量发展。而西南丰富的水能资源，特别是金沙江有数千万千瓦的电力可以东送，可以成为东南地区的重要补充能源。据初步估算，如果在2020年前建成金沙江下游的溪落渡、向家坝、白鹤滩等500万～1500万kW级电站，可东送3000万kW左右；如在2040年左右，基本完成干流中下游梯级开发，可东送5000万kW左右。这将对缓解东南部地区电力紧张，改善一次能源结构起到重要作用。

3. 金沙江开发对三峡水库有重要的拦沙作用，

并使三峡枢纽发挥更大的经济效益和社会效益 金沙江干流中下游梯级建成后，将有总库容770亿～938亿 m^3（后者系虎跳峡水库蓄水位为2012 m高程方案），调节库容360亿～528亿 m^3 和一定的防洪库容。经过水库调节，将使金沙江下游和川江的枯水流量增大，洪水流量缓减，并起到拦沙作用。例如溪落渡电站(具备作为第一期工程的条件)建成，将对防洪、拦沙、提高下游梯级电站的保证出力，增加下游航运能力起到很大作用。溪落渡总库容116亿 m^3，调节库容65亿 m^3，防洪库容43亿 m^3。经过水库调洪，可使宜宾市的防洪标准从20年一遇洪水提高到100年一遇，还可适量削减三峡入库洪水流量。通过水库调节，可提高下游向家坝和三峡、葛洲坝电站的保证出力和发电量。溪落渡初期运行即可增加三峡、葛洲坝两电站的保证出力约47.7万kW、年发电量约9.4亿kW·h；还可使金沙江下游最小枯水流量由1060 m^3/s 提高到2000 m^3/s，将改善金沙江下游和川江的航运。特别是溪落渡水库拦沙作用更为显著:金沙江下游每年平均输沙量为2.43亿t(约占长江宜昌站输沙量5.23亿t的46.5%)，其推移质可全部被拦在水库内，悬移质也大部分被拦在库内。据分析，溪落渡运行30年后，仍可拦截67%的悬移质，可减少三峡工程库尾段的泥沙淤积，并推迟三峡水库淤积达到平衡的年限，大幅度减缓库尾洪水位因泥沙淤积抬高的速度，有利重庆港的航运。随着虎跳峡、白鹤滩和支流雅砻江上的二滩、锦屏一级等具有较大调节库容的电站相继建成，将进一步增加三峡枢纽的防洪、发电能力和减少泥沙淤积的重要作用。

专家们一致认为金沙江开发条件已初步具备，期望国家尽快将金沙江开发提到议事日程上来。并建议：统一认识，加强领导，建立金沙江开发协调组织；落实前期经费，狠抓前期工作；组织论证，制订有关政策，按照市场经济原则，筹集资金。金沙江开发有可能在2000年前起步，2010年左右实现西电东送，2040年基本建成金沙江水电基地。

（中国水力发电工程学会 梁益华）

“建设西南水电能源基地战略研究”成果通过鉴定

1993年3月4日原能源部召开重点科技计划项目——“建设西南水电能源基地战略研究”成果鉴定会议。鉴定委员13人，潘家铮为主任，周小谦、高安泽、邴凤山为副主任。还邀请了部综合计划司、科学技术司、水电开发司，中国电力企业联合会科技部、政策规划部的领导和专家以及课题组成员等共30余人参加。

该课题中心内容是：滇、黔、川三省能源资源情况特别是水能资源情况，建设西南水电能源基地的战略地位，基地建设的任务和目标，“西电东送”方案的设想以及有关政策和措施的建议等。该课题在研究过程中，“西电东送”设想已得到初步实施，滇、黔两省已从1993年开始向广东、广西送电，同时广东已与云南签订协议联合开发小湾等水电站，与贵州合建黄桷火电厂，将逐步扩大输送容量。该项研究成果得到滇、黔、川三省有关部门高度评价，并已在能源和电力的实际计划和规划研究中得到了采纳实施，在国家计委和能源部门的规划工作中已被吸收应用，起到了重要的参考和促进作用。该成果荣获电力工业部1993年度科技进步二等奖。

鉴定委员会的鉴定意见是：

(1)《建设西南水电能源基地战略研究报告》(以下简称《研究报告》)对建设作为全国重要能源基地的西南水电能源基地的合理性和可行性作了大量的调查研究，进行了全面的、综合的分析、研究和论证，选题正确，有重要的现实意义。工作中组织三省及有关部门共同研究，采用了系统工程方法。报告收集的资料充分，数据翔实，信息量大，研究跨越的时段长。研究成果针对性强，处于国内领先水平，对国家在全国能源基地建设的战略决策，可起到重要的咨询参谋作用。

(2)《研究报告》论述了建设西南水电能源基地的重要战略地位和意义，在考虑西南三省能源、电力需求的基础上，强调了加快“西电东送”的重要意义，并作了初步分析。它符合我国发展市场经济和进一步改革开放的新形势，对加快我国南方能源建设、合理开发西南能源资源，以及对西南地区经济发展的规划和实施，具有重要参考价值。

(3)该课题还对金沙江开发战略作了专题研究，结论是：金沙江水电是“西电东送”的主力；金沙江梯级电站的建设，将使三峡枢纽发挥更大的经济效益和社会效益，并可促进全国几大电网联网，发挥大电网的独特效益。这将有力地促进金沙江水电开发。

(4)该课题成果已为西南三省有关部门高度肯定，有的已纳入各自的规划；同时也引起了中央有关部门的重视，有的已吸收到有关文件中去，对加快开发西南丰富水能资源起到了很好的推动作用。

该课题成果技术资料目录如下：①《建设西南水电能源基地战略研究报告》(总报告)(中国水力发电工程学会)；②《云南省水电能源基地战略研究报告》(云南省电力局)；③《贵州省电力发展战略研究报告》(贵州省电力工业局)；④《四川省电力发展战略研究报告》

(四川省电力工业局);⑤《金沙江水电能源基地战略研究报告》(水利水电规划设计总院);⑥《西南水电能源基地建设方案设想》(西南电力设计院);⑦《重大科学技术攻关课题》(水利水电科学研究院);⑧《西南三省资源开发和经济发展对能源需求的预测》(电力科学研究院);⑨《面向西南加快开发水电资源》(水利水电科学研究院);⑩《关于大中小型水电合理安排的意见》(水利水电科学研究院);⑪《龙头水库建设及梯级连续开发》(水利水电科学研究院);⑫《西南水电补偿和虎跳峡电站的作用》(水利电力经济研究所);⑬《西南水电开发规模与外送输电的技术可行性》(水利电力信息研究所);⑭《金沙江送电华中初探》(华中电管局动能经济研究所);⑮《从国外经验谈我国西南水电能源基地的开发》(水利电力信息研究所);⑯《借鉴美苏水电开发经验,研究我国西南水电能源基地建设问题》(水利电力信息研究所)。

(中国水力发电工程学会　赵政声)

90年代水电科技发展战略研究

该课题系原能源部科技司和中国电力企业联合会科技工作部1992～1994年重要科技研究项目之一,是为研究和提出2010年前开工和进行前期工作的重大水电工程建设中的关键技术问题,供国家和部在水电科技攻关立项选题时作重要参考,也是为进一步组织科技攻关,明确战略决策。研究工作是由中国水力发电工程学会承担。学会于1992年5月开始,组织27名有丰富经验的专家参加,1994年6月提出了总报告和9份子课题报告。现简介如下。

一、瞄准目标

总报告分析了水电建设的任务和重点水电站的特点。今后7年规划水电投产总装机容量3100万kW,到2000年水电开发总装机容量为7000万kW以上,占全国电力总装机容量的25%。水电开发重点工程有:天生桥一级,小浪底,龙滩,小湾,糯札渡,瀑布沟,三峡,构皮滩,锦屏一级、二级,溪落渡,向家坝,白鹤滩,虎跳峡,拉西瓦等水电站及一批抽水蓄能电站。这些电站有以下特点:①规模巨大,三峡电站装机1820万kW,其他超过500～1000万kW装机的有向家坝(500万kW)、虎跳峡(600万kW)、溪落渡(1200万kW)、白鹤滩(1250万kW),单机容量达到50～75万kW。②坝高将突破200 m和300 m量级,坝高超过200 m的有糯札渡、构皮滩,溪落渡,白鹤渡,虎跳峡等;接近和超过300 m的有小湾、锦屏一级等。③建坝条件复杂,不少工程坝址处于深山狭谷,流量大、泥沙多、地震强、边坡高、覆盖深、岩溶发育等,有些电站还需解决高坝通航和过木问题。④施工布置和管理技术难度大,在交通十分不便的地方,大型水电站工程量巨大,施工场地设备布置和管理,工程材料、设备的运输以及生产生活物资的储运等都有相当大的困难。⑤还需解决好超高压远距离送电、跨省电网调度技术问题。总之,我们将遇到前所未有的高难度技术问题,要解决水电建设世界水平或超世界水平的技术问题。该课题就是针对上述战略目标开展研究的。要完成这一研究任务,需要总结国内已有经验,借鉴国外先进经验,动员全国水电科研力量,组织科技攻关。

二、研究领域

根据上述目标,总结报告中提出了90年代水电科技重点课题,涉及的主要关键技术有15个领域:①规划和综合效益分析;②地质勘探和高边坡处理;③坝工关键技术;④超高速水流及枢纽工程布置优化;⑤高坝抗震;⑥高坝地基处理;⑦高坝通航和过木;⑧高坝快速施工;⑨高坝安全监测;⑩地下工程;⑪水电工程环境保护和水库移民;⑫泥沙问题;⑬新型水工建筑材料;⑭水轮发电机组;⑮水电建设应用基础研究。

三、几个主要领域专题简介

上述15个领域,总报告中均列出了具体攻关专题。这里仅就以下三个领域的攻关专题作简要介绍。

(一)坝工关键技术

1. 高混凝土拱坝专题　包括:①作高拱坝实况反分析,拟定出合理的控制应力标准和应力分析方法。②研究高拱坝稳定性和安全评价准则、建基面标准、坝基和拱座失稳机理、实际滑动的破坏模式、稳定分析方法、岩体裂隙渗流数学模拟、渗流场和应力场耦合分析、渗流场对拱座稳定影响以及合理的安全系数等。③完善高拱坝优化设计理论和方法,包括合理体形、强度理论、坝基稳定分析和处理,并推行可靠度设计及相应的可靠度指标。④研究高拱坝混凝土材料特性,高强度低热微膨胀混凝土、外加剂、原级配混凝土特性等。

2. 碾压混凝土坝专题　包括:①研究坝高200 m量级成层体系的碾压混凝土重力坝的稳定、应力分析理论和方法;层面抗剪断和应力应变特性、坝体防渗、排水技术;渗流和应力耦合分析,大仓面连续浇筑的温控计算、措施和全过程仿真分析;纵横缝设置、夏季高温施工控制标准及措施。②研究整体式和分缝式碾压混凝土拱坝结构设计及计算理论、合理参数和结构细部、有缝和层面的拱坝计算和极限承载能力；保持分缝式拱坝整体性及不分缝式拱坝防裂、抗裂措施，拱坝防渗措施；全断面统仓浇筑时温控及反映施工实际情况的仿真分析。

3. 高土石坝专题 包括：①研究风化料、冰碛土、砾石土等宽级配土料作土质心墙防渗体的性能、施工工艺、渗流控制措施；心墙坝静动力稳定和变形分析；原型、模型成果对比分析，提高分析计算精度。②研究混凝土面板堆石坝周边缝止水、结构型式和止水材料；面板混凝土防裂、抗裂性能；堆石体过流及防护；深厚冲积层上建坝，坝体、面板、接缝及地基的不同变形特性，在静力作用下三维变形分析，按实际工况进行仿真分析，准确预测大坝运行各项参数。③逐步实现可靠度指标代替传统安全系数法，结合土石坝工程研究沥青混凝土防渗体，各类土工合成材料的应用。

(二)地下工程

地下工程研究的专题有：①开展深层岩溶、地温分布、地质灾害（岩爆、涌水、涌泥、有害气体）等的勘探和预测，深化深埋长隧洞的地质勘探工作。②根据地形、地质构造，近场或远场震源机制、人造卫星取得的信息，开展岩体宏观应力分析；研究洞室开挖过程中利用变形或围岩破坏信息计算岩体应力，对深层岩体天然状态力学性质要进行反演推算原状岩体力学参数，避免岩芯试验含有一次卸载的影响，以及岩石渗透特性、工程排水措施等。③岩爆预测主要靠经验，拟进一步多做微震和声发射监测工作，综合治理，减少岩爆发生和减轻岩爆烈度。④研究洞室走向、形状、间距作优化比较，合理开挖程序，使围岩处于较好的稳定状态；洞室加固首先研究围岩本身稳定，确定是否加固；研究各种可能发生的不利条件下的支护方式、时间和支护系统的刚度，地质灾害的预报及防范措施。⑤建立地下工程设计专家系统信息库。

(三)水轮发电机组

水轮发电机组研究的专题有：①研究 50 万～70 万 kW 机组的设计制造技术，完善常规水轮机电算模型的开发，优化和提高精度；研究抗空蚀、泥沙磨损的综合措施；进一步研究并完善马氏体不锈钢的铸造、电渣熔铸技术。②研究大型及巨型水轮发电机推力轴承轴瓦的材质，改善油膜润滑条件、支承结构，以达到实用化；研究并解决定子水内冷和三水内冷（定子、铁芯和转子线圈）的试点问题及大型和巨型发电机新型绝缘材料，改善发电机结构和缩小尺寸。③研究 500 m 水头等级段大型 30 万 kW 级可逆混流式水泵、水轮机设计和制造技术，研究大型同步电动机变极变速技术。④研究 2 万～3.5 万 kW、水轮机转轮 7.5 m 左右的贯流灯泡式机组的设计、制造技术。⑤提高水电站辅助设备的可靠性，采用计算机监测进行生产管理，提高自动化水平，对中型水电站进行无人值班试点。

（中国电力企业联合会　陈宗梁）

抽水蓄能电站建设研究

以火电为主的华北电网开发抽水蓄能电站综合评价研究

一、华北电网电源结构与抽水蓄能电站容量配置

华北电网由京津唐、河北南部、山西及内蒙古西部等 4 个分电网组成。由于地区水能资源贫乏，整个电网的电源构成以火电为主。根据 1992 年末统计资料，华北电网发电设备总容量为 1967.82 万 kW，其中火电（包括煤电与油电）装机为 1907.37 万 kW，约占 97%，水电仅 58.45 万 kW，且大多数为综合利用水库电站，发电运行“以水定电”，调峰能力很低。根据对 1993 年华北电网用电负荷特性分析，正常合理情况下的负荷峰谷差为最大负荷的 0.35 左右，而火电机组的平均调峰能力一般为 0.25～0.30，调整负荷幅度小，且出力变化慢，远远适应不了电网负荷峰谷差的要求。因此，电网运行中拉闸限电、调班用电、削峰填谷严重，对地区经济发展和人民生活影响很大，也直接威胁着电网的安全稳定运行。经过对各种可能调峰措施分析，结论是：解决华北电网调峰问题最有效的途径是建设抽水蓄能电站（以下简称抽蓄电站），而且需求量是比较大的。根据华北电网不同水平年的电力负荷预测与电源发展规划，通过对全区及分区的电力电量平衡及优化分析，华北电网2000～2020 年需要抽蓄电站的总容量见表。

2000～2020年华北电网抽水蓄能电站容量配置　单位:万kW

年份	项目	华北电网	分电网			
			京津唐	河北南部	山西	内蒙西部
2000	最高发电负荷	3760	1771	910	978	304
	峰谷差	1391.2	690.7	336.7	342.3	103.4
	装机容量	4950	2210	1140	1220	380
	抽蓄电站容量	472	247	100	95	30
	抽蓄电站比重(%)	9.5	11.2	8.8	7.8	7.9
2010	最高发电负荷	8206	3870	2058	2089	622
	峰谷差	3118.3	1567.3	782	752	217.7
	装机容量	10798	4840	2570	2610	778
	抽蓄电站容量	807	442	180	145	40
	抽蓄电站比重(%)	7.5	9.1	7.0	5.6	5.1
2020	最高发电负荷	15828	7459	3938	4065	1198
	峰谷差	6172.9	3058.2	1535.8	1504	431.3
	装机容量	20820	9320	4920	5080	1500
	抽蓄电站容量	1587	817	360	315	95
	抽蓄电站比重(%)	7.6	8.8	7.3	6.2	6.3

二、华北地区抽蓄电站站址选择

华北地区抽蓄电站规划选点工作从1973年开始至1994年,经过20多年来多次反复的查勘,先后共调查过100多处站址,经过分析筛选,推荐出具有较好开发条件的站址有68个。按电网所覆盖地区划分,其中京津唐20个,河北南部11个,山西28个,内蒙西部9个。

本着以省网为实体、就地平衡、联合调度、互为备用的原则,根据各分电网的需求与资源特点,合理配置抽蓄电站容量,选择确定了一批各电网近期应重点研究开发的抽蓄电站,其中京津唐电网有十三陵(水头481 m,容量80万kW)、板桥峪(水头395 m,容量100万kW)、遥桥峪(水头578 m,容量100万kW)、南对峪(水头309 m,容量150万kW)、大黑汀(水头228 m,容量80万kW)等;河北南部电网有张河湾(水头348 m,容量100万kW)、白云山(水头470 m,容量100万kW)等;山西电网有西龙池(水头659 m,容量100万kW)、文峪河(水头405 m,容量120万kW)等;内蒙古西部电网有呼和浩特(水头562 m,容量120万kW)等。由于十三陵抽蓄电站地理位置优越,具有较好的地形地质条件,又是首都供电的迫切要求,因此选择推荐十三陵为华北地区抽蓄电站建设的第一期工程。该工程已于1990年开工建设,预计1995年底可投产发电。其它如张河湾、西龙池、板桥峪、呼和浩特等抽蓄电站正在进行可行性研究或初步设计工作,争取在2000～2005年建成投产。

三、抽蓄电站在电网中的主要作用与效益评价

抽蓄电站在以火电为主的电网中可替代火电机组,主要担负系统的调峰、填谷、负荷与事故备用作用,还具有调频、调相等功能;特别是可作为系统的旋转备用容量,在应付突然增荷、稳定周波和保证电网可靠运行方面,无论从技术上,还是从经济上都比火电机组优越得多。

建设抽蓄电站将给电网带来多方面的效益:

(1)由于抽蓄电站(指纯抽蓄电站)的站址选择不受河川径流限制,常具有良好的地形地质条件,其造价比常规水电造价要低得多。与火电投资相比,一般情况下也是低的。根据对近几年已建或拟建的抽蓄电站与火电造价资料统计分析,按1993年价格水平计算,抽蓄电站单位千瓦投资为2500～3500元,同等规模的火电站的单位千瓦投资为3000～3500元,而进口火电机组一般要超过4000元。同时,由于抽蓄电站相对火电设备构成简单,使用年限长,还可为电网节约大量的运行维护费。

(2)抽蓄电站将火电机组低谷电能转换成峰荷电能并不多耗煤,而是节煤。抽蓄电站与火电站同属二次能源,它通过能量转换最终消耗的也是煤炭。抽蓄电站与火电机组联合运行,其节煤效益主要体现在两个方面:一是填谷节煤效益,即改变了低谷负荷时火电机组的运行方式,使变荷运行为满荷稳定运行,提高了设备

利用率与运转效率，从而可降低发电煤耗率与厂用电率；二是调峰节煤效益，即在高峰负荷时替代高成本发电的火电调峰机组，使电网的燃料消耗减少。通过对华北电网建设十三陵抽蓄电站所进行的系统燃料平衡计算，与采用火电调峰方案相比，仅调峰填谷电网的年节煤量就达 23.0 万 t。

(3)抽蓄电站除了具有上述容量效益与能量转换节煤效益外，在承担电网调峰与备用、调频、调相与提高电网运行可靠性等方面所产生的效益(一般称为动态运行效益)也是非常显著的。据国外资料分析，抽蓄电站的动态效益为 85 美元/(kW·年)；通过国内几个抽蓄电站的分析计算，其动态运行效益为 100～200 元/(kW·年)。在这方面，尚需进一步研究完善其理论与计算方法。

四、进一步理顺电价关系，促进抽蓄电站发展

从上述情况可以看出，抽蓄电站作为一种新型调峰电源，在电网特别是以火电为主的电网中具有显著的作用与经济效益。但过去由于在计划经济管理体制下，采用固定不变的电价政策，使得发电电价与抽水电价不能得到很好解决，抽蓄电站的实际财务效益体现不出来，因此对建设抽蓄电站的经济性存有疑义。为充分反映抽蓄电站的容量效益，在电价制度上，除了实行两部制电价(即容量电价与电度电价)外，实行高峰低谷分时电价是调整用电负荷，体现优质优价，解决调峰容量不足的一种经济手段。华北电网从 1994 年起推行峰谷电价，高峰电价约为低谷电价的 4～5 倍，用 3 kW·h(或 4 kW·h)低价电换得 2 kW·h(或 3 kW·h)高价电，从中可以多得几倍的利润，这一直观的道理使困扰多年的抽蓄电站经济论证问题，在市场经济的条件下得到解决，从而大大提高了抽蓄电站的经济性和建设积极性。从华北电网及全国需要来看，抽蓄电站的蓬勃发展是必然的趋势。

(北京勘测设计研究院　李复生)

抽水蓄能电站在电力系统中合理比重的研究

抽水蓄能电站(以下简称抽蓄电站)具有启停迅速、运行灵活的特点，当系统用电高峰时，它与常规水电站一样起到调峰、调频、快速爬坡和紧急备用的作用；当系统中其它类型电站生产的电能不能全部为用户消耗时，它可利用这部分剩余电能抽水蓄能。抽蓄电站这种双重功能是其它类型电站不能相比的。在电力系统中设置一定比重的抽蓄电站，可以提高整个电力系统运行的可靠性和经济性。因此，兴建抽蓄电站已成为世界各国发展电力的一个重要组成部分，近十年发展尤为迅速。据英国《水力发电与大坝建设》杂志统计，截至 1991 年，40 个国家和地区已建成投入运行的抽蓄电站为 8356 万 kW；在建的 42 座，总装机 2485.7 万 kW。这些国家和地区抽蓄电站装机已占相当比重，名列前列的为美、日、意、法等国，其装机容量平均约占系统最大负荷的 7%。我国台湾省明湖抽蓄电站(100 万 kW)在 1985 年建成投产时，其容量占系统最大负荷的 8.1%，明潭抽蓄电站投入后(1994 年)，其比重上升到 14%。我国广州抽蓄电站一期工程(120 万 kW)1994 年全部投入时，占广东省最大负荷的 10%左右。

一、一个电力系统中是否必须设置抽蓄电站及其合理比重的取决因素

已有研究成果表明，在一个电力系统中是否必须建抽蓄电站及其容量占最大负荷的比重多大为合理，主要取决于以下因素。

1. 用电负荷特性　负荷特性与用电结构、地区气候特征有关。例如在寒冷地区，冬天负荷高夏天负荷低。夏天负荷下降时，修建具有季调节性能的抽蓄电站，可以将系统难以消耗的多余电能(如水电站的丰水期电能)抽蓄起来，到冬天使用。一周内负荷变化大时(发达国家常见)，可建周调节性能的抽蓄电站，将假日低负荷时消耗不了的电能抽蓄起来，供工作日高负荷时用。一天之内负荷变化大，特别是轻工业、加工工业、服务业和生活用电比重大的地区(如广东省)，电网日内负荷峰谷差变幅达到 50%左右，在后夜低谷时的大量剩余电能可供日调节性能的抽蓄电站抽水之用。

2. 系统内电源组成　一个大电力系统通常都由不同类型电站供电，各种电站的调峰能力不同，当它们的综合调峰能力小于电站的峰谷差时，就有必要设置抽蓄电站。一般来说，核电站不宜变出力运行，其调峰能力接近于零；高温高压的火电机组一天允许的出力变化在 20%～30%之间，专供调峰的火电机组可达到 50%以上；燃气轮机的调峰能力为 100%。因此，对于一个纯火电的电力系统，如各种火电的综合调峰能力低于最小日负荷率时，就有必要设置抽蓄电站，以消耗负荷低谷时火电技术最小强制出力所发出的电能。常规水电站的调峰能力与水库的调节程度有关，系统中调节性能好的水电站所占比重愈大，则抽蓄电站的比重就愈小；反之则愈大。

3. 抽蓄电站的经济性　经济性主要指工期、投资和年运行费用。一般而言，抽蓄电站的经济性比常规水

电站高,也不比大型火电站低,它与其它电源不同之处在于:抽蓄电站年运行费用要额外增加抽水电费。但由于它所消耗的多属系统内的剩余电能,如其在系统中的比重合理,不仅不会额外增加燃料,而且能节约燃料,并减少了整个系统的运行费。

综上所述,研究抽蓄电站在电力系统中的合理比重,必须从全系统的角度出发,综合考虑确定。一般包括以下内容:①基本资料的收集与分析;②远景负荷及电源组成预测;③进行电力电量平衡;④做好系统内抽蓄电站的普查和选点工作;⑤拟定不同的调峰电源方案(可以全部是抽蓄电站,也可以是各种调峰电源的组合方案);⑥以电力系统费用最小原则之年选方案对选定方案作敏感性分析。

二、已取得的主要研究成果

近几年我国对抽蓄电站在电力系统中合理比重问题的研究已取得一些成果。现将几个主要成果简介如下。

(1)《广东电力系统中抽水蓄能容量比重的优化》(蔡瑶忠,1990 年)。该文根据广东电力系统今后较长时期核电、大型火电及径流式水电站占系统最大负荷80%以上,而系统最小日负荷率只有 50%左右的特点,对不同发展水平,按调峰需要拟定各种电源结构方案进行优化比选,结果抽蓄电站的合理比重为 12%左右。

(2)《华北兴建抽水蓄能电站的经济性及合理配置问题的研究》(原能源部电力科学研究院,1991 年)。该文根据华北电网的具体情况和近期可能修建抽蓄电站的优劣分析,经过比较,得出在 2000 年抽蓄电站装机占系统总装机的比重如表 1。

(3)《华东电网水电(含抽水蓄能电站)开发顺序(1991～2010 年)研究报告》(华东勘测设计研究院、上海勘测设计研究院,1992 年)。该报告对调峰容量的需求提出了"技术缺口"和"经济缺口"的概念。"技术缺口"是按计划拟建的各类电源(常规水电、煤电、核电、燃气机、抽水蓄能)投入后尚不能满足调峰需要的必需值;"经济缺口"是按全系统费用现值最小的原则求出的经济值。研究结果如表 2 。

表 1　华北电网 2000 年抽蓄电站装机比重

地区	京津唐	山西	冀南	内蒙西	华北全网
比重(%)	11.25	7.8	9.5	2.5	9.2

表 2　华东电网不同水平年抽蓄电站装机比重

水平年		2000	2005	2010
系统最高负荷(万 kW)		1500	4775	6314
抽水蓄能电站比重(%)	技术必须值	1.0	2.3	4.0
	经济值	14.7	8.8	10

(4)《抽水蓄能电站合理比重的研究》(水能技术经济,1993 年第 4 期,陈育文)。该文通过计算抽蓄电站的节煤效益、容量效益和提高可靠性效益,研究了抽水蓄能在纯火电系统和水火电混合系统中的合理比重问题。对一个最大负荷为 3200 万 kW 纯火电系统($\gamma=0.815$,$\beta=0.67$)进行了计算,其结论为:如只考虑承担调峰填谷作用,抽蓄电站的合理比重为 9%～11%;如果再承担旋转备用,则比重上升到 11%～13%。

国外尚未见到对此问题研究的专著。但据一些文献叙述,如果一个火电(含核电)比重为 80%左右的电力系统(最小负荷率 50%～60%),抽蓄电站的合理比重约为 15%左右,与我国已有研究成果大体相近。

我国幅员广阔,各电力系统电源结构和负荷特性有很大差异,对此问题的研究应继续深入下去,以指导各地区兴建抽蓄电站的前期工作。

(水利水电规划设计总院　欧阳华)

水电工程经济

8

水电工程概预算工作

1991～1994 年颁发的有关概预算文件

在 1991 年以前已建立的一套较完整的概预算管理制度、定额和标准的基础上，近 3 年，对概预算工作又进行了深入的改革。工程投资由以往的计划经济向市场经济过渡，实现工程投资由静态向动态、由微观向宏观、由自营建设向招标承包制的 3 个转变，使工程造价工作能顺利地适应经济体制改革步伐，较好地解决工程造价的确定和有效的控制。并按照国家的有关方针政策和上级主管部门的有关规定，在认真总结经验的基础上，继续深化改革，对前进过程中的各项标准定额和管理办法不断进行补充调整，以适应经济发展的需要，使概预算工作管理制度、定额标准日渐完善和不断的更新，以更好地为水利水电建设工程服务。1991～1994 年颁发的重要文件见下表：

1991～1994 年颁发的有关概预算文件

日　期	发文单位及文号	文　件　名　称	办文单位
1991.6.22	能源部、水利部能源水规（1991）487 号	关于成立水利水电专业概预算人员考核领导小组的通知	水规总院
1991.8.14	能源部、水利部能源水规（1991）573 号	关于试行《水利水电工程设计收费定额》和《水利水电工程勘测设计收费定额》的通知	水规总院
1991.8.23	能源部、水利部能源水规（1991）527 号	关于试行《水利水电工程初步设计概算编制办法》的通知	水规总院
1991.11.18	能源部、水利部能源水规（1991）30 号	关于发送《水利水电工程勘测设计生产定额》的通知	水规总院
1992.2.12	能源部能源水规（1991）1272 号	关于颁发《水利水电工程施工机械台班费定额》的通知	水规总院
1992.3.14	水规院水规定（1992）9 号	关于明确投资估算指标中《发电厂辅助设备及安装工程费用构成比例》的通知	水规总院
1992.4.23	能源部、水利部能源水规（1992）362 号	关于颁发《水利水电工程利用外资概算编制办法》采购型的通知	水规总院
1992.5.16	能源部能源水规（1992）403 号	关于印发《水电工程概算编制中若干问题的几点意见》的通知	水规总院
1992.8.14	水规院水规定（1992）030 号	关于转发中国人民保险公司办理水利水电工程保险的通知	水规总院
1993.2.19	能源部能源人（1993）151 号	关于提高电力施工企业流动施工津贴标准的通知	能源部
1993.6.19	电力部电办（1993）143 号	关于调整水电工程概（估）算编制工人标准工资等有关标准费率的通知	办公厅
1993.6.26	电力部、水利部、中国人民建设银行电办（1993）151 号	关于水利水电工程概预算专业人员持证上岗的通知	水规总院
1993.11.19	（93）财综字第 158 号	财政部、国家计委对关于电力企业交纳水资源费问题的函的复函	财政部

续表

日期	发文单位及文号	文件名称	办文单位
1993.12.5	水规院水规设(1993)055号	关于加强水利水电勘测设计产品质量管理的若干规定	水规总院
1993.12.22	电力部电计(1993)567号	关于调整水电工程设计阶段的通知	电力部
1993.12.30	建设部、中国人民银行建标[1993]894号	关于印发《关于调整建筑安装工程费用项目组成的若干规定》的通知	建设部
1994.1.22	国家计委、电力部计价格[1994]87号	关于提高电力价格的通知	国家计委
1994.1.26	建设部司发文(94)建标造字第2号	关于征求对《工程建设其他费用项目组成(征求意见稿)意见》的通知	建设部
1994.2.21	电力部电水规(1994)100号	关于发布《一九九四年度水电工程施工机械台班费定额第一类费用小计调整系数》的通知	水规总院
1994.5.10	电力部电建[1994]289号	关于调整勘测设计费的通知	电建司
1994.6.9	电力部、水利部水规定(1994)289号	转发关于调整勘测设计费的通知	水规总院
1994.6.30	水利部水建(1994)284号	关于印发《水利工程设计概(估)算标准和水利水电工程施工机械台班费定额的补充规定》的通知	水建司

（水利水电规划设计总院　丁正乾）

水利水电工程概预算专业人员实行考核持证上岗

为贯彻国家计委（86）计标288号文，国家计委、中国人民建设银行（85）计标352号文精神，加强水利水电工程基本建设经济管理工作，提高概预算编制审查质量和概预算人员的业务素质，保证国家建设资金的合理使用，由原能源部、水利部、中国人民建设银行等单位组成的水利水电工程概预算专业人员考核领导小组于1991年12月以能源水规487号文发布成立，并制订了《能源部水利部水利水电概预算专业人员资格证书考核办法》。1992年各大区分别成立了大区的考核领导小组。各省、市、自治区也成立了相应的组织机构，使考核准备工作按计划有步骤地全面展开。经过各方面努力，编印了《水利水电工程造价管理制度集》和《水利水电概预算人员资格证考核复习教材》等资料，西南地区还编辑制作录像供考生复习使用。

1993年11月1日分东北、华北、西北、西南、中南、华东、华中、新疆8大考区，在各省、市、自治区首府等地举行全国性水利水电概预算专业人员持证上岗资格认证统一命题考试，据统计当天全国参加考试人员达4948人，此举为建国以来水利水电概算专业系统第一次举办的专业性特大型活动，经过试卷统一评判，其中有4230人得到了上岗资格证书，约占考生总人数的85%。

概预算专业人员持证上岗工作，按电力部、水利部、中国人民建设银行联合颁发的电办（1993）151号文规定，于1993年10月2日起，在全国各大中型水利水电工程概预（估）算文件编制审查、工程标底编审、投标报价书的编制审查（核）均应由持有上岗资格证书的专业人员签章后方能生效，中国人民建设银行各级经办行在各项工作中可以监督实施。通过考试，建立与实施概预算工程专业人员考试和注册制度，其意义在于：

（1）它可以保障概预算工程师队伍的素质和概预算文件、工程标底、投标报价书的编制和审查（核）质量，更重要的是它可以促进广大概预算专业人员努力钻研业务，提高业务水平。

（2）它是政府建设主管部门加强概预算专业人员队伍管理的需要，也便于帮助工程建设单位选聘工程概预算专业人员。

（3）今后还可以考虑与国际相应组织衔接起来，开展概预算专业的国际交流合作，逐步与国际概预算编制方法接轨，以利于开拓国际性概预算专业业务市场。

（水利水电规划设计总院　丁正乾）

水利水电工程概预算系列软件的开发

为加快水利水电工程造价制度的改革，提高工程造价专业人员的素质，把工程造价专业人员从繁重的手工编制中解放出来，在工程造价编审领域中普及微机的应用，水利水电规划设计总院（简称水规总院）于 1990 年元月开始，采用计算机专业人员与造价专业人员相结合的方法，组织编制《水利水电工程概预算系列软件》工作。系列软件共包括《水利水电工程设计概算标准软件》、《水利水电工程利用外资概算标准软件（采购型）》、《水利水电工程投资估算标准软件》共 3 项。以上软件均采用 FOXBASE 语言编制。其中《水利水电工程设计概算标准软件》于 1991 年完成全部编制和调试工作，从 1992 年实用于概预算编制工作，并经过近 2 年来的不断修改和维护，除各直属设计院报送水规总院审查的设计概算全部采用标准软件编制外，也同时广泛应用于各外协工程概算编制工作。该软件建设部科技发展司于 1993 年组织了鉴定，认为该软件在国内同行业中具有领先水平，获水利水电科学技术优秀成果一等奖，是水利水电行业中应用最广泛和最普及的软件之一。其余的 2 个软件，分别于 1993 年年底完成全部编制和调试工作，并于 1994 年 5 月应用于生产。

水利水电工程造价软件的开发成功，从直观上看，可几倍甚至几十倍提高概预算编制工效，更主要的是对设计变动、物价上涨、政策变化等原因造成的概算修改，简捷快速。同时可获得手工计算中难以准确确定的各种参数资料和数据。通过计算机运算获得的成果可靠、准确，排除了人为的干预。有利于严格执行国家现行规章、制度、定额、标准，起到了客观地反映工程投资额度，提高概预算编制质量，逐步使水利水电工程概算编制达到自动化、规范化、标准化的预期目的。

目前水利水电工程造价体系，正在加快适应社会主义市场经济体制，在符合中国国情，体现水利水电行业特点的基础上与国际通用方法接轨。自然，对前阶段以计划经济为主制订的工程造价体系所进行改革的每一项具体步骤，都必须按照新体制的要求，对软件进行修改和调整，达到适应其改革的要求，把水利水电工程造价软件的开发工作推向一个更新更广阔的未来。

（水利水电规划设计总院　刘满敌）

水电项目经济评价

水电项目经济评价实施细则修订

《水电建设项目经济评价实施细则》（以下简称《细则》）自 1990 年颁布以来，得到了广泛应用，已成为决策水电建设项目的科学依据，并荣获 1993 年水利水电规划设计总院科学技术进步一等奖。

几年来，我国以转换经营机制为重点的企业改革继续深化，财税体制、金融体制、投资体制和外贸体制等改革方案陆续出台。为了反映经济体制改革的新情况，国家计委和建设部 1993 年发布了《建设项目经济评价方法与参数》（第二版）。

水电建设项目经济评价工作以“第二版”为范本，对《细则》的财务评价部分进行了修订，编制了《水电建设项目财务评价暂行规定》（以下简称《暂行规定》）。

《暂行规定》与《细则》相比，改变较大的有 3 个方面：

一、项目投资

《暂行规定》所使用的总投资是考虑了建设期物价上涨因素和时间价值后的总数。即：

总投资＝固定资产投资＋建设期借款利息
＋流动资金

固定资产投资＝静态投资（按某个价格水平年计算的投资）并考虑建设期物价上涨因素

《细则》仅考虑静态投资和时间价值。

考虑到财务评价应尽可能反映工程建设实际发生的费用，《暂行规定》的总投资符合国家计委规定的“打足投资，不留缺口”的精神。按《暂行规定》计算得出的还贷期上网电价能够满足偿还贷款的要求。

二、财务基准收益率

到目前为止，电力工业的财务基准收益率尚无正式规定。《细则》规定的 10％比银行规定的贷款期 3 年以上至 5 年的电力建设差别利率还低，显然不合理。电力工业财务基准收益率应高于银行贷款利率 1～2 个百分点，《暂行规定》暂定为 12％。

三、应纳税金

自1994年1月1日起，电力产品应纳税金为增值税、城市维护建设税、教育费附加和企业所得税。

（一）增值税

增值税税额＝销售额×税率

税率为17%，县以下地方小水电税率为6%。

国家税务总局根据增值税暂行条例，结合电力行业的特点和现行核算体制，为了便于增值税应纳税额的计算，制定了《关于电力产品增值税的具体规定》（国税明电［1993］075号内部传真电报），规定电力企业集团、省（市、自治区）电力公司的发电厂预征增值税税率为每千千瓦·时4元。实行独立核算的集资电厂（机组），实行试生产的电厂及退役机组和非电力公司所属的其他电力企业销售的电力、以及公司之间的互供电量，其增值税应纳税额的计算，仍按增值税税率17%执行。

增值税属于"价外税"，不包括在电价之内，最终由电力用户负担，仅在征收时，税务局采用在发、供电环节分别预征，电力用户交纳电费后，再行补退的办法。

（二）城市维护建设税和教育费附加

属于"价内税"，包括在电价之内。

以增值税税额为计算基数。城市维护建设税根据纳税人所在地区计算，市区：7%；县城和镇：5%；农村：1%。教育费附加为3%。

（三）企业所得税

应纳税额按应纳税所得额计算，税率为33%。应纳税所得额为发电销售收入扣除发电成本和城市维护建设税、教育费附加后的余额。

《中华人民共和国企业所得税暂行条例》还规定对下列纳税人，实行税收优惠政策：

(1) 民族自治地方的企业，需要照顾和鼓励的，经省级人民政府批准，可以实行定期减税或者免税；

(2) 法律、行政法规和国务院有关规定给予减税或者免税的企业，依照规定执行。

水电建设项目的还贷期上网电价测算、清偿能力分析和盈利能力分析，按《暂行规定》计算与按《细则》计算相比，最大的差别在于：在还贷期对于企业所得税：《细则》为"税前还贷"；《暂行规定》为"税后还贷"。

（水利水电规划设计总院　白以昕）

长江三峡工程经济评价

长江三峡工程可行性研究报告（以下简称《报告》）中的综合经济评价，是根据论证成果于1989年由长江水利委员会（以下简称长委）编写完成并上报的。1990年国务院召开三峡工程论证汇报会，决定成立三峡工程审查委员会审查可行性报告。由于《报告》的假定开工日期推迟、物价变动和评价参数有所调整，长委于1991年初又提出了三峡工程可行性研究经济评价补充报告（以下简称《补充报告》）。据此，国务院三峡工程审查委员会进行审查。

三峡工程经济评价以国民经济评价和财务评价（包括资金筹集）为主。

（一）国民经济评价

三峡工程国民经济评价采用影子价格，以动态分析为主，静态指标对比为辅。

1. 投入产出的动态分析　总投入（总费用）包括枢纽、移民和输变电工程的投资以及经营成本，计156.74亿元（折现值）；总产出（总效益）包括防洪和发电的效益，不包括航运效益，计287.96亿元。净效益为131.22亿元（大于零），经济内部收益率为14.54%（大于社会折现率10%）。在《补充报告》中净现值为112.29亿元，经济内部收益率为15.6%。这说明三峡工程在经济上是可以接受的。

2. 三峡工程的早建、晚建和不建的3个方案的综合分析　在满足同等国民经济需求的基础上计算洪灾损失差别、发电替代方案和航运替代措施的费用现值，以费用现值最小为优。计算结果：防洪方面早建比不建方案费用现值少55.88亿元；早建比晚建方案费用现值少32.1亿元。发电方面早建比不建方案费用现值少47.9亿元；早建比晚建方案费用现值少37.9亿元。航运方面早建比不建方案费用现值少6.4亿元；早建比晚建方案费用现值少2.8亿元。综合以上防洪、发电和航运三个方面的费用总现值，三峡工程早建费用最小，方案最优。早建比不建方案费用现值少110.1亿元，其差额内部收益率为16.34%，大于10%；早建比晚建方案费用现值少72.7亿元，其差额内部收益率为16.5%，也大于10%。这表明三峡工程的经济性能达到了规定的评价指标。建比不建好，早建比晚建有利。

3. 静态指标分析　三峡工程与10个在建的大型水电站比较：以单位电量计，所耗用的实物量（土石方、混凝土等）较少；所耗用的土地资源居中；仅移民人数较多。

在满足相同国民经济需求的条件下，研究分析3个发电替代方案与三峡工程发电方面的静态投资（影子价格）差额。3个替代方案是：在华中、华东地区全部建火电厂和两套水电站组合各加少部分火电厂。其中火电厂的投资均计入相应煤矿及铁路建设的投资。

4个方案中三峡工程的投资最小，其差额为100.16亿～143.6亿元，相当三峡工程投资的34.6%～49.6%。

（二）财务评价

三峡工程财务评价采用现行价格，主要指标为财务内部收益率、投资回收期、贷款偿还期、投资利润率和投资利税率。

1. 财务评价的依据和采用的数据　①经论证分析投资分解的结果是：防洪与航运分担枢纽工程和移民投资的25%，其余的75%和输变电投资的全部均由发电分担。②三峡工程的建设期（达到设计能力）为20年，《补充报告》假定1993年开工，总投资按1990年价格计算为570亿元，银行贷款利率为8.95%，美元汇率为1：4.71。③三峡工程50万V输电终端的上网电价按投资利润率10%测算为9.3分/kW·h。《补充报告》中上网电价为13.3分/kW·h。

2. 资金筹措的建议　《报告》中提出的三峡工程资金需要量为512.2亿元（静态的）。其资金筹措方案是：自有资金（包括葛洲坝电厂收入和三峡电厂投产后的发电利润、折旧还贷资金和减税还贷部分）为405.2亿元，占集资量的64.7%。另外各种贷款（包括国家基本建设资金、国外贷款、国内银行贷款、地方集资、压缩烧油专项资金和发行短期债券）221.4亿元，占集资量的35.3%。共可集资626.6亿元，可满足需要。

《补充报告》中资金需要量为764.65亿元（静态的）。考虑物价指数6%，为1507.2亿元，经过调整提出多渠道、多方式集资方案，包括国家财政专项拨款，国家预算内基本建设投资和银行贷款，葛洲坝和三峡电站的发电收入，受益地区提供的电力建设基金，向地方和企业出售用电权或部分产权，国外贷款，国内贷款和发行短期债券。以上共集资1300亿～1690亿元，可满足需要。

3. 财务评价指标（见表）

三峡工程财务评价指标表

项目＼指标	1986年价格，1989年开工《报告》	1990年价格，1993年开工《补充报告》
静态投资(亿元)	361.1	570.0
上网电价(分/kW·h)	9.3	13.3
财务内部收益率(%)	11.0	10.43
贷款偿还期(年)	20.6	20.98
投资回收期(年)	20.6	21.01
投资利润率(%)	10.0	10.04
投资利税率(%)	12.1	11.38

由上表可见三峡工程财务评价指标是优越的。

（三）对可行性研究报告的审查

国务院三峡工程审查委员会指定委员主持，聘请专家组成投资估算、经济评价和资金筹措专题预审组（以下简称预审组）。预审组进行了实地考察，先后召开了5次会议，并组织力量进行了必要的测算和调整。预审组认为评价所采用的基础数据是合适的，评价的方法和采用的参数是合理的，评价的主要成果与结论是妥当的。综合经济评价表明三峡工程具有显著的经济效益和社会效益，经济上是合理的。

1. 关于国民经济评价　预审组根据新发布的参数，社会折现率由10%调为12%，影子汇率由1：4.7调为1：5.8，影子上网电价由11.8分/kW·h调为17分/kW·h，并假定1996年开工，重新进行了测算，净现值为88亿元，经济内部收益率为14.8%。说明三峡工程经济效益是好的，而且早建比晚建效益更显著。通过多种不同方案的比较分析，证明三峡工程的国民经济评价指标优于其他替代方案。

2. 关于财务评价　预审组根据调整的参数进行了测算，其结果与《补充报告》测算的指标基本一致，说明三峡工程财务效益是好的。预审组认为在物价上涨、汇率下调、利率提高、开工推迟等不利条件下财务效益仍然是比较好的。说明《报告》关于财务评价的结论"虽然投资大、工期长，但发电量多、成本低、收益高、还贷能力强"，"物价上涨，只要电价相应上涨，就不会影响三峡工程的财务可行性"是有根据的。

3. 关于资金筹措　预审组认为《报告》和几年来专家论证所提出资金筹措的指导思想比较明确，提出的筹资渠道和数量是合适的。但因条件变化，预审组重新进行了测算。

资金需要量考虑了物价上涨因素（物价指数每增加一个百分点，多用资金80～100亿元）和推迟假定的开工时间（每提前一年开工可少用资金80亿元）。在资金流程上考虑了设备、材料采购和签订招标合同的预付款等的提前投入量。这样资金需要量远大于静态投资。预审组认为：只要有可靠的资金来源，多渠道、多元化地发挥中央和地方两方面积极性，资金筹集是可能的。物价上涨只是人民币的额度加大，实物消耗并不增加，且"水涨船高"，随着物价上涨，电费收入将增加，国民收入增加，国家投资能力增强。因此筹措三峡工程资金是可能的。据此提出了筹资的9条渠道和相应数量供领导决策参考。

（中国长江三峡工程开发总公司技术委员会　吕靖方）

造价分析

1992～1994年已发电大中型水电工程造价分析

近年来，随着国家经济体制改革的不断深化，价格、税制、工程建设管理体制等一系列改革，加快了建设社会主义市场经济体制的步伐，逐步实现了由双轨制过渡到单轨制，建立了以市场价格为主导的经济运行机制，放开了主要建筑材料价格，新的费、税改革相继出台，投资渠道的多元化，以及材料、设备价格不断涨价导致水电工程建设所需的人工、材料、机械费用都有不同程度的上涨。

由于前期开发的水电站，一般均选择条件较好的点子，在对外交通运输条件、坝址地形地质条件、施工条件、电力输送条件等方面较优越；而后期兴建的水电站的难度相对来说要大些，单位千瓦装机所需实物量也较大。为如实反映1992～1994年已发电大中型水电工程的造价资料，本卷统计了漫湾、水口、岩滩、隔河岩、广州抽水蓄能一期、安康、铜街子、白山二期、万安、沙溪口、大山口、普定、托海等13个水电站的造价资料（其中：大山口、托海水电站为1992年以前发电工程项目，因第三卷年鉴未收入，在此补上。天生桥二级水电站虽然已发电，因概算还未调整，故此次未收入）。13座电站总装机台数54台，总装机容量941.5万kW，年平均发电量323.64亿kW·h，总投资206.35亿元，单位千瓦投资2725元，单位电能投资0.8元/kW·h（见表1）。其中广州抽水蓄能一期工程（以下简称广蓄一期），原审批概算投资为12.03亿元，工程实行招标承包制后，投资由广东省有关部门进行调整，未送部审，故本投资分析表中仍按原概算投资数计列。隔河岩工程由原审批概算直接过渡到内外资概算，中间没有做全内资概算。

表2列出了各水电工程修改概算后，各项目之间的投资情况、修改概算后工程总投资和静态投资与原概算工程投资比较的增长幅度变化情况及年平均物价上涨率。

表3为工程投资增加后其结构比例表，由于此次统计工程跨越年份较长，资料不够全，故借用水利水电规划设计总院定额预算处1992年元月30日《水利水电工程概算参考资料》中的分析成果作为代表，该表中统计工程项目均为已开工工程和1991年修改概算的工程资料，故符合本次表1、2统计的大部分工程项目的情况，有一定的代表性。

由表可见，在此时段工程总投资中静态投资上涨结构比例，其中价格上涨因素占上涨率的52%，政策性变化占22%，水库淹没处理补偿费占18%，设计变化仅占3%。在1983～1984年还未计入工程贷款利息，其费率和利率均较低，工程贷款利息在总投资之外，按挂息处理。1990年以后进入工程总投资，使工程静态总投资增加40%，10年以上工期的水电工程，则将增加静态总投资高于100%。

表4为工程基础价格变化和费率变化表，采用原概算编制年（1983年至1984年）的价格水平和有关政策规定。以1991年的价格水平和政策变化情况为代表进行比较说明，可以从中了解到此段时间主要原材料、机电设备价格、交通运输费用及其他各项税费的增加变化情况。

由造价分析资料中可知，1991年比1984年，主要材料价格上涨幅度为：水泥166%、钢筋202%、木材312%、柴油283%、汽油159%、炸药97%、人工工资59%、施工机械台班费一类费用50%、机电设备100%、各种价格上涨使工程静态总投资增加达52%。

政策性变化上涨幅度为：设备储备贷款利息164%、生产职工培训费100%、劳保支出150%，新增收费项目15项，不同程度地影响水电工程投资增加，使静态投资增加22%。

水库淹没补偿费近年增长较快，主要原因除物价上涨因素以外，由于库区经济发展，人口增长，农产品产值增加，工矿企业固定资产投资增加，交通、邮电等事业的发展等因素，使影响水库费用的实物量指标增长很快。1991年比1984年水库淹没补偿费增涨100%～150%，使静态投资增加达18%。

上述三项变化，导致水电工程静态总投资增加92%，1984～1991年，静态投资平均年物价上涨率为10.06%。

工程概算分析资料，分别由下列单位人员提供：水口、沙溪口华东院概算组，漫湾昆明院概算组，托海、大山口新疆院概算组，万安长委设计院造价科，白山二期东北院概算组，安康北京院概算组，普定贵阳院概算组，其余为水规总院万菁同志整理提供。

表 1

水利水电工程修改概算投资变化表

序号	工程名称	装机		年平均发电量（亿 kW·h）	内资总概算（亿元）				内外资总概算（亿元）		
		台数	容量（万 kW）		原批概算	修改概算	增加投资	增长（%）	总概算	增加投资	增长（%）
1	水口	7	140	49.5	18.18	53.34	35.16	193	57.1	3.80	7.12
2	沙溪口	4	30	9.6	5.14	7.37	2.23	43			
3	安康	4	80	28	14.30	24.70	10.40	73			
4	白山二期	2	60	—	3.01	4.69	1.68	56			
5	普定	3	7.5	3.04	1.69	2.86	1.17	69			
6	托海	4	5	2.48	0.97	1.139	0.169	17.4			
7	大山口	4	8	3.10	1.64	2.066	0.426	25.9			
8	漫湾	6	150	77.6	10.48	35.28	24.80	237			
9	隔河岩	4	120	30.4	16				34.7	18.7	117.0
10	万安	4	40	11.5	7.85	16.64	8.79	112			
11	广蓄一期	4	120	19.72	12.03						
12	铜街子	4	60	32.10	11.71	22.70	10.99	94			
13	岩滩	4	121	56.60	16.32	35.63	19.31	118			
	合计	54	941.5	323.64	119.32	206.35	115.12	94.4	91.8	22.5	

序号	工程名称	单位投资（元/kW）	电能投资（元/kW·h）	原概算批文文号	修改概算批复文号
1	水口	3810	1.08	(84)水电水建 49 号	能源水规(1992)513 号
2	沙溪口	2456	0.77	(84)水电水建字 52 号	能源水规(91)1002 号
3	安康	3087	0.88	计(1984)1700 号	能源水规(1991)521 号
4	白山二期	782	—	能源水规(1989)911 号	(1991)能源水规 1126 号
5	普定	3821	0.94	(89)黔城设字 060 号	1993.10
6	托海	2278	0.46	(83)水电水规字 27 号	(88)水电水规字 9 号
7	大山口	2583	0.69	国家计委(84)1947 号	计设字(90)17 号
8	漫湾	2352	0.45	计燃(1984)2629 号	能源水规(1992)1240 号
9	隔河岩	2360	0.93	(87)水电水规字 99 号	能源水规(1991)1257 号
10	万安	4160	1.45	(84)水电水建字 30 号	能源水规(1991)1224 号
11	广蓄一期	1003	0.61	能源水规(88)7 号	—
12	铜街子	3783	0.71	计一(1982)1716 号	能源水规(1992)1205 号
13	岩滩	2945	0.63	计一(1983)1408 号	(1993)电办 10 号
	合计	2725	0.80		

表 2

水利水电工程修改概算汇总表

单位:亿元

序号	工程或费用名称	水口（140 万 kW）	沙溪口（30 万 kW）	安康（80 万 kW）	白山二期（60 万 kW）	普定（7.5 万 kW）	托海（5 万 kW）	大山口（8 万 kW）
1	建筑工程	10.24	2.25	9.12	0.96	0.76	0.84	0.93
2	机电设备及安装工程	7.33	1.30	2.95	1.59	0.43	0.19	0.31
3	金属结构设备及安装工程	1.52	0.25	0.54	0.40	0.07	0.07	0.116
4	临时工程	5.17	1.12	4.16	0.75	0.28	0.09	0.29
5	水库淹没处理补偿费	8.90	1.45	3.42	—	0.4	—	—

续表

序号	工程或费用名称	水口(140万kW)	沙溪口(30万kW)	安康(80万kW)	白山二期(60万kW)	普定(7.5万kW)	托海(5万kW)	大山口(8万kW)
6	其他费用	4.46	0.68	2.51	0.47	0.25	0.309	0.24
7	1至6部分投资合计	37.62	7.05	22.70	4.17	2.19	1.139	1.886
8	基本预备费	1.37	0.27	0.63	0.09	0.11	—	0.14
9	价差预备费	1.25	0.05	0.79	0.06	0.38	—	0.04
10	建设期贷款利息	13.10	—	0.57	0.02	0.18	—	—
11	静态总投资(7+8)	38.99	7.32	23.33	4.61	2.62	1.139	2.026
12	总投资(11+10+9)	53.34	7.37	24.70	4.69	2.86	1.139	2.026
13	单位千瓦静态投资(元/kW·h)	2785	2439	2916	768	3493	2278	2537
14	单位千瓦投资(元/kW·h)	3810	2456	3088	782	3813	2278	2588
15	原批概算静态总投资	18.18	5.14	14.30	2.76	1.69	0.97	1.64
16	静态投资增涨幅度(%)	114.50	42	63	67	55	17.42	23.78
17	总投资增涨幅度(%)	193	43	73	56	69	17.42	26.22
18	修改概算编制年份	1991	1991	1989	1991	1993	1988	1990
19	原概算编制年份	1984	1984	1982	1989	1989	1983	1985
20	静态投资平均年物价上涨率(%)	16.6	5.1	7.2	29.2	11.6	3.4	4.36

序号	工程或费用名称	隔河岩(120万kW)	漫湾(150万kW)	万安(40万kW)	广蓄一期(120万kW)	铜街子(60万kW)	岩滩(121万kW)
1	建筑工程	8.3	10.97	3.64	1.71	7.73	8.80
2	机电设备及安装工程	7.41	8.46	2.37	5.82	3.32	6.70
3	金属结构设备及安装工程	1.34	1.03	0.57	0.15	0.66	1.73
4	临时工程	2.65	3.37	1.54	0.76	5.40	3.89
5	水库淹没处理补偿费	2.10	0.56	3.45	0.20	0.63	4.27
6	其他费用	3.41	2.15	3.24	0.86	3.11	3.46
7	1至6部分投资合计	25.21	26.54	14.81	9.50	20.85	28.85
8	基本预备费	0.93	1.49	0.53	0.57	0.95	1.45
9	价差预备费	3.72	2.42	0.52	1.96	0.89	1.47
10	建设期贷款利息	4.87	4.83	0.79	—	—	3.86
11	静态总投资(7+8)	26.13	28.03	15.34	10.07	21.80	30.30
12	总投资(11+10+9)	34.73	35.28	16.65	12.03	22.70	35.63
13	单位千瓦静态投资(元/kW·h)	2178	1868	3835	839	3633	2504
14	单位千瓦投资(元/kW·h)	2894	2352	4163	1003	3783	2945
15	原批概算静态总投资	16	10.48	7.85	10.07	11.71	16.32
16	静态投资增涨幅度(%)	63.3	167	95	—	86	86
17	总投资增涨幅度(%)	117.06	237	112	—	94	118
18	修改概算编制年份	1991	1991	1990	—	1992	1993
19	原概算编制年份	1987	1984	1984	1988	1984	1983
20	静态投资平均年物价上涨率(%)	13.0	15.1	11.8	—	8.07	6.38

表 3 水利水电工程投资增加结构比例表

序号	项目	静态投资上涨结构比例(%)	总投资上涨结构比例(%)	序号	项目	静态投资上涨结构比例(%)	总投资上涨结构比例(%)
1	价格上涨	52	29	6	价差预备费(按8年工期预测)	35	20
2	政策变化	22	13				
3	利用新技术	5	3	7	建设期还贷利息(按8年工期预测)	40	23
4	水库淹没处理补偿费	18	10				
5	设计变更及其他	3	2		动态投资小计	75	43
	静态总投资小计	100	57		总投资	175	100

表 4 水利水电工程基础价格、费率变化表

序号	项目	单位	1983～1984年价格	1991年价格	差额	增长(%)	备注
一	价格上涨						
1	人工工资						
(1)	标准工资建筑	元/月	54.83	87	32.17	59	六类地区，由平均四级调整为六级副并加6元
(2)	夜班津贴	元/天	0.4	1	0.6	150	
(3)	施工津贴	元/班	0.5	1.2	0.7	140	
(4)	副食品补贴	元/月	5	15	10	200	
2	主要材料原价						
(1)	水泥						
	纯大坝硅酸盐525# (袋装)	元/t	64	215	151	236	
	普通硅酸盐525# (袋装)	元/t	62	165	103	166	
(2)	钢筋						
	A. AYφ15～18	元/t	530	1602	1072	202	国家定价Ⅰ类：国家定价1070元/t，最高销售限价1830元/t
	20 MnSiφ19～24	元/t	550	1606	1056	192	国家定价Ⅰ类：国家定价1270元/t，最高销售限价1750元/t
(3)	木材						
	原木	元/m³	156	643	487	312	
	板枋材	元/m³	247	1037	790	320	
(4)	油料						
	汽油70#	元/t	728	1887	1159	159	市场调节价
	柴油0#	元/t	420	1610	1190	283	市场调节价
(5)	炸药						
	2#岩石	元/t	1100	2170	1070	97	
	4#抗水	元/t	1700	2560	860	51	
3	施工用电电价	元/kW·h	0.08	0.16	0.08	100	
4	运输费用						

续表

序号	项　　目	单　位	1983～1984年价格	1991年价　格	差　额	增　长(%)	备　　注
(1)	铁路						
	1500 km 整车运三材	元/t	22.60	36.65	14.05	62	
(2)	公路	元/t.km	0.20	0.40	0.20	100	
5	施工机械台班费一类费用	%	100	149.50	49.50	49.50	
6	设备出厂价						
	水轮机	元/t	10000	20000	10000	100	
	发电机	元/t	10000	19000	9000	90	
	桥机	元/t	4000	8000	4000	100	
	主变	元/kVA	12～15	17～25	5～10	40～65	
	弧形闸门	元/t	3000	5500	2500	83	
	平板闸门	元/t	2800	4700	1900	68	
	油压启闭机	元/t	8000	1600	8000	100	
	固卷启闭机	元/t	3500	7500	4000	114	
二	政策变化						
1	费率提高（部分）						
(1)	设备储备贷款利息	%	3	7.92	4.92	164	按设备费之和计算2年利息
(2)	生产职工培训费	元/人	5700	11400	5700	100	按培训人数计算
(3)	基本预备费	%	4～6	5～6	1	20	
(4)	供销部门手续费	%	4.5	6.5	2	44	按通过物管处材料费计算
(5)	劳保支出	%	1.2	3	1.8	150	按直接费之和计算
2	增加项目（部分）						
(1)	流动资金贷款利息	%		3		3	按直接费之和计算
(2)	三税税金	%		3.03～3.21		3.03～3.21	按直接费、间接费、计划利润之和计算
(3)	电力建设资金	元/kW·h		0.02		0.02	按电网供电量之和计算
(4)	铁路建设基金	元/t·km		0.0025		0.0025	按铁路运量总t·km之和计算
(5)	成套设备服务费	%		0.5		0.5	按设备费之和计算
(6)	施工企业基地补贴费	%		2.5		2.5	按建安工作量之和计算
(7)	工程保险费	%		0.4～0.5		0.4～0.5	按一至四部分投资之和计算
(8)	供电贴费	元/kVA		80～400		80～400	按电压等级和变压器容量之和计算
(9)	定额编制管理费	%		0.06		0.06	按建安工作量之和计算
(10)	建设管理费	%		1.3～2.3		1.3～2.3	按建安工作量之和测算
(11)	勘测设计费	%		3～4		3～4	按静态总投资测算
(12)	耕地占用税	元/m²		1.5～10		1.5～10	按征用土地面积计算
(13)	土地使用税	元/m² 年		0.3～10		0.3～10	按土地使用面积分年计算

续表

序号	项目	单位	1983～1984年价格	1991年价格	差额	增长(%)	备注
(14)	投资方向税	%		5～30		5～30	按纳税房建造价之和计算
(15)	矿产资源税						
(16)	水费						
(17)	砂石开采管理费						
(18)	环保措施费						
(19)	微波通讯系统						指发电端以外部分
三	应用新设备新技术					2～4	按静态总投资计算。如计算机监控系统、水情自动测报系统、观测设备安装工程、全封闭组合电器等
四	水库费		100	200～250	100～150	100～150	1991年度与1983～1984年度投资比较
五	动态投资	%				65～87	
(1)	价差预备费	%		6		30～40	按8～10年工期计算
(2)	建设期还贷利息	%		8.28		35～47	按8～10年工期70%投资计息预测

（水利水电规划设计总院　丁正乾　万　菁）

水电工程国际招标

水口水电站土建工程国际招标

水口水电站位于闽清县境内闽江干流上，总装机容量140万kW。水口工程项目部分利用世界银行贷款（一期贷款1.4亿美元，二期贷款1亿美元，共计2.4亿美元）。按照世界银行的规定，世界银行资助项目进行建设时必须进行国际竞争性招标（ICB）。

（一）工程招标的情况

水口项目的业主单位为福建省电力局，建设单位兼工程师单位为水口工程建设公司，工程设计单位为华东勘测设计研究院，咨询单位为美国MKE公司。

水口土建工程招标的内容是：混凝土重力坝；厂房和混凝土衬砌的进厂交通洞；中央控制楼；单线三级船闸及升船机上闸首；220 kV和500 kV开关站各一座；还包括7条压力钢管及全部永久工程闸门、拦污栅及启闭机等金属结构的安装。

水口土建工程国际招标工作，从1986年初开始，业主和建设单位委托中国技术进出口总公司国际招标公司和福建投资企业公司（华福公司）为对外窗口，通过《人民日报》和《中国日报》（英文版）向海外公开发表“水口水电站土建工程招标资格预审邀请通告”，得到国际建筑界的广泛响应，先后有美国、法国、德国、意大利、日本、巴西和中国等80家厂商组成32个联营体参加资格预审，经“水口水电站土建工程国际招标资格评审委员会”审查推荐，并经上级主管部门批准和世界银行认可，确认13家投标商（包括单独的投标商和联营体）为具备资格参加水口土建工程投标的投标商，被邀请购买招标文件（1986年4月9日）参加竞争性投标，同年5月5～7日召开水口土建工程国际招标前会，介绍水口工程情况并组织中外投标商165人赴水口工地现场勘查。

1986年7月31日中技公司和华福公司受业主和建设单位的委托，在福州主持当众开标仪式，按招标文件规定时间前递交投标书的投标商共10家，其中9家为联营体，一家为独立承包商，参加投标的10家投标商名称及报价见表。

10家投标商报价表

序号	投标商名称	标价人民币（万元）
1	华田联营体 ①华联工程公司 华东水利水电建设公司 闽江水电工程 水电第四工程局 ②前田建设株式会社（日）	55144
2	水电第八工程局 水电第三工程局 英波吉罗（意大利） 托　诺（意大利）	59166
3	间组株式会社（日） 昆明水电建设公司 水电第六工程局	105175
4	斯皋、巴蒂诺尔（法） 水电第十一工程局	105503
5	杜美斯（法）	107974
6	E.Y.T公司（西班牙） W.&.F.A公司（联邦德国） 四川国际经济技术合作公司	116503
7	长江葛洲坝工程局 大成建设株式会社（日）	122424
8	清水建设株式会社（日） 江南水利水电建设公司	156238
9	西松—三井联营体 西松建设株式会社（日） 三井物产株式会社（日） 三井工程和造船株式会社（日）	168692
10	柏克德（中国）公司（美） 熊谷组株式会社（日） 贵阳水电工程公司	171394

（二）工程师概算（标底）

1986年3月国外咨询公司美国MKE公司和华东勘测设计院联合编制水口土建工程的工程师概算（标底）为43815.4万美元，其中外币为30949.8万美元，按开标当日（1986年7月31日）中国银行公布的当日外汇汇价：1美元折合3.7元人民币计算，工程师概算（标底）为156083.4万元人民币。

投标报价中最低与次低标仅为工程师概算的35.3%和37.9%；第三低标与第五低标为67.4%和69.2%；报价超过“工程师概算”的最高两个标比“工程师概算”高出7.6%和8.1%。

开标以后，业主、建设单位、设计单位和国外咨询公司组成评标工作组进行初评，推荐4家投标商进行终评，得到“评标委员会”的批准后，邀请这4家投标商到福州参加澄清会议。经过进一步的澄清、评定和评标委员会认真的评定和审查，报请上级主管部门批准和世界银行认可确定，由华田联营体中标，并于1987年1月13日在北京人民大会堂举行水口土建工程合同的签定仪式。

（三）工程施工

华田联营体第一批施工人员于1987年1月进驻水口现场。由于建设单位已如期完成了前期准备工程，华田人员只进行了简短的施工准备，于1987年3月9日举行了开工典礼，宣布水口土建工程正式动工。经过主管部门的支持、帮助和华田联营体中外建设者的艰苦努力，工程先后按合同规定的工期实现了大江截流（1989年9月底）；第二期导流即导流明渠导流转为第三期大坝底孔导流（1991年10月底）；下落底孔10扇闸门，水库开始蓄水（1993年3月底），并于1993年8月初经过历时6年5个月的建设，实现了第一台机组并网发电。1994年土建工程已完成了大部分的工程量。

水口土建工程国际招标，应该说基本上是成功的，首先表现在合同的执行情况基本正常，按工程进度和质量要求，达到各阶段的合同目标，工程费用虽比合同有较大增加，但还是在工程概算的控制范围之内。由于这次招标是在我国水电基本建设体制改革的初期，招标方和投标方都没有经验，出现了极不正常的报价。以最低标价中标的华田联营体，在工程实施中，曾出现管理体制不顺和资金严重短缺等困难。后来由于参建的各方在上级主管部门和世界银行的指导和帮助下，经过共同努力和不断探索，使体制逐步理顺，资金得到缓解，工程走上正常轨道。作为国际招标的工程而言，在选择承包商时，应考虑两个因素：一是参加中外联营体的中方单位不宜多家；二是不应追求最低标价中标，而应选择合理标价的投标商中标。

（水口水电站工程建设公司　汪权国）

十三陵抽水蓄能机组国际招标

十三陵抽水蓄能电站机组是利用日本海外经济协力基金（简称O.E.C.F）第三批日元贷款项目进行国

际招标。标书的内容包括4台20万kW水泵水轮机组，4台20万kW发电电动机组，以及全厂监控设备。标书制订工作，从1990年3月到发售标书，共计一年有余；评标历时2个月，澄清问题约1个月，最后进入合同谈判只用了20天，合同完全合乎O.E.C.F采购导则的要求。投标者有美国、日本、法国的3家公司，结果，美国伏伊特公司中标。合同金额为日元99.79亿元，当时合美元7980万元，每千瓦投资是99.79美元。这次国际招标有以下几点体会。

（一）国际招标，标书是关键

标书的编制采取国际招标的形式，由设计院负责。在编制中，参考了国内外同类型机组的资料，结合十三陵蓄能机组具体特点，然后，由业主单位组织国内外专家进行审定，力求明确、细致、科学、严谨，既符合国内规程规范的要求，也达到国际标准的规定。在此期间，组织了两次国内专家们的初审与复审，一次日本电源开发株式会社专家们的会审，都提出了许多宝贵的意见。同时，中译英的工作也非常重视，选择了水利电力部情报所为中译英翻译单位，并组织国内既懂技术又熟谙外语的专家分工负责进行审核，务求精确。

（二）评标阶段要公正、准确、迅速、保密

评标工作首先要加强领导，统一组织，统一思想，责任到人，同时要始终坚持公正、准确、迅速、保密的原则，才能实事求是在限定的时间内，选择经济、实用、可靠的候选厂商，才能充分利用投标厂商的竞争意识，争取最优惠的条件。在评标过程中，自始至终以实事求是的态度，排除先入为主等偏见和来自各方的种种干扰，给投标者以公平合理的地位。阅读投标书细致，评标资料汇总清楚、确切，结论中肯。

评标期一直到合同订完为止，禁止私自与评标无关人员谈论评标结果，更不能私自与投标厂家联系，泄露标价和评标名次。

（三）在评标中要为合同谈判创造有利的条件

根据各投标商技术经济指标，可初步评出短名单，对短名单各投标商的投标书，要更详细阅读，分析比较，并根据标书要求，认真提出需要澄清的问题。弄清需要澄清的问题，是合同谈判前主要准备工作之一，以便在合同谈判中取得主动的地位。在此工作中，采取分组负责（商务、电气、水机、监控4个组），集中统一的办法，一丝不苟地认真对待。

（四）合同谈判要充分准备，头脑冷静，态度诚恳以理服人，才能争取主动，取得较好的效果

(1)要坚持领导小组抓重大问题的决策。不论来自哪个单位的代表，都必须统一在一个组织内，代表国家与外商谈判，做到事先统一思想，事后协调统一意见。同时必须分清层次，责任到人。要选好中方总谈判代表，必须由业主单位为主，设计院、对外机构代表为副组成领导小组，主持日常谈判工作，每日总结交流经验，及时协调，决定对策。各专业主谈人，可由设计代表担任，其他代表协助，共同完成任务。

(2)在谈判中要坚持原则，同时要机动灵活地抓住时机，运用谈判技巧，争取主动地位。坚持原则就是坚持标书的要求，坚持投标书合理部分，以及坚持澄清的书面材料，要避免随意性。但谈判中也不可避免有不同意见，如双方坚持不下，也可暂时挂起来，留到后期，由总谈判负责人在进行综合谈判时统一解决。在谈判合同签字之前，对合同文本，必须由各类专业技术人员条条细审，页页签字，务求谈判成果，落实到书面材料之中，切不可粗心大意。

（中国华北电力集团公司　黄宣范）

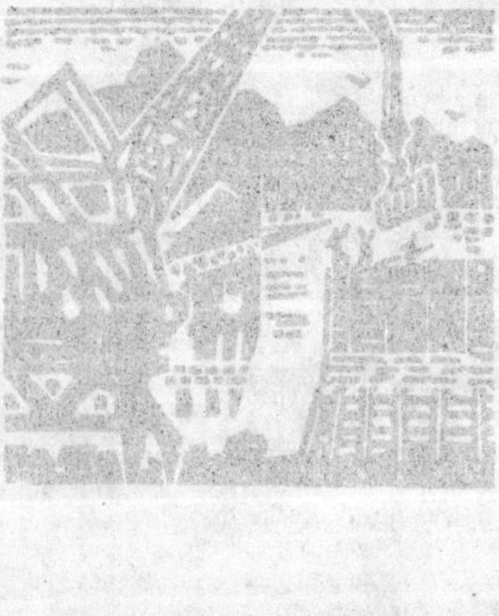

水库移民与环保

9

水库移民工作与淹没处理

1992～1994 年水库移民工作进展情况

在党中央、国务院及有关部门的关心和重视下，我国水库移民工作近几年进一步得到加强。1992 年 1 月 27 日国家计划委员会（简称国家计委）向国务院呈报了《关于加强水库移民工作的若干意见》，随即经国务院领导审批，于 1992 年 3 月 25 日以国发[1992]20 号文转发各省、自治区、直辖市人民政府及国务院有关部门，要求认真贯彻执行。同年 4 月和 6 月，原能源部和水利部分别以能计［1992］394 号文和水移［1992］14 号文向所属系统各有关单位和各省、自治区移民主管机构发出关于积极贯彻执行上述文件的通知（详见本卷年鉴“重要文献”篇）。

通过上述文件的贯彻执行，各省、自治区、直辖市人民政府和水利水电勘测设计单位进一步重视水库移民工作，加强了对水库移民工作的领导和管理；各有关单位转变观念，进一步扭转“重枢纽、轻移民”，“重搬迁、轻安置”的偏向，坚持实行开发性移民的方针，从而在以下几个方面取得了新的进展。

（一）水库移民前期工作

（1）机构设置逐步健全。除长江水利委员会（简称长委）设计院和黄河水利委员会（简称黄委）设计院先前已建立水库处外，目前各直属勘测设计研究院均已建立了水库室（处）。1992 年底，水利水电规划设计总院成立了水库处，加强了对水库移民前期工作的行业管理。随着机构设置的逐步健全，各院有关专业人员的数目有所增加，素质也有所提高，专业队伍比较稳定。

（2）规划设计深度加大，成果质量有所提高。1991 年底，水利水电规划设计总院以［1991］67 号文向全国水利水电勘测设计单位发出《关于加强水库淹没处理前期工作的通知》，其中提出了对可行性研究阶段和初步设计阶段深度要求的补充规定。通过该文件精神和规定的贯彻实施，有关设计单位加深了水库淹没处理规划设计的深度，提高了成果质量。例如：对洪家渡、港口湾、瀑布沟等水库库区施测了 1：2000 的土地利用现状图，大大提高了淹没土地的调查精度；对瀑布沟水库安置区施测了 1：10000 的地形图，提高了移民安置区环境容量分析和规划设计的质量；对城镇和专业工程项目的迁建也开展了勘测设计工作，并使之达到与枢纽工程相应阶段的深度。同时，为了全面保证设计成果的质量，认真开展了设计审查，以及设计阶段设计大纲和中期的咨询、讨论等。

（3）组织专业技术标准修订配套。从 1993 年开始，水利水电规划设计总院组织修编《大中型水利水电工程水库淹没处理设计规范》；制订《大中型水利水电工程水库移民安置规划规程》和《大中型水利水电工程水库淹没处理投资概算编制规定》。在修编和制订这些规程和规范中，根据我国的水库移民政策和现行的有关法规，拟结合世界银行移民导则和相应技术文件的要求，考虑逐步与国际接轨。

（4）贯彻对移民负责到底的精神，把前期工作延续到水库移民技施设计阶段，同时配合实施服务参加监理、监测评估工作。例如：小浪底工程就是这样做的。实践证明，这样做可以提高设计单位的使命感，发挥设计人员在水库移民实施中的作用，也有利于设计单位向企业化经营发展。

（二）水库移民实施管理工作

（1）成立管理机构。为加强对水库移民工作的领导和管理，水利部已设有移民办公室；1994 年 8 月电力工业部也成立了移民领导小组，并设置了移民办公室。在全国范围内，目前已有 22 个省、自治区建立了 24 个省级移民办公室（局）。其中广东、广西两省（区）分别设有主管水利和水电的两个移民办公室；同时，凡有水库移民工程的各级地方政府都设有移民管理机构。总之，从主管部门至各省（区）地方政府已形成一个较为完善的水库移民管理体系，保证了工程移民工作的顺利进行。

（2）实行项目管理制。移民工程要纳入基本建设程序的轨道，就必须实行项目管理制。近几年来一些在建工程已逐步这样做了。目前，水利部移民办公室正在制订《大中型水利水电工程水库移民遗留问题处理的项目管理办法》。实践证明，实行项目管理制可以保证移民资金的专款专用、专项专用，使资金得到更有效的使用，保证规划设计提出的恢复移民生产、生活的措施得以实现；同时也有利于移民实施进度的明确安排，以及对移民投资中、长期计划和年度计划的安排。

（3）加强审计制。近几年来，一些单位加强了对水库移民资金使用的审计工作，一般是重点审计县、乡的资金使用情况；通过审计提高了管理人员遵守财经制度的自觉性，使移民资金的投入合理、有效。与此同时，各省级移民管理机构都已制订出有关财务管理的制度。

(4)重视人员培训。水利部已建立全国性的移民培训中心，近几年主要对各省移民机构的管理人员进行专业培训。小浪底工程除有计划地对各级移民管理人员进行专业培训，还将对移民进行职业技术的培训。其他工程如宝珠寺、二滩等，也在开展这方面的培训工作。

(5)实行监理、监测制。在深化改革的推动下，对水库移民工程进行监理、监测势在必行。目前，小浪底工程在设计中考虑对施工区、库区的移民工程进行监理与监测，工程开工后就付诸实行；广州抽水蓄能工程已对上、下水库进行了库盘清理的监理；水口水电工程在库区移民安置后进行跟踪监测评估；宝珠寺、二滩水电工程也准备进行监理、监测工作；长江三峡工程已建立移民工程监理中心和移民监理培训部，为三峡水库的移民实施服务。经建设部批准，华北水利水电学院于1994年成立了移民工程监理事务所，承担全国水库移民工程监理工程师的资格培训，在此之前该院已培训出一批水库移民监理工程师。

(6)坚持验收制度。目前，在建工程由于在移民实施中进一步认识到检查、验收的重要性而坚持做好这方面的工作。检查工作有定期和不定期的，验收有单项、分片、分阶段和总验收，有自检自验和上级检查验收。一般阶段验收和总验收以由业主组织为宜，并有省、地（市）移民机构和设计单位参加，如隔河岩等水库就是按这种组织形式进行的，效果较好。

(三) 学术研究与交流

在这方面水库经济专业委员会做了大量工作，成绩显著。近年来组织开展的学术研究项目有："城镇搬迁标准与补偿费用"，"库区产业劳动力配置"，"水库移民与社会主义市场经济"，"移民生产开发效果"，等等。1992年和1994年曾先后召开第五和第六两次学术交流会，每次会议集中研讨2～3个议题，每次交流会的论文都有40篇左右，内容丰富，在理论上也有一定深度。此外，还组织编写了《水库淹没与移民》一书，被列为《水力发电技术知识丛书》第26分册，并已于1994年6月出版。水利部移民办公室组织编写了《水库移民工作手册》，并已于1992年出版；又于1992年建立了水库移民研究中心，正在组织研究水库的新老移民问题。

1993年11月8～19日，水利部移民办公室、水库经济专业委员会、水利部国际合作司、水利部科技司、河海大学、世界银行经济发展学院共同主办了"水库移民安置国际高级研讨会"。这是我国建国以来首次举办的有关水库移民方面的国际交流活动。参加会议的有世界银行和外国专家5人，我国专家、教授50余人。会议交流的报告和论文有42篇，就水库移民安置问题进行了深入广泛的研讨。

综上所述，由于水库移民工作的深化改革，对水库移民工程进行现代科学管理的机制已开始建立，水库移民工作进一步得到了加强。同时也还存在一些问题，如目前给水库部分安排的勘测设计经费偏低，影响前期工作的到位；各省移民管理机构，其归口的厅（局）互不一致，规格不同，不利于移民条、块行业的管理与发展；移民资金审计的专门章程和组织形式以及对移民工程实行监理、监测的统一制度有待制订，等等。这些问题的解决，将使已开始建立的水库移民管理机制逐步臻于完善。同时应坚持广泛开展学术研讨和交流，从理论和方法上加以提高，从而推动我国水库移民工作的不断发展。

（水利水电规划设计总院 张根林）

《关于加强水库移民工作的若干意见》文件产生经过

进入90年代，国家计划委员会（简称国家计委）领导倡导大力发展水电，而要发展水电，移民是一个关键问题，需要有一个较妥善的解决办法。基于这一认识，1991年初，国家计委陈光健副主任委托中国水力发电工程学会水库经济专业委员会举办水库移民管理体制和资金使用专家研讨班。根据此要求，水库经济专业委员会在同年4月召开的年会上作了专门研究和具体部署，请各省、区移民机构分别对紧水滩、水口、安砂、万安、东江、五强溪、葛洲坝、隔河岩、岩滩、故县、潘家口、大黑汀、铜街子、宝珠寺、东风、漫湾、安康、龙羊峡等项目水库移民管理的经验教训进行总结，作为研讨的基本材料。

1991年6月3～6日，在北戴河召开了水库移民工作研讨会。参加会议的，除上述各水库所在省、区的移民机构代表外，还有国家计委投资司及重点工程协调监督司、能源部综合计划司、水利部移民办公室、国家能源投资公司、水利水电规划设计总院等单位的领导、专家、代表共41人。会议由水库经济专业委员会主任委员曾念主持，国家计委陈光健副主任和中国国际工程咨询公司蒋兆祖副总经理参加并指导了会议。

会议在交流各水库移民工作状况和存在问题之后，对水库移民面临的形势、任务和工作中的问题进行了研讨，并商议了改进措施。在研讨中，水库移民工作的重要性和存在的薄弱环节，引起了与会领导和专家门的极大关注。会议结束前，在陈光健副主任的指导下，由蒋兆祖、刘兰桂、姚少华等同志起草了《关于加强当前水库移民工作的若干意见》，作为这次研讨会的总结成果。

会后，水库经济专业委员会对上述文件草稿进行补充修改形成建议稿，于同年7月初报送陈光健副主任。建议稿共提出10条意见：①要提高对水库移民工作重要性的认识；②加强移民前期工作，为项目决策提供科学依据；③切实做好移民安置规划；④要合理制定编制补偿标准的实施规定；⑤要理顺移民管理体制，健全管理机构；⑥要管好用好移民经费；⑦要建立经常性的监督、检查、审计、验收制度；⑧必须重视和加强人才培养及干部培训；⑨要推广移民的优惠政策和落实后期扶持建设基金；⑩要切实加强对移民工作的领导。陈光健副主任修改删去④、⑨两条后，于同年8月18日由国家计委上报国务院。

国务院办公厅在征求能源、水利两部和国家体制改革委员会意见后，主要将上述⑥、⑦两条合并为一条，即共为7条，于1992年3月6日呈报国务院领导。3月11日李鹏总理批示："请镕基同志了解一下情况再定。"3月12日朱镕基副总理批示："这个文件是写得好的，可发，关键在第8页移民经费问题。经验证明，移民经费必须从预算中划出交给省、市级政府包干使用，而且要包死，否则历史纠纷，永无宁日，请同计委商量，能否明确一下。"3月24日朱镕基副总理又批："拟同意，可发，请总理审批。"3月25日经李鹏总理圈阅后，国务院即以国发［1992］20号文将国家计委《关于加强水库移民工作的若干意见》转发给各省、自治区、直辖市和国务院有关部门，要求结合实际情况，认真贯彻执行。

文件发出后，能源部、水利部相继发出专门通知，提出了认真贯彻的措施。水利水电规划设计总院也发出了《关于加强水库淹没处理前期工作的通知》。

（水利水电规划设计总院　刘兰桂）

加强水库淹没处理前期工作的意见和措施

为贯彻国务院颁发的《大中型水利水电工程征地补偿和移民安置条例》和国家计划委员会（简称国家计委）《关于加强水库移民工作的若干意见》的精神，水利水电规划设计总院于1991年12月3日以水规［1991］67号文发出《关于加强水库淹没处理前期工作的通知》，对扭转当前工作被动局面问题提出了以下6点要求：

（一）提高认识，加强领导

正确认识水库淹没处理前期工作复杂、繁重的性质以及对工程决策的制约作用，才能从思想上真正扭转"重工程，轻移民"的状况。水库淹没是涉及很多部门和大量移民重建家园的大事。水库淹没区是个动态系统，淹没区经济对象随时间而变化，影响前期工作的不确定因素比主体工程多得多。要特别注意协调好各方面的关系，树立负责到底的精神。没有一个强有力的领导班子和配套的专业队伍是难以做好的。设计单位的领导要改变由来已久的"重枢纽，轻水库"的状况，真正把水库淹没处理和主体工程规划设计摆在同等重要的地位。

（二）补充完善规程规范，明确各设计阶段的工作深度

在有关规程、规范修订颁发前，对各设计阶段水库淹没处理的工作深度作出暂行规定。为加深可行性研究阶段实物指标调查的深度，对推荐方案的主要实物指标要求基本可靠，避免重大漏项；移民安置规划要在对安置环境容量调查分析的基础上，提出初步规划。初步设计阶段重点要加深移民安置规划深度，要求达到切实可行、经济合理，避免实施过程中出现重大反复。

（三）调整协作关系，加强工程设计单位的责任感

水库淹没处理前期工作政策性强，工作量大，必须充分发挥设计单位技术力量的作用和地方政府熟悉当地情况的优势，在各阶段双方都要密切配合。根据实践经验，实物指标调查仍以设计单位为主，地方政府配合；移民安置规划要由地方政府组织领导和协调，设计单位负责技术归口，双方密切配合，共同编制。

（四）健全机构，充实专业人员

据统计，原能源部、水利部直属的5个流域机构和8个勘测设计院，水库专业人员只有212人（其中长江水利委员会109人）；各省设计院就更少，估计总共只有50～60人。值得注意的是还存在专业不配套、人员老化、思想不稳定的状况。当前机构不健全，专业力量薄弱，是造成前期工作被动的主要原因之一。为此，建议各直属院和省院都要建立处、室一级的专管机构，并根据所承担水库设计的项目，充实必需的力量，配备必要的专业人员。

为加强前期工作的管理，水利水电规划设计总院（以下简称水规总院）已决定采取措施解决专业人员青黄不接、后继乏人的问题，并积极组建水库处。

（五）适当增加前期工作费用，提高水库专业人员待遇

随着国民经济的发展及农村经济承包制的改革，

前期工作量愈来愈大，且重复多变，前期工作费除设计院本身工日费外，还要支付地方配合和委托各专业的费用。经费不足已影响到各阶段应有的工作深度。

希望各设计院在分配设计经费时，要充分考虑水库淹没前期工作量大的特点，给予倾斜。部和水规总院目前正在积极争取国家计委增拨一定的前期费，并商请有关省的计委和电力局承担部分费用。对近期计划开工的项目要给予专项优先安排。此外各设计院也要发挥院内各专业的综合设计能力，尽量减少一些委托项目，以节约开支。

（六）*积极采用新技术，推动技术进步，提高水库淹没处理设计水平*

随着对前期工作要求的提高，在水库专业的理论和实践工作中，要不断总结经验并积极采用新技术，适当配备野外调查和内业必需的先进设备，摆脱纯手工操作的落后生产方式，提高工作效率和成果质量。

为提高水库专业人员的技术水平，可不定期组织专业培训班、研讨班和专业经验交流会，以及出版水库专业刊物等。

（水利水电规划设计总院　欧阳华

在建水电项目水库淹没处理投资的调整

1992～1994 年，根据国家计划委员会、城乡建设部、劳动人事部、中国人民建设银行计基［1984］200号《基本建设项目投资包干责任制办法》通知规定精神，经原能源部、电力工业部、原国家能源投资公司批准，先后对由省人民政府负责实行水库淹没处理投资包干的 6 个在建水电项目进行了水库淹没处理投资（概算）的调整。调整工作是以原国家审批的投资和确定的实物指标，以及各类耕地的年产量、土地补偿费和安置补助费的倍数，城镇、乡村居民点规模，各专项设施迁改方案的技术标准、技术等级为基础的。现将上述6 个水电项目水库淹没处理投资调整的有关情况列如表 1、表 2。

表 1　*在建水电项目水库淹没处理投资调整因素分项表*

序号	工程名称	审批设计投资额（万元）	调增投资（万元）												调整后总投资（万元）	调增幅度（%）
			合计	%	政策性及物价价差	%	实物指标错漏	%	设计变更	%	自然灾害	%	其它	%		
1	李家峡	2000	3764	100	3002	80			762	20					5764	188.2
2	东江	25500	8800	100	8346	95	454	5							34300	34.5
3	龙羊峡	13069	2106	100					1393	66	345	16	368	18	15175	16.1
4	水口	88800	15088	100	12082	80			1872	12	1134	8			103888	17.0
5	五强溪	70000	81000	100	79449	98	14		973	1			564	1	151000	115.7
6	安康	33961	2834	100							2200	78	634	22	36795	8.3

表 2　*在建水电项目水库淹没处理投资调增结构表*

序号	工程名称	迁移人口（人）		淹没耕地（亩）	调增投资（万元）									
		总计	其中农业		总计	%	农村	%	城镇	%	专项设施	%	其它	%
1	李家峡	4012	3994	6484	3764	100	2339	62	15	0	1398	37	12	0
2	东江	53519	47685	57359	8800	100	6453	73			1893	22	454	5
3	龙羊峡	29744	21200	86700	2106	100	713	34			1393	66		
4	水口	67239		43671	15088	100	9305	62			2690	18	3093	20
5	五强溪	115600	65947	44566	81000	100	34544	43	17414	21	8839	11	20203	25
6	安康	56520			2834	100	2361	83			473	17		

（水利水电规划设计总院　王益敏　赵　勇

水库移民遗留问题处理进展情况

建国以来，全国共建成大中小水库（水电站）83000多座，总库容 4500 亿 m^3。这些水利水电工程在社会主义现代化建设中发挥了巨大的经济效益和社会效益当然，这些工程的修建，不可避免地要淹没一些土地据统计共淹没耕地 2000 多万亩，当时动迁移民约1000 万人（现已发展到约 1500 万人）。这些工程大多是在 1958～1976 年期间修建的，由于当时受到极左思想和经济上“一平二调”的影响，工作简单化，水库移民补偿标准低，加上缺乏切实可行的安置规划，有些移民安置区环境容量严重不足，以致部分移民重迁、返迁，生产和生活长期未能恢复，甚至达不到温饱的标准，形成了较多的移民遗留问题。

党的十一届三中全会以来，党中央、国务院对水库移民工作十分关心，中央财经领导小组曾进行过专题研究。1986 年，国务院办公厅以国办发［1986］56 号文转发“水利电力部关于抓紧处理水库移民问题的报告”，提出了开发性移民的方针，明确了资金筹措和分级管理等重大原则。1987 年 4 月，水利电力部又发出“关于加强水库移民工作的通知”。1991 年，国务院颁布《大中型水利水电工程建设征地补偿和移民安置条例》。1992 年，国务院以国发［1992］20 号文发出“国务院批转国家计委关于加强水库移民工作若干意见的通知”。在这些文件精神的指导和推动下，各级地方政府和水利水电主管部门进一步重视了移民工作，抓紧了水库移民遗留问题的处理。

为了处理好水库移民遗留问题，国家还安排一笔专项资金，从 1986 年到 1994 年，累计已下达 26 亿多元。其中，中央安排了 20 亿元，地方安排了 6 亿多元。由于有了一套正确的政策，加上必要的资金投入，水库移民遗留问题的处理已有明显的进展，主要表现在以下几个方面：

（一）基础设施建设得到加强，移民的生产、生活条件有了明显改善

经过有计划、有针对性地对库区移民进行扶持，截至 1993 年底已完成的工作有：解决了库区 230 多万人和近 100 万头大牲畜的饮水困难；修建各种道路 3000 多 km；修建桥、涵 1500 多座；架设高低压输电线 4 万多 km、变电站 36 座，解决了 156 万人的用电问题；增加灌溉面积 143 万多亩，除涝面积 94 万多亩；新建住房 200 万 m^2；维修加固危旧房 122 万 m^2；修建校舍 66 万 m^2；修建医疗站（所）8 万多 m^2。

（二）移民区的产业结构逐步得到调整

长期以来，绝大部分库区移民多从事单一的粮食生产，生产面貌没有大的改变。随着改革开放的深入发展，大多数移民区开始从单一的粮食生产转向因地制宜、多种经营，逐步向农、工、商、贸相结合的大农业方式过渡。近几年来，移民区的乡镇企业有了迅速发展。截至 1993 年底，全国各类移民乡镇企业已达 1000 多家，共吸收安排移民 24 万多人，对库区经济发展起着极大的推动作用。

（三）移民人均收入水平逐年提高

据统计，部直属工程的 450 多万移民中，1985 年人均年收入在 150 元温饱线以下的占 70%多；经过扶持，到 1992 年，人均年收入达 441 元的在 80%以上，到 1993 年，人均年收入达 509 元，有 20%左右的移民人均收入已达到或超过了当地农村人均收入水平。

（水利部移民办公室　赵人骧）

全国有关省（区）水库移民管理机构设置情况

各级移民机构设置状况，对于移民安置规划的实施和做好水库移民工作关系十分重大。现将全国移民机构设置情况调研结果简介如下。

（一）省级移民机构现状

据 1990 年、1991 年调查，我国有 22 个省（自治区）设有主管水库移民工作的机构（少数省有两个省级移民机构）。这些机构的名称、职能和隶属关系很不一致，模式多种多样。按隶属关系可分为：

（1）隶属于省民政厅的有：①湖北省民政厅移民处；②浙江省电站水库移民安置办公室；③ 江西省移民办公室。

（2）隶属于省水利厅的有：①河北省移民迁建办公室；②山西省移民办公室；③辽宁省水利电力厅部属水库移民办公室；④山东省水利厅移民办公室；⑤河南省水利厅移民办公室；⑥广东省水利电力厅移民办公室；⑦宁夏水利厅移民办公室；⑧广西水利厅移民办公室。

（3）隶属于省电力局的有：①贵州省水库移民办公室；②青海省支援黄河上游水电工程建设办公室；③广东省电力工业局移民办公室；④广西红水河库区开发办公室。

（4）隶属于省计划委员会（或省计划经济委员会）的有：①甘肃省库区移民资金管理办公室；②安徽省库区经济发展领导小组办公室；③云南省经济委员会农业处；④黑龙江省计划委员会水利开发办公室。

（5）隶属于省国土局的有：四川省大型水电工程移民办公室。

（6）隶属于省城建厅的有：吉林省城乡建设环境保护厅移民办公室。

（7）隶属于省移民领导小组的有：①陕西省移民工作领导小组办公室；②湖南省移民工作领导小组办公室。

（8）福建省是一个大型项目设一个移民办公室，如福建省水口水电站库区建设开发办公室。

在上述 8 种隶属关系的分类中，有 22 个省、自治区设置了 24 个省级移民机构，其中，广东、广西两省（自治区）在水利、电力系统分别设置了移民机构，各自负责本系统的移民工作。

内蒙、海南目前尚未设立水库移民工作机构，有关任务分别由内蒙古自治区水利局工管处和海南省水电局兼管。

北京、天津、上海、江苏、新疆、西藏目前均无水库移民机构。

为了适应三峡工程移民试点工作和黄河小浪底水库前期工作的需要，有关省的移民工作机构又有新的变化。如：河南省已成立小浪底水库移民安置局（正厅级）；四川省已成立四川省人民政府三峡工程移民办公室（正厅级）；湖北省正酝酿设立副厅级移民局。

（二）流域机构、电管局移民机构情况

水利部所属的几个流域机构，根据水库移民任务的大小，大多也设立了相应的移民工作机构，或指定了专管机构。如：长江水利委员会规划局水库处（现有100多人）；黄河水利委员会移民办公室（编制70人）；海河水利委员会移民办公室；松辽水利委员会移民办公室；淮河水利委员会工管处（兼管）；珠江水利委员会计划处（兼管）。

电力工业部所属各电管局（网局），目前尚无专管移民工作的机构，有关移民工作一般由局水电处或计划处兼管。原能源部能源计［1992］394号文已明确要建立健全电力系统水电站库区移民机构，要求有移民任务的网局、省局及公司要有相应的水电站库区移民专管单位，配合地方政府做好在建工程的库区（含坝区）移民工作和监督、检查移民经费的使用，以及移民安置工作的验收与后期扶持等任务。

（水利部移民办公室　赵人骧

部分大中型水电站水库移民的安置

漫湾水电站水库移民的安置

漫湾水电站正常蓄水位994m时，水库面积23.9 km²。淹没涉及大理、思茅、临沧3个地（州）所属的南涧、景东、云县和凤庆4个县的7个乡（镇），96个自然村及39个企事业单位。淹没迁移人口3513人（其中农业人口3206人），需拆迁各类房屋11.87万m²。淹没耕地6225亩（其中水田3629亩），林地8507亩，国防公路24km，大型桥梁两座230延m，渡口17座，农灌渠110.5 km，小型水电站2座（1083 kW），输电线路45 km，通信线路52.42杆km。

云南省对农村移民制定了“以土为本、以农为主”的安置原则，确定了“就近后靠为主，隔乡远迁为辅”的安置方针。一期移民于1985年截流前安置完毕，二期移民于1994年4月全部迁出库区，并于1993年元月底完成了全部清库任务。移民进度满足了1993年3月下闸蓄水、6月第一台机组并网发电的目标要求。

农业移民安置的具体情况是：本村本组后靠安置982人，本乡内安置1442人，出乡县内安置782人。至1992年底，已恢复建成云县漫湾镇，景东县者后和云县忙拐山2个远迁移民安置区，8个移民后靠安置点。水库淹没线以下搬迁移民350户2062人（其中农业移民317户1751人，非农业移民33户311人），恢复重建各类房屋8.84万m²，开垦耕地5000余亩，修建小水库1座56万m³，农灌渠164 km，人畜饮水管道46.3 km，机耕道路95 km，农村通信线路115杆km，架设10 kV输电线路20 km，补偿小型水电站2座1132 kW，以及补助修建中小学校、医疗卫生室等公益设施。

在移民安置过程中，通过新开垦耕地与调剂划拨耕地，后靠部分农业移民人均耕地为1.82亩（其中水田0.9亩），出乡安置部分人均耕地为2.23亩，基本接近淹没前水平。人均建房面积36.3 m²（其中住房26.[illegible] m²），略高于淹没前水平。据调查，1993年人均占有粮食与收入水平：后靠部分农业移民为330 kg/人与28[illegible]元/人左右，出乡安置部分为370 kg/人与340元/人左右。除云县忙拐山安置区基本达到搬迁前水平外，其余均低于搬迁前水平，更低于安置区非移民户的水平。

云县作为移民安置的重点县，在生产开发上注意扬长避短，狠抓种植面积。忙拐山移民安置区以发展甘蔗生产为主，1991年种植甘蔗477亩，平均亩产4.0[illegible] t，共收获甘蔗1935 t，人均甘蔗收入451元；1992年种植面积529亩，总产量2452 t，单产4.64 t，人均甘蔗收入541元；1993年种植面积619亩，可产甘蔗2476 t，产值约22.28万元。生产开发已初见成效，给移民经济注入了新的生机和活力。

漫湾水库移民补偿投资1984年国家审定为17[illegible]

万元，1992年调整到4000万元。

（水利水电规划设计总院　李明传）

岩滩水电站水库移民的安置

岩滩水电站正常蓄水位223 m时，水库面积112.5 km^2。淹没涉及大化、巴马、东兰、南丹、天峨5个县的16个乡（镇）、47个村、392个村民小组。淹没房屋113.85万m^2，耕地59498亩，开荒地17817亩，草地12055亩，林地13428亩，公路123 km，大型桥梁11座（2291.6延m），小水电站5座（8152 kW），输电线路748 km，通信线路498.2杆km，广播线路662杆km。淹没影响天峨、巴马、东兰等三座县城，迁移人口43176人。

农村移民的安置，主要以大农业为主，原则上在本组、本村、本乡内后靠安置；同时调整产业结构，因地制宜，综合经营，发展林、果、渔业和第三产业进行安置。

岩滩水电站库区移民安置工作从1985年开始，经过"两年准备、四年大搬、两年扫尾"的工作，现已基本完成搬迁任务。实施结果，农村移民就地后靠36049人，出乡县内近迁354人，出县远迁4403人，企业安置2370人。移民搬迁进度满足了第一台机组提前于1992年发电的要求。

截至1993年底，已完成民房迁建81.7万m^2，公房重建7.0万m^2；改建公路124 km、输电线路584 km、广播线路592.8杆km、邮电线路497.2杆km；在库区移民生产开发上，已完成造田造地417亩，造林69000亩，种果树1100多亩，养鱼2600箱，扶持移民办乡镇企业27项。

在生产开发中，涌现出了一批生产开发搞得较好的移民村、移民户。如大化县的乙圩乡本福村，巴马县的龙洪村，外迁到北海市郊的星星和三合口两个国营农场等。巴马县龙洪村自己联办小林场，造林500亩以上，大化县本福村造林3000多亩，长势良好。安置到北海三合口农场和星星农场的移民，由于跻身于外向型大农业经济的经营，参与沿海地区二、三产业的开发，不到一年时间，移民人均年收入由原来的200多元上升到500多元，家庭电视普及率达90%，儿童入学率达80%以上，职工接受岗位技术培训达300余人次，自行车、摩托车、农用汽车不断增加。此外，移民的生活习俗、经营观念、生活追求等内在因素也相应发生了变化。

后靠移民因生产开发起步较晚，库区剩余资源少（人均剩余耕地0.3亩以下的移民有26000人），多数移民的生产生活水平未得到恢复，估计还需搬迁移民约10000多人。

岩滩水库移民补偿投资1983年国家审定为1.953亿元，1991年追加2.31亿元，共计补偿投资为4.263亿元。

（水利水电规划设计总院　李明传）

东风水电站水库移民的安置

东风水电站正常蓄水位970 m时，水库面积19 km^2，干流回水长度39.6 km。水库淹没涉及毕节、安顺两地区的织金、黔西、清镇、平坝4个县（市）、22个乡（镇）、37个行政村、130个村民小组。共淹没耕地8743.8亩（其中水田1954.4亩），林地2825.58亩，房屋面积14.44万m^2，等级公路8.7km，小水电站1872 kW，输电线路41 km，迁移人口8656人。

贵州省对农村移民安置制定了"以农为主、以土为本、少靠多迁、稳妥安置移民"的指导思想。移民工作从1984年开始，有关部门做了大量艰苦细致的工作，保证了电站建设的顺利进行和库区社会的稳定。

1994年元月17～27日，贵州省移民办公室邀请贵阳勘测设计研究院、水电九局等14个单位的领导、专家和代表，对东风水电站水库淹没处理及移民搬迁安置工作进行了全面检查验收。验收认为，库区移民搬迁安置工作基本能满足电站蓄水发电的要求。

截至1994年元月27日，已完成9055人的移民搬迁安置任务，其中：外迁集中安置2564人，组内后靠安置2354人，县、市内分散安置1907人，出县、市远迁安置1030人，农转非安置1200人。关系到电站下闸蓄水而必须搬迁的6480人，已全部搬迁。

移民安置居民点建设基本落实，共修建、购置房屋面积11.85万m^2。移民房屋面积、质量、结构大为改善，居住水平明显提高。为安置移民落实土地5327.41亩，农业安置人均耕地为0.68亩。库区人饮工程完成17项，移民受益4971人。移民用电项目完成11项，架设10 kV输电线路207.4 km，35 kV输电线路19.2 km，新建35 kVA变电站两座，解决移民及当地群众用电8.34万人（其中移民6191人）。库区交通恢复及移民安置区交通建设项目完成29项，新修、维修公路167.5 km，移民受益3069人，社会受益41250人。移民学校建设完成21所，解决移民子女入学2900人。库区受淹公路、桥梁、邮电、文物古迹等专业项目，除省属凹河大桥复建正在进行外，其余项目基本完成了恢复迁建工作，多数竣工验收并已交付使用。库底清理工作亦基本完成。

库区移民群众的生产、生活条件在许多方面有了改善，多数移民安置效果比较明显，为库区下一步扶持生产开发、经济发展奠定了基础。

东风水库移民补偿投资，1984年审定为2823万元，1991年追加6350万元。

（水利水电规划设计总院 李明传）

铜街子水电站水库移民的安置

铜街子水电站正常蓄水位474 m时，水库面积11 km^2。水库淹没涉及乐山市的沙湾、沐川、峨边3个县（区）的5个乡、21个村、70个村民小组，需迁移人口7629人。其中农业人口6807人。淹没各类房屋21.44万m^2，耕地6716亩（其中水田1735亩），等级公路15 km，小型水电站222 kW，输电线路88.73 km，通信线路21杆km，广播线路123杆km。

四川省对农村移民制定了“以土为本、以农为主、多渠道、多层次地安置移民”的指导思想。对人均耕地0.4亩以上的，以农为基础，发展多种经营和种养殖业为主安置；对人均耕地在0.2亩至0.4亩的，以办企业和种养殖业为主安置；对人均耕地在0.2亩以下的，以办移民企业为主安置。移民具体安置情况是：沙湾区农村移民4924人，种养业安置2116人，工业企业安置2521人，饮食服务业安置287人；沐川县农村移民782人，种养业安置535人，工业企业安置219人，饮食服务业安置28人；峨边彝族自治县农村移民1101人，种养业安置851人，工业企业安置250人。

四川省各级人民政府为移民安置解决了一些具体问题，如：由地方财政补贴落实平价粮650万kg，平价煤8000 t；为移民安置解决用电指标1.05万kW，减免电力集资费90万元，为移民企业减税让利近300万元；为移民安置解决基建钢材400 t、水泥500 t、木材2000 m^3、优质化肥2000 t。

库区迁建工作，至1993年底已全部完成移民的搬迁和两个场镇及公路、广播、通信、输电、小水电等专业项目的迁（改）建任务。在生产开发方面，已完成兴修水利工程解决农田灌溉2203亩；发展成片桑树1771亩，菜园450亩；开荒74亩，改田改土686亩（其中土改田479亩，坡改梯207亩）；修小水电站1座5000 kW；改建交通道路100 km，输电线路96 km，广播、电信线路共123杆km。淹没涉及的五渡、铜茨两个乡（镇），已完成了迁建任务。其中五渡乡完成建房2.52万m^2，比原面积增加1.04万m^2，且质量有所改善。

据调查了解，工业企业安置的2990人中，约有1/3的移民生产生活上还程度不同地存在一些问题；同时，后靠的部分移民由于生产开发较晚，人均耕地较少，生产生活水平尚未得到恢复。

铜街子水电站水库补偿投资，1984年国家审定为3063.18万元，1989年追加2500万元，合计为5563.18万元，农村移民人均为5945元/人。

（水利水电规划设计总院 李明传）

东江水电站水库移民经济开发近况

（一）概况

东江水电站水库1986年秋蓄水，淹没涉及湖南省资兴市和汝城县，移民5.3万人，淹没耕地5.7万亩，其中资兴市分别占96.3%和98.8%。至1991年底，资兴市后靠移民3.67万人，人均水田0.1亩，人工造林8.2万亩，开发果茶园1.8万亩，库湾养鱼水面2662亩，鱼种池390亩。新开发果茶园大部分尚未正常受益。市内外迁1.5万人，实有水田1.22万亩，且质量较差。库区移民人均折算（田）果园仅约0.8亩。1992年移民人均纯收入为412元，约为农村非移民人均收入的70%，且有近万人年收入在300元以下。

1992年春，按国家追加的补偿费8800万元开始进行东江水库移民安置实施补充规划，其目标是：以大农业为主，以扩大土地开发为中心，改善移民生产条件，优先解决特困移民的生产安置，尽快提高移民收入，争取1995年消灭贫困，解决温饱，并为2000年奔小康、赶上当地农村非移民人均收入水平创造必要条件。

经反复研究，人均土地开发规模选用1.2亩（田）果园（包括林地折算），比现有平均水平提高0.4亩，接近建库前的人均耕地水平。凡低于人均0.8亩的村组，要求达到1.2亩；凡高于0.8亩的村组，鼓励再开发人均0.4亩，达到人均1.2～1.5亩。首先各村组在现有土地中调整结构，深度开发，不足者再从邻近村组通过协商有偿划征土地或发展多种经营；对于划征土地后仍不能达到开发规模而条件很差的特困组，则将缺少土地开发面积的剩余人口进行二次转移安置。

根据分组调查研究及划征土地意向，1992年10月提出补充报告。后靠移民增加开发10618亩（田）果园，并对已有果木加强培管；现有外迁移民划征及开发6700亩（田）果园，并改造4235亩低产田。还有357[illegible]人缺少土地资源，其中2129人现有经济收入情况尚好，或者靠近城乡集镇和工业区，可从事二、三产业及菜篮子工程，或从事养鱼。另有1449人收入少而条件差，须二次转移，其中1070人安置在半龙水库灌区内，分三片开发，有两片已开发（田）果园865亩，正在搬迁和建房；另379人规划在郴县桥口安置区，已有意向，尚待落实。

此外，水、电、路规划了辅助性配套项目，新修渠道304条，总长333 km，山塘110口，河坝43处，抽水机1290 kW，蓄水池77处，以解决1.08万亩田果的灌溉用水。东江水电站于1993年正式运行后，90%以上的移民已用上了照明电。

1993年后靠移民柑桔产量800万kg，小水果100万kg，茶叶540担，网箱养鱼1109口，人均收入500元。

（二）实施补充规划的作法

(1)以高产、优质、高效的实际效果调动移民群众的开发积极性。几年来，库区后靠移民采取高标准建园，引进名优品种，水利配套，科学管理，加上有利的小气候条件，果茶长势良好。5～7年生的柑桔，亩产达1000～1500 kg，早中熟柑桔品种连续4年被评为全省第一名。茶叶在1993年评为省级优质茶。开发较早的生产组和移民户已发家致富。广大移民已确认开发是脱贫致富的可靠途径。何家山乡外迁移民1427人，水田1032亩，这次规划再开发624亩，到1993年4月，苦干一个冬春开发了600多亩。网箱养鱼1991年开始发展48口，每口纯收入1000元以上；到1993年达1109口，增长22倍。

(2)增加开发的土地资源靠两种途径解决：①以效益为目标，调整种植结构，利用现有村组的土地进行深度开发，对荒山、荒岛、油茶林及收入低的土地进行高效开发，一般要开成标准的水平阶梯，防止水土流失。这是增加开发的主要土地资源。②土地资源不足的村组，通过协商从邻近村组划征部分土地资源，作为补充来源。外迁移民村组人均土地面积少，而周围非移民村组土地资源较宽松，现已划征到山地4000亩、耕地600亩，开发后可增加约2400亩（田）果园，约占外迁移民新开发总面积的35%。

(3)以工代赈，增加开发，尽快增加移民收入。直接用于土地开发、培管及改造低产田的投资，约40%可转化为移民的劳务收入；划征及开发的水田、改造低产田及新开发果园套种，在第二年即可有收入。预计到1995年人均收入可由此增加100元，到2000年开发项目正常受益时人均纯收入可由此增加200元以上。

(4)优先解决特困移民的生产安置，鼓励较早开发村组的开发积极性。

(5)绝大部分生产开发费直接划分到组，使移民心中有底，因而开发积极性高涨。预计到1995年底，补充规划中的开发规模可基本完成；同时在很大程度上避免了移民经费的挪用和浪费。

(6)高效开发靠科技：①提倡尊重科学、尊重人才的风气，引进名优品种，引进科技和人才，聘请专家咨询和老师傅指导，加强与高等院校、科研院所的横向联合。发展名优果茶、网箱及大库湾养鱼，还从外地引进美国青蛙、珍珠养殖等。②加强实用技术培训，提高移民素质。委托农业中学培训1500名青年，由市果茶研究所分期培训500名青年。选送100多名高中回乡知青到大学和中专深造1～2年。③建立健全科技服务网络。资兴市移民办公室配有各类职称的技术干部，设有生产建设科、果茶研究所、水产服务站，乡镇有果茶、水产技术服务站，村组有专业干部，形成健全的技术网络。④大规模的库区开发，必须有大量的科技投入，为此，按照开发面积提取一定数量的科技服务费，集中掌握使用，保证以上活动的正常进行。

（三）存在的问题

(1)追加的补偿投资中未包括必要的加工和服务项目，对这些项目应有资金来源或采用股份制集资建设。

(2)厚玉鱼种场的鱼池净面积390亩，由于资金限制，渔坝施工推迟，1992年4月又遇大洪水，坝体鱼池均受淹，现虽已抢修并在加高，但已影响两年受益，损失很大。

(3)资金到位时间推迟，两年来物价上涨率大，一些项目又有新的投资缺口。

(4)后靠移民人均耕地0.1亩，粮价放开后，定销粮价及补贴问题亟待解决。

(5)国家的优惠政策尚未全部到位，影响了库区经济的恢复和发展。

（中南勘测设计研究院　安申义）

水口水电站水库移民的安置

水口水电站水库淹没涉及南平、古田、尤溪、闽清4个县（市）、15个乡（镇）、89个村、147个自然村（组）；淹没主要实物指标为：耕地43665亩，经济果木地25395亩，城乡房屋340万m^2，铁路干线67 km，等级公路17条101 km，长途通信线路100标程km，农话线481标程km，广播线1060标程km，以及大洲贮木场等企事业单位，共需迁移人口67239人。淹没区地处闽江干流福州市与南平市之间的经济发达地区，水库区主要特征是：人口密集，人多地少，非农业人口多，商品经济比较发达，原有生活水平较高。

福建省对移民安置制定了“就近、就高、就邻后靠安置，保持原建制，集中与分散相结合，因地制宜发展经济”的原则。移民工作从1988年转入实施，1989～1991年为建设搬迁阶段，1991、1992两年转入以生产开发为主，搬迁建设与生产开发并重的轨道。实施结果：集中建安置点28个，安置移民54084人，分散安置移民13155人。水库回水影响南平市沿江地带，设防护堤7770 m。

库区迁建工作至1992年底已完成建房331.72万m^2，修建道路107.96 km，安置区内道路22.15 km，搬迁道路30.56 km，机耕路20 km；新建水厂9座，铺设供水管网203.66 km，设计日供水量24746 t/日；架设高、低压线路380.23 km；62所中、小学校，10所卫生院、医疗所已全部迁往新址，并结合复建进行了改造，其功能明显改善。

库区生产开发已初步转入收益阶段，完成造林15万亩，种茶、果4.7万亩，种绿竹1.1万亩，新开菜地2400亩，库内造田900亩，养家禽、家畜10万余只，新办、复建乡镇企业205家。在库区生产开发中，采取内引外联的形式越来越多，外向型经济呈现出勃勃生机。农村库区与外商签订的联合开发项目已有7项，总投资超过300万美元。1986年，世界银行代表团在水口一期贷款评估期间，认为“福建省水口工程各项前期工作，特别是移民安置规划是做得最好的。”

水口水电站作为世界银行贷款的工程，按其政策规定，华东勘测设计研究院被委托承担移民独立评估工作。评估工作集中在经过选择的关键福利指标上，主要采取定性方法对社会经济状况、公众健康状况、教育资源状况、妇女地位、就业发展状况等主要指标进行评估。根据移民独立评估资料显示：库区移民的居住条件、水、电、路等基础设施、文教卫生等服务设施，以及生活环境，都比搬迁前有明显的改善和提高。

水口水电站水库补偿投资，1984年国家审定为4.10亿元，1989年调整到8.88亿元，1993年调整为10.39亿元，农村移民人均9503元/人。

（水利水电规划设计总院　李明传）

三峡工程水库移民工作进展概况

三峡工程水库移民工作，经过8年试点，从1993年进入有计划、有重点的组织实施阶段。三峡工程水库移民工作，在开发性移民方针的指引下又向前迈进了一步，突出反映在：

(1)《长江三峡工程建设移民条例》(以下简称《移民条例》)的发布是三峡移民工作进入法制化的标志。移民开发局配合川、鄂两省和国务院有关部门拟定的《移民条例》，1993年8月19日经李鹏总理签署，以国务院第126号令发布执行。国家就一项工程的移民问题作出法律规定尚属首次。

(2)支持三峡工程移民优惠政策陆续出台。对已出台的10条措施在《移民条例》第四章中作了集中阐述；准备出台的还有对三峡库区实行沿江开放区和沿江开放城市的优惠政策。此外，国家在扶持中西部地区乡镇企业发展贷款、以工代赈以及受淹工厂搬迁结合技改专项贷款方面都对库区给予了倾斜和专项安排。

(3) 全国对口支援三峡工程移民工作正向纵深发展。自1992年4月国务院以国办发［1992］14号文发出对口支援三峡工程移民工作号召以来，一年之中，近60个中央部门和20个省（市）与库区20个县（市、区）广泛接触，结成337对支援关系，完成支援项目100个，正在实施的84个，支援资金13383万元，帮助培训人才388人，吸纳库区劳务1560人。1993年12月底在北京召开的三峡工程移民工作会议上，就深入开展对口支援三峡工程库区移民进行了认真研讨。在此基础上，国务院以国办发［1994］58号文，于1994年5月转发了移民开发局关于深入开展对口支援三峡工程库区移民工作的报告，对中央、国家机关各部委和四川、湖北省级机关的对口支援进一步提出了支援三峡库区的明确要求，对各省、市提出了“巩固发展原有支援协作关系，突出重点，以点带面，各有侧重，多方参加，扎实推进”的对口支援方针，对受援的库区干部和群众也提出了明确要求。此后，对口支援在原有协作基础上，通过分别抓库区一个县（市、区）重点支援的推动，现初步形成了以一省（市）为主，多省（市）参加，责任明确，上下左右配合，同心协力开展支援的格局。

(4)分县移民安置规划正分批分期地进行编制。列为第一批的湖北4县移民安置规划，初稿已完成；四川部分，正动员大批力量展开规划前的基础工作，其中巫山、奉节、云阳三县的规划1994年可望完成，其余县（市、区）1995年上半年能完成。

(5)移民开发初见成效，显示出开发性移民方针的正确与移民开发的广阔前景。从8年试点起到目前，累计改土造田21.28万亩，可用于安置移民的有效面积为90993亩，移民培管的部分柑、茶、药园场已进入收益期；城镇、工厂迁建和专业基础设施建设方面均进入前期准备阶段，部分工程已开始组织实施。

(6) 移民管理机构进一步加强。根据国务院国发［1993］1号文件精神，经中央机构编制委员会批准，三峡移民开发局完善了办公室、计划财务司、规划设计管理司、经济技术合作司、驻宜昌办事处等机构设置，还设置了局移民工程咨询中心、监理中心、培训中心和机关服务中心（北京、宜昌）等事业单位。各级移民管理机构和队伍建设相应建立并逐步加强。

(7)库区两省的责任有了进一步明确和加强。1994年6月18日，邹家华副总理主持召开会议，传达李鹏总理关于三峡移民工作的指示，进一步明确和强化了中央统一领导、分省负责、县为基础的移民管理体制中“分省负责”的责任。实行移民经费定总额，包干到底省负责、分省负责搞分县限额规划。规划工作以地方为主、长江水利委员会参与、地方配合，调动了地方政府千方百计搞好移民工作的积极性。

（国务院三峡工程建设委员会移民开发局 邓一章 杨启声）

政 策 研 究

水库移民政策性专题研究综述

党的十一届三中全会以来，党中央和国务院对水库移民问题十分关心和重视，采取了一系列切实有效的政策措施。1982年国务院颁布了《国家建设征用土地条例》，1984年水利电力部颁发了《水利水电工程水库淹没处理设计规范》，1986年全国人民代表大会常务委员会通过了《中华人民共和国土地管理法》，1991年国务院颁发了《大中型水利水电工程建设征地补偿和移民安置条例》，从而使水库淹没处理和移民安置工作有法可依，有章可循。但这些法规主要是一些原则规定，在社会不断进步、情况不断变化的形势下，还不能完全适用。为此，水库经济专业委员会于1987年成立之后，结合水库移民的实际情况，开展了一系列政策性专题研究，至1994年已完成《水库移民优惠政策》等10个课题研究，具体情况如下：

《水库移民优惠政策》课题研究始于1988年，1990年完成。研究报告阐明了对水库移民实行优惠政策的必要性、合理性和重要性，并认为优惠政策应成为水库移民补偿政策、后期扶持政策的配套政策；提出了优惠政策的范围应包括对移民保证平价供应口粮，优价提供建房用材，减免某些税金和实行优先招工、招生、招兵等项。具体优惠的范围、程度和期限应主要由水库所在省、自治区人民政府根据各自的情况确定。该课题的研究成果，对有关省、区制定一些水库移民优惠政策起到了重要促进作用。

《移民环境容量的理论及其应用》课题研究，是在1988～1990年进行的。研究的总体目标是把移民安置、地区经济建设、生态与环境的保护和治理结合起来，使社会、经济、生态系统向良性循环方向发展，并在此基础上通过合理开发，在保证移民和当地居民长治久安的前提下，确定可能容纳的人口数量。从理论上说，移民环境容量是一个变量，实际上，在一定的经济发展水平和人们一定的生活要求下，一个区域的人口承载能力是有限度的。通过这一课题研究，使移民环境容量这一新的概念成为水库移民安置规划的理论基础和必须遵循的一个基本原则。因此，现在编制移民安置规划，首要任务是论证各个安置地点环境容量的现实可行性，以避免移民安置的盲目性。

1986年，在国务院转发水利电力部《关于抓紧处理水库移民问题报告》中首次提出：走开发性移民的路子。1991年国务院颁布的《大中型水利水电工程建设征地补偿和移民安置条例》，明确规定国家提倡开发性移民方针。在此之前，一位国家领导同志指出：我们这个移民应该从安置型的移民改成开发型移民，用移民的费用因地制宜的发展农业、养殖业或其它行业。为此，水库经济专委会设置专题，就开发性移民的任务、性质、目标、生产门路、智力因素、补偿投资与开发投资的关系等方面进行了探讨。总的认为，走开发性移民的路子，就是要把人的安排，稳妥可靠地落实到生产开发这个根基上；就是要在“开发”二字上下功夫，发展生产，繁荣经济，保障移民和原有居民的经济收入，并能不断提高生活水平。近10年来，我国水库移民安置规划的重要内容之一是生产开发规划，着力提倡搞农、林、牧、副、渔大农业，兴办乡镇企业及二、三产业，形成了多门路、多途径、多层次安置移民的新局面。水库经济专委会组织开展开发性移民方针的研究，起到了加深理解、统一认识、促进发展的作用。

《兴办企业安置移民》课题的研究是1989～1990年完成的。长期以来，我国水库移民几乎全部是依托土地农业安置。随着70年代以来的改革、开放，乡镇企业蓬勃发展，在“离土不离乡”的思想指导下，各地相继迈上了兴办企业安置移民的新路子。有鉴于此，特设置这一课题研究。通过调查研究，阐明了在我国人多地少的矛盾日益突出的具体条件下，兴办企业安置移民是非常必要的，是一种必然趋势，它为安置水库淹没造成的剩余劳动力开辟了一条新路。但是，在现阶段兴办企业安置移民，要持积极而慎重的态度，必须本着“因地制宜、经济合理”的原则，做好项目论证和加强实施管理，自始至终确保移民的权益，使之从中得到实惠。

《农村移民补偿标准》课题研究的目的，是总结建国以来各经济发展时期水库淹没补偿的理论、政策依据和工作方针，以及探讨一些同淹没补偿和移民安置有关的问题。为此，一共选择调查了41个水库，编制了35份调查报告和1篇综合研究报告，总计48万字，前后历时2年有余才完成。此课题的研究结果表明，建国40年来我国水库移民工作的政策、目标具有一贯性。同时，水库移民的成功与否，同当时当地的政治经济形势有着十分密切的关系，基本可划分1950～1957、1958～1976、1977～1990三个阶段。从移民补偿标准来分析，近10年来逐步有所提高，既增加了一些补偿项目，又考虑了移民安置的某些实际需要，加上新出现的优惠政策和后期生产扶持政策，为做好移民工作提供了更好的物质基础。不言而喻，通过本课题的研究，既收集了大量可贵的资料，又有利于提高广大水库移民工作者的认识水平和业务能力。

水库经济专委会在1990年之后相继开展了《水库移民机构设置》、《水库淹没处理投资结构与物资用量》、《水库移民补偿资金使用管理机制》三个课题的研究。对移民机构设置问题，首先摸清了省级移民机构现状和普遍存在的问题；其次对省、县两级移民机构的任务、职能和机构组织提出了建议。对水库淹没处理投资结构与物资用量问题，调查了12座水库的实际情况，摸索出了一定的规律，并对几个补偿标准进行了探讨，所得成果有利于指导今后工作。水库移民补偿资金使用管理课题，则针对存在的问题，着重阐明了移民资金的性质与特点，提出了加强管理的八条基本措施，从而为国家有关部门制定移民资金管理办法提供了理论基础和应包括的内容。

《库区建设基金提取标准与后期生产扶持》课题研究，是根据前述《条例》第十七条的规定、受原能源部的委托而进行的。通过7项水库移民安置后的生产生活状况调查，肯定了建立库区建设基金、进行后期生产扶持的必要性和迫切性；论述了后期扶持的主要对象、目标、内容和年限；测算了库区建设基金提取的依据和数额。主要成果已基本为国家有关部门所采纳。

开展《城镇迁建标准与补偿费用》课题的研究，是因为城镇(包括农村小集镇)对促进一个地区的经济发展愈来愈重要，它的补偿费用在总补偿费中的比重愈来愈大，它的迁建已成为水库淹没处理中愈来愈引人关注的项目。为此，一共调查了5个县城、20个区乡所在地集镇，分别提出了调查报告，综合研究报告也接近完成。这项研究成果既反映了多年以来城镇迁建走过的道路，总结了已取得的经验又明确了存在而必须研究解决的问题。特别是从当前国家要求引导发展小城镇，发展农村第三产，促进农村剩余劳动力的转移方面来看，这个课题实有进一步展开研究的必要。

水库经济专委会组织研究以上课题，是符合实际需要、收效甚宏之举，对推动水库移民工作向科学化、规范化方面发展，起到了明显作用，从而得到了各方面的赞同和支持。有鉴于此，该专委会已开始开展“社会主义市场经济与水库移民”、“水库移民安置与库区产业劳动力配置”、“移民生产安置效果分析”等课题的研究，以期使水库移民工作更能适应国家经济体制深化改革的要求。

（水利水电规划设计总院　刘兰桂）

对大中型水库移民后期扶持的建议和库区建设基金政策的研究

对大中型水库移民在搬迁后必须进行扶持的问题，经过多年努力，已被中央和地方政府及社会有关各方认可。国务院于1991年以第74号令颁发了《大中型水利水电工程建设征地补偿和移民安置条例》(以下简称《条例》)。《条例》规定：国家提倡和支持开发性移民，采取前期补偿、补助与后期生产扶持的办法；国家设立库区建设基金，用于大中型水利水电工程库区维护和扶持移民发展生产，新建水利水电工程库区建设基金的提取、管理和使用办法，由国务院有关部门制定；国家对移民扶持时间为5～10年，自移民安置规划实施完毕之日算起；《条例》自1991年5月1日起实施，但至今库区建设基金提取、使用办法尚未确定。随着各大中型水利水电工程项目的兴建、建成以及数千万千瓦总装机容量的增加，水库移民约百万人的生产、生活亟待扶持。尽快落实好库区移民的后期扶持工作至关重要。为此，经过研究，提出以下意见和建议。

（一）后期扶持的主要对象、目标、内容和年限

(1)扶持的主要对象。农村移民占水库和施工区移民的绝大多数，搬迁后仍以农业生产和依附土地的产品为主要生活来源。他们恢复和发展生产的事业相当艰巨，周期较长。因此，后期扶持的主要对象必然是农村移民。

(2)扶持的目标。按《条例》规定的精神，通过以生产扶持为主的后期扶持，第一步应达到搬迁前的生

产和生活水平；第二步应达到与当地非移民的生产水平同步增长，生活水平同步提高。从对紧水滩、安康等7个水电工程水库移民情况的实际调查结果看，一般情况下，移民搬迁后生产生活水平都要经历一个下降、恢复周期，然后才能继续提高。这个周期平均为5年。为使移民生产生活水平能尽快恢复和提高，建议后期扶持按上述两个阶段目标进行。

(3) 扶持内容。①开发以大农业为主的生产门路，搞好种、养、副业和加工工业。因地制宜地利用自然资源和市场条件，扩大耕地，达到适度规模生产，优化产业结构，改善经营，提高产量、质量，增加收入。②完善和充实生产生活基础设施，如道路、供水、供电、肥料、通信等，使生产和生活设施逐步配套。③在以农业为主，多种经营，开发生产的方针下，因地制宜地开发新产业，开拓经济收入来源。④技术和智力的引进和开发，如进行生产技术知识的宣传、培训，引进人才，建立科学试验、示范基地，改良更新品种，培养技术和管理人才等。⑤移民搬迁初期由于客观上存在的生产水平下降，生活降低，困难户增多，因此需视具体情况，给予一定的生活扶持。

(4) 扶持年限。从现状和调查报告看，通过扶持达到第一步目标的时间至少需4年。从7个水库的实践看，恢复期约需5年。达到第二步目标的扶持年限也需4年左右。因此，对库区移民后期扶持总的年限按8～10年考虑，比较合适。水电站库区建设基金的提取年限也应按8～10年考虑。

(二) 扶持资金的来源、数量、提取和分配

库区建设基金建议按主体资金和补充资金来源两个渠道考虑。

(1)主体资金来源及数量。在水电的电价中附加库区建设基金，按年平均出厂电量，每千瓦时附加0.6分钱（不含原1厘钱的库区维护费）。根据7个水电站库区移民机构和当地政府提出的库区建设基金要求量和初步规划资料分析，平均人年需扶持基金355元(1991年现值)。这7个水电站合计年电量每千瓦时增加1分钱作库区建设基金，年人均可提取343元，而已经实行后期生产扶持的紧水滩水电站库区移民发展生产所用资金是人均350元/年(折算到水库扶持的起始年相当于年人均250元)，二者相当接近。因此，按人均350元/年作为1991年的基准金额，计入物价上涨因素，分年测算当年人均额，确定扶持基金数量，并考虑动态因素，是较合理、客观的。为使操作易行，可分前5年和后5年两段平均计算。如起始年延后，则基准金额按年物价指数相应调整。若干年后如电价和物价发生大幅度变化时，再根据具体情况测算综合变化指数，作一次阶段性调整。

(2)全国水电统一提取统一分配。鉴于各水电站的发电量和库区移民数量多少差异很大，经测算在建的20个大中型水电站库区建设基金提取额，如每千瓦时提取1分钱，有4个水库（东江、五强溪、万安、安康)的人均可提金额低于基准金额，但其他水库则余额很大。若对每个水电站按前5年人均提取总金额除以其移民总数的比值来提取，由计算结果得知，有的水电站只需提0.016分/kW·h，有的则需提0.29分/kW.h，差异很大。为便于操作实施，宜先用各水电站年均应提取基金总和与各水电站扶持期电量总和之比值作为各水电工程综合平均每千瓦时电量应提基金。这样，前5年为0.45分，后5年为0.42分。考虑到一些不可预见因素，再加10%左右的施工征地移民，可取每千瓦时0.5和0.46分。考虑库区建设基金的提取审批还需一定时间，可统一按0.5分提，更为现实易行。又测算了“八五”中、后期计划新开工的8个有代表性的水电站库区建设基金，其特点与在建工程相同，更突出的是移民人数多的水库，如用其电站本身所提的基金来解决移民的扶持问题，提取额高达2.4～4.6分/kW·h。同时由于开工和移民时间比在建工程迟5年以上，计入物价指数时效增量，综合各水电工程，平均每千瓦时应提取库区建设基金前5年均值为0.7分，后5年为0.66分，比在建工程约高40%。考虑到后期扶持库建基金一经审定，短期内不易调整，故上报财政部请批时，宜将在建、拟建水电工程的两种预测提取额统一起来，以每千瓦时提取0.6分为宜。

根据以上预测和分析，建议国家所有大中型水电站库区建设基金应统一按0.6分/kW·h提取，并按农村移民人数核定各水库分配基数，富余部分上交电力工业部掌握，对有缺额的水库予以补缺；或从电费收取总额中统一提取，统一分配，统一掌握调剂余缺，使各水库都有取得此项基金的可靠保证。同时要制定有保障的上交和分配办法。如果考虑上交有困难，也可采用由财政部从全国电价收入中统收统提，由电力工业部掌握分配。以后如体制发生变化，也可用同样办法由网、省电力实体从全网水电电价或全网电价统一附加、提取和分配。

(3)补充资金来源。主体资金提取总额取决于各水电站每年实际发电量的多少，而发电量是受年度水情、水量及库水位影响的。因此，为确保主体资金额的稳定性，需考虑补充资金来源，其合理来源建议按下述两方面考虑：①从水库概算投资形成的固定资产总值中提取一定比例的水库基本折旧费。提取范围按审定水库概算中的农村部分的总投资确定。提取比例，按规定还贷后，以所剩部分为基数，发电后前3年所剩20%，全部提取。从第四年起，各年均提所剩50%的一半，即

农村部分折旧总额的25%；另25%及非农村部分水库投资的折旧仍留给电业管理部门，充分兼顾各方利益，提取的折旧费与农村移民人数和人均投资直接挂钩，使其来源稳定。②水电站库区耕地占用税按国家审定的交纳总额，将其中留给省、市（区）、县的部分，按现行规定为70%，全部作为地方集资，建设期不收不交，发电后按其所占电站总投资的比例和国家规定的期限，获得集资收入，并将其中的一半即总额的35%提取出来作为库区建设基金，时间8～10年，以后仍交地方。这样做是合理的，因为耕地占用税是建设水电站形成水库淹没了移民所使用的耕地，以此税金作为集资，其收益理应返还给移民一部分，恢复生产，以使移民脱贫致富，减少政府负担，增加地方社会收益，对移民和地方经济的发展都有利。

（国家开发投资公司能源业务部　董述春
国家开发银行电力信贷局　张建贤）

水电站环境影响评价工作与监测

环境影响评价机构及环境影响评价证书考核情况

1992年以来，各直属设计研究院、流域机构和各省（市、区）水利水电设计院的环境影响评价机构进一步得到充实提高。1990年，昆明勘测设计研究院将原水库环保室改为环保室，专门从事工程设计的环境影响评价和环境保护设计工作。广西电力工业勘察设计院1990年获得乙级环境影响评价证书，1992年7月经国家环境保护局审查考核合格，发给甲级环境影响评价证书。水利水电设计系统环境影响评价机构情况见表。

水利水电系统设计单位及流域机构环评机构情况表

单位名称	环评机构名称	环评证书等级	专业人员人数（不包括兼职及分析仪器操作人员）	已编环境影响报告书（表）的工程名称
长江水利委员会	长江水资源保护科研所环评室	甲级	29	长江界牌河道整治、万安、太湖防洪项目、港口湾、涔天河
松辽水利委员会	松辽水环境科研所	甲级	35	丰满三期扩建、蒲石河抽水蓄能、荒沟抽水蓄能、满拉、尼尔基、延吉依兰牧场
天津勘测设计研究院	环评室	甲级	16	陈家庄
昆明勘测设计研究院	环保室	甲级	10	塘房庙、老虎山、螺丝湾、黑白水三级
西北勘测设计研究院	水库环评室	甲级	12	下坂地、疏勒河流域综合开发
中南勘测设计研究院	水库环保工程处	甲级	18	凌津滩、三板溪、古水河梯级
北京勘测设计研究院	环保水库室	甲级	16	安康（重编）、旬阳、喜河
上海勘测设计研究院	环保室	甲级	13	响水洞
贵阳勘测设计研究院	环评室	甲级	12	
成都勘测设计研究院	环评室	甲级	17	太平驿、锦屏二级（一期）、金银台、姚河坝
华东勘测设计研究院	环保室	甲级	17	东津、斑竹、泰和

续表

单位名称	环评机构名称	环评证书等级	专业人员人数（不包括兼职及分析仪器操作人员）	已编环境影响报告书（表）的工程名称
广西壮族自治区电力工业勘察设计院	环保室	甲级	18	百龙滩、恶滩、贵港航运枢纽
新疆维吾尔自治区水利水电勘测设计院	环评所	甲级	14	乌鲁瓦提、小山口
广东省水利水电勘测设计院	环评室	乙级	7	双溪、八乡三级、杨溪水三级、稔坑
福建省水利水电勘测设计院	环评室	乙级	12	闽东扩建、晋江供水一期、长田、大官坂、孔头、沙县、六角官、湄州湾南岸供水、西口、雷公口、贡川、福清闽江调水、北津、雍口

为了加强对环评队伍的管理，1993年4月19日国家环境保护局以环监[1993]210号文发出通知，通知要求考核的内容为：①环境影响报告书（含评价大纲）的质量；②持证单位的现有条件，包括机构设置、性质、人员及业务能力等；③履行持证单位职责的情况。中南院、成都院、西北院、华东院、北京院、昆明院、贵阳院、上海院以及广西电力工业勘察设计院等9个单位都根据通知要求，对自1990年取得甲级评价证书以来的环评工作，认真作了总结，填报了环评机构、人员编制和完成环评项目情况登记表。水利水电规划设计总院还派人去上海院、北京院、中南院进行考查。有关地方环保部门也分别对上述9个单位进行了考核，并提出了考核意见。电力工业部规划计划司于1993年12月21日以计环保(1993)285号文向国家环境保护局开发监督司寄送了电力行业持有甲级评价证书单位的考核情况。电力工业部持有甲级评价证书的单位共20个，其中水电和火电各10个，除华北水利水电学院未参加考核外，其余19个均通过了内部考核，其中优秀单位8个，合格单位11个；水电系统9个单位中属优秀的单位3个，合格的单位6个。国家环境保护局对各部持证单位的考核工作还在进行中。

对水电系统9个持证单位的考核结果表明：①目前各设计院环评专职人员大多为8～18人，大部分是大学本科生，年轻人居多；②1990年以来各设计院环评单位平均每年完成环评大纲、环境影响报告书和环保设计1～2项，有的单位环评任务多些，有的则少些，但从总体来看，环评人员的作用还未能得到充分发挥；③各设计院的环评机构都购置了水质和大气监测分析仪器，配备了相应的化学分析人员，已具备较强的测试分析手段；④各地方环保部门的评价较好，都认为持证单位机构健全，人员配备符合规定要求，专业较全，能严格遵守评价证书的使用规定，履行甲级持证单位的职责，已完成的环境影响报告书质量较好。

（水利水电规划设计总院　刘一辛）

环境影响报告书的编制情况

1992年以来，各直属设计研究院、流域机构和各省、自治区水利水电设计院编制完成并经主管部门预审的环境影响报告书（工程投资超过2亿元的，统计到1994年4月）共33项，其中水电20项，水利13项。工程名称、评价单位及预审时间详见下表。

环境影响报告书编制完成并经过预审的工程名称表

工程名称	评价单位	预审时间
乌鲁瓦提	新疆水利水电勘测设计院	1992.1
白溪	华东勘测设计研究院	1992.4
冶勒	成都勘测设计研究院	1992.5
太平驿	成都勘测设计研究院	1992.5
丰满三期	松辽水环境科研所	1992.6
小湾	昆明勘测设计研究院	1992.6
喜河	北京勘测设计研究院	1992.6
汾河二库	中国辐射防护研究院 山西省水利勘测设计院	1992.7
金银台	成都勘测设计研究院	1992.8
江垭	湖南省水利水电勘测设计院	1992.9
涔天河扩建	长江水资源保护科研所 湖南省水利水电勘测设计院	1992.9
百龙滩	广西电力工业勘察设计院	1992.10

续表

工程名称	评价单位	预审时间
旬阳	北京勘测设计研究院	1993.2
蒲石河	松辽水环境科研所	1993.3
疏勒河流域综合开发	西北勘测设计研究院 甘肃省水利水电勘测设计院	1993.4
满拉	松辽水环境科研所	1993.5
荒沟	松辽水环境科研所	1993.5
万家寨引黄（总干、北干）	中国辐射防护研究院	1993.6
下坂地	西北勘测设计研究院	1993.8
凌津滩	中南勘测设计研究院	1993.8
白石	辽宁省水利水电勘测设计院	1993.9
琅琊山	淮河水资源保护科研所 安徽省水利水电勘测设计院	1993.9
响水涧	上海勘测设计研究院	1993.9
三板溪	中南勘测设计研究院	1993.10
九甸峡	铁道部第一勘测设计院 甘肃省水利水电勘测设计院	1993.11
安康	北京勘测设计研究院	1993.12
万安	长江水资源保护科研所	1993.12
小山口	新疆水利水电勘测设计院	1993.12
锦屏二级（一期）	成都勘测设计研究院	1993.12
陈家庄	天津勘测设计研究院	1994.2
小峡	西北勘测设计研究院	1994.3
尼尔基	松辽水环境科研所	1994.4
恶滩	广西电力工业勘察设计院	1994.4

为了提高环境影响报告书的质量，各单位都重视抓好环评工作大纲的编制工作。环评工作大纲是开展环境影响评价工作的依据，评价单位应收集工程影响地区的水文、气象资料，并进行环境状况现场调查，在此基础上编制环评工作大纲。

随着我国改革开放的不断深化，水利水电系统利用世界银行、亚洲开发银行等国际金融组织贷款的项目逐渐增多。水利水电工程环境影响评价的程序、内容如何在执行我国环境影响评价规定的前提下，又能满足国际金融组织的技术要求，是当前环评工作中遇到的一个新问题。为使我国编制的环境影响报告书满足世界银行、亚洲开发银行等国际金融组织的评估要求，1991年国家环境保护局在亚洲开发银行协助下，编写了一套环境影响评价系列教材。

1993年6月国家环境保护局、国家计划委员会、财政部、中国人民银行以环监（1993）324号文发出《关于加强国际金融组织贷款建设项目环境影响评价管理工作的通知》（以下简称《通知》）。《通知》指出："对国际金融组织贷款建设项目环境保护工作，世界银行、亚洲开发银行均有明确的要求，并将贷款项目的《环境影响报告书》列为办理贷款项目手续不可缺少的文件之一，对贷款项目环境影响评价提出了较完整的程序和要求，这些规定与我国现行的建设项目环境影响评价规定基本一致"；"各级环境保护行政主管部门要和各级计划、财政、银行部门及行业主管部门密切配合，根据《中华人民共和国环境保护法》和我国建设项目环境保护管理以及国家计划委员会利用国际金融组织贷款项目计划管理的有关规定，进一步加强国际金融组织贷款项目环境影响评价的管理工作"。《通知》提出了13条要求，并附有《国际金融组织贷款建设项目环境影响评价工作大纲的参考格式及内容提要》、《国际金融组织贷款建设项目环境影响报告书的参考格式及内容提要》和《国际金融组织贷款建设项目环境影响报告书简写本编写提纲》等3个附件。

目前，水利水电系统的环评单位对利用国际金融组织贷款的水利水电建设项目，均按照《通知》要求，开展环评工作，编写环境影响报告书。

（水利水电规划设计总院　刘一辛）

三个规范的编制及实施情况

（一）《水利水电工程环境影响评价规范》SDJ302-88

《水利水电工程环境影响评价规范》以下简称《环评规范》已于1988年12月经原能源部、水利部审查批准，并颁发试行。1992年3月水利水电规划设计总院在杭州举办了《环评规范》研习班。参加研习班的有水利部水政水资源司、部直属勘测设计研究院、流域机构水资源保护科研所及设计院、13个省（区）水利水电勘测设计院等42个单位的代表共64人。水利水电规划设计总院约请10位同志为研习班编写了教材。这次研习班参加单位广泛，研习内容针对性强，对更好地执行《环评规范》和提高水利水电行业环评水平起到了较大的作用。

《环评规范》是在1985～1988年期间编制的，当时对环境影响评价工作的经验还有一定的局限性。随着改革开放，利用国际金融组织贷款的建设项目增多，各单位又积累了不少新的经验，为此又于1993年7月邀请长江水资源保护局承担《环评规范》的修订工作。

1993年9月水利水电规划设计总院会同中国水利学会环境水利研究会在召开灌区环境影响评价研讨会期间，对如何进行《环评规范》修订工作进行了讨论。

(二)《水利水电工程环境保护设计规范》

根据国家计划委员会、国务院环境保护委员会1987年3月颁布的《建设项目环境保护设计规定》和原能源部、水利部1988年9月颁布的《水利水电勘测设计技术标准体系》的规定和要求，1990年7月水利水电规划设计总院函请成都勘测设计研究院编制《水利水电工程环境保护设计规范》(以下简称《环保设计规范》),同年11月水利水电规划设计总院在湖南资兴市邀请部分专家讨论了《环保设计规范》编制工作大纲，确定成都院为主编单位，长江水资源保护局、中南勘测设计研究院为参编单位。1992年3月水利水电规划设计总院在杭州召开《环保设计规范》(征求意见稿初稿)讨论会，讨论认为规范初稿内容基本上总结了我国水利水电工程环保设计工作的实践经验，也符合我国颁布的《建设项目环境保护设计规定》的要求，章节安排合理，建议将移民安置区环境保护设计并入社会环境保护设计，并建议补充西北干旱地区和沿海平原地区水利工程的环境保护设计内容。1992年9月编写组完成《环保设计规范》(征求意见稿)，并寄送国内56个单位和专家征求意见。主编单位根据各方面的意见，对征求意见稿作了进一步的修改，并于1993年底完成了《环保设计规范》(送审稿)。

(三)《江河流域规划环境影响评价规范》SL45—92

我国从80年代开始，在补充修订各大江河流域规划时已注意到环境保护问题。1982年水利部颁发的《江河流域规划编制规程》中明确要求："编制江河流域规划时，应注意和研究水利设施对区域环境生态的影响，使水利设施更好地为改善环境生态服务"。同年水利部颁发的《关于水利工程环境影响评价的若干规定》中也明确提出："流域规划阶段在比较选择流域治理方案时，应进行环境影响总体评价。"为使流域规划阶段的环境影响评价工作有具体规定可循，水利水电规划设计总院着手组织《江河流域规划环境影响评价规范》(以下简称《规范》)的编制工作。由于缺乏经验，因此先组织开展总结、试点工作，如：对治理开发海河、辽河、信江、无定河等流域中出现的环境问题进行总结；结合修编东江流域规划，开展东江流域规划环境影响评价；结合叶尔羌河流域规划，开展叶尔羌河流域规划环境影响评价。在上述总结、试点的基础上，1989年委托河北省水利水电勘测设计院承担该规范的编制工作。1991年5月在上海召开了《规范》(征求意见稿)讨论会，之后又分送全国35个单位征求意见。1992年1月水利水电规划设计总院在天津召开了《规范》(送审稿)审查会。1992年11月10日《规范》经水利部、原能源部审查批准，颁布执行。

(水利水电规划设计总院　刘一辛)

三峡工程环境影响评价

(一)三峡工程环境影响评价过程

早在50年代长江流域规划办公室在编制长江流域规划要点报告和三峡水利枢纽初步设计要点阶段，即对工程一些环境因素进行了调查和研究。1979年以后长江水资源保护局组织力量，开展了三峡工程对环境影响的科研和评价工作。1985年国家计委、科委受国务院委托论证三峡工程水位方案，成立了环境专家组。1986年6月根据中共中央、国务院《关于长江三峡工程论证工作有关问题的通知》精神，在原水电部三峡工程论证领导小组组织领导下，成立了长江三峡工程生态与环境专家组。1988年1月专家组通过了《长江三峡工程生态与环境影响及对策的论证报告》(审议稿)，后又经三峡工程论证领导小组第七次(扩大)会议通过。

按照国务院三峡工程审查委员会要求，中国科学院环境科学委员会、长江水资源保护科研所根据有关法规和程序，于1991年9月编写了《长江三峡水利枢纽环境影响评价工作大纲》,随后报国家环境保护局审批。1991年12月中国科学院环境科学委员会、长江水资源保护科研所在历年研究、论证的基础上，完成了《长江三峡水利枢纽环境影响报告书》的编写工作。1992年1、2月间该报告书先后经过主管部门的预审和国家环境保护局的终审。国家环境保护局在对《长江三峡水利枢纽环境影响报告书》的终审意见中提出："三峡工程对生态与环境的影响广泛而深远，本着对人民负责和对子孙负责、对历史负责的精神，对不利影响必须予以高度重视，严格执行环保法规，采取得力措施将其降低到最小程度"。

(二)三峡工程对生态与环境的影响

(1)局地气候。三峡水库对周围地区气候有明显的调节作用，但影响范围不大。

(2)水质。三峡建库后水库水质总体良好，但水流流速减小，扩散能力降低，岸边污染带将会加重，对排污量最大的重庆、万县等江段影响较为明显。

(3)环境地质。建库后不能排除发生水库诱发地震的可能性，但震级不会超过6级。边坡受库水浸泡和水位涨落，以及城镇迁建、移民安置活动等影响，可能触发少数稳定性差的某些老崩塌、滑坡体的复活或发生新的滑坡。

(4) 泥沙冲淤。水库变动回水区航道一般有较大改善,但局部库段在枯水季节库水位消落到低水位时,可能出现淤积碍航情况。水库运行初期下泄含沙量减少,大坝下游一定范围内将出现局部河床冲刷,并可能出现新的塌岸险工河段。

(5) 陆生植物。水库淹没柑桔园约10万亩,属国家二级保护植物荷叶铁线蕨部分被淹。

(6) 水生生物。库区河道原有8个较大的家鱼产卵场将消失,水库上游的产卵场规模将明显增大。对白鳖豚、白鲟、胭脂鱼等珍稀、特有水生动物无明显影响,但种群数量有可能逐渐减少。

(7) 中游湖区环境。每年1～4月水库下泄流量增加,但对四湖地区排涝影响不大;10月下泄流量减少,则有利于四湖地区汛后排涝。

(8) 河口生态环境。10月水库充水,河口盐水入侵长度、强度较天然情况增加;位于咸淡水交汇区的渔场位置可能变化。

(9) 水库淹没与移民。按1985年调查资料,三峡水库淹没耕地35.69万亩,直接淹没区人口72.55万人,其中城镇人口39.29万人。库区土地资源淹没损失是不可逆转的。由于三峡库区周围后备可耕地资源不足,大量的移民安置必将给库周生态环境带来巨大影响。

(10) 人群健康。建库后支流库汊有利于按蚊孳生,有可能引起疟疾发病率的增加。淹没线以上鼠类密度上升,可能导致钩端螺旋体病和流行性出血热等疾病的增加。

(11) 自然景观及文物古迹。水库蓄水后三峡景观略有变化,近景部分峡谷景观略有减弱,中、远景部分不会有很大变化。水库淹没文物古迹44处,其中国家级保护单位1处,省级5处。

(12) 工程施工。工程施工期间将产生大量飘尘、废气,排放大量生产废水和生活污水,产生机械和运输噪声,会造成空气污染、水污染和噪声污染。施工开挖、采石和弃渣等会引起局部景观破坏。

(三) 减免不利影响的对策措施

(1) 水库水质保护。水库干流水质保护的重点区域是岸边局部水域。要组建库区水质监测系统,组织协调水质监测和有关科研工作,负责库区水质污染事故的预报等。

(2) 对陆生植物的保护。主要保护三峡库区的地带性植被、三峡库区植物特有种、国家保护的珍稀植物和古大珍奇树木。初步规划在库区周围建立1个森林公园、1个自然保护区、1个景观生态保护区、3个珍稀物种保护点及古大珍奇树种资源的单株保护。

(3) 对水生动物的保护。初步规划兴建4个珍稀水生动物自然保护区、1个珍稀水生动物半自然保护区和3个珍稀水生动物人工繁殖放流站。

(4) 地质环境保护。水库运行初期应加强震情监测,对稳定性差、危害性大的崩滑体加强监测。

(5) 泥沙冲淤防治措施。对于变动回水区的航道、港口由于泥沙淤积引起的问题,采用水库优化调度、港口改造、河道整治和疏浚等措施,可以得到解决。三峡建坝后下游荆江河段河道整体河势不至于发生很大变化,河道将逐步趋向稳定,但局部河势可能发生一定调整,应采取必要的整治措施。今后还应加强原型观测,进行必要的模型试验,完善和优化整治方案。

(6) 移民环境保护。主要是编制移民安置区环境规划,作为各级环保部门和移民安置机构开展环保工作的依据。移民安置区环境规划一般包括:水土保持规划;生物资源保护规划;城镇迁建环境保护规划;乡镇工业污染防治规划;移民卫生规划等。

(7) 施工环境保护。施工期的环境保护措施包括:砂石料加工系统废水处理;生活污水及医院污水处理;水面油污处理;生活饮用水水质保护;粉尘、扬尘防护;噪声防护;施工弃渣及生活垃圾处理;施工区绿化等。

(8) 建立生态环境监测系统。规划中的三峡工程生态环境监测系统,是由气象观测、大气监测、噪声监测、水文泥沙监测、水生生物监测、地震观测、库岸稳定观测、人群健康调查与观测、土地资源监测、陆生动植物及物种资源观测等子系统组成。

(水利水电规划设计总院 刘一辛)

小浪底水利枢纽环境影响评价

(一) 环境影响评价过程

小浪底水利枢纽的环境影响评价工作,从50年代就开始进行。1984～1986年,编制完成了《黄河小浪底水利枢纽环境影响报告书》(EIA#1) 及22项专题研究报告。1986年3月该报告书经水利水电规划设计总院预审,同年5月国家环境保护局正式审批。1990年根据国家关于小浪底建设项目利用世界银行贷款的精神,黄河水利委员会设计院依照世行环评导则,同加拿大CIPM公司的环评咨询专家一道,对原环评工作进行了补充完善,分别于1991年4、6、10月编制了几个报告(EIA#2、#3、#4),并接受了世行使团的审查。1992年4月提出了正式报告(EIA#5),并经世行评估通过。

(二) 小浪底工程环境影响评价

黄河三门峡水利枢纽与小浪底水利枢纽首尾相

连，小浪底工程环境影响评价基本上采用以三门峡为类比工程的评价方法，评价范围涉及库区、库周、工程下游和河口三角洲地区。

1. 工程的重要环境问题　建设小浪底工程有4个重要环境问题，即移民、环境地质、人群健康和文物古迹。

(1) 移民。对移民安置区进行环境影响评价，其目的是保证移民安置规划能够符合环境保护要求。通过环境影响评价，制定环境保护措施，如：制定野生动物保护区条例；制定安置区（点）土壤流失防治措施；进行供水和污水处理工程设计等。

(2) 环境地质。小浪底库区滑坡、塌岸总量约为1.1亿m^3，滑坡、塌岸对工程无显著影响，但影响波及移民约5000余人，已确定全部搬迁。根据小浪底库区、库周地质状况，预估小浪底水库诱发地震不超过6级，工程设计中采取了相应的防范措施，并建议库周部分地区移民村镇建设要考虑地震影响。规划中的小浪底地震监测台网建立后，对地震预测将有重要作用。

(3) 人群健康。小浪底水库蓄水和施工人员流动可能引起的疾病有疟疾、出血热和肠道传染疾病。为防止疟疾，应定期对施工驻地喷洒药物和对施工人员进行医疗检查，在工程运行期间需要对库周定期监测按蚊消长，并定期抽查人群健康状况。水库蓄水可能导致鼠类从淹没区转移到库周，因此必须加强监测和灭鼠。肠道疾病防治的主要措施是保证施工区和移民安置区有清洁的水源和适当的卫生设施。

(4) 文物古迹。小浪底库区分布有地下文物、地上文物约100余处。地下文物主要为新石器时代文化遗址和古城址、古墓群，地上文物包括不同朝代的雕像、碑刻、石窑和古建筑等。根据小浪底库区文物价值，文物保护部门已制定对地下文物的钻探、发掘、清理和对地上文物的搬迁等保护措施。

2. 工程的一般环境问题　包括以下几个方面：

(1) 工程施工对环境的影响。小浪底工程施工产生的“三废”和噪声，对环境有一定影响，施工活动还会破坏植被，造成水土流失。根据惯例，工程承包单位要采取措施减少开挖、回填时的水土流失，保护文物，恢复植被，保护施工人员健康，并把施工“三废”及噪声控制在允许范围内。环境监理工程师将依据环境影响评价要求和施工现场环境监测成果实施监理。

(2) 对水温、水质的影响。类比三门峡水库，小浪底水库水质将保持在Ⅱ类水以上。水库蓄水将改变水温结构，春季灌溉季节下泄水温较天然情况降低约4℃，接近当地灌区井水水温，低温水经过长距离输送，水温有所回升，预估对农作物不会产生不利影响。

(3) 对河口影响。小浪底水库运行后，在干旱季节保证有50 m^3/s流量入河口地区，将改善目前河口地区因经常断流给生态带来的不利影响。小浪底水库运行50年间，将减少河口地区泥沙淤积约20亿t，但对沿海造陆影响很小。

3. 工程环境管理　小浪底工程建设给环境带来一定的不利影响。进行项目环境管理，是保证项目实现经济、社会、环境效益的重要手段。环境管理任务在不同阶段有不同要求：在工程建设前期准备阶段，主要是明确施工期环境要求，并写入招标文件，筹建环境管理机构、环境监测站网，并进行人员培训；施工期，重点是进行施工区的环境监测与监理，实施淹没区文物搬迁和库区清理，实施移民安置环境监理和进行部分开发项目的环境影响评价工作，开展环境地质、水质、人群健康监测等；工程运行期，重点是继续进行环境监测，对工程运行进行环境监督，适时开发利用水库消落区土地和旅游资源。

为了有效地实施环境保护工作，黄河小浪底工程建设管理局设立环境资源处，负责项目环境管理与协调工作。

（水利水电规划设计总院　刘一辛
黄河水利委员会设计院　尚宇鸣）

东江水电站的环境监测工作

中南勘测设计研究院在东江水电站建库前即开始进行环境调查与监测，从1984年到1986年先后开展了气候状况调查、污染源调查和水质监测、河流水生生物现场调查等，并编写了《东江水库气候本底调查报告》、《东江水库水质现状评价报告》和《东江水库水生生物本底调查及预测评价报告》。1986年8月东江水电站下闸蓄水后，中南勘测设计研究院继续进行建库后的环境监测。

进行东江水电站建库后的环境监测，其目的是：①验证东江水电站环境影响评价方法和结论；②为东江水库运行管理、库区资源开发提供环境保护方面的依据。环境监测内容包括小气候、水质、水温、水生生物、农业生态、水土流失等。

1. 小气候　观测工作自1985年7月1日至1993年底分三期进行，历时8年多，实测数据230多万组；此外还收集了市（县）地面气象站数据90万组，编写了《东江水库气候观测站网的布设及水库温度效应初析》阶段性研究报告。

2. 水质　1990年3、5、7月在东江水库进行了水质采样，监测断面14个，其中水库7个，支流6个，大坝下游1个。

郴州地区环境保护监测站自1986年起也在库区进行了水质监测，常规监测断面有2个（东江水文站和头山站），临时监测断面17个。东江水文站从1986年至1993年（头山站从1991年至1992年）每年3、6、9、12月各采样3次。各临时断面分别在1989年10月、1990年8月和1991年4月进行3期采样。

3. 水温　湖南省水文总站湘二水文水资源勘测队受中南院委托，从1990年4月至1993年11月分两期，进行了东江水库和下游河道的水温观测，以及水库下泄低温水对下游地区用水影响的调查工作。

（1）水库水温观测。第一期在大坝上游1000～2000 m处设置观测断面，每月观测1次不同水深水温；第二期又增设观测断面，每月观测3次。

(2)下游河道水温观测。第一期在大坝下游设3个观测断面，第二期又增加1个观测断面。两期水温观测共取得资料7579组，编写了《东江水库垂线分层水深温度及下游沿程水温变化规律的分析》、《东江水电站水库低温水对下游地区用水影响调查报告》。

4. 水生生物　自1989年11月至1991年8月，中南院委托湖南省生物研究所等单位对东江水库库区水生生物进行了调查研究；1992年5月又委托水利部水库渔业研究所对水库及下游水生生物变化、水库渔业资源保护和利用进行调查研究。先后收集样品、标本900多份，编写了《东江水库蓄水3年对水生生物影响的动态研究报告》及6项专题报告。

5. 农业生态　中国科学院长沙农业现代化研究所受中南院委托，进行了东江水库农业生态研究。该所在库区、库周选择了4个观测点，于1990年进行了气温、湿度、地下水位、地温、土壤、作物生产力、作物病虫害等项目的观测和分析研究，编写了《东江水库库区及库周农业生态监测与研究报告》。

6. 水土流失　林业部中南调查规划设计院受中南院委托，进行了两期水库库周水土流失调查。第一期在1990年4月和8月，根据不同母岩、植被、坡度、土地类型和人为经营活动情况，布设了119个观测点和11个小流域综合观测点，共取得实测数据1087组，编写了《东江水库水土流失调查报告》。第二期主要是针对库周移民安置区土地开发引起的水土流失进行调查研究。

东江水电站下闸蓄水后，由于上游来水偏少，水库蓄水期拉长，1989年7月水库水位为258 m，1991年12月为265 m，分别较正常蓄水位285 m低27 m和20 m，因此已取得的观测资料还不能反映水库正常运行时的环境状况。为此，中南勘测设计研究院已提出继续开展东江水电站环境监测的要求。

（水利水电规划设计总院　刘一辛）

统　计　资　料

大中型水电站水库淹没主要指标表

项目		三峡	龙滩	瀑布沟	小浪底	大朝山	万家寨
电站所在的省(区)、县(市)		湖北 宜昌市	广西 天峨县	四川 汉源县、甘洛县	河南 孟津县、济源市	云南 文县、景东县	山西、内蒙 偏关县、准格尔旗
电站特性	装机容量(万 kW)	1820	420	330	180	135	108
	年发电量(亿 kW·h)	846.8	157.6	145.8	56.2	59.31	27.5
水库特性	正常蓄水位(m)	175	375	850	275	899	980
	死水位(m)	155	330	790	230	882	948
	泥沙淤积年限(年)	20	20	20	30	15	20
	总库容(亿 m³)	393	162.1	51.77	126.5	8.9	8.96

续表

项目		三峡	龙滩	瀑布沟	小浪底	大朝山	万家寨
电站所在的省(区)、县(市)		湖北 宜昌市	广西 天峨县	四川 汉源县、甘洛县	河南 孟津县、济源市	云南 文县、景东县	山西、内蒙 偏关县、准格尔旗
水库特性	水面面积(km^2)	1084	360	84	272.3	26.25	28.11
	干流回水长度(km)	667	222	72	130.5	91.2	72.34
	调节性能	季调节	年调节	季调节	不完全年调节	多年调节	季调节
迁移人口	洪水频率(%)	5	5	5	5	5	5
	总人口(人)	846200*	73392	104086	171118	6675	3143
	其中:农业人口(人)	350000	69515	85000	153906	6660	3023
拆迁房屋	总面积(万 m^2)	3479.46	195	364.7	458.56	14.54	10.18
	其中:农业房屋(万 m^2)	1086.4		263.1	396.8		
淹没耕地	洪水频率(%)	20	20	20	20	20	20
	总耕地(亩)	257370	85500	57489	184000	12386	3753
	其中:水田(水浇地)(亩)	126100	41047	33775	89000	2951	2485
各种林地(亩)		159200	178000	4664	39718	3105	1213
专业项目	铁路(km)						
	等级公路(km)	824.23	154.1	150	221	0.5	
	小型水电站(kW)	99029	10027	485	662.5		
	输电线路(杆 km)	1946.8	50.5	742	631.4	1	21.96
	通信线路(杆 km)	3333.0	536.5	227.4	524.2		1.65
	广播线路(杆 km)	7154.0	404.8	187	896.9		
迁移或防护县城(座)		13**		汉源县			
勘测设计研究单位		长委	中南院	成都院	黄委设计院	北京院	天津院

项目		长洲	棉花滩	莲花	洪家渡①	松江河②	旬阳
电站所在的省(区)、县(市)		广西 梧州市	福建 永定县	黑龙江 海林市	贵州 黔西县	吉林 抚松县	陕西 旬阳县
电站特性	装机容量(万 kW)	62.13	60	55	54	51	32
	年发电量(亿 kW·h)	30.91	15.1	7.97	15.94	8.37	7.94
水库特性	正常蓄水位(m)	20.6	173	218	1140		240
	死水位(m)	20	146	203	1076		
	泥沙淤积年限(年)		20		20		10
	总库容(亿 m^3)	18.6	22.14	30.5	49.25	6.76	3.9
	水面面积(km^2)	173	64	133	80.5	19.82	22.3
	干流回水长度(km)	155	64	99.9	84.9		53.6
	调节性能		不完全年调节	不完全多年调节	多年调节	日、年、多年调节	日调节

续表

项目		长洲	棉花滩	莲花	洪家渡①	松江河②	旬阳
电站所在的省(区)、县(市)		广西 梧州市	福建 永定县	黑龙江 海林县	贵州 黔西县	吉林 抚松县	陕西 旬阳县
迁移人口	洪水频率(%)	5	5	5	5	5	5
	总人口(人)	3612	42473	40725	42671	1161	9446
	其中:农业人口(人)	3612	41109	29828	42521	1042	7477
拆迁房屋	总面积(万 m²)	10.1	165.44	75.04	80.94	1.63	12.5
	其中:农业房屋(万 m²)	10.1	157.83	61.05	62.94		
淹没耕地	洪水频率(%)	20	50	20	20	20	20
	总耕地(亩)	21768	34037	109433	29102	4021	5072
	其中:水田(水浇地)(亩)	20716	28931	17462	11215		280
各种林地(亩)			32521	11641	9413	18673	288
专业项目	铁路(km)			森铁 246.3			
	等级公路(km)	22.4	45.4	106.5	61.8		10.6
	小型水电站(kW)		873		3026.5		19
	输电线路(杆 km)	22.91	332.5	286.9	95.9	20.0	16.5
	通信线路(杆 km)	73.21	177.9	265	45.7	40.5	33.14
	广播线路(杆 km)		574.9	47.6		40.5	36.02
迁移或防护县城(座)							
勘测设计研究单位		广西电力局设计院珠委设计院	上海院	东北院	贵阳院	东北院	北京院

项目		江垭	太平驿	高坝洲	大广坝	凌津滩	小峡
电站所在的省(区)、县(市)		湖南 慈利县	四川 汶川县	湖北 枝城市	海南 东方县	湖南 桃源县	甘肃 皋兰县
电站特性	装机容量(万 kW)	30	26	25.2	24	24	23
	年发电量(亿 kW·h)	7.56	15.3	8.98	5.2	11.74	9.99
水库特性	正常蓄水位(m)	236	1081	80	140	51	1499
	死水位(m)	188	1076	78		49.1	1495
	泥沙淤积年限(年)	20					20
	总库容(亿 m³)	17.41	0.0075	4.3	17.1	6.48	0.48
	水面面积(km²)	35.8	0.12	32.74	99	24.5	
	干流回水长度(km)	75.8	1	48.95	52	41.1	25
	调节性能	年调节		日调节	多年调节	日调节	日调节
迁移人口	洪水频率(%)	5	10	5	5	5	5
	总人口(人)	11839	73	16505	18564	3006	
	其中:农业人口(人)	10961	73	14407	15485	2738	

续表

项　　目		江　垭	太平驿	高坝洲	大广坝	凌津滩	小　峡
电站所在的省(区)、县(市)		湖南 慈利县	四川 汶川县	湖北 枝城市	海南 东方县	湖南 桃源县	甘肃 皋兰县
拆迁房屋	总面积(万 m^2)	45.35	0.33	63.44	28.27	9.53	
	其中：农业房屋(万 m^2)		0.33	50.99	20.13	7.74	
淹没耕地	洪水频率(%)	20	50	20	20	20	20
	总耕地(亩)	14024	34	11189.8	28266	4298	50
	其中：水田[水浇地](亩)	9255		6440	12629	3770	
各种林地(亩)		5837		4046	10316	77.6	
专业项目	铁路(km)						
	等级公路(km)	12.8		16.6	29	2.7	3
	小型水电站(kW)	206				3710	
	输电线路(杆 km)	177		83.5	99	31.58	
	通信线路(杆 km)	112		73.97	109.5	35.6	
	广播线路(杆 km)	151		168.8		10.3	
迁移或防护县城(座)							
勘测设计研究单位		湖南省水利水电院	成都院	长　委	中南院	中南院	西北院

① 洪家渡淹没耕地为习惯亩。

② 松江河系小山、双沟、石龙三座梯级电站的实物指标。

* 三峡工程迁移总人口为1992年调查数。

** 三峡工程迁移13座县（市）城为：湖北省秭归、兴山、巴东县，四川省巫山、奉节、云阳、开县、万县、万县市、忠县、丰都、涪陵、长寿县（市）。

（水利水电规划设计总院　戴泽沛）

规　　划

10

河　流　规　划

1992～1994年河流水电规划工作

（一）首次完成《河流水电规划编制规范》的编写

为了指导河流水电规划编制工作，早在50年代，原燃料工业部水电总局在吸取前苏联经验的基础上，曾颁发《技术经济调查报告规程》，推动了当时河流水电规划的发展与提高。

1978年6月，有关主管部门以（78）水电规字第47号文下达《关于试行加强电力规划工作的若干意见的通知》及其附件《河流水电规划的若干规定》。1981年9月，原水电总局前期工作会议发布了《加强水电规划工作的几点意见》（试行）的文件。这些文件对70、80年代的河流水电规划工作均起到了推动作用，但均非正式规范。

1984年2月20日由原水电部水利水电建设总公司以（84）水建计字第14号文确定由成都勘测设计院（以下简称成都院）负责编制《河流水电规划编制规范》。该院在大量调查研究的基础上，于1986年及1987年先后完成了规范征求意见稿和初稿。1988年1月《中华人民共和国水法》颁布之后，成都院又根据《水法》精神及指导原则，对《河流水电规划编制规范》初稿进行了多次修改和完善，并于1993年6月完成送审稿。1994年5月17～19日在京召开了审查会议，会后成都院根据审查意见于1994年10月完成了报批稿，现正在办理报请主管部门批准的手续。这次《河流水电规划编制规范》的编写在我国尚属首次，编制过程中总结和吸取了建国以来河流水电规划工作的主要经验，比较适合我国国情。明确了河流水电规划编制的原则、工作内容与技术深度要求，颁发试行后将对我国河流水电规划工作起到指导作用。

（二）重点完成一些中型河流水电规划的审批工作

我国主要大江、大河的河流水电规划工作已于近十几年来陆续完成，并完成了审批工作。1992～1994年主要是完成了一些中型河流水电规划的审批工作，如四川省的南桠河、宝兴河、马边河、瓦斯沟（均已列为四川省中型水电基地），川贵界河赤水河，跨川贵两省的芙蓉江，贵州省的清水河，西藏的沃卡河等。

（三）部署一些河段的规划工作

已部署了金沙江上游虎跳峡至宜宾河段的水电规划工作，对雅砻江两河口开展了研究工作，锦屏河段水电规划工作已完成，待审查。

（水利水电规划设计总院　朱铁铮）

几条中型河流规划的审批意见

（一）《芙蓉江干流（小河口～江口）规划报告》

芙蓉江是乌江最大的一级支流，跨贵州、四川两省。为了合理开发芙蓉江的水能资源，协调两省间毗邻梯级开发的关系，1991年10月水利水电规划设计总院及长江水利委员会会同贵州、四川两省计划委员会在贵州正安县召开《芙蓉江干流（小河口～江口）规划报告》审查会议。会议一致同意芙蓉江干流开发任务以发电为主，结合灌溉，兼顾其他。经协调与审查，同意芙蓉江干流分10级开发，开发梯级自上而下分别是：小河口、朱老村、牛都、田坎、良坎、沙阡、鱼塘、石门坎、浩口、江口。并同意沙阡、鱼塘、浩口为近期工程。鉴于浩口梯级坝址在四川，库区主要在贵州，为界河电站，特别是淹没损失贵州较大，故建议浩口电站的建设，由两省本着团结协作、互惠互利、充分协商的精神，共同进行。贵州、四川两省计划委员会分别将上述规划报告报请两省人民政府同意，于1991年12月13日联合发文批复。

（二）《赤水河干流规划报告》

赤水河是长江的一级支流，其干流水电规划报告已于1992年2月由贵阳勘测设计研究院编制完成。1993年11月在贵阳召开的审查会议同意赤水河干流的开发任务：上游（茅台以上）以发电为主，中游（茅台～赤水）发电、通航结合，下游（赤水以下）以航运为主。审查同意规划报告推荐的五马河口以下的梯级开发方案，开发梯级自上而下为：五马河口、茅台、沙滩、九溪口、王家湾。下接交通部门《土城～赤水河航运工程可行性报告》提出的黄泥滩、闷头溪、狗狮子。五马河口以上基本同意按石关、磨子塘考虑，今后仍可深入研究。同意规划报告推荐的五马河口及茅台水电站作为干流开发的近期工程。该规划报告的审查意见，已于 1994 年 2 月 7 日由贵州省人民政府和四川省人民政府联合发文批复。

（三）《南桠河规划报告》

《南桠河规划报告》于 1988 年 6 月由成都勘测设计研究院编制完成。1991 年 9 月在成都召开的审查会议同意南桠河的开发任务以发电为主，同意报告推荐的一库六级开发方案，开发梯级自上而下为冶勒、栗子坪、姚河坝、南瓜桥、洗马姑、大渡河边，其中，冶勒及姚河坝为先期开发对象。南桠河水量丰沛，落差集中，冶勒水库调节性能好，梯级水电站靠近负荷中心，对外交通方便，总利用落差 1769.6 m，总装机容量 68.5 万 kW，年平均发电量 31.1 亿 kW·h。该河已列为四川省中型水电基地之一。四川省计划经济委员会以川计经（1992）能 3 号文批复同意对《南桠河规划报告》的审查意见。

（四）《宝兴河梯级电站规划报告》

宝兴河是青衣江的主源河流，其梯级电站规划报告由四川省水利水电勘测设计院编制完成。1993 年 10 月召开的审查会议同意宝兴河开发任务以发电为主，原则同意报告推荐的硗碛～铜头河段 6 级开发方案，开发梯级自上而下为硗碛、民治、宝兴、小关子、灵关、铜头（6 级共利用落差 1379 m，装机容量 67.1 万 kW，年发电量 37.42 亿 kW·h）。同意小关子、宝兴两梯级为宝兴河继在建的铜头之后的近期开发工程。四川省计委已于 1993 年 11 月 5 日发文批复同意对规划报告的审查意见。

（五）《马边河干流水电规划报告》

马边河为长江支流岷江右岸支流，位于乐山市境内，其干流水电规划报告由成都勘测设计研究院编制完成，并经四川省计划经济委员会会同水利水电规划设计总院审查。审查同意马边河干流开发任务以发电为主，推荐 1 库 7 级的开发方案，开发梯级自上而下为官帽丹、下游、游乐桥、火谷、舟坝、黄丹、坛罐窑。

马边河源流挖黑河上的波罗水电站流量稳定，落差集中，淹没极小，工程简易，投资省，工期短，亦为开发条件十分优越的中型水电站。

马边河干流水电资源已列为四川省中型水电基地之一，其规划报告的审查意见已由四川省计划经济委员会以计经（1992）能 3 号文批复同意。

（六）《瓦斯沟干流水电规划报告》

瓦斯沟系大渡河右岸一级支流，位于四川省甘孜藏族自治州境内，其干流水电规划报告已于 1991 年 6 月由成都勘测设计研究院编制完成。1992 年 6 月在成都召开的审查会议，同意瓦斯沟的开发任务为发电，基本同意报告推荐的 3 级引水开发方案，其中第一级龙洞电站（装机 11.4 万 kW），虽然资源利用较为充分，但涉及对已建小型电站的改、扩建问题较多，今后仍可按照既要考虑现实情况、又要争取合理利用资源的原则，进一步加以修订和完善。审查同意报告推荐的龙洞至河口的日地及冷竹关，两个梯级电站作为近期开发对象，冷竹关为第一期工程。瓦斯沟坡陡、流急，工程开发条件优越，又处川藏咽喉地区，地理位置十分重要，已列为四川省中型水电基地之一。上述《规划报告》审查意见于 1992 年 9 月 17 日由四川省计划经济委员会批复同意。

（七）《清水河干流水电规划报告》

清水河为乌江中游右岸一级支流，其干流水电规划报告，已于 1992 年 5 月由贵阳勘测设计研究院编制完成。1993 年 12 月在贵阳召开的审查会议，同意清水河干流的开发任务，即上游（乌当以上）以供水、防洪为主，中下游（乌当以下）以发电为主；同意乌当以下河段的梯级开发方案，自上而下为下坝、脚渡河、大花水、新渡河、格里桥，以下与乌江干流构皮滩梯级衔接；推荐大花水水电站为干流开发的骨干工程。贵州省人民政府已于 1994 年 3 月 1 日发文批复同意审查意见。

（八）《西藏自治区沃卡河水电规划报告》

沃卡河位于西藏自治区山南地区境内，是雅鲁藏布江中游左岸的一级支流。该河的水电规划报告，已于 1993　1 月由西藏自治区水利电力勘测设计院会同成都勘测设计研究院编制完成。1993 年 3 月在京召开的规划报告审查会议，同意沃卡河的开发任务是发电；对梯级开发方案，基本同意"一库四级"方案，即自上而下为零级（沃卡）、一级（白巴）、二级（1986 年已建）、三级（1978 年已建）电站，一级（白巴）为第一期工程。西藏自治区计划经济委员会已于 1993 年 3 月 23 日发文批复，同意审查意见。

（水利水电规划设计总院　朱铁铮）

《河流水电规划编制规范》概述

为了统一河流水电规划编制的指导原则和技术要求，《河流水电规划编制规范》总结了建国以来我国河流水电规划的基本经验，重点突出以下几个方面：

（1）贯彻全面规划、统筹兼顾、综合利用、讲求效益的原则，保护生态环境，兼顾防洪、供水、灌溉、航运、竹木流放和渔业等方面的需要。

（2）与江河流域综合规划相协调。

（3）正确处理需要与可能、近期与远景、整体与局部、干流与支流、上中下游、资源利用与环境保护等方面的关系。

（4）对于界河或边界河流，应从全局和整体出发，充分协商，以达到合理利用水资源的目的。

（5）认真调查有关地区资源情况、社会经济特点及发展规划，结合电力系统和其他行业规划，分析用电及综合利用要求。

（6）必须重视基本资料的调查与评价。

（7）必须通过综合查勘，拟定多种梯级开发组合方案，就发电和综合利用效益、水库淹没、工程地质、水工建筑物与施工条件、投资、工期等因素进行技术经济综合比较，优选梯级开发方案。在选定梯级开发方案的基础上，再通过技术经济比较，推荐近期工程。

（8）认真研究水库淹没和移民安置问题，并将其作为选择规划方案的重要条件。

（9）对规划河流（河段）要进行环境现状调查，并作出分析评价。应根据国家环境保护法规，结合规划河流的实际情况和技术条件、经济能力，提出环境保护要求。

（10）对规划河流应通过工程地质勘察，了解区域地质和地震情况，了解规划梯级的基本地质条件和主要工程地质问题；对近期工程及重点研究梯级，还应对其建坝、建库的地质条件作出初步评价。

（11）对选定的梯级开发方案和近期工程，应就工程技术条件，发电和综合利用的经济、社会效益，以及环境影响等方面进行综合评价。

该规范的总体结构及编排格局为：①正文部分，阐明河流水电规划应遵循的原则、编制内容、深度和技术要求；②附录；③条文说明。附录是标准技术内容的组成部分，具有与标准正文同等的效力，附录规定的内容已为条文所引用。附录主要规定河流水电规划报告书、附图、附表目录等。

该规范已列入水利水电勘测设计技术标准体系，在我国尚属首次编制，批准颁布试行后可使河流水电规划编制工作有章可循，提高质量。

（水利水电规划设计总院　朱铁铮）

黄河上游水电开发梯级增加情况

黄河上游龙羊峡～青铜峡河段，全长 1023 km，落差 1465 m（包括龙羊峡库区），水能理论蕴藏量 1133 万 kW。1983 年西北勘测设计研究院（以下简称西北院）编制的《黄河干流龙羊峡～青铜峡河段梯级开发规划报告》，规划在该河段上利用的总水头只有 1073 m，共布置了 15 个梯级水电站，总装机容量 1246.4 万 kW，年发电量 500.6 亿 kW·h，而对部分川地河段，为避免淹没，未规划布置梯级，因而尚有约 250 m 的水头未被利用。

1989 年，原能源部在颁发的《关于加快开发中型水电站的办法》中提出了“加快建设一批工期短、见效快、投资省、技术简单、库区淹没损失较少、指标优越的中型水电站”的要求和有关优惠政策。这些要求和政策有力地调动了黄河上游有关省（区）的热情和积极性，当地政府决心发挥和利用地区水电资源优势和龙羊峡、刘家峡两水库联合调度对水电工程建设有利的条件，采取措施加快中型水电开发，以繁荣地区经济。为此，西北院于 1990、1992 年先后提出了《黄河龙羊峡～刘家峡河段中型电站查勘报告》和《黄河上游龙羊峡～刘家峡河段中型电站规划报告》。报告在龙羊峡～刘家峡河段共补充规划了尼那、山坪、直岗拉卡、康扬、苏只、黄丰、大河家等 7 座中型水电站。与此同时，甘肃省水利水电勘测设计院在八盘峡～兰州河段补充规划了河口、柴家峡 2 座中型水电站，宁夏自治区水利水

黄河龙羊峡～青铜峡河段规划中型水电站主要技术经济指标表

电站名称	多年平均流量 (m^3/s)	正常蓄水位 (m)	总库容 (亿 m^3)	调节库容 (亿 m^3)	最大水头 (m)	装机容量 (万 kW)	保证出力 (万 kW)	年发电量 (亿 kW·h)	淹没耕地 (亩)
尼　　那	666	2235.5	0.17	0.086	18.0	16.0	7.32	7.30	790
山　　坪	666	2219.5	1.24	0.063	15.8	16.0	6.41	6.61	2376
直岗拉卡	679	2049	0.13	0.014	13.2	15.0	5.35	5.52	480
康　　扬	679	2036	0.28	0.047	14.6	16.0	6.01	6.21	520
苏　　只	713	1900	0.25	0.019	17.8	21.0	7.92	8.13	3450
黄　　丰	713	1882	0.70	0.146	20.4	24.8	9.27	9.50	3610
大 河 家	713	1782	0.09	0.009	16.5	18.7	7.30	7.43	350
河　　口	1039	1557.5	0.12		5.5	7.4	3.10	3.30	574
柴 家 峡	1039	1550	0.16		6.5	9.6	4.62	4.87	530
沙 坡 头	1050	1240.5	0.26		11.4	12.48	6.30	6.71	670
总　　计					139.7	156.98	63.6	65.58	13350

续表

电站名称	迁移人口（人）	静态总投资（亿元）	第一台机组发电工期（年）	总工期（年）	单位千瓦投资（元）	单位千瓦时投资（元）	设计阶段	资料编制时间
尼　　那	239	6.73	3	4	4206	0.92	初设	1992.5
山　　坪	110	10.60	3	4	6625	1.61	规划	1992
直岗拉卡	699	6.96	3	4	4640	1.26	规划	1992
康　　扬	588	9.68	3	4	6037	1.56	规划	1992
苏　　只	650	11.36	3	4	5409	1.39	规划	1992
黄　　丰	1070	11.08	3	4	4468	1.15	规划	1992
大 河 家	55	10.02	3	4	5347	1.34	规划	1992
河　　口	0	3.60			3688	0.73	规划	1991
柴 家 峡	0	3.54			3455	0.75	可研	1991
沙 坡 头	200	2.59			2075	0.39	可研	1989
总　　计	3611	76.16						

电勘测设计院补充规划了沙坡头中型水电站。这样，在黄河上游龙羊峡～青铜峡河段共补充了10座中型水电站，增加装机容量156.98万kW，其总利用水头为139.7m，见表。由此，黄河上游龙羊峡～青铜峡河段规划的大、中型梯级水电站由15座增加到25座，按规划设计的工程统计，其总利用水头为1244.8m，装机容量1581.78万kW，年发电量588.45亿kW·h。

（西北勘测设计研究院　方润生）

水 能 规 划 设 计

水电站季节性电能利用课题研究

为了更好地利用水能资源，合理利用已建、在建和拟建水电站的季节性电能，充分发挥电站的经济效益，中国水力发电工程学会水能规划及动能经济专业委员会受原能源部和国家能源投资公司有关部门的委托，组织水电比重较大的四川、福建、江西三省开展了季节性电能利用的课题研究。这项工作从1990年7月进行部署，到1991年12月下旬总结验收，其间通过调查研究，总结设计、运行经验，摸清了现状及未来季节性电能利用情况，研究了1991～2000年水电电源的选择。现将三省研究的简要成果及认识与建议记述如后。

（一）电网现状分析与预测分析成果

1．四川省电网　1989年四川省主网装机容量411.45万kW，其中水电146.35万kW，水电具有周以下调节性能者占90%。1986～1989年水电年发电量64～73.5亿kW·h，约为设计值的85%～97%。年发电量中汛期6～9月发电量约占46.9%～43.3%，这部分电量具有季节性，但经统计分析，因弃水调峰损失的电量仅有1.25亿～4.66亿kW·h，约占相应年发电量的2%～5.7%。年发电量利用率高达98%～94%。运行实践表明，不但季节性电能得到利用，而且发挥了容量效益，承担了电力系统的检修备用，使火电厂能在汛期进行检修，以保证设备完好，待枯水期发电。四川省网季节性电能得以较好利用是有其原因的，主要是：①四川省特别是川南地区的河流年内径流的分布比我国其它地区的河流相对均匀；②已建水电站的装机规模选择适当，年利用小时数均在4000～5000h以上；③自1980年以来电网长期处于缺电状态，工矿企业以电定产，促使大耗电企业成为季节性用户。

按电力规划，在1991～2000年期间计划投产的水电站有：铜街子（装机容量60万kW，日调节）、宝珠寺（装机容量70万kW，年调节）、太平驿（装机容量26万kW，无调节）、二滩（装机容量330万kW，季调节），以及计划中的紫兰坝（装机容量10.2万kW，日调节，为宝珠寺反调节水电站）、姚河坝（装机容量12万kW，日调节）等中型水电站。经对1995、1997和2000年电力电量平衡成果进行分析，除2000年水平因二滩水电站初期运行（其设计水平年为2003年）系统中有约50万kW的重复容量外，其余年份水电容量承担电力系统检修备用容量后均为必需容量，届时，水电比重分别达到27.1%、34.9%和53%，水电站因弃水调峰损失的电量分别为9.5亿～13亿kW·h、5.6亿～9.6亿kW·h和18亿～31亿kW·h，占水电年发电量的8.7%～10.8%、3.9%～5.8%和5.7%～8.7%。

2. 江西省电网 1989年9月赣州电网与江西电网联网，全省基本形成统一电网。截至1989年底，全省总装机容量为282.8万kW，其中局属水电厂的装机容量为33.07万kW，即柘林（18万kW）、江口（3.52万kW）、洪门（3.75万kW）、罗湾（1.8万kW）、上犹江（6万kW）；柘林、罗湾为多年调节，其余均为季调节。通过对1986～1989年实际运行资料分析，上述5座水电厂年均发电量11.245亿kW·h，与设计电量11.85亿kW·h相近，说明目前江西省主要水电厂可发电量基本上为系统所吸收，虽也有强迫弃水量，据统计年均116万kW·h，仅占实发电量的0.1%。

根据江西省电力局"八五"、"九五"电源安排，在"八五"期间，除目前正在施工的万安水电站（装机40万kW，季调节）投产并完建外，东津水电站计划在"九五"末期投产并完建。"九五"期间可能投产的水电项目还不明朗，现暂按可能投产的泰和水电站（18万kW，日调节）、夏寒水电站（10万kW，年调节）和柘林水电站扩机（20万kW，多年调节），电网中火电机组最小技术出力系数采用75%，进行电力电量平衡，结果如下：

(1) 万安水电站于1993年后才投入正常运行，由于其库容小，且受下游航运限制，承担电网调峰，就要出现强迫弃水调峰运行。经测算全省在1994～1995年水电强迫调峰弃水电量约2.1亿～2.2亿kW·h，约为统调水电站设计电量的7%，其中万安水电站的调峰弃水电量约为1.5亿kW·h，占全省弃水电量的70%。

(2) 如泰和、夏寒、柘林扩机于2000年投产并完建，全省强迫弃水电量约1.6亿kW·h，占统调水电站设计电量的4%～5%；如仅泰和和夏寒水电站投入，则强迫弃水电量略有增加。

(3) 若江西省投入调峰性能好的火电机组，则可减少强迫弃水电量。

3. 福建省电网 福建省水电资源较丰富，而煤炭资源较缺少，全省可开发的水电站装机容量为1075.3万kW，年发电量为392.5亿kW·h，目前仅开发利用20%左右。全省煤炭的工业储藏量为5.6亿t，年开采能力900万t，每年需调进煤炭400余万t。由于这种能源特点，加上福建省交通运输条件的制约，长期以来在福建省电力工业中，水电一直占有50%以上的比重，如1985年全省总装机容量241.6万kW，其中水电装机为152.7万kW，占63.2%。福建水电站中径流式电站多，调节性能差，在217.3万kW的水电中，径流式水电站为167万kW，占水电总装机容量的77%，因而季节性电能较为突出，多年平均4～9月水电站的发电量约占全年发电量的70%左右。枯水期要火电多发电，从而导致电网设置有较多的重复容量，装机容量与年最高负荷之比达1∶1.7左右，电网中的水、火电站利用小时数均不到4000 h，设备利用率较低。在满足电网一定需求的情况下，其总投资要比其它电网大，效益相对较低。由于福建省中、小河流多，水电站分布面广，各地水文、气象条件不尽一致，各河流的水量年内分配不一。在电网运行中，对调节性能好的水电站采取了补偿调节调度运行方式，对火电厂的部分机组采取调峰运行措施。在采取这两种措施后和电网有大量重复容量的前提下，水电站的季节性电能实际上大部分都得到了利用。根据1985～1990年5座水电站（古田梯级、安砂、池潭、华安、南二）6年的实际运行资料统计分析，年平均可发电量24.16亿kW·h，实发电量23.26亿kW·h，弃水电量为0.9亿kW·h，占可发电量的3.7%。

水口水电站装机140万kW，预计1995年全部建成投产，加上与其同期投入的中小型水电站，至1996年合计水电新增装机181.1万kW，届时水电总装机为398.4万kW，年电量143.5亿kW·h，其中有补偿能力的水电站为65万kW，占水电总装机的15.1%。1996年水电站的比重，在电网中占60%，而且径流式水电站的比重进一步加大，但由于福建电力系统中重复容量多，装机利用小时数平均为3692 h，用较大的重复容量换取了水电季节电能的利用，加上增加了一批调节性能好的中型水电站以及调峰性能好的火电机组的投入，枯水年不会发生强迫弃水现象，平水年弃水也很有限，丰水年约有10亿kW·h的强迫弃水电量，占多年平均发电量的7%左右。2000年，由于用电量的增加和调节性能好的大型水电站棉花滩、穆阳溪梯级电站的投入，以及径流式水电站比重的降低，水电站弃水电能将大大降低。

（二）几点认识与建议

(1) 使季节性电能转化成保证电能或减少季节性电能的积极措施，是修建具有调节性好的水库。如四川省电力系统，1994年铜街子水电站投入，由于调节性能较差，约使电力系统弃水电量达10.8亿～11.8亿kW·h，1997年宝珠寺水电站投入后，弃水电量将减少至5.6亿～9.6亿kW·h，到2000年二滩水电站投入以后，又使弃水电量增加至17.6亿～30.6亿kW·h，就此分析说明2000年以后需要修建具有调节性能的瀑布沟等水电站。为了保证宝珠寺水电站的调峰能力，提出“八五”期间还应修建紫兰坝水电站，并积极要求修建南桠河梯级电站。福建省电网的电源规划中也积极要求修建穆阳溪梯级和棉花滩等有调节性能的水电站。通过总结实践说明，过去、现在和今后在电源选择中，水电电源的合理配置非常重要，否则就发挥不出水电站的经济优势。

(2) 对一些调节性能差的水电站的建设，要因地制宜具体分析，并一定要纳入全电网来评价这些调节性能差的水电站建设的必要性和经济性。这类电站因在丰、枯水期的电量很不均匀，会给电网调度带来困难，甚至使电网设置重复容量。但在不同的条件下，不利影响的程度也不同，要根据全年的容量、电量能否被电网吸收利用具体分析。如根据四川省电网现状调查，网内调节性能差的水电站占相当大的比重，但容量和电量利用程度却很高，其原因是这些水电站虽然调节性能差，但利用小时数都在4000 h以上，电网又长期处在缺电的状态下，在调度运行上也尽力利用这些季节性电能。而有的电网是在有较多的重复容量前提下被吸收的，如再建径流式水电站就应该更加慎重些，开发资源与经济效益应视为一体。

(3) 对于季节性电能能否被利用，也要区别不同电网的情况，具体分析。在调峰性能差的水电站占较大比重的电网，在汛期为满足电网调峰需要，水电弃水调峰是措施之一，在一定条件下也可能是经济的，这是由于地区能源资源及电源构成不同所致。

(4) 在水电比重大而调节性能差的电网中，设置季节性用户是积极利用季节性电能的方向。从四川省电网过去几年实际运行情况分析，采用计划分配和调整电价相结合的措施，促使大耗电用户利用季节性电能的经验是成功的。

(5) 对水资源分布不集中的省，由于各河流的水文、气象条件不一，降雨、产流、汇流不同期，在水电站设计和水电站的调度运行中，要考虑电站群之间联网运行，以便相互补偿，从而提高保证出力。如福建省水能资源丰富，大小河流660条，分布面广，经过对全省已建、在建、规划的共40座电站、总装机482万kW的水电站群进行20年水文系列的调节计算，初估比各自单站的设计保证出力约提高14.4%。

(6) 近几年来，电网调度运行部门已经为适应汛期调峰而采取相应的措施，如利用部分中小型火电机组开停运行，推动管理和技术进步，从而提高了火电机组的调峰能力；采取适当的经济奖励办法，试行丰枯、峰谷电价制度以提高汛期负荷率；水库调度上采取水电站群之间的补偿调节和水电站弃水调峰等。建议继续总结经验，分析各种措施的效果和代价，使各种措施经济合理适用。

(7) 建议设计单位继续研究调峰能力平衡及调峰措施的经济分析方法，并纳入水能设计内容。在选择水电站参数特别是装机规模时，要考虑弃水调峰因素；在财务评价时，也要计及强迫弃水的影响。

（水利水电规划设计总院 白以昕）

抽水蓄能电站的水能设计

近几年来，随着改革开放的不断发展，我国用电量持续高速增长，市政生活用电比重逐年增加，各大电网负荷的峰谷差日益加大，各方面对建设抽水蓄能电站（以下简称蓄能电站）的必要性及其“调峰填谷”作用，也逐渐取得了共识。华北、华东、东北、广东等地区先后开展了蓄能电站的普查和规划选点，并对北京十三陵、浙江天荒坪、广州（一期）等蓄能电站进行了可行性研究和初步设计。目前，潘家口抽水蓄能机组、广州（一期）蓄能电站已建成投产，十三陵蓄能电站预计1995年投产，天荒坪和广州（二期）蓄能电站已列项开工。我国蓄能电站建设已进入一个新阶段。蓄能电站的水能设计，也在借鉴国外经验的基础上逐步积累了自已的经验，并在必要性、经济合理性论证以及调峰平衡、节煤效益计算等方面取得了突破性的进展，形成了比较完整的设计体系。

(一) 蓄能电站水能设计的特点

抽水蓄能发电是水力发电的一种特殊形式，蓄能电站的水能设计必须紧密结合电力系统的具体情况。对于纯蓄能电站，水能设计的突出特点是其规模、费用和效益主要取决于装机容量。我国目前已建和在建的蓄能电站（除潘家口）均为纯蓄能电站；正在设计的一批大中型蓄能电站中，多数也是纯蓄能电站。就已取得的经验而言，其水能设计的主要特点可归纳为：

(1) 论证供电范围和设计水平年，先要分析设计电站与电力系统的关系，明确调峰供电区；设计水平年一般不宜过远，以全部机组投产后的1～2年为宜。

(2) 推算电站投入后至设计水平年逐年的负荷规模，在分析用电结构发展趋势的基础上，合理拟定负荷特性，选择相应的年、日和周的典型负荷曲线。

(3) 调查系统已有电源的运行特性及调峰能力，根据各电站不同机组的最大可能调峰能力，拟定已有电源的综合调峰能力；再根据系统电源的发展规划，拟定各拟建电站的调峰能力。

(4) 逐年进行电力电量平衡，确定各类电站在各月典型日负荷图上的工作位置，从中分析求出蓄能电站的设计工作容量，必要时再考虑适当的紧急事故备用容量，即可定出满足系统调峰需要的装机容量。

(5) 计算电力系统在负荷低谷时的剩余电量是否能满足蓄能电站调峰电量的需要，如不能，就要调整蓄能电站的工作位置，以系统能提供的剩余电量确定装机容量。同理，也要进行水量平衡计算，以检验水源的保证程度，必要时需采取补水措施。纯蓄能电站所需的调节库容和相应水库特征值，通常与装机容量一并选择。

(二) 蓄能电站水能设计的主要经验

(1) 重视电力系统的负荷特性和电源组成的调研与远景预测。负荷特性和电源组成是论证蓄能电站建设必要性和规模的基础。显然，只有当系统内其它电源的综合调峰能力低于用电负荷的峰谷差时，才需配置蓄能电站。因此，预测负荷特性的精度和各类电站调峰能力的可行幅度，对水能设计是至关重要的。经验表明，电力系统调度运行部门和系统规划设计单位的密切协作配合，是非常必要的。

(2) 认真做好电力系统调峰容量的平衡。通过不同水平年的调峰需求平衡，可求出系统需求的调峰容量。下表列出天荒坪蓄能电站可行性研究的成果。根据表中所列数字，蓄能装机范围为160万～350万kW，以此拟定方案进行经济比较。值得注意的是，表列数据是建立在某一确定的负荷特性和电源调峰能力基础之上的。设计时尚应对预测值的可能变化范围作敏感性分析，以使设计成果有较好的适应性。

天荒坪蓄能电站可行性研究成果表

项目＼年份	1990	1995	2000
系统峰谷差（万kW）	520	747	1135
水电调峰能力（万kW）	129	195	252
火电调峰能力（万kW）	266	386	524
系统已有调峰能力（万kW）	395	581	776
调峰容量余缺（万kW）	−125	−166	−356

(3) 从电力系统整体角度评选方案。蓄能电站的作用和效益体现在电网上，因此，设计中需对有、无蓄能电站及不同规模的方案，计算出投资、运行费(含燃料费)及其在整个计算期的流程，并据此求出各方案系统总费用现值，作为取舍方案的根据。

(4) 重视水源条件的论证。当蓄能电站上、下水库集水面积较小时，对天然径流能否满足初期蓄水和正常运行时蒸发、渗漏(坝基和引水系统)损失的需要，要作周密的调查计算，必要时应有补救措施。

(5) 处理好与已建水库的关系。当利用已建水库作为蓄能电站的下(上)库时，应研究保持该水库原有功能的可能性和合理性，必要时应对原水库进行改建或采取补偿措施。利用天然湖泊作蓄能电站水库时，应根据湖水位的变化规律，分析蓄能电站运行对湖周生态环境和有关用水部门的影响，必要时要提出补救措施。

(水利水电规划设计总院　欧阳华)

广州抽水蓄能电站水能设计

(一) 概况

广州抽水蓄能电站(以下简称广蓄电站)分两期修建，每期装机容量为120万kW (4×30万kW)，一期工程已于1994年3月投入商业运行，二期工程已动工，全部建成后总装机容量为240万kW。电站工作水头509.6～541.8m，引水道长3751m，采用一管四机。

广蓄电站设计考虑的主要经济因素是：①发电工况下，依蓄能投入系统的规模，在满足系统同等要求条件下，可互为替代的各类电源组成方案的投资及相应的一次能源费用的变化；②抽水工况下，提高核燃料利用率和保证恒稳安全运行，吸收水电强迫弃水电量，节省凝汽式火电燃料并延长使用寿期等效益。

广蓄电站一期设计水平年系统最高负荷为1280万kW，需电量765亿kW·h，预测电力消费占能源消费总量的50%以上。广东电网最小日负荷率为0.46左右，电源以火电为主，目前大多是调幅20%左右的常规煤电，可调水电只占15%左右。电力供需在运行上产生很大的矛盾。尤其是在设计水平年间，大亚湾核电站投入后(约占系统负荷的14%)，依社会环境要求它恒稳运行(届时本省可调水电所占比例将降至10%左右)，从而进一步加剧了已有的供需矛盾，而系统电源发展可供选择的大多数是凝汽式火电或燃气油电。在这种情况下，广蓄电站投入与否及规模大小，将十分敏感地影响系统的电源结构、数量及一次能源等的费用支出。

广蓄电站一期水能设计论证的结论是：①蓄能调峰填谷，尤其是保证核电恒稳运行的作用是其它调峰电源所不能替代的；②与西南送入广东的水电互补互利；③经济上非常有利，内部回收率59%；与无蓄能投入的其他最优电源组合方案相比，年运行费用节省10%；间接节约能源净增益，多利用的核、水能源及节煤，共折合电能34.5亿kW·h/年，扣除广蓄电站的电力转换损失7.6亿kW·h/年，每年净获26.5亿kW·h。

(二) 重点探索和研究的问题

(1) 电力电量平衡。由于替代关系是整个电力系统电源结构的优化选择，当蓄能投入时对其它电源类型及数量是一动俱动；同时由于蓄能的填谷，原来的负荷形态、特性亦随之改变，使电力与负荷间形成互为反馈的复杂过程，因而其运算十分繁杂。广东省水利电力勘测设计院（以下简称广东省院）是运用系统工程方法，以自编程序通过计算机进行多目标、多方案组合平衡寻优的。

（2）蓄能电站的水能计算。这是一个抽水、发电的电力电量平衡和上、下水库间水量平衡的同步过程，且需兼顾中、港两电力系统各自运行的要求，对此广东省院经反复摸索，研究出相适应的运算程序，取得了较满意的结果。

（3）确定电站设计洪水位。广蓄电站上下水库集水面积小，$P=0.1\%$的设计洪峰流量分别仅为 252 m^3/s和 723 m^3/s，而 4 台机器满载运行的抽、发流量达 220～270 m^3/s，因此必须考虑抽、发流量与水库设计洪水遭遇组合，以使各种设计洪水位的确定有更安全、更可靠的基础。

（4）抽水电源。这是蓄能电站水能设计有别于常规水电的一个关键问题。广蓄电站设计中对不同容量投入时相应的系统网架的潮流进行了专题分析，以确保蓄能电站运行建立在可靠安全的基础上。

（5）电站单机容量、引水经济洞径的选择，环境保护设计。在这些方面都具有不同于常规水电站的特殊性，须加以注意。

（三）设计体会

（1）蓄能电站建设的必要性和经济性，很大程度取决于当地能源与电力系统结构背景，因此方案的结论很难简单地加以套用。依我国当前的经济水平，填谷效益在蓄能决策中至关重要，尤其对缺能地区，保持适当的利用小时，力求扩大填谷效益是十分必要的。广蓄电站设计中，填谷就是一个重要的决定性因素。

（2）蓄能电站的效益分析，目前只是集中于静态部分，动态效益尤其是对于电网的效益还很难定量，而它又是蓄能电站非常重要的效益所在。因此尚需积极探索其适合国情且又能逐步定量的方法。

（3）根据广蓄电站的设计初步认为，广东网蓄能在系统负荷中占 15%左右较为合适。

（广东省水利电力勘测设计院　林振勋）

十三陵抽水蓄能电站水能设计

（一）概况

十三陵抽水蓄能电站（以下简称“电站”）最大水头约 480 m，距高比（L/H）为 4.4，装机容量 80 万 kW（4×20 万 kW）。该电站将于 1995 年末发电，具有启动迅速，运行灵活可靠，既能调峰又能填谷等特点。供电范围为京津唐电网，主要担负电网的调峰与事故备用任务，对提高北京的供电可靠性将起到重要作用。该电站水能设计的结论是：①华北地区煤炭资源丰富而水力资源贫乏，电网电源结构以火电为主，目前主要存在的问题是缺少调峰容量，拉闸限电频繁。京津唐电网 1992 年末总装机容量 961 万 kW，其中火电装机占 94.8%，水电仅占 5.2%，电网缺调峰容量约 90 万 kW，拉闸达 4000 余次。经对诸多调峰电源分析比较，建设该电站是解决电网调峰问题的最有效途径。②该电站调峰填谷具有双倍功能，是优越的调峰电源，同时具有旋转备用、负荷调整等动态运行功能。电站投入运行后可改善电网特别是北京地区的电源构成，提高电网调峰手段，可保证北京地区 1995 年后不再拉闸限电。③该电站经济效益显著，在同等程度满足京津唐电网要求的前提下，根据电网有无该电站两种方案的电力电量平衡结果，有该电站的系统设计方案较无该电站的系统替代火电方案，按 1993 年价格计算，可节省电源建设投资 9.1 亿元，年节省经营成本 1.21 亿元，以及由于该电站与火电机组联合运行，使整个电网年节省煤耗 23.2 万 t。

（二）电站主要参数选择

抽水蓄能电站的主要水能参数有上、下水库的正常蓄水位与死水位，装机容量等，其中装机容量是参数选择的核心。

该电站上水库为挖填结合的人工水库，需要修建主坝和副坝。由于环保要求，副坝不能太高，经过综合分析，上水库正常蓄水位确定为 566 m。按电站装机发电 5 h 控制，上水库有效库容为 381 万 m^3，相应死水位为 531 m。下水库为已建十三陵水库，由于存在水库渗漏，在干旱年份常处于干涸状态。为保证电站正常运行，除采取由白河堡水库向十三陵水库补水外，还采用在严重漏水的库尾修建防渗墙，防渗高程 90 m。十三陵水库原设计正常蓄水位为 96 m，死水位 85 m，电站正常运行水位为 85～90 m。

该电站装机容量选择是在可行性研究阶段推荐装机规模 72 万 kW 的基础上，结合机组机型选择，重点论证了扩大装机的可能性，由此拟定了 80 万 kW 和 100 万 kW 两个方案。经过全系统电力电量平衡与经济比较分析，从系统需要来看，装机规模大一些还是有利的；但从经济上看，由于主要受上水库库容的限制，随着装机的加大，引起上水库投资增加较多。因此最终确定电站装机 80 万 kW，单机为 20 万 kW。

（三）水能设计中的几点体会

（1）该电站由于受上水库库容的限制，电站只能进行日调节。随着经济的发展及负荷特性变化，要求以周负荷特性为依据来进行电站的水能设计将是必然趋势。为此适当增加上、下水库的有效库容，对提高电站运行的适应能力是有益的。有效库容达到装机发电 8 h 以上，大致可以满足周调节的需要。

(2) 电站要密切结合电网和地区规划进行设计。应尽可能靠近负荷中心和就地做到调峰平衡；利用现有水库工程，要结合地区总体规划，处理好与水利、旅游等有关部门的关系。

(3) 电站在电力系统中具有多方面的作用与效益，应从整个电力系统出发。目前在经济评价效益时，主要考虑了静态效益，未能全面反映电站在电网中的作用与效益。由于电站的效益主要体现在电网中，特别是在财务分析中应将以单个电站为主的财务计算模式改为以电网为主的财务评价模式。发电效益应包括电量效益和容量效益，在电价上实行高峰低谷电价。

(4) 由于电站投入火主电网运行，制定安全、经济、合理的调度运行方式，对提高电网的供电质量、协调电网与电站之间的关系等具有重要意义。目前，在这方面几乎还是空白，因此应尽快开展抽水蓄能电站调度运用的研究。

(北京勘测设计研究院　李复生　王晋明)

天荒坪抽水蓄能电站水能设计

天荒坪抽水蓄能电站(以下简称天荒坪电站)是华东电网首期开发的大型蓄能工程，装机容量 180 万 kW，最大发电水头和最大抽水扬程分别为 607.5 m 和 614.0 m，主体工程已于 1993 年 7 月 1 日开工。电站建成后将承担华东电网调峰、调频、调相和紧急事故备用等任务。

(一) 站址选择

华东电网抽水蓄能电站规划选点工作始于 70 年代初，有关单位先后查勘了 55 个站址；天荒坪电站站址是华东勘测设计研究院 1980 年 5 月在浙北地区选点中发现的，后经方案比较和主管部门审查，确定为华东电网首先建设的抽水蓄能电站。其主要理由是：①地理位置接近负荷中心，距 500 kV 瓶窑变电所仅 34 km，接入系统方便；②自然条件优越，上、下水库天然高差大，水平距离短，$L/H=2.5$，筑坝条件好，输水系统和地下厂房工程地质条件优越；③上、下水库淹没损失小；④对外交通方便，导流工程简单，建筑材料丰富；⑤水头高，容量大，适合电网发展需要，技术经济指标优越。

(二) 电站建设必要性论证

电站建设必要性论证主要从以下几方面着手：①调查研究电网运行存在的问题。通过向有关部门和单位调查，了解到电网运行经常出现高峰时低周波、低谷时高周波，且拉闸限电频繁，影响经济发展和人民生活，威胁电网运行安全。②进行电网调峰容量平衡。根据电网发展规划，统计各类机组的投产容量，考虑承担备用容量，按可调幅度计算各类机组的调峰容量，与电力系统峰谷差对比，判断电网调峰容量短缺程度。③进行调峰方案比较。根据地区资源条件拟定几个可能的调峰电源开发方案，在同样满足设计水平年电力负荷要求的前提下，通过电力电量平衡确定各方案的建设规模，计算各方案年费用现值，按年费用最小原则优选方案。通过对建设天荒坪电站、火电站及燃汽轮机组等方案进行比较，证明天荒坪方案最优。④分析远景发展需求。预测远景电力负荷，分析远景火电发展受煤炭开采、运输及环境容量制约，展望核电发展以及大量西部低谷水电东送所面临的调峰问题，进一步阐明华东电网建设抽水蓄能电站的必要性。

(三) 工程规模论证及主要工程参数选择

抽水蓄能电站的装机规模取决于电力系统需要和电站本身技术经济指标。主要的影响因素是：①电力负荷水平和负荷特性；②电力系统的电源结构，主要是水火电比例、核电规模，火电中燃煤和燃油机组比例、高温高压机组与中低压机组比例，水电中调节性能强与弱的比例等等；③拟建抽水蓄能电站的地理位置、地形地质条件及其在电力系统中承担任务的能力及相应的技术经济指标。天荒坪电站的装机容量是在电力系统电源规划基础上，通过电力电量平衡和电站能量指标计算，对拟定的 120 万 kW、150 万 kW 和 180 万 kW 三个方案，进行技术经济比较后确定的，选定的装机容量为 180 万 kW。

抽水蓄能电站上、下水库的设计蓄水位与装机容量具有密切的对应关系。天荒坪电站首先根据进水口水工布置要求和淤沙、库容拟定设计最低蓄水位，然后按照不同装机容量需要的调节库容及事故备用库容推求相应的设计最高蓄水位，参与装机容量方案比较，最终对应于选定的装机容量方案的设计蓄水位即为选定的特征水位。

事故库容的配置考虑了华东电网的实际需要和天荒坪电站受低谷抽水时间限制，除满足发电需要之外，尚有 151.1 万 m^3 库容可作事故备用，可顶替 60 万 kW 机组运行 3 h 或 30 万 kW 机组运行 6 h。由于华东电网日负荷曲线尖峰部分历时短，该电站有机会利用发电工况剩余容量顶替事故容量，也可在抽水工况切除水泵运行，使机组起事故备用作用，故未设事故备用容量。

（四）设计水头确定

华东电网日最高负荷经常在晚峰出现，要求天荒坪电站此时满载发电，而此时正值日调节运行后期，发电水头临近最小值，故在可行性研究阶段将最小水头 510.0 m 定为电站设计水头。初步设计阶段经过研究将事故备用库容和为下游潘村水库预留枯水期补给水量置于上水库，抬高了上水库正常运行发电最低水位，使正常发电最小水头增至 532 m，达到了适当加大设计水头、减小转轮直径的目的，从而缓解了高水头运行时水轮机出力与机组额定出力相差过大的矛盾。

（五）工程效益分析和经济评价

天荒坪电站是从华东电力系统整体出发，进行了有、无天荒坪电站两种情况的全系统的电力电量平衡、燃料平衡和年费用的计算，通过有、无天荒坪电站两个方案的系统基建投资、燃料消耗和年费用现值的比较来进行工程效益分析和经济评价。经计算有天荒坪电站方案比无天荒坪电站方案系统燃料消耗减少，系统年费用现值也是有天荒坪电站方案比无天荒坪电站方案小。在国民经济评价中，按替代火电计算的经济内部收益率远大于国家规定的基准收益率，表明在同样满足设计水平年电力负荷的条件下，天荒坪电站方案明显有利。在财务评价中，按照现行政策和投资者贷款条件反推的上网电价，低于供电地区高峰电价，表明该电站在电力销售市场中竞争力较强，也具有足够的还贷能力。

（华东勘测设计研究院 张克诚）

水 文 与 泥 沙

设计洪水计算手册的编写

《水利水电工程设计洪水计算手册》(以下简称《手册》)，是为了配合《水利水电工程设计洪水计算规范》的颁布而编写的。编写工作在水利水电规划设计总院 1991 年 11 月召开《手册》编写大纲讨论会之后正式开始，经过长江水利委员会水文局、南京水文水资源研究所、东北勘测设计研究院、西北勘测设计研究院、成都勘测设计研究院等单位 1 年多的努力，在搜集大量资料和总结国内外有关计算方法的基础上，完成了全部编写工作。《手册》章节的安排和内容与《水利水电工程设计洪水计算规范》相适应，并附有工程实例、各种实测资料和综合性图表。全《手册》共分 12 章，基本内容如下：

（一）基本资料

简述基本资料的内容，并对受水库调蓄影响、溃堤、分洪、滞洪等作用的还原计算方法，插补延长资料方法，洪水调查方法等作了详细介绍。

（二）洪水频率分析和设计洪水过程线

重点说明洪水系列选择、频率计算系列代表性分析、常用经验频率公式、洪水频率线型的基本特征、频率曲线参数的估计及确定、设计洪水的抽样误差及安全保证值的计算，汇集了洪水期望概率、设计洪水过程线放大、分期设计洪水计算等方法。

（三）入库设计洪水

水库建成后，由于水文条件的改变，入库洪水与坝址洪水有一定差异，如果两者差别较大，工程设计时应考虑将入库洪水作为依据。《手册》介绍了入库设计洪水的各种计算方法。

（四）设计洪水地区组成

阐述了用典型年组成或同频率组成推求设计洪水地区组成的方法，根据不同资料推算区间洪水，利用水库分区的洪水过程线经水库调洪推求下泄流量过程，通过流量演算及组合叠加推求控制断面的设计洪水，采用地区洪水频率组合推求受上游工程调蓄影响设计洪水的原理和方法。

（五）洪水随机模拟

提出洪水随机模拟的基本思路、基本资料的处理方法，根据流域洪水特性及多分区洪水模拟的模型适用条件，选择合适的模型，确定模型的结构，对模型特性、模型参数和实用性进行检验。

（六）设计暴雨

系统介绍地区暴雨特性分析、点暴雨频率分析的方法和内容，设计暴雨的计算方法和合理性检查，各历时设计暴雨的计算方法，统计参数等值线图的应用，设计暴雨时面雨型特征的综合分析，分期设计暴雨的推求方法。并附有最大雨量历时面积关系图表、统计参数、典型大暴雨资料等，供查算。

（七）可能最大暴雨

对从基本资料搜集，暴雨特性、暴雨成因分析到产生可能最大暴雨的气象特征作出定性判断进行了阐述，并对水汽放大、水汽效率放大、水汽输送率放大、水汽风速联合放大、水汽输送量放大等方法和公式，利用暴雨移置法、暴雨组合法、暴雨时面深概化法等推求可能最大暴雨的原理，对计算可能最大暴雨成果进行合理性检查等作了介绍。

（八）产流与汇流计算

系统阐述从实测流量过程线求出次暴雨洪水径流量，用降雨径流相关法进行产流量的分析计算以及用初损、后损、下渗曲线等方法推算产流过程与净雨过程；汇流部分介绍了国内外常用的单位线、河网汇流曲线计算、各种流域模型和小面积产汇流计算方法。附有各种参数和综合图表。

（九）干旱半干旱地区设计洪水

对于干旱半干旱地区，需要用地区综合方法分析确定设计洪水的统计参数和设计值，《手册》中介绍了这些地区进行设计洪水计算时需要特别注意的问题。

（十）岩溶地区设计洪水计算

提出在岩溶地区进行设计洪水计算的各种方法及对参数的处理。

（十一）冰川融雪地区设计洪水计算

指出冰川融雪的分布积累和消融有特殊的规律，洪水分类及产汇流特征与暴雨洪水也有明显差异；冰川融雪与气温关系密切，热源和消融参数确定方法是研究冰川融雪地区的关键；进行设计洪水计算时，应将冰川融雪洪水与暴雨洪水分开计算。

（十二）水利和水土保持对设计洪水的影响

指出兴建大量中小水库和开展水土保持等人类活动对天然洪水有较大影响，在进行设计洪水计算时要扣除这些影响。但目前尚无比较完善的方法计算水土保持的影响，因此一般还是采用估算或定性分析。

（水利水电规划设计总院　赵深山）

计算机在水文计算中的应用

（一）发展概况

我国水文分析计算工作应用计算机可分为三个阶段：第一阶段为70年代末80年代初，引进了PC-1500袖珍计算机，并很快得到普及。水利水电设计部门和水文总站系统购置了大量的PC－1500计算机，从资料整编到水文分析计算成果，基本上都由它来完成。第二阶段为80年代中期，引进了VAX机等小型计算机，并在有些单位如长江水利委员会水文局等很快得到应用。但由于上机不太方便且设备昂贵，没有得到普及。第三阶段为80年代末，微型计算机出现后，很快得到普及。目前设计单位和水文总站系统基本上都用微机来完成资料整编和分析计算工作，大大提高了工作效率。

（二）水文计算软件系统的建立

近几年来，由于微机的发展，工程水文分析计算软件化已逐步得到实现。1993年8月，水利水电规划设计总院主持对天津勘测设计研究院研制的工程水文分析计算软件系统进行了鉴定。这套系统是根据水利水电工程有关设计规范的要求，通过三级菜单（主菜单、根菜单、分菜单）的方式控制功能选择，在管理程序的引导下，可连续进行径流、洪水以及水位流量关系等整套水文计算工作。该系统的主要特点是：

（1）系统从输入整编资料建立数据库开始，经过还原统计、系列分析、插补延长、频率计算、成果检验等运算和流程，最后输出年径流、设计洪水及水位流量关系等设计成果，既可连续运算，也可分块根据需要单独运算。

（2）根据水文计算的特点要用多种方法相互验证，系统中采用多个接口供用户选择，力求满足用户解决各类复杂问题的需要。

（3）系统研制了洪水、径流要素在时空上综合分析的程序块，便于水文计算成果的合理性检查，并可对初步成果进行调整，提高计算精度。

（4）采用了AUTOCAD绘图技术，可在屏幕上进行图形显示，绘图美观，可直接打印成图表和文本。

（5）计算运行过程中应用中文显示和操作提示，便于普及推广。

目前不仅天津勘测设计研究院研制了水文计算软件系统，其他不少单位也编制了应用软件，如南京水文水资源研究所、长江水利委员会水文局、成都勘测设计研究院等都开展了这方面的工作。为了节省人力物力，还须继续努力使各单位的软件逐步规范化和标准化。

（三）数据库的应用

1990年12月水利部在北京召开全国水文数据库建库工作会议，全面总结了水文数据库试点工作的经验，提出以水文数据库为纽带的水文信息存储、检索、分析和提供先进的水文资料服务手段，逐步取代落后的水文年鉴服务方式。会议通过了《全国水文数据库建设规划纲要》，要求全国水文数据库从1991年到1995年初步建成，1996年到2000年基本建成，并在软件技术、管理服务等方面达到发达国家80年代水平。全国水文数据库由基本水文数据库和若干专用水文数据库组成。基本数据库由中央一级节点、流域和省区水文部门二级节点、流域水文总站和省水文分站三级节点及若干专用节点组成。1991年水利部水文水利调度中心组织黄河水利委员会、长江水利委员会、珠江水利委员会水文局、黄河水利委员会计算中心、河海大学计算机系等单位开展了全国分布式水文数据库系统总体设计，并于1992年完成了全国分布式水文数据库系统总体设计报告。

在工程水文计算方面，近年来数据库也得到了广泛应用。目前水利水电水文数据库大致可分三种类型：①水文测站系统的数据库，主要将采集的原始数据和整编后的水文基本数据存入数据库，可随时为用户调用；②水文预报系统，将水文站搜集的水文信息直接存入数据库，然后由计算机处理系统根据需要调用；③工程水文系统，主要是水利水电设计单位，将水文测站和总站搜集的资料存入本单位的数据库，并与水文计算软件系统连接，从而可以根据需要直接调用数据，经软件系统处理后输出最终成果。

（水利水电规划设计总院　赵深山）

水情自动测报系统设计规定的编制

80年代以来，许多大、中型水电站及重要水库工程为满足综合自动化和防洪兴利调度的需要，相继补充进行水情自动测报系统的设计。对这类新增设计项目，需进一步明确规定设计原则，统一技术要求。为此，水利水电规划设计总院于1988年制定了编制《水利水电工程水情测报及自动化设计规定》的计划；此后于1989年12月，在发出《新建大、中型水利水电工程设计中水情自动测报系统设计的几点意见》[参见本年鉴第三卷（1989～1991）第245页]的同时，委托成都勘测设计研究院承担编写正式定名的《水利水电工程水情自动测报系统设计规定》(以下简称《规定》)的任务。1990年5月，水利水电规划设计总院组织讨论，确定了《规定》编写大纲和指导思想。据此，成都勘测设计研究院《规定》编写组先后对黄龙滩、丹江口、渔子溪、葛洲坝、官厅山峡、鲁布革、碧口等10多个已建系统和有关科研、制造、管理部门进行实地考察和咨询；收集了20多个测报系统的设计报告和总结材料；参阅了国内外技术标准约40份，从而为《规定》的编写准备了丰富的资料。在3年多的编写过程中，经过反复讨论、多方征求意见，编写组几易其稿，最后形成了《规定》(送审稿)，并于1993年11月通过审查，1995年5月上报电力工业部审批。

《规定》共分8章79条，内容结合近年来水利水电工程水情测报技术发展的实际情况和设计需要，吸取了国内外先进经验和技术，对测报系统的功能及主要技术指标，水情预报站网布设，通信设计，数据处理，电源、过电压保护和接地，土建工程等，作了比较符合实际的规定。《规定》从系统建设完整性方面强调了测报系统各部分设计的相互协调和积极慎重采用先进技术的原则。

（水利水电规划设计总院　张一军）

水情自动测报系统的新发展

我国水情自动测报系统(以下简称测报系统)起步于70年代末，1983年以后，随着微型电子计算机技术的应用，得到了较快的发展。目前全国已有测报系统上百个，遥测站点上千个，它们遍布全国，在水库和水电站防洪兴利调度中发挥了重要作用。近两年来，测报系统的建设和发展具有以下特点：

1. 设备国产化趋势明显，可靠性指标提高　经过10年左右时间的发展，我国测报系统设备制造能力和水平提高很快，国产设备已基本可以替代国外产品。某些设备指标，如单站功耗和扩展性能甚至优于国外设备；但电台核心部件仍主要采用进口元器件。国产遥测设备可靠性指标也有明显提高，单站平均无故障工作时间（*MTBF*）已由原来的3600 h，增加到5000 h以上。近两年新建设的测报系统如乌江渡、安康、万安等，大都采用了国产设备。总的说来，国产设备属于国际一般水平，这主要是由于信道机和传感器拖了后腿。

2. 重视软、硬件结合，搞好配套建设　这方面的成绩有：①新建测报系统都比较注意软件的配套设计，并采取了不同的建设管理办法；②增加了系统功能和软件的配置分析以及遥测站网的布设论证等内容，避免了单个系统硬件利用不充分、梯级电站测报系统不衔接的问题；③测报系统建设方式由原来指定厂家安装变为以投标、议标方式确定厂家，新建测报系统投产时间大为缩短；④新测报系统功能增强较多，如采用大屏幕显示，运行参数监视、告警，分系统接口设置等；⑤安装了数据库管理的软件和联机预报的软件，更便于计算机管理。

3. 新技术的采用　包括以下几个方面：

（1）软件水平正逐步提高。大部分测报系统都在联机预报的基础上配置了实时调度软件，以使水情信息得到及时应用。这些软件符合中国国情，适用于所在流域、地区。特别是在预报模型中采用实时校正方法以后，减小了预报误差和不同预报模型的预报差别。软件都已实现汉字化，易于操作，人机对话功能强。

（2）通信手段多样化。以往采用超短波自报式数据传输手段。近几年已有测报系统利用气象卫星和通信卫星传送水情信息获得成功的事例，如葛洲坝、观音阁。有的测报系统采用两种方式混合组网方法，如隔河岩系统。短波数据传输已进入了试用阶段，经碧口和龚咀水电站试用，效果良好。

(3) 为增长预见期，大部分测报系统开始使用卫星云图接收装置，接收、分析云图信息，判断水势变化，取得了一定效果。有的大测报系统如二滩、五强溪水电站都研究了使用专门测雨雷达的可能性。

(4) 努力开展传感器的研制工作。一般遥测水文参数的传感器中，雨量传感较为可靠。水位传感器仍主要采用浮子式水位计，其辅助土建量和投资都较大，故障也较多。目前比较受欢迎的是压力式水位计和超声波气介式水位计，这两种水位计在我国正处于实验阶段。

(水利水电规划设计总院　张一军)

水电站泥沙问题研究成果综述

40多年来，我国水利水电系统有关设计、科研和运行部门对水电站泥沙问题进行了大量研究工作，其中主要包括：50年代初期永定河官厅水电站水库开展的泥沙观测、研究；为配合三门峡水电站水库兴建进行的设计、科研和试验工作；60年代以来对刘家峡、青铜峡、龚咀、三峡等水电工程进行的系统的泥沙研究工作。通过上述一系列工程实践和研究，获得了不少有价值的规律性认识与经验，现归纳如下：

(一) 水库淤积问题

由于泥沙淤积，库容损失的速率与库沙比 V/G (V 为库容，G 为平均年入库沙量，均以体积计）有关。当 $V/G<50$ 时，水库淤积严重；当 $V/G>200$ 时，水库淤积不严重。在我国，不论北方多沙河流或南方少沙河流，都有水库淤积问题，如长江三峡、大渡河龚咀、澜沧江漫湾、红水河大化水电站等。库尾淤积上延与含沙量有关，含沙量大，上延明显，含沙量小，一般没有上延问题。解决水库淤积的根本办法是做好流域水土保持。80年代以来国家已对重点产沙区投入资金，落实政策，开展工作，减沙已初见成效。工程本身的主要减沙措施是在来沙集中的汛期降低库水位排沙，或使泥沙向前推进，淤积在死库容中，同时控制库尾淤积上延；对于干旱地区，水量比较宝贵，常采用异重流排沙。由于汛期来沙不均匀，主要集中在几次洪峰中，对于库容较小的电站又发展为汛期按流量或含沙量分级控制汛期水位，既控制淤积面高程，又提高发电效益。实践证明，上述各种措施都是行之有效的。

当库区有来沙较大的支流汇入，或水库分成两岔，则需分别计算两岔的淤积过程，并研究汇口处能否形成沙坎堵塞部分库容的问题。

(二) 变动回水区冲淤问题

水库最高水位回水末端与最低水位回水末端之间的库段称为变动回水区，它具有水库与河道的双重特性。当水库处于蓄水期，变动回水区受壅水影响，流速减小，泥沙落淤。当库水位消落时，变动回水区逐渐恢复到天然河道状态，流速增加，产生沿程冲刷，蓄水期落淤的泥沙将被搬运至深水区。因此，变动回水区水位变化频繁，泥沙冲淤交替。

枯水期当水库因供水水位下降时，变动回水区将产生强烈冲刷。对于沙质河床的宽浅段，河床中产生沙波运动，造成主槽迁徙不定。对于卵石河床的浅滩部位，枯水期小流量难以冲走汛期淤积的卵石推移质，使水深不足而碍航。三峡工程为解决变动回水区冲淤变化对航运的影响，除进行数学模型计算外，还对200多km的变动回水区分四段进行动床模型试验，并做了变动回水区整体模型试验。试验取得的主要认识是：变动回水区可分为上段和下段两部分，上段受水库壅水影响的持续时间较短，水位壅高值较小，建库后除淤积量较天然情况有所增加外，河流形态不至产生重大变化；下段由于受壅水作用增大，河道平面形态一般由分岔河道向单一河道发展。本段由于水位变幅增加，河道形态向高滩深槽发展，这些变化可改善航运条件，但河形转化会使主槽易位。当新的主槽中存在碍航物时，需要疏浚整治。三峡解决变动回水区淤积碍航的措施是：汛期结合防洪维持较低汛限水位，使变动回水区尽量少淤，第二年汛前枯水期水位维持高于汛限水位，以保持必要的航深。

(三) 坝区泥沙淤积问题

河流上筑坝壅水后，由于水深加大，流速降低，会造成坝前泥沙淤积。坝区淤积产生的主要问题有：使坝前水流含沙量增大，造成过水建筑物和水轮机过流部件的磨损；对于通航的枢纽，在船闸引航道及口门附近产生淤积，有碍通航；以及增加混凝土坝的泥沙压力或淤堵底孔。

以发电为主的枢纽，堤坝式水电站进水口的防沙措施主要是设置高程较低的排沙孔。排沙孔布置在机组进水口的下面防沙效果最好。有时由于结构复杂，对施工及管理不便，也常把排沙孔设在进水口的侧下方或两侧，其位置及高程应使进水口处于排沙孔冲刷漏斗的范围之内。低水头枢纽防推移质泥沙的措施主要是进行合理的平面布置，如利用弯道环流特性，正面取水侧向排沙，同时设置导沙坎，常能获得较好的防沙效果。对于引水式电站防悬沙的措施，主要是设置沉沙池。

对于通航河流上的枢纽，为防止船闸及引航道淤积，常将船闸布置在靠近稳定的深泓线一侧，尽量避开弯道凸岸和回流区，因这些区域是泥沙集中淤积处，且难以冲走。为防止引航道淤积，可设置导流和排沙工程，如葛洲坝三江航道修建了引航导墙，以破除回流减少淤积，并设置冲沙闸，可定期冲刷上下游引航道的淤沙。

（四）下游河道冲刷问题

下游河道冲刷，主要是指高坝大库的水电站，由于水库拦沙，下泄较清的水，破坏下游冲积河道的平衡状态，造成下游河道调整，主要表现为冲刷过程。冲刷的结果使河床粗化，比降和流速减小，降低了水流挟沙能力，从而限制冲刷的发展，使河床达到新的平衡。

河道冲刷分为两种类型：一种是在下游较长河段发生的沿程冲刷；另一种是枢纽下游短河段内发生的局部冲刷。河床沿程冲刷可向下游延伸很远的距离，例如黄河三门峡下游冲刷长达 800 km。沿程冲刷使河床高程降低或主流摆动，会危及堤岸工程的安全，使险工和平工易位，基础受到淘刷，对防汛、灌溉引水及桥梁安全不利。枢纽下游局部冲刷将直接危及枢纽本身的安全。

实际工程中常需对枢纽下游河道冲刷的规模和位置作出定量估计，以便确定治理措施。枢纽下游沿程冲刷计算分为冲刷过程计算和冲刷平衡状态计算。当床沙组成中有足够的粗颗粒时，河床下切将终止于抗冲铺盖层的形成。当床沙中粗颗粒很少时，河床下切将终止于平衡比降。局部冲刷与沿程冲刷的成因不同，计算方法也不一样，目前多根据试验和实测资料分析求得的经验公式估算，但最终确定冲刷坑的尺寸仍需进行动床模型试验。

（五）抽水蓄能电站泥沙问题

抽水蓄能电站包括上库和下库。上库一般集水面积很小，来沙量甚微，不至影响调节库容。当集水面积较大或有泥石流及坍岸时，应调整库址或采取拦沙坝等措施，以保持调节库容。下库一般是在河流上建库，入库沙量较大时，应计算水库淤积，必要时需采取排沙措施，如在库尾修建拦沙坝及排沙设施，将汛期沙量排到下游。总之上、下库的淤积问题和解决办法与常规水电站相似。

抽水蓄能机组在抽水工况时，水流与叶片的相对速度远大于发电工况，因此对过机含沙量和颗粒级配要求比常规机组要高，设计时要分析计算下库进出水口处的含沙量和持续时间及颗粒级配，当超过一定标准时，应采取必要的防沙或沉沙措施。

（水利水电规划设计总院 唐友一）

三峡工程的水文分析

（一）水文资料

宜昌水文站是三峡工程水文计算的依据站，设于1946 年。站址位于三峡坝址下游约 43 km 处，集水面积约 100 万 km^2。在站址上游 100 m 处，从 1877～1939 年有海关观测水位记录，每天 1 次。1940～1945 年在抗日战争中中断观测，缺测的资料是用云阳水位和云阳至宜昌区间的雨量资料插补的。该站中高水时常受下游河道壅水影响，水位流量关系散乱，在一次洪水过程中呈绳套状。因此，1950 年以前用水位和雨量插补的流量资料，其精度低于 1950 年以后的实测流量资料。

寸滩水文站是三峡水库回水末端的入库站，设于1939 年。站址位于嘉陵江与长江汇合口下游 7.5 km 处，集水面积约 86.6 万 km^2。站址上游 7 km 处从 1892 年开始设有海关水位观测站，通过相关使该站具有上百年连续的水位观测记录。寸滩水文站的水位流量关系是单一线，用水位资料插补的流量误差较小。

宜昌以上至重庆河段共搜集到可供参用的历史洪、枯水痕迹和碑文刻记 1200 余处。自 1153 年以来，在宜昌站调查到的洪水年份中，既有文献记述，又有题刻在岩石上能确定当年洪水位高程的共有 8 次。其中以 1870、1860、1788 年题刻最多，反映最强烈，其数值分别为：105000 m^3/s；92500 m^3/s；86000 m^3/s。在寸滩站为 1870 年和 1788 年，其值分别为 100000 m^3/s 和 90200 m^3/s。1981 年长江上游大水，宜昌和寸滩站实测的最大日平均洪峰流量分别为 70800 m^3/s 和 85700 m^3/s。

寸滩和宜昌水文站从 1950 年开始有连续和精度较好的悬移质泥沙的观测。推移质泥沙测验从 50 年代开始在长江上游的寸滩等站进行采样器的实验观测。宜昌站从 1973 年正式开始用自制的采样器进行推移质泥沙测验。推移质泥沙测验资料的精度随着观测仪器的改进而不断提高。

（二）年径流

宜昌站多年平均年流量为 14300 m^3/s，年径流量为 4510 亿 m^3，约占长江出口水文站大通站年水量的 50%。三峡水库库尾的入库站——寸滩水文站的多年平均年流量为 11300 m^3/s，年径流量为 3566 亿 m^3。

宜昌站的年径流主要由降水形成。年来水量集中在汛期，6～9 月的来水量约占全年来水量的 72.1%。宜昌站年径流量的年际变化不大。在实测系列中，以 1954 年的年径流量最大，为 5751 亿 m^3；1942 年的年径流量最小，为 3348 亿 m^3，其端值比为 1.7，是长江干流主要控制站端值比最小的，因而年径流的变差系数 C_V 值也是最小的，约为 0.11。宜昌站的年径流，除了几个多水年或少水年系由各支流一致偏丰或偏枯的组成外，其它大多数年份均系由各支流不同的丰、平、枯水的遭遇组合而成的。这种互为补充、自相协调的自然现象，是使得宜昌站年径流 C_V 值小的主要原因。

（三）暴雨洪水

长江上游的暴雨天气系统以低涡切变、冷锋低槽为主。按暴雨的动态可以分为稳定型和移动型两类。稳定型暴雨以川西阻塞型暴雨最为典型。移动型暴雨，雨带多自西向东，其范围不如梅雨锋暴雨面积大。但往往由于暴雨强度大，暴雨移动缓慢，这类洪水易给局部地区造成毁灭性灾害，如长江上游的 1945 年、1981 年和 1870 年的洪水就是由此类暴雨所造成的。

三峡坝址千年一遇设计标准的洪峰流量为 98800 m^3/s；7 天、15 天和 30 天的设计最大洪量分别为 487、912 和 1590 亿 m^3。万年一遇加 10% 校核标准的洪峰流量为 124300 m^3/s；7 天、15 天和 30 天的校核最大洪量分别为 602、1124、1944 亿 m^3。

三峡坝址处的可能最大洪水共采用了 1954 年典型替换法、长时段组合相似替换法、西南涡组合法和 1870 年模拟放大等多种方法，计算的可能最大洪峰的变化范围为 117500～127000 m^3/s；7 天、15 天可能最大洪量的变化范围分别为 607～656 亿 m^3 和 1109～1246 亿 m^3。水库的调洪计算选用了 1981 年、1982 年、1954 年等三个典型洪水年。

（四）泥沙

宜昌以上多年平均悬移质泥沙输沙量为 5.3 亿 t，其中以 1954 年的 7.54 亿 t 为最大，1986 年的 3.61 亿 t 为最小。输沙量的年际变化较年径流量剧烈，其变差系数 C_V 约为 0.20。其年内分配也更为集中，汛期的来沙量约占全年的 90%。

宜昌站的悬移质泥沙主要来自金沙江和嘉陵江。此两江的多年平均来沙量约占宜昌以上来沙量的 73%。因此，每年来沙量的大小不仅与年径流量有关，而且与暴雨落区下垫面的产水、产沙条件关系密切。有些年份虽然年径流量不算大，但它的来沙量却很大，究其原因主要是暴雨中心落到了强产沙区。

长江泥沙中推移质数量相对较小，宜昌站沙质推移质的多年平均输移量为 704 万 t，为悬移质输沙量的 1.33%，最大年输移量为 1000 万 t。

对于长江上游水土流失加剧，测验的泥沙量未能反映的主要原因是：长江上游地面侵蚀物质的颗粒组成较粗，在随水流输移的过程中，粗颗粒泥沙大部分以山前坡积、洼地淤积和沟口洪积等形式在短距离内淤积，能被水流挟带进入主要支流的粗颗粒泥沙只有一小部分，进入干流的则更少，即输沙量占产沙量的比重（输移比）较小；此外，自 50 年代以来，支流水库和水土保持工程拦沙作用也十分明显。这部分拦蓄泥沙的正效应与人类活动加剧了水土流失的负效应，在一定程度上起到了相互抵消的作用。

（水利水电规划设计总院　滕炜芬）

勘　测

测　量

电子计算机技术在测量中应用的新发展

1992～1994 年这一时期，电子计算机技术在测量中的应用已从简单的数值计算向自动化、智能化的内、外业一体综合成图方向发展，并取得了重大成果。硬件设备已从原来完全采用进口机型转变为以国产化机型为主，这些国产机型在性能价格比、实用性等方面都优于进口机型；软件在这一时期也出现完全国内自主版权的、针对测绘专业特点设计的处理系统，为我国计算机技术在测量中的应用开创了全新的局面。

（一）外业数据采集

野外数据采集已从原来依赖 PC－1500、E500 计算机(或电子速测仪配置的电子手簿)发展到测量专用型野外电子手簿，其 CPU 已从原单片机型发展到采用 IBM－PC 通用 CPU（如 8088、80286 等），其丰富的软件和智能化操作，能引导作业者完成各种繁杂的外业工作。其中最具代表性的就是国内自行研制生产的 RD－EB1 测量专用电子手簿，这类电子手簿将外业数据的采集、计算、成果处理融为一体；组织数据、调入计算程序等，都可由手簿智能化系统自动完成，使用者只需进行简单的菜单操作。其在容量、速度、功能等方面都是前一时期使用的 PC－1500、E500 机无法与之相提并论的。

在软件方面，已从原功能单一发展为多功能、综合性、智能化外业数据采集系统。如 RD－EB1 外业电子手簿，其功能包括各等级水准测量、平面控制测量、碎部测量、工程放样、断面测量等，能与各类全站型电子速测仪直接配接，操作简单，特别是摆脱了前一时期外业采集要求作业人员记忆大量编码，使作业人员可通过简单的菜单操作完成繁杂的外业工作。人工智能技术已开始应用在这类外业手簿中，它包括对数据的综合判读、容错处理、异常操作处理等。

这一时期人们还提出了一个新的概念，即所谓“电子平板”，其实质就是利用便携式计算机进行野外数据采集和处理。这种方法目前尚处于探索阶段，还很难达到生产实用的程度。

（二）内业数据处理

在内业数据处理方面，出现了国内自行研究设计的测量专用数据处理与图形编辑系统。以往的数据处理及图形编辑都是采用国外的一些图形处理软件（如 Auto CAD、GEOMAP 等）作为开发平台，其中以 Auto CAD 作为平台开发的为多。由于 Auto CAD 是为机械制图和建筑工程制图服务的，而地形图有其复杂性和多样性，采用 Auto CAD 作为平台来开发的测量内业处理软件显得非常勉强。为此，这一时期针对测绘专业特点，国内自行设计了数据处理与图形编辑系统（如 RDMS 数字测图系统），其最突出的特点是不需借助任何软件平台，充分考虑现代计算机硬件配置的特点，数据处理能力大、速度快、图形文件小、人工干预少、操作简单、可完全按现行测量规范要求设计，从而为数字图的应用（如计算机辅助设计、纵横断面设计、土方工程、管线及道路设计工程）和专题信息系统（如 GIS）的建立提供了良好的基础环境。这类系统能使测量基础数据直接为规划设计人员进行工程设计，实现勘测、规划、设计全部计算机化和一体化。现已开始应用于各勘测设计部门，并取得良好的社会效益和经济效益。随着这类系统的不断完善，其应用面也将越来越广，并将成为我国数字测图系统的主流。

（江西省水利规划设计院　黄金森）

钻　　探

天荒坪抽水蓄能电站高压渗透试验

天荒坪抽水蓄能电站设计为2洞6机的引水方式，引水系统采用钢筋混凝土岔管。岔管的设计最大静水头达680 m。为了全面掌握其所在区域岩体的地应力环境及高水压作用下的抗渗性和其它技术参数(如高压灌浆参数等)，首次在国内进行高压渗透试验，以便直接或间接测定上述几方面的参数，并最终确定采用钢筋混凝土高压岔管的可行性以及必须采取的措施。

(一) 试验布置

(1) 试验孔布置。在原地下厂房勘探平洞朝岔管上方挖掘一个与之垂直的180 m长的试验平洞。在该洞中向上游施钻3个ϕ110倾角为30°、长75～85 m的主、被动孔和两个与其平行的ϕ76、深50 m的渗压孔(用于埋设5只渗压计)；朝下游施钻1个倾角30°、长68 m、ϕ110的孔。由外往里，各孔编号顺序为1号、渗压1、渗压2、2号、4号、3号。4号孔是朝下游的，其余均朝上游，1号、2号相距20 m，渗压1和渗压2孔距1号孔的距离分别为5 m和10 m。

(2) 供水系统。通过潜水泵从外界水源抽水到布置在试验洞末端的蓄水池中。

(3) 升压系统。蓄水池中的水通过高压水泵和高压管道升压并输入试验孔中。高压水泵共备5台，试验时根据渗水量的大小使用其中的1～2台。

(4) 控制系统。与水泵出口相接的高压管道中设有两只电动高压流量控制阀，可用自动或手动控制孔内压力，在电动阀后也布置一球阀以控制水压。球阀旁还布置一针形阀用于紧急卸压。也可通过高压泵上的溢流阀控制试验孔压力。封隔器油压通过电动油泵控制。

(5) 测量系统。本试验布置了1套计算机控制自动测试系统，孔前高压管道上布置了流量、压力和水温传感器，用以自动测量流量、压力和水温。另外还布置了人工测量装置，在孔前高压水管段安装了水表(大渗流量时使用)和电子流量计(小流量时使用)。安装了精密压力表，用于测量孔内水压。

(二) 试验步骤

试验是在1号、3号、4号孔中按快、中、慢三种加压方式分段注高压水。具体步骤为：①下放封隔器和高压送水管至试验孔段并使封隔器升压止水。②先用快速法加压，即按一级压力维持5 min的方式及1～2 MPa级差加压直至10 MPa(如遇渗水量很大，则压力不升至10 MPa，下同)。每级压力下测读一组渗水量、渗水压力等数值。③按一级压力维持半小时级差与快速法相同的方式加压，最高压力维持1～2 h。④按一级压力维持6 h级差、与快速法相同且4次升降压循环的方式加压，最高压力维持6～24 h。

(三) 试验结果

到1994年4月底，已完成3号全孔和1号孔50 m以上的高压渗透试验，测试结果表明：①岩体的渗水由裂隙控制。当压力小于某一临界值时，其渗水量非常小，吕荣值小于0.06；而当压力大于该值时，由于裂隙被高压水劈开，其渗水量急剧增大。②岩体的这一临界值与岩体的完整性有关。完整岩体的数值大，节理发育小，因此，总体上地应力能满足小主应力大于静水头这一透水衬砌经验准则，但不能保证所有点都如此。③现定的岔管位置方案是可行的。1号岔管位置岩体抗渗性强，临界压力大于1.2倍静水头。但2号岔管位置岩体节理较发育，临界压力值比1号岔管低。对节理发育的岩体必须进行高压灌浆；灌浆压力应大于岩体的临界压力值，否则效果不佳。

(华东勘测设计研究院　刘世明)

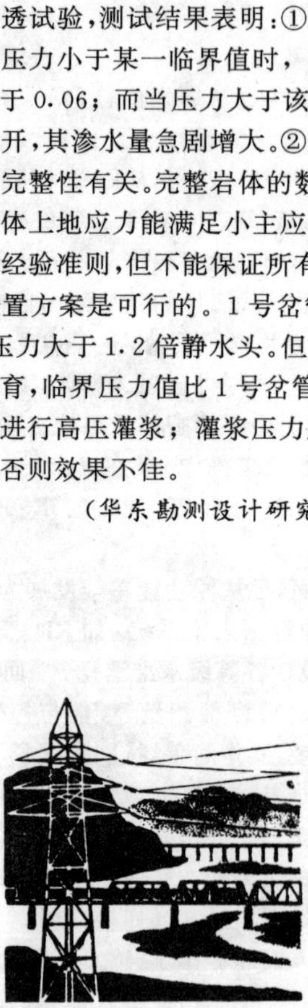

地 球 物 理 勘 探

地质雷达在探测溶洞、岩质分布中的应用

地质雷达探测，至今已有30多年的历史。随着科学技术的进步，地质雷达的应用范围越来越广，目前主要用于：①工程地质调查；②埋设物探测；③土壤污染调查；④水文地质调查；⑤考古；⑥混凝土、冰层调查等。

1991年底，贵阳勘测设计研究院引进美国SIR-10地质雷达。这种雷达具有较强的数据处理功能、抗干扰性强、操作简单、高分辨彩色、直观图像显示、全数字化采集等优点，是解决工程地质问题的一种有效手段。

（一）在天生桥二级水电站工程中的应用

天生桥二级水电站Ⅱ号引水发电隧洞2+106～2+126段出露一大溶洞，在应用地质雷达探测溶洞规模时，沿洞壁布设了8条探测线，选择较低频的80 MHz天线，结果在记录图上均发现溶洞异常。从记录图像上可以看出，2+056～2+066间有明显的双曲溶洞异常曲线。由于溶洞出露，并回填杂土，图像上波形很杂乱，无法判明洞底深度。在2+096～2+130段，有相对更大的溶洞出露，图像上表现为弧度较大的拱形，波形杂乱，这也是由于回填杂土引起的。在这两个溶洞之间，出现破碎带异常，推断这两个溶洞是连通的。根据地质雷达探测结果，地质和设计人员研究后修改了原来在此处架设跨桥的设计方案。

（二）在贵阳龙洞堡机场建设工程中的应用

贵阳龙洞堡机场主要由航道区和航站区组成。龙洞堡机场出露地层为灰岩和白云岩，在开挖爆破过程中出现溶洞塌陷现象。为进一步探明机场跑道等建基面下有无溶洞等不良地质情况以及溶洞规模等，于1993年12月至1994年4月，运用SIR-10地质雷达进行探测，共完成工作量27 km。地质雷达探测结果表明：

跑道P_{176}～P_{225}段：在P_{203}+15～P_{212}+3白云岩和灰岩交界处，发育一条北东向的F_1断层，P_{212}+10～P_{214}段发育一条北东向的F_4断层；在断层带附近，风化囊、溶洞、溶蚀裂隙发育。

联络道H_{79}+5～H_{72}+5段：在H_{73}～H_{76}段垂直发育的溶蚀裂隙与溶洞发育。

滑行道P_{205}+10～P_{224}+10段：在P_{206}+17～P_{207}+12段发育一条北西向的垂直发育溶蚀裂隙，在其附近溶洞发育。

停机坪：因开挖时超挖，测区内回填杂土和碎石，平均回填深度约3 m，运用SIR-10地质雷达进行实验性探测，结果从图像中可清晰地读出回填深度以及回填之下近10 m的地质体。在白云岩地区风化强度大，在灰岩地区溶蚀裂隙及垂向溶洞发育。

在地质雷达探测完后，对跑道、联络道、滑行道及停机坪进行了钻孔验证，探测资料与钻孔资料吻合较好。

（贵阳勘测设计研究院　张高平）

思林水电站工程综合物探工作

思林水电站位于乌江干流中游河段、贵州省思南县境内岩溶发育区，拦河坝最大坝高113.80 m，总库容16.54亿m^3，装机容量84万kW。为查明水工建筑物所在位置的岩溶发育等地质情况，从1992年1月开始进行综合物探工作，1994年5月结束。针对测区地形起伏大、岩溶埋藏较深等不利条件，大量采用多种物探新方法、新技术，取得了较好的地质效果。

（一）物探工作布置

针对主要地质问题和测区的地球物理条件，采用以电磁波层析成像（CT）为主，辅以地质雷达、地下水同位素测速、弹性波测试、综合测井等综合物探方法。

(1) 电磁波层析成像(CT)。电磁波CT能获取大量地质信息，成果直观，探测岩溶十分有效。它利用成对钻孔或平硐进行透视，对现场观测数据进行处理、反演，可对电磁波吸收系数成像，能准确地划分岩溶等地质体的规模及空间分布。思林水电站工程区选用4 MHz工作频率，观测系统的射线扫描基本均匀，室内数据反演的成像单位为$1\times1\ m^2$、$1\times2\ m^2$、$2\times2\ m^2$ 3种，收敛精度小于$R/(100\ db)$(R为射线的长度)。在地下厂房和坝轴线共布置54对钻孔或平硐电磁波

CT。

(2) 地质雷达。地质雷达利用高频电磁波的反射来探测地质体，它发射的电磁波频率高，分辨率很高，再加上利用计算机对反射信号成像，可准确地划分岩溶的形态及空间分布，但因工作频率很高（300 MHz)，地下介质吸收强烈，探测深度较浅。思林水电站工程区主要在平硐内进行探测，共进行了 4 个平硐的探测。

(3) 地下水同位素测速。利用同位素 I^{131} 标记钻孔内的地下水流，使其在含水层中运动，用稀释法和吸附示踪法测定地下水的渗流速度及流向。在思林水电站地下厂房区进行 4 个钻孔的同位素测速。

(4) 弹性波测试。利用平硐和钻孔进行弹性波测试，同时测试岩体的纵、横波速度，求取泊松比、动弹性模量等参数。在思林水电站坝轴线和地下厂房区共进行了 20 个平硐、3 个钻孔的弹性波测试。

(5) 综合测井。利用钻孔进行视电阻率、自然放射性、密度、井径、磁化率、井温等综合参数测井，并辅以井下电视确定钻孔中岩层分布、破碎带和软弱夹层的分布。思林水电站工程区进行了 17 个钻孔的综合测井。

(二) 成果综合分析

用各种物探方法获得大量地质信息，再通过各种物探方法、多种物性参数并结合地质资料进行综合分析，建立各种地质体与物性参数之间的关系，进而得到各水工建筑物区的综合物探成果。

(1) 坝基。通过综合测井查明地层展布和结构面分布情况，利用曲线镜像分布特征判明倒转向斜构造的轴部位置和形态。通过钻孔电磁波 CT 探明孔间岩溶，掌握河床深部岩溶发育规律和强溶蚀带形状。

(2) 坝肩。通过弹性波测试探明基岩风化深度和软弱岩层的分布，提供岩体动弹性模量、泊松比等动力学指标，利用波速频度图进行岩体质量分类。通过电磁波、地震波 CT 划分出岩体弹性波速和吸收系数的空间分布，查明坝肩卸荷裂隙分布和风化带深度、形状。配合地质雷达，查清坝肩岩溶洞穴的分布。

(3) 地下厂房区。通过综合测井确定了岩层中节理、裂隙、断层和软弱夹层的位置，并提供这些结构面的产状。围绕地下厂房区布置的 34 对钻孔电磁波 CT，经过处理得到地下厂房的三组电磁波吸收系数分布图和各高程电磁波吸收系数平面分布图，探明岩溶管道系统在三维空间的分布情况，以及各高程的岩溶发育程度。通过 4 个钻孔的地下水同位素测速，划分出含水层，测定各含水层的渗透速度和流向，掌握地下厂房区地下水渗流场的特点。

思林的综合物探工作较好地解决了岩溶探测这一难题，物探成果与地质、钻探、洞探等资料吻合较好，受到了地质人员的好评。

（贵阳勘测设计研究院 陶 洪）

地震层析成像技术在水电工程中的应用研究

层析成像（CT）技术是利用电子计算机对穿透物体的投影值进行处理以重建物体内部图像的一种反演技术。早在 70 年代，这项技术在国外医学超声诊断方面已取得重大成果，并很快应用到地球物理反演中去。地球物理专家利用孔间（洞间）地震层析成像技术有效地推断出孔间（洞间）地质构造，圈闭地质异常体，进而全面细致地对岩体进行质量评价，直观地显示出地震波波速场的分布状况。由于该法具有很高的分辨率，因而为波速成像及变模分区开拓了新的途径。

80 年代以来，水电部门一些单位开展了地震层析成像技术的研究开发，在实际应用中也取得了一些明显的地质效果和经济效益。

成都勘测设计研究院从 1987 年开始在二滩水电工程地区将左右岸 20 个平洞分成 12 个成像区域，设计了观测系统射线图、层析成像单元图，通过数据处理形成层析成像波速图及与此相关的岩体质量分级剖面图和平面图。1991～1992 年，在溪落渡水电站用密集的射线网络控制洞室间的岩体，用 ART 重建技术揭示岩体内部的波速分布规律，直观地表现岩体的内部构造。同期，又在桐子林水电站的 8 个钻孔间进行了 6 组地震层析成像，反演法采用了共轭梯度（CG）算法和 CGLS 算法，射线追踪采用最小走时路径的弯曲射线方法，提供了测区内平面等值线图、灰度图、色谱图；图像直观，一目了然，便于使用。为了进一步推动该项工作的深入开展，水利水电规划设计总院于 1992 年组织对桐子林水电站地震层析成像试验成果进行了审查，审查认为：本法精度较高，坝区主要地质构造在成果中均有不同程度的反映；岩体质量分级与地质分析大体符合；为查明坝区岩体构造骨架及划分岩体分级界限提供了有价值的资料。

黄河水利委员会物探大队自 1990 年开始在黄河小浪底水利枢纽工程坝址左岸洞群出口处进行孔间地震层析成像试验，地质上要求查明 F_{236} 断层在孔间的形迹，孔深 90 m，放炮 86 个，取得射线 860 条，反演采用 ART 算法处理重建孔间物理场。在地下厂房又做了两组深孔大跨度的地震层析成像，孔深 153～184 m，孔距 82 m，震源为大功率电火花震源（2～4 万 J)，用串珠式检波电缆，ES－1225 地震仪接收，

Zenith—171便携式微机作数字记录，取得有效记录277张，追踪射线3324条。资料处理采用IBM—386微机，反演采用最小二乘共轭梯度法（LSCG）、正交变换投影法（LSQR）和正则化LSQR法（RLSQR）。最后成像图圈出两级低速区和破碎最严重岩段的分布范围，对工程施工具有指导意义。

此外，长江水利委员会物探大队在三峡三斗坪坝址用地震层析成像追踪过断裂带和构造等。

地震层析成像技术在水电工程中的应用研究才刚刚开始，取得成效也是初步的。应该指出：该项技术除受计算方法、控制条件等因素制约外，原始数据的可靠性对反演结果的质量有直接影响。因此，进一步完善测试技术和改进设备硬件是普及推广该项技术的重要保证。目前一般应用反演的物理场为波速场，所以对多参数综合评价岩土体的质量还有一定的差距，这也是今后的努力方向。

（水利水电规划设计总院　才致轩）

岩石力学测试

鲁布革水电站地下厂房围岩位移原位监测

（一）概况

鲁布革水电站地下厂房布置在黄泥河左岸山体内，主要岩层为三叠系灰质白云岩、白云质灰岩和灰岩。厂区构造以北东向为主，主要断层有F_{203}、F_{313}及小断层等。

在地下厂房建设过程中，为了对围岩稳定和支护效果作出正确评价，先后进行了原位模型洞的围岩位移监测研究和厂房施工监测，获得了系统的监测资料，及时、有效地配合了设计与施工。

（二）原位模型洞围岩位移监测研究

1. 试验设计及仪器布置　为使试验参数能直接用于工程，将试验洞选择在厂房待开挖的岩体内，高程在厂房吊车梁附近；方向与主厂房长轴平行；断面形状满足几何相似，为圆拱直墙形。洞内先布置了3个多点位移计断面Ⅰ、Ⅱ、Ⅲ，9个收敛辅助断面；后来又增设了断面Ⅳ，补充了预埋多点位移计的钻孔两个。为了了解试验洞开挖边墙随时间位移的全过程，还事先从上游支洞，分别向试验洞Ⅰ、Ⅱ、Ⅲ号主观测断面边墙腰部钻水平孔（深15 m），各预埋1个多点位移计。

2. 量测成果及分析

(1) 围岩全位移量测。当开挖到距观测断面前约4倍洞高时，围岩即产生位移，逐渐收缩挤压；距约1倍洞高时，位移急剧变化从压缩转为扩张；直到掌子面超越量测断面的洞高约0.5倍时，才逐渐趋于稳定，过1倍时，基本稳定。时间效应不明显，反映了这种坚硬岩石的空间效应占主导地位。量测结果表明，试验洞围岩在离洞壁0～2 m范围内，岩体大部分是拉伸（收敛），变形较大；超过2 m以上则出现拉伸或压缩位移，直到7.5 m以后岩体基本处于稳定状态。这一结果与钻孔声波测试相似。

(2) 围岩收敛量测。用收敛计量测断面上对应测点相对位移的成果表明，随着洞室的开挖，围岩表面的位移释放，在1倍洞高时，位移基本稳定，时间效应不显著。

(3) 有限元和边界元分析。天津大学用有限元应力回归和位移回归的结果表明：①实测曲线与回归曲线趋势一致，但实测曲线收敛快。围岩在0～2 m范围是应力松弛区，2～10 m为应力调整区，10 m以外基本处于应力平稳区；②由于受河谷边坡地应力的影响，最大位移总是发生在最大主压应力方向；③边墙实测位移为0.5～1.2 mm，顶拱0.5～0.8 mm，回归结果，边墙0.7～0.8 mm，顶拱0.53～0.58 mm，比较吻合。昆明勘测设计研究院科研所进行了边界元回归反分析，反算结果表明：①厂房横剖面的地应力是垂直向大于水平向，符合实测结果；②反求的弹模，反映出较大范围内岩体结构等因素的影响，与试验建议值E_0=30 GPa一致。

（三）地下厂房围岩稳定施工监测

1. 监测系统的布置　在主厂房围岩中布置了3个原位观测断面：Ⅰ断面在安装间，有f_1、f_3断层通过；Ⅱ断面在厂房中部，是整个厂房的关键部位；Ⅲ断面设在副厂房，全为薄层状泥质灰岩，且有一组与厂房边墙几乎平行的陡倾角节理，对边墙稳定性影响很大。每个断面布置7套4点式位移计，并在1.0 m附近设5套3测点锚杆应力计副断面。从1985年初开始厂房顶拱开挖，直到机组安装阶段，都有连续的监测资料。观测结果表明，洞壁位移大多集中在4.5 m以内的浅层，深处位移很小，只有边墙中部深处有较大的位移。

2. 监测在施工中的作用

(1) 测定断层处理效果。厂房上游边墙与 f_3 断层以35°夹角相交，倾角45°，沿断层面溶蚀严重。在这里（Ⅰ断面）埋设了一套多点位移计，于10.5 m处穿过 f_3 断层。1985年12月份，当Ⅰ层开挖时，测得断层处向厂房内移动5 mm，表层总位移6 mm。当Ⅰ层挖完后，对断层作了锚固处理，结果在扩大开挖中仅增加位移1 mm，锚固效果很好。

(2) 控制围岩有害位移。在Ⅲ断面附近开挖Ⅱ层时，一次爆破进尺15 m，位移猛增至17.34 mm，总位移量已达30.2 mm，而后开挖层虽已停止，位移仍按2 mm/d的速度增加。为此加快施工，迅速完成了喷锚及适当增加锚杆数量等一系列工作。3天后位移速度率就降为0.03 mm/d，证明支护效果明显。

(3) 监测资料是事故分析的依据。当厂房高边墙形成时，发现已锚喷过的4个母线洞都产生了与边墙平行的裂缝，愈接近边墙裂缝张开愈大，最宽达3 mm。当时正在开挖Ⅲ层台阶，观测到边墙位移15 mm。针对这一情况，设计提出了几种处理方案，但都因条件所限而无法实施。从观测资料看，当时围岩变形速率不大，收敛特征明显。经过分析认为，高边墙形成后，在地应力作用下必然有较大的位移，而围岩位移大量是以裂缝（或节理）张开来表征的，若开挖停止，裂缝也停止发展。观测资料也证实了这一论点。以后虽未采取处理措施，裂缝并没有继续发展。

（昆明勘测设计研究院科研所　王梅纯　陈扬辉）

十三陵抽水蓄能电站复成分砾岩区地下厂房围岩监测

（一）厂房工程概况及工程地质特性

十三陵抽水蓄能电站地下厂房开挖长度145.0 m，宽度23.0 m（拱脚部位27.5 m），高度46.6 m；主变室平行布置于厂房下游侧，开挖长度136.0 m，宽度16.5 m（拱脚部位20.4 m），高度25.5 m。主变室与地下厂房之间岩体净距33.6 m。地下厂房上覆岩体厚度260～280 m。

厂区岩体为侏罗纪复成分砾岩（以下简称砾岩），砾石含量在80%～90%之间，胶结物以钙质、粘土质为主，呈孔隙—接触—充填混合式胶结，胶结良好。岩体层理不清，略有沉积韵律，呈巨厚层状；产状为NE40°，SE40°；总厚度达500 m，厂房选定在最厚的部位。

砾岩单轴湿抗压强度60.0 MPa，静弹性模量1.5×10⁴ MPa，弹性波速4000 m/s，软化系数0.60，*RQD*为65%。

厂区砾岩裂隙不甚发育，主要属Ⅱ—Ⅲ类岩体，属基本稳定型；但在断层和裂隙密集带部位存在稳定性差的块体，有一组走向（EW）近直立的裂隙与厂轴交角甚小（厂轴方位NW285°），对高边墙稳定极为不利。

（二）围岩监测设计

本工程采取系统监测断面和随机监测断面(点)相结合的设计原则。

1. 监测项目　在地下厂房区共布置10类监测项目：①岩体内部位移（埋钻孔多点位移计19套）；②围岩内容变位（埋收敛测桩60套）；③锚杆应力（埋锚杆应变计24套）；④顶拱混凝土应变（埋应变计/无应力计20/10套）；⑤顶拱钢筋应力（埋钢筋计20套）；⑥锚索预应力变化（埋测力环18套）；⑦围岩松动范围（声波仪测孔19个，总进尺190 m）；⑧岩体内部温度（埋电阻式温度计4套）；⑨地下水渗透压力（埋渗压计4套）；⑩断层面滑移（埋测缝计10套）。仪器选择了防潮、抗震和长期稳定性均较好的钢弦式观测仪器。

2. 监测断面设计　系统监测断面共布置3个，分别为0＋33 m、0＋83 m和0＋119 m桩号。监测断面间距36～50 m，断面到端墙距离33～35 m，相当于1.5倍洞宽。系统监测断面均设计有钻孔多点位移计、锚杆应变计、声波仪、收敛计等。钻孔多点位移计长14～24 m，分预埋式和后埋式两种；锚杆应变计，顶拱长5 m，边墙长6 m和8 m，其长度和施工支护锚杆相同。钻孔多点位移计和锚杆应变计剖面布置见下图。

在施工中，还布置了5个随机监测断面（点）。

3. 监测点设计　本工程钻孔多点位移计均布置4点，锚杆应变计均布置3点；测点间距，从洞壁到洞内，由密逐渐变稀。

（三）监测成果分析

1992年2月安装埋设首批钻孔多点位移计、锚杆应变计，1993年6月最后一批围岩监测仪器安装埋设完毕，地下厂房开挖已完成，现场监测仍在进行中。现已取得大量观测资料，通过对最主要钻孔多点位移和锚杆应力值，以及典型钻孔多点位移和锚杆应力历时曲线的分析，可以得出以下几点看法：

(1) 地下厂房围岩变形分布特点是，位移最大值及平均最大值均发生在边墙中部（0＋33 m桩号下游侧45 m高程处位移达40.13 mm），其次为顶拱，再次为边墙中下部，拱脚变形最小。

(2) 锚杆应力分布特点是，应力最大值及平均最大值均发生在边墙中部（0＋83 m 桩号，上游侧 45 m 高程处锚杆应力达 347 MPa），其次为拱脚，再次为边墙中下部，顶拱锚杆应力最小。

（3）不同项目观测成果之间的相关性较好，观测成果和工程地质条件、单层开挖厚度的一致性也较好。

（4）上述历时曲线呈明显的台阶状，这表明分层开挖及随后的喷锚支护，明显地影响着围岩位移和锚杆应力历时曲线的形态特征，这是大型地下厂房分层开挖引起的显著特点。

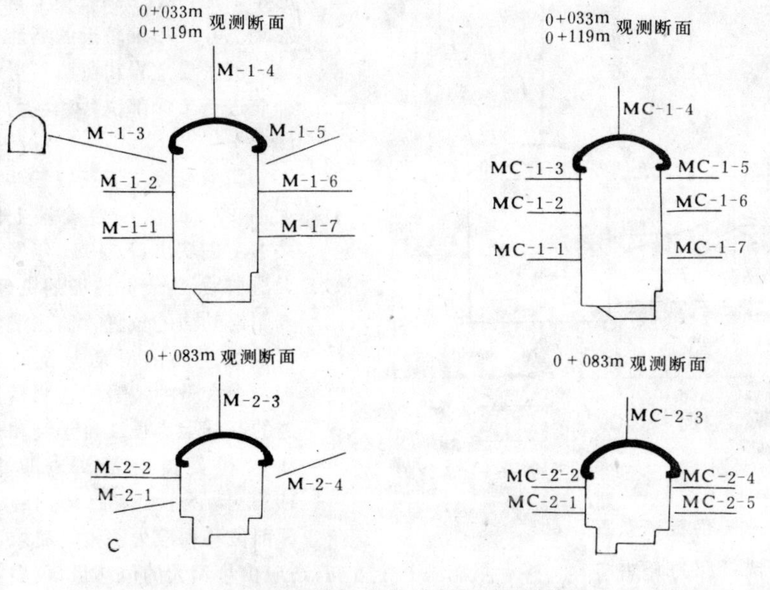

位移计及锚杆应变计剖面布置图

M—位移计；MC—锚杆应变计

（四）监测成果的工程应用

地下洞室围岩监测及信息反馈，是新奥法三个要素之一。本工程围岩监测成果主要应用于以下几个方面：①根据观测资料及时发布险情，据此，采取加强支护措施；②用监测资料指导开挖；③根据观测资料评价喷锚支护参数；④验证建筑物安全度；⑤为判定围岩稳定性提供依据。

十三陵抽水蓄能电站地下厂房围岩监测资料表明：地下厂房的喷锚支护是成功的，围岩是稳定的。

（北京勘测设计研究院科研所　齐俊修）

东风水电站地下厂房围岩原位监测

东风水电站地下厂房位于右岸山体内，地层为中厚层夹薄层灰岩。厂房轴线 NE7°，根据地应力量测资料，厂区以水平地应力为主，σ_1＝12.25 MPa，与厂房轴线呈 77°交角。地下厂房洞室尺寸为 105.5 m×20 m×48 m（长×宽×高），与主厂房平行并距下游 31 m 处布置 66 m×19.5 m×26 m 的主变压器开关室。两大洞室均采用锚喷永久支护，并采用岩锚吊车梁新型结构。厂房主体工程于 1989 年 12 月开始开挖，1992 年 2 月开挖完成。工程于 1994 年 4 月 6 日下闸蓄水，施工期监测告一段落。

（一）监测内容

监测内容分为：表面变形观测，围岩内部变形值、锚杆应力值监测。为检验地下厂房防渗帷幕和排水效果，设置了渗压计监测。对岩锚吊车梁主承拉锚杆受力状况以及梁体与岩壁间的张裂情况也进行了监测。使用的监测仪器有多点位移计、锚杆应力计、渗压计、测缝计和收敛计。

（二）监测设计

为保证施工开挖期的安全，根据地质条件和结构类型选择适当的标准断面，还考虑了洞室交汇部位的围岩监测。地下厂房布置 3 个变形监测断面，主变压器室布置 2 个变形监测断面，与每个变形监测断面相距 1 m 平行布置 1 个锚杆应力计监测断面；同时在主厂房与 3 条母线洞交汇的顶部各布置 1 套多点位移计，进行变形监测。共布置多点位移计 29 套，每套 4 个测点，共计 116 个测点；锚杆应力计 26 套，每套 3 个测点，共计 78 个测点。在主厂房周边，距洞壁 5 m 深处布置渗压计 10 支。对主厂房岩锚吊车梁布设锚杆应力计 21 套，测缝计 10 支。为了减少施工干扰，充分利用厂房附近的排水廊道和通风洞，在主体工程开挖之前埋设了 10 套多点位移计，给监测工作带来很大好处。详见下图。

（三）仪器选型

由于监测仪器将在地下洞室的恶劣环境下运行，因此应能满足耐腐蚀、防潮湿，并具有较好的长期稳定性。除进口 1 台 RST30 m 卷尺收敛计外，其余仪器全部为国内产品。为满足工程进度的要求，实施中多点位移计选用的类型较多，计有 DWG－40 型差动变压式 12 套；4DVJ－EG13/L8 型电感式 10 套；SDW－100 型振弦式 7 套。锚杆应力计均为振弦式。测缝计、渗压计均为卡尔逊式。

（四）监测成果分析与评价

（1）从地下厂房围岩监测成果施工期最大值来看，变形量级不大，约为各有限元计算围岩变形成果的1/3～1/5。位移历时曲线在开挖期多成台阶状，表明空间效应比时间效应明显。在永久支护完成后，变形趋于平稳或减少，顶拱上抬不足 1 mm，边墙回缩在 2 mm 以内。锚杆应力值均在容许范围内。

(2) 由于主变压器室尺寸小于厂房，故其围岩变形值及锚杆应力值均小于厂房。顶拱下沉量为 2.5 mm，边墙最大变形为 4.36 mm。锚杆应力大部分小于 10 MPa，最大值为 36 MPa。

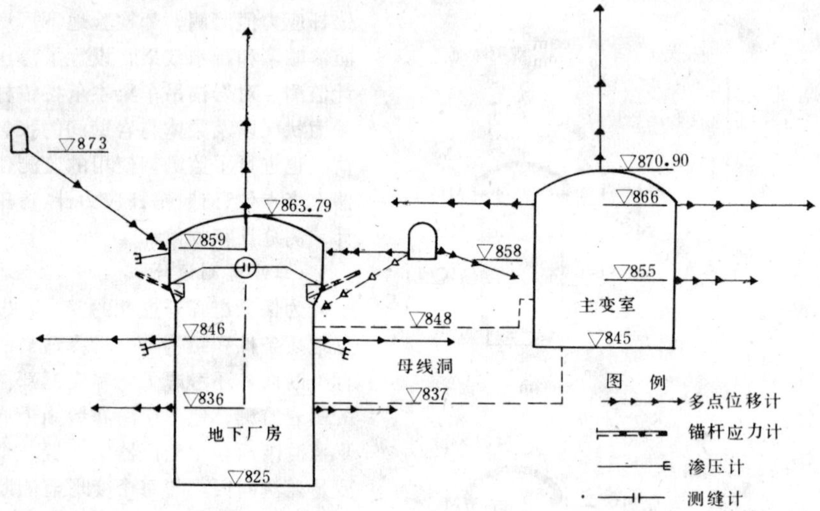

观测断面监测仪器布置图

(3) 在岩锚吊车梁浇注完成后，锚杆应力开始增大，随着厂房往下开挖，锚杆应力也随之增加，仅有 2 支锚杆应力计达到 100 MPa，其余均小于 50 MPa。1993 年 6 月进行了 350 t、500 t、575 t、625 t 4 个荷级的承载试验，在 575 t 的吊重下，实测最大锚杆应力值增量达 12.7 MPa，最大裂缝增加值为 1.31 mm，累计裂缝宽度为 1.804 mm。由于吊车梁的斜拉锚杆在孔口附近 2 m 长涂上沥青，避免了锚杆在孔口附近产生过高的局部应力。

经过 4 年半的围岩原位监测，围岩监测信息得到大量反馈，加上地质条件的充分揭露，对大部分洞室的锚杆支护参数都作了调整；主厂房经 3 次调整后，锚杆总量减少了 30%以上。蓄水期、运行期的监测工作将继续进行。

（中南勘测设计研究院 宁秩南）

三峡工程水库库岸重点滑坡监测

长江三峡工程水库库岸长 500 余 km，河谷深切，岸坡高陡，存在很多滑坡体和危岩崩塌体。据不完全统计，滑坡方量大于 100 万 m^3 的约 80 多处；近期正在发展、规模较大的滑坡有黄腊石、链子崖和新滩等 6 处，其中新滩滑坡已在 1985 年 6 月 12 日发生大滑坡。三峡工程建成蓄水后可能局部失稳的还有茨草沱、流来观、鸭浅湾、水竹园等 16 处滑坡。1982 年以来，由于先后发生四川云阳鸡扒子滑坡和湖北新滩滑坡，三峡工程库岸稳定性问题更加受到政府和有关工程部门的重视。在一般进行地表监测的基础上，从 1986 年起，首先对离三斗坪坝址较近的新滩滑坡、链子崖危岩和黄腊石滑坡补充进行了深部位移和应力监测。

新滩滑坡位于三峡三斗坪上游 27 km 处的西陵峡上段兵书宝剑峡出口。1985 年发生大滑坡后，为研究滑坡的机理、查明滑动面的位置、监测滑坡可能发生新的滑动并及时预报，在大量的地表位移测量设施的基础上，长江科学院和长江水利委员会勘测总队于 1986 年在滑坡体上又开展了深部位移和应力测量，要求位移量测能测三个方向；适应由小到大的位移量；仪器在现场湿度大的情况下，能长期稳定地工作；采用不止一种仪器以便相互校核等。在滑坡体前沿埋设了一个孔深为 34 m 的钻孔倾斜仪孔，监测滑坡体的深部位移；利用深 51 m、直径 2 m 的勘探竖井埋设位错计、附壁位移计、压应力计、倒垂线、钻孔电测水位计等手段监测岩体和夹层的位移、应力和水位，从而填补了三峡工程库岸深部位移、应力监测的空白。1992 年 6 月完成了对竖井中埋设的仪器通过 DCP 平台采集、存储并发射到人造地球卫星，通过卫星再传到北京地面接收站的数字传输试验。

链子崖危岩位于新滩滑坡的对岸，被 10 余条大裂缝和数十条小裂缝切割，形成总体积约 315 万 m^3 的危岩体。为了研究危岩体的破坏机理，危岩体是否会沿底部煤层滑动和监测其安全稳定性，在大量的地表位移、应力监测设施的基础上，1989 年在危岩体最危险的 T_8～T_{12}号缝段埋设了 1、2 和 3 号 3 个钻孔倾斜仪孔，孔口高程分别为 257 m、234 m 和 285 m，孔深分别为 164 m、152 m 和 160 m，用以监测危岩的深部位移。在每个钻孔的孔底还埋设有渗压计，用以观测地下水的压力。

黄腊石滑坡距下游三峡坝址 64 km，位于巴东城对岸偏下游 1.5 km 处，是一个由多个、多级滑坡体组成的古滑坡群体，滑坡体总方量约 1800 万 m^3。1983 年 7 月发现滑坡体出现多条长 10 余 m 的横向大张拉缝，农舍被拉裂，道路被错断。1985 年 11 月由长江水利委员会勘测总队建立地表位移监测基准网和视准线监测系统，发现地表和建筑物裂缝有扩大、延伸之势。但地表位移监测不能提供滑动面位置的任何信息。对于滑动面的位置存在如下争议：一种意见认为，滑坡将沿堆积层与基岩的交界面滑动，即浅层滑动；另一种意见则认为，可能沿基岩中的弱面滑动，即深层滑动。争议难于定论。为控制东部周家湾、石榴树包基岩切层滑坡，在前缘剪出口附近布置有 22 号钻孔倾斜仪监测孔，孔口高程 133.10 m。西部大石板-台子角地段系局部切入基岩的崩坡积层滑坡，有可能大石板首先失稳，然后推动下部的台子角滑出，因此在大石板滑坡体的前缘 450 m 高程处布置了 27 号孔。在台子角滑坡体的前缘 190 m 高程处布置有 8 号孔。3 个钻孔倾斜仪孔的孔深为 68～80 m，还利用勘探平洞设置了短基线测量，所有上述设施均用于观测滑坡体的深部位移。此外，还利用勘探钻孔观测地下水水位变化。

到 1992 年，在上述三个滑坡（危岩）体上总共埋设钻孔倾斜仪孔 7 个，钻孔总进尺 725 m 深左右，编制了整理和分析监测资料的软件，实现了用计算机进行资料的整理和分析。实践证明，钻孔倾斜仪是滑坡监测的有效手段，在发现滑动面的发生、发展方面，有地表位移监测不可代替的优点。新滩滑坡的监测资料表明，自 1985 年大滑坡发生后至今，滑坡体虽然仍有缓慢的蠕变，但总体上处于均匀蠕变变形阶段，受雨水、地下水和江水的影响，变形有起伏。汛期变形增大，过后又趋于稳定，没有发现新的滑动面。1988～1989 年，长江科学院根据新滩滑坡的钻孔倾斜仪的深部位移监测资料对滑坡作了位移反分析的研究，探索将决定论模型的思想和有限元方法应用于天然滑坡，分析了地下水位和江水水位等环境量的变化和效应量位移变化之间的关系，得到了新滩滑坡体滑坡后的等效弹性模量。利用这个等效弹性模量分别采用有限元和沙尔玛法作了稳定性计算，等效模量和试验值一致；有限元计算的稳定性安全系数与沙尔玛法计算的接近。由董学晟、李迪、叶查贵合写的《新滩滑坡位移反分析》论文在 1991 年德国亚深召开的第 7 届国际岩石力学会议上交流，并被收入会议论文集。链子崖危岩体虽有一定的位移，但非持续增长，并且尚未见到明显的滑动面，目前还不能得出可能沿煤层滑动或倾覆破坏的结论。黄腊石滑坡的深部位移监测资料表明，该滑坡体已出现明显的滑动带，带厚 2～3 m；滑动带位于堆积层与基岩的交界面；如果滑坡失稳，将很可能沿此交界面发生浅层滑动破坏。监测资料不仅回答了长期关于滑动系浅层还是深层滑动的争议问题，为制订下一步滑坡的整治方案提供了科学依据，而且对历年安全渡汛发挥了重要作用。滑坡正不断以月平均速率 0.6～1.8 mm 缓慢地位移，非汛期基本处于均匀蠕变变形阶段；汛期位移速率明显增大，全年总位移量中，汛期的位移量占绝大部分，汛期过后位移又趋于平缓，这说明降雨引起的地下水、地表水和江水水位的变化是影响滑坡的主要因素。从 1989 年 1 月到 1991 年 9 月，位于较高高程（450 m）的大石板滑坡前缘的 27 号孔累计相对位移约 6 mm，相应同期位于较低高程（133.1 m）的 22 号孔的累计相对位移仅 2 mm。这与地质上推断的大石板可能首先滑动，然后推动台子角、石榴树包滑动是完全一致的。

（长江科学院　李　迪）

新设备研制与应用

物探设备的研制与应用

近几年来，物探新技术、新方法、新仪器的研制与应用，给物探事业注入了新的活力，进一步发挥了物探在水利水电工程勘测中的作用。水电系统开发研制物探设备和应用新仪器的情况详见表1和表2。

表1　物探设备开发研制情况

设备名称	研制单位	鉴定时间	应用情况
ES-1210F 地震仪接口及浅层反射处理软件	北京勘测设计研究院物探组 核工业部三所	1990 年 8 月	曾获水电系统QC发布成果二等奖；曾应用于十三陵抽水蓄能电站、紫坪铺水电站、山东龙口煤田勘测工作中

续表

设备名称	研制单位	鉴定时间	应用情况
浅层反射数字采集接口及处理软件	东北勘测设计研究院勘测公司物探队	1991年11月	曾应用于大藤峡、锦屏、松花江等工地勘测中，曾获国家优秀QC小组三等奖
浅层反射数据处理软件	成都勘测设计研究院物探队 成都地质学院	1991年11月	曾应用于桐子林、锦屏、溪落渡等水电站的勘测中
ZCD－50型钻孔彩色电视系统	长江水利委员会勘测总队 长江勘测技术研究所	1989年	1990年获水利部科技成果二等奖，1992年获能源部科技进步二等奖；曾应用于王甫洲水利枢纽地质调查，漳河水库灌浆效果检查，葛洲坝、八盘峡基础安全检查，江阴长江大桥桥基勘探，三峡黄腊石滑波调查，三峡工程地质构造及风化带，南川水库坝基地质调查
小口径全波列数字声波测井仪及应用研究		1990年	
3000系列综合测井仪数字采集系统			
钻孔综合测试及数据处理研究			

注 组织鉴定单位均为水利水电规划设计总院。

表2 物探新仪器应用情况表

仪器名称	生产厂家	用途	应用简况
S_{12}地震仪	美国 GEOMETRICS	地震勘探（12道）	原ES－1210F仪器的更新换代产品，信号增强，浮点放大，已用于常规地震勘探（折射、反射）生产工作，效果较好
R_{24}地震仪		地震勘探（24道）	
MARK－6地震仪	瑞典 ABEM	地震勘探（24道）	处于验收、试验阶段
SIR－10地质雷达	美国 EGSSI	岩溶、洞穴、管道探测	自1991年以来，先后用于天生桥、普定、马场坪、思林水电站和贵阳新机场等工地岩溶、溶洞、埋设管道、河床覆盖层的探测，效果较好
SYSCAL－R_2数字电法仪	法国 SOPROMO	电法勘探	用于直流电法勘探覆盖层厚度等问题，仪器抗干扰能力强，工作效率高
CE－9201土建工程质量检测仪	中国长沙 白云仪器公司	工程勘察，土建工程质量检测	已通过建设部组织的鉴定；仪器适用于测桩等工作，价格适宜，水电系统已有数台用于生产
LCR－D型重力仪	美国	探测岩溶及地下不均匀体、溶洞	1990年微重力攻关QC小组获国家优秀QC成果奖；先后在东风、猫跳河梯级等水电站，城市地下人防工程中进行探测，效果良好

（水利水电规划设计总院　才致轩）

区域稳定和地震

小湾水电站断层位移量研究

云南省澜沧江小湾水电站的大坝为双曲拱坝，坝高292 m。该水电站位于澜沧江大断裂带附近，在坝址区发育有数条近东西向的断层。对这些断层的活动性曾作过反复深入的研究（参见《中国水力发电年鉴1989～1991》“小湾水电站工程场地的构造稳定评定”条目）；为了工程的安全还进行过断层位移量研究和断层位移监测工作，现分述于下。

关于小湾水电站坝址区断层位移量的研究，虢顺民等首先对第四纪以来的堆积层、水系、山脊的位错进行测量，建立第四纪以来的位移量。依据一些研究者的研究，断层活动次数越多，断层泥的厚度越大，断层的位移量亦越大；断层泥厚度的对数与断层位移量的对数具有较好的线性关系。通过对坝区不同地点的断层泥厚度进行统计和加权，从安全角度出发将断层泥厚度增加10%来计算断层的位移量。为使计算结果更接近实际，还采用坝区的岩石、相似的边界条件，进行了断层泥厚度与位移量和断层位移量与断层泥粒度关系的模拟实验。由三种方法得到的结果列如表1。

表1 小湾坝址区断层年水平位移量（mm）

方法＼断层编号	F_1	F_7
地质方法	0.45	0.13
统计方法	0.1	0.06
实验方法	0.2	0.1

为监测小湾坝址区 F_7 断层的现今活动性，在坝址区右岸 PD_5 平洞和左岸 PD_6 平洞分别安装两台MD4281B型岩体变形测量仪（亦称DSJ型断层活动测量仪），于1990年1月4日投入正式观测，仪器工作正常。从1990年至1993年底的观测数据（见表2）可以看出，两岸测量点的位移量、剪切分量和法向分量的各项数值的变化右岸均大于左岸；其中，剪切分量右岸呈反扭，左岸呈顺扭；位移变形右岸呈拉张反扭，左岸为拉张顺扭。各项数值随时间推移而递减，第一年最大，而后变化幅度有所减小，年变化值不大，几乎趋于稳定；月均值的变化速率还有弹跳变化，规律性不强，也不协调，但未发现有蠕变现象。

表2 F_7 断层两岸各分量值（mm）

测点位置	分量值	1990	1991	1992	1993	累积值
右岸(PD5)	位移量	5.994	1.507	0.950	0.651	9.102
	剪切分量	−3.765	−0.697	−0.480	−0.460	−5.402
	法向分量	4.664	1.336	0.820	0.460	7.280
左岸(PD6)	位移量	1.869	0.587	0.292	0.160	2.908
	剪切分量	1.406	0.383	0.168	0.095	2.052
	法向分量	1.232	0.444	0.238	0.129	2.043

注 表中数字依据勾波的研究报告。

通过几年的观测，为论证 F_7 断层的现今活动性提供了一定的根据。可以初步认为：两岸测点的各项数据随时间的推移而递减，未发现有突变现象；同时月均值的变化出现弹跳变化，各点的速率变化不协调，规律性不强，因而尚难于以构造活动去判断。各项数据的变化可能是谷坡岩体应力局部调整和仪器在各种因素影响下的综合反映，因此可视为 F_7 断层现今无活动迹象。随着观测数据的增加，将更能排除构造因素，寻找到各项数据微量变化的原因。

（水利水电规划设计总院 李祖信）

库区环境地质问题

三峡工程库区城镇迁建环境地质问题

三峡工程坝前蓄水位（吴淞高程）175 m时，库区迁建或部分迁建城镇共126座，其中设市的有万县市和涪陵市，县城有秭归、兴山、巴东、巫山、奉节、云阳、开县、忠县、丰都和长寿，共12座；建制镇25座；其它场镇89座。原万县市和万县合并设市并划分为龙宝、天城和五桥等3个县级区。在12座县、市中，万县市、涪陵市、忠县和长寿县城部分迁建、就地后靠；其余8座县城全迁。

城镇新址的选择，是一项极其严肃的工作，一方面，新址要回避崩、滑和泥石流易发部位；另一方面还要充分估计到城镇建设与运行期间可能出现的、新的地质问题，并经受世世代代的考验。为此，长江水利委员会于1992～1993年间对所有迁建城镇的新址组织初勘阶段的综合工程地质与环境地质勘察，完成的工作量有：地质测绘1：50000，750 km²；1：25000，30 km²；1：10000，730 km²；1：2000，2.6 km²；1：1000，6 km²；岩心钻探11476 m以及地球物理勘探、1：500陆摄成像、岩土试验与分析研究等工作。提交的成果是分县各城镇新址地质论证报告，主要图件是综合工程地质图、微地貌/地形坡度分区图、稳态分区图和建筑适宜程度分区图（比例尺均系1：10000），其中建筑适宜程度分区图为新城镇总体规划的直接依据。所有迁建城镇新址详勘阶段的勘察工作已全面开展，勘察成果计划于1995年10月提交。

根据初勘阶段的勘察结果，将三峡库区迁建城镇新址的地质环境与今后可能出现的、新的环境地质问题概括为以下6类。

1. 地震问题　三峡工程的地震问题已有基本结论，总体地震活动水平不高，唯考虑到周坪（预计最大震级5.5～5.8级）、渔洋关（预计最大震级5.5级）和兴山～巴东（预计最大震级6.5级）等3个潜在震源与可能发生的水库诱发地震，兴山和巴东县城镇与秭归县集镇中的高层建筑和重要的、特别是易爆易燃厂矿企业要按Ⅶ度地震设防。

2. 边坡问题　这是顺向坡、特别是三叠系中、上统和侏罗系下、中统地层区普遍存在的地质问题，人工边坡设计不合理或过高的边坡将构成新城镇建设与运行中的主要地质问题。

3. 回填地基问题　三峡库区地形复杂，在自然条件下可供成片建设的平坦地不多。初勘阶段的勘察结果表明，在不进行人工改造的前提下可直接建设的Ⅰ类和Ⅱ类场地面积仅占勘察总面积的15%左右，加上限制性利用场地即Ⅲ类区，也只有30%左右。可见，多数城镇建设必然要出现平（山）填（沟）工程。对所有回填工程必须谨慎设计施工，严格遵循规程规范，控制回填高度并切实做好排水。丘陵地区建设要依山就势，避免大面积改造与回填工程，新的城镇要按实际地形地质条件进行合理的、独具风格的布局，这叫顺应性原则，不要去套用平原地区大组团式的规划、建设模式。

4. 古滑体的利用问题　迁建城镇新址选择的一条准则是：必须回避崩、滑或泥石流等地质问题易发部位，包括非稳态岸坡与古崩、滑体。但有些城镇新址要被迫考虑古滑体的利用可行性问题。具体地说有两种情况：①巴东县城址——黄土坡古滑体。这是错误的地质结论所酿成的、具有特大潜在威胁的新城址。摆在各级人民政府和岩土工程界面前的、最紧迫的任务是要在三峡水库开始蓄水前认识黄土坡古滑体的实质并采取行之有效的措施，建立变形监测网，以保护已建城区安全运行或将可能出现的意外损失减小到最低程度。②奉节县的安坪镇新址——藕塘、云阳县的故陵镇新址——水田坝～大转包一带、万县市天城区的枇杷坪和开县的渠口镇新址等4处均系古滑体。之所以将这些古滑体定为新城新址，一方面是由于那里的地形地质环境决定别无他处可供选址；另一方面，经勘察论证说明，只要集镇建设与运行严格遵循古滑体稳态基本条件，仍可作为集镇新址进行建设。古滑体的稳态基本条件已作为集镇的建设与运行限制条件，在勘察报告中分别作了具体说明。

5. 新址外围地质问题　有些迁建城镇新址周围地形地质环境复杂，比如巴东县新城下游1～2 km的北岸为黄腊石崩、滑体，近年来表层变形明显，系重点研究并治理的大型崩、滑体；秭归县的郭家坝新址被多个崩、滑体所包围，等等。经勘察查明，大约47座城镇新址外围约有78处这类崩、滑体，它们的失稳对新建城镇的影响程度将因地而异，但都有一个共同的任务：必须建立变形监测网。监测网以县、区、村体系为基础的群众性监测系统为主体，对那些潜在威胁大的崩、滑体应建立自动化监测网。外围地质问题的另外一种形式是泥石流，主要出现在奉节的草堂河与梅溪河，泥石流源主体是崩、滑体的改造物。

6. 其他问题

（1）库岸再造问题，突出地反映在巴东县黄土坡、巫山县城、万县市、忠县、涪陵市、丰都和长寿县城的沿江一带。这个问题直接关系到原城区迁出范围或者说迁移线的界定和城区前缘的改造规划及港口、码头建设。鉴于三峡库区岸坡类型繁多，库岸再造域预测理论与方法有待通过实践与科学研究分段建立。

（2）浸没问题，主要出现于开县原县城和江北县的洛碛镇。开县县城已规划迁往南河南岸的驷马乡一带，但原城区面积大、地势平坦，若能沿江筑堤进行防护，多数基础设施与建筑物可继续使用或经适当改造后可重新开发利用。这就是进一步研究原城区沿江一带浸没效应的主要目标。现洛碛镇座落于Ⅰ级阶地上，镇区大部存在浸没问题，但该镇的浸没问题因蜘蛛网式分布的人防洞而转化为大面积塌陷问题。因此这个问题的中心是"1981.7"特大洪水淹、浸及由此而出现的地面塌陷、房屋变形、倒塌。阶地是自然堆积产物，系良好的建筑场地，但经人工改造和"1981.7"洪水淹、浸后，阶地物质普遍松动，原有结构与固结条件已不复存在，显然，已经出现变形的部位不宜进行建设。综观浸没域与塌陷域分布格局，可供建设的部位所剩无几，故地质条件决定洛碛镇要迁建，新址即选择在上游的上坝一带。

（3）岩溶塌陷与采空区问题。岩溶塌陷问题仅出现于石灰岩地区但并不普遍，而且塌陷可能部位均在相应图件上一一注明。采空区主要出现在秭归县的郭家坝和泄滩两镇新址，全系小型煤窑，洞室分布与规模很难核实准确，故作为遗留问题，有待进一步探查。

（长江水利委员会综合勘测局　崔政权）

三峡工程水库库岸稳定性问题研究

三峡工程正常蓄水位175 m，水库干流段长580～667 km；回水长度在1 km以上的支流有173条，回水总长度约1840 km，为一典型的河谷型水库。水库库岸主要由坚硬～中等坚硬岩石组成。其稳定性主要受岩性、构造及与之相关的地貌特征控制。以干流为主，兼顾支流，可以分为三个库段：Ⅰ库段，为结晶岩低山丘陵宽谷库段，从坝址至庙河，长16 km；Ⅱ库段，即碳酸盐岩夹碎屑岩中山峡谷库段，从庙河至白帝城，长141.5 km；Ⅲ库段，为碎屑岩低山——丘陵宽谷段，从白帝城至猫儿峡，长492.5 km。

依据岸坡的岩性及其组合、结构类型，以及坡形、变形、破坏，现有滑体的稳定性及库水作用下的可能变化，将库岸的稳定条件分为好的、较好的、较差的和差的四种类型：①稳定条件好（A）的岸坡。变形破坏程度轻微，这类库岸长4271.4 km，占库岸总长的85.8%。②稳定条件较好（B）的岸坡。变形破坏中等，这类库岸共76段，长354.5 km，占库岸总长的7.1%，其中干流部分长89 km，支流部分长265.5 km。③稳定性较差（C）的岸坡。岩性软弱或呈软硬相间组合，岸坡结构与坡形均不利于稳定，老的崩塌、滑坡体较多，但大多数不再活动；100万m^3以上的滑坡体中，有少数稳定性差，在水库运行期间可能局部失稳，基岩坡内也可能产生局部塌滑。这类岸坡有102段，计长281.2 km，占库岸总长的5.6%，其中干流段长116 km，支流段长165.2 km。④稳定性差（D）的岸坡。岩性软弱或呈上硬下软的组合，岩体裂隙发育，岩坡结构、坡形有利于产生变形破坏；现今变形破坏程度较高，或大型崩塌、滑坡体近期曾大规模复活（如鸡扒子、新滩），或变形正在发展（如黄腊石、链子崖）；在天然情况下及水库运行期间，都可能发生较严重的崩滑，也可能产生局部的基岩崩滑。这类库岸共有37段，长72.4 km，仅占总长的1.5%，其中干流仅长16.1 km，占干流库岸总长的1.2%。

综上所述，三峡工程水库库岸的总体稳定性是好的，稳定条件好的和较好的库段占总长的92.9%；稳定条件差的岸段不长，且分布在远离坝址的局部地段上。

经过多年多种手段的岸坡调查，库区崩塌、滑坡和危岩体共约684处，总体积30.4亿m^3。其中干流崩滑体215处，共17.3亿m^3，支流崩滑体469处，共13.1亿m^3。

就崩滑体类型而言，滑坡体552处，27.8亿m^3，分别占相应总量的80.7%和91.5%，可见滑坡是库区主要的岸坡破坏形式；崩塌堆积体126处，体积2.5亿m^3；危岩体6处，786万m^3。在滑坡体中，又以基岩顺层滑坡为主，其体积达18.9亿m^3，占库区崩滑体的62.3%。

就崩滑体规模而言，巨型（大于1亿m^3）的4处；大型（0.1亿～1亿m^3）的53处；中型（100万～1000万m^3）的263处；小型（小于100万m^3）的364处，仅1.2亿m^3。小型崩滑体数量占54%，体积却只占4%，这表明100万m^3以上的崩滑体在库岸稳定性评价中起决定性作用。

库区崩滑体的分布具有地带性。在干流库段，主要分布在万县以下。支流库段，则主要分布在香溪河、归州河、青干河、草堂河、梅溪河和乌江。坝前17.5 km库段无大的崩塌滑坡体；丰都以上除乌江外，中型以上崩滑体稀少。

库区684个崩滑体的稳定性综合分析评价表明：在天然条件下，稳定和基本稳定的有569处、占83.2%，体积26.2亿m^3、占86.2；稳定性较差的和差的115处，共4.2亿m^3，只分别占总数和总体积的16.8%和13.8%，其中体积100万m^3以上的崩滑体中，稳定性差和较差的64处，共3.4亿m^3，占中型以上个数的20%，体积的11.8%，其中，干流稳定性差的7处，较差的10处，共1.53亿m^3。但库区所有巨型崩滑体和85%的大型崩滑休都属于稳定和基本稳定类型。由此可见，库区崩滑体中，绝大多数稳定性都是好的和比较好的。

在水库蓄水运行期间，稳定性差的崩滑体可能失稳，但其形式主要是前缘部分的蠕滑、坍滑或解体，整体性复活的将比较少见。

水库库区稳定条件差和较差的崩滑体总休积约4.2亿m^3，水库蓄水后即使全部失稳，按1/4体积入江计算也仅约1亿m^3，对水库的库容和寿命无实质性影响。

坝前26.5 km以内，不存在大型崩滑体；距坝址最近的新滩滑坡和链子崖危岩体，按最坏的假定条件进行涌浪试验和计算，一旦失稳而引起的涌浪到达坝址的浪高小于2.7 m。因此，局部岸坡失稳不影响工程施工和运行安全。

三峡水库形成后，干流库段水面宽度将比天然情况增宽200～800 m，水深增加10～100 m，水下断面一般增大3～10倍；经计算，任何一个崩滑体失稳入江都不会堵塞航道或碍航。因此，天然条件下大型崩滑体滑落入江可能碍航乃至断航的情况，将大为改善。三峡工程的兴建，也有利于支流库段航运的发展和开发。

三峡工程水库兴建前，巴东、巫山、奉节、云阳、香溪等城镇可能受到所在地或相邻地段崩滑体的直接威胁或涌浪影响；水库形成后，上述城镇已全部或部分迁移。在库区移民安置和城镇新址选择中已充分注意岸坡稳定问题。

（长江水利委员会三峡区勘测大队 薛果夫）

二滩水电站金龙山谷坡稳定性研究预测与监测

金龙山谷坡是位于二滩水电站库首左岸，距大坝约 1 km 的一个高边坡，其稳定性与该电站的安全施工和正常运行关系十分密切。

（一）基本地形地质条件

金龙山谷坡三面受切割，西侧为阿布郎当沟，东侧为金龙沟，雅砻江以 S60°E 流向流经南侧坡脚。坡向 S30°W，平均坡度约 30°，坡高 500～800 m，平均宽约 700 m，面积近 1.3 km^2。

谷坡处于共和短轴背斜南部倾伏端东翼，由倾向河床的单斜岩层组成，上部为似层状和块状结构的峨眉山玄武岩，下部为层状结构的沉积岩，白云岩至玄武岩中有数十条辉绿（玢）岩脉贯入穿插。地层产状近 EWS∠30°～35°，岩层以 25°左右的视倾角倾向河床、以 16°左右的视倾角倾向下游。

谷坡上无大的断层通过，主要软弱结构面为阳新灰岩顶、底的两条假整合面，且均已形成接触破碎带；次为玄武岩体内的似层面及沿此发育的层内错动带为主的小型构造破碎带和一对共轭的平面 X 节理裂隙组；基性岩脉亦多形成接触破碎带。

谷坡表、浅层玄武岩体，卸荷松弛，风化强烈，完整性差，结构强度较低。

谷坡构成一个自补给自排泄的简单而完整的水文地质单元。以梁山组粘土岩为隔水层，上部为裂隙潜水含水层，地下水位埋藏较深；下部为裂隙承压水含水层。

（二）谷坡稳定性分析评价与预测

金龙山谷坡内阳新灰岩之上的新鲜玄武岩体中，不存在潜在统一滑面。梁山组粘土岩和阳新灰岩顶、底假整合面及临空条件，对坡体的整体稳定起着主要控制作用。

谷坡西侧紧邻阿布郎当沟一带为基岩裸露的稳定条形山脊。此山脊以东的玄武岩出露区，根据其稳定性的区段差异，自西向东分为Ⅰ、Ⅱ、Ⅲ区，其滑动危险性逐步减弱。

1. Ⅰ区的稳定性评价与预测 Ⅰ区为一顺坡向槽谷，1500 m 高程以下坡体，在雅砻江一级阶地形成之前已沿梁山组粘土岩顶板滑动；多次滑动所形成的 1400 m 高程以下大面积滑坡堆积体，达 350 万～380 万 m^3，现状基本总体稳定。刚体极限平衡法（空间力系）的稳态分析结果表明：施工期围堰挡水位至 1060 m 高程时，将淹没选矿车间滑坡堆积体的 1/3，使Ⅰ区坡体处于临界稳定状态；运行期水库蓄水至正常蓄水位 1200 m 高程时，古滑坡堆积体的一半以上约 200 万 m^3 将淹没于库水位以下，水库水位急剧消落至死水位 1155 m 高程时，库水位消落段坡体极可能发生牵引式复活滑动，但对水库正常运行的影响较小。

2. Ⅱ区的稳定性评价与预测 对Ⅱ区坡体的稳定性除进行工程地质定性评价外，还用刚体平衡法（单宽平面力系）、毕肖普法和不平衡推力传递系数法进行了稳态分析与预测。

（1）Ⅱ区的深层整体稳定性。Ⅱ区谷坡内两假整合面顺产状延伸至雅砻江河床，已深埋于 50 m 以下，无构成滑坡发育的可滑有效临空面条件，历史上未曾发生过深层滑动。两假整合面虽一直有缓慢的顺层蠕变，但尚处于能量积累的初期阶段，总体变形轻微，谷坡现状稳定。稳态分析结果也预计到，水库蓄水后不存在沿两假整合面（特别是深山组粘土岩顶板）为滑移底界而发生深层整体滑动失稳问题。至于水库运行期，假若Ⅱ区坡体深层整体稳定性极端恶化时可能的最不利变形破坏机制与地质模式，是否会经历顺层岩质边坡的推动式滑坡即溃曲破坏（滑移—弯曲型破坏）的发展演变过程，现在还不能作出结论，有待于深入试验研究和长期原位安全监测验证。

（2）Ⅱ区的浅层稳定性。Ⅱ区表、浅层玄武岩体破碎风化，蠕变较强烈。高程 1080～1265 m 范围内坡体为较强蠕变—蠕滑岩体，平均厚约 30 m，总体积 180 万 m^3。分析结果表明，上述岩体现状整体稳定，但粘土矿油库蠕滑岩体已处于极限平衡状态；在施工期，围堰挡水对其稳定均无影响；水库蓄水后，大部分将淹没于水下。油库蠕滑岩体虽一直在死水位以下，但仍可能失稳下滑。较强蠕变岩体虽同油库蠕滑岩体一道整体下滑的可能性不大，但局部仍有失稳塌滑的可能性。

（3）二滩粘土矿采矿对谷坡原有稳定状况的恶化。二滩粘土矿在金龙山谷坡Ⅱ、Ⅲ区内开采高铝高钛硬质耐火粘土矿和磁铁矿。采空区顶部岩层将一次、再次错断塌陷并影响到地表，不但改变了边坡岩体的应力分布，恶化了坡体的应力状态，还有利于Ⅱ区坡体东部侧向切割面（特别是沿基性岩脉破碎带）的追迹形成，最终解除其侧向约束。粘土矿采矿，已经且必将进一步恶化谷坡（特别是Ⅱ区）的深、浅层稳定性，有关方面和政府权威机关要高度重视。

3. Ⅲ区的稳定性评价与预测　Ⅲ区坡体结构及整体稳定性较好，蠕变微弱。Ⅲ区内金龙沟右沟坡上有数个浅层滑坡，若复活滑动，将成为金龙沟泥石流的松散固体物质来源之一，且对施工期导流工程的安全运行有潜在影响；临江坡脚有一16万m^3的滑坡，距左岸导流洞进口仅100余m，需密切注视其动态。水库运行期，金龙沟右沟坡上的滑坡若滑动，对电站大坝水库的安全运行无影响。

（三）谷坡变形监测及防护处理

1988～1990年间，成都勘测设计研究院已完成二滩水电站库岸稳定监测系统的总体设计和金龙山谷坡变形综合立体监测系统的设计。监测的重点是谷坡的浅层变形；对深层稳定性仅进行验证性安全监测（特别是Ⅱ区）。监测系统工程在电站施工期分三期施工和三阶段（1991～1993，1994～1998，1999～2000年）监测；电站运行期2001年后将移交电厂管理，进行长期监测。第一期工程已于1992年底竣工，并进行了第一阶段监测，1994年5月顺利通过阶段验收；现正在进行第二阶段的监测，并即将开始第二期工程的施工。

目前，除谷坡Ⅲ区⑥号和⑧号滑坡已用钢筋混凝土抗滑桩和重力式浆砌块石挡墙整治外，对其它包括Ⅱ区较强蠕变—蠕滑岩体的抗滑工程、谷坡1080 m高程以下特别是Ⅰ区坡体的堆渣压脚、利用和改造谷坡已有地表排水沟建成1155 m高程以上地表排水系统等处理工程，成都勘测设计研究院正抓紧设计，至迟将在大坝首次下闸、水库开始蓄水前完工。

已取得的监测成果表明，二滩水电站初步设计对金龙山谷坡稳定性的结论是比较符合实际的；审查意见对谷坡变形监测和工程处理的要求是正确的。二滩粘土矿矿洞监测及其采空区上方与下方的地表监测点的观测成果还表明，它们不但发生了显著的垂直位移，而且发生了基本顺坡向的显著水平位移，证明粘土矿采矿的确恶化了金龙山谷坡原有的稳定性。

（成都勘测设计研究院　何朝新）

李家峡水电站Ⅱ号滑坡的工程地质研究和稳定性预测

李家峡水电站左岸坝址上游830～2090 m处，分布有1845万m^3的Ⅱ号大型岩质滑坡体。在滑体中部偏上游有一坚硬完整的岩体，将Ⅱ号滑坡分隔成两个亚区，上游Ⅱ—1区，厚度较薄，体积440万m^3，蓄水后90%以上滑体均位于水下；下游Ⅱ—2区，最大垂直厚度110 m，体积1405万m^3，其中2/3位于正常蓄水位以下。Ⅱ号滑坡在1981年前地表未见有新的变形迹象。1981年8～9月黄河上游大范围连续降雨，形成超过百年一遇的洪水，此后该滑坡复活，在地表出现多条新生张裂缝，滑体开始缓慢位移。Ⅱ号滑坡距大坝近、规模大，又正对导流洞进口，其稳定性和失稳方式将直接威胁工程施工和电站运行的安全。

（一）滑坡地质条件

滑坡位于中高山峡谷区，河谷狭窄，水面宽40～60 m，两岸相对高差200～300 m。区内岩石由前震旦系薄层至中厚层混合岩和少量斜长片岩组成，片理发育，岩性坚硬。岩层产状NW315°、SW∠40°～50°，走向与岸坡平行，倾向河床，为稳定性差的顺向坡。岩体中的主要软弱结构面为层间挤压破碎带，宽度为0.1～0.5 m，为控制岸坡稳定的底滑移（溃曲）面，次为NE，NNE向中高倾角断裂，多构成失稳岩体的侧向切割面。本区属高原大陆性气候，干旱少雨，地下水埋藏深，水量不丰。因此坡体水环境的改变对岸坡稳定的影响十分显著。

（二）滑坡形态、结构特征及成因机制

Ⅱ号滑坡平面上似鲤鱼形，面积0.32 km^2，纵向长360 m，宽1200 m，前缘剪出口在河水位附近，后缘有圈椅状地形，破裂壁高40 m。滑面除前缘剪出口为切层发育外，均顺层分布，多依附于层间挤压破碎带。

滑体地形上缓下陡，顶部较平缓，后缘有滑坡凹地，内充填崩坡积碎石土，伴有消水洞穴。上游区滑体受冲沟切割支离破碎，下游区坡体较完整。

滑体中岩层弯曲破碎，上部倾角较陡，中部缓，下部倒转反倾。Ⅱ号滑坡主滑带厚0.8～1.5 m，其中泥质物厚1～5 cm，集中分布于上、下盘，有明显滑动镜面及擦痕。

Ⅱ号滑坡的成因机制是顺向坡岩体溃曲变形发展的结果。即岩层走向与岸坡近平行，层状结构岩体首先沿层间弱面向临空方向产生滑移，由于岩层倾角略大于岸坡坡度，滑移受阻，而产生溃曲，岩体结构松弛，岩层因弯曲变形而破碎，最后在应力变形集中的坡脚处剪出。

（三）稳定性分析及处理措施

（1）变形监测成果。滑坡变形监测始于1984年，至今未中断。监测手段有：大地测量监测网，地表及平洞内滑面相对位移监测，钻孔倾斜、地下水位监测，洞内水准监测等。监测成果表明Ⅱ号滑坡变形总的规律是：①滑体位移缓慢，地表大于地下，具有分块解体趋势。例如下游区地表监测点至1993年底总位移值为300～500 mm，位移速率为2.50～10.0 mm/月；而在滑体深部滑面处位移速率则在0.63～1.92 mm/月间，明显小于地表；从平面上看，下游区位移大于上游区，滑体中上部大于前缘剪出口。多条张裂缝已将原滑体分割成多个块体。②滑体变形与河水位升降、大气降水关系十分密切。1981年黄河发生洪水，降水集中；1986年龙羊峡下闸蓄水，黄河断流；1991年围堰截流，河水位升高等，均引起位移速率增长。但每次变化后随着滑体的重心下降；位移速率又趋于平缓，滑体重又处于匀速蠕变状态。

(2) 工程处理措施。①施工期对危及导流洞进口安全的下游区采取了“削头减载”措施，开挖量约120万 m^3，平衡了由于围堰水位抬高引起的变形，使滑体始终保持匀速缓慢蠕变，保证了施工期的安全。②运行期的处理措施正在进行专题研究，基本设想是：控制库水位的上升幅度，诱使滑体缓慢下滑至库底（或某个安全高度）后，水库即可正常蓄水。

（西北勘测设计研究院 庆祖荫）

坝基工程地质

漫湾水电站坝基工程地质评价和处理

（一）坝基基本地质条件

漫湾水电站的拦河坝为实体重力坝，最大坝高132 m。坝基为中三叠统流纹岩，新鲜完整岩石呈块状结构，致密坚硬，强度高。因后期热液和动力作用，岩石常产生高岭土化现象，在表生风化作用下，高岭土化作用又有所增强。高岭土一般呈薄膜状分布在节理面间，或呈条带状、网络状分布在断层影响带等破碎岩体中。

澜沧江断裂带在坝址东侧约2.5 km附近通过。坝基岩体受多期构造破坏，破裂结构面发育，岩石块度一般小于0.4 m。断层以压扭性陡倾角为主，产状走向N30°～50°W，倾向SW，倾角70°～80°，其走向与河流交角较小。主要断层有：F_{351}、F_{352}、F_{331}、F_{330}、F_{326}、F_{305}、F_{346}等20余条。在陡倾角断层间发育有北西向中缓倾角的小断层（f）、挤压面（gm）和节理（j）裂隙。以上次级结构面走向与河岸大致平行，在左岸倾向坡外。两岸风化卸荷裂隙深度较大，右岸和河床地段有缓倾角卸荷裂隙分布；左岸在顺坡结构面基础上岩体产生卸荷拉张裂隙。

根据岩石风化蚀变、岩体中结构面发育情况、岩体的完整性、岩块的组合型式等因素，将坝基岩体结构划分为以下几种类型：

(1) Ⅰ类结构，岩体是坝基最完整的岩体，约占17%左右。

(2) $Ⅱ_a$类结构，岩体的完整性稍次于Ⅰ类，它是坝基的主要岩体，占65%。

(3) $Ⅱ_b$类结构，岩体主要分布在断层影响带或节理密集带中，一般呈条带状分布，沿断层插入地下，它在坝基开挖面上的出露面积约占17%。岩体力学试验表明该岩体塑性破坏特征明显，在进行混凝土与岩体结合面强度试验时，剪切破坏面主要发生在岩体内部，所以在抗滑稳定计算时，采用岩体本身强度（$f'=1.0$，$c'=0.3$ MPa）。

(4) Ⅳ类岩体，为断层破碎带物质，遇水软化，它的力学指标低，一般 $f=0.4$，$c=0.35$ MPa；约占1%。

(5) $Ⅱ_c$类型岩体，岩块强度不均匀，结构松弛，裂隙大部分张开，在左岸山坡表部顺坡张开裂隙相互连通形成似层状构造，如深挖坡脚，易产生平面型塌滑。$Ⅱ_c$类岩体不能作为大坝地基。

地下水主要为裂隙潜水，弱风化岩体一般属较严重透水至中等透水性［$\omega=1\sim0.05$ L/(min·m·m)］，新鲜完整岩体为极微透水层［$\omega<0.01$ L/(min·m·m)］。$\omega<0.01$ L/(min·m·m)的界线一般埋深30～70 m。河床、滩地基岩深部有脉状裂隙承压水分布，其水头一般高出当地潜水位3.55～16.0 m，因水量小对工程无明显影响。

（二）建基面确定原则

坝基不存在深层滑动的条件，所以开挖主要取决于建基面下浅表层岩体的力学指标。强风化$Ⅱ_c$岩体，变形模量值低，为1.5～2.5 MPa，不能作坝基。Ⅰ、$Ⅱ_a$类岩体结构紧密，强度高，是理想的大坝地基。$Ⅱ_b$类岩体变形模量为$3\times10^3\sim4\times10^3$ MPa，稍加处理也可满足要求。建基面出露的断层破碎带，其变形模量为$0.7\times10^3\sim1.6\times10^3$ MPa，应作专门处理。鉴于上述岩体的工程地质特征，确定建基面的原则是：①全、强风化岩体全部挖除；②靠近建基面的$Ⅱ_b$类岩体尽量挖除；③强卸荷带及松弛岩体应挖除；④断层等地质缺陷视胶结情况适当加深开挖处理。

（三）主要地质缺陷的处理

(1) 对F_{352}等中陡倾角夹泥断层进行挖槽处理，槽深一般3～7 m，同时挖除断层附近$Ⅱ_b$类岩体。

(2) 对右岸和河床部位的中缓倾角卸荷裂隙，当它们分布较集中并有与其它结构面构成不稳定块体时，则采用齿槽处理，将坝趾部位的卸荷夹泥裂隙挖除；对残留的一些延伸不长的卸荷裂隙则进行固结补强处理。

(3) 左岸坝基下，顺坡向倾斜的f、gm、j的力学指标低（$f=0.35$～0.55，$c=0.04$～0.06 MPa），并相互组合成不稳定岩体。为此，在坝趾处开挖齿槽，并采用预应力锚索加固措施；锚索方向垂直结构面。根据抗滑稳定计算结果：16～18号坝段共布置42根3000 kN级锚索，21根6000 kN级锚索。

（昆明勘测设计研究院　刘建军）

三峡工程坝基岩体质量评价

1984～1985年长江勘测技术研究所与长委会三峡勘测大队合作，提出了三峡工程坝基（建基面为微风化顶面）岩体质量标准及评价方法，简称《三峡YZP法》。1986～1990年国家“七五”重点科技攻关项目《长江三峡工程坝基岩体工程问题研究》，将岩体质量评价与弱风化带下部岩体利用及优化建基面选择融为一体研究，取得了进展与突破，为初步设计阶段确定人坝利用岩面高程及施工期建基面质量标准快速鉴定，提供了科学依据。

（一）结晶岩体风化壳的风化分带及岩体结构研究

坝址区基岩为前震旦纪闪云斜长花岗岩，含有片岩捕虏体和细粒闪长岩包裹体，有多期酸—基性岩脉侵入；在长期地质历史中形成了不同的风化状态、风化形式和不同风化程度的风化分带，按风化状态和岩质坚硬程度可分为疏松、半疏松、半坚硬、坚硬等四类，空间分布和组合特征上，自上而下呈有规律性的过渡变化：

碎屑状风化—碎块状风化/块球状风化—夹层状风化/裂隙状风化

—裂面表皮状轻微风化

系统取样进行物理化学及微观分析表明：本区化学风化对风化壳的形成起主导作用。从风化产物的物质成分和矿物蚀变规律分析，坝址区风化壳处于化学风化的早期阶段。

根据风化岩石类型及组合特征，岩体宏观结构及其完整性，物理力学性和水文地质等因素，将风化壳垂直分带划分为全风化带（Ⅳ）；强风化带（Ⅲ）；弱风化带（Ⅱ）；微风化带（Ⅰ）。将弱风化带划分两亚带，作为坝基利用的弱风化带下亚带（$Ⅱ_1$），岩块$R_c=80$ MPa，岩体$V_P=4.30$～5.50 km/s（$\overline{V}_P=5.04$ km/s），$E_d=25$～30 GPa；新鲜及微风化带岩体岩块$R_c=100$ MPa，岩体$V_P=5.10$～5.80 km/s（$\overline{V}_P=5.40$ km/s），$E_d=35$～45 GPa。

岩体结构划分为五种基本类型：Ⅰ——整体结构（块径＞1 m），极完整岩体；Ⅱ——块状结构（块径0.5～1 m），完整岩体；Ⅲ——次块状结构（块径0.3～0.5 m），较完整岩体；Ⅳ——镶嵌结构（块径0.3 m以下），完整性中等—差岩体；Ⅴ——碎裂结构，完整性差—极差岩体。

（二）岩体的综合测试及岩体（石）力学试验

配合勘测设计和科研攻关需要，对上述岩体及结构面开展了系统的测试及试验研究工作：利用弹性波法（地震反射、折射）和电磁波法（综合测井、双孔透视）进行综合测试；现场轻便工程地质测试（回弹仪、点荷仪、单道地震仪）；室内常规物理力学性质试验及三轴强度试验（刚性伺服控制试验）；现场结构面大剪、中剪及各类岩体变形试验，获得了大量的地球物理及岩体力学参数。

（三）坝基岩体质量综合评价体系研究

1. 坝基岩体质量分级标准及《三峡YZP法》

(1) 因素分析。拟定的基本因素（因子）有5项：①岩体完整性及声学特性（K_V、V_P、RQD）；②岩块强度特性（R_C、回弹指数N_P、点荷载强度I_s）；③结构面状态及强度（f、c）；④岩体渗透特性（渗流状态、渗透性）；⑤岩体变形特性（岩体变模E_d）。对附加因素：建筑物不同地段，因地质条件差异和岩体赋存环境因素影响（风化、卸荷、地下水、地应力），局部地段存在地质缺陷，需作折减因素考虑。

(2)分级标准及评价方法。通过5项基本因子综合评判岩体质量M，其数学模型为：

$$M=\sum_{i=1}^{n}W_i\cdot S_i$$

式中：S_i为每个因子（或指标）计算的分数值；W_i为i因子的权重，满足$\sum_{i=1}^{n}W_i=1$。根据经验和计算，给定$W=[0.30, 0.25, 0.20, 0.10, 0.15]$。

按本法将坝基岩体质量划分五级：①优质岩体（A级）：$M>85$，坝基利用岩体，为微风化、新鲜的块状结构岩体，只需作常规处理。②良质岩体（B级）：$M=70$～85，坝基利用岩体，包括弱风化带下部块状结构岩体，微风化带的次块状结构岩体，需作常规处理。③中等岩体（C级）：$M=45$～70，坝基加固处理岩体，包括断裂影响带及裂隙密集带等镶嵌结构岩体及胶结较坚硬的构造岩。④差岩体（D级）：$M=20$～45，坝基不能利用岩体，包括软弱构造岩的碎裂结构岩体及含碎松碎屑较多的弱上岩体，需挖除。⑤极差岩体（E级）：$M<20$，坝基不能利用岩体，包括NE－NEE向断层强风化、软弱构造岩、全强风化岩体，需挖除。

2. 坝基岩体质量的模糊综合评判及贴进度评价

采用《三峡YZP法》的基本因素（指标），按不同隶属函数，建立三种评价的数学模型：

（1）加权平均型：

$$\underset{\sim}{B}=\underset{\sim}{A}\otimes\underset{\sim}{R},b_i=\sum_{j=1}^{n}a_jr_{ij} \quad (1)$$

（2）主因子决定型：

$$\underset{\sim}{B}=\underset{\sim}{A}\cdot\underset{\sim}{R},b_i=\bigvee_{j=1}^{n}(a_j\wedge r_{ij}) \quad (2)$$

（3）主因子突出型：

$$\underset{\sim}{B}=\underset{\sim}{A}\cdot\underset{\sim}{R},b_i=\bigvee_{j=1}^{n}(a_jr_{ij}) \quad (3)$$

（1）式直接求出分值，（2）（3）式按最大隶属原则求得评判指标。分别对10种岩体及22种岩体单元进行评价，得出质量分级及属类。其结果与《三峡YZP法》基本一致，可相互印证。

按贴进度（$\underset{\sim}{A}\cdot\underset{\sim}{B}$）＝0.5［$\underset{\sim}{A}\cdot\underset{\sim}{B}$＋（1－$\underset{\sim}{A}\odot\underset{\sim}{B}$）］计算结果，微风化岩体与新鲜岩体贴进；弱下岩体与微风化岩体较贴进；弱下与弱上岩体不贴进；弱上与强风化岩体较贴进。

（四）大坝建基面优化及稳定性评价

三峡工程150方案的初步设计（1984～1985）及可行性论证研究阶段（1986～1988），仍选择微风化顶面作为大坝建基面。国家"七·五"重点科技攻关《长江三峡工程坝基岩体工程问题研究》（1985～1990），对弱风化岩体利用及建基面优化选择，采用系统论方法进行多学科、多手段的系统研究，充分论证了弱风化下部岩体可以工程利用。弱下属于良质（B级）岩体，其工程地质特性及力学强度与微风化岩体基本相近。对坝基不同利用岩面（弱下或微风化）分别进行有限元及边界元分析，其应力和变形规律无质的差别，均可满足工程要求。1992～1993年配合三峡前期科研及初步设计（175方案），分析了坝基700个钻孔及平硐地质资料，按建基面岩体质量标准确定了大坝利用岩面高程，编制坝基利用岩面顶板等高线图（1∶2000）和岩体质量分级工程地质图（1∶2000），确定部分利用弱下岩体、部分利用微风化岩体作为建基面。混凝土与基岩结合面的抗剪强度：A级岩体 $f'=1.2\sim1.3$，$c'=1.4\sim1.5$ MPa；B级岩体 $f'=1.0\sim1.2$，$c'=1.2\sim1.4$ MPa，按面积加权平均求得 $f'=1.17$，$c'=1.34$ MPa。最后确定 $f'=1.10$，$c'=1.3$ MPa作为初步设计的采用值，进行坝基建基面的抗滑稳定核算。计算结果表明：基本组合条件，$K_c>3$；特殊组合条件，$K_c>2.5$。因此，目前确定的坝基利用岩面，均能满足大坝抗滑稳定要求。该建基面与原微风化顶面相比，平均提高2.70 m，从而减少了岩石开挖工程量和混凝土浇筑量，具有明显的经济及社会效益。

（长江勘测技术研究所　任自民）

东风水电站坝基工程地质评价及处理

东风水电站（工程情况参阅《中国水力发电年鉴1984～1988》第177～179页）坝基工程地质特点是河谷狭窄，有岩溶地基稳定与渗漏问题。经过大量的勘测、试验、地质力学模型模拟与工程处理，存在的问题已得到解决。

（一）坝址工程地质条件

河谷呈略不对称的U形。河段流向S60°E，枯水期水位835 m，河面宽50～60 m，水位970 m时谷宽150 m；河床基岩顶板高程816～830 m，左侧为一冲刷深槽，最深13 m，宽23 m。

主要地层为下三叠系永宁镇组下段（T_{1yn}^1）灰岩，湿抗压强度为80～100 MPa，变形模量垂直层面为$10\times10^3\sim15\times10^3$ MPa，平行层面为$20\times10^3\sim25\times10^3$ MPa，弹性波速4500～6000 m/s。有5层厚度0.5～1.0 cm、连续性较好的泥夹岩屑型夹层。左坝肩高程950 m左右以上，为永宁镇组上段（T_{1yn}^2）页岩及白云岩，湿抗压强度为30 MPa，变形模量垂直层面5×10^3 MPa，平行层面8×10^3MPa。在坝基下50～70 m有近40 m厚的下三叠系夜郎组九级滩页岩（T_{1Y}^3），页岩之下为玉龙山段灰岩（T_{1Y}^2）。

坝址位于鸭池河倒转向斜NW正常翼，单斜构造，产状N45°～75°E/NW（倾上游偏左岸）12°～25°。主要断层有上游F_7、下游F_6、左岸F_{34}、斜穿坝基F_{42}等正断层和F_{18}逆断层，其中以F_6、F_7规模较大，F_{34}对右坝肩稳定有影响。

裂隙以NEE、NWW组最发育，延伸长，少数具有微导水性，其余短小且胶结良好。

岩溶不发育，仅左坝肩在高程912～935 m有一较大的充填粘土的溶洞，长38 m，宽6～11 m；其余为互不连通的少量溶孔、晶洞。T_{1Yn}^1、T_{1Y}^2为坝址的弱岩溶裂隙含水层，左岸及河床局部有较严重透水带，为地下水补给河水。

（二）工程地质问题

坝基岩体为层状块裂和碎裂结构类型。开挖深度左坝肩40～45 m，右坝肩30～40 m，河床开挖成小台坎状，深度4～20 m。

(1) 变形稳定条件。左坝肩高程 935 m 以上为白云岩及页岩，强度较低。NE 组裂隙与推力方向成大角度相交。高程 912～935 m 有一较大的充填粘土溶洞。右坝肩 NEE 组裂隙及 F_{34}断层与推力方向大角度相交，并从高程 915～954 m，与拱端距离为 28～0 m，变形模量 5×10^3 MPa。河床受软弱夹层及缓倾角层面控制。

(2) 抗滑稳定条件。左坝肩底滑面为顺推力方向的层面及软弱夹层，侧裂面为 NEE、NWW 组裂隙及 NE 向断层。右坝肩底滑面为逆推力方向的层面及软弱夹层，侧裂面为 NWW 与 NW 组裂隙及断层，尤以 F_{34}影响较大。河床主要是坝体下缓倾角软弱夹层可能形成浅层滑动。抗剪断指标为：夹层 $f'=0.3\sim0.4$，$c'=0.035$ MPa；NEE 组裂隙 $f'=0.85$，$c'=0.10$ MPa；NWW 组裂隙 $f'=0.9$，$c'=0.2$ MPa。

(3) 渗漏稳定问题。岩体有一定透水性，平均单位吸水量：左岸 12.82 Lu，右岸 4.4 Lu，河床 36.5 Lu。当达到设计蓄水位时，近坝肩岩体中的渗透水力比降将大于 10%，对泥化夹层不利。河床 5 号坝块（右岸），因有 5 号夹层及贯穿坝基的 NNE 向裂隙，开挖时就有较大的涌水，要求进行处理。

（三）基础处理

对爆破松动的岩体及裂隙、断层，除按规范要求清基、掏挖外，还做了特殊处理。

(1) 设置传力墩。左坝肩高程 935 m 以上，为 $T_{1Y_n}{}^1$ 上部沙状白云岩及 $T_{1Y_n}{}^2$ 页岩，白云岩段，强度较低，作了传力墩。

(2) 锚固。基面较平缓处采用直锚，斜坡及坝肩用斜锚。分别用 8 m 深的深孔锚杆和 3.5 m 深的常规锚杆，孔排距 3 m×2 m～3 m×2.5 m，按梅花形布置。5 号坝块因涌水，部分锚固孔无法注浆，采用后期固结灌浆孔中加筋的办法。为提高坝肩稳定安全度，在左、右岸分别布置 250 t 预应力锚索 84 根和 45 根。

(3) 固结灌浆。浇筑混凝土前，进行一期无压重灌注，浇混凝土后，进行二期有压重灌注，孔深 5、10、15 m，孔排距 2.5 m×2.5 m，按梅花形布置。为加固基础，在大坝高程 830 m 廊道中，再进行深孔加强固结灌浆。

(4) 断层、裂隙、溶洞处理。对断层及较大的裂隙，进行人工掏槽，深度一般为 1.0～1.5 倍断层带或裂隙的宽度，再沿两边平行布置 2 根纵筋，上布横筋。溶洞中的充填物全部清除，回填混凝土。右拱端 F_{34}断层，在高程 915 m 沿其走向开挖处理洞，在洞顶及洞底，平行断层带顺断层倾向，各布两排斜孔灌浆，孔距 3.0 m，排距 1.1 m，最大灌注压力 3.0 MPa。

(5) 防渗及排水。坝基及坝肩布双排防渗帷幕孔，孔距 2.5 m，排距 1.1 m，下接 $T_{1Y}{}^3$ 页岩隔水层。坝基在 830 m 廊道中下游边布斜排水孔 40 个，孔距 3.0 m。坝肩在下游边设排水洞及排水孔。

对坝基工程地质进行上述处理后经初期蓄水监测，情况表明采取的措施是正确的。

（贵阳勘测设计研究院　李子微）

地下洞室岩体稳定

广州抽水蓄能电站（一期）高压管道系统及地下厂房水文地质监测与评价

广州抽水蓄能电站高压管道（含高压岔管）为厚 60 cm 钢筋混凝土衬砌的地下结构物。在承受巨大内水压力后衬砌开裂，内水外渗引起地下水位或渗透压力的升高和渗漏量的增大，这是勘测设计及运行人员十分关注的问题。因此，在电站运行前和运行初期，有必要进行高压管道充水试验及水文地质监测，并对高压管道系统及地下厂房作出水文地质评价。为此，在高压管道系统安装渗压计 7 个（取得监测资料的有 5 个），其中 4 个安装在管道通过的主要断层带内（见图 1）。渗 9 号安装在 1 号高压支管顶面上 18 m（平面上在 1 号高压支管外 3.2 m），是最靠近高压管道的渗压计。

监测渗漏量的变化，主要是在高压管道的冲沟，靠近高压管道的施工支洞，二期地下厂房探洞，地下厂房上、下层排水廊道及排水孔，厂房边墙及拱顶等部位，定点观测有无新的出水点和已有的出水点的渗漏量变化，共设置 165 个固定监测点，并安装 12 个三角堰。

监测工作从 1993 年 2 月 9 日充水试验前开始，2 月 10 日从高压岔管中心 205 m 高程开始充水，2 月 24 日充水到 802.5 m，至 5 月 21 日管道内水位一直维持在 802 m 左右。5 月 22～28 日高压管道放空，6 月 4～6 日再次完成充水。到1994年2月底4台机组陆续

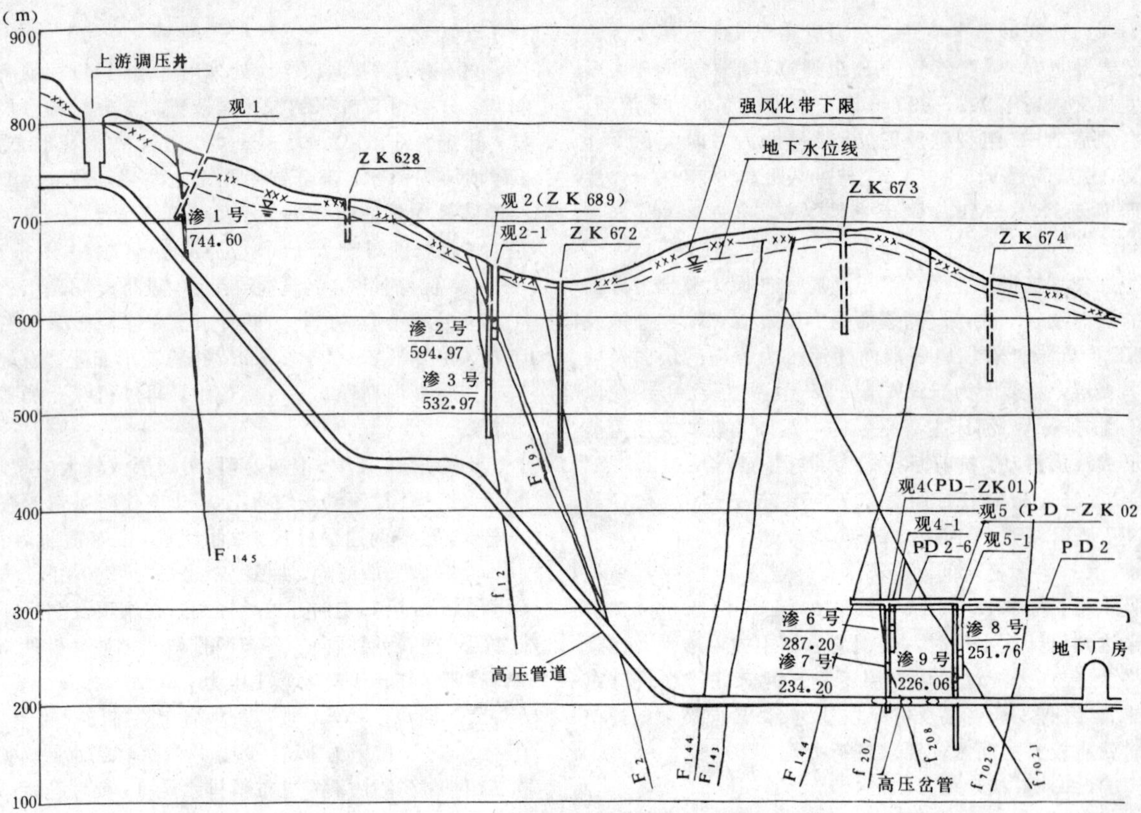

图 1 高压管道渗压计安装示意图

投产运行，管道系统实际静水头已超过 610 m，并经受 4 台机分别甩负荷的运行工况，实际运行最大水头接近设计最大水头 725 m。经过 1 年时间的监测，制成渗压计、总渗漏量随上库水位变化曲线（见图 2）。

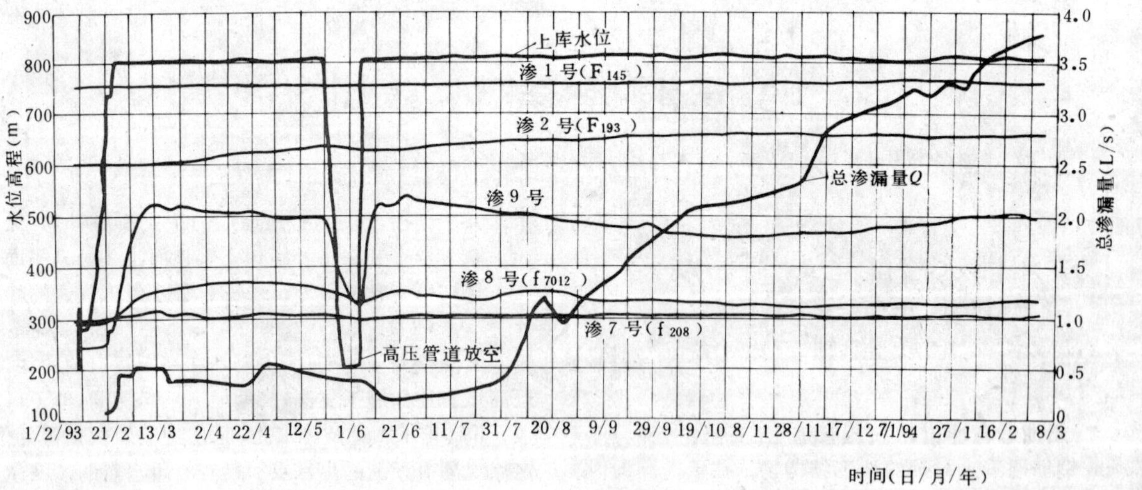

图 2 高压管道渗压计、渗漏量随上库水位变化曲线

从观测资料看，地下水位是随上库水位上升而上升，当管道放空时渗压计水位也相应稍滞后下降，这说明高压管道衬砌是透水的。到目前为止，地下水位仍有小的波动，但已趋于稳定。其中以渗 9 号上升值最大，达到 283.32～293.73 m；上升速度最快，从管道充水至最高水位到地下水位最高的间隔时间，两次都在 18 天左右。设置在 f_{7012}的渗 8 号上升值为 80.98 m，其间隔时间为 61 天；在 F_{193}的渗 2 号上升值为 64.06 m，上升

持续时间更长。这说明在断层带的渗压计不及靠近高压管道的渗压计表现强烈。从监测到的最高地下水位，除渗1号外，其余4个渗压计水位都已超过安装渗压计的钻孔孔口高程，但孔口附近未见有渗压水流出，说明渗压计以上的岩体或断层带透水性弱，压力已被损失掉，实测的渗透压力只是反映在安装渗压计的部位。

渗漏主要是在地下厂房上、下层排水廊道及排水孔，厂房南边墙4条高压支管周围、5号施工支洞堵头外排水管也有水流出（曲线图上反映总渗漏量是这几处渗漏量之和），1994年2月底总渗漏量已达3.780 L/s，还未稳定。其余地段出水量无变化，与充水前相同。

厂房地区在充水前和充水后12天内无渗漏。开始出水是在1993年2月22日，当时管道水位为744 m，出水点在上层南排水廊道桩号0+177 m南壁f_{7012}断层带（高程238 m）和上、下排水廊道穿f_{7012}的125号排水孔，2月25日总渗漏量为0.455 L/s。安装在f_{7012}的渗8号地下水位此时是296.54 m，上升不到8 m就有水沿断层带流出；后来渗8号地下水位升高，f_{7012}断层带渗水量没有增加。f_{7012}在4条有钢衬的高压支管通过，是一条透水的断层。从厂区总渗漏量的曲线分析，1993年8月初以后渗水量逐渐增大，新增加的出水点是在下层排水廊道1～4号高压支管部位的9个排水孔和厂房南边墙。其中以3号高压支管顶上111号排水孔出水量最大（也是逐渐增大），1993年12月7日测到单孔出水量为2.055 L/s，关闭该孔所测到的地下水位为458 m，与上游约130 m的渗9号当时水位（468.15 m）基本相等。在111号孔附近补打的垂直、水平及倾斜（斜向厂房）的排水孔，钻孔打到6～8 m后，近厂房边或高压支管顶，就有水流出。这说明地下洞室与围岩接触缝及松动圈和f_{7012}断层是渗漏的通道，是形成较高的渗透压力和较大的渗漏量场所。

通过监测说明，整个高压管道及地下厂房深埋在微风化及新鲜完整的花岗岩体中，除个别断层带外，岩石透水性是极微弱的，外水压力低于设计值。对目前所出现的渗漏，主要是要做好高压管道与围岩接触缝及松动圈和断层破碎带的防渗及排水工作。

（广东省水利电力勘测设计研究院　张辅纲）

天湖水电站高水头不衬砌井道岩体稳定性评价

天湖水电站位于广西壮族自治区桂林以北的全州县驿马河上游，控制集雨面积91.51 km²，电站水头1074 m，总装机9万kW。第一期装机3万kW已于1992年11月建成发电。该电站工程特点除水头利用超1000 m外，就是充分利用花岗岩体的完整性好、强度高的优势，采用不衬砌竖井及斜井作为上段输水道，只有下段输水道采用钢管。不衬砌井道承受最大水头614 m。

（一）地质概述

天湖水电站所处地质单元，属广西山字形构造的东翼向东北侧消失部分，为越城岭背斜之核部，由加里东运动花岗岩侵入，隆起上升成陆后一直未接受沉积，其背斜方向为北东向。构成背斜核部岩层为岩基式花岗岩，分布面积达3000 km²。

（二）不衬砌压力井道的稳定条件

(1)遵守挪威准则。挪威准则考虑的是以不衬砌隧洞岩体在静水头作用下不准劈裂为原则，其关系式为：

$$C_{RV}=h_s\gamma_w\cdot F/(\gamma_R\cdot\cos\beta)$$

式中　C_{RV}——不衬砌井道位置的岩体覆盖厚度；

h_s——静水头；

γ_w——水密度；

F——安全系数；

γ_R——岩体密度；

β——地形坡角。

按上式绘制安全包络线，不衬砌井道只能在安全包络线以下。

(2)地应力关系。根据挪威建造地下洞室的经验，要达到地下洞室稳定，应遵循两点：①洞室长轴方向与大主应力方向的水平投影的夹角为15°～30°时稳定性较好。②对不衬砌洞室压力水道上沿线任一点的内水压力不应大于该点围岩中的最小主应力。大湖水电站地应力测量采用水力致裂法，在地面下400～450 m深度的洞室中待选堵头位置进行，每组均同时测量平行等高线方向、垂直地面线方向、垂直地心方向的地应力，再根据三个方向测得的地应力进行三维计算。根据计算结果，最大主应力(σ_1)方向是171.38°及169.48°，天湖选定斜井方向191°，夹角19.62°～21.52°；最小主应力为7.44～8.16 MPa，而斜井最低处最大内水压力为6.17 MPa，均满足上述安全稳定要求。

(3)岩石性质。天湖水电站不衬砌压力井道围岩全为加里东期粗粒花岗岩，岩石完整性好、强度高，微风化花岗岩单轴饱和抗压强度为60～110 MPa，弹性模量4×10^4～62×10^4MPa，纵波速度4000～6000 m/s，现场测得抗拉强度大于6 MPa，按地下洞室围岩分类Ⅰ类岩体占97%，工程地质条件优良。

(4)水文地质。水文地质条件简单，岩体透水性极微。天湖水电站竖井及斜井总长791 m，共有4处有裂隙水涌出，97%地段均为干燥无水段及滴水段，ω值在0～0.0004 L/(min·m·m)。裂隙涌水段采用灌浆处理封堵措施。竖井及斜井充满水时实测渗漏量为3.22

L/s，渗漏量极小。由于水文地质条件简单，保证了不衬砌隧洞的稳定条件。

(5) 地质构造。井洞布置避开与断层交叉，尤其对竖井更是如此。对地面的断层利用物探、钻探手段，摸清其倾向的变化，避免在深处与井洞交叉。摸清岩体节理裂隙的发育规律、方向、性质、特征，注意其发育方向和洞轴线的关系，尽量使洞轴方向与主要张裂隙方向垂直，要求竖井所在岩体的裂隙发育密度要小，其模数在 0.1～0.5 条/m，*RQD* 值达到 90%以上。天湖水电站的竖井斜井选线定位是按照以上原则进行的，岩体完整性好，保证了洞体的稳定。

(6) 岩爆。天湖水电站斜井埋深 400～500 m，勘测时主要从两个方面研究了岩爆发生的可能性：一是现场测试地应力的大小；二是研究岩石的蠕变现象。根据水力致裂法测得的井洞地段的最大主应力 (σ_1) 在 11.00～18.09 MPa 之间，最小主应力 (σ_3) 在 7.44～8.16 MPa 之间；据蠕变试验结果，天湖水电站花岗岩长期强度 f_* =89～125 MPa，根据弹性力学孔周应力 $\sigma_t=3\sigma_1-\sigma_3$ 计算结果，最大剪应力均未超过岩石长期强度，结论是不会发生岩爆。在竖井斜井施工中始终未见岩爆发生，证明上述推测是正确的。

(三) 堵头问题

在不衬砌压力井洞中，一个很关键的问题是与钢管连接的堵头的防渗处理。天湖水电站不衬砌井道堵头长 40 m，充水前在堵头前面进行过环向帷幕灌浆，3 排孔，每排 8 孔，孔深 15 m，向下游锥形布置，上游排与洞轴夹角 80°，中游排与洞轴夹角 60°，下游排与轴夹角 45°，灌浆材料为 525 普通硅酸盐水泥，中游排沿洞壁 5 m 孔深加灌环氧树脂。1992 年 11 月发电时堵头漏水量为 0.78 L/s，1 个月后漏水量增大至 1.3 L/s，1994 年 1 月漏水量增加至 13 L/s，漏水量逐渐增大，准备在 1994 年检修期再进行一次灌浆处理。

(桂林水利电力勘测设计院 莫家荣)

太平驿水电站地下洞室岩体稳定性研究

太平驿水电站是一座具有超长深埋引水隧洞、浅埋地下厂房枢纽布置的引水式水电站。圆形有压引水隧洞傍山布置，长 10.3 km，开挖洞径 9.6～10.8 m、内径 9.0 m。圆形调压井开挖直径 28.6 m，内径 25.6 m，井深 76 m。地下厂房枢纽分主、副厂房与安装间，呈"一"字形排列，总长 111.7 m，高 41.42 m，宽 18.2～19.7 m；下游接主变压器室，其断面为 17.38 m×14.54 m；尾水主洞断面为 8.5 m×12.5 m。主、副厂房与主变压器室、尾水闸门室的岩墙净厚度分别为 20.35 m、24.8 m。

电站所处构造部位为 NE 向龙门山褶断带，边界断裂挽近期以来仍有活动；但断块本身呈整体抬升，地震活动少，工区地震基本烈度为Ⅶ度。

工区出露地层为元古界晋宁—澄江期岩浆岩中的第四期黑云母花岗岩和第三期 (花岗) 闪长岩，并伴有石英脉、闪长岩脉等侵入；岩体较完整，呈块状—次块状结构。地表弱风化 (卸荷) 岩体厚一般 30～50 m，地下工程大部分置于微风化或新鲜岩体中。岩体中有Ⅱ级断层 3 条，Ⅲ、Ⅳ级断层数百条；节理裂隙发育具区段性，与洞线交角多大于 25°。岩体透水性较弱，含水不丰，以基岩裂隙水为主，但构造控水明显。

引水隧洞部分洞段贮存有较高的地应力，开挖时可能发生岩爆。洞线穿越 4 条深切沟谷 (特别是箩筐湾沟断层带 F_{17}) 以及连山村崩滑体。对地下调压井埋深和布置，地下厂房枢纽布置，轴线方位选择以及进口洞脸边坡稳定性等工程地质问题，必须加以解决。

为了查明工程地质条件，在引水隧洞沿线地表进行了适量的坑槽探，对浅埋过沟段、进口部位进行必要的钻探，结合孔内压水试验和声波测试了解岩体的透水性和完整性以及洞段上覆岩体的最小厚度。对地下厂房枢纽 (调压井) 布置了钻探、洞探和坑槽探，并完成了一定数量的现场及室内试验，获得了岩石的物理、水理、力学强度及变形特性参数；同时开展了现场空间三维、平面二维地应力测试，获得了地应力值。

引水隧洞方案选择时，运用了抗抬理论经验准则来评价山体稳定，考虑沿线 4 条深切沟谷特别是箩筐湾沟 (F_{17}断层) 浅埋洞段，上覆岩体较薄 (为 3 倍及 3 倍以上洞径)，围岩稳定性差；同时分析了隧洞中段连山村崩滑体潜在滑面对洞身围岩稳定的影响；在尾段着重考虑调压井、地下厂房枢纽轴线布置和埋深。最后按水电地下工程围岩分类标准，对引水隧洞围岩进行分类和评价，并提供地质参数。

按抗抬理论和水工设计要求，引水隧洞、压力管道、调压井应承受全部内水压力。因此，引水隧洞据不同围岩类别分别采用素混凝土衬砌、单层钢筋混凝土衬砌和双层钢筋混凝土衬砌；调压井、压力管道采用防渗的全钢筋混凝土衬砌和钢板衬砌。

地下厂房枢纽选择在 3 条断层 (F_2、F_{28}、F_{38}) 围限的岩体内，洞室最小水平埋深仅 60 m，厂区实测最大主应力 (σ_1) 31.3 MPa、方向 NEE，仰角 7°，属中高地应力；最小主应力 (σ_3) 10.4 MPa，方向 NWW 俯角 25°。在厂房轴线比选时进行了四个方面的研究：①地下厂房纵轴线方位与地应力的关系；②3 条断层与厂房纵轴线的关系；③优势结构面 (包括小断层) 产状、组合交接线产状与厂房纵轴线的关系；④用块体理论进行厂房纵轴线方位与围岩潜在不稳定块体的关系以及块体稳定分析和计算。最后将厂房纵轴线选定为NE50°。

优选纵轴线后，对厂房枢纽围岩进行了巴顿Q系统和水电地下工程围岩分类和稳定性评价，结果表明，厂区岩体绝大部分为Ⅰ、Ⅱ类围岩，少量为Ⅲ类及以下围岩，具备开挖大跨度地下洞室的成洞条件。施工采用分层光面、预裂爆破，整个地下厂房（包括主变压器室、尾水闸门室）全部采用喷锚网作永久支护。

地下厂房拱顶和边墙岩体进行的3个多点位移计剖面原位监测信息反馈表明：开挖前后围岩变形量小（除交通洞交叉口外）；变形影响深度一般小于5 m，爆破开挖松弛范围一般小于1 m，因此地下厂房开挖后围岩稳定条件较好。

（成都勘测设计研究院　陈卫东）

小浪底水利枢纽 地下洞室围岩稳定条件及支护措施研究

小浪底水利枢纽地下洞室工程巨大，有洞径6.5～14.5 m的隧洞16条，1条溢洪道；地下主厂房总开挖长度、跨度和高度分别为251.5 m、22.3～26.2 m和57.9 m。输水建筑物和地下厂房均集中布置在左岸，呈空间交叉。

（一）影响围岩稳定的主要因素

围岩主要由三叠系和尚沟组、刘家沟的 T_1^1～T_1^{6-3} 11个砂页岩岩组组成，总厚度338.51 m，小于0.1 m厚的薄层占1.66%，厚度大于0.1 m的地层占98.34%。小于30 MPa饱和抗压强度的岩石占24.14%；大于60 MPa的占75.86%。前者的摩擦系数（f值）为0.52～0.59，凝聚力（c值）为0.20～0.96 MPa；后者的f值为0.61～1.06，c值为0.30～1.27 MPa。

泥化夹层有5种类型，f值约为0.23～0.29，c值约为0.49 MPa。

与部分隧洞相交的较大规模的断层有4条，其中以近东西走向的为主。断层泥、泥包角砾、角砾岩和断层影响带内的岩体f值分别为0.25、0.30、0.60和1.07，c值分别为0.005 MPa、0.01 MPa、0.10 MPa和0.11 MPa。

岩体中发育有4组节理裂隙，连续率为30%～40%。坚硬岩层中的裂隙间距在0.30～0.70 m之间，软岩中的裂隙间距在1 m以上。在不太大的范围内同时发育的大多是两组裂隙，把岩体切割成矩形或方块形。隙壁的f值为0.80～1.15，c值为0.26～0.35 MPa。砂岩层面抗剪断f值为0.80，c值为0.20 MPa；抗剪断f值为0.75，c值为0.05 MPa。粉砂岩、泥岩层面的抗剪断f值约为0.70，c值约为0.20 MPa；抗剪断f值约为0.60，c值为0.01 MPa。

洞室位于地下水位之上。

岩体遭受风化作用不明显。卸荷作用使部分裂隙张开。风化卸荷带厚度变化在几米至70多米之间。隧洞进出口段位于风化卸荷带内，大部分洞段都在非卸荷带内。

初始地应力的测点埋深约100 m，上覆岩体自重2.6 MPa。用孔径法测得的$\sigma_1=3.47$ MPa，方位角46.96°，倾角88.69°；$\sigma_2=2.8$ MPa，方位角193.86°，倾角1.1°；$\sigma_3=1.06$ MPa，方位角283.97°，倾角0.72°。最大主应力接近于铅直方向。用水压致裂法测得的残余地应力也很小，与岩石饱和单轴抗压强度的比值小于0.1，与T_1^{6-1}和T_1^{6-3}两岩组岩石饱和单轴抗压强度的比值在0.16～0.25之间。用声发射法测得的最大水平应力$\sigma_{Hhmax}=4.3$ MPa，约是σ_2(2.8 MPa)的1.5倍。这里，历史上遭受的地质构造影响比现在的大，处于重力为主的应力状态。主厂房纵轴方向为NW350°，与最大水平应力（NE72°）交角82°。这样的布置主要是根据枢纽总体布置要求和水流条件确定的。

（二）围岩分类

本区不存在Ⅰ类围岩；Ⅱ、Ⅲ类围岩占绝大多数；裂隙密集带、泥化夹层发育地段为Ⅳ类的差围岩；断层带和层间剪切破碎带为很差的Ⅴ类围岩；地下厂房为Ⅱ类偏差围岩。

（三）支护措施设计

隧洞：Ⅱ类围岩，大都采用局部顶拱锚杆，长3 m，间距2～3 m，有时挂网，顶拱喷5 cm厚的混凝土。Ⅲ类围岩，顶拱及边墙部位，大都采用5 m长的系统锚杆，间距2 m，顶拱挂网，顶拱及边墙分别喷5～10 cm、30 cm厚的混凝土。对Ⅳ、Ⅴ类围岩，系统锚杆长8 m，间距1～1.5 m，顶拱边墙均挂网，增加喷混凝土厚度。对Ⅴ类围岩还要采用轻型或中型支柱，掘进面喷5 cm厚的混凝土，必要时用钢挡板及矢板闭合顶拱。

地下厂房：从模型试验资料发现，洞室应力分布规律与按连续介质计算模型计算情况有很大不同，各洞室出现了相当大的法向拉应力和环向拉应力，它们大都发生在尾水闸门室顶拱部位。为此，喷锚支护Ⅲ类围岩稳定所需的支护强度设计，主厂房、主变压器室、尾水闸门室等，均采用喷锚支护作为永久支护型式；对母线洞、尾水管洞以及各洞室交叉洞口，采用混凝土衬砌作为永久支护型式。对顶拱以上25 m范围内含有泥化夹层的主厂房、尾水叉洞的顶拱，增加系统锚索。

部分施工实践表明：开挖在缓倾角层状裂隙岩体内的洞室应力分布有独特的分布规律；含泥化夹层的岩体，顶拱要分步开挖及时支护；河湖地层相变急剧，要及时调整支护措施；利用结构面组合的不利情况进行分析，及时预报，对确保施工安全是行之有效的。

（黄委会勘测规划设计院　马国彦）

大朝山水电站地下厂房洞室群围岩稳定性评价和支护措施

（一）厂房枢纽布置和地下洞室规模

大朝山水电站采用碾压混凝土重力坝、右岸地下厂房、长尾水隧洞枢纽布置方案。引水发电系统的电站进水口与大坝右岸坝段连成一体，库水经6条压力钢管道进入地下厂房，并以三机一室一洞的方式经尾水调压室、长尾水隧洞泄入澜沧江。主变压器室和尾水调压室在地下主厂房下游平行布置，相距66 m和47.5 m，引水道长179.2 m。洞室规模见表。

（二）地下厂房位置和轴线选择

地下厂房位置和轴线选择的主要原则是：枢纽整体布置协调，引水线路顺畅，尽量缩短引水道长度，保证满足厂房位置上游不设调压井，只设尾水调压室的要求；洞室置于微风化至新鲜较完整的岩体中，上覆岩体厚度不小于2～3倍洞室跨度；避开厂区控制性大断层F_{217}和F_{114}破碎带的影响，轴线与流层面、断层、主要节理的交角大；轴线尽可能与最大主应力平面方位角呈较小交角，以减少开挖卸荷对顶拱及高边墙围岩稳定的不利影响。

厂房枢纽选定在坝址右岸龙塘沟至青苗沟段，山体雄厚，岸坡35°～41°，岩层为三叠系上统小定西组玄武岩夹火山角砾熔岩、凝灰岩及流纹岩、变珍珠岩。

大朝山水电站地下厂房、主变压器室、尾水调压室规模表

洞室名称	长度（m）	宽度（m）	高度（m）	洞顶高程（m）	洞底高程（m）
主　厂　房	225.0	28.0	61.33	842.60	781.27
主变压器室	199.5	16.3	18.30～29.75	835.30～846.75	817.00
尾水调压室	216.5	20.0	70.43	851.70	781.27

流层构造不发育，产状走向N50°～80°E，与岸坡近直交，倾向上游，倾角10°～25°。断层较发育，走向主要为NWW向、NW向及NEE向，陡倾。根据厂区915.8 m长的深探洞揭露（两个平洞及支洞），地下厂房位置选定在PD403洞深173.0～198.5 m处，厂轴在185.3 m，轴向为N75°W。由于厂区控制性大断层F_{217}、F_{114}的展布，使得地下厂房的位置可调范围很小，轴线方向选择的余地不大，据上述原则，对N75°W和N40°W两个方向作了比较。综合比较结果以N75°W方向的条件相对较优，一是主要洞室可以完全避开F_{217}断层的影响，F_{114}也只可能对尾水调压室西北端墙下部有影响；二是对枢纽整体布置有利；三是与厂区最大主应力的夹角较小。

（三）地下洞群的平面地质模型试验

为研究地下厂房洞群围岩的稳定性，对洞群做了$K_L=450$缩小的平面地质力学模型试验。试验按选定的洞室间距和施工程序，考虑了t_1～t_4四层凝灰岩和F_{217}的条件，各层岩体按均质岩体处理（节理裂隙的影响在岩体参数中考虑）。地应力问题由于实测值离散性较大，试验选定三组可能出现的侧压系数（$N=1/3$、0.8、1.2）。

试验结果表明：洞群布置合理，主要洞室和F_{217}的距离适宜，F_{217}对主厂房围岩稳定影响不大，三大洞室超载破坏裂缝没有贯通；在三种侧压比情况下，均能成洞，以$N=0.8$时的安全度最高；支护方案合理，效果明显，围岩安全度提高13%～17%；F_{217}和凝灰岩夹层对围岩的稳定性影响很大，岩体完整性受到破坏，降低了岩体的自身承载力，使应力场发生偏转，围岩位移变形呈整体块状运动状态，洞壁形成多个不稳定块体。有限元计算与试验结果较一致，论证了试验结果的可靠性。

（四）洞室围岩稳定性评价和支护措施

三大洞室避开了F_{217}和基本避开了F_{114}的影响；围岩主要为玄武岩，岩质坚硬，湿抗压强度小值平均为60～100 MPa，岩体结构以块状、次块状为主，高程770～900 m间岩体较完整，纵波速大于4300 m/s的占82.4%，变模在2.4×10^4～5.7×10^4 MPa之间，*RQD*值大于70%的岩体约占70%；岩体透水性微弱，ω值除局部试段外均小于0.01 L/（min·m·m），地下水水位一般高出洞室顶拱5～50 m，地下水主要沿张性断层、裂隙渗流，水量小；厂区地应力中等，最大实测主应力为16.9 MPa。厂区工程地质条件良好。

按Q系统围岩分类法，三大洞室的围岩以Ⅱ、Ⅲ类为主，其中主要为Ⅱ类，稳定性评价为较好至一般。主要工程地质问题有三：

(1) 有凝灰岩夹层。三大洞室的围岩中有6层凝灰岩夹层分布，厚度一般为30～100 cm，最厚达170 cm (t_3)，湿抗压强度一般在25 MPa左右，$f'=0.9$～1.0，$c'=0.06$～0.10 MPa，脱水极易干裂，常有层间错动，错动带f'为0.4左右，c'仅0.01 MPa。凝灰岩夹层与厂轴交角为20°～45°，斜倾上游边墙，倾角较平缓，故对洞室顶拱及下游边墙和南东端边墙岩体的稳定性影响大，必须加强锚固支护。尤其是t_4层凝灰岩在主厂房顶拱出露，使百余米的顶拱有向下塌落的危险，顶拱施工应分块开挖，分块加固，严禁一次开挖临空。

(2) Ⅲ、Ⅳ级结构面较发育。三大洞室虽避开了主要断层（Ⅱ级结构面），但尚有F_{168}、F_{247}、F_{248}等断层和小断层 (f)、挤压面 (gm) 及近EW向的陡倾节理，这些结构面与洞室轴线的交角较小，不利于高边墙的稳定，若与凝灰岩夹层组合，极易在边墙、顶拱形成临空的不稳定块体。对此必须采取加强锚固处理，施工时应先垂直边墙开挖一定深度的导洞，以探明该类结构面的特征、分布位置，使支护处理更加有的放矢，既确保边墙岩体的稳定，又可减少支护量。

(3)局部节理充填绿泥石膜。充填绿泥石膜的节理面光滑，手摸有滑感，受构造挤压明显，多擦痕，岩石块度一般为15～30 cm，岩块间咬合力弱，抗剪强度明显降低，指标较一般岩体减半，有地下水浸润时，c值将更低。据厂区内探洞查明的三处充填绿泥石膜节理，其宽度为15～20 m，另有一处在钻孔内厚69.5 m。对此类岩体，施工中应加强挂网喷锚支护。由于Ⅲ类围岩节理发育，且部分有绿泥石膜充填，故厂房顶拱需作衬砌处理。

鉴于地下洞群规模巨大，对围岩稳定性分析评价除上述地质和试验研究外，还作了专项有限元分析计算研究、地下洞室群围岩切割体的稳定特性分析、地应力数值模拟分析，设计上对地下厂房围岩稳定性进行了专门分析，论证了地下洞群布置合理，围岩成洞条件良好，同时根据各项成果作了洞室间距、衬砌、施工开挖顺序及支护加固处理设计。

（昆明勘测设计研究院　何木章　屈定仲
北京勘测设计研究院　于忠政）

十三陵抽水蓄能电站地下厂房围岩稳定性评价和支护措施

(一) 地下厂房区洞室群的布置

十三陵抽水蓄能电站地下厂房呈“一”字形布置，自右至左依次为副厂房，1、2号机组，安装场，3、4号机组。厂房尺寸为145 m×23.0 m×46.6m（长×宽×高)，顶拱开挖尺寸为27.6 m。主变压器和高压开关站均布置在厂房下游侧、与厂房平行的洞室内，两者之间的净距为33.65 m，其开挖尺寸为136.3 m×16.5 m×25.0 m（长×宽×高）。

与地下厂房相连通的有4条引水支洞、4条尾水支洞、4号母线廊道，以及交通洞、排水廊道等共17个洞口，形成纵横交叉的洞室群。

(二) 工程地质和水文地质条件

地下厂房及其附属洞室位于蟒山南侧的侏罗系复成分砾岩体内，上覆岩体厚度约200 m。砾岩呈厚层至巨厚层状，钙泥质胶结良好，属中等强度、高弹模量、水稳定稍差的岩体。

砾岩岩层层理极不发育，以沉积韵律显示厚～巨厚层。岩层走向北东，倾向南东，倾角30°～45°。岩体内断裂构造比较发育。断层有北东、北东东、北北东和北西西四组。

厂区围岩岩体结构及其围岩类型，完全受断裂构造控制。断层构造岩及其影响带属Ⅳ～Ⅴ类围岩；裂隙发育带及规模较小的断层分布段岩体属Ⅲ类围岩，Ⅱ类围岩属基本稳定型岩体。

厂区地下水位在85～120 m高程上，地下水沿断裂带产生集中渗流，总涌水量约5000～7000 m³/d。

(三) 地应力场及围岩稳定分析

(1) 初始地应力场。初始地应力场是影响洞室开挖围岩稳定的重要因素。为了解厂区初始地应力场，曾做过三次地应力实测工作。经综合分析，本厂区的最大主应力方向为NW300°～310°，应力值约为－10 MPa。

(2) 厂区建筑物围岩应力。经三维有限元计算分析，最大主应力出现在厂房顶拱和底板部位，应力值为－24～－26 MPa。

(3) 厂房开挖时施工应力。采用二维半有限元计算，最大主应力值达－43.24 MPa，最小主应力值8.77 MPa。

(四) 厂房支护措施

(1) 顶拱支护参数。系统砂浆锚杆，ϕ28 mm，$L=$500 cm、@150 cm×300 cm；ϕ22 mm，$L=300$ cm，@150 cm×300 cm；水泥砂浆强度M20，喷混凝土C20，喷层厚度20 cm，挂网ϕ12 mm，@20 cm×20 cm。顶拱钢筋混凝土衬砌厚度140 cm。

(2) 边墙支护参数。系统砂浆锚杆，ϕ28 mm，$L=$550 cm，@150 cm×300 cm；ϕ28 mm，$L=800$ cm，@150 cm×300 cm。在54 m、45 m、36 m高程上，下游边墙设系统预应力锚索，每根设计张拉力为600

kN，$L=1200\sim1500$ cm，间距 300 cm，并在厂房和主变压器室的岩柱上设 9 根对穿锚索，$L=3400$ cm，张拉力 1200 kN。喷混凝土 C20，厚度 15 cm，挂网 $\phi12$ mm，@20 cm×20 cm。

(3) 局部加固处理。对 F_{20}、F_{30}等较大规模的断层进行加固处理，在边墙采用钢筋混凝土锚板，厚 100 cm，并设预应力锚索，@300 cm×300 cm，每根锚索张拉力为 600 kN。在顶拱和边墙有不稳定块体时，及时加设随机长锚杆或预应力锚索。对规模比较小的断层，需加设 800～1000 cm 的长锚杆“缝合”处理。

地下厂房开挖从 1991 年 7 月 11 日开始，1992 年 6 月 5 日顶拱开挖、支护和混凝土衬砌施工完毕。中、下部开挖和支护于 1992 年 6 月 4 日开始，至 1993 年 6 月 7 日结束。

(五) 厂房围岩观测稳定性评价

观测项目有：岩体内位移和温度；围岩收敛变形和顶拱下沉；锚杆（索）应力及预应力锚索的荷载变化；围岩松动区范围；顶拱混凝土应变和钢筋应力；地下水渗透压力。

观测结果如下：

(1) 厂房混凝土顶拱处于受压状态，拱脚应力偏大，内缘应变上游为 1870 $\mu\varepsilon$；下游为 1520 $\mu\varepsilon$。

(2) 厂房内部位移（最大位移值）

高　程（m）	32	45	56
上游边墙（mm）	7.23	29.5	1.25
下游边墙（mm）	4.2	40.1	10.1

变形速度为 0.01～0.03 mm/d，说明已稳定。

(3) 围岩的锚杆应力（最大值）

高　程（m）	32	45	56
上游边墙（MPa）	143.2	328.18	199.95
下游边墙（MPa）	66.14	142.74	206.34

应力变化率为 0.02～0.29 MPa/d，说明基本稳定。

(4) 围岩松动范围观测结果为：爆破松动范围 0.8～1.0 m；塑性变形松动范围 5.5～7.5 m。

上述观测结果表明厂房围岩是稳定的。

（北京勘测设计研究院　朱尔容）

边坡稳定性研究和处理

龙羊峡水电站泄洪挑流雨雾诱发复活的虎山滑坡

虎山坡滑坡位于黄河龙羊峡水电站下游、挑流泄洪消能区右岸，距电站厂房 250～630 m。该地段坡高约 200 m，虎山坡滑坡位于岸坡上部，占据1/2 至1/3 坡高。它由靠上游的 1 号塌滑体、靠下游的古滑坡堆积体和靠里侧的 2 号不稳定岩体组成，实际上是一个古滑坡体的残留部分。构成坡体的岩石是三叠系变质砂板岩，古滑坡底部滑面沿一条逆断层 F_{306}形成。F_{306}的产状是：走向 NE10°，倾向 NW，倾角约 30°，即与河流斜交，倾向河心偏上游。F_{306}在上游被南北向近垂直的 F_7 大断层带截断或错断，在岸坡上最低出露点为 2530 m 左右。岸坡岩体内，北东向近直立的断裂结构面非常发育，构成滑坡的后缘拉裂面和滑坡体内的次级切割面。推测该古滑坡发生于黄河三级阶地下切之后。水电站施工以前，在该岸坡下游部分保存有厚 15～17 m 的滑坡堆积物，总方量约 20 万 m^3。由于 F_{306}倾向河床偏上游，而且被 F_7 断层带截断，因此古滑坡在上游侧面受阻，在紧靠 F_7 断层带处残留了一个巨大的楔形岩体，即后来的 1 号塌滑体；而这一残留的楔体，又约束了其侧后面的岩体即 2 号不稳定岩体的运动（见图）。

水电站施工与运行，打破了原有的平衡状态，导致古滑坡的复活。特别是大坝右底孔泄水、挑流消能造成人工雨雾，使 1 号塌滑体于 1989 年 7 月 26 日发生剧滑。其后缘垂直错落 15 m，前缘沿滑面向前运动 17 m，塌滑总量约 87 万 m^3，其中前部 17 万 m^3 脱离滑床，部分堆积在坡面上，部分被泄洪的高速水流冲走。这是我国在干旱地区因泄洪挑流雨雾导致古滑坡复活的第一例事件，在世界上也属罕见。

虎山坡滑坡在其动力学和运动学特征上有许多特色。首先，它的复活与其上游侧前方约束的解除有关。自 1979 年 12 月导流洞运行后，F_7 断层带受回流淘刷，导致其上部岩体不断崩塌、地形不断凹进，加之 1987 年 2 月至 9 月底孔泄水，使 F_7 断层带总塌方量达 25 万 m^3 左右，使 F_{306}断层侧前方受阻处逐渐临空，导致 1 号塌滑体发生蠕滑。其次，它的复活与地下水活动密切相关。龙羊峡地区地下水位一直在滑面以下很深处。1987 年底孔第一次泄水长达 218 天，使边坡顶部最外侧观测点水平位移速度达到 5.4 mm/d 和 4 mm/d，说明在滑面以上形成上层滞水，但滑带物质尚未达到足够软化，静水压力水头也未达足够高度。1989 年 7 月 12 日底孔放水，泄流量 346 m³/s，17 日即开始加速蠕变，位移速率达 40～99 mm/d，7 月 26 日即发生剧滑。这表明滑带土经近两年浸润和蠕滑，强度已经下降到残余强度，第二次泄水主要是静水压

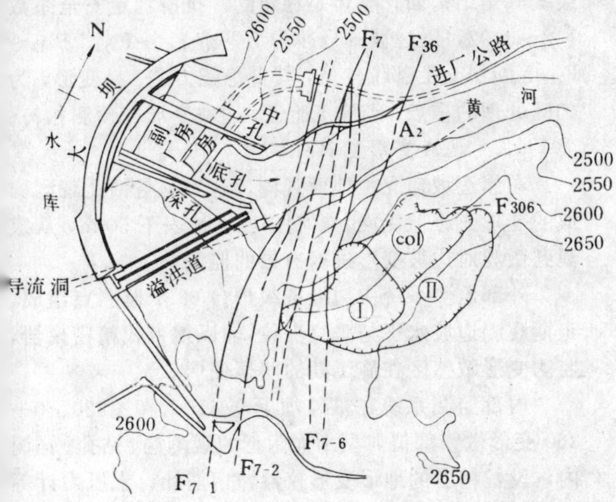

虎山坡滑坡体平面位置图

①—1 号塌滑体；Ⅱ—2 号不稳定岩体；col—古滑坡堆积体

力增高导致滑体失稳。第三，滑坡的解体特性。自 1 号塌滑体开始蠕滑，即发现其被北东向近直立断裂面切割成平行岸坡的 5 大条块，外侧位移快。1989 年 7 月 26 日剧滑，使最前面一块脱离滑床，当时底孔泄水量为 834 m³/s。剧滑后底孔泄流一直未停，而且增大到 1200～1600 m³/s，直到 9 月 25 日才停泄，而残留在滑床内 70 万 m³ 滑坡体位移率反降到 8 mm/d，最终达到 0.1 mm/d。这表明滑坡下滑过程中解体，使其中地下水位骤降，滑坡仅靠重力下滑而减速。目前仍处于缓慢蠕滑状态。

1 号塌滑体剧滑，导致其侧后方 2 号不稳定岩体开始蠕滑，其方量约 60 万 m³。

鉴于经水库调蓄后，千年一遇以下洪水泄洪量将达 4000 m³/s，古滑坡残留体仍有可能下滑，威胁电站的安全运行，为此目前已做出处理设计。其总的原则是：①对已经破碎的 1 号塌滑体，以卸载为主，主要卸载部分在其后方滑面较陡、主滑力较大的部位，其前缘有一块岩体比较完整，做挖井桩锚固；②2 号不稳定岩体完整性好，以挖井桩锚固方案为主；③对整个古滑体做系统排水方案。

（西北勘测设计研究院　李天扶）

李家峡水电站坝址区人工边坡稳定分析和工程处理

李家峡水电站大坝河床建基面高程为 2030 m，厂房泄水道基础开挖最低高程 2015 m，形成近 200 m 的人工高边坡。

坝址区岩体为前震旦系黑云母更长质带状混合岩和黑云母绿泥石角闪片岩组成，其间穿插有华力西期花岗伟晶岩脉和侵入体。坝址区地质构造复杂，岩层产状呈 NW300°～330°SW∠38°～55°，倾向上游偏右岸，与河流向呈 50°～70°交角。发育有 NW 向层间断层、NEE 向顺河陡倾角断层和 NE 向中倾角断层等较大的构造，影响着坝肩稳定和施工边坡的稳定。

针对坝肩稳定问题，进行刚体极限平衡法的纯摩、剪摩和分部安全系数法等的稳定分析，同时进行三维非线性有限元法、三维地质力学模型试验、三维渗流分析等分析计算和试验研究。1988 年，法国电力公司和柯因—贝利咨询公司对本工程的坝肩稳定进行隆德法和三维非线性有限元法的分析计算。上述分析计算和试验研究表明，经过工程处理后的坝肩是稳定的。高边坡工程处理措施包括：①左右岸 F_{26}、F_{27}的混凝土网格置换和高压固结灌浆；②河床 F_{20}、F_{20-1}、F_{60}的不同深度和宽度的混凝土塞置换和高压固结灌浆；③左岸 f_{20}层间断层组的预应力锚索、抗剪传力洞和高压灌浆；④相应的防渗和排水措施。同时，坝后副厂房电缆层（2047.8 m 高程）以下及坝后背管镇墩（顶面高程 2059.0 m）采用大体积混凝土回填等结构措施。分析计算表明，以上措施对两岸高边坡的稳定性起着积极的作用。

施工初期的高边坡按常规方法施工，曾出现过某些局部塌滑现象。随后，根据边坡地形地质条件综合应用控制爆破和锚固技术，取得了较好的效果。

爆破方面广泛应用预裂爆破，非电微差梯段爆破，保护层一次开挖、分区爆破以减小爆破总药量等爆破技术，并根据地形地质条件和建筑物要求，采用不同的限制单响药量。

采用的锚固技术有：预应力锚索（1000 kN、3000 kN），预应力高强锚杆（600 kN），锚筋桩（3ϕ32），系统锚杆及喷混凝土等。开挖边坡主要类型有：顺层向切脚边坡（坝基左右岸下游边坡），双滑面楔形体滑动边坡（厂房泄水道左岸边坡），逆层向边坡（厂房泄水道右岸边坡）等。根据边坡的不同类型，采用了边锚边挖、先挖后锚、甚至暂停开挖加强锚固等施工顺序，取得了

良好效果。

在坝址开挖区布置了多点变位计（25孔），图幅测线（3条）、钻孔测斜仪（4孔）和左岸岩体内洞轴线（垂直于水流向）等变位监测系统，用以监测两岸边坡在施工和运行期间的安全。在近两年的测试工作中，取得了大量对施工及今后运行有参考价值的数据。

李家峡工程已于1993年4月、7月先后完成坝基和厂房泄水道基础的开挖，除有局部小塌方外，没有发生过重大的塌滑现象。

（西北勘测设计研究院 张 云）

五强溪水电站左岸边坡的稳定性及处理

（一）左岸边坡地质条件

五强溪水电站位于沅水中下游峡谷末端，左岸临河山顶高程170～200 m，自然边坡上缓下陡，为30°～45°，坡高120～150 m，冲沟多垂直边坡发育。拦河大坝在5号冲沟接头，三级船闸在坡脚顺河布置。工程边坡开挖自1988年1月起至1993年4月止，开挖量315万m^3。

左岸边坡基岩由前震旦系板溪群五强溪组浅变质千枚状板岩、砂质板岩、砂岩、石英砂岩、石英岩组成，软弱夹层分布较密集。

该区经历多次构造运动。主要构造形迹NEE向展布，与干流边坡交角0°～25°。五强峡背斜斜向通过边坡，在下游进入河床，北翼岩层产状60°～85°/NW∠50°～80°，南翼65°～80°/SE∠45°～55°。构成北翼地区为反向边坡，而南翼为同边坡。F_{87}～F_{112}等NEE向陡倾角断层在边坡呈较密集分布，胶结不良；垂直河流断层发育稀疏短小；缓倾角断裂不发育。

边坡为软硬相间复合二元结构岩体，结构面的切割组合破坏了岩体的完整性。单元块体间结合力与抗剪强度低，其空间分布和软弱层带的可压缩性与可塑性有利边坡向临空方向变形。边坡变形机理是：主要因重力作用，使反向边坡重心偏外，岩层倾倒；同向边坡楔形块体的劈楔力使岩层反翘；上部反向边坡倾倒导致下部同向边坡岩层反翘；切倾向坡在上述因素等综合作用下，卸荷拉裂、崩塌、滑移。自然边坡风化最深达88 m，蠕变岩体分布广厚，稳定处于临界状态，外界条件改变后边坡较易变形，甚至失稳。工程地质条件复杂，为前期勘察重点。

（二）开挖边坡的稳定性

船闸工程边坡仿自然边坡开挖。主体工程边坡长400 m，临时坡高150～165 m，填渣后坡高115～125 m。以6号冲沟为界，上游边坡高程120 m以上坡比为1∶1.85，以下1∶1～1∶0.85；下游高程60 m以上坡比1∶1.35～1∶1.6，以下1∶1。坝前坝后边坡坡比1∶0.5。坡高20 m间设宽3 m左右平台。

为分析边坡稳定曾模拟岩体结构，考虑岩体自重、动静水压、开挖工况、回填石渣、7度地震等条件，采用有限元、平面散体元、刚体平衡、优势面与可靠概率分析、断面地质力学模型试验等方法。因边坡不存在连续缓倾角结构面，整体是稳定的。抗滑稳定安全系数1.2～3.92，以边坡6号冲沟上下游F_{87}～F_{112}、F_{115}～F_{121}等断层交汇部位较低，其自稳能力差、易变形，为加固处理的重点。经施工验证，边坡变形与预测相符。

（三）边坡变形监测网

左岸边坡建立由地面观测、观测洞与钻孔观测构成的变形三维监测网，控制深度达地表下50 m，从宏观到微观对边坡变形进行有效的监测。

外部监测系统由边坡各级平台68个监测点组成，定期观测边坡水平与垂直变位，辅以携带式精密仪器，监测变形敏感区在施工期的明显变形。

内部监测系统在桩号坝下0＋100、0＋220、0＋360变形敏感部位典型断面附近的观测洞、钻孔、锚洞内，设置精密的地形变形仪器、钢筋计、土压力计等100台件，分别监测岩体单元块体垂直与水平相对变位、有无滑移面产生、锚洞受力、坡脚填渣土压变化、地下水位及流量变化等。

监测网随边坡开挖下降面逐步建立完善，以保证船闸、大坝及工程边坡施工与运行的安全。

（四）开挖边坡的处理措施

针对边坡工程地质特征，其开挖与处理原则为“上削下固，下锚上护，填渣压脚，边挖边固，排水同步”，依据边坡变形机理与岩体结构特征而对症下药处理。主要措施有：自上而下仿自然坡开挖；坡顶缓坡用混凝土网格梁护面植草防护；较弱结构面交汇带等变形敏感区是处理重点，用锚洞、锚桩群垂直结构面深入较完整岩体；用混凝土板或喷砂浆护面，抑制边坡劈楔、倾倒、反翘变形；边坡纵向分布较大的较弱结构面则挖槽置换混凝土，坡脚松动岩体采用钻灌水泥浓浆、填塞变形空间；用排水洞、孔群、坡面喷砂浆隔水及排水沟组成的边坡排水系统疏干降低地下水位；船闸与边坡间填渣压脚，增加边坡稳定安全裕度。对于因处理滞后、施工临时坡过陡触发的边坡严重变形，立即停止下挖，同时采取削坡减载、回压石渣、跳间开挖、自下而上灌注浓浆、浇筑混凝土网格梁压坡、先锚后挖、钻孔排水、锚洞注浆补强、锚洞间卧拱等应急措施，保证了施工安全。

（中南勘测设计研究院 王常敏）

岩 溶 勘 测

天生桥二级水电站引水隧洞岩溶地质条件及工程处理

天生桥二级水电站，设3条引水发电隧洞，单条洞长9.6 km，开挖洞径9.5～10.8 m。其中Ⅰ号隧洞已经竣工运行，Ⅱ号隧洞正在进行衬砌，Ⅲ号隧洞尚未贯通。

(一)隧洞岩溶地质条件

1. 地质结构

(1)地层岩性。隧洞区分布主要岩层为中三叠统青岩组(T_{2q})白云岩、边阳组(T_{2b})生物礁灰岩及江洞沟组(T_{2j})砂页岩，两者呈相变接触。在隧洞全线，85%的洞段通过白云岩与灰岩，另有15%的洞段通过砂页岩。

(2) 地质构造。隧洞区主要褶曲为反"S"形展布的尼拉背斜（东段）。主要断裂走向为NE～NEE，如F_4、F_6及F_2等。

2. 岩溶地貌及岩溶发育特征

(1) 岩溶地貌特征。河流在此段（由坝索—桠杈）形成向北凸出的大河湾，弦长9 km许。在碳酸岩分布区，发育甚为典型的峰丛洼地。沿主要断层带，发育串珠状洼地。隧洞埋深最大为760 m，最浅为100 m。

(2) 隧洞沿线岩溶发育情况。通过隧洞开挖揭露，深部岩溶强烈发育且规模较大，发育深度达隧洞底板以下百米左右。在Ⅰ号、Ⅱ号隧洞中，共揭露直径大于1 m的溶洞40余个，其中直径最大者50～60 m，大部分为粘土块石充填或半充填。

(二) 岩溶稳定分析与工程治理

1. 岩溶稳定分析　在施工过程中，岩溶稳定条件均较差，必须进行钢支撑或喷锚支护，但更重要的是溶洞充填物的稳定问题。在隧洞开挖过程中，曾遇到多处溶洞充填物的大塌方和洞内泥石流，塌方高度达5～10 m以上。

2. 岩溶工程处理　岩溶工程处理方法，分为一期支护和二期支护。

(1) 一期支护。系指在施工过程中的支护，采用的方法有：①喷混凝土及钢支撑。在Ⅰ号隧洞0＋833～0＋855洞段遇大溶洞，充填半固结的黑色粘土，用马口法开挖，并用此方法支护，喷混凝土厚度20 cm，获得成功。②管棚混凝土护顶法。在Ⅱ号隧洞8＋197～8＋340洞段遇溶洞群，曾发生3次大塌方，塌落高度118 m，在地表形成塌陷坑，采用本法通过。③钢支撑挑梁法。在Ⅱ号隧洞1＋744～1＋778.4洞段遇充填粘土、砂和碎石的大溶洞，用本法通过。④顶管法。在Ⅱ号隧洞0＋879～0＋914洞段遇大溶洞，充填半固结的黑色粘土，地下水活动强烈，塌方严重，用本法通过。

(2) 二期支护。系指永久支护，采用的方法有：①在遇到大溶洞不易处理时，按明管设计，加厚钢筋混凝土衬砌，将衬砌从40 cm加厚到50 cm，并使用双层配筋。②设置钢筋混凝土底梁，以提高溶洞充填物的承载力。在Ⅰ号隧洞3＋713～3＋740溶洞段，用本法通过。③高压固结灌浆。在Ⅰ号隧洞，有11段属于岩溶发育的不良地质洞段，总长1542 m，岩溶工程地质条件异常复杂。为提高溶洞充填物和溶蚀破碎带的力学强度及抗渗性能，采用水泥＋硅粉和水泥＋环氧树脂浆液的高压固结灌浆。一般孔深8 m，在个别洞段，孔深达35～40 m。

Ⅰ号隧洞，经1年半的运行考验，初步证明，隧洞的设计、施工和支护处理质量是良好的。对于Ⅱ号及Ⅲ号隧洞，将借用上述工程设计和处理经验，并有所创新，以提高工程处理质量，保证引水隧洞与电站的安全运行。

（贵阳勘测设计研究院　邹成杰）

东风水电站右岸岩溶水文地质条件与防渗处理

东风水电站的岩溶渗漏问题极为复杂，在10余年的过程中，经四次进入工地进行大量勘察，才查明以库首右岸为主的岩溶水文地质条件，并确定了防渗处理方案。

(一)岩溶水文地质条件

如图所示：库首右岸，从坝址上游鱼洞暗河出口至下游凉风洞暗河出口为一弦长2.5 km的河湾地带，因构造形成茅口灰岩、玉龙山灰岩与永宁镇组下段灰岩贯穿分布。据水文网研究与对总长9734 m的18个岩溶洞穴的反复调查，地震勘探，14401.26 m50个钻孔与1个长270 m的斜洞揭露，更新世以来，受间歇性急剧上升运动的影响，源于非岩溶区的大洞

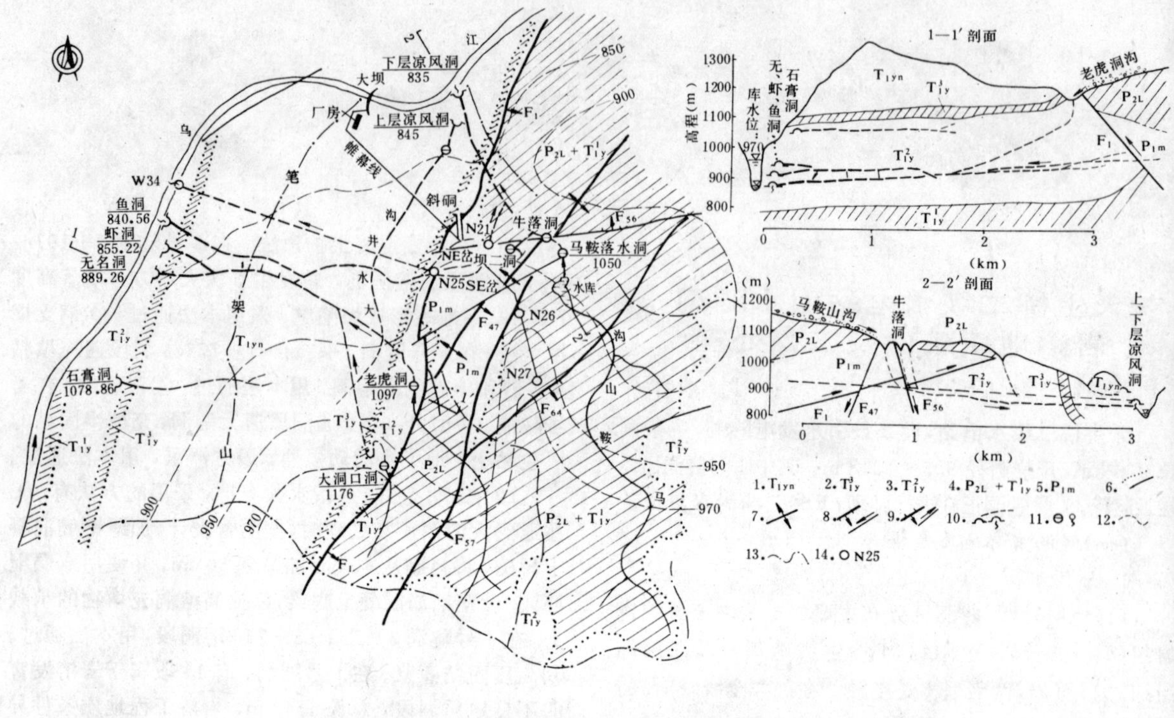

东风水电站库首右岸岩溶水文地质略图

1—永宁镇组灰岩、白云岩；2—九级滩页岩；3—玉龙山灰岩；4—龙潭组煤系及沙堡弯页岩；5—茅口灰岩；6—地层界线；7—背斜轴；8—正断层；9—逆断层；10—溶洞及暗河；11—落水洞及泉水；12—地下水位线；13—地形分水岭；14—钻孔

口、老虎洞与马鞍山等溪流为适应乌江下切，在流入可溶岩区后逐渐潜入地下，于是发育了与三级阶地相应的、长 2～3 km 以上的石膏洞、无名洞、虾洞、鱼洞与下层凉风洞及暗河。由对沉积物等的分析得知：在Ⅱ级阶地发育时期，马鞍山沟水从坝二洞等落水洞潜入地下，发育了鱼洞南、北东岔洞。至Ⅰ级阶地时，受下游较强烈排泄基准面的影响，可溶岩体剥露后，发育了下层凉风洞，并袭夺了马鞍山沟水，使之节节后退，由坝二洞、牛落洞至马鞍落水洞转入地下补给下层凉风洞。于是，鱼洞南、北东岔和坝二洞的暗河沉积物又为后期粘土所覆盖。由 17 个氚离子含量测定，16 次连通试验，6 个出水洞的 8 次堵洞抬水观测，56 个孔、泉一个水文年的动态观测，以及水均衡研究和 8 个方案的电网络模拟试验证明：鱼洞与凉风洞两暗河系统之间存在一鼻状地下水分水岭，其高程低于设计蓄水位 60～70 m。据岩溶直线率、单位吸水量、水质等资料，在暗河两侧 500～600 m 范围内，岩体透水性较大，一般在地下水位线以下 50 m 左右透水性降低而为极微透水带。

因此，当库水位超过 900 m 高程时，库水将通过鱼洞等管道倒灌，并越过地下水分水岭向凉风洞暗河集中渗漏。此渗漏发生在玉龙山灰岩之中，各水工建筑物则位于永宁镇组灰岩之上，两者之间有近 40 m 厚的九级滩页岩阻隔，故渗漏对水工建筑物的安全无影响，但在枯水期影响水库蓄水，所以应作防渗处理。

(二)防渗处理

通过 4 条防渗线的地质勘察和贵州省“六·五”有关科技攻关课题研究(乌江东风水电站水库岩溶渗漏及防渗处理研究)，从地质、设计、施工与造价综合权衡，采用第Ⅳ防渗线路(见图所示帷幕线)，即利用地下水分水岭方案，防渗面积为 28.2 万 m^2，其优点是：施工支洞多，要封堵的大洞穴在地下水位线以上，无集中水流；地下水位线以下岩溶化程度较低。

防渗采用灌浆帷幕与混凝土堵洞组成的防渗体，在间距 55～63 m 的三层廊道中灌浆。利用先导孔对重点地段作孔间电磁波透视，经层析成像处理以发现隐伏的洞穴和岩溶不发育的地段，以便修改设计与指导灌浆。帷幕一般用单排孔，局部为双排孔，排距 1.1～1.3 m，孔距 2.5～3.0 m，设计总进尺 15.65 万 m，回填混凝土 2 万 m^3。灌浆压力为 3～5 MPa，部分处理段浆液中加入 40%的粉煤灰。工程分两期施工，蓄水前、后分别完成鱼洞南东岔以北和以南地段。

经蓄水至 924 m 初步检验：对本区岩溶发育特点、水文地质条件的认识，防渗线路方案与范围的确定，都是正确的，防渗处理效果是良好的。

(贵阳勘测设计研究院　谢树庸)

天然建筑材料勘察

五强溪水电站板溪群石英岩人工骨料料源的勘察

(一)料场选择

五强溪水电站板溪群石英岩人工骨料料源——红砂溪料场，是在对天然及人工骨料料场进行勘察比较后，于1978年选定的(参见《中国水力发电年鉴1989—1991》第272页)。该料场位于坝址右岸下游2 km处，有成片出露的前震旦系板溪群五强溪组浅变质石英岩、石英砂岩等碎屑岩，可加工成骨料。

由于五强溪水电工程用石英岩大量轧制骨料在国内还是首次，所以对料场的勘察工作极为慎重。1978年5～9月，在红砂溪与青山沟分四区以高于初查精度作比较勘察。经详细分层查明，青山沟主要为石英岩、石英砂岩分布，软岩及软弱夹层较少；其它三区多为易风化的长石石英砂岩或板岩岩层分布，或地形低矮储量少。最后选定青山沟以西地区进行详查勘察。

1979年10月至1980年7月对料场进行详查勘察。为满足设计储量要求，1983年4～10月将详查范围扩大至青山沟以东，1986年7～9月经以高于详查精度作补充勘察，查明料场储量650万m^3，剥离层160万m^3；料源加工骨料各项指标能满足水工混凝土要求。

人工骨料生产系统由水电第八工程局中标兴建，1989年土建与设备安装基本完成。因首次采用石英岩料源，无经验可供借鉴，在可用层上部采取料与剥离层混淆生产的骨料不合格，因而对料源质量提出质疑。1990年4月“五强溪人工骨料料源技术研讨会”对料源质量给予肯定。但生产初期因系统机械磨损严重，运行不顺利，生产成品不敷工程使用，暂时购买420 km以外的岳阳汨罗砂，经船运，供工程要求。为此1991年3月工程领导小组第五次会议确定对系统采取扩容、部分设备改型、研制耐磨材料等措施；同时另选石灰岩料场补充工程需求。

1991年2～8月经普查对枢纽北东27 km观音寺寒武系石灰岩料场进行初查勘察后，判明料场储量982万m^3，各项指标满足水工混凝土要求。由于红砂溪系统经扩容改造、调整工艺流程、备足备品配件、加强施工组织管理等措施后生产转入正常，骨料生产保证了工程高峰需要，故观音寺料场未详查利用。

(二)红砂溪料场特征

(1)料场地形居高临下，便于生产系统布置。岩层产状平缓，有利于开采剥离，但风化剥离层与料源呈渐变过渡，无明显界面，顶部料源开采质量控制难度大。

(2)料源岩石质坚性脆，强度高。料源组成：石英岩占80.57%，石英砂岩9.57%，砂岩4.59%，砂质板岩3.23%，板岩1.04%。石英、长石、绢云母为岩石主要矿物。灰白色石英岩石英矿物含量达83%，长石16%。料源混合料石英占61.70%，长石29.63%，绢云母6.99%。主要矿物硬度大，岩石硅质胶结是系统机械易磨损及钢耗大的主要原因。

(3)岩石强度差别大。料源石英岩、石英砂岩为坚硬岩，极限抗压强度200 MPa左右，最高达300 MPa；中硬、坚硬岩板岩类30～80 MPa，最高超过100 MPa；有含量极少的紫色砂岩，湿极限抗压强度13.7 MPa，属软岩，易崩解，软化系数、容重、吸水率低于规范指标。

(4)料源主要成分石英岩、石英砂岩骨料各项指标满足规范要求；板岩类骨料针片状含量超过规范要求；软岩与软弱夹层含量低于规范要求。

(5)料源无粘土夹层，成品不需洗泥。风化导致上部料源加工成品粉砂含量偏高。

(三)料场开采的地质工作

(1)参加料场开采设计，确定剥离、开采方式与开挖坡比，为系统容量、机械选型、工艺流程提供有关参数。参加系统生产性试验。

(2)参加施工技术交底，审查料场施工组织设计，坚持先剥离后取料的开采程序及上部料源高断面立采上下台阶取料混合加工，挖除分布较集中的软岩或软弱夹层，改善料源整体质量，尽量降低不合格成品偶发率。

(3)现场值班，实行准爆证、准开证制度。追踪测定料源质量，造孔前随机取样测定岩石视比重、吸水率；爆破后测定混合样的上述指标，合格者发证钻爆、开采。超标者全部剥离清除。

(4)实行工程监理的水电工程，料场开采监理工程师以由地质工程师担任为宜。

(中南勘测设计研究院 王常敏)

统 计

在建和完成初步设计的水利

工程名称	所在河流	位置	坝型	坝高(m)	总库容(亿 m^3)	装机容量(万 kW)	勘探工作量						地震烈度(度)
							钻探(m)		洞探(m)	井探(m)		坑槽探(m^3)	
							岩心钻	土钻		基岩井	土井		
三 峡	长江	湖北宜昌	重力坝	175	393	1768	358431.6		8516.1	1599.5		73409	6
龙 滩	红水河	广西天峨	碾压混凝土重力坝	192	162	420	7332.27	1371.96	8880.08	186.6		57432.6	7
大朝山	澜沧江	云南云县景东县	碾压混凝土重力坝	118	8.9	135	13722.22		4816.2			27800	7
乌鲁瓦提	卡拉卡什河	新疆和田		135	3.4	6.0	3339.12		1119.4			10946	7
拉西瓦	黄 河	青海贵德	双曲拱坝	250	10.56	372.0	12579.6		7172.45	826.34		7500	7
构皮滩	乌江	贵州余庆	双曲拱坝	231	63.8	200.0	24028.42		5316.0			6212	6
瀑布沟	大渡河	四川汉源	心墙土石坝	186	51.77	330.0	21884.08		7565.2	1702.6	41.05	11534.67	7
洪家渡		贵州黔西织金	面板堆石坝	182.3	49.25	54	17348.96		3914.82		134.4	16037	6
吉林台		新疆尼勒克	面板堆石坝	157	24.4	46	3713.3		2380.92	491.9		7650	8
公伯峡	黄河	青海循化	面板堆石坝	128	6.2	150	10961.05		4360.38		736.82	22195.8	7
冶 勒	南桠河	四川冕宁	沥青心墙堆石坝	125.5	2.98	22	7697.42		1504.55		883.1	10625	8

资　　料

水电工程地质资料汇总表

地质条件及主要工程地质问题
坝址地形开阔，河床覆盖层厚 8～10 m，坝址基岩为斜长花岗岩，岩性均一，力学强度较高，岩脉发育和较大断层通过地段以及缓倾角结构面发育地段，局部存在压缩变形，易构成抗滑稳定不利组合。通航建筑物区风化壳较厚，而微新岩体完整，强度高，边坡一般整体稳定性较好，但北西西向结构面在边坡出露时，其稳定性较差
坝基岩石为砂岩、粉砂岩夹泥板岩，岩石新鲜较完整，其中 18 层泥板岩厚达 37 m，劈理发育，河床最高坝段已避开，岸坡坝段部分压在该层上，可满足重力坝要求。坝基缓倾角节理不发育，连续性差，不构成抗滑稳定影响。坝址上游左岸分布有千余万 m^3 的倾倒蠕变岩体，蓄水后稳定性降低，遭遇强震影响时，可能失稳。建筑物应避开蠕变体，边坡触动蠕变体时，应进行综合处理
河谷呈 V 形，河床覆盖层厚 3～17.5 m，坝基岩层以玄武岩为主，岩石坚硬，岩体较完整，具较高的抗剪强度和变形模量；岩层中夹多层凝灰岩，坝基下埋藏较浅，可能在下游出露，需研究对坝基抗滑稳定的影响及其处理措施。岩体和断层带透水性弱，断层带的物质属非危险管涌土，不会发生机械管涌。冲刷坑离坝脚较近，上游侧受断层影响岩体完整性差，应采取保护措施
河谷两岸地形不对称，左陡右缓。河床覆盖层厚 5～10 m，深槽处厚达 26 m。坝区岩性为云母石英片岩、云母钙质片岩等，岩体完整，一般强度较高。右岸山脊单薄，风化层薄，岩体透水性弱，在Ⅲ级阶地存在古河槽，需作防渗处理
河谷狭窄呈 V 形，两岸对称，岸坡陡峻。坝基岩石为印支期花岗岩，岩石坚硬，风化较浅，断裂构造不发育。库坝区存在滑坡体和变形岩体，坝顶以上岸坡高达 400 m，存在开挖高边坡问题。需研究不同结构面对坝肩变形和抗滑稳定的影响。坝区出现并状岩芯，表明地应力较高，对边坡、围岩稳定有一定的影响
河谷呈 V 形，河床有顺河向凹槽，覆盖层厚 2～8 m。坝基为中厚层、厚层块状灰岩，岩体完整，强度高，但存在层间错动带，需研究对压缩变形的影响；坝区北西—北西西向断层和裂隙发育，地表沿断层、裂隙溶蚀强烈，夹泥普遍为拱座抗滑稳定的侧向切割面
河流深切，谷坡陡峻，两岸山体雄厚，河床覆盖层一般厚 40～60 m，深槽处厚 65～75 m，在埋深 40～48 m 有微含泥粉质土的中细砂透镜体。坝区主要岩石为花岗岩、浅变质玄武岩、凝灰岩。右岸断层、裂隙发育，风化卸荷深度大，岩体完整性差；左岸岩性单一，较完整，边坡稳定性较好。溢洪道进口位于Ⅳ级阶地的右河道上，对覆盖层，全、强风化岩，需适当清除和加固处理
坝址河谷呈不对称的 V 形谷，河床覆盖层厚 2～8 m。主要岩性为厚层、中厚层白云岩、灰岩及泥页岩，岩性不均匀，泥页岩风化较深。坝区岩溶发育，但水文地质条件简单，有可靠隔水层
该工程区域构造环境和地震地质条件较复杂。坝基岩性为安山岩、角砾凝灰岩、断层、裂隙发育，岩体破碎，岸边卸荷裂隙发育，并有塌滑体和堆积体分布。河床砂砾石层厚 2～5 m
河床砂卵砾石层一般厚 5～13 m，最厚达 18.7 m。坝基岩性主要为片岩、片麻岩及花岗岩，岩性软弱不均，岩体透水性较弱、右岸建筑物范围内有红层砂砾岩和古风化岩分布，存在抗滑稳定、不均匀沉陷等工程地质问题
坝址处于冶勒盆地边缘，右岸及河床下部由中、上更新统的卵砾石层、粉质壤土组成，属弱透水地层，地下水位低，蓄水后存在坝基及绕坝渗漏问题，两种不同岩性的变形差异，存在不均一变形，粉质壤土在强震波及时，对坝基变形、抗滑稳定有不利影响。左岸为石英闪长岩，节理裂隙发育，卸荷水平深度大，岩体完整性差，坝肩接头基础，需采取加固措施

工程名称	所在河流	位置	坝型	坝高(m)	总库容(亿 m^3)	装机容量(万 kW)	勘探工作量						地震烈度(度)
							钻探(m)		洞探(m)	井探(m)		坑槽探(m^3)	
							岩心钻	土钻		基岩井	土井		
双 沟	松江河	吉林抚松	面板堆石坝	109.7	3.91	28	5936.36		972.3	532.4	202.35	32220	6
临 江	鸭绿江	吉林浑江	碾压混凝土重力坝	104	18.35	30	7984.63	1045.21	625.10	188.5	151.6	17969.05	6

续表

地质条件及主要工程地质问题
坝址主要岩石为安山岩，右岩高部位有少量玄武岩。左岸断层不发育，岩体较完整；右岸断裂构造发育，岩体完整性差，透水性强，特别是宽张裂隙带内，需注意开挖边坡的稳定，采取有效的处理措施。在正常蓄水位以下，安山岩与玄武岩间夹砂卵石壤土层，河床存在断层交汇带，易产生渗漏和渗透稳定问题。厂房后山坡附近，存在松动岩体，开挖时有可能产生滑动
坝基岩石主要为巨厚层安山质碎屑凝灰岩。含团块状叶腊石凝灰岩，软弱，强度低，易干裂崩解，开挖时需加保护。左岸为条形山脊较单薄，需研究蓄水后的边坡稳定及对坝体的影响；缓倾角断层发育，但延伸不长，对局部坝段的抗滑稳定可能有一定影响。坝区岩体风化深，断层裂隙发育，完整性较差，透水性较强，相对隔水层埋藏较深

（水利水电规划设计总院　李祖信）

水　工

12

高 坝 设 计

高坝设计成果综述

我国规模巨大的水利水电建设，促进了坝工建设的发展。在已建成的约83000座水坝中，70 m以上的高坝有80多座，100 m以上的高坝有21座。

（一）*已建、在建和拟建的高坝*

1. *土石坝* 80年代以前，我国高于100 m的土石坝为数不多。海南省松涛水库的均质土坝最高达80.1 m；陕西省石头河水库的粘土心墙土石坝最高达105 m；陕西省石砭峪水库的沥青混凝土斜墙堆石坝最高达82.5 m。土石坝的建坝高度，随着设计、施工经验的积累和碾压技术的发展而提高，如碧口、鲁布革水电站的百米级高坝是在70～80年代兴建的。1991年开始建设的小浪底工程，采用粘土斜心墙堆石坝，坝高154 m，坝基河床覆盖层厚70 m，采用混凝土防渗墙处理。拟在90年代后期兴建的瀑布沟水电站，大坝为宽级配碎石土心墙堆石坝，坝高188 m，河床冲积覆盖层厚亦为70多m，采用混凝土防渗墙处理。

80年代以来，混凝土面板堆石坝在我国兴起，至1992年已建成14座，其中仅1座因设计不当、施工质量不好而造成垮坝外，其他都已获得成功，其中以湖北省西北口混凝土面板堆石坝为最高，达95 m。1990年开工兴建的天生桥一级水电站，混凝土面板堆石坝高178 m，坝体填筑量1771万m^3，居世界前列。目前正建和已立项将建的混凝土面板堆石坝有29座，其中坝高在100 m以上的有5座，以贵州省乌江洪家渡水电站大坝为最高，达182 m。

2. *混凝土重力坝* 混凝土重力坝是我国高坝建设中的主要坝型。已建成的混凝土重力坝有实体重力坝、宽缝重力坝和空腹重力坝三种类型。

我国最高的混凝土重力坝是刘家峡重力坝（147 m），其次是80年代以来建设的漫湾（132 m）、宝珠寺（132 m）、安康（128 m）等重力坝。最高的空腹重力坝是广东省枫树坝和海南省牛路岭坝，分别高95.5 m和93.3 m。

80年代以来，碾压混凝土筑坝技术有较大发展，现已在28个工程中采用，其中超过100 m坝高的有：龙滩（192 m），三峡（175 m），宝珠寺（132 m），江垭（128 m），百色（126 m），大朝山（120 m），棉花滩（113 m），岩滩（110 m），临江（104 m），水口（101 m）。1986年福建省坑口建成我国第一座碾压混凝土重力坝，高56.8 m。辽宁省观音阁水库工程，采用常态混凝土包碾压混凝土重力坝，坝高82 m，碾压混凝土量123万m^3，是目前我国正在施工的碾压混凝土方量最大的工程。正在筹建的龙滩水电站，其大坝为我国现阶段设计中最高的，也是目前世界上最高的碾压混凝土坝，混凝土量532万m^3，其中碾压混凝土占64%。10多年来，我国碾压混凝土筑坝已逐渐形成具有自己特色的新技术：低水泥用量，高掺粉煤灰，中富胶凝料，以自身防渗为主，全断面碾压混凝土，大仓面薄层连续填筑，较低Vc值等。我国已编制了碾压混凝土坝设计导则和施工规范。

长江三峡工程混凝土重力坝高175 m，坝体总混凝土量1466万m^3（其中32%为碾压混凝土），最大泄洪流量12.4万m^3/s，通过坝身表、中、深孔泄洪。三峡工程规模宏大，技术要求高，它的建设标志着我国筑坝技术已步入世界先进行列。

3. *拱坝* 我国的高拱坝大都采用混凝土拱坝。已建成的超过100 m高的拱坝有：龙羊峡重力拱坝（178 m），乌江渡重力拱坝（165 m），东江双曲拱坝（157 m），隔河岩重力拱坝（151 m），白山重力拱坝（149.5 m），凤滩空腹重力拱坝（112.5 m），紧水滩双曲拱坝（102 m），群英浆砌石重力拱坝（100.5 m）。在建的拱坝有二滩（240 m）、东风（173 m）、李家峡（165 m）等3座双曲拱坝。正在设计的拱坝有小湾（292 m）、拉西瓦（250 m）双曲拱坝和金沙江溪落渡拱坝（283 m）。

80年代以来设计的拱坝趋于减薄，在建的东风双曲拱坝厚高比0.163，李家峡双典拱坝厚高比0.273，位居世界第四高拱坝的二滩双曲拱坝厚高比0.232，正在设计的世界第一高拱坝——小湾双曲拱坝厚高比0.25左右。

我国第一座碾压混凝土拱坝——贵州普定拱坝高75 m，已于1993年建成，创造了世界碾压混凝土拱坝的新纪录。即将开始施工准备的四川双牌碾压混凝土拱坝，坝高130 m，厚高比0.23，坝顶弧长250 m，碾压混凝土量约30万m^3，将在普定碾压混凝土拱坝的建坝经验基础上，又有新的技术措施。

（二）主要技术成就

（1）我国坝工建设科技领域中有关材料、结构、水力学、岩土工程等学科的基础理论和应用研究水平，随着水利水电工程建设的发展而迅速提高。勘测设计、科学研究和施工的科技水平和技术力量不断提高与壮大，完全有能力承担大江大河水利水电工程建设任务，解决各种复杂技术问题。近10多年来设计，科研、大专院校和施工单位共同合作组织国家科技攻关，促进了高坝建设技术水平的提高，不少专题、课题研究成果已达到国际先进水平，有的居于国际领先水平。

（2）我国已在各种复杂水文、泥沙和地质条件下修建了众多的高坝，积累了丰富的经验。在土石坝方面，随着对土石坝基础理论、设计手段和施工设备特别是重型振动碾压设备的发展，近10多年来，高土石坝筑坝技术有较大发展。鲁布革利用风化料作窄心墙防渗体堆石坝已获得成功。小浪底、瀑布沟工程采用土质防渗墙堆石坝以适应深厚覆盖层。混凝土面板堆石坝由于具有一系列优点，因而在土石坝中被广泛采用，在合适的地质条件下大有发展前途。

在重力坝方面，为了减少坝体混凝土量，80年代以前宽缝重力坝和空腹重力坝有所发展。80年代以来，碾压混凝土筑坝技术在我国兴起，代替了宽缝重力坝和空腹坝。碾压混凝土实体重力坝有替代各种型式常态混凝土重力坝的趋势。三峡工程和龙滩水电站的大坝建设，使我国碾压混凝土重力坝达到200 m级高坝的世界新水平。

在拱坝方面，正在设计和建设一批世界水平的高拱坝。坝体体型设计优化出现扁平化，拱坝的平面形状根据河谷地形地质条件选用三心圆、抛物线、双曲线和对数螺旋线等，开发了具有我国特色的体型优化程序。在坝体应力应变分析和坝肩稳定分析方面，普遍用多向调整拱梁分载法、三维有限元法以及多种数学模型的静力、动力分析。对于高拱坝和复杂地质条件常用结构模型、地质力学模型试验验证。近年来，在拱坝施工分层、灌浆封拱和分期蓄水仿真计算，库水、坝体和地基地震动力分析，泄洪水流、坝体和地基水动力弹性模型等方面的研究，也有较大的发展。

（3）在坝体泄洪消能设计和科研试验中取得了许多成功经验：①解决了泄洪规模大的工程水力学问题，如：葛洲坝水利枢纽总泄洪流量超过11万 m^3/s，五强溪、潘家口等工程泄洪流量在5万 m^3/s 以上；通过坝身表、中、底孔下泄流量超过2万 m^3/s 的大坝有20多座；溢流坝单宽流量超过200 $m^3/(s \cdot m)$ 的有岩滩、五强溪、安康、漫湾、水口等多个工程。②新型消能工、宽尾墩、窄缝及各种异形鼻坎和消力墩等得到广泛应用。如安康采用了宽尾墩与消力池联合消能；五强溪采用宽尾墩、底孔和消力池新型联合消能工；岩滩采用宽尾墩与戽式消力池联合消能工等。这些消能型式都因地制宜地起到了提高消能效果、减轻河床冲刷的目的。③在拱坝泄洪方面有新的发展。凤滩工程的最大过坝泄洪量32000 m^3/s，采用高低坎间隔布置，使挑流在空中对撞，消能效果良好。在建的二滩双曲拱坝，采用坝身表、中、底孔水流挑射空中对撞，落点分散，坝下设二道坝水垫塘，过坝泄洪量16400 m^3/s，坝身和隧洞泄洪功率2700万kW。正在设计的小湾双曲拱坝，坝身泄洪量超过20000 m^3/s，水头约230 m，也采用与二滩类似的泄洪消能方式，泄洪功率3490万kW。溪落渡拱坝及泄洪隧洞最大泄量约52000 m^3/s，泄洪功率约9000万kW，其技术难度都属超世界水平。④在高速水流掺气减蚀、溢流面平整度控制、抗冲耐磨材料和泄洪时溅流雾化影响研究方面，均取得了很多新的进展，并在许多工程中得到应用。

我国水利水电工程建设中，遇到不少大流量、高水头条件下的泄洪、导流、排沙的高速水流空蚀及磨损等问题。当在狭谷河道中修建高坝时，更是如此。通过理论研究、模型试验和原型观测等手段，已取得不少成功经验。但在隧洞泄洪方面，如何采取有效措施，使高速水流在洞中消能减为一般流速，避免空蚀，并充分利用大型施工导流隧洞改建为永久泄洪隧洞的技术问题尚未得到根本解决。小浪底工程设计将导流洞改建为孔板泄洪洞，尚有待建成后经受实际运行考验。解决高水头大流量隧洞泄洪问题，其根本途径是要解决洞内消能，使流速减至不致发生空蚀破坏，这是一项需要认真加以解决的课题。目前我国已有几个科研单位和设计院正在研究这一课题。

（4）我国已在各种复杂地基上采用适当的基础处理措施成功地修建了高坝：①乌江渡重力拱坝建在岩溶和暗河发育的灰岩地区，采用封堵和高压水泥灌浆为主的综合治理措施获得了成功，水库蓄水后坝基总渗漏量不到10 m^3/d，至今运行良好。这一成功经验现已应用于乌江上几个工程的设计及在建的东风和隔河岩工程中。②龙羊峡重力拱坝坝肩单薄，并存在多条断层和劈理破碎带，经采用混凝土洞塞置换、高压水泥灌浆和化学灌浆等综合处理后取得了成功。此外，在葛洲坝、大化和安康等工程中采用了混凝土抗滑齿槽；在漫湾、李家峡、天生桥二级的高边坡处理中广泛使用了喷锚支护，100 t、300 t预应力锚索，最大单根预应力锚索可达600 t。③为解决大坝沙基液化，采用了振冲加固细砂地基。官厅水库抗震加固中应用此法使砂层相对密实度由53%提高到80%。铜街子水电站左岸河床深槽砂卵石地基也采用振冲法加固砂层，提高了其承载能力和抗液化能力。④在丹江口、陈村、葛洲坝和安康工程坝基防渗中采用化学灌浆取得了良好效果，常用的灌浆材料有丙凝和聚氨脂等。近年来又研制成功了水溶性聚氨脂、无毒丙凝和以氧环树脂为主剂的多种新型灌浆材料。⑤建造在深厚冲积覆盖层上的土石坝，普遍采用混凝土防渗墙作地基防渗处理，目前最深防渗墙达到 74.4 m，成墙面积 50 万 m^2。此外，在自凝灰浆防渗墙、高压喷射灌浆、粘土水泥塑性防渗墙等方面，都取得了很多新的进展。

(水利水电规划设计总院　许百立)

龙滩水电站碾压混凝土重力坝

(一) 概况

龙滩水电站计划分两期开发，主体工程之一的拦河重力坝也将分两期施工：初期建设时，正常蓄水位 375 m，坝顶高程 382 m，最大坝高 192 m，坝顶长 735.5 m，后期正常蓄水位 400 m，坝顶高程 406.5 m，最大坝高 216.5 m，坝顶长 830.5 m。

坝址河谷宽高比约 3.5，是较宽阔的 V 型河谷。枯水期河水面宽约 100 m，水深 13～19.5 m。坝基岩石为三叠系砂岩夹泥板岩，以砂岩为主。经大量勘探，坝基下未发现缓倾角断层，缓倾角节理相对不发育，无深层滑动的可能。河床坝段建基面抗剪断强度参数设计采用 $f'=1.1$，$c'=1.2$ MPa。两岸坝段坝基泥板岩较多或处于较大断层切割部位，其 f'、c' 值略低。

(二) 枢纽布置

碾压混凝土重力坝方案的研究始于 1990 年 2 月。起初，着重研究的是大坝采用碾压混凝土的技术可能性和经济合理性。在原常态混凝土坝的坝体布置和坝体断面不变的情况下，用碾压混凝土代替内部常态混凝土，上下游均用常态混凝土包裹，碾压混凝土的高度控制在 120 m、150 m 或 160 m 等范围内，建基面上是很厚的常态混凝土垫层。分析结果认为，龙滩重力坝采用碾压混凝土是完全可行的和经济的，坝体碾压混凝土量越多，施工速度越快，经济效益越显著。但按上述指导思想设计的碾压混凝土坝在胶凝材料用量、总投资和工期上，与常态混凝土重力坝差别不大，因此，建议调整枢纽布置，改进坝体断面和坝体结构设计，使其适应于碾压混凝土大仓面快速施工的要求。

原常态混凝土重力坝的总体布置是河床坝段布置泄水建筑物，右岸布置通航建筑物，发电厂房布置在河床溢流坝后，部分在左岸地下。由于河床坝段泄水孔口与发电引水系统重叠，坝体孔洞密集，施工干扰大，后期渡汛存在一定风险，不适应碾压混凝土筑坝的要求，使大规模采用碾压混凝土受到限制。因此，要调整枢纽布置，其原则是简化坝体结构，使厂房引水系统与泄水建筑物分离，使大坝采用碾压混凝土的部位相对集中。在设计院对枢纽布置方案进行大量比较研究的基础上，1992 年 12 月，原能源部委托水利水电规划设计总院在北京主持专题会议，最终审定龙滩水电站厂房布置采用全地下厂房方案。该方案无坝后厂房，坝体结构简单，施工干扰小，最符合大坝采用碾压混凝土的坝体布置要求，从而为大规模采用碾压混凝土创造了条件。

(三) 大坝的断面设计

枢纽布置尤其是坝体布置确定之后，扩大坝体碾压混凝土范围的唯一途径是尽量提高碾压混凝土坝的高度。然而世界范围内正在建设中的碾压混凝土坝的最大高度仅 150 m，为了更多、更高、更快地应用碾压混凝土筑坝技术，“龙滩碾压混凝土重力坝结构设计及施工方法研究”被列为国家“八五”攻关的专题，经开展科研攻关和设计研究，已取得一些重大突破。

大坝断面设计原则遵循现行重力坝设计规范，特别强调碾压混凝土层面上的应力和稳定，在基本荷载工况下满足如下条件：任一层面上的抗剪断安全系数 $K'\geqslant 3.0$；层面上任一点的垂直应力 $\sigma_n\geqslant 0.0$；层面上任一点的应力不超出相应部位混凝土的容许应力。

由于分期建设，大坝的断面分为初期断面和最终断面，初期断面设计既要尽量减少初期建设时的坝体混凝土工程量，又要为后期加高创造必要的和有利的条件。经多方案对比和初设审查会议确定：大坝加高方式为平行后帮式（贴坡式）。重力坝的断面设计选择了若干典型断面，以建基面的应力和稳定要求为约束条件，以坝体混凝土总量最小为目标函数，采用优化设计方法求得两期断面的几何参数。然后根据层面扬压力计算假定和层面稳定要求，反算出不同高程的碾压混凝土层面设计要求的抗剪断强度参数。

对于上面给定的断面，大坝碾压混凝土高度越高，设计要求的层面抗剪断强度参数也越高。而选择层面抗剪断强度参数的设计值又取决于碾压混凝土配合比、气温条件、层间间歇时间、层面处理的工艺和质量控制等因素，是一个十分复杂的问题，关键是胶凝材料含量、层间间歇时间和气温条件。根据已经完成的现场碾压和原位抗剪断试验成果并考虑大坝实际施工时使用合理的碾压混凝土配合比，采用先进的设备和工艺，精心施工和严格控制质量，龙滩大坝在给定的设计体形下完全可以实现从底到顶的全高度碾压。

(四) 坝体应力及稳定复核

坝体应力及稳定分析，结合“八五”攻关，采用多种计算方法进行计算，并对基本参数进行了敏感性分析。

对坝体应力而言，无论是高坝应力条件还是由于分期建设带来的不利影响，均属局部强度要求问题，对大坝体形参数的选择不起控制作用。如大坝加高时，后帮混凝土的温降对坝踵应力的不利作用，可以通过提高该区域混凝土的抗拉强度和减少后帮混凝土温升等措施来解决。

对坝体稳定而言，沿坝体内碾压混凝土层面的抗滑稳定问题显得尤为突出。由于已往的设计经验不多，对荷载计算、选择层面抗剪（断）强度参数、计算公式以及安全系数（或者安全度）等问题做过较多的探索。综合分析的结论是，龙滩大坝采用全高度碾压，胶凝材料用量 200 kg/m^3 左右，结合现场试验成果分析，沿层面抗滑稳定安全性是有保证的。即使由于施工不慎，c' 值降低较多，大坝的整体稳定仍有相当高的安全度。

（五）坝体的结构设计

除了坝体体形之外，对维持大坝稳定起重要作用的还有坝体结构，如碾压混凝土层面结构和强度、材料分区、防渗排水结构、分缝与止水结构。合理的坝体结构设计，不仅应保证大坝安全，而且应方便施工。

碾压混凝土层面结构和强度，应结合混凝土配合比设计、施工方法和施工工艺的研究，确保沿层面抗滑稳定安全系数满足设计要求。对于坝体底部层面建议向上游倾斜 2°左右，以利于提高大坝的抗滑稳定安全系数。坝体碾压混凝土的分区从底到顶分成三个区域，每个区域根据施工条件、坝体应力和稳定条件提出主要性能指标要求。防渗排水结构除要求坝体本身有较高的防渗性能外，上游面还应设置单独的防渗面层，紧接坝体防渗体后设置排水廊道和排水孔，并考虑河床坝段底部一些碾压混凝土层面上设排水孔与基础排水廊道相贯通，以确保坝体内部碾压混凝土层面上的扬压力低于设计值。坝体碾压混凝土横缝根据坝体结构和温控要求确定，坝体的防裂措施和温控标准尚在研究之中。

坝体止水设计，吸取常规混凝土重力坝横缝止水设计的经验教训，对止水结构布置及其与上游防渗结构和坝基岩体中的防渗帷幕的连接给予了足够的重视，从而可以保证整个上游面的不透水性能。

（中南勘测设计研究院　周建平）

普定水电站碾压混凝土拱坝

普定水电站碾压混凝土拱坝，为我国“八五”重点科技攻关项目专题之一。该拱坝是当今世界上已建的3座碾压混凝土拱坝中最高的一座。

拱坝为定圆心、变半径、变中心角的等厚双曲非对称拱坝。右岸设 30 m 长的重力墩，拱端按半径向设计。最大中心角 120°，最小中心角 30.6°。最大外半径 79.8 m，相应弧长 165.7 m，坝顶全长 195.7 m。坝顶高程 1150.0 m，最大坝高 75 m，坝顶宽 6.3 m，底宽 28.2 m，坝体厚高比 0.376，拱冠向上游面倒悬 2.4 m。拱坝由长度分别为 37.6 m 和 97.2 m 的左右非溢流坝段，堰顶高程 1134.0 m、长 60.8 m 的 4 个 12.5 m×11 m 溢流表孔，右侧冲沙兼放空底孔，坝脚 18.4 m 长的碾压混凝土护坦，及防冲护岸建筑物等组成。坝体混凝土量 13.7 万 m^3，其中碾压混凝土 10.3 万 m^3，最大碾压仓面积 2246 m^2。碾压混凝土拱坝的设计特点是：应用高掺粉煤灰低水泥用量的碾压混凝土筑坝材料，碾压混凝土自身防渗，坝体不分缝，整体通仓薄层填筑，全断面碾压，采用低温连续上升的施工工艺。

在坝体迎水面部位，用二级配碾压混凝土自身防渗，其厚度在 1130 m 高程以上厚 1.8 m，1130 m 高程至坝底逐渐加厚至 6.5 m。在每一碾压层上游 2～3 m 范围内，喷洒一层掺缓凝料的水泥粉煤灰净浆，用以增加层间结合强度，阻止层面渗水。经坝体挡水运行证明，防渗效果达到 S_6 以上，满足坝体防渗要求。

根据温控计算和结构模型试验成果，在坝体有可能产生裂缝的部位设置 3 条诱导缝，将坝体分成 30 m、55 m、80 m 和 31.04 m，以防产生不规则的温度裂缝。诱导缝采用双向间断的形式，在缝中预设重复灌浆系统，一旦诱导缝张开，就可实施接缝灌浆。

筑坝材料及分区：坝体防渗层采用骨料粒径不大于 40 mm，适当增加胶凝材料用量的 $R_{90}200$、S_6 二级配碾压混凝土，每立方米混凝土中水泥用量 85 kg，掺粉煤灰 103 kg。坝体填筑骨料粒径不大于 80 mm，高掺粉煤灰低水泥用量的 $R_{90}150$、S_4 碾压混凝土，每立方米混凝土用水泥 54 kg，粉煤灰 99 kg，入仓 V_C 值控制在 6～15 s。拱坝基础垫层用外掺 MgO 微膨胀 $R_{90}200$、S_6 的常态混凝土。冲沙孔四周采用抗冲耐磨性能良好的铁钢砂混凝土衬护。溢流面、闸墩、导水墙采用 $R_{90}250$常态混凝土，其余水工结构均用 $R_{90}200$ 常态混凝土。

在溢流面上采用高、低坎分流岸泄洪挑流消能，将大部分水能在空中消除，削减入水能量，减小冲刷坑深度 40%，缩短水舌挑距 36%，减小下游水位波动。

对普定整体式碾压混凝土拱坝所引出的特定温度应力问题，用数值分析法计算了水库水温，用三维有限元计算了拱坝的准温度应力场，根据实际施工情况和边界条件，仿真计算了整体碾压、设诱导缝及考虑温度对混凝土性能影响等各种情况下的温度和温度应力。计算结果表明：①整体式碾压混凝土拱坝的温度应力分布，存在着两个高应力区，一个在靠近坝基处，另一个在1110.0 m高程、靠近拱端长间歇过水处，σ_{max}＝1.83 MPa；②拱坝设置诱导缝的位置基本合理，它可使温度应力有所缓解，坝体其它部位不会出现裂缝；③由于拱坝平均温度与混凝土材料试验的标准温度20℃相差不大，考虑温度对混凝土性能影响时，温度应力变化不大。对拱坝渡汛过水情况下的温度应力情况进行了计算研究，汛期过水拱坝不会出现裂缝。经汛期过水证明，以上结论符合实际情况。另外，还根据碾压混凝土拱坝的特点，首次提出了考虑施工期温度作用的温度荷载的计算方法，这将有助于改进碾压混凝土拱坝的设计。通过以上研究，揭示了碾压混凝土拱坝温度和温度应力的变化规律。

该工程于1989年12月15日河道截流，主体工程开工，1994年5月底首台机组并网发电，1994年底工程全部建成。

普定碾压混凝土拱坝利用两个枯水低温期进行填筑碾压施工，1992年1月23日开盘碾压。第一期施工从1992年1月23日至4月21日，坝体升高24.3 m，汛期坝体过水泄洪。第二期施工从1992年11月17日至1993年5月30日，坝体升高50.2 m。坝体分13个升程填筑碾压，施工历时284天，开仓碾压417台班，准备工作605台班，实际用工22460工日。

（贵阳勘测设计研究院　陈宗卿）

永定（棉花滩）水电站碾压混凝土坝

永定(棉花滩)水电站位于福建省永定县境内的汀江干流上。工程以发电为主，兼有防洪、航运等综合效益。枢纽由碾压混凝土重力坝、泄洪建筑物、左岸地下厂房及开关站、右岸航运过坝建筑物等组成。

坝址两岸山体雄厚，地形基本对称，河谷坡度约35°～45°，呈V字形。河床基岩大部分裸露，出露岩层为燕山早期第三次侵入的黑云母花岗岩，侵入体穿插有花岗斑岩脉、花岗细晶岩脉及闪斜煌斑岩脉。岩石致密坚硬，新鲜微风化岩石的湿抗压强度平均在150 MPa以上。坝址区构造主要以断层、挤压带及节理密集带的形式出现，断层规模较小，大都为陡倾角且胶结良好；缓倾角裂隙不甚发育，延伸短、连续性差，多数处于坝基开挖范围内。库区地质构造属基本稳定区，地震基本烈度6度，大坝稳定按7度设防进行复核。

该水电站于1990年12月通过初步设计审查，1993年8月进行工程评估，现已进入招标设计阶段。

（一）坝体结构及断面设计

碾压混凝土重力坝坝顶高程179 m，最大坝高111 m，坝顶宽7 m，最大底宽84.5 m，坝顶总长300 m，左右岸非溢流坝段长分别为100 m和134 m，溢流坝段长66 m，坝体不设纵缝。全坝共分6个坝段，各坝段长度为50 m、50 m、33 m、33 m、64 m、70 m，最大浇筑仓面不超过4000 m²。

工程最大泄洪量11890 m³/s，坝体主河槽部位的溢流坝段设置3个表孔，单孔宽16 m，表孔末端采用连续式鼻坎挑流消能。5号坝段设置底孔，出口断面为5 m×7.2 m(宽×高)。沿坝基布置一道灌浆廊道，在100 m和140 m高程各设置一道水平纵向廊道。各层廊道互相贯通，并通过横向廊道与设在2号坝段的电梯井相通。上游坝面垂直，下游坝坡溢流坝段为1∶0.65，挡水坝段为1∶0.75。

（二）坝体混凝土设计及防渗结构

坝体120 m高程以下为R_{180}150号碾压混凝土，120 m高程以上为R_{180}100号碾压混凝土，基础面采用1 m厚的R_{90}200号常态混凝土。溢流面为厚3 m左右的R_{90}250号常态混凝土，闸墩部位为R_{28}300号常态混凝土。表孔闸墩采用预应力锚束构件。

坝体上游面采用R_{180}200号二级配碾压混凝土的自身防渗型式，防渗层厚度约为水头的1/15，最大厚度7.0 m，143 m高程以上厚2.0 m。防渗层混凝土与坝体混凝土同步碾压上升。在电梯井、廊道等孔口周围采用在碾压混凝土中加水泥砂浆使之成为可以用振捣器振实并与坝体大体积碾压混凝土同步上升的“变态混凝土”。胶凝材料及骨料要求见表1。

表1　碾压混凝土胶凝材料及骨料要求

标号	水泥 (kg/m³)	粉煤灰 (kg/m³)	最大骨料粒径 (mm)	砂率 (%)
R_{180}200	85	115	40	37
R_{180}150	65	95	80	32
R_{180}100	55	85	80	32

（三）温控设计及措施

坝体混凝土采用全断面薄层连续碾压施工，碾压层厚30 cm，施工时段在11月至次年3月的低温季节，各月允许浇筑温度为14～20℃。对于基础浇筑块，内外温差、上下层温差及气温年变化产生的温度应力，均处于设计允许抗拉强度1.0～1.2 MPa范围内，因此一般情况下可不采取特殊的温控措施。对寒潮引起的温度应力，因其超过混凝土允许拉应力，需要采取连续浇筑措施，间歇期间仓面要及时覆盖泡沫塑料蓄热保温，并适当延长拆模时间。

（四）坝体可靠度分析

根据规范和标准要求，对非溢流坝段取单宽进行可靠度初步分析，其成果见表2。

表 2 随机变量统计特性

基本变量		均值	变异系数	概率分布
抗剪断系数	f'	1.1	0.21	正态
	c'	1.1	0.36	对数正态
混凝土抗压强度 Ra		14.85	0.251	对数正态
扬压力系数 α		0.185	0.30	正态

按基本作用组合和偶然作用组合计算出的可靠指标 β 值列如表 3。

表 3 可靠指标 β 值

组合情况 \ 条件	坝基面抗滑稳定	坝趾抗压强度	坝趾应力条件
基本组合	4.5785	6.9054	≥5.0
偶然组合	4.2958	6.5743	

计算得到的各项可靠指标大于《水工统标》中的规定值，说明棉花滩碾压混凝土重力坝的断面设计符合要求。

（上海勘测设计研究院 王以仁 陈在敏）

洪家渡水电站面板堆石坝

洪家渡水电站位于贵州省乌江干流北源六冲河上，其水库为乌江梯级开发中的龙头水库。电站坝址河谷呈极不对称V形，左岸为两层高100余米的灰岩陡壁，其间为宽80～120 m的页岩缓坡；右岸为25°～40°的缓坡。枯水期河水面宽30 m，水深3～4 m，正常蓄水位1140 m，高程河谷宽390 m。坝址河段从上游到下游依次分布有永宁镇灰岩、九级滩泥页岩和玉龙山灰岩。永宁镇灰岩和玉龙山灰岩为含水层，岩性坚硬完整，多为厚层和中厚层灰岩。九级滩泥页岩为隔水层，岩性相对较软，隔水性能良好，为水电站的防渗依托。区内河床及岸边分布有冲积层、残坡积—崩积层，河床覆盖层深3～7 m。坝区岩层为单斜构造，走向N40°～70°E，倾向NW∠25°～55°，即倾向上游偏左岸，无大的断裂构造。坝址右岸上游发育有底纳河伏流，下游有K40溶洞。

洪家渡面板堆石坝最大坝高182.3 m，是目前国内最高的面板坝，且处于高山峡谷岩溶地区。坝顶长464.5 m，宽高比仅2.548。坝顶宽12 m，上游坡1∶1.4，下游局部边坡1∶1.25，加上坝后公路平均边坡1∶1.4。坝体土石方开挖量306万 m^3，堆筑量1030万 m^3，混凝土约11.92万 m^3，钢筋4657 t，帷幕灌浆12.35万 m。

坝址河谷狭窄，地基岩性软硬相间，且上有暗河出流，下有岩溶管道汇入，可供布置河段长度有限。设计中借鉴国内外已建工程经验，并多次邀请国内知名专家进行技术咨询，利用了部分“七五”科技攻关成果，部分项目列入“八五”攻关计划，针对坝址地形地质条件和坝型特点提出了一系列工程措施。

在堆石体与坝基和岸坡的连接中，坝轴线上游按不陡于1∶0.5的边坡开挖，坝轴线下游仅需挖除覆盖层，坝轴线上、下游开挖边坡连接角按不大于20°控制，坝体轮廓范围内的覆盖层全部挖除，坝体上游1/6范围内的九级滩泥页岩及永宁镇灰岩挖到微风化线与弱风化线之间。趾板均坐落在永宁镇灰岩上，其嵌深由两方面的因素决定：在岸坡较缓部位，趾板嵌深取决于微风化线深度；在岸坡较陡部位，尤其在左岸，嵌深受控于堆石体边坡不陡于1∶0.5。由此，1∶0.5边坡出现在左岸坝轴线附近，最大嵌深约40 m，右岸最大嵌深约20 m左右。趾板后岩石均水平开挖20～30 m，以适应垫层料和过渡料向下游延伸的需要。趾板及堆石体以上开挖边坡，左岸逆向坡垂直开挖，马道宽3 m，高差10 m，平均边坡1∶0.3；右岸开挖边坡1∶0.4～0.65。左岸趾板以上边坡开挖高度110～150 m，坝体上、下开挖边坡最高达290余米，开挖量210万 m^3。

坝体分为垫层区、过渡区、主堆石区、次堆石区及上游防渗区和防渗补强区等6个区域。垫层料水平宽4 m，用灰岩经人工破碎筛分后配制，最大粒径40～80 mm，小于5 mm颗粒含量35%～55%，干容重22.04 kN/m^3，孔隙率19%，试验渗透系数1.5×10^{-3}cm/s。过渡料由洞挖石渣加人工破碎料配制，顶宽4 m，底宽11 m。主堆石料为料场爆破开采，最大粒径500～800 mm，小于5 mm颗粒含量5%～20%，干容重21 kN/m^3，孔隙率22%。次堆石料为建筑物开挖石渣，不严格要求级配，设计干容重20.5 kN/m^3，总量340万 m^3，开挖料利用率75%，其位置经坝中、坝中下游和下游坝坡附近3个方案分析比较，最终将该区置于下游坝坡附近，上游倒坡1∶0.5，顶部高程1120 m，宽38 m，底部高程高于最高下游水位，为1010 m，宽137 m。

防渗区面板顶厚30 cm，底部最大厚度98 cm，面积7.51万 m^2，分三期施工，在1030 m和1090 m高程设水平施工缝，混凝土标号为$R_{28}250$、S_{12}、D_{100}，设一层双向钢筋，每向含筋率0.5%。面板设垂直缝，中部受压区面板宽15 m，两岸受拉区面板宽7.5 m。趾板采取水平（宽度）方向与走向线方向垂直的布置型式，宽度6～10 m，厚0.8～1.2 m，分块长18～34 m。坝体上游设防渗补强区，1030 m高程以下紧贴面板和趾板设粘土铺盖，顶宽5 m，上游坡1∶1.6，石渣护面，1030 m 高程以上粘土沿周边缝覆盖至死水位 1076 m。

坝体应力变形用二、三维有限元法进行动静力分析，成果规律是一致的，但三维结果数值普遍较二维小约 30%，只有面板法向位移略高于二维成果，可见由于坝址河谷狭窄，岸坡约束（即三维效应）对坝体应力和变形影响较明显。周边缝最大位移不是发生在令人担心的左岸，而是在右岸。周边缝最大动静力张开度 22.3 mm，发生在最底部；最大动静力剪切位移 23 mm，发生在右岸约 1050 m 高程；最大动静力沉降 38.9 mm，在右岸 1030～1070 m 高程约 122 m 影响范围内。

鉴于坝体周边缝变位的特点，位于缝底的止水铜片选用厚度 1～1.3 mm。中部桥型橡胶要求抗拉强度不小于 12 MPa，延伸强度不小于 4.5 MPa，选用厚度 12 mm。缝面正在研究用粉煤灰或粉煤灰加镇水粉等其它填充料的止水型式，同时设计了可滑动式钢片半圆盖和“百褶”土工薄膜保护层，以适应周边缝张拉、剪切、沉降等多向位移。

为了加强坝体与陡岸边坡的连接，采取四项基础处理措施：①垫层料在两岸和河床向下游延伸 20～30 m，过渡料也相应下延；②提高接触带的压实密度和变形模量，减少堆石滑移，即使坝料沿岸坡滑移也不易出现空隙；③在垫层料延伸的坡面喷混凝土保护或进行固结灌浆，一方面延长透过趾板渗水的渗径，一方面作为陡岸帷幕灌浆的侧向盖板；④周边缝下的垫层料内设特别级配区。

对通过趾板基础的断层，开挖冲洗后，用混凝土塞回填。灰岩上的混凝土趾板通过锚杆和固结灌浆与基础连接。防渗帷幕通过趾板，穿过灰岩，深入防渗隔水性能良好的九级滩页岩内，向两岸延伸，形成全封闭帷幕。

坝体上游已避开底纳河伏流，下游坝坡刚好将 K40 溶洞出口覆盖，采取上“堵”、下“导”的措施进行处理。

洪家渡水电站初步设计于 1992 年 12 月通过审查，1994 年进入招标设计。

（贵阳勘测设计研究院 杨泽艳）

冶勒水电站沥青混凝土心墙堆石坝

冶勒水电站位于四川省冕宁县境内，处在地质构造断陷盆地内。大坝东侧约 4 km，为安宁河断裂带，该断裂带不仅规模大，且具有多期继发性和新活动迹象。地震地质背景较复杂，工程区地震基本裂度为 8 度。

冶勒地区雨量丰沛，全年降雨天数达 215 天，年平均相对湿度 84%，每年 11 月至翌年 3 月底为降雪、积雪期，冬季长达 6～7 个月。若采用当地土料作为坝体防渗料，其含水量平均达 27%，施工是极为困难的，故选用沥青混凝土心墙堆石坝。

大坝坝顶高程 2654.5 m，坝顶长 411 m，最大坝高 125.5 m，坝顶宽 14 m。上游坝坡 1：2，在高程 2620 m 处设一条宽 4 m 的马道。下游坝坡 1：1.8，分别在高程 2624.5 m、2594.5 m 和 2564.5 m 处各设一条马道，马道宽 4 m。在坝的上游面设干砌块石护坡，为确保大坝的坝坡稳定及基础抗滑稳定要求，在坝下游设石渣盖重，长 165 m，在盖重底部设反滤排水层。

坝体由沥青混凝土心墙、过渡区及堆石区组成。在心墙下游坝体与基础土体和岸坡的接触面上设反滤排水层。

（一）堆石坝材料设计

(1)沥青混凝土心墙。心墙采用折线形以改善坝体受力条件，心墙折坡点高程 2620 m，折线坡度为 1：0.3，顶部厚 60 cm，向下渐变逐步加厚，墙底最大厚度达 200 cm；底部设混凝土基座，基座下部与混凝土防渗墙联接，基座内设廊道。沥青混凝土为碾压式致密中粒沥青混凝土，通过试验确定其材料性能及配合比。

(2) 碎石过渡层。心墙上游侧设置碎石土过渡层，以确保心墙的防渗性；下游侧设置碎石过渡层，以确保良好的接触条件，过渡料控制粒径不大于 150 mm，设计干密度 2.05～2.15t/m^3，厚度为 3～5 m。

(3)坝壳料。主要采用坝下游附近三岔河石料场的石英闪长岩开采料，采用振动碾分层碾压法施工。根据不同的分区堆石，设计干密度 2.23～2.29 t/m^3，孔隙率 22%～24%。

（二）坝基渗流控制

由于坝基地质条件复杂，左岸为基岩，河床和右岸为深厚覆盖层。通过三向电拟试验及理论计算和参照类似工程实践经验，结合水文地质资料，左岸基岩部位采用两排帷幕灌浆，伸入左岸岩体 150 m，帷幕深度约 80 m；河床部位采用混凝土防渗墙，插入基础覆盖层中的相对隔水抗水层内，防渗墙厚度为 1.2 m；根据坝基渗透稳定要求，右岸部位采用混凝土防渗墙和灌浆帷幕联合防渗形式，垂直防渗墙深度 100 m，封闭第四层岩组，其下采用灌浆帷幕处理。通过计算分析及三向电拟渗流试验，混凝土防渗墙向右岸延伸 350 m，灌浆帷幕向右岸延伸 200 m。

（三）坝体三维有限元静、动应力应变分析

坝体和地基材料采用邓肯双曲线 $E—\mu$ 模型时，计算参数如下表所列。

计 算 参 数 表

材料 \ 参数	密度 (t/m³)	凝聚力 C (MPa)	内摩擦角 ϕ	k	n	R_f	G	F	D
堆石一区	2.23	0	47°	900	0.35	0.85	0.35	0.16	6.5
堆石二区	2.29	0	45°	1000	0.36	0.76	0.32	0.2	7.5
心墙过渡料	2.20	0	43°	700	0.42	0.65	0.38	0.12	5.0
压重料	2.0	0	32°	300	0.40	0.8	0.3	0	0
混凝土	2.4	4.5	40°	230000	0	0	0.17	0	0
沥青混凝土	2.4	0.1	30°	350	0.33	0.4	0.42	0.08	7
第一岩组	2.42	0.07	40°	1950	0.63	0.65	0.25	−0.023	1.83
第二岩组	2.45	0.06	38°	1200	0.50	0.68	0.36	−0.026	1.32
第三岩组	2.24	0.095	38°	1450	0.434	0.75	0.3	0.04	4.94
第四岩组	2.35	0.06	39°	1400	0.65	0.59	0.38	−0.035	2.97
软填料	1.5	2.0	20°	100	0	0	0.45	0	0

注 k，n—初始弹性模量与周围压力关系式中的无因次基数、无因次指数；

R_f—破坏比；

D—轴应变、径应变与初始泊松比关系式的参数；

G，F—初始泊松比与周围压力关系式中两个无因次系数。

由于是深厚覆盖层的地基，在动应力应变计算中，曾进行过地震危险性概率分析及地震动参数选取研究。计算分析成果表明，坝基及坝体稳定应力、应变能满足规范规定要求。

(四) 观测设计

设计布置的观测项目有：①大坝变形监测仪器，用于监测坝体、心墙、地基的水平位移、沉陷、裂缝及挠度等；②大坝应力应变及温度监测；③大坝渗漏监测；④地震监测。

(成都勘测设计研究院 苏邦基)

瀑布沟水电站宽级配砾石土心墙堆石坝

(一) 工程概况

瀑布沟水电站位于四川省西部大渡河中游，电站装机容量330万kW，年发电量145.3亿kW·h，大坝壅高水位170 m，水库库容50.6亿m³。电站枢纽由土质心墙堆石坝、岸边溢洪道、泄洪洞、地下厂房系统、过木机洞和放空洞组成。

该工程的土质心墙堆石坝设于L形河弯段的深切河谷中，最大坝高186 m，坝顶长573.5 m。大坝建在厚70 m的砂砾石覆盖层上，设防抗震烈度为8度。

大坝堆石方量2274万m³，其中心墙填筑方量338万m³，拟用坝址附近的宽级配砾石土料；心墙两侧的反滤层和过渡层采用人工破碎的花岗岩砂石料及地下洞室的开挖料；坝壳利用工程的渣料，不足部分从花岗岩块石料场开采。上游围堰包含在上游坝壳中，作为坝体堆石的一部分。

(二) 坝基覆盖层

大坝位于深切的V形河谷中。两岸基岩裸露，河床中分布深厚的现代河床堆积物，最大深度75.36 m。覆盖层以砂卵石夹漂（块）卵石为主，颗粒较粗，结构较紧密，其中大于60 mm粗砾占33.19%以上，局部存在架空现象。在大坝基础范围内埋藏两块较大的砂层透镜体，分别位于坝轴线上、下游心墙范围之外。

按照现行规范对液化土层判别标准，在出现8度地震烈度时，坝基砂层在天然状况下均不能排除液化的可能性。筑坝后砂层压重增加，根据二维和三维的动力反应分析，建坝后不会发生砂层液化。为了增加安全储备，利用弃渣增设下游压重层，高度约20 m。

鉴于砂砾石覆盖层厚度大，组成极不均匀，透水性强，确定在河床段覆盖层中采用两道混凝土防渗墙；防渗墙下部及两岸基岩设灌浆帷幕。

在大坝三维有限元计算中，考虑土料的非线性性质及基础覆盖层的影响，用分层填筑逐级加载的方法计算，坝体最大沉降量300 mm，发生在靠近坝基的心墙土体中。坝体最大主应力3300 kPa，最小主应力1600 kPa。

(三) 防渗土料

随着土力学理论的发展和施工机械及施工技术水平的提高，国外土石坝防渗料广泛采用砾石土，尤其是200 m以上的高土石坝。砾石土具有压缩性小、抗剪强度大、便于重型机具施工、对含水量不敏感、便于雨季施工及就地取材等优点。因此，瀑布沟大坝在国内首次采用宽级配砾石土作心墙防渗料。在瀑布沟坝址附近有以黑马料场为主的丰富的砾石土料源。这种土料有下列特性：

(1)土料成因复杂，主要以坡积、洪积和冰川沉积为主，其粒度不均一。在颗粒组成中大于5 mm的含量占50%～65%，小于0.1 mm的占8.76%～20%，粘粒仅占2.69%～9.1%，其不均匀系数Cu=531～922，曲率系数Cc=9.6～5.2，属宽级配砾石土。

(2)由于粗粒偏多，土中的细粒不能填满粒间的孔隙，土体没有自滤性，其渗透系数K在$1\times10^{-2}\sim10^{-5}$ cm/s之间，临界比降i_k=0.196～1.5。

(3)有较低的压缩性和较高的模量值，可更好地与坝壳变形相适应，对防止和控制裂缝有利。室内试验其压缩模量为80～100 MPa，aV=0.01～0.015 MPa^{-1}。

(4) 抗剪强度高，ϕ=33°～37°，c=0.07～0.075 MPa，便于重型机具施工。

这种土料不能直接上坝，要采用通过格栅剔出大于80 mm的粗粒，使砾石土的级配得到调整。调整级配后大于5 mm的粗粒平均含量为50%，小于0.1 mm的达到22%，Cu=387～653，Cc=0.2～21.8，其级配包线范围按统一分类法属GC，按国外判别标准属良好防渗材料。

为进一步研究调整级配后的土料性质及其压实特性，在室内试验的基础上进行了小型现场碾压试验。试验资料表明，这种土料具有良好的压实性能，可以达到比较理想的密实状态。根据试验成果，考虑到料场的不均一性，设计时提出的粗粒含量上限为50%，最大击实干密度2.28 g/cm³，设计干密度取为2.25g/cm³。室内外的渗透试验结果表明，粗粒含量的变化，对土料的渗透性产生影响。从试验成果看，在粗粒含量上限50%时，K值为$10^{-5}\sim10^{-6}$cm/s，能够满足心墙土料防渗要求。此时渗透破坏形式为流土，其临界比降为2.2，破坏比降3.5。加设反滤后，抗渗透变形能力将大大提高，破坏比降达到59.5～100。

从压实性能、施工工艺、防渗和抗渗透变形能力、力学强度等综合分析研究，认为黑马料场宽级配砾石土，在进行简单的级配调整后，在一定级配范围内，采用适当的压实功能，完全能够满足瀑布沟高土石坝对防渗土料的要求。

（成都勘测设计研究院　肖白云）

二滩水电站的泄洪消能

二滩水电站是以发电为主兼有木材过坝的综合利用水力枢纽，由双曲拱坝（最大坝高240 m）、地下引水发电系统（装机6台，总容量330万kW）、泄洪隧洞、机械过木道、坝下水垫塘等主要建筑物组成。坝址控制流域面积11.64万km²，正常蓄水位以下总库容58亿m³。枢纽按1000年一遇洪水设计，相应洪峰流量20600m³/s，5000年一遇洪水校核，相应洪峰流量23900 m³/s。100年一遇洪水的洪峰流量为16000 m³/s，常遇洪水的洪峰流量为7000～8000 m³/s。坝址河谷呈V形，两岸谷坡25°～45°，枯水期水面宽度80～100 m，覆盖层厚度一般为20～28 m，最大39.5 m。基岩以上洪水期最大水深57.2 m，枯水期最大水深38.1 m。坝区由玄武岩、正长岩组成，岩性坚硬完整，无大断层和贯穿性裂隙。实测最大地应力为60 MPa，地震基本烈度为7度，设防烈度为8度。

二滩水力枢纽具有高坝、大泄量、窄河谷的特点，最大洪水下泄功率达3900万kW，泄洪消能问题突出。在吸取国内外大型工程水力设计和运行经验教训的基础上，按“分散泄流削弱水流冲击力，加固河床增强河道抗冲能力”的设计思想，通过大量水力模型试验选用了三套泄洪设施，即坝顶表孔（7孔，11 m×11.5 m）、坝身中孔（6孔，6 m×5 m）、泄洪隧洞（2条，13 m×13.5 m）；坝下设水垫塘和二道坝；三套泄洪设施分区消能，表孔、中孔水舌撞击等泄洪消能总布置方案。该方案设计要点如下．

(1)泄洪。三套泄洪设施在宣泄正常洪水时约各泄1/3洪峰流量；每套泄洪设施泄量加2/3机组过流量可泄常遇洪水；每两套泄洪设施泄量加2/3机组过流量可泄50～100年一遇洪水。泄量分配情况见表。

(2) 消能。三套泄洪设施有4个消能区（表、中孔各1个，泄洪隧洞有2个）；表、中孔联合泄洪时，水舌撞击使表、中孔消能区连成一个。为进一步分散水流、削弱水流冲击力，各泄洪设施根据各自的特点设置了不同的消能工：表孔采用大差动俯角（−20°、−30°）跌坎，7个跌坎交错排列，泄洪时水舌沿水流方向分成两片跌入水垫塘，每个跌坎设置分流墩，使泄洪水舌纵横扩散，有效地削弱水舌冲击力；中孔采用平面转弯、立面上翘、尾部横向扩散、竖向收缩的“压力上翘”体形，以满足高速水流导向需要，出口为三组不同挑角(30°、17°、10°）的挑坎，泄洪时水舌沿水流方向分成不重叠的三片落入水垫塘；表孔跌坎、中孔挑坎有利于表、中孔联合泄洪时具有较大的水舌撞击夹角，获得较高的撞击消能效率；根据地形地质条件，1号泄洪隧洞出口采用斜切挑坎，2号泄洪隧洞出口采用舌形挑坎，以利于按需要对水流导向、分散，削弱冲击力。

(3) 坝下水垫塘。动床水力模型试验表明：二滩水电站泄洪消能方案不加保护措施的坝下消能区，泄洪时可能造成基岩以下深约 10 m 的冲坑，将影响坝肩抗体的稳定性，威胁拱坝安全，故宜设置全面混凝土衬砌的人工水垫塘，把泄洪冲刷限制在允许范围内。水垫塘底板厚度为 3 m，要求在任何工况下水舌冲击护面的动压不大于 150 kPa。为确保护面板的稳定性，还采取了封闭式抽排、护面缝内设止水、缝下设排水、锚筋等措施。为延长水垫塘的寿命，护面迎水面设厚 40 cm 的硅粉混凝土层。为了给检修水垫塘创造有利条件，在水垫塘尾部设置二道坝。

二滩水电站泄洪消能布置方案可概括为“多种设施；分散泄洪；双层多孔，水流撞击；分区消能，按需防护”。在设计中还研究了以风险概念评估洪水标准、泄洪振动对拱坝的影响、泄洪雾化、高速水流掺气减蚀措施和抗蚀耐磨材料等问题。

二滩水电站泄洪建筑物流量分配情况表

设计标准	上游水位	泄洪流量 (m^3/s)				总泄量 (m^3/s)	标准流量 (m^3/s)
		表孔	中孔	泄洪洞	机组		
校核洪水 (0.02%)	1203.5	9600	6700	7600	—	23900	23900
设计洪水 (0.1%)	1200.0	6600	6600	7400	—	20600	20600
100 年一遇洪水 (1%)	1200.0	6600	—	7400	2230	16230	16000
	1200.0	—	6600	7400	2230	16230	16000
50 年一遇洪水 (2%)	1200.0	6300	6600	—	1500	14400	14600
常年洪水 (50%～33%)	1200.0	6300	—		1500	7800	7000
	1200.0	—	6600	—	1500	8100	
	1200.0	—	—	7400	1500	8900	8000

（成都勘测设计研究院 肖富仁）

地 下 工 程 设 计

东风水电站地下工程设计概要

东风水电站地下工程主要有：地下厂房（105.5 m×20 m×48 m），主变开关及尾水闸门的廊道洞（66 m×19.5 m×26.5 m），进厂交通洞（432.8 m×7.9 m×8.1 m），3 条母线洞（31 m×6.5 m×16 m），上坝电梯垂直井（高 136.7 m），高压出线垂直竖井（高 140.0 m）。3 条引水洞包括上平段、竖井段和下平段，竖井段高度 91.5 m，洞径 6.5 m。引水区防渗帷幕后为高压钢管，钢管的平均长度为 48 m。3 条尾水支洞平均长度 58.0 m，交汇后成一条汇水尾水洞，汇洞全长 152 m。此外还有 8 km 长的帷幕灌浆廊道。地下工程设计特点分述如下。

（一）厂区布置的优化

由于地形及泄洪条件的限制，引水、发电及尾水为半环形布置，要求洞室布置紧凑。设计中将厂房、主变开关洞、尾水闸门廊道的 3 大洞室改为两洞，即尾水闸门廊道合并到主变开关洞内，这样既保证了大洞室之间岩柱的厚度，也使得尾水出口尽量躲在大坝中孔泄洪水舌的上游。

地下厂房开挖的施工支洞较多，布置中尽量做到一洞多用。1 号施工支洞即为进厂交通洞和厂房进风通道，2 号施工支洞兼作尾洞，3 号施工支洞布设绝缘油库和抽排风机室，4 号施工支洞兼作排水廊道和排水泵房。

（二）缓倾角软弱夹层及层面对围岩稳定的影响

薄层、中厚层灰岩层间发育一系列的软弱夹层，层厚 1～5 mm，多为碳质薄膜和泥质薄膜。岩层层面平整，倾角 16°～18°。由于倾角较缓，对大跨度洞室的顶拱成型及围岩稳定影响较大。设计中，要求严格控制爆破参数，及时采用锚喷支护，选择合适的开挖轮廓尺寸及开挖导洞。岩层层面及夹层对洞室交汇处围岩稳定影响也较大，岔洞开挖时须加密充爆孔距或加锁口锚杆。

（三）地下洞室的防渗及排水设计

岩溶地区地下工程的防渗设计尤为重要，厂区布置时对此给予高度重视，最终将主要洞室布置在岩溶相对不发育的岩体内。

东风地下厂房非常靠近水库，主厂房位于坝轴线的上游，防渗完全依赖于厂前的防渗帷幕。因此，厂前的排水是保证厂房安全的重要设施。为减轻厂房集水井的运行负荷，厂区排水尽量利用自流排出山外的条件。

对于洞室开挖所揭露的某些岩溶管道，尽量恢复其本来的通道，顺其自然，这样既可减少工程量，又不留下隐患。

（四）监测设计及支护参数的调整

监测主要是针对较大的可能不稳定块体和洞室典型断面设计的。表面观测开始选用精密经纬仪，后改用收敛仪观测，又因洞室高度的影响而未能正常实施，后期主要依赖多点位移计等内观仪器来监测围岩。现场对洞室的主要支护参数，如锚杆长度、间排距等，根据监测的应力和位移值进行了多次调整，使设计更趋合理。

（五）岩锚吊车梁

主厂房内装设 2×250 t 吊车，最大轮压力达 680 kN。岩锚吊车梁设计中采用了多种计算方法，并在传统设计方法上进行了多种改进，结果既减少了工程量又满足了安全承载和方便运行的要求。

岩锚吊车梁在投入运行工况之前，经过了现场承载试验。在 1.15 倍设计荷载的动载试验和 1.25 倍静载试验的检测中，梁体与岩壁的井合度和悬吊锚杆的受力均在设计允许范围内。

（六）围岩承载结构

水电站厂房结构的设计荷载较大，根据厂房结构与围岩紧密相接的特点，采用带形牛腿和独立牛腿的结构型式，多数板梁结构直接作用在围岩上，从而简化了结构设计，减少了柱的工程量，也减小了洞室开挖跨度。

对于特大的局部集中荷载，如安装场的转子组装和检修，则调整洞室的开挖形状，使之直接作用在基岩上。

（七）廊道衬砌

8 km 长的防渗帷幕灌浆廊道工程巨大，廊道衬砌将承受很大的外压。在衬砌设计中，考虑了围岩的联合作用，大大减薄了衬砌厚度和钢筋用量，也加快了施工进度。

（八）竖井开挖

地下工程中包含大小竖井 9 条，包括高压电缆竖井（高 140 m），上坝电梯井（高 136 m），3 条引水竖井（高 91.5 m）。竖井的开挖采用爬罐式吊篮，衬砌使用滑模或脚手架平台，从而给施工带来了方便，其效益远远大于斜井节省的工程量。

（中南勘测设计研究院　曹普发）

姚河坝水电站地下工程

姚河坝水电站是四川省南桠河梯级开发的第四级高水头引水式电站，装机容量 13.2 万 kW。该电站地下工程由沉沙池、引水隧洞、调压室及压力管道组成，布置在闸坝与厂房间长约 10 km 的山体中。

（一）沉沙池

经对河流水文、泥沙特性及下游已建类似电站运行工况的综合分析论证，该电站需建沉沙池。沉沙池布置在闸坝下游右岸坚硬完整的微风化中细粒花岗岩体中。岩石纵波速度 3300～5500 m/s，湿抗压强度 90～120 MPa，岩体以次块状结构为主，属Ⅱ～Ⅲ类。三组节理裂隙中，以两组高倾角为主，另有一组高倾角辉绿岩脉破碎带。

对沉沙池型式比较了单室连续冲沙与双室定期轮换冲沙两个方案。由于双室开挖跨度小，成洞条件好、运行方便、结构简单而被采用。沉沙池两室平行，布置相同。上游与无压洞相汇后接汛期进水口，下游与压力隧洞相汇，入引水隧洞。沉沙池洞顶埋深大于 40 m，洞室间岩柱厚约 20 m，含进口扩散段与出口收缩段总长 250 m，其中工作段长 130 m，断面为方圆形，宽 10 m，高 16～18.6 m。洞轴线按水流平顺并兼顾与主要高倾角裂隙和岩脉破碎带有较大交角选择。为满足运行检修要求，还布置有交通洞、闸门启闭室和排沙洞等。除过水洞室做混凝土衬砌外，其余均为喷锚支护。

（二）引水隧洞

隧洞沿线山体雄厚，地形陡峻，围岩以中粗粒花岗岩为主，有辉绿岩脉侵入，靠隧洞末端有碴罗—公益海断裂通过。洞线布置与河床近平行，主要受支流小南桠河及古槽谷控制，经三条代表性洞线比较选择，采用斜井压低洞线，自古槽谷冰水堆积层与小南桠河底基岩通过。隧洞上覆与水平侧向岩体厚度，一般均满足规范和挪威雪山准则的要求。

隧洞内径 4.5 m，长 8710 m，其中上平段长 4768 m，岩石坚硬致密，围岩多为Ⅱ、Ⅲ类，采用薄混凝土衬砌，Ⅳ、Ⅴ类围岩洞段作固结灌浆。斜井段长 250 m，水平夹角 50°，围岩以Ⅲ类为主。下平段长 3692 m，地质条件一般较上平段为差，其中洞线在小南桠河底部，上覆岩体厚约 70 m，上游洞线还将穿过古槽谷冰水堆积层，洞线在江毕阿莫沟附近还将通过碴罗—公益海断裂，上覆破碎岩体厚约 50 m。隧洞承受内压 2.32～2.42 MPa，超过常规隧洞设计范畴。衬砌设计以采取工程措施加固围岩为前提，按限裂设计核算裂缝开展宽度，以确定衬护参数。除古槽谷冰水堆积层和碴罗—公益海断裂带洞段，采用钢板混凝土衬护外，其余均为钢筋混凝土薄衬砌。Ⅲ、Ⅳ、Ⅴ类围岩要求高压固结灌浆。隧洞上、下平段各设两条施工支洞，为满足检修需要，封堵段留进人通道，主、支洞交岔处设孔口为1 m×1.8 m推拉式堵门。

(三) 调压室

调压室位于厂房上游的花岗岩体内，工程区地形陡峻，岩体风化卸荷显著，小断层发育，三组高倾角裂隙与一组缓倾角裂隙易组合形成局部坍塌或掉块，围岩Ⅲ类偏差。经比较选择后调压室采用双室式。因调压室与隧洞间高差达190 m，为适应地形地质条件，减少洞、管线和施工支洞长度，隧洞与调压室间采用斜井连接，总长309 m，水平夹角50°，投影与洞轴线夹角57°。调压室以下连接井内径4.5 m，上、下室间连接井按“托马”验定断面控制，内径6 m。上室断面采用方圆形，宽6 m，高7 m，总长265 m，平面布置待施工时视地质条件现场确定。下室长70 m，采用变直径圆形断面，连接井处的内径6 m，端头直径4 m。调压室采用钢筋混凝土衬砌，连接井作高压固结灌浆，上室设有交通洞。

(四) 压力管道

压力管道由上、下平段及斜井段组成。上平段及斜井段置于微风化花岗岩体内，上覆岩体厚120～190 m，岩体具次块状结构，围岩以Ⅲ类为主。下平管后段位于弱风化卸荷岩体中。上覆岩体厚60～100 m，裂隙及破碎带发育，岩体具镶嵌或碎裂结构，透水性严重，围岩属Ⅳ～Ⅴ类。钢管布置按规范要求，应在首端设事故闸阀，鉴于调压室与压力管道为斜井连接，且首端内压达2.42 MPa，经综合分析论证后予以取消。压力管道内径3.5 m，长479 m，其中上平段长109 m，斜管段长103 m，水平夹角50°，下平段长267 m，主支管间设“卜”形内加强月牙肋岔管，采用钢板混凝土衬砌。除下平管后段按明管考虑外，其余按地下埋管设计。

(成都勘测设计研究院 李玉池)

太平驿水电站地下工程

太平驿水电站位于四川岷江上游高山峡谷区域内，水工建筑物大多深埋地下。主要地下洞室参数见下表。

太平驿水电站主要地下洞室参数表

项　目	围岩类别	最大埋深 (m)	结构型式	断面尺寸 D(m)或B(m)×h(m)	l或h (m)
施工导流隧洞	花岗岩	125	无压，城门洞形	15×17.04	l=396
引水隧洞	花岗岩，花岗闪长岩	水平850，垂直600	有压，圆形	D=9.0	l=10496
调压室	花岗闪长岩	150	差动式，圆形穹顶	D=25.6	h=68.5
压力管道	花岗闪长岩	220	圆形	D=6	l=333
主、副厂房	花岗闪长岩	220	圆拱直墙	19.7×41.4	l=110.7
主变室	花岗闪长岩	60	圆拱直墙	17.38×14.54	l=75.4
尾水洞	花岗闪长岩	220	无压、城门洞形	8.5×12.5	l=311

注　D为直径；B为宽度；h为高度；l为长度。

施工导流隧洞设计过流量为2080 m³/s，最大流速约12 m/s，围岩以Ⅲ、Ⅳ类为主，为闪长岩脉，主要断层和节理裂隙的走向与隧洞轴线呈大角度相交，倾角大于60°。除进出口外，约占62.3%洞段的顶拱、边墙均采用10～15 cm的锚喷混凝土或ϕ6@20的挂网锚喷混凝土支护。隧洞出口，山体两侧临空，上覆岩体厚度小于24 m，最薄处仅3～4 m，加之风化卸荷作用强烈，岩体松动倾倒。为安全成洞，采取了洞顶深孔固结灌浆，加强洞脸水平锚杆，洞门增设明拱，洞脸及左侧采用贴坡混凝土衬护等加固围岩的措施。

引水隧洞系目前国内最长的大型引水隧洞。在基本查清建筑区内主要工程地质问题的基础上，着重考虑了三个方面的因素，以确定洞线的布置：①满足洞顶过沟上覆岩体及靠河侧方向岩壁的最小厚度，如对跨越Ⅱ级断裂箩筐湾沟沟谷时，上覆基岩厚度保证不小于38 m；②距750 m×600 m连山村滑坡体的推测滑裂面有足够的安全距离；③保证施工支洞的布置使独头掘进通风长度小于2000 m。经开挖证实，全洞Ⅰ、Ⅱ类围岩占73.5%，Ⅴ类不足1%，为整个隧洞提前在两年内贯通创造了条件。

对不同引水隧洞洞径和衬砌结构型式进行技术经济比较，结果表明：洞径9.0 m，较8.5 m，投资增加7.5%，但每年可多获电能，若汛期上网的电量只计

1/3，4年左右即可收回增加的投资。采用喷锚衬护结构，可缩短工期8个月，但因不控制直线工期，仍采用薄型混凝土衬砌。

调压室穹顶具有R＝20 m，φ＝52.43°的旋转球体轮廓，最大开挖跨度为28.6 m，上覆围岩处于F_1和f_1两条断层的下盘。通过对钢筋混凝土衬砌、十字形钢筋混凝土拱肋、预应力锚索等加固方案的比较，设计采用挂网锚喷混凝土支护、锚脚加设钢筋混凝土圈梁的综合加固围岩方案。设计支护参数：挂网ϕ6@20，喷混凝土厚20 cm，锚杆ϕ25，l＝3.0、5.0和6.0m@1.5 m。尽管调压室穹顶地质复杂，室高达78 m，施工困难较大，但开挖遵循新奥法原则，开挖顺利，圈梁处实测最大径向水平变位5.45 mm。

对地下厂房布置起控制作用的地质因素，是围切主副厂房的3条破碎带宽0.5～1.2 m的断层（F_2、F_{28}、F_{38}）和岩体中的高地应力（σ＝31.3 MPa），以及F_{97}等一系列小断层相互切割所形成的楔形体的稳定。选定厂房轴线N50°E，经准三维地质力学模型试验和施工开挖实践证实，主要洞室及交岔口均避开了不利的地质条件，围岩基本处于Ⅰ、Ⅱ类中，稳定性良好，施工开挖顺利。

主副厂房、主变室等大跨度地下洞室的永久支护设计，参照国内其它工程的经验，结合地质力学模型试验和有限元分析，均采用厚15～20 cm的锚喷混凝土，按照新奥法原则指导施工。在主副厂房下切开挖过程中，拱顶发生的最大位移达3 mm/月，开挖施工完毕便渐趋于稳定。

（成都勘测设计研究院　钟永江）

抽水蓄能电站设计

羊卓雍湖抽水蓄能电站设计

西藏羊卓雍湖（简称羊湖）抽水蓄能电站地处世界屋脊，是目前世界上高程最高的电站，也是我国水头最高的抽水蓄能电站。电站设计水头高达1020 m（含水锤压力），总装机容量11.25万kW，多年平均发电量0.8409亿kW·h（最终规模，枯水年）。电站建成后，以5回路110 kV出线，送电拉萨、山南和日喀则，担负拉萨系统的调峰、调频和事故备用任务。电站的运行在总体上不动用羊湖水量。

羊湖属北喜马拉雅折褶带范畴。建筑物区的地层为上三叠系上统郎杰学组的中下部，总厚约1730 m。进水口基岩为上三叠统郎杰学组折岗段砂板岩互层。隧洞区岩层折褶剧烈，伴生有3条规模较大的断层和一些层间错动破碎带。调压井、压力钢管及厂房地基主要由砂板岩组成。建筑物区地震基本烈度为8度。

电站主要建筑物有：羊湖边进水口，引水隧洞，调压井，压力管道，地面式发电厂房和110 kV开关站，雅鲁藏布江边取水口，低扬程泵站，沉沙池及与多级蓄能泵相联接的抽水钢管。

引水隧洞为圆形有压隧洞，全长5882.667 m，内径2.5 m，全线采用钢筋混凝土衬砌。压力钢管采用1根主管供水，主管全长3044.764 m，前段为埋藏管长754.387 m，内径2.5 m经2.4 m变至2.3 m；后段为明管段总长2290.377 m，外径由2.3 m经2.2 m变为2.1 m。压力钢管球阀处的设计压力为10 MPa（含水击压力），明管中高压段均采用日本进口抗拉强度610 MPa的高强钢板制造。经现场焊接试验论证，明管段采用现场焊接连接方案，主管段钢管管壁最大厚度54 mm。明管段伸缩节止水材料采用摩擦系数仅为0.07的经处理的聚四氟乙烯编织盘根。由于羊湖水Cl^-离子及SO_4^{2-}根离子含量较多，达753 mg/L，对钢材腐蚀性较强，钢管内壁选用无机富锌涂料作底漆、环氧云铁防锈漆作表漆进行防腐蚀保护。此措施可使钢管内壁运行15年达到盐雾试验耐腐蚀评定等级Ⅰ级良好标准。

主厂房及安装间全长87.48 m，其中主厂房长69.8 m，宽15.4 m，高38.2 m。厂内装设4台2.25万kW的三机式（发电电动机——水轮机——多级蓄能泵）机组，并预留1台2.25万kW常规发电机组的安装位置。由于拉萨系统容量不大，为减少蓄能泵启停对电网产生的巨大冲击，近期机组将采用“水力回流”三机同时运行方式。电站机组及其主要机电设备由奥地利伊林公司制造。

为减少泥沙对多级离心泵的磨损，除蓄能泵过流部件采用耐磨耐蚀材料制造外，还在雅鲁藏布江边设置了泥沙拦截标准较高的沉沙池，可将抽取的江水中所含泥沙颗粒粒径大于0.1 mm的部分沉降80％以上。

羊湖抽水蓄能电站地处青藏高原温带半干旱区，

因气候对施工人员生理和生活影响较大，施工中应适当压缩工作时间，将两班制改为三班制或四班制。由于受地区气象高程条件的影响，对机械及人工均考虑了效率降低系数，其中人工1.4，机械1.65。为解决高海拔施工洞室的缺氧问题，除增加通风设备、增大通风量外，还在进口增设了补氧设施，补氧设备能力按4000 m高程补回到3000 m高程的含氧量来考虑。户外施工安排在4～10月，洞室安排全年施工。

（成都勘测设计研究院　胡克让）

张河湾抽水蓄能电站和泥沙模型试验

张河湾抽水蓄能电站位于河北省石家庄市井陉县甘陶河上。电站可行性研究报告1991年7月完成，1992年6月通过审查，1994年6月完成初步设计。

电站安装4台单级混流可逆式水泵水轮机，总装机容量100万kW，以500 kV两回出线接入冀南电网。电站靠近石家庄市负荷中心，建成后可为电网提供灵活可靠的调峰电源和紧急事故备用电源，具有调峰填谷、调频调相功能，可改善电网运行条件，提高火电机组效率，降低煤耗，每年为冀南电网系统节约标准煤约46万t。

电站枢纽下水库利用未完建的张河湾水库续建，由现有浆砌石坝（高54 m）坝顶高程466.65 m，加高至高程490 m（坝高77.35 m），正常蓄水位488 m，总库容8330万m^3，抽水发电和灌溉用水并重。

上水库位于张河湾水库左岸山顶上，由于地形地质条件较差，地形为一高悬台坪，需挖填围成上库。坝型选为堆石坝，坝顶高程812 m，正常蓄水位810 m，死水位779 m，有效库容720万m^3，可保证全出力满发5 h外，另有备用库容58万m^3，发电0.44 h。坝轴线周长约2838 m，最大堆石坝高57 m，坝坡和库底采用沥青混凝土复式断面，全面防渗。

上下水库距高比约1.7，水道线路短，无需设调压井。水道系统穿过地层，围岩坚硬，断裂构造不发育。高压引水管道2条，直径6.4～5.2 m，采用钢板衬砌，1管2机，支管直径3.6 m。尾水洞4条，单机单洞，直径5.0 m。

地下厂房，包括主副厂房、主变室、母线洞、交通洞、排风洞、出线洞，均布置在变质安山岩体内，岩性单一、完整、构造简单，局部构造地段采取加固措施。GIS开关站布置在主变室上部。地下厂房开挖尺寸为23.7 m×52.1 m×154.1 m（宽×高×长）。机组安装高程420 m。发电电动机与主变压器组合，采用联合单元接线和4台三相主变的方案。水泵启动采用以变频启动方式为主，1台变频装置，以“背靠背”同步启动作为备用。停机制动采用三相直接按短路的电气和机械制动的混合制动系统，不考虑利用变频器制动的方式。

电站主体工程量主要有：土石方明挖约1090万m^3，石方暗挖50万m^3，土石方填筑658万m^3，混凝土和浆砌石共47万m^3，沥青混凝土13.2万m^3，金属结构2300 t。建设施工总进度安排为6年。

该电站建成后，除扩大发电、灌溉、养殖、生活供水和滞洪等效益外，由于距旅游胜地苍岩山很近，交通方便，下水库湖心岛、上水库的天池可与苍岩山、柏山岩、千佛洞等构成一个旅游带。电站投入运行后，电网可减少拉闸限电，具有很大的社会效益和经济效益。

泥沙问题是该电站的一个重要课题。电站下水库所在的甘陶河为多沙河流，多年平均径流量1.4亿m^3，最大年径流量4.162亿m^3，最小年径流量0.128亿m^3，最大年沙量1100万t，最小年沙量1.03万t，多年平均入库沙量116.3万t，其中推移质为20.97万t。多年平均含沙量为11.1 kg/m^3，实测最大含沙量338 kg/m^3。泥沙模型试验是为加大水库排沙量，减少水库淤积，延长水库寿命，观测回水是否会到省界，特别是弄清泥沙进入电站机组的含量等而进行的。泥沙试验、可行性研究在水利水电科学研究院泥沙所进行，初步设计在天津大学水资源与港湾工程系进行。试验中选用有代表性的30年水文系列，对其中有重大作用的大水大沙年研究了处于不同时段的影响。通过试验，选出了过坝排沙方案，同时根据水库处于河湾段的特殊地形，增加了“裁弯”，建一个透水拦沙坝（坝顶高程为汛期水位481 m），又挖通垭口（底板低于死水位），使汛期泥沙可通过垭口直接达到坝前而排向下游。试验成果表明，水库运行可以保证发电所需的必要库容，回水不会到省界，电站进、出水口处淤积高程降低，同时测得进电站机组泥沙参数等。测定含沙量成果为：汛期一般均小于1.2kg/m^3，大沙年也不超过3.3 kg/m^3，小于1.0 kg/m^3含沙量的次数占总测次的95%以上，代表时段的含沙量中粒径大于0.05 mm的不超过8%，粒径大于0.02 mm的也不超过26%。这些试验成果和数据为确定设计方案和选择机组机型提供了重要的依据。经专家鉴定，该次试验为进一步研究抽水蓄能电站的水库泥沙淤积问题提供了宝贵资料。鉴于泥沙模型试验的复杂性，今后尚需在泥沙试验的深度和广度以及工程验证方面作进一步的探讨。

（北京勘测设计研究院　刘瑛珍）

通航建筑物设计

大型水电站(50万kW及以上)通航建筑物

(一)船闸

目前，我国50万kW及以上大型水电站已建成的船闸有葛洲坝1、2、3号，万安、水口、五强溪等船闸；在建中的有三峡船闸。各船闸的主要指标见表1。为了具体反映这方面的设计水平，下面着重介绍葛洲坝和三峡的船闸建筑物。

1. 葛洲坝1、2、3号船闸　葛洲坝1、2、3号船闸的设置，其功能各异。1、2号船闸的规模大，主要是满足长江远景下水过坝运量5000万t的需要，船闸可以通过万吨级船队。3号船闸是船舶过坝的快速通道，是为客轮、旅游船、小型船队和工程船等过坝而设置的，可以通过载客1300人左右的客轮和3000t的单驳船。1号船闸位于大江右侧，2、3号船闸位于三江航道的左右两侧，形成大江与三江两条航道。

葛洲坝船闸的技术问题比较复杂，其中主要特点是：①船闸的总体布置，要满足通航条件和建库后预防泥沙淤积对通航的影响；②船闸闸室内的船舶停泊条件和输水廊道阀门段的防空化与振动问题，葛洲坝船闸水头较高，1、2号船闸移动水体大，约为30万m^3，是船闸水力学上的难题；③船闸位于层状砂岩上，并有软弱夹层分布，对船闸闸首及闸墙的稳定均不利；④1、2号船闸下游人字门高达34m，门重600余t，淹没水深大，门推力大，人字门启闭机的启闭力亦很大；⑤三江下引航道的不稳定流和下游河床因清水冲刷下切对通航水深的影响。根据上述特点，在大江和三江两条航道上，均布置了防淤隔流堤或利用天然的西坝进行隔流，形成了两条独立的航道。为防止泥沙淤积对航运的影响，确定了“静水通航、动水冲沙”的原则，在枢纽上布置了专门为引航道冲沙的冲沙闸。输水系统采用等惯性长廊道分段输水，其阀门采用反向弧形门，在容易形成空化和振动的部位进行通气。人字门及其启闭机械的设计均采用了有效的措施。实践证明，以上措施均取得了比较满意的效果。尚嫌不足的是：对下游河床下切和不稳定流对航运的影响问题未引起重视，给枯水季节通航造成了困难；大江船闸下游的防淤隔流堤过短，当二江泄水闸泄流超过25000m^3/s时，万吨船队过闸就要受影响。

葛洲坝2、3号船闸已经运行了13年，总的来说是成功的，达到了发达国家的同等水平。

表1　大型水电站(50万kW及以上)已建和在建船闸指标表

船闸名称		所在河流	水头(m)	级数	船闸有效尺度 长(m)×宽(m)	槛上水深(m)	建成年限
葛洲坝	1号	长江	27.5	1	280×34	5.5	1989
	2号	长江	27.0	1	280×34	5	1981
	3号	长江	27.0	1	124×18	4.0	1981
万安		赣江	32.3	1	175×14	2.5	1989
水口		闽江	57.36	3	160×12	3.0	1993
五强溪		沅水	59.0	3	120×12	3.0	1994
三峡		长江	113.0	5(双线)	280×34	5.5	建设中

2. 三峡船闸　三峡船闸设计为5级连续船闸，总水头113m，为双线船闸，其规模与葛洲坝1、2号船闸相匹配。三峡船闸的规模和水头大大超过当前世界水平，就其技术问题的复杂程度和通航建筑物来说，亦应排在首位。三峡工程的坝址三斗坪其上下游均为弯曲河段，通航水流条件比较复杂。当水库建成运行30年后，泥沙将淤到坝前；运行50年后，泥沙淤积更为严重，影响通航。因此，通航建筑物的布置(含升船机)必须考虑上、下游引航道的防淤减淤措施，改善通航水流条件。其次，船闸闸室内的停泊条件和船闸输水廊道阀门的防空化和振动，尤其是阀门的水力条件至关重要，因为中间闸首的阀门承受的水头为45.2m，大大超过了当前世界上已建成船闸的水头。第三，船闸的人字门高度达36m，超过了葛洲坝1、2号船闸的高

度和重量，因此人字门及其启闭机械设计的复杂程度也超过了葛洲坝，启闭机械不能采用葛洲坝船闸四连杆大齿盘式，须改用液压式启闭机。此外，船闸还有复杂的闸室结构、高边坡的稳定和岩石应力变化等问题。三峡船闸的技术问题是多方面的、综合性的和复杂的，需在建设过程中逐步加以解决。三峡船闸的兴建成功，将使我国建设船闸的水平超过国际先进水平，居于领先地位。

（二）升船机

过去，我国在大型水电站建设的升船机很少。湖北丹江口水电站于70年代建成一座在国内算是规模较大的升船机，其总升程为83.5 m，共分两级，第一级为非平衡重垂直式升船机，经中间水池，然后为第二级高低滚轮斜面式升船机。通过的船舶干运为300 t，湿运为150 t。这座升船机限于当时的条件和水平，要一个多小时才能通过一艘船。由于是非平衡重式的升船机，耗电量比较大。

我国在通航河流上将要修建许多大型水电站，在有的地方建设船闸是困难的，因此必须考虑采用升船机。现在在建的水口、岩滩、隔河岩、三峡升船机（有关各项指标见表2），都是为适应当地水头、地形地质条件和特殊需要而选定的。水口升船机的升程为57.36 m，承船厢的有效尺寸为114 m×12 m×2.5 m（长×宽×水深），起重量超过6000 t，2×500 t的船队可原队通过。它的规模仅次于三峡升船机，可比三峡升船机先期投入运行。岩滩升船机的升程为68.5 m，承船厢的有效尺寸为40 m×10.8 m×1.8 m，可以通过一艘250 t的单驳船。隔河岩升船机的总升程为122 m，分两级建设，第一级升程为42 m，第二级升程为80 m，两级之间设置中间渠道连接，可以通过300 t的单驳，提升总重近2000 t。三峡升船机的升程为113 m，承船厢的有效尺寸为120 m×18 m×3.5 m，提升总重量为11800 t。它是船舶通过三峡大坝的快速通道，其规模与葛洲坝3号船闸相匹配。为了给三峡升船机建设积累实践经验，拟将隔河岩升船机比原计划提前3年建成，于1996年投入运行。

表2 大型水电站（50万kW及以上）已建和在建升船机指标表

升船机名称	所在河流	升程（m）	升船机型式	有效尺度 长（m）×宽（m）×水深（m）	建成年限
丹江口	汉 江	83.5	垂直与斜高低轮式	干运300 t 湿运150 t 单驳船	1973
水 口	闽 江	57.36	垂直平衡式	114×12×2.5	建设中
隔河岩	清 江	122.0 第一级42 第二级80	垂直平衡式	42×10.2×1.7	建设中
岩 滩	红水河	68.5	垂直平衡式	40×10.8×1.8	建设中
三 峡	长 江	113.0	垂直平衡式	120×18×3.5	建设中

升船机的型式可分为垂直式与斜面式两大类。我国目前在建的上述4座升船机采用的都是垂直式，用平衡重全平衡。垂直平衡重式升船机，具有运行速度快、船舶过坝时间短、消耗电能少等优点。

三峡升船机的规模和技术复杂性是空前的。除了升船机的总体布置外，就升船机本身而言，需要研究解决上、下游闸门及其启闭设备适应大的水位变幅、提升系统及其安全装置、承船厢系统及其两端的对接装置、控制系统及其监测装置，以及升船机塔柱结构等问题。每一个环节都要做到确有把握，安全可靠。三峡升船机的建成，将使我国升船机的建设跃居世界领先地位。

（交通部三峡工程航运领导小组办公室　王作高）

单项水工建筑物设计及其它

李家峡水电站双排机组厂房设计

在建的黄河李家峡水电站枢纽由混凝土拱坝、电站厂房、泄水道和两岸灌溉引水管道等主要建筑物组成。拱坝最大坝高165 m；电站总装机容量200万kW，单机容量40万kW，设计水头122 m；设计洪水流量4940 m^3/s，校核洪水流量7220 m^3/s。坝址河谷两岸基本对称，平水期河面宽40～50 m。在狭窄河谷内布置大型水电站，厂房型式的合理选择是枢纽布置中的重要因素。在工程设计过程中，因受坝址区地形、地质条件的限制，不宜采用全地下式厂房；对河床坝后双排机组地面厂房当时尚缺乏经验，可供借鉴的资料亦少；而对河床坝后和右岸地下窑洞式混合厂房则有一定的经验，且地下厂房具有施工干扰小，可安排早施工，有利于提前发电等优点，因此，1984年初设计审查和1986年初设评估时，审定采用坝后河床及右岸地下窑洞混合式厂房方案。

李家峡工程导流隧洞于1988年4月1日正式开工，1991年4月4日两岸坝肩及泄水道边坡开始开挖，而地下厂房未能及时安排施工，失去良机，其优点也随着时间的推移而不复存在。当时我国与原苏联水利水电界已开始有实质性的接触，可以组团互访，商讨技术合作。1991年3月，经向业主单位和建设单位汇报并获上级主管部门同意，由西北勘测设计研究院、西北电业管理局和黄河上游建设局组成专家组赴独联体考察，并与莫斯科水电勘测设计院就李家峡水电站双排机组厂房设计合作问题签署了会议纪要，提交了技术任务书和工程设计有关资料。考虑到独联体曾于70年代在相似狭窄的不同峡谷内，成功地在契尔盖和托克托古尔两座大型电站建成双排机组厂房，安全运行至今，积累了设计、科研、施工和运行的成套经验；而我方对李家峡工程的具体条件比较了解，特别是已开工数年，工程不可能重新设计，故采用技术咨询、设计合作的方式比较有利，即提交有关技术资料及说明，双方平行进行设计，共同交流讨论，从而有利于逐步深入，吸取经验，又不至于生搬硬套。设计分初步报告和最终报告两个阶段进行，其间进行数次讨论，俄方的最终报告经初验修改后提出。经双方共同努力，就双排机组厂房设计的主要技术问题达成共识，我方也较深入地了解了对方的经验。根据西北勘测设计研究院提出的设计报告，1992年3月水利水电规划设计总院主持召开了审查会，同意将厂房布置改为坝后双排机组厂房布置。双排机组厂房设计的主要技术问题如下。

(一) 双排机组厂房对机组效率影响问题

双排机组厂房布置时，前后两排对应机组的尾水管分上、下两层重叠布置，前排机组的下层尾水管必然要采用非标准的高长形尾水管，其各部分尺寸和电站尾水渠的体形，需通过机组全模拟模型试验研究确定，以利于摸清在各种负荷的不同运行工况下，减少尾水管的压力脉动，提出机组负荷的合理分配和调度优化原则，提高机组出力和效率。

(二) 机组振动及噪音问题

根据模型试验成果，双排机组运行时，上、下两层尾水管的压力脉动都有增加的趋势，但增值在1%左右；无论是单机运行还是双排机运行，后排机尾水管的压力脉动频率都明显高于前排机，不存在振动加剧和产生共振的问题。机组制作加工和安装质量应予保证。托克托古尔水电站机组运行时，硬币能竖立在机架上安然不动，振动极轻微，噪音很小。

(三) 主厂房的起吊设备

根据设备的吊重要求，主厂房需要安装两台2×350 t的桥式吊车。双排机组厂房的上部一般都采用双跨结构，为满足机组安装及扩大性大修的需要，存在桥吊移跨措施和附加设备问题，经研究，移跨措施采用俄方建议的活动台车。

(四) 机电布置要求和水工结构措施

从独联体已建成的两座水电站和李家峡双排机组厂房布置的数次讨论研究情况看，机电布置的设计原则是在满足运行要求的前提下，因地制宜，能集中则集中，不能集中则分散，与常规电站厂房布置相比并没有什么特殊的要求。但双排机组厂房为双层双跨的水工结构，在机组主要部件之间，如高压钢管之间及其与蜗壳之间，上、下层尾水管之间的结构最小厚度反而比常规厂房的通用距离小。厂房混凝土的分层、分块，根据布置的实际情况确定，以利于解决布置需要，缩小厂房尺寸，减少工程量。

双排机组厂房布置在我国还是首次采用，通过设计、科研、施工、设备制作安装、监理和运行管理等部门的共同努力，将积累我国自己的经验。

(西北勘测设计研究院　林景铭)

冶勒水电站深厚覆盖层防渗设计

(一) 坝址处基本地质条件

冶勒水电站坝址处左岸由晋宁期石英闪长岩体组成，河床及右岸由第四系堆积层五大岩组组成。晋宁期石英闪长岩，属中～细粒结构，岩体内无大的断层切割，小断层和节理裂隙较发育。第四系堆积层主要为一套冰水河湖相沉积，地层普遍具有不同程度的泥钙质弱胶结作用和超固结压密作用，结构紧密，具半成岩特征，根据沉积韵律、水文地质、工程地质特征，自下而上分成五大岩组。

第一岩组，弱胶结卵砾石层。以厚层卵砾石为主，粒径一般为2～6 cm，空隙为泥砂质充填，呈泥钙质弱胶结状态。岩组具有一定含水、透水性，由于受第二岩组覆盖，含深层承压水，岩层渗透系数$K=1\sim5$ m/d，在坝址河床处出露厚度约35 m。

第二岩组，块碎石土夹硬质粘土层。系冰川堵塞堆积物，块碎石含量约占30%～62%，成份单一，粒径大小悬殊，一般为 2～10 cm，个别达 30 cm。粘性土充填具泥砾混杂堆积特征，层中夹有数层硬粘性土，呈高压密硬塑状态。第二岩组在坝体部位厚约 31～45 m，自坝轴线向上游延伸 1.3～1.5 km，向下游延伸 1.5 km，由左岸向右岸倾斜逐渐减薄。该岩层渗透性能很弱，碎石土渗透系数 $K=0.02\sim0.03$ m/d，硬粘性土 $K=0.001\sim0.0001$ m/d，是坝基防渗的相对隔水层。

第三岩组，弱胶结卵砾石层与粉质壤土互层。该层以湖沼相为主的河湖交替相沉积，总厚度 46～154 m 不等，卵砾石粒径 2～6 cm，呈圆状，砂角砾充填，泥钙质弱胶结。该岩层中夹有一定范围和厚度的 4 小层粉质壤土，各层厚度在 5～24 m 之间，因而成为坝基浅层承压水层；卵砾石层渗透系数 $K=3\sim8$ m/d，粉质壤土层渗透系数 $K=0.001\sim0.006$ m/d。

第四岩组，弱胶结卵砾石层。出露厚度 65～85 m，冰水河湖相沉积，粒径一般 5～15 cm，个别大于 35 cm，坝址处出露高程 2580～2650 m，渗透系数 $K=5\sim10$ m/d。

第五岩组，粉质壤土夹炭化植物碎屑层。以湖沼相为主的冰水河湖相沉积，遇水易软化，出露一般在坝顶高程 2645.5 m 以上。

（二）防渗处理设计

根据坝址区水文地质、工程地质条件，结合枢纽布置，确定防渗处理的设计原则。由于坝轴线第四系地层分布深度大，层次多，宽度广，渗透断面巨大，深厚冰水河湖相沉积层呈不同程度的泥钙质胶结和超固结压密特性，水平层次明显，但渗透系数不均匀；通过设计和三向电拟渗流试验，在保证控制坝基渗漏量及渗透稳定的基础上，采用垂直防渗措施方案。左岸岩基段设帷幕灌浆，水平方向伸入岩体 150 m，左岸岸坡及河床部分采用混凝土防渗墙插入第二岩组内，在右岸采用 350 m 长悬挂式混凝土防渗墙封闭第四岩组，下接 200 m 长度的帷幕灌浆至第二岩组。

通过多种方案比较和试验研究，得出如下结论：

(1) 因第一岩组深部承压含水层在建库后上游承压水头增加，但渗流量增加不大，且埋藏很深，利用具有一定厚度的第二岩组作为天然铺盖进行防渗，故此层不作防渗处理。

(2) 为有效地保护地基土体稳定，降低渗透压力，在大坝沥青心墙下游部分的坝底、两岸岸坡铺设反滤排水垫层。

(3)通过试验论证坝下不宜设置减压井，以降低第一岩组的承压水头，根据坝体稳定的要求和有效地保护坝下游河床第二岩组，使其在高渗透压力下不致失稳，在坝下游设置长 145 m、高 20～30 m 的石渣盖重，地基接触面上设反滤排水垫层。

(4)原河床两岸地下水位低，大坝蓄水后地下水位将提高，为降低两岸地下水位的浸润线，两岸均设有排水廊道。

（成都勘测设计研究院　苏邦基）

瀑布沟水电站大坝基础处理设计

瀑布沟水电站大坝壅高水位 170 m，水库库容 50.6 亿 m^3，可进行季调节。枢纽由心墙土石坝、岸边溢洪道、泄洪洞、地下厂房系统、过木机洞和放空洞组成。最大坝高 186 m，坝顶长度 573.5 m。大坝的心墙防渗料就近采用宽级配砾石土。

（一）深厚覆盖层处理

瀑布沟水电站大坝建于深厚覆盖层上。覆盖层的最大厚度为 75.36 m，由老到新，从下至上，共分 4 层。各层的颗粒都较粗，以平均值计算，大于 60 mm 的粗砾含量在 33.19%以上，缺乏 0.5～5 mm 的颗粒，小于 0.1 mm 的含量在 10%以下，存在架空结构。各层的物理力学指标：干密度 2.14～2.28 g/cm^3，孔隙比 0.23～0.28，渗透系数 25～100 m/d，局部架空层渗透系数达到 100～500 m/d，建议的允许坡降值 0.10～0.15。在坝基覆盖层中分布上、下游的两个砂层透镜体，上游砂层平均粒径 $d_{50}=0.145\sim0.32$ mm，相对密度 $Dr=0.69\sim0.72$，最浅埋深 40～48 m；下游砂层 $d_{50}=0.095\sim0.36$ mm，$Dr=0.64\sim0.72$，最浅埋深 22.37 m。为了大坝的抗震安全，对砂层在设计地震烈度情况下的液化可能性进行了充分的试验研究和分析论证，其结论为：在天然状态下，上下游砂层不能排除液化的可能性。建坝后在坝体压重的作用下，不会出现砂层液化的现象。为增加大坝抗震的安全储备，在下游坝坡外增设压重层。

对坝基覆盖层的处理，曾比较过帷幕灌浆、大开挖和混凝土防渗墙三种方案，最后选择了混凝土防渗墙方案。它具有防渗可靠、能承受较大的水力坡降、施工方便、施工经验成熟和工期较短等优点。方案采用两道 1.2 m 左右的混凝土防渗墙，两墙间距 12 m，墙底嵌入基石 0.8～1.0 m；两墙间的覆盖层作灌浆处理。

坝基及两岸基岩进行帷幕灌浆，伸入到相对不透水层 5 m。相对隔水层的标准按连续三段单位吸水率 $\omega\leqslant3Lu$ 计。隔水层埋深：右岸 100～160 m，谷底 50～80 m，右岸 80～100 m。

（二）防渗墙和心墙连接型式

防渗墙和心墙的连接处是大坝——地基防渗系统

中最薄弱的环节。由于防渗墙的顶托，导致墙体附近的心墙土体内出现应力场和位移场的畸变，不均匀沉降大，应力集中，因而产生剪切破坏，出现塑流区甚至拉应力区，使心墙土体产生裂缝，严重降低其抗渗能力，甚至可能导致水力劈裂。

为了改善防渗墙和周围心墙土体的应力状态，满足抗渗要求，除在适当的位置铺设高塑性粘土外，对防渗墙和心墙的接头型式进行了理论和试验研究。连接型式比较了廊道式和插入式两种。根据有限元计算，两种接头型式对心墙内的应力和应力水平影响不大，但插入式结构简单，防渗可靠，防渗墙内应力略低，国内有一定的经验，故采用了插入式的接头型式。按此方案，防渗墙顶部插入心墙内部15 m，在心墙内两道防渗墙之间设置廊道，用于安全监测及检修。为适应坝基沉陷，廊道减小分段长度，并采用柔性连接。混凝土防渗墙下接基岩帷幕灌浆；两岸基岩相对隔水层埋置较深，进行基岩帷幕灌浆；为避免心墙与基岩接触面上产生接触冲蚀，在心墙底部基岩设计开挖面上喷混凝土并作固结灌浆。

（成都勘测设计研究院　肖白云）

太平驿水电站闸首防渗设计

太平驿水电站是四川岷江干流上游继映秀湾电站开发后的第二座引水式电站。首部拦河闸最大闸高30.1 m，闸顶全长210 m，由漂木闸、引渠闸、冲沙闸、4孔泄洪闸及左右岸挡水坝组成。闸基为深厚覆盖层，自下而上分别为：漂卵石夹块碎石层（Ⅰ层），块碎石层（Ⅱ层），块碎石土、漂卵石夹砂互层（Ⅲ层），以及含巨漂的漂卵石夹块碎石层（Ⅳ层），最大深度约78 m。

（一）防渗设计方案的选定

1986年初设审批确定闸基防渗采用全封闭混凝土防渗墙方案，1989年可行性评估会上建议进一步研究论证采用悬挂式防渗墙方案的可行性。鉴于闸基防渗方案对工程安全至关重要，对工期和投资影响很大，在招标和技术施工设计阶段又组织各专业围绕这一课题展开专题研究论证。在大量计算分析、研究试验的基础上，考虑到全封闭混凝土防渗墙方案具有施工难度大、质量难以保证、工期拖后1年以及需增加投资等缺点，最后确定采用以水平铺盖为主、结合浅齿槽的闸基防渗方案。

水平铺盖为钢筋混凝土结构，厚2.0～2.5 m，从左至右闸前铺盖的最大长度由122 m渐变到67.5 m，闸室底板设3 m深的混凝土齿槽，铺盖中段设10～15 m深的水泥粘土灌浆帷幕，渗流出口即闸室底板末端护坦基础加强反滤保护。为留有后备措施，埋置监测仪器并预留灌浆廊道（见图）。

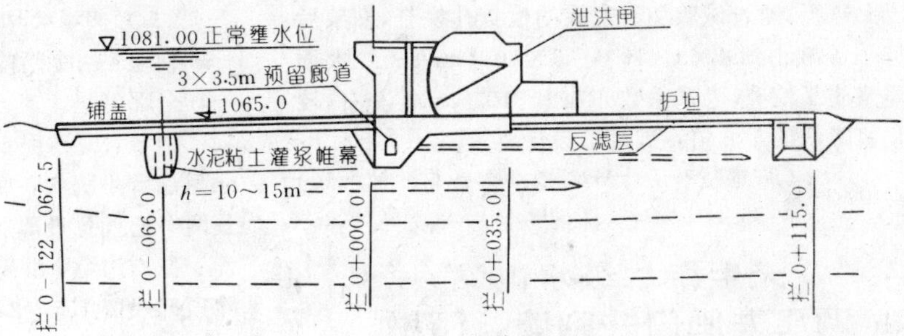

太平驿水电站闸首剖面图

（二）闸基第Ⅲ层作为相对隔水层的论证

闸区注水和抽水试验及长达3年的地下水观测资料分析表明：闸基为双层地基，下部Ⅰ、Ⅱ层为强透水层，K＝50～200 m/d，地下水呈半承压状态，水位普遍低于河水位17～26 m，变幅约14 m，为同期河水位变幅的2.7倍。上部Ⅲ、Ⅳ层渗透性弱，尤其第Ⅲ层生成年代老（Q_3），固结程度高，厚度达18～22 m，在闸址处铺满整个河床，原状土的渗透破坏比降 i_f＝4.31～5.06，K＝1～4 m/d，具有较强的抗渗强度，故将其作为相对隔水层是合适的。

（三）决定闸基渗流控制的主要因素

（1）按闸前最大水头18 m、水库回水长度1200 m，计算闸址及库区从上部Ⅲ、Ⅳ层入渗到Ⅰ、Ⅱ层的渗透流量远小于天然河床多年平均流量（366 m^3/s）的1%，不是闸基渗流控制的主要因素。

（2）为防止沿铺盖及闸室底面产生接触冲刷渗透破坏，采用防、排相结合的措施，即计入闸室底板和铺盖的最小地下轮廓的水平投影长度为102 m，使其平均渗透比降小于0.2，并在渗流出口设置三层砾石反滤体和排水管，防止土体逸出。

（3）闸基渗流垂直向下是该工程的主要特点，有可能造成铺盖前端Ⅱ、Ⅲ层之间的接触渗透破坏。鉴于Ⅰ、Ⅱ层地下水基本上沿层面运动，其水力比降仅为0.001～0.0027，故即使渗透系数为最大值，其渗透流速也不足以造成沿层面的接触冲蚀。至于垂直层面的接触流失，可从靠近层面的渗透系数推断Ⅱ、Ⅲ层之间本身颗粒组成已具备接触稳定条件。

（四）增设浅孔帷幕灌浆，进一步提高闸基渗透稳定性

闸基铺盖在河床右岸系置于第Ⅳ层上，而展布在闸址区河床的第Ⅲ层具有土体不均一、各向异性、细粒含量偏少等不利因素，从加大安全度出发，在距闸前端66 m处，增设了水泥粘土灌浆帷幕。帷幕全长210 m，左右两岸均插入基岩；设计孔深10～15 m，底板伸入Ⅲ层中部，采用循环钻灌工艺，最大灌浆压力为0.2～1.2 MPa。为保证质量，灌浆施工安排在枯水期地下水位以上进行。通过试验和对完成的检查孔检查，灌浆后渗透系数减小到$4.63\times10^{-5}\sim3\times10^{-6}$cm/s；经大面积灌浆施工检查，渗透系数亦在$1\times10^{-5}$cm/s左右，较灌浆前降低约100倍，满足了设计要求。

（成都勘测设计研究院　鲁慎吾　钟永江）

天生桥二级水电站调压井闸门井胸墙、闸墩倒塌事故

（一）工程简况

天生桥二级水电站为引水式电站，设引水隧洞3条，每条长度约9.56 km，开挖直径10.8～9.9 m。每条隧洞末端设一直径21 m带上室的差动式调压井，利用井壁内的闸门井作升管。井壁混凝土衬砌厚1.5 m，底板高程600 m，顶高680 m，底板中间设一直径3.1 m的阻抗孔。升管的胸墙由高程600 m到667 m。闸门井长6.1 m，宽3.375 m。调压井混凝土浇筑采用整体滑模施工，混凝土设计标号200号（28天龄期），混凝土浇筑完毕到事故发生时，间隔时间达2年零5个月。每个调压井后接两条长约570 m、直径5.7 m的高压钢管。

（二）事故经过

天生桥二级水电站1992年11月首部枢纽开始蓄水，11月22日1号引水隧洞和1号调压井首次充水，12月14～15日1号机组做甩负荷试验，12月19日完成72 h试运行，22日正式并网发电。

与1号机组共用一个调压井的2号机组，于1993年4月安装完毕，4月25日机组开始充水，5月5日上午先后7次停开机，完成了机械、电气等上网带负荷前的有关试验。5月5日23：06′，2号机组开始做并网及甩负荷试验，先后于23：10′、23：18′、23：25′做完带负荷5.5万kW（此时1号机带22万kW）、11万kW（1号机带17万kW）、16万kW（1号机带5万kW）三次甩负荷试验。并网及甩负荷过程中，机组运行各项参数正常。

做完第3次甩负荷试验后，23：28′再次并网逐渐升负荷，23：30′升负荷至22万kW（即额定负荷的100%，1号机组带5万kW负荷运行），23：32′因机组励磁变差动保护动作造成自动甩负荷。此时，调压井值班人员听到一声巨响，感到值班室地板振动。23：40′发现1号、2号闸门井胸墙、闸墩混凝土已倒塌。机组运行人员接到事故报告后，采取紧急措施，取消甩负荷，逐渐降低机组负荷，5月6日凌晨0：43′手动停机，1号、2号机组全部停止运行。

（三）倒塌破坏范围

胸墙：两个闸门井胸墙，除底部尚残留6.5～7 m外，全部倒塌。

中墩：由高程600 m到680 m，除顶部残存10余m呈悬臂牛腿状，底部也残留7 m外，从门槽下游角及两个通气孔最薄弱的断面拉开，全部倒塌。

左右边墩：由高程600 m到680 m，呈对称破坏，除顶部残留1.5～2.0 m，呈悬臂牛腿状，边墩底部残留6.5～7 m，其他均从闸门槽最薄弱处拉裂倒塌。顶部残存的少量牛腿状混凝土，除有垂直贯通裂缝外，并使支承调压井盖板的两根主梁和两根次梁靠边墩端下部脱空，危及整个调压井盖的稳定。

启闭机室：机房构架有7根立柱，其中两根分别位于左右边墩，由于左右边墩只残存少量呈牛腿状混凝土且有上下贯通裂缝，已失去承载能力，严重威胁启闭机室的安全。

调压井井壁：有被胸墙、闸墩倒塌时砸成的凹坑和擦痕，调压井井壁上的爬梯642 m高程以下被砸坏。

调压井底板：有两条裂缝通过阻抗孔基本贯通整个底板。

压力管道：1号、2号压力钢管上水平段钢管壁防锈漆膜有不同程度的损坏。

全部倒塌的钢筋混凝土约3000 m^3，通过闸门井与阻抗孔掉入调压井底板以下与压力管道上水平段约30～40 m^3。1号压力管道下水平段内有砂子，约10 m^3。2号压力管下水平段残存的钢筋混凝土约20 m^3。在蜗壳尖角处及座环上残留有混凝土块。

（四）事故原因

事故发生后，曾两次组织调压井事故调查专家组对事故现场进行详细调查、分析，还委托水利水电科学研究院做仿真计算，并查阅了大量设计、施工资料。关于这次事故的原因，概括起来有以下几方面：

(1)设计失误、结构强度不足是这次事故的内在因素。在设计过程中，没有根据最不利的运行工况确定调压井可能出现的水位极限值，以及大井、闸门井之间的水位相差值；结构设计比较粗糙，两个通气孔将中墩断面严重削弱；不妥当地利用了混凝土的抗拉强度；在布

置上和配筋上存在严重缺陷，闸门槽处没有形成锚固于井壁内的完整受拉钢筋。

(2)施工质量控制不好，在一定程度上又进一步突出了设计本来存在的问题。事故发生后，从现场取样的混凝土试块表面观察，每块都有气孔，有1/3的试块有泥块。在施工过程中，闸墩、通气孔变位严重，由于加大了门槽二期混凝土尺寸30 cm，又进一步削弱了本来已很单薄的结构断面。混凝土与钢筋之间的握裹力低，从现场可以观察到边墩锚固于井壁上的受拉钢筋几乎都是从倒塌的混凝土中被拉出。

(3)甩负荷试验是这次事故的诱发因素。由于每次甩负荷相隔时间较短，造成调压井因前后甩负荷所形成的涌浪波峰谷基本同步。从事故经过可以看出，最后造成这次事故，是2号机升至满荷2 min后因励磁变差动保护动作自动甩负荷，这在调试过程中甚至在今后运行中都可能遇到。况且这次事故的工况尚不是今后运行中最不利的工况。今后运行中，比较容易遇到的工况是：水库汛期限制水位637 m，1台满发（22万kW）另1台由0增至满发，增荷后，约2 min，如主变压器或线路发生故障，2台机同时弃荷，这时闸门井内外水位差将达51.60 m，远大于设计水位差。

（五）改建方案

事故发生后，对改建方案进行了仔细的研究，对1号调压井，决定不再恢复原状，而将差动式调压井改建成阻抗式调压井，即将闸门井孔口缩小，连同原来的阻抗孔，总阻抗孔面积为24.96 m²，并采用导叶分段关闭的办法，全关闭时间整定为13 s，第一段0～10 s（导叶相对开度100%～16.7%），第二段10～13 s（开度16.7%～0）；全开启时间整定为大于15 s。增荷时，由0增至5.5万kW，停300 s，增荷至17万kW，再停600 s，增荷至22万kW。为方便闸门启闭，暂将边墩、中墩恢复到635 m，胸墙不再恢复。对于已浇完混凝土的2号、3号调压井，决定将胸墙底部凿一高18 m、宽4.5 m的孔口，使闸门井与大井相通，以保证水位波动时大井和闸门井水位基本一致，同时也将底板处的闸门井孔口按1号调压井改建要求缩小。

（六）经验教训

(1) 利用大井内的闸门井作升管的新型差动式调压井，由于结构、水力学条件都很复杂，在我国水电建设中又缺乏经验，今后选用这种型式的调压井需要慎重，特别是对长隧洞、高水头、大容量的工程更要慎重。

(2) 计算大井、闸门井（升管）内外水位差与最高、最低涌波水位时，要考虑到机组运行时的各种不利工况，才能确定大井和闸门井之间最大水位差与最高、最低涌波水位。

(3) 调压井采用整体滑模施工，必须使结构坚固，混凝土上升均衡，严格控制变位。

(4) 机组甩负荷试验，应考虑水工结构的要求，设计应对机电和水工建筑物有统一的试运行大纲。

(5) 对调压井要进行必要的原型观测，特别是水位变化要随时记录。

(6) 设计、施工单位要从这次事故中接受教训，引以为戒，坚决把质量搞上去。

（武警水电指挥部　张津生　廖灿戊）

乌江渡水电站运行10余年后的回访检查

乌江渡工程是我国在岩溶地区兴建的第一座高坝（165 m）和大型水电站（63万kW），1983年竣工，至今已运行10余年。1990年中南勘测设计研究院对乌江渡工程进行了回访检查，同年，大坝监测中心对大坝作了第一次安全检查，认为运行情况正常，大坝处于稳定安全状态。

（一）运行情况

1. 水库渗漏微小　坝址区岩溶发育，防渗方案采用幕底悬挂两岸折向上游接页岩隔水层的高压水泥灌浆帷幕，经10余年运行观测，防渗效果良好（见表1、表2）。下游的泉水点、暗河或其它可能的渗漏通道，经蓄水后多年观测未发现异常。

表1　河床及两岸灌浆廊道渗漏情况

部　位	渗漏量 L/min (m³/d) 最　小	最　大
河床坝基	1.94 (3.38)	4.21 (6.06)
厂房基础	2.01 (2.89)	3.4 (4.90)
左岸灌浆廊道	0.67 (0.96)	7.45 (10.73)
右岸灌浆廊道	3.36 (4.84)	23.26 (33.5)

表2　坝区两岸暗河流量建库前后变化情况

部　位	项　目	蓄水前	蓄水后
右岸暗河 (kW53)	最大流量 (L/s)	101	144
	最小流量 (L/s)	5	4.8
左岸暗河 (kW42)	最大流量 (L/s)	610	628
	最小流量 (L/s)	8	10.6

蓄水后帷幕下游侧、深部岩溶地下水取样检测氚含量显著低于库水，矿化度进一步下降，帷幕灌浆前原有的地下水位低槽不复存在，这些情况足以说明防渗措施是有成效的。

2. 各泄洪建筑物运行正常　10余年来，各泄洪建筑物频繁泄洪，并经历了相当于500年一遇设计洪水位的泄洪考验，泄洪最大流速达43 m/s，最大单宽流量236 m^3/(s·m)，并于泄洪期多次进行高速水流原型观测与试验，成果如下：

(1) 通气槽掺气减蚀效果良好。8个主要泄洪建筑物运行正常，空蚀轻微。经过原型测试取得了临界免蚀掺气浓度、不平整度控制标准、通气量与风速、空腔负压、通气比以及掺气槽体形等掺气免蚀原型观测技术资料。

(2) 溢流坝后厂房在闸门启闭过程中小流量冲击厂房顶以及厂房顶溢流时，运行均正常。闸门开启时，小流量冲击厂顶历时仅约8～16 s，关闭时更短；水舌冲击厂顶瞬时压强为50～140 kPa；厂房顶拱跨中最大垂直振动位移约7～9 μm，历时5～19 s。10余年来厂顶溢流共30余次，累计历时783 h，单宽流量163 m^3/(s·m)，水头98 m，流速近40 m/s，厂顶脉动压力均方根值8.4～11.1 kPa，约为流速水头的1.08%～1.54%，厂顶振动位移均方根值仅2.7 μm，泄洪时机组运行正常。

(3) 右岸泄洪洞出口段72 m跨度的拱渡槽，10余年来共泄洪7000余小时，最大泄洪量2040 m^3/s，单宽流量约227 m^3/(s·m)，最高水头约70 m，最大流速约30 m/s，运行正常。槽身脉动压强均方根值1.23～3.53 kPa，为流速水头的0.64%～1.54%，槽身支承拱最大垂直振动位移均方根值为3.15 μm，侧墙为8.13 μm。

(4) 电站开关站布置在溢流坝反弧段导墙上，距溢流面约20 m，实际泄洪时周围既无水雾，也未曾出现折冲水流溅起水花进入开关站，更未发生导墙振动而影响运行。

(5) 各泄洪建筑物泄洪时，总功率高达2150万kW，最大单宽功率达31万kW，10余年来总泄量虽未达到设计流量，但已经受住了单宽泄量及各种不利运行工况组合的考验。实测冲刷坑起点距坝180～270 m，最大冲深17 m，小于设计值，对厂坝安全无影响。但下游雾化严重，其范围在厂房下游80～510 m以内，沿左岸冲沟爬升高度近200 m，雾化区最大降水强度达687 mm/h。此外，沿河两岸还产生了不同程度的淘刷和坍塌。

3. 大坝变形正常，整体质量良好，河床坝基经抽排后扬压力很小　运行10余年来，大坝变形正常，蓄水后地壳最大沉陷约3 mm，影响范围可达坝下2.5 km。坝顶变形与水库水位、气温有较好的对应关系，在库水位变动区内相应坝顶最大水平位移为13 mm，坝顶垂直位移最大变幅为7 mm。坝基扬压力约为设计的30%～40%，主排水帷幕处扬压力折减系数 α_1 为0.11～0.18。

水库泥沙淤积发展较快，且呈带状分布，现坝前已淤至660 m高程（河床坝基高程600 m），相当于设计百年后的淤沙高程，影响电站机组从水库下部取低温水冷却。由于淤沙层温度接近地温，因而坝体下部温度在蓄水后也随之升高，中心区最低温度稳定在16～16.5℃，比设计值高5～6℃，这有利于改善拱向应力并提高拱坝坝肩稳定性。坝基渗漏量微小，扬压力远小于设计值，且有随泥沙淤积而减少的趋势。

坝内各层廊道及下游坝面未见渗水，混凝土强度满足设计要求，且运行10年后仍略有增长。坝面无风化剥落现象，也未发现新的裂缝。

（二）回顾与再认识

(1) 厂房、溢洪道、开关站重叠布置，充分利用了峡谷区有限的空间。但由于建筑物集中于河床，施工干扰大，后期施工导流时渡汛风险也较大。且由于采用厂前挑流与厂顶溢流，使消能工的布置、体型与结构受到制约，消能效果难以提高，剩余能量较大，不利于下游岸坡稳定。因此对条件类似的大型电站，如有条件提前发电，且效益巨大，只要地质条件允许，采用全地下式厂房布置可能更为有利。

(2) 岩溶地层采用高压水泥灌浆帷幕防渗是可靠的。但对灌浆压力和单位耗浆量宜合理控制，如压力过高，单位耗浆量过大，不但会造成浪费，还会使浆液扩散过远。该工程一些地段浆液扩散范围达50～100 m，使排水不畅，抬高了坝肩下游地下水位。此外，灌浆压力要适应地质结构面的产状，防止岩体抬动。帷幕的排数和孔距应根据水头和水文地质条件有所区别，特别要根据灌浆过程中的单位耗浆量及时调整。该工程因当时缺乏经验，偏重于稳妥，否则，灌浆工程量可减少20%～30%。又乌江渡工程在开工后才发现河床以下200 m仍有深部岩溶，也值得深思。这说明了岩溶发育的特殊性，又说明了地质工作的复杂性，以及在实践中不断深化认识的必要性。

(3) 该工程泄洪消能是成功的，但也有些值得注意的问题。如：挑流产生雾化，由此带来对厂坝区交通、电站出线、厂房防水的影响；高水头、大单宽流量经挑流消能后，仍有大量剩余能量，在狭窄的河道内也难以控制，如有地质软弱破碎带，易遭受破坏。该工程坝区下游两岸均有耳状淘刷，3 km以内岸坡也有冲刷和坍塌，运行后经过历年整治，始趋于稳定，但左岸有一处淘刷尚在处理。

(4) 该工程采用拱型重力坝是适宜的，但尚未能充分发挥梁的作用。根据观测，相当大一部分水、沙荷载系由两岸坝肩分担，因此大坝断面可以减小。按重力坝单宽稳定系数 K_c 等于1核算，断面过于稳妥。另外，由于当年担心水库渗漏和大坝稳定安全，而将坝高降低了 20 m，在水能资源的利用上造成了重大损失。从实践来看，乌江渡水电站完全有条件建成更高的坝和调节性能较好的水库，并扩大装机容量。

(5) 该工程在水库诱发地震、近坝库岸稳定、下游河道积渣壅高电站尾水位、划定水库淹没线时未加安全超高等方面，均有可吸取的教训和值得总结的问题。

（中国水利水电第八工程局　谭靖夷
中南勘测设计研究院　王三一）

机　电

13

大中型水轮机及附属设备

大型混流式水轮机发展概况

当前水轮发电机组正向着大型化、综合性能优良、稳定性好和具有高度自动化水平的方向发展。在各类水轮机中，混流式水轮机应用最广泛、单机容量最大、发展最快。1992年以来，我国新建的几座采用混流式水轮发电机组的大型水电站，如岩滩、隔河岩、漫湾、五强溪、天生桥二级、东风等，已陆续投产发电；二滩55万kW、李家峡40万kW、天生桥一级30万kW的混流式机组已定厂制造。

（一）向大型化发展

近几年乃至今后，我国位于窄峡谷、流量大、需采用混流式水轮发电机组的水电站逐渐增多，而机组大型化可简化枢纽布置，减少土建工程量和降低机组总造价，其经济效益是较高的。机组大型化主要表现在两个方面：一方面是机组的尺寸大，如已投入运行的岩滩水电站和五强溪水电站机组，前者转轮直径为8m，水轮机额定出力为30.71万kW；后者转轮直径为8.3m，水轮机额定出力为24.8万kW。另一方面是机组容量大，如李家峡水电站将安装5台混流式水轮发电机组，水轮机单机额定容量为40.8万kW；二滩水电站将安装6台混流式水轮发电机组，单机容量达55万kW。

（二）提高水轮机性能

在提高水轮机性能方面，近几年来也有了新的进展。例如：为进一步提高李家峡水轮机的效率和电站效益，引进了加拿大通用电气公司（GE）水轮机转轮技术，并对GE公司专门为李家峡设计的F483－3M03转轮的各项水力性能进行了模型验收，模型最高效率达94.0%，电站水轮机加权平均效率达93.9%，均高于合同规定值。在空化性能验收时，还利用光纤内窥镜观察叶片进水边空化情况。光纤由上游侧从蜗壳、固定导叶、导叶间插入到叶片进水边前，因此只能观察导叶开度18°以上的进水边空化状态。控制光纤内窥镜可改变观察叶片数和从下环至上冠处的观察部位。利用闪频仪可直接观察叶片出水边气泡情况，也可在彩色屏幕上观测和记录拍照。东风和天生桥一级水电站的机组，采用国内邀请招标方式采购，并由生产厂在技术上负责引进转轮，以进一步改善水轮机性能。五强溪水电站，要求在转轮进水边正压侧空化气泡开始线和进水边负压侧空化气泡开始线之间的范围内，即在水轮机绝大部分运行范围内，以初生空化系数作为考核标准，增加了安全裕量。在水轮机模型验收试验前确定了初生空化系数σ的定义。空化试验开始后，逐渐减小σ值直至σ_s(按IEC规程定义)，随后逐渐增大σ值，借助闪频仪从尾水管直锥段观察气泡情况，直至气泡初生为止，此时间或有气泡从叶片出水边出来，由验收组确认后定下此时的初生空化系数值。对高比速水轮机，选择适当位置可看到进水边的气泡产生情况。

（三）有关几项技术发展

为减少水轮机导叶端面和立面间隙处的空蚀和磨损，以延长大修周期，东方电机厂引进加拿大通用电气公司（GE）的筒阀设计制造技术，按照国内材料和工艺条件经过消化后（采用法国SKF高效行星回转螺杆）生产制造，应用于漫湾水电站25.5万kW、$D_1=5.5$ m的混流式水轮机上。1993年投入运行后的情况表明：筒阀关闭后能明显减少导叶漏水。

1992年底，李家峡水电站混流式机组定厂，由于坝址河床狭窄，在国内首次采用双排式机组布置形式；同时进行全模拟试验，基本上摸清了双排尾水管出流相互间的关系、压力脉动及其对效率的影响等，为今后大型机组的采用和厂房布置积累了经验。

五强溪水电站大型水轮机座环不上大立车加工且没有合缝板，而是在电站现场用厚钢板组焊后用气割枪割圆，座环与顶盖、底环间的平面配合靠加垫解决，并有特殊封水装置。这种结构可大大减少制造加工工作量，还提高了结构的整体性。

（四）解决水轮机转轮等大件运输难的问题

岩滩水电站水轮机转轮，在东北滨海水电大件加工厂制造成分瓣转轮，运输尺寸（长×宽×高）和重量（带托架）：大瓣为10000 mm×5000 mm×5890 mm，170 t；小瓣为10000 mm×4740 mm×5890 mm，163 t。分瓣转轮从葫芦岛海运至广州，全程约2850 km，在广州港口用500 t浮吊卸货至内河驳船上，从广州至南宁的内河运输全程约1000 km，用专门制造的两艘 300 t，平板驳各运一分瓣转轮，从南宁至岩滩工地公路运输，全程约 270 km，花 8 天时间运到工地。为保证转轮上、下止漏环的尺寸、垂直度和同轴度的要求，制造厂研制并提供了成套转轮工地加工装置。

五强溪水电站水轮机转轮的 $D_1=8.3$ m，最大外径 ϕ8.984 m，重 275 t，在伏依特巴西圣保罗工厂制造加工成整体转轮，海运至上海港，再经长江、洞庭湖上溯沅水运至五强溪工地，采用的是整体转轮水运方案。

（水利水电规划设计总院　端润生）

已建和在建抽水蓄能电站机组的特点

我国从 60 年代开始在河北省岗南水电站安装第 1 台抽水蓄能机组。该机组为斜流可逆式，是从国外引进的，1968 年开始投入运行，其最大扬程为 59 m，单机最大容量为 1.45 万 kW。1973 年又在密云水电站安装 2 台与岗南机组相似的抽水蓄能机组，是天津发电设备厂制造的。1991 年潘家口水电站引进 3 台混流可逆式机组，其最大扬程为 86.22 m，单机最大容量为 9 万 kW。1992 年广州抽水蓄能电站一期工程的混流可逆式机组投入运行，其最大扬程为 550.01 m，单机最大容量为 32.608 万 kW，安装 4 台机组。目前正在兴建的十三陵抽水蓄能电站，装 4 台混流可逆式机组，其最大扬程 488.6 m，单机最大容量为 20.4 万 kW；天荒坪抽水蓄能电站，装 6 台混流可逆式机组，其最大扬程为 614.5 m，单机最大容量为 33.28 万 kW；羊卓雍湖抽水蓄能电站，装 4 台三机式抽水蓄能机组（由发电电动机、立式四喷嘴水斗式水轮机和立式六级离心泵组成），其最大扬程为 859 m，单机最大容量为 2.31 万 kW；溪口抽水蓄能电站，装 2 台混流可逆式机组，其最大扬程 276 m，单机最大容量为 4.41 万 kW；响洪甸抽水蓄能电站，装 2 台混流可逆式机组，其最大扬程为 64 m，单机最大容量为 5.5 万 kW；广州抽水蓄能电站二期工程，装 4 台机组，其参数与一期工程类似。这些抽水蓄能电站机组的特点如下：

（1）水头范围。水头范围覆盖广，从 50 m 左右到 1000 m 左右。目前已建的抽水蓄能电站的水头段有 100 m、300 m、500 m、600 m 和 800 m，其余水头段，如 200 m 和 400 m 水头段范围的机组尚有待开发。

（2）机组型式和转速。由于水头的范围较广，而且有的电站水头变幅较大，如潘家口水电站最大扬程 86.22 m，最小扬程 36.7 m，所以机型有斜流式、混流式和水斗式。对水头变幅大的水电站还采用了两种转速，如岗南、密云、潘家口和响洪甸等抽水蓄能机组，在水泵工况运行时都是采用两种转速，在较低扬程范围内采用低的一种转速，在扬程高的一段范围内采用高的一种转速。岗南和密云抽水蓄能机组的转速为 273 r/min 和 250 r/min，潘家口抽水蓄能机组的转速为 142.8 r/min 和 125 r/min，响洪甸抽水蓄能机组的转速为 166.7 r/min 和150 r/min。

（3）单机容量。单机容量差别也很大。由于装机年代和水电站所在电网情况的不同，单机容量从 1 万 kW 左右到 30 万 kW 左右有较多的品种。

（4）机组的拆装方式。机组的拆装方式是由水电站的具体条件决定的。考虑到便于机组的维护和检修，有的采用上拆式，有的采用中拆式，也有的采用下拆式。如十三陵抽水蓄能机组为上拆式，天荒坪抽水蓄能机组为中拆式，广州抽水蓄能电站一期机组为下拆式。

（5）机组抽水工况时的启动方式。由于机组单机容量的大小和所在电力系统的情况及电源点的距离不同，抽水蓄能机组抽水工况时所采用的启动方式也不相同。岗南、密云、溪口、响洪甸等抽水蓄能机组都采用降压异步启动方式；潘家口、广州一期、十三陵和天荒坪等抽水蓄能机组都采用变频器同步启动方式，同时考虑采用背靠背启动作为备用方式；羊卓雍湖抽水蓄能机组则靠自身的水轮机启动。

（6）调速器及油压装置。调速器多采用微机型 PID 调节规律的电液调速器。油压装置的油压，由于制造厂家和水电站需要的不同，采用的油压也不相同。如潘家口抽水蓄能机组为4.0 MPa，天荒坪抽水蓄能电站为5.94 MPa，广州抽水蓄能电站一期为6.0 MPa，十三陵抽水蓄能电站为7.0 MPa。

（7）水泵启动时的尾水管充气压水气压。抽水蓄能机组在水泵启动时，为了减少启动阻力，常采用压缩空气将尾水管内水位压低到转轮以下的方法。根据尾水位和厂内压缩空气系统的压力，已建抽水蓄能电站有如下几种压力，潘家口为4.0 MPa，广州一期为4.4 MPa，天荒坪为5.94 MPa，十三陵为7.0 MPa。

（8）机组技术供水系统的供水方式。机组技术供水系统多采用水泵供水，从尾水管或尾水渠取水，水泵的吸水管多设置在用水设备的出水侧，如广州一期、十三陵、天荒坪等抽水蓄能电站采用的都是这种方式。

（水利水电规划设计总院　刘书秋）

灯泡贯流式机组发展现状

灯泡贯流式水轮发电机组较其他类型机组效率高、过流能力大、机组尺寸小、低水头运行性能好，电站建设周期短、投资省。这些优点已为人们所认识，因此，水头在20 m以下的低水头电站选用灯泡贯流式机组已成为一种趋势。

1992～1994年是我国低水头电站建设发展较快的时期。在此期间，已建和在建的单机容量在1.5万 kW以上的电站就有四川的渭沱（2×1.5万 kW），广东的都平（2×1.5万 kW）、白石窑（4×1.8万 kW），广西的京南（2×3.45万 kW）、大埔（3×3.0万 kW）、百龙滩（6×3.2万 kW）、马骝滩（3×1.55万 kW），以及湖北的王甫洲（4×2.725万 kW）等，共计26台机组，总装机容量为63.85 万 kW。

渭沱、京南、大埔以及王甫洲等水电站系利用外资项目，机组全部由国外引进。百龙滩电站的6台机组中前3台由日本富士电机设计制造，后3台为引进富士电机技术，由富士电机-富春江水工机械厂合作生产。马骝滩、都平和白石窑电站机组则完全由国内厂家设计制造。

白石窑水电站安装4台1.8万 kW 灯泡贯流式机组，由水利部珠委设计院设计。电站最大水头为12.18 m，最小水头为3.0 m，加权平均水头为9.17 m，额定水头为7.8 m。水轮机转轮直径为5.8 m，额定出力为1.8551万 kW，额定流量为263 m^3/s，额定转速为85.71 r/min，飞逸转速为256 r/min，比转速为895.7 m·kW，最高效率为95.0%，设计点效率为92.7%，自叶片顶部算起的吸出高度为－7.5 m。发电机的额定容量为2.0万 kVA，额定电压为10500 V，额定电流为1099 A，功率因数为0.9，效率为97%，转动惯量为1584 t·m^2，推力负荷为±2510 kN。

白石窑机组为目前国内自行设计制造的最大灯泡贯流式机组。

白石窑机组采取议标方式进行招标选厂，已于1992年7月由白石窑水电站指挥部与天津水力发电设备厂正式签订了合同，计划于1995年下半年第一台机组投产发电。

在引进的灯泡贯流式机组中，单机容量最大的为京南水电站机组，其最大出力为3.75万 kW。就机组尺寸而言，最大为王甫洲水电站机组，其水轮机转轮直径已达7.2 m。而使用水头最高的则为百龙滩水电站，其最大工作水头为18 m。这几个低水头水电站所选机组的特点如下。

（1）京南水电站位于广西梧州地区，共装2台机组，总装机容量为6.9万 kW。水电站最大水头为14.5 m，最小水头为3.0 m，加权平均水头为11.8 m，额定水头为11.0 m。水轮机转轮直径为6.3 m，额定出力为3.54万 kW，最大出力为3.75万 kW，额定流量为351.4 m^3/s，额定转速为88.24 r/min，飞逸转速为256 r/min，比转速为829 m·kW，最高效率为95.2%，设计点效率为93.75%，至转轮中心的吸出高度为－9 m。发电机的额定容量为3.75万 kVA，额定电压为10500 V，额定电流为2062 A，额定功率因数为0.92，最高效率为98.23%，转动惯量为2760 t·m^2，灯泡比为1.19。发电机采用双密闭强迫循环通风冷却系统，空气和冷却水的循环，分别由风机和水泵来实现。

（2）王甫洲水电站位于湖北省老河口市，共装机4台，总容量为10.9万 kW，电站最大水头为10.3 m，最小水头为3.7 m，平均水头为8.14 m，额定水头为7.52 m。水轮机转轮直径为7.2 m，额定出力为2.81万 kW，额定流量为412 m^3/s，额定转速为71.43 r/min，飞逸转速为222 r/min，比转速为962 m·kW，最高效率为95.4%，吸出高度为－6.7 m。发电机额定容量为3.028万 kVA，额定电压为10500 V，额定电流为1665 A，功率因数为0.9，最高效率为97.5%，转动惯量为3400 t·m^2。

（3）百龙滩水电站位于广西都安县与马山县交界处的红水河上，电站于1993年2月开工，计划1995年底发电。电站装机6台，总容量为19.2万 kW。电站最大水头为18.0 m，最小水头为3.0 m，加权平均水头为12.28 m，额定水头为9.7 m。水轮机转轮直径为6.4 m，额定出力为3.3万 kW，额定流量为377.5 m^3/s，额定转速为93.8 r/min，飞逸转速为310 r/min，比转速为995 m·kW，最高效率为95.2%，设计点效率为92.0%，吸出高度为－12.16 m。发电机额定容量为3.368万 kVA，额定电压为10500 V，额定电流为1852.2 A，功率因数为0.95，最高效率为97%，转动惯量不少于3500 t·m^2，灯泡比为1.19。发电机采用双密闭循环通风冷却系统。该机组的主轴密封采用陶瓷密封，无需另设润滑冷却水，厂家保证其更换周期不少于10年，整个机组大修周期不少于10年。

随着低水头电站的不断兴建，我国灯泡贯流式机组的需求量越来越大，其应用前景十分广阔，从而必将促进我国灯泡贯流式机组设计、制造、安装以及运行管理水平的不断提高。

（水利水电规划设计总院　王明坦）

水轮发电机及高低压电力设施

立式水轮发电机组弹性金属塑料推力轴瓦的应用

弹性金属塑料推力轴瓦(以下简称塑料轴瓦)是一种由具有较低弹性模量的金属塑料复合层与钢制瓦坯结合而成的推力轴瓦。70年代初,前苏联电力技改部门和航空科研单位合作,对塑料轴瓦在水电机组上的应用进行系统的试验研究,取得了实用性的成果和丰富的经验;到80年代末,已在前苏联60多座水电站345台机组上进行了改造和推广应用,并制订出一套完整的关于塑料轴瓦设计、制造、安装、运行及相应工艺条件的技术标准,使水轮发电机组推力轴承运行的可靠性得到根本的改善。

1988年以来,机械电子工业部、能源部、水利部有关单位多次组团赴前苏联考察,在实地了解塑料轴瓦在大中型水轮发电机组上的应用情况和良好技术经济效果之后,决定从设备引进和国内研制两方面着手,开展国内推力轴承的技术改造工作。

1989年底,三峡开发总公司(筹)与龙羊峡、葛洲坝、丹江口电站合作,开始了在国产机组上的试验引进,首批由俄罗斯切勃克萨雷工厂生产的3套塑料轴瓦分别安装在上述3个电站的3台机组上。经过多次开停机,机组冷、热启动,(10%~12%)n_e制动停机,惰转停机,推力轴承冷却器断水4 h试验,15 min超转速115 %n_e试验,以及对轴瓦运行中油膜厚度、油膜压力、油膜温度和塑料瓦面磨损情况的测量,证明该推力瓦运行可靠,启、停操作灵活,承载力高,轴承摩擦损耗小,因而引起电力生产部门和有关水电厂的极大关注。此后,各水电厂分阶段逐步引进俄罗斯的塑料轴瓦以替换巴氏合金轴瓦。至1994年上半年,已有龙羊峡、白山、大化、丹江口、葛洲坝、三门峡、岩滩、万安、沙溪口、柘溪、新丰江、枫树坝、龚咀、凤滩、映秀湾、云峰等30个电站的94台(套)推力轴瓦,采用了塑料轴瓦。其它在建水电工程如李家峡、五强溪、太平驿、东西关等也在机组设备订货协议中明确了安装塑料轴瓦的技术要求。

与此同时,哈尔滨大电机研究所、机电研究所、富春江厂等科研、设计、制造部门分别对塑料轴瓦进行了研制工作。1990年8月,第一套100 t级塑料轴瓦由哈尔滨大电机研究所研制并安装在福建省船场溪水电厂1.25万 kW 机组上作工业试验,几经改进后于1991年获得成功。1991年10月富春江厂研制的陕西省石门电站200 t级塑料轴瓦用于该电站1.5万 kW 机组的改造上。同年12月,150 t级塑料轴瓦由机电研究所研制并安装在贵州猫跳河四级电站的1.5万 kW 机组上。至1993年底,三个单位研制投入使用的塑料轴瓦共有28台(套);研制的最大轴瓦参数推力负荷为27500 kN,压强为5.3 MPa。其它有关制造单位在此期间也进行了相应的研究,并取得一定的成果。

国内研制塑料轴瓦的工业试验和商业运行情况表明,其性能优于现有设计条件和工艺水平下的巴氏合金推力轴瓦,其优点可综合归纳为:①取消了对巴氏合金轴瓦运行的所有限制条件,以及附加高压油顶起装置和水冷系统等,简化了轴承结构,使机组运行操作更加灵活;②由于瓦面摩擦系数减小,单位压力提高,轴承承载力增强,损耗与温升降低,运行效率相应提高;③高技术机理的瓦面设计,充分利用了弹性金属塑料瓦面在流体动压作用下的变形效应,能确保油膜的形成和轴瓦的最佳运行状态;④降低机组的制动转速,减轻制动闸板和制动环的过热及磨损,从而提高制动系统工作的可靠性,减少粉尘对机组的污染;⑤推力轴承的安装、调整、维护和检修工艺大为简化,轴承寿命延长。

但塑料轴瓦的运行也对润滑油油质提出更高的要求。目前,上述研究单位正进一步研制更大轴向负荷和高比压的塑料轴瓦,更深入地研究弹性瓦面变形与瓦体钢坯变形的相互叠加关系。弹性塑料轴瓦的技术引进和研究开发,为确保大型立式水轮发电机组推力轴承运行可靠性和提高机组利用率找到了一条实用性的技术途径,从而使因推力轴承过热和磨损影响水电机组正常运行的关键技术问题得到根本解决。

(中国水利水电工程总公司 傅元初)

水口水电站水轮发电机组4100t推力轴承

水口水电站装有单机容量为20万 kW 的轴流转桨

式水轮发电机组7台，其推力轴承布置在水轮机顶盖上，设计最大轴向负荷41000 kN，仅次于美国大古力Ⅲ厂70万 kW 机组的推力轴承（4700 t），而与巴西伊太普机组的推力轴承（4056 t）并居世界第二位。

该推力轴承采用日本日立公司的特殊设计，前两套主要部件由日立制造，后五套全部由哈尔滨电机厂制造。

推力轴承的主要技术参数如下：

支承方式	单弹性梁双支点式（日立轴弹簧）
推力负荷	41000 kN（设计值）
额定转速	107.1 r/min
飞逸转速	278 r/min
轴承外径	4550 mm（对边距）
轴承内径	2600 mm（对边距）
平均线速度	20 m/s
平均瓦面压力	4.61 MPa
瓦块数	18
瓦面材料	巴氏合金
支点圆直径	3670 mm
瓦夹角 α	16°
瓦间角 α_1	4°
周向偏心值	48 mm
周向偏心率	9.375%
瓦面宽长比 B/L	1.9
pv 值	92.2 MPa·m/s
轴承能率	439×10^3 t·r/min

推力轴承的技术特点是，扇形轴瓦通过径向分布的双托盘支承在弹性梁上，弹性梁的下端以单支点与底部的支持块接触，将轴向负荷传递给推力支架。

托盘装配、弹性梁（即日立轴弹簧）和支持块是构成日立支点式推力轴承的主要部件和技术关键，对其加工精度、热处理规范和装配工艺有严格要求。

轴承采用内循环油系统，油槽内设环形油冷却器，在推力头上对称开有两个径向泵油孔，有泵油与防甩油作用。由于这种结构的推力轴承在我国尚属首次使用，又用在超大型推力负荷的机组上，故引起国内各有关单位的关注。

轴承安装、调整的主要工艺要求和技术标准是：①水轮机主轴垂直度调整在0.02 mm/m 以内，转轮与转轮室之间径向相对间隙差小于0.1 mm；②推力支架和推力油槽底盘水平度偏差小于0.05 mm/m，油槽底盘中心相对主轴偏差小于0.05 mm；③轴承支架与油槽底盘、托盘与托瓦、托瓦与薄瓦、推力头与镜板的接触面应无间隙，轴承支架安装水平偏差不大于0.05 mm/m；④严格找正推力板与限位块在轴承支架上的位置，以保证轴瓦的偏心和瓦块的摆动灵活，此时，推力板与每块瓦锁锭螺母的轴向间隙为3～4 mm；⑤在镜板水平偏差小于0.03 mm/m 的情况下，测量各推力瓦进出油边间隙，平均值应小于0.03 mm（一般出油边实测值为零），受力调整用更换支持块与油槽底盘间不同规格的垫片来完成，一般应反复3～4次；⑥机组轴线检查在高压油顶起系统工作状态下进行，主轴与推力档油管应严格同心，偏差小于0.02 mm，主轴摆度按美国 NEMA 标准不超过按所提出公式的计算值；⑦机组首次启动时应按额定转速的25%、50%、75%、100%分阶段升速，每阶段停留1 h，轴承高压油顶起系统要求跟踪运行，在额定转速下瓦温稳定后再切除。

水口水电站机电安装工程由水电第四工程局安装分局承包。第一台机组于1993年7月15日启动试运行，经各种运行工况考验，并于7月下旬用量热法测量轴承损耗，1994年元月用遥测应变仪法测量水推力。情况表明，该推力轴承运行可靠、工作稳定、损耗值小于设计保证值。第2、3台机组的推力轴承也相继于1994年元月和8月投入运行。至此，我国在巴氏合金推力轴承的设计、制造、安装方面又取得一项新的成果，利用日立支点式结构解决大型推力轴承的承载与可靠性技术问题，达到了当前世界水平。

（中国水利水电工程总公司　傅元初）

我国几座抽水蓄能电站的电气主接线

截至1994年底，我国已建和在建的大中型抽水蓄能电站（以下简称蓄能电站）共12座，其中已建成投产和在建的各有6座，拟建和正在规划设计的蓄能电站更多，且分布范围更广。

由于蓄能电站在电网中主要承担调峰、填谷任务，每天发电和抽水运行工况交替变换频繁，电站的开关站母线电压随着波动，电站与电网相连接的线路输送功率也随之时而送出、时而送入，故蓄能电站的开关站母线和出线不适于作为电网内常规穿越功率使用，一般纯蓄能电站的出线宜从电网外直接接入电网的枢纽变电所。因此纯蓄能电站的电气主接线一般较为简单，尤其当采用 SF_6 GIS 高压配电装置时更可简化。目前国内已建和在建的蓄能电站的电气主接线的接线方式见表1。

表1　　我国已建和在建的抽水蓄能电站的电气主接线一览表

电站名称	电站类型	装机规模 台数×单机容量 (万kW)	启动方式	换相开关设置位置	标称电压(kV)		电气主接线方式
					发电机电压侧	升高电压侧	
岗南	混合式	常规机组2×1.5 蓄能机组1×1.27	降压启动	发电机电压侧	10.5 10.5	110 110	发电机—变压器单元接线；110 kV侧单母线接线，出线2回(1回接入电网，1回与常规机组三线圈变压器连接)
密云	混合式	常规机组4×1.5 蓄能机组2×1.27	降压启动	发电机电压侧	10.5 10.5	110 110	发电机—变压器扩大单元接线；110 kV侧 接入常规电站双母线接线的升压开关站，出线3回
明湖	纯蓄能	4×2.50	1、4号机组设专用启动电动机2、3号机组同步启动	发电机电压侧	16.5	230	发电机—变压器扩大单元接线(变压器低压侧为双分裂线圈)；230 kV侧四角形接线，2回出线
潘家口	混合式	常规机组1×1.50 蓄能机组3×9.0	变频＋同步	发电机电压侧	15.75 13.8	220 220	发电机—变压器单元接线；220 kV侧接入常规电站双母线带旁路母线接线的开关站，出线4回
明潭	纯蓄能	6×30.0	变频＋同步	345 kV侧	18	345	发电机—变压器单元接线；345 kV侧双母线分段接线，出线4回(其中1回备用)。另从345 kV母线引出2回经降压变压器供给变频启动装置电源
广州一期	纯蓄能	4×30.0	变频＋同步	发电机电压侧	18	500	发电机—变压器联合单元接线；500 kV侧四角形接线，出线2回
十三陵	纯蓄能	4×20.0	变频＋同步	220 kV侧	15.75	220	发电机—变压器联合单元接线；两组联合单元各自独立，并分别以1回220 kV出线接入6 km外昌平500 kV变电所。另从两组联合单元的220 kV侧各引出1回经降压变压器供给变频启动装置电源
天荒坪	纯蓄能	6×30.0	变频＋同步	发电机电压侧	18	500	发电机—变压器联合单元接线；500 kV侧单母线三分段，中间一组联合单元高压进线侧不装断路器的接线，2回出线
广州二期	纯蓄能	4×30.0	变频＋同步	发电机电压侧	18	500	发电机—变压器联合单元接线；500 kV侧五角形接线，3回出线
溪口	纯蓄能	2×4.0	降压启动	发电机电压侧	10.5	110	发电机—变压器单元接线；110 kV侧单母线接线，1回出线
响洪甸	纯蓄能	2×4.0	降压启动	发电机电压侧	10.5	220	发电机—变压器单元接线，220 kV侧单母线接线，1回出线
羊卓雍湖	纯蓄能	6×1.5	三机式		6.3	110	发电机—变压器单元接线；110 kV侧双母线带旁路母线接线，5回出线(其中2回备用)

注　表列12座抽水蓄能电站，前6座已建成投产；后6座在建。

(水利水电规划设计总院　黄贤鉴　于庆贵)

我国抽水蓄能电站采用的启动方式

抽水蓄能电站（以下简称蓄能电站）在抽水工况时，以水泵—电动机方式运行，它的启动方式是蓄能电站特有的运行方式之一，由机组容量、结构型式以及电网特性等诸因素来决定。蓄能机组有多机串联式和双机可逆式两大类，其启动方式区别较大。双机可逆式机组由水泵水轮机—电动发电机组成，特点是发电与抽水不同运行工况时机组旋转方向相反，它的启动方式较多，常用启动方式有：①异步启动，又分为全压直接异步启动、变压器半压异步启动、电抗器降压异步启动、部分定子绕组启动；②同轴小电动机启动；③同步启动（又称背靠背启动）；④半同步启动（又称低频启动或异步—同步启动）；⑤静止变频器启动。

截至1994年底，我国已建和在建的蓄能电站有12个，其蓄能机组采用的抽水启动方式有：

1.羊卓雍湖蓄能电站　电站最大工作静水头841.55 m，选用了多机串联式机组，在同一主轴上除电动发电机外，分别装设水轮机和水泵，其启动方式的特点是发电机和电动机运行的旋转方向一致，启动方式简单。启动时先由水轮机按机组发电开机方式启动，达到额定转速投入励磁并入电网，然后关闭水轮机进水阀和导水机构，并向水轮机室压气，使水轮机转轮脱离水面减少水力损耗，同时开启水泵出水阀，机组转入水泵抽水工况运行。

2.岗南、密云、溪口、响洪甸4个蓄能电站　电站的中型蓄能机组，均为双机可逆式机组。启动方式采用变压器半压异步启动，由变压器低压侧三角形绕组的每相绕组中间对称引出三个半压抽头，作为降压启动回路与降压启动开关连接。启动时电机在静止状态下，经过降压启动开关并入电网，使电机转子阻尼绕阻产生感应电流，与定子旋转磁场相互作用产生异步电磁转矩，电机以感应电动机方式启动。当电机升速到接近额定转速时，切除降压开关，但由于半电压相位比全电压超前60°，需经一定延时，待机组减速至电机相位延后60°且滑差最小时投入全压开关，并投入励磁，使电机拉入同步运行。其特点是接线简单、启动快、投资省，变压器处于三相负荷对称状态，它与全电压启动相比，具有启动电流和启动力矩较小；但增加了变压器结构的复杂性，并需验算启动过程的冲击电流和压降控制在电网允许的范围内，以及转子发热的问题。岗南和密云电机容量在电动机运行工况下，仅为1.45万 kW 和1.5万 kW，其转子仍采用叠片磁极和阻尼绕组。溪口和响洪甸电机容量在电动机运行工况下达到4.71万kW，则采用实心整体磁极，以解决转子发热问题。

3.明湖蓄能电站的1号和4号电机　采用同轴小电动机的启动方式，在电动发电机主轴上另装一台线绕式感应电动机，其容量约为被启动机组容量的5%～8%，利用感应电动机带动机组启动升速投入励磁，直到主机同步并网，特点是对电网影响较小，接线简单，独立性强，适用于单机容量大、台数少的电站。但由于增加1台启动电动机，增加了机组高度，也增加了主厂房布置高度，从而增加了投资和启动后小电机的空载损耗，对高转速的机组还可能由于摆动、振动而影响机组轴系的稳定性。

4.明湖蓄能电站的2号和3号电机　采用同步启动（又称背靠背启动）方式，它是利用厂内的1号或4号电机作为发电机，将2号或3号电动发电机拖动起来。启动前两机处于静止状态，在电气上互相联接，启动时两机都给上励磁，由发电机开机拖动电动发电机，同步地从零转速直到额定转速，而后电动发电机投入电网，同时切断发电机开关，完成启动过程。其特点是对电网没有冲击影响，启动机组的容量仅为被启动机组的15%～20%。当启动发电机有足够容量时，1台机组可同时拖动2台被启动机组。启动接线较简单，只需设置启动母线及开关设备，但继电保护装置要能适应从0～50 Hz范围内均应能可靠动作，适用于各种容量的电动发电机组。明湖是纯蓄能电站，故其1号和4号电机是采用同轴小电动机的启动方式。

5.已建的潘家口、明潭、广州一期，在建的十三陵、天荒坪、广州二期大型蓄能电站　这些电站都采用静止变频器启动方式，这种启动方式是70年代发展起来的。变频器与被启动电机在电气上互相联接，被启动电机加上空载额定电压的励磁，利用可控硅变频器输出的频率从0～50 Hz 的交流电，使被启动电机定子绕组的三相电流所产生的旋转磁场，与已励磁的转子相互作用产生加速力矩，而使被启动电机逐步升速到额定转速时，同期并入电网，同时切断变频器的电源开关。其特点是对机组结构无特殊要求，对电网也没有任何冲击影响，且静止可控硅变频器可靠性高，运行维护简单，可多台机共用一套变频器，尤其适用于大容量纯蓄能电站，因此近年来发展很快。但价格较贵，其造价约为单台机组投资的23%～38%，且变频器布置占地大，启动接线较复杂。一般采用变频器作为启动方式的蓄能电站，都常考虑以同步启动方式作为备用。

（水利水电规划设计总院　黄贤鉴）

高压电力电缆的应用

高压电力电缆按其绝缘介质的不同，分为自容式充油（简称 OF）电力电缆和干式电力电缆两大类。干式电力电缆主要以聚乙烯塑料为绝缘介质，目前有交联聚乙烯（简称 XLPE）电力电缆和低密度聚乙烯（简称 LDPE）电力电缆两种。在水电站中主要用于110～500 kV 电压等级，且都采用单芯式。

国外早在30年代就生产了 OF 电力电缆，到50年代后期就应用于500 kV 电压等级，最大线芯截面可达2500 mm^2。这种电缆至今仍为国际市场上生产厂家最多的产品。干式电缆国外虽早在50年代即已研制生产，但在60年代初至70年代主要应用于6.6～275 kV 电压等级，80年代中期开始逐步应用于超高压400～500 kV 电压等级。我国在50年代也开始研制生产 OF 电力电缆，70年代以来又积极研制干式电力电缆，110 kV XLPE 电力电缆已在一些输变电中应用，220 kV XLPE 电力电缆已在试运行中，并正在积极开发超高压干式电力电缆。我国水电站在60年代中至70年代初已分别在以礼河三级、渔子溪一级等水电站采用国产220 kV OF 电力电缆，刘家峡水电站采用了国产220 kV 和330 kV OF 电力电缆，80年代投产的龙羊峡水电站的330 kV 电压出线也采用了国产OF 电力电缆，最大线芯截面为920 mm^2，90年代初投产的广州抽水蓄能电站一期工程则采用进口的500 kV OF 电力电缆。其他如深圳沙角火电厂也采用进口的500 kV OF 电力电缆。由于我国近几年来建设的水电站多为地下式厂房，为解决地下厂房引至地面的出线落差大和防火要求等问题，以及一些枢纽因布置等原因架空出线困难的水电站也逐渐开始采用干式电力电缆，如已投产的东风水电站和在建中的十三陵抽水蓄能电站220 kV 出线落差分别为150 m 和160 m，都选用 XLPE 电力电缆；已投产的漫湾水电站500/200 kV 自耦联络变压器至220 kV GIS 高压配电装置之间的连接电缆也采用这种电力电缆；其他如深圳沙角火电厂也采用220 kV XLPE 电力电缆。此外，法国雪力克（SILEC）电缆厂于1990年11月在我国董家500 kV 变电所敷设并投运了一相330 m 长的500 kV LDPE 电力电缆，运行至今情况良好；李家峡水电站也采用了330 kV LDPE 电缆。目前在建的一批大型水电站，如天荒坪、广州抽水蓄能电站二期工程、二滩和李家峡水电站等工程，也都采用高压干式电力电缆。

不同绝缘介质的电力电缆的优缺点。以400～500 kV 电力电缆为例，在国外第一回500 kV OF 电力电缆于1958年投入运行，第一回400 kV LDPE 电缆于1985年在法国投入运行，至今已投运的总长度达40多 km，而第一回500 kV XLPE 电力电缆于1988年在日本投入运行，至今已投运的总长度约16.2 km。相对来看，OF 电力电缆生产和运行经验都较丰富，但需设一套供油装置，当敷设于高落差场所，其下终端暂态油压较大，容易发生渗漏油，且电缆的介电常数和介质损失角 tgδ 值也远高于干式电缆，同时现场安装调试、运行维护都较复杂，尤其是对防火要求严格，需相应设一套防火设施，这对地下或竖井内布置十分复杂。对比 XLPE 和 LDPE 两种干式电力电缆，也各有优缺点，目前来看，XLPE 电力电缆的热特性和机械性能比 LDPE 好，但 XLPE 绝缘介质的交联工艺复杂，介质纯度不如 LDPE，因而其介质损失角 tgδ 值和介质损耗均大于 LDPE，对绝缘性能也带来影响。而 LDPE 则相反，其热特性和机械性能比 XLPE 差，在相同的额定电流值下，导体截面一般比 XLPE 大一级，但绝缘介质提纯工艺简单，介质纯度高，介质金属杂质含量少，含水分低，因而其介质损耗和介质损失角正切值 tgδ 都较低。

（水利水电规划设计总院　黄贤鉴）

气体绝缘金属封闭开关设备高压配电装置的应用

我国自行研制的110 kV 气体绝缘金属封闭开关设备（简称 GIS）高压配电装置第一个间隔于1973年在丹江口水电站投入运行以后，对我国这种装置制造技术的发展和工程应用，起到了促进作用。随着水电建设的迅速发展，一些处于深山狭谷地区的大型水电站相继兴建，高电压进入城网供电不断有所发展，110 kV 及以上电压等级的 GIS 高压配电装置被广泛采用。截至1994年底，采用这种装置并已投入运行的水电站有15座，其中包括：丹江口（110 kV），乌江渡（220 kV），龙羊峡（330 kV），东江（220 kV），鲁布革（220 kV、110 kV），白山一期（220 kV），万安（220 kV、110 kV），安康（330 kV、110 kV），岩滩（500 kV），天生桥二级（500 kV、220 kV），广州抽水蓄能一期（500 kV），漫湾（500 kV、220 kV），隔河岩（500 kV、220 kV），东风（220 kV），五强溪（500 kV）。另有7座在建的水电站也采用了 GIS 高压配电装置。需指出的是，这种装置的造价远高于常规开敞式高压配电装置，以1994年500 kV 的装置为例，两者造价比约为5∶1。因此，水电工程设计中规定，高压配电装置选型应结合具体地形条件和枢纽布置特点，经技术经济比较论证后确定。

为跟踪总结水电站1973年以来已投运的 GIS 高压配电装置的应用情况，1992年4月中国水力发电工程学会高压配电装置分专业委员会组织召开 GIS 高压配电装置学术交流会，对已投运的8座水电站（上述15座中的前8座）的 GIS 高压配电装置应用情况进行分析和研讨，并对投运以来发生的故障作了统计分析。在8座电站中，白山电站的220 kV GIS 高压配电装置，因产品设计制造有根本性错误无法使用，1991年8月退出运行；东江电站由于继电保护接线安装失误，不属于 GIS 本体和附属设备问题，且改正后已正常运行；万安电站国产220 kV GIS 投运以来，尚未发现故障。对其余的 GIS 事故分析表明，不论是国内产品还是国外产品，都发生过不同程度的故障，其主要原因是：

（1）产品制造缺陷，主要是壳体内的绝缘件制造有缺陷、油/气连接绝缘套管制造不良、出线敞开式瓷套管裂纹、液压操作机构的高压油管漏油、补气嘴密封不严等引起故障，共12次，占80%。

(2)安装清扫不认真，壳体内杂质灰尘未清扫干净,清扫后检查不严,擦拭白绸布遗留在导电杆的屏蔽罩内，引起故障共2次，占13%。

(3)运行人员误操作引起隔离开关触头烧伤，共1次，占7%。

统计到1992年5月底止，已运行的GIS高压配电装置累计运行294个间隔年，共发生故障15次，平均每个间隔年发生故障0.051次，相当于19.6年发生1次故障，其可靠性高于敞开式高压配电装置。从分析可知，提高GIS高压配电装置的安全运行水平，关键在于提高产品制造质量;同时也要加强培训，提高安装、运行人员的素质和技术水平。为防止误操作,应设有完善和质量可靠的辅助接点开关，以保证闭锁回路的功能。GIS高压配电装置由于其所有电气元件都封闭在金属外壳内,一旦内部故障或局部放电,运行人员难以迅速判断故障部位和查找故障点。为此,目前我国有关单位正在积极研制GIS高压配电装置内部故障预诊断装置，以便能预先测报可能发生故障部位的征兆并测定故障点，从而为保证GIS高压配电装置的安全运行提供一种有效的手段。

(水利水电规划设计总院　黄贤鉴)

水电站控制保护及通信

水电厂计算机监控系统技术及其推广应用的新发展

1992～1994年我国水电厂计算机监控系统技术及其应用又有新的发展，具体表现在：

(1)新安江、沙溪口、金溪梯级、葛洲坝大江电站、隔河岩、新丰江、漫湾、映秀梯级及水电厂群、太平驿、龙羊峡等一批大型水电厂及梯级水电厂(和水电厂群)的计算机监控系统及梯级计算机集中监控系统投入运行。更多的新建工程和老厂技术改造项目已开始装备计算机监控系统的部分设备(未形成系统)。此外,还有一些中型水电厂也实现了不同程度的计算机监视控制，并取得了一定的技术经济和社会效益。

(2)南京自动化研究所、水利水电科学研究院自动化研究所、天津电气传动设计研究所等单位都开发了新的产品。南京自动化研究所的南瑞NAR1系列产品的硬、软件模块化、标准化批量生产工作更趋完善。该院开发的开放式全分布系统已经成功地用于葛洲坝二江电站、新丰江、大广坝、映秀等工程，取得比较满意的效果，使我国水电厂计算机监控系统技术在赶超世界先进水平方面取得了重要成果。几年来,各单位都大大加强了与国外著名厂商的合作,积极引进先进技术,组织合作生产。有的单位，如南京电力自动化研究所、天津电气传动设计研究所等已开始组织成套设备出口，开拓国外市场。

(3)通过工程实践,各工程设计及施工、运行管理单位也都得到了锻炼提高,积累了经验,培养了一批熟悉这方面工程设计、运行维护、开发业务的技术力量。此外,《水力发电厂计算机监控系统设计规定》和《水电厂计算机监控系统基本技术条件》这两本关于工程设计及系统设备方面的行业标准也已通过审查，即将颁布施行。

以上这些都为完成水电厂计算机监控系统推广应用“八五”规划任务，以及提前实现电力工业本世纪末的战略目标打下了良好的基础。

为落实电力工业第四次计算机应用工作会议的任务和要求,由电力部科学技术司、安全监察及生产协调司及中国电力企业联合会、水利水电规划设计总院于1993年5月21～25日共同召开的“全国水电厂计算机监控系统工作会议”，起到了承前启后的重要推动作用。会议传达了第四次计算机应用工作会议的精神和各项要求,交流了经验,讨论通过了安生司和水规总院起草的《“八五”期间以及2000年水电厂计算机监控系统推广应用规划》。《规划》中列出了“八五”及2000年前的规划项目表,规划指出,这是电力工业2000年计算机应用水平要求达到的总奋斗目标的重要组成部分。实现这一规划，全国大中型水电厂总装机容量的大部分将实现不同程度的计算机监视控制，全国水电厂和电力系统的运行管理水平和技术经济效益将有很大的提高。规划中明确了实现规划目标的各项基本要求,同时提出了以下10项技术政策和措施：

(1)新建大型水电厂以及有条件的梯级水电厂(或水电厂群)都要坚持按采用计算机监控系统设计、建设;

(2)已运行水电厂的技术改造要坚持从实际出发、因地制宜、全面规划、逐步实现的方针；

(3)新、老电厂计算机监控系统技术的推广应用，在资金使用上都要坚持勤俭节约的原则；

(4)要认真管好用好已投产的系统设备，继续完善功能，抓紧提高实用化水平，以确保系统设备效益的充分发挥；

(5)一定要把计算机监控系统设备的系列定型生产工作做好；

(6)要坚持不懈地依靠科技进步；

(7)要继续做好各项技术标准的制订工作；

(8) 要把基础自动化工作认真做好，这是搞好全厂自动化工作的基础；

(9)要大力加强电厂运行人员、系统设备专责人员以及安装施工人员的技术培训工作，继续做好工程设计人员的知识更新工作；

(10)要注意做好中型水电厂推广应用的工作，解决有关问题。

(水利水电规划设计总院 叶钟黎)

水轮发电机励磁系统功率柜及灭磁方式的发展

(一) 高规格功率柜的研制

自80年代初以来，我国水电站大、中型机组励磁系统均采用基本定型的晶闸管静止励磁装置。随着大容量机组的不断出现，这种装置的功率柜由于柜内晶闸管整流元件的规格参数较低，已难以满足机组安全运行的要求。为此，必须研制开发新的高规格参数大功率晶闸管的产品，使柜内元器件，串、并联数减少，柜内设备布置简化，功率柜数量减少，以便于设计、安装和运行维护。

1991年10月底，经主管部门同意，结合太平湾水电厂更换功率柜的需要，由水利水电科学研究院自动化研究所、东北电业管理局水电处、东北电力试验研究院、太平湾电厂等单位组成“高规格大功率柜协作研制组”，随即开展了研制、加工、生产；冶金自动化研究院传动所也参加了这项工作。1992年4月完成了太平湾电厂功率柜（型号为KP-1600/3000）的出厂试验。该功率柜于同年7月经现场试验后投入正式运行，其间经历5040 h的运行，206次开、停机，6次甩负荷试验，4次强励的考验，一切情况正常；1993年3月通过鉴定，鉴定认为可以批量生产，并在电力系统内推广应用。新的高规格功率柜的主要特点是：

(1)单柜输出电流大，可以长期持续输出电流1800 A，在此基础上电流升至3600 A可持续30 s，能满足发电机强行励磁工况的需要；减少了大型发电机组励磁柜和串、并联数目；设置了在运行中退出并联柜之一，可以切脉冲、切负荷的电路，增加了运行的灵活性。

(2)功率柜过电压吸收电路接线简单，抑制换相过电压，发热量小，晶闸管反向耐压为3600 V，最高可达4500 V，工作可靠性高。

(3)柜体结构合理，冷却效果较好。

(4)由于功率柜交流侧可能出现较高过电压，且具有带电操作刀闸开关的特点，因此在以下几个方面加强了绝缘措施：①交、直流侧选用国产HDB型刀闸开关，对其导体之间、导体与柜体之间的绝缘进行过特殊的处理，能耐受6000 V的电压；②特殊的脉冲变压器，一、二次之间耐压大于10 kV，封装时保证一、二次之间没有气隙；③柜内凡是与一次回路有连接的配线，全部采用1 kV耐压等级的导线；④柜内元器件的安装，确保绝缘距离和散热效果。

(二) 晶闸管直流开关灭磁装置的研制

由东北勘测设计院、白山发电厂红石分厂、中国科学院等离子研究所共同合作研制的晶闸管直流开关灭磁装置，于1990年6月在合肥等离子研究所完成出所模拟试验样机；同年10月在红石1号机4万 kW 机组上经过较全面的工业试验后投入试运行；经过1年多的时间，于1992年7月由水利水电规划设计总院主持通过技术鉴定后正式投入运行。

该晶闸管直流开关灭磁装置，由国产晶闸管元件串、并联组成，是用能高速开通和关断的大容量高电压晶闸管直流开关（无触点电子开关），串联接入发电机转子回路，结合采用氧化锌非线性电阻元件组成的新型发电机转子灭磁和过电压保护系统。该晶闸管直流开关灭磁装置的特点是：

(1)工作可靠性高，可以在大、小转子电流全范围内安全断流灭磁，无小电流死区，且断流建压速度快，可以充分保证氧化锌非线性电压限压吸能的作用。

(2)与有触点的开关方式相比较，晶闸管直流开关具有在开通和断流过程中，无响声、无弧光、无断流末期过电压尖峰，灭磁曲线平滑，无机械传动部分，可频繁操作，不需检修等优点。

晶闸管直流开关灭磁装置的主要技术指标如下：①额定通过电流1200 A；②最大断开电流2500 A；③最小断开电流不限；④最大灭磁能量1 MJ；⑤转子反向过电压最大限值（包括灭磁时）1800 V；⑥转子正向过电压最大限值1700 V；⑦励磁电源侧正、反向限压值1400 V/10 MA；⑧2只晶闸管并联正常运行时，分别各用1台低噪声风机强迫冷却，当1只主管故障、另一只主管运行时，暂定允许限制转子电流为900 A以下运行（理论计算可以满载运行）；⑨2只主管并联运行，2台风扇故障停运时，限制转子电流为900 A以下，运行10 min。

（水利水电规划设计总院　孙秀珠）

开放式全分布计算机监控系统

（一）开放系统概念的提出

由于计算机制造工艺发展迅速，应用软件的开发往往赶不上硬件的更新换代。为了解决这一矛盾、保护投资者的利益，便提出了开放系统的概念，其主要内容有三个：①计算机之间的相互操作性（计算机网络）；②应用软件在不同计算机系统间的可移植性；③用户在不同计算机上的可移植性。

要解决上述三个课题，就需要规定三个环境，即：①用户接口环境；②应用开发环境；③系统互连环境。

（二）开放环境下的计算机监控系统

从1990年开始，电力部南京自动化研究所就从事开放环境计算机监控系统的研究。研究中选用 UNIX 操作系统及 Xwindow、OSF/Motif、TCP/IP 等一系列标准作为开放环境；设计和开发了分布式数据库、交互式图形、交互式报表、顺控语言等支撑软件和应用软件，并结合水电站的应用要求和特点研制成功以客户(Client)—服务器(Server)模式为结构特点的开放式全分布计算机监控系统。由于开放系统对不同硬件设备具有可集成性特点，使全分布得以实现。与分层分布系统比较，整个系统的模块性、自治性、并行性都有许多改善。系统的数据库，控制功能分布在网络的各个节点机上，使每一部分的独立性、自治性都得到增强，每一部分对系统的影响变得最小，可靠性得到了进一步提高。

在对开放式全分布计算机监控系统进行设计开发的同时就注意到工程应用。1992年与广东新丰江水电站、海南大广坝水电站签订合同，1993年又与葛洲坝二江水电站签订合同。以上三个系统的开发在1993年底完成，1994年初分别进行了验收，并在1994年二季度分别进行现场投运。

（三）新丰江水电厂计算机监控系统

按照开放式全分布计算机系统原则组成的新丰江水电厂计算机监控系统如图所示。其中两台 DEC 5000/133工作站作为厂级工作站，其主要功能是完成厂级控制、历史数据处理、报表、AGC/AVC 等。两台 DEC5000/240 工作站为中控室操作工作站，其主要功能是作为系统对操作员的接口。5台 LCU（当地控制单元）的 CPU 是486工控机，而用 SJ400作为 LCU 的智能 I/O。LCU 可以独立于系统而工作。

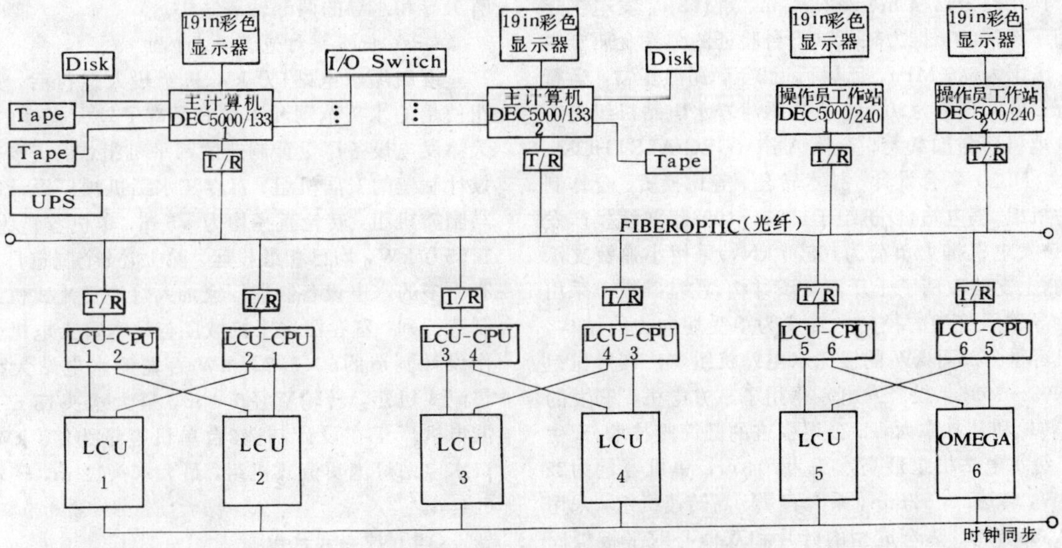

新丰江水电厂计算机监控系统结构图

系统的网络软件基于 TCP/IP 规约，采用著名的客户—服务器模式，并采用双节点两两冗余方式提高系统的可靠性。系统对数据库定义了一套数据库语言，并自动完成对数据库语言程序的解释、加载和运行。系统还定义一套顺序控制语言，可根据运行人员习惯及各电厂有关规程进行顺控编程。对于图形和报表，系统提供了交互式的编辑手段，以方便生成和修改功能。系统还提供了安全级别管理功能—专家系统，如培训仿真和智能报警等功能。

开放式全分布计算机监控系统的研制成功，为水电站的综合自动化开辟了更先进、更合理、更可靠的途径。

（电力自动化研究院　吴烈峰　滕小羽）

机 电 制 造

水轮发电机组设备制造的发展

1992～1994年期间，我国水轮发电机组设备制造业又有了新的发展，主要表现在以下几个方面。

一、重大新产品的新发展

（一）大型混流式机组

单机容量为30.25万 kW 的岩滩水电站1、2、3、4号机组在1992～1995年期间相继投产发电。岩滩水轮机转轮的公称直径为8 m，重286 t，系目前世界上最大的巨型转轮之一，也是世界上最大的分瓣转轮。在转轮制造过程中先后解决了大型不锈钢铸件、焊接、加工、平衡、运输和安装中出现的一系列技术问题。发电机采用国内首台工地组焊的大尺寸圆盘式转子支架，其外径为14.4 m、高2.75 m、重193 t，发电机还采用了经3000 t 推力轴承试验台验证的弹性金属塑料瓦，比压为6.0 MPa，已运行近2年，瓦温正常，运行良好。单机容量为30万 kW 的隔河岩水电站机组是哈尔滨电机厂与加拿大联合体 A 组（GEC ALSTHOM、GE 和 DBS）联合设计、技术转让、等比换货、合作制造的机组。该电站4台机组于1993～1994年陆续投产发电。该发电机推力负荷为16500 kN，采用小弹簧支承结构，上支架取消了千斤顶支承结构，在基础板上采用将上导轴承传递的径向力转换为承受切向力的结构。单机容量为25万 kW 的漫湾水电站机组（1～5号机组于1993～1995年投产发电），采用了东方电机厂开发的D85转轮和从加拿大GE 公司引进的圆筒阀技术。天生桥二级水电站机组最高水头为204 m，单机容量为22万 kW，转速200 r/min，系大容量、高转速机组，采用了 A339转轮、热弯成型的叶片和双偏心双平板蝶阀等新技术。发电机推力轴承采用薄瓦和托瓦组合的双层瓦直接装设在弹性油箱上的结构，以减小瓦的综合变形，同时采用镜板泵外循环冷却方式。该电站1～4号机组于1992～1995年投产发电。

目前，哈尔滨电机厂和东方电机厂正在向制造更大尺寸、更大容量的大型混流式机组迈进。哈尔滨电机厂与德国伏依特公司合作制造五强溪水电站机组，其转轮公称直径为8.3 m，单机容量为24万 kW，转速68.2 r/min，推力负荷为27000 kN，采用弹性金属塑料瓦和圆盘式转子支架（外径为14.8 m，比岩滩机组还大），首台机组已于1994年底投运。东方电机厂正在设计制造5台单机容量为40万 kW、转速125 r/min 的李家峡水电站机组，该机组转轮直径为6.03 m，首次在国内采用双列式布置方式。

（二）大型轴流转桨式机组

继葛洲坝水电站机组之后，水口水电站首台高水头转桨式机组于1993年投运，其余6台机组于1994～1996年间相继投运。前两台机组由哈尔滨电机厂与日立公司联合设计、技术转让、合作生产，其余5台由国内制造。机组最高水头58 m，转轮直径8 m，额定功率为20万 kW，最大出力23万 kW，额定转速107 r/min，推力负荷为41000 kN。单机容量居世界该机型的首位。表征机组推力轴承制造难度的 pn 值高达43×10^{8} MN·r/min，为国内已制造机组的最大值。机组采用具有上导和水导的两导轴承结构。

（三）低水头灯泡贯流式机组

继白垢水电站1万 kW 机组投入运行后，这种机组使用的水头范围和单机容量有了较大幅度的提高。天津发电设备厂设计制造的都平机组；重庆水轮机厂设计制造的安居机组；富春江水工机械厂设计制造的马骝滩机组，转轮直径均为5.5 m，单机容量为1.5～1.55万 kW，均已相继投运。除上述3个制造厂家，已有更多的水电设备制造厂家加入灯泡贯流式机组设计制造行列。富春江水工机械厂与日本富士电机公司合作设计制造的6×3.2万 kW 百龙滩水电站大型灯泡贯流式机组，转轮直径6.4 m，最大水头18 m。哈尔滨电机厂正在设计制造2台单机容量为2万 kW 的江口水电站灯泡贯流式机组，最大水头12 m，转轮直径6.4 m。

（四）冲击式机组

继哈尔滨电机厂为湖北省四方洞水电站制造机组（水头为860 m，卧式单喷嘴水轮机）及重庆水轮机厂为四川大堡水电站制造立式4喷嘴水轮机之后，重庆水轮机厂为广西天湖电站研制的2台1.5万 kW 立轴双喷嘴冲击式水轮机已于1993年投运。该机转轮节圆直径为1.7 m，额定水头1022 m，转速750 r/min，填补了我国千米段冲击式水轮机产品的空白。

（五）抽水蓄能机组

为改变我国抽水蓄能机组制造技术严重滞后于国外先进技术水平的局面，近年来水电设备制造业积极参与外商中标国内分包项目的技术转让、合作生产的工作。东方电机厂与法国奈尔皮克公司合作生产了广州抽水蓄能电站一期4台30万 kW 机组中的部分水泵水轮机导水机构部件，并已有3台机组于1993年内投运。东方电机厂与哈尔滨电机厂作为中方联合体还分别参与由美国伏依特和奥地利依林公司中标的4台20万 kW 十三陵抽水蓄能电站水泵水轮机和发电电动机部分部件的合作生产。

二、在引进技术、合作生产和产品出口方面的新发展

（1）在一些国际招标的重大国内水电设备项目中，广泛实现了联合设计、技术转让、合作生产相结合的方式。除五强溪水电站大型混流式水轮机及百龙滩水电站大型灯泡贯流式机组外，在6台单机容量为55万 kW 的二滩水电站大型混流式水轮发电机组的国际招标中，东方电机厂与哈尔滨电机厂作为中方联合体与中标方加拿大 GE 公司合作设计制造，其中最后两台将由中方联合体根据引进技术制造。

（2）近年来已有一些较大容量的大、中型水电产品进入国际市场并顺利投运，具备国际竞争的实力，详见表。

（3）参与了国际重大水电项目的制造工作。80年代哈尔滨电机厂和东方电机厂曾分别参与日立公司中标的加拿大尼泊温水电站转桨式水轮机（3×9.2万 kW，转轮直径 $D_1=6.3$ m）和东芝公司中标的南斯拉夫维斯格拉德水电站转桨式水轮机（3×10.5万 kW，$D_1=6.02$ m）中埋入部件和导水机构的分包制造。90年代以来，哈尔滨电机厂作为日立公司主要分包商承制了委内瑞拉玛卡古瓦Ⅱ水电站中的大量任务。该电站安装12台大型混流式机组(12×21.6万 kW，$D_1=7.917$m)及2台大型转桨式机组(2×8.82万 kW，$D_1=7.4$m)。

1992～1994年期间主要出口水电产品

电站名称	国　别	台数	水轮机型式	功　率（万 kW）	水　头（m）	转　速（r/min）	转轮直径（m）	制造厂	投运时间
卡拉乔伦	土耳其	2	混流	2.3	92.7～102.4	375	1.78	哈尔滨电机厂	1993
安 盖 特	菲律宾	1	混流	1.8	63～110	400	1.66	哈尔滨电机厂	1993
阿迪古泽	土耳其	2	混流	3.1	116	300	2.25	东方电机厂	1993
迪 斯 林	叙利亚	6	轴流转桨	10.7	15.5～30	90.9	7.5	东方电机厂	在制

三、生产能力和科研手段的提高

水电设备制造行业围绕“八五”水电设备技术改造，新增或改造了一些设备并扩大了生产面积。

哈尔滨电机厂与渤海造船厂于渤海之滨的葫芦岛合建东北滨海水电大件加工厂。这个新的制造基地利用了渤海造船厂原有的一栋36 m×188 m 厂房，安装了两台320 t 桥式吊车，承重450 t 的单臂可移式8/16 m 数控立车，ϕ250 镗铣床，载重450 t 的焊接变位机和 ϕ12.5 m×7 m 的大型钟罩式退火炉，解决了岩滩转轮的制造和运输问题。哈尔滨电机厂为解决大型加工设备能力不足，新添置 ϕ12.5 m 立车、ϕ6.3/8.5 m 立车，ϕ200数控铣床等关键加工设备。

东方电机厂的主要技改项目有：①在新建重型厂房内安装了1台主钩起吊重量为550 t、副钩为250 t 的大型桥式起重机；②拟从国外引进大型三轴数控切割机；③新装1台大立车，工件最大车削直径为16 m，工作台最大承载450 t；④新添置 ϕ250镗铣床和 ϕ260数控镗铣床各1台；⑤正准备安装1台龙门移动式数控镗铣床，其加工宽度为6.6 m，高4 m，龙门行程15 m。

目前，水电设备制造业中已具备或正在安装大型加工设备(指 ϕ6.3 m 及以上的立车、ϕ160及以上的镗铣床)的厂家已有13个。随着生产能力的扩大，目前已有11个制造厂家生产了单机容量为1.0万 kW 及以上的水电机组。

在科研手段方面，1992年天津电气传动设计研究所的高精度水力试验台通过了国家鉴定验收。至此，我国已有5个厂、所具备了水轮机模型验收试验的科研手段。

继东方电机厂的1000 t 推力轴承试验台验收投运后，哈尔滨大电机研究所的3000 t 推力轴承试验台也于1992年通过国家鉴定验收并正式投运。该试验台正为三峡巨型水轮发电机推力轴承(推力负荷约60000 kN)全模拟验证试验做准备。东方电机厂的1000 t 推力轴承试验台近年来完成了多支点、双支点和单支点不同支承方式及钨金瓦和塑料瓦等多种方案的试验研究。这些将对推力轴承的润滑性能、工程设计和结构优化提供坚实可靠的理论依据。

为适应长江三峡等重大水电工程建设项目的需要，水电设备制造业将进一步进行技术改造。这些措施完成后，我国将成为世界上制造水电设备综合能力最强的国家之一。

（哈尔滨电机厂　吴新润　刘公直）

水轮发电机组设备制造新技术及科研成果

近年来，我国水轮发电机组设备制造技术水平和质量进一步有所提高，在新投产和正在设计制造的一些重大产品中都陆续采用了一些新技术和成果。

（一）水轮机

1.使用最广泛的混流式水轮机的水力性能由于自行开发和引进技术而得到明显提高

(1)一批自行开发的转轮及其通流部分已成功地用于岩滩、天生桥二级、漫湾、宝珠寺及卡拉乔伦（土耳其）等水电站一系列大型机组及出口机组上，模型最高效率均在92%以上，真机的最高保证效率均在94%以上。这些成果的取得与水轮机水力设计方法的完善是分不开的。国内一些单位都相继开发了混流式转轮一元、二元及准三元理论设计方法的计算和辅助设计系统，还开发了混流式转轮准三元流动分析及性能预估方法，从而可通过计算进行初步筛选，收到缩短试验周期、提高设计命中率的效果。

(2)结合与外商合作设计制造或单独引进技术，已引进一批具有先进水平的水轮机通流部分的软件技术，包括混流式水轮机大部分使用水头范围的各种比转速转轮，其中属于400 m水头段的有鲁布革水电站的水轮机；属于中水头的有东风、隔河岩、李家峡及二滩等水电站的水轮机；属于低水头的有三门峡及五强溪水电站的水轮机。

2.一些适用于大型水轮机的新结构得到应用

(1)圆筒阀。在漫湾水电站机组设计中，东方电机厂引进加拿大GE公司技术：阀体设在固定导叶和导叶之间上下运动，靠固定导叶出水边所镶的铜块导向；阀体由设在顶盖上的6只直缸接力器驱动，停机后可随即关闭圆筒阀，从而可大大减少导水机构的漏水量。

(2)座环结构及其与导水机构的联接结构。带圆弧导流环的平行板式座环，由于其工艺简单且受力状况较好，已在大型混流式机组中得到广泛应用，代替了传统带碟形边的结构。此外，随着大型机组的发展，采用传统的在厂内机加工的座环方案已变得困难，而且由于大型座环相对刚度减小，经运输、工地焊接蜗壳后难免会使与导水机构联接处产生变形。为解决上述问题，在五强溪水电站机组设计中采用了座环不在厂内机加工的方案：座环在工地用类似中心柱的工具割出与顶盖、底环设置密封圈处的直径，高度方向则靠在顶盖、底环处在工地配置适当尺寸的垫片调整。

(3)导叶摩擦传动装置。为防止导叶传动机构中剪断销剪断时，导叶在水力矩作用下大幅度摆动，在近年设计制造的机组中均广泛采用了各种摩擦传动装置。例如：在隔河岩、五强溪、十三陵和李家峡等电站机组中采用借助连接板的夹紧力在摩擦套和导叶臂处产生的摩擦力矩；在鲁布革、天生桥二级和水口水电站机组中则采用设置于导叶轴颈与连接板之间的专用摩擦传动装置。

3.水轮机制造新工艺的应用

(1)大型混流式转轮叶片制造的新技术。国内大型混流式转轮叶片以往一直沿用铸造后铲磨的传统工艺。为提高叶片质量，哈尔滨电机厂在总结鲁布革水电站转轮叶片制造经验的基础上，成功地在天生桥二级水电站转轮上采用了热弯成型的叶片，叶片板坯采用电渣溶铸技术制成，压模曲面采用五轴数控加工。除热弯成型叶片外，哈尔滨电机厂还在刘家峡电站2号机转轮改造中，采用了由铸件直接进行数控加工的叶片，提高了叶型精度。

(2)成功地解决了岩滩水电站混流式转轮制造中的关键技术问题。岩滩水电站转轮最大外径ϕ8.6 m，高5.2 m，重286 t，是世界上最大的分瓣转轮，单个叶片重9.3 t，为变厚度的三维曲面。为解决转轮焊后退火问题，建造了大型钟罩式退火炉；为解决上冠曲面不锈钢层的堆焊问题，采用了在焊接变位机上进行宽带堆焊的新工艺；为解决分瓣转轮在工地上、下止漏环加工问题，还开发了大型转轮工地加工专用设备，加工效率和精度达到了同类设备的国际先进水平；为解决大型转轮静平衡问题，开发了大型转轮球轴承平衡装置，精度远高于传统的机械式平衡方法。

（二）发电机

1.圆盘式转子支架的广泛应用　圆盘式转子支架具有结构紧凑、刚度大和通风良好的优点。哈尔滨电机厂制造的岩滩水电站发电机（单机容量30.25万kW，转速75 r/min，推力负荷27500 kN）采用了国内首台圆盘式转子支架。支架由中心体和10个外环扇形组件焊接而成，外径为14.4 m，高2.75 m，重193 t。厂内以精密火焰切割取代机械加工，合理的工艺确保了圆盘支架在环缝、立缝和径向焊缝处的间隙值；工地采用二氧化碳气体保护焊及薄层镶边多道焊工艺、单面焊、双面成型技术和反变形措施；制定了合理的配筋工艺，把配刨的副立筋焊到立筋上，满足图纸尺寸要求。岩滩水电站发电机圆盘式转子支架的试制成功和稳妥可靠运行，为制造三峡电站大型圆盘式转子支架积累了经验。目前这种结构已推广用于水口、五强溪、莲花、漫湾、铜街子等水电站。

2. 推力轴承结构的发展　近年来，推力轴承在支承型式、循环冷却方式及制造工艺和材料应用方面有一定的发展和突破。

(1) 支承方式。对于大容量高推力负荷的机组（推力负荷约达10000 kN 以上），为减小机械和温度梯度变化引起的综合变形，已将双层瓦（薄瓦和托瓦）通过支柱螺钉和托盘安置在弹性油箱的支承方式，改为直接装设在弹性油箱上，如天生桥二级、五强溪和莲花等水电站发电机推力轴承均采用后一种结构；天生桥水电站发电机推力瓦温夏季最高达69～73℃，运行正常。由于采取联合设计、技术转让、合作生产的方式，推力轴承的支承型式趋向多样化，如水口水电站发电机（推力负荷高达41000 kN）采用双支点弹性梁支承结构；隔河岩水电站1～4号机组（推力负荷为16500 kN）推力轴承均采用小弹簧束（每块瓦73个弹簧）支承，这有利于提高承载能力，减小综合变形和有利于油膜形成。

(2) 循环冷却方式。大容量、中低速水轮发电机推力轴承多采用油槽设置在冷却器内的循环冷却方式，对大容量、高转速机组则都采用镜板泵或外加泵的外循环冷却方式，如天生桥水电站机组（转速200 r/min）或十三陵抽水蓄能机组（转速500 r/min）。油冷却器装设在油槽外支臂之间，结构紧凑。对这种循环方式的计算，国内已掌握并有成功的运行经验。

(3) 推力瓦新材料、新工艺的应用。由于弹性金属塑料瓦具有抗磨能力强，摩擦系数小，可在超低速下运行，并满足冷态、热态启动要求；安装检修不刮瓦、承载能力高、安全可靠运行等优点，已在葛洲坝、丹江口、大化、白山、新安江及岩滩等水电站机组上采用，运行效果良好。其中岩滩1号机组的弹性金属塑料瓦（1993年6月投运）系在哈尔滨电机厂3000 t 推力轴承试验台上经过全模拟试验鉴定的。东方电机厂为大化机组（推力负荷29600 kN）研制的弹性金属塑料瓦经过10000 kN 推力轴承台的模拟试验后顺利投运。现在，国产弹性金属塑料瓦，从瓦面的研制到压制检验和加工，已有完整的工艺配套措施，完全可以替代进口产品。

3. 定子线圈换位新技术　由于大型发电机定子线圈采用空换位和不完全换位以降低端部漏磁引起的股线环流，从而可降低最高股线温升。近年投运的岩滩、水口、漫湾和隔河岩等水电站的机组均采用了这种新技术，运行效果良好，属国内首创。

4. 振动时效技术的应用　振动时效消除焊接件残余应力工艺在我国大型电机制造业中首次采用。该项工艺具有适用性强，不受工件几何形状、尺寸大小及材质的限制，既可节省大量能源，又能缩短工序周期。哈尔滨电机厂制造的岩滩水电站2～4号圆盘转子支架外环组件和水口水电站外环组件及隔河岩水电站下机架中心体及上机架中心体等焊接构件均采用振动时效工艺消除残余应力，并与退火工艺进行了实测对比，能满足振动时效标准和工程应用标准的要求。

5. 通风冷却系统　目前运行的大型中、低速水轮发电机都采用无风扇、固定挡风板、端部回风的径向双路密闭循环系统。该系统具有风量分配均匀、通风损耗小等优点。隔河岩水电站发电机则采用不同层数磁轭叠片形成的通风隙（代替传统的磁轭通风沟）旋转挡风板端部回风的双路径向密闭循环系统。定、转子空气间隙采用了特殊的密封罩和挡风圈结构。该风路系统具有两端气隙漏风量小、风量分配更趋均匀、所需风量更接近实际需要及通风损耗小等特点，以满足更高效率的要求。

（哈尔滨电机厂　吴新润　刘公直）

金　属　结　构

漫湾水电站排沙洞弧形工作闸门

漫湾水电站有两条排沙洞，分别位于大坝的左、右端。左岸排沙洞进口底部高程比右岸排沙洞高20 m。每条排沙洞进口设有相同的平面检修闸门（共用）、链轮平面事故检修闸门，出口设有弧形工作闸门。左岸排沙洞工作弧门底槛高程比右岸排沙洞工作弧门底槛高程高2.5 m。

弧形工作闸门孔口尺寸（宽×高）为3.5 m×3.5 m，设计承载水头90.5 m（右岸排沙洞弧门）。闸门为双主梁直支腿焊接结构，支铰为圆柱铰。门叶分为两节，支臂和主梁为箱形结构。弧门面板半径8.8 m。弧门门槽每边突扩0.6 m，底槛突跌1.0 m。弧形闸门设有常规止水装置和膨胀式止水装置两套，前者的水封设在后者水封的外围。该闸门已于1993年5月21日投入运行，截至1993年12月止，先后全开泄洪冲沙40次，最高承载水头已达77 m。

闸门采用膨胀式止水装置，是应用国外新技术的大胆尝试。该装置由特制的断面形状为“山”字形的橡胶水封、橡皮充水囊、管道和控制装置等组成。水封设置在门槽上，形成一个封水框。橡皮充水囊设在水封底部门槽的充水腔内，充水管和排水管分别与充水囊相接。其工作原理是：在弧门全关后引闸门前库水或利用水泵向充水囊充水加压（背压），水封克服库压、本身弹性及结构摩阻力的作用向外凸伸与弧门面板接触，形成一定的接触宽度和压缩量，达到封住库压作用形成的缝隙流的目的；在弧门开启和关闭前取消背压，水封在库压及本身弹性作用下克服结构摩阻力向后缩回，脱离与弧门面板的接触，避免产生水封摩阻力，达到减小闸门启门力和下压力的目的。

膨胀式止水装置的橡皮水封断面形状、门槽表面与弧门面板之间的间隙值、水封压板形状、门槽突扩和突跌的尺寸等是经过水力学模型试验优化确定的。水封和水封压板的配合要有利于水封的伸缩，且应尽可能使背压等于库压或小于库压时能封住库压所形成的缝隙流以达到利用库压止水的目的。门槽表面与弧门面板之间的间隙值越小，封水效果越好，但间隙值的选定要考虑门槽和弧门制造、安装误差。为此需要注意安装方法，一般采用先安装弧门支铰，再安装弧门，最后安装门槽的程序。橡皮水封材质的选定除应有良好的机械物理性能外，硬度要适中。充水囊直径ϕ80 mm，分节粘接而成，壁厚3.5 mm。

弧门的面板、门槽与水封压板的结合面、水封压板等均要求加工，水封表面要求光滑平整。

膨胀式止水装置控制系统设有水泵、水箱、充水管和排水管、稳压器、闸阀和电气控制装置等。充水囊的充水加压有两种方式：一种是直接引库水向充水囊充水；另一种是用水泵充水。因阀组的少量泄漏引起的背压降低可由稳压器补偿，当背压降低到一定数值时水泵自动启动充水加压，达到设定压力时水泵自动停止供水。两种充水方式可相互切换。

水电站深水闸门采用膨胀式水封在我国刚刚起步，使用中还有不少问题需要改进和完善，但它与偏心铰装置相比较，有结构简单、操作方便、节约投资等优点。它的应用将为深水闸门提供一种新的水封型式。根据漫湾水电站的经验，采用膨胀式水封应注意以下几个问题：①水封的断面形状应通过高速水流试验装置的动水试验进行优化，水封材质有待进一步改进；②排水管出口的设置高程要能使充水囊内的水基本排泄干净；③根据闸门和门槽的制造和安装的现有水平，门槽的充水腔内应设充水橡皮囊；④应重视闸门和门槽尤其是水封装置的制造安装质量。

（昆明勘测设计研究院　蒋正鸿）

安康水电站表孔弧门盘香式启闭机

（一）概况

安康水电站表孔弧门盘香式启闭机是一种多绳多层缠绕的卷扬式启闭机，用于启闭15 m×19 m—18.68 m的表孔弧形闸门。其启门力为2×1000～2×700 kN，由2×10根钢绳受力，启门速度为0.868～1.24 m/min，扬程24 m，吊点在面板上游侧，吊点距13.6 m。启闭机（2×1000 kN）自重51.4 t，由于其卷筒宽度小，可安装在闸墩的基础悬臂钢梁上，从而省掉混凝土工作桥，简化坝面布置和方便施工，减少综合投资。

（二）中间试验机及实际运行情况

盘香式中间试验机，启门力为400 kN，由7根钢绳受力，扬程20 m，由北京勘测设计研究院、成都勘测设计研究院、郑州水工厂联合设计，郑州水工厂试制。1982年7月在厂内进行荷载试验，试验后将各部件拆散进行测量检查，情况正常，能满足设计要求。

1985年成都勘测设计研究院为渔子溪二级水电站设计400 kN及2×400 kN的盘香机，由夹江水工厂制造并在厂内进行荷载试验及多根钢绳受力均匀性测试，1985年10月通过产品技术鉴定，其后安装在渔子溪二级水电站运行至今。

1985年福建省水电设计院为东圳水库设计启门力为150 kN、扬程33 m的盘香机，由惠安县农机厂制造，1985年6月安装、运行至今。

（三）盘香式启闭机原型测试

安康表孔弧门于1993年汛前安装，汛期挡水。盘香机汛后安装，1994年5月当库水位降至弧门底坎以下时，进行无水工况下启门力等的原型测试。启门高度按0.5 m、1 m、2 m、3 m分档，共18个启门高度。根据测试数据分析：

（1）两个吊点实测启门力之和的最大值为1241.46 kN，出现在启门高度5 m处。

（2）在同一启门高度，启闭机启门能力与实测启门力的比值：左吊点在1.404～1.907之间；右吊点在1.40～2.96之间。安康表孔弧门动水启门时计算启门力为1806 kN，无水启门时计算启门力为1470 kN，两者的比值为1.229。因此安康表孔盘香式启闭机的启门能力是有裕度的。

(3) 左、右两个吊点启门力的不均匀系数：左吊点由0.984逐渐增大至1.211；右吊点由1.021逐渐降至0.789，表明弧门在启门过程中有歪斜卡阻现象。

(4) 左吊点单根钢绳最大受力74.168 kN，为设计拉力113.3 kN（安全系数按常规卷扬式取5）的0.6546倍，出现在启门高度12 m处；右吊点单根钢绳最大受力71.226 kN，为设计拉力的0.6286倍，出现在启门高度1.5 m处。

(5) 基础悬臂钢梁各向的挠度，与吊点启门力成正比。水平方向实测最大值为2.22 mm，计算值为1.9 mm；垂直方向上游梁实测最大值为2.3 mm，下游梁实测最大值为2.38 mm，计算值为1.74 mm。实测值大于计算值，这是由于弧门出现卡阻所致。

(6) 基础悬臂钢梁最大正应力为59.1 MPa，最小正应力为23.7 MPa，计算最大正应力为165.5 MPa。

(7) 原型测试过程中启闭机各零部件及电气设备运行正常。

（北京勘测设计研究院　张志宏）

水口水电站溢洪道弧门接力式液压启闭机

水口水电站共有12孔表面溢洪道，设有12扇孔口尺寸为15 m×22.3 m 的大型弧形闸门。由于无现成的常规启闭机设备可供选用，华东勘测设计研究院于1985年提出接力式液压启闭机方案。弧门接力式液压启闭机是借鉴步进式液压启闭机的动作原理，根据弧形闸门的孔口尺寸特点、布置条件和闸门的启闭要求设计研制的一种表孔弧门启闭机的新机型。

弧门接力式启闭机额定启门容量为2×1400 kN，液压缸行程2.8 m。在选定该方案后，先后进行了1:10的模拟试验和原型机联动试验，至1994年3月28日正式投入运行。

（一）新机型的特点

与钢丝绳卷扬式弧门启闭机和后拉式弧门液压启闭机相比，新机型有以下特点：

(1) 液压缸的行程采用以短代长的方法，可降低制造难度和减轻整机重量。该电站弧门接力式液压启闭机液压缸行程2.8 m，分7次可将弧门开启至18 m开度，比后拉式弧门液压启闭机可降低造价约25%。

(2) 采用两缸接力式工作原理，将步进式间歇动作改进为连续动作，使闸门保持基本连续启闭。

(3) 闸门的最大开启高度与液压缸的行程大小无直接关系，只与交接次数多少有关。因此，新机型特别适用于孔口高度特大的闸门的启闭。

(4) 吊点轴布置在闸门面板上，与后拉式机型相比，可增大启门力臂约1倍，使之具有与一般钢丝绳卷扬式弧门启闭机相当的启门力臂，而设备仍可布置在水面以上，从而避免卷扬式弧门启闭机钢丝绳浸水锈蚀之类的缺点。

(5) 启闭过程的动作环节较一般液压启闭机多，因此，对液压控制系统和电气控制系统的设计、制造及整机调试要求均比常规液压启闭机复杂。

(6) 在弧门面板上布置4排导轨和多根吊轴，门叶结构需局部加强，闸门的重量也稍有增加。

(7) 由于液压缸行程较短，有利于安装和检修，但液压缸的数量比后拉式机型增加1倍，在一定程度上增加了安装、运行维修的工作量。

（二）模型试验及原型机联动试验

(1) 模型试验。为了验证新机型的工作原理是否成立，1986年8月至1987年5月，在江苏省武进市液压启闭机厂（本机的制造厂）进行了1:10的模拟试验。试验结果证明，设计设想的接力式工作原理成立，同时发现在原型机设计中必须采取措施，解决好两缸交接过程所产生的冲击问题和消除每个短行程内同步积累误差问题。1987年5月，由水利水电规划设计总院邀请在常州参加沙溪口弧门液压启闭机技术鉴定会的部分专家，对新机型进行了技术讨论，提出了原型机设计的完善意见。

(2) 原型机联动试验。为了减少现场调试工作，并进一步复核原型机的工作性能，华东勘测设计研究院和武进市液压启闭机厂于1992年9月，在产品出厂之前，进行了一次原型机的机、电设备联动试验。该试验利用原型机的液压缸、液压阀组、电气控制屏和水平放置的模拟闸门（两挡节距），利用排架垂直挂重模拟闸门的部分重量。试验表明，启闭动作协调，电气和液压控制系统原理正确，可以完成自动和手动分步启闭弧门的任务。水口水电站工程建设公司于1992年9月邀请原能源部水电开发司、机械修造局和北京、天津、上海等勘测设计研究院的专家，对上述联动试验进行了检查，随后设备正式出厂。

（三）实际运行情况

弧门接力式液压启闭机按计划应于1993年3月全部安装调试后投入运行，因受土建工程施工进度的影响，直至1994年3月28日才全部投运。在安装调试阶段，曾对副缸拉杆的长度作了加长。该机实际运行时间尚短，至1994年4月底，由该机操作8扇闸门作局部开启，宣泄最大流量11000 m^3/s；同年5月3日经溢洪道下泄流量14800 m^3/s，弧门局部开启9孔。

（华东勘测设计研究院 汪云祥）

水口水电站坝内设置垫层大直径钢管的设计、试验、施工和运行

水口水电站装机7台，总容量140万 kW，采用坝内埋管、单机单管引水的布置方式。钢管内径10.5 m，最大设计水压力0.7 MPa，钢管坝段宽20.5 m，钢管中心线全长59.471 m。由于受布置的限制，在受力最大的下弯管和下水平段等部分钢管段，钢管顶部上覆混凝土厚仅2.25 m。经研究采取了对上覆混凝土厚度小于5 m的钢管段的钢管上半周设置厚度为3 cm的ZX型聚苯乙烯泡沫板垫层，将钢管与坝体隔开，以减少内水压力传至坝体。7条钢管安装及垫层粘贴施工至1991年11月已全部完成，其中1、2号机组的钢管于1993年8月及12月相继投入运行，工作正常，达到了原设计预期的效果。

（一）坝内垫层钢管结构应力分析

垫层钢管按钢管、垫层和坝体混凝土共同承受内水压力的结构进行应力分析，属空间问题，但由于钢管管壁和垫层厚度与坝体混凝土厚度相比，几何尺寸相差很大，按空间有限元进行联合受力分析有困难。考虑到结构设计的目的是了解钢管及管周混凝土环向应力的分布情况，故简化采用平面有限元，对设垫层和不设垫层两种情况进行联合受力计算。计算结果表明：

(1)不设垫层，90%以上内水压力要由管周坝体混凝土承受，钢管仅承受不到10%的内水压力。

(2)钢管上半周设3 cm厚垫层，70%内水压力由钢管承受，30%内水压力传至外包混凝土。

(3)垫层的设置范围和材料的力学性能对外传内水压的大小有直接影响。

(4)设垫层减少内压外传的措施是可行的，垫层材料的选择和设置范围，应结合工程具体情况研究经济合理的方案。

（二）钢管垫层设计

1. 垫层材料选择　通过对聚苯乙烯（简称PS泡沫板）和软木沥青玛琋脂两种材料试验比较得出以下结论：

(1)采用PS泡沫板，可以通过调整配方和加工方法得到能满足设计要求的物理力学参数。通过承受2 m厚流态混凝土室内试验，7天后垫层压缩量为11%，未发现水泥浆渗入PS泡沫板中，满足承受施工荷载的要求。ZX型PS泡沫板具有吸水率低、耐久性好、不产生膨胀力、对钢管无腐蚀作用、遇火不燃烧、易于加工成型、粘贴工艺简便、取材方便以及质轻价廉等优点。

(2)软木沥青玛琋脂的物理性能亦能满足设计要求，但价格较高，且需在施工现场进行热加工，加工温度高于100℃，污染大，施工复杂。

故水口水电站坝内钢管选用ZX型PS泡沫板作为垫层材料。

2. 垫层设计范围和主要设计参数

(1)计算结果表明：上覆混凝土厚度大于5 m的管段上部，由于其作用水头渐小，垫层的设置对改善坝体管周环向拉应力的作用不明显，为此仅考虑在管顶上覆混凝土厚度小于5 m的管段设垫层。不设垫层钢管按埋管设计，设垫层钢管则按明管设计。

(2)垫层主要设计参数：①垫层材料可压缩性大，减少内水压力外传的作用明显。设计考虑垫层需加工成型及承受施工期流态混凝土荷载等因素，选用弹模 $E=0.8$ MPa，泊桑比 $\mu=0.35$。②垫层厚度对传递内水压力大小有明显影响。计算分析表明：保证上覆混凝土不裂穿的垫层最小厚度为2.12 cm，故确定采用垫层厚3 cm。③垫层环向包角大于150°左右时，其包角大小对管周混凝土环向应力影响不显著。为便于铺设垫层，选用包角为上半周180°范围。

（三）垫层施工工艺

(1)管周受力钢筋沿环向布置，施工顺序为钢管安装—铺贴垫层—绑扎管周钢筋—浇筑混凝土。钢筋焊接时垫层面应覆盖草袋或淋水保护。

(2)钢管分节，刚性环尺寸设计应考虑有利于垫层制作规格化、标准化。垫层材料由生产厂家预制成型。

(3)粘贴垫层的粘结剂要求具有一定粘结强度和相容性，对钢管及垫层无腐蚀性，易于施工和价廉等。通过试验采用环氧沥青类油漆（16号沥青漆）。

(4)垫层铺设应平整，在混凝土浇筑前用宽型胶带纸封堵块间接缝，防止水泥浆从缝中渗入。

(5)应十分注意施工期垫层的保护，防止损坏；如有损坏应及时修复。

设计和施工实践证明，按上述工艺要求施工能保证质量，加快进度，面积为1076 m^2的钢管垫层的铺设工作一般1～2天即可完成。

（四）有关试验工作和原型观测设计

(1)材料仿真模型试验。鉴于单纯用计算难以解决钢管受力后钢管与混凝土之间缝隙大小及分布规律、垫层末端应力集中情况、垫层钢管破坏特征和超载能力等问题，故通过仿真模型试验加以验证，并进一步验证了设计成果的正确性。

(2)垫层材料力学性能试验。对PS泡沫板材料包

括弹模、泊桑比、流态混凝土作用下材料性能的变化、材料长期持荷的压缩量及老化问题、吸水性、可燃性等性能进行了试验测定。由于垫层材料为塑性材料，其应力应变关系呈曲线变化。通过测定得知，PS 泡沫板在设计压力0.7 MPa 下变形模量可达0.82 MPa，满足设计要求。

(3)原型观测设计。坝内垫层钢管除按要求埋设各类观测仪器外，为给大直径坝内垫层管设计和运行积累资料，在3、6号两条钢管中埋设专用观测仪器进行原型观测。钢管施工完毕即开始测读，目前正在进行资料的整理分析。

（华东勘测设计研究院　崔淑君）

机　电　安　装

岩滩水电站水轮发电机组安　装

岩滩水电站安装4台 HLA286a－LJ－800水轮机和 SF302.5-80/17000发电机，设计水头59.4 m，单机引水流量580 m^3/s，总装机容量121万 kW。机组由哈尔滨电机厂设计制造，水电第四工程局和广西水电工程局安装。

（一）埋入件（总重730 t）

尾水管里衬设置1.4 m 高的不锈钢段，短管补气装置布置期间，为消除涡带、减少压力脉动，在管壁上设置8組稳流片基础。座环为带导流环的双环平行边结构，外径12.76 m，高4.49 m，重248 t。蜗壳包角345°，进口直径10.8 m，宽29.448 m，分35节，板厚25～35 mm，材质为62 U，总重345.6 t。第1台蜗壳在厂内整体组装，第2台仅组装尾部，后两台厂内未组装。蜗壳挂装以第1节为定位节，16节为补偿节，焊缝总长973 m，焊前预热80℃，蝶形边焊后加热250℃，作保温8 h 消氢处理，所有焊缝100％进行超声波探伤及10％～20％射线检验。蜗壳挂装第一台用123天，第四台只用75天。

（二）水轮机（总重1710 t）

转轮直径8 m，重317 t，采用偏心分瓣铸焊结构，上冠用20MnSi 钢，过流面堆焊不锈钢，下环和叶片用 OCr13Ni5MO 不锈钢。转轮上冠用螺钉把合，下环及被分割的叶片在工地组焊成整体，进行局部退火处理，用工厂提供的土立车加工上下止漏环，最后进行静平衡。转轮系国内首次进行全模拟验收，原型委托部监测中心进行验收，静平衡首次采用长春试验机械研究所研制的液压支承平衡装置。第一台转轮组焊后，上冠法兰面止口出现错牙0.25 mm，椭圆度0.42 mm，重新镗孔配车连轴螺栓。第二台转轮组焊时，改进了工艺措施和程序，变形控制较好，连轴螺栓全部穿入，安装速度加快了1倍。经用日本 PSF－2射线应力测试仪，测量下环焊缝残余应力，第一台为367.75 MPa，超过材料屈服强度的1/2，而第二台只有101.92 MPa。转轮与底环间止漏环单边间隙平均为3.12 mm，最小2.85 mm，运行1年后检查无变化亦无碰撞现象。转轮残留不平衡力矩较小，只有49 N·m。转轮与主轴连接螺栓用液压拉伸器紧固。水导轴承采用支撑式分块瓦，稀油自循环润滑，冷却系统可正反向切换运行。主轴密封采用端面水压式，金属抗磨板放在密封环上面。导叶24个，总高度5.385 m，瓣体高2.52 m，导叶立面宽带堆焊不锈钢，顶盖及底环过流面亦堆焊不锈钢，加工后最小厚度为3 mm。导叶轴瓦采用钢背复合瓦，导叶最大开度580 mm，相应接力器行程788 mm。4个摇摆接力器布置在顶盖上，锁定布置在控制环上。

（三）发电机（总重2146 t）

发电机为立轴半伞式，转动惯量180000 t·m^2。定子装配重量553 t，机座由7层环板焊接而成，外径19.2 m，高3.9 m，分六瓣在工地组焊成整体。铁芯高2.33 m，在现场叠压。为解决铁芯热膨胀应力，采用180根定位筋、大齿压板及热压措施。铁芯叠装共分5段压紧，最后1段铁芯高度预留4.5 mm 热压余量。热压采用90块电热板，总容量900 kW，升温至80＋15℃，保温12 h，铁芯紧度为2 MPa。定子槽数为720槽，5支路星形联接，线棒1440根，由52股双玻璃丝包扁铜线编织而成。单根线棒起晕电压不小于1.5倍额定电压。线棒嵌线分6个工位进行，上下层线棒用40.3 kV 工频耐压1 min，无击穿现象。绕组接头采用银铜焊，用中频感应加热，端部绝缘盒浇灌环氧填充胶。汇流排采用管状母线，5个支路并联在一起集中引出。定子干燥后喷漆，按规定进行交直流耐压试验。

转子采用圆盘式支架结构，装配重量933 t，外径16.188 m，高2.9 m。圆盘支架由中心体和10个圆环扇形组件，在工地组焊成整体，焊缝总长209.6 m，采用

CO_2气体保护焊，环缝及径向缝采用陶瓷衬垫，使之单面焊接、双面成形。由于圆盘支架尺寸巨大，焊接变形在所难免。为确保转子装配质量，增设了副立筋配刨工艺，支架变形量由副立筋补偿，副立筋调整位置确定后，与主立筋同钻销孔，拧入螺栓，复核后焊牢。磁轭冲片共有15200 张，分3次叠片和压紧，叠压系数为99.5％。80个磁极按极性和重量适当配置，使任意1/4磁极总重对称，不平衡重量差小于3 kg。

岩滩机组为4段轴（水轮机轴长6.34 m，发电机轴长6.65 m，转子中心体高2.495 m，顶轴长2.67 m）3部导轴承结构，推力负荷27000 kN 由下机架承受。推力轴承第一台机用钨金瓦，pv 值已超过63 MPa·m/s，瓦温过高，后全部改用塑料瓦。推力头在现场套装，采用电动盘车检查轴线，各部导轴承摆度均小于规定值。

岩滩1号机组于1992年9月投产发电，从转轮吊入至发电时间 为93天。2号机组于1993年8月投产发电，从转轮吊入至发电时间为70天。

（广西岩滩水电站工程建设公司　孙鸿秉）

漫湾水电站水轮机筒形阀的结构与安装

（一）概述

为了减少水轮机导叶的立面和端面间隙处的汽蚀与磨损，漫湾水电站引进加拿大技术，在水轮机的固定导叶和活动导叶之间安装了筒形阀。

加拿大多米宁工厂生产的筒形阀有26台装在拉格朗德二级（LG2）等电站上，曾做过动水关闭试验20几次，情况正常，并已有20多年的运行经验。这种筒形阀的重量和费用只有蝴蝶阀的1/2。

漫湾水电站第一台机组于1993年6月30日投产，到1994年3月31日止已运行6309 h，累计发电11.18亿 kW·h，筒形阀运行正常。

为设计漫湾水电站的筒形阀，多米宁工厂在试验台上进行了水力模型试验，并根据试验成果确定了相应的参数和结构尺寸。筒形阀有水力自关闭能力。所有设计图纸都经过多米宁工厂审查批准认可，由东方电机厂生产制造。

（二）结构

筒形阀全关闭时处于固定导叶和活动导叶之间，上下两端分别压在底环和顶盖的止水橡皮圈上；全开时缩回到顶盖里面。

筒形阀的开关是通过安装在顶盖上的6个直缸接力器来实现的。6个直缸接力器的同步，用法国制造的SKF 高效行星回转螺杆 SR64×12执行。活塞杆中空，其中心有一根长大螺杆，由活塞中的大螺母带动。当活塞、螺母上下直线运动时，其中心回转螺杆为旋转运动。中心螺杆在接力器的最上端装有两个链轮，分别和左右两个接力器上相应的链轮用链条啮合，这样6根中心螺杆的旋转和活塞的上下移动就会相互制约，达到机械同步的目的。

筒形阀的操作，每台一套操作柜，两台共用一套压油装置，油压4 MPa。筒形阀的运行操作是按主阀在水力机械自动化系统中的作用来设计的。

（三）安装与试验

首先将两瓣阀体用高强度销子螺栓组合成一整体，调整不圆度在1.5 mm 以内，上下端面不平行度小于0.2 mm，进行组合面四周的焊接和螺孔封盖的焊接。

将顶盖吊在筒体上，阀体与顶盖都必须调中心与水平度。

安装6个接力器的活塞杆，检查其垂直度，再安装6个接力器缸，调整下部座子内铜套与活塞杆的间隙均匀度，检查下座法兰与顶盖的结合情况，有间隙处加金属垫消除，在完全自由状态下紧法兰螺母，以免活塞蹩劲。

将筒阀与顶盖吊入机坑安装，测量12个固定导叶尖与阀体间的间隙，在保证单边0.6～0.8 mm 间隙的情况下，配刨导向铜块，将铜块焊在固定导叶的尖上，关闭阀体，检查其间隙，若小于0.6 mm，开启阀体进行打磨直到合格为止。

经全面检查后充油做无水情况下的开关试验，要求灵活。6个接力器缸之间上下腔的压力差要调整到设计允许差值以内。

漫湾电站引进筒形阀这项新技术是成功的。筒形阀运行安全可靠，维护方便，结构简单，占地位置小，投资省。这项技术在国内大型机组中应用尚属首次，待电站水库蓄水到正常蓄水位、做完动水关闭试验后，可在今后建设的一机一条引水管道的电站中推广使用。采用这种筒形阀，进水口不需设事故闸门。

（云南漫湾水电站工程管理局　李人丰）

广州抽水蓄能电站机组的安装与调试

（一）机组设备概况

广州抽水蓄能电站一期工程装设4台法国进口的30万 kW、竖轴单级可逆混流式水泵水轮机和发电电动机。水轮机最大水头535.7 m，最大流量72.2 m^3/s，最大出力34.77万 kW；水泵最大扬程550.01 m，最大出水量60.03 m^3/s，最大入力32.608万 kW；机组额定转速500 r/min；水机装置淹没深度为70 m。发电电动机为风冷可逆转的三相同步电机，最大容量36.3万 kVA，额定电压18 kV。机组结构为半伞式，推力轴承支撑在水机顶盖上，转轮可通过尾水锥管拆出，便于检修。电站由法国 CEGELEC 公司提供的 H20型计算机监控系统进行自动操作和远方控制，具有完备的多种控制、操作、监视和自动处理功能。水泵水轮机由法国奈尔皮克工厂提供，发电电动机由阿尔斯通·日蒙工厂制造供货。

电站成套机电设备由法国 CEGELEC 集团设计、制造和供货，并承担厂房设备布置设计、安装督导、调试和试运行，对设备制造、安装调试和运行质量负责。成套设备及材料总重约为 10300 t，总价 1.503271 亿美元，利用法国政府贷款采购。

（二）机组设备的安装与调试

广州抽水蓄能电站机组是当今世界最大的抽水蓄能机组之一，设备品种繁多、数量庞大、技术复杂，安装质量要求高，而且工期很紧。为了确保电站能与大亚湾核电站配套建成，业主广东抽水蓄能电站联营公司进行了精心的组织，水电第十四工程局安装公司投入了大量人力物力，还邀请了许多国内知名专家咨询监督，在法国专家的密切配合下，在较短的工期内按质按量完成了机组及主要电气设备的安装和调试并投入商业运行。

设备安装控制工期的是主机安装。第一台机组水轮机尾水肘管于 1991 年 2 月开始吊装，1992 年 11 月该机组全部安装完毕，历时约 21 个月，1992 年 3 月完成机组分部静调试，开始第一次充水启动进行动调试，1993 年 6 月完成调试和试运行，总调试时间约半年。与常规发电机组相比较，抽水蓄能机组辅助设备多，运行工况复杂，调试项目繁多，所以需要调试时间比常规机组多 1 倍以上。

机电设备安装难度最大的是水泵水轮机。由于水机水头高且淹没深度大，所以球阀和大轴密封很难调整，曾多次损坏漏水。水机大轴碳精密封在调试过程中 3 次严重损坏，经国内外专家共同分析研究，改进了结构并更换材料后才获得解决。机组推力轴承在充水转动后即发现甩油漏油，其原因是挡油结构存在缺陷，后将轴承全部解体，加大挡油环高度，改进油循环，获得较好的效果。此外，由于水机采用转轮下拆结构，底环和尾水锥管不浇在混凝土中，机组运行特别是空载工况下水力振动的影响较大，使得连接在底环上的水环水压释放管及其油压控制管路在高频振动下产生疲劳裂纹、部分断裂，经改进焊接及检验工艺，并把油管路改为弹性连接后得到了改善。发电电动机的安装和调试比较顺利，但在转子结构设计上对平衡块的安装和调整考虑不周，后由我国专家提出解决办法，经安装单位现场制作和调整，才解决了问题。电机的另一问题是定子线圈电晕试验未能达到供货的技术规范要求，但已达到国内标准，可以满足运行要求，其原因主要是现场湿度及粉尘含量较高。

在汲取第一台机组安装经验后，后 3 台机组安装调试均较顺利，在 1993 年内完成 4 台机组安装，并在同年取得 3 台机组共 90 万 kW 安装投产的好成绩，创国内水电建设的新纪录。

广州抽水蓄能电站 4 台机组均已投产，其中 1 号机运行已 1 年半，实际情况表明，机电设备的制造和安装质量是良好的，机组的发电、抽水出力、效率及稳定性都达到或超过了设计要求。

（鲁布革水电科技实业公司　商　舸）

水口水电站水轮机组的安装

水口水电站共装 7 台水轮发电机组，单机容量 20 万 kW。水轮机型号为 ZZA315－LJ－800，水轮机与 SF200－56－14950 立轴半伞式同步发电机直接联接。前两台机组经国际招标确定由哈尔滨电机厂总承包并与日本日立制作所组成联合体承制。从第三台起全套水轮发电机组由哈尔滨电机厂承制。

（一）尾水管里衬安装

尾水管里衬包括锥段和肘管里衬，设置到流速≤6 m/s 断面处。尾水管里衬分 4 节，每节分 4 瓣，用 16 mm 厚的 A_3 钢板在工地组焊成整体。

（二）导水机构安装

导水机构部分包括底环、顶盖、支持盖、控制环、推力支架、2 个锁定装配及 24 个导叶和传动机构。

(1) 底环、顶盖外径尺寸大于机坑混凝土最小直径。底环(分 4 瓣制造)分两瓣先后吊入机坑内组合，插好全部导叶后，顶盖分两瓣先后吊入机坑组合并就位。

(2) 支持盖在安装间组合成整体，待顶盖调整好后，吊入与顶盖预装，确定其中心并打定位销后拆出机坑。

(3) 导叶臂与导叶轴头之间设有 ϕ80 分半键，连接板与导叶轴头之间又设有 ϕ375/ϕ300 摩擦装置，它们起定位和传递扭矩作用。此摩擦装置，当剪断销剪断时，即使在最大水力矩作用下，摩擦装置仍能使导叶固定在剪断位置。

（三）转轮安装

(1) 转轮有 6 个叶片，操作机构采用倒装法，待操作机构装完固定后，再将中心体翻转置正位，插装叶片，而后进行其它安装工作。

(2) 转轮吊入机坑时，叶片应在全关位置。首先在顶盖上装好6套支架，转轮就放在支架上，然后联轴。待大轴联接后，再一起下落就位。为保证转轮与转轮室间隙，转轮吊入时先落至设计位置测出间隙，然后才能升起落在支架上。

(四) 大轴联接

(1) 大轴在机坑内与转轮联接。因受各部尺寸制约，大轴竖立前应先插入操作油管，然后一起竖立吊入机坑与转轮联接。

(2) 联轴后，在水导瓦架上安放大轴支撑角支架。此时提起大轴与转轮，拆除叶片下的转轮支架，下降大轴与转轮，使大轴上的靠背轮落到角支架上。这时大轴顶高出设计值15 mm，以便于推力轴承安装。

(3) 待推力头热套后，再起吊大轴与转轮，拆除角支架，将重量转换到推力轴承上。

(五) 受油器安装

(1) 受油器安装前设置叶片固定块，使之处于全关位置。待受油器安装完毕盘车合格后，拆除叶片固定块，叶片自动打开。

(2) 受油器上操作油管安装后参加整体盘车，如摆度超差，应进行处理。

(六) 盘车

水口电站水轮发电机组采取两次盘车：

(1) 推力轴承安装完毕后、转子吊装前，对水轮机部分进行单独盘车，检查水导摆度。其方法为：推力轴承下部设置假导瓦使轴固定于中心，投入高压油顶起装置，在大轴顶部设置盘架，人力推动大轴旋转。

(2) 二次盘车又称整体盘车，待发电机上端轴及受油器上操作油管安装后进行，主要检查上导、集电环及受油器摆度。整体盘车合格后，再进行上导及水导瓦间隙调整、安装、注油。

(七) 推力轴承安装

推力轴承安装有以下两大特点：

(1) 推力瓦在工地不研刮，只进行检查。其方法是：将镜板翻面水平放置后，在镜板面上涂红丹，然后将推力瓦在上面来回拖动数次，并根据检查情况用油石等进行适当修磨即可。

(2) 该轴承采用扁担弹簧支撑结构，高度只能靠加垫片改变。推力轴承调整受力时，用弹簧支座下架垫法，调整各瓦使其在同一水平面，垫片分0.03 mm、0.05 mm、0.08 mm、0.10 mm及0.15 mm几类。

(水利水电第四工程局安装处　张锡根)

隔河岩水电站水轮发电机组安装

(一) 概况

隔河岩水电站安装4台30万kW的水轮发电机组，总装机容量120万kW。1、2号水轮发电机组和3、4号机组的主要部件由加拿大引进。1号机安装总工期8个月零5天，试运行10天，于1993年6月4日投产发电。2号机安装总工期5个月零12天，试运行9天，于1993年12月2日投产发电。两台机组分别比国家计划投产日期提前6个月零25天和6个月零29天。加拿大机组结构与国产传统结构差别较大，安装质量要求高，工艺复杂。

(二) 水轮机安装

水轮机技术特性：转轮直径5.74 m；额定出力31万kW；额定流量325 m^3/s；水头范围80.7～121.5 m；额定转速136.4 r/min；飞逸转速263 r/min；单台水轮机总重920t。

(1) 尾水管里衬分肘管段和锥管段两部分，作为厂房基础混凝土埋件。

(2) 支持环、座环、蜗壳安装后的支撑系统比较薄弱，混凝土浇筑后变形较大，用自制座环磨削机对座环和基础环的上法兰面进行磨削，使水平度、平面度和高度符合要求。

(3) 蜗壳全重380 t，现场安装焊缝490 m，板厚从70 mm渐变至20 mm，$\delta \leq 40$ mm的为16 Mn钢板，$\delta > 40$ mm的为SM50B钢板。4号机蜗壳焊接采用美国林肯电气公司生产的自保护药芯焊丝电弧焊(FCAW)装置。该装置工艺性能好，操作简便，节能高效。

(4) 下止漏环在工地冷压入底环内镗口，上止漏环在工地机械压入顶盖镗口。在预装时，当满足上下止漏环同心度不大于0.13 mm、底环水平度不大于0.13 mm、底环和顶盖导叶轴孔同心度不大于0.13 mm时导叶立面间隙可以不研磨。

(5) 转轮和主轴在安装间组合连接后用自制的吊耳式吊具整体吊入机坑，以改善螺栓联接的工作条件和节省安装直线工期。

(6) 一道空气围带作为检修密封，三道碳精块作为主轴工作密封，结构紧凑。密封供水系统设压差调节阀，保证供水压力大于顶盖下水压，以防混水进入密封。

(7) 主轴补气系统类同于一般转桨式机组的受油器结构，主轴孔有补气管，机组上部有补气头和浮动轴承密封以及外部补气管和润滑水管路。

（三）发电机安装

发电机技术特性：额定功率30万kW；额定电压18 kV；额定电流10906 A；功率因数0.9；额定转速136.4 r/min；单台发电机总重1300 t。

(1) 定子机座由20 mm厚钢板焊成4瓣，到工地后焊成整圆，并在安装间叠压硅钢片，在机坑嵌线棒。定子可通过基础板在径向伸缩。定子组装中，132根定位筋的半径直接影响到定子叠片的圆度。定位筋的半径、间距和倾斜度调整合格后，将定位筋托板与环板全部满焊后再叠片，并允许对定子环板圆度进行火焰校正。

(2)卷线安装方法：①线棒铁芯段包贴低阻半导体毡。②用电动液压系统操作的下线机嵌线，使线棒入槽平稳，受力均匀，线棒与槽壁间隙紧密接触，工效为人工嵌线的3～4倍。③用无纬玻璃丝纤维束、经复合聚酯树脂14052C浸渍后，在不凉干的状态下，采用“两相绑法”绑扎线棒和支撑环。下层线棒与支撑环之间以及上、下层线棒间分别用浸有14052C树脂的圆柱形和柱形毛毡垫塞紧后绑扎。④定子线棒在槽内固定时，在上层线棒与槽楔之间除垫入保护垫条和导垫板外，另需垫入由环氧玻璃布波纹板制作的波形弹性条，使线棒槽内径向受力压紧更趋均匀、合理，槽楔也不易松动。⑤用移动式FH型快速铜焊机焊头，采用并头铜板连接，碳热磷铜硬钎焊工艺。⑥线棒上端使用绝缘盒浇灌。⑦设立定子下线防尘作业区，并保持机坑内空气干燥，现场整洁。

(3) 转子为无轴结构，总重750 t。转子支架为圆盘结构。转子中心体与4块扇形轮毂在工地焊接成整体。圆盘焊接时严格控制中心体水平和挂钩面水平度，采用调整焊接部位和顺序来控制变化。轮缘冲片用自制的电磁吸盘式叠片台车堆叠。堆叠时用临时导向棒和永久压紧螺杆导向与定位。轮缘与轮毂间，周向有定位键，径向为2.5 mm间隙。制动环安装在轮毂下面。外缘磁极数为44个。

(4) 上、下机架都在工地焊接成整体。上、下机架的机座结构可以保证机架在径向伸缩。

(5)推力轴瓦共20块。每块瓦支承在72个圆柱弹簧上，厚薄瓦间有油沟冷却。设有高压油顶起装置。下导瓦32块，通过瓦间卡条组成整圆。推力瓦和上、下导轴瓦均不研刮。

(6) 在投入高压油顶起装置时用人力转动转子盘车。在机组盘车过程中要同时检查轴线状态和轴颈摆度。机组试运行期间必须做动平衡，并用主轴摆度和动平衡测试仪测试。

（四）机组安装管理特点

(1)采用网络技术，实行目标管理，有效地控制工期。

(2)加强质量管理，推行全面质量管理，建立包括施工、技术和检验三个分体系在内的安装质量保证系统。

(3)加强培训，不断提高施工人员素质，确保机组高速优质安装。

(4)推行以效益为中心，以分配改革为重点的与产值产量、施工形象、质量安全、材料节约和施工设备完好率等5项经济指标挂钩的经济责任制，把职工的劳动贡献和劳动成果与分配有机地结合起来。

（长江葛洲坝工程局　张　晔）

天生桥二级水电站高压钢管施工

天生桥二级水电站的高压钢管，全长3529.277 m，总重量约1.6万t，是目前国内外在建的最大高压钢管工程之一。电站装机容量132万kW（6×22万kW)，6条隧洞埋藏式钢管道，设计水头176 m，直径为5.7、5.0 m和4.2 m。工程由贵阳勘测设计研究院设计，水电第九工程局机电安装处承建，华源水利水电工程咨询公司监理，于1988年8月正式开工。1、2、3号高压钢管分别于1992年、1993年进行交接验收，质量达全优；其余钢管正在施工中。该工程施工特点及主要经验如下。

1. 采用高强钢施工　通过国际招标由巴西、日本和瑞典进口的SM53C和SM58Q钢板，系按JIS·G3106标准生产的高强度低合金调质钢，板厚18～36 mm，宽2.6 m，长约9 m。用两张钢板组焊成圆。焊接材料计400余t，由日本茨木工厂生产，牌号为LB-52、LB-62等，与母材匹配，焊接性能均良好，能满足安全可靠使用的要求。同时按国内和日本等国际有关标准，制订了一系列工艺质量、施工技术安全措施，并制做了相应的工装器具等，从而使施工的钢管达到规范标准所要求的机械性能，经无损检验，射线一次合格率达85%，超声波合格率为96%。

2. 数控气割机下料　钢板下料采用国产PC-286型计算机编程、CNC-4A型数控气割机自动下料新工艺，可以直接完成V、K、I、Y型坡口的气割，经稍磨涂装保护后，即可压头卷板，无需用刨削加工来提高、改善精度，从而缩短备料时间，工效为沿用半自动气割机和机切法的6～8倍，并且确保了组焊钢管的质量。

3. 改制工装器具　自(改)制配套经济、合理、实用的工装器具，如双层调圆架、回转压顶杆、管口弧度校正机、转向运输台车、水平及竖井作业台车、纵缝装配夹具等。使用夹具，舍弃了沿用楔子钩铁、压马拉板装配的传统工艺，结果管面光滑平顺、符合高强钢施工的新规范要求。此外，应用作业台车，有效地实现装配、焊接、检验、涂装、回填和结尾工作一条龙的施工新工艺，既可确保质量、改善劳保条件，又能提高工效、降低成本。

4. 腐蚀控制　采用压送式磨料投射清理，清洁度达 Sa2 $\frac{1}{2}$级。应用新颖高粘（稠）度厚浆型双组份环氧焦油重防腐涂料；采用高压无气喷涂，熟化后一次喷涂厚度可达 250 μm 以上，漆膜坚韧附（粘）着力强，耐磨又耐冲击。坡口及两侧处，刷（辊）涂 30 μm 的 F 型快干防锈底漆，以使封闭。洞内现场为二次涂装，交替刷（辊）涂至标准厚度值。采用先进的 TRC 型针孔检漏仪，全面扫描测试，标准为 4 V/μm（JIS），彻底改变了沿用的常规涂料及涂装工艺，从而拓展了水工金属结构防腐体系的局面。

5. 采用承插式安装新工艺　洞内环缝装配采用承插式安装新工艺，即上节管口插入下节带垫（背）板的管口，坡口角度较小，间隙调整范围较大，在管内采用单面焊双面成形的焊接新工艺，不必在管外清根施焊。采用这种结构型式的组焊工艺，既可改善劳动条件，又能减少开挖回填量，提高工效，加快施工总进度。

6. 异种钢材焊接　本工程有 4 组异种钢材焊接。施工中，以强度等级低一级的焊材施焊，而焊接工艺和技术参数按强度高的钢材选用。由于金相、理化性能的差异，焊接比较困难，但必须确保接头的综合机械性能。

7. 加强施工质量管理　根据合同和设计文件要求，制订有关规章制度，编撰工艺质量、施工技术和优化内部管理等措施文件，如焊工培训考核、工艺规范、质检监造、记录跟踪、软件管理等，用以加强全员质量意识，建立健全质量控制监督系统，贯彻执行部颁单元工程质量评定标准，兑现质量奖，鼓励创建优质工程。

（中国水利水电第九工程局机电安装处　周关炳）

漫湾水电站 500 kV GIS 安装与试验

漫湾水电站 500 kV GIS，经过国际招标（议标），由 ABB 公司中标，安装工期 159 天，于 1993 年 6 月 30 日投产运行，截至 1994 年 3 月 31 日已运行 274 天，情况正常，累计送电 14.64 亿 kW·h。

（一）500 kV 升压变电站的布置

漫湾电站 500 kV 升压变电站的布置，曾因无外汇定为敞开式布置方案，选用国产设备；后在省、部、投资公司的支持下，解决了外汇指标，遂选用 GIS，将主变压器、GIS、电抗器全部布置在坝右端非溢流坝段下游侧主厂房安装间顶上，占地宽 62.5 m，长 105.2 m，分 4 条线布置。1993 年 8 月当出现 1957 年以来在澜沧江流域建水文站以来最大一次洪水、下泄流量 8440 m^3/s 时，没有水雾影响。由于选用 GIS，使升压站占地过大和无法避开水雾区的问题得到解决，确保了电站的安全运行。

（二）500 kV GIS 设备情况

500 kV GIS 1 $\frac{1}{2}$接线如下图所示。

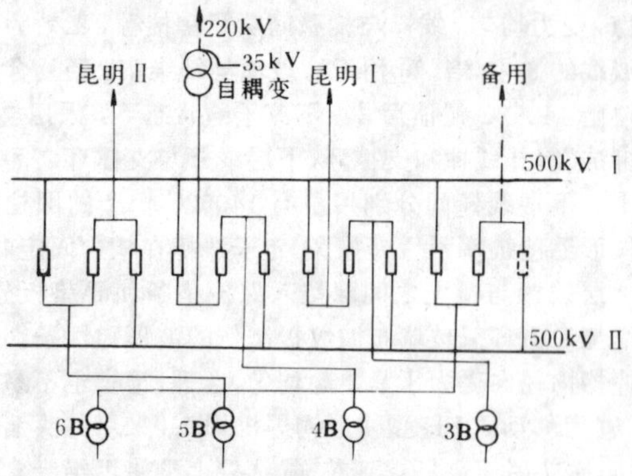

漫湾水电站 500 kV GIS 1 $\frac{1}{2}$主接线图

ABB 公司的供货范围，是从主变导管升高座法兰以上开始至出线导管和线路避雷器为止的全部设备和母线管，包括断路器（出线 4 组带合闸电阻）、电压互感器、电流互感器、隔离开关、接地开关、快速接地开关、SF_6 避雷器、室外避雷器、SF_6 母线管 264 单相米等。主要设备全由 ABB 公司供货，现地控制柜中的元件由 ABB 公司供货，华通开关厂组装，电缆及支架全由华通开关厂供货。

（三）安装

由于发电机至主变压器，主变压器至母线管都是硬连接，故对主变压器导管升高座法兰的空间坐标提出了严格的要求；对 GIS 大厅地板高程变化浇混凝土时控制在 5 mm 以内，磨石地板控制在 3 mm 以内，因此安装起来非常顺利。

GIS 设备除母线管的导电杆和外壳是单件发运外，其他设备全部在工厂内组装、试验、充 SF_6 气体后发运。每一运输单元只做法兰的连接，内部无需作任何检查与调整工作。

500 kV GIS 的安装、试验工作，全部是在 ABB 公司专家指导下进行的，主要工作由专家亲自操作。

全部设备安装完毕后，用专用电钻钻基础螺孔，插入基础螺栓，灌粘结剂。

(四) 试验

在GIS充气完毕、二次配线结束经查线无误、各设备单件经常规试验后，投入交直流电源，进行断路器、隔离开关、接地开关、快速接地开关的操作试验。

500 kV GIS的耐压试验是用谐振变压器由出线导管顶上加压的。分一、二串和三、四串两段进行，每相一次，共6次做完。试验电压为592 kV。

由于第一台机组送电的要求，在一、二串安装完、三、四串尚在安装的情况下，漫湾水电站工程管理局方提出了母线管的外壳全装上，内部导电杆暂留一根不装，二、三串之间的母线断开充入SF_6气体，一、二串运行，三、四串安装的方案，经ABB公司总部研究同意后实施，实践证明也是可行的。

1993年11月，ABB公司专家来华连接第二台主变压器的母线管时，进行了二、三串之间6条母线管导电杆的连接。为避免重复耐压，这根母线管和与主变压器连接的母线管均未进行耐压试验，但ABB公司给漫湾水电站工程管理局出具了书面保证。

耐压试验完成后，进行电压互感器SF_6避雷器的安装和主变压器导管顶端与母线管导电杆的连接。

在机组启动试运行和系统调试中，进行线路保护、电抗器保护、操作断路器的调试以及对侧远动联跳断路器的试验。

用GIS的隔离开关切合空载母线将出现高频过电压，带有一定风险，经与ABB公司协商同意操作，漫湾水电站实测结果为740 kV。

(云南漫湾水电站工程管理局　李人丰)

葛洲坝大江电厂计算机监控系统的安装与调试

葛洲坝大江电厂计算机监控系统是葛洲坝水利枢纽综合自动化的重要组成部分。该系统原拟由国内研制，为吸收国外先进经验并作为三峡工程的试点，经原水电部、国家重大办及有关业务部门研究，决定改由国外引进。该系统的采购用询价议标方式，1985年底与加拿大CAE公司签订商务合同，1986年6月正式生效。

大江电厂计算机监控系统采用多微机分层分布式按单元划分的系统结构，分为主站级和现地单元级两层。主站级包括主机VAXft-3000冗余计算机、两个控制台及人机接口设备、两台前置机，主机、控制台及前置机之间以双总线以太网连接，各RTU及外部通信均由前置机引出。现地单元级按监控对象设置14台水轮发电机组、500 kV变电站、厂内公共设备及模拟返回屏共计17台RTU。主机VAX-VMS操作系统等软件由DEC公司提供，电厂监控系统应用软件由CAE公司编制，中方参加部分应用软件的开发工作。计算机监控系统设置的功能有数据采集、数据处理、操作控制、人—机接口、通信、系统的故障诊断及切换、培训仿真。

大江电厂已有按常规设计的一整套常规监控系统，大江电厂计算机监控系统按照与常规监控系统并列运行设计，其安装与调试是在电厂机组全部投产以后进行的。1989年11月由原水电部驻葛洲坝代表处、葛洲坝工程局、葛洲坝电厂、长江水利委员会、南京自动化研究所、华中电管局等单位组成安装调试领导小组，负责中外双方安装调试工作的组织和协调。

由于CAE公司软件设计的更新，设备供货较合同规定时间推迟，RTU及主站设备自1989年9月至1991年12月分四批到达现场。在主站设备及部分RTU出厂前，中方派出检查组参加工厂验收试验及检查。该系统设备的安装主要包括屏体就位与安装，现地设备信号电缆与RTU的连接及其敷设，RTU至主站电缆安装(主站至机组RTU为对绞屏蔽电缆，并置于钢制磁屏蔽盒内；主站至500 kV变电站RTU及二江电厂均采用光缆)，机组RTU温度变送器屏及一些转接屏的制作与安装，主站设备的安装及与以太网的连接。由于葛洲坝电厂在汛期机组均处于运行状态，安装调试工作要集中在枯水期进行。

系统主站及RTU的调试主要由CAE公司负责，CAE公司派驻现场代表及硬件、软件专家在中方工程师参加与协助下进行调试。RTU的功能调试包括数据采集、数据库检查、当地人机接口、设备调控、与主站通信、远方控制及联调等。机组RTU的调控功能调试主要有机组转速、有功、电压、无功的闭环调节、发电机同期并网的模拟及实际试验、机组顺控的模拟及实际试验。主站的功能调试包括主站与RTU及外部通信EDL(二江电厂、水情及水库调度、武汉网调)、控制台人机接口MMI(画面显示、中文报表、操作票生成、设备事故或故障报警及记录、计算机系统配置状态及屏幕分配、控制台对设备的操作及调节等)、500 kV断路器操作、主备励切换、联变分接头操作、高级应用软件的模拟联调及实时试验(AGC、GD、UC、AVC、电力系统稳定控制等)、训练仿真软件、系统性能测试等。

通过中加双方人员的共同努力，系统设备于1991年11月全部安装完毕，1991年至1992年枯水期间完成大部分系统调试工作；在系统调试期间同时进行了工地验收试验。大江电厂计算机监控系统于1992年5月初步投入运行，设备正式移交葛洲坝电厂。1993年

7月中方对CAE签收。

葛洲坝大江电厂计算机监控系统是一套较为完整和先进的系统，能够适应葛洲坝电厂规模大、运行设备多的特点，是保证电厂安全和经济运行的必要手段。由于葛洲坝电厂机组的调速器、励磁调节器及自动化元件为早期的配套产品，其性能及质量尚不能适应计算机监控系统的要求，作为计算机监控系统的重要执行部件，须进行改造或更换。电厂现已在进行这项工作，以进一步完善计算机监控系统的运行。

（中国长江三峡工程开发总公司 郭翔鹏）

大型水轮发电机圆盘式转子支架现场组装焊接

（一）概述

立式水轮发电机采用圆盘式转子支架结构，具有径向、轴向刚度大，传递扭矩大和通风损耗小的优点，如果设计合理，圆盘本身能形成良好的风道和造成适度的风量，保证电机的通风冷却，并减少运行中的通风噪音。在我国，最初的圆盘式转子支架见于70年代中期从瑞典和法国引进的八盘峡和富春江两个电站的有关机组。1985年，哈尔滨电机厂在红石水电站5万kW水轮发电机上首次采用圆盘式转子支架，从此以后，在国内大型电机设计上逐步得到推广。进入90年代，随着设计和施工经验的日趋成熟，几乎所有的中、低速大型水轮发电机转子都采用了圆盘式结构，其中具有代表性的见表。

圆盘式转子支架结构的典型应用实例表

电站名称	发电机转子直径（mm）	圆盘支架直径（mm）	制造厂家	安装单位
水口	11156	8896	哈尔滨电机厂	水电四局
岩滩	16188	14223	哈尔滨电机厂	水电四局
漫湾	11203	9453	东方电机厂	葛洲坝工程局
隔河岩	11427	8824	加拿大GE公司	葛洲坝工程局
五强溪	16620	14714	哈尔滨电机厂	水电八局
铜街子	12064	10404	东方电机厂	水电七局

由于运输条件的限制，大型圆盘式转子支架通常分为转子中心体和若干块扇形外环件运至工地，在施工现场组合焊接成整体，并达到如下要求：①全部组合焊缝（包括环缝、立缝、径向焊缝），均应经100%超声波检查和20%磁粉探伤，要求符合专业对接焊缝Ⅰ、Ⅱ级标准；②支架焊接变形包括径向收缩量、各主立筋弦长收缩量和相互偏差应在设计规定范围之内；③焊接无过大残余应力。

因组焊构件尺寸庞大，要达到上述技术要求必须在焊接工艺上采取相应的措施。

（二）岩滩水电站水轮发电机圆盘转子支架的组装焊接工艺

1992年4月，首台超大型水轮发电机圆盘转子支架在岩滩水电站工地组焊成功。完成的组焊工作量有：环型焊缝2条，总长28.3 m，V形坡口；立焊缝10条，总长21.7 m，K形坡口；径向焊缝20条，总长50 m，V形坡口；副立筋角焊缝40条，总长109.6 m。以上共计焊缝总长209.6 m，熔化金属约1.5 t。现将该电站工地的有关组焊工艺归纳简介如下：

1. 组装工艺 将转子中心体置于安装平台上，水平调整至0.04 mm/m，检查上下法兰止口同轴度偏差小于0.05 mm，然后用螺栓把紧；将各扇形外环件分别吊入，用工艺螺栓把合，放在组合支墩上，调整后达到下列要求：①主立筋表面至中心距离偏差在名义尺寸的±0.5 mm以内；②主立筋垂直度不大于0.2 mm；③主立筋弦距尺寸公差不大于0.4 mm；④合缝处错牙小于2 mm；⑤上下圆盘水平度偏差不大于1 mm；⑥焊缝坡口间隙：环缝4 mm，径向缝3mm，立缝3 mm。

2. 焊接工艺 采用日本松下工业设备公司生产的YD－355 kV半自动CO_2气体保护焊机施焊，焊丝牌号为H08Mn2SiA，直径$\phi1.2$ mm。焊接过程按先点焊后正式焊接的步骤进行，最后焊副立筋。无论点焊还是正式焊接，焊接顺序均为先焊立缝、继焊环缝、最后焊径向缝。点焊时，对同种形式焊缝的点焊位置在180°方向对称，焊点数目相同。立缝焊6点，环缝每个扇形件焊4点，径向缝焊6点。焊接方式为立缝从焊缝中部开始分别向两端采取跳焊方式，正反面交替焊接；环缝从每个扇形件与中心体连接的中点开始用分段退步跳焊方式分别向两侧展开；径向缝的第一层采取跳焊方式，从中间分别向两端焊接，以后各层则可用分段退步焊的方式，焊接主方向可从圆心向圆周方向或从圆周向圆心方向交叉进行，但上、下两层主方向应相反。环缝和径向缝焊接时，应在焊缝的背面粘贴表面有凹槽的陶瓷衬垫，采用单面焊双面成型的技术。

（中国水利水电工程总公司 傅元初）

岩滩水电站水轮机偏心分瓣转轮现场组焊工艺技术

岩滩水电站安装4台HLA286a－LJ－800型水轮

机，设计水头 59.4 m。该水轮机转轮名义直径 $D_1=8$ m，下环处最大直径 ϕ8600 mm，总高 5190 mm，装配重量 307.7 t。转轮由哈尔滨电机厂在葫芦岛大件厂制造，上冠材料 ZG20 MnSi，下环和叶片为 ZGOCr13Ni5Mo 不锈钢铸造。整个转轮分为两瓣，运至现场后，上冠用螺栓把合，下环和被分割的叶片在现场组装、焊接成整体，并进行局部退火处理，用工厂提供的简易立车加工，套装上下止漏环，最后进行静平衡。由于叶片数为奇数（$Z=13$），为使分瓣时切割的叶片数最少（仅为 2 片），采用了偏心分瓣工艺，偏心值为 160 mm。

偏心分瓣转轮的组装焊接，曾由水电第四工程局于 1987 年在龙羊峡水电工程中实施并取得初步经验。在岩滩工程中，水电第四工程局以上述经验为基础，作了进一步的工艺改进，在不对称分瓣转轮的焊接及控制非对称收缩变形方面逐步形成了一套操作方便、能保证施工质量的组焊工艺。

（一）转轮组合

转轮组合时，应保证下环及叶片的坡口形状并进行修整，使下环坡口呈双 U 型，叶片坡口呈 X 型；组合后的转轮需要整体起吊以释放由于上冠螺栓组合时形成的结构应力，上冠组合螺栓的预应力应达到设计要求。

（二）下环焊接及热处理

(1)下环焊接前在组合焊缝两侧焊两块立板，每块立板背向焊缝一侧各焊两块筋板支撑，用 50 t 千斤顶作为焊口间隙顶开工具；在焊缝两侧内、外各打上 3 对距离为 300～350 mm 的对称标记，将下环顶开 5.5 mm；然后在垂直于焊缝方向焊接 3 块抗拉板（外侧 2 块、内侧 1 块）；在焊缝上下部钝边间隙处各打入 1 块楔形块。

(2)下环焊缝分为 7 段，从上至下第 1 段 350 mm，第 2 段 250 mm，第 3 段 350 mm，第 4～6 段 300 mm，第 7 段 250 mm。

(3)在坡口两侧 500 mm 范围内进行局部预热，当坡口两侧 300 mm 以内温度达到 250℃时拆除加热器，焊接时温度不应低于 150℃，焊条应储存在 70℃以上的保温筒中。

(4)拆除加热器后迅速测量转轮横向收缩量，此时上冠法兰下凹度应在 0.2 mm/m 以内。

(5)封底焊以干燥好的奥 237 ϕ4 焊条，焊接电流 115～135 A，采用分段退步焊方式。两名焊工在下环合缝内侧同时施焊，一名从上至下退步焊前 4 段，另一名从第 5 段开始退步焊后 3 段。封底焊后在外侧清根，并着色探伤检查。

(6)在下环内外侧各配一名焊工用 LSE－821 ϕ4 焊条，采用相同的电流、焊速和方向焊第 1 层。先焊第 6、7 两段，再同时从第 1 段退步焊到第 5 段，要注意避免对弧；电流的大小根据变形收缩情况适当调整在 120～150A，连续施焊，内外侧同时反复焊至第 6 层。从第 7 层开始从上至下退步焊至末层，最后由下至上盖面。焊层厚度 3～5 mm，焊道宽度不大于 15 mm，各层接头应错开 20～40 mm，每焊一道焊道，用风铲锤击，彻底清理飞溅、焊瘤和夹渣，并用放大镜检查。

(7)对于前 4～6 层，每焊完 1 层进行一次全面变形测量，根据上冠法兰面下凹值的变化、焊缝不同部位收缩情况，及时调整内、外侧焊接顺序、焊层厚度、焊接电流，并正确及时地割除各部位抗拉板和楔形块。

(8)下环焊接完成后应立即进行热处理，加热带尺寸一般为下环厚度的 4～7 倍。热处理退火按规范进行，退火时周围环境温度不低于 20℃。

（三）叶片焊接

(1)叶片焊前要预热至 80～100℃，对接坡口错牙不大于 3 mm，在正面焊 3～4 块拉板，用奥 237 ϕ4 焊条每隔 500 mm 搭焊一段、长度为 30～50 mm，厚度 6～8 mm。

(2)用奥 237 ϕ4 焊条在叶片正面封底，自上而下分段退步焊，每段 300～400 mm，焊接电流 110～120 A，背面用电弧气刨和角磨机清根，并着色探伤。

(3)用 LSE－821 ϕ4 焊条，每个叶片由两名焊工从上至下正反面同时施焊，四名焊工同时焊接 2 个叶片，焊接电流 140～170 A，焊厚 3～4 mm。每焊完 1 层，锤击 1 次。

(4)叶片焊接过程中要严格监测焊缝收缩对上冠法兰面下凹度变形的影响，根据转轮大、小瓣下凹度不同值确定 2 个叶片正反面焊接顺序、焊接电流以及正面拉板割除的时间。

(5)叶片焊接完成后，上冠法兰面的下凹度应控制在 0.07 mm/m 以内。

岩滩水电站 8 m 直径水轮机偏心分瓣转轮组焊的成功和形成的一套工艺方法，为今后三峡工程及其它大型水电工程的转轮制造、安装积累了丰富的实践经验。

（中国水利水电工程总公司　傅元初）

用爆炸法消除压力钢管焊缝应力

（一）用爆炸法消除应力的机理和研究

对大型钢结构的焊缝，在施焊时由于局部加热，熔池冷却收缩，引起焊缝处残余应力。这种应力可用爆炸法消除，其机理大致是：将炸药条在焊缝附近爆炸，由此产生很强的冲击波；在冲击波的作用下该处产生流变（塑性变形）。这种冲击与锤击消除应力相似，其实质是使焊缝附近产生某种延伸，因而这种工艺又被称为爆炸锤击。由于爆炸发生在瞬间，并伴有热量，热量来不及传出去，就成为绝热过程，有很高的温升。材料变形和温升同时作用，使爆炸消除应力比一般热处理消除应力有更好的效果。

用爆炸法消除应力的技术，西德、英国、原苏联和南斯拉夫等国10多年前就有研究和应用。中国科学院金属研究所从80年代初开始进行该项技术的研究，研究成果曾于1986年通过院级鉴定。鉴定认为该项成果填补了国内空白，在某些方面有创见，达到了国际水平。对该项技术在继续理论研究的同时，还进行了工业推广应用研究。实践表明：①爆炸法能消除钢结构中70%以上的残余应力，从工业推广的数据来看都符合设计要求；②按JB741－80钢制焊接压力容器技术条件和GB1614－81《锅炉受压元件焊接接头检验方法》对某些产品试板进行试验的结果表明：16MnR，CF62、SM58Q、921船用钢、18－8奥氏体不锈钢的焊接试板经爆炸消除应力处理后，试件的抗拉强度、延伸率、收缩率、热影响区和熔合线的冲击值，都相当于或优于热处理的试件；③爆炸处理提高了结构抗应力腐蚀开裂的能力；④爆炸处理大大降低了试板疲劳裂纹扩展的速率；⑤爆炸处理提高了焊接接头的抗脆断能力；⑥爆炸处理对残存的缺陷有治愈和减少危害的作用；⑦爆炸处理不会使结构产生大的宏观变形。

从微观来看，爆炸处理的入射冲击压缩波使金属位错增殖并缠结，降低位错的可动性，使开动位错所需的复变应力幅值提高，从而提高金属的疲劳强度。当冲击波界面反射成拉伸波，则可使位错部分解脱缠结导

统　计

1992～1994年在建和投产的大

项目 \ 电站名称	十三陵	天荒坪	羊卓雍湖	李家峡	天生桥一级	二　滩	五强溪
型　式	竖轴单级可逆	竖轴单级可逆	竖轴水斗式	竖轴混流	竖轴混流	竖轴混流	竖轴混流
型　号				HL200－LJ－600			HL295－LH－830
转轮直径 D_1(m)	2.63	4.08	1.565	6.0	5.85	6.247	8.3
最大水头/扬程 H_{max}(m)	481/488.6	610.2/	859	135.6	143	189	60.1
最小水头/扬程 H_{min}(m)	435/440.4	518.5/	790	114.5	83	135	36.2
平均水头/扬程 H_{cp}(m)	458/450	570		127.4	126.5	170	46.9
额定水头/扬程 H_r(m)	430	526/	816	122.0	111	165	44.5
额定出力/入力 N_r(万kW)	20.4/20.35 18.12	30.6/33.6	2.31	40.8	31.0	58.2	24.8
额定流量 Q_r(m^3/s)	53.8/43.6	67.7/57.7	3.16	374	301.2	376	625
额定转速 n(r/min)	500	500	750	125	136.4	142.86	68.18
飞逸转速 n_p(r/min)	681/725	680	1290	250	260	281	140
额定比转速 n_s/n_q(m·kW/m·m^3/s)	115/34	109.8/31.2	26	197	211	184.3	295
比速系数 K	2385/3302	2518/3798		2176	2223	2367	1968

至疲劳强度降低。又因金属中的位错增殖并缠结，使金属发生裂纹及裂纹扩展变得困难，也就是提高了材料的抗裂性。由于应力腐蚀开裂、疲劳脆性断裂都是从萌生裂纹和裂纹扩展为特征的，所以提高结构的抗裂性即全面提高了结构的安全性和可靠性。至于反射冲击拉伸波的不利作用，可通过炸药和爆炸工艺来减少和避免。

（二）用爆炸法消除压力钢管焊缝应力

在水电部门对水工金属结构做过爆炸处理的有新疆托海、黑孜尔、大山口和喀什水电站的岔管，丹江口水电站小机组的岔管及清江隔河岩水电站的钢管。以下仅简单介绍两项较典型的工程的爆炸处理情况。

托海水电站岔管的主岔由主管的 ϕ6.5 m 变为 ϕ5 m，公切圆球直径为 ϕ8.12 m，板厚为 32 mm；支岔由 ϕ5 m 变为 ϕ3.4 m，公切球直径为 ϕ5.9 m，月牙肋板厚 50 mm，全都用 16MnR 钢板制造。设计原要求对焊缝进行局部退火处理，后经爆炸处理，残余应力由 200 MPa 下降到 10 MPa 的占75%，从1986年安全运行至今。

隔河岩水电站装 4 台机组，单机容量 30 万 kW，由 4 条 ϕ8 m 直径的压力钢管供水。钢管共 352 个管节的中下部 176 个管节采用 SM58Q 材料制造，最大板厚 46 mm，焊缝最大纵向应力接近材料的屈服限 445 MPa。钢管焊缝经爆炸处理后，平均应力不到屈服限的 30%，满足了设计要求。从 1993 年 6 月 4 日第 1 台机组投产到现在，该钢管一直安全运行。

用爆炸法消除水电站压力钢管焊缝的实践表明：①用爆炸法处理消除焊接残余应力后，接头的机械性能基本不变；②用爆炸法处理，省时高效，灵活简便，安全可靠，成本低廉，对很难进行热处理的大型钢结构和不宜作退火处理的调质钢结构都能采用。

（中国水利水电工程总公司　李永龄）

资　料

中型水电站水轮机主要参数表

大　峡	宝珠寺	太平驿	百龙滩	白石窑	京　南	大　埔	王甫洲
竖轴转桨	竖轴混流	竖轴混流	灯泡贯流	灯泡贯流	灯泡贯流	灯泡贯流	灯泡贯流
ZZ(F24)-LH-700	HLD89-LJ-500	HLTF13-LJ-292		GZ(TF07)-WP 500	KR-K137/4	KRK342-4-60	RK4/0.38/558E
7.0	5.0	2.92	6.4	5.8	6.3	6.0	7.2
31.4	103	130	18.0	12.18	14.5	15.6	10.3
13.2	68.5	101	3.0	3.0	3.0	3.0	3.7
28.29	90.4	114	12.28	9.17	11.8	12.4	8.14
23.0	84.4	108	9.7	7.8	11.0	10.8	7.52
7.73	17.86	6.66	3.3	1.8551	3.54/3.75*	3.07/3.25	2.81
369.6	239	66.02	377.5	263	351.4	311.0	412
88.2	136.4	250	93.8	85.71	88.24	93.75	71.43
184(协)	275	490	310	256	240	300	222
487	225	185	995	895.7	829	839	962
2335	2067	1923	3098	2502	2750	2757	2738

项目 \ 电站名称	十三陵	天荒坪	羊卓雍湖	李家峡	天生桥一级	二滩	五强溪
最高效率 η_{max}(%)	92.1/92.36	92.2/91.7	91.5	94	96.27	96	95
设计点效率 η_0(%)	90	87.6/91.3	91.5	91	95.03	94.39	90.85
吸出高度 H_s(m)	−56	−70	排出高度2.3	−6	−3.24	−8.4	+0.9
尾水管型号	弯肘	弯肘	开敞式	窄高 4H	弯肘	窄高	扁弯金属
调速器型号	数字式	数字式 TC200	V01THSPS −R/P_1	JCT − 150 − 40		双微机	微机
油压装置型号				YS − 16 − 40			
调速系统油压(MPa)	7.0	5.0	6.4	4.0	4.0	6.4	
进水阀型式	球阀	球阀	球阀				
进水阀直径(m)	φ1.75	φ2.0	φ0.6				
制造厂家	美国伏依特	挪威克瓦纳	奥地利伏依特	东方电机厂	转轮为法国奈尔皮克	加拿大 GE	美国伏依特-哈尔滨电机厂

出力为 3.75 万 kW。

1992～1994 年在建和投产的大

项目 \ 电站名称		十三陵	天荒坪	羊卓雍湖	李家峡	天生桥一级	二滩	五强溪
型号		SSV482/12 − 300	待定	SSV265/18 − 150	SF400 − 48/12800	SF300 − 44/12440	待定	SF240 − 88/19400
型式		半伞式	悬式	悬式	半伞式	半伞式	半伞式	半伞式
冷却方式		空冷	空冷	空冷	空冷	空冷	空冷	空冷
额定容量	S_n(万 kVA)	22.2/21.8	33.3/34.46	2.5	44.4	34.3	61.2	26.667
	P_n(万 kW)	20.0/21.8	30.0/33.6	2.25/2.0	40.0	30.0	55.08	24.0
最大容量(万 kW)			35.0/			33.3	61.0	29.333
调相容量(MVar)		154/100	220				336.6	
充电容量(MVar)			250			230	500	150
进相(MVar)		171/171	200				266	
额定功率因数 $\cos\varphi_n$		0.9/1.0	0.9/0.975	0.9/0.95	0.9	0.875	0.9	0.9
额定电压 U_n(kV)		13.8	18	6.3	18	18	18	15.75
额定电流 I_n(kA)		9.288	13	2.291	14.328	10.997	20.66	9.775
转速(r/min)	额定	500	500	750	125	136.4	142.86	68.2
	飞逸	681/725	720	1290	250	260	281	140
直轴同步电抗 X_d		1.1013	1.19	0.946	0.98	1.05	0.996	1.0

续表

大 峡	宝珠寺	太平驿	百龙滩	白石窑	京 南	大 埔	王甫洲
94.0	94.4	95.28	95.2	95	95.2	95.30	95.4
92.7	92.5	95.10	92.0	92.7	93.75	93.30	
−5.5	−3	−3.1	σ_M=2.25	−7.5	−9.0	−10.1	−6.7
弯肘 4H	4H	弯肘	直锥	直锥	直锥	直锥	直锥
DTJ	WDT/DT-150-4.0	DTJ-100-4C2	微机	SKDST-100/4	微 机 SPSR-S	数字 DGC-89	数字式
STY-10×2/4-A_1		HY2-2.5					
4.0	4.0	2.5	5.0	4.0	6.0	5.5	6.0
富春江水工厂	东方电机厂	天津发电设备厂	日本富士-富春江水工厂	天津发电设备厂	奥地利伏依特	奥地利钢铁联合公司	奥地利钢铁联合公司

（水利水电规划设计总院　王明坦）

中型水电站水轮发电机参数表

大 峡	宝珠寺	太平驿	百龙滩	白石窑	京 南	大 埔	王甫洲
SF75-68/11350	SF175-44-/1035	SF65-24/6440	GDH7344T/32	SFWG18-68/6400	SV620/68-200	SV610/64-170	SV656/84-180
半伞	半伞	悬式	灯泡贯流	灯泡贯流	灯泡贯流	灯泡贯流	灯泡贯流
空冷	空冷	空冷	空冷	空冷	空冷	空冷	空冷
8.83	20.0	7.647	3.3684	2.0	3.75	3.26	3.028
7.5	17.5	6.5	3.2	1.8	3.45	3.0	2.725
			3.368		37.5	32.6	
	150	15					
0.85	0.875	0.85	0.95	0.9	0.92	0.92	0.9
13.8	13.8	10.5	10.5	10.5	10.5	10.5	10.5
3.692	8.367	4.2048	1.852	1.1	2.062	1.793	1.665
88.2	136.4	250	93.8	88.2	88.2	93.8	71.43
184(协)	275	490	310	250	240	300	222
0.944	1.06	1.0284	0.95	0.9021	1.032	0.844	0.975

项目 \ 电站名称	十三陵	天荒坪	羊卓雍湖	李家峡	天生桥一级	二 滩	五强溪
直轴瞬变电抗 X'_d	0.2898	0.28	0.274	0.32	0.342	0.32	0.35
直轴超瞬变电抗 X''_d	0.2186	0.18	0.193	0.215	0.2205	0.22	0.24
短路比 K_t	0.908	0.9	1.057	1.153	1.0	1.1	1.1
转动惯量 GD^2(t·m²)	>2420	3500	20	85000	62000	95000	180000
额定效率(%)	98.44/98.61	98.73/98.86	97.91/97.3	98.65	98.6	98.71	98.5
推力负荷(kN)	7400	6100	455	25000	20880	22000	
转子重量(t)	225	375	41.7	1000	771	981	830
定子重量(t)	178	295	38	1200	422	550	465
总重量(t)	539		99.4	2200	1722	1701	1900
制造厂家	伊林公司	加拿大 GE	伊林公司	东方电机厂	哈尔滨电厂机厂	加拿大 GE	哈尔滨电机厂

1992～1994年水电机组(单机容量6000 kW及以上)投产项目表

年 份	当年总计(台数/万 kW)	投产项目[水电站名称 台数×单机容量(万 kW)]	累 计(万 kW)
1992	大中型 14/185.75	岩滩 1×30.25,白山二期 1×30.0,天生桥二级 1×22.0,安康 2×20.0,铜街子 1×15.0,万安 2×10.0,丰满二期 1×8.5,潘家口蓄能 2×7.0,大山口 3×2.0	2569.235
	中小型 20/25.88	马回 1×2.3,腊庄 2×2.0,关脚 2×1.6,枫树岭 2×1.6,安居 1×1.5,龙门滩 2×1.3,三江口 1×1.25,良浅 2×1.0,喀什二级 1×0.88,四九滩 3×0.85,株树桥 1×0.8,小干沟 2×0.8	
	合计 34/211.63		
1993	大中型 14/309.45	岩滩 1×30.25,广蓄 3×30.0,隔河岩 2×30.0,漫湾 2×25.0,天生桥二级 1×22.0,水口 1×20.0,铜街子 2×15.0,青溪 2×3.6	2890.205
	中小型 10/11.52	腊庄 1×2.0,三江口 2×1.5,锦江 2×1.25,遥田 1×1.25,喀什二级 1×0.88,天楼地枕 3×0.63	
	合计 24/320.97		
1994	大中型 18/317.95	岩滩 1×30.25,隔河岩 2×30.0,广蓄 1×30.0,漫湾 2×25.0,五强溪 1×24.0,水口 3×20.0,东风 1×17.0,铜街子 1×15.0,太平驿 1×6.5,大广坝 3×6.0,青溪 2×3.6	3233.365
	中小型 14/25.21	普定 2×2.5,昭平 2×2.1,水东 3×2.0,西河 2×2.0,万安溪 3×1.5,喀什二级 1×0.88,天楼地枕 1×0.63	
	合计 32/343.16		

注 农电 6000 kW 及以上水电机组未统计在内

(电力部水电开发与农村电气化司 宋宏启 国能中型水电实业开发公司 张元领)

续表

大 峡	宝珠寺	太平驿	百龙滩	白石窑	京 南	大 埔	王甫洲
0.3058	0.35	0.3084	0.36	0.3626	0.32	0.251	0.36
0.20	0.20	0.2031	0.29	0.24	0.267	0.187	0.277
1.024	1.0	1.0886	1.0	1.0	1.09	1.0	1.0
23000	30000	3183	4000	1615	2760	2100	3400
98.04	98.4	98	97	97	97.85	97.75	97.5
1750		4917	7420	2510			
365		235	130	97	89.5		58
180		125.1	110	98	75.1		96
860		456.8		344	215.4		
富春江水工厂	东方电机厂	天津发电设备厂	富士公司(前3台)	伊林公司	伊林公司	奥地利钢铁联合公司	伊林公司

(水利水电规划设计总院　高景云)

1992～1994年各种类型水电机组安装工期统计表

水电站名称	机组型式	机组编号	单机容量(万kW)	安装工期(d)				备注
				Ⅰ		Ⅱ		
广蓄一期	抽水蓄能	1	30	694	722(平均)	327	242(平均)	
		2	30	724		242		
		3	30	706		188		
		4	30	763		210		
潘家口蓄能	抽水蓄能	2	7	1122	1363	535	667	进口设备返厂处理及火灾事故处理,使工期延误
		3	7	1540		925		
		4	7	1428		541		
隔河岩	混流	1	30	612	692	220	142	
		2	30	498		103		
		3	30	775		148		
		4	30	884		97		
白山二期	混流	4	30	561	690	74	80	
		5	30	819		86		
安康	混流	1	20	420	540	102	167	
		2	20	440		146		
		3	20	661		211		
		4	20	639		210		
丰满二期	混流	9	8.5	435	422	70	64	
		10	8.5	409		58		
大山口	混流	1	2	576	527	187	163	
		2	2	671		266		
		3	2	430		101		
		4	2	430		96		

续表

水电站名称	机组型式	机组编号	单机容量（万 kW）	安装工期(d)				备注
				Ⅰ		Ⅱ		
铜街子	轴流	1	15	846	785	143	81	
		2	15	770		92		
		3	15	884		49		
		4	15	639		39		
万安	轴流	1	10	463	464	194	165	
		2	10	550		183		
		3	10	435		143		
		4	10	408		140		

注 表中Ⅰ为从座环安装开始至 72 h 试运行结束；Ⅱ为从转轮吊入至 72 h 试运行结束。

（电力部水电开发与农村电气化司 郑思蕙 朱家鹏）

施　工

14

施　工　技　术

水电工程施工技术发展和应用近况概述

1992～1994年，国家计划内的大中型水电投产装机约840万kW，其中1994年投产18台机组317.95万kW，是历年来成绩最好的1年。水电建设取得这样好的成绩，主要是由于建设管理体制改革深化，推行了项目管理和项目法施工的科学管理方法；而施工技术的发展和应用也是一个重要因素，现结合部分工程实际将这方面的近况概述如下。

（一）截流与围堰

随着施工技术和施工机械的发展，在大江大河上截流已不再是施工中的难点。二滩工程选用戗堤分担水头、平立堵综合截流方案，并注重分流、均衡组织生产和在方案修改中体现动态管理思想，结果在流量1090 m^3/s、总落差4.94 m的水流条件下不用人工预制的特殊料物、没有热烈的场面、也没有大强度抛投的情况下，比合同工期提前14天顺利完成合龙任务。普定下游过水围堰采用整体制作分格填筑的块石铅丝笼作护面，连续两年经11次过水并超标准运行，过堰最大流量3900 m^3/s，最大单宽流量75 m^3/s·m，整体铅丝笼完好，只有局部破损。李家峡围堰采用沥青充填加水泥灌浆灌实技术，解决了围堰戗堤的堵漏、闭气和防渗问题。水东高掺粉煤灰的低流态混凝土拱围堰，高21.6 m，底宽5.32 m，采用汽车进仓施工方案，不设横缝，建成后的第二个枯水期发生间距15 m、宽0.2～2.0 mm大部未开裂到底的规则径向裂缝，挡水时缝面被压紧，缝中基本不漏水。

（二）基础处理及灌浆技术

"八五"期间自行研制的CZF—1200型冲击反循环钻机，采用泵吸法和气举法出渣，造墙深度可达85 m以上，纯钻工效1.8 m/h，比目前的冲击钻提高工效约1倍。这种钻机在三峡工程围堰防渗墙施工中实现了6.6 m/（台·日）的工效。小浪底主坝基础防渗墙墙厚1.2 m，孔深81.9 m，是目前国内最深的防渗墙；上游围堰防渗墙的塑性混凝土R_{28}=3.8 MPa，强度保证率97.5%，混凝土的弹强比由水口的179降为57.3。五强溪和隔河岩用磨细水泥对基础微细裂隙进行灌浆处理，效果良好。隔河岩还将这种材料用于大坝接缝灌浆。这几年用于基础处理的振冲和高喷技术发展很快。通过乌江渡、隔河岩、东风、观音阁、五里冲等工程采用"孔口封闭高压灌浆"的实践，解决了喀斯特地区建坝和建库的难题。大型集中制浆站、智能化灌浆自动记录仪、耐压7 MPa的高压膨胀式灌浆塞、隧洞内全方位灌浆的钻灌台车及适用于斜井的液压爬升灌浆平台等技术的发展和应用，使灌浆技术和手段得以提高。隔河岩帷幕灌浆1991年钻灌10.67万m，最高月强度1.7万m。东风帷幕灌浆量32万m，1992、1993两年分别完成10.361万m和11.860万m，最高月强度17489 m。广蓄一期斜井固结灌浆日均钻孔深127 m，平均耗浆51.9 L/m，耗水泥32.9 kg/m，平均日爬升7.5 m。该工程采用6.5 MPa的高压力，为保证灌浆质量又不破坏混凝土衬砌，采用"低压慢灌，逐步升压，控制质量，浓浆待凝"等措施，在钢筋混凝土岔管固灌后，充水稳压100 h测得总渗漏量小于等于40 L/min。天生桥二级引水隧洞不良地质地段采用6 MPa高压进行全方位固结灌浆，仅用8个月完成96854 m，锚杆12591根，最高月强度19614 m，在破碎裂隙带波速提高幅度较大，重点加固部位平均波速达4000 m/s，溶洞中粘泥波速由1500 m/s提高到2000～2500 m/s。

（三）高边坡处理

坡顶卸荷减载，坡脚压重，开挖坡面锚喷或设混凝土梁格，设置混凝土抗剪、置换洞，抗滑桩，大吨位预应力锚索，表层和深层排水系统，以及由地表和深层组成的立体监测系统等综合治理技术已得到广泛应用，成功地解决了一些工程高边坡和滑坡体处理问题。如五强溪左岸船闸高165 m蠕变高边坡；隔河岩右岸下游岩体"上硬下软"、高229.3 m的厂房高边坡；二滩尾水渠内侧边坡6.5万m^3的蠕变体；宝珠寺开挖高度约250 m的左岸构造形成的不稳定楔体和下游滑坡体；漫湾左岸坍滑15.6万m^3后仍存在的不稳定地段；李家峡导流洞的高边坡和上、下游的滑坡体等等，都是应用上述技术成功地进行治理的。

（四）开挖与爆破

随着爆破技术的提高和普及，以及先进钻孔和出渣设备的使用与设备匹配的明显改善，开挖施工速度加快，爆破对围岩的扰动深度得到控制，坝肩、坝基和高边坡的残留半孔明显。二滩导流洞开挖尺寸 25.5 m ×20.5 m(高×宽)，单洞最大月开挖量 12.2 万 m^3。十三陵上池 1992 年连续 3 个月开挖、填石方 60 万 m^3，最大日挖填量 3.56 万 m^3；在倾角 50°的斜井施工中，用 LM—200 型反井钻机，历时 46 天打通直径 1.4 m、长 203.74 m 的下斜井导井；在大部为Ⅴ类围岩开挖直径 6.4 m 的上斜井人工钻爆扩挖时，钢筋网喷混凝土紧跟，月平均进尺 50 m。太平驿高 80.5 m、开挖直径 28.6 m 的全地下式调压井，开挖工期仅 8 个月。广蓄二期隧洞开挖均衡生产，月开挖强度 110～120 m。岩滩碾压混凝土围堰拆高 33.2 m，最大一次拆高 24 m，在堰体与永久坝体衔接处用 1 cm 厚泡沫塑料隔离，减少爆破震动效应约 50%。黄坛口扩建在距调压井 6 m、厂房 10 m、上部又有 110 kV 输电线情况下，用塑料导爆管串并连接力式孔间微差控制爆破网络，6 个月开挖石方 6.27 万 m^3，钢筋混凝土 0.4 万 m^3。继鲁布革后，广蓄、东风、太平驿，大广坝相继建成岩锚梁，由于爆破技术掌握得当，岩石斜面成型好，上超下欠得到控制。广蓄一期的高压钢筋混凝土岔管采用控制爆破，断面成型好。李家峡采用孔内、孔外、孔口延时相结合，组成导爆管接力起爆网络，在大面积爆破中将单响药量控制在 150 kg 以内。

（五）混凝土浇筑

继水口水电站 1991 年浇筑 115 万 m^3 混凝土后，1993 年五强溪水电站浇筑混凝土 117 万 m^3，最高月强度 13 万 m^3。隔河岩 1991 年浇筑 80.5 万 m^3，最高月强度 13.4 万 m^3。漫湾 1991 和 1992 两年分别浇筑 74.4 万 m^3 和 86.86 万 m^3。广蓄一期在直径 8.5 m 斜井直线段滑模施工中，日均滑升 3.4 m，月最高 149 m。广蓄二期隧洞衬砌均衡生产，平均月强度达 120 m。

碾压混凝土筑坝技术推广发展较快，并形成我国的特色，即采用中胶凝材料用量、高掺粉煤灰、低水泥用量的“中胶高掺混凝土”，胶凝材料 140 kg/m^3 左右，水泥用量仅约 50 kg/m^3，粉煤灰掺量在 60%以上。同时，由于大面积通仓、薄层、连续上升快速施工方法的采用，大大加快了筑坝速度。在岩滩 110 m 高的几个控制工期的主体坝段采用碾压混凝土，简化了温控，取消了对坝体强迫冷却和接缝灌浆，不仅加快了施工速度而且层面抗剪稳定。大广坝碾压混凝土坝的建成，为在高温地区碾压混凝土的施工积累了新的经验。普定高 75 m 的碾压混凝土拱坝，施工中始终贯彻执行计划、施工、质量控制、总结的质量改进循环法（PDCA），实现台阶滚动，提高了施工质量，并在四次实验块实验基础上写出了《普定碾压混凝土拱坝施工工法》和《普定碾压混凝土现场质量控制研究》。该工程在层间结合、变态混凝土作业、铺洒水泥灰浆、Vc 值动态控制、碾压混凝土光滑面作业等施工技术上，均有较大的改进和突破。

把采用适量掺入轻烧氧化镁拌制的混凝土作为混凝土防裂和简化温控及加快施工进度的有效措施，已进一步被接受，在设计思想和筑坝技术上都有突破和创新。水口在引水坝段强约束区浇筑 7.4 万 m^3 外掺氧化镁微膨胀混凝土，将夏季混凝土的入仓温度放宽 7～8℃。青溪大坝高 51 m，18 个坝段中有 13 个坝段的强约束区全面采用外掺氧化镁微膨胀混凝土，取消了加冰拌和和冷却水管等温控措施，采用厚层短间歇浇筑方案，施工后经初步检查仅发现一条因结构原因造成的裂缝。导流隧洞和导流底孔封堵时，采用在低热微膨胀水泥中掺入氧化镁或复掺其他带膨胀性材料拌制的混凝土，可以提供足够的膨胀量并对侧壁形成一定的预压应力，简化甚至完全取消封堵混凝土的冷却水管和侧壁接缝灌浆。此外，上述技术在漫湾、东风、铜街子等工程实践中也进一步得到了应用。

漫湾开创了国内接缝采用全年冷却的先例。在控制工期的厂房坝段保证钢管焊缝不被拉裂的前提下，两相邻块同时上升，解决了浇筑块之间相互等待的问题；尾水管肘管采用钢肘管成型；取消尾水扩散段封闭块等技术，加快了施工进度，使工程得以早日蓄水发电。

五强溪在夏季常出现 35℃以上的高温，冬春季寒潮频繁，人工砂岩轧制的骨料以及基础温差要求严、强约束区高、浇筑块会较长时间处于全断面大范围受拉状态，极不利于温控和防裂。通过混凝土生产系统各环节的大型高速综合机械化配套施工、多功能微机控制的搅拌楼、多台缆机同浇一个仓面混凝土与严格的温度控制等技术措施，成功地解决了大坝混凝土通仓浇筑的高强度和高标准难题。五强溪首次在我国成功地在整个大坝混凝土浇筑施工中采用通仓、薄层、长块浇筑技术，取得了比较显著的效果。

（六）混凝土面板堆石坝

十三陵上池面板堆石坝最大月填筑量 26.3 万 m^3，最高日填筑量 1.5 万 m^3。东津当年开工，当年截流和进行面板坝坝体填筑，并在第一个枯水期内用 101 天时间填筑坝体 56.7 m 高，填筑方量 65 万 m^3，可挡百年一遇洪水，日平均填筑量 6800 m^3，高峰时日填筑量 1.27 万 m^3，月填筑强度 17.6 万～21 万 m^3，日均升高 0.56 m。广蓄一期和万安溪面板堆石坝的垫层料分别采用河滩砂砾料和掺风化花岗岩粗砂。万安溪左岸趾板采用 OEA 补偿收缩混凝土，伸缩缝间距由一般的 12 m 增加到 30 m；其面板混凝土掺加三复合外加剂（木钙、DH_9 引气剂、FE 高效减水剂）和较多的粉煤灰，在总面积 9100 m^2 的一期面板混凝土浇筑后，经多次检查未发现裂缝。

（七）其它方面

十三陵高压管道采用 800 MPa 级高强钢板，解决了焊接和制作的难题，在高压岔管试验时，打压到 2000 m 水头。李家峡钢管直径 8 m，为优质锰钢板，最大板厚 40 mm，改瓦片卷制为一次卷制成型，工效提高 2 倍多，拼组焊接的钢管周长误差小于等于 1.2 mm，扭曲度控制在 2 mm 以内。

隔河岩压力钢管用 SM58Q 钢板焊接，最大板厚 46 mm，为消除焊接后残余应力，采用了特制的低速炸药进行爆炸，效果良好，爆后所有测点平均残余应力未超过钢材拉伸屈服强度的 30%。该工程引水隧洞下游洞段采用 QM 锚和 HM 锚两种锚固体系进行后张法圆环预应力钢筋混凝土衬砌，获得成功，这在我国尚属首次。

天生桥二级引水隧洞在砂页岩Ⅳ类围岩中采用灌浆式预应力素混凝土衬砌试验成功，灌浆后在衬砌内缘平均预应力值 8.3 MPa，闭浆后预应力无损失，灌浆孔范围内围岩声波提高到 4000 m/s 以上，单位吸水率仅 0.001 L/min。

李家峡采用 SK—H002 型混凝土表面处理剂，只损失混凝土层厚 5 mm。水东采用 MJ—1 型混凝土表面处理剂，在碾压混凝土碾压收仓后铺洒并洒水保湿 48 h，用低压水冲洗，只冲掉 3 mm 左右的浮浆皮，处理成本 0.56 元/m^2（1993 年价）。

广蓄一期、普定、水东等工程采用真空溜槽输送碾压混凝土，成效显著。水东真空溜槽长度 $L=55$ m，坡度 1∶1，最大输送能力 200 m^3/h，混凝土骨料分离少，输送速度快，成本仅为 1.26 元/m^3（1993 年价）。

广蓄一期斜井开挖直径 9.7 m，衬砌后直径 8.5 m，在钢筋混凝土施工中研制的 XDM—8.5 型多功能模板能浇弯段、斜井直线段和水平段混凝土，仅用 115 天就完成了斜井中 613.2 m 长的直线段衬砌。太平驿引水隧洞施工使用的 ϕ9 m 穿行式全圆衬砌模板台车，将针梁式滑移的整套模板改为穿行式搬运部分模板节块，行走轨道布置在底模内侧，用该模板月平均衬砌 136.8 m。普定使用可适应上、下坝面竖向曲线的上、下交替连续上升可调式全悬臂钢模板，使大坝得以通仓薄层连续碾压上升。水口在垂直坝面和斜坡面采用了全悬臂组合钢模板，仓内无拉条，便于平仓机和振捣机作业，平均周转次数大于 50 次。在大坝单曲面部位采用可变曲率钢桁架立模，根据坝面的不同曲面可调整桁架的曲率，平均周转次数大于 40 次。

随着举世瞩目的三峡特大型工程的开工，我国的施工技术和水平将跃上一个新的台阶，混凝土最高年浇筑强度 470 万 m^3，最高年开挖强度在 2000 万 m^3 以上。

尽管取得了很大成绩，但存在问题不少。沟后大坝垮坝、天生桥二级 1 号调压井胸墙垮坍、沙溪口船闸裂缝、东江放空洞闸门槽漏水等事故的教训是深刻的。施工中的混凝土贯穿裂缝常有发生，至于一些通病在某些工程上尤其是中小型工程更是屡见不鲜。保证工程质量是工程建设各方的责任，应引起足够的重视。

注：本条目中涉及到的水电站或抽水蓄能电站均以地名简称。

（中国水利水电工程总公司　曹国权）

沥青灌浆技术在李家峡水电站围堰工程中的应用

（一）工程概况

李家峡水电站上游围堰为底部混凝土心墙和上部土工布混合防渗心墙堆石围堰。围堰堰顶宽 20 m，堰顶长 112.2 m，最大堰高 48 m，最大底宽 160 m。1991 年 10 月 12 日截流成功后，由于上戗堤渗水量很大，致使混凝土心墙一部分基础（范围约 40 m）座落在厚约 3～4 m 的砾石基础上，为此，经研究采用沥青灌浆技术进行处理。

（二）沥青灌浆堵漏原理

沥青防渗灌浆堵漏原理，就是将加热成液态的高温沥青迅速灌入需止漏的部位，热沥青与冷水相遇时先形成散的球状体，并随渗流流动扩散，而后凝聚粘附在渗漏通道表面；随着沥青的继续灌入，通道表面粘附的沥青越积越厚，通道越来越小，直至闭合。

沥青灌浆主要是依靠具有一定流速和流量的水把沥青带入渗流裂隙中，因其颗粒较大，细微的裂隙不可灌入，并且沥青在较大的水头作用下容易变形、撕裂，因此，对于运行期较长的工程项目的防渗还需在沥青灌浆完成后进行水泥（或其它材料）灌浆。

（三）沥青灌浆的施工

1．钻孔　上游围堰共布置沥青灌浆孔一排 10 孔，灌浆分两序进行，同序孔间距 8 m，相邻孔间距 4 m。造孔采用 XY—2 型地质钻机，先用吊垂将 ϕ127 钢锥管打到设计高程，然后起拔锥管形成钻孔。

2．沥青加热　考虑到沥青灌浆的连续性，在实际施工中共制作了 5 只沥青锅，每只容积 0.41 m^3。沥青锅架立在施灌部位附近，底部放 1 台鼓风机和煤炉进行加热。待一切工作准备好后，将沥青放入锅内开始加热，当温度达到150～170℃时停止，待灌。

3. 灌浆 沥青灌浆的具体操作步骤是：①在钻孔内插入ϕ1英寸灌浆管，至孔底20 cm，并将灌浆塞子卡在钻孔口；②打开已加热的机油桶阀门和齿轮泵，灌入150～170℃的热机油，对整个灌浆管路进行预热；③预热完成后立即打开沥青锅阀门，开始灌注沥青，灌注压力为0.2～0.25 MPa，沥青的进浆温度不低于150℃，出浆温度不低于100℃，中途不得停止；④待孔内充满浆后停止灌注，并立即再次进行冲洗；⑤拔出灌浆管，灌浆结束。

4. 灌浆泵 采用型号为2CN5·5的齿轮泵；额定排浆量为5.5 m^3/h；额定压力为0.4 Mpa。

5. 材料 标号为100号的道路沥青；动力粘度为150℃ 5Pa·s (5000 cps)，175℃ 1Pa·s (1000 cPs)；膨胀系数为6.5×10^{-4}℃$^{-1}$。

(四) 灌浆效果

李家峡水电站上游围堰心墙基础防渗处理方式是沥青加水泥灌浆；基础渗水面积为194 m^2，浆材消耗水泥494 t、沥青17704.6 L，渗水层单位平方米消耗水泥2.55 t、沥青9.1 L；渗水量灌浆前约10000 m^3/d，灌浆后约400 m^3/d。

(中国水利水电第四工程局 赵来谱 杨存龙)

十三陵抽水蓄能电站上池开挖与坝体填筑

十三陵抽水蓄能电站上池，由主坝、副坝、进/出水口及排水检查廊道等组成。环池周长1595 m，池顶高程568 m，总库容445万m^3，有效库容422万m^3。上池池盆采用钢筋混凝土面板全面防渗。

上池主坝为钢筋混凝土面板堆石坝，坝顶长550 m，坝轴线处最大坝高75 m，坝顶至下游坝趾填筑最大高差119 m，主坝坝体填筑量265.95万m^3。副坝顶长142 m，坝高10 m，填筑量2.65万m^3。按设计选用池盆开挖料填筑堆石坝。

上池土建工程于1991年4月15日正式开工，1992年3月20日主坝开始回填，1993年9月20日填至设计高程；同年年底池盆开挖结束。实际开挖量，池盆为398.92万m^3，主、副坝基为64.5万m^3。

池区主要岩层为安山岩和角砾岩，断裂构造较发育。池盆和坝基岩石钻爆，用KQ-150、CM-351和POC-712型钻机造孔，采用微差挤压爆破方案，爆破施工参数详见表1。

表1 施工爆破参数

项目 / 坝料	钻机型号	钻孔参数					备注
		孔径 (mm)	孔距 (m)	排距 (m)	梯段高度 (m)	倾角	
堆石料	KQ-150	150	3.5～4.0	3～4	8	75°	坝料级配良好
堆石料	POC722HC-01	102	3～3.5	2.5～3	7	83°	
垫层料	CM-351	105	1.5～2.0	1.5～2	3	90°	

表2 坝体填筑设计指标及施工参数

项目 / 坝料分区	设计指标					施工参数		
	干容量 (g/cm^3)	孔隙率 (%)	最大粒径 (mm)	<5mm (%)	渗透系数 (m/s)	铺料厚度 (cm)	洒水 (%)	碾压遍数 (13.5 t振动碾)
Ⅰ区料	≥2.06	≤25	600	<15	10^{-2}～10^{-3}	80	10	8
Ⅱ区料	≥2.09	≤25	600	<15	10^{-2}～10^{-3}	80	10	8
Ⅲ区料	≥2.14	≤23	600	<20	10^{-2}～10^{-3}	80	10	8
过渡料	≥2.23	≤20	300	<20	>10^{-2}	40	15	8
垫层料	≥2.23	≤20	150	10～20	>10^{-2}	40	15	8

池盆和坝基开挖，用H85、WK—4和WY—160挖掘机挖装，载重15 t、20 t、27 t的自卸汽车运输。坝料用D_{85}推土机平料，牵引式13.5 t振动碾压实，局部不易压实部位用2.5 t打夯机夯实。坝坡用WY—160反铲逐层削坡，迎水坡人工沿设计边线削坡，洒水后用13.5 t斜坡振动碾压实，下游坝坡人工按设计线块石砌护。坝体填筑设计指标及施工参数详见表2。池盆、坝基开挖和坝体填筑施工强度详见表3。

表 3　池盆、坝基开挖和坝体填筑施工强度

年份	开　挖　(万 m^3)			填　筑　(万 m^3)		
	年合计	月平均	月最高	年合计	月平均	月最高
1991	90.71	12.96	21.4			
1992	259.31	21.61	37.0	161.29	16.13	28.28
1993	125.08	10.42	21.35	107.32	8.94	18.01

（中国水利水电第五工程局　杜永明）

五强溪水电站大坝混凝土的通仓薄层浇筑施工

五强溪水电站大坝混凝土量 200.6 万 m^3，最大坝高 84.5 m，最大底宽 65 m，坝顶轴线长 717.73 m。大坝共分为 34 个坝段，坝段宽度大多在 18.72～24.5 m 之间，最大的船闸坝段宽达 33.5 m。大坝混凝土采用通仓薄层浇筑工艺施工，最大浇筑仓面达 2177.5 m^2，其余仓面在 1600 m^2 以内。象这样大的仓面，大规模进行通仓薄层浇筑施工在国内还是首次。五强溪水电站大坝混凝土自 1990 年 7 月 3 日开浇以来，到 1993 年底止，通仓薄层浇筑 117.80 万 m^3，创造了台班浇筑混凝土 1512 m^3、日浇筑 4002 m^3 的纪录；1993 年全年浇筑混凝土量达 116 万 m^3，从而为工程 1994 年底发电奠定了基础。

（一）混凝土拌和

五强溪主体工程混凝土采用人工砂石料。由于母岩的强度高、硬度大和二氧化硅含量高，经生产性试验后，对系统进行了完善、改造和增容，才攻克了硬岩制砂石料这一难关，满足了月浇筑 12.4 万 m^3 混凝土的要求。

大坝混凝土选用 525 号中热水泥，掺用高效复合外加剂，外掺 30%的粉煤灰（内部混凝土），较大幅度地减少了单位水泥用量。

混凝土拌和系统设有两座国产 4×3 m^3 拌和楼，型号为 HL236—4F3000L，采用微机全自动集中控制，楼顶设有二次筛分系统和附壁式冷风机，是采用混合上料、连续风冷新工艺的新式拌和楼。单楼铭牌生产率 240 m^3/h，设计系统混凝土生产能力冬季为 380 m^3/h，夏季出机口温度为 10℃时的混凝土生产能力为 180m^3/h。为了达到混凝土机口温度低于 10℃的要求，对混凝土粗骨料进行了水冷和风冷。

（二）混凝土运输

大坝混凝土运输采用机车配缆机方案，共布置 4 台额定起重量为 20 t 的中速平移式缆机，分高低布置，2 台高缆为西德 PWH 公司生产的“A”型塔架缆机，安装跨度 900 m，其“A”型主塔塔架高 88 m；2 台低缆为国产 QLP200/900 型，安装跨度为 870 m。

混凝土采用米轨机车水平运输，用 CZ80 型和 JM800 型内燃机车拖 6 m^3 混凝土立罐。由于运输距离短、速度快，夏天混凝土在运输途中的温度回升很少。

（三）混凝土浇筑

大坝混凝土的浇筑层厚，基础块为 1 m，非基础块 2 m，间歇期为 5～10 天（冬天 4～7 天）。混凝土浇筑台阶高度一般为 0.5 m，较小的仓面也可采用平仓浇筑法浇筑。

混凝土的平仓采用美国 D3C 和日本 D31P 平仓机；振捣主要采用日本 VBM—4EH、VBH—74EH 和 VBH—75EH 液压振捣车，车上配有 4～5 根 ϕ150×600 mm 的振动棒，可进行组合式振捣，从而实现了平仓和振捣的机械化作业。

夏季高温时，在仓面用喷雾风机进行人工喷雾，以减少混凝土在仓内的温度回升。对高温季节浇筑的基础块混凝土，还设冷却水管进行一期冷却。为使施工期坝体混凝土的温度场较均匀，要求相邻坝块均衡上升，除预留的导流缺口外，相邻坝块高差一般不大于 6.3 m，最大高差不大于 10.3 m。

（四）混凝土表面保护

为防止混凝土表面裂缝，每年 9 月中旬至次年 5 月中旬在新浇筑混凝土的顶面，从第 5 天中班起覆盖粒状泡沫塑料保温被，横缝及下游面在拆模后 12 h 内覆盖保温被，上游面采用气垫薄膜进行保温。

（五）施工缝处理

施工缝采用高压水冲毛的处理方式，高压泵压力为 33 MPa。混凝土浇筑前，在迎水面 9 m 范围内先铺一层 2～3 cm 的水泥砂浆，其余部位则先浇一层接缝混凝土，以保证混凝土层间结合良好。

（六）模板与钢筋施工

大坝模板以大块组合钢模板为主，有悬臂和半悬臂两种型式，采用 5～8 t 的仓面吊车进行拆装。坝内廊道、进水口倒悬面、导流底孔顶板等采用预制模板，并作为坝体的一部分。

部分钢筋采用气压焊和电渣压力焊接。

（七）质量

在通仓薄层浇筑大坝混凝土施工中建立了强有力的质量保证和监督体系。1992 年和 1993 年是大坝混凝土施工高峰年，1992 年施工的大坝混凝土合格率为 100%，优良率为 78.1%（数控），$C_{90}20$ 混凝土的强度保证率为 98.5%，离差系数 0.134；1993 年混凝土合格率为 100%，优良率为 85.5%（数控），$C_{90}20$ 混凝土的强度保证率为 96.6%，离差系数为 0.135。到 1993

年年底，大仓面的坝体混凝土已基本浇筑完毕，除因基础固结灌浆和基坑过水影响引起几条较严重的裂缝外，没有出现其它明显的危害性裂缝。

（中国水利水电第八工程局 刘炎生）

碾压混凝土坝施工技术的发展

碾压混凝土筑坝技术在我国虽然起步稍迟，但发展很快。据不完全统计，自1984年开始兴建第一座碾压混凝土重力坝至1993年年底，已建成的碾压混凝土坝：重力坝15座，拱坝1座，合计碾压混凝土量约300万m^3。在建的碾压混凝土坝：重力坝10座，拱坝2座，合计碾压混凝土量约500万m^3。设计中的碾压混凝土坝：重力坝13座，拱坝2座，合计碾压混凝土量约1700万m^3。总计碾压混凝土重力坝38座、拱坝5座，碾压混凝土总量约2500万m^3。从坝高上看，重力坝在建的最大坝高已达128 m，设计中的达216.5 m；拱坝已建成的最大坝高达75 m，设计中的达132 m。从拱坝体型上看，已由厚拱、中厚拱发展到薄拱。总之，从碾压混凝土量、坝高和坝型来比较，我国均居世界领先地位。

从已建的16座碾压混凝土坝运行情况看，最长的已有8年，最少的也有1～2年。坑口为我国第一座碾压混凝土重力坝，1986年建成，坝高56.8 m，碾压混凝土量为4.3万m^3，采用混凝土预制面板内填沥青混凝土防渗方案，由于左坝头帷幕灌浆未按设计要求施工，沥青混凝土施工质量有缺陷，渗漏量达4.8 L/s，经过帷幕补强，坝面处理，并局部进行灌浆处理，渗漏量降至1.7～1.8 L/s。龙门滩重力坝，1989年建成，坝高57.5 m，碾压混凝土量13万m^3，采用补偿收缩混凝土加钢筋形成约束条件的防渗板，初期蓄水时，渗漏量达3.6 L/s，后做灌浆补灌处理，1994年渗漏量已下降至2.5 L/s。与美国碾压混凝土重力坝相比，有代表性的柳溪重力坝，坝高52 m，碾压混凝土量33.1万m^3，开始渗漏量高达180 L/s，后经大坝坝体全面灌浆，渗漏量减至10 L/s。相继兴建世界闻名的上静水重力坝，坝高90 m，碾压混凝土量112万m^3，经过美国垦务局精心设计并精心组织施工，渗漏量仍达107 L/s。我国1994年建成的普定碾压混凝土拱坝，坝高75 m，碾压混凝土量12.7万m^3，采用二级配富胶凝材料碾压混凝土作防渗体，是现在世界已建3座同类拱坝中最高的一座，现在已开始蓄水，初期渗漏量小于1 L/s。上述情况充分说明，我国碾压混凝土工程质量水平已逐步提高，筑坝技术日趋成熟。

我国碾压混凝土施工技术，具有高掺粉煤灰、薄层、低稠度、快速短间歇、连续填筑、全断面碾压等特点。

(1) 高掺粉煤灰。通常采用二级配和三级配碾压混凝土，经对水泥、粉煤灰、砂率、石粉含量进行重点分析研究，采用富胶凝材料180 kg/m^3左右，中等胶凝材料150 kg/m^3左右，贫胶凝材料120 kg/m^3左右，多数工程采用的粉煤灰占总胶凝材料的50%～70%。高掺粉煤灰使混凝土水化热大幅度下降，施工和易性大有改善，后期强度仍继续增长，并加大了混凝土的密实性，提高了混凝土自身抗渗的性能。

(2) 薄层。主要采用碾压层厚30 cm，个别采用层厚50 cm、70 cm，在大仓面还减薄至20～25 cm，以适应大仓面施工需要。薄层铺筑碾压为快速施工创造了条件。

(3) 低稠度。稠度指标是施工质量重要现场控制指标之一。80年代初日本兴建世界第一座碾压混凝土重力坝——岛地川坝，采用Vc值为20±10 s，并纳入施工工法。在我国经过10多年筑坝和科研、试验和实践证明，用低稠度仓内Vc值8 s左右，可使层间抗剪断指标和防渗性能有较显著的提高。

(4) 快速短间歇施工。碾压混凝土筑坝保证施工质量的首要问题是快速施工，特别在改善层间抗剪断性能上，层间铺料的间歇时间是主要有敏感反映的指标之一。间歇时间越短，层间结合越好，粘着力增大，防渗性越好。我国以初凝时间作为施工铺筑间歇控制时间标准，但以2～4 h更好。

(5) 连续填筑。在施工总工艺流程允许的条件下，尽量做到连续填筑，对施工进度和质量都有较大的好处，可以减少层间处理，相应降低成本。由于碾压混凝土在高掺粉煤灰的情况下，混凝土散热条件差，温升滞后，间歇对碾压混凝土的温控散温帮助不大，反而会使间歇层间增加结合方面的不良因素。

(6) 全断面碾压。近期兴建的工程，多数取消了常态混凝土外包碾压混凝土的结构型式，即过去通称之为“金包银”型式，而采用全断面碾压混凝土的结构型式，以二级配富胶凝材料碾压混凝土本身作为主防渗体，采取其它型式作为辅助防渗结构，并在岸边、廊道、竖井等部位逐渐用“周边碾压混凝土”（或称“周边改性混凝土”）取代常态混凝土，完善了全断面碾压的施工工艺。全断面碾压使施工总工艺流程大为简化，混凝土配合比简单划一，拌和楼工作连续少变，建筑材料供应变化少，拌和、运输、入仓管理简单，仓内施工也大为顺畅，从而使施工速度加快，施工质量保证率提高。这是碾压混凝土筑坝技术发展过程中的一项重大改革，是碾压混凝土施工技术科研的重大跨越，也是我国碾压混凝土筑坝的一个突出的特色。

（水利水电规划设计总院 林伯诜）

普定水电站拱坝全碾压混凝土的施工

普定水电站碾压混凝土拱坝，被列为国家“八五”科技攻关项目。拱坝设计情况详见本卷年鉴水工篇目的有关条目。

普定拱坝坝体上游部位为厚1.8～6.5 m的二级配碾压混凝土，下游部位为三级配碾压混凝土，混凝土总量13.7万m^3，其中碾压混凝土12.3万m^3（包括坝肩垫层混凝土0.55万m^3）。采用不分横缝通仓碾压连续上升施工工艺，经两个枯水期共9.6个月时间建成，其中碾压施工150天，施工准备140天。

（一）原材料和配合比

骨料为灰岩人工骨料，最大粒径80 mm，砂中石粉含量控制在13%～17%范围内。水泥选用贵州水泥厂散装硅酸盐525（*R*）水泥，其熟料中含2.2%的MgO，混凝土自身体积呈微膨胀，有利于抗裂。粉煤灰以贵州清镇电厂供货为主，除烧失量指标为三级灰外，其余指标均达二级灰标准。外加剂选用具有高效减水、缓凝、引气于一体的木钙、建—1、糖蜜复合外加剂。经试验选定的碾压混凝土配合比见表1。

表1 碾压混凝土配合比表

混凝土标号	粉煤灰掺量（%）	外加剂（%）	水灰比	砂率（%）	每立方米混凝土材料（kg）					石子级配
					水	水泥	粉煤灰	砂	石	
$R_{90}150$	65	0.55	0.55	34	84	54	99	768	1525	30：40：30
$R_{90}200$	55	0.55	0.50	38	94	85	103	836	1395	50：50

（二）碾压混凝土拌和与入仓方法

1. 拌和系统　布置3×1.0 m^3拌和楼2座，1500 t水泥罐、粉煤灰罐各1座。拌和时间为180 s，拌和量为0.9 m^3，日产混凝土1800 m^3。

2. 入仓方法

(1)汽车直接入仓。轮胎采用人工压力水冲洗，设专人检查合格后经30 m以上的碎石脱水路面入仓。入仓口封仓采用简便快速的人工码砌预制块方法。入仓道路均直抵坝面。因受地形限制，该入仓方法只适用于1108 m高程以下的坝体，采用两条入仓道路分别控制，计碾压混凝土6.21万m^3，占总量的50.5%，占坝高的44%。

(2)负压溜管输送入仓。设两条不同断面的负压溜管，按1：1坡顺右坝肩而下。混凝土料用自卸汽车运至右重力墩卸入受料斗，通过密封弧门放入溜管。碾压混凝土在负压溜管内呈圆柱状被橡胶带挟裹，以5 m/s左右的速度波浪般下滑，卸入仓内自卸汽车内，输送过程不分离不飞溅。负压溜管输送能力可达180 m^3/h，造价低廉，制作、安装及施工过程中拆卸均十分简便。坝体1108 m高程以上，除左右岸非溢流坝段部分碾压混凝土外，均由负压溜管输送入仓，共输送5.3万m^3，占总量的43.1%。

(3)固定缆机吊卧罐入仓。设两条固定缆机，用于被溢流坝段隔开的左、右岸非溢流坝段部分碾压混凝土的入仓和溢流坝段常态混凝土的入仓，以及仓内机械设备、施工用材的进出仓。用固定缆机吊运碾压混凝土0.73万m^3，占总量7.4%；同时还解决了两坝肩下游护坡、冲沙孔门井、发电进水塔等部位常态混凝土的浇筑问题。

（二）碾压混凝土施工工艺

1. 仓内主要设备　采用西德BW—201AD、BW—202AD振动碾各1台，BW—75S振动碾2台，美国3440核密仪2台，国产ND—50核密仪1台，D85改装平履板推土机1部，后期改用小松D31P湿地推土机1部，*Vc*检测仪1台。

2. 卸料与平仓　采用两点叠式卸料方法，即自卸汽车分两堆将料卸在已摊铺的条带上，堆料低可减少骨料集中，平仓可从料堆底进行，有两次扰动分散集中骨料的机会，最后辅以人工处理。

3. 碾压层厚及碾压　普定拱坝最大仓面面积为2246 m^2，为缩短覆盖时间，确定仓面面积超过1900 m^2时碾压层厚度为25 cm，小于1900 m^2时碾压层厚度为30 cm。碾压后，混凝土表面微有浆液泛露，略有弹性。

4. 层间结合　迎水面二级配碾压混凝土每一碾压层间均喷洒一层宽2～3 m、厚2 mm掺有外加剂的粉煤灰水泥净浆，以增加层间结合，提高防渗能力。

5.“变态”混凝土的应用　在碾压混凝土底部及中间，加入一定数量的粉煤灰水泥净浆，用插入式振捣器振实，以替代常态混凝土。在布有钢筋、下游顺坡坝面以及模板阴角处等无法碾压部位，均采用加4%净浆的“变态”混凝土施工。经室内试验证实，其均匀性及其它各项性能均满足要求。

6. 近模板面的光面施工　采用人工铲料反弹施工，避免2 cm以上的骨料紧贴模板。反弹集中的骨料用人工撒开，这样碾压后坝面光滑密实，增加抗渗性能。

7. Vc 值的控制　仓面 Vc 值一般控制在5～10 s范围内。

8. 模板　采用6 m×4 m（高×宽）全悬臂可调式上下交替上升钢板，模板悬臂部位可任意调整倾斜度。模板也可单独分开使用。该套模板装有脱模和导向装置，利用5 t吊车拆立一次模板需10～15 min。模板结构简单合理，成功地解决了普通碾压混凝土连续上升的技术关键。

（四）坝体施工质量检测结果

1. 压水试验　第一阶段坝体1099.3 m高程以下，距上游坝面2 m二级配区域，布置5个压水试验孔（有2个在汽车入仓口），孔深均为12 m，单位吸水率为0～0.003 L/（min・m・m）；下游三级配区域布置7个压水试验孔，最大孔深为24.5 m，分段压水检查，单位吸水率为0～0.006 L/（min・m・m）。第二阶段坝体1149.5 m高程以下，坝体共布置4个压水试验孔，孔深均为50 m，单位吸水率为0.0002～0.0025 L/（min・m・m）。

2. 超声波检测　坝体1099.3 m高程以下进行5组超声波检测，波速为4825.7～4950.3 m/s。

3. 坝体芯样检测　第一阶段坝体1099.3 m高程以下布置14个芯样孔，共取芯样210.25 m，芯样获得率98.5%，最长两段芯样均为4.3 m（二、三级配范围各1根）。第二阶段坝体1149.5 m高程以下，分别在二、三级配区域各布置1个孔，共取芯样88.14 m，芯样获得率98.9%，最长一段芯样为4.7 m。碾压混凝土芯样外表光滑，内部密实，与基岩结合紧密，胶结成整体。芯样的主要试验成果见表2。

表2　芯样主要试验成果表

类别	容重（kg/m³）		抗压（MPa）		轴拉（MPa）		抗剪断（MPa）			抗渗	
	n	$\bar{X}$	n	$\bar{X}$	n	$\bar{X}$	n	c	tgα	n	$\bar{X}$
二级配	19	2497	10	36.1	16	2.31	10	3.406	1.465	8	$\geqslant S_7$
三级配	27	2518	23	38.0	21	2.17	23	2.965	1.739	43	$\geqslant S_5$

1994年3月，在贵阳召开的关于“八五”攻关普定碾压混凝土拱坝专题鉴定会上，经专家组鉴定，认为普定碾压混凝土拱坝施工工艺和层间结合、异种混凝土结合处理技术，已达到国际领先水平。

（中国水利水电第八工程局　秦　蛟）

隔河岩水电站引水隧洞环形后张预应力钢筋混凝土衬砌

（一）问题的提出和衬砌方案的选定

隔河岩水电站按一机一洞布置，共有4条内径为9.5 m的引水隧洞，近坝设于右岸，单洞长446 m。隧洞中段穿越坝址防渗帷幕线，帷幕线以上为上游洞段，以下为下游洞段。隧洞围岩岩性软弱，溶洞发育，断层裂隙多溶蚀填泥，地质条件复杂。两洞中心间距24 m，开挖直径11.3 m，洞间岩壁单薄，分载能力弱。混凝土衬砌形成后，围岩约束明显，纵向水平裂缝很难避免；同时下游洞段从拱坝右拱座通过，在厂房高边坡处出口，因此对衬砌的防渗要求严格。

上游洞段伸入库内，运行期间考虑内外水压平衡，水锤影响较弱，采用普通钢筋混凝土衬砌，完全能满足隧洞衬砌环的受力和防渗要求。下游洞段内水压力高，无外压平衡；运行期间水锤影响较强，PD 值最高达8900 kN/m。为选择该洞段最佳的衬砌型式，曾对三种不同结构型式进行分析比较，结果表明：普通钢筋混凝土衬砌方案不合理；钢板衬砌造价高，施工难度大，工期长；而环形后张预应力钢筋混凝土衬砌（以下简称“预应力衬砌”），不仅能满足衬砌环的受力、防渗要求，比钢板衬砌节省投资30%左右，而且施工难度较小，工期较短。因此，下游洞段除出口段用钢板衬砌外，其余均采用“预应力衬砌”。

（二）“预应力衬砌”施工概况

隔河岩水电站4条引水隧洞分别采用两种不同的锚固体系，预应力衬砌长度合计602 m，共用锚索1380束，设计总张拉力为297.32万kN。其中，1号和3号洞采用QM锚，共700束，预应力衬砌段长度共302 m，衬砌混凝土厚90 cm；锚束布置在衬砌环结构钢筋外缘；锚束孔道由预埋的金属螺旋管形成，其两端孔口与预留槽内张拉底座联接；预留槽交叉布置在隧洞下半圆两侧，锚束在两端实行同步张拉锚固；锚束包角380°（见图1）。2号和4号洞采用HM锚，共680束，预应力衬砌段长度共300 m，衬砌厚75 cm；锚束布置在衬砌环结构钢筋外缘，每束仅设1个预留槽；无张拉底座，锚束张拉是借助弧形垫座、套筒等辅助工具在槽外进行的；锚束两端锚固在同一块锚板上；锚束包角360°（见图2）。

隔河岩水电站大直径引水隧洞的“预应力衬砌”，在国内水电建设中是首次采用，为掌握和完善其施工工艺，1991年9月在1号洞第17段进行了2束QM锚和1束HM锚的穿束试验；1992年5～6月在3号洞第13段对8束QM锚和12束HM锚进行了生产性张拉锚固工艺试验，同时进行了锚束张拉锚固过程中的应力变化、衬砌混凝土环的径向拉压应变及环向压应变等情况的观测，均取得了满意的结果。通过生产性工艺试验形成的“预应力衬砌”施工工艺流程，如图3所示。

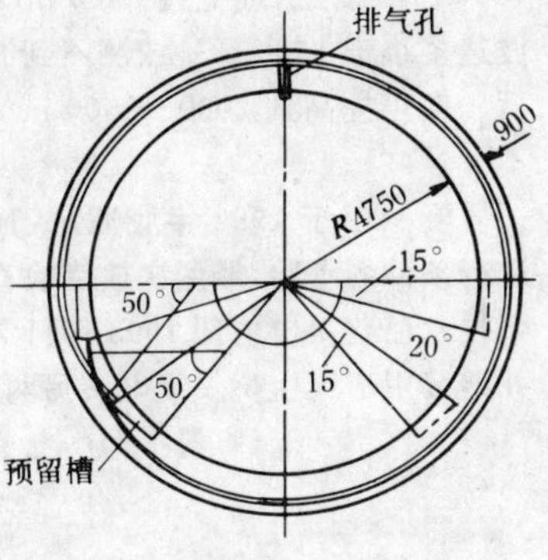

图1　QM锚结构剖面示意图

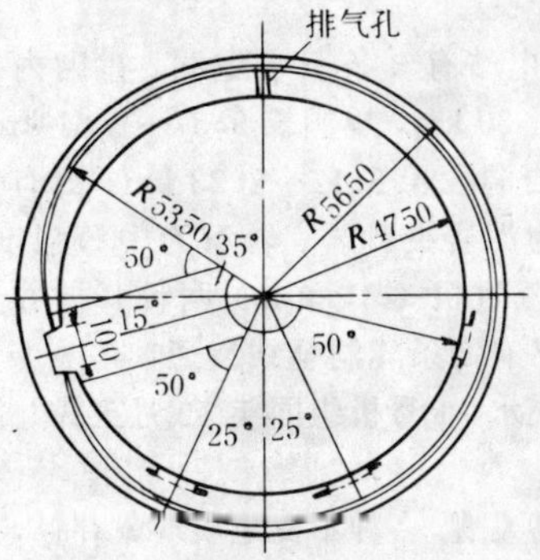

图2　HM锚结构剖面示意图

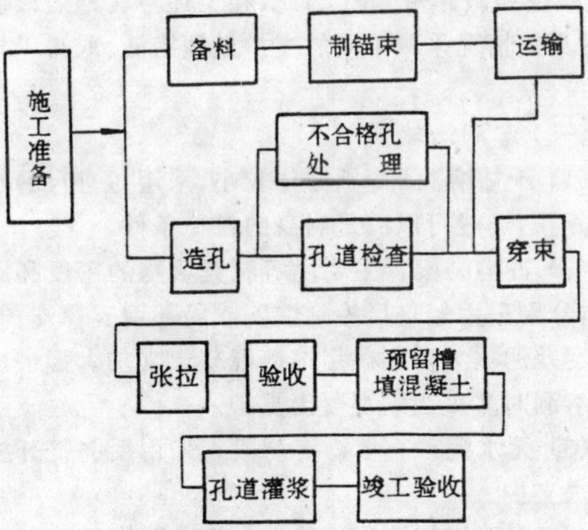

图3　“预应力衬砌”施工工艺流程图

隔河岩水电站引水隧洞的“预应力衬砌”施工由葛洲坝集团公司第七工程公司负责。在有关单位专家指导下，该公司顺利完成了上述工程，摸索积累了“预应力衬砌”的施工经验，并在施工试验过程中制订了《清江隔河岩引水隧洞预应力施工操作技术规程》。

隔河岩水电站引水隧洞“预应力衬砌”的实践证明，QM锚和HM锚两种锚固体系都适用于大型有压隧洞的“预应力衬砌”；而HM锚的孔道摩阻损失较小，其预应力效果比QM锚好，当然在今后的应用中还需优化设计，使之方便施工，利于推广应用。

（三）观测成果

在隧洞“预应力衬砌”施工初期生产性工艺试验中，曾对有关情况进行了必要的观测：①通过安装在锚束上的测力传感器，测得QM锚束的张拉力值为2086 kN，锚固后的力值为1630～1637 kN，为张拉力的78.1%～78.4%。HM锚束的张拉力值为2225 kN，锚固后的力值为1610～1650 kN，为张拉力的72%～74%。②在隧洞衬砌混凝土环内布置了4个观测剖面，每个观测剖面设5个测位，埋设小应变计、测缝计、温度计、渗压计等共190支仪器，对QM锚、HM锚分别进行28天和52天的观测，获得了大量的资料。衬砌混凝土环的环向径向应变的主要参数见表。

衬砌混凝土环应变参数表

项　目	QM锚	HM锚
环向最大压应变	-98×10^{-6} （−3.09 MPa）	-167×10^{-6} （−5.26 MPa）
环向最小压应变	17×10^{-6} （−0.5 MPa）	27×10^{-6} （−0.85 MPa）
径向最大拉应变	18×10^{-6} （0.57 MPa）	30×10^{-6} （0.94 MPa）
径向最大压应变	-10×10^{-6} （−0.32 MPa）	-8×10^{-6} （−0.25 MPa）

表中所列观测资料说明，引水隧洞钢筋混凝土衬砌环在施加预应力后，达到了设计的预期效果，既使沿洞轴向的径向裂缝得以闭合，也使衬砌混凝土环产生了较大的压应变。

（中国葛洲坝水利水电工程集团公司
第七工程公司　郭德福）

天生桥二级水电站引水隧洞不良地质段的灌浆技术

（一）工程概况和设计要求

天生桥二级水电站有3条引水隧洞，各长9.7 km，钢筋混凝土衬砌的内径分别为8.7 m和9.8 m，厚度0.4～1.55 m。隧洞主要穿过三叠统灰岩和白云质灰岩，最大埋深800 m。沿线有多条断层与洞线相交，破碎带宽度大的达5～15 m；岩溶发育，有数条暗河系统与隧洞相通，雨季地下水大量涌入，最大水头达400～500 m；充填淤泥、泥石流的大型溶洞和溶洞群在多处出现。这些地段不仅施工极为困难，而且在隧洞运行中仍存在围岩失稳、不均沉陷和在外水压力下不稳定等问题。

鉴于上述情况，经设计单位和专家论证，确定对先期施工的1号引水隧洞进行高压固结灌浆和锚杆加固。按设计方案，要在累计长度为1617 m的11处不良地段沿洞轴线每隔1.5～2.0 m布置一排灌浆孔，每排15孔，孔深6～8 m；锚杆安设在每一个灌浆孔中，为ϕ28Ⅱ级螺纹钢筋；在局部地段隧洞底部还增加了深层高压固结灌浆，孔深25～40 m；以及进行少量硅粉水泥浆和改性环氧树脂浆液灌浆，灌浆总进尺约10万m。水泥灌浆的压力为4.0～6.0 MPa。经过灌浆之后，不良地质段围岩要达到：①压水试验检查，岩体透水率小于1 *Lu*；②岩体声波测试，溶洞充填物纵波波速满足2000～3500 m/s，溶蚀夹泥裂隙带、断层影响带大于4000 m/s。工期定为8个月，时间很紧。

（二）施工方法与设备配置

1. 钻孔　该工程应用了一种电动式钻灌台车，长5420 mm、宽6000 mm、高3790 mm，自重10 t，可以在圆弧型的底拱上作前后双向行走和做不大于15°的转向。台车下面可通过大型施工车辆，上面安装钻机、灌浆泵、灰浆搅拌机和单臂吊车。其成本仅为进口全液压轮式钻灌台车的1/20。钻孔工作主要依靠岩芯钻机与台车联合作业来完成，使用硬质合金或金刚石钻头钻进，孔径ϕ56 mm。

2. 高压固结灌浆　隧洞围岩的高压固结灌浆，采用专利技术膨胀式高压灌浆塞（专利号ZL93200626·4）阻塞孔口自上而下分段纯压式灌浆，专利灌浆塞承压能力可达7 MPa以上。灌浆孔按排分为两序，每孔分成两段，灌浆压力Ⅰ序孔第一段（0.4～3 m）2 MPa，第二段（3～8m）4 MPa，Ⅱ序孔第一段2.5 MPa，第二段4～6 MPa。灌浆材料为525号普通硅酸盐水泥。为了防止压裂隧洞围岩和衬砌，在每一个灌浆单元安设抬动观测装置进行变形监测。

（三）灌浆效果

该工程于1992年2月至10月以水利水电基础工程局为主进行施工，共完成高压水泥灌浆96913 m，化学灌浆1128 m，锚杆12840根，共注入水泥10537 t，溶洞中填入砂石1079 t，平均单位注灰量109 kg/m。

灌浆后全面质量检查表明，压水试验成果全部小于1 *Lu*。声波测试表明，断层影响带和溶蚀夹泥裂隙带的加固效果明显，灌浆后平均波速一般均可提高到4000 m/s以上，最低在3800 m/s，溶洞中的粘泥灌前波速多小于1500 m/s或测不到波形，经过高压灌浆以后一般可提高到2000～2500 m/s，只有少数测点变化不大。

隧洞已于1992年底通水，1993年经历各种复杂运行条件的考验，经两次放空检查，情况很好。高压灌浆技术已获得电力部1993年科学技术进步奖一等奖，并继续用于天生桥二级电站另两条引水隧洞。

（中国水利水电基础工程局　夏可风）

天生桥二级水电站引水隧洞不良地质段的施工

天生桥二级水电站有3条引水隧洞，衬砌内径8.7～9.8 m，总长近30 km，单洞长9.57～9.61 km。其中石灰岩及白云岩洞段长8.17～8.23 km，另有长约1.4 km的洞段为泥岩夹砂岩。岩石为中等强度，采用钻爆和全断面掘进机（ϕ10.8 m）两种开挖方法施工。1992年末，已有2条隧洞全线贯通，其中1号洞于1992年11月充水，1号机组同年12月正式并网发电。

天生桥地区岩溶发育，多种不良地质现象并存，有“地质博物馆”之称。到目前为止，已遇到各类大小溶洞600余个，而在石灰岩和白云岩洞段还有强弱不等频繁发生的岩爆，以及断层和破碎带（2条隧洞总计穿越23个断层和破碎带）等。为此，在上述不良地质段施工中，视具体情况采取不同的支护处理措施，取得了较好的效果。

（一）溶洞治理

（1）干枯溶洞群。因洞体较小，采用短进尺的控制爆破开挖，一般可以满足洞身的自稳条件。

（2）古溶洞段。主要视溶洞充填物的密度和胶结程度，分别采用短进尺控制爆破或局部钢支撑支护。对密实度差的塌方段则改用钢筋混凝土支护。掘进机通过古溶洞时多采用喷混凝土支护。

（3）无水泥砂充填物溶洞段。采用反向铲开挖加管棚法支护。

（4）泥石流充填溶洞段。一般先做钢筋管棚浇筑混凝土戴帽打通顶拱，再开挖边墙立钢筋浇筑混凝土。若溶洞位于隧洞侧边时，常以混凝土挡墙封堵。当遇泥石流压力过大而涌出时，曾采用混凝土盾管穿梁，再做钢筋混凝土拱支护。掘进机开挖，当退机造成泥石流涌出时，采用洞内沉管，浇钢裹混凝土柱拦截泥石流，再清挖充填物回填混凝土，结合钢筋混凝土封顶综合治理。正常情况下，可紧跟掘进机护盾板架工字钢支护，继补喷混凝土。若遇空洞影响洞体稳定时，加槽钢支护。

（二）暗河涌水

隧洞最大埋深为800 m，涌水大多集中发生在每年的雨季。施工中逆坡段靠自流排水，正坡段则采用强力抽排，结合利用深部古老空溶洞排水。当暴雨出现洪峰时，施工人员与机械撤离。有时也利用已衬砌洞段临时筑堰做库蓄水，以削减洪峰。

（三）岩爆

岩爆是施工掘进的一大隐患，其防治措施为：

(1) 钻爆法施工。对轻度岩爆，采用反铲敲打处理。对中等强度岩爆（有爆裂声），除及时检查与敲打、撬除外，辅以必要的锚喷支护。强烈岩爆（响声如雷），往往围岩酥碎，爆塌强烈，锚喷效果不好，应及时清顶并紧跟钢肋支护。对特殊爆塌段，则应封堵回填混凝土，进行二次开挖和加密钢肋排架处理。

(2) 掘进机掘进，对轻度岩爆可不予处理；对中等岩爆则利用掘进机上防护棚平台及时架设槽钢支护，随后补喷混凝土；对强裂岩爆及掌子面岩爆，块石较大者需放炮清除，并紧跟护盾板立钢架加木枋挤撑顶拱；遇大片开裂拱时，可先锚后喷混凝土支护。经上述有效的防治，使掘进机在总长占洞身23.8%的岩爆区得以安全通过。

（四）断裂破碎带

破碎带累计长度为1334 m，约占2条隧洞总长的7%。施工中发现埋深小于500 m可溶岩洞段的破碎带多为溶洞取代，而深埋的断裂带岩石破碎，且风化夹泥。用钻爆法时以短进尺为宜，并及时采用钢支撑垫网支护，同时以木垛撑顶拱。在掘进机通过断层时，可紧跟护盾立槽钢排架支护，并随即喷混凝土。对砂泥岩洞段构造破碎带出现严重塌方的情况，喷锚无效，可采用钢筋混凝土拱保护洞体或采用多层钢排架支护。

（五）不良地质段的特殊治理

不良地质段系指Ⅳ、Ⅴ类围岩的洞段，长约2017 m。除掘进施工中予以处理外，并结合永久支护进行特殊处理。1号隧洞分别采用高压(4 MPa)灌浆加插长锚杆并套衬双筋混凝土、化学灌浆套衬双筋混凝土、粗筋厚衬混凝土垫层加深孔高压固结灌浆、回填和固结灌浆等综合措施，做进一步加固与特殊处理。

1号引水隧洞自1992年12月底充水以来已运行2年零8个月，经放空检查无异常，相邻的2号洞（两洞间距30 m）也未见1号洞有渗漏迹象，说明1号隧洞的各种施工治理措施是有效和成功的。

（武警水电一总队　许述礼）

水利水电工程基础处理技术发展和应用情况

我国水利水电工程基础处理施工技术在不断发展，近年来又有新的进步，与当前国外水平相比，差距正在缩小。

（一）防渗墙施工技术

我国的防渗墙施工技术是从1958年开始发展起来的，至今已建成70多座防渗墙，总计70余万 m^2，其中最深的是小浪底水利枢纽主坝防渗墙，深达81.9 m。防渗墙技术在保持传统工艺的基础上，通过“六五”、“七五”和“八五”科技攻关，有了新的进步。

在机具方面研制了可抓40 m深度的液压导板抓斗。该机在一般的土壤和砂卵石土层中，工效可达30～40 m^2/(台·班)。所研制的防渗墙接头液压拔管机可以起拔直径0.6～1.0 m的防渗墙接头管，从而可以取消边孔套打钻的工艺。近期研制成功的冲击反循环钻机，在造孔机具研制方面是一个突破。该钻机利用泵吸法和气举法出渣，造孔深度可达100 m。在小浪底上游围堰和三峡一期围堰防渗墙施工中，表明其工效比一般的冲击钻机提高1～1.5倍。

在墙体材料方面，继“七五”期间研制成功的固化灰浆之后又研制成功了高强低弹塑性混凝土。“七五”期间用于水口水电站主围堰防渗墙中的塑性混凝土，其单轴抗压强度 $R_{28}=4.6$ MPa，弹性模量 $E=823$ MPa，其弹强比(E/R)为179，而1993年建成的小浪底上游围堰防渗墙所使用的塑性混凝土，$R_{28}=3.69$ MPa，$E=217.9$ MPa，其弹强比仅为59。这一成果已超过“八五”科技攻关目标($E/R\leqslant150$)的要求。国外的最好成果其弹强比也只有219（智利科尔本大坝的防渗墙塑性混凝土）。最近还研制成功了一种缓凝型防渗墙高强混凝土。这种混凝土早期强度较低($R_{14}=15$ MPa)，从而给接头孔的钻凿提供了方便，而其后期强度又能满足一些工程的特殊需要($R_{1年}\geqslant45$ MPa)。这种材料已成功地用于小浪底水利枢纽主坝防渗墙中。

在造孔工艺方面，为充分利用拥有大量冲击钻机的现实条件而研究的“两钻一抓”造孔施工技术（即用冲击钻钻凿主孔，用抓斗抓取两个主孔间的土体），比单独使用冲击钻造孔成墙提高工效1倍，降低造价23%。在水口电站使用此工艺，其成墙速度达到6.6 m^2/(台·日)。实际上国外的一些重要防渗墙工程基本上都是用这种方法建成的，如加拿大的马尼克3号坝和大角坝的防渗墙，前者的成墙速度只有3.14m^2/(台·日)，后者的成墙速度为5.4 m^2/(台·日)。

目前我国在防渗墙施工中的最大问题，是缺乏能适应各种复杂地层的高效施工机械。

（二）灌浆施工技术

我国的灌浆施工技术发展较快，1979年在乌江渡混凝土坝岩溶地基中成功地采用6 MPa的压力建成了灌浆帷幕，被灌注的溶洞泥在$J=400\sim700$的水力梯度下不发生管涌破坏，被灌注的粘土在水中浸泡100天不崩解，其抗压强度达到了2.24 MPa，弹性模量达到了2500 MPa，整个帷幕（防渗面积18.5万m^2）的渗漏水量仅为68 m^3/昼夜，98%的孔段单位吸水率ω均小于0.001 L/(min·m·m)。80年代中期，结合“七五”科技攻关，又在龙羊峡断层破碎带和软弱夹层的灌浆施工中发展了高压灌浆技术，在如此复杂的地质条件下建成了$\omega<0.001$ L/(min·m·m)的高质量灌浆帷幕，而且通过高压水泥灌浆并辅以环氧灌浆使地基的弹性模量由原来的3～5 GPa提高到5～8 GPa。此外，在龙羊峡灌浆施工中还使用了日制浆能力为360 m^3的大型集中制浆站。在灌浆效果的检测方面则采用地震仪和由日本引进的OYO—200型钻孔弹力计，以现场测定灌浆前后岩体的动、静弹性模量，从而可以判定灌浆后岩体力学性能的改善情况。

在灌浆材料方面，已开始使用稳定性浆液和细水泥浆材。1991年在贵州省红枫水电站由于使用了膏状稳定性浆液，已经在孔隙率高达25%的堆石坝体中，在水库正常蓄水的情况下建成了灌浆帷幕。我国研制的湿式磨细水泥可以随用随磨，避免了超细水泥在潮湿环境下不易存储的缺点，而造价仅为超细水泥的1/5。“七五”期间我国所研制的超细水泥已达到日本超细水泥的细度，平均粒径为4 μm，比表面积已大于8000 cm^2/g，可用于灌注0.06 mm的岩石裂隙。1989年将这种水泥用于二滩水电站左右岸坝肩弱风化中、上段（D—1和E—3级岩体）进行灌浆加固处理的试验中，结果表明：用普通水泥并辅以这种超细水泥，采用科学的施工工艺进行灌浆加固，可以避免对这类岩体进行开挖，从而可使造价降低1/3。

“七五”期间所研制的智能化灌浆自动记录仪，已经过多个工程试用，效果良好，正在陆续投入使用，其性能已达到国外同类产品的水平，而造价仅为国外同类产品的1/3。与此配套使用的灌浆资料统计分析软件已开始用于生产中，用它来整理分析灌浆资料十分准确方便，并可按我国的规范要求自动打印各种图表，供工程验收之用。

灌浆施工的另一分支是高压喷射灌浆技术，在我国自1974年以来已有近百个工程成功地使用此法加固处理工程地基。据有关资料报道，用此法在粘土夹碎石及砂砾石地基中已进行过深达47 m的防渗帷幕的施工。最近该项技术在含大块石的砂卵石地层中也成功地得到运用。

（三）岩体锚固技术

岩锚技术作为加固岩体的工程措施越来越受到人们的青睐。使用岩锚加固坝体、坝基和高边坡，不仅效果明显，而且可比其它工程措施节约投资20%左右。

自1965年在梅山水库首次采用3000 kN级的锚束加固坝头的岩体以来，大吨位预锚在水工建筑中的应用日益广泛，国内应用预应力锚索加固坝体和岩体的工程已有30多个，预应力吨位由300 kN到6000 kN，锚索长度50～80 m，总计约4000根。“七五”期间，有关单位对岩体预应力锚索结构、张拉设备、锚夹具、灌浆材料、钻孔工艺、锚索施工技术以及锚固机理等方面进行了系统全面的研究，并将一束6000 kN、深60 m的锚索应用于丰满大坝加固中，取得了良好的效果。施工中采用的6000 kN千斤顶亦为国内第1台。现在，29根6000 kN和1根8000 kN级的锚索已用于石泉大坝加固工程中。

（四）振冲加固技术

作为软弱地基加固的振动水冲法，近年来有了很大的发展。振冲法在水电工程中主要是用于加固坝体和坝基中的粉细砂层，以防止液化。在这方面，我国自1978年在官厅水库下游坝基细砂层的抗震加固中首次使用30 kW振冲器以来，又有了长足的发展。1982年已研制成功我国第一台75 kW的振冲器，使用该振冲器比用30 kW振冲器孔数和填料量均可减少一半，工期和造价也可节约一半以上。应用这种振冲器在铜街子电站坝址堆积物下面10 m厚的漂卵石夹砂层和下部10 m厚的粉细砂层试验中，表明该振冲器能穿过8 m厚的漂卵石夹砂层，以加密它下面的粉细砂层；振后孔隙比由原来的0.898变为0.563，达到了密实状态。

（中国水利水电基础工程局　高钟璞）

混凝土面板堆石坝的进展情况

截至1994年，我国混凝土面板堆石坝已建成的有16座，在建和已立项筹备开工的有33座（详见本篇目统计资料）。在已建的面板坝中，除青海沟后水库于1993年8月27日失事外，其余均运行正常。从首批几座坝的资料统计看：施工期坝体沉降量约为坝高的0.12%～0.45%；蓄水期约为0.01%～0.03%；总沉降量均不足坝高的1%。施工期变形模量约为80～150 MPa，多数工程超过100 MPa，85%以上的沉降量在施工期就已完成。各坝水平变形均较小，而且主要发生在坝轴线以上区内。坝体应力水平较低，表明其稳定性较高。坝体变形量与坝高的比值均低于国外近期修建的一些工程。除周边因地形产生体型突变局部区域存在拉应力外，绝大部分面板都处于受压状态；面板的应力、应变均有足够的安全储备；面板挠度以坝高的相对值计均未超过 0.6%。继西北口水库以后施工的各坝，由于采取了一系列质量控制措施，面板裂缝较少，缝宽基本在 0.2 mm 以下，不处理或稍加处理就可保证安全运行。各坝周边缝均采用三向测缝计监测，其变位绝对值不大，并能为止水所吸收，保证防渗系统的有效性。各坝渗漏量均随运行时间的加长而日趋降低，一般均小于 10 L/s。西北口坝当蓄水至一定高程后，渗漏量加大，可能是岩溶-裂隙渗流，属于绕坝渗漏。

上述监测成果表明：我国首批建设的面板堆石坝在设计、施工等方面均具有较高水平，已能满足工程应用的需要。

近期在建和立项的工程有三分之一属于百米级的高坝，坝体方量较大，初期渡汛有一定难度，根据已取得的经验，需要引起重视的问题是：

1. *石料供应强度不足问题* 这要从几个方面来解决：①做好石料场的规划和爆破设计，提高石料场开采技术水平；②充分利用建筑物的开挖石料，并需堆存一部分石料作为储备，在上坝高峰时作为补充料源；③保持上坝道路畅通；④加强运输石料装备的管理，并做好维修保养，保持良好的出勤率。

2. *截流之后第二年汛期渡汛问题* 面板堆石坝的优点之一是坝体可以过水，但如能不过水，则有利于抢填渡汛拦洪高程，在国内外已有实例。截流之后在抢赶基坑河床段趾板工程（开挖、浇筑及基础处理）的同时，可向下游让出若干米地段抢填坝体堆石，于次年汛前抢到拦洪高程。当河床段趾板工程完成后再补填让出部分的坝体，最后也抢到拦洪高程。如不能实现，则由后面的堆石体挡水。当然，条件不具备时还得由坝体过水。

3. *填筑质量保证较高密实度问题* 我国已建成的混凝土面板堆石坝工程填筑质量一般良好，其变形量相对值低于国外一些知名工程。这些坝多半是用硬岩填筑的。有些工程扩大材料使用范围，利用建筑物开挖石料或附近料场软岩填筑，需要重视填筑质量，尽可能提高密实度，减小变形量。

4. *垫层料选用标准问题* 需要重视的是：①垫层水平宽度以 3 m 为宜，当材料困难时，可使用小型机具，宽度减为 2 m，但不宜再减小；②小于 5 mm 颗粒含量一般在 30%左右为宜（变幅为 25%～35%），少于此值，填料时易分离，多于此值，则选料困难，加工成本提高；③最大粒径以不超过 80～100 mm 为宜。

5. *面板混凝土标号问题* 由于国内外混凝土试件尺寸的不同（立方体与圆柱体），我国首批面板混凝土标号采用 200 号仅相当于国外的 150 号。为提高面板的抗裂能力，近期修建的面板坝混凝土标号已提高为 250 号，在北方寒冷地区个别也有采用 300 号的。

6. *原型观测问题* 要注意观测设施安装质量，做好维护工作。在坝下游修建渗水量测设施，要避免不符合标准和不易分辨出渗水来源的情况。

7. *坝坡控制问题* 有些坝上游坝坡填筑时控制不严格，以致产生较大的亏坡或盈坡，修整较困难，影响面板混凝土厚度，同时面板表面也不够平顺，影响外观，这类情况要避免。

（华源水利水电工程咨询公司 纪云生）

凝灰岩粉在漫湾水电站工程中的应用及其效益

（一）概况

漫湾水电站是我国实际使用大掺量凝灰岩粉作混凝土掺合料的第一个大型工程。电站为混凝土重力坝坝后式厂房，最大坝高 132 m。大坝、厂房和水垫塘混凝土总量 230 万 m³，需掺合料 11 万 t。电站施工对外交通主要由公路承担，路况差，且大量粉煤灰产地在电站 500 km 以外，而邻近地区又有较丰富的凝灰岩资源。经反复试验和经济比较，并结合工程实际情况，选定采用云县棉花地凝灰岩作混凝土掺合料。

（二）在主体工程中的应用

几年来的试验研究及工程实践表明，掺凝灰岩粉混凝土具有两大特点：一是有良好的粘聚性能，拌和物泌水少，砂浆不易与骨料分离；二是弹性模量及水化热温升低，极限拉伸值及徐变度大，抗裂、抗渗性能较好。尽管掺凝灰岩混凝土含碱量大，但在水泥中掺量控制在 20%～30%之间时，可以抑制碱一集料反应。

漫湾工程自 1989 年起正式在大坝混凝土中掺用凝灰岩粉，至 1993 年 12 月底使用量达 10.10 万 t，其中坝、厂、塘掺用量分别为 7.40 万 t、1.65 万 t 和 1.04 万 t。掺凝灰岩粉后混凝土主要技术指标如下：

(1)混凝土强度及均匀性。坝、厂、塘掺凝灰岩粉混凝土，R_{90}150 号凝灰岩粉掺量为 30%，R_{90}200 号掺量为 25%，每立方米凝灰岩粉掺量都在 50～60 kg 之间。长期抽样检查结果表明：掺凝灰岩粉混凝土强度均满足设计标号，强度保证率达 95%以上。两个不同标号混凝土的强度及离差系数分别为：$R_{90}150=23.10$ MPa，$C_V=0.179$；$R_{90}200=27.70$ MPa，$C_V=0.166$。与 28 天强度相比，平均强度发展系数分别为 1.482 和

1.572。可见,掺凝灰岩粉混凝土后期强度仍有较大的提高。

(2)混凝土密实性。由于加凝灰岩粉后混凝土胶凝材料比不掺凝灰岩粉有所增加,因而提高了混凝土的和易性。既方便了施工,也保证了混凝土浇筑的密实性,自大坝混凝土浇筑以来,相继对大坝混凝土进行取芯压水检查,共钻孔37个,总深度444.04 m,经抽芯和孔内压水检查,除个别孔有问题做灌浆补强处理外,其余孔的ω值均小于设计要求值。另外,在13个检查孔中做声波测试,根据坝体混凝土标号分区测得V值均满足设计要求。

(3)裂缝情况。掺凝灰岩粉混凝土,由于水化热温升较低,因而简化了温控措施,提高了混凝土抗裂性能。据检查统计,到电站水库蓄水验收阶段止,整个坝、厂、塘共发现裂缝278条,其中坝体85条、厂房50条、水垫塘143条,平均每万立方米混凝土出现裂缝1.3条,且均属表面裂缝,尚未出现危害性裂缝。

(三)施工特点

漫湾水电站工程在坝、厂、塘中应用掺凝灰岩粉混凝土多达186万m^3,占工程混凝土总量的79%。工程施工主要特点是:不粘罐、不结块、易振捣,在不因水泥用量减少和不增加缓凝剂情况下,比常规混凝土初凝时间有较大幅度的延长,有利于坝体大仓位混凝土浇筑。同时,由于同等条件下水化热温升降低,不仅简化了施工时的温控措施,节省了坝体二期冷却的施工工序,还大大缩短坝块的冷却时间,实现了快速筑坝,并加快了接缝灌浆的施工进度。

(四)经济效益和社会效益

(1)经济效益。漫湾工程使用云县棉花地凝灰岩,按水泥掺用混合材的国家标准判定,为非活性的火山灰质材料,在大坝、厂房、水垫塘的混凝土中采用的掺量,平均每立方米混凝土为55 kg,按掺凝灰岩粉混凝土方量180万m^3测算,各种材料增减量为:节约水泥8.44万t,碎石41.63万m^3;增加砂7.28万m^3,凝灰岩粉10.41万t,外加剂1142.19 t。据经济部门计算结果,共节约投资2400万元,相应扣除凝灰岩粉厂土建、设备安装和生产运行等项费用400万元,节约投资达2000万元。

(2)社会效益。凝灰岩粉生产地距漫湾电站工地仅30 km。凝灰岩粉作为混凝土掺合料,在云南省公路运输紧张、水泥生产厂家品种单一,且没有低强、低热大坝专用水泥的条件下,具有重要的社会效益。自混凝土浇筑以来,已累计节约水泥8.4万t,减少长途运输车次10000车次和油料4000 t。在1992、1993年度水泥和油料供应十分紧张的时期,既保证了漫湾工程的建设需要,又有力地支援了省内其它重点工程的建设。

(漫湾水电站工程管理局 凌 at 田世祥)

李家峡水电站坝基开挖与爆破

李家峡水电站拦河大坝为双曲拱坝,最大坝高165 m;厂房在我国首次采用大型双排机组布置结构,总装机200万kW。坝址区基岩裸露,岩性由前震旦系黑云母更长质条带状混合岩、黑云母角闪斜长片岩相间组成,其间穿插有华力西期花岗伟晶岩脉。地质构造断裂发育,对开挖边坡的稳定极为不利。

拱坝基础石方开挖量为80.18万m^3,要求1993年5月全部完成并开始浇筑大坝混凝土,开挖工期紧,强度高。双曲拱坝体形复杂,受力敏感,因此要求开挖精度高,不允许有结构欠挖,并应严格控制超挖,以保证开挖体形平滑准确;要求尽量减少爆破对基岩的影响,以保持坝基岩体的完整性。

由于边坡稳定性差,不少边坡需靠锚固才能维持稳定,因而锚固量大,计有300 t、100 t预应力锚索,60 t高强预应力锚杆以及$3\phi36$、$3\phi32$锚筋桩等。在开挖过程中,要严格坚持开挖一层锚固一层的施工程序,确保开挖边坡稳定安全。

(一)坝基开挖预裂爆破

在坝肩开挖设计与施工中,对预裂爆破十分重视,为此通过试验取得最佳预裂爆破参数,并对其减震效果进行测试分析。这些参数主要有:

孔距:一般取孔径的6~8倍,即80 mm的孔径采用60 cm孔距,100 mm孔径采用70 cm孔距,120 mm孔径采用80 cm孔距。

线装药密度Δ:目前国内外计算预裂爆破线装药密度的公式很多,对李家峡坝址区宜采用长江科学院公式,即

$$\Delta=0.083[\sigma_{压}]^{0.5}a^{0.6}$$

式中 Δ——线装药密度,g/m;

$[\sigma_{压}]$——岩石的抗压强度,kPa;

a——孔距,cm。

采用不耦合竹片支架间隔装药结构,不耦合系数为2~4,堵塞长度一般为1.2 m。

在爆破试验中,根据大量爆破震速测试结果进行回归分析,得出不同情况下爆破质点震速关系式。从这些关系式中得知,李家峡坝址区预裂爆破可减小震速50%以上。据分析,这可能是由于岩石破碎、预裂孔先行起爆后形成的预裂面较宽的缘故,因此预裂减震效果特别明显。

（二）坝基开挖与控制爆破

坝基开挖采用深孔梯段毫秒微差预裂爆破，梯段高度 8～12 m，高程从 2185 m 到 2030 m，右岸分 16 层，左岸分 15 层。

由于地质条件差，为了保持基岩的完整性和维护边坡稳定，必须进行严格的控制爆破。

工程开始时，只能运用国产 20 段毫秒雷管的前 15 段进行孔内延时微差起爆，由于段数较少，不可能大幅度降低单响药量，也限制了一次爆破的总规模。1991 年 8 月 22 日在左坝肩 2155～2145 m 高程开挖中，首次成功地运用国产 15 段毫秒雷管进行孔内、孔外、孔口延时组成的塑料导爆管接力起爆网路，分 59 段起爆，总装药量 7.8 t，爆破 230 孔，其中预裂孔 100 孔占 9 段，主炮孔及缓冲孔 130 孔分 50 段，爆破总历时 2650 ms，一次爆破总方量 1.6 万 m^3，爆破后爆堆平整，块度适中，无一炮孔拒爆。经过震速测试，距坝基边缘 9～12 m 处垂直震速仅为 3.3～5.7 cm/s。

在坝基开挖过程中，先后 4 次修改控制标准，一次比一次严格。第四次修改后的控制标准为：左岸距建基面 30 m 以外单响药量不大于 250 kg，30～10 m 不大于 150 kg，10 m 以内不大于 75 kg，预裂孔单响药量不大于 20 kg，在一些重要敏感部位进行孔间微差起爆，即单孔单放，药量不大于几十公斤。

在李家峡坝肩开挖中，一次爆破岩体在万立方米以上，而同段起爆药量做到了严格的控制，爆破效果良好，开挖体形满足设计要求，基本上无欠挖，超挖一般控制在 30～40 cm 以内，基岩保护较好，达到了国内先进水平。经过竣工验收，被评为优质工程，且工期提前 3 个月，为及早浇筑大坝混凝土、争取提前发电创造了条件。

（西北勘测设计研究院　牛仁杰）

水电工程人工砂石料生产经验综述

70 年代以来，我国已有乌江渡、大化、岩滩、天生桥二级、漫湾、五强溪、隔河岩、铜街子、二滩等大型水电站工程成功地采用人工砂石料作混凝土骨料，经过不断摸索和实践，在人工砂石料生产方面不断有所发展，积累了一套较完整的经验。

（一）料源选择

人工砂石料的品种，从石灰岩、花岗岩、流纹岩、玄武岩、正长岩到石英砂岩及石英岩，日益广泛；料源从料场开采到利用主体工程开挖料，也趋于多样化。实践证明，只要料源岩石质量能满足混凝土性能要求，经济上合算，就可用来加工人工砂石料。

在料源勘测上，由于地质勘探工作不可能象坝基勘测那样精确，会导致对一些料场储量与剥离量的估算有较大误差。例如，漫湾水电工程由于采场地质勘测深度不够，致使 1、2 号采场报废，而另辟料源。因此，在料源勘测上，应进行足够的钻探和取样试验工作。

（二）平面布置与工艺流程

砂石料加工系统在总体布置上距混凝土搅拌系统越近越好。平面布置应充分利用地形，尽可能布置得紧凑。目前，多利用台地与冲沟相结合、竖井与水平廊道相结合及平地布置等形式。乌江渡、五强溪、岩滩、漫湾等工程，就是充分利用地形，在冲沟内修建料仓，在山坡台地上建车间，加工系统采用自上而下的布置形式。二滩水电站由于场地狭窄，山高坡陡，故采用竖井和水平廊道相结合的布置形式。

依据骨料级配要求，比较成熟的工艺流程为三段破碎，一般为粗碎、中碎开路，细碎闭路，制砂原料为 5～20 mm 的碎石。也有采用中、细碎闭路和细碎开路工艺流程的。五强溪工程前期采用中、细碎全闭路流程，由于筛分循环负荷过大，中后期改为中碎开路、细碎闭路方式。细碎开路流程简单，但粒径变幅较大，给制砂带来一定的难度。

（三）设备选型

（1）粗碎。目前常用的粗碎设备为旋回破碎机，也有选用颚式破碎机作粗碎的。旋回破碎机具有破碎能力大、产品粒形好、粒度均匀、衬板磨损均匀、电耗少等优点，故被广泛采用。

（2）中细碎。多采用圆锥破碎机，中碎一般选用标准型和中型，细碎选用短头型。圆锥破碎机破碎比大，生产能力大，粒形好，被优先选用。但在破碎某些岩石时，如五强溪破碎石英岩、石英砂岩，针片状含量过高，因而同时选用了反击式破碎机作中细碎设备。生产实践表明，应用奥地利产的 APK—40 型反击式破碎机，产品粒形好，细粒含量高，破碎比大，能完成中碎和细碎作业，可使流程简化，是替代短头圆锥破碎机的好机型。

（3）制砂设备。目前国内人工制砂最为成熟的是选用棒磨机，但还存在设备重量大、产量低、钢耗大、占地面积大、电耗大等缺点。漫湾工程选用了旋盘机（也称超细碎）做制砂试验，并和棒磨机联合运行。天生桥一级电站也选用旋盘机制砂，一旦成功，将是替代棒磨机制砂的好机型。从漫湾工程的运行经验来看，采用旋盘机和棒磨机相配合的方式是切实可行的。小浪底工程采用了立式冲击式破碎机作生产人工砂试验，目前正处于试验阶段。

（4）筛分设备。筛分设备型号很多，性能较好的是

YA 系列和 YK 系列圆振筛。天生桥、漫湾等工程使用情况表明，这种筛具有处理能力大、筛分效率高、易于检修等优点。筛面有棒条筛、圆孔筛和编织筛之分，对筛分效率不高的，如预筛分可选用棒条筛；成品筛分目前多选用编织筛。在材料选择上目前已有系列聚胺脂和橡胶筛网(板)多种产品。从降低噪音、减少磨损和提高筛分效率等方面综合分析，橡胶筛网比其他筛网更为优越。

(5)开采设备。开采设备主要有钻孔、挖装、推运设备。目前广泛使用的钻孔设备为牙轮钻机和潜孔钻车。从生产效益看，中硬以下的岩石选用牙轮钻机较为合适，坚硬岩石以选用高风压潜孔钻车比较合适，钻孔直径以 150～200 mm 较为理想。挖装设备多采用电铲、液压挖掘机和轮式装载机。从五强溪和几个大型采场的经验来看，三种装载设备共同使用，相互配合，效率最佳。推运设备一般采用较大功率(134～239 kW)的推土机和较大吨位(15～40 t)的自卸汽车。

(四) 施工管理与技术

人工砂石料生产具有工厂化性质。生产管理上，应采用定岗定员，落实岗位责任制，实行全面质量管理，严格工艺纪律，提高管理水平。五强溪工程 1993 年 11 月份生产人工砂石料 24 万 m^3，大大超过 18 万 m^3 的设计生产能力；漫湾工程 1991 年和 1992 年砂石料生产量达到或超过了年设计生产能力，都是与加强生产管理分不开的。

近年来，人工砂石料生产技术有了较大的进步。漫湾工程人工砂石料开采采用孔间微差爆破技术，一次爆破方量达 10 万 m^3，大块率降低。五强溪工程采石场采用碰撞挤压粒径控制爆破，细颗粒含量多，大块率极低。五强溪工程人工砂石料由于采用高强超硬石英含量高的石英砂岩，加工中钢棒和衬板的消耗十分惊人，但由于引进新技术、新材料，摸索出一套抗磨耐磨措施，如反击式破碎机的锤板及反击板采用高铬白铸铁，比高锰钢材料的使用寿命成倍增加；采用橡胶筛网比钢筋焊接筛网的使用寿命也增加数十倍。

(中国水利水电第八工程局 张凤致 刘志和)

水电站地下厂房岩锚梁施工综述

近年来，岩锚梁在我国水电站地下厂房建设中逐步得到推广应用，在鲁布革之后相继建成广州抽水蓄能(简称广蓄)、东风、太平驿、大广坝等电站地下厂房岩壁吊车梁，施工工艺及质量控制等均有大的进步。

(一) 岩锚梁施工主要要求

综观各有关工程情况，对岩锚梁施工的主要要求有：①超挖小于 20 cm，岩面无爆破裂隙；围岩松动范围，Ⅱ类岩石小于 40 cm，Ⅲ、Ⅳ类岩石小于 60 cm；炮孔留痕率大于 80%；岩面起伏差小于等于 15 cm。②岩台斜面角度偏差±5°，岩锚梁范围内不允许欠挖；岩锚梁以下应严格控制超挖，宁欠勿超，局部欠挖应小于 10 cm。③锚杆孔位垂直偏差小于±5 cm，水平偏差小于±10 cm。④受拉锚杆垂直向和水平向的角度偏差均应小于±5°，受压锚杆应小于±10°，锚杆入岩深度大于等于 95%设计深度。

(二) 岩锚梁岩台开挖

各厂房施工的共同特点是：岩锚梁多位于厂房第Ⅱ层开挖区内(见图)，采用中心拉槽超前，两侧保护层开挖跟进；岩台上下直墙及斜面采用光面爆破，微差起爆；岩锚梁混凝土浇筑前，对厂房第Ⅲ层周边进行预裂爆破。

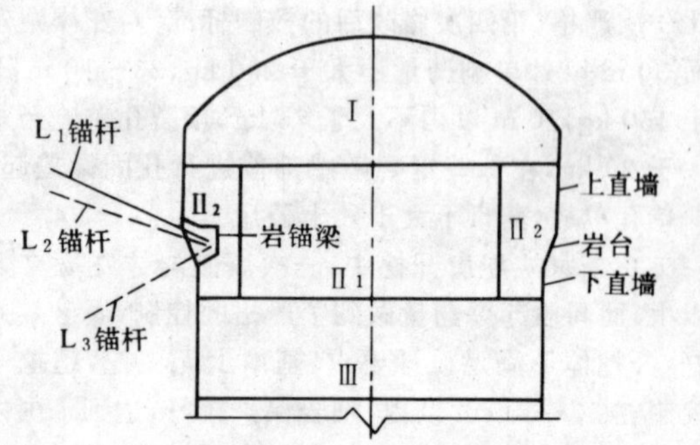

岩锚梁开挖层次示意图

Ⅰ—顶拱开挖；$Ⅱ_1$—中心拉槽开挖；$Ⅱ_2$—保护层开挖；Ⅲ—预裂爆破开挖

广蓄厂房施工中，由激光定出岩台上下拐点炮孔位置，用三臂液压凿岩台车水平造孔，插入标志杆，为造其余炮孔导向。台车造孔对岩壁应有 4°～5°外插角，以利下一循环施工。造下拐点炮孔，需向设计线内移 5 cm，以利于增大岩台倾角，改善梁的受力条件。

太平驿厂房确定开挖层高 7.305 m，梁底距下层高度 2 m。用三臂台车沿上下直墙水平造孔爆破，前进 8～12 m，再用气腿钻沿岩台由下向上造竖向斜孔。两者均为光面爆破施工。

大广坝为浅埋式厂房，岩台开挖用手持钻沿上直墙造垂直孔，气腿钻沿岩台由下向上造竖向斜孔。两孔不得相交，均用光面爆破。

各厂房开挖层高度为 7～9 m。用台车水平造孔，取层高 7.5 m 左右，有利于上直墙造孔准确(太平驿层高为 7.3 m，广蓄为 7.5 m)。

（三）岩锚梁锚杆施工

为保证精度，主要是要解决钻孔定位和角度。岩台成型验收后，进行锚杆孔放点。鲁布革厂房按各排锚杆设计角度，用直角三角形三角函数求直角边长的原理，推算出各孔点在实际开挖轮廓线上的位置，现场逐点标出。大广坝厂房放出设计开挖线的孔点，用铁丝拉一水平直线，再用水平尺根据设计孔位和距离，标出实际孔位。太平驿厂房在设计开挖线和距设计开挖线 1 m 处，设置两组方木柱，按锚杆设计俯（仰）角推算出前后柱的高程差，以此拉直两根铁丝，角度线即可确定，由此放点迅速而准确。

钻锚杆孔，鲁布革、广蓄和太平驿厂房，均用自制带垂球的木三角板，使一个锐角为锚杆设计俯（仰）角。台车钻杆对准孔位，三角板靠在钻杆上，调整钻杆角度，当垂球吊线和直角边重合时，即可开始钻孔。大广坝厂房 1992 年 3 月改用刻有三种锚杆设计角度的厚铁皮，固定在台车滑架尾端。这样一尺多用，加快了钻孔进度。东风厂房采用电钻，安放在按锚杆设计角度制作的样架上施工，造孔精度高。

锚杆安装，采用先注浆后插杆方式，造好部分孔后进行。砂浆配比为水泥：砂：水＝1：1：0.38～0.45，砂用中、细砂。鲁布革厂房用螺旋注浆机注浆，太平驿厂房用砂浆输送泵拌制砂浆并注浆。注浆要求达到孔口宁可满溢而不留空段，再把锚杆插入孔内。孔口用水泥纸临时封堵，砂浆初凝后取去。受压锚杆 L_3 由于孔下斜，注浆后，必须反复把注浆管向孔底推送，使砂浆能将水挤出孔外。

东风和太平驿厂房，对位于断层破碎带的锚杆，根据断层情况，将锚杆深入岩体附近一段（东风为 2 m、太平驿为 1 m），其上缠绕塑料布并涂上沥青，锚杆也相应增长，以便将主拉应力传递到较深的岩体中去。

（四）岩锚梁混凝土施工

广蓄厂房的两根梁各长 120 m，分 6 段浇筑，段长 40 m。太平驿厂房的两根梁各长 90.8 m，分 5 段浇筑。太平驿厂房岩锚梁从开挖到浇筑完仅用 96 天。

为尽快进行第Ⅲ层开挖，广蓄厂房进行了爆破振动试验，求出质点振速与装药量和距离之间的关系，并实测出岩锚梁混凝土振速。设计规定振速小于 10 cm/s，施工按 7 cm/s 控制。

为减少爆破振动对梁的影响，东风厂房第Ⅲ层开挖时，采用深孔梯段塑料导爆管孔外非电接力式孔间微差顺序爆破起爆网路，控制单响起爆药量为 10～25 kg。

（五）岩锚梁质量控制

鲁布革厂房通过现场试验，量测爆破围岩松动范围及监测振速，确定岩台预留保护层厚 2.5 m 即足够。为了解围岩变形情况，鲁布革、广蓄、东风、太平驿均在主厂房的 3 个断面和岩锚梁埋设了 4 点位移计和锚杆应力计。鲁布革、广蓄还埋设了测缝计、钢筋计和渗压计等。广蓄厂房施工，当第Ⅱ层开挖到距西端墙 15 m 时，通过埋设在岩锚梁上直墙的位移计，观测到 f7012 断层与其它构造面构成的楔形体，有向东蠕滑的趋势，变形速率 0.96 mm/日。为此暂停开挖，决定用剪力洞加固，从而遏制了围岩变形。

太平驿厂房 1992 年 4 月通过声波测试，检查了岩锚梁及附近围岩的松动范围，结果表明由放炮造成的松动范围一般为 10～30 cm。

受拉锚杆 L_1、L_2 按设计深度造孔，一般不考虑超深；下斜（受压）锚杆 L_3 考虑 15～30 cm 超深，以确保需要的锚固深度。按梁的设计断面，混凝土浇筑长度以不超过 60 m 为宜。为了检验梁的可靠性和安全度，需结合天车荷载试验对岩锚梁进行系统测试。

（中国水利水电第十工程局　丁隆灼）

广州抽水蓄能电站高压钢筋混凝土岔管的施工

广州抽水蓄能电站的高压钢筋混凝土岔管，是承受最大静水头 610 m（动水头 725 m）的无钢衬高压混凝土岔管。混凝土衬砌厚度 60 cm，单层钢筋，主管长 62.845 m（洞径由 ϕ8 m 变至 ϕ3.5 m），4 条支管洞径 ϕ3.5 m，总长 32.5 m，支管与主管呈卜型布置，交角为 60°。整个岔管深埋于黑云母花岗岩中，覆盖厚度约 420 m，地质条件较好。

（一）洞挖控制爆破技术

洞挖采用常规钻爆法，先开挖主管，用三臂台车从大断面往小断面方向全断面开挖，激光导向，后用风钻开挖小岔管。采用少进尺多循环（主管排炮进尺 2.8 m，小管 2 m），周边光爆，非电雷管引爆，平均炮孔数 2.5 个/m^2，炸药单耗 1.7 kg/m^3。对布孔密度、钻孔深度和角度进行严格控制。局部欠挖采用无声炸药、导爆索或导爆索加极少量炸药进行处理。

锚杆均为砂浆锚杆，主锚杆 ϕ28，长 3～4.5 m，孔排距均为 2 m；附加锚杆 ϕ22，长 2.5 m，孔距 1.0 m，排距 2.0 m，呈梅花状布置。

为了有效地控制围岩变形，每两排炮安插一次锚杆，跟进距掌子面 1.5 m。因采用每两排炮后就及时进行锚杆支护，第三排炮后，绝大部分位移曲线趋于平缓，位移量几乎趋于零。经 4 组声波测试，围岩松弛范围控制在 80 cm 以内，说明只要爆破参数和支护时间选择合适，开挖后的围岩基本处于稳定状态。

（二）钢筋混凝土衬砌技术

高压引水岔管是大圆锥台与小圆锥台的相贯体，形体复杂，木模和钢筋架立难度大。

1. 钢筋施工技术　钢筋为20锰硅，环向筋 ϕ36，间距有17 cm、20 cm、25 cm 3种；纵向筋 ϕ28，间距为30 cm，全部按美国钢筋混凝土建筑规范（ACI）执行。环向筋是二维空间，由哈扎公司的计算机提供每根钢筋曲线参数。按ACI要求，钢筋不准焊接，最大的钢筋搭接长度达218 cm，为了能准确地绑在设计相贯线部位上，在现场还增设一套模具，边绑扎边调整钢筋二维曲率，采用14～8号铁丝并借助于手拉葫芦和千斤顶，使钢筋绑扎到位。

2. 模板施工技术　先浇底拱（110°），后浇边顶。采用木拱架，间距1 m，四榀为一组，5 cm×8 cm小枋密排钉牢，刨光后先铺土工织物布，再铺一层生白布，以利于排水透气及保温保湿养护。底拱先绑扎钢筋，后吊装模板。边顶则先立模后扎筋，均用锚杆焊拉筋固定。

3. 混凝土施工技术　混凝土28天的抗压强度为29.4 MPa，抗渗标号S12，最大水灰比应小于0.45±0.02，粉煤灰最大掺量不得超过30%。根据泵送混凝土的特性，经试验决定采用高掺粉煤灰和高效减水且引气量小的外加剂。为了满足混凝土入仓温度不大于21℃的要求，浇筑时段选在1991年10月至1992年4月进行，选择自动化程度较高的日本拌和楼生产优质混凝土。由于采用特殊模板，可以不拆模及时对混凝土进行养护。

（三）灌浆施工技术

1. 灌浆种类及施灌顺序　高压岔管共进行4种灌浆，即顶拱回填、接触、帷幕及固结灌浆。除顶拱回填灌浆为水泥砂浆外，其余均为纯水泥浆液。水泥采用525号普通硅酸盐水泥。混凝土衬砌龄期达1个月后进行顶拱回填灌浆，1992年8月1日起依次实施接触、帷幕、固结3种灌浆，10月25日全部灌浆结束。

2. 灌浆孔的布置及主要灌浆技术参数　回填灌浆孔距3 m。接触灌浆排距3 m，每排10孔，孔深2.5 m。帷幕灌浆在各管下游端设两排，排距1 m，依据管径的大小每排10个或8个孔，孔深12 m或8～6 m。固结灌浆排距3 m，每排10个或8个孔，孔深5 m。在断层裂隙较发育的部位增加随机固结灌浆孔，使固结灌浆更有针对性。接触灌浆压力1.0 MPa，帷幕灌浆压力4.5 MPa，固结灌浆压力6.5 MPa。

3. 灌浆方法及灌浆压力的使用　接触灌浆是把所有的孔（或一个小区段的孔）一次性钻孔完毕才允许开灌；帷幕灌浆分两个灌浆次序；固结灌浆分4个灌浆次序，灌浆压力及单位耗灰量见表。

灌浆压力及单位耗灰量表

灌浆类别	灌浆次序	灌浆压力（MPa）	平均每米耗量	
			浆（L/m）	灰（kg/m）
接触		1.0	3.2	1.8
帷幕	1	2.5	4.9	0.8
	2	4.5	1.3	0.3
固结	1	2.5	1.5	0.5
	2	4.5	1.3	0.25
	3	4.5～6.5	1.0	0.2
	4	4.5～6.5	1.0	0.2

4. 压水试验及工程质量评价　在固结灌浆中，分三个等级进行压水试验。第一级为2.5 MPa，在一序孔灌前进行；第二级为4.5 MPa，在二序孔灌前进行，以了解岩层渗漏情况。第三级为6.5 MPa，布置在灌前四序孔中，栓塞深入围岩0.6 m，以了解三序孔灌后岩层是否会产生劈裂现象，实际上也是对灌浆质量的一种检查。试验结果，一、二序孔灌前共压水60段，最大 *Lu* 值为4.5；四序孔灌浆前压水22段，*Lu* 值均为0。在灌浆过程中测得衬砌多呈受压状态，没有发生劈裂破坏现象。引水道充水后597 m静水头稳压5天，在与下平洞、岔管有关的漏水点测得的总渗量为0.84 L/s。这些情况表明，高压灌浆是成功的，质量优良。

5. 主要灌浆设备　使用的设备有：杭州产SGB6-10型灌浆泵，水电十四局修造厂产GJ200-1型高速搅浆机，法国产RB42-2型充气式栓塞，瑞典阿特拉斯风动凿岩机。

（中国水利水电第十四工程局
马洪琪　朱镜方　沈如东）

广州抽水蓄能电站工程应用的模板与台车

广州抽水蓄能电站工程各种混凝土衬砌斜井总长1116.6 m，其洞型、洞径和倾角各不相同，施工难度大。针对这种情况，水电十四局开发出一整套大直径、陡倾角的高压长斜井快速施工技术，研制了顶拱滑模、边顶拱滑模、多功能模板和多种斜井模板，并在施工中加以完善，使之逐步成熟。

（一）斜井扩挖台车

引水斜井长613.2 m（由上、下两条斜井组成），开挖直径9.7 m，衬砌后直径8.5 m，倾角50°。导井贯通后，采用掌子面垂直于洞轴线的方法进行扩大开挖。为满足这项工程作业需要研制的大断面斜井扩挖平台车相当于3层楼高，加上底部岩面上的作业层共有4层，可供10把手电钻同时作业。使用时，在已扩挖完成的斜井底拱两侧铺设临时轨道，开挖一段，临时轨道跟进铺设一段，既供台车使用，又供运料车使用。台车用2台8 t卷扬机牵引，送料车用1台5 t卷扬机牵引。上斜井扩挖共用8个月零8天，创日进尺4.7 m、周进尺26.1 m、月进尺80.5 m的国内好成绩，提前工期44天。下斜井扩大开挖历时7个月零28天，最大日进尺3.8 m、周进尺25 m、月进尺77 m，提前工期5天。

（二）斜井模板

成洞直径8.5 m的陡倾角长斜井混凝土衬砌的关键和难点之一是模板技术。为此，首先研制出能浇筑弯段、斜井直线段和水平段的XDM—8.5型多功能模板（已获国家专利），成功地进行了混凝土衬砌。为加快直线段的浇筑速度，业主又引进斜井直段滑模，经不断改进完善，解决了斜井混凝土衬砌施工的技术难题。

1. XDM—8.5型多功能模板　多功能模板是一种液压控制操作的全断面衬砌模板，主要由模板和方梁组成。方梁是模板的定位梁，由上、下两段组成，通过两段间的转动支铰和丝杆调节，可以使两段间向上或向下折转15°角，与方梁的液压油缸连系在一起的模板就随之改变中心线倾角，使模板能满足洞轴线不断变化的要求。模板用于转弯段时长度4 m，用特别的钢木结构木板搭接体形变化部位，使两块混凝土之间平滑过渡，以短直线代替圆弧线，满足水力学和水工混凝土规范要求。在平洞和斜井直线段模板可加长至7.5 m。应用多功能模板成功地浇筑了上、下斜井的4个弯段，不仅加快了施工进度，而且混凝土表面平整光滑，满足设计要求。

2. 斜井直段滑模　斜井直段混凝土使用从国外CSM公司引进的液压滑升模板进行浇筑。这种模板属于周期间断性滑模。其设计构思比较新颖，但有很多缺陷和失误，为此进行了大量技术改造工作，使其完善。在浇筑过程中，可使钢筋绑扎、混凝土入仓、振捣及模板滑升同步进行。斜井衬砌滑模施工总历时115天，其间两套滑模分别用于上、下斜井。对如此大直径、陡倾角的长斜井进行混凝土衬砌施工，日平均滑升速度3.4 m，滑模施工效率高、速度快。

3. 其它型式的斜井滑模　电站电缆出线洞衬砌斜井长165.0 m，倾角29.5°，衬砌体形为4.0 m×3.2 m（宽×高）的城门洞形。为这项工程研制的斜井顶拱滑模，由模板、钢构架及行走轮组成，其特点是结构轻巧、简单。行走轮在轻型轨道上运行，轨道固定在已浇筑的边墙上，由5 t卷扬机及手拉葫芦拖动滑升，能连续滑升，平均日滑升5.5 m。

广蓄电站尾水调压井通气洞斜段长338.4 m，倾角22.8°，衬砌体形也为城门洞形。其边墙、顶拱采用滑模浇筑，一次成形。滑模由模板、钢构架及行走轮组成，行走轮在底板混凝土上的轻型钢轨上运行，由液压千斤顶拖动，连续滑升，日平均滑升3.98 m。

（中国水利水电第十四工程局
马洪琪　沈如东　熊训邦）

高寒缺氧地区水电站施工的技术措施

羊卓雍湖（简称羊湖）是位于西藏自治区南部、喜马拉雅山脉北坡上的一个大型高原湖泊。羊卓雍湖抽水蓄能电站（简称羊湖电站）系取羊湖水，通过总长9 km的引水隧洞和压力管道，向北引至雅鲁藏布江南岸，利用湖面与江面840余m的落差发电。工程所在地海拔高程为3600～4800 m。

（一）自然条件特点

(1)海拔高、气压低、缺氧严重。羊湖电站按高程分进水口至调压井区和厂区。调压井区海拔高程在4400 m以上，多年平均大气压590.8 hPa，年平均缺氧47.1%。厂区海拔高程3600 m以上，多年平均气压659.5 hPa。

(2)温差大、冰冻期长。进水口至调压井区多年平均气温2.4℃，极端最高气温22.5℃，极端最低气温−25.0℃，最大日温差27.2℃，最大冻土深0.6～1 m。厂区多年平均气温8.4℃，极端最高气温28.0℃，极端最低气温−17.0℃，最大冻土深0.3 m。

(3)风沙大、空气干燥。调压井区定时最大风速22 m/s（9级），多年平均风速3 m/s，多年平均相对湿度45%，最大月平均相对湿度78%（8月），最小月平均湿度9%（2月），最小时达零。厂区最大定时风速16 m/s（7级），年平均风速2.4 m/s，多年平均相对湿度48%，干季最小相对湿度亦常为零。

（二）自然环境对人体和施工的影响及采取的措施

由于羊湖地区大气压力低，缺氧严重，人体吸入单位空气中的氧气量也随之减少，初到羊湖的人，在短时间内会出现头晕、头痛、胸闷、气短、无力等症状；对人体功能慢性影响主要表现在心脏功能改变、心率加快、头痛失眠、食欲减退、脑集中能力减退、血液稠度变浓、流动速度减缓、情绪不稳等。因此，在高寒缺氧地区施工，尤其是地下工程施工中，会遇到许多意想不到的困难和问题，必须加强施工技术与管理，充分调动人的主观能动性，提高机械化施工程度。

羊湖电站引水隧洞沿着高程4800～4900 m的甘巴拉山条形山脊南北向布置,全长5883 m,设计开挖直径3.1～3.5 m,衬砌断面内径为2.5 m。沿线岩石多为砂板岩互层,碳化严重,极其破碎,是羊湖电站最艰巨、也是最关键的单项工程。隧洞开挖采用钻爆法施工,浅孔多循环、光面爆破全断面掘进,单工作面平均月进尺49.91 m,最高月进尺87.37 m。采用"短开挖、弱爆破、强支护、快衬砌""边开挖边衬砌"的施工工艺,处理不良地质段965 m,处理0.03 m^3/s以上的涌水32处。洞内施工,缺氧更加严重,劳动强度较高。为了提高劳动效率,采取相应措施:一是规定每班不超过6 h;二是保证洞内通风良好,在设计施工通风量上比平原地区增加40%。通风方式采用以压入为主的混合式,冬季严寒则采用吸出为主的混合式通风。同时,为减少洞内的有害气体,爆破施工采用乳胶炸药和有轨电动运输方式,避免柴油机械进洞,坚持湿式凿岩。事实证明,有了良好的通风之后,洞内空气中的含氧量大体上仍可达到当地露天空气中的含氧标准。洞内曾采用专为羊湖电站设计的德国产BOGE过滤供氧机,用管道引进洞内施工点,当洞内缺氧时,施工人员戴上氧气面罩就可以正常施工,但实际使用起来不太方便。

(三)自然环境对施工机械的影响及采取的措施

在高寒缺氧地区施工,施工机械的性能和效率也有所改变。实践表明,柴油机械的有效功率下降值最大,效率降低系数在0.6左右;汽油机械次之,效率降低系数在0.65左右(不带增压系统);电动机械下降值最小,为避免发热,选用高一级容量。

(1)空气压缩机。由于大气压力低,空气密度减小,致使空压机的生产能力下降。同时,风管漏风损失也比平原地区严重,因此选用容量的影响系数在1.7左右。采取的措施是增大压气站规模和尽量缩短风管的长度。

(2)通风机。由于隧洞通风量的计算理论上是以理想气体在标准状态下为准的,而在高寒缺氧地区空气的性质和大气压有所改变,计算出的通风量偏小,应根据高程加以修正。

(3)抽水机械。在羊湖工地使用的抽水机,扬程普遍达不到设计要求,流量也相对减小。采取的措施是选用比设计扬程高出40%以上的抽水机或者采用接力抽水。实践表明,前一种方法比较有效,设计排水量也可得到保证。

(四)自然环境对混凝土质量的影响及采取的措施

由于羊湖地区温差大,空气干燥,混凝土的温度裂变和干缩变形大,对混凝土的抗裂要求较高,因此必须选用低热水泥,适当增大水灰比或坍落度,加强养护,延长养护期等措施。

羊湖电站工程的实践表明,在高寒缺氧地区施工,必须严格遵循高原的客观规律,充分发挥人的主观能动性,选择正确的施工程序,采取合理的施工方法,提高施工机械化程度,加强施工管理,改善施工环境,水电建设才能实现安全、经济、高速、优质的目标。

(武警水电第三总队技术处　李宏国)

施　工　机　械

水电施工企业施工机械装备情况

据统计,到1993年底,中国水利水电工程总公司系统拥有施工机械设备49274台套,原值32.74亿元,净值24.12亿元,机械设备总功率约为194.282万kW,职工技术装备率为10950.6元/人,动力装备率8.8 kW/人,设备利用率54.5%。目前施工项目点上的技术装备率已有很大的提高,一般约为30000元/人,个别项目点已达到50000元/人,而且还有不断上升的趋势。

近10年来,水电建设企业陆续从国外引进一些技术性能比较先进的施工机械设备,对改善水电施工队伍的技术装备水平和完成工程任务,起到了很大的作用。关于这方面的情况,本卷年鉴在施工篇目"先进施工机械设备引进和使用情况"条目中另有介绍。

为了便于从总体上了解水电施工企业机械装备及其变化情况,现将有关统计资料列表如后。

在施工机械设备使用管理方面,各水电施工企业从各方面不断努力,积极组织技术培训,提高队伍素质,加强使用管理、配件供应和维修工作。同时,为了适应逐步走向市场的需要,已在企业内部推行租赁制:一部分工程局已建立或正在建立设备租赁公司(站),集中部分大型关键设备于租赁公司(站),并制订了设备

中国水利水电工程总公司施工机械设备情况统计表

年份	设备原值（万元）	设备净值（万元）	技术装备率（元/人）	动力装备率（kW/人）	装备总功率（kW）	完好率（%）	利用率（%）
1984	212612.9	161875.9	6755.9	8.1	1930881	88	46
1985	227707.7	173143.1	7397.8	8.2	1922234	89	47.5
1986	240508.2	179877.4	7828	9.3	2137690	87	45
1987	250755	186954	8603	9.9	2153966	85.8	45.6
1988	254391	183482	8272	10.1	2237601	—	—
1989	270739	197267	10092	11.5	2201355	80.1	50.9
1990	278536	194887	9371	10.8	2237409	84	48.2
1991	305606.6	207560	9261.5	10.4	2341112	82.5	46.7
1992	325194.9	222382.6	10095.8	10.4	2282315.6	83.3	49
1993	327410.3	241207.2	10950.6	8.8	1942821.8	85.9	54.5

租赁办法，变设备由行政调动为相互租赁，以调动各方管好用好设备的积极性，提高设备调度的灵活性和设备利用率，也在一定程度上促进了折旧费收入的增加。现设备综合折旧率已由以往的3%左右提高到1993年的5%左右。从目前情况看，要能真正做到设备的保值增值，还需有一个过渡时期。

当前存在的突出问题是：水电施工企业的机械设备得不到合理的补充，设备严重老化，技术状况下降，生产能力有一定程度的萎缩（见表），因而不适应水电建设发展的需要。这是需要在深化改革中认真加以解决的问题。

（中国水利水电工程总公司　俞国义）

先进施工机械设备引进和使用情况

1984年以来，水电施工企业从国外引进了一批技术性能先进、生产效率高的施工机械设备，其中包括：①在土石方开挖方面，有液压履带钻机、螺杆式高压空气压缩机、液压挖掘机和轮式装载机、32 t级以上的自卸汽车、161.8 kW以上的推土机等；②在地下工程方面，有液压多臂钻车、喷混凝土三联机、锚杆台车、爬罐、全断面隧洞掘进机等；③在混凝土工程方面，有大型混凝土拌和楼、平仓振捣机、混凝土泵车、缆索起重机、混凝土运输车、罗泰克（ROTEC）混凝土皮带浇筑机等。

在岩石开挖中，液压履带钻机和液压多臂钻车，钻孔速度快，机动灵活，既提高了工效，也改善了笨重体力劳动条件和尘土飞扬的恶劣工作环境。使用这类钻机和钻车，配以挖掘、装载、推运等进口设备，使露天开挖强度大大提高，使洞挖月平均进尺接近和达到200～250 m的好水平。

在隧洞开挖方面，自1966年上海水工机械厂生产第1台ϕ3.4 m掘进机以来，国产产品质量逐步有所提高，但问题仍然较多，一直停留在工业性试验阶段，月平均进尺始终徘徊在100～150 m左右，而且还未经过打长隧洞的考验。为此，1985年天生桥二级水电站引进2台美国罗宾斯376197型ϕ10.8 m掘进机（1978年产品，旧机），地质条件为石灰岩和砂岩，截至1993年底，总进尺7.08 km。由于事前对地质条件没有搞清，掘进时遇到很多大小溶洞，还有岩爆现象，给掘进工作带来很大困难；实际最高月进尺214 m，最低月进尺40 m，平均月进尺76 m，最高班（8 h/班）进尺17 m。隧洞掘进机试用是成功的，与钻爆法相比较，综合成本是比较低的，它适用于洞长超过3 km的隧洞掘进。如果用双护盾等机型，可适用于掘进地质条件较差的破碎带和软基；但设备造价高，一次性投入大，安装时间长，洞径和洞形受局限，能耗大。在选用掘进机时，应搞清地质条件，以便选用合适的机型和采取适当的措施。

为了解决斜竖井开挖的难题，结合渔子溪二级电站工程的需要，1983年5月水电第十工程局购进1台瑞典ALIMAKSTH－5L风动爬罐（旧货），用来挖掘ϕ5 m的高压管道斜段，采用自下而上先掘4 m^2导洞，然后扩大的施工方法。该机由于初次试用，总的来说进度不快，但在地质情况较好、生产组织较为正常的情况下，仍然达到导洞月进尺67～70 m的较好水平。实践证明，采用爬罐开挖斜竖井，可使凿岩爆破与装渣运输两大工序平行作业，解决了工序相互干扰的问题；同时具有经济、快速、安全、灵活的特点，可减轻体力劳动强度，改善工作条件，提高掘进速度。据此经验，广州和十三陵抽水蓄能电站工程相继进口并使用了爬罐。在广州抽水蓄能电站工程中，导洞开挖月平均进尺80 m，最高93 m，最低38 m。与此同时，杭州机械设计研究所和葛洲坝工程局机械厂合作，研制出PGD—4型电动爬罐，1990年6月完成样机试制，从1992年3月起在十三陵抽水蓄能电站工程中进行工业性试验，取得了良好的效果。1992年5月部机械制造局组织的鉴定会认为，国产PGD—4型电动爬罐是成功的，应予推广使用。

在混凝土工程方面，国内曾多次试用皮带运输机，但因跑浆和分离情况严重影响混凝土质量而未能得到应用。1986年从美国引进了一套罗泰克（ROTEC）混凝土皮带浇筑机，1986年9月到货，11月首次在石塘水电站围堰工程中试用，经初步测算，皮带空载速度为3.54 m/s（厂方说明为4.83 m/s），实际运送能力为120 m^3/h（厂方说明为153 m^3/h），在上料皮带实际倾角为14°30′时运送低坍落度混凝土无滑动情况，混凝土无分离和跑浆现象。经试用证明，该机确实具有运送混凝土无坍落度限制的优良性能。该机可运送的最大骨料为3英寸（76 mm）；对推运150 mm的骨料有困难，需加大螺旋节距和直径。由于试验取得满意的结果，解决了用皮带运输机输送混凝土的技术难题。后来水口水电站也进口使用了1台混凝土皮带运输机，使用情况良好。

此外，为加快混凝土浇筑速度，岩滩水电站还第一次引进了美国米达公司2台20 t高速缆索起重机（大部分金属结构构件由夹江水工机械厂按外商提供图纸制造），设计跨度1100 m，实际使用跨度693 m，重罐起

统　　计

在建重点水电工程年度投资

工程名称 \ 年份/项目	1992							
	投资（万元）	土石方（万 m^3）	混凝土（万 m^3）	金属结构安装（t）	帷幕灌浆（m）	固结灌浆（m）	投资（万元）	土石方（万 m^3）
安康	31300	4	11	352	2084	1133	14430	2
宝珠寺	29400	100	11	453		18965	42200	13
铜街子	31500	46	18	2029	10540		41885	13
东风	30450	20	21		56300	15500	42955	11
十三陵抽水蓄能	35000	478	5				40889	261
天荒坪抽水蓄能	7600	76					23300	175
广州抽水蓄能（一期）	24700	32	18	1258	2750	33886	10570	31
莲花	14800	68					36800	350
水口	76800	14	95	2783	6096	1837	103301	12
隔河岩	68284	26	90	4540	43300	23700	92000	38
五强溪	69775	81	88	2877	13130	23980	123000	75
岩滩	51500	3	19	3485	2000	5000	40290	2
漫湾	57500	23	88	2266	21227	5251	70250	24
李家峡	26000	93	3		600	31	46540	122
天生桥一级	33894	408	4				42576	299
天生桥二级	52706	20	16	3236	2273	2836	68000	46
二滩	95000	112	1				153760	345
太平驿	16150	124	11				24053	80
大广坝	30500	130	31	232	2233	4330	47754	290
大峡	11534	117					17000	97
万安	29000	2	10	1398	3430	456	19000	22
羊卓雍湖	4200	43	1		5619		21200	8
合计	827593	2020	541	24909	171582	136905	1121753	2316

注 资料来源于原国家能源投资公司“1992年电力建设统计资料汇编”，电力工业部“1993年电力工业统计资料汇编”和

升速度 289 m/min，空罐起升速度 335 m/min，小车牵引速度 640 m/min。从实际使用情况看，该机的技术性能是好的，某些方面比国产缆索起重机先进。由于岩滩工程河谷跨度并不太大，使用最大跨度仅 693 m，而有效工作区仅 558 m，在通常使用中尚未达到最大加速度时就得减速。工人在通常操作中，为了减少加速过大引起吊罐摆动太大，一般使用调整速度后的 3～4 挡，以利安全操作，实际施工运行挡速在岩滩工程的具体情况下，较指标值降低 30%～40%左右，与该工程中 2 台 20 t 国产缆索起重机运行挡速相当，未能发挥高速缆索起重机的作用。这是一个今后在选择缆索起重机时值得注意的经验。

此外，由于这批国外机械设备在国内的出现，并显示其优良性能和作用，使国内建筑机械制造部门看到了自已的差距，积极引进和研究吸收国外先进技术，提高国产建筑机械的技术水平。现在国内已出现南京阿特拉斯科普柯工程机械有限公司、宣化英格索兰矿山工程机械有限公司、北方重型汽车有限责任公司、常州林业机械厂、柳州工程机械厂、徐州工程机械集团公司等中外合资和合作生产企业，开始生产一些具有国际先进水平的建筑机械设备。

（中国水利水电工程总公司　俞国义）

资　料

及实物工程量完成统计表

1993				1994					
混凝土（万 m³）	金属结构安装（t）	帷幕灌浆（m）	固结灌浆（m）	投资（万元）	土石方（万 m³）	混凝土（力 m³）	金属结构安装（t）	帷幕灌浆（m）	固结灌浆（m）
2	1256		830	16456		2	202		
51	1500	1618	65632	53100	30	50	1600	20008	8300
2	49			43000	5	1	264		
36	1300	70400	45100	43000	3	29	16000	105700	40300
10				64100	29	2	2393	3784	5476
4	5			37200	23		851		
11	326	4206	16573	2368	13	2	98		
1	403	1619	1284	41900	228	8	663		
61	5218	3020	5600	96000	4	21	851		
52	3688	26900	30300	68000	61	26	7895	62000	63000
117	4655	40798	58855	174000	50	93	21308	40000	
17	3432			55693	256	22	758		
34	9345	24116	9345	65000	10	6	2821	8600	
23	40		18507	71400	178	23	2297		18500
7	1220			73466	111				27360
6		6904	111	74000	24	8	1803	1360	28835
20	213			149500	370	6	76		
31	844		233000	45112	80	5	1330		
27	789	4697	1750	29000	72	10	1420		6332
13	206	1062	5978	26000	49	10	350		
4	1904	2144	129	18700	32	3	855		
5	411		300	40000	16	6	2470		6000
534	36804	187484	493294	1286995	1644	333	66305		

"1994 年在建水电重点项目完成工程统计表" 及各工程局 1994 年统计年报。

（中国水利水电工程总公司　邹恩玉）

1992～1994 年水电施工企业逐年完成产值及工程量表

年份	产值及工程量＼单位	水电一局	水电二局	水电三局	水电四局	水电五局	水电六局	水电七局	水电八局
1992	建筑业总产值（万元）	21458	5224	24555	27271	15821	10991	29065	37861
	其中施工产值（万元）	21456	3214	24555	27269	15775	10991	29065	37854
	土石方（万 m³）	553	33	281	349	628	160	424	178
	混凝土（万 m³）	10		19	12	12	5	27	91
	金属结构安装（t）	4567		555	1045	1523		2679	2578
	投产（台/万 kW）	2/38.5		5/45.06	1/30.25	3/27		10/19.36	7/3.45
1993	建筑业总产值（万元）	25853	5673	19369	40444	30302	15393	46255	62461
	其中施工产值（万元）	25742	5344	19369	40372	30298	15352	46174	58336
	土石方（万 m³）	380	13	386	128	357	264	452	347
	混凝土（万 m³）	5		27	19	56	9	67	99
	金属结构安装（t）	2606		1578	2863	1733	330	1859	7479
	投产（台/万 kW）				2/50.25			2/30	2/2
1994	建筑业总产值（万元）	42206	9685	35064	57554	52807	23924	59787	90447
	其中施工产值（万元）	38383	7362	31174	50338	51600	21710	49755	72727
	土石方（万 m³）	480		422	243	497	182	438	454
	混凝土（万 m³）	17		31	55	69	9	88	80
	金属结构安装（t）	4305		1417	4995	2187	146	9774	6404
	投产（台/万 kW）				3/60		2/0.35	2/17.5	5/29.6

年份	产值及工程量＼单位	水电九局	水电十局	水电十一局	水电十二局	水电十三局	水电十四局	闽江水电工程局
1992	建筑业总产值（万元）	21375	9652	10401	9425	10211	29823	11464
	其中施工产值（万元）	21375	9631	10128	9304	10145	29823	11090
	土石方（万 m³）	113	114	161	214	2370	306	275
	混凝土（万 m³）	44	19	5	11		49	12
	金属结构安装（t）	3181	3670	955	4226		3491	475
	投产（台/万 kW）		10/7.18	3/6			5/6.5	
1993	建筑业总产值（万元）	35890	13316	14628	12832	12261	33967	15045
	其中施工产值（万元）	35876	13236	14628	12824	12261	33967	14035

续表

年份	产值及工程量 \ 单位	水电九局	水电十局	水电十一局	水电十二局	水电十三局	水电十四局	闽江水电工程局
1993	土石方（万 m^3）	149	99	125	245	2046	477	192
	混凝土（万 m^3）	45	22	1	24		31	34
	金属结构安装（t）	3232	2423	531	323		1698	10032
	投产（台/万 kW）		7/3.42				8/92.57	
1994	建筑业总产值（万元）	32455	24720	30178	23628	20267	58001	23737
	其中施工产值（万元）	32000	20843	18207	19517	17906	51191	20080
	土石方（万 m^3）	33	86	154	276	2499	619	283
	混凝土（万 m^3）	64	44	8	20	2	39	14
	金属结构安装（t）	4703	2920	3615	1806		2213	3588
	投产（台/万 kW）	2/34	9/25.3	4/8.46	4/7.1		3/30.8	6/8.5

年份	产值及工程量 \ 单位	基础工程局	葛洲坝工程局	武警水电一总队	武警水电二总队	武警水电三总队	合计
1992	建筑业总产值（万元）	8756	76772	27117	11528	4157	402927
	其中施工产值（万元）	8652	76607	27117	11528	9112	404691
	土石方（万 m^3）		1118	161	244	39	7721
	混凝土（万 m^3）		278	17	13	1	625
	金属结构安装（t）		12106	528	1398		42977
	投产（台/万 kW）		2/22.8		2/20		50/226.1
1993	建筑业总产值（万元）	7684	106326	36415	12535	14911	561560
	其中施工产值（万元）	7578	10617	36415	12477	14911	459812
	土石方（万 m^3）		3437	288	296	17	9698
	混凝土（万 m^3）	6	130	14	7	6	602
	金属结构安装（t）		10254		2480	411	49832
	投产（台/万 kW）		5/132				26/310.24
1994	建筑业总产值（万元）	9813	214967	37015	24770	27501	898526
	其中施工产值（万元）	9506	164265	37015	24552	27501	765632
	土石方（万 m^3）	276	4385	375	447	38	12187
	混凝土（万 m^3）	20	110	22	15	7	714
	金属结构安装（t）	1806	15526	2205	1328		68938
	投产（台/万 kW）		11/154.82				51/376.43

注 表中资料来源于中国水利水电工程总公司的“水利水电建筑安装统计资料汇编”。

（中国水利水电工程总公司 邹恩玉）

1978 年以后主体工程开工的

项目名称	装机容量（台×万 kW）	主要工程量		坝基开挖				
		土石方（万 m³）	混凝土（万 m³）	工程量（万 m³）	年强度（万 m³）			工程量（万 m³）
					最高	发生年份	平均	
安　康	4×20	923	379	163	83	1978		263
龙羊峡	4×32	347	317	108	40	1981		154
东　江	4×12.5	537	182	46	16	1981	11	101
葛洲坝二期	2×17 19×12.5	3628	517	1418	567	1982		490
紧水滩	6×5	333	87	17	10	1984	7	36
太平湾	4×4.75	200	75	53	27	1982	11	42
天生桥二级	6×22	983	150	70	57	1986		32
沙溪口	4×7.5	339	90	24	9	1985	3	31
万　安	4×10	960	158	188	72	1989		101
铜街子	4×15	757	283	217	157	1987	24	141
岩　滩	4×30.25	1252	342	54	42	1985		
白山二期	2×30	64	18					
漫　湾	5×25	463	237					
水　口	7×20	1162	348	448	281	1988	128	169
五强溪	4×30	2402	407	233	88	1990	17	147
东　风	3×17	254	123	45	30	1990	15	51
隔河岩	4×30	503	292					
广州抽水蓄能一期	4×30	395	49	33	26	1990	24	6
宝珠寺	4×17.5	465	252	315	88	1990	45	63
大广坝	4×6	916	18	39	18	1990		68

注　表内数字为各单位上报经核对、汇总的数字。

1982 年以后开工的部分大

项目名称	隧洞类型	隧洞直径或断面（m，m²）	隧洞长度（m）	隧洞开挖			
				一次开挖断面（m²）	工作面个数（个）	强度	
						月最高进尺（m）	月平均进尺（m）
鲁布革	导流洞	14×16	530	91	1	374	186
白山二期	引水洞	$D8.8$	885	82	4	65	30
李家峡	导流洞	11×14－11×15	1135	169	4	80	60
漫　湾	1 号导流洞	15×18	458				
	上部			124	2	150	92
	下部			198	2	180	115

部分大中型水电站施工强度表

坝体混凝土			施工工期			备注
年强度（万 m^3）			主体开工年月	第一台机组投产年月	工期（年·月）	
最高	发生年份	平均				
51	1988	27	1978.3	1990.12	12·10	
37	1983		1978.4	1987.9	9·5	
38	1985	17	1979.9	1987.12	8·4	
176	1984		1981.1	1981.7	7	二期工程系大江截流后工程
13	1985	10	1982.6	1987.10	8·5	
17	1984	7	1982.10	1985.5	2·8	
14	1989		1983.9	1992.12	9·4	
10	1985	4	1984.9	1987.12	3·4	
32	1987		1984.11	1990.11	6·1	
50	1990	20	1985.1	1992.10	7·10	
82	1989		1985.3	1992.9	7·2	
			1985.9	1991.12	6·4	二期主要建筑物有引水洞、厂房和开关站
88	1992		1986.5	1993.6	7·2	混凝土年强度为全部混凝土数
80	1991	34	1987.3	1993.8	6·6	坝基开挖强度，包括明渠基础开挖量
50	1993		1987.6	1994.12	7·7	1993 年浇筑混凝土全部为 117 万 m^3
18	1993		1987.6	1994.8	7·3	
90	1992		1988.1	1993.6	5·6	混凝土年强度为全部混凝土数
6	1992	4	1988.9	1993.6	4·10	
44	1993	21	1988.9			在建
30	1992		1989.5	1993.12	4·8	

（中国水利水电工程总公司 邹恩玉）

型水电站隧洞施工强度表

隧洞衬砌				施工工期			备注
衬砌厚度（cm）	混凝土量（万 m^3）	强度		开始年月	竣工年月	工期（年·月）	
		月最高（万 m^3）	月平均（万 m^3）				
60	1.40	0.48	0.32	1982.10	1983.5	8	不含日本大成公司
70	2.43	0.23	0.12	1985.12	1992.4	6·5	
50	12.78	1.87	0.73	1988.4	1991.10	3·7	
				1986.10	1987.12	1·3	
				1986.10	1987.3	6	
				1987.7	1987.10	4	

项目名称	隧洞类型	隧洞直径或断面(m, m^2)	隧洞长度(m)	隧洞开挖			
				一次开挖断面(m^2)	工作面个数(个)	强度	
						月最高进尺(m)	月平均进尺(m)
漫湾	2号导流洞	15×18	423				
	上部			124	2	180	115
	下部			198	2	110	71
十三陵抽水蓄能	排风洞	7.5×7.0	788	73	1	105	40
	1号尾水洞	$D8.5$	793	44	1	100	62
	2号尾水洞	$D8.5$	838	44	1	100	47
广州抽水蓄能一期	尾水洞	93.5	1425	169	2	182	137
	排风洞	44.3	1097	95	1	253	139
	交通洞	52.3	1633		1	187	
	引水洞上平硐	$D9$	851	82	1	133	90
	上斜井	$D8.5$	406	80	1	81	49
	下斜井	$D8.5$	347	80	1	87	57
二滩	右导流洞	674	1297	200	4	1.2 (万 m^3)	0.7 (万 m^3)
东风	泄洪洞	12×18	513	234	4	150	70
小浪底	1号导流洞	$D14.5$	679	59	2	110	63
	2号导流洞	$D14.5$	679	59	2	95	49
	3号导流洞	$D14.5$	679	59	2	85	40

注 表列数字为各单位上报经核对汇总数字；二滩右导流洞净断面尺寸为17.5 m×23 m。

已建成混凝土面板堆石坝（1994年统计）

坝名	地址	坝高(m)	坝顶长(m)	坝体积(万 m^3)	库容(亿 m^3)	装机(万 kW)	备注
西北口	湖北宜昌	95	222	165	2.10	1.6	1990完工
万安溪	福建龙岩	93.2	210	113	2.28	4.5	1994.10发电
花山	广东广宁	80.8	160	70	0.63	2.4	1993完工
株树桥	湖南浏阳	78	245	82	2.78	2.4	1990完工
成屏一级	浙江遂昌	74.6	232	76	0.52	0.8	1989完工
横山加高	浙江奉化	70.2	382	109	1.12	0.5	1993完工
沟后	青海	70	260	89	0.03		1993.8.27失事
广蓄上库	广东从化	68	337	91	0.17	120	1992完工
龙溪	浙江天台	58.9	141	28	0.26	1.6	1990完工
关门山	辽宁本溪	58.5	184	44	0.81	0.1	1988完工
罗村	浙江	57.6	209	64	0.21	0.1	1990完工
小干沟	青海格尔木	55	104	24	0.11	3.2	1990完工
小梅沙	广东深圳	49.1	188	22	1.46		1994完工
铜街子副坝	四川乐山	48	434	56	2	60	1992完工
柯柯亚	新疆	41.5	120	44	0.12	0.375	1988完工
十三陵上库	北京昌平	39 (75)	550	270	0.04	80	1994完工 坝轴线处坝高75 m

（华源水利水电工程咨询公司 纪云生）

续表

隧洞衬砌				施工工期			备注
衬砌厚度（cm）	混凝土量（万 m³）	强度		开始年月	竣工年月	工期（年·月）	
		月最高（万 m³）	月平均（万 m³）				
				1987.4	1988.5	1·2	
				1987.4	1987.9	6	
				1988.1	1988.1	4	
				1989.3	1991.6	2·4	
50	1.58	0.22	0.14	1991.4	1993.10	2·7	
40～60				1990.12	1992.8	1·9	衬砌未完
40	3.8	1.4	0.48	1989.9	1990.7	11	
				1988.9	1989.5	9	
				1988.10	1990.4	1·7	
40	1.69	0.22	0.15	1990.8	1991.7	1	
60	0.95	0.23	0.09	1990.10	1991.12	1·3	
60	0.82	0.31	0.12	1990.10	1991.11	1·2	
喷混凝土 10～15				1991.11	1993.2	1·4	
120	2.85	0.40	0.10	1992	1994.4		
				1993.3	1994.4	1·2	
				1993.3	1994.4	1·2	
				1993.3	1994.4	1·2	

（中国水利水电工程总公司 邹恩玉）

在建及立项混凝土面板堆石坝

坝名	地址	坝高（m）	坝顶长（m）	坝体积（万 m³）	库容（亿 m³）	装机（万 kW）	备注
天生桥一级	广西、贵州	178	1168	1769	102.6	120	1994 截流
乌鲁瓦提	新疆和田	138	365	593	3.23	6	
白云	湖南城步	120	170	171	3.60	5.4	1993 截流
古洞口	湖北兴山	115	243	205	1.44	3.6	1993 开工
高塘	广东怀集	110.7	288	195	0.96	3.6	1993 开工
双沟	吉林	109.7	297	256	3.90	28	已立项
天荒坪下库	浙江安吉	92	233	150	0.09	180	1994 填坝
大桥	四川冕宁	91	300	209	6.58	9	1993 正式开工
大坳	江西上饶	90	408	145	2.78	4	
三插溪	浙江泰顺	88.8	188	77	0.47		1993 开工
陡岭	湖北郧西	88.5	333	224	4.85	6	1992 开工
东津	江西修水	88.5	315	176	8	6	1995 蓄水
小山	吉林抚松	85.5	160	143	0.95	16	1994 截流
松山	吉林抚松	79	234	152	1.23		已立项
莲花	黑龙江海林	71.8	902	423	41.5	55	1994 截流
卡浪古尔	新疆	67.5	595	120	0.39		

续表

坝　名	地　址	坝高 (m)	坝顶长 (m)	坝体积 (万 m^3)	库容 (亿 m^3)	装机 (万 kW)	备　注
大　河	广东阳江	68	240	82	3.32	3	1993 开工
南　车	江西泰和	64	184	46	1.53	1.28	1992 开工
锁金山	湖北五峰	62	227	60	1	4.5	
斗　晏	江西寻乌	58	204	52	0.96	3.75	1992 开工
海潮坝	甘肃张掖	57	197	48	0.07		
平　潭	浙江宁波	55		39	0.11		1992 开工
马颈坳	贵　州	54	200				
蛇　洞	四　川	50			0.08		
两岔河	贵州黄平	43	320	51	0.63	0.2	1994 开工
塔斯特	新　疆	43	180	45	0.12		
梅　溪	浙江鄞县	43					
山　口	新　疆	39	545	65	0.46	2.52	1992 开工
查　龙	西藏那曲	38.6	292	37	1.38	10.8	1993 开工
白扬河	新　疆	37	473	37	0.06		
伯依希谢	新　疆	35	210	20	0.04		
渡浪沟	湖北建始	35	135		0.035		1992 开工
溪　口	浙　江	34.5	327			8	1994 开工

(华源水利水电工程咨询公司　纪云生)

生产运行

15

运 行 管 理

水电厂安全文明生产达标工作

自1989年国务院要求停止对企业的各项评比升级工作之后，原能源部停止了电力企业的升级工作，并根据电力企业的特点，为缩小我国电力生产企业管理水平与世界上发达国家之间的差距，提出在电力生产企业开展“安全文明生产创水平达标”工作，并决定先在火力发电厂中试行，取得经验，然后推广到水电和供电企业。

经过3年的试行证明，火电厂安全文明生产达标工作的开展是火力发电厂眼睛向内，加强管理，实现安全、稳发、满发，提高发电设备健康水平的有效手段，是电力生产企业日常生产工作的重要体现。根据上述情况，能源部于1992年底作出了“关于全面开展发、供电企业安全、文明生产达标工作的决定”(能源电[1992]1219号文)，同时颁布了“安全、文明生产达标企业标准”，根据上述标准，组织制订水力发电企业安全、文明生产达标细则，并于1993年颁布实施。

(一)达标标准

水力发电企业安全、文明生产达标标准分为必备指标和考核指标，简述如下。

1. 必备指标　①企业领导班子坚持党的基本路线，贯彻执行《中华人民共和国全民所有制工业企业法》和《全民所有制工业企业转换经营机制条例》。党、政、工关系协调，团结进取，无违法违纪行为。企业未发生造成重大社会影响的恶性事件。②考核年度完成主管局下达的发电量、厂用电量、发电成本、劳动生产率及调峰、调频等生产任务或指标。③建立严格的人员培训制度，年度培训计划具体明确，落实到人，并认真执行，成效显著。④考核年度和申报期内，企业未发生生产人身死亡事故或性质严重的群伤事故(一次事故造成3人及以上重伤)及本企业负责的设备特大、重大事故(含洪水漫坝、水淹厂房构成的责任性事故)。⑤大坝安全评价应达到正常坝或虽为病坝，但加固方案已审定并开始实施。⑥等效可用系数定额完成率及水能利用提高率分别达到104%和4%。⑦加强思想政治工作，企业职工精神振奋，生产、工作秩序井然，保持厂区、厂房和设备干净整洁，物见本色。

2. 考核指标　考核指标共分4个部分，分别为：安全指标、可靠性指标、经济指标和文明生产要求。每个部分都有严格细致的考核条件，并制定了考核评分制度，每部分满分为100分。

达标企业必须同时满足：具备所有的必备指标，四项考核指标每项得分均在80分以上。只有同时满足这两个条件才可申报。

(二)达标的情况

根据能源电[1992]1219号文的规定，装机容量在15万kW及以上的水电厂方可申报部达标企业。1993年度，电力部水电厂达标企业共16个，它们是：太平湾、桓仁、太平哨、新安江、富春江、紧水滩、乌溪江、陈村、葛洲坝、柘溪、盐锅峡、八盘峡、碧口、青铜峡、大化、沙溪口。1994年度有8个水电厂达部标，它们是：云峰、东江、柘林、黄龙滩、龙羊峡、西津、鲁布革、乌江渡。

(电力部安全监察及生产协调司　余卫国)

水电厂安全情况分析

近几年来，通过技术改造工作，各水电厂的设备可靠性水平，都有很大的提高，但“人员误操作”和“管理维护不当”的考核事故，仍占很大的分量，达60%多。因此，在改造设备的同时，必须着眼于提高人员素质和加强管理，即规范化、制度化管理。必须特别强调保安技术措施的落实。

在1992～1994年的3年间，水电系统相继发生两起严重恶性人身死亡事故，性质类同，表面看是严重违章，没有履行工作票制度，实质是技术措施不力。

要杜绝类似恶性事故，必须从根本上采取加锁的安全技术措施。如“凡进入隧洞、压力管道、蜗壳、以及水轮发电机组转动体内作业，工作人员要亲自把握住解除安全技术措施的钥匙，别人无法拥有，否则具体工作人员有权拒绝进入此类危险场所工作，并受到法律保护。”

在1992～1994年的3年间，在部属2.5万kW以上82个水电厂中，416台机组统计，发电机定子线圈短路故障发生两起，合1.6‰台年次，其中1台为不燃烧绝缘，仅将通风口封闭；另1台则用水灭火，但事后干燥困难。2台发电机修复时间都很长，1台7个月，而另1台则达17个月之久。

事故案例见下表。

1992～1994年水电厂恶性人身死亡和设备损坏事故案例表

序号	单位	事故简要情况	事故原因	对策措施
1	龚咀水电厂	1992年4月25日9点10分机修班工人杨某进入7F蜗壳内，进行导叶上下端面堵棉絮作业，同时作业的赵某、王某二人约9点25分出蜗壳帮助抬梯子，约9点30分水工分场起重人员在未办理提7F检修闸门工作票，又未确认7F工作闸门在全关状态，提起7F检修闸门充水阀充水，水直接充入7F蜗壳内，杨某被淹溺窒息，紧急报警后，立即落下7F检修闸门，关闭工作闸门，组织人员将杨某抬出蜗壳，安监、医务人员对杨某采取多种现场急救措施均无效后死亡	操作现场设备，不执行工作票制度，违反规程，加上现场设备又无可靠的技术加锁保安措施和禁止操作的警告牌；两个单位相互有影响的操作，缺乏联系和统一指挥命令	严格执行工作票制度，强调技术保安加锁措施，该解锁钥匙应由作业人员掌握
2	青溪水电厂	1994年12月31日15点03分，水电检修公司工人李某被撕碎在水轮发电机内。事故简要经过：1号机12月27日大修后处于备用，31日13点45分启动1号机时，因调速机问题无法并网又停下，由自动化班处理调速机和上导轴承温度表回路不正常问题。自动化班长詹某不办理工作票，只打电话给中控室值长张某联系。张接电话后未记录，又未通知副值长蓝某和其他人。14点57分蓝某在调速机处询问检修情况并提议开机试一试，蓝某未向值长汇报，又没有进行检查，就在发电机层按了两次启动按钮，因切换开关接点有问题，机组未能启动。但15点03分，蓝某给值长打电话要中控室给一个开机指令，看调速机还有没有问题；值长忘了曾接"电话"有詹等人在风洞内工作，就下令开机，机组18秒达到额定转速。在转子上作业的詹某有幸逃出，头部缝三针，臀部挫伤，右小脚骨折，李某被撕碎，血肉横散在挡风板下面	作业人员不办理工作票进入风洞内作业，未做任何安全措施，严重违反安规有关规定。 值长接电话时没有制止违章作业，又没有作防止机组转动的安全措施，未作记录又未告诉副值长和其他人，风洞内有人作业；接蓝电话就下令开机。 副值长第一次未向值长汇报就按按钮开机，幸未开起来，纪律松懈	必须严格工作票制度，要抓好技术安全加锁措施，该解锁钥匙必须由危险场所作业人员掌握
3	潘家口蓄能电站	1992年10月24日，2号机0点13分抽水运行、6点18分停机、8点25分发电运行、16点50分由发电转为抽水运行、17点32分由抽水改为发电运行，并带9万kW负荷。18点01分突然主开关跳闸，机组自动停机。检查发电机的差动、过流、接地保护和机组的过速等保护均正确动作。发电机上盖板的密封条被冲开，缝隙处冒烟，有焦臭味。事故原发点为定子下部48极绕组的3、5、7号接头间的相间短路	制造设计质量有问题（后查3、4号机同样有问题）	改进端部接头材料和工艺，并用测定电位外移的数据来鉴定把关
4	密云水电厂	1993年4月19日8点49分，4号机并网发电，当时3、5、6号机也处于并网发电中。9点59分4号机发生强烈爆破冲击声，差动保护动作、开关跳闸。4号机风口处冒出浓烟并着火，风口盖板掀起。运行人员接通消防水源将火扑灭	发电机静子引线绝缘老化，运行中引线局部过热放电，造成AB相短路将引线烧坏	对发电机绝缘定期进行老化鉴定试验，得出结论，进行更换

（电力部安全监察及生产协调司　周志清）

全国大型水电厂劳动竞赛

在原水电部和水电工会全委的领导下，全国40万kW以上的大型水电厂（站）坚持开展劳动竞赛和经验交流活动，不仅促进了各成员厂的安全生产和所在电网的稳定运行，而且在科技进步、深化企业改革、开展"安全生产文明生产达标"活动及发展多种经营等方面也起到了互相帮助、互相学习、取长补短、共同提高的推动作用。

在党的十二次全国代表大会上明确了能源工业是我国经济发展的战略重点，促使我国水电事业迅猛发展，为了适应这一形势，全国大型水电厂劳动竞赛委员会决定从1993年起吸取新成员厂，装机容量从40万kW提高到100万kW。先后增加了总装机132万kW的天生桥水力发电总厂和总装机120万kW的隔河岩电厂。这样，参加竞赛的成员厂增加到21个，总装机容量从1508.3万kW增加到1860.3万kW，增长了23.3%；年总发电量由576.7亿kW·h增加到627.1亿kW·h，增长了8.7%。1993年全国总发电量为8150亿kW·h，全国大型水电厂总发电量占全国总发电量的7.7%。全国水电总发电量为1516亿kW·h，全国大型水电厂的总发电量占41.4%。可见，全国大型水电厂在各自的电网中已发展成为中坚力量，不仅仅是调峰的主力厂，也是发电的主力厂。

全国大型水电厂的安全生产情况，除部分新厂外，一直比较稳定。1991年有8个厂实现全年无事故。丰满电厂和东江电厂安全生产记录超过1000天，分别为1679天和1509天。1992年有6个厂实现全年无事故，新安江电厂、丹江口电厂和大化电厂安全记录超过1000天，分别为1164天、1136天和1151天。1993年有7个厂实现全年无事故。新安江电厂、丹江口电厂和大化电厂仍保持千天无事故的安全记录，分别为1529天、1502天和1516天。重大事故1991年19个成员厂没有发生，1992年20个成员厂发生两次重大事故，1993年21个成员厂只发生一次重大事故。

全国各大型水电厂近几年来经济效益普遍提高，虽然由于物价上涨因素造成发电单位成本提高，但由于各厂狠抓企业内部改革，依靠技术进步，减少企业人员，大力发展多种经营，所以劳动生产率1993年与1991年相比还处于基本持平状态。但由于多种经营发展较快，所以职工年均收入有较大幅度的增长。因此，各成员厂生产稳定，生活稳定，人心稳定，各项工作都按照部里的统一要求顺利的进行着。如各厂普遍进行了三项制度改革，并已取得阶段性进展。各成员厂都按照部颁的统一标准广泛开展“双达标”活动，提高各厂的安全生产水平，改变厂容厂貌，加强设备管理及设备的可靠性。经电力部统一检查评审，全国21个大型水电厂中有葛洲坝、新安江、柘溪、盐锅峡和大化五个厂被评为电力部“达标企业”。这些厂将在继续巩固“双达标”成果的基础上，向一流企业进军。其它各厂也将努力创造条件，迎头赶上。

3年来，全国大型水电厂劳动竞赛活动突出了经验交流这个重点，采用大会交流与小会交流相结合，会上交流与会下交流相结合，书面交流与图片影像交流相结合，会场交流与现场交流相结合的“四结合”方法，收到较好的效果。3年共召开6次会议，交流9个专题，交流经验材料252份。1991年和1993年分别评出先进单位8个，其中柘溪、葛洲坝、丹江口、新安江、丰满等5个电厂连续两年被评为先进单位。1992年因为能源部撤消，正在组建电力工业部，所以，这年只进行经验交流，评比活动暂停一年。在开展竞赛评比和经验交流的同时，为推动各成员厂多种经营超常规发展，还利用会议机会，召开“多种经营产品交易会”、“多种经营信息发布会”及“多种经营图片展览”等活动，使各成员厂的交流活动增加了市场经济色彩。劳动竞赛完成指标情况见表。

全国大型水电厂(站)劳动竞赛主要经济技术指标统计表(1991～1993年)

发电厂(站)		龙羊峡	刘家峡	盐锅峡	映秀湾	龚咀	乌江渡	鲁布革	大化	柘溪	凤滩	东江
装机容量(万kW)	1991	128	122.5	40.2	45.5	130	63	60	40	44.75	40	50
	1992	128	122.5	40.2	45.5	130	63	60	40	44.75	40	50
	1993	128	122.5	40.2	45.5	130	63	60	40	44.75	40	50
年发电量(亿kW·h)	1991	41.91	50.80	19.26	23.87	32.16	25.40	24.27	18.06	25.30	20.92	7.56
	1992	31.97	43.20	17.15	23.26	30.33	28.79	23.93	18.44	21.51	14.06	11.96
	1993	50.24	53.75	20.84	22.20	42.09	26.65	22.32	17.45	23.28	22.67	11.18
考核事故(次)	1991	2	1	1	1	1	1	1	0	0	1	0
	1992	1	0	0	5	4	1	5	0	2	1	1
	1993	0	1	0	1	2	1	3	0	0	2	0
考核事故率(次/台年)	1991	0.60	0.20	0.111	0.118	0.200	0.44	0.115	0	0	0.36	0
	1992	0.34	0	0	0.481	0.980	0.41	1.969	0	0.354	0.42	0
	1993	0	0.20	0	0.118	0.396	0.49	0.750	0	0	0.50	0

续表

发电厂(站)		龙羊峡	刘家峡	盐锅峡	映秀湾	龚咀	乌江渡	鲁布革	大化	柘溪	凤滩	东江
年末安全记录(天)	1991	180	192	252	246	273	113	12	785	649	186	1509
	1992	363	558	618	141	11	229	120	1151	61	169	304
	1993	728	253	983	135	15	320	302	1516	426	133	669
发电单位成本(元/千kW·h)	1991	37.0	8.6	11.7	19.0	12.2	13.5	32.0	21.2	7.4	10.0	51.0
	1992	49.8	10.9	12.0	22.0	14.1	12.9	46.4	21.5	8.9	15.1	34.0
	1993	47.5	11.9	12.0	56.0	17.2	17.7		28.1	13.5	14.3	39.0
水能利用提高率(%)	1991	2.06	4.30	5.80	9.00	2.00	7.40	7.10	9.60	10.30	13.00	5.60
	1992	4.58	4.52	6.25	6.00	3.00	3.98	6.35	6.83	6.24		12.10
	1993	9.42	5.16	6.43	4.80	4.09	11.70	4.03	8.13	25.79	14.10	6.18
全员劳动生产率定额完成率(%)	1991	111.2	117.0	107.2	112.0	115.5	110.3	110.0	117.4	117.8	108.0	49.8
	1992	116.2	118.0	108.5	108.0	104.2	109.0	152.3		121.5		119.2
	1993	108.8	120.0	112.7	108.0	107.3	112.1	134.0	124.9	111.7	114.6	114.5
等效可用系数定额完成率(%)	1991	105.9	105.1	100.4	98.1	105.6	104.4	108.0	106.4	104.5	101.5	107.9
	1992	104.0	104.0	107.6	99.4	100.7	104.0	110.2	102.7	105.5		108.2
	1993	100.0	100.6	105.1	101.7	106.6	105.1	107.0	104.1	106.4	101.6	103.5
洪水预报合格率(%)	1991	100	100	100	100	90	100	97	98	92	85	92
	1992	93	100		100	100	100	97	100	100		100
	1993	92	100		100	100	100	91	93	90	98	100
多种经营产值增长率(%)	1992	69	85	48	26	75	30	48		35		196
	1993	103	49	43	53	105	279	160	9	92		174
合理化建议(条/人)	1991	0.32	0.49	0.56	0.32	0.19	0.64	0.19	0.21	1.70	0.11	0.68
	1992	0.40	0.33	0.44	0.27	0.24	0.76	0.20	0.06	1.10		0.87
	1993	0.38	0.32	0.39	0.42	0.34	0.74	0.03	0.05	0.43	0.08	0.07
平均职工人数(人)		1007	1162	794	1148	981	786	472	613	773	663	724
劳动竞赛评比结果	1991		先进						先进	先进		先进
	1993			先进						先进		
备注												

发电厂(站)		葛洲坝	丹江口	新安江	安康	万安	丰满	白山	云峰	天生桥	隔河岩	合计
装机容量(万kW)	1991	271.5	94	66.25	40	50	72.56	110	40			1508.3
	1992	271.5	94	66.25	60	50	72.56	110	40			1528.3
	1993	271.5	94	66.25	80	50	72.56	170	40	44	60	1712.3
年发电量(亿kW·h)	1991	157.30	33.80	24.10	7.46	2.00	20.64	25.90	16.02			576.7
	1992	166.15	29.19	15.68	18.63	4.34	10.07	14.26	11.08			534.0
	1993	156.93	38.30	18.42	23.65	9.07	12.38	21.73	9.13	13.98	10.84	627.1

续表

发电厂(站)		葛洲坝	丹江口	新安江	安　康	万　安	丰　满	白　山	云　峰	天生桥	隔河岩	合　计
考核事故(次)	1991	0	0	0	1	0	0	2	1			13
	1992	2	0	0	1	0	1	3	1			25
	1993	2	0	0	1	3	1	5	1	3	1	27
考核事故率(次/台年)	1991	0	0	0	1.00	0	0	0.25	0.31			
	1992	0.060	0	0	0.75	0	0.285	2.30	0.30			
	1993	0.095	0	0	0.25	5	0.181	2.45	0.28	1.5	0.5	
年末安全记录(天)	1991	399	771	798	4	396	1679	259	142			
	1992	244	1136	1164	69	762	271	215	253			
	1993	53	1502	1529	289	252	254	10	160	100	188	
发电单位成本(元/千kW·h)	1991	17.3	22.0	12.4	49.0	96.2	16.5	37.9	15.2			
	1992	16.9	62.0	21.7	51.0	89.7	101.3	71.0	23.4			
	1993	16.8	56.0	24.6	64.1		119.3	66.0	38.2	25.0	79.9	
水能利用提高率(%)	1991	7.00	14.00	12.75		52.30	25.10	17.30	9.40			
	1992	5.00	6.00	4.56	5.66		9.80	4.60	6.50			
	1993	5.80	4.50	4.79	7.30	18.80	13.10	6.30	6.22			
全员劳动生产率定额完成率(%)	1991	94.4	114.6	110.6	147.0		121.1	114.0	108.4			
	1992	102.6	112.5	106.3		111.0	120.3	103.0	121.2			
	1993	122.7	111.0	119.2	115.0	83.1	130.8	190.0	140.2			
等效可用系数定额完成率(%)	1991	108.5	106.4	105.6	88.9	88.6	106.3	107.5	104.8			
	1992	108.6	104.3	104.7		100.5	108.8	109.8	104.9			
	1993	107.8	104.8	104.8	105.1	78.5	107.8	109.4	105.7		111.0	
洪水预报合格率(%)	1991	97	100	90	90		100	100	100			
	1992	96	100	100	75	85	92	90	100			
	1993	94	100	95	87	100	92	100	100	80	92	
多种经营产值增长率(%)	1992	18	57	124	60	20	45	18				
	1993	20	45	124	106	50	149	60	36			
合理化建议(条/人)	1991	0.90	0.23	0.34		0.31	1.30	0.31	0.31			
	1992		0.47	1.01	0.05	0.10	0.57	0.31				
	1993	0.50	0.68	0.46	1.53	0.10	0.75	0.33	0.40			
平均职工人数(人)		2875	1897	859	701	805	837	1137	795	520	603	
劳动竞赛评比结果	1991	先进	先进	先进			先进					
	1993	先进	先进	先进	先进		先进		先进			
备　注										总装机132万kW	总装机120万kW	

（葛洲坝电厂　杨法金　毕为民）

潘家口蓄能电厂在华北电网中的运用

潘家口蓄能电厂是一座混合式抽水蓄能电站，装有常规混流式机组1台，单机容量为15万kW；混流可逆式抽水蓄能机组3台，单机容量为9万kW，并在下池装有2台单机容量为0.5万kW的贯流式机组，总装机容量为43万kW，是目前华北电网内最大的一座水电站。

潘家口水库系以供水为主，向天津市、唐山地区提供城市和农业用水，发电系结合供水中进行。因此常规机是按供水量确定发电量，安装抽水蓄能机以后，使常规机与蓄能机间互为补充，为电网进行调峰运行，方式灵活，作用显著。

潘家口水库为多年调节水库，总库容为29.3亿m^3；兴利库容19.5亿m^3。水库水位年际变化甚大，最高蓄水位224.7 m，正常高水位222 m，死水位180 m，供水最低水位160 m，下池最高蓄水位144.5 m，正常蓄水位139.4～144 m。因此电站的最大水头为85 m，最小水头36 m，变化相差较大。另外下池供水流量也极不均匀，取决于下游用水要求，最大月供水量3.66亿m^3，最小月供水量0.14亿m^3，相差近36倍，所以常规机只能季节性运行，根据供水情况而定。

据自1953～1982年的30年水文资料推算，电站设计多年平均发电量为5.93亿kW·h，其中利用天然水能电量为3.62亿kW·h，抽水蓄能发电量为2.31亿kW·h。抽水年耗电量为2.99亿kW·h，综合效率为$\eta=77.2\%$，平均每天抽水运行5.89 h。用于调峰电量为4.82亿kW·h，占总发电量的77%。第一台常规机组于1981年建成投产，至1993年底已累计发电量25.14亿kW·h，平均年发电量1.93亿kW·h，其中最高为1993年发电3.46亿kW·h。

华北地区多煤而缺水，因此电网以火力发电为主，至1993年末全网装机容量为2177.6万kW，其中京津唐电网装机1016.1万kW。在全网中燃煤机组占88.85%，燃油机组占7.3%，水电装机仅占3.85%，按1993年电网运行情况，最高负荷为1850.4万kW(占总装机容量85%)，最低负荷1041.5万kW，最大峰谷差值为545.7万kW，最小峰谷差值376.8万kW，其中京津唐电网最高负荷861.8万kW(占总装机容量84.8%)，最低负荷470.2万kW，最大峰谷差值274.2万kW。如何解决电网的调峰运行，保证供电质量，即保证电网周波的合格率，是电网运行中十分重要的任务。国家规定电网周波年不合格率为2%，一般电网调峰的手段为：依靠水电机组开停；按地区限制负荷分配用电指标；依靠火电机组开停或压负荷运行；临时采取拉路限电措施。但是运用火电机组调峰与水电机组调峰相比，启停机及并网速度慢，负荷的增减速度与变化范围受限制，经济性差，不稳定运行容易造成设备损坏，增加检修工作量等。

潘家口3台抽水蓄能机组从意大利引进，电动/发电机组为ABB公司承制，额定出力9.0万kW，水泵/水轮机组为D.P-E.W厂配制，额定出力9.0万kW。考虑潘家口水库水头变幅较大的特点，为使机组在水头变动范围内安全、稳定、高效运行，电动/发电机采取变极变速（48极时125r/min，42极时142.86 r/min)，并装有一套6万kW的静止变频器，可使机组在水库低水位亦即低水头段通过变频器改变机组转速，给出最佳效率，使机组综合效率由59%提高到77%，处于最优方式运行，即可变极双速，又可变频变速运行。电动机的启动方式可以是3台机相互同步对拖，也可以使用变频器进行启动后投入电网进行抽水工况运行。

1993年3台抽水蓄能机运行情况，其中2号机由于电动/发电机定子线圈烧损事故，上半年检修未投入运行。全年蓄能机发电量为3.48亿kW·h，抽水耗电量为4.55亿kW·h，$\eta=76.4\%$，发电工况运行5226 h，抽水工况运行5448 h，发电启停1378次，抽水启停1662次，一般情况每日每机作发电、抽水各开停1～2次，个别也有启停3次或4次。所以机组启停频繁，后夜均作水泵抽水运行，以抽水量定发电量安排当日高峰时发电。全年3台机组的可调小时为19455.9 h，主要因2号机检修影响。3台抽水蓄能机组投入运行后，对电网的调峰运行发挥了重要作用。

(1)高峰时能迅速开机带负荷27万kW，以减少系统的低周波运行。

(2)低谷时迅速开机抽水蓄能填谷，以补偿由于火电机组压负荷缓慢而造成的系统高周波运行。这在电网调度中作用更为突出。同时可减少火电机组的开停调峰。

(3)为系统提供事故备用容量，紧急情况时可及时开机。

目前正安排常规机与蓄能机的联合调峰，即供水季节常规机、蓄能机在高峰时同时开启为电网提供42万kW出力，蓄能机参加供水运行，低谷时仍按27万kW填谷。非供水季节时蓄能机抽水，也可由常规机参加调峰发电，这样就充分发挥常、蓄结合，避免常规机的季节性运行，更好地为电网调峰发挥水电机组的作用。

(华北电业管理局　杨承沪)

技 术 改 造

水电厂基础自动化改造

水电厂基础自动化改造的重点在机组方面，其目的是提高机组整体自动化水平，达到机电合一和中控室少人值班，逐渐向无人值班（少人值守）过渡。

机组的自动化基础，除了有的阀门要自动控制，还有油、水、风系统中流量和压力等的测量信号，而最主要还是机组的调速、励磁和同期系统，它关系到机组的自动开、停，有功、无功功率的调整，安全保护以及能否正常运行的问题。

1. 调速器的技术改造　目前机械式调速器调节迟缓，影响同期并列或调节时间较长；电液调速器易发生油路卡涩，甚至造成停机事故。因此调速器的技术改造是机调改电调，原模拟式电液调速器改微机调速器。但是模拟式电液伺服阀的控制力量小，易产生卡涩问题，后又改造出多种防止卡涩措施的结构形式。葛洲坝水电厂以步进电机和微机自行改造 12.5 万 kW 轴流式水轮机的调速器，1994 年 7 月 1 日在大江电厂 9 号机上正式运行，简化了原机构和系统，克服了上述模拟式电液伺服阀的缺点，成为全数字式调节，获得满意的运行效果，是设备改造的捷径和好办法。

2. 励磁调节器的技术改造　旧的自动励磁调节器，一般是磁放大器或分立元件组成，调节迟钝，易过电压，可靠性低。到 80 年代推出微机励磁装置，励磁系统的过电压问题，以快速开关和非线性电阻相配合得到了解决；尤以简易的开关式调节，运行可靠，深受运行单位欢迎，此种励磁调节器，对有直流励磁机的系统改造非常合适且方便。

3. 同期系统的技术改造　同期系统一般原设计为电厂共用一套同期装置，该系统有诸多不便。为了实现机组从开机，一直到同期并网为一全自动过程，则每台机组单独配一同期装置较好。现微机同期装置比较普遍也易选，如与调速器配合好，能达到快速并列，改造也容易。华北电力学院与陆水电站以微机为基础，开发调速与同期统一体的装置获得成功，这样以微机调速器，在软件上加以改造，十分适宜，也是发展的方向。

总起来讲，经过近几年来的技术改造，到 1994 年 10 月统计，全国 133 个水电厂（站）中，已有 39 个实现了机电合一值班，占 30%，这也说明了基础自动化改造的结果。

水电厂基础自动化改造的原则应该是：①从实际出发，自力更生，借鉴国外机组的系统设计、元件配置、设备布置等，取长补短。②立足国内，选用先进成熟运行的设备、元件，或与科研、制造部门，联合研制开发新的设备、元件。③简化系统、结构，尽量减少设备和元件，减少可动点。

水电厂基础自动化改造，各厂（站）都取得了很大的进展，有成熟运行经验的很多，如葛洲坝、柘溪水电厂和太平湾、永定河梯级水电站等，都可供借鉴。

（电力工业部安全监察及生产协调司　周志清）

水电厂扩机增容改造

一般运行在 25 年左右的老水电机组，水机转轮经泥沙磨损和空蚀，屡次补焊处理，叶片变形，以及迷宫环间隙增大，效率逐渐下降；发电机静子绝缘过热流胶，防晕层破坏，电腐蚀严重等问题，威胁着机组安全运行。大多数电站，为提高其安全运行可靠性，延长检修间隔，在进行技术改造的同时，考虑采用新技术、新工艺、新材料，以提高机组效率，进行增容。据 1994 年底不完全统计，已有 13 个水电厂（站），39 台水电机组经过多年来的技术改造，在原总的最大出力为 305.35 万 kW 基础上，改造后总的最大出力可达 347.65 万 kW，增大出力达 42.3 万 kW，提高 13.8%，单位千瓦投资约 600～1200 元。相当于增加了一座中型水电站，是一项投资少、见效快的工程。

水电厂改造增容，是老电厂发展的必然趋势，必须统筹考虑，全面安排。刘家峡水电厂 2 号机组的改造增容，就是一个典型的例子，他们早在 1988 年底，针对现场设备存在的问题，向上级局提出了改造增容的报告，并逐年实施。1989 年底开始历时 4 个月，更换了发电机全部（1080 根）线棒，并为 313 度不完全换位；改进通风系统，取消了转子上、下风扇，减少涡流，降低风损，并采用全连式自冷离相封闭母线，发电机转子磁轭重新堆叠，制动环改为分块式（24 块）可拆卸结构，并对上机架进行了加固改进。主变压器保留铁芯和钟罩，采用静电线匝，高压绕组采用内屏纠结连续式换位线圈，且增大绕组匝间绝缘，铁芯改造箱体加强，处理漏磁，降低涡流损失。水轮机则更新采用A430转轮，叶片与下环材质上采用OGr13Ni4Mo不锈钢，上冠过流表面铺焊不锈钢层，导叶为了减少泥沙磨损，材质和工艺选用OGr13Ni4Mo不锈钢电渣重溶铸造，还优化选择翼型。与此同时，还对机组附属设备进行了更新改造。到1994年4月，历时5年，2号机组经过改造，在100 m水头下，机组最大出力达到25.5万kW，增大出力3万kW，总投资3453万元，使老设备焕发了青春，带病运行的老机组成为现代技术的新机组，单位造价仅为1150元/kW，相当于新增了一座小电站。他们技术改造，不单提高了设备安全可靠性，同时还增容和提高了机组自动化水平，是老水电厂技术改造的样板。

水电厂扩机，由于条件的限制，只能是因地制宜地进行。近几年来，利用原预留的孔洞、大机组的冷却水管道等，自筹资金，装小机组发电；利用排沙洞进行扩机，丰满水电厂扩机2×14万kW，已正式开工；青铜峡水电厂配合唐徕渠加大流量，扩机1×3万kW；黄坛口水电站利用非常溢洪道位置，扩机2×2.6万kW，1994年底已有一台机发电；葛州坝水电厂利用排漂孔位置，扩机1×2万kW，既是防汛保安电源，又是很好的试验机组，计划于1996年发电。

（电力工业部安全监察及生产协调司　周志清）

防洪调度自动化

水电厂水情自动测报系统（以下简称系统）是一个包括通信、计算机、水文等在内的多学科的系统工程，是水电厂防洪调度自动化的基础。系统建设从80年代初开始起步，10年来，经过不断地探索努力，总结经验，已经得到了很大发展。为推动系统的进一步发展，原能源部于1990年10月在湖北十堰市召开了水电厂水情自动测报系统经验交流会（以下简称十堰会议），会议在总结经验的基础上，找出了存在的问题，提出了规划目标，确立了“立足国内，先进实用”的发展原则。会后，大家不仅对系统的建设运行有了更深刻的认识和了解，而且增加了信心，系统的发展速度跃上一个新台阶。几年来，经过各方面的共同努力，在一批水库调节性能较差的水电厂水库建设了水情自动测报系统，如凤滩、上犹江、江口、乌江渡、大化，以礼河等。截至1994年底，据不完全统计，电力部所属水电厂水情自动测报系统已投运的项目达34个，初步实现了“十堰会议”提出的规划目标。系统建设情况见表。

由统计表可知，十堰会议后，系统进入了快速稳步的发展阶段。1990年（包括1990年）以前投运的系统仅有11个，而1991～1994年投运的系统就有23个，约占投运系统总数的70%，特别是1992～1994年间投运的系统就达20个，约占投运系统总数的60%，约为80年代建设系统数目总和的2倍。在所有投运的系统中，已通过验收的有19个，约占投运系统总数的60%。系统采用的通信方式有超短波、短波，其中绝大多数为超短波，短波仍处在试验阶段；工作制式有自报式、应答式及自报应答兼容式，其中多数采用自报式；系统采用的水文预报模型有新安江模型、大型水电系统洪水预报与调度模型（简称D模型）、坦克模型及萨克拉门托模型。

系统的建设在防洪、发电、供水等方面取得了明显的社会效益和经济效益，特别是它作为防洪的非工程措施之一，能够为科学的防御洪水决策提供及时、准确的水情信息，在水电厂的安全渡汛方面正发挥着越来越大的作用，并越来越受到人们的重视。

新安江电厂水情自动测报系统于1992年5月5日投入试运行，1993年6月10日正式通过验收，系统总投资191万元。该系统采用大型水电厂系统洪水预报与调度模型进行自动洪水预报。定时联机预报，每小时自动进行一次，预报未来48小时的入库流量及水库水位变化过程。1993年6月下旬至7月上旬，水库流域连降暴雨，来水之猛、水量之集中为建库以来所罕见，连续发生了两场洪峰流量超过11000 m³/s的大洪水。在短短的10天里，水库水位净涨了6.57 m，7月5日水库最大日涨水达1.7 m，7月7日水库达到汛期起调水位106.5 m，水库面临开闸泄洪的选择。由于系统的建成投运，充分发挥了其水情信息传递快、可靠，洪水预报及时准确的优点，为各级防汛指挥机构提供了科学决策的依据。直至解除泄洪警报，不仅没有开闸泄洪，使下游沿江两岸避免了数千万元的经济损失（1983年泄洪，下游建德市损失0.88亿元），而且拦蓄了洪尾，增加了蓄水，7月10日水库水位达106.69 m，超汛期起调水位0.19 m，增加发电效益0.23亿kW·h，取得了较大的社会效益和经济效益。

广东枫树坝水电厂水情自动测报系统于1992年汛前投入运行，1993年1月正式验收，系统总投资127.65万元。由于历史原因，水电厂遗留问题较多，实际移民高程（166 m）低于设计高程（169.2 m）3.2 m，水库汛期起调水位从166 m降至161 m，大大降低了水库的防洪标准。遇到大洪水，水库调度极为紧张。系统的建成投入为水库调度的科学决策提供了及时准确的洪水信息，在确保大坝安全的前提下，实现了少弃、多蓄、多发，取得了明显的社会效益和经济效益。1993年6月上旬水库发生了相当于10年一遇的洪水，6月9日19时，最大入库流量4470 m³/s，最高洪水位达

162.62 m，超过汛期起调水位(161 m)1.62 m。6月17日，县三防指挥部同意电厂开3孔闸门泄洪，但电厂根据系统提供的雨量信息和洪水预报成果，经过认真分析，决定开2孔闸门泄水，最大下泄流量仅有232 m^3/s，不仅避免了下游枕头寨临时沙袋坝垮坝，确保了该电站的正常发电，同时也使水库下游两岸8万余亩低洼农田免遭洪水淹没。6月19日关闸后，水库回蓄到162.5 m，超过汛期起调水位1.5 m，为下游航运增加了9964万 m^3 水量，相当于设计航运15天的需水量，实现了多蓄多供。不仅如此，由于及时准确的水情信息和洪水预报，从6月上旬至7月上旬，水库在起调水位以上运行了20天，超蓄水量9964万 m^3，可多发电量1612万kW·h；提高发电水头1.5 m，增加系统调峰容量0.8万kW，节水增发电量680万kW·h，两项共多发电量2292万kW·h，按发电价格1488元/万kW·h计算，折合人民币341万元，经济效益显著。

柘溪水电厂水情自动测报系统于1991年4月投入试运行，1993年1月通过验收，总投资176万元。系统能够及时准确地传送库区的雨水信息，可获得3个小时左右的有效预见期，因此能够做到洪峰前腾出库容削峰，峰后拦蓄洪尾发电，增加洪水调度的主动性。特别是在坝前水位较高，库区突降暴雨的情况下，更能显示其优越性。对保障大坝和上下游人民生命财产的安全起到了重要作用，社会效益显著。根据洪水预报成果，提前发电预泄，一次约可得电量80.3万kW·h，并可降低坝前水位平均约0.033 m；拦蓄洪尾，每次可提高蓄水位0.2 m左右，全部用来发电，可增发电量427万kW·h。在6小时内可为下游削峰1600 m^3/s，可使桃江站洪峰水位降低1.5 m左右。

总之，做为水电厂防洪调度自动化之基础的水情自动测报系统已得到了很大发展，建设技术正逐步趋于成熟，国产系统的水平逐步提高，系统正进入一个新的发展时期，并将在防洪调度和电力生产过程中发挥更大的作用。

水电厂水情自动测报系统建设情况表

电厂名称	试运行时间(年份)	验收时间(年份)	工作制式	通信方式	水文模型
丰满	1987	1988	自报式	超短波	萨克拉门托模型
白山	1987	1988	自报式	超短波	萨克拉门托模型
租仁	1993		自报式	超短波	新安江模型
安康	1992	1992	应答式	超短波	新安江模型
碧口	1993	1994	自报式	短 波	新安江模型
天桥	1988	1990	自报应答兼容式	超短波	坦克模型
葛洲坝	1990	1990	自报式	超短波	CLS，新安江模型
黄龙滩	1987	1989	自报式	超短波	新安江模型
洪门	1991	1992	自报式	超短波	新安江模型
江口	1994		自报应答兼容式		新安江模型
马迹塘	1990		自报式	超短波	新安江模型
万安	1994		自报式	超短波	新安江模型
柘溪	1991	1993	自报式	超短波	新安江模型
凤滩	1993		自报式	超短波	新安江模型
上犹江	1992	1993	自报式	超短波	新安江模型
大化	1994		自报式	超短波	新安江模型
新丰江	1991	1993	自报式	超短波	新安江模型
枫树坝	1992	1993	自报式	超短波	新安江模型
长湖	1989	1990	自报式	超短波	坦克模型
青溪	1989	1990	自报应答兼容式	超短波	新安江模型
鲁布革	1989	1989	自报应答兼容式	超短波	D模型
沙溪口	1993	1993	自报应答兼容式	超短波	D模型
乌江渡	1993		自报式	超短波	新安江模型

续表

电厂名称	试运行时间(年份)	验收时间(年份)	工作制式	通信方式	水文模型
龚 咀	1993		自报应答兼容式	短 波	D模型
长 寿	1994		自报应答兼容式	超短波	D模型
新安江	1992	1993	自报应答兼容式	超短波	D模型
乌溪江	1990	1991	自报式	超短波	D模型
以礼河	1993	1993	自报应答兼容式	超短波	D模型
富春江	1994		应答式	超短波	综合模型
佛子岭	1990		自报式	短 波	单位线
陈 村	1994		自报应答兼容式	超短波	新安江模型
水 口	1994		自报应答兼容式	超短波	D模型
紧水滩	1994		自报应答兼容式	超短波	新安江模型
大洪河	1994		自报应答兼容式	超短波	D模型

注 综合模型:由5种不同的水文预报模型组合而成,其中以新安江模型为主。

(电力部调度通信局 裴哲义)

水电厂计算机监控系统的实施

1993年5月由电力工业部科学技术司、电力安全监察及生产协调司,中国电力企业联合会,水利水电规划设计总院,在四川成都联合主持召开了“全国水电厂计算机监控系统工作会议”。

会议制定了“八五”期间以及2000年水电厂计算机监控系统推广应用规划。主要规划目标是:①“八五”期间应有40个左右大型水电厂(或水电厂群)实现不同程度的计算机安全监控和自动经济运行;②到2000年大型水电厂和集中管理的梯级水电厂(或水电站群)都应实现不同程度的计算机监控。

水电站计算机监控系统到2000年其应用水平应达到发达国家80年代的水平,预期届时全国大中型水电厂总装机容量的70%左右将实现不同程度的计算机监控,全国水电厂和电力系统的运行管理水平和技术经济效益必将有很大提高。

“八五”规划实现不同程度的计算机监控的40多个水电厂(或水电厂群)是:白山、丰满、浑江梯级、太平湾—长甸、潘家口、永定河梯级、新安江、富春江、石塘—紧水滩、乌溪江梯级、沙溪口、水口、古田溪梯级、金溪梯级、丹江口、葛洲坝二江、葛洲坝大江、隔河岩、柘溪、东江、五强溪、广州抽水蓄能一期、新丰江、大化、岩滩、乌江渡、天生桥二级、猫跳河梯级、万安、东风、鲁布革、铜街子、太平驿、映秀湾、宝兴河梯级、安康、龙羊峡、李家峡、刘家峡、盐锅峡、宝珠寺、十三陵抽水蓄能电站等水电厂。

2000年规划的项目有:莲花、天荒坪抽水蓄能、小浪底、万家寨、广州抽水蓄能二期、天生桥一级、二滩、大峡、三门峡、凤滩、龚咀、碧口、青铜峡、以礼河梯级、西洱河梯级、龙溪河梯级等水电厂。

到1994年底,计算机监控系统已投入运行的有18个大型水电厂(见表)和12个中小型水电厂(流溪河、石塘、红枫、范厝、池潭、良浅、青溪、沙田、水东、大广坝、石泉、昭平)。据不完全统计,初步取得经济效益的电厂情况如下。

富春江电厂年平均多发电量3000万kW·h;丹江口电厂年平均多发电量2018.2万kW·h,乌江渡电厂年平均多发电量315万kW·h;桓仁电厂年平均多发电量3840.89万kW·h;池潭电厂年平均多发电量662.5万kW·h;葛洲坝二江电厂年平均多发电量1398万kW·h。

其可靠性:葛洲坝二江电厂和丹江口电厂可用率达到了99.97%的水平。鲁布革电厂、流溪河电厂*MTBF*达到8000小时以上。同时取消抄表的电站不断扩大。由于采用了计算机监控系统,不少电站避免了误操作,以及对故障分析提供了可靠依据。

从已投入运行的电站以及待投入运行的电站所采用的计算机监控系统可以看出,水电站计算机监控系统的应用已向更加先进、功能更加完善以及设备标准化、系列化,并向开放式全分布式系统发展,并采用了部分多媒体技术。在水电站管理上,也提出了逐步向少人值班和无人值班、少人值守方向发展,从而把我国水电站自动化水平提高到了一个新的高度,对水电站的安全经济运行带来较大效益。

现将已投入运行的大型水电站(或水电站群)实施　　情况和已实现的功能列入下表。

已投入运行的大型水电厂计算机监控系统实施情况

序号	电站名称	系统结构	系统配置	系统功能 数据采集	控制调节	AAGVCC	经济运行	安全监视	事件记录	机组顺控	趋势分析	事故追忆	运行指导	生产管理	系统通信	远方控制	可用率(%)	研制单位	投运日期(年/月)
	葛洲坝二江电厂(一期)	功能分散	主机:PDP11/24 一台 事件顺序记录装置、电气测量装置、控制调节装置、录波装置 网络:星形网络	√	√	√	√	√	√	√	√	√	√	√	√	√	99.97	电力自动化研究院	1989/2
1	葛洲坝大江电厂	分层分布	主机:VAX ft3000　2台 LCU:SJ-500　4台 (GE系列 6PLC) Datapath　10台 前置机:Intel 80186 网络:双以太网+CCM网	√	√	√	√	√	√	√		√	√	√	√			加拿大CAE公司	1992/5
	葛洲坝二江电厂(二期)	全分布	主机:DEC System 5900 2台 DEC 工作站 5000/133 4台 LCU:双 SJ400　10台 网络:双以太网	√	√	√	√	√	√	√	√	√	√	√	√	√		电力自动化研究院	1994/1
2	丹江口电厂	分层分布	主机:VAX Ⅱ　2台 前置机:PDP 11/53　2台 LCU:SJ-513　8台 网络:双以太网+星形	√	√	√	√	√	√	√	√	√	√	√	√	√	99.97	电力自动化研究院	1990/12
3	铜街子电厂	分层分布	主机:Intel 286/310-AP 2台 工作站:Sun 386　2台 LCU:SJ-400　6台 SJ-413　4台 网络:Bit Bus 总线 与网调通信:DEC net	√	√	√	√	√	√	√	√	√	√	√	√	√	主机: 99.94 工作站: 99.99 LCU: 99.4 UPS: 100	电力自动化研究院	1992/12
4	沙溪口电厂	分层分布	主机:Intel 286/310-AP 1台 Intel 300SX　1台 LCU:SJ-400　5台 网络:以太网	√	√	√	√	√	√		√	√	√	√				电力自动化研究院	1992/4
5	漫湾电厂	分层分布	主机:Micro VAX Ⅱ　2台 前置机:PDP 11/53　2台 工作站: Sun 386　3台 LCU:SJ-400　9台 SJ-413　5台	√	√	√	√	√	√	√	√	√	√	√	√	√		电力自动化研究院	1993/5
6	乌江渡电厂	分层分布	主机:AST 386SX/25　1台 LCU:SJ-400　1台 网络:星形网络	√			√											电力自动化研究院	1993/12

续表

序号	电站名称	系统结构	系统配置	系统功能													可用率(%)	研制单位	投运日期(年/月)
				数据采集	控制调节	AAGVCC	经济运行	安全监视	事件记录	机组顺控	趋势分析	事故追忆	运行指导	生产管理	系统通讯	远方控制			
7	新丰江电厂	全分布	主机:DEC 5000/240 1台 DEC 5000/125I 1台 LCU:SJ-400 5台 SJ-413 4台 网络:单以太网	✓	✓	✓	✓	✓	✓	✓	✓	✓	✓	✓	✓	✓		电力自动化研究院	1994/5
8	太平驿电厂	分层分布	主机:Intel 302i 2台 LCU:SJ-500 6台 网络:AB网	✓	✓	✓	✓	✓	✓	✓	✓	✓	✓	✓	✓	✓		电力自动化研究院	1994/10
9	富春江电厂	分层分布	主机:Intel 86/310 2台 LCU:法国SMC-600 PLC 5台 网络:星形网络	✓	✓	✓	✓	✓	✓	✓			✓	✓	✓			水利水电科学研究院自动化所	1990/12
10	龙羊峡电厂	分层分布	主机:Micro VAX Ⅱ 2台 前置机:Intel 86/310 2台 通讯机:Intel 86/310 1台 RTU:Intel 302i 6台 +CRTP I/0 网络:单以太网+双星形	✓	✓	✓	✓	✓	✓	✓			✓	✓	✓	✓		水利水电科学研究院自动化所	1993/8
11	鲁布革电厂	分层分布	主机:R30K 2台 LCU:SINAUT8 6台 -FW512 网络:星形网络	✓	✓	✓	✓	✓	✓			✓		✓	✓			德国西门子公司	1990/5
12	白山电厂	分层分布	主机:AST 386/SX 2台 LCU:日本EX100可编程 (1-3号机) 3台 美国TI-530 T 3台 网络:主从网	✓	✓			✓	✓	✓								东北勘测设计研究院	1988/3
13	丰满电厂	分层分布	主机:美国Factory 1台 mate 286 CompAQ 386/20E 1台 LCU:984-685 PC 2台 +CATASCN-700 1台 +IBM PS-2 1台 网络:ModBus Plus	✓	✓			✓	✓	✓								东北勘测设计研究院	1991/12
14	新安江电厂	功能分散式监控系统	主机:VAX-4200 LCU:DATASCN-7000 1台 SER事故记录仪 1台 GE6机组控制 9台	✓	✓			✓	✓	✓		✓	✓	✓	✓			华东电力试验研究所、新安江电厂	1992/12

续表

序号	电站名称	系统结构	系统配置	系统功能：数据采集	控制调节	AAGVCC	经济运行	安全监视	事件记录	机组顺控	趋势分析	事故追忆	运行指导	生产管理	系统通讯	远方控制	可用率(%)	研制单位	投运日期(年/月)
15	潘家口蓄能电站	集中监控系统	主机:DP800/ES800　1台	✓	✓		✓	✓	✓	✓				✓				德国ABB公司	
16	隔河岩电厂	分层分布	主机:VAX3800　3台 操作台　2台 开发培训台　1台 LTU 通讯装置　1台 LCU:双 Intel 80186　7台 及 I/0 组成 网络:双以太网	✓	✓	✓	✓	✓	✓	✓			✓	✓	✓	✓		加拿大 CAE 公司	1993/5
17	桓仁—回龙山—太平哨梯级	梯级集中控制	主机:PDP 11/23　1台 LCU: SZY-30, SGT, SXC 100　3套	✓	✓	✓	✓	✓	✓					✓	✓	✓		电力自动化研究院、东北勘测设计研究院、桓仁电厂	1985/4
18	三门峡水电厂	集中式数据监测系统	工作站　1台 GE-6000 可编程　1台 I/0 通道	✓				✓	✓		✓	✓			✓			天津地质勘测机电研究所	1988/4

（中国电力企业联合会　顾景芳）

大　坝　安　全

大坝安全定期检查

大坝安全定期检查(下称定检)是大坝安全管理的重要环节。自 1988 年古田溪一级和上犹江电站定检试点开始,现已在全国普遍展开。

(一)定检工作进展情况

到 1994 年底,全国有 67 座部属水电站大坝完成第一轮定检工作,详见表。

(二)定检工作成效

1. 基本摸清了大坝安全现状　通过对大坝及其基础的全面检查,对影响大坝安全的各项因素(诸如大坝裂缝、坝基软弱夹层、库区滑坡、水质侵蚀等)的科研论证和计算分析,消除了许多安全问题的疑点。目前影响大坝安全运行的主要是洪水标准偏低和安全管理不善。天桥、佛子岭等 10 余座大坝防洪标准偏低是最大的安全隐患,部分电站泄洪闸门和启闭设备存在缺陷、汛情测报通信不畅、备用电源可靠性差、事故报警及对策措施不落实等都急待改进。

2. 促进了大坝维护和补强加固工作　如西津电厂定检后及时进行坝址淘刷区的补强处理;陈村大坝评为病坝后,对大坝缺陷进行了分析研究和加固,现已重新评价为正常坝;毛家村土坝定检时发现心墙顶高程低了 2 m 多,及时进行了加高处理,消除了险情。定检推动了许多大坝的补强加固,改善了大坝的安全状况。

第一轮定检工作进展情况统计表

年份	座数	大 坝 名 称
1988～1991	19	古田溪一级，落坡岭，上犹江，新丰江，枫树坝，陈村，南水，流溪河，石泉，西津，刘家峡，狮子滩，青铜峡，乌江渡，罗湾，黄坛口，太平哨，渔子溪一级，南告
1992	11	沙田，黄龙滩，梅山，麻石，毛家村，修文，珠窝，安砂，八盘峡，新安江，潭岭
1993	11	盐锅峡，葛洲坝，大洪河，云峰，红岩，池潭，百丈漈一级，白渔潭，碧口，龚咀，长湖
1994	26	古田溪二、三、四级，毛尖山，桓仁，回龙山，天桥，拉浪，洛东，华安，富春江，湖南镇，西洱河一、二、三、四级，洪门，柘林，纪村，船场溪二级，泉水，龙溪河二、三、四级，南河，大化

3. 提高了运行管理人员的业务素质　通过定检，主管局和水电厂各级管理人员对大坝的设计、施工、运行的历史过程及基本资料、目前的安全状况等有了全面了解，在不同层次上提高了业务水平。

4. 充实了大坝安全管理档案　由于历史原因，许多电厂没有经过竣工验收，工程资料散失不全。通过定检对大坝勘测、设计、施工、运行的资料进行了系统的收集整理，为今后的安全管理创造了良好基础。

（三）*存在问题*

1. 进度落后于计划　自1988年至今，只有2/3的部属水电站完成定检，为达到1995年前完成第一轮定检的目标，尚需努力。

2. 各地区定检工作开展不平衡　截至1994年底，陕西、宁夏、甘肃、广西、湖北5省（区）和华北网局的电站已完成第一轮定检任务；广东、福建等省可望于1995年按期完成，但有些地区落后计划较多，任务较重。

3. 有些工程的定检专题报告繁简失当　部分大坝现场检查不够细致，表格填写过于简略，不能确切反映工程的实况。

4. 目前的经济体制使有的电厂或主管局无力承担一些投资较大的加固改造项目　查出的缺陷和安全隐患不能及时得到改善。因此，有必要建立能够统一调度的大坝安全基金。

（电力工业部大坝安全监察中心　戴成器）

大坝安全现状

根据电力工业部大坝安全监察中心1987年普查资料统计分析，部属水电站大坝安全现状并不理想。但经过"七五"、"八五"期间的加固改造，以及根据大坝安全定期检查要求进行的补充勘探、设计、施工及运行性态复核分析结果，目前水电站大坝安全状况有了很大改观，初步统计，安全度较高的大坝从原来的20%左右已提高到50%以上。至1994年底，全国已完成安全定期检查的大坝有67座。通过定检，消除了许多安全问题的疑点，弄清了一些不安全因素的实际危害程度。因此，对我国大坝目前存在的主要问题，有了更进一步的认识，对一些坝的安全问题也有了定论。

1. 洪水设计标准问题　据初步统计，部属大坝原有36座的校核洪水标准低于现行规范。定检过程中，通过计算分析，并经专家审定和专题论证由上级批准降低标准而达到规范要求的有14座：青铜峡，八盘峡，古田二、三、四级，西洱河一至四级，西津，麻石，拉浪，洛东，回龙山。加高大坝或（和）扩建溢洪道而满足规范要求的有4座：南水，大红河，红枫，百花。今后尚待研究处理的18座，大多数都有了计划和打算，但天桥水电站大坝必须引起高度重视，加速处理。

2. 坝基和坝肩地质问题　盐锅峡、纪村、新安江、安砂等水电站大坝基础中存在的软弱夹层，在水库蓄水条件下其性态是否恶化，始终令人担忧。这次盐锅峡大坝定检结果证明，红层基础并非人们想像的那样可怕。根据钻孔岩芯和试验资料，基础软化、泥化非常严重。但人工凿挖的两个竖井（井的一边通过钻孔中心线），结果完全相反，毫无软化泥化迹象。经分析研究认为：双管单动钻具对获取软弱岩芯是十分有效的，但以此判断基础是否软化泥化是不可取的；取得的岩芯几乎都看不到水泥结石，说明红层中的某些矿物具有膨胀性，使外力形成的和原有的裂隙遇水扩张而密闭，水泥颗粒难以进入。此外，通过定检，安砂、梅山等水电站坝基的析出物，也已彻底搞清，它们都是化学反应的产物，不存在危害性影响。

3. 水质侵蚀问题　库水和地下水对坝体混凝土和基岩具有侵蚀性的水电站大坝较多，库水对混凝土具有溶出性侵蚀更为普遍。其危害程度至今较难定论。但是，通过八盘峡的定检，使人们解除了长期存在的忧虑。该电站为红层基础，地下水硫酸根离子最高达12300 mg/L，最小为2000 mg/L，排水沟边缘、排水孔口以及其它凡有流水的混凝土均侵蚀非常严重。但是，由打套孔取得的排水孔混凝土芯以及所有钻孔岩芯，均无侵蚀迹象，仅发现有稀疏的极其微小的气孔，且混凝土基岩接触紧密；长期放在排水孔内的混凝土试块，其强度损失也甚少。可见，侵蚀作用与渗水流速密切相关，如缝隙内渗水无流速，化学反应达到饱和后就会停止。因此，它对坝体和坝基实际上并无多大危害，对坝的安全没有影响。

4. 混凝土坝裂缝问题 混凝土坝裂缝具有普遍性，其危害轻型坝比重力坝大，北方比南方严重。柘溪、新丰江、桓仁等大坝的裂缝处理，均取得了显著效果。青铜峡大坝 3 条平行坝轴线的贯穿性裂缝和陈村大坝下游面 105 m 高程的贯穿性水平裂缝，是部属大坝中最为严重的裂缝，前者正在研究处理措施，后者经详尽的计算分析和研究，认定对坝的安全没有直接影响。佛子岭水库大坝裂缝，近期发现旧缝有所发展，新缝有所发生，且位移超过历年实测最大值，又是连拱坝，故正在开展特种检查，以确定其危害程度和处理措施。

5. 大坝安全监测问题 部属水电站大坝 70 年代以前修建的约占总数的 80%，那时由于客观条件的限制，安全监测系统普遍存在项目不全、设备差、仪器精度低、观测方法落后等问题。现据各省网局的规划，全国约有 80 余座大坝的监测设施有待更新改造。目前，有许多电站已开展此项工作。为了减轻劳动强度，提高观测精度和速度，监测自动化也已开始试点工作。

随着大坝安全定期检查工作的深入和补强加固工作的继续进行，我国大坝的安全状况定会得到进一步改观，达到新的水平。

（电力工业部大坝安全监察中心 王理华）

统 计 资 料

1992 年大中型水电厂生产运行情况表

电厂名称	电厂运行指标					水库运行指标			
	年末装机容量（万 kW）	年发电量（亿 kW·h）	平均耗水率［m³/(kW·h)］	发电单位成本［元/(千 kW·h)］	全员劳动生产率（元/年人）	入库水量（亿 m³）	发电用水量（亿 m³）	年末水位（m）	年末库容（亿 m³）
龙羊峡	128	31.97	4.79	49.85	255296	197.3	153.44	2564.13	128.76
刘家峡	122.5	43.244	4.45	10.5	299213	207.71	192.34	1728.55	37.46
盐锅峡	39.6	17.1485	11.56	12.04	173238	201.89	198.21	1618.78	2.2
八盘峡	18	8.3095	26.25	18.351	124954	221.6289	218.939	1577.48	0.3421
青铜峡	27.2	8.2451	21.94	21.42	83634	211.31	180.55	1155.96	0.3095
碧 口	30	13.66	5.437	21	185000	91.1629	74.2683	703.25	2.113
石 泉	13.5	5.738	10.04	22.99	107013	79.73	57.55	401.1	3.02
安 康	80	18.6	6.4	58	280924	163.6	124.06	312.29	14.4799
潘家口	15	2.7163	5.42		61561	18.8572	14.7207	223.07	21.3376
官 厅	3	0.14	13.9			4.02	1.97	476.22	5.4
下马岭	6.5	0.6	5			3.22	2.77	348.09	0.06
下苇甸	3.0	0.3	10			3.41	3.1	201.39	0.03
密 云	8.8	0.7659	7.79	56	27523	6.294	5.968	150.08	26.91
潘家口蓄能	27	0.3704		200	10539				
岗 南	4.1	0.3191	12.19	117.52	32528	2.1109	3.8922	182.46	2.0166
丰 满	72.25	10.0668	7.57	83.64	64255	67.9770	76.2506	252.17	50.4061
云 峰	40	11.08	4.86	23.23	120958	57.28	53.83	300.04	20.95
太平哨	16.1	3.8662	11.73	46.33	59886	45.39	45.34	191.15	1.5977
桓仁总厂	29.45	6.6263		44.58	54605				
其中：桓仁	22.25	4.2279	8.47			36.1276	35.7923	300.74	22.7412
回龙山	7.2	2.3984	17.30			41.6328	41.5012	219.72	0.7858

续表

电厂名称	电厂运行指标					水库运行指标			
	年末装机容量（万 kW）	年发电量（亿 kW·h）	平均耗水率[m³/(kW·h)]	发电单位成本[元/(千 kW·h)]	全员劳动生产率（元/年人）	入库水量（亿 m³）	发电用水量（亿 m³）	年末水位（m）	年末库容（亿 m³）
镜泊湖	9.6	2.45	9.2	56.40	36116	25.58	22.53	349.48	12.05
新安江	66.25	15.68	5.95	22	145379	95.45	93.227	95.015	111.839
富春江	29.72	8.8986	28.1	26.32	135848	302.1438	250.2018	23.36	4.6188
乌溪江	20	8.33	4.06	24.28	102564	30.7	26.2575	211.4	9.3155
紧水滩	30	6.8071	5.71	55.75	107842	42.5	38.85	166.28	5.3896
石　塘	7.8	2.0938	20.68	59.28		48.41	43.30	101.43	0.6695
百丈漈	3.7	1.66	0.834	21.3	52840	1.64	1.38	636.62	0.04
沙溪口	30	10.70	19.12	56.1	180694	349.03	204.69	87.28	1.42
安　砂	11.5	6.93	6.17	12.18	164721	71.96	42.77	250.15	2.85
古田溪	25.9	9.3924	4.15	19.77	80378	19.8	12.3	369.869	2.20
池　潭	10	6.20	7.03	57.55	164781	80.14	43.61	260.11	2.84
华　安	6	4.08	8.96	16.44	99967	88.3	36.6	93.04	0.0271
船场溪	2.5	1.06	4.81	27	36073	8.66	5.11		
万　安	40	4.336	39.8	107.1	43920	465.48	173.1	79.79	2.1725
洪　门	3.75	1.6291	17.8	36	31886	32.31	29.07	94.155	2.396
柘　林	18	5.3852	10.9	31.43	69057	70.28	58.51	59.03	33.78
上犹江	6	3.2414	8.75	22.13	46455	37.4257	28.3579	184.625	2.8508
江　口	3.52	1.0392	28.65	48.52	21667	41.3657	29.7766	63.84	1.2684
罗　湾	1.8	0.5061	2.56	75	13034	1.4263	1.2966	353.67	0.2275
陈　村	18.4	3.5848	10.33	36.32	69519	23.08	24.39	100.73	5.6387
梅　山	4	0.8524	10.7	100	32807	6.08	9.125	97.04	1.732
佛子岭	4.7	0.7089	14.4	147.3	16934	8.4049	6.0253	117.1	2.3790
响洪甸	4	0.72	8.6	118.05	17031	6.4013	6.1915	106.31	4.0261
葛洲坝	271.5	166.1463	20.84	16.85	460593	4179.12	3461.78	65.67	15.81
丹江口	90	29.1902	8.34			291.49	243.2	150.67	131.12
黄龙滩	15	6.666	6.04	20.86	85485	48.408	40.2385	238.52	7.0158
白莲河	4.5	0.4251	11.7	84.72	22074	7.6048	4.9787	89.72	2.024
富　水	3.4	1.1056	15.27	68	44444	15.63	15.51	48.32	4.364
柘　溪	44.75	21.5133	7.15	8.85	190911	192.684	153.824	148.14	9.42
双　牌	13.5	5.9974	11.34	28.86	119673	110.4354	67.9766	160.00	1.5448
凤　滩	40	14.057	6.12	15.14	90677	101.552	89.985	179.25	5.53
东　江	55.5	11.96	3.77	34.19	125186	62.04	40.89	278.12	70.68
马迹塘	5.415	2.06	65.28	45.64	41627	203.65	134.57	55.64	0.1252
白渔潭	1.25	0.72	60.70	37.11	8008	106.73	54.89	58.19	0.1
新丰江	30.25	7.2309	6.54	25.04	108726	78.22	47.27	105.40	73.43
流溪河	4.2	1.83	4.38	25.7	75392	8.6	8	225.22	1.9
南　告	4.5	1.7723	1.67	41.26	66725	2.553	2.958	301.59	0.0373
长　湖	7.2	3.3943	12.5	17.9	87431	61.6895	42.2505	58.26	1.0226
岩　滩	30.25	4.28							
洛　东	4.0	2.08	21.97	0.016	63313	99.15	45.74	116.95	0.62
大　化	4.0	18.44	16.65	21.46	240027	434.476	307.012	154.62	4.11
恶　滩	6	4.05	32.68	12.26	138268	510.85	133.47	93.8	0.68
西　津	23.44	7.48	27.3	20.36	107697	301.26	204.31	60.92	10.40

续表

电厂名称	电厂运行指标					水库运行指标			
	年末装机容量(万kW)	年发电量(亿kW·h)	平均耗水率[m^3/(kW·h)]	发电单位成本[元/(千kW·h)]	全员劳动生产率(元/年人)	入库水量(亿m^3)	发电用水量(亿m^3)	年末水位(m)	年末库容(亿m^3)
麻石	10	3.788	25.8	20.26	88396	175.15	97.8	133.22	1.46
拉浪	5.10	1.90	16.1	23.13	54374	59.96	30.59	176.92	1.02
合面狮	7.10	2.61		30.05	48191	76.2	38.8	84.51	1.7988
澄碧河	2.6	1.0339	10.02	245.2	30086	10.219	10.624	173.99	5.677
三门峡	25	10.7780	12.18	14.67	118670	262.49	123.983	35.75	1.743
牛路岭	8	1.99	7.86	61.23	40460	16.67	15.65	98.31	3.58
龚咀总厂	85	31.73		14.06	237980				
其中:龚咀	70	30.33	8.81	14.06		466.29	267.25	523.89	0.69
铜街子	15	1.39							
映秀湾总厂	45.5	23.26		21.47	149420				
其中:映秀湾	13.5	6.74	7.79			129.86	52.49	944.9	0.0056
渔子溪	16	8.34	1.51			18.51	12.59	1191.4	0.0003
耿达	16	8.18	1.58			17.77	12.92	1490.6	0.0014
南桠河	12	6.3004	1.62	22.21	109587	13.03	10.21	1369.1	
磨房沟	3.75	1.54	0.95	38.49	32498	1.47	1.47	1828.87	0.0005
鲁布革	60	23.93	1.26	44	373146	33.99	30.09	1127.68	1.0108
绿水河	6.55	3.11	2.1	24.98	59666	6.5	5.6	477	0.2
大寨	6	1.5	2.4	38.2	42400				
乌江渡	63	28.7905	3.494	12.97	291112	168.6088	100.008	742.70	14.4200

(电力工业部余卫国和各水电厂提供资料 陈上奎整理)

1993年大中型水电厂生产运行情况表

电厂名称	电厂运行指标					水库运行指标			
	年末装机容量(万kW)	年发电量(亿kW·h)	平均耗水率[m^3/(kW·h)]	发电单位成本[元/(千kW·h)]	全员劳动生产率(元/年人)	入库水量(亿m^3)	发电用水量(亿m^3)	年末水位(m)	年末库容(亿m^3)
龙羊峡	128	50.24	3.44	36.1	407945	216.83	190.99	2573.13	154.57
刘家峡	122.5	53.7506	4.05	11.86	369799	234.3	217.77	1722.27	29.96
盐锅峡	39.6	20.8402	11.66	12.03	213615	246.18	243.09	1619.15	2.2
八盘峡	18	9.1561	26.89	22.02	133100	259.7431	246.2468	1577.07	0.3188
青铜峡	27.2	10.321	22.03	27.78	127078	257.54	227.28	1155.97	0.3119
碧口	30	13.86	5.616	34	177000	90.693	77.821	704.69	2.302
石泉	13.5	6.468	9.99	35.07	115375	86.18	64.61	408.40	2.98
安康	80	23.65	6.20	64.38	280323	176.82	155.66	327.32	23.8976
潘家口	15	3.4646	5.44		81898	21.1406	18.8723	222.21	20.8277
官厅	3	0.26	14			2.27	3.58	474.12	3.48
下马岭	6.5	0.70	5			4.2	3.28	348.42	0.07
下苇甸	3	0.4	10			4.15	3.63	201.3	0.03
密云	8.8	0.7516	7.9		26652	3.262	5.936	148.25	24.23

续表

电厂名称	电厂运行指标					水库运行指标			
	年末装机容量(万 kW)	年发电量(亿 kW·h)	平均耗水率[m³/(kW·h)]	发电单位成本[元/(千 kW·h)]	全员劳动生产率(元/年人)	入库水量(亿 m³)	发电用水量(亿 m³)	年末水位(m)	年末库容(亿 m³)
潘家口蓄能	27	3.4771		100	80087				
岗南	4.1	0.1515	14.18	445.56	16000	1.0858	2.148	178.49	1.3346
丰满	72.25	12.3799	7.20	91.74	76757	98.6084	89.1441	254.68	57.8570
云峰	40	9.13	5.19	38.15	106860	46.85	47.37	298.57	19.90
太平哨	16.1	2.9922	11.83	89.45	46329	38.92	38.72	191.22	1.6212
桓仁总厂	29.45	5.9921		70.75	61294				
其中:桓仁	22.25	3.8739	8.64			31.7407	33.4797	298.3	20.3648
回龙山	7.2	2.1182	17.51			37.3260	37.091	220.16	0.8254
镜泊湖	9.6	1.52	9.26	109.2	44896	20.97	13.66	349.59	12.06
新安江	66.25	18.42	5.84	25	172764	142.47	107.584	101.026	139.245
富春江	29.72	8.9499	28.4	32.80	124382	323.7178	254.4815	23.34	4.6072
乌溪江	20	6.53	4.16	46.63	80952	26.8	20.9585	214.76	10.3193
紧水滩	30	5.1106	5.73	81.57	80562	31.07	29.3	169.58	6.1558
石塘	7.8	1.5718	20.91	95.82		34.33	32.87	101.90	0.7007
百丈漈	3.7	1.19	0.827	56.8	38485	1.08	0.98	642.25	0.11
水口	20	5.6	9.69	13.17(试)	216262	104.6	57.8	54.33	14.5
沙溪口	30	9.584	18.81	66.45	163829	203.6	201.61	85.95	1.22
安砂	11.5	5.52	7.37	20.01	143153	49.93	40.64	244.61	2.09
古田溪	25.9	8.7389	4.30	35.10	76260	12.5	13.5	353.983	0.23
池潭	10	4.65	8.35	29.45	125808	40.22	38.81	246.66	0.89
华安	6	3.826	8.89	24.22	93956	62.4	34	93.11	0.028
船场溪	2.5	0.77	4.95	61	26800	5.62	3.78		
万安	40	9.0657	22.8	96.59	89672	274.99	206.7	93.91	9.16
洪门	3.75	1.2812	18.4	85.5	24816	25.321	23.618	93.55	2.2368
柘林	18	6.9929	10.7	37.57	71836	103.72	75.13	60.88	38.55
上犹江	6	2.4792	9.07	34.76	42829	25.8391	22.4977	191.76	4.723
江口	3.52	1.0886	29.2	64.5	22487	37.9207	31.7586	65.81	1.8797
罗湾	1.8	0.6239	2.58	106	16265	1.9226	1.6078	364.23	0.5279
陈村	18.4	3.6265	9.11	43.42	67603	32.55	21.73	115.64	16.0939
梅山	4	0.8526	9.8	116	25182	18.42	8.428	122.92	10.667
佛子岭	4.7	1.8533	10.91	84.2	32879	18.102	14.0072	122.88	3.4144
响洪甸	4	0.7618	8.28	150.73	25157	14.8194	6.3088	123.91	11.6298
葛洲坝	271.5	156.9287	21.93	17.78	450640	4687.72	3440.98	65.62	15.55
丹江口	90	38.4497	8.83			342.44	342.53	148.61	118.82
隔河岩	61.2	10.84	4.31	80	420046	142.587	46.71	164.88	13.952
黄龙滩	15	10.0076	5.3	19.4	113431	67.7381	53.0944	243.67	8.4259
白莲河	4.5	0.8487	11.26	62.82	40054	16.37	9.5528	100.56	5.8435
富水	3.4	1.2428	14.15	76.11	81500	22.62	17.58	54.13	7.573
柘溪	44.75	23.2755	7.33	13.48	252384	207.257	170.545	162.83	21.396
双牌	13.5	6.26	11.34	32.10	108350	115.1647	70.6171	164.79	2.3630
东江	55.5	11.84	3.79	47.62	124519	41.27	40.30	277.64	69.96
凤滩	40	22.674	5.60	14	105778	187.969	125.888	196.94	10.548
马迹塘	5.415	2.49	67.58	55.63	51142	214.39	168.22	55.49	0.1175
白渔潭	1.25	0.71	59.32	42.93	15754	85.37	54.28	57.78	0.1
新丰江	30.25	9.2780	6.58	22.61	140450	72.07	61.05	108.49	82.39

续表

电厂名称	电厂运行指标					水库运行指标			
	年末装机容量（万 kW）	年发电量（亿 kW·h）	平均耗水率[m³/(kW·h)]	发电单位成本[元/(千 kW·h)]	全员劳动生产率（元/年人）	入库水量（亿 m³）	发电用水量（亿 m³）	年末水位（m）	年末库容（亿 m³）
流溪河	4.2	1.85	4.4	34.3	75233	8.96	8.13	229.53	2.46
南 告	4.5	1.3337	1.65	108.22	54082	2.782	2.202	336.94	0.5535
长 湖	7.2	3.2684	12.5	24.67	87608	61.1	40.9849	54.74	0.8137
洛 东	4.0	2.45	24.06	0.019	77756	182.04	58.9	116.75	0.61
岩 滩	60.5	22.74							
大 化	40	17.45	19.02	28.01	238924	583.302	331.828	152.84	3.742
西 津	23.44	10.34	27.8	19.58	156750	359.91	287.51	60.73	10.15
恶 滩	6	2.97	34.01	14.56	101126	707.42	103.05	93.65	0.67
麻 石	10	4.2582	25.95	21.21	99349	250.35	110.36	132.9	1.41
拉 浪	5.10	2.49	16.9	23.77	71627	109.76	42.21	176.04	0.95
合面狮	7.10	3.10		28.76	59130	80.3	40.3	83.25	1.6236
澄碧河	2.6	1.1494	10.624	357.01	25047	15.442	10.525	180.86	7.852
三门峡	25	10.918	13.28	21.22	112220	293.1	136.041	37.28	3.13
牛路岭	8	1.56	8.19	98.62	31821	15.85	12.74	106.45	5.76
龚咀总厂	115	42.09		18.30	305028				
其中:龚 咀	70	29.97	8.94	17.23		501.81	268.15	526.76	0.90
铜街子	45	12.11		78.75					
映秀湾总厂	45.50	22.20		23.80	162273				
其中:映秀湾	13.50	6.98	7.94			121.85	55.54	水库检修	水库检修
渔子溪	16	7.74	1.52			14.39	11.77	1186.0	0.0002
耿 达	16	7.48	1.56			14.31	11.71	1486.5	0.0072
南桠河	12	5.8384	1.63	29.64	100619	11.46	9.54	1369.0	
磨房沟	3.75	1.40	0.05	48.28	35318	1.41	1.41	1828.79	0.0005
龙溪河									
鲁布革	60	22.32	1.27	54	472312	42.85	28.27	1119.26	0.6347
漫 湾	50.0	8.37	6.2	51.7	154100	382.88	53.89	973.48	5.17
绿水河	6.55	3.08	2.1	34.4	58655	6.7	5.5	477	0.2
大 寨	6	1.6134	2.4	46.85	43718	7.09	3.9		
六郎洞	2.5	1.2954	4	37	117053	6.02	4.97	1085	0.0008
乌江渡	63	26.6479	3.540	17.69	263795	123.9274	94.3223	752.68	18.17
天生桥二级	44	13.98	2.16	26	390171	152	30.9263	642.83	0.194

（电力部余卫国和各水电厂提供资料　陈上奎整理）

1994年大中型水电厂生产运行情况表

电厂名称	电厂运行指标					水库运行指标			
	年末装机容量（万 kW）	年发电量（亿 kW·h）	平均耗水率[m³/(kW·h)]	发电单位成本[元/(千 kW·h)]	全员劳动生产率（元/年人）	入库水量（亿 m³）	发电用水量（亿 m³）	年末水位（m）	年末库容（亿 m³）
龙羊峡	128	54.3	3.84	43.6	451444	162.59	208.38	2556.44	108.78
刘家峡	122.5	58.1159	4.14	15.1	398097	246.5	240.6	1724.22	30.25
盐锅峡	39.6	21.1838	11.64	17.7	222910	249.16	246.62	1618.66	2.2
八盘峡	18	9.2954	26.89	33.92	129893	253.5392	249.9628	1577.68	0.3534
青铜峡	27.2	10.109	22.01	41.6	111854	251.46	227.28	1155.94	0.40
碧 口	30	12	5.591	79	140208	68.43	67.1	696.88	1.19

续表

电厂名称	电厂运行指标					水库运行指标			
	年末装机容量（万 kW）	年发电量（亿 kW·h）	平均耗水率[m³/(kW·h)]	发电单位成本[元/(千 kW·h)]	全员劳动生产率（元/年人）	入库水量（亿 m³）	发电用水量（亿 m³）	年末水位（m）	年末库容（亿 m³）
石　泉	13.5	4.72	9.85	66.6	79082	59.74	46.55	407.90	2.57
安　康	80	18.9	5.98	90	223384	127.53	122.89	322.14	20.2617
潘家口	15	3.6123	5.44		84687	36.2036	19.6612	223.81	21.8408
官　厅	3	0.13	14.55			2.91	1.86	475.04	4.24
下马岭	6.5	0.42	5			2.47	2.1	348.32	0.07
下苇甸	3	0.21	10			2.41	2.1	201.31	0.03
密　云	8.8	0.9177	7.85		46346	15.599	7.208	153.39	32.61
潘家口蓄能	27	4.9341							
白　山									
丰　满	72.25	20.5609	6.91	67.68	125575	160.7556	142.1548	259.19	73.7026
云　峰	40	11.54	4.57	46.89	146511	57.44	52.79	304.24	24.11
太平哨	16.1	2.9630	11.75	115.31	40069	40.55	40.37	191.13	1.5950
桓仁总厂	29.45	5.8603		96.23	63654				
其中：桓　仁	22.25	3.6228	8.21			30.1361	29.7420	298.04	20.1215
回龙山	7.2	2.2375	17.80			40.1008	39.8275	220.16	0.8254
镜泊湖	9.6	2.26	8.66	119.76	60308	36.58	3483	349.28	11.78
新安江	66.25	17.76	5.8	45.36	166071	109.88	103.018	98.398	127.109
富春江	29.72	7.9474	28.2	51.26	109807	319.3899	224.1243	23.05	4.4390
乌溪江	20	7.61	4.18	52.81	94406	27.21	24.46	217.88	11.3172
紧水滩	30	4.7052	5.92	104.96	58759	28.38	27.86	170.43	6.3643
石　塘	7.8	1.5698	20.23	108.19		32.87	31.91	101.8	0.6947
百丈漈	3.7	1.52	0.836	75.7	49381	1.4	1.27	644.84	0.15
水　口	80	29.6	7.2	111.77	428315	527.2	226.8	64.12	22.5
				11.29(试)					
沙溪口	30	9.264	19.30	114.85	234090	246.29	178.74	86.93	1.37
安　砂	11.5	6.00	6.98	35.57	165372	60.71	41.89	258.41	4.50
古田溪	25.9	6.6933	4.25	70.41	71827	13.3	9.9	372.201	2.71
池　潭	10	5.82	7.42	47.77	228259	65.71	43.18	271.071	5.61
船场溪	2.5	1.0002	4.79	89	34641	6.83	4.79		
万　安	40	13.8364	18.96	78.69	120973	357.94	262.277	94.83	9.97
洪　门	3.75	1.4136	18.1	101	27431	29.2658	25.5276	95.595	2.9537
柘　林	18	8.63	10.7	48.95	114646	96.34	92.59	58.44	32.34
上犹江	6	3.0222	8.92	44.98	57398	35.1772	26.9577	191.20	4.556
江　口	3.52	1.2853	28.6	88.57	26384	46.89	36.75	66.67	2.196
罗　湾	1.8	0.7063	2.56	136.1	17947	1.8113	1.8096	361.94	0.4471
梅　山	4	1.26	9.7	122	48065	7.54	12.284	106.3	3.7992
佛子岭	4.7	1.4221	12.19	445.67	29827	10.223	11.5722	111.91	1.6287
响洪甸	4	1.1573	8.12	137.98	35744	6.1786	9.3960	107.11	4.2772
葛洲坝	271.5	157.51	19.38	21.23	377586	3366.75	3053.28	65.89	15.74
丹江口	90	27.8618	8.73			262.48	266.91	146.17	105.88
隔河岩	121.2	16.835	4.69	81.6	891224	90.6172	78.8915	186.99	23.3017
黄龙滩	15	7.0465	6.4	56	102073	45.935	44.9491	238.66	7.0535
白莲河	4.5	0.4527	11.66	174.08	22398	6.4645	5.2792	91.92	2.5084
富　水	3.4	1.574	14	84.19	72749	23.1	22.03	51.9	5.196

续表

电厂名称	电厂运行指标					水库运行指标			
	年末装机容量（万 kW）	年发电量（亿 kW·h）	平均耗水率［m³/(kW·h)］	发电单位成本［元/(千 kW·h)］	全员劳动生产率（元/年人）	入库水量（亿 m³）	发电用水量（亿 m³）	年末水位（m）	年末库容（亿 m³）
柘溪	44.75	32.0791	6.85	18.13	350716	315.353	219.833	163.19	21.828
双牌	13.5	6.95	11.18	39.30	129638	136.8324	76.8334	161.70	1.8089
凤滩	40	14.518	6.38	43.14	187739	97.685	92.558	198.86	11.267
东江	55.5	15.97	3.70	63.22	172315	63.11	50.21	281.48	75.73
马迹塘	5.415	2.74	71.23	88.73	59075	346.05	195.06	55.87	0.1376
新丰江	30.25	7.2991	6.53	40.87	115140	63.83	47.64	112.71	95.94
流溪河	4.2	1.78	4.58	53.4	74468	8.36	8.14	230.32	2.56
长湖	7.2	3.2437	12.4	36.36	90018	58.5473	40.0992	56.48	0.9127
洛东	4.0	2.52	23.77	0.036	74493	188.9	60.0	116.51	0.6
岩滩	90.25	30.996	7.2			656.79	221.87	221.76	24.82
大化	40	18.52	18.87	37.71	285881	683.019	349.561	151.74	3.522
西津	23.44	9.69	29.2	30.67	166048	595.82	283.52	61.39	11.09
恶滩	6	2.92	33.0	27.11	139307	839.67	191.08	96.62	0.85
麻石	10	4.8595	25.9	28.23	119407	262.65	122.81	133.46	1.51
拉浪	5.10	2.29	16.4	39.81	68998	96.11	37.60	176.71	1.0
合面狮	7.10	3.32		27.96	64800	108.8	42.2	87.50	2.2637
澄碧河	2.6	1.5351	9.14	484.93	41727	19.033	13.72	181.94	8.238
三门峡	32.5	13.4405	13.26	27.63	116160	229.36	159.496	37.23	2.31
牛路岭	8	2.02	6.96	89.98	60770	15.0	14.0	104.41	5.12
龚咀总厂	130	49.44		43.68	334443				
其中：龚咀	70	28.10	9.10	33.44		371.69	255.72	524.10	0.57
铜街子	60	21.34	12.6	75.68		371.83	269.00	470.86	1.86
映秀湾总厂	45.50	21.58		38.25	142609				
其中：映秀湾	13.50	6.49	7.92			102.19	51.41	943.3	0.0038
渔子溪	16	7.64	1.53			13.78	11.66	1187.4	0.0003
耿达	16	7.45	1.57			13.45	11.68	1491.7	0.0013
南桠河	12	4.9836	1.58	58.45	119984	8.55	7.87	1369.4	
磨房沟	3.75	1.09	1.0	122.68	27946	1.10	1.10	1828.68	0.0005
以礼河	32.15	9.15	0.36	80	49484	4.17	3.27	2220.28	3.4021
西洱河	25.5	7.5299	0.783	95.5	49917	11.302	5.626	1973	21.4
鲁布革	60	26.7215	1.28	66	422527	66.6	34.3	1127.55	0.9317
大寨	6	2.54	2.4	68.8	70105	13.84	6.1		
绿水河	6.55	3.574	2.1	50.2	64439	7.017	6.1	476.45	0.2
六郎洞	2.5	1.5653	4.0	37	115514	7.27	6.28	1085.26	0.0008
漫湾	100	34.7	5.4	41.6	580699	305	189.6	991.94	8.71
天生桥二级	66	27.42	2.16	22	848786	226.72	59.2215	643.4	0.1194
东风	34	3.17	4.023	61	86600	71.045	12.847	945.29	4.842
乌江渡	63	27.1662	3.467	27.14	274050	115.5598	94.1817	758.07	20.5122

（电力工业部余卫国和各水电厂提供资料　陈上奎整理）

科学技术与信息

16

科学技术研究成果及规划

1992～1994 年水电科技获奖成果

1992 年，水电科技成果获国家发明奖 1 项；获国家科技进步奖 8 项，其中一等奖 2 项，二等奖 1 项，三等奖 5 项；获能源部科技进步奖 42 项，其中一等奖 3 项，二等奖 14 项，三等奖 17 项，四等奖 8 项；获能源部科技进步论文奖 13 项，其中一等奖 1 项，二等奖 6 项，三等奖 6 项。

1993 年，水电科技成果获国家发明奖 1 项；获国家科技进步奖 6 项，其中一等奖 1 项，二等奖 2 项，三等奖 3 项；获电力工业部科技进步奖 17 项，其中一等奖 2 项，二等奖 8 项，三等奖 7 项；获电力工业部科技进步论文奖 19 项，其中一等奖 2 项，二等奖 8 项，三等奖 9 项。

以上成果名称获奖等级和获奖单位等分别见表 1～表 6。

表 1　获国家发明奖水电科技成果表

序号	成果名称	发明人	获奖等级	获奖年份
1	堆石坝混凝土面板的无轨滑模及翻转侧模施工技术	王端良、程聚辰、李　军	四等奖	1992
2	导流洞混凝土堵头高块连续浇筑侧壁不灌浆新技术	吴来峰、张锡祥	四等奖	1993

表 2　获国家科技进步奖水电科技成果表

序号	成果名称	获奖单位	获状等级	获奖年份
1	二滩坝基岩体稳定性评价及可利用岩体质量的研究	成都勘测设计研究院、清华大学、成都地质学院、天津大学、水利水电科学研究院、成都科技大学、河海大学、西北勘测设计研究院、中国科学院武汉岩土力学研究所、中国科学院地质研究所	一等奖	1992
2	广东核电站港口和取排水口布置方案的研究	河海大学、水利水电科学研究院、广东省水利水电科学研究所、广东省电力勘测设计院、苏州热工研究所	一等奖	1992
3	土质防渗体高土石坝研究	水利水电科学研究院、水电第十四工程局、成都科技大学、黄河水利委员会勘测规划设计院科学试验所、清华大学	一等奖	1993
1	高混凝土拱坝防裂技术及其在东风工程中的应用	贵阳勘测设计研究院、水利水电科学研究院、天津大学、河海大学、中南勘测设计研究院、大连理工大学、清华大学	二等奖	1992
2	SSJ－3021 型水电站计算机监控系统	南京自动化研究所、丹江口水电厂	二等奖	1993
3	水口水电工程混凝土预冷及生产系统（含 LF 型附壁式冷风机）	杭州机械设计研究所、华源水利水电工程咨询公司	二等奖	1993
1	水电工程大吨位预应力锚固技术研究	东北勘测设计院科研所、地质勘探基础处理公司、柳州建筑机械总厂、丰满发电厂	三等奖	1992
2	重力拱坝变形过程及转异特征研究	水利水电科学研究院、西北勘测设计研究院	三等奖	1992
3	湖南东江水电站双曲拱坝坝后背管的设计与施工	中南勘测设计院、水电第八工程局、武汉水利电力大学、水利水电科学研究院	三等奖	1992
4	混凝土面板堆石坝混凝土面板浇筑机具及施工系统研究	地质勘探基础处理公司	三等奖	1992
5	水口工程围堰基础防渗墙塑性混凝土试验研究及应用	地质勘探基础处理公司	三等奖	1992

续表

序号	成果名称	获奖单位	获状等级	获奖年份
6	龙滩及漫湾水电站混凝土坝与地基联合作用仿真分析	水利水电科学研究院、中南勘测设计研究院、昆明勘测设计研究院	三等奖	1993
7	应用于大型水轮发电机组的高能氧化锌非线性电阻灭磁及转子过电压保护装置	水利水电科学研究院、上海立新电器厂	三等奖	1993
8	泄水建筑物不同水动力条件下空化及非金属材料抗空蚀问题研究	南京水利科学研究院	三等奖	1993

表 3 获能源部科技进步奖水电科技成果表

序号	成果名称	获奖单位	获奖等级	获奖年份
1	水口水电工程混凝土预冷及生产系统	能源部杭州机械设计研究所、华源水利水电工程咨询公司	一等奖	1992
2	土质防渗体高土石坝研究	水利水电科学研究院、水电第十四工程局、成都科技大学、黄河水利委员会勘测规划设计院、清华大学	一等奖	1992
3	SJ-721A 双微机水轮机调速器	南京自动化研究所、葛洲坝水力发电厂	一等奖	1992
1	东风水电站高混凝土坝快速施工技术研究	水电第九工程局、水利水电爆破咨询服务部、水电第十二工程局施工科学研究所、水利水电科学研究院、交通部公路科学研究所	二等奖	1992
2	650m20t 无塔架平移式缆索起重机	能源部杭州机械设计研究所、夹江水工机械厂、广西岩滩水电站工程建设公司、广西水电工程局	二等奖	1992
3	CLX-1 型超声波流量及效率测量装置	能源部南京自动化研究所、东南大学、黄龙滩水力发电厂	二等奖	1992
4	长江葛洲坝水情和洪水预报	葛洲坝水力发电厂、水利部水文水利调度中心	二等奖	1992
5	泄水建筑物不同水动力条件下空化及非金属材料抗空蚀问题研究	南京水利科学研究院	二等奖	1992
6	LF 型附壁式冷风机	杭州机械设计研究所、汉口电力设备厂	二等奖	1992
7	龙羊峡电站多分支发电机变压器组差动、单元件发电机内部短路，失励磁保护系统	西北勘测设计研究院、清华大学、许昌继电器研究所、水利水电规划设计总院	二等奖	1992
8	混凝土大坝安全监测技术规范	四川省电力局、大坝安全监察中心、中国水力发电工程学会、水利水电科学研究院、华东勘测设计研究院	二等奖	1992
9	钻孔综合利用	长江勘测技术研究所	二等奖	1992
10	防渗墙的快速施工	地质勘探基础处理公司	二等奖	1992
11	天生桥二级岩质高边坡稳定分析与治理研究	贵阳勘测设计研究院、武警水电第一总队	二等奖	1992
12	堆石料及垫层料动力特性研究	水利水电科学研究院	二等奖	1992
13	电网 AGC 分层控制新模式的建立及其在葛洲坝二江电厂的应用	华中电管局调度局、葛洲坝二江电厂	二等奖	1992
14	五强溪水电站工程第一期导流围堰水下混凝土施工	水电第八工程局五强溪施工局	二等奖	1992

续表

序号	成果名称	获奖单位	获奖等级	获奖年份
1	DSIMS大坝安全信息管理系统	南京自动化研究所	三等奖	1992
2	SJ-413型机组顺序控制装置	南京自动化研究所、葛洲坝水力发电厂	三等奖	1992
3	土石坝设计计算程序微机系列软件包ASED	水利水电科学研究院	三等奖	1992
4	水工闸门启闭机研究	武汉水利电力大学、北京勘测设计研究院	三等奖	1992
5	地下洞室围岩稳定及施工技术研究(天生桥二级水电站引水隧洞岩爆研究)	武警水电第一总队、水利水电科学研究院、贵阳勘测设计研究院、武汉水利电力大学	三等奖	1992
6	隔河岩水电站压力隧洞群岩石力学问题研究及生产应用	武汉水利电力大学	三等奖	1992
7	二滩拱坝可靠度分析	成都勘测设计研究院	三等奖	1992
8	定向爆破筑高坝设计技术研究	水利水电科学研究院	三等奖	1992
9	遥感技术在大比例尺工程地质成图中的应用试验研究	长江勘测技术研究所、天津勘测设计研究院航测遥感大队、北京勘测设计研究院	三等奖	1992
10	碾压混凝土配合比及其性能研究	成都勘测设计研究院	三等奖	1992
11	齿耙回转式清污机	映秀湾发电厂	三等奖	1992
12	十三陵抽水蓄能电站调压井水力学及水力瞬变过程计算	水利水电科学研究院	三等奖	1992
13	李家峡拱坝下游坝面压力管道非线性有限元全过程分析和仿真结构模型试验研究	水利水电科学研究院	三等奖	1992
14	堆石料试验的缩尺范围及其对工程性质的影响	昆明勘测设计研究院	三等奖	1992
15	葛洲坝电厂QW100-CW清污机研制	葛洲坝水力发电厂、葛洲坝水电工程学院、长江挖掘机厂	三等奖	1992
16	深层变位计	水利水电科学研究院	三等奖	1992
17	水电及土木工程结构加固技术研究与应用——电厂厂房结构粘钢加固研究与实践	武汉水利电力大学	三等奖	1992
1	YQ-150(A)型潜孔钻除尘装置	水电第三工程局	四等奖	1992
2	WJT-1型孔压圆锥贯入仪	南京自动化研究所、南京水利科学研究院	四等奖	1992
3	TSW-1土工试验微机数据采集处理系统	南京电力自动化设备总厂	四等奖	1992
4	乌拉泊水库除险加固工程计算分析	水利水电科学研究院	四等奖	1992
5	海南大广坝水电站利用施工支洞作为尾水调压井的水力实验与研究	武汉水利电力大学、中南勘测设计研究院	四等奖	1992
6	周边缝拱坝结构计算研究	武汉水利电力大学、桂林地区水电局	四等奖	1992
7	考虑上游水利工程影响的枫树坝水库洪水预报方案的研究	武汉水利电力大学、广东省枫树坝水电厂	四等奖	1992
8	隧洞衬砌大型针梁钢模研制	长江葛洲坝工程局第二工程公司	四等奖	1992

表4 获能源部科技进步奖水电科技论文表

序号	成果名称	获奖单位	获奖等级	获奖年份
1	挡水结构的动水压力和坝—水相互作用分析	河海大学	一等奖	1992
1	大孔隙地层水泥膏浆灌浆技术	水利水电科学研究院	二等奖	1992
2	混凝土重力坝在运转期的温度应力及其对坝体的影响	水利水电科学研究院	二等奖	1992
3	混凝土坝最优设计方法与程序研究	河海大学	二等奖	1992
4	大型水电站压力管道和混凝土支承结构动力分析和试验研究	大连理工大学	二等奖	1992
5	静止环境中浮力射流特性的数值研究	武汉水利电力大学	二等奖	1992
6	水工结构原模型材料动态力学性能及响应的研究	河海大学	二等奖	1992
1	大坝安全监测的位移分布数学模型	水利水电科学研究院	三等奖	1992
2	船闸人字闸门斜杆预应力优化方案	武汉水利电力大学	三等奖	1992
3	节理岩体的数值分析	水利水电科学研究院	三等奖	1992
4	混凝土损伤力学研究	河海大学	三等奖	1992
5	水库水位降落速度和土坝坝坡的稳定性	北京水利电力经济管理学院	三等奖	1992
6	水文灰色系统理论及建模、预报方法	武汉水利电力大学	三等奖	1992

表5 获电力工业部科技进步奖水电科技成果表

序号	成果名称	获奖单位	获奖等级	获奖年份
1	天生桥二级水电站1号引水隧洞不良地质段高压固体灌浆和锚杆快速施工	水利水电基础工程局	一等奖	1993
2	高压长斜井优化设计与施工	广东抽水蓄能电站联营公司、水电十四工程局、广州抽水蓄能电站工程监理公司	一等奖	1993
1	AS水泥和混凝土性能的研究及应用	南京水利科学研究院	二等奖	1993
2	漫湾水电站左岸边坡稳定分析研究	水利水电科学研究院、昆明勘测设计研究院、漫湾工程管理局、清华大学、中国地质大学	二等奖	1993
3	柘溪水电站机组挖潜改造技术	柘溪水电站	二等奖	1993
4	大坝观测新技术的完善与应用	天津勘测设计研究院、西北勘测设计研究院、河海大学、武汉水利电力大学、中国水力发电工程学会、南京水利科学研究院、葛洲坝水电厂、龙羊峡水电厂、新安江水电厂、丹江口水利枢纽管理局、水电第七工程局、甘肃省电力试验研究所、响洪甸水电站	二等奖	1993
5	水工压力隧洞预应力混凝土衬砌	武警水电第一总队、东北勘测设计研究院科研所	二等奖	1993
6	无钢衬高压钢筋混凝土岔管施工技术	水电第十四工程局广东分局	二等奖	1993
7	水工补偿收缩混凝土快速建坝	北京勘测设计研究院、水电第三工程局、长江科学院、水利水电科学研究院	二等奖	1993
8	二滩拱坝抗震性能的动力模型试验研究	水利水电科学研究院	二等奖	1993
1	WLF－01型微机故障录波分析装置	水利水电科学研究院、东北电业管理局调度通讯局、辽阳电业局	三等奖	1993
2	GLQ_2录波器及PLW系列故障录波集中信号屏	水利水电科学研究院、东北电业管理局调度通讯局	三等奖	1993
3	差动式挑流鼻坎免空蚀研究	柘溪水电站、河海大学	三等奖	1993
4	安康水电站工程掺用粉煤灰节约水泥	水电第三工程局、北京勘测设计研究院	三等奖	1993
5	直联插入式混凝土振捣器减振手把	原能源部、水利部劳动保护科学研究所	三等奖	1993
6	PGD－4爬罐的研制	长江葛洲坝工程局机械厂、水利水电产品质量标准研究所	三等奖	1993
7	广州抽水蓄能电站上库钢筋混凝土面板堆石坝施工技术	水电第十四工程局广东分局	三等奖	1993

表 6　获电力工业部科技进步奖水电理论性研究成果表

序号	成果名称	获奖单位	获奖等级	获奖年份
1	水电站群优化补偿调节及三峡水库综合利用优化调节	水利水电科学研究院、北京水利电力经济研究所、长江水利委员会规划处、武汉水利电力大学、华中理工大学、清华大学、天津大学、河海大学	一等奖	1993
2	平面二维泥沙数学模型在三峡工程中初步应用	水利水电科学研究院	一等奖	1993
1	水利电力科技情况计算机检索系统一期工程	水利电力信息研究所、东北电力试验院、苏州热工研究所、长江水利委员会、南京水利科学研究院	二等奖	1993
2	拱坝破坏模型与极限状态方程	武汉水利电力大学、湖北省水利水电学校	二等奖	1993
3	洪水波模型的水动力学研究(系列论文)	武汉水利电力大学	二等奖	1993
4	拱坝分析方法及其在设计中的应用	河海大学	二等奖	1993
5	混凝土和钢筋混凝土非线性断裂研究	河海大学	二等奖	1993
6	结构可靠度研究	河海大学	二等奖	1993
7	建设西南水电能源基地战略研究	中国水力发电工程学会、云南省水力发电工程学会、贵州省水力发电工程学会、四川省水力发电工程学会、昆明勘测设计研究院、贵阳勘测设计研究院、成都勘测设计研究院、西南电力设计院、水利水电科学研究院、电力科学研究院、北京水利电力经济研究所、水利电力信息研究所、长江水利委员会、华中电业管理局动能经济研究所	二等奖	1993
8	饱和砂土中的爆炸冲击波与爆炸压实	水利水电科学研究院	二等奖	1993
1	反击式水轮机空蚀损坏评定标准	水利水电科学研究院	三等奖	1993
2	水轮机模型验收试验规程	水利水电科学研究院	三等奖	1993
3	堆石在平面应变条件下的强度和应力—应变关系	水利水电科学研究院	三等奖	1993
4	大型水轮发电机电气参数的综合优化	华北电力学院北京研究生部、中南勘测设计研究院	三等奖	1993
5	我国水电开发战略与政策研究	国家计委、中国科学院能源研究所	三等奖	1993
6	高坝坝基原位监测资料的反分析方法	西北勘测设计研究院、天津大学、东北勘测设计研究院	三等奖	1993
7	广州抽水蓄能电站高压岔管现场模拟试验洞压水试验与研究报告	水电第十四工程局广东分局科研所、东北勘测设计研究院科研所、广东省水利水电科学研究所	三等奖	1993
8	云南水电开发及联网输电方案研究	昆明勘测设计研究院、电力科学研究院	三等奖	1993
9	西北电网水调自动化系统规划	水利水电科学研究院、西北电业管理局总调度所	三等奖	1993

(中国电力企业联合会　陈宗梁)

水电科技成果获国家发明奖项目

(一)堆石坝混凝土面板的无轨滑模及翻转侧模施工技术成果

该成果获 1992 年度国家发明奖四等奖。发明人王端良、程聚辰、李军。此项发明技术上的优势在于使用通用设备在坝顶牵引,配以组合式翻转侧模,使滑模连续滑行而成型任意型状和厚度的混凝土面板。不仅可用于堆石坝的混凝土面板施工,也可用于堤坝的斜坡护面、河道护坡等工程。其主要特点为:①滑模无需轨道,直接在侧模顶面滑升,其自重的法向分力靠仓内混凝土承受。13 m 长滑动模板仅重 4.5 t,可以实现无强度脱模。②侧模为普通松木制成的组合式翻转侧模，仅在所要浇筑的板块两侧局部立设，随滑模滑升翻转循环使用，利用几何模数原理拼组而变化侧模高度(即面板的厚度由厚渐变至薄)，从而使拆立侧模在混凝土浇筑中完成，提高侧模利用率和节省时间。③机动性大，适用性广，可一次成型任意型面板块，第一次实现起始块与主板块一次浇筑完成，无施工缝。④施工速度快，日完成面块 6000 m^3/套，滑模滑升速度可达 5.8 m/h，成型面板不平度在 3 m 内不超过 4 mm。该成果已用于西北口工程，在青海、广东一些工程也先后采用。对一座 70 m 高坝而言，至少可节省机具制造钢材 50 t，木材 40 m^3，人工 4000 多工日，资金 20 多万元，面板施工仅为原工期的 1/2～1/3，且坝越高经济性越好。

发明的技术要点：①找出了新浇混凝土对滑模的浮托力规律，利用浮托力支承滑模重量，滑模无需轨道，由坝顶卷扬机牵引直接在侧模顶面滑升，实现无强度脱模。②仅使用少量的通用设备，根据混凝土面板形状，用不同的提升方式使滑模平行滑升和旋转滑升，将面板一次浇筑成型，无需先浇起始板块。③侧模利用组合模数原理设计，几组不同尺寸板块的组合解决了面板变厚度的难题。④侧模仅局部立设，根据滑模滑升速度、混凝土初凝时间、面板厚度变化要求等因素设计确定最佳立设长度，施工中滑模滑升逐将下部侧模向上翻转重复使用，坡面打插筋锚图侧模。⑤折叠式滚转装置，使滑模直接在坝坡面行走，可将滑模运至任何起始位置。

(二)导流洞混凝土堵头高块连续浇筑侧壁不灌浆新技术成果

该成果获 1993 年度国家发明奖四等奖。发明人吴来峰、张锡祥。此项发明采用新理论、新材料、新设计和新工艺，首创水电站导流洞混凝土堵头高块连续浇筑侧壁不灌浆新技术，应用于鲁布革导流洞封堵工程，施工周期短，质量好，效益高。开创了国内外混凝土堵头工程设计和快速施工新途径。应用这项成果，由于革除国内外通用的堵头大体积混凝土间歇浇筑和待堵头工程内部冷却到稳定温度后再进行侧壁灌浆这两道最费时的传统技术，从而使鲁布革水电站堵头工程由原设计 5 个月工期，缩短为 13 天，为该水电站创造条件提前 4 个月发电，获得经济效益 1008 万元。

发明的技术要点：①研究水工混凝土补偿原理；②提出水工补偿理论曲线，保证补偿收缩性能好和能够实现快速施工；③研究并提出预压应力测定的试验方法；④提出水泥配方及原材料要求；⑤提出对该混凝土有特效的外加剂；⑥考虑预压应力后应力应变计算。

（中国电力企业联合会　陈宗梁）

水利水电科学基金项目进展情况

1992 年水利水电科学基金项目共评定为 91 项，其中水利经济 5 项，水力学 11 项，泥沙 5 项，水文和水资源 12 项，农田水利 11 项，水工结构 17 项，岩土力学 12 项，抗震防护 3 项，环境保护 3 项，工程材料 1 项，水力机械 2 项，勘测 2 项，自动化 7 项。总资助金额为 102.3 万元，平均每项金额为 1.124 万元。分别由南京水利科学研究院、水利水电科学研究院、长江科学院、南京水文研究所、西北水利科学研究所、河海大学、武汉水利电力大学、清华大学、陕西机械学院、成都科技大学、华北水利水电学院、农田灌溉所、大连理工大学、天津大学、葛洲坝水电工程学院、西北农业大学、郑州工学院等 17 个单位承担。

1992 年水利水电科学基金主要项目有：①波浪作用下紊流渗流机理研究；②脉动荷载取值及空化初生的可靠性风险分析；③多孔潜管的水力模拟及优化设计；④水库水沉降规律的研究；⑤挟沙水流脉动结构实验研究；⑥城市防汛调度信息处理系统；⑦分形理论在水文学中的应用；⑧地表—地下水资源系统联合运行分布参数管理模型研究；⑨淮河上中游防洪决策支持系统；⑩欧亚大陆水汽输送及其对我国水资源的影响；⑪高压水磨料射流的混合装置及流动特性研究；⑫混凝土的徐变损伤与断裂；⑬船闸地基模型及其参数的反分析研究方法；⑭光学 CT 在垂线坐标检测中的应用研究；⑮碾压混凝土拱坝诱导缝研究与模型试验验证；⑯大体积基岩抗剪强度的随机—临界研究；⑰地下洞室围岩性状快速无损检测技术研究；⑱悬沙粒径的声反射谱测定方法的研究；⑲热线脉冲低流速仪的研制；⑳泥沙运动对金属类污染物迁移、转化、自净的作用；㉑大坝坝址环境水作用；㉒岩溶水运动与计算研究。

关于水利水电科学基金项目的成果水平。1991 年 10 月对 80 年代(1984 到 1989 年)的项目取得的成果进行一次后评估工作，于 1992 年 7 月提出了评估报告。在此期间水利水电科学基金共批准资助课题 417 项，资助经费 538.65 万元，已提交了结题研究成果 174 项，经过 9 个专业组对这些成果全面分析和评估，结果如下：

(1) 基金资助工作成绩显著。在评估的 174 项成果中，属于国际水平（含国际领先）的有 38 项，占总数的 21.8%；属国内首创或领先的有 32 项，占总数的 18.4%；属国内先进水平的有 92 项，占总数的 52.9%；属一般水平的有 12 项，占总数的 6.9%。

(2) 资助项目研究成果多，公开发表多。如抗震防护方面14个资助项目，提出了46篇成果报告或论文，平均每个项目有3.3篇。又如水力学方面36个资助项目，提出了119篇成果报告，平均每个项目也有3.3篇，其中在全国性学术讨论会和科技刊物上发表的有32篇，外文稿在国际性学术讨论会上发表的有10篇，博士、硕士生论文5篇。

(3) 资助项目提交的成果中，取得了不少有所创新、有所发现的成果，而这些成果都已达到或超过国内先进水平，有的已达到国际领先水平，具有较高的理论水平和显著经济效益、社会效益。

部分成果简介如下：

(1) 水文、水资源、水利经济方面：①设计暴雨时面雨型的研究成果。在统计大量雨量资料后，绘出中国9个分区、3种历时设计暴雨过程中最大、次大等各时段所在的位置及其数值的模式；中国4个分区的两类成因暴雨量面积的形状比率 R 和长轴方位角的平均值，对设计暴雨的计算有重要的实用价值。②蓄满产流模型在喀斯特地区的应用及该区降雨径流模型的探讨。其成果经过几个流域的应用结果说明，在透水面积上采用蓄满产流雨洪模型并对地下径流部分划分快、中、慢三种水源时，可得到满意的结果，在方法上有所改进，在应用上有重要的价值。

(2) 水力学方面：①紊流场水工建筑物的水弹性振动研究成果英文稿，在国际性学术讨论会获优秀论文奖。②取消调压室的可能性及调压室新型的研究成果，提出了新型式调压室，并已在天生桥二级工程中应用，经济效益显著。③水轮蜗壳和导叶的内部流动计算的研究成果，在有限元法三维流动计算中，应用前人方法处理多连通区域，并引伸于处理周期性边界条件获得成功。④湍浮力流的预测研究成果，对前人的紊流模型中的所谓通用常数，根据实验提出了修改意见，在学术上是一项重要贡献。

(3) 泥沙方面：①弯道环流及其在取水防沙中的应用成果，首次提出了既考虑弯道水流条件，又考虑泥沙起动输移条件的弯道环流输沙强度判别数。这项成果已达到国际先进水平，很有实用价值。②高含沙水流长距离输送的机理研究，取得了高水平的试验研究成果，不仅有理论意义，而且在高含沙水流输移、淤灌和泥石流防治等方面有实用价值。

(4) 水工结构及材料方面：①三维线性边界元方法应力分析程序的研究成果，在理论上有所突破和创新，在鲁布革等水电站应用中取得了很大成绩，获得国家科技进步二等奖。②二次曲线拱坝及其最优体型研究成果，对拱坝优化方法有所创新，可节省拱坝优化设计的工作量，选出更合理的拱坝体型，从而取得明显的经济效益。此项成果已在二滩，井冈冲等拱坝设计中成功地得到应用。③混凝土断裂力学理论及其工程应用研究，在"最大分离位移准则的建立"，"应用内蕴时间塑性理论分析混凝土疲劳断裂"及"钢纤维混凝土力学性能研究与新型钢纤维研究"等方面，均有所独创，其成果具有一定理论水平及工程应用价值。

(5) 岩土力学方面：①水坠坝施工期脱水固结计算，针对水坠坝施工方法的特点，将饱和土体和非饱和土体两者结合起来一并考虑，提出的脱水固结计算方法，是一项开创性的研究工作，具有一定的实用价值。②K_0固结加荷装置及试验研究，在吸取前人成果优点的基础上，研制一套半自动的K_0加荷设备，填补了国内在这方面的空白，扩大了常规三轴压缩仪的使用功能。③土坝三维排水有效应力分析方法，成功地把振动孔隙压力引入三维皮奥平衡方程，编制了程序，其成果对完善土坝三维振动计算有重要意义，具有国际先进水平。

(6) 抗震防护方面：①混凝土坝抗震中的库水、地基相互作用的研究成果，居国内领先水平，具有一定的经济效益和社会效益。②重力坝随机地震响应分析的研究成果，对人工合成地震波有改进，其可靠度进行设计的理论和应用可供参考，达到了国内领先水平。③定向爆破堆积体块度预报与控制技术研究，从分析爆区岩体本身的块度分布着手，结合爆破参数等的影响，建立爆破块度与天然块度之间的定量关系，其成果达到了国内先进水平，如应用适当，将具有一定的经济效益。

(7) 水力机械方面：①立轴水轮发电机组的耦联振动，研究了自振和振源发生共振和谐和共振的可能性，取得的成果，有创新和实用价值。②抽水蓄能电站动态效益分析，其成果具有创新和实用价值。可为目前我国修建抽水蓄能电站作重要参考。

(8) 自动化仪表方面：①流动显示图象的数据处理，是流体力学试验的一项新技术，取得的研究成果，具有较大的实用价值。②硅压阻式传感器测速探头及其在工程紊流中的应用，其成果可以满足一般的一维动态流速的量测，具有实用价值并有助于水力实验技术的提高。

（中国电力企业联合会　陈宗梁
水利水电科学研究院　谢良安）

国家自然科学基金委员会水利学科资助项目进展情况

国家自然科学基金委员会于1986年成立，它的主要任务是资助基础研究与应用基础研究。该会设有6

个科学部，即：数理学部；化学学部；生命科学部；地球科学部；材料与工程科学部和信息科学部。共有56个学科。水利学科是材料与工程科学部中较小的一个工程学科，水利学科分为9个学科分支，即：水工结构学；工程水力学；水文、水资源及水利经济；泥沙及河流动力学；岩土力学及地基基础；环境水利学；农田水利学；水工新材料；水力机械。

国家自然科学基金项目分为重大项目、重点项目和面上项目3个层次，面上项目又分为自由申请、青年基金和地区基金3种类型。

国家自然科学基金是直接由财政部下拨，总资助金额逐年有较大增加，1994年为3.6亿元。水利学科资助金额1986年为60万元，批准项目为16项，到1993年增加到242万元，批准项目为40项。现列出“八五”期间水利学科的重大项目和重点项目如下：

(一) 重大项目

(1) 三峡水利枢纽工程几个关键问题的应用基础研究。主要研究内容为：①三峡工程泥沙问题研究；②通航建筑物的应用基础研究；③岩石高边坡问题的若干基础理论研究；④三峡工程原材料的研究；⑤三峡主要水工建筑物安全监测及反分析研究。项目研究期限：1994年7月～1998年12月；资助研究经费：由国家自然科学基金委员会资助300万元，三峡工程建设开发总公司资助450万元，合计750万元。

(2) 华北平原节水农业应用基础研究。主要研究内容：①以土壤水为中心的农田水运行规律及节水调控机理研究；②节水农业的生物学基础研究；③节水农业综合技术的应用基础研究；④节水农业分区及决策系统研究。项目研究期限：1992～1996年，资助研究经费250万元左右。

(3) 城市与工程减灾基础研究。主要研究内容为：①城市与重大工程系统灾害危险性分析、成灾模式与损伤评估的理论研究；②工程结构物在灾害性载荷作用下的可靠度与优化规划设计理论的研究；③典型中等城市综合防灾对策示范研究；④运输工程系统综合防灾对策示范研究；⑤水利工程系统综合防灾对策示范研究。项目研究期限：1993～1996年；资助研究经费：450万元（由国家科委、基金委员会共同资助）。

(二) 重点项目

(1) 水工混凝土建筑物老化病害的防治及评估研究。主要研究内容为：①水工混凝土老化病害评估准则的研究；②混凝土表面防护理论及防护技术研究；③泄水建筑物的病害分析与防治；④混凝土断裂机理及裂缝控制研究；⑤水工混凝土病害修补技术研究。

(2) 高碾压混凝土坝安全度分析新理论研究。主要研究内容为：①碾压混凝土材料特性研究；②高碾压混凝土重力坝的静、动力安全度分析；③碾压混凝土高拱坝施工中的温度控制与整体安全性研究。

(3) 高水头泄水建筑物50 m/s量级高速水流消能问题研究。其主要内容为：①高速水流（流速大于50～60 m/s）的泄洪消能新型式研究；②高流速大直径泄洪洞的消能问题。

(4) 高含沙水流紊动结构及泥沙运动规律的研究。主要内容为：①阐明高含沙水流的紊动结构及运动规律；②非均匀沙的运动规律。研究工作密切结合黄河小浪底、长江三峡等工程。

(三) 已完成的课题

水利学科到1993年底已完成多项课题，基金资助工作成绩很大，取得了十分显著的经济效益。例如，1992年9月通过鉴定和验收的“岩土与水工建筑物相互作用研究”基础性重大项目。该项目是“七五”期间水利学科中唯一的重大项目，是由水利水电科学研究院汪闻韶院士和天津大学陈环教授主持，联合从事水利水电工程建设基础性研究的有关高等院校和科研单位150多位科技工作者在1989～1992年完成的。此课题发表论文133篇，出版专著6部，获国家级奖2项、部委级奖4项，有些成果已用于二滩、李家峡、拉西瓦、铜街子、隔河岩、东风、三峡、龙滩、漫湾、天生桥等水电站以及十三陵抽水蓄能电站和广州抽水蓄能电站的设计与工程建设中，获经济效益1618万元。成果总体上达到国际先进水平，部分成果处于国际领先地位。部分成果简介如下：

(1) 在裂隙岩体力学特性及洞室群施工力学研究中，从有序分布节理及随机分布节理两方面研究节理岩体的力学特性，进行了模拟试验及数值分析，成果已用于实际工程。

(2) 在加固处理后裂隙岩体的力学特性及建基面准则研究中，提出了节理岩体加固处理后的断裂损伤力学模型，并将分形几何理论成功地用于节理岩体裂隙扩展分析。

(3) 在裂隙岩体中水的运动与水工建筑物相互作用研究中，建立了裂隙岩体渗流，应力耦合分析方法，进行了复杂岩体渗透张量反分析，解决了渗流参数选择问题，提出了隧洞外水压力分项系数的新概念。

(4) 在散粒体地基上土石坝混凝土防渗墙研究中，改善了静、动力分析方法，丰富深化了程序功能，并提出了可以用刚塑性本构模型的新建议。

(5) 在桩基结构与土坡相互作用研究中，论证了有高桩码头发生变形破坏的原因，并提出了结构设计的改进意见。

（国家自然科学基金会材料与工程科学部 陈式慧
中国电力企业联合会 陈宗梁）

“八五”国家重点科技攻关水电科技项目表

项目名称	课题名称	专题名称	研究内容
高坝建设关键技术研究	高拱坝关键技术研究	坝体、库水和坝基相互作用动静力分析研究	1. 坝体渗流特性及拱座稳定分析研究 2. 拱坝开裂的定值和非定值分析系统研究 3. 高拱坝抗震设计技术 4. 安全监控标准和反馈分析理论
		高拱坝快速施工及温度控制研究	1. 快速施工关键技术与工艺流程研究 2. 砂石与混凝土系统技术研究 3. 大体积混凝土的温度控制研究 4. 施工管理的关键技术研究
		高强度大体积混凝土材料特性研究	1. 大体积混凝土材料特性及配合比优化设计研究 2. 原级配混凝土试件的力学强度和变形特性研究 3. 高强混凝土断裂特性研究
		高水头大流量泄洪消能研究	1. 泄洪方案合理选择 2. 泄洪高速水力学 3. 原型观测及反馈分析
	高土石坝关键技术研究	高堆石坝关键技术问题研究	1. 高堆石坝优化设计、混凝土防渗墙计算方法和可靠度分析研究 2. 利用风化料、冰碛土等宽级配土料作高堆石坝防渗体的研究 3. 混凝土面板抗裂措施研究 4. 高堆石坝离心模型试验研究 5. 高堆石坝坝料开采运输方式、填筑质量控制、无损检测与统计管理方法研究 6. 高堆石坝原位观测和反馈分析研究
		混凝土防渗墙体	1. 大坍落度高强度低弹模常规混凝土的配合比及性能研究 2. 改善提高塑性混凝土强度与弹模比值及其有关性能的研究 3. 混凝土防渗墙与坝体防渗体直接连接的合理型式研究 4. 混凝土防渗墙与坝体防渗体之间有廊道连接的结构型式研究
		混凝土防渗墙施工及检测技术研究	1. 新型冲击式钻机及配套设备的研制 2. 防渗墙施工工艺研究 3. 防渗墙检测仪的研制
		高土石坝抗震关键技术研究	1. 高土石坝坝料及地基土动力特性研究 2. 高土石坝动力分析方法及抗震工程措施研究 3. 土工离心机动力试验设备及其控制系统的研制
		勘测关键技术及综合应用研究	1. 原位保真取心技术研究 2. “3000”系列测井仪的改造和原位密度的测试研究 3. 岩体裂隙结构面的计算机处理系统 4. 高分辨率地震勘探技术方法研究 5. 岩溶勘测新技术 6. 地应力测试新方法
		高土石坝施工水力学问题研究	1. 高土石坝施工导流方式研究 2. 大型导流隧洞永久利用的水力学问题研究

续表

项目名称	课题名称	专题名称	研究内容
高坝建设关键技术研究	高边坡稳定分析及处理技术研究	岩质高边坡稳定分析方法和软件系统	1. 大型滑坡（包括位移边坡）调查总结及相应的数据库 2. 岩质高边坡失稳破坏机理及分析方法研究 3. 岩体结构特征与力学特征的研究 4. 岩质高边坡稳定评价和分析设计的计算机软件综合系统
		岩质高边坡开挖及加固措施研究	1. 岩质高边坡开挖控制爆破及动力反应 2. 预应力锚固技术研究 3. 边坡施工合理顺序及综合加固处理的优化设计
		岩质高边坡勘测及监测技术方法研究	1. 摄影（像）图像分析技术在边坡岩体结构研究中的应用 2. 直接横波测井技术及其应用研究 3. 层析成像技术在边坡岩体勘测中的应用 4. 钻孔彩色电视孔壁成像系统及其应用研究 5. 钻孔多点渗压测量及压模系统 6. 近坝库段的安全监测技术研究 7. 边坡监测数据处理系统预报软件及应用研究
	碾压混凝土拱坝筑坝技术研究	普定碾压混凝土拱坝筑坝新技术研究	1. 碾压混凝土材料优选研究 2. 碾压混凝土防渗材料的研究 3. 碾压混凝土防裂、防渗及层面处理技术的研究 4. 普定碾压纤维混凝土研究 5. 碾压混凝土抗冻耐久性的研究 6. 普定碾压混凝土拱坝诱导缝灌浆技术研究 7. 普定碾压混凝土拱坝结构设计研究 8. 全断面碾压混凝土拱坝的非线性应力应变研究 9. 普定碾压混凝土拱坝结构特性的试验研究 10. 普定碾压混凝土拱坝诱导缝研究 11. 整体式碾压混凝土拱坝设计方法专用软件研究 12. 普定碾压混凝土拱坝层面抗剪特性研究 13. 普定碾压混凝土拱坝可靠度分析 14. 碾压混凝土拱坝大仓面碾压温度控制技术研究 15. 施工质量控制与施工技术配套研究 16. 狭窄河床强压混凝土入仓工艺研究 17. 碾压混凝土通仓连续施工工艺研究 18. 碾压混凝土施工质量信息管理系统研制 19. 碾压混凝土现场质量控制研究 20. 碾压混凝土层面凝结性态的快速判断 21. 碾压混凝土质量快速无损检测技术研究 22. 碾压混凝土拱坝监测技术和原型性态的研究 23. 碾压混凝土拱坝原型观测及分析反馈
		碾压混凝土拱坝施工机具配套技术研究	1. 碾压混凝土施工关键设备引进及BW200振动碾国产化 2. 引进振动碾现场碾压对比试验 3. 深槽式皮带机研制
		沙牌碾压混凝土拱坝结构设计和新材料的研究	1. 碾压混凝土拱坝的结构及设计原则研究 2. 碾压混凝土拱坝的计算方法研究 3. 碾压混凝土新材料研究

续表

项目名称	课题名称	专题名称	研究内容
高坝建设关键技术研究	碾压混凝土重力坝筑坝技术研究	龙滩碾压混凝土重力坝结构设计与施工方法的研究	1. 国内外碾压混凝土筑坝技术的调查研究 2. 龙滩碾压混凝土材料与配合比优化研究 3. 龙滩碾压混凝土层面抗剪（断）特性研究 4. 龙滩碾压混凝土坝压剪缝破坏及极限破坏研究 5. 龙滩碾压混凝土重力坝坝体布置及体型优化研究 6. 成层体系的碾压混凝土坝体应力与稳定分析 7. 碾压混凝土重力坝抗剪断能力研究 8. 成层体系碾压混凝土重力坝的抗震研究 9. 龙滩碾压混凝土重力坝的可靠度研究 10. 龙滩碾压混凝土重力坝防渗结构研究 11. 龙滩碾压混凝土重力坝坝基及坝体渗流与排水对大坝安全性的影响 12. 龙滩碾压混凝土夏季（高气温）施工措施研究 13. 龙滩碾压混凝土重力坝浇筑仿真研究 14. 龙滩碾压混凝土施工质量控制标准研究 15. 龙滩碾压混凝土重力坝施工机械配套研究 16. 龙滩碾压混凝土重力坝温度应力及温控防裂标准研究 17. 龙滩碾压混凝土重力坝施工期温度应力的计算与分析 18. 龙滩碾压混凝土重力坝施工温度控制及防裂措施研究 19. 按“层状材料”模型计算龙滩坝的应力及稳定

（中国电力企业联合会　陈宗梁）

2020年以前电力工业科学技术发展规划有关水电部分

一、水电技术水平与差距

我国水电建设已掌握了坝高100 m级的各类坝型的成套筑坝技术，某些复杂环境下的地下工程建设技术也有了新进展。200～300 m级的高坝尚处在探索研究阶段，对大型水电站群建设的综合技术正在起步。在引进、吸收国外技术的条件下，能自力更生地建设大型抽水蓄能电站。一些新建的大型水电厂已采用了世界上先进的分散控制系统，电网运行调度管理也已向自动化、现代化方向发展。但与世界先进技术水平相比，技术上存在较大的差距：①水电站勘测、设计技术落后，施工机械不配套、技术落后。②高坝设计方法、地下工程设计及施工、地基工程处理、施工质量管理与技术以及水电机组主、辅机的设计和制造技术、运行可靠性等方面，均落后于国际先进水平。③综合自动化水平低。水电机组及辅机的控制元件、执行机构，质量、可靠性较差。

二、水电科技发展战略和目标

争取到本世纪末，水电建设某些领域的技术水平达到或接近90年代国际水平；2020年水电技术水平达到国际先进，高新技术的研究开发与工业发达国家同步，并在某些领域处于领先。

（一）近期目标（1994～2000年）

（1）解决300 m级薄拱坝、土石坝、高碾压混凝土重力坝、混凝土面板堆石坝及深厚（70 m及以上）覆盖层上筑坝、大型抽水蓄能电站的规划、勘测、设计、施工、运行的关键技术及高水头大流量泄洪消能关键技术。掌握500万kW以上规模的高难度巨型水电站的工程技术，在三峡水电站建设中创世界一流水平。

（2）针对锦屏水电站，研究解决深埋（埋深800～2000 m）、长隧洞（长20 km、洞径10 m）和地下洞室的勘测和成洞新技术，使我国地下工程的建设达到国际先进水平。

（3）开发单机50～80万kW的混流式水轮发电机组、20～30万kW可逆式抽水蓄能机组以及3～4万kW的灯泡贯流式机组；开发自适应式微机调速、励磁装置；完善的水电站计算机监控系统和综合自动化，逐步实现水电站少人或无人值班，进而实现梯级水电站集中控制。

(4) 开发先进实用的水情自动测报系统，为大型水电站施工期和运行期实现洪水预报和水电站优化调度提供有效的手段。

(5) 完成水电站技术改造规划及相关技术政策。

(6) 开发改善水电环境的新技术，建立我国水电站建设的环境评价标准体系。

(7) 研究金沙江下游溪落渡、向家坝等1000万kW级电站建设和高坝工程力学问题。

(8) 研究大坝安全监测新技术、新设备，完善并推广大坝监测系统，有效地对病险坝进行加固处理。

(二) 中期目标 (2001～2010年)

(1) 结合工程实际继续开发并完善单机50～80万kW的混流式水轮发电机组、20～30万kW可逆式抽水蓄能机组以及3～4万kW的灯泡贯流式机组。

(2) 继续开展金沙江水电基地千万千瓦级水电站群的高难度建设技术研究。

(三) 远期目标 (2011～2020年)

继续研究开发金沙江水电基地千万千瓦级的巨型水电站的关键技术，对世界第一大水电站——雅鲁藏布江墨脱水电站进行技术论证。

三、关键领域与重点任务

(一) 大型水电工程勘测、设计关键技术

(1) 开发并完善遥感、摄影、测量技术，近期结合工程地质、电站选点及工程水文地质调查等方面开展工作，提出可供使用的解译图，逐步达到工程实用化。

(2) 开发地质勘测新技术，解决深埋长隧洞及大型地下洞室群的勘测新技术和设计方法。针对软弱夹层及断层破碎带复杂地层研究钻探技术和地下层析成像、超声成像、研究微机钻孔彩色电视及三维地震勘探等技术，达到快速判识并达到工程实用。

(3) 300 m级高坝设计技术。开展工程抗震、高水头大泄量泄水建筑物体型优化、消能防冲、枢纽布置及结构设计、筑坝材料和渗流特性等技术研究。

(4) 完善规划设计CAD。提出通用软件，并达到实用化。

(5) 高水头大孔口闸门、启闭机、金属结构以及高坝过坝设施的设计技术的开发。

(二) 大型水电枢纽建设、运行关键技术

(1) 研究高坝快速施工新方法、新技术和施工系统优化设计及质量保证体系，结合工程取得突破。

(2) 深埋长隧洞及大型地下洞室群快速施工技术。研究适应复杂地质条件下预应力锚索加固、软弱岩层快速掘进、施工监测系统、施工管理等技术，提出一套完整可靠的施工方法。

(3) 高边坡施工期稳定技术。研究爆破震动的动应力分析、合理爆破参数优化、岩锚机理与开挖顺序等技术，为安全施工提供保证。

(4) 大坝安全监测技术。研制新的自动化元件、装置，完善大坝实时监测系统，建立大坝安全专家系统和数据库并分析研究反馈设计，以推广应用。

(5) 电站水库库岸边坡及下游边坡稳定技术。研究库岸及下游滑坡治理及滑坡对电站运行的危害和对策，为电站安全运行提供保证。

(6) 病、险坝工程水工金属结构诊断处理技术。研究开发大体积混凝土裂缝及其分布诊断技术、大坝内部钢筋锈蚀诊断技术、混凝土修补技术和水工金属结构检测修复技术，使大坝能够安全稳定运行。

(7) 水电站群的优化调度和跨流域补偿调度技术的研究。

(三) 大型水轮发电机组关键技术

(1) 大型混流、轴流、贯流、蓄能机组技术。研究机组水力性能，提高水力模型效率和优化效率的特性，优化机组结构形式。

(2) 研究大型水轮发电机冷却、绝缘技术，开展冷却方式的研究，开展机组安全稳定技术研究。

(3) 水电机组抗腐蚀及修复技术。研究合理水力型式、结构及抗磨蚀材料、进行快速修复，可以延长机组大修期，达到安全运行的目标。

(4) 发电机推力轴承关键技术。研究超大型重载机组推力轴承合理结构、瓦面材料及润滑机理，解决立轴推力负荷在3000～6000 t级和卧轴正反向500 t级推力轴承关键技术，达到国际先进水平。

(四) 资源的合理利用、环保、电厂自动化以及管理科学的关键技术

(1) 水电厂的优化调度。

(2) 水电站水库对生态包括水库水质、珍贵动物的保护、疾病传染等影响的研究。

(3) 库区淹没对库岸滑坡、诱发地震等影响的研究。

(4) 开发水电机组运行实时监测及故障诊断系统，建立故障诊断系统，建立故障系统与处理专家系统。

(5) 开发水情测报系统，建立流域（区域）水情通信网，实现水电厂水情实时测报和中长期预报。

(6) 研究水电开发市场导向决策准则和方法，建立水电开发多目标规划优化决策数学模型，研究新的水电开发规划现代理论和实用方法。

（中国电力企业联合会　陈宗梁整理）

三峡工程科技攻关成果

“八五”国家重点科技攻关三峡工程科技项目表

<table>
<tr><th>项目名称</th><th>课题名称</th><th>专题名称</th></tr>
<tr><td rowspan="7">三峡工程和长江开发科学技术研究</td><td>长江防洪系统研究</td><td>1. 长江防洪系统水情监测和预报技术研究
2. 长江防洪系统联合调度运行模型研究
3. 长江防洪决策支持系统研究</td></tr>
<tr><td>三峡工程泥沙与航运问题研究</td><td>1. 三峡工程坝区泥沙淤积对通航和发电的影响及防治措施优选研究
2. 三峡水库变动回水区泥沙淤积及治理研究
3. 三峡水库下游河道演变及重点河段综治研究
4. 三峡工程二维泥沙数学模型改进的研究
5. 三峡工程通航条件及运输方式和船舶技术研究</td></tr>
<tr><td>三峡工程枢纽建设关键技术研究</td><td>1. 枢纽布置及建筑物优化与深化研究
2. 高水头多级船闸水力学及结构研究
3. 三峡工程施工期导流与通航问题研究
4. 深水土石围堰关键技术研究
5. 船闸陡高边坡关键技术研究
6. 三峡工程施工管理科学化规划研究</td></tr>
<tr><td>三峡工程地质与地震及长江开发重点地段环境地质问题研究</td><td>1. 三峡工程水库移民与开发的环境地质研究
2. 长江三峡名胜古迹旅游资源地质环境保护研究
3. 三峡工程坝址施工地质与岩石力学问题研究
4. 三峡工程地壳稳定性与水库诱发地震问题深化研究
5. 三峡工程库区重大崩塌、滑坡监测预报及减灾对策研究
6. 长江开发重点地段重大环境地质问题研究</td></tr>
<tr><td>三峡工程电力系统规划和电站运行关键技术研究</td><td>1. 三峡电力系统能源规划与电源规划研究
2. 三峡电站输电网络研究
3. 三峡电站远距离输变电关键技术研究
4. 三峡电站跨流域调度和集中控制技术研究
5. 三峡电站调峰作用与最终容量研究</td></tr>
<tr><td>三峡库区与沿江地区环境与生态建设研究</td><td>1. 三峡库区可再生资源生产潜力与合理开发利用研究
2. 物种保护、文物保护与自然保护区建设的研究
3. 三峡工程对沿江湿地和河口盐渍化土地的影响及防治对策研究
4. 三峡库区与沿江重点地区生态与环境建设对策的指标体系与优化研究</td></tr>
<tr><td>三峡工程与长江开发的综合研究</td><td>1. 三峡工程项目的社会经济评价
2. 长江产业带建设的综合研究
3. 长江流域发展研究</td></tr>
</table>

（国家科委工业司　魏金石　中国电力企业联合会　陈宗梁）

三峡工程输电网研究

三峡输电网研究早在1958年就已开始，按当时装机容量达2200万kW以上，三峡的电可北送北京，南送广州，东送上海，西送重庆。1970年中央批推葛洲坝为三峡水利枢纽的先行工程，三峡输电网的研究又提上日程，1983年长江流域规划办公室提出三峡工程正常蓄水位150 m，装机容量为1300万kW，电力科学研究院根据计算机计算结果，按东送华东电网700万kW的要求，从十多个方案中选出用500kV交流和±500kV直流的交直流混合输电方案，1984年4月国务院原则批准。

为了使三峡工程可行性研究符合国际标准，请加拿大三家咨询公司和两个水电局对此进行了联合研究，1988年11月完成全部可行性研究报告，提出向华东输电的最优容量约为600万kW，也可推荐送800万kW输电方案：①500kV交流4回线，带50%串联补偿；②单纯高压直流两个双极；③交流3回765kV线方案带25%串联补偿；④1回±500kV直流线，2回500kV交流线。

在加拿大对三峡工程进行可行性研究的同时，在国内也平行进行，有14个专家工作组共500多人参与研究论证，其中电力系统专家工作组对三峡工程输电网重新论证，于1988年12月完成全部报告。1986～1990年期间国家科委、计委将《三峡工程电力系统规划》列入"七五"国家重点科技攻关项目，电力科学研究院对三峡输电网作了深入的研究，在三峡正常水位为175 m的条件下，总装机容量1820万kW，送电华东600～800万kW，应用3回线交流500kV和1回线直流±500kV，可以满足经济和可靠运行，对开发以浦东为龙头沿长江经济发展带有利，能够及时廉价将三峡工程电力送达沿线各大中城市，初期投资少，分期投资效益好，灵活性和可靠性很高。

三峡工程进入设计阶段，1991～1995年国家"八五"重点科技攻关课题和电力部为配合工程设计的研究项目，都列入"三峡输电网络研究"的专题。电力科学研究院研究结果是：①送电华中电网1000万kW，送电距离500 km左右，选定交流电压500 kV输电线8～10回；②送电川东电网150～200万kW，送电距离500 km，选用交流500 kV输电线2回；③送电华东电网600～800万kW，送电距离1000 km左右，可供选用的三种输电方案的优缺点见表。

三峡电站送电华东三种输电方案的优缺点表

序号	项目＼方案		交直流混合输电	纯直流输电	交直流直送
1	联网性质		同步联网	非同步联网	非同步联网
2	三峡电站	输出线布置	AC500 kV　16回	AC500 kV　16回	AC500 kV　16回
		去川东	AC500 kV　2回	AC500 kV　2回	AC500 kV　2回
		去华中	AC500 kV　9回	AC500 kV　10回	AC500 kV　8回
		去华东	AC500 kV　3回 DC±500 kV　1回 DC±500 kV 葛沪线	DC±600 kV　2回 DC±500 kV 葛沪线	AC500kV　3回，串补50% DC±500 kV　1回 DC±500 kV 葛沪线
3	输出线利用率与装机进度配合分期建设		利用率较高，依装机需要配合建输电线	利用率较低，配合装机的灵活性较差，少占用线路走廊	利用率较高，配合装机较灵活
4	三峡投运外送电可靠性		较高，华中、华东之间稳定性性能较差	初期事故较多，华中、华东之间没有稳定问题	较高，华中、华东之间没有稳定问题
5	供电给长江沿岸各大中城市		适应性很强，供电可以依需要落点	适应性较差，线路中间不能落点供电	适应性较强，可以依需要落点供电
6	与各地火电电源建设配合		较好，各地火电厂富裕电能容易调剂	较差，各火电厂多余电能很难调剂	较好，各地火电厂多余电能容易调剂
7	网络结构和网络发展		适应性很强，成为全国联网的核心	适应性较差，华中、华东两个受端	适应性较强，华中、华东两个受端
8	运行管理		不够方便，华中与华东网之间潮流难控制，有稳定问题	比较方便，华中与华东网之间潮流容易控制，没有稳定问题	比较方便，华中与华东没有联网稳定问题
9	潮流流向和短路电流		较合理，短路电流大，需要控制	部分迂回，短路电流较小	较合理，短路电流较小
10	投资比例		1.0	1.2	1.1

1994年3月电力部召开三峡工程输电系统设计讨论会，部分专家发表了各不相同的意见，主要原因是各方案各有其优缺点。为便于设计进行，最后由电力部拍板定案，向华东输电为纯直流输电方案。

（电力科学研究院　郑美特）

三峡工程水轮发电机组的推力轴承研究

大型水电机组的推力轴承所承担的负荷十分巨大，可达3000 t以上，如我国葛州坝17万kW机组的设计负荷高达3800 t，目前国外最大的推力轴承为大古力70万kW机组的推力轴承，其设计负荷为4700 t。三峡70万kW机组的推力轴承负荷约在6000 t左右，将是世界上最大的推力轴承。

大型立式水电机组采用平面可倾式推力轴承，旋转的镜板与可倾的推力瓦间形成楔形空间，当镜板旋转时将润滑油从进口边带入这一空间形成楔形油膜和动压以承载推力负荷，推力瓦在冷态和不受动压的情况下为一平面，在受动压和热态下运行时，轴瓦将产生机械变形和热变形。瓦的变形与瓦面的压力场、瓦和瓦托上下面温差及支承方式有关。传统推力轴承的推力瓦用巴氏合金（锡基轴承合金）制成。当推力轴承负荷不大、在1000 t左右，设计比压较低，在3.5 MPa左右，传统巴氏合金瓦的推力轴承运行还是相当可靠的。但随着水电机组单机容量的不断增大，推力轴承负荷、单块瓦面积、比压和 pv 值也不断增大，国内外最大推力轴承的推力负荷已分别达到3800 t和4700 t，比压上升到5～7 MPa，pv 值达60～100 MPa·m/s，单瓦面积超过了3000 cm^2。由于这些量的增大，引出一系列问题，其中对推力轴承运行可靠性影响最大的是轴瓦的变形，包括热变形和机械变形。轴瓦热变形的主要分量与瓦在厚度方向的温差，瓦长度平方与宽度平方和成正比，而与瓦的厚度成反比。对大中型推力轴承中使用最普遍的双层瓦（薄瓦与瓦托），如瓦面为巴氏合金使用直接水冷瓦可使瓦沿厚度方向的温差降至很低，从而大大减小轴瓦的热变形；如瓦面为聚四氟乙烯，则由于聚四氟乙烯是绝热材料，瓦面由于磨擦产生的热量不易沿厚度方向传输，同样可以减少瓦在厚度方向的温差和瓦的温度变形。另一减少瓦热变形的办法是将大块瓦分成小块，如俄罗斯列宁格勒金属工厂和电力工厂在3000 t级及以上的推力轴承中使用的双排（内、外圈）瓦。

在减少轴瓦机械变形方面问题就比较杂复些。我国在70年代以前制造的机组，其推力轴承设计负荷未超过2000 t，pv 值未超过50 MPa·m/s，在结构上普遍采用双层瓦，弹簧油箱和支重螺丝单点支承方式。在动压作用下，单点支承的瓦产生凸起的弯曲变形，其变形值约与瓦长（或宽）的4次方成正比。对于中小型瓦由于尺寸小、变形小，对承载能力没有什么影响。80年代以后，国内单瓦面积已增加到2600～3400 cm^2，但支承方式仍沿用抗重螺丝单点支承结构，致使瓦的机械变形大大增加，达到了59～120 μm，等于容许最小油膜厚度（一般为30μm）的2～4倍。瓦呈凸起状，瓦四周瓦面与镜板间隙增大。瓦面动压承载能力与油膜厚度平方成反比例，瓦的机械变形使瓦周边的承载能力大大减低而推力轴承的总负荷受工况决定不能改变，瓦中部的油膜厚度必须减薄以分担更多的负荷，瓦变形愈大则中部凸起部分油膜减薄愈多，当这一部分油膜减薄到接近最小允许油膜时，这部分瓦面就会遭到磨损。因之要加大单块瓦的承载能力，只靠增大瓦的面积而不改变单点支承为多点支承是难以达到要求的。

目前国外行之有效的推力轴瓦多点支承方式有多个金属螺旋弹簧支承，多个柱状塑料弹簧支承，双点扁担弹簧支承以及塑料瓦瓦面下的铜丝弹簧垫层（相当于无数个小弹簧）支承等。此外还有结合将大瓦沿径向分成内外两圈，以减少瓦的面积和变形，以及内外圈瓦用双点扁担弹簧加以支承，亦是行之很有效的办法。

三峡工程将采用单机为70万kW机组，头12台将由国外为主与国内合作制造。目前国内外制造厂均在为设计、制造三峡机组进行准备。对三峡6000 t级的推力轴承，国内厂家和研究单位经过近10年的努力，考虑塑料瓦具有弹性模量小，边界润滑下摩擦系数小，不需要静压润滑的高压油顶起，聚四氟乙烯为绝热材料运行温度高，不需直接水冷等优点，因之国内对三峡机组推力轴承的研究主要着眼于塑料瓦，目前已开发出3000 t级的塑料瓦推力轴承并已在岩滩和大化投入运行。预计从3000 t到6000 t级不需要太长的时间可以赶上三峡后期机组的需要。国外厂商由于在大型推力轴承研究、设计和制造上已积累了不少经验，支承方式合理，他们认为在制造6000 t级的推力轴承方面没有什么问题。又如塑料轴瓦的推力轴承本由俄罗斯所首创，他们认为采用他们设计的双排（圈）塑料瓦，制造10000 t级的推力轴承是不成问题的，从世界水平看，三峡6000 t级的推力轴承是没有什么问题的，从国内看则尚须作一番努力。

（中国三峡工程开发总公司　沈维义）

三峡工程高压钢管材料选择研究

本课题是三峡工程重大装备科技攻关项目之一。三峡工程钢管直径12.3 m，每条钢管长136 m，共有26条钢管，总重约6万t，其规模之大超过国内、外已建的所有大型水电站钢管。钢管选材合理与否关系到钢管质量、工程造价、建设进度和长期安全运行。钢管选材研究分两部分进行：一是对国内、外已建的大型和高压钢管用材的研究、分析；二是对国内近年研制的钢材用于三峡工程钢管的可能性的研究。

（1）国外高压钢管用材趋势是倾向于采用高强度调质钢（以下简称高强钢），这在日本尤其显著。由于大型和高压钢管的HD值很大，采用普低钢，钢板厚度很厚，往往需要代之以高强钢。高强钢和普低钢比较，虽然单价较贵，焊接工艺要求较严格，但钢板厚度减薄，总的钢材费用反而降低。由于钢板厚度减薄，焊条消耗量减少；安装时由于单节钢管重量轻，有利于把单节焊成较长的管段进行安装，缩短了安装工期，使运输费、加工费、安装费都相应有所降低。根据日本有关资料介绍，采用590 MPa级高强钢，仅钢材费用较采用碳素钢可节省23%，加上上述的其他费用，估计可节省近30%。590 MPa级高强钢的化学成份基本和普低钢相同，由于冶炼钢材时，采用了调质处理，使钢材强度提高10个多兆帕，两者的碳当量和焊接裂纹敏感性成分基本接近，因之其焊接性能也大致相似，但高强钢低温冲击韧性优良，脆性破坏的可能性远较其它钢种安全。日本钢管设计一般对碳素钢和490 MPa级普低钢的厚度控制在32 mm，超过时，改用590MPa级高强钢。590MPa级高强钢的厚度控制在50 mm以下，超过时改用HT-80钢。而三峡工程钢管壁厚大部分在30～50 mm，只有少数管节超过50 mm，因之在第一部分研究成果中，首先推荐采用590 MPa级普通调质钢，在水头较低处的钢管，如经济合理，当然，也可采用490 MPa级普低钢。

80年代初期，国内刮起一股采用CF钢热潮，CF钢也是调质钢，是日本70年代中期研制的新钢种，它含碳量、P_{CM}和硬度均较低。硬度低对防止应力腐蚀裂纹有利，P_{CM}值低，可以在较低的预热温度下焊接，也不致出现裂纹，日本研制CF钢的目的是用于制造球罐，球罐的介质是H_2S，经常出现应力腐蚀裂纹。当时，我国天生桥、二滩、三峡工程初设时，也都计划采用CF钢。但发现日本压力钢管上根本不采用CF钢，致函日本有关专家询问，其答复是一致的，因CF钢价格贵，较普通高强钢高出15%～45%，钢管介质是水，不可能引起应力腐蚀裂纹，没有必要采用CF钢。以后天生桥、隔河岩、五强溪、十三陵等水电站都改用普通高强钢，实践证明采用普通高强钢是合理的。在研究报告中也指出，从经济角度出发，不推荐采用CF钢，如两者价格相等，则可以考虑采用。

（2）随着国内大型球罐和高参数工程机械制造日益增多，80年代初期，国家科委和冶金部将研制590～780 MPa级的高强钢列为“七五”攻关项目，现在已研制，并已在工程上少量采用的有两个钢种，一个是武钢研制的W·CF-60（62）钢，一个是鞍钢研制的HQ_{60}、HQ_{70}钢，这两个钢种可否用于三峡钢管，我们也作了深入的研究分析。

W·CF-60（62）钢是1983国家科委下达的攻关项目，以武钢为主进行研制，目的也是用于球罐，这种钢材冶炼时，采用铁水预脱硫和真空处理等先进技术，钢材的含碳、含硫量低，P_{CM}值低，焊接性能好，是一个优良的钢种。但单价贵，在球罐制造上已有少量使用。由于武钢现有热处理设备是50年代由苏联进口，比较陈旧，生产钢板表面有大面积麻坑，必须经过砂轮磨平，才能出厂，同时其性能尚不十分稳定，这在喀什电站采用36 mm厚的CF钢制造岔管时也得到证实。限于武钢现有生产能力和设备条件，大量供应质量优良W·CF钢还有一定困难。

HQ_{60}、HQ_{70}高强钢是鞍钢为适应制造大型工程机械而研制的，采用炉外精炼以提高钢材内部质量，因其研制目的是针对工程机械，其试验项目侧重于工程机械的特点，并以生产中、薄板居多，如推广用于压力钢管尚需根据压力钢管的工况增作一定的试验。限于鞍钢现有的生产设备，提供大量优质厚板也有困难。可见近年来我国虽在研制优质高强钢方面作了不少努力，但用于三峡第一期工程的钢管还存在一定问题，如现有设备得到改造、充实，则尚有可能，但这需要有一个过程。

1992年11月10～12日水利部三峡重大技术办公室、中国长江三峡工程开发总公司、长江水利委员会、水利水电规划设计总院等单位对本课题进行评审，认为本课题报告是在经过多年辛勤努力，在大量调查研究和科学分析基础上提出来的，内容丰富，资料详实，分析论证严谨、可信，报告中提出三峡钢管采用590 MPa级高强钢的意见是适宜的，关于国产高强钢目前和今后用于三峡钢管的可能性的分析和结论是恰当的，对三峡钢管设计、制造有重要的参考意义和实用价值，与会专家和代表对报告予以充分的评价和肯定。

（水利部、电力工业部机电研究所　陈继深）

三峡工程升船机及超大型金属结构的研究

提升高度为113 m、承船厢总重量11500 t、承载3000 t级客货轮的三峡钢丝绳卷扬平衡重式垂直升船机，以及宽20 m、高37 m的三峡船闸人字门等超大型金属结构的研究工作，在“八五”期间头几年，已全部完成了各课题的预定攻关任务。取得的主要成果如下。

（一）承船厢升降过程中厢内水体及悬吊系统的动态特性和船只停泊状态的研究

继“七五”期间取得船只进出承船厢时，“控制原型进厢航速小于1.0 m/s，出厢航速小于0.5 m/s，并采取线性均匀加、减速度的运行方式，则承船厢的动态响应特征值是可以接受的”的研究结论之后，承船厢在运行（升降）过程中的动态响应问题，通过模型试验，取得了重要研究成果。

(1) 三峡升船机承船厢在运行过程中的动态响应是一非平稳的随机过程，其最本质的特点是承船厢通过自身的弹性系统，动态地调整由于诸多因素影响的系统不均匀和偏差的过程。在试验范围内，这一调整过程是稳定且相互缓解的。即各种因素的影响在这一过程中得到了程度不同的“抑制”。在此意义下，三峡升船机承船厢的设计运行方式是安全可行的。影响承船厢整体动态特性的主要因素为：卷筒圆度、卷筒直径差、初始条件及加速度等。

(2) 在研究范围内，承船厢运行特性良好。若在吊索力最大偏差和变幅时事故刹车同时发生，单根吊索最大拉力变化为其初始值的36%（另一试验为70%）。船只系缆力最大变化的原型换算值小于50 kN的允许值。

（二）升船机主卷扬系统和平衡系统的试验研究

悬吊总重量约24000 t、提升高度113 m，由8台160 kW直流电动机驱动的主卷扬系统，规模庞大，运行频繁，要求同步平衡运行。研究的主要内容为主卷扬机构及平衡重的合理布置、传动系统、安全制动系统和液压平衡系统等有关技术问题。

(1) 卷筒结构形式。从安全性和可靠性考虑，推荐整体焊接卷筒结构；为改善卷筒的应力状况，减少应力集中，应避免在筒体表面钻孔或挖孔。因此，钢丝绳不宜采用内固定方式。薄弱环节在输入端辐板上与筒体连接处，须作强化处理。

(2) 低速大扭矩减速器。针对三峡升船机减速器工况，推荐采用中硬齿面齿轮；结构设计采用单台四级展开式传动；大齿轮和箱体均采用锻焊结构；与齿筒联接结构首次提出了六齿花键—鼓形齿的复合支承结构，型式新颖，结构简单可靠。

(3) 大型安全制动器选型及技术研究。工作制动器和安全制动器均推荐采用点盘式制动器；采用高比压、大摩擦系数制动片，并首次提出单缸施力浮动夹紧夹头结构，把全系统夹紧油缸减少了一半。为解决工作制动器参与调速的发热问题，提出了体积小、重量轻的“新型全盘式水冷制动器”（这一新型制动器已获国家专利）。

(4) 卷扬机构及平衡系统的优化布置研究。采用功率流键图法建模，完成了由力学模型⟶键合图模型⟶仿真模型的自动转换。用连续系统仿真与优化设计软件，可对方案进行系统动态仿真求解其动态响应。开发研制了把数字仿真与动态优化结合的软件，并在系统动态仿真基础上，进行了系统参数的动态优化设计。

(5) 通过对升船机静、动态各工况的计算和同模型测试对比，得出了主要结论：同步轴的选择要保证足够的强度，同时又不能选择轴径过大；实际参加工作的电机台数及其工作特性的差异，对传动系统的受力有较大影响；电动机的起动先后，在同步轴上将产生较大的动载荷。因此，应尽量使电动机同时起动、制动或变速；起动时系统有明显的冲击现象，是系统传动结构复杂和制造安装误差造成；强度设计应以动态设计为基础，以最大动载荷为计算载荷。

(6) 卷扬系统多钢丝绳受力均衡技术（液压均衡系统）的研究。在1∶10模型试验机上进行的试验研究结果表明，三峡升船机卷扬系统的多钢丝绳受力液压均衡系统，通过油缸相互联通使提升绳张力均衡及依靠液压系统来调平船厢是切实可行的。

4吊点（船厢四角各自的提升绳油缸相互联通，构成4个吊点悬吊船厢的方式）及8吊点（船厢每个角提升绳油缸分成2组且在组内相互联通，每角相当于有2根绳悬吊船厢）是两种可行的方案。4吊点方案船厢调平容易且各绳张力不均衡性小，但其安全性不及8吊点方案。因此，采取4吊点调平船厢与8吊点运行相结合的方案较为合理。

（三）承重塔柱型式及结构的研究

对受力复杂、建筑高度达157 m的三峡升船机的承重塔柱结构型式和尺寸进行了优选；研制了专用的电算程序软件，如塔柱静荷载（包括风荷载）求内力电算程序、塔柱自振特性和7度地震内力电算程序。对塔柱结构进行了应力分析，为优选塔柱型式和初步设计提供了根据与手段。计算分析结果经1∶200有机玻璃模型实验检验，表明电算与实验频率、振型皆相吻合。

塔柱温度应力电算程序，分别对三种控制温度场进行了温度应力计算，对部分结构部位施工封口温度提出了建议。

塔柱稳定分析电算程序，对塔柱进行了整体稳定与局部稳定的理论分析与校核，结论是三峡塔柱稳定具有较大的安全度。

应用本程序软件对长江水利委员会提供的塔柱结构进行了全面计算分析。结果表明，该结构具有较好的受力特性，技术上可保证安全，经济上基本合理。计算并提供了三峡塔柱各种载荷下最大应力部位和数值。

(四) 船闸大型人字门(高×宽×淹没水深：37m×20 m×35 m)结构、启闭力及启闭机型式的试验研究

从模型试验、原型观测和数学模型三个方面同时进行研究，试验结论主要有：①4 连杆和直联式两种启闭机的运行特性完全不同，但均可按水深分级采用不同的运行方式。这样，可大大降低水阻力矩峰值，两种启闭机的设计制造都是可行的。②4 连杆式启闭机能力设计以全关位的阻力矩峰值为控制，而直联式则决定于关门初始的峰值。从承受初始水位超高阻力的能力来说，直联式优于 4 连杆式。③根据水深和速度是影响动力阻力矩值的两个最重要因素，采用按水深大小分别用不同速度运行的方案是有效的。为了降低阻力矩峰值，避免启闭机受损，还可采用在过载时自动调速的措施，如采用旁通减压阀或滑差电机等。

(五) 其它方面的研究成果

承船厢及其设备的结构优化、应力分析、水路浮运方案；上下闸首布置和设备；电力拖动与自动控制、检测、监控技术；上游导航浮堤系统；升船机运行技术等，均已按攻关任务要求取得了预期的成果，为三峡升船机的设计打下了科学的基础。

(中国长江三峡工程开发总公司　李学中)

高拱坝等重大技术研究成果

高拱坝关键技术研究

高拱坝关键技术研究是“八五”国家重点科技攻关项目，是结合在建的二滩、东风及拟建的小湾、拉西瓦高拱坝开展设计理论和方法、快速施工与温控、高强度混凝土材料特性，以及高拱坝泄洪消能等关键技术进行研究，经 4 年多以来的攻关研究，已取得了一些重要成果。

(一) 坝体、库水和坝基相互作用动静力分析研究

主要从岩体裂隙渗流特性和坝肩渗流稳定控制、拱坝开裂定值与非定值分析、高拱坝抗震技术、高拱坝安全监控与反馈分析理论 4 个方面进行。在拉西瓦坝址，成功地进行了岩体裂隙渗流网生成及渗流特性现场试验研究，研制了气塞与水塞结合的三段压水试验器，完成了研究裂隙渗透情况的三段压水试验，用分维几何、成像技术等先进手段建立岩体裂隙网络已取得初步成功；提出了能够反映高拱坝分层施工实际情况应力分析的并层算法；完成了非定值分析拱坝整体可靠度和分析坝体局部开裂可靠度的多个软件；完成了复杂地形与地质条件下拱坝地基的地震动力时域耦合模型等中间成果。

(二) 高拱坝混凝土浇筑快速施工与温度控制研究

该专题有以下 4 个方面的研究内容：

(1) 混凝土垂直运输、定点下料、仓面遥控的研究；

(2) 砂石及混凝土系统的骨料连续风冷、骨料脱水、拌合楼微机控制的研究；

(3) 大仓面施工工艺及温度控制；

(4) 施工管理中网络计划、温度控制管理系统等关键技术的研究。

其中用微机控制缆机系统已于 1994 年 3 月在东风电站工程进行了生产性试验。试验情况表明：运行可靠，自动找点的最大误差不超过±20 cm。于 1993 年 10 月 15～17 日进行大仓面混凝土浇筑试验，采用了优化的混凝土配合比和新型外加剂，浇筑仓面为 1500 m^2，浇筑混凝土量为 3261 m^3，完成以来尚未发现裂缝，实现了攻关目标。施工管理关键技术的研究，主要以网络技术为中心实现施工管理科学化。

(三) 高强度大体积混凝土材料特性研究

该专题是从混凝土配合比优化、混凝土的动载强度与变形特性、全级配试件本构关系、损伤—复合断裂特性 4 个方面进行科技攻关。其中大体积混凝土骨料品质及风化料对混凝土特性影响研究的中间成果已用于指导二滩工程施工，提出了用于高拱坝混凝土粗骨料的抗压、抗拉、风化或锈染程度等指标的定量要求，指导了施工现场的料场选择和混凝土质量控制。高拱坝坝踵开裂机制、损伤断裂机理研究成果直接为高拱坝设计和施工提供了科学依据。

(四) 高水头、大流量泄洪消能研究

已完成了小湾和拉西瓦拱坝泄洪消能布置优化研究,探索了高拱坝泄洪消能布置规律,并对高速水流中雾化、空化空蚀进行大比尺模型试验。结合拉西瓦电站进行的“泄洪消能可靠度风险分析”,提出了梯级水库泄洪建筑物泄洪风险的计算模式。

(水利水电规划设计总院　孙永娟)

高土石坝关键技术研究

自60年代以来,国外高土石坝技术发展很快,在筑坝材料选择、土石坝结构、深厚覆盖层处理及施工技术等方面都有很大进步。我国高土石坝技术也得到长足进步,但对修建200 m级的高土石坝仍缺乏经验。本课题是以拓宽筑坝材料应用范围,提高分析计算和模型试验技术,解决施工导流工程和现代化勘测技术为攻关总目标,争取尽快使我国高土石坝技术接近国际先进水平。研究的课题主要结合小浪底、瀑布沟、洪家渡、天生桥一级、十三陵抽水蓄能等在建、拟建水电站的高土石坝进行,1992～1994年结合工程实际开展研究工作,取得了一些阶段成果。

(一)高堆石坝关键技术研究

基本完成了土石坝交互式软件系统(ERDIDS)的微机化,以便于在土石坝设计中推广应用;进行了瀑布沟宽级配砾石土作防渗心墙材料的室内外试验,为选定近坝区的黑马料场砾石土作为心墙防渗体材料提供依据,并已被设计采用;进行了十三陵上池坝料的试验工作,完成了坝料优化分区,建立了工程施工及质量参数数据库,论证了大量采用池盆开挖的强风化安山岩筑坝的可行性,解决了施工中的关键问题。此项工作已通过电力工业部科技司的鉴定。研究了面板混凝土抗裂外加剂,进行了止水塑胶片、铜片单体试验及周边缝止水结构模型试验;研制BZJ-2型表面波土石填方质量检测仪、并用于十三陵蓄能电站上池堆石坝的质量控制;完成高压原型观测仪器率定设备的研制方案,试制了高压原型观测仪器;完成了西北口面板堆石坝原型观测资料反馈分析程序的调试;提出了鲁布革坝初次蓄水至正常高水位情况下原型观测资料的分析报告。

(二)混凝土防渗墙墙体材料及接头型式研究

进行了防渗墙体刚性混凝土材料的配合比正交优化试验;进行了墙体塑性混凝土原材料、外加剂和配合比试验,有的研究成果已在小浪底上游围堰混凝土防渗墙工程中得到应用;编制了坝体、坝基及防渗墙全弹塑模型的计算程序;完成了防渗墙和坝体防渗体连接型式模型试验设备的加压及量测装置的安装、调试,并开始试验工作。

(三)混凝土防渗墙施工及检测技术研究

完成了新型冲击反循环钻机及配套设备的设计、样机制造及小批量生产,解决了双绳同步平衡系统这一关键技术,其钻进工效是C2-22冲击钻机的3倍,并超过日本KPC-1200型重锤式冲击反循环钻机。该钻机已在小浪底和三峡一期围堰工程中发挥重要作用。

(四)高土石坝抗震关键技术研究

完成了S-3-D中型动三轴仪、扭剪仪的改造调试工作,增加了数据采集系统;提出了瀑布沟、小浪底、紫坪铺工程坝料的动力试验报告;完成了总应力程序$TOSSD_3$和有效应力程序$EFESD_3$的修改调试工作;提出了非线性方法和有效应力方法的计算程序;研究了地震动输入方向对面板应力分布的影响;完成了砂砾石、反滤料、心墙粘土的动孔隙压力增长模型,并应用于小浪底工程。

(五)勘测关键技术及其综合应用研究

研制成YOX-1型水动力岩芯定向取芯钻具;完成ϕ130伸缩式双卡簧金刚石双管钻具的加工和现场试验,可以采取砂砾石及覆盖层的原状样品,在锦屏一级水文站坝址滑坡体勘探中发挥很大作用,研究了各向异性岩体圆洞孔位移及地应力的关系;在锦屏和桐子林电站开展了高分辨率工程地震勘探中的折射、透射勘探技术研究,进行了自振法抽水试验,提交了渗透试验成果,查明了闸址强渗透带的分布。

(六)高土石坝施工水力学问题研究

研究了高土石坝施工期渡汛过水水流特性和堆石坝过水安全保护措施;建立了施工导流风险决策方法数学模型;研究了导流洞改建为突扩式及涡旋组合消能泄洪洞、孔板洞、竖井泄洪洞的流场特性、消能和安全泄洪技术措施。在孔板洞研究方面,研究了孔板消能的影响因素,得到孔板体型与阻力系数、空化数、收缩系数方面的关系。

(水利水电科学研究院　靳国厚)

高边坡稳定分析及处理技术研究

该课题目前已进行了大量工作,可按计划、按要求完成预定的任务,取得了一些重要成果如下。

(一)岩质高边坡稳定分析和软件系统

该专题的研究工作结合李家峡和龙滩工程中的实际高边坡进行。由于科研工作紧密结合实际,协同设计单位对李家峡电站双排机组方案,对龙滩电站全地下厂房布置方案进行了论证。对这两个工程的边坡完成了大规模现场地质测试工作。在李家峡工程取得了6700条结构面的实测数据，在龙滩工程取得8000条结构面实测数据，为研究工作积累了丰富的第一手资料，也对边坡处理的研究和分析工作落到了实处。

（二）岩质高边坡开挖及加固措施研究

该专题结合李家峡边坡施工开展研究工作，通过李家峡边坡开挖爆破作业，测得了大批数据。对爆破技术进行咨询，减少了爆破对岩体的损害，有利于保持边坡稳定。如爆破网络技术化、预裂小直径低爆速炸药和装药结构等。在锚固技术方面完成了早强胶结材料的研制和应用，提出了先固后挖锚固开挖新概念，对保持岩体少受扰动起了很好的作用。在分析方法上也有创新，如界面元、地质元、能量法分析边坡稳定等。

（三）岩质高边坡勘测及监测技术方法研究

研究工作是以硬件开发为主。边坡岩体摄像快速成图技术在李家峡工地经实地演习，效果很好，这一技术已经成熟并转入大规模应用。三峡船闸开挖地质描述已决定采用这一技术，并拨款80万元作技术配套，形成现场快速成图能力。大地测量自动化系统经两年多研究也达到了实用化的要求。通过对电子仪器设备的二次技术开发，实现大地测量自动记录、自动处理数据。

关于本课题科技攻关中评估意见：1993年5月电力工业部科技司组织了有关专家对“八五”攻关工作进行了中评估，对本课题评估的主要意见是：①上述3个专题均能按合同完成年度攻关计划任务。②已完成的中间成果有：龙滩水电站进水口岩体结构面大规模统计调查及初步统计分析；李家峡水电站坝肩开挖爆破震动效应的现场测试，包括爆破对锚固措施影响及测试资料的初步分析；便携式图像处理、地质素描软件研制等。以上成果均有较高水平和较大实用价值，为最终达到攻关总目标打下了良好基础。③在科研环境与支撑条件方面，该课题主要结合李家峡、龙滩等水电工程，选点合理，依靠工程对象落实，与设计、施工单位关系密切，得到了他们的支持。参加课题攻关的有42个科研、设计、施工单位和大专院校。课题组长单位及3个专题的承担单位重视攻关工作，分别组织了由院所长（系主任）为首的攻关领导小组，最大限度的组织本单位的人、财、物保证攻关工作顺利开展。课题的管理工作中做到三重视，重视课题论证和专题分解，使研究计划和内容能紧密结合实际，做到既先进又可行；重视交流经验协作攻关；重视承上启下，沟通信息。④该课题结合李家峡施工，已取得一批现场观测资料，开发了一批应用程序，已直接应用于设计与施工。例如在李家峡两岸坝肩和泄水道开挖中总共取得5600条结构面的几何参数，为工程边坡稳定分析提供了可靠的几何边界条件；又如紧密结合李家峡坝肩边坡开挖对爆破作用场及锚固的影响观测和减震措施进行了研究，优化孔网数、爆破参数及多段位非电微差起爆技术在李家峡边坡开挖中得到了成功的应用，控制爆破低爆速炸药在李家峡泄排水灌浆洞开挖中减震效果明显，经声波测试保留岩石基本无爆破损伤。大地测量自动化系统在清江隔河岩工程库区几个主要滑坡监测工程中得到了成功应用。

（水利水电科学研究院　张有天）

碾压混凝土拱坝筑坝技术研究

我国碾压混凝土筑坝新技术发展以来，已逐渐由重力坝坝型发展至拱坝坝型，而且发展迅速，国外至今只有美国在南非兴建了两座厚拱坝（即重力拱坝），而我国据不完全统计至今已建、在建和设计的共5座。

（一）普定厚拱坝

它是已建的第一座碾压混凝土拱坝，坝高75 m，碾压混凝土量12.7万m^3，高厚比1∶0.386，是当前世界上已建成的最高的碾压混凝土拱坝，该坝已在本年鉴（1989～1991）卷中作了介绍。普定拱坝自1992年元月23日开始碾压，至4月21日高温季节渡汛停工，1992年11月17日恢复碾压，至1993年5月3日完成。大坝一次上升13 m，最大仓面2120 m^2，1992年汛期过水7次，采用浆砌块石筑堰，注水漫堰使坝面形成水幕作为过水时防止混凝土冲击破坏的保护，实践证明是成功的，坝顶面和坝上游面前缘及后坡均未发现裂缝。在坝面施工质量检验中选最薄弱位置钻孔取样，孔径215 mm，岩芯最长达4.7 m，岩芯表面光滑，层面结合良好，经试验得出抗压、抗拉、抗剪、抗渗等物理力学指标均能满足设计要求。在检查孔内进行压水试验，渗透率$\omega<0.01$ L/(min·m·m)，证明碾压混凝土质地密实，质量良好，在底部1090廊道，实测渗透量小于0.1 L/s。

普定碾压混凝土拱坝国家重点科研攻关项目已基本完成，正在整理科研成果报告，逐项陆续进行鉴定，办理国家重点科研攻关项目验收手续。其内容为：①碾压混凝土拱坝结构构造、设计方法、诱导缝设置原则及灌浆技术；②适用普定碾压混凝土拱坝的材料及配合比优选成果；③碾压混凝土拱坝防渗结构研究成果，包括拱坝层面、迎水面的防渗措施、防渗材料；④碾压混凝土拱坝合理温度荷载、温度控制、防裂设计及保温材料；⑤碾压混凝土拱坝全断面通仓快速施工工艺、质量控制标准研究成果；⑥普定碾压混凝土拱坝施工现场质量快速检测技术报告，提出第三代面波测试仪、电子贯入阻力仪样机；⑦碾压混凝土拱坝应变、裂缝观测技术研究成果，拱坝施工期资料分析报告，以及拱坝原型性态研究报告。

（二）在建的碾压混凝土拱坝

1. 温泉堡中厚拱坝　坝高 48.5 m，碾压混凝土量 5.6 万 m^3，坝顶弧长 189 m，顶宽 5 m，底宽 13.8 m，高厚比为 1∶0.29，地基为花岗岩，防渗结构采用二级配碾压混凝土为主防渗体，采用富胶凝材料 178 kg/m^3，其中：水泥 110 kg/m^3，粉煤灰 68 kg/m^3，上游贴土工织物膜为辅助防渗体。该工程于 1991 年 10 月开工，现在大坝已接近完成，温泉堡拱坝与普定拱坝的主要差别是：普定拱坝采用整体设计，设诱导缝作为结构的备用措施；温泉堡拱坝设横缝，埋设灌浆系统。

2. 溪柄溪薄拱坝　坝高 63 m，碾压混凝土量 2.4 万 m^3，顶宽 4 m，底宽 12 m，地基为砂岩，坝顶弧长 96 m，高厚比 1∶0.187，体型为同心圆等半径，半径 48 m。与普定拱坝同是整体设计，但人为地在上游两拱端和下游拱冠附近设短缝，研究短缝的应力释放情况，使拱坝应力再分配达到较佳状态，1994 年 2 月已填筑部分深槽的常态混凝土，计划 1995 年完成拱坝浇筑。

（三）设计中即将兴建的碾压混凝土拱坝

1. 沙牌中厚拱坝　坝高为 132 m，坝顶弧长为 198 m，坝顶宽 10 m，底宽 25.4 m，高厚比 1∶0.236，最大中心角 86.61°，坝体体型为三圆心单曲拱，碾压混凝土量为 30 万 m^3，选用二级配富胶凝材料碾压混凝土作为主防渗体，初选胶凝材料 180 kg/m^3，其中水泥 80 kg/m^3，粉煤灰 100 kg/m^3，沙牌拱坝已列入“八五”国家重点科研攻关项目，主要研究：①碾压混凝土拱坝的结构、分缝及防渗研究；②碾压混凝土拱坝的计算方法研究；③碾压混凝土施工措施的研究；④碾压混凝土拱坝新材料研究；⑤高碾压混凝土拱坝质量监测及埋设仪器所监测数据反馈研究等 5 个子专题。

2. 白莲崖厚拱坝　坝高 102 m，坝顶弧长 398.1 m，坝顶厚度 8 m，坝底厚度 40 m，高厚比 1∶0.392，体型采用同心圆等半径，半径 240 m，圆心角 95°2′16″，碾压混凝土量 40.5 万 m^3，白莲崖水库是治淮工程佛子岭水库的配套工程，已列在“八五”期间治淮计划，待批准立项开工。

（水利水电规划设计总院　林伯诜）

二滩工程重大科研成果

二滩水电站规模巨大，装机容量 330 万 kW。采用抛物线形双曲拱坝，坝高达 240 m，居世界同类坝型前列；水电站机组采用 6×55 万 kW，安装于左岸地下厂房内，地下厂房的装机规模居世界地下厂房的第四位；枢纽泄洪流量达 23900 m^3/s，为世界坝高超过 200 m 的已建工程之冠；导流隧洞断面尺寸 17.5 m×23 m，居世界水工隧洞第一位。

西昌—攀枝花地区地处川滇横断山脉构造带，地质构造复杂，围绕二滩坝区的地壳运动强烈，地震带分布广，发震频繁，震级大，烈度高。还由于地壳上升，河流急剧下切，产生大规模地面运动，如山崩、滑坡、泥石流等灾害。同时由于河谷狭窄，河流流量大，给枢纽布置带来一系列困难。为此，二滩前期工作开展了大量的科研工作，为解决工程中的重大技术问题做出了重要贡献。

（一）可行性设计阶段

由中国科学院能源委员会和成都分院组织了科学院有关科研所和大专院校共计 20 个单位，260 余名科技人员配合成都勘测设计研究院和中国人民解放军 00300 部队于 1980 年 4 月制订了加速二滩水力开发的前期科研工作合作计划，开展了多学科的联合攻关。利用遥感和计算机等先进技术手段，研究了区域地壳稳定性、灾害环境评价、资源评价、坝址工程地质和岩体稳定性评价，修建 240 m 高拱坝和大型地下厂房的可行性，以及与工程有关的抗震、泄洪消能、水文和材料等问题，并提出“雅砻江二滩水力开发可行性若干问题综合研究报告”，有力地支持了二滩工程的前期工作。

在可行性设计阶段共安排科研项目 114 项，包括区域地质及坝址区工程地质、环境及水文和水能研究，枢纽布置方案选择、地下厂房研究、坝型选择、木材过坝、施工导流和施工方法、材料研究、机电研究等 9 个方面，涉及到二滩工程可行性设计阶段的一系列技术难题，为二滩可行性设计顺利通过做出了重要贡献。

（二）初步设计阶段

由于二滩工程可行性阶段设计的深度和广度达到和超过可行性设计要求，因此在较短的时间内完成了初步设计，初步设计的科研工作量相对较少，共安排了 80 项科研任务。①在工程地质方面重点研究了金龙山谷坡的稳定性、右岸纤闪石化玄武岩带的处理方法、坝肩开挖深度以及水库诱发地震等问题。②在水工结构方面着重研究了各种不同枢纽布置的泄洪消能问题，双曲拱坝的动、静力分析及其相关的模型试验，坝肩稳定性动、静模型试验，大洞室的三维有限元分析及地质力学模型试验。③在施工设计方面研究了导流洞和围堰的稳定性及有关的模型试验。另外在建筑材料和机电方面也开展了一些研究工作。这些科研项目为可行性设计审查会所提出的意见和建议做出了充分的论证，为初步设计顺利通过打下了坚实的基础。

1985年初步设计通过以后，为了进一步优化初步设计，做好国际招标工作，由原能源部下达成都勘测设计研究院结合二滩工程的三项"七五"国家科技攻关专题研究任务。

1. 高混凝土坝设计计算方法与设计准则　此专题除结合二滩工程外，还结合了李家峡工程设计，具体研究内容为：高拱坝合理体形及优化设计；高拱坝应力和稳定分析计算方法；高坝抗震设计；高水头、大直径下游坝面压力管道的合理布置和结构设计；混凝土材料特性、拱坝可靠度分析及高拱坝的设计准则。其科研成果整体达到国际先进水平，获部科技进步一等奖，并已直接用于二滩和李家峡工程设计中，其中二滩水电站取得直接经济效益7432.3万元，李家峡工程取得直接经济效益2992万元（均按1986年初步设计概算单价计算）。

2. 高混凝土坝泄洪和消能的研究　其具体内容为：二滩泄水建筑物布置的优化；坝顶表孔溢洪道和坝身泄水中孔的体形优化；坝下河床冲淤、泄洪对岸坡稳定性的影响及防冲保护措施的研究；泄水建筑物掺气减蚀的研究；抗蚀耐磨材料的研究；泄洪时的动水荷载对坝体振动影响的研究；泄洪消能布置方案可靠度的研究和洪水标准论证的研究；泄洪隧洞的体形优化研究。科研成果整体达到国际先进水平，获部科技进步二等奖，并已直接应用于二滩工程，按1986年初步设计概算单价计算取得直接经济效益6753.1万元。

3. 高坝坝基岩体稳定性评价及可利用岩体质量标准的研究　此专题是结合二滩及李家峡两个工程开展研究工作的。其具体内容为：广泛的坝基岩体工程调研，采用损伤力学理论以解决岩体工程问题，并形成系统分析方法；应用断裂力学理论研究断续节理岩体破坏机理和强度预测；破碎软弱岩带岩体工程研究；地应力和坝基岩体工程关系的研究；岩体结构定量化研究；研究岩体渗透场的新途经；二滩工程岩体质量分级研究；岩石各变形阶段的应力和强度比值研究；岩体力学参数预测研究；巴顿经验式的改进；二滩岩体力学参数取值研究；岩石动态力学特性研究；坝基弱风化岩体加固灌浆试验研究；二滩坝基岩体稳定性分析研究；二滩建基面优选及可利用岩体研究；李家峡坝基岩体工程研究；坝基岩体监测设计研究。同时通过研究建立了坝基岩体工程"分层多元系统分析法"。其科研成果整体达到国际领先水平，获国家科技进步一等奖。按1986年初步设计概算单价计算，二滩工程取得直接经济效益7838万元，李家峡的直接经济效益2200万元。

（三）招标设计阶段

为了做好招标设计，除了3项"七五"国家科技攻关专题外，在招标设计阶段共安排了197项科研任务（"七五"攻关的各个子题包括在内）。①在工程地质方面，金龙山谷坡可能产生的浅层滑动，长期列为重点研究对象。同时由原能源部科技司和中国电力企业联合会科技工作部也安排了"二滩岩土工程监测技术及应用研究"。②在水文方面由业主支持进行了"二滩水电站施工期水情预报、预测系统总体设计及现场试验"。③在地下厂房的设计中，重点科研项目是"巨型水电站水轮机钢蜗壳与外围钢筋混凝土联合承载结构研究。"④对木材过坝问题，共安排了16项有关木材过坝的科研任务（未包括在197项之内）。

（成都勘测设计研究院　郝石心）

龙滩水电站关键科技成果

红水河龙滩水电站，初期蓄水位375 m，装机420万kW，最大坝高192 m，坝体混凝土532.2万m^3；后期正常蓄水位400 m，装机540万kW，最大坝高216.5 m，坝体混凝土浇筑量约680万m^3。初步设计审定的枢纽布置方案为：常态混凝土重力坝、河床坝段布置泄水建筑物；发电厂房为河床坝后厂房（装机5台）、左岸地下厂房（装机4台）；通航建筑物布置于右岸。该方案简称为"5+4"方案。中南勘测设计研究院在初设审定方案的基础上，进一步研究了枢纽布置、大坝体型优化、采用碾压混凝土筑坝新技术等。这样不仅可以节省工程量，而且可争取比原设计方案提前一年发电。为此，《龙滩碾压混凝土重力坝结构设计与施工方法研究》列入了"八五"国家重点科技攻关项目《高坝建设关键技术研究》第四课题中的第四专题。该专题的攻关目标为：结合龙滩水电站设计，总结出一套适合我国国情的150 m级碾压混凝土筑坝新技术。

龙滩水电站将科技攻关与设计优化相结合，已取得的关键科技成果有以下几方面：

1. 枢纽布置优化　在初步设计审定方案的基础上，比较了"4+5"方案，并重点补充研究了"0+9"方案（全地下厂房方案），为碾压混凝土坝快速施工创造了更为有利的条件。同时也分析了该方案左坝头蠕变岩体和进水口高边坡的稳定性、处理措施和地下洞室群围岩稳定、地下工程施工进度等。最后设计推荐"0+9"方案，该方案的优点为：①"0+9"方案因坝后无厂房，坝上无进水口，坝内无钢管，简化了坝体结构，减少了厂坝施工的干扰，增大了坝体碾压混凝土的应用范围，有利于碾压混凝土的快速施工，使整个土建工程可提前一年发电。②红水河汛期长，流量大，施工期渡汛和泄洪消能问题存在一定难度。取消坝后厂房，不仅可以简化导流措施，而且可以使永久泄水建筑物的布置更灵活。③“0+9”方案因坝后无厂房，坝内无钢管，增强了上部坝体的刚度，有助于改善坝体应力，尤其是地震作用下的坝体应力。④该方案只有一个厂房，便于运行管理和维修，便于坝体二期加高和提高正常蓄水位。

“0+9”方案于1992年12月召开的龙滩水电站厂房布置方案审查会上审查通过。

2. 材料特性的试验研究　为了了解碾压混凝土特性，特别是层面抗剪断参数能否满足建造200 m级高碾压混凝土重力坝的要求，进行了混凝土配合比优选，缓凝减水剂的研制及大规模的现场碾压试验。从1990年10月至1992年12月，在气候条件相近、原材料基本一致的岩滩土地，模拟了常温条件与高气温条件的施工情况，先后进行了3次共10种工况的大规模现场碾压试验与现场原位抗剪断特性等试验，碾压混凝土总量达819 m^3，原位抗剪断试块284块。通过大量的试验资料分析研究，基本搞清了影响碾压混凝土材料特性，特别是层面抗剪断强度的主要影响因素如环境条件，尤其是气温与蒸发量、胶凝材料用量、层间浇筑间歇时间及处理措施等。只要这些主要因素控制得当，就可以满足龙滩200 m级高碾压混凝土重力坝的建设要求。

3. 大坝体型与结构的优化研究　根据现场试验的碾压混凝土材料特性，对大坝体型与结构进行了优化，经研究采用了以下几项主要措施：①大坝采用富胶凝RCC材料，在6 m厚垫层之上，全高度采用RCC进行浇筑；②坝上游面设置专门的钢筋混凝土防渗面板(1 m厚)；③在确保大坝安全的条件下，体型设计追求最小混凝土工程量，断面尺寸与常态混凝土坝比较无需特殊扩大；④在计算坝基面扬压时，计入抽排减压效果，纵横向排水廊道设置在坝基常态混凝土垫层内；⑤尽量简化坝体结构，扩大坝体采用碾压混凝土的范围。

优化后的龙滩碾压混凝土重力坝断面，底宽168.5 m，最大坝高216.5 m，宽高比0.78。优化设计最后采用的体型与结构能满足坝基面和坝内任一计算截面稳定和应力的设计要求，已突破了“八五”攻关原定的碾压混凝土150 m级高度，使碾压混凝土高度达到200 m，为目前世界之最。大坝采用碾压混凝土方量为335万 m^3，为原设计初期大坝混凝土量532.2万 m^3 的63%。

龙滩工程经几年来的科技攻关与设计优化，较初设时审定方案除发电工期有可能提前外，尚可节约坝体混凝土量35万 m^3，土石方开挖150多万 m^3，可节约人民币2亿元以上。

(中南勘测设计研究院　孙君森)

龙羊峡电站32万kW机组多分支保护装置

龙羊峡水电站32万kW机组多分支保护装置由西北勘测设计研究院、清华大学、许昌继电器研究所、水利水电规划设计总院机电处、东方电机厂等单位共同研制的。研制工作自1978年开始，至1986年完成投运。

多分支发电机组保护装置主要用于保护定子绕组为每相有多个并联分支绕组的水轮发电机或发电机变压器组的内部短路事故。作为主保护，该装置以检测发电机每相各个分支绕组电流以及发电机和变压器的相电流，并对上述电流的幅值、相位和波形进行相关比较，从而检测出发电机变压器组范围内发生的匝间、相间短路事故并进行有效保护。

在本项目的研究工作中进行了大量真机工业试验和工程应用设计，确切地分析了各种运行工况及短路事故状态下二次回路电流的分布和变化规律，从原理接线和安装工艺方面提出了正确的应用方案，提出了符合运行需要的整定计算及灵敏度校验方法。长期运行实践已证明：该保护装置能有效地抵御各种外部短路和非正常运行工况的干扰而不误动，在其保护范围内发生短路事故时能可靠动作，灵敏度高于常规差动保护，具有很高的选择性、速动性和可靠性。

本保护装置经陕西省科技情报研究所通过国内、国际联机检索，未见有同类文献。1992年由水利水电规划设计总院组织鉴定，确认“在龙羊峡水电厂32万kW发电机变压器组上成功应用的新型多分支并联接线差动保护，在国内外均属首创。”该保护装置在龙羊峡电厂投运后，在1989年6月2号机组发生短路事故时保护装置及时正确动作切除了故障，其可估算的经济效益就达1.56亿元。

该保护装置适用于容量在30万kW以上、定子绕组每相并联支路数为2及以上的水轮发电机组的主保护。研究成果已列为我国“八五”电力新技术推广项目，应用方法已编入《水力发电厂继电保护设计导则》，已在岩滩水电站推广应用。研究成果先后获水利水电规划设计总院科技进步一等奖、能源部科技进步二等奖，在首届中国科学技术博览会上获科技成果金奖。

(西北勘测设计研究院　李振华)

30MN推力轴承试验台

哈尔滨大电机研究所研制成功的30 MN推力轴

承试验台，就加载吨位而言，在国内居首位，在世界上名列第二。于1992年11月通过了国家技术鉴定，并投入运行。

试验台的主要数据为：最大加载推力负荷30 MN，无级调载；直流拖动电机功率2×1500 kW；转速范围50～600 r/min，无级调速；旋转方向可双向旋转；镜板外径ϕ390 mm；镜板内径ϕ235 mm；推力台最大外径ϕ10.5 m；推力台总高度14.35 m；转动部分重200 t；推力台总重480 t。

推力台的组成结构由本体部分、压力油供应系统、冷却水系统、检测系统以及电力拖动系统5大部分组成。其中，本体部分包括本体主要组件，如：大轴、镜板、推力头、支架、上下导轴承及被试轴承，以及静压加载装置和拖动电机。

推力台的试验范围主要是试验立式大负荷推力轴承，如：低速大负荷推力轴承、高速推力轴承以及高速可逆转的推力轴承。当被试轴承的吨位小于30 MN时，可将原机推力轴承放在试验台上进行试验。当大于30 MN时，可采用单瓦全模拟进行试验。每种被试轴承都可以在试验台上进行各种不同运行工况下的参数测试，如：额定转速下额定推力负荷、超负荷、过速、飞逸转速、启动过程、停机过程、转向转换过程以及冷却器断水过程等情况下的轴瓦温度场、压力场以及油膜厚度场的测试。同时还可以进行推力轴承不同支撑结构、轴瓦新材料的试验，以及润滑理论的验证。

推力台的调试是借助岩滩水电站30.25万kW机组27.5 MN真机推力轴承进行的。同时也进行了该轴承的出厂试验。当轴瓦采用弹性金属塑料瓦时，在推力台上加载到27.5 MN时，瓦温为36℃；过载到30.4 MN时，瓦温不变；当额定负载断水30 min后，瓦温为40℃。说明岩滩塑料瓦新材料潜力较大。当将塑料瓦装到真机上额定出力30.25万kW时，瓦温43℃，试验台水温14℃，工地水温22℃。超出力到32万kW时，瓦温不变。真机运行数据验证了试验台的准确性。

30 MN推力轴承试验台的建立，不仅使我国在试验室可以作各种推力轴承的各种性能试验，而且即将开始为三峡电站单机70万kW发电机的60 MN级推力轴承进行试验室试验。

（哈尔滨大电机研究所　曲述曾）

十三陵抽水蓄能电站压力管道钢岔管模型试验

十三陵抽水蓄能电站地下厂房位于十三陵水库左岸地下，内设4台可逆式水泵水轮机组，引水系统采用双水道一管两机布置形式，压力管道在下平段距机组中心48.0 m处分岔，分岔前主管直径3.8 m，分岔后支管直径2.7 m。

岔管中心设计水头为684 m，采用大分岔、多锥拼焊的对称月牙形内加强肋岔管型式。最大公切球内径为4.2 m，*HD*值高达2872 m²，其规模为我国目前已建和在建工程中钢岔管之最。

因岔管*HD*值很高，工程地质条件相对较差，设计中拟采用抗拉强度为800 MPa的高强度调质钢制造。由于岔管规模已远远超过设计规范范围，国内采用这一级别钢材制造大型岔管尚缺乏经验，无论从岔管的体型设计、应力及变形状态和整体超载能力，还是高强度调质钢的加工制作及焊接，都存在许多难题和未知因素。因此，需要通过模型试验等有关手段加以解决。

钢岔管模型试验共包括三方面内容：①高强度调质钢焊接试验研究；②高强度调质钢钢岔管的制作及工艺研究；③钢岔管应力和变形测试。模型试验在华北电业管理局十三陵工程筹建处组织下，由北京勘测设计研究院总负责进行。郑州焊接技术监督检验中心和水工金属结构质检中心负责高强钢焊接试验研究；中国水利水电第五工程局机电安装处与北京水工机械厂负责模型岔管的制作与焊接；成都勘测设计研究院科研所负责应力和变形测试工作。焊接试验1992年7月开始，同年10月完成；模型岔管于1992年9月开始制作，同年11月5日制作结束；1992年11月底开始现场测试，同年12月底完成全部试验工作。

钢岔管模型采用日本生产的WEL-TEN80A钢，模型比尺为1∶3，试验压力分别采用设计内水压力（$P=6.8$ MPa），水压试验压力（$P=8.5$ MPa）和超载压力（$P=20.5$ MPa）。

通过焊接试验研究，对高强度调质钢的材料及焊接性能有了较为深入的认识。在钢材的冷裂倾向及预热温度，最佳线能量范围确定及其控制，焊接电源种类对焊接接头的影响等方面取得了一系列有价值的研究成果。

通过模型岔管的制作与实际焊接，在高强度调质钢对气割工艺及冷加工成形工艺的适应性方面，火焰切割的淬硬影响及处理方面，焊接角变形和焊接残余应力控制等方面积累了一定经验。

通过模型岔管水压试验，验证了岔管的应力分布、大小及变形状态，并通过超载试验，检验了岔管整体安全度，其试验成果与理论计算成果基本一致，为优化设计提供了可靠的依据。

模型岔管试验取得的主要成果反映了我国水电系统的水平，并对今后工程具有一定参考价值：

(1) 按日本标准生产的抗拉强度为 800 MPa 的高强度调质钢具有良好的低温冲击韧性、焊接性、抗层状撕裂性能和冷加工性能，适合于在大型压力钢管上应用。

(2) WEL-TEN80A 钢经人工卷板及卷板后人工时效处理，其抗拉强度提高，塑性下降，当卷板的塑性变形量达 3%时，经人工时效后的材料已无均匀塑性变形能力。

(3) 与我国传统的焊接不同，对 WEL-TEN80A 钢的焊接应优先选用交流电源，但要求手弧焊焊机应具有较高的空载电压。

(4) 对高强度调质钢的焊接质量应特别强调焊接线能量的控制，它对接头的机械性能影响很大。

(5) WEL-TEN80A 钢冷加工性能虽然很好，但卷制和冲压成型过程要比普通低合金钢困难，加工时一次塑变量不宜过大。

(6)钢岔管采用大分岔、多锥拼焊的体型应力状态较好。整体安全度较高。

(7)在使用普通低合金钢钢板超过一定厚度时，采用高强度调质钢制造压力钢管既可以保证质量，又可减薄钢板厚度、减轻构件重量，在技术上和经济上都是合适的。

本试验项目中关于高强度调质钢的研究被列为 1993 年度国家级重点新产品项目，并荣获"首届中国金榜技术与产品博览会"金奖。

（北京勘测设计研究院　李义茂）

四川联合大学高速水力学国家重点实验室

四川联合大学高速水力学国家重点实验室于 1988 年 5 月由国家计划委员会和国家教育委员会批准建设，1992 年 1 月通过国家验收。其学科类别为水力学及河流动力学，属材料与工程学部。主要从事高速水力学、河流动力学、环境水力学及流体量测技术的研究，其研究方向和内容集中在以下几个方面：

(1) 高水头建筑物引起的高速水流运动基础理论、数值模型及重大基础应用课题的研究。包括：水气二相流运动规律；空化初生机理；空蚀机理及预防；挟沙水流的空蚀和磨损原理；掺气减蚀技术、高速水流压力脉动及水流诱发振动；紊流场数值模拟；势流理论及其在高速水流中的应用；高水头泄水建筑的消能、冲刷及雾化问题；新型消能工的研究等等。

(2) 河流泥沙输移及河床演变理论。包括：复杂边界条件下动床数学模型及人类活动造成的河流反应研究；宽级配推移质输移规律；悬移质和推移质相互转换的机理；多沙河流河型转换条件；弯曲河道水沙运动特性、蠕动变形和河流地貌；水沙调节对水库上下游河道变形的影响；取水枢纽、渠道、湖泊、桥渡等工程泥沙问题以及水力减阻机理及方法的研究等等。

(3) 环境水力学的研究。它包括：油扩散与紊动水平的关系；在微机上实现不规则边界水域热污染三维数值模拟；不均匀颗粒、石棉纤维在水中的沉降和输运规律；污水排海的全场模拟；复杂条件下的溃坝洪水计算等等。

(4) 流体量测技术及仪器的研究。用于浑水量测的二维及三维超声流速仪、低流速仪、高流速仪研制。

实验室现有固定研究人员和实验技术人员 30 人，其中教授 5 名（3 名为博士生导师）。方铎教授担任实验室主任、汝树勋教授担任副主任。实验室现配备有二维光导纤维激光测速仪、高速摄影机、多点精密测温系统等 18 台（套）先进仪器和多功能变压箱、变坡陡槽、浑水系统等大型设备，还拥有 4000 m^2 的科研工作用房，初步形成了能够综合应用多种现代实验技术和计算手段来研究二相流运动机理、规律及其应用的研究体系，为办成高水平开放性实验室提供了保证。

建成 3 年来先后完成国家自然科学基金、博士点基金及各类部委基金 22 项；完成"七五"攻关、"八五"攻关项目 19 项；先后完成了二滩、漫湾、瀑布沟等大型水电站的实验研究项目和一批省属和地方中型水利水电建设的研究项目，其中不少研究成果受到生产部门的高度评价，一批研究成果已被应用于生产建设。3 年来科研项目总经费达 380 万元。

（四川联合大学　何　琪）

梯级水电站防沙排沙措施的研究

（一）黄河上游龙羊峡、刘家峡梯级电站调水调沙方案的研究

(1) 利用刘家峡水电站增建洮河口排沙洞工程动床模型试验的模型，经过对 1981、1988 两年低水位拉沙资料进行验证以确定各模型比尺关系，在此基础上进行了 1984～1991 年（删去了 1987、1990 枯水枯沙年，加进 1978 年丰水丰沙年）龙羊峡、刘家峡两库联合调度运用方案试验研究。试验结果表明，刘家峡水库在持续高水位运行条件下，洮河中段淤积厚度达 3 m；以后采用中水位运行，库区产生冲刷，泥沙搬运造成洮河库段二次淤积。

(2) 采用黄金池在黄河下游引黄渠道运行中总结

出的一维不平衡悬沙输沙模型，对1980年汛末至1981年9月刘家峡水库实测资料进行验证。该模型按沙量平衡原理，研究各种粒径悬沙的不平衡输沙过程及异重流变化特性。模型在通过验证确定各数学参数条件下，对龙羊峡、刘家峡联合调度进行了包括基本方案、基本方案加低水位拉沙方案、基本方案加排沙洞方案进行了计算，基本方案的计算结果与物理模型的结果符合，可以认为该数学模型是可行的。

数学模型计算结果表明，通过适当降低水位运行可冲刷恢复一部分库容，但不能完全恢复，当水位降低时，淤积部位下移造成汇合口淤积致使沙坎不断升高。洮河口排沙洞对减少过机泥沙和遏止沙坎发展有显著作用。

(3) 采用张启舜等编制的《河流与水库泥沙冲淤过程计算的数学模型》，通过对1987年10月～1991年10月长时段实测资料进行验证计算，洮河、汇合口以下黄河部分的冲淤量和冲淤形态均较符合，证明该模型可行。

本模型共进行了四大方案不同汛期运行水位共20个小方案7年系列计算，包括前5年均为高水位运行，第6、7年汛期低水位运行；库区发生大量淤积后次年和当年汛期降低运行水位，遇1988年枯水丰沙年情况时不同汛期运行水位等诸多条件下洮河及坝前淤积趋势的预测。计算结果表明刘家峡水库泥沙的冲淤决定于当年的进出库水沙条件、库水位及前期淤积状况。由此得到有关水库运行的一系列结论意见，包括汛期运行水位，保持一定的调沙库容，降低汛期运行水位的条件以及低水位拉沙运用等。

(二) 西南紫坪铺泥沙淤积对映秀湾电站影响研究

西南山区河流的主要特点是水中既挟带悬移质泥沙，又有大颗粒卵石推移运动，后者虽然量较少，但主要淤积在水库末端，引起回水抬高，影响上游梯级电站。

数学模型通过对龚咀水库1978年1月～1980年12月实测资料进行验证获得计算中各参数。以此参数值计算紫坪铺水库运行63年条件下总的水库淤积量及其变化过程、淤积面积沿程变化、纵剖面变化等，与紫坪铺物理模型所得成果基本一致。据此成果得出紫坪铺水库淤积平衡条件下泥沙淤积末端延至距坝25.2 km，对距坝25.5 km的映秀湾电站没有影响的结论性意见。

(三) 梯级水电站建设中，在规划、设计和运行中有关泥沙问题的宏观决策研究

该专题主要结合黄河上游龙羊峡、刘家峡、盐锅峡梯级电站泥沙问题进行研究，主要是分析刘家峡水库投入运行后，特别是1986年10月～1992年10月洮河库区及坝前面泥沙淤积和冲刷特性，得到了规律性认识。水库在运行过程中，必将形成一定的与来水来沙条件、水库运行水位相适应的床面形态，即一种暂时的平衡。1988年后刘家峡水库持续高水位运行，造成库区（洮河）床面抬高5～10 m，再要将床面降下来就非常困难。所以研究其运行水位必须从长远来考虑，对梯级电站更需从整个梯级来考虑。刘家峡水电站1981年以后多次采用低水位拉沙运用方式，但目前条件下，泥沙大多淤在洮河中、上段，这样汛期降低水位运行将更多地被采用。至于确定何种运行水位，核心是找到最佳的泥沙“安置”位置。通过数学模型手段进行多方案系列计算得出了刘家峡水电站泥沙调度的原则，主要的是在不同的床面条件下根据不同的来水来沙条件，以最合适的泥沙淤积部位确定第二年的水电站运行水位。视洮河口至坝前段淤积情况决定采取相应的运行方式。

（水利水电科学研究院泥沙所　蒋如琴）

水电设备质检中心的技术监督活动

水利电力部于1988年在水利水电科学研究院成立了两个质量检验测试中心，即：“水利电力部水轮机调速器及油压装置质检中心”和“水电部水轮机质检中心”。1990年5月原能源部以能源人［1990］450号文将上述两中心合并为“水电站水电设备质量检验测试中心”。该中心下设水轮机质检站和调速器质检站。在南京水文自动化研究所设有水轮机设备质检分中心。

水轮机质检站现有实验室1700 m²，设有4座水轮机模型试验台，其中高精度水力机械模型通用试验台获1989年国家科技进步二等奖。调速器质检站有实验室240 m²，其中水轮机调速系统实时仿真装置亦获国家科技进步二等奖。两站共有工作人员51人，其中高级工程师14人，工程师23人。

该中心可对各型水轮机和各种调速设备进行质检和产品验收。对水轮机设备，可进行能量特性、气蚀特性、飞逸特性、水压脉动特性、四象限特性等的模型试验，可进行力特性、流速场、压力场的测试及气泡观察，还可进行振动特性的现场测量；对调速设备可进行调速系统动态试验，调速器本体及其中各主要部件、装置的静态特性试验，液压系统及元件试验。油泵、阀组等特性试验。不论是水轮机或调速设备，凡国家标准中所规定的项目，该中心均能进行检测和试验。

自该中心成立以来，先后承担过各种型式水轮机的模型验收试验，主要项目如下：①轴流式转轮，用于水口电厂、三门峡电厂，分别在日本日立公司和瑞士洛桑进行。②混流式转轮，用于五强溪电站、宝珠寺电站及三峡巨型电站计划选用方案，分别在德国伏依特公司、我国东方电机厂及该中心进行。为三峡提供转轮受试模型的是加拿大多米宁公司，为了对比，还去该公司作了对比试验。③蓄能机转轮，用于广州抽水蓄能电站、十三陵及天荒坪抽水蓄能电站，分别在瑞士、德国，并于1994年三季度在挪威进行模型验收试验。④该中心还承担了一些电站水轮机转轮几何形状及尺寸测量验收，据不完全统计有：岩滩电厂3台机，刘家峡电站改造增容转轮，太平驿电站及东风电厂的水轮机。这些机组分别由哈尔滨电机厂、天津发电设备厂生产。另有重庆水轮机厂为东西关水电厂、铜头水电厂及雨城水电厂生产的水轮机，其几何形状及尺寸测量验收合同已签，计划在1994年内完成。⑤水轮机试验台流量测量系统还为北京市自来水公司、大亚湾核电站从日本、美国进口的超声波流量计进行了率定验收试验。调速设备验收、委托试验、鉴定试验活动也很多。为10多个电站使用的电液调速器作了鉴定试验。另外，还为广东水工机械厂的三种型号的中小型调速器产品评优进行了检测试验；对新式抗油污能力强的电液伺服阀进行了鉴定试验和推广。在组织制订、修订国家标准和行业标准方面，也做了大量工作。于1992年底在武汉举办了水轮机调节技术及装置成果交流展示会。

（中国电力企业联合会　常兆堂）

计算机在水电系统中的开发与应用

1992～1994年计算机在水电勘测设计中应用的新进展

1992～1994年，计算机在水利水电勘测设计中的应用，又取得了新的进展。

（一）应用面不断扩大

1992年以来，水利水电勘测设计中的计算机应用，有以下几个特点：①各设计院的专业处室，普遍购置或增加了一批微机，设计室的设计人员可以在本室方便地使用计算机，改变了需要到院计算中心去使用计算机的局面；②水利水电勘测设计各专业都已有一批较成熟的应用软件和一批热心于计算机应用的人员；③CAD应用已进入实用阶段，已开发了一批具有一定水平的应用软件，它反映了我国水利水电勘测设计行业计算机应用水平的新发展；④信息管理工作进一步得到了重视，已取得了一批有意义的成果。

（二）应用向深度和广度发展

1992年以来，水利水电规划设计总院组织各方面的专家，对近年来开发的CAD应用软件进行了审查或鉴定，其中包括中南勘测设计研究院（简称中南院）在工作站上开发的“水能规划CAD系统”；西北勘测设计研究院（简称西北院）在微机上开发的“泄洪洞可行性设计CAD软件”；西北院在Apollo工作站上开发的“混凝土坝施工详图CAD软件”；中南院在微机上开发的“水工隧洞钢筋混凝土衬砌CAD软件”；天津勘测设计研究院（简称天津院）在微机上开发的“重力坝CAD系统”、“厂房CAD系统”；东北勘测设计研究院（简称东北院）在Apollo工作站上开发的“厂房CAD系统”；中南院在Apollo工作站上开发的“拱坝CAD系统”；华东勘测设计研究院（简称华东院）在Apollo工作站上开发的“重力坝CAD系统”；福建省勘测设计院在微机上开发的“地面厂房CAD系统”；东北院在Apollo工作站上开发的“拱坝体形CAD系统”；以及天津院在Apollo工作台上开发的“重力坝三维CAD系统”；水利水电科学研究院在微机上开发的“土石坝CAD系统”等等。其中有的系统已用于工程实际，并取得了明显的经济效益和社会效益。

（三）应用的成果更加显著

过去的计算机应用大都属单项课题的应用，经济效益、综合效益、计算机应用的作用等还不能充分发挥出来。进入90年代后，计算机应用已进入多专业的综合应用，从分析计算、绘图、辅助设计以及成果的整理，报告的编写等整套地完成，这样，计算机应用的综合效益和作用，就能更充分地发挥出来。例如，最近由上海勘测设计研究院承担、由上海兴华计算机应用研究所具体组织、有关兄弟单位共同参加的“三峡枢纽及大坝设计的复核与优化”和“三峡右岸厂房及地下厂房方案的复核与优化布置”两个专题，就是采用人工智能技术、CAD技术、优化设计技术等当前计算机应用的最新技术，在短短几个多月时间内就完成了手工需要成年才能完成的工作量。这是一项具有开拓性的、在全系统具有示范意义的工作。

(水利水电规划设计总院　陈际明)

优化设计、CAD、人工智能相结合的一次尝试

由上海勘测设计研究院承担、上海兴华计算机应用研究所组织实施的“三峡枢纽及大坝设计复核与优化”和“三峡右岸厂房及地下厂房方案复核与优化布置”两个专题，采用当今计算机应用的最新成果——优化设计、CAD技术、人工智能技术，利用近年来我国在这些方面的开发成果，仅用短短几个月时间，即完成了按常规方法需要近一年才能完成的工作量。其任务包括以下几方面：

(一) 三峡枢纽及大坝设计复核与优化

具体内容是：①根据长江水利委员会提供的设计资料、原则和初步布置图，应用CAD技术，对泄洪坝段、厂房坝段、导墙坝段和挡水坝段等进行布置和设计，以复核现设计方案的合理性。②对各种坝段的应力和稳定分析进行复核，论证现方案的正确性。③根据论证结果，提出改进建议。

提交的成果包括：①大坝整体优化——泄洪坝段、厂房坝段、挡水坝段等的断面设计图；整体优化后的上、下游立视图；常规应力计算、稳定计算成果等。②枢纽CAD——枢纽总布置图；枢纽上下游立视图；各坝段的三维实体图；常规应力、稳定分析成果；工程量表；双排机组布置枢纽图等。③复核计算——各坝段三维应力分析成果；水力学计算成果；大坝抗震动力分析成果等。

人工智能应用：采用模糊模式识别方法，根据已建工程的经验，建立知识库和样本库，经模糊匹配和识别，确定枢纽方案——确定三峡工程为重力坝枢纽、坝后式厂房和河床式溢流，还确定三峡采用分期导流方案。这项成果经过在国内已建的20个大型工程中考核，符合率达95%以上。

(二) 三峡右岸厂房及地下厂房方案的复核与优化

具体内容是：①应用CAD技术对右岸厂房方案进行布置和设计。②右岸厂房采用双排式机组布置的可行性论证。③厂房设计的复核。

提供的主要成果是：①厂房布置平面图；②厂房纵横剖面图；③各层平面图；④双排机组布置平面图；⑤双排机布置纵横剖面图；⑥双排机组布置各层平面图；⑦副厂房平面图等；⑧厂房主要轮廓尺寸的复核；⑨厂房主要断面强度复核；⑩厂房稳定复核；⑪厂房主要工程量复核；⑫双排机组布置可行性论证研究等。

(水利水电规划设计总院　陈际明)

自行开发的部分CAD系统

我国水利水电勘测设计单位的CAD系统，是1987年开始引进的，这是一项在设计领域中具有战略意义的新技术，经过短短几年的开发和应用，其作用和意义已越来越明显地显示出来。下面简要介绍部分CAD系统的情况。

(一) 水能规划CAD系统

该系统开发单位是中南勘测设计研究院。该系统是在Apollo工作站上开发的，可以满足水利水电工程各设计阶段水能规划主要工作的需要。系统以数据文件库为基础，较好地解决了数据管理和信息传输工作，实现了系统的自动运行。水能计算和水力学计算满足规范要求，建立的功能模块反映了当前设计的水平。

(二) 泄洪洞CAD系统

该系统开发单位是西北勘测设计研究院。该系统由三维地形网络模型、泄洪洞设计及绘图3个子系统所组成，共有6万余条语句。该软件适用于泄洪洞设计的可行性阶段。其功能：泄洪洞(有压或无压)的进水口(表孔或潜孔)、洞身和出口挑流消能的体型设计；泄洪洞的水力计算，并可绘图显示；隧洞衬砌的结构计算；工程量计算生成并绘制所设计的泄洪洞的剖面图及平面布置图。三维地形模型子系统，采用了“正交插值，距离加权”网格处理方法，加快了三维地形网格的生成，一般可提高工效10倍左右。

(三) 混凝土坝施工详图CAD软件

该软件开发单位是西北勘测设计研究院。该软件是在Apollo工作站上开发的，软件包括混凝土坝体型图、接缝灌浆图和坝内孔口钢筋图3个部分，共6万余条语句。该软件具有较强的实用性、较大的灵活性，所绘制的混凝土坝施工详图，也可用于其它类似水工建筑物的制图。经试用一般可提高工效3～5倍，所绘制的图纸其标注符号统一、美观、清晰，可及时满足施工中修改图纸的需要。

(四) 水工隧洞钢筋混凝土衬砌CAD软件

该软件开发单位是中南勘测设计研究院。该软件是在微机上开发的，可用于有压或无压水工隧洞的钢筋混凝土结构设计。系统包括总控、数据前处理、内力分析、配筋选筋、计算书编辑、绘制钢筋图等6部分，可适用于常见的圆形、圆拱直墙形、矩形、矩形变圆形渐变段和矩形变圆形直墙渐变段等5种类型的隧洞衬砌。

（五）重力坝CAD系统一

该系统开发单位是天津勘测设计研究院。该系统是在微机上开发的，具有水力计算、坝体断面、枢纽布置、基础处理、坝体构造、温度控制设计等6个子系统，可用于可行性和初设阶段的实体重力坝设计。其内容包括挡水坝段、泄水坝段（表孔、中孔、底孔）、厂房坝段等。该软件经工程试用，可基本满足设计需要，可缩短设计周期，一般一周左右即可完成一个设计方案。

（六）水电站厂房CAD系统

该系统开发单位：天津勘测设计研究院。该系统是在微机上开发的，由2个子系统组成。系统1包括主厂房布置、副厂房布置、厂区布置、厂房稳定分析、工程量计算及输出计算文件；系统2包括结构内力计算、配筋计算及主要结构的配筋图、厂房纵横剖面图、各层平面图及厂区布置图的绘制。该系统可用于立轴式、混流式和轴流式机组，坝后式、岸边式厂房，适用于可行性、初设及部分技施设计阶段。

（七）水电站厂房CAD系统

该系统开发单位是东北勘测设计研究院。该系统是在Apollo工作站上开发的，由8个子系统290个子程序组成，约20万条语句，适用于立轴混流式、轴流式机组，适用于坝后式、岸边式、河床式及地下式厂房的设计。可用于可行性或初设阶段。符合现行厂房设计规范的要求，能完成厂房布置图——纵横剖面图、各层平面图、副厂房布置图及工程量计算等。

（八）拱坝体型CAD系统

该系统开发单位是东北勘测设计研究院。该系统是在Apollo工作站上开发的，约2万条语句，包括地形地层资料输入、网格剖分以及β—曲面地层模型、拱坝基本体型设计、拱坝结构模型及拱坝成图等5个功能模块，可用于可行性设计阶段的坝型比较，设计各种拱坝体型，确定合理方案。在三维地形及可利用岩面模型基础上，设计者可根据不同的设计参数构造多心、抛物线、椭圆等各种型式的拱坝体型。

（九）重力坝CAD系统二

该系统开发单位是华东勘测设计研究院。该系统是在Apollo工作站上开发的，可用于重力坝设计的可行性阶段，部分可用于初设。主要内容：输入地形等高线、生成三维地形模型，并可进行切割处理；在地形图和坝轴线剖面上进行枢纽方案布置设计；坝体基本断面优化和断面设计；坝区主要建筑物的平面布置设计；上、下游立视图绘制；坝基灌浆排水和廊道布置设计；基础开挖设计和工程量计算；坝区地形及主要建筑物渲染、透视图设计等。经试用，设计一个重力坝方案，比人工设计可提高功效15倍。

上列9个CAD系统，均经水利水电规划设计总院主持，于1992年审定。

（水利水电规划设计总院　陈际明）

网络计划技术的发展与应用

网络计划技术50年代起源于美国，它使用节点和箭线组成的网络图来表现工程的进度流程。由于使用网络图可以直观和清楚地表现活动与活动之间的逻辑关系，并且非常便于使用计算机来计算和进行各种优化处理，这是传统使用的横道图法所不能比拟的。因此，网络技术自诞生以来发展很快。目前网络技术已经在理论上从初期的关键线路法（CPM）、计划评审技术（PERT）发展到图示评审技术（GERT）和风险评审技术（VERT）等，总的趋势是从肯定型网络向随机型网络方向发展。但是从简洁和实用性角度出发，目前仍然以关键线路法应用最为广泛。从目前国内外开发的网络技术软件来看，几乎都是以关键线路法为基础，而更注重在软件的综合管理功能上下功夫。比如美国PRIMAVERA公司研制的国际通用工程计划管理软件P3，就是以关键线路法为核心，而大大扩充了软件的文字、图表、图形以及良好的用户交互界面等管理功能。

国内水利水电系统是在80年代初结合工程实际开始系统地开发研究网络技术，至今，国内开发的网络技术软件已经开始在一些工程中推广应用。目前，有代表性的网络软件有：葛州坝施工新技术开发中心研制的施工网络技术软件包，华东勘测设计研究院开发的CSCAD系统，以及清华大学、大连理工大学等开发的网络技术软件。网络软件的使用范围也越来越广，现在大多数设计院都掌握网络技术的应用，一些大型水电工程，特别是国际招标工程，普遍使用网络技术编制工程进度计划，比如水口、二滩、广州抽水蓄能、五强溪、十三陵、莲花等水电工程。但是，在网络技术推广应用的过程中，也存在一些问题。主要表现在应用深度和层次远远不够，虽然应用面较广。从应用层次上讲，大多数用户仅限于工程计划部门的应用，实际上，工程决策层的应用是相当重要的。从应用的深度上讲，大多数用户仅限于关键线路法辅助计划管理的应用，而轻视了网络技术的优化功能利用。另外也有因为传统习惯和意识不易改变，以及目前我国开发的软件商品化水平所限，也影响了用户深层次的应用。

为了进一步推动网络计划技术在工程管理中的应用，以及减少软件的重复开发，原能源部于1992年6月份分别组织水利水电施工新技术开发中心和华东勘测设计研究院在五强溪和十三陵水电工程进行网络技术的推广试点工作，其中水利水电施工新技术开发中心开发的水利水电工程项目计划管理信息系统已于1994年6月1日通过电力工业部组织的鉴定，并由部水农司在系统内组织进行该软件的推广试用工作。华东勘测设计研究院在十三陵工程的试点工作也将在年内组织部级鉴定。预计在今后2～3年内，配合全国电力系统计算机联网的工作，可望在系统内实现网络技术的普及应用。

（电力工业部水电开发与农村电气化司　陈东平）

设计大纲编写专家咨询系统软件

北京勘测设计研究院自1991年底开始承担设计大纲编写专家咨询系统的开发工作。在选择第一个专业设计大纲时，考虑该院实际情况，确定先开发“混凝土坝坝内压力管道与进水口设计大纲编写专家咨询系统”（简称MGDGZXXT）。

MGDGZXXT由该院计算机处开发，标准化室配合，软件中归纳了该院副总工程师邱彬如提供的国内外及其本人设计混凝土坝坝内压力管道与进水口的丰富经验。其中知识库、图形库和数据库内容较全，包含编写大纲所需的规程、规范有关条款，30余个已建国内外大中型工程的数据和71幅工程图，以及专家积累的设计经验与知识，可供大纲编写人员参考。

该软件运行在386微机上，设计人员使用它编写大纲过程中，在屏幕提示窗口中可不断地看到有关的规程规范条款及经验，方便地查阅检索已有工程数据及图形，并能根据工程的特点，对于混凝土坝坝内压力管道与进水口的布置、经济管径、管内最低水温、水头损失系数、结构计算工况和原则、工程量估算等方面提出专家咨询意见，有利于提高编写的水平和质量。

该软件主要用C语言编程，结构化、模块化程度高，便于维护与扩展，人机界面良好，操作简便。自行开发的图形显示处理程序和数据库操作程序，可以不要图形支持系统和数据库管理系统支持。在屏幕菜单、窗口布置与色彩、人机交互、排错容错等方面都做了比较好的设计。该软件共有203个文件（包括源程序79个）。

MGDGZXXT通过对龙羊峡、刘家峡、安康、大朝山等工程试用表明，该系统可有效地保证设计大纲编写的质量，提高效率10倍以上。

该项目开发组经过近两年的努力，于1993年底按时完成合同规定的开发内容。1994年2月2～3日，由水利水电规划设总院科技处与计算机处联合组织有关设计和计算机方面的专家对MGDGZXXT进行了鉴定，与会专家们一致认为，系统设计、技术路线和研制方法正确合理，系统归纳综合了专家的经验，利用该系统编写的混凝土坝坝内压力管道与进水口设计大纲，符合有关技术规范的要求，能满足可行性研究（初步设计阶段）的要求。鉴定意见指出，该系统在国内属首次开发，达到了国内领先水平，可在水利水电设计单位推广应用。

（北京勘测设计研究院　于美华）

小浪底水利枢纽施工管理信息系统

小浪底水利枢纽工程，位于黄河中游峡谷出口处，是黄河最后一个梯级。总库容126.5亿m^3，土石坝，最大坝高154 m，坝长1317 m，装机容量180万kW，总土石方4313万m^3，总工期9年，将于2001年完工，是目前在建的重点大型工程。

小浪底工程规模巨大，是一项跨世纪工程，使用世界银行贷款，工程施工部分采用国际招标，它的施工将按照国际FIDIC条款进行国际招投标。在管理体制上实行项目业主负责制和建设监理制。它是以系统的机制、健全的组织机构、完善的技术经济手段，严格的规范化的方法和工作程序，通过监理工程师进行监督、控制、组织和协调，以促使工程项目总目标——工期目标、质量目标、费用目标的实现。

（1）对小浪底工程建设管理信息系统的建设，小浪底工程建设管理局领导（以下简称管理局）十分重视，多次召开专家研讨会，局长亲自参加和主持。为了加强领导，还专门成立了以朱云祥局长为组长的领导小组，一名副局长为副组长，总工程师、总经济师、总会计师和有关专家参加了领导小组；同时还成立了局信息中心，具体组织和处理日常工作。

（2）小浪底工程管理信息系统的建设，将从小浪底工程的实际情况出发，本着“全面规划，分期实施，急用先上，由小到大，逐步扩充”的原则进行。为了满足1994年6月各国外承包商进点的需要，首先建立了微机临时局域网络。

（3）小浪底管理信息系统微机临时局域网的任务是：实现以数据信息采集为基础的一管理三控制（即合同管理，进度控制、投资控制、质量控制）的顺利实施，在此基础上再进一步进行需求分析和总体方案的完善和设计，以便根据需要逐步扩充和完善其他的管理职能。

（4）“一管理三控制”任务的实施，考虑到时间紧、任务重，管理局引进了P3及Paradix、Expidition 3个软件，以完成合同管理和进度控制、投资控制的任务。考虑到国际上目前还没有质量控制方面的软件，管理局将自行开发。

(5) 临时微机局域网的建立，是采用招标方式进行的，1993年12月25日发出标书，1994年元月底设备即运到工地，并完成建网、安装、调试等工作，1994年4月前进行培训，并投入试运行。总的看来，进展迅速，试运行正常。

(6) 小浪底永久管理信息系统的建设，计划到1994年底进行招投标，预计将用1年左右时间完成。

(水利水电规划设计总院　陈际明)

系统工程在水利水电施工组织设计中的应用

全国水利水电系统正在开发的《水利水电工程施工组织设计项目优化软件包》及其下属的5个二级子系统，即：施工导流系统、主体工程施工系统、施工总布置系统、施工总进度系统和概预算系统，均已基本完成编研工作。水利水电规划设计总院委托华东勘测设计研究院负责按总体设计要求，再将开发完成的各二级系统软件进行组织、连接和补充，形成一个有机的软件包整体。现将其应用情况综述如下。

(一) 应用于施工进度计划方面

系统工程在施工组织设计中的应用是自80年代初期的网络计划技术引入我国水利水电建设领域并首用于引滦工程而开始的，后来在葛洲坝、三峡、二滩、紧水滩、鲁布革、东风、小浪底、水口、龙滩、小湾、关门山、红河、观音阁、天荒坪、桃林口、大黑汀、官厅、十三陵、岗南、陡河、引黄济青、引黄入淀等大型水利水电工程以及众多中、小型工程中得到了广泛的应用，使编制的施工进度计划更具科学性、先进性和预测性，实用效果十分显著。例如，葛洲坝工程局将网络计划技术广泛地应用于葛洲坝工程建设，编制了总进度控制性和单项工程控制性网络计划，研究提前发电的可能性。为此，采取措施，强化工期，调整网络计划，严格按网络计划执行，经各方努力，使1986、1987年分别投产5台和6台机组，创造了国内新水平，取得了直接经济效益数千万元。又如，水口水电站采用网络计划技术编制和控制工程施工总进度，二期混凝土系统施工进度网络计划采用实时控制方法进行动态管理，仅用6个月的工期，按目标网络计划实现了1号拌和楼及相应的配套系统设施于1990年3月31日按期投产。再如华东勘测设计研究院编研的功能齐备的施工总进度网络计划CAD系统，已广泛应用于大广坝、滩坑、天荒坪、桃林口、十三陵蓄能电站等工程的施工组织设计之中，效果很好。

(二) 应用于施工总布置方面

如何解决最优总平面布置问题，近几年国内开始用数学规划、模拟技术、图论等方法并结合CAD技术进行研究，已取得了许多成果。成都勘测设计研究院与清华大学合作在二滩水电站工程砂石料场优选研究中，用系统分析方法建立了混合整数规划模型，并用分枝限界法求解，具有较强的通用性，为合理选择料场、降低砂石骨料成本，提供了科学依据。通过研究所选出的以坝王山人工骨料加开挖弃渣制骨料的优选方案，已被二滩水电站初步设计所采用。长江水利委员会与成都科技大学合作采用多目标决策分析模型对长江三峡工程施工场外运输中铁路、公路、水运、火车轮渡为主的4种方案，就其13项技术经济指标，排出决策对比优序数矩阵和加权优序矩阵，进行决策分析计算，并提出了明确的建议供决策。清华大学开发了施工场地总体布置CAD—CS软件包，可解决地形图的输入与处理、开挖与填筑、土石坝布置等问题。东北勘测设计研究院受水利水电规划设计总院委托，正在开发用于微机的施工总布置CAD系统，已基本完成，可望于年内投入全面运用，经莲花、小山等工程初步试用，证明已完成部分是可行的。

(三) 应用于主体工程施工方面

系统工程有关方法已较广泛地应用于主体工程施工方面，效果日益显著。成都勘测设计研究院与天津大学合作在二滩水电站工程的混凝土坝施工中，考虑影响混凝土浇筑过程的因素众多且关系复杂，在国内首先应用模拟技术模拟混凝土坝实际浇筑过程，可以预测施工工期，确定缆机台数和逐年逐月的施工强度及浇筑顺序等重要指标，达到了国际先进水平。尔后，水利部、原能源部有关部门和中国水利学会施工专业委员会系统工程学组合作组织有关单位对各种类型混凝土坝和土石坝施工过程进行仿真模拟，编制了施工过程计算机模拟程序，并先后用于三峡、龙滩、东风、桃林口、观音阁、瀑布沟等工程施工模拟，表明其应用是成功的。随着主体工程施工过程模拟问题的解决，有关单位又向温控等深层次项目优化发起攻关。成都勘测设计研究院与清华大学合作根据二滩水电站所处地区的气温及施工条件，用系统分析方法，建立了以坝块混凝土的温控费用为目标函数，以设计规范、自然条件、水化热、浇筑能力、坝块尺寸、冷却措施的效应等因素作为约束条件的非线性规划的数学模型，可用于单块实体混凝土浇筑块的温控措施的规划和设计。其后，又采用系统工程的集合性、相关性、整体性观点，建立了一种对整个坝体、整个施工期的温控措施进行优化的混合型非线性规划数学模型，使所采用的温控措施组合方案的总费用最低。在总结10余年研究成果的基础上，水利水电规划设计总院委托成都勘测设计研究院已基本上完成了主体工程施工方面的项目优化软件编制工作，可望于1994年内投入使用。

（四）应用于施工导流方面

武汉水利电力大学编制的施工导流方案优化程序，应用图示评审技术（GERT）和风险评审技术（VERT），结合模糊评判方法，建立了施工导流方案模型。通过对施工导流方案的模拟对不同方案和技术参数（导流标准、建筑物型式及尺寸等）进行优选，现已用于有关工程初步设计中的导流方案设计。莲花水电站堆石坝施工导流工程，通过采用非线性规划方法和拉格朗日插值公式建立了求解最优隧洞直径和围堰高度以及最小施工费用的数学模型，并利用解析法结合水力学计算与施工调洪计算成果进行了最优化计算，并为工程所采纳。在上述工作的基础上，水利水电规划设计总院委托中南勘测设计研究院已基本上完成了施工导流的项目优化软件的开发工作，且已开始用于工程实践。

另外，天津勘测设计研究院受水利水电规划设计总院委托在总结水利水电系统各种概预算软件基础上，编制完成了基于网络计划的概预算软件。

（河北省水利水电勘测设计院　张鸿茂）

信　息　研　究

信息研究成果

1992～1994年我国水利水电信息研究取得了较好的效果。

(1) 水利电力信息研究所围绕水利水电的改革和重点建设，开展了国内外信息调研，先后提出了《世界主要国家电力和一次能源发展消费及投资》、《国内外能源经济政策对比分析》、《高坝关键技术发展分析研究》、《国际河流的开发与管理》、《国外水库移民安置与补偿》、《现代电力工业发展水平》、《国外电力投资及效益研究》等，为两部领导决策制订有关政策和编制科技发展规划提供依据。

(2) 长江水利委员会信息研究中心，紧密围绕治理开发长江的重点工程项目，长江三峡工程的设计和施工准备以及南水北调中线工程的可行性和初步设计报告编制，清江水布亚工程的可行性论证，为领导确定方案，采用新技术开展了国内外信息资源的调研，先后提出了《国外深水围堰施工技术》、《国外大江大河开发概况及程序》、《岩石高边坡开挖加固技术》、《隧洞与竖井快速施工技术》、《国内外渡槽（桥梁）设计与施工资料选编》等。其中《国内外隧洞盾构法施工技术选编》，对南水北调穿黄工程隧洞推荐设计施工方案提供了可靠的论证依据，同时对软土地基盾构法施工的推广应用积累了资料，并受到穿黄工程评估会议专家的好评，认为该《选编》资料搜集较全较新，对穿黄工程的实施具有指导意义和参考价值。该信息中心为三峡工程设计、施工、通航，提供的《三峡工程与国外大型水利水电工程技术经济指标对比》、《国内外碾压混凝土坝科研、设计、施工技术综述》、《国内外混凝土面板堆石坝汇编》等专题调研成果，为领导和设计人员进行三峡可行性论证提供了参考资料，并获得了1993年度长江水利委员会科技进步一等奖。

(3) 黄河水利委员会勘测设计院科技信息人员，针对南水北调西部工程如采用自流引水方案必须穿越巴颜喀拉山、开挖隧洞长达130 km的情况，开展了国内外信息调研，搜集了世界各国的长隧洞实例98座（最长的水工隧洞120 km、水下交通隧洞54 km），包括设计、施工特点，以及对复杂地质问题处理措施和防治经验等，编写了《长隧洞工程》专题报告，为领导决策方案和为设计人员进行设计提供了有价值的参考资料。

(4) 天津勘测设计研究院负责黄河万家寨水电站的设计任务，经过初步设计审查决定需要尽快补做碾压混凝土坝设计方案，由于设计人员没有做过该种坝型的设计，需要信息人员尽快提供有关碾压混凝土坝的设计、施工等方面的资料。信息人员在时间紧、任务重的情况下，及时地成立了QC小组，开展了该项专题的信息调研工作，先后提供了《国内外碾压混凝土筑坝技术规程规范汇编》、《碾压混凝土坝工程实例汇编》、《碾压混凝土坝设计导则（报批稿）》、《碾压混凝土筑坝技术文献选编》、《碾压混凝土坝施工文献选编》、《碾压混凝土坝施工机械资料汇编》、《碾压混凝土坝温度控制综述》等。此外还收集并放映了有关国内碾压混凝土筑坝技术的电影、录相片3部，受到了院领导和万家寨水电站设计人员的欢迎。

（5）新疆水利水电勘测设计院信息人员紧紧围绕院的中心任务，针对领导和工程技术人员急需的资料，开展信息调研工作。如为开发新疆的三大国际河流（伊犁河、额尔齐斯河、阿克苏河）作好规划工作，信息人员对新疆自治区的区域地质、测量、遥感工作的现状，存在的问题进行了调查，搜集了大量的信息资料，并汇编成《新疆地质、测量、遥感概况图册》，为领导及工程技术人员作好规划基础工作提供了重要的依据。他们还调查和编制出版了1：100万的《新疆水利水电工程现状及资源分布图》，该图概括了自治区解放后水利水电建设成就。该基础资料，为新疆自治区各有关部门（地质、交通、国土、科研等）广泛应用。

（6）水能技术经济信息网，为发展加快我国中型水电站的开发，该网组织全网成员单位，开展所在省区的中型水电资源的调查以及战略开发的社会、经济、环境条件分析，以供领导决策服务。东北、天津、西北和华东勘测设计研究院等单位先后也开展了调研工作，提出了专题开发调研报告，并在各单位进行了整体模型运算和综合评估，得出了在2000年以前，全国有可能争取新增中型水电装机容量1000万kW。该报告通过中国水力发电工程学会报送能源部和国务院。其次该网还积极组织成员单位参与“西南水电能源基地开发战略”、“黄河北干流开发规划”、“西电东送”和“长江上游水电优化开发”等重要专题的调查研究，为编制规划和水能资源的开发提供了重要的参考资料，并为领导决策提出意见和建议。此外还承担并完成了“全国中型水电站资源数据库及优化管理系统软件包”的研制任务，提出了相应的软件包的报告，通过能源部水电开发司的验收，达到了一定的应用水平。

（水利电力信息研究所　吕玉英）

1992～1994年水电科技信息主要成果一览表

序号	名　　称	完成单位	完成时间
1	发展中国家的能源	水利电力信息研究所	1992.12
2	高坝关键技术发展的分析研究	水利电力信息研究所	1992.5
3	国内各大电力网局财务指标计算统计汇总分析	水利电力信息研究所	1992.12
4	水电设备故障	水利电力信息研究所	1993.6
5	第十四届世界能源会议论文（选译）	能源部综合计划司、水利电力信息研究所	1993.2
6	国际河流和湖泊条约选编	水利部计划司、水利电力信息研究所	1993.3
7	复杂地基基础处理——（第17届国际大坝会议论文集）	水利电力信息研究所	1992.11
8	国外能源政策	水利电力信息研究所	1992.12
9	生态与环境	水利电力信息研究所	1993.6
10	水库移民	水利电力信息研究所	1993.6
11	国外电价研究	水利电力信息研究所	1993.6
12	国外电力行业股份制与行业管理	水利电力信息研究所	1993.10
13	美国加拿大电力工业概况	水利电力信息研究所	1993.12
14	国外农田水利和水电体制	水利电力信息研究所	1993.12
15	国外水电工程及环境	水利电力信息研究所	1993.12
16	关于国外中低水头抽水蓄能电站的开发情况	水利电力信息研究所	1994.1
17	水利水电咨询数据库	水利电力信息研究所	1993.12
18	水下竖井取水塔隧洞调研	水利电力信息研究所	1993.12
19	国外电力投资及效益研究	水利电力信息研究所	1993.12
20	国外水库移民安置与补偿	水利电力信息研究所	1993.12

续表

序号	名　　称	完成单位	完成时间
21	国外水利投资与回收政策	水利部计划司、水利电力信息研究所	1994.1
22	国外水利经济手册	水利电力信息研究所	1993.12
23	国内外碾压混凝土大坝科研设计施工技术综述	长江水利委员会信息研究中心（简称长委信息中心）	1993.4
24	三峡工程与国外大型水电工程技术经济指标对比	长委信息中心	1993.5
25	国外碾压混凝土设计与施工译丛	长委信息中心	1994
26	国外隧洞盾构法施工技术资料选编	长委信息中心	1993.6
27	英吉利海峡隧道专辑	长委信息中心	1993.12
28	国外混凝土面板堆石坝汇编	长委信息中心	1994.3
29	国外水利工程管理资料选编	长委信息中心	1993.12
30	水资源保护译文集	长委信息中心	1993.12
31	国内外高边坡处理的设计理论和工程实例资料汇编	长委信息中心	1994
32	国外长水工隧洞建设中的某些结构和工艺措施	华东勘测设计研究院（简称华东院）	1992
33	西班牙几座常规水电站和抽水蓄能电站的布置概况	华东院	1992
34	伊拉克 BeKhme 电站的地下工程	华东院	1992
35	电磁波勘探法在引水隧洞安全度监测中的应用	华东院	1992
36	高地应力区隧洞的几何形状设计	华东院	1992
37	坝工建设中的科学技术进步方向	华东院	1992
38	考虑到固结因素的填筑坝应力变形解析	华东院	1992
39	地下水工建筑物设计中的工程地质论据	华东院	1992
40	英吉利海峡隧道的设计与施工	华东院	1992
41	英吉利海峡隧道法国一侧的隧道施工	华东院	1992
42	英吉利海峡隧道英国一侧的衬砌设计	华东院	1992
43	英吉利海峡隧洞工程——综述与合同管理	华东院	1992
44	1989～1991 日本在建已建、改造水电站一览表	华东院	1992
45	蛇尾川抽水蓄能电站引水洞的设计与施工	华东院	1992
46	套钻岩芯法测试地应力	华东院	1992
47	长隧洞的工程地质勘察经验综述	华东院	1992
48	碾压混凝土译文专辑	中南勘测设计研究院（简称中南院）	1992.3
49	《大坝工程》论文集译文专辑	中南院	1992.10
50	地下工程译文专辑（一）、（二）	中南院	1992.11
51	边坡稳定译文专辑	中南院	1992.12
52	水工隧洞译文专辑	中南院	1993.10
53	贯流式灯泡机组在珠江中下游水电站中的应用	珠江水利委员会科技信息研究所（简称珠委信息所）	1993.6
54	西江流域经济开发与环境整治重大问题研究	珠委信息所	1994
55	软基处理理论与工程实录论文集	珠委信息所	1994

续表

序号	名　　称	完成单位	完成时间
56	高拱坝技术译文集	西北勘测设计研究院	1992
57	苏联努列克等水电站技术资料汇编	西北勘测设计研究院	1993.5
58	强震对地下工程的影响	黄河水利委员会设计院	1993
59	高寒地区的水工建筑物	黄河水利委员会档案信息中心	1993.3
60	大坝与环境（第16届国际大坝会议专题论文集）	长委会信息中心情报室等	1993.5
61	土石坝及土石围堰的新发展（第17届国际大坝会议 Q_{67} 专题论文集）	中国大坝委员会、能源部水电开发司、水利水电规划设计总院	1993
62	国内外碾压混凝土筑坝技术规程规范汇编	天津勘测设计研究院（简称天津院）	1993
63	碾压混凝土坝工程实例汇编	天津院	1993
64	碾压混凝土筑坝技术文献选编	天津院	1993
65	碾压混凝土坝施工文献选编	天津院	1993
66	碾压混凝土坝施工机械资料汇编	天津院	1993
67	碾压混凝土坝温度控制综述	天津院	1993
68	国际抽水蓄能会议译文集	天津院、中国水力发电工程学会	1993
69	国外高水头电站及无衬砌压力管道译文集	广西水电厅科技情报中心站	1993
70	泄水工程空蚀与磨损译丛	长江科学院	1992
71	中国泄水工程高速水流实验设备与仪器	水利水电泄水工程与高速水流信息网	1993
72	高水头泄水建筑物的水力设计与计算（上、下册）	水利水电泄水工程与高速水流信息网	1994
73	泄水工程与高速水流文摘（第二册）	水利水电工程与高速水流信息网	1993.4
74	水文预报论文集	水文水资源信息网	1993.10
75	水利水电机电技术讨论会论文集	水利水电机电技术信息网	1992.10
76	贯流式水轮发电机组技术汇编	水利水电机电技术信息网	1993.8
77	金属结构新技术论文集	金属结构信息网	1993.12
78	《费用效益分析》译文	水能技术信息网	1993.6
79	《费用效益分析手册》（英）	水能技术信息网	1993.6
80	中国高坝工程地质（三）	水利水电工程地质信息网	1992.12
81	砂土液化、诱发地震译文集	水利水电工程地质信息网	1992.6
82	中国大坝工程地质及基础处理	水利水电工程地质信息网	1993.11
83	拱坝设计译文专辑	混凝土坝技术信息网、成都勘测设计研究院	1993.5
84	混凝土坝稳定分析及基础处理专集	混凝土坝信息网	1992.10
85	水工物探译文集	水利电力物探信息网	1992.9
86	水文物探论文选编	水利电力物探信息网	1992.4
87	综合测井论文集	水利电力物探信息网	1993.12

续表

序号	名　　称	完成单位	完成时间
88	混凝土面板堆石坝导则译文	水利水电规划设计总院	1992.1
89	输水系统（美国垦务局设计标准隧洞竖井和洞室）	水利水电规划设计总院	1992.4
90	中国混凝土面板堆石坝图册	水利水电规划设计总院、水利水电土石坝工程情报网，水力发电学会混凝土面板堆石坝专业委员会	1993.12
91	水利水电工程勘测设计专业综述（规划、勘测、水工、机电、施工组织设计、技术标准6卷）	水利水电规划设计总院	1993.7

（水利电力信息研究所　吕玉英）

历届国际大坝会议研究的课题

第一届于1933年在瑞典斯德哥尔摩召开

专题1a　混凝土老化对重力坝产生的危害

专题1b　重力坝内部温度和变形的影响

专题2a　有关确定某种材料是否适用于土坝施工的研究方法

专题2b　穿过坝体及地基渗流的力学规律研究

第二届于1936年在美国华盛顿召开

专题3　特殊混凝土

专题4　收缩缝、伸缩缝和膨胀缝的设计及密封

专题5　砌石坝和混凝土坝护面的研究

专题6　基础材料的土力学研究

专题7　土坝稳定性的计算

第三届于1948年在瑞典斯德哥尔摩召开

专题8　扬压力及其在坝体中产生的应力

专题9　在土坝和混凝土坝中测量应力应变的方法和设备

专题10　避免管涌的最新方法

专题11　大坝中采用一些试验方法和特殊水泥的一些成果

第四届于1951年在印度新德里召开

专题12　大坝可能遇到的并应该设计的最大洪水的确定方法、临时或永久性泄洪洞和溢洪道类型、泄洪能力和总体布置的选择

专题13　土坝及带有心墙或斜墙堆石坝的设计和施工

专题14　水库淤积及其有关问题

专题15　大坝混凝土

第五届于1955年在法国巴黎召开

专题16　透水土基上坝的设计和施工，基础处理方法

专题17　各种混凝土坝的经济问题和安全性问题

专题18　因坝体材料或地基土壤的压缩性而带来的坝体沉降问题，包括地震问题

专题19　混凝土中的水泥含量对以下几种坝型的影响：①重力坝；②拱坝；③支墩坝，以及对渗透性和抗冻能力的影响

第六届于1958年在美国纽约召开

专题20　已有坝的加高

专题21　坝体、坝基和坝座中的应力和变位的观察；以及这些观测与计算值和模型试验值的比较

专题22　土心墙施工和土坝、堆石坝支撑填筑中所用材料的压缩方法及含水量

专题23　坝体混凝土中外加剂和火山灰质材料的使用，以及细粒径砂的影响

第七届于1961年在意大利罗马召开

专题24　大坝混凝土骨料的选择、加工和分类

专题25　与大坝连接的地下工程

专题26　宽峡谷混凝土坝及其附属工程的先进技术

专题27　土坝和带有沥青和其它材料的堆石坝的防渗

第八届于1964年在英国艾丁堡召开

专题28　现场岩石的物理和机械特性，以及决定这些特性并改进它们的方法，尤其是与大坝设计与施工有关的那些特性

专题29　应用于各种大坝上的包括地震观测

在内的一些措施的结果及其解释

专题 30 各种大坝的混凝土设计，龄期对混凝土特性的影响

专题 31 高堆石坝（80 m 及以上）的设计、施工方法和特性

第九届于 1967 年在土耳其伊斯坦布尔召开

专题 32 从地基角度看大坝的安全、水库库岸的安全

专题 33 临时和永久性水流控制结构

专题 34 坝的特性及恶化

专题 35 位于地震区或其它不良情况下的坝

第十届于 1970 年在加拿大蒙特利尔召开

专题 36 土坝和堆石坝设计与施工的新发展

专题 37 位于深冲积层、喀斯特地带或其它不良地基上的坝和水库的设计、施工新发展

专题 38 大坝和水库的运行管理

专题 39 混凝土坝设计施工的新发展

第十一届于 1973 年在西班牙马德里召开

专题 40 筑坝带来的环境后果

专题 41 施工期间和完工后的水流控制和能量控制

专题 42 土坝和堆石坝的防渗体和护坡

专题 43 混凝土坝的快速施工和经济施工的新理论

第十二届于 1976 年在墨西哥的墨西哥城召开

专题 44 特殊类型填筑坝的一些问题

专题 45 坝体及坝基的渗漏勘察和排水

专题 46 坝建设的初步规划

专题 47 一些环境因素对大坝和水库的影响

第十三届于 1979 年在印度新德里召开

专题 48 坝的边界问题

专题 49 坝的恶化和失事

专题 50 大型泄洪洞和溢洪道

专题 51 坝的地震设计和抗震设计

第十四届于 1982 年在巴西里约热内卢召开

专题 52 坝的运行安全

专题 53 地质和岩土工程对坝设计的影响

专题 54 水库淤积和岸坡稳定、技术影响和环境影响

专题 55 土石坝和土石围堰的材料及施工方法

第十五届于 1985 年在瑞士洛桑召开

专题 56 坝体和坝基监测

专题 57 混凝土坝一个总是出现的老问题：裂缝；一种新的技术：碾压混凝土

专题 58 坝基渗漏处理

专题 59 移民

第十六届于 1988 年在美国旧金山召开

专题 60 水库及环境——管理和监测的经验

专题 61 土石坝除粘土心墙外的其它防渗体

专题 62 混凝土坝施工的新发展

专题 63 设计洪水和运行洪水控制

第十七届于 1991 年在奥地利维也纳召开

专题 64 大坝工程环境问题

专题 65 坝的老化与补救措施

专题 66 复杂地基处理

专题 67 土石坝及土石围堰的新技术

第十八届于 1994 年在南非德班召开

专题 68 大坝安全的评价和改善

专题 69 水库运行中有关环境方面的经验

专题 70 大坝分期建设、加高或改建

专题 71 溢洪道及泄水建筑物的老化

（中国电力企业联合会 陈宗梁）

技术标准

17

技术标准管理工作

标准化工作动态

（一）《水利水电勘测设计技术标准体系》实施情况

原能源部、水利部于1988年9月9日以能源技[1988]12号文批复的《水利水电勘测设计技术标准体系》，是水利水电勘测设计技术立法的依据，在水利水电规划设计总院的组织、有关单位广大标准化工作者的共同努力下，标准的编制、修订工作已有了较大的进展，有关情况见表1。

表1　水利水电勘测设计技术标准体系实施情况统计表

专业分类	标准数量	标准编修情况		
		已　颁	在　编	取　消
通　用	14	8	6	
规　划	17	9	7	1
勘　测	15	10	5	
水　工	24	17	7	
机　电	31	17	14	
施　工	14	1	12	1
定　额	12	11	1	
总　计	127	73	52	2

注　(1)原已颁标准经修订后重新颁发的，仍按已颁标准统计。(2)原已颁标准，新颁发了补充规定的仍按已颁标准统计。(3)现已报批尚未批准颁布的标准，按在编标准统计。

新颁标准目录计有：水电站厂房设计规范（试行），溢洪道设计规范，水利水电工程可行性研究报告编制规程，水利水电工程初步设计报告编制规程，江河流域规划环境影响评价规范，碾压混凝土坝设计导则，混凝土面板堆石坝设计导则，水利水电工程启闭机设计规范等。

原已颁标准经过修订后重新颁发的标准目录计有：水利水电工程设计洪水计算规范，水利水电工程钻探规程，水利水电工程钻孔压水试验规程，水利水电工程物探规程等。

（二）《水利水电技术标准编写规定》的颁发

为了加强对水利水电技术标准制、修订工作的管理，提高标准编写质量，由水利部科教司组织编写的《水利水电技术标准编写规定》作为强制性行业标准于1992年5月13日颁发执行。

该编写规定共分为总则、标准的前引部分、标准的正文部分、标准的补充部分 、标准的结构、标准的编写、标准的条文说明七章及标准封面样式、标准扉页样式、标准的结构层次及编号、标准的附加说明样式共5个附录以及标准的附加说明共计13部分组成。

水利水电技术标准编写规定的颁发，对规范水利水电技术标准的编写，提高标准质量起到了有力的推动作用。

（三）《水利水电勘测设计技术文件范本》的编写

为了加快水利水电工程勘测设计技术文件编制的进度、保证设计文件的质量，在水利水电规划设计总院的指导与支持下，由水利水电勘测设计标准化信息网（原情报网更名为信息网）于1992年开始组织《水利水电勘测设计技术文件范本》的编写，这项工作由信息网牵头组织，自愿集资开展，现在已有25个单位参加了这项工作，已经安排了水利水电工程水工建筑物技施设计大纲等200余万字的范本编写工作，从1994年底开始陆续提供部分可供实用的范本成果。

（水利水电规划设计总院　张余祥）

全国水利水电勘测设计第二次技术标准工作会议

1992年5月5～9日，水利水电规划设计总院在上海主持召开了全国水利水电勘测设计第二次技术标准工作会议。会议的主要任务是进一步学习、贯彻《中华人民共和国标准化法》及其配套法规；交流技术标准编制、修订和管理工作的经验；讨论修订《水利水电勘测设计技术标准工作管理暂行办法》；研究“八五”期间力争完成《水利水电勘测设计技术标准体系》的措施。参加会议的有原能源部、水利部及直属勘测设计院、流域委院和各省水利水电勘测设计院主管技术标准工作的领导，中国水利水电工程总公司、水利水电科学研究院、水利电力出版社及长期从事标准制、修订和管理工作的代表，共计51个单位的86位代表。

会议期间原能源部潘家铮总工程师作了书面讲话，水利水电规划设计总院许百立总工程师作了《为争取1995年完成〈水利水电勘测设计技术标准体系〉而努力奋斗》的工作报告，水利部科教司、上海市工程建设标准化办公室和上海勘测设计研究院的有关领导讲了话，有14个单位的代表在会上介绍了标准编制、修订和管理工作等方面的经验、体会、存在的问题和建议。代表们在认真地学习了有关的标准化文件后，分组就如何加快技术标准制、修订进度，提高标准质量和加强标准管理工作等议题进行了讨论。

与会代表认为，今后的10年将是水利水电建设的黄金时代，无论是建设规模还是技术难度将是世界上少有的。标准化工作如何适应水电建设发展的需要，应该引起各级领导和广大科技人员的重视。会议认为应继续发扬成绩，锐意改革，通力合作，开拓前进，才能完成《水利水电勘测设计技术标准体系》中技术标准项目的编制任务。为此，会议就以下几个方面的问题取得了共识：

(1)加强宣传，进一步提高对标准化工作重要性的认识。今后应有计划地举办有各级领导参加的标准化工作研讨班。

(2) 进一步健全机构，加强标准化管理工作。建议成立水利水电勘测设计标准化委员会、专业标准化技术委员会，统一领导水利水电勘测设计的标准化工作。

(3)增加对标准化工作经费的投入。建议能源、水利两部和水利水电规划设计总院要在经费投入方面采取有力措施。

(4)努力提高技术标准质量，简化标准审批程序，缩短标准编制审批的周期。

(5) 会议希望各勘测设计单位要切实加强对标准化工作的领导，为提高本单位的技术水平和信誉，积极为全行业的技术立法勇挑重担。

(6)提高技术标准编、修人员的素质，采取措施，相对稳定标准编制技术骨干队伍。

(7)会议认为《水利水电勘测设计技术标准管理办法》征求意见稿是可行的，希望根据代表们提出的意见抓紧修改，尽早颁发执行。

(8)会议希望各勘测设计单位支持《水利水电勘测设计标准化情报网》的工作，共同把情报网的工作办得更好。

（水利水电规划设计总院　张余祥）

水利水电勘测设计技术标准管理办法

一、总则

第一条　为加强水利水电勘测设计技术标准的管理，根据《中华人民共和国标准化法》和上级主管部门有关规定，结合水利水电勘测设计技术标准工作的实际情况，制定本办法。

第二条　水利水电勘测设计技术标准（以下简称标准），包括规划、勘测、设计、试验、定额等有关技术标准，它是水利水电建设技术法规的重要组成部分，是进行水利水电工程勘测、规划、设计及试验工作的主要依据。

第三条　水利水电规划设计总院是水利水电勘测设计技术标准的归口管理部门，凡由水利水电规划设计总院负责组织编制、修订的有关水利水电勘测设计技术标准均按本办法进行管理。

第四条　标准主要分为国家标准、行业标准两级。各勘测设计院亦可根据工作需要制定院标准（相当于企业标准），并报水利水电规划设计总院备案。

凡下一级标准的规定不得与上一级标准相抵触。

第五条　水利水电规划设计总院应根据水利水电建设的发展和科学技术的进步适时地组织标准的修订工作。原则上每3～5年复审一次，根据复审结果分别予以确认、修订或废止。对急于修改补充的个别条款，可采用通报方式及时修订。

第六条　标准的制、修订工作，是一项重要的技术立法的基础工作，从事技术标准制、修订和管理工作的技术人员，是科技队伍的重要组成部分，其考核、晋升等方面的待遇应与本单位的其他生产人员相同。

二、标准制、修订的计划管理

第七条　标准的编制工作，按照能源、水利两部批准的《水利水电勘测设计技术标准体系》有计划地逐步实施。标准的修订，可由有关单位、学术团体或个人提出修订标准项目建议，经水利水电规划设计总院统一研究，分轻重缓急列入标准的修订计划。

第八条　标准项目的制、修订，实行项目承包合同制。由水利水电规划设计总院（甲方）择优或采取议标的方式确定项目的主编单位（乙方），主编单位应根据合同的格式和内容的要求起草合同文本，经甲、乙双方共同协商一致签署盖章后，方为有效。甲、乙双方都应严格履行合同规定的条款。

第九条 标准的主编单位在合同签订后，应即正式成立有技术领导参加的若干名有实践经验的技术骨干组成的标准制、修订小组，并将小组成员的有关情况报水利水电规划设计总院。

第十条 标准的主编单位，应于每年11月底以前，将当年标准制、修订计划执行和经费使用情况一式两份，用专文报水利水电规划设计总院，作为按计划拨付下一年度经费的依据。

第十一条 按合同拨给各单位的标准制、修订经费，是补助性质的。一般可用于标准制、修订的办公费、调研差旅费、会议费、咨询费、资料费、印刷费等，上一年未用完的经费，可结转下一年使用。各单位必须按财务有关规定节约使用，任何单位或个人都不得截留或挪用。

三、标准的制、修订

第十二条 标准制、修订的主要原则：

(一) 应贯彻执行国家的有关技术政策，密切结合我国实际情况，合理利用资源，充分考虑使用要求，力求做到：技术先进，经济合理，确保质量，安全适用。

(二) 应以总结生产、建设、运行实践经验和经过鉴定的科学研究的综合成果为依据。

(三) 对国际标准和国外先进标准，应贯彻“认真研究，积极采用，区别对待”的方针。

(四) 做好与相关标准之间的协调工作。

(五) 应按上级有关工程建设技术标准编写规定的要求进行标准编写工作。

第十三条 制定标准的程序，一般按准备工作、征求意见稿、送审稿和报批稿四个阶段进行。修订标准的程序可根据具体情况适当简化，各阶段的主要工作内容如下：

(一) 准备工作阶段：主要工作是确定标准的主、协编单位，成立编制组，拟订标准的编制大纲，签订专项合同。

(二) 征求意见稿阶段：在广泛调查研究收集资料的基础上，按拟定的编写大纲，编写标准征求意见稿的正文、附录、条文说明以及重要问题的专题报告，并由主编单位以多种形式包括函审、召开征求意见稿讨论会等形式广泛征求意见。

(三) 送审稿阶段：根据对征求意见稿的意见对征求意见稿进行修改、补充，撰写送审稿的正文、附录和条文说明并由总院主持召开送审稿审查会。

(四) 报批稿阶段：根据送审稿审查会的意见由主编单位对标准的正文、附录及条文说明进行修改、补充，形成标准的报批稿，由总院审定报批。

第十四条 勘测设计技术标准，一般以召开征求意见稿讨论会和送审稿审查会两次会议为宜。应为标准征求意见稿讨论会提供标准正文、附录、条文说明及有关专题报告等文件；应为标准送审稿审查会提供下列主要文件：

(一) 标准送审稿的正文、附录及条文说明；

(二) 供审查会了解情况的送审报告并附对征求意见稿的意见汇总及处理情况；

(三) 标准中主要问题的专题报告和标准在技术经济方面的评价及与国外相应标准的对比等有关参考资料。

(四) 根据需要，提出验证试验成果或试设计报告。

第十五条 标准的送审稿报水利水电规划设计总院后，总院应抓紧召开有同行专家参加的送审稿审查会（一般不超过三个月）。

第十六条 送审稿审查会的会议纪要主要应包括下列内容：

(一) 审查会的概况；

(二) 对送审稿重要条文的审查意见及有关重大技术问题的倾向性意见；

(三) 对标准在技术经济方面的评价及与国外相应标准的对比；

(四) 参加审查会议的专家签名名单。

第十七条 报批国家标准和行业标准时，必须齐备的报批材料是：

(一) 报批标准的公文一份；

(二) 报批的国家标准草案一式六份，行业标准一式五份。若有插图，应附符合制版要求的插图一份；

(三)《标准申报单》、《标准条文说明》、《意见汇总表》、《送审稿审查会会议纪要》及《会议代表签名的名单》一式三份；

(四) 等同、等效、参照采用国际和国外先进标准时，应附被采用的标准原文复印件和译文各一份。

四、标准的实施与监督

第十八条 强制性标准一经颁发，必须遵照执行。如需提高标准或降低标准时，必须进行专门论证并经设计审查主管部门批准。

第十九条 设计单位的技术负责人，应把贯彻执行标准作为主要工作任务之一；上级单位考核下级单位工作时，应考核贯彻执行标准的情况。

第二十条 凡违反有关标准规定，造成人员、设备损失或造成严重社会危害时，应追究有关人员的行政、经济和法律责任。

第二十一条 标准一经颁发，该标准的主编单位应安排专人负责该标准的日常管理工作。标准主管部门将根据具体情况下拨必要的补助费。标准管理单位每年 11 月底应书面向标准主管部门报告标准管理工作情况。

第二十二条 标准管理工作的主要任务是：

（一）负责对标准一般性条文的解释工作；

（二）了解标准贯彻执行的情况及存在问题；

（三）针对标准遗留的重要问题，开展必要的调查研究工作；

（四）收集和研究国内外有关标准的技术情报资料和工程实践经验；

（五）负责本标准技术档案资料的管理工作；

（六）及时提出对标准修订工作的意见。

五、奖励

第二十三条 标准颁发执行一年后，其经济和社会效益显著者，可申报水利水电规划设计总院、部和国家科技进步奖。

第二十四条 按合同拨给各单位的标准制、修订经费，在该标准按合同要求完成任务后，其节余经费，可提取适当比例用于对标准制、修订人员的奖励。

六、附则

第二十五条 本办法自正式颁发之日生效，其解释权归水利水电规划设计总院。

（本办法由水利水电规划设计总院以水规科［1992］033 号文颁发）

编辑出版《电力工业标准汇编·水电卷》

1994 年中国电力企业联合会标准化部在清理已有水利水电标准的基础上，组织编辑《电力工业标准汇编·水电卷》（以下简称《汇编》），于 1995 年 2 月起陆续出版发行。

出版该《汇编》的目的是为了适应社会主义市场经济和当前水电建设的发展需要，满足从事水电事业的广大技术人员对标准成龙配套的要求，进一步加强标准的管理，促进科技发展，有利于新标准和新技术的应用推广。

《汇编》重点编入近年新颁的水利水电标准（包括规程、规范、导则等），大中小型水电工程所需的有关国家标准、行业标准、重要的企业标准以及相应的标准编制说明。对于尚未修订现仍在使用的早年已颁标准也根据需要编入。《汇编》分为：通用技术标准、规划、勘测、水工、机电及自动化、金属结构、施工、概预算和工程造价、环保及安全等 9 册，约 1300 万字。

考虑到标准的编修工作任务重，审批、颁发和出版新标准需要一定时间，从当前实际需要出发，有利于工作，经研究并经领导同意，将目前已提出报批稿的新标准和个别急需的送审稿新标准编入《汇编》附录内，供读者参阅，对未经正式颁发的标准不作技术法律依据。在附录中还编入部分与水电专业内容有关的标准，以及需要使用的一般行政文件、规定、通知、办法、意见。

《汇编》编辑委员会顾问潘家铮专门为此写了序言。主编为陈宗梁，副主编有张津生、郦凤山、毛亚杰、高安泽、辛德培、谢良华。还有多名编委和专业组负责人。《汇编》工作是在电力工业部标准化领导小组、中国电力企业联合会和电力工业部科技司等领导的关心和指导下进行的，并得到水利水电规划设计总院、水利水电科学研究院、中国水利水电工程总公司、北京勘测设计研究院、水利电力出版社等单位以及水电各标准化委员会的领导和专家的大力支持。

（中国电力企业联合会 陈宗梁）

新颁和修订的规程、规范、导则

《水利水电工程可行性研究报告编制规程》

《水利水电工程可行性研究报告编制规程》（DL 5020—93）（以下简称《规程》）系由水利水电规划设计总院根据原能源部和水利部颁发的《水利水电勘测设计技术标准体系》编制的，经电力工业部和水利部审查批准，自 1993 年 9 月 1 日起实行，原《水力发电工程可行性研究报告编制规程》SD 123—84（试行）同时废止。

水利水电工程可行性研究报告是确定建设项目、编制设计文件的依据。国家计委计投资(1991)1969号《关于报批项目任务书统称报批可行性研究报告的通知》中规定,所有国内投资项目和利用外资的建设项目在批准项目建议书后应进行可行性研究,报送可行性研究报告。《规程》指出报告的编制应根据江河流域(河段)规划、区域综合规划或水利水电专业规划的要求,贯彻国家基本建设的方针政策,遵循有关规程和规范,对工程项目的建设条件进行勘测调查,在取得可靠资料的基础上,进行方案比较,从技术、经济、社会环境等方面进行全面分析论证,提出可行性评价的结论意见。《规程》以担负综合利用任务的大、中型水利水电枢纽工程为主体,也包括其它单一任务的水利水电工程,提出了报告所要求的主要内容和深度。不同类型的工程应根据任务特点对规程的条文内容有所取舍和侧重。规模较小、条件简单的中型工程可适当简化。特别重要的大型工程和利用外资的工程的工作内容和深度可根据需要由主管部门提出补充要求。

《规程》列出了报告文件编写的章节体例和条文要求以及必要的附图、附件等。该规程共13章、1个附录,并附有条文说明。各章主要内容如下:

1. 总则　说明规程的适用范围、编制依据、主要内容和深度要求,说明报告文件各章的型式和顺序。

2. 综合说明　扼要阐述报告的主要内容,包括报告编制的依据和过程、工程的任务和规模、建设条件和主要技术方案、对工程的技术经济和社会环境的综合评价和结论意见。本章一般应单独成册。

3. 水文　说明流域概况、气象、水文等基本资料,提出径流、洪水、地下水、泥沙等计算分析成果,必要时提出水文预报站网和水情自动测报系统的规划。

4. 工程地质　说明勘察工作情况,提出区域地质和水库区、枢纽地址、主要枢纽建筑物、输(排)水线路、堤防、灌(排)水区等主要地质条件以及天然建筑材料概况,综述各项工程地质问题的初步评价和结论以及对工程方案的选择和初步设计工作的意见。

5. 工程任务和规模　说明工程建设的必要性,并就综合利用、水力发电、防洪、灌溉、治涝、城镇和工业供水、通航过木、垦殖等各类工程分别说明其任务、水利和动能计算成果、工程规模和主要指标。

6. 工程选址、工程总布置及主要建筑物　说明工程场址(坝址、厂址、渠线……)的选定、工程等级和标准、工程总体布置、主要建筑物基本型式和参数等。

7. 机电及金属结构　说明水轮发电机组或水泵机组的型式、容量、台数和主要参数,接入电力系统方式,电气主接线,主要机电设备、各项金属结构以及采暖、通风、消防等初选方案。

8. 工程管理　提出工程管理机构设置的初步方案,包括人员编制和用房规模。对水利工程还应提出管理办法。

9. 施工组织设计　说明工程施工条件、建筑材料的采运加工、施工导流截流、主体工程施工方法、施工交通和总布置以及施工进度。

10. 水库淹没处理和工程永久占地　说明水库淹没处理范围和工程永久占地的实物指标、移民安置和专项设施改建的初步规划以及估算的投资。

11. 环境影响评价　说明工程对环境影响的评价和环境保护,以及监测的措施。

12. 工程投资估算　说明编制的原则和依据、工程投资和主要经济指标,列出投资估算表。此外,要说明影子投资,利用外资工程要说明利用外资投资估算。

13. 经济评价　说明国民经济评价和财务评价以及综合评价结论。

14. 附录　列出水利水电枢纽工程特性表的格式,其它类型工程的特性表可以参照编制。

规程附有条文说明,对各项条文内容逐一作出解释性的说明。

《规程》颁布以后,水利工程即按此执行。电力工业部根据水电建设的需要,于1993年12月以电计[1993]567号发出了《关于调整水电工程设计阶段的通知》,提出:①增加预可行性研究报告阶段,预可行性研究报告经主管部门审批后,即可编报项目建议书;②将原有可行性研究报告和初步设计两阶段合并,统称可行性研究报告阶段,取消原初步设计阶段,即加深原可行性研究报告深度,使其达到原初步设计编制规程的要求,并以《水利水电工程初步设计报告编制规程》(DL 5021—93)为准,编制可行性研究报告,经审批后,据以编制招标设计和施工详图。该通知还颁发了《水电工程预可行性研究报告编制暂行规定(试行)》作为附件。按照上述新的规定,水电工程的可行性研究报告内容和深度的要求有所增加,相当原初步设计;预可行性研究报告内容和深度的要求比前述规程有所减少,但各文件编写的章节体例均基本相同。

(水利水电规划设计总院　王祖华)

《水电站厂房设计规范》

《水电站厂房设计规范SD 335—89》在我国是首次制订,由天津勘测设计院主编。规范于1989年3月31日正式颁布试行。

规范分正文、编制说明、专题报告汇编3部分。正文共7章14节188条、8个附录;编制说明是与规范正文的章、节、条顺序相对应的，绝大部分的条文均作了说明；专题报告汇编了14篇总结及论文，本规范编制的总结、论文及译文共110篇。

规范的主要内容有：

1. 总则　阐明了规范的适用范围、厂房类型、防洪标准、设计应注意解决的问题，以及必须同时遵守的有关规范等。

2. 地面厂房布置　分厂区、厂内布置两部分。厂区部分主要涉及各种地面、房屋的布置原则，厂区各建筑物的衔接以及防洪、防淹、排水、进厂交通等问题；厂内布置主要规定了如何确定主机间、安装间、副厂房等的各部尺寸、空间分配及相互关系的问题。

3. 厂房整体稳定及地基应力计算　它包括荷载及其组合、整体稳定及地基应力计算、厂房基础处理3部分。

4. 地面厂房结构设计　分一般规定、荷载及其组合原则、结构设计、构造设计4部分，对厂房上部结构、机墩风罩、蜗壳、尾水管等结构物的计算均作了规定。

5. 地下及其它型式厂房的设计　主要对地下式厂房的布置和结构设计提出了较具体的规定，对坝内式、厂顶溢流式、抽水蓄能电站厂房则只提出了一般要求。

6. 建筑设计　简要地对建筑设计的原则、艺术处理、环境质量、构造装修以及绿化等提出了原则要求。

7. 观测设计　规定了厂房埋设观测设备的项目及其布设原则。

以外尚有楼面均布活荷载、机墩与风罩静力计算、机墩动力计算、考虑框架剪切变形和刚性节点的计算、分离式底板计算、地下洞室锚喷支护设计、地下厂房围岩分类表、该规范用词说明等8个附录。

该规范是我国近40年水电站厂房设计实践的经验总结，它反映了我国水电站厂房设计已经达到的水平，在技术上有所提高。关于地震荷载计算、结构的温度影响力及配筋、地下厂房围岩稳定分析、有限元法的应用等都推荐了计算方法，对洪水标准、厂房下部结构抗裂要求，以及一些设计参数的选择均提出了明确的规定，相应的设计标准作了适当降低，经试设计表明，可节约工程量和投资。该规范是迄今为止对水电站厂房建筑物设计规定较详细的一本技术法规。

（天津勘测设计研究院　张兆祥）

《水利水电工程物探规程》

由水利水电规划设计总院组织黄河水利委员会勘测规划设计院等6个单位编制完成的电力行业标准《水利水电工程物探规程》（以下简称《物探规程》），已经过原能源部、水利部审查批准，能源技（1992）279号文予以发布。自1992年12月1日起实施。标准编号为DL　5010—92，已于1993年8月由水利电力出版社正式出版发行。

《物探规程》是根据原水电部水利水电建设总局（86）水电勘字第6号通知进行编制的。规程编写组在水利水电规划设计总院的组织下，在全国各水利水电勘测设计单位的积极支持与配合下，进行了认真的调查研究，总结了建国以来尤其是近几年来水利水电工程物探工作的实践经验，并吸取了国内外近年来的一些最新技术成果，旨在统一水利水电工程物探技术要求和综合应用物探方法解决水文地质和工程地质问题，以便正确应用物探方法与技术，不断提高物探成果质量。

原水电部于1982年颁发试行的《水文地质工程地质物探规程》共分电法勘探、地震勘探和电测井3个部分，并分为3本。由于水利水电工程物探在地质勘探中的特点是浅层综合物探技术，新颁布的物探规程特别强调了各种物探方法的综合应用，旨在充分发挥综合物探的作用和合理选择使用有关的物探方法，以提高物探工作的地质效果。因此，《物探规程》将现行所有物探方法合为一本，便于使用。

《物探规程》全书共25.8万字。分正文、附录、条文说明三个部分。正文内容主要包括：总则、物探任务、物探方法与技术、物探方法的综合应用、物探成果报告5部分。为了外业工作和技术管理工作的需要，将仪器设备的使用与维护、有关操作方法技术的规定、地震勘探爆炸工作安全条例、图式图例、计算公式及计算图表、物性参数表、物探应用一览表、放射性同位素与射线装置放射防护条例等有关内容列入附录。《物探规程》中明确规定：在执行该规程时应同时执行附录的有关规定，附录与正文有同等法律效力。

《物探规程》条文说明是按规程正文的章、节顺序编写的，便于有关人员在使用本规程时对条文的规定能正确地理解和执行。

（水利水电规划设计总院　才致轩）

《溢洪道设计规范》

《溢洪道设计规范》（以下简称《规范》）在我国是第一次编制，据调查，国外亦尚无蓝本可循。该规范编制的主要原则为：

（1）《规范》的使用范围以河岸式溢洪道为主，兼顾厂顶溢流、厂前挑流及泄洪隧洞出口水力学设计。

(2)《规范》适用于大中型水利水电工程中岩基上的1、2、3级溢洪道设计，4、5级溢洪道的设计亦可参照使用。

(3)《规范》以总结建国以来已建溢洪道的设计经验为主，并注意吸收了国外的先进经验。

(4)积极采用新技术、新理论及新的计算方法，并有充分论证。

《规范》内容共分6章及6个附录，并编写了条文说明，还附有有关工程资料供参考。《规范》的主要特点为：

(1)关于泄洪建筑物消能防冲设计的洪水标准。我国以往设计的泄洪建筑物，其消能防冲设计的洪水标准一般均与大坝的泄洪标准相同。根据对调查资料和专题研究的分析，《规范》明确规定消能防冲设计的洪水标准低于大坝的泄洪标准。视情况需要采用超过消能防冲设计标准的洪水进行校核，此时消能防冲建筑物允许出现局部破坏，但不得危及大坝及其它主要建筑物的安全或长期影响枢纽运行，并易于修复。本条规定既节约了工程造价，又保证了大坝安全运行。

(2)采用主、副溢洪道和非常溢洪道的布置。本条规定是在具备有利的地形、地质条件情况下，经技术经济比较论证后，溢洪道可布置为正常溢洪道(包括主、副溢洪道)和非常溢洪道。正常溢洪道的泄洪能力不小于设计洪水标准下所要求的泄量。非常溢洪道宜泄超过设计情况的洪水，非常溢洪道控制段以下结构，结合地形、地质条件可适当简化。正常溢洪道在布置上和运用上可分为主、副溢洪道，副溢洪道控制段以下结构亦可根据实际条件简化。根据工程实践经验，本条规定是合理可行的，可节省工程量，带来明显的经济效益。

(3)防蚀设计。《规范》内容对泄洪建筑物的防空蚀设计予以足够的重视，写了1章正文和1个附录，提出了6种防蚀措施，特别强调采用行之有效的掺气减蚀设计，同时对水流边壁面不平整度按水流掺气与否规定了相应的控制标准。在总结国内外工程经验基础上对此进行了比较系统和全面的研究，这在国外尚不多见。

(4)水流脉动压力。以往有关规范规定计算水流脉动压力的系数，均未注明是"点"的还是"面"的压力值，计算中易产生差误。《规范》采用水流脉动压力荷载计算的概念，既不易出错，使用也方便。

(5)控制段的抗滑稳定。《规范》参照国内有关规范规定，并借鉴国外的工程设计经验，对控制段的抗滑稳定计算采用抗剪断强度公式。

(6)消力池护坦的抗浮稳定。《规范》在建筑物设计中写了1节消力池护坦，包括计算情况、荷载、抗浮计算公式及安全系数，将消力池护坦列入规范建筑物结构设计篇，国内外尚未见到。

(7)地基防渗与排水。溢洪道的地基，《规范》规定可建于弱风化岩层，并提出了综合考虑防渗和排水的措施，并明确了渗流控制防、排并重的设计原则，以及强调了排水(包括抽排)设施的重要性。

《规范》由电力部中南勘测设计研究院主编，参加协编的单位有：北京勘测设计研究院和陕西省水利水电勘测设计院。

(水利水电规划设计总院　王华阳)

《碾压混凝土坝设计导则》

碾压混凝土筑坝是近20年来在国际上兴起的一项筑坝新技术，它具有节约水泥、简化混凝土温控、施工速度快和节省投资等优点。我国自1980年以来碾压混凝土筑坝技术发展很快，且日趋成熟，积累了较丰富的设计与施工实践经验。

为适应新技术的运用与发展的需要，对具有我国特色的碾压混凝土筑坝技术，在全面总结实践经验的基础上编制出我国的设计技术标准，是很有必要的。为此水利水电规划设计总院委托成都勘测设计研究院编制了《碾压混凝土坝设计导则》(以下简称《导则》)。该导则1992年4月经原能源部、水利部批准颁发，其编号为DL/T5005—92，同年12月由水利电力出版社正式出版发行。

《导则》共分7章。

1. 总则　明确编制《导则》的目的是为了推广碾压混凝土筑坝新技术，提高碾压混凝土坝的设计水平及保证设计质量。《导则》主要适用于大、中型水利水电工程中岩基上的碾压混凝土实体重力坝设计，并着重于对碾压混凝土坝的枢纽布置，坝体构造及温度控制等项设计提出要求。凡未涉及部分，仍应按《混凝土重力坝设计规范》SDJ217—8(试行)及其补充规定和有关规范条款执行。

2. 枢纽布置　结合碾压混凝土施工的特点与要求，在枢纽布置中，大坝采用碾压混凝土的部位，宜相对集中，便于施工。

3. 坝体断面设计　碾压混凝土坝的断面设计在体型上应力求简单，便于施工。对于不适宜碾压混凝土施工的部位，如闸墩、坝内孔洞周边及溢流面层等，仍应采用常态钢筋混凝土。

4. 坝体构造　为便于碾压混凝土的施工，碾压混凝土坝应不设置纵缝，可少设或不设横缝。碾压混凝土坝的基础灌浆、排水、检查、观测及交通等廊道宜合并使用。

5．碾压混凝土材料和坝体混凝土标号　碾压混凝土所用材料和常态混凝土基本一样，主要区别在于胶凝材料中活性掺合料(包括水泥中的混合材)所占的重量比。《导则》规定在外部碾压混凝土中不宜超过总胶凝材料的45%，在内部碾压混凝土中不宜超过总胶凝材料的70%。碾压混凝土的配合比，一般由试验确定。碾压混凝土中的总胶凝材料用量，根据我国许多工程实例，《导则》规定不宜低于130 kg/m³。碾压混凝土的抗压强度，规定一般采用180天龄期。对于坝体内部碾压混凝土的标号，为便于施工，一般采用一种标号，对于高、中坝亦可按高程或部位分别采用不同的标号。

6．碾压混凝土坝温度控制及裂缝的防止　由于碾压混凝土施工铺筑速度快，通仓铺筑基础约束作用大，层面的散热效果差，应控制坝内最高温度和基础温差。在碾压混凝土的胶凝材料中，应根据工程条件研究减少水泥熟料的用量，合理确定活性掺合料的掺量，以削减其发热量。碾压混凝土坝内不宜埋设冷却水管，坝体降温主要靠自然条件下的仓面散热，因此碾压混凝土坝的施工，要抓住有利季节铺筑或采取其他有效措施，以达到控制浇筑温度的目的。

7．观测设计　对一般性观测项目仍按《混凝土重力坝设计规范》和《混凝土大坝安全监测技术规范》中的有关条文执行。对采用碾压混凝土筑坝技术在观测设计中有特殊要求的部分，《导则》列出补充观测项目。

《导则》的制定，是根据工程设计的实践经验，基本上采取成熟一条，制定一条的原则。为了便于设计人员对《导则》的理解和应用，《导则》与条文说明及有关参考资料编在一起出版。

由于碾压混凝土筑坝技术在我国水利水电工程建设中应用时间尚短，《导则》还需从工程设计的实践中，不断积累资料，总结经验，修订补充，以臻完善。

(水利水电规划设计总院　邵俊彦)

教育与出版

18

水电教育改革与发展

1992～1994年电力高校水电专业教育改革与发展概况

1992～1994年，电力部属高校15所，其中本科院校7所、高等专科学校8所（含1994年新设的3所）。武汉水利电力大学、葛洲坝水电工程学院、长春水利电力高等专科学校设有水电专业。

为贯彻落实《中国教育改革和发展纲要》，适应社会主义市场经济和电力建设发展的需要，上述院校水电各专业在科系建设、专业调整、规模发展、教学改革、教材建设等方面均进行了相应改革。

（一）科系建设（重点学科建设）

依据院校基础条件及长远发展需要考虑：

(1)水利水电建筑工程专业所含水工结构工程、水力发电工程、结构力学、土木水利工程施工4个学科分别制订了学科建设规划，其中，水工结构工程学科计划于1997年进入国家重点学科。

(2)水力发电动力工程及自动化专业参与制订“水力发电工程”重点学科建设规划，计划1997年进入国家重点学科。

(3)水资源规划及利用专业参与制订“水文学及水资源”重点学科建设规划，计划1997年建成国家重点学科。

（二）专业设置与调整

(1)按国家教委有关规定，水利水电建筑工程、水利水电建筑施工两专业调整为水利水电建筑工程专业；水力发电动力工程及自动化改称水利水电动力工程专业；水资源规划及利用改称水文与水资源专业。

(2)拓宽专业面，适应社会需求。在水利水电建筑工程专业中增设“工程监理”专业方向、“施工技术和管理”专业方向，相应增设系统工程、房屋建设、涉外工程经营及有关管理方面的课程。根据近年水电工程建设发展情况，开设了“水利水电工程概预算”专业，并增设了“工程造价管理”专业方向；水文水资源专业增设“水电能源规划与管理”专业方向；区域经济规划开发专业中设置了“移民工程”专业方向。

（三）规模发展

根据《中国教育改革和发展纲要》及电力工业加快发展的需要，要逐步扩大研究生培养能力，创造条件建立研究生院；电力本科教育要稳步发展，规模适当，结构合理，重点是提高教育质量和办学效益；电力高等专科教育、高等职业教育要积极发展，在努力办好现有高等专科学校的基础上，积极探索电力高专和电力高职在专业方向、培养目标等方面改革的新思路，培养更多的电力工业急需的职业性、应用性人才。

对于现有的重点学科、专业、学术骨干队伍要支持发挥其优势和作用；对于电力工业发展需要的学科、专业，要积极地、有计划地支持其重点学科建设。

1992～1994年有关水电专业招生、毕业生情况见表。

（四）教学改革

(1)课程建设深入开展，促进教学质量不断提高。已建成一类课程5门、二类课程30余门。专科学校课程建设亦有较大进展，评定为省级优秀课程1门，校内一类课程2门，校内二类课程5门。

(2)调整教学计划，增强适应性。采取“按系招生，后期分流”办学模式，拓宽专业面，加强基础、着重能力培养和学以致用。计算机、外语教学重实践、不断线，增设生产实践过程需要的计算机绘图、市场经济原理、微机管理及应用、大坝变形观测等课程。

(3)加强实践教学环节。①聘请有实践经验的专家、教授指导、任教，培养学生的综合分析能力，提高科研意识和动手能力，从而巩固课堂理论知识。②结合生产实际指导学生毕业设计；承包工程项目及承担课题，组织学生直接参加生产任务、科学研究，进行工程师基本训练。③改变单一的课堂教学形式，充分利用现代教学手段，建立“程序包”，进行计算机辅助教学；制作电视片、幻灯片开展电化教学。

（五）教材建设

1992年以来，正式出版的本科教材19种，其中获1992年能源部优秀教材一等奖1项，1992年水利部优秀科技图书二等奖1项。另有研究生教材及校内出版、使用的教材及修订版本20余种。正式出版的专科教材20余种，校内出版、使用的25种。

（六）科研工作及成果

1992～1994年6月，水电专业已签订合同的科研项目236项，科研经费1154.3万元，其中：纵向73项，经费241.3万元；横向163项，经费912.9万元。水电

设有水电专业的电力高校情况调查表

院校名称	专业设置	年招生数			1994年底在校生数	毕业生数				研究生招生数						研究生毕业生数	
		1992年	1993年	1994年		1992年	1993年	1994年	合计	1992年		1993年		1994年		1994年	
										硕士	博士	硕士	博士	硕士	博士	硕士	博士
武汉水利电力大学	水利水电建筑工程	80	80	160	500	157	123	157	437	14	2	23	5	19	4	14	2
	水利水电动力工程	60	60	60	240	94	77	67	238	7	4	10	1	17	4	7	4
	水文与水资源	30	30	30	120				80								
葛洲坝水电工程学院	水利水电建筑工程	154	108	121	466	188	98	80	386								
长春水利电力高等专科学校	水利水电建筑工程	105	66	70	235	33	46	41	120								
	水电站动力设备	63	66	60	189	40	45	43	128								

专业科研工作的开展，主要集中在武汉水利电力大学。1992～1994年，学校依靠自身优势，采取“面向生产、面向实际”，“走出去、请进来”等方式，争取到高碾压混凝土坝安全度分析理论研究、三峡工程厂房坝段抗震试验及动力可靠度研究、结合式升船机整体动力试验研究等53个纵向科研项目；争取到云南大朝山水电站地下厂房吊车梁研究、龙羊峡水电站大坝外部变形观测系统研究、葛洲坝大江电厂机组水头流量测量装置等106个横向科研项目。葛洲坝水电工程学院亦承担了神农架林区娘娘庙、白渣洞水电站设计，新滩、链子崖、黄腊石等滑坡的防滑及预报等20个纵向、80个横向项目与课题任务，科研经费430余万元。

校办产业伴随科研的开展迅速发展起来，长春水利电力高等专科学校的科研与校办产业相结合，取得了一定成绩。SCW多路对讲机、多功能刚体转动实验仪、电厂微机监控系统、新型管母线金具等项目，分别获得省级奖励，通过省级鉴定，有的已确定由电厂安装使用，有的已批量生产。

（电力部原教育司　王东棣）

电力工业部建立新型电力职业技术学校

为使电力职业技术教育尽快适应社会主义市场经济体制和电力生产建设岗位的实际需要，电力工业部于1994年4月20日正式下达电人教［1994］250号文《关于印发深化中专与技校改革建立新型电力职业技术学校实施意见的通知》（简称《意见》）。要求各电管局、电力局、水电工程总公司，对现行电力中专分期分批逐步进行以相互沟通和衔接办学为主要特征的教育改革。

按照《意见》，先选择在校舍条件、教育设施、师资队伍、领导班子等方面均达到中专、技校设置标准，并原则上在分别达到省部级、国家级重点学校标准的部分学校进行试点，实行中专与技校融合一体化办学，取得经验后，逐步全面推广。电力工业部电人教［1994］458号文确定首批27所学校试办新型电力职业技术学校（名单见表），其校名为“××电力工业学校”或“××水力发电学校”、“××水电工程学校”。第一批试点学校的改革要从1994年暑期开始，拟用4年时间完成电力中专、技校向电力工业学校过渡。

第一批改革试点学校名单表

试点学校	学制（年）	新校名
大连电力学校、大连电力技术学校	2、3、4	大连电力工业学校
吉林水电学校、丰满水电技术学校	2、3、4	吉林水力发电学校
石家庄电力学校、石家庄电力技术学校	2、3、4	石家庄电力工业学校
长沙电力学校、湖南省电力技工学校	2、3、4	长沙电力工业学校
南宁电力学校、广西电力技工学校	2、3、4	南宁电力工业学校
上海电力学校、上海电力技工学校	2、3、4	上海电力工业学校
银川电力学校、宁夏电力技工学校	2、3、4	银川电力工业学校
西宁电力学校、西宁电力技术学校	2、3、4	西宁电力工业学校
葛洲坝水利水电学校、葛洲坝工程局技工学校	2、3、4	葛洲坝水电工程学校

续表

试点学校	学制(年)	新校名
保定电力学校、保定电力技工学校	2、3、4	保定电力工业学校
哈尔滨电力学校	3、4、5	哈尔滨电力工业学校
武汉电力学校	3、4、5	武汉电力工业学校
江西电力学校	2、3、4	江西电力工业学校
杭州电力学校	3、4、5	杭州电力工业学校
成都水力发电学校	3、4、5	成都水力发电学校
云南电力学校	2、3、4	云南电力工业学校
贵州电力学校	2、3、4	贵州电力工业学校
北京电力技工学校	2、3、4	北京电力工业学校
牡丹江电力技术学校	2、3、4	牡丹江电力工业学校
锦州电力技术学校	2、3、4	锦州电力工业学校
长春电力技术学校	2、3、4	长春电力工业学校
临汾电力技工学校	2、3、4	临汾电力工业学校
河南电力技工学校	2、3、4	河南电力工业学校
苏州电力技工学校	2、3、4	苏州电力工业学校
安庆电力建设技工学校	2、3、4	安庆电力工业学校
潍坊电力技工学校	2、3、4	潍坊电力工业学校
水电七局技工学校	2、3、4	水电七局水电工程学校

电力中专、技校一体办学是职业技术教育重大改革，具有突破传统办学体制的导向性，有深远的意义。其改革的基本目标是：逐步建立起来的新型电力职业技术学校有行业特点，有较高的教育质量，能满足电力生产建设对人才素质、层次规格等多方面需求，并提高办学的综合效益。其办学特征是：①有明确的以岗位、职业需要为依据的专业设置和培养目标。②注意人才素质培养，综合提高学生从事职业岗位所必需的职业意识、职业道德、职业技能和专业知识。③贯彻因人因材施教和按需施教原则，运用激励机制，实行多种学制办学。④教学计划采取分段制，课程体系采用模块积木式，教学内容适应电力科学技术发展和经营机制改革对多种规格人才的需要。采取分段学制，实行“分段培养、逐级分流”，多数学生的学制为3～4年，学生完成某一段学业后进行分流，一部分先行就业，一部分通过综合考核、双向选择的办法留校继续学习。新的电力职业技术学校的毕业生，推行毕业证书(学历文凭)、技术等级证书或职业资格证书并重的制度，学习期限3年以上(含3年)的毕业生有评定初、中级专业技术职称的学历资格，就业后起点工资按学习年限的长短拉开档次，上岗定级。

(中国电力企业联合会　杨福生)

电力(水电)中专技工学校开展“学临汾、创三优、争第一流活动”

自1990年12月原能源部临汾电力技工学校现场会后，全国电力水电系统百所职业技术学校认真贯彻能源党[1990]65号《中共能源部党组关于开展学习临汾电力技工学校活动的决定》，并和1991年国家教委、劳动部部署的普通中等专业学校、技工学校教育评估工作有机结合起来，大力开展了“学临汾、创三优、迎评估、争一流活动”(三优：优化的育人环境、优良的校风校纪、优异的教育质量)。3年来各学校都在为争创全国第一流的职业技术学校而努力。它们坚持社会主义办学方向，把德育放在首位；从严治校，实行半军事化管理；校级领导严以律己，敢抓敢管，教师无私奉献，言传身教。在学校主管部门的关怀与支持下，教学与管理工作普遍上了新台阶，办学条件得到改善，校园 环境焕然一新，各项工作井然有序，大大提高了教学、教育质量。学校所在地区和国家教委、劳动部公认电力水电系统的各类职业技术学校办得出色，成果显著。

3年来，全国电力(水电)中专学校35所，有32所参加了国家教委统一布置、由地方教育行政部门组织的教育评估活动。有28所电力(水电)中专学校被当地省、自治区人民政府批准为省部级重点中专学校。其中哈尔滨电力学校、保定电力学校、武汉电力学校、成都水力发电学校、重庆电力学校、杭州电力学校、合肥电力学校、江西电力学校、泉州电力学校等9所于1994年被国家教委批准公布为国家重点普通中等专业学校。全国电力水电系统65所技工学校有61所参加了由劳动部统一布置、由地方劳动培训部门按照劳动部劳培字[1991]4号《关于开展技工学校评估工作的通知》和《国家级重点技工学校标准及评估细则》组织的测评和考核。其中41所电力(水电)技工学校被地方劳动培训部门审定，省、自治区、直辖市人民政府批准为省部级技工学校，其中北京、石家庄、大同、临汾、锦州、大连、丰满、长春、牡丹江、苏州、浙西、安庆、淮北、福州、江西、临沂、潍坊、博山、河南、葛洲坝、湖南、重庆、水电五局、水电七局、西安、水电四局、西宁电力、宁夏等28所电力、水电技术学校、技工学校，于1994年被劳动部批准为国家级重点技工学校。电力工业部于1994年7月在京召开的教育工作会议上，决定对国家级、省部级重点学校分别授予“电力部职业技术教育标兵学校”和“电力部职业技术教育先进学校”称号。

（中国电力企业联合会　杨福生）

华北水利水电学院培训监理工程师

水利部为了加强水利水电工程建设管理，推行建设监理制度，提高投资效益和工程建设水平，从1990年10月开始，委托华北水利水电学院举办监理工程师培训班。每期为2～3个月，共安排6门主要课程，计有建设监理概论、工程项目合同管理、建设监理信息管理、工程项目投资控制、工程项目进度控制、工程项目质量控制。同时，还开设了专题讲座或报告，主要介绍工程监理实例及其经验教训。所有课程考试合格，方能取得由华北水利水电学院和水利部建设开发司联合签发的结业证书，以此证书才可到水利部申请监理工程师资格证书。

监理工程师培训班在院内共举办了9期，学员来自全国的30个省(市、区)，获得结业证书者计有683人。此外，于1991年3月还在院内开办了有全国各省(市、区)水利厅(局)基建处负责同志共38人的研讨班，围绕培训监理工程师和推行建设监理制度进行了研讨。从1991年10月至1993年底，先后在院外为黄河水利委员会规划设计院、松辽水利委员会、长江水利委员会、西北勘测设计研究院、天津勘测设计研究院、贵阳勘测设计研究院、黄河小浪底水利枢纽工程建设管理局、丹江口水利枢纽管理局、云南省水电厅、四川省水电厅、山西省水利厅、河北省水利厅以及陕西、福建、河南、辽宁省水利水电勘测设计院等19个单位就地举办了监理工程师培训班，获得结业证书者计有1479人。合计院内外办班共达28期，获得监理工程师培训班结业证书者共有2162人，其中有近600人已经取得了水利部建设监理工程师资格证书。

（华北水利水电学院　吴本陵）

有关水电的大专院校

武汉水利电力大学

武汉水利电力大学是电力工业部领导的以水利电力类工科专业为主体，文理兼有的多科性全国重点大学。始建于1954年，是国家首批批准的有权授予博士、硕士学位单位，具有教授、研究员、高级工程师审定权。

该校占地面积50.3万m^2。1994年底拥有教职工近3000人，学生8000余人，教学科研实验室64个，固定资产1.36亿元，实验场地面积4.12万m^2，建筑面积35万m^2，藏书95万余册。学校有一批学术造诣较深、在国内外享有声誉的专家、学者，有教授190余人，副教授、副研究员及相当职务人员450余人。建校以来，共培养学生约3万人。

该校设27个本科专业，18个硕士研究生专业，6个博士研究生专业，在水利、水电、火电、机械、哲学等60多个研究方向为国家培养研究生。学校设有土木、水利博士后科研流动站，现已有博士后进站工作。

该校既是教育中心又是科学研究中心，设有13个科学研究所，承担工程研究和国家重点攻关项目。目前，在高电压技术、水电工程建筑与施工、岩土力学工程、火电厂水处理等15个领域形成自己的特色，在国内处于领先地位，其中有些方面进入世界先进行列。作为国家水利、电力教学科研基地，为举世瞩目的三峡工程论证作出了重要贡献。学校先后建立了5个科技型工厂，并与有关工厂挂钩联合研制生产高新科技产品，直接把科技成果转化为生产力。学校出版多种自然科学、社会科学及教育科学方面的学术刊物，主办《武汉水利电力大学学报》、《社科论丛》、《水利电力科技》、《农田水利与小水电》和《喷灌技术》等全国性科技刊物。

该校积极开展国际合作研究与学术交流，目前与美国、加拿大、澳大利亚、英国等14个国家的高等学校和科研院所建立了校(院)际合作关系。

该校面向全国招收博士后、博士、硕士、本科、专科、函授生，接受委托培养、干部进修及岗位培训，承办各类短训班、专业证书班、自学考试班。承接电力、水利、水能及热能动力、土木、机械、电子、计算机、信息及管理、外语、哲学等方面的科研、技术咨询、工程设计、工程承包、工程监理、科技开发、技术转让等。

校长龚洵洁。

通讯地址：湖北省武汉市武昌珞珈山；邮编：430072；电话：(027)7822212，9317××××(电力系统微波)；电传：400300WUHEE CN；传真：(027)7824496，电挂：5750。

(武汉水利电力大学　孙忠权)

河　海　大　学

河海大学是一所以水资源开发、利用、保护为重点的工科为主，理、工、文、经管各科协调发展的多科性大学，也是具有学士、硕士、博士学位授予权的全国重点大学之一。她的前身是1915年在南京创办的河海工程专门学校(1924年改名为河海工科大学)。1952年全国高校院系调整时，由南京大学、交通大学、同济大学、浙江大学、武汉大学、厦门大学、华东水利专科学校等校有关系、科合并成立华东水利学院。1985年恢复传统校名“河海大学”。

河海大学隶属水利部，并受电力部、交通部业务指导。校本部位于南京市区清凉山北麓。学校下设机械、农村电气化、技术经济、环境科学与工程管理干部、成人教育等7所学院及18个系，7个科学研究所，78个实验室。学校现设60个本、专科专业，并有博士后流动站1个，博士点7个，硕士点23个。全日制在校学生近9000名，其中研究生近500名。学校有专职教师千余名，专职科研人员300余名，其中教授、副教授、高工计520名，中科院院士2名，博士生导师20名。

学校设置的水电、电力类专业及其它有关专业是：水利水电建筑工程、水利水电动力工程、电力系统及其自动化、工业自动化、热能动力工程、水文与水资源利用、测量工程、水文地质与工程地质、环境工程、管理工程、计算机及应用、给排水工程等。1992～1994年招生人数为2128名，毕业人数为1939名。

学校为主动适应社会主义现代化建设及建立社会主义市场经济的需要，不断深化教学改革，提高教学质量：

(1)全面修订本、专科教学计划。以主干学科为核心，拓宽专业面，注重课程结构整体优化，扩大选修课，增强实践环节，增设扩大知识面和增强动手能力方面的实验；重视结合实际工程进行毕业设计，开展毕业设计评估和评优工作；确保英语教学高水准要求，实行国家英语四级考试成绩与学位挂钩；强化计算机能力培养，做到4年教学不断线，全面推行计算机应用知识和应用能力考试制度。

(2)培养复合性人才。增设经济、管理类必修课，设立主辅修制及选修第二学士学位制；开设全校性经济管理类及计算机应用类公共系列选修课。

(3)重视师资队伍建设，提高教学水平与教学质量。实施“源泉工程”计划，培养跨世纪的学科带头人及中青年学术骨干；设立课程建设基金，对重点课程分期分批投入资金加强建设，已初见成效。1993年有两门课程的建设成果分别获国家教委教学优秀成果一、二等奖。

河海大学1992～1993年获部、省级以上科技成果奖37项，其中国家级科技进步奖24项。获国家科技进步一等奖的“广东核电站港口和取排水口布置方案研究”节省了工程投资近2亿元。“节水高产水稻控制灌溉技术”仅推广3年，就获得直接经济效益上亿元。

学校拥有一大批先进的仪器设备，如：数字温度记录仪、共振柱三轴仪、解析测图仪、振动台、数字式动态频谱分析仪，M360计算机、X射线衍射仪、精密测距仪、APOLLO工作站、环工气相色谱仪等。属于“八五”重点学科建设项目的水资源开发利用国家专业实验室已初步建成，该实验室拥有GPS、双频测深仪、遥感图像处理系统、大型土槽等处于国际先进水平的仪器设备，能在开展基础研究、科技服务以及培养人才方面发挥重要作用。

党委书记、校长姜弘道；副校长金忠青、刘新仁、张常。

通讯地址：南京市西康路1号；邮编：210098；电话：(025)3323777；传真：(025)3315375；电报：5478。

(河海大学　施生贵)

华北水利水电学院

华北水利水电学院(原名北京水利水电学院)是水利部直属的一所高等工科院校，于1958年由北京水利学校、北京水力发电学校和北京水力发电函授学院合并而建立，其主要前身北京水利学校创建于1951年。1969年学院搬迁到河北省岳城水库，1978年全部迁往邯郸市，改名为华北水利水电学院。邯郸校园占地196亩，建筑面积8.6万m^2，教学设施配套齐全，可容纳在校学生2000多人。但是由于无发展余地，难以形成规模效益，加上原水利电力部从水电院校的布局考虑，1987年6月30日经国家教委批准，决定将学院迁往河南省郑州市，并于当年完成一期征地456亩，1988年破土动工，现已完成建筑面积8.8万m^2，并又扩大征地100亩。从1990年已在郑州新校址招生，郑州新校址近期规模为在校生3000人，远期达4000人以上。目前学院仍处在边基建、边搬迁、边跨省两地办学的“三边”状态。

该院1994年在编教职工1095名，其中教师550名，教授、副教授、高级工程师占25%，硕士生以上学历者占40.6%,39岁以下者占61.8%。

该院现设有水利水电建筑工程、水利水电动力工程、水文地质与工程地质、港口航道与治河工程、水土保持、建筑工程、机械设计与制造、机械制造工艺与设备、计算机及应用等13个本科专业;水利水电工程建筑、建筑基础工程、机电排灌工程、工业与民用建筑工程、供热通风与空调工程、工业管理工程、计算机应用等10个专科专业;水工结构工程、农田水利工程、水力发电工程、水力学及河流动力学、水文地质与工程地质等5个硕士点。1992~1994年共招生2650人,毕业生1234人,至1994年末在校生达3100人(以上均不包括在邯郸为河北省招收并培养的每年240名中专生)。

该院全面贯彻党的教育方针,坚持"教育要面向现代化,面向世界,面向未来",并遵照《中国教育改革和发展纲要》的要求,积极开展教学改革,要在本世纪末把学院办成以水利水电类专业为主干、以为地方和社会主义经济发展服务的专业为依托、多层次多学科的综合性大学,成为治理开发黄河和北方水资源开发利用的重要人才基地。学院的一切工作都是为了学生,在长期坚持"从严治校、从严执教"的同时,全面开展教书育人,管理育人和服务育人的"三育人"工作。为了将"勤奋、严谨、求实、创新"的校风建设落实到基层,自90级开始,就开展了学生以班为单位以学习目的、学习态度、学习纪律、学习方法和学习效果为主要内容的优良学风班建设和评比活动,促进了良好校风的建设。

近几年来,取得科研成果56项,其中获得国家级和省部级奖励的有23项。

党委书记冯国斌;院长王克修。

通讯地址:河南省郑州市郑花路20号;邮编:450045;电话:5957655;电挂:2204。

(华北水利水电学院　吴本陵)

北京动力经济学院

北京动力经济学院是由原北京水利电力经济管理学院和华北电力学院北京研究生部(北京电力管理干部学院)于1990年9月实行一体化后组成的,并于1992年10月定名。学院设朱辛庄、清河两个校区,校本部设在朱辛庄。学院发展规模4000人,面向全国招生,是集普通高教和成人高教为一体,多层次、多门类的高等工科院校。

该院隶属电力工业部,主要面向全国电力行业,培养高级工程技术、经济、管理、人文等学科的专门人才。该院设经济系、管理工程系、电力工程系、动能工程系、信息工程系、社会科学系及基础科学部、体育军训部、函授部、计算中心等教学机构,以及科技开发中心、北京水利电力经济研究所、电力科学研究所、继电保护研究所等科学研究机构。

该院共有电力系统、微机保护、直流输电、高电压、电控、电工、工程热物理、生产过程自动化、能源机械电子工程、工程机械、通信工程、计算机应用等12个研究室,有实验室30个,还有语音室、演播室、调频电台、彩色闭路电视系统及卫星地面接收站等先进实验设施。图书馆藏书近30万册。

该院有教职工840人,其中专职教师345人。教师中有教授58人,副教授103人,高级职称占教师总数的44%。

该院有博士生专业3个:即电厂热能动力工程、电力系统及其自动化、理论电工。

硕士生专业5个:即电厂热能动力工程、电力系统及其自动化、机械学、理论电工、技术经济。

该院1992年招生345人,毕业120人;1993年招生819人,毕业152人;1994年招生847人,毕业215人。现有在校生2060人。

该院自1986年以来,先后承接科研与技术合作项目300余项。其中有国家自然科学基金项目5项,国家"七五"攻关项目8项,原水电部及能源部重点项目58项,国际合作项目1项,企事业单位委托项目200余项。先后实施技术转让8项,有10余家企业接产。在众多科研成果中,达到国际先进水平的有8项,国内首创的7项,国内先进水平的20余项,获国家专利的3项。先后有32项成果分获国家、能源部及地方科技进步奖,其中国家科技进步奖1项,部科技进步奖19项。

该院积极开展国际间的学术交流活动,近年来与美、日、法、英、俄、瑞士等国学者进行学术交流与技术合作,并积极参加国外学术会议和讲学活动。

党委书记孟昭朋;副书记朱常宝;院长沈有昌;副院长徐大平、谈德茂、朱常宝、杨志远。

通讯地址:北京德胜门外朱辛庄;电话:9732666;邮编:102206。

(北京动力经济学院　梁立新　杜建国)

葛洲坝水电工程学院

葛洲坝水电工程学院(以下简称学院)创办于1978年4月1日,是目前全国唯一的一所直接面向大中型水电工程建设的高等院校,已形成以水电类专业为主,兼有理、工、文、管等多学科、多层次、多形式的办学格局，直属电力工业部领导。1992年开始培养研究生。

学院占地面积达380余亩，校舍面积为14万余m^2，初步形成了较完善的教学、实验和科研条件，已建成33个学科教研室，15个综合实验室，固定资产总值达6200余万元（不含土地），图书馆藏书36万余册，中外期刊2400余种，有配备VAX局部网络计算系统的计算中心，建有外语电台和语音实验室，有标准的运动场和游泳池。

1994年底学院有教职工932人，其中教授、副教授、高级工程师等133人，讲师、工程师等310人。1994年末在校普通本专科生3118人；1992～1994年，招收普通本专科学生2743人，普通本专科毕业生1634人。成人教育专科校内学生639人，校外教学站学生2150人。15年来，学院为国家培养各类毕业生6199人。

学院办学宗旨是："立足水电，服务电力，面向社会，紧跟时代"。学院设有建筑工程、机械工程、电气工程、管理工程4个系和社会科学、基础课、成人教育3个部。本科有水利水电建筑工程、建筑工程、机械设计与制造、焊接工艺及设备、工业企业自动化、电力系统及其自动化、管理工程、机械电子工程等10个专业及专业方向；专科有发电厂及电力系统、输电线路工程、电气技术、金属结构与焊接、工程概预算、电力安全工程、秘书、财务会计、区域经济规划与开发、旅游及饭店管理等10个专业。自1989年以来，学院相继在建工系、电气系、机械系本科专业实行"按系招生、后期分流、按需培养"的人才培养模式，拓宽了专业口径，扩大了知识面，增强了学生的适应能力。学院成人教育在四川万县、湖南长沙等地设置了10多个教学站。

学院的科学研究、技术开发已逐步形成了自己的特色和优势。学院设有具有国家乙级设计证书的建筑设计研究院，还以各系专业学科为基础，设置有土木工程研究所、环境及地质研究所、振动与控制研究室、水电工程设计所、机械研究所、焊接材料研究所、电气工程研究所、移民工程研究所等8个科研机构，并代管电力部劳动保护科学研究所。15年来，学院取得了一批科技成果，完成科研项目170多项，承担国家攻关项目和国家自然科学基金等项目21项，发表论文1200多篇，多次获省、部级科技进步奖和教学优秀成果奖。在川东、鄂西的地质灾害预测和处理中作出了重要贡献，多次受到四川省、湖北省以及地方政府的表彰。在葛洲坝工程局等单位的机电改造、大型施工机械保护等方面也取得了多项成果。

学院创办有电子仪器设备厂、高科技开发公司、能源工程开发公司、机械厂、印刷厂等10多个校办企业，1993年校办产业总产值达500万元。学院在国内公开发行的学术刊物有《葛洲坝水电工程学院学报》（自然科学版）、《水利水电劳动保护》，还出版有《葛洲坝水电工程学院学报》（哲社版）、《高等教育研究》、《科技情报》和《葛洲坝水电工程学院报》等刊物。

学院始终坚持把德育放在首位，注重培养"德、智、体"全面发展的、立志献身于水电工程建设的合格人才。坚持从严治校，同时，建立"大学生活动中心"，从1990年开始，每年10～11月份开展"建文明校园，做文明职工（学生）"的"双文明月"活动。学院正在逐步形成"自强、团结、勤奋、创新"的校风。

党委书记纪万松；副书记汪仲友；院长徐治平；副院长陈启新、曾维强。

通讯地址：湖北省宜昌市云林路23号；邮编：443002；电话：(0717)331132、331003；传真：331754。

（葛洲坝水电工程学院　田吉高　徐斯亮）

长沙电力学院

长沙电力学院创建于1956年，最初为水电系统的一所中专学校，1958年至1964年曾升格为湖南电力学院，后调整为湖南电力学校。为适应新时期水电系统教育事业发展对师资的需求，经国务院批准于1984年成立长沙水利电力师范学院，1994年3月29日更名为长沙电力学院。

10年来，该院根据电力系统对各类师资和人才需求，坚持从实际出发，改革传统高等教育模式，实行"四个并举"的办学模式，即文、理、工、财多学科并举，普通师范教育与职业技术师范教育并举，多种办学形式并举，多种办学渠道并举，办出了行业性师范院校的特色。

10年来，该院共培养普通本、专科大学生6298人，其中电力工程技术和财会管理人才3213人；培养成人学员10297人，其中学历教育学员2491人。在科研方面，共承担国家、省、部各类科研课题22个，争取社会横向科研项目16个，其中获省、部级科技进步奖7项；共编撰出版专著63部，发表科研论文1230多篇，部分专著和论文分别获省、部级奖励。1994年在校学生为5339人，其中普班大学生2832人，成人班大学生2507人。

现在学院占地375亩，校舍面积12万m^2；图书馆藏书40万册；仪器设备价值1200多万元，共有18个基础和专业实验室，电化教育系统设备齐全；还在湖南有关电厂建立了电力生产实习基地。

1994年全院有教职工1100人（含大集体职工169人），其中教师及各类专业技术人员543人，具有高级专业技术职务的161人(正、副教授126人),具有中级专业技术职务的382人(讲师183人)。

该院现有10个系,即电力工程系、动力工程系、财经系、数学系、物理系、化学系、生地系、外语系、中文系、社科系;19个专业,其中本科专业13个,即电力系统及其自动化专业、热能动力工程专业、贸易经济专业、会计学专业、汉语语言文学专业、英语语言文化专业、科技英语专业、数学专业、物理专业、化学专业、历史专业、生物专业、地理专业。专科专业6个,即发电厂及电力系统专业、电厂热能动力工程专业、涉外会计专业、计算机软件专业、教育技术专业、电厂化学专业。

院长严子琪;副院长吴培泽、刘朝权、颜国良。

通讯地址:湖南长沙市赤岭路9号;邮编:410077;电话:(0731)5214333;电挂:6006。

(长沙电力学院　熊艳莉)

南昌水利水电高等专科学校

南昌水利水电高等专科学校是水利部直属的高校之一,成立于1958年。建校初期为江西省水电学校大专部,后经江西省人民政府与原水电部批准,成立江西工学院水利分院,单独设校,学制3年,属普通高等专科学校范畴。1983年12月更名为江西水利专科学校,实行江西省与原水电部双重领导,以省为主的管理体制,1986年改为以部为主的管理体制。1987年10月更名为南昌水利水电专科学校。1992年经国家教委批准,学校再次更名为南昌水利水电高等专科学校。

该校自1980年以来,办学投入已达1600多万元,共培养普通专科生2000余人,轮训各类在职干部、职工2000余人。1994年在校普通专科生1540人,函授生350人。现设有3系2部,即工程系、机电系、管理系、基础部、社科部。共设有水利水电建筑工程、房屋建筑工程、水电站动力设备、给排水工程、房地产经营管理、工业企业经营管理、水土保持、财务与会计、计算机应用与维护、电子应用技术、供用电技术等11个专业。其中水利水电建筑工程专业于1993年被国家教委高教司确定为高等工程专科专业教学改革第一批试点专业。学校现有教职工345人,高级职称者38人(其中教授3人)、讲师86人、助教37人,硕士研究生毕业的教师有24人,博士研究生毕业的教师1人。校本部占地113亩,校舍建筑面积共77649 m²。学校现有供教学、科研的各类实验室18个,图书馆藏书18万册,订有中外文期刊及资料近千种。学校还在江西贵溪县建有占地300亩的科教基地。

根据水利水电行业对人才的需求预测及对现有工程技术人才的结构分析,建校不久,学校明确提出:坚定不移地办好专科。所设专业以水利水电类专业为主,适当发展新兴和边缘学科,注重发展社会所需专业。毕业生面向中、小型企业、农村水利基层单位、乡镇企业和水利第三产业,面向生产、管理第一线。该校推行"季学期小课制"的教学新模式,将一学年改为4个季学期,即除寒暑假外又在春与夏、秋与冬之间各增设一周的"小假期",组织学生开展有助于能力培养的专题实验、社会调查和社会服务。这项改革提高了学生独立分析问题、解决问题及动手能力,加强了学生良好心理品质的培养。毕业生追踪调查结果表明:按此教学模式培养的学生,绝大部分适应能力较强,上手较快。该教学模式,获江西省第三次普通高校优秀教学成果一等奖。

近两年来,学校为深化教学改革、努力提高教育质量,又先后制定了一系列改革措施,如:"关于稳定我校教师队伍的若干意见"、"关于试行教考分离的暂行办法"、"关于试行学生淘汰分制的暂行办法"、"关于试行选读第二专业的暂行规定"等,组建了学校教学督导组,设立水工、水保专业教学改革领导小组。这些改革措施的实行,对深化我校专业教学改革,提高教师和学生教学积极性都起到了促进作用,也提高了教学管理水平,使学校进入了新的发展阶段。

校长宋太炎;党委书记张乐天。

通讯地址:南昌市北京东路19号;邮编:330029;电话:8332940。

(南昌水利水电高等专科学校　张　虔)

清华大学水利水电工程系

清华大学水利水电工程系成立于1952年,原名水利工程系,1987年改为水利水电工程系。全系有8个教研室和研究室:水工结构、水力学、土力学与基础工程、泥沙、流体机械与流体工程、水文水资源及环境水利、水电站和计算机应用。除了高坝和大型结构国家专业实验室正在建设外,还有水工结构、泥沙、水力学、土力学、流体机械、水资源、水电站和计算机等8个实验室。

全系现有教职工172名,其中教师104人,实验技术人员42人。专业技术人员中,教授、研究员30人,其中有中科院院士、著名学者张光斗和黄文熙教授,有13名博士生导师。全系有权授予博士学位的学科有3个:水工结构工程、水力学与河流动力学、岩土工程,其中水工结构为全国的重点博士点。6个有权授予硕士学位的学科,除了以上3个博士点学科同时是硕士学科以外,还有水文学及水资源、流体机械与流体工程和水力发电工程等学科。此外，还设有土木水利博士后流动站。

全系设有水利水电工程建设专业和流体机械和流体工程2个大学本科专业，学制5年，每年招收学生分别为80名和25名；1个市政工程大学专科专业，学制3年，平均每年招生15名。为扩大学生专业面，水利水电建筑专业以水工结构工程为主，兼选水资源及环境水利、港口及航运工程等方向的课程，并实行多种因材施教措施，其中包括攻读第二学位，培养复合人材。自1994年新学年开始，全面实行了学分制和导师指导下的选课制。为奖励品学兼优的学生，除学校设有各类奖学金外，系内还设有施嘉炀奖学金、张光斗奖学金、水利水电奖学金（加拿大吴朝玉夫妇赞助）和流体力学奖学金（美籍华人教授章梓雄教授赞助）等。自建系以来，已毕业学生共4600余名，1994年上半年在校本科大学生513名，大学专科生63名；累计已授硕士学位296名，已授博士学位34名，博士后出站的有9名。现有在校硕士生75名，博士生38名，博士后5名。

清华大学水利水电工程系自50年代以来坚持社会主义办学方向，注重教学、科研、生产三结合。为加强科学研究和工程实践，还分别成立了水利水电科学研究所和水利水电设计研究所（1958年曾成立有水利水电勘测设计院）。先后承担过密云水库、张坊水库、三家店水库、青石岭水库、渔子溪水电站和京郊多座中小型水库的部分或全部的设计任务。80年代以来，先后有20余名教师在伊拉克、伊朗、索马里、马尔他、泰国、巴基斯坦、尼泊尔等国承担有关水利水电工程的咨询、设计和管理工作。1991年以来，全系承担4个“八五”攻关项目中的48项子题、包括5项重大和重点项目在内的26项国家自然科学基金课题；还承担了三峡、二滩、小浪底、小湾、龙滩、龙羊峡等多项重点工程的科研项目。多年来在很多科研项目中取得了重要的成果，黄河中游粗沙来源区对下游河道冲淤的影响获国家自然科学奖二等奖；土的本构关系获三等奖；高坝坝基岩体稳定性评价、高土石坝研究、混凝土高拱坝、腹拱坝、地质力学模型、北京水资源系统分析等分别获国家科技进步奖一等奖（3项）和二等奖（4项）；同位素测沙仪和激光测速仪分别获国家发明三等奖和四等奖；另外三峡工程回水变动区重庆河段泥沙问题、三峡工程的经济评价、华北水资源、农业节水、碾压混凝土坝、地下工程、明流边界层特性等重要项目分别获部委级科技进步奖的共23项，其中包括一等奖8项；还获得其他各类奖励50余项。

系主任雷志栋；党委书记李树勤；系副主任府仁寿、李玉柱、谢树楠。

通讯地址：北京市海淀区清华大学水利水电工程系；邮编：100084。

（清华大学水利水电工程系　府仁寿）

西安理工大学水利水电学院

西安理工大学水利水电学院（以下简称学院）是电力部与机械部联合承办的一所专门学院，它是在原水利水电工程系的基础上于1987年5月成立的。其前身已有57年的历史，在西安现址办学也长达38年之久。它是由原西北工学院、青岛工学院、西安动力学院、西北农学院、西安交通大学、陕西工业大学等高等院校的水利系经多年沿革合并而成，经过几十年的发展，现已成为西部地区水利水电教育和科研中心之一。

学院现设水利水电工程系、水资源及环境工程系、建筑工程系、动力工程系、岩土工程研究所、水力学研究所、水资源研究所、环境科学研究所，共4系4所。有一支相对稳定和形成梯队的教学和科研队伍。现有教职工近200人，其中教师111人，教师中有教授21人、副教授36人、讲师41人、助教13人。45岁以下的中青年教师中具有博士学位者11人，硕士学位者64人，其中有4人破格晋升为教授，有23人晋升为副教授，已占到教师高职人数的43%，此外还有返聘工作的离退休教授、副教授20多人。

学院设有水利水电建筑工程（含水利水电工程建筑和水利水电工程施工两个专业方向）、水利水电动力工程、农田水利工程、给水排水工程、工业与民用建筑工程5个本科专业，以及水文及水资源、电力系统及其自动化2个专科专业，面向全国招生和分配。自1959年开始招收研究生，1981年经国务院学位委员会批准为首批博士、硕士和学士学位授予单位之一。水文学及水资源学科、岩土工程学科具有博士学位授予权；水文学及水资源、岩土工程、水工结构工程、农田水利工程、水力学及河流动力学、水力发电工程等6个学科具有硕士学位授予权。

自1956年在西安办学以来，已为国家培养本专科毕业生6000余名，硕士研究生208名，博士生12名。1994年上学期在校学生达1254人，其中博士生9人，硕士生66人，本科生943人，专科生236人，1992～1994年每年招生大体稳定在270人左右，年毕业人数基本稳定在200人左右，1994年末在校人数达1300人。

近年来，学院努力贯彻“教育必须为社会主义建设服务”的方针，积极采取各种措施深化改革加快发展，主动适应社会需要，把重点放在提高教育质量和办学效益上，着力办好已有专业，办出自己的特色和优势。

积极探索了教学体制改革，进行了“系办专业、系管教学”的改革，在专业改革方面采取宽口径多方向的办法，培养不同专业方向和特点的人才，以增强适应性。

学院拥有水工建筑、水电站动力工程等10个实验室，总面积14352 m^2，另有4300 m^2 的多功能露天试验场，还有一大批先进的实验仪器设备，固定资产总值达400余万元。学院还设有水利水电土木建筑研究设计院，教师既参加科研课题的研究和工程项目的设计工作，又结合实际对学生进行教学。设计院先后承担过黄河三门峡、刘家峡、龙羊峡、石泉、安康、三峡以及黄帝陵等百余项大中型工程的科学研究和生产试验。近年来积极承担了国家“七五”和“八五”攻关项目、自然科学基金项目、水利水电科学基金项目90余项，并完成其他部门委托项目200多项。其中部分研究成果达到国际先进水平或居国内领先地位，有32项获国家及省、部级科技进步和科研成果奖。

院长李建中。

通讯地址：西安市金花南路5号；邮编：710048；电话：(029)3239907。

（西安理工大学水利水电学院 李智民）

四川联合大学水利电力学院

四川联合大学水利电力学院是以成都科技大学水利、电力两系为基础与原水利电力部联合筹建的新型学院。学院规模2000人，其中1000人为电力部培养。

学院下设水利工程系、电力工程系、水利水电科研所、电力工程及信息工程科研所以及高速水流国家重点试验室等单位。该院1994年有教职工297人，其中教授、研究员17人，副教授、副研究员、高级工程师120人，讲师及工程师95人，行政管理人员19人，教辅工勤人员等46人，有博士点3个，博士后流动站1个，硕士点7个。培养本科生专业8个。1992～1994年招生数1510人、毕业人数1215人。1994年在校生人数1854人。

水利工程系和电力工程系是成都科技大学最早创办的两个系。水利工程系的前身是1944年四川大学理工学院创办的土木水利系，电力工程系是四川大学理工学院1946年创办的，这两个系具有近50年的办学历史。从1944年相继设置有关学科到现在已经发展到一所多学科、多层次并初步形成学士、硕士、博士生的培养体系。学院现设置的专业有：①水利水电工程建筑专业，包括水利水电工程建筑、农田水利工程和水利水电工程施工与管理3个专业方向；②水文、水资源利用专业，含水文、水资源和水环境3个专业方向；③电力系统及其自动化专业；④继电保护及自动远动技术专业；⑤电气技术专业；⑥通信工程专业。学院对所设专业都有学士授予权，对水力学及河流动力学、水文学及水资源学科、岩土工程3个学科有博士学位授予权；对水利学与河流动力学、岩土工程、工程水文及水资源、水工结构工程、电力系统及其自动化、电机等学科有硕士学位授予权。

水利水电科学研究所创立于1958年。学院的科研与教学紧密结合，系、所的教师和研究人员相互兼职，既教学又从事研究工作。

原水电部在学院设有调度自动化培训和开发中心，承担全国调度自动化人才培养和系统开发任务。1987年经国家教委和国家计委批准在学院建立高速水流重点实验室。1990年1月经国家教委批准正式向国内外开放。1991年1月实验室正式通过国家验收，成为我国水利科学研究领域的一支重要力量。

学院拥有2.4万 m^2 的教学楼、实验室、图书资料室及演讲厅。有23个实验室，有一大批先进的教学和科研使用的仪器设备、有两个专供学院专业方面使用的资料室，有专业期刊357种。

学院承担了国家水利电力和能源方面的科研项目百余项，获国家、部、委和省级科技奖30多项，其中岩基强度特性研究获1992年国家科技进步一等奖。

近几年来学院先后派遣了30多名教师到美、日、德等国进修，此外每年还有一批学者出国访问进行学术交流活动，参加国际学术会议。

院长方铎。

通讯地址：成都市一环路南一段四川联合大学；邮编：610065；电话：5581554—45601，5557976(直拨)。

（四川联合大学水利电力学院 林学清）

编　辑　出　版

1992～1994 年出版的主要水电图书一览表

序号	书　　名	作　　者	出版社	出版年月
1	三峡工程小丛书（共8册）	潘家铮等著	水利电力出版社	1992.2
2	长江三峡工程重大科学技术研究课题研究报告集	国家科委、水利部、能源部编	水利电力出版社	1992.2
3	论三峡工程与开发型移民	李伯宁著	水利电力出版社	1992.3
4	论水利是基础产业	傅春台著	水利电力出版社	1992.12
5	水利水电工程项目管理	汪龙腾主编	水利电力出版社	1992.6
6	水利水电工程招标承包	史震古主编	水利电力出版社	1992.11
7	工程水文学	王燕生主编	水利电力出版社	1992.11
8	水利工程系统分析	金辉利主编	水利电力出版社	1992.6
9	渗流分析的有限元法和电网络法	杜延龄等著	水利电力出版社	1992.3
10	水利水电工程设计分析计算机软件包使用指南	潘家铮主编	北京科学技术出版社	1992.10
11	水利水电工程质量检测和控制	窦宜主编	北京科学技术出版社	1992.4
12	现代水力学（三）紊动力学	夏震寰著	高等教育出版社	1992.8
13	现代水力学（四）波浪力学	夏震寰著	高等教育出版社	1992.8
14	水利水电规划	朱伯俊主编	水利电力出版社	1992.6
15	水资源管理工作手册	李永昌主编	江苏科学技术出版社	1992.9
16	拱坝及板壳计算的新方法·反力参数法	陈正作著	水利电力出版社	1992.5
17	水工建筑物设计手册	［苏］B.П. 涅特加里主编 顾慰慈等译	水利电力出版社	1992.3
18	水工隧洞和调压室·调压室部分	潘家铮等编著	水利电力出版社	1992.7
19	水利水电工程测量（第三版）	丁云庆主编	水利电力出版社	1992.11
20	系统工程地质导论	崔政权著	水利电力出版社	1992.5
21	岩土工程勘测设计手册	张剑锋等编译	水利电力出版社	1992.5
22	国外基础工程标准编译	张志良编译	水利电力出版社	1992.9
23	水工结构工程及岩土工程的现代计算方法及程序	姜弘道编著	河海大学出版社	1992.10
24	水轮机及叶片泵结构	高建铭等编著	清华大学出版社	1992.9
25	坝基防渗与灌浆技术	张景秀著	水利电力出版社	1992.6
26	葛洲坝工程丛书·混凝土工程施工	周世明主编	水利电力出版社	1992.5
27	施工水力学	肖焕雄编	水利电力出版社	1992.6

续表

序号	书名	作者	出版社	出版年月
28	水利水电工程施工典型事故树及安全检查表	汪朝东主编	水利电力出版社	1992.4
29	水下工程爆破	杨光煦编著	海洋出版社	1992.10
30	中小型水库潜水维修	钱郭钟编著	上海交通大学出版社	1992.11
31	大坝安全监测的原理与技巧	赵志仁著	天津科学技术出版社	1992.9
32	水工建筑物（上册）	张光斗　王光纶著	水利电力出版社	1992.3
33	土石坝	潘家铮主编	水利电力出版社	1992.3
34	土石坝加固	白永年等编著	水利电力出版社	1992.3
35	抽水蓄能电站	陆佑楣　潘家铮主编	水利电力出版社	1992.4
36	水电厂电气设备	李启荣编	水利电力出版社	1992.6
37	水电站建筑物（第二版）	王树人著	清华大学出版社	1992.3
38	水轮发电机组运行与维护	蒋静华编	水利电力出版社	1992.11
39	小型水电站（第二版）·电气一次	戴树梅主编	水利电力出版社	1992.3
40	中国水利年鉴（1991）	本书编辑委员会编	水利电力出版社	1992.5
41	中国水力发电年鉴（1989～1991）	中国水力发电工程学会	水利电力出版社	1992.12
42	中国大百科全书·水利	本书编辑委员会编	中国大百科全书出版社	1992.3
43	大坝及水库管理	日本大坝管理调查委员会编 谷云青等译	水利电力出版社	1992.12
44	混凝土建筑物修补	［英］R.T.L. 艾伦等著 范沈抚　李金玉译	水利电力出版社	1992.9
45	沥青混凝土防渗墙	蒋长元等编著	水利电力出版社	1992.12
46	水资源工程可靠性与风险	［美］L. 德克斯坦等著 吴媚玲　王俊德译	水利电力出版社	1992.12
测 47	土石坝观　技术	张启岳等编著	水利电力出版社	1993.3
48	国外水利水电考察报告选编（上、下册）	中国水利学会等编	水利电力出版社	1993.7
49	地下水电站厂房设计	杨述仁　周文铎等编	水利电力出版社	1993.1
50	地下水电站建设	李协生著	水利电力出版社	1993.9
51	大体积混凝土冬季施工	刘玉山著	水利电力出版社	1993.6
52	水下岩塞爆破技术	黄绍钧　郝志信编著	水利电力出版社	1993.7
53	施工导流及围堰	匡林生编著	水利电力出版社	1993.6
54	小型水电站（第二版）·厂房	陈坤等编著	水利电力出版社	1993.8
55	水力机组现场测试手册	刘晓亭　李维藩主编	水利电力出版社	1993.9
56	汉英水利水电技术词典	魏中明主编	水利电力出版社	1993.3
57	中国水利年鉴（1992）	本书编辑委员会编	水利电力出版社	1993.3
58	长江三峡地区地壳应力场与地震	高士钧等著	地震出版社	1993.1
59	三峡工程对生态与环境影响的综合评价研究	陈国阶等编著	科学出版社	1993.2
60	环境水文学	沈晋等著	安徽科技出版社	1993.2
61	黄河黑山峡河段大柳树坝址工程地质专题研究	胡海涛等著	地震出版社	1993.3

续表

序号	书 名	作 者	出版社	出版年月
62	黄河三门峡水利枢纽志	本书编委会	中国大百科全书出版社	1993.3
63	长江三峡工程库区顺层岸坡研究	张年学等著	地震出版社	1993.4
64	水文长期预报模糊数学方法	王本德编著	大连理工大学出版社	1993.4
65	岩体工程地质及其灾害	孔宪立编著	同济大学出版社	1993.4
66	溃坝水力学	谢任之编著	山东科技出版社	1993.5
67	裂隙岩体特性与洞群施工力学问题	陶振宇等著	中国地质大学出版社	1993.5
68	黄河干流水沙变化与河床演变	钱意颖等主编	中国建材工业出版社	1993.4
69	混凝土面板堆石坝	傅志安等主编	华中理工大学出版社	1993.5
70	葛洲坝水利枢纽论文选集	中国水利学会等	水利电力出版社	1993.6
71	世界水资源概论	叶锦昭等编著	科学出版社	1993.4
72	农村小水电实用技术	郑贤等编著	金盾出版社	1993.6
73	高强混凝土技术	冯乃谦编著	中国建材工业出版社	1993.1
74	水利建设的环境效应分析与量化	方子云编著	中国环境科学出版社	1993.6
75	位移法和程序	喻怀中主编	水利电力出版社	1993.7
76	千古丰碑——纪念海河治理30年	本书编委会	水利电力出版社	1993.8
77	水情自动测报系统	朱华著	水利电力出版社	1993.11
78	工程项目投资管理	张道军 李文毅编	水利电力出版社	1993.12
79	水能规划和综合利用	施熙灿主编	水利电力出版社	1993.12
80	工程建设进度控制	任建琳 施裕生编著	水利电力出版社	1993.12
81	砂砾地基防渗工程	杨光煦著	水利电力出版社	1993.12
82	水库移民工程导论	姚炳华编著	水利电力出版社	1993.12
83	中国泵站工程	水利部农村水利水保司等	水利电力出版社	1993.10
84	水轮发电机组及其附属设备招标及合同文件编制手册	彭勃主编	水利电力出版社	1993.12
85	工程建设投资管理与控制	黄宗璧 易涛编著	水利电力出版社	1993.12
86	水文预报方法（第二版）	长江水利委员会主编	水利电力出版社	1993.6
87	黄河高含沙水流运动规律及应用前景	齐璞等编著	科学出版社	1993.6
88	黄河泥沙与环境	景可等著	科学出版社	1993.8
89	1991年江淮流域持续性特大暴雨研究	丁一汇主编	气象出版社	1993.8
90	中国水系大辞典	朱道清编纂	青岛出版社	1993.12
91	水文地质工程地质数值法	金为芝主编	同济大学出版社	1992.12
92	工程爆破文集	霍永基等编	中国地质大学出版社	1993.9
93	新型混凝土外加剂与建筑防水材料	傅温主编	中国建筑工业出版社	1993.8
94	水力机械理论	V.P.瓦山德尼著 范秀华译	机械工业出版社	1993.8
95	气核一空化一空蚀	倪汉根著	成都科技大学出版社	1993.11
96	三门峡大坝的观测与分析	赵志仁著	天津科学技术出版社	1993.9

续表

序号	书名	作者	出版社	出版年月
97	土力学及基础工程名词词典	龚晓南等主编	浙江大学出版社	1993.9
98	黄河水利水电之星（画册）	黄委会编	水利电力出版社	1994.1
99	中国水利年鉴（1993）	本书编委会	水利电力出版社	1994.1
100	流域开发论—兼论黄河流域综合开发与治理战略	张文合著	水利电力出版社	1994.2
101	李鹏论发展中国电力工业	电力工业部本书编辑组	水利电力出版社	1994.1
102	水力发电概况	朱成章编	水利电力出版社	1994.1
103	水流边界层理论	李建中　宁利中编著	水利电力出版社	1994.2
104	水电工程建设系统综合评判方法	史海珊　何以龙等著	水利电力出版社	1994.4
105	赵人俊水文预报文集	本书编辑小组	水利电力出版社	1994.5
106	水工建筑物（下册）	张光斗　王光纶著	水利电力出版社	1994.7
107	中国江河防洪丛书·松花江卷	松辽水利委员会编	水利电力出版社	1994.6
108	国际工程招标与投资	何伯森编著	水利电力出版社	1994.7
109	国际工程施工经营管理	梁鉴主编	水利电力出版社	1994.7
110	国际劳务输出实务	傅涛编著	水利电力出版社	1994.7
111	水利水电科学研究院科学研究论文集（第34集·自动化、计算机）	本书编委会编	水利电力出版社	1994.7
112	土工原理与计算	钱家欢　殷宗泽合编	水利电力出版社	1994.6
113	水工闸门事故实例分析	夏念凌编著	水利电力出版社	1994.6
114	中国河流泥沙研究概论（英文版）	张瑞瑾　谢鉴衡著	水利电力出版社	1994.4
115	农村电气化规划指南	李荧主编	水利电力出版社	1994.7
116	中国暴雨洪水及干旱年鉴	本书编委会	水利电力出版社	1994.8
117	小型水电站机电设备运行与安全管理	田中兴　王义林主编	水利电力出版社	1994.9
118	水利水电岩溶工程地质	邹成杰主编	水利电力出版社	1994.10
119	水利辉煌45年	水利部办公厅	水利电力出版社	1994.10
120	中国现代水利人物志	中国水利百科全书编委会	水利电力出版社	1994.11
121	三峡—葛洲坝工程与当地风光（中、英文对照）	曹久芗	水利电力出版社	1994.10
122	三峡工程140问	陶景良编	水利电力出版社	1994.12
123	水利水电工程施工组织设计手册（第五卷·结构设计）	纪云生主编	水利电力出版社	1994.12

（水利电力出版社　金　炎）

对《中国水力发电年鉴》第三卷的述评

读完《中国水力发电年鉴》（1989～1991）（以下简称《水电年鉴》）第三卷后，深感这卷年鉴在前两卷的基础上，又有了新的改进，确实是一部覆盖面全、资料性强、内容精炼、具有实用性、可读性和权威性的好书。

覆盖面全不全，是衡量一部年鉴质量好坏的重要标志之一。《水电年鉴》第三卷根据水电行业的特点和实际情况作了三个层次的科学分类，设置21个篇目、82个栏目、382个条目，从而把本卷年鉴时段内水电行业各方面的大事、新事和成就、经验几乎全部包纳进去，是一部具有完整历史价值的史书，也是一部有很大实用价值的工具书。

年鉴的另一个重要标志是资料性强。《水电年鉴》第三卷在这方面体现得颇为出色，可读性、实用性都很强。全书信息资料都是以条目为载体，绝大多数条目都是以新的事实和数据为主要内容，从条目总数看是382条（未包括“大事记”），然而实际包括信息资料的数量则大大超过这个数字。以“大事记”为例，容纳的信息资料即达246条，是信息资料密集的一个重要篇目。此外，从宏观方面增加了相当数量的汇总统计资料表格，有些表格把资料的统计时间追溯到1980年或更早，例如“1980～1991年水电基建投资及大中小型水电站比重情况表”，“1980～1991年水电增长情况统计表”，“1980～1991年小水电增长情况统计表”，“大型水电站水库淹没主要指标表”，“1953～1991年水电机组投产项目表”，“水电施工企业逐年完成产值及工程量统计表”，等等。

本卷年鉴内容精炼，文图并茂，可以看出编辑同志在这方面作了艰苦的努力。每个条目一般都是以简明扼要的文字，表述实实在在的内容；在文风上开门见山，不用铺垫、虚话、套话，很少水分，因而有利于阅读，达到总篇幅减少、容量增大的效果。对载入重要讲话和文件的处理，一般只摘录其要点，而不是全文照登，既节省了篇幅，又集中了全部精华。此外在装帧设计等方面，也给人以舒心悦目的感觉，基本上做到了内容与形式完美的统一。

应该特别提出的是：本卷年鉴着重贯彻了“科技是第一生产力”的思想，把时段内水电规划、勘测、设计、施工、科研等方面的重大科技进步和成果都记载了进去，约占全书篇幅的50%，将其主要内容、发展水平、重要活动、重大成果等基本上都讲述清楚了，体现了水电行业技术密集、科技人员密集的特色。

总之，《水电年鉴》第三卷是一本值得推荐的好书，是有关方面大力支持，特别是编辑、出版人员辛勤劳动的结果。当然也还有不足之处，需要进一步改进和提高，但这并不影响对全书总的评价。

（李鹗鼎）

《水力发电》

1992年，原能源部正式批准成立《水力发电》杂志社，对杂志社的名称、经营范围和机构作了明确批复。

1992～1994年，按期出版《水力发电》杂志共36期，约400多万字。其中，有“专号”10个，“重点工程建设”18个。这些大量的、富有特色的报道充分展现了这一时期我国水电建设绚丽多彩的发展面貌。

（一）继续推进水电建设改革的深入发展

这3年，是水电建设改革深入发展的3年。《水力发电》紧紧抓住这一“龙头”，发挥了很好的导向作用。1992年发表的汪恕诚同志的《世纪大跨越——谈水电建设的体制改革》，王信茂同志的《积极转变观念，抓紧设计体制改革》，杨晓英同志的《理顺关系深化改革》等文章，都是改革方面有力度、有深度的文章，发表后反响很好。1994年第1期，刊物刊登了2篇关于深化改革的重头文章，即《推行公司制是我国水电建设管理体制深化改革的方向》和《深化改革，走向市场——直属院院长深化改革座谈会侧记》，及时传达了主管部门关于水电建设改革的新举措。在1994年第5期，重点报道了电力部在湖北宜昌召开的1994年水电投产工作会议的指出，1993年我国水电建设大中型水电站投产突破了300万kW，取得了令人瞩目的成绩。1994年是我国水电建设深化改革，稳定队伍，加快发展的关键一年。在改革方面，将推出公司制模式、设计改革举措和扶植施工企业走出困境等项措施。1994年水电建设投资力度将加大达142亿元，计划完成实物工程量与1993年持平，全年新投产发电机组将超过300万kW。

（二）重点报道情况

3年来，《水力发电》对水电界的一些重大内容都作了及时报道：①1992年4月3日，第七届全国人民代表大会通过了关于兴建长江三峡工程的决议。对这一重大决议，该刊从当年5～8期，配以彩色版面，及时连续进行了报道；与此同时，还发表了论述三峡工程的多篇文章。②为了总结推广水电工程“五朵金花”，即岩滩、漫湾、广蓄、隔河岩和水口等5座百万千瓦级水电站的建设经验，1993年，《水力发电》为上述每个工程出了1期“专号”，系统而集中地介绍了这些工程在改革中的进展。③1993年初，为了增大《水力发电》的信息量，新开辟了“信息与服务”专栏，包括有“政策与法规”、“前期工作动态”、“工程建设近况”、“地方水电动态”、“国外水电动态”等小栏目。从多角度、多方面反映了国内外水电建设的最新动态。④1994年，《水力发电》创刊40周年，于当年第8期刊登了全国政协副主席钱正英的题词“为加快开发我国水电资源共同奋斗！”刊登了电力部部长史大桢的题词“办好《水力发电》，为发展水电事业服务”。另外，还刊登了电力部汪恕诚副部长、水利部何璟副部长，以及李鹗鼎、陈赓仪同志的纪念撰文。

（三）《水力发电》自身的初步改革

为了保质按期出版，从1993年第8期起，《水力发电》已转往化工印刷厂印制；与此同时，刊物全部转胶印，实现了刊物微机化的第一步。转厂后，刊物质量明显提高，并且能保证按时出刊。1993年，为了提高封面的彩印水平，对刊登“专号”等重要内容的期刊的封面进行了覆膜。效果很好，受到读者欢迎。为了实现办公自动化，排版微机化，1994年《水力发电》杂志社购置了微机、复印机、传真机等多项设备。这些设备的使用，大大提高了工作效率。

1992年，《水力发电》被评为全国优秀期刊和北京市全优期刊，获双优称号。

《水力发电》杂志社社长江召题；总编辑刘芳春；副社长马连城；副总编霍效光。

（《水力发电》杂志社　霍效光）

《水力发电学报》

1992年，《水力发电学报》（以下简称学报）创刊满十周年。中国水力发电工程学会名誉理事长施嘉炀先生、理事长李鹗鼎先生认为学报已具有了自己的初步风格。同年，在中国科协组织的全国科技期刊评比中，学报获得“优秀学术期刊三等奖”。学报为季刊，每期发行2000册。

1993年，中国水力发电工程学会组织全国水电论文评奖，学报推荐4篇论文，均获奖，其中有《水轮发电机调速同期综合最优控制的理论及实践》（作者商国才、谢启宇、周庆捷）、《掺MgO混凝土的温度徐变应力分析》（作者丁宝瑛、岳耀真、朱绛）获优秀学术论文二等奖、《关于抽水蓄能电站节煤问题及其研究方法的探讨》（作者杜星堂）、《大规模水电站群随机优化补偿调节调度模型》（作者董子敖）获优秀学术论文三等奖。

1992～1993两年中，自总第36期到总第43期合计8期，共刊出水电经济规划类文章28篇、水工及水电站建筑29篇、水力学及水力机械26篇、水电机构介绍6篇、学会学术动态29则。

所刊出的文章涉及内容相当广泛，主要有下列一些题目。水电经济规划方面有：云贵川水电站建设，西南水电能源基地开发，黄河治理概述，红水河航运问题的评论及建议，我国经济可开发水能资源的估计，河流梯级渐进规划，小型水电站群和水库群的优化调度，灌溉渠道上梯级电站的优化调度，径流水电站的调蓄，模糊数学在水电规划中的应用，水库水沙调度，三峡卵砾石输移量讨论等；在水工水电站建筑方面有：拱坝优化，高土石混凝土面板坝的结构及抗震，碾压混凝土坝的综述分析，大坝原型观测分析，混凝土坝的老化、沥青流淌，混凝土坝坝体钢管工作机理、构造型式，土石坝的静力学模型，颗粒粒径在离心机模拟土石坝应力应变中的影响，岩石夹泥层强度试验等；在水力学和水轮机方面有：多种类型水轮机，水流流动和性能计算，大型抽水蓄能机组的过渡过程研究及减震措施，气蚀研究，灯泡机组选择，抽水蓄能机组在电力系统中的最优比重，鲁棒调控作用，气垫式调压井水力学分析，泄洪洞用孔板消能的研究，混凝土坝挑流鼻坎空蚀治理；在金属结构方面有：水工闸门事故调查分析，膨胀式止水的计算及试验，闸门三维有限元分析比较，水工闸门的国内外动态；在水电站施工管理方面有：水口水电站移民经验总结介绍，水电站建设走出低谷增加活力的分析。

学报从1992年起对文章分类做了变动，停止了过去的分为“论文”、“短文”的分类方法，而改为“研究与开发”、“综述”、“学术探论及建议”三大类。文章的采用仍以学术水平为准，必有新颖独创之处，议论或研究结果能发人省思，有助于水电科研、设计、施工、管理的重大改进和推动。

《水力发电学报》编委会主任为张宪宏，副主任为刘颂尧和许协庆、赵政声，张宪宏兼总编辑，编辑为尹芳平、麦家煊、田立言。

（水力发电学报编辑部　张宪宏）

《水利水电技术》

《水利水电技术》是由电力工业部、水利部主管，由水利电力信息研究所主办的刊物，是我国水利水电系统的综合性技术月刊。1992～1994年，《水利水电技术》按期出版了36期（总第219期～254期）约360万字。

《水利水电技术》继续遵循的编辑方针是：坚持党的基本路线，认真贯彻执行“百花齐放，百家争鸣”的方针及有关的技术方针政策，交流推广先进技术经验及革新成果，开展专题讨论，报道工作动态，促进我国水利水电事业的发展和科学技术水平的提高，为四个现代化服务。3年来，刊物紧紧围绕两部深化体制改革的部署和工作中心，重点报道水资源综合利用及节约用水技术经验，水利水电已建工程运行管理及充分发挥效益的经验，在建工程降低造价、缩短工期的经验，水利水电新技术、新材料、新设备、新理论及新的施工方法，以及获得科技进步奖的科研成果等。期刊的主要栏目有“水文泥沙及水资源利用”、“水利水电规划”、“水工建筑”、“水力发电”、“地质勘测”、“农田水利”、“防洪除涝”、“小水电站”、“运行管理”、“水利水电经济”、“试验研究”、“国外科技”，以及“国内国外水利水电消息”等。

《水利水电技术》编辑部几年来努力提高期刊质量，坚持面向基层、为基层服务的方向，在组稿、选稿和编稿时，内容上尽量考虑为基层读者所急需，文字上力求通俗易懂，能为广大读者所接受，对他们的实际工作有所帮助，并以此来扩大期刊的影响，扩大社会效益及经济效益。在期刊质量方面，还对期刊进一步实行了标准化、规范化，使期刊在编辑质量、版面质量、规范化等方面符合国家标准。对期刊封面，在注重简朴、美观、实用并力求稳定的原则下，进行了标准化设计，固定了封面底色（蓝色）和标示的基本内容，每期只更换彩色照片，在外观上显示了本刊的特征。内页版式的编排力求合理，校对错误率力求低于校准数，印刷上与厂家密切配合，力求墨色均匀清晰。1992年12月，在国家科委、中共中央宣传部、国家新闻出版署共同组织的全国优秀科技期刊评比中，《水利水电技术》获全国优秀科技期刊二等奖。

《水利水电技术》第五届编辑委员会主任为张春园、副主任为潘家铮、何璟、梁益华、戴定忠、李昌凡、柯礼丹、林明华。编辑部主任何固心，副主任张树泉。

（水利电力信息研究所 何固心）

《中国水力发电史料》

《中国水力发电史料》1992～1994年3年来共收到稿件177篇，每年出版3期，共出版9期（其中有柘溪水电站、对外经济技术合作、丰满发电厂、浙江水电建设和青铜峡水利枢纽5个专辑），刊登145名作者的148篇文章，86幅照片和5幅图表，共计100余万字。刊登稿件中有综合性文章5篇，回忆录、回顾性文章29篇，纪实性文章44篇，资料性稿件8篇，人物介绍29篇（其中8篇怀念文章），每期均有编辑部文章列在刊首。

所刊载文章内容丰富、翔实，寓意深刻，都具有较高的史料价值。谭靖夷同志撰写的回忆录《战斗的历程——纪念柘溪水电站发电三十周年》荣获中国水力发电工程学会组织评选的优秀论文三等奖。作者以其亲身经历的纪实，回顾了柘溪水电站工程施工的全过程，总结正反两方面的经验和自己的认识及体会，文字简练，重点突出，既可作为史料参考，又有可读性。李锐同志撰写的《回忆南宁会议讨论三峡问题》、张铁铮同志撰写的《新中国水电建设初期回忆录——十五年水电建设计划的编制》、为纪念丰满发电厂发电五十周年王立甫同志执笔所写的《难忘的历程》等文章，颇受读者欢迎，认为历史资料完整，有条理性，有很高的史料价值。赵之蔺同志编写的《水电规范发展历程的简要回顾》、纪云生同志撰写的《我国土石坝工程施工的回顾》、王初铭同志撰写的《我国水电机组研制发展历史的回忆》等文章，从不同方面系统地反映了水电建设中从无到有、从小到大、从简单到复杂的技术发展过程，既有史料价值，专业知识性也很强。《水电史料》不仅宣传水电建设对我国经济发展所起的作用，同时唤起大家对自己所从事的水电建设事业的热爱，是一份爱国主义的教材，意义深远。

3年来，编辑部在中国水力发电工程学会和史料编委会的领导下，为适应改革开放新形势，在指导思想、工作方法方面做了一些改进，进行了以下几方面的工作。

1. 多种途径抢救史料　当前抢救的重点是先征集五六十年代以及解放前的水电建设史料。编辑部采取多种形式、方法，千方百计进行抢救，召开座谈会，寄发约稿函，修订征集办法，刊登征稿启事，采访编委及委托联络员组织稿件等。除向广大水电工作者征集全面的史料外，重点约请年事已高长期从事水电建设的老领导、老专家，撰写他们的亲身经历，留下在书本上、档案中难以找到的宝贵经验和重大教训，以为后人借鉴。对所有来稿均根据其史料价值、字数、付予一定资料费报酬，从中选出一部分稿件在《中国水力发电史料》上发表。

2. 努力提高办刊质量　继续坚持“存真求实”的办刊原则，密切联系水电建设实际，在文稿的征集、编辑、出版工作中始终贯彻“质量第一”的指导思想，要求水电史料稿件既写水电建设成绩，也写水电工作中的争论和失误、是非得失，秉笔直书。在审稿工作中严格把关，多次送审、核实、修改，力争做到严肃、认真、公正。

3. 增设刊物栏目　在1991年开始设置“回忆”、“实录”、“沿革”、“人物”、“文献资料”、“动态报道”各栏目的基础上，根据来稿内容又增加了“综述”、“纪实”、“科技”、“怀念”、“转载”等栏目，在工程专辑中，按工作性质划分“规划”、“勘测”、“设计”、“施工”、“运行管理”、“水库移民”等栏目，还设有“专稿”项及附表、附图等，每期都有中心内容，有一、二篇重点文章。读者反映《中国水力发电史料》开辟的栏目，有囊括文章、突出主体、排列有序、便于查阅的效果。编辑部同志还设法收集“我国水电之最”资料，已陆续刊载。

《中国水力发电史料》主编王庭济，副主编唐集尹。

通讯地址：北京德外六铺炕水利电力信息研究所内；邮编：100011；电话：4012244－321。

（《中国水力发电史料》编辑部 陆茂竹）

《水力发电技术知识丛书》

为了水力发电战线广大职工学习科学技术，适应水电建设和生产的需要，中国水力发电工程学会于1982年8月成立编辑委员会，负责组织审定《水力发电技术知识丛书》(以下简称丛书)。丛书是从普及水力发电科学技术知识的角度出发，着重介绍水力发电的基本概念和基本知识。对我国在实践中取得的经验和国外先进水平及发展趋势也作适当介绍。

读者对象以具有中等学校文化程度以上的各级管理干部为主，使他们能系统地了解水力发电的科技知识，不断提高业务能力和管理水平。对于中等学校文化程度的技术工人，也可通过学习本丛书为学习专业技术打下初步基础，并在工作中不断提高技术水平。对于专业技术干部，也可了解其他相邻专业的一般知识。

本丛书共分26个分册，分别为：

第一分册　水力发电概况
第二分册　水能规划和综合利用
第三分册　水能经济
第四分册　水电工程地质
第五分册　水电工程勘测
第六分册　水文测验和水文计算
第七分册　坝、泄洪和进水建筑物
第八分册　引水工程及发电厂房
第九分册　过船过鱼过木建筑物
第十分册　水工机械设备
第十一分册　水工建筑物的运行维护和观测
第十二分册　水电工程的施工组织和管理
第十三分册　水工混凝土工程施工
第十四分册　土石工程及地下工程施工
第十五分册　施工导流工程
第十六分册　水轮机和辅助设备
第十七分册　发电机和电气设备
第十八分册　水电站集中控制、继电保护和自动化
第十九分册　机电设备的安装
第二十分册　机电设备的运行维护
第二十一分册　水电站水库调度
第二十二分册　水电站经济运行
第二十三分册　小型水电站
第二十四分册　抽水蓄能电站
第二十五分册　潮汐电站
第二十六分册　水库淹没与移民

《水力发电技术知识丛书》编辑委员会

主　任　施嘉炀
副主任　陆钦侃、舒扬棨、刘颂尧
编　委（按姓氏笔划为序）
于开泉　王伊复　王圣培　伍正诚　冯尚友
李毓芬　刘颂尧　沈　晋　谷云青　陈叔康
张勇传　汪景琦　施嘉炀　陆钦侃　唐集尹
舒扬棨　董毓新　程学敏　杨德晔

丛书编写，除第4分册水电工程地质外，已完成25个分册，由水利电力出版社出版。

（中国水力发电工程学会　陈叔康）

有国内统一刊号的水电科技期刊一览表

序号	期刊名称	刊期	创刊时间(年)	统一刊号	主办单位	主编	地址	邮编
1	中国电业	月	1950	CN11-1375/TM	电力工业部	王树民	北京白广路2条1号	100761
2	中国水利	月	1950	CN11-1374	水利部	王经国	北京白广路2条1号	100761
3	水力发电	月	1954	CN11-1845	水利水电规划设计总院	刘芳春	北京六铺炕	100011
4	水力发电学报	季	1982	CN11-2241/TV ISSN1003-1243	中国水力发电工程学会	张宪宏	北京清华大学水电系	100084
5	华北电业	月	1985	CN11-3417/F	中国华北电力集团公司	丁兆霞	北京市宣武区枣林前街32号	100053
6	水能技术经济	季	1980	CN43-1203/F	全国水能技术经济信息网	胡葆英	长沙市圭塘中南院	410014

续表

序号	期刊名称	刊期	创刊时间(年)	统一刊号	主办单位	主编	地址	邮编
7	水电站设计	季	1985	CN51－1382/TV	成都勘测设计研究院	王洪炎	成都市青羊宫	610072
8	水电能源科学	季	1983	CN42－1231/TK	华中理工大学		武昌华中理工大学	430074
9	水利水电技术	月	1979	CN11－1757	水利电力信息研究所	何固心	北京六铺炕	100011
10	西北水电	季	1981	CN61－1260	西北勘测设计研究院	王维第	西安市南大街	710001
11	东北水利水电	月	1983	CN22－1097/TV	松辽水利委员会	王成梓	长春市工农大路6号	130021
12	水利水电快报	半月	1979	CN42－1142	长江水利委员会	赵纯厚	武汉市解放大道1155号	430010
13	人民长江	月	1955	CN42－1202/TV	长江水利委员会	洪庆余	武汉市解放大道1155号	430010
14	人民黄河	月	1985	CN41－1128/TV	黄河水利委员会	朱兰琴	郑州市金水路11号	450003
15	红水河	季	1982	CN45－1146/TM	广西电力工业局	彭文藻	南宁市建政路10号	530023
16	人民珠江	双月	1980	CN44－1037/TV	珠江水利委员会	李永寿	广州市沙河瘦狗岭	510611
17	陕西水力发电	季	1985	CN61－1110/TV	陕西水力发电工程学会 西安理工大学水电科研所	赵修荣	西安市金花南路5号	710048
18	福建水力发电	半年	1988	CN35－1153/TV	福建水力发电工程学会 福建省水电勘测设计院	陈一华	福州市东大路158号	350001
19	广东水电科技	季	1982	CN44－1207/TV	广东水利电力厅 广东省水利学会	谢汉祥	广州市沙河瘦狗岭	510611
20	四川水力发电	季	1982	CN51－1150/TV	四川省水力发电工程学会	李远惠	成都市青羊宫成勘院内	610072
21	广西水利水电	季	1981	CN45－1147/TV	广西水利电力厅 广西水利学会	范存义	南宁市建政路12号	530023
22	大坝观测与土工测试	双月	1981	CN32－1190/TV	南京自动化研究所	李怀刚	南京鼓楼区长江新村4号	210003
23	水利电力机械	双月	1979	CN41－1150/TH	郑州机械设计研究所 水利电力机械情报网	高建生	郑州陇海中路57号	450052
24	水利电力劳动保护	季	1984	CN42－1308/X	劳动保护研究所	魏廷亮	湖北省宜昌市	443002
25	中国水利水电文摘	双月	1993	CN11－2932/TV	水利电力信息研究所	董兆林	北京六铺炕	100011
26	国外科技资料目录(水利水电)	双月	1956	CN11－1938/TV	水利电力信息研究所	蒋一鸣	北京六铺炕	100011
27	西北水资源与水工程	季	1989	CN61－1201/TV	水利部西北水利科学研究所	杨立业	陕西咸阳市	712100

续表

序号	期刊名称	刊期	创刊时间(年)	统一刊号	主办单位	主编	地址	邮编
28	水文	双月	1980	CN11－1814/P	水利部水文局	孙桂华	北京白广路二条一号	100761
29	水资源保护	季	1984	CN32－1356/TV	水利部水资源司、河海大学	陈庆敖	南京市西康路1号	210004
30	泥沙研究	季		C11－2532	中国水利学会	杜国翰	北京车公庄西路20号	100044
31	农田水利与小水电	月	1982	CN42－1219/TV	水利部农村水利司 水电及电气化司 农田水利专业委员会	许志方	武昌武汉水利电力大学内	430072
32	长江流域资源与环境	季	1992	CN42－1320/X	中国科学院自然与社会协调发展局 中国科学院武汉文献情报中心	席承藩	武昌小洪山	430071
33	农村电气化	月	1979	CN11－2181/TM	水利部农电司		北京前门西大街41号	100031
34	水土保持科技情报	季	1981	CN21－1159	水利部水保司 辽宁省水土保持研究所		辽宁省朝阳市珠江路	122000
35	武汉水利电力大学学报	双月	1957	CN42－1217	武汉水利电力大学	郭元裕	武昌珞珈山	430072
36	北京动力经济学院学报	季	1988	CN11－3266/TV	北京动力经济学院	关存和	北京德外朱辛庄	102206
37	岩土工程学报	双月	1979	CN32－1124/TV	中国水力发电工程学会等	沈珠江	南京虎踞关34号南科院内	210024

（水利电力信息研究所 吕玉英）

有内部准印证的水电科技期刊一览表

序号	期刊名称	刊期	创刊时间(年)	准印证	主办单位	主编	地址	邮编
1	水利水文自动化	季	1983	苏新编JSX字第184号	水利部水利水文自动化研究所	姚永熙	南京中华门外铁心桥	210012
2	治黄科技信息	双	1990	HN94－2085	黄委会科技情报站	王佩蔓	郑州金水路11号	450003
3	治淮科技	季	1966	皖内刊AHK－189	淮河水利委员会	沈承珠	蚌埠市凤阳西路41号	233001
4	华东水电技术	季	1981	（浙）字04－1001号	华东勘测设计研究院		杭州市上塘路	310014
5	水利水电工程	季	1982	天津报刊1157号	天津勘测设计研究院 天津市水力发电工程学会	颜济奎	天津河西区洞庭路60号	300222
6	黄河规划设计	季	1972	豫直字008	黄委会勘测规划设计院	徐福坤	郑州金水路109号	450003

续表

序号	期刊名称	刊期	创刊时间(年)	准印证	主办单位	主编	地址	邮编
7	河海科技进展	季	1981	苏新编 ISX 第 205 号	河海大学	赵光恒	南京西康路 1 号	210024
8	水电技术信息	月	1976	蜀内刊第 01－307	成都勘测设计研究院	张宝山	成都青羊宫	610072
9	水利水电勘测设计	季	1986	北京 Z1932－941861	北京勘测设计研究院	刘更新	北京定福庄	100024
10	云南水电技术	季	1967	云刊字第 14 号	昆明勘测设计研究院	胡泽润	昆明人民东路 72 号	650051
11	青海水力发电	季	1982	青海期刊 Q－055 号	青海水力发电工程学会 中国水利水电第四工程局	袁延举	西宁市互助西路 136 号	810006
12	贵州水力发电	季	1990	贵州第黔 01－K110 号	贵州省水力发电工程学会 贵州乌江水电开发公司	张家琦	贵阳解放路 33 号乌江水电开发公司	550002
13	湖北水力发电	半年	1987	鄂内刊字第 63 号	湖北省水力发电工程学会	叶守泽	武汉水利电力大学	430072
14	中南水力发电	季	1994	湖南内刊第 379 号	中南勘测设计研究院 湖南省水力发电工程学会	何耀堃	长沙市圭塘中南院	410014
15	云南水力发电	季	1985	云刊第 127 号	云南省水力发电工程学会	谢启芳	昆明东风东路 157 号	650041
16	贵州水利水电	季	1988	黔内刊第 01－K043 号	贵州省水利电力厅	张耀海	贵阳西湖巷 32 号	550002
17	岷江水电	季	1988	蜀成字第 477 号	中国水利水电第十工程局 四川省水电学会十局分会	钟永为	四川都江堰蒲阳路	611830
18	葛洲坝水电	季	1986	鄂内刊字第 641 号	长江葛洲坝工程局		湖北宜昌	443002
19	水电科技信息	月	1979	蜀内刊字第 01－316 号	四川省水利电力厅 省水利电力研究所 省水利电力信息中心站	陈儒伦	成都市罗家碾	610072
20	上海水利水电技术	半年	1985	沪期字第 191 号	上海勘测设计研究院	庞　育	上海逸仙路 180 号	200434
21	大坝与安全			浙字第 04－1009 号	电力部大坝安全监测中心	方榴声	杭州上塘路	310014
22	水利电力机械电子技术	季	1987	苏新编 JSXK 字第 177 号	河海大学机械学院	孙忠祖	江苏常州市	213002
23	小水电	月	1984	浙字第 04－1003 号	水利部农村电气化研究所		杭州市教工三路	310012
24	施工设计研究	季	1987	鄂内刊字第 101 号	长委会设计局		武汉解放大道 1155 号	430010

续表

序号	期刊名称	刊期	创刊时间(年)	准印证	主办单位	主编	地址	邮编
25	水电工程	半年	1987	黔第01-K119号	中国水利水电第九工程局	刘　颖	贵州清镇县鸭池河	551408
26	水电建设	季	1990	蜀内字第12-046号	中国水利水电第七工程局	刘书珍	四川乐山市17号信箱	614907
27	新疆水利水电	不定期	1982	新疆（XJ）字第1141号	新疆水利水电勘测设计院 新疆水力发电工程学会	杜本立	乌鲁木齐市黑龙江路19号	830000
28	水资源研究	季	1980	鄂内刊字第365号	长委会水文局	韩承荣	武汉解放大道1155号	430010
29	泥沙情报	季		豫直字064号	黄委会水科所	钱意颖	郑州顺河路	450003
30	云南水利水电	季	1986	云刊字第105号	云南水利水电厅 云南省水利学会	贾良权	昆明市五华山	650021
31	水电工程研究	半年	1981	蜀内字第10-157	成都勘测设计研究院科研所	梁邦河	成都罗家碾	610072
32	水电勘测设计	季	1990	黔01-K166	贵阳勘测设计研究院	王柏乐	贵阳解放路78号	550002
33	河北水利水电技术	季	1977	天津内刊第1145号	河北省水利学会 河北省水利水电勘测设计院	陆精明	天津河北区金钟河大街238号	300250
34	水利规划	季	1989	北京Z1851-941957	中国水利学会规划研究会		北京六铺炕水规总院内	100011
35	华东水电	季	1988		中国水利水电第十二工程局	梅兴发 吴健鸣	浙江金华白龙桥	321027
36	水利水电	季	1983	粤内刊字第1124	广东水利电力勘测设计院	何国元	广州荔家湾陈家祠道48号	510180
37	水电科研与实践	半年	1984	湖南刊字第184号	中南勘测设计研究院科研所	席与光	长沙市圭塘	410014
38	三峡工程科技通讯	季	1985	鄂内刊字第639号	中国长江三峡工程开发总公司		湖北宜昌东山大道80号	443002
39	闽江水电科技	半年	1983	闽刊字第08032号	中国水利水电闽江工程局		福建南平市黄墩	353001
40	故县工程	季	1984	豫三发字9302号	中国水利水电第十一工程局		河南三门峡	472000
41	科技与管理	半年	1989	蜀内刊第09-012号	中国水利水电第五工程局	韩德保	四川省广元市昭化	628003
42	中国水力发电史料	3期/年	1987	北京Z21854-941353	中国水力发电工程学会	王庭济	北京六铺炕水利电力信息所	100011
43	水利水电工程造价	季	1994	北京Z2614-941127	中国水力发电工程学会定额预算专委会	李治平	北京安德路65号《水力发电》杂志社	100011
44	碾压混凝土技术动态	季	1987		中国水力发电工程学会 碾压混凝土专委会	张　志	福州东水路28号福建水电科研所	350001

续表

序号	期刊名称	刊期	创刊时间(年)	准印证	主办单位	主编	地址	邮编
45	大坝安全监察通讯	不定期	1991		中国水力发电工程学会大坝监测专委会 电力部大坝监察中心	张日光	杭州上塘路华东勘测设计院	310014
46	水电建设管理通讯	月	1991	北京 Z2360-941779	中国水力发电工程学会建设管理专委会	张文达	北京府右街电力部水电农电司	100031
47	面板堆石坝通讯	季	1989	鄂内刊 731	中国水力发电工程学会面板坝专委会	傅志安	湖北宜昌葛洲坝工程局施工研究所	443002
48	东北水力发电学报	季	1985	辽宁内刊 01-1071/2	东北水力发电工程学会	杨耀邦	沈阳宁波路 18 号	110006
49	甘肃电力	双月	1981	甘新出字 3100 号	甘肃水力发电工程学会	黄鉴	兰州七里河西津东路甘肃电力研究所	730050
50	河南水力发电工程学会简报	季	1992		河南水力发电工程学会	张挺	郑州金水路 109 号黄委设计院	450003
51	施工技术与管理	半年	1986	蜀内刊 141	四川水电学会施工技术与管理专委会	王民寿	四川乐山 17 信箱水电七局	614907
52	天生桥建设	不定期	1987		武警水电学会一总队分会与一总队	陈钦亮	广西隆林武警水电一总队科研所	533409
53	水文科技情报	季	1977	鄂内刊字 第 321 号	全国水文水资源科技信息网 长委会水文局	韩承荣	汉口解放大道 1155 号	430010
54	泄水工程与高速水流	季	1983	吉内刊字 第 02-015 号	泄水工程与高速水流信息网 东北勘测设计研究院研究所	徐秉衡	长春市北安路 74 号	130061
55	金属结构	双月	1981	湘内刊字 第 077 号	水利水电工程金属结构设计信息网 水力发电工程学会金属结构专业委员会	薛瑞宝	长沙市圭塘中南勘测设计研究院	410014
56	地下工程技术	季	1982	蜀内刊 第 01-306 号	水利水电地下建筑物信息网 水力发电工程学会水工专业委员会地下工程分会	李其桐	成都市青羊宫成都勘测设计研究院	610072
57	水电电气设计	季	1980		水电电气设计信息网 电气专业委员会	余国铨	杭州市上塘路华东勘测设计研究院	310014
58	混凝土坝技术	季	1976	蜀内刊 第 02-155 号	混凝土坝技术信息网	洪才根	成都市青羊宫成都勘测设计研究院	610072
59	水力机械技术	双月	1979	湘（95）076 号	水力机械信息网		长沙圭塘中南勘测设计研究院	410014
60	工程物探	季	1983	豫直字 第 062 号	水利电力物探信息网	王绍甫	郑州政三街	450003
61	水利水电勘测设计情报动态	双	1987	浙字 第 04-1015 号	水利水电规划设计总院 水利水电勘测设计信息协作组	陈永年	杭州市通江桥	310002
62	疏浚与吹填	季	1987	鲁内刊字 第 185 号	水力发电疏浚专业委员会等	李国勇	山东德州市中国水利水电第十三工程局	253009
63	水利水电施工	季	1982	鄂内刊字 第 642 号	全国水利水电施工技术信息网	周世明	湖北宜昌葛洲坝工程局	443002

续表

序号	期刊名称	刊期	创刊时间（年）	准印证	主办单位	主编	地址	邮编
64	土石坝工程	季	1983	Z1931－91194	土石坝工程信息网	洪重光	北京定福庄北京勘测设计研究院	100024
65	水系污染与保护		1994	鄂内刊字第191号	全国水系污染与保护科技信息网		武汉汉阳区郭茨口长江水域水资源保护局	430051
66	水利水电测量	季	1982	天津内刊第1152号	全国水利水电测绘信息网	赵邦兴	天津市河西区洞庭路	300222
67	工程与冻土		1983	吉林内刊第01－029号	全国水工建筑物抗冻技术信息网	徐伯孟	长春市斯大林大街140号	130022
68	防渗技术	季	1990	陕西报刊11－1203（Z）	全国渠库防渗科研协调组及信息网		陕西武功杨陵渭惠路16号	712100
69	大坝监测技术	系	1983		大坝安全监测信息网		成都市青羊宫成都勘测设计研究院	610072
70	混凝土建筑物修补通讯				混凝土建筑物病害修补和处理信息网	邵媖媖	北京车公庄西路20号水科院	100044
71	水电站机电技术	季	1978	天津内刊字第1156号	水利水电机电技术信息网 水电地勘机电研究所	郭士杰	天津蓟县机电研究所	301900
72	水利水电钻探	季	1985		水利水电工程钻探信息网 东北勘测设计研究院勘测公司	杨仲汤	长春市春城大街30号	130062
73	施工组织设计情报网	季	1983	吉内刊字02－002号	施工组织设计信息网 东北勘测设计研究院	李瑞珍	长春市工农大路6号	130062
74	砌石坝技术	季	1978		全国砌石坝信息网	刘建生	济南市山东省水利科研所	250013
75	水利水电环境	半年	1983	蜀内字第01－349号	水电规划设计总院水电学会 环境保护专委会	颜道丰	成都浣花路1号成都勘测设计院	610072
76	黄河科研	半年	1987	豫直字061号	黄委会水利科学研究所		郑州顺河路1号	450003

（水利电力信息研究所 吕玉英
中国水力发电工程学会 赵政声）

与水电有关的报纸一览表

报纸名称	主办单位	负责人姓名	创刊年月	批准登记刊号	出版周期	发行份数	通讯地址	邮政编码	电话号码
中国电力报	电力工业部	沈凤仪 张敬元 王渭林 赵文图	1982.1	CN11－0076	周四报	18万份	北京市宣武区白广路2条1号	100761	3273322 －4455
中国水利报	水利部	陈小江	1989.1	CN11－0156	周三报	—	北京宣武区白广路2条1号	100761	3266571 3271393

续表

报纸名称	主办单位	负责人姓名	创刊年月	批准登记刊号	出版周期	发行份数	通讯地址	邮政编码	电话号码
水利水电工程报	中国水利水电工程总公司	杜鸿礼 苏克敬 李翔凌	1994.5	准印证号 Z0508－940114	周一报	7000份	北京市东城区六铺炕5号楼附楼	100011	4015511 －2405 2383689
华北电力报	中国华北电力集团公司	陈荫琪 张德武	1980	Z0477－930445	周一报	4.5万份	北京宣武区枣林前街32号	100053	3263377 －3249、 3209
北京水电报	中国水利水电第二工程局	倪必桐 杨德川	1986.5	准印证 0362－940288	半月报	—	北京德胜门外六铺炕一区2号	100011	2023344 －260
山西电力报	山西省电力工业局	李宝森 申　新		CN14－0043	周1.5期	3.6万份	太原市南肖墙山西省电力局	030001	4012838
天津电力报	天津市电力工业局	孙振声	1987.1	津内准印证 00018	周一报	1.2万份	天津市河北区进步道29号	300010	2346870 2346715
河北电力报	河北省电力工业局	刘少亮 梁占山	1985.10	公开发行	周一报	4万份	石家庄市富强大街5号	050011	6011561 －2101
内蒙古电力报	内蒙古电业管理局	刘安琪 郝志邦	1986.7	CN15－0056	周二报	1.5万份	呼和浩特市锡林南路28号	010020	(0471) 641081
东北电力报	东北电业管理局	王正茂	1985.10	CN21－0076	周一报	3万份	沈阳市和平区宁波路18号	110006	(024) 3112862 3112863
鸭绿江水电报	中国水利水电第六工程局	张鸿飞 董　英	1981.7	06－0001/2	周一报	1700份	辽宁省丹东太平湾	118216	(0415) 490010
吉林电力报	吉林省电力工业局	李大本 雷书田	—	CN22－0038	旬　报	1.3万份	长春市斯大林大街93号	130021	642504
东北水电报	中国水利水电第一工程局	李鹏九 李秀本	1958.8	准印证 03－003号	周一报	3000份	吉林省吉林市永吉口前大街113号	132200	(04421) 222057
云峰电厂报	云峰发电厂	陆成龙 王　伟	1993.1	—	月　报	1000份	吉林省集安市	134202	(04454) 222221 －323
黑龙江电力报	黑龙江省电力工业局	任树宝 张恩生	1989.5	CN－23－0083	周一报	1.5万份	哈尔滨市南岗区红军街63号	150001	(0451)－ 3682607
华东电力报	中国华东电力集团	黄贤龄 季　寰	1985.8	CN31－0055	周一报	2.5万份	上海市南京路201号	200002	3290000 －2434
水电工人报	中国水利水电第十二工程局	何平如 乔建平	1957.5	浙字第 05－0006号	周一报	4000份	浙江省金华市婺城区华电新村	321027	(0579)－ 339873
安徽电力报	安徽省电力局	张大和	1987.6	AHB－024	周一报	2500份	合肥市芜湖路129号	230061	332007 －5314
江西电力报	江西电力工业局	周介龙 冯上保	1992.7	CN36－0038	周一报	2.1万份	南昌市永外正街13号	330006	221837 －5130
闽江报	中国水利水电闽江工程局	陈禄官 王万桂	1984.10	闽报刊字 第00158号	周一报	4500份	福州市湖东路82号	350003	7818405

续表

报纸名称	主办单位	负责人姓名	创刊年月	批准登记刊号	出版周期	发行份数	通讯地址	邮政编码	电话号码
开拓者报	中国水利水电第十三工程局	苏剑波 庞云翼	1965.9	鲁报刊准印证016号	周一报	2000份	山东省德州市东风路88号	253009	621400—240
河南电力报	河南省电力工业局	张鹤林 王绥民 孙文光		CN41-0046	周二报	3万份	郑州市嵩山南路11号	450052	(0371)7905165
三门峡工程报	中国水利水电第十一工程局	蒋晓凤	1957.4	HN94-1066	旬　报	2000份	河南省三门峡市	472000	(03891)222925—3290
黄河三门峡	三门峡水利枢纽管理局	赵金瑛 杨晓国	1986.5	HN94-1068	旬　报	2000份	河南省三门峡市	472000	221663—2327
湖北电力报	湖北省电力工业局	李　湘 蓝果长	1985.1	CN42-0028	周二报	3.5万份	武汉市胜利街210号	430014	(027)2811475
长江葛洲坝报	中国水利水电长江葛洲坝工程局	何爬孙 刘惠平 刘义成 黄居华 李家真	1971.2	CN42-0059	周三报	1.2万份	湖北宜昌市	443002	(0717)447448—3150
葛洲坝报	葛洲坝水力发电厂	张立先	1981.2	鄂报第45号	周一报	3000份	湖北宜昌市西坝	443002	(0717)448881—3507
中国三峡工程报	中国长江三峡工程开发总公司	杨辟如	1993.9	CN42-0097	周一报	—	湖北宜昌市东山大道80号	443002	(0717)444572
葛洲坝水电工程学院报	葛洲坝水电工程学院	郭永法	1978.11	鄂内报字第46号	半月报	1500份	湖北宜昌市云林路	443002	(0717)447133—238
水电建设报	中国水利水电第八工程局	赵东风	1958.7	准印证第104号	周一报	4500份	长沙市南大路2号	410007	5563840—2017
广西电力报	广西电力工业局	陈修龄	1987.9	CN45-0035	周一报	3.5万份	南宁市民主路6号	530023	562290
大化水电报	广西大化水力发电总厂	刘序凡 覃佑甲	1986.12	广西GX-0078号	月　报	1500份	广西大化水电总厂	530800	(07800)212235—2364
湖南柘电报	湖南柘溪水电站	武剑先	—	湖南内报准印证042号	—	—	湖南安化县柘溪镇	413508	22230—483
西南电力报	四川、贵州、云南电力局	姚国寿	1984.1	CN51-0041	周二报	5万份	成都市东风路二段17号	610061	4449692
白龙江水电报	中国水利水电五局	狄荣彬 傅国华	1986.1	川内字09-002	旬　报	2000份	四川省广元宝轮（昭化）	628003	522560—2277

续表

报纸名称	主办单位	负责人姓　名	创刊年月	批准登记刊　号	出版周期	发行份数	通讯地址	邮政编码	电话号码
大渡河水电报	中国水利水电第七工程局	黄永盛	1957	川内字12－006	旬　报	3000份	四川省乐山市第七号信箱	614000	(0833)232346－506
岷江报	中国水利水电第十工程局	徐月明	1984.1	川内字02－073	周一报	2000份	四川省都江堰市蒲阳路177号	611830	(028)283411－252
成勘院报	成都勘测设计研究院	李昌伟	1983.10	川内字02－023	半月报	1000份	成都市浣花北路一号	610072	(028)7769023－367
映电通讯	映秀湾发电总厂	黄光成	1989.4	川内字01－125号	半月报	1000份	四川省汶川县映秀镇	623003	(08489)443231－2264
云南水电报	中国水利水电第十四工程局	张树云 杨兴泽	—	—	半月报	2000份	昆明市东华小区春登里19号	650041	3169000－285
云南电力报	云南省电力工业局	杨立义 朱祥伟	1994.5	(云报)202号	周一报	1.5万份	昆明市东风路157号	650041	(0871)3174123
水电开发报	中国水利水电第九工程局	邹元才 肖洪腾 彭黔渝	1971.1	黔内字01－B054	周一报	5000份	贵州省清镇市鸭池河	551408	(0851)525773转
红枫报	红枫发电总厂	张树杰 莫伦远	1983.5	黔01－B049	半月报	1000份	贵州省清镇市	551417	(08636)22801－274
昆明院报	昆明勘测设计研究院	杨全方	1984.1	(云报)字第47号	月　刊	—	昆明市人民东路72号	650051	(0871)3162093－2063
西北电力报	西北电业管理局	袁知中 杨　敏	1993.10	11－0213	周一报	2万份	西安市尚德路57号	710004	7275061－2209
水利水电报	中国水利水电第三工程局	马世平	1976.7	陕报11－0100(S)	周一报	3000份	陕西省安康市张岭	725011	(0915)2767－413
西北水电报	西北勘测设计研究院	薛传殿	1984.2	陕报11－0158(S)	半月报	1000份	西安市南大街1号	710001	(029)7219408－213
甘肃电力报	甘肃电力工业局	刁景山 苟爱迪	1991.1	CN62－0053	周一报	1万份	兰州市西津东路306号	730050	2334311－2384
甘肃水电建设报	甘肃省水电工程局	张勤	1982.7	CN62－0028	周一报	5000份	甘肃省景泰川一条山镇	730400	(09468)22101
刘电工人报	刘家峡水电厂	李含民	1990.10	甘肃省报刊登记证2101号	月　报	1000份	甘肃省永靖县	731600	(09402)32066－2378
宁夏电力报	宁夏电力工业局	杨党兴 谈国发	1991.7	CN64－0016	周一报	3500份	银川市南环西路13号	750001	(0951)641571－2309

续表

报纸名称	主办单位	负责人姓名	创刊年月	批准登记刊号	出版周期	发行份数	通讯地址	邮政编码	电话号码
青海电力报	青海电力工业局	游炳堃 贾先华	1993.1	青内 B-047号	半月报	1400份	西宁市新宁路12号	810008	41701-2322
水电四局报	中国水利水电第四工程局	李俊哲 尹继周	1976.12	青内 B-009号	周一报	3000份	西宁市互助西路136号	810006	76637-2320
新疆电力报	新疆电力工业局	魏新光 杜 伟 马 新	1992.1	新报刊-010号	旬 报	7500份	乌鲁木齐建设路5号	830002	220345

（陈上奎整理）

17届国际大坝会议论文译文集简介

17届国际大坝会议于1991年6月16日至21日在奥地利维也纳举行，大会讨论了4个专题：大坝工程环境问题（专题64）、坝的老化与补救措施（专题65）、复杂地基处理（专题66）、土石坝及土石围堰的新发展（专题67）。这4个专题均是国内外水电建设者所关心的，所提出的论文内容都反映出当前世界上最新的情况和最新的水平，有重要的参考价值。为此各有关单位分别组织翻译出版。

1.《大坝工程环境问题译文集》 该译文集是由中国电力企业联合会科技工作部组织翻译，选择了国外有代表性的21个国家的论文和总结报告共50篇文章于1992年8月出版。大坝工程环境问题是一个热门课题，一些发达国家把环境影响作为兴建大坝的一个首要研究问题。在17届国际大坝会议上共发表了70篇论文，内容丰富，涉及面广，包括有：能源、农业、森林、渔业、珍稀动植物、卫生、水质、水温、气候、泥沙淤积、淹没浸没、诱发地震、滑坡、移民安置、政治、社会、经济、财政等等，可以说反映出了发达国家在大坝工程环境影响方面的实际情况和发展动态并列举了较多的工程实例，如建坝对环境的影响，评价环境的一些原则，预防和治理环境的经验以及预测和实践情况的对比和分析研究。上述这些国外情况和经验虽绝大多数来自发达国家，有他们国家的一些具体情况和注意重点，但对我国做好大坝工程环境方面工作具有重要的参考价值。

2.《坝的老化与补救措施译文集》 该译文集是由电力工业部安全监察及生产协调司组织翻译，共有74篇文章，于1993年11月出版。在17届国际大坝会议上有27个国家提出了74篇论文，主要内容涉及到坝基、混凝土坝、土坝和附属工程的老化表现、老化监测、老化预防和修补，汇集了世界各国在坝的老化与修补方面的知识与实践经验。

3.《复杂地基处理译文集》 该译文集是由水利部建设开发司、水利部科技教育司、水利电力情报研究所组织翻译了46篇文章及10个专题讨论，于1992年12月出版。在17届国际大坝会议上有44个国家提出了94篇论文，主要内容包括：复杂地基对大坝的设计和施工（防渗、稳定、液化等）的影响，非常规的地基处理，蓄水初期和运行期地基的性态，不良地基的性状及其处理措施和效果等等。其中有许多值得注意的处理技术问题，例如：建在活动断层上的混凝土坝内设置平行于断层的滑动键，以适应断层可能的错动（新西兰Clyde坝）；在拱坝或重力坝与基岩间设置混凝土垫座，嵌入基岩一定深度，混凝土垫座与基岩间还设置周边缝和止水设施；在采用混凝土防渗墙方面已用不同规格的液压双轮轮铣挖槽机，在开挖设备上安装侧斜仪，垂直度可自动控制在千分之一以内，开挖深度可达到170 m；在软岩层及风化岩层中也采用混凝土防渗墙，以代替水泥灌浆帷幕处理，使液压双轮轮铣挖槽机的应用扩大到软岩基上。

4.《土石坝及土石围堰的新发展译文集》 该译文集是由中国大坝委员会、原能源部水电开发司、水利水电规划设计总院组织翻译了52篇论文及其它文章，于1994年出版。在17届国际大坝会议上针对土石坝及土石围堰工程规划、设计、施工及运行过程中的新技术、新方法、新问题进行了探讨，主要内容为：采用劣质材料筑坝及在恶劣气候影响下的设计和施工；除防渗部分外，人工材料在加筋及排水设施中的新应用；坝顶溢流及坝内过流的设计；狭谷筑坝的特殊问题等等。

（中国电力企业联合会 陈宗梁）

学术团体及主要活动

19

中国水力发电工程学会主要活动

第三届理事会第二次会议纪要

1992年10月23日至27日，中国水力发电工程学会在天津市召开了第三届理事会第二次会议暨全国水电中青年科技学术报告会。两会的主要内容是在总结交流学会工作经验的基础上，探讨在新形势下，学会深化改革的途径，同时进行理事和中青年科技干部学术论文的交流研讨。

这次会议正值党的十四大胜利闭幕之后，全国上下学习贯彻十四大精神，为加快改革开放和现代化建设步伐，夺取有中国特色社会主义事业更大的胜利的大好形势下召开，更有着特殊的意义。出席会议的有：理事60名、中青年代表44名、特邀代表26名，以及工作人员共149名。

两会开幕式由副理事长兼秘书长梁益华主持，理事长李鹗鼎作了题为“解放思想、转变观念、改革机制、开拓前进”的工作报告。能源部副部长、学会副理事长陆佑楣作了题为“坚持改革、锐意进取，为我国水电发展上新台阶而奋斗”的书面讲话。能源部总工程师、学会副理事长潘家铮作了题为“腾飞吧，中国的水电”的讲话。能源部水电开发司司长、水电建设管理专委会主任汪恕诚作了题为“坚持改革开放，进一步推动水电建设事业的蓬勃发展”的讲话。水利水电规划设计总院院长、学会常务理事朱尔明就水电建设的前期工作形势与任务作了讲话。

在大会上发言和宣读论文的还有国家能源投资公司计划部主任、学会常务理事曾念，常务理事雷树萱、王作高，东北、湖南、四川、陕西水电学会的理事长李岩、杜修心、王尊相、王宝基，全国学会理事刘纪仁、王初铭、王钟浩等。理事撰写的论文是围绕2000年实现水电装机8000万千瓦的奋斗目标和“八五”水电建设任务，献计献策为主题，共有26篇，在大会上宣读了12篇。

各地方学会、地区学会联络会，全国学会各专委会、工委会、编委会的工作汇报在会议中分别作了发言。有18个地方学会、1个地区学会联络会、8个专委会、1个工委会、3个编委会提出了书面工作总结报告，学会秘书处合订成册供会议交流。

在分组审议李鹗鼎理事长《工作报告》中，大家对两年来的学会工作基本情况表示满意，认为报告中提出的对今后工作意见是符合时代精神。在当前新的形势下，解放思想、转变观念、改革机制、开拓前进，应是学会下一步工作的指导思想。今后主要任务是通过自身进一步改革，增强活力，更好地开展学术活动和各项服务，促进科技成果转化为生产力。与会理事认为今后要进一步加强咨询活动，大力促进抽水蓄能电站的兴建和金沙江中下游水力资源开发，更多地研究水电投资政策，充分发挥科技社会团体的优势，开创学会工作新局面。

中青年学术论文是以“依靠科技进步，加快水电建设，大力提高质量和效益”为主题，共有80篇论文交流。在大会上宣读16篇，在分组会上宣读25篇，不少论文具有应用价值，有的可供进一步研究。通过这一讲坛，展示了他们的辛勤劳动的成果，对促进与提高水电科技水平很有帮助。在讨论中，大家对水库移民、碾压混凝土筑坝新技术、水工设计新方法、水力机械的新工艺等方面都感兴趣，也有收获。此次论文征集工作由各地方学会和全国学会各专委会归口办理评审和推荐，由全国学会评优工作委员会统一评选，秘书处组织与分专业汇编成论文集，内部出版，供会议交流。

会议期间分别举行了青年工作、水力发电史料、水力发电年鉴、水力发电学报等一系列座谈会，广泛听取了理事、特邀代表和中青年同志的意见，增强了办好书刊的信心，同时取得了增加稿源、扩大发行的实效。《水力发电史料》、《中国水力发电年鉴》、《水力发电学报》三种书刊办的各有特色，公开出版的《年鉴》和《学报》都得到有关方面的表彰。

为了更好地团结和发动全国各地水电青年科技工作者开展学术交流，希望各地方学会推荐青年联络员，并积极筹备组织青年工作委员会或青年工作小组，加强青年水电科技工作者的联系，为他们参与学术活动创造条件。

10月27日下午大会闭幕，先进行了表彰发奖仪式。东北、湖南、湖北、广西、四川、陕西六个地方学会荣获“先进学会”称号，水库经济专业委员会荣获

“先进集体”称号，有76位同志荣获“学会工作积极分子”称号，颁发了奖状和纪念品。同时，还向第四批从事水力发电50周年的老会员颁发了纪念铜牌和荣誉证书。

游吉寿副理事长致闭幕词。他说：这次会议得到了各部门、各单位的大力支持，全体理事的积极参与，中青年同志的奋发努力，特别是适逢党的十四大胜利闭幕之后，在“天时、地利、人和”的大好环境中，使这次会开得很好，可以说又是一次“群贤毕至，少长咸集”的盛会，达到了继往开来、承前启后的预期目的。他并就学习贯彻十四大精神，加快水电改革深化，要有更多参与三峡工程的意识，以及培养造就更多的中青年水电科技工作者阐明了积极的意见。

（中国水力发电工程学会　赵政声）

第三次全国水电中青年科技报告会

1992年10月23～27日，中国水力发电工程学会在天津市召开了第三次全国水电中青年科技报告会。这次会议是和第三届理事会第二次会议同时举行的，参加会议的中青年代表44人。

根据第三届理事会第二次常务理事扩大会议的决定，从1991年10月开始征文，即得到广大中青年水电科技工作者的热烈响应。此次论文征集工作由各地方学会和全国学会各专业委员会归口办理评审和推荐，由全国学会评优工作委员会统一评选，秘书处汇编成论文集，内部出版，供会议交流。

此次征文，以“依靠科技进步，加快水电建设，大力提高质量和效益”为主题。截至1992年4月底，经各地方学会、各专委会、工委会遴选推荐的论文共150篇。评优工作委员会根据推荐和初审意见，统一评选出十种专业的论文80篇，其中有不少具有应用价值的论文。也有可供进一步研究的课题，并通过相互交流和探讨，能提高与促进有关水电建设的科技研究工作。作者绝大部分是40岁以下的青年科技工作者，最小的仅24岁。有45岁的教授，26岁和33岁的副教授，30岁的博士后。

中国水力发电工程学会自1983年开始举办全国水电中青年科技干部报告会以来，已举办过三次，它为广大水电科技工作者提供了讲坛，使其有发表研究成果的机会。此举有利于人才成长，对提高优秀中青年科技工作者的知名度，很有帮助，同时也增加了学会学术活动的活力与凝聚力。尤其是：通过一批科技成果的交流，促进其向生产力的转化，使之应用于水力发电的生产建设中去，取得相应的经济效益。

（中国水力发电工程学会　赵政声）

第三届理事会第二次会议表彰名单

（1992年10月27日）

（一）先进学会

东北地区水力发电工程学会
湖南省水力发电工程学会
湖北省水力发电工程学会
广西壮族自治区水力发电工程学会
四川省水力发电工程学会
陕西省水力发电工程学会

（二）先进集体

水库经济专业委员会

（三）学会工作积极分子

宋　毅(女)	张鲁杰(女)	沈振国	刘志义
王大卫	李　岩	沈　磊	王宝萱
郭庆阳	熊俊伟	严章菊	徐　度
洪建春	杜修心	肖明生	李红兵(女)
龙雪河	王宏硕	张文昌	郑仰楠
余明凯	陈仁英	黄伟森	冯大彬
彭文藻	鲁定国	李　林	张治文
王尊相	黄敬信	刘满宏	夏文泽
陈克廉	聂贯一	谢启芳	王宝基
于　城	杨延谷(女)	李　琨	陆松茂
黄振春	王寿昌	王昕华	雷文弟
刘秀阁(女)	谢致刚	曹　伟(女)	王伯騄
唐万琳	沈德民	杨承沪	张宝光
段文钰	陶富春	汪敏洁(女)	陈秀兰(女)
朱伯芳	曾　念	刘兰桂	姚少华
费骥鸣	李旦江	池胡庆	张文达
徐洪亮	冯密峡(女)	陆茂竹(女)	王　波

（四）从事水力发电50周年会员

丁　溪	区　昌	王文琪	王宏硕	王宝基
王国新	叶守泽	叶耀东	刘　坚	刘显辉
刘颂尧	华国祥	宋彧浙	宋铭奎	李仲元
杜福喜	肖安源	吴持恭	陈益焜	张志富
张家瑶	张振西	张清溱	邹思远	郝国恩
赵作民	唐寿同	唐新源	秦章隽	黄汝庚
黄承樟	韩寓吾	路春发	翟福逸	

（中国水力发电工程学会　赵政声）

1992～1994 年主要学术活动的开展与效果

中国水力发电工程学会根据水电建设发展的需要已设置了 23 个专业委员会，1992～1994 年各专业委员会坚持以学术交流为主导，以促进科学技术进步为宗旨，以加快水电建设事业为目的，为促进学科发展和加快水电建设作出了贡献。1992～1994 年共开展学术活动 77 次，参加人数为 5902 人，发表论文 2757 篇。现对主要学术活动及其所取得的主要成果简单介绍如下。

（一）建设西南水电能源基地战略研究

1992 年已提出正式研究总报告及其 15 个分课题报告、专题报告、参考资料。1993 年原能源部组织了成果评审。认为：本研究成果的论证对加快开发西南丰富的水力资源起到了推动作用，处于国内领先水平。该项研究成果还促使南方电力联营公司等有关方面提出了关于组织华东、华中电力集团公司，广东省电力局，深圳能源办公室等需电地区的专家和领导，到金沙江中下游河段考察并探索联合开发水电、实现“西电东送”的倡议。中国电力企业联合会和中国水力发电工程学会于 1993 年 4 月 21 日～5 月 5 日专门组织了金沙江中下游河段水电考察。专家们一致确认金沙江水电基地是长江经济开发带中最重要的电力能源基地，是向我国东南部地区实现“西电东送”的主力。

（二）90 年代水电科技发展战略研究

1994 年 7 月已提出总报告和规划、综合效益评价、地质、坝工、拱坝、高坝地基处理、大坝安全监测、地下工程、环境、水库移民、机组 11 个专业子课题的报告。主要分析研究了 90 年代开始建设和进行前期工作的重点水电工程的关键技术问题，进一步确定研究方向和攻关课题，并提出相应的措施，为领导决策提供依据。

（三）水库经济专业委员会对移民问题的研究

近年来就水库移民规划、移民政策、补偿标准、开发性移民方针等问题组织了专题研究，取得了显著成绩，并形成了国务院［1992］20 号文件转发的《关于加强当前水库移民工作若干意见》的初稿，然后，由国务院批转全国各地执行。水库专委会还完成了库区建设基金提取额度的研究任务，编制了《水库移民补偿资金管理办法》，还完成了移民后期扶持、移民机构设置、资金管理机制、水库投资结构和城镇迁建的规模、标准与补偿费用等 5 个课题的研究。水库移民和市场经济等 3 个课题研究正在进行之中。已完成 10 个水库项目的咨询、调研、考察和独立评估任务。

（四）全国中小河流梯级开发综合利用研讨会

水工水力学专业委员会、水能规划及动能经济专业委员会、福建省龙岩地区行政公署于 1992 年 10 月 30 日～11 月 5 日在福建省龙岩市联合召开了全国中小河流梯级开发综合利用研讨会。会议就中小河流梯级综合利用的经验、优化理论及存在的主要问题进行了学术交流和研讨；听取了龙岩地区关于汀江流域综合开发规划和汀江流域水资源综合开发规划的介绍。并实地考察了汀江干流的棉花滩、金山、上杭城关等水电站坝址及流域上游水土流失治理区。

会议强调中小河流的梯级开发，必须首先做好综合开发规划，确定水资源综合开发的战略布局。要选择技术经济指标较优越的工程作为近期开发目标，以便形成滚动流程、促进整个梯级的开发。为提高中小电站的电能质量，在有条件地区，应优先兴建有一定库容的龙头水库。开发中小河流一定要注意水土保持、环境保护、防洪、航运等综合效益。对已建成的梯级电站，宜实行集中管理，可以节约人力、物力，提高经济效益，也有利于解决电站人员的生活问题。

会议认为汀江流域开发宜以水力资源开发为龙头，结合各县资源现状，选择条件较好的电站作为突破口，逐步滚动，带动梯级开发。如棉花滩电站应尽早立项开工，以促进福建及闽西革命老区的经济发展。金山电站可争取早日立项，其他电站应抓紧前期工作。资金问题，应多渠道、多层次、全方位地进行筹集。

（五）抽水蓄能电站经济效益学术讨论会

水能规划及动能经济专业委员会于 1992 年 8 月 15～19 日在黑龙江镜泊湖召开了抽水蓄能电站经济效益学术研讨会，主要讨论了关于抽水蓄能电站经济效益问题。

抽水蓄能电站的主要作用之一是为电力系统提供调峰容量。所以在目前严重短缺调峰能力的电力系统，建设抽水蓄能电站是最经济、提高电力系统调峰能力效果最快的措施。关于抽水蓄能电站财务评价方法，会议建议：由对单座电站进行评价改为在电力系统范围内进行评价，以充分反映整体效益；在进行单座电站财务评价时，系统提供部分资金还贷；由电度电价改为电力、电量两部电价。

关于抽水蓄能电站规划选点，要尽可能靠近负荷中心或较大的火电站，以减少输电距离；要有足够的水源保证正常运行；上下水库之间水平距离要短；站址具有较好的地质地形条件；对外交通与施工条件较好；淹没损失及移民搬迁少，环境影响与保护方面可行；工程量小、工期短、投资少。会议对于黑龙江电网修建抽水蓄能电站的必要性也进行了论证，认为规划中的荒沟抽水蓄能电站若能建成，可成为黑龙江电网调峰的骨干电源。

（六）现代预应力技术学术年会

水工及水电站建筑物专业委员会于1993年11月1～5日在西安召开了现代预应力技术讨论会。会议认为，在近三年来，我国现代预应力技术有了飞速的发展，具体表现在：已经完成了岩滩、安康、水口等大型水电站的溢流坝表孔预应力闸墩的施工，取得了完整的设计、施工、试验和观测的经验。在岩锚方面已经完成了漫湾左岸复杂边坡处理，李家峡拱坝坝肩处理，隔河岩厂房尾水区的高边坡处理。岩锚的吨位已达到了6000 kN。隔河岩厂房边坡系统的水平锚索、李家峡工程用岩锚处理左岸坝肩，在国内均为首次。清江隔河岩水电站大直径有压引水隧洞采用预应力锚索混凝土衬砌技术获得成功，这在国内也属首次，技术水平已达到国际先进水平。

（七）施工机械技术管理学术研讨会

施工专业委员会于1992年11月在南京召开了施工机械技术管理学术研讨会，针对第三代设备、技术管理中液压系统污染控制论和机械设备状态诊断技术进行了研讨，提出了急待解决的问题。指出根据诊断报告确定损坏部位、提前做好零部件修理工作，有利于节约修理费用，缩短机械修理时间。按现有水电系统固定资产32亿元，每年维修费占固定资产10%～15%计，如果采用先进技术，每年可节约维修费1亿多元。

（八）社会主义市场经济与水电开发学术讨论会

水能规划及动能经济专业委员会于1993年12月7～11日在广州召开了社会主义市场经济与水电开发学术讨论会。主要内容是：针对跨地区能源特点和供求关系，从市场经济机制的角度探索电源配置的水电开发布局，以互惠互利为原则，对省电外送、西电东送、跨省互送等问题的经济合理性进行了探讨。

会议认为：自改革开放以来，东南沿海华东、华南及两湖等省（区）经济发展较快，需从能源丰富的地区大量输入能源，“北煤南运”、“西电东送”成为这些地区经济及能源发展的格局。积极开发西部水电，向东输送，运用市场经济机制，采取积极步骤，促其早日实现，是我国能源配置的战略决策。红水河、乌江、澜沧江、金沙江是水能资源丰富、开发条件优越的地区，仅红水河、乌江、澜沧江和金沙江中下游段，规划的43个梯级水电站总装机容量就达1.07亿kW，年发电量达5200亿kW·h，年利用小时较高（4877 h），淹没耕地和迁移人口较少，加速开发是可能和需要的。为解决三峡工程“西电东送”的后劲，在三峡建成前，应着手开发金沙江水电资源。溪落渡、向家坝两座电站开发条件优越，应加快前期工作。

会议建议：①要理顺电价及其有关政策，才能增强水电自我积累、自我发展的能力。②对水电建设应制订关于税收、利用外资和合资企业的优惠政策。③建立企业投资功能，健全集资办电的经营机制，使企业有维持扩大再生产的能力。④要立法。全国人大常委会应制订跨省（区）合作项目的经济合同法。⑤要增加前期工作投资。

（九）碾压混凝土筑坝技术经验交流、研讨会

碾压混凝土筑坝专业委员会于1992年11月17～21日在云南昆明召开了碾压混凝土筑坝技术经验交流、研讨会。这次会议交流了国内外近年来的建设经验和研究成果，为迎接我国水利水电建设的大发展，作了必要的技术准备，并促进了我国碾压混凝土筑坝技术的进一步发展。通过经验交流和技术研讨，取得了以下主要共识：

(1)依靠科技进步促进水利水电建设的发展。碾压混凝土技术突出的优点是高速度，同时可大量节省水泥，降低工程成本，工程效益显著。碾压混凝土技术在我国已日趋成熟，在全国范围内建立了配套的设计、施工、科研队伍，取得了大量的试验研究成果，具备了一定的工作手段，积累了丰富的实践经验，形成了较为配套的具有中国特色的碾压混凝土筑坝技术，受到了国际坝工界的认可和高度评价。

(2)为加快建设进程，一手抓高新科技进步，向纵深发展，一手抓普及推广，向中小型工程扩展。1991年，我国已建、在建和正在规划设计的碾压混凝土坝共24座，1992年达到36座，今后要以更高的建设速度建坝，坝高由低坝发展到岩滩110 m高坝，进而研究拟建的初期坝高192 m，后期216.5 m的龙滩超高坝。会上还交流了普定、龙滩工程科研的部分阶段成果。

(3)在确保工程安全运行的条件下，枢纽布置及水工结构要为碾压混凝土坝施工创造条件，以充分发挥碾压混凝土快速施工的优势，并尽量扩大碾压混凝土范围，提前发挥并扩大工程效益。

(4)碾压混凝土坝的设计标准，需要分别情况、区别对待。

(5)坑口、岩滩、沙溪口、铜街子等工程的原型观测资料和多年的运行经验，充分证明了碾压混凝土坝是安全可靠的。

(6)对大坝结构设计优化、安全稳定分析、可靠度分析、防渗方案、以碾压混凝土作抗冲耐磨结构面、碾压混凝土施工总工艺流程、运输方案、施工设备、大坝原型观测等多方面的丰富经验给予了充分肯定，为推广使用创造了有利条件。

会上，为进一步研究碾压混凝土技术，代表还提出了下列建议：①进一步总结已有的建设经验，消化吸收

已有的科研成果，逐步纳入设计导则或规范，使之转化为生产力。②对严寒、高温地区的碾压混凝土施工，要研究冬、夏季施工的可行措施，尽量减少停歇时间，力争达到不间歇连续施工，以提高工程质量，加快建设速度，扩大工程效益。③优化碾压混凝土原材料的研究，特别是骨料、掺和料和外加剂的研究。④加强对碾压混凝土耐久性及提高耐久性的措施的研究。⑤施工设备选型的研究，应着重改进和补充配套，尤其是针对中小型工程的设备选型配套，把重点放在研究改进拌和设备、碾压设备，皮带运输设备和斜坡输送设备等方面。⑥扩大碾压混凝土使用领域的研究，包括病险坝补强、水工建筑物缺陷处理、公路路面、飞机跑道、海港码头、加固堤防等多方面的拓展。

（十）勘测设计单位座谈会

定额预算专业委员会于1993年6月9～11日在杭州召开座谈会，会议重点讨论了在新的形势下，概预算制度应如何改革。对下述问题提出了一些建设性意见：①编制方法，建议将现行的单价法，改为实物法编制概算。②关于定额性质，建议由指令性改为指导性。③间接费，其内容宜逐步与国际惯例接轨，建议将间接费的费率改为指导性。④基本预备费，建议将现行的单一基本预备费改为在分析建筑工程风险程度和勘测设计精度的基础上，实行差别基本预备费率。⑤工程监理费，现行标准偏低，建议作较大幅度调整。

（十一）大坝安全监测技术国际学术讨论会

1992年10月8～13日在杭州召开了大坝安全监测技术国际学术讨论会，到会国内外代表共165人，其中国外代表40人，分别来自美国、日本、意大利、俄罗斯、台湾等14个国家和地区。会议提供了中、英文论文集各一本，共收集论文82篇，其中国内57篇。会议主要从安全监测系统设计、监测仪器、资料分析与安全评价、安全管理、大坝的加固修理等方面内容进行交流。会议期间还举办了中、外仪器展示会，美国基美星公司、基康公司、我国南京自动化研究所等7个厂家展出了产品。会议还举办了以介绍我国天荒坪、小浪底、二滩、隔河岩、天生桥一级等5座大型在建电站的监测系统设计情况为主的新闻发布会。通过交流大坝安全监测方面的国内外最新成果和技术，了解到了国际的监测技术水平及自动化监测仪器发展情况，同时也向世界各国显示了我国大坝安全监测技术的水平。

（十二）水机专业委员会第十一次学术讨论会

水机专业委员会于1993年6月23～28日在山东省长岛县召开了第十一次学术讨论会，主要交流内容为：

(1) 对我国水电机组的现状、任务与十年规划，作了比较全面和简明的回顾，并提出了有关科研、设计、制造、新材料等科技攻关课题和关键技术问题，明确了今后的任务与方向。

(2) 水轮机三维流动计算和数值分析有了新的进展，各种数值计算方法更趋快速和精确。

(3)在水轮机开发研究中，采取了转轮及通流部件系统优化的水力设计，促使模型水轮机的水力性能有了显著提高，混流式水轮机模型的最优效率达到了93%以上。在涡流式水轮机通流部件——蜗壳、固定导叶、活动导叶方面也进行了系统的水力性能研究，对贯流式水轮机也进行了大量工作。总之，我国水轮机模型研究有了长足的进步。

(4) 在我国，水轮机磨蚀是个突出问题，会议上总结和分析了含沙河流上运行水轮机的磨蚀情况，介绍了近几年来抗磨蚀防护的进步和取得的经验，并提出了进一步改善水轮机抗磨蚀性能的措施。

(5) 对轴流式水轮机进行了叶片、法兰、枢轴整体的有限元刚强度计算，以计算代替试验并提出实用准则，达到满足工程设计需要的目标。还介绍了电站和泵站的机组技术改造实施方案，取得了显著的效益。

(6) 对我国首次引进的数字式电液调速器的运行故障进行了分析，提出了改进意见。

（十三）水电厂“无人值班”专题研讨会

为推动水电厂实行减人增效，通过技术改造和技术进步，有条件的逐步向少人值班或无人值班（少人值守）的模式过渡，1994年10月19～21日在东北太平湾水电厂召开了“水电厂无人值班”专题研讨会。会议由电力部安生司、科技司会同中国水力发电工程学会水电站电气及自动化专委会和水电站运行管理专委会联合召开。

会议先参观太平湾水电厂和长甸水电站，观看了电力自动化研究院为太平湾电厂生产的计算机监控系统的模拟演示。太平湾、沙田、葛洲坝二江电厂，下苇甸水电站、广州抽水蓄能电站以及电力自动化研究院等在会上进行了典型发言，桓仁等8个单位的代表也发了言，介绍了各自的经验和作法。代表们围绕如何加快水电厂少人值班及无人值班（少人值守）以及当前应采取的步骤和对策等进行了讨论，对下列几方面取得了共识：

(1) 在“六五”以来在富春江、葛洲坝、永定河及浑江梯级等试点工作的基础上，计算机监控系统技术逐步推广应用，水电厂自动化水平的提高取得了很大的成绩。但目前自动化水平与国外比较仍有很大的差距，为了推动水电厂的技术改造和技术进步，提高“双效”，有条件的逐步过渡到实现少人值班或无人值班（少人值守），水电设计、科研、运行管理部门要通力合作，承担起历史赋予我们的责任。

(2) 要实现水电厂“无人值班”(少人值守)，必须坚持科学态度和实事求是的精神，要结合我国实际情况，为了减少人员，提高人员素质，提高“双效”总目标，要采取切实可行的步骤：①已建成的水电厂，目前虽有近30%的厂（站）已经实现机电合一值班，但人数尚较多，要积极创造条件，希望在近一、二年内，再有一半以上的厂（站）实现合一值班。已经机电合一值班的厂（站）要进一步再减少值班人员。②在机电合一值班的基础上，改造和完善自动化设备，提高主设备的可靠性指标，要实现少人值班。一厂多站的梯级水电厂要实现集中控制。在上述少人值班的基础上，进而实现无人值班（少人值守）。③对新建水电厂，应以少人值班和无人值班（少人值守）设计考虑。

(3) 为了实现上述目标，当前要做好以下几项工作：①建议电力部成立水电厂少人值班和无人值班(少人值守)工作小组，负责统筹协调有关方面的工作，制定水电厂实现少人值班和无人值班(少人值守)的技术导则。②各网、省局主管部门要加强对此项工作的领导，统筹安排，制订实施规划，督促组织实施。③切实抓好永定河、浑江、太平湾—长甸梯级水电站和葛洲坝二江电厂大型水电厂无人值班(少人值守)的科研示范工程。④由于水电厂实现少人值班和无人值班(少人值守)涉及面很广，建议部有关部门要抓紧编制新的人员编制定额，组织对设计标准的修订，并对涉及安全考核，经济利益分配等有关政策的问题组织专门研究，提出具体措施，以利推动工作的进展。⑤要加强这方面的经验总结和信息交流，建议中国水力发电工程学会有关专业委员会进一步抓好学术交流工作。

（中国水力发电工程学会　叶丽秋）

1992～1994年主要学术活动统计表

序号	名　称	内　容　提　要	地　点	日　期
1	第三次全国水电中青年科技干部学术报告会	关于依靠科技进步，加快水电建设，提高质量和效益的学术讨论	天津市	1992.10
2	全国水力学、水文、水资源学青年学术讨论会	关于水力学、水文、水资源、泥砂、水环境等水电科学领域的理论、数值计算或实验新成果的学术讨论	武汉市	1992.11
3	全国中小河流梯级开发综合利用研讨会	进行中小河流梯级开发的经验、优化理论以及存在的主要问题学术交流，并就汀江流域综合开发规划和水资源综合开发规划作实地考察和论证	龙岩市	1992.10
4	拱坝枢纽布置专题学术讨论会	交流拱坝枢纽布置设计经验；对部重点科研项目——拱坝枢纽布置专家系统的部分中间成果进行研讨，并对小湾拱坝的枢纽布置进行咨询	红枫水电厂	1992.8
5	水电站压力管道学术讨论会	交流“设软垫层的坝内钢管”在设计、科研、施工、工艺等的成就和经验	杭州市	1992.4
6	地下洞室围岩稳定学术讨论会	结合若干工程对大型地下洞室的设计、施工、监测、地下水、地应力等开展专题研究，开展地下洞室围岩稳定监测与反馈研讨	成都市	1992.7
7	大直径坝内埋管设计经验交流会	结合岩滩、水口、五强溪、龙羊峡、漫湾等水电站坝内埋管对大型混凝土坝体压力管道结构型式设计方法进行学术交流，对岩滩坝内埋管试验研究作鉴定	南宁市	1992.6
8	抽水蓄能电站经济效益学术讨论会	关于抽水蓄能电站规划选点、经济比选、经济效益评价的学术交流研讨	镜泊湖电厂	1992.8
9	水库经济专委会第五次学术交流会	关于库区建设基金提取标准、移民机构设置、移民投资结构与物资用量及移民基金使用管理机制等专题研究成果进行讨论	长沙市	1992.10
10	水利水电钻探第六次学术交流会	交流科技攻关成果的推广及其效益、研讨勘探科技攻关方向	乌鲁木齐市	1992.10

续表

序号	名　称	内　容　提　要	地　点	日　期
11	碾压混凝土筑坝技术经验交流研讨会	对RCC筑坝技术可大量节省水泥、降低工程成本、加快速度、缩短工期、工程效益显著等6个方面取得了共识，对有关问题进一步深化研究提出了建议	昆明市	1992.11
12	混凝土面板堆石坝技术讨论会	交流我国首批混凝土面板堆石坝原型监测设计、施工和监测成果	宜昌市	1992.11
13	水电施工机械技术管理学术研讨会	对设备"状态维修"技术及液压系统的污染控制技术进行研讨	南京市	1992.11
14	模板工程学术交流会	交流近年来水电系统模板工程技术经验	贵阳市	1992.4
15	水电建设管理专委会第二次学术交流会	探讨深化改革中水电建设管理方面的新经验、新情况、新观点和新课题	岩滩电站	1992.11
16	水电站运行管理专委会学术讨论会	对坝的安全管理、水库调度及机电等专题进行学术交流	丰满水电厂	1992.5
17	高压配电装置学术交流会	开展六氟化硫全封闭组合电器(GIS)在设计、安装、运行、制造等方面的学术交流	北京市	1992.4
18	第二次励磁技术学术交流会	交流水电机组励磁技术方面的研究成果和实际应用中的实践经验	北京市	1992.12
19	水轮机调速器学术交流会	对近年来在科研、制造、运行、设备更新改造等方面所取得的成果和经验进行交流	湖北枝城	1992.4
20	弧形闸门关节轴承技术交流会	交流弧形闸门关节轴承的设计应用等有关技术问题	桐庐县富春江镇	1992.4
21	计算机专委会学术交流会	关于计算机网络、数据库、CAD应用，计算机监控决策支持系统、并行计算技术等的学术交流	桂林市	1992.11
22	全国第三届土工合成材料学术会议	开展土工合成材料特性与试验、加筋加固、反滤与排水、防渗、工程防护等内容的学术交流	仪征市	1992.10
23	定额专委会中、青年学术交流会	交流概预算专业中、青年的论文，并从优选择，促其深化	成都市	1992.12
24	通航专委会第三次学术交流会	结合三峡工程通航建筑物的船闸输水系统、阀门、水力学、升船机的关键技术问题，下游引航道旁侧输水以及变动回水区航运问题等课题的研究成果开展学术交流	厦门市	1992.11
25	水电站进水口清污拦渣研讨会	对进水口的清污拦渣进行研讨	映秀湾电厂	1992.10
26	水电大中型施工企业座谈会	对水电施工企业如何走出低谷进行座谈	成都市	1992.6
27	大坝安全监测技术国际学术讨论会	关于大坝监测设计、观测仪器以及分析成果的学术讨论	杭州市	1992.10
28	升船机试验研究成果研讨会	结合三峡、龙滩、水口、岩滩等工程的升船机，开展关于升船机研究、设计、制造、运行等方面的经验交流	洛阳市	1993.4
29	大坝安全监测自动化问题座谈会	对大坝安全监测自动化现状、发展情况和今后发展方向进行研讨	四川新都县	1993.5

续表

序号	名　称	内　容　提　要	地　点	日　期
30	全国水电机组调峰技术研讨会	围绕水电机组金属弹性塑料轴瓦以及电气制动装置的推广应用进行研讨	新安江电厂	1993.6
31	水机专委会第十一次学术讨论会	总结和展示我国水电设备行业最新科技水平和后十年的发展方向	山东长岛县	1993.6
32	泵和泵站应用技术经验交流会	着重就泵及泵站的设计、制造、运行、科研、技术改造等方面的经验及存在问题进行交流	呼和浩特市	1993.8
33	水工金属结构专业技术交流会	总结近年来水工金属结构在设计、运行和建设方面的经验	厦门市	1993.9
34	高压配电装置学术交流会	审议“水电厂GIS配电装置设计规范”及“110～500 kV GIS进口技术条件”，交流和讨论中压设备运行情况、存在问题及发展趋势等	常州市	1993.9
35	抽水蓄能技术经济研讨会	对抽水蓄能发电在电力系统中的地位和作用及其经济合理性进行交流探讨	天津市	1993.11
36	社会主义市场经济与水电开发学术讨论会	从市场经济机制的角度针对地区能源特点，探索地区电源配置水电开发布局、西电东送、省电外送、跨省互送的可行性及经济合理性，提出建议	广州市	1993.12
37	第四届全国水利水电工程学青年学术讨论会	交流近年来在水工结构、水工材料与构件、岩土力学与基础等方面所取得的新成果、新进展	大连市	1993.10
38	水利水电工程勘测设计收费改革研讨会	针对水利水电工程现行概预算制度进行评价研讨提出改革方案	杭州市	1993.6
39	施工企业单位工程造价改革研讨会	围绕市场经济条件下施工企业对工程造价制度进行改革研讨	德州市	1993.9
40	现代预应力技术学术研讨会	交流我国水利水电工程建设中推广应用预应力技术的新成就、新成果	西安市	1993.11
41	安康水电站水力学原型观测成果讨论会	结合安康、东江、隔河岩、鲁布革、漫湾等工程的水力学原型观测成果交流	安康市	1993.11
42	水电建设管理专委会1993年学术年会	针对水电建设项目业主责任制，业主责任制与设计管理，水电建设管理改革的完善与深化，甲乙方的经济效益问题进行探讨与分析	漫湾水电站	1993.10
43	东津水电站混凝土面板堆石坝筑坝技术现场交流会	结合东津水电站面板堆石坝对面板坝建设的发展和筑坝关键技术作交流探讨	江西修水县	1993.10
44	计算机应用专委会93年学术交流会	对防汛自动化、管理信息系统、数据库、CAD及灌溉管理微机应用等几方面进行学术交流	烟台市	1993.10
45	全国首届土工网、土工格栅、土工带应用技术交流会	对土工网、土工带的工程应用、模型试验和分析计算成果进行技术交流	宜昌市	1993.10
46	全国土工模袋应用技术交流会	对土工模袋应用技术进行交流	无锡市	1993.10
47	全国塑料排水版应用技术交流会	对塑料排水版技术的应用进行技术交流	杭州市	1993.10

续表

序号	名称	内容提要	地点	日期
48	第九次疏浚与吹填施工技术经验交流会	对疏竣与吹填施工技术进行交流总结，研讨了今后发展方向	济宁市	1993.10
49	水电站环境影响研讨会	水电站环境影响研究工作大纲的评审，交流研讨了水电站环保环评工作有关学术问题	湖南资兴市	1993.12
50	全国水利水电地下工程学术讨论会	关于地下工程的锚喷技术进行学术讨论	贵阳市	1993.9
51	水电厂自动化系统非电量传感器、变送器应用推广技术研讨会	对非电量传感器、变送器的研制进行了交流，并展示了部分压力系列、温度系列等非电量传感器、变送器仪器仪表设备，并对如何全面研究解决基础自动化方面的工作，完善实施计算机监控系统等问题进行了研讨	宜昌市	1994.5
52	碾压混凝土材料专题研讨会	全国性碾压混凝土材料专题研究讨论	北京市	1994.3
53	水电站新投产机组稳定运行工作技术交流会	对新机组投产如何积极采取措施整治设备，提高设备健康水平，尽快达到安全稳定运行进行研讨	安康市	1994.9
54	水库经济专委会1994年学术年会	研讨社会主义市场经济与水库移民以及城镇（含农村集镇）迁建的规模、标准和补偿费用等	镜泊湖电厂	1994.8
55	船闸水力学学术讨论会	三峡工程高、中、低水头船闸水力学	南京市	1993.11
56	水电站水工建筑物加固经验交流会	交流加固补强措施、工艺、新材料及水工管理、观测等	新安江电厂	1993.10
57	定额预算专委会学术年会	水利水电工程造价改革，如何适应市场经济体制进行讨论	吉林桦甸县	1994.9
58	第五届全国水利水电工程学青年学术讨论会	对有关水力学、水文水资源、河流动力学、水环境、海洋工程、水力机械和水利经济等专业进行学术交流	南京市	1994.10
59	全国第三届水电站压力管道学术研讨会	交流压力管道技术，进一步促进水电建设和水工技术的发展和提高	李家峡电厂	1994.10
60	水利水电工程钻探第七次学术交流会	交流岩土工程施工及地质勘探等新工艺、新技术、新经验等	云南景洪县	1994
61	计算机应用专委会学术交流会	计算机技术的应用、信息系统的开发、CAD技术的应用等	张家界	1994.10
62	水轮发电机学术交流会	研讨水轮发电机有关技术问题	哈尔滨市	1994.8
63	水电厂无人值班专题研讨会	推动水电厂的技术改造和技术进步，水电厂实行减人增效，有条件的逐步过渡到少人值守或无人值班的模式	太平湾电厂	1994.10
64	水能规划及动能经济专委会学术年会	交流河流水电规划及水能参数选择的经验，探索如何开拓水电规划工作	贵阳市	1994.10
65	水利水电泄水工程高速水流学术讨论会	交流中低水头泄水建筑物的水力学问题，高速水流工程枢纽布置等	云南景洪县	1994.11
66	第七届物探学术交流会	对物探新技术、新方法等进行交流	西安市	1994.10

续表

序号	名称	内容提要	地点	日期
67	测量学术交流会	对测量技术的发展进行交流	郑州市	1994.10
68	高土石坝国际学术研讨会	以混凝土面板堆石坝为主进行研讨	北京市	1993.10
69	水电建设管理专委会学术年会	建设管理体制改革问题探索和管理经验交流研讨	大广坝电站	1994.11
70	中国引进贯流式机组设计运行经验交流会	贯流式机组设计运行经验交流	四川合川市	1994.10
71	环保专委会1994年学术年会	研讨环保科学技术发展和我国水电建设应采取的措施	成都市	1994.11
72	第一届土工膜应用技术研讨会	交流土工膜在工程中应用的经验及新成果	哈尔滨市	1994.12
73	大坝安全监测专委会学术年会	在新的改革形势下专委会如何适应的研讨	杭州市	1994.11
74	抽水蓄能国际会议	交流在抽水蓄能电站方面的技术经验	南京市	1994.9
75	GIS高压配电装置学术讨论会	审查GIS高压配电装置有关规范等	成都市	1994.12
76	地下工程技术学术讨论会	交流经验及推广新技术	厦门市	1994.11
77	关于利用外资的科学管理方法研讨会	结合二滩考察，开展利用外资管理科学经验交流研讨	二滩电站	1994.4

（中国水力发电工程学会　叶丽秋）

评选1991～1992年优秀学术论文

1993年9月21日中国水力发电工程学会评优工作委员会民主评选出1991～1992年的优秀论文53篇，其中一等奖3篇，二等奖11篇，三等奖39篇，获奖名单见表。

这是中国水力发电工程学会成立以来第四次优秀论文评选，前三次共奖励了1980～1990年的优秀论文100篇。考虑到推荐、评选及论文的水平不断提高，由各地方学会、各专委会及编委会分别推荐的优秀学术论文148篇中，增大了获奖比率，同时调整了奖金金额。

中国水力发电工程学会1991～1992年优秀论文统计表

序号	论文题目	作者	评定等级
1	黄河上游连续枯水段分析与设计检验	王维第 孙汉贤 施嘉斌	一等奖
2	广州抽水蓄能电站钢筋混凝土岔管设计的几个问题	陆宏策	一等奖
3	鲁布革电站建设管理的几点认识	杨克昌	一等奖
4	边界（跨地区）河流水电站的收益分配方法探讨	安申义	二等奖
5	冶勒水库渗漏的工程地质研究	宋胜武	二等奖
6	掺MgO混凝土的温度徐变应力分析	丁宝瑛 岳耀真 朱绛	二等奖
7	事故树分析法及应用	糜莺英 周百尧	二等奖

续表

序号	论文题目	作者	评定等级
8	预应力技术在岩滩水电站溢流坝闸墩中的应用	谢德浚 黄云生 周建新	二等奖
9	抓紧进行水电站尾水清渣保证安全提高出力	张天存	二等奖
10	丹江口水库回水变动区典型滩演变及通航影响	王国扬	二等奖
11	浅谈移民安置规划的编制	陈宗义	二等奖
12	水轮发电机调速同期综合最优控制的理论及其实践	商国才 周庆捷 谢宇正	二等奖
13	空化与泥沙联合作用上的磨蚀破坏与临界含沙量问题	吴培豪	二等奖
14	块式直连型电液随动系统	周泰经 饶培棠 陈杏君 周湘林	二等奖
15	并联综合利用水库群兴利模糊优化联合调度模型及解法	王本德	三等奖
16	展望2000年前后湖南水电开发	施美玉 孟有榕	三等奖
17	关于抽水蓄能电站节煤问题及其研究方法的探讨	杜星堂	三等奖
18	三门峡水库水沙综合调节优化调度运用的研究	杜殷勣 朱厚生	三等奖
19	岩体中软弱夹层原状样的取样技术	曾鹏九	三等奖
20	浅切型岩溶纵向河谷坝基的渗漏问题及其灌浆处理	王家骏	三等奖
21	岩滩水电站坝址坝线的勘察和选择	黄宝文 梁汉华	三等奖
22	分布裂缝对坝后压力管道动特性的影响	路振刚 董毓新	三等奖
23	无限区域节理的模拟	燕柳斌 黄自成	三等奖
24	岩滩水电站坝内埋管大比尺仿真模型试验研究	张仲卿 梁 政 魏有健 陈华业 廖礼招	三等奖
25	抽水蓄能电站进/出水口拦污栅振动试验	沈成能 杨文超 周永平 王溢波	三等奖
26	岩滩水电站枢纽布置、消能工的试验研究和选择	周才力	三等奖
27	福建整体式碾压混凝土坝的建设及其稳定分析和应力计算	曾宪康 徐在民	三等奖
28	关门山面板堆石坝变形预测及原型观测验证	高莲士 罗先平	三等奖
29	改进混凝土面板堆石坝设计与施工的几点看法	曹克明	三等奖
30	白山拱坝裂缝分析及防治措施	李培昆	三等奖
31	绞吸式挖泥船柔性自浮式水下潜管的应用与改造	姚霭彬	三等奖
32	岩滩水电站下游碾压混凝土围堰拆除	龚宏辉	三等奖
33	浅论水电工程概（估）算中施工机械折旧费的动态计算	袁盛荣	三等奖
34	“动态”的必然、调节与控制—对水电建设工程投资上涨问题的剖析	万 菁 时新民	三等奖
35	依靠科技进步加快已建水电站的挖潜改造	李文忠	三等奖
36	大规模水电站群随机优化补偿调节调度模型	董子敖	三等奖
37	太平哨大坝坝址扬压力超限问题及其处理建议	宋恩来	三等奖
38	波带板大气激光准直系统及精度分析	龚玉珍 叶泽荣 王文兴	三等奖
39	混凝土大坝异常迹象诊断指标和大坝安全程度综合评价方法	沈崇刚 庄万康 张进平	三等奖
40	水电站大坝安全监测工作进展情况及改进意见	张日光 崔治平	三等奖
41	应用模糊综合评判原理分析大坝异常工况	高 澜	三等奖
42	广东抽水蓄能电站实行业主责任制的实践	罗绍基	三等奖
43	开发红水河水电，促进西江航运发展	王作高	三等奖
44	移民与环境	傅秀堂	三等奖
45	水库移民安置与库区产业劳动力容量	刘逸浓 陈育峰	三等奖
46	盐锅峡水电站水轮机的汽蚀磨损及其处理	胡 金 蔡敦宽	三等奖
47	水轮机导叶出口流速分布规律的实验研究	徐洪泉 沈祝平	三等奖
48	加强灯泡型贯流式机组研制经济合理地开发我国低水头水力资源	端润生	三等奖
49	轻型弧形钢闸门事故分析研究	章继光 刘恭忍	三等奖
50	大型三相变压器漏磁场的三维计算	阮全荣 吴励坚	三等奖
51	网络环境下分布式并行计算研究	史金松 陈贵海	三等奖
52	平面有限元网络自动剖分法	刘风秋 李健宗	三等奖
53	战斗的历程——纪念柘溪水电站发电三十周年	谭靖夷	三等奖

（中国水力发电工程学会　赵政声）

中国水力发电工程学会设立水电专业优秀生奖学金基金

为使我国水力发电事业兴旺发达，后继有人，促进在校学习的水电专业学生的德、智、体全面发展，鼓励他们热爱水力发电事业，刻苦学习、发奋成才。1991年1月11日经学会三届一次常务理事扩大会议决定，设立中国水力发电工程学会水电专业优秀生奖学金，并筹集基金。

奖学金以有关重点院校水电专业的三、四年级学生，学习成绩优秀，政治思想、道德品质好，愿为水力发电事业贡献力量，德、智、体全面发展的学生为颁发对象。每年评定一次，由高等院校按规定条件和分配名额推荐，经基金管理委员会评定。

据调查，目前在26所高等院校设置有与水力发电工程有关的专业40个。由于金额所限，实施过程采取先试点，逐步扩大范围的办法。1991年度有武汉水利电力学院、清华大学、河海大学、成都科技大学水利电力学院、大连理工大学、华北水利水电学院、葛洲坝水电工程学院、浙江大学、广西大学、天津大学、福州大学、陕西机械学院水电学院、新疆八一农学院、西藏农牧学院等14所高等院校所推荐的26名优秀生获奖；1992年度武汉水利电力学院、河海大学、清华大学、成都科技大学水利电力学院、大连理工大学、新疆八一农学院、广西大学、葛洲坝水电工程学院、浙江大学、华北水利水电学院、天津大学、陕西机械学院水电学院、云南工学院、合肥工业大学、太原工业大学、江西工业大学、郑州工学院、福州大学等18所院校所推荐的30名优秀生获奖；1993年度武汉水利电力大学、清华大学、河海大学、葛洲坝水电工程学院、陕西机械学院水电学院、大连理工大学、天津大学、浙江大学、郑州工学院、福州大学、太原工业大学、南昌大学、合肥工业大学、华北水利水电学院、成都科技大学水利电力学院、广西大学等高等院校的32名优秀生获奖。

有关高等院校对推荐优秀生工作都很重视和支持，认真保证质量，接到获奖学金名单和奖状后，有的在光荣榜上公布，有的在校庆大会上颁发奖状和奖金，从而在广大学生中引起很大反响。有的优秀生表示，毕业后要为开发祖国的丰富水力资源努力奋斗，有的表示要积极参加三峡工程建设，为建成世界上最大的水电站贡献力量。

（中国水力发电工程学会秘书处）

中国水力发电工程学会统计资料

各省、自治区、直辖市水力发电工程学会组织情况表

省、自治区、直辖市水力发电工程学会	会员总数	会员分类					办事机构设置	学术机构设置	会刊、学报
		教授级高工	高工	工程师	助工	其他			
北京市	1226		1011	186	29		办公室、咨询部	水工建筑、水电站自动化、抽水蓄能等3个专委会	
天津市	1307	60	280	600	300	67	秘书处	水工、勘测、水机磨蚀、大坝安全监测与管理、基础处理与施工、水电成套设备、水利水能规划、机电金属结构、抽水蓄能等9个专业委员会	《水利水电工程》（季刊）
河北省	298	52	53	138	35	20	秘书处	动能经济、水电厂运行、小水电等3个专业学组	《河北水电简讯》（季刊）

续表

省、自治区、直辖市水力发电工程学会	会员总数	会员分类					办事机构设置	学术机构设置	会刊、学报
		教授级高工	高工	工程师	助工	其他			
山西省	477		173	214	54	36	秘书处，学术、组织、咨询、科普等4个工作委员会	水文水能、机电、水工等3个专业委员会	《学会通讯》(不定期)《晋电科普》(月刊)
东北地区	2204	210	591	1241	70	92	办公室、学术工作委员会	水电站运行管理、水工及水电站建筑物、施工技术与施工管理、机电及金属结构、小水电站、水库经济、水能规划及动能经济等7个专业委员会	《东北水力发电学报》(季刊)、《学会简报》(不定期)
山东省	202	24	105	54	9	10	水电十三局会员小组办公室	机械疏浚专业	《疏浚与吹填》(季刊)
上海市	263	66	163	33		1	学会筹备组		《上海水利水电》(半年刊)
江苏省	700	78	285	316	10	11	组织、学术、科技、咨询、科普等4个工作委员会	水工水力学、水工结构、小水电、仪器仪表、水力机械及金属结构、水能规划与动能经济、水电站电气及自动化等7个专业委员会	
浙江省	1118	24	216	643	202	33	秘书处、科普工作委员会	水能规划及动能经济、水工及水电站建筑、水电站运行管理、农村水电、施工、机电设备、地质与勘测、土工合成材料、大坝安全监测等9个专业委员会	《通讯》(不定期)
安徽省	411	22	91	189	88	21	学会筹备组		
江西省	518	15	205	254	43	1	秘书处、科学普及工作部、科技咨询工作部	水工建筑、施工、机电、水电站运行、水库经济、小水电等6个专业委员会	
福建省	1400	16	326	667	348	43	秘书处，组织、学术、咨询、科学普及等4个委员会	水能利用及动能经济、水工及水电站建筑物、水电站电气及自动化、水力机械及金属结构、水电站运行管理、工程勘察、农村电气化、施工机械及施工管理、水电建设管理、水库经济等10个专业委员会	《福建水力发电》(不定期)、《通讯》(不定期)
河南省	769	40	210	314	84	121	秘书处、青年工作委员会	水能规划及动能经济、水工及水电站建筑物、水力机械及金属结构、地质及勘探、水电站电气及自动化、水电站运行管理、中小水电站等7个专业委员会	

续表

省、自治区、直辖市水力发电工程学会	会员总数	会员分类					办事机构设置	学术机构设置	会刊、学报
		教授级高工	高工	工程师	助工	其他			
湖北省	2335	228	759	1057	291		秘书处、学术部、宣传培训部、组织部、咨询服务部	水能规划及动能经济、水工及水电站建筑物、水利水电工程施工、水工水力学、水力机械、水电站电气及自动化、水电站运行管理等7个专业委员会	《湖北水力发电》(半年刊)
湖南省	2485	85	582	1354	399	65	秘书处，组织、科普及培训、技术等委员会及科技咨询服务部	勘测、水工及水电站建筑、施工、小水电及农村电气化、水电站设备、水能规划及动能经济、库区经济、水电站运行管理、计算机应用、环境保护等10个专业委员会	《中南水力发电》(季刊)、《简报》(不定期)
广东省	769	16	278	381	73	21	秘书处	水能规划及动能经济、水工及水电站建筑物、施工机械化及施工管理、水电站运行及自动化等4个专业委员会	《简报》(不定期)
广西壮族自治区	2207	54	754	1044	328	27	秘书处、科普工作部、咨询委员会	水能规划及动能经济、地质及勘探、水工、施工机械及施工管理、电气及自动化、水力机械、金属结构、水电站运行管理、工程经济定额预算、计算机应用、水库经济、环境保护等12个专业委员会	《红水河》(季刊)、《简报》(季刊)
陕西省	2189	89	375	1615	110		办公室、科普工作委员会、技术咨询服务部	水能规划及动能经济、工程地质勘测、水工及水电站建筑物、水电施工、工程经济定额预算、机电运行、通航、小水电等8个专业委员会	《陕西水力发电》(季刊)、《水电简讯》(不定期)、《陕西小水电通讯》(不定期)
宁夏回族自治区	239	5	85	104	40	5	秘书处	水能动能经济、水工水力学、水电站运行、施工管理等4个专业委员会	《宁夏水力发电》(不定期)
甘肃省	693	5	125	383	80	100	秘书处	水能规划动能经济与水库调度、地质及勘探、水力机械与金属结构、水电站水工建筑物与施工、水电站运行管理、小水电等6个专业委员会	《甘肃电力》(双月刊)
青海省	629	51	121	349	91	17	秘书处、科普部、咨询部	施工、机电、规划勘测设计运行、企业管理、小水电等5个专业委员会	《青海水力发电》(季刊)
新疆维吾尔自治区	1140	43	356	479	214	48	秘书处、科技咨询服务部	水工及水电站建筑、水电站电气及自动化、水力机械、金属结构、采暖通风、农林电气化、概预算、水电站运行管理、青年工作、地质等8个专业委员会	《新疆水利水电》(不定期)

续表

省、自治区、直辖市水力发电工程学会	会员总数	会员分类					办事机构设置	学术机构设置	会刊、学报
		教授级高工	高工	工程师	助工	其他			
四川省	3275	104	1042	1638	491		秘书处，学术工作、科普与教育、咨询服务等3个委员会	水能规划及动能经济、地质及勘探、水工及水电站建筑物、水电站施工技术及管理、水力机械及金属结构、水电站运行管理、定额预算等7个专业委员会	《四川水力发电》(季刊)
贵州省	1083	57	296	610	108	12	秘书处，科普工作、学术论文评选等2个委员会	水能规划及动能经济、地质与勘探、水工与水电建筑、工程经济与定额、水力机械与金属结构、施工机械与施工管理、水库经济、水电站电气及自动化、水电运行等9个专业委员会、小水电委员会	《贵州水力发电》(季刊)
云南省	1985	88	566	843	404	84	秘书处、咨询服务部	水工、规划、施工、地质、水机、电气、运行等7个专业委员会	《云南水力发电》(季刊)
武警部队	459		109	248		102	秘书处		《天生桥建设》(季刊)、《万安水电》(不定期)
合计	30381	1430	9157	14954	3901	937			

(中国水力发电工程学会　胡　鹰)

1992～1994年中国水力发电工程学会培训班统计表

序号	主办单位	培训班名称	地点	日期	人数
1	定额专业委员会	第十九期水利水电概预算学习班	桐庐县富春江镇	1992.3	100
2	定额专业委员会	第二十期水利水电概预算学习班	成都市	1992.9	83
3	水工及水电站建筑物专业委员会	预应力闸墩技术培训班	北京市	1992.4	48
4	自动化专业委员会	计算机监控系统研讨班	南京市	1992.3	40
5	定额专业委员会	第二十一期水利水电概预算学习班	建德县	1993.3	104
6	定额专业委员会	第二十二期水利水电概预算学习班	成都市	1993.8	120
7	自动化专业委员会	计算机监控系统研讨班	南京市	1993.4	30
8	大坝安全监测专业委员会	大坝安全监测技术培训班	广州市	1993.2	40
9	全国学会	全国性水电学会专兼职秘书工作培训研讨班	成都市	1993.8	46
10	大坝安全监测专业委员会	混凝土坝安全监测技术规范研讨班	南京市	1994.4	103
11	混凝土面板堆石坝专业委员会	面板坝研讨班	宜昌市	1994.9	50
12	定额专业委员会	水电23期概预算培训班	金华市	1994.3	100
13	定额专业委员会	水电24期概预算培训班	成都市	1994.8	100
14	环保专业委员会	环保培训班	成都市	1994.11	40
合　计					1004

(中国水力发电工程学会　叶丽秋)

有关学会、协会情况介绍

中国水利电力企业管理协会、中国水利电力企业家协会

中国水利电力企业管理协会(以下简称水电企协)成立于1982年9月。它是水利电力企事业单位、团体和企业管理工作者在自愿基础上联合起来的从事研究、探索和传播现代企业管理理论与实践经验，承办水利部、电力部、中国电力企业联合会有关企业管理事项的全国性的社会团体，为中国企业管理协会(以下简称中企协)的团体会员。中国水利电力企业家协会(以下简称企业家协会)成立于1989年8月。它的宗旨是：面向水利电力企业家，为企业家服务，交流企业家经营管理经验，反映企业家的意愿，维护企业家的合法权益，沟通政府与企业家的联系，提高企业家素质。

中国水利电力企业管理协会和中国水利电力企业家协会(简称"两会")实行一套工作班子，两块牌子。原水电部副部长张彬为第一任会长，刘书因为第二任会长。现任名誉会长张彬；会长张凤祥；第一副会长万里；常务副会长石云山；副会长董希文、李景中、马建章、周沂、王衔；秘书长：周沂(兼)。办事机构有：办公室、研究部、编辑出版部、咨询部、培训部、音像部。分支机构有：水文、水利与地方电力、列车电站、机械、城市供用电、燃料管理、咨询研究、录像、电力培训、水电施工、设备管理、设备诊断、国际经贸等13个专业委员会、分会和中心。企业家协会设有水利、水力发电、火力发电、供电和机械等5个分会。团体会员遍布在全国除台湾、西藏以外的29个省、市、自治区水利厅(局)、流域委和电力的各网、省局单位。

1985年3月原水电部钱正英部长代表部党组给水电企协的工作提出了"服务、研究、交流、提高"的要求，各级行政领导对水电企协要"重视、关心、支持、依靠"的16字方针。这个方针至今还是水电企协系统工作的指导思想和依据。两会成立以来，主要的工作成果是：

(1)先后举办研讨会、座谈会、专题调查和征文等50多次，3000多人次参加，提出了许多有价值的建议，推行了24种现代化管理方法，草拟国家级电力企业升级标准、水利部优秀企业考核标准等。1990年，城市供用电研究会、企业家协会供电分会就供电企业急需解决的问题提出建议，史大桢副部长认为"这些意见都很好"，逐条进行了批示。1992年，企业家协会水力发电分会就"关于搞好大中型水电厂的建议"写信给黄毅诚部长，黄部长复信认为"提出了许多很好的意见"，批示有关司局提出措施，报部党组审定。1992年6月，水电企协协助中企协组织第29次厂长(经理)座谈会，中企协袁宝华会长主持会议，并将《关于电力企业转换经营机制及电力行业管理体制的改革问题》的会议纪要报送国务院及有关部门领导。李鹏总理批示："我准备抓一下电力企业体制和深化改革方面的问题"。这次座谈会的影响很大。

(2)主办或联合举办各种学习班60多期，培训学员6000多人次，参加中企协等单位举办的各种学习班达3000余人次，都起到了很好的作用。

(3)在咨询服务方面，先后承担大连电厂、南通电厂、江阴电厂、滁县电厂等4个电厂和其他管理咨询项目13项。

(4)编辑出版《水利电力企业管理》(双月刊)，每期发行10000册，已获准在国内外公开发行。《水利电力企业管理信息》(半月刊)，每期发行5000册。出版管理类各种书籍近40种，对推动企业管理现代化，深化企业改革，发挥了积极的作用。

(5)水电企协负责的电力系统电视录像网络已基本形成，发展团体会员500多个，中央电视台核准的集体通讯组71个，每年组织一次电视录像片交流表彰会，交流经验，切磋技艺，沟通信息，提高水平，取得明显成果。

(6)对外交流方面，先后接待美国、日本、加拿大、瑞典、前苏联、独联体、丹麦、香港、东南亚等国外、境外专家、学者来华讲学、交流经验。并相应派人出国学习考察，学习国外先进经验，取得了一定成果。

(7)在设备管理方面，配合制订部级优秀设备管理条例，推广维修新技术、新材料、新工艺，在设备故障诊断、回转机械振动监测、高压电气设备绝缘监测、红外诊断技术等方面，都有不同程度的成果。

(8)水电企协为逐步实现"三自"(自立、自治、自养)，积极创办经济实体。1993年4月，集资成立北京联源实业总公司。一年来，边筹建、边经营，已初见成

效。水电企协集资建立的北京电力培训中心于1991年4月开始营业，接受培训任务，为企业、企协及行政机关服务。

（中国水利电力企业管理协会　石云山）

中国土木工程学会

中国土木工程学会（以下简称学会）是全国性学术团体，是中国科学技术协会的组成部分。它的前身是中华工程师学会，创建于1912年，詹天佑为第一任会长。随着工程建设事业的发展，在工程师学会下又相继建立了一些专门学会。其中，中国土木工程师学会于1936年在杭州成立。新中国成立后，在中华全国自然科学专门学会联合会的统一领导下，中国土木工程师学会于1953年9月20日在北京宣布重建，茅以升当选为第一任理事长，并连任至1984年。1984～1993年李国豪任第四、五届理事长。1993年5月学会召开第六次代表大会，许溶烈当选理事长，孙钧、李居昌、程庆国为副理事长，张朝贵任秘书长。学会挂靠建设部。学会现有会员9万人。在全国30个省设有地方土木建筑学会或土木工程学会。直属11个专业分会。学会开展的工作有：

1．*学术活动*　学术年会和专业学术讨论会是主要的学术活动。1984年以后学会确定了每两年由总会举办一次学术年会的制度，选定主题，比较集中地交流学术经验，检阅学术成果，讨论学术问题。1993年5月25～27日在北京召开了中国土木工程学会第六届年会，以“提高工程质量的政策与措施”为主题，总结交流了近年来的专题研究成果和各地方的实践经验，并向主管部门提出了政策性咨询建议。此外，学会各专业分会及其下属专业委员会每年还组织三、四十项专题学术会议。

2．*对外交流*　学会自50年代起，先后加入了5个国际学术组织（国际桥梁及结构工程协会、国际土力学及基础工程协会、国际隧道协会、国际预应力协会和国际煤气联盟）；并与日本、加拿大、英国、韩国、法国、美国等国家和港澳地区的学术组织建立了双边合作协议，积极组织我国专家参加国际活动，促进了我国在国际上的学术地位与作用。改革开放以来，学会多次在国内主办国际学术会议，如1993年6月北京国际计算机辅助工程设计研讨会，1994年7月北京国际给排水学术讨论会等。近年来海峡两岸交流活动不断增多，1992年学会与台湾地工技术发展基金会合作在北京举行了“两岸地基基础技术研讨会”，成为两岸土木工程界交流与合作的良好开端。1993年学会组团赴台湾考察访问。1994年11月在西安召开两岸岩土工程学术讨论会，推动了大陆与台湾的交流与合作。

3．*出版刊物*　《土木工程学报》，于1953年3月创刊，主要刊登土木工程专业具有较高水平的理论和技术成果，对国内外公开发行。学会还组织近百位专家编著了《中国土木工程指南》，它是一部实用性、权威性的专业技术参考书，全书约250万字，由科学出版社于1993年4月出版。

4．*科技咨询服务*　学会于1985年3月成立了中国土木工程学会技术咨询中心。充分发挥学会跨部门、多专业的优势，组织专家开展了决策咨询、工程咨询和技术服务3个层次的科技咨询工作。1992年学会组织6个部委的专家进行了“提高工程质量的政策与措施”大型软科学专题研究，为国家科技政策提供了咨询意见。学会于1992年12月成立北京中土建设技术开发公司，并获准建筑工程设计（乙级）执照。为进一步组织科技人员，开展咨询与设计工作，创造了更为有利的条件。

5．*人才培养与奖励*　为推动教育改革和土木工程人才培养，学会教育工作委员会于1993年6月在天津大学召开“全国第三次土木系主任工作研讨会”，100多所高等学校的代表出席，就土木类专业教育的发展与改革献计献策。学会1985年对300多位从事土木工程工作50周年的老专家进行了表彰，颁发了荣誉证书。目前，学会常设的奖项有：优秀土木工程论文奖、高等学校土木系优秀毕业生奖、茅以升桥梁大奖和土力学基础工程大奖等，并于1993年8月设立了“詹天佑土木工程科学技术发展专项基金”。

（中国土木工程学会秘书处　徐　渭）

中国能源研究会

中国能源研究会成立于1981年1月5日，业务主管部门为中国科协。现任理事长杨纪珂，秘书长周凤起。现有个人会员约16000人，团体会员100多个。该会下设系统工程、能源经济、农村能源、城市能源、地热、新能源、节能与企业能源管理、能源与环境等8个专业委员会；还设学术、组织、外事、编辑、科普、能源咨询管理6个委员会。

该会的宗旨是团结广大从事能源科学技术和能源管理的科技工作者，积极开展和推进能源科学的研究工作，为国家、地区、部门制订能源政策、能源规划和能源法规提供科学的方法和依据，努力做好决策咨询工作，为促进我国能源事业的发展做出贡献。

该会成立以来，开展了下列工作：

(1)紧密围绕科技进步,经济建设和社会发展的需要,积极开展了国内、国际能源学术交流活动。据最近6年不完全统计,该会共举行大型国内学术交流活动76次,与会人员4900人次,交流学术论文2020篇;在国内召开国际能源学术会议10次,参加人员900余人,交流论文约500篇;接待国外能源团组来访22批,约150人;举行国际能源学术报告会7次,参加人为1100人次;派人出国参加国际会议12次,单独组团出访4次等。主要活动有:①1982年10月接受中国科协委托,负责筹备并主持在北京召开的第一次中美能源、资源与环境会议。这是第一次在我国召开的这样大型的国际学术会议,参加者有21个国家的341位代表,中外学者500余人,会上发表论文收入论文集的共72篇。②1988年10月受中国科协委托,由该会等10个全国性学会在北京联合召开了全国节能新技术讨论会暨展览会,并向党中央、国务院报送了《要千方百计节约能源》的建议书。③编写《中国能源政策纲要》。1981年初接受国家科委、国家计委和原能源委的委托,组织了全国的170多个单位,500余位专家、学者和管理干部进行了分析研究,直接参加撰写工作的达259人。此稿经多次修改于1982年10月印出。在此基础上,该会又写成《中国能源政策纲要建议书》,并报送中央及有关部门参考。④编写《2000年的中国能源》。1984年初开始,年底完成。它的内容包括一份总报告与12份专题报告,评述了2000年我国能源需求供应的前景及其中主要问题与解决途径。⑤编制全国能源模型并进行2000年的能源需求与供应预测,这是由国家科委和国家计委委托的一项重点科研任务。⑥参加制订我国能源技术政策与能源科技规划。

此外,中国能源研究会还在历次会员大会或专业委员会上向中央和有关部门提出几项重大的政策或工作建议:如《缓解我国能源危急的十三条建议》、《中国能源政策纲要建议书》、《华东区域能源政策建议书》、《解决农村能源问题的十六条建议》、《关于加强能源系统工程应用研究的建议书》、《当前我国能源的两重性、问题及对策》、《关于尽快建立全国统一的节能机构的建议》等。这些建议受到有关方面的重视,其中已有一部分被采纳,列入有关能源政策或措施之中。

(2)面向经济、面向社会,大力推进能源科学研究和咨询服务。近6年来,该会共完成和基本完成咨询项目24个,提出重要建议上报中央、国务院有20件,其中《国家十二个重要领域技术政策的研究》(能源技术政策)荣获国家科技进步一等奖(1987年)。

(3)编辑出版《能源政策研究通讯》、《世界能源导报》、《能源信息跟踪》三种定期刊物。

中国能源研究会办公地点:北京市西城区三里河路54号;邮政编码:100863;电话:8511816。

(中国能源研究会秘书处)

中国电工技术学会

中国电工技术学会(以下简称学会)成立于1981年7月23日。学会工作总部设在北京,挂靠在机械工业部,受中国科学技术协会与机械工业部共同领导。现已设有45个专业委员会,有2000多名在电工科技界有造诣的专家担任专业委员会委员。学会设立学术、科普、教育、编辑出版、表彰、咨询等共6个工作委员会和省、市、区学会22个,会员约3.5万余名,团体会员约700个。其专业领域包括:电工理论及其应用,电工产品的设计和制造技术,测试技术、电工产品在工业中的应用,电工材料与工艺,电工综合技术,电工高新技术等。

学会的宗旨是团结全国电工科学技术工作者,面向现代化、面向世界、面向未来,促进科学技术的进步和发展,促进电工科学技术的普及和推广,促进电工科学技术人才的成长和提高,为把我国建设成为富强、民主、文明的社会主义现代化国家作出贡献。

学会紧密结合国民经济发展需要,组织开展多种形式的国内外学术交流活动、学术交往,促进了电工科技的发展。①提出《电工技术领域节约能源的若干途径》的指导性文件,提出《为节电500亿kW·h开展电工技术节能预测与综合分析研究》的建议,发展节能电工产品。《关于加强环境技术科研工作的建议》受到有关部门的重视,列入"七五"重点科研计划与软科学研究项目。在机电一体化与电磁兼容技术方面,多次进行学术交流与国际展览会,推动该学科的发展。学会于1986年、1991年先后开展了"2000年电工技术展望","九十年代电工科技进步与发展"研究。②学会举办与支持的国际会议有:国际电介质材料性能与应用学术会议、国际电磁场计算学术会议、国际电机会议、国际电接触电孤电器及其应用学术会议、国际船舶电工学术会议与展览会、国际工业环境设备及仪器展览会、国际电工材料及其生产设备技术交流展览会、国际电工装备与技术交流展览会等。③学会接受有关方面的委托,进行重点项目的论证,取得了一定成绩。如1984年与中国电机工程学会共同组织我国超高压线路电压等级论证,得到国家计委、经委的采纳和批准。1985年提出的《关于振兴电瓷行业,适应我国电力发展的咨询意见》,成为机械工业部电瓷行业的指导性文件。1989年完成了国家科委下达的《地面发电和节能用燃料电池发电技术的建议》。1990年受国家科委委托完成《电动混合车攻关课题项目论证报告》。

学会举办各种专业培训班，于1985年创办了电气工程师进修学院，全国设有35个省级分校，已有2万余名工程师从该院毕业。

学会编辑出版全国发行《电工技术学报》、《电工技术杂志》、《电气时代》、《少年电世界》等综合性与科普性刊物。此外还有《中国电工技术学会通讯》,《电工信息与建议》等内部刊物。

学会第四届理事会名誉理事长丁舜军；理事长赵明生；副理事长高景德、周小谦、赖坚、姚福生、周鹤良、石定寰、张林昌；秘书长周鹤良(兼)。

通讯地址：北京三里河46号机械工业部大楼7004室；邮编：100823；电话：8595355～8595358；传真：(010)8511242；电报：0102电工学会。

(中国电工技术学会　李昭如)

中国水利水电勘测设计协会

中国水利水电勘测设计协会(以下简称协会),在1992～1994年期间，继续坚持了为政府主管部门的宏观决策和为广大会员单位服务的守旨，较好地发挥了桥梁、纽带作用，推动了水利水电勘测设计行业的发展。

(一)协会的组织建设

(1)充实完善了《勘测设计改革与信息》编委会和编辑部。根据五届二次常务理事会决定，由朱尔明、倪启香、慈常治、张庆堂、杨培柏、殷光宗、陈美发、宋廷福、高东军等9位同志组成编委会，朱尔明任主任委员，倪启香、慈常治任副主任委员；编辑部由宋廷福和高东军、郭丁平分别任主编和副主编，并聘请水利水电规划设计总院有关处室负责同志为特约编辑。1992年2月，北京市新闻出版局批准颁发了该刊的内部刊物准印证。

(2)1992年2月经民政部社团管理司批准，协会成立了咨询服务部，承担课题研究，组织专业培训，开展信息咨询等有偿服务活动，扩大了协会的服务功能。

(3)发展了团体会员。根据海南省水利电力建筑勘测设计院和四川省水利电力勘测设计协会的申请，经协会常务理事会批准，分别于1992年和1993年接收为团体会员。到1993年为止，部属勘测设计院、流域委院和省(区、市)院，全部为该协会团体会员。会员总数发展到53个。

(4)调整了协会理事和常务理事。1993年8月，协会在太原召开了五届二次理事会，听取并审议了倪启香理事长的工作报告，按照社团有关法规，修订了协会章程，审定了协会会徽。会议决定增补海南省水利电力建筑勘测设计院吴万里、四川省水利电力勘测设计协会石光武为协会理事；根据各院提出的理事变更意见调整了部分理事；贵州省水利水电勘测设计院陈纯纶补选为常务理事、上海市水利工程设计研究院徐宗杰补选为常务理事、副理事长兼华东片片长。

(5)进一步明确了中国水利水电勘测设计协会的挂靠关系。协会由水利部、电力部共同主管，挂靠水利水电规划设计总院。1994年8月，水利部、电力部决定水规总院按两部分设。根据五届二次理事会决定，总院分开后协会不分，仍由两部主管，挂靠两个总院。已经两总院分家代表高安泽和高雪涛同意。

(二)协会的主要活动

(1)开展了片区活动，研讨和交流设计院深化改革和共同关心的问题。三年来，协会5个片区分别召开了2～3次年会，围绕推行技术经济责任制；调整结构、分流人员，抓住机调、走向市场，大力发展第三产业，以及设计院由事业体制改建为企业体制等重点问题进行研讨和交流，对设计院的深化改革起了积极的促进作用。在片区活动期间，安排了对沿海、沿边开发地区、开放口岸和重点建设工程进行参观考察。对设计院存在的共性问题，如收费标准偏低、勘测设计设备陈旧、离退休人员多负担过重、人才断层、人才流失、职工住房困难等问题，通过研讨，提出了解决的意见和建议。

(2)推动设计院实行以工效挂钩为主要形式的技术经济承包责任制。为了推动承包经营责任制的实施，协会秘书处对1989～1991年各院经营情况进行了调研，编制了《水利水电勘测设计单位1989～1991年经营情况综合表》,为各院确定承包基数提供行业水平。为了交流推行承包经营责任制经验，1993年8月协会在太原召开了五届二次理事会，进行了专题研讨和交流。

(3)推动了设计院由事业体制改建为企业体制。1994年5月，国务院办公厅下发了建设部、国家计委、财政部、人事部、中央编办报请批转的《关于工程设计单位改为企业若干问题的意见》,征求有关部门意见。协会先后配合电力部、水利部两总院对设计院“事改企”进行研讨。1994年9、10月间，协会5个片区都先后召开年会，以“事改企”为主题，进行了研讨。为贯彻国务院国函(1994)100号《关于工程勘察设计单位改建为企业问题的批复》,协会配合主管部门对部属院“事改企”进行研究部署，制定实施方案。

(4)继续进行了《勘测设计改革与信息》会刊的编印发行工作。该刊的办刊宗旨是：宣传党和国家的方针政策，传递信息，交流经验，为全国水利水电行业服务。

1992～1994年3年间共编印发行72期，刊登各类文章931篇，信息495则，共计完成304.6万字，每期发行2000册。据读者反映，《勘测设计改革与信息》内容丰富，信息面广，时效性强，实用价值高，具有保存价值等，深受广大读者欢迎。

(5)开展了咨询服务。受国家计委委托，1993年协会会同总院计划处、规划处完成了国家计委下达的《西南和华南六省(区)能源工业发展与布局规划》，并编入国家计委主编的《西南和华南部分省区区域规划研究》上报国务院，国务院以国发[1993]56号文批转印发各有关省区和部委，作为编制1996～2005年10年规划的依据。受电力工业部委托，目前，协会在会同总院计划处、规划处进行《全国水电2020年发展规划》的课题研究。1994年，根据电力工业部建设协调司安排，配合总院有关处完成了《关于水电建设勘测设计改革与发展的调研报告》，为振兴我国的水电事业，尤其是水电前期工作，提出了许多意见和建议。

（中国水利水电勘测设计协会　宋廷福）

国际合作与交流

20

利用外资建设水电

1992～1994年利用国外贷款的水电项目

1992～1994年利用国外贷款的水电项目，主要是从世界银行(简称世行)、日本海外经济协力基金(简称OECF)和亚洲开发银行(简称亚行)三大贷款机构借入，现分述如下。

1. 利用世行贷款项目　①水口水电站二期贷款，在一期贷款1.4亿美元的基础上，1993财政年度，又签订了1亿美元的二期贷款。二期贷款主要用于支付土建国际标一期贷款不足部分，1号、2号两台水轮发电机组和7套调速器、励磁装置，以及升船机、送变电设备、材料和咨询等的一期贷款差额。贷款条件同一期。②天荒坪抽水蓄能电站，已经国家批准，列入1993年度贷款计划，经过两年多的调查、评估，于1993年3月进行了贷款谈判，随后世行执董会讨论通过，签订了3亿美元的贷款协议。贷款条件是偿还期为20年(含5年宽限期)，利息每半年支付一次，按前半年利率加0.5%计算。另外，借方应按未提取贷款本金支付年率为0.75%的承诺费。贷款主要用于支付上库沥青混凝土防渗层的国际招标、电站主要机电设备、施工机械、配套输变电设备、其他设备、材料和咨询、培训等。③由于计划安排和前期准备工作上的失误，世行1994财政年度没有水电项目(世行曾经承诺每年上一个水电一个火电项目)，计划列入1995财政年度的项目是二滩水电站二期和其送出工程的贷款，列入1996财政年度的项目是龙滩水电站一期贷款。这两个项目世行官员已开始与有关部委和项目单位接触，将要进入调查阶段。此外，水利部所属黄河小浪底水利枢纽工程也是列入世行1994财政年度的贷款项目，贷款拟分两期借入，一期贷款约为4亿美元。

2. 利用OECF贷款项目　1994年以前，利用第三批OECF贷款项目均在继续执行。其中，①十三陵抽水蓄能电站，1990年国家批准利用第三批OECF贷款96亿日元，后来根据日方评估认为该额度应当增加，因此向有关部委上报请示，先经上级口头同意，于1991年3月贷款谈判定为130亿日元（仍属1990财年）1992年8月再次上报并经国家批准了这一贷款额度。②五强溪水电站及其送出工程，从1988年开始至1992年共分5次签订了总额度为250.9亿日元的贷款协议。③天生桥一级水电站自1991年开始，至1993年已签3个贷款协议，而第4个贷款协议将在1994年4月以后进行调查评估。按国家批准的贷款额度，水电站196亿日元，天生桥到广州直流输电210亿日元，共406亿日元。贷款的使用范围，水电站部分主要用于混凝土面板堆石坝与溢洪道开挖的土建国际招标，采购4台水轮机转轮、施工机械、钢材、电气设备和咨询等。送出工程主要是采购两座换流站设备和咨询等。④此外，列入第四批OECF贷款的水电备选项目有三板溪、小湾一期贷款、吉林台、小湾二期（含送出工程）以及黄河公伯峡、荒沟蓄能等。这批项目计划在1996年开始按项目准备条件相继开展调查。

3. 亚行贷款项目　①广州抽水蓄能电站二期扩建4台30万kW水泵水轮机、发电电动机机组，经国家批准利用亚行贷款。从1992年5月有关部委和人民银行总行与亚行商定列入1993年度贷款，到1993年5月正式贷款谈判，是一个履行贷款程序最顺利的项目。广蓄二期共需贷款2.63亿美元，用亚行贷款2亿美元，由亚行组织联合融资6300万美元。亚行贷款条件是：采用浮动利率，每半年调整一次，一般在6.5%左右，另有0.75%承诺费，还贷年限为25年(含6年宽限期)。亚行贷款的优惠条件是建设期利息及承诺费资本化，计入贷款额度内。此外，还款时，本金先小后大而利息先大后小，使每期还贷本金加利息的总和较为均匀。对于融资部分的条件，要视融资来源而定，广蓄二期的利率是伦敦银行同业拆放利率（英文缩写LIBOR)加1%的手续费，还款年限为15年，其中宽限期4年，但建设期利息不能计入贷款内。贷款使用范围包括抽水蓄能机组、监控、辅机和其他电气设备以及配套输变电设备、咨询等。②正在进行调查评估的是湖南凌津滩水电站。这是一座位于在建的五强溪水电站下游、起反调节作用的低水头电站，采用8台3万kW灯泡贯流式水轮发电机组，已列入亚行1994年度贷款项目。经过项目评估。已于1994年8月签署贷款协议，贷款金额为1.16亿美元。贷款使用范围主要是机电设备、开关站设备、钢材和咨询等。贷款条件基本和广蓄二期相同。此外，列入亚行1995、1996年度贷款的水电备选项目有棉花滩和洪家渡水电站。

4. 自1984～1994年大中型水电站利用国外贷款项目　据初步统计，共有18项，总贷款额度约合34亿美元。详见下表。

1984～1994年大中型水电站利用国外贷款汇总表

序号	贷款项目名称	贷款额度	币种及单位	贷款年度(年)	贷款条件			备注
					年利率	偿还期	含宽限期	
一、	世界银行贷款	157940	万美元					
1	鲁布革水电站及送出工程	14140	万美元	1984	约8%	20年	5年	承诺费0.75%
2	岩滩水电站	5200	万美元	1986	约8%	20年	7年	承诺费0.75%
3	水口水电站及送出工程一期	14000	万美元	1987	约8%	20年	5年	承诺费0.75%
4	二滩水电站一期	38000	万美元	1991	约8%	20年	9年	承诺费0.75%
5	大广坝水电站及送出工程	6600	万美元	1992	约8%	20年	5年	承诺费0.75%
6	水口水电站及送出工程二期	10000	万美元	1993	约8%	20年	5年	承诺费0.75%
7	天荒坪蓄能电站及送出工程	30000	万美元	1993	约8%	20年	5年	承诺费0.75%
8	小浪底水利枢纽工程一期	约40000	万美元	1994	约8%	20年	5年	承诺费0.75%
二、	日本海外经济协力基金贷款	约112100	万美元					
9	天生桥二级水电站及送出工程	773.75	亿日元	1984～ 1989	3.5%～2.5%	30年	10年	约折47850万美元
10	五强溪水电站及送出工程	252.27	(内含1980年借 1.37亿日元)	1988～ 1992	2.5%～2.6%	30年	10年	约折20650万美元
11	十三陵抽水蓄能电站	130.0	亿日元	1990	2.6%	30年	10年	约折10600万美元
12	天生桥一级电站及送出工程	406.0	亿日元	1991～ 1995	2.6%	30年	10年	约折33000万美元
三、	亚洲开发银行贷款	37900	万美元					
13	广州抽水蓄能电站二期	26300	万美元	1993	约6.5%	25年	6年	承诺费0.75%
	其中联合融资	6300	万美元	1993	LIBOR＋1%	15年	4年	
14	凌津滩水电站	11600	万美元	1994	约6.5%	25年	6年	承诺费0.75%
四、	其他政府贷款	约29669.62	万美元					
15	沙溪口水电站科威特贷款	900	万第拉尔	1984	3.5%	20年	5年	约折3000万美元
16	广州抽水蓄能一期	71843	万法郎					约折11974万美元
	其中：法国政府贷款	34485	万法郎	1989	2%	30年		
	出口信贷	37358	万法郎	1989	8%	10年		
17	潘家口抽水蓄能电站	3875	万美元					
	其中：意大利政府贷款	1935	万美元	1982	2.5%	15年	2.5年	
	出口信贷	1935	万美元	1985	9.8%	10年	2年	
18	隔河岩水利枢纽	10820.62	万美元					
	其中：加拿大政府贷款	3246.19	万美元	1986	0	50年	10年	
	出口信贷	7574.43	万美元	1988	8.3%	10年	2年	
大中型水电项目国外贷款总计		约337609	万美元					

（中国电力技术进出口公司　程尔颐）

国外贷款水电项目的前期准备工作

改革开放以来，在水电建设项目中，已有十几座水电站部分利用了国外贷款，有的已经建成，多数正在建设。今后还有不少水电项目要利用国外贷款进行建设，这对于引进技术和管理经验，解决国内资金困难将起很大作用。

国外贷款我国用得较多的是世界银行（简称世行）、亚洲开发银行（简称亚行）、日本海外经济协力基金（简称OECF）三大贷款机构。作为国外贷款机构（简称贷款方），都有完善的贷款程序和指南。因此，作为借款国就必须按其要求申请办理。我国代表政府出面借款的部门是：对外贸易经济合作部向日本和其它双边政府借，财政部向世行借，人民银行向亚行借。他们作为窗口部门，又应依据国家计委对利用外资的项目总安排。电力部作为行业主管部在利用外资项目申请立项时，负责选项、初审、转报以及贷款项目归口对外的协调管理。

（一）贷款项目立项程序

为了更有效地申请贷款，项目单位（业主）除了按国内立项审批程序做好前期准备工作以外，还应熟悉贷款方的程序和要求。世行、亚行是把备选项目按3年滚动计划运作，OECF现时是分批次承诺总贷款额和备选项目，然后逐年签订项目贷款协议。对于水电项目要争取列入备选项目，首要的是做好立项前的准备工作，特别是资金筹措、移民安置、效益分配和建设管理体制，以及利用外资额度、采购范围和偿还贷款的能力责任等等，必须中央和地方（甚至跨省区）充分协商取得共识。在此基础上报送项目建议书和利用外资可行性研究报告，经电力部初审后转报国家计委审批。与此同时，国家计委会同窗口部门向贷款方提出，双方协商同意的项目即可作为贷款方派团进行调查评估的对象。在项目贷款批准以前，贷款方要求业主做的工作，都应属于贷款的前期准备工作。不同的贷款方，贷款程序和要求也略有差别。世行的程序可概括为：一般调查—深入调查—预评估—评估—贷款谈判—提交世行执董会讨论通过。亚行程序为：查勘—实地调查—经营管理复查—评估—贷款谈判—提交亚行执董会讨论通过。OECF的程序为：年度贷款政府间会谈—OECF派团对项目调查评估—贷款谈判—政府换文—签订协议。围绕上述程序，贷款方都会要求项目单位提供文件资料，利用调查阶段深入现场查勘、走访移民区、与项目单位会谈。OECF在事前还提出详细的调查提纲。一般讲，贷款方在调查前就多次与有关部委和项目单位接触，并对资料收集很重视，有的还涉及保密问题，均需提前做好准备或报审处理。

（二）咨询评估工作

贷款方对水电项目评估的要求，以世行为最复杂。世行代表常以推动我国改革为由，要求电价改革、机构改革，甚至要求聘请外国人协助做这方面的专题研究；要求由动能经济研究所做电源优化和经济论证；还特别关心企业的财务状况和经营能力；在工程技术方面，他们会提出要聘请特别咨询团、外国咨询公司帮助做工程技术评价、环境评价、编制招标文件和研究重大技术专题等要求。为此，他们会要求项目单位提出特别咨询团组成人员（包括工程和环保两方面，一般可聘中外专家4～6人组成），提出聘请咨询的工作范围和考察培训项目。同意后，估算所需人员和费用，向财政部申请技术合作信贷。这是一种世行分批贷给我国的软贷款，需由项目单位报文经电力部向财政部申请，财政部批准前要得到世行的同意，然后即可开展评选咨询公司的工作。但是这笔费用应在贷款批准生效以前用完，以后如需请施工咨询，其费用应列入贷款项下。亚行也有类似的技术援助费用，一种是在贷款之前，直接由亚行赠款聘请咨询公司做技术、经济论证工作；另一种是列入贷款的咨询费用，这是项目单位评选咨询公司，按经亚行同意的咨询范围进行工作。OECF也较重视聘请咨询，咨询范围经同意后，其费用可以列入贷款，贷款协议生效后开展评选咨询公司工作；对于某些有特殊技术问题的项目，OECF也要求在贷款前利用日本国际协力事业团或OECF的赠款开展咨询工作，以肯定工程技术是可行的。例如十三陵就曾用日本赠款进行过上库渗漏专题研究。

（三）国际招标

贷款方在对待某些具体问题上也有特殊的要求，应当引起我们的重视。在环保移民方面，世行要求经国家批准的环评报告简要本必须在世行预评估前正式送世行，并附去政府部门同意该文件在世行内部散发的函件，否则世行不对项目进行评估。亚行则要求环评报告简要本在项目提交亚行执董会以前120天送到亚行。在工程技术方面，贷款方对于主机设备和大型土建工程国际招标项目非常重视。有关投标资格、编标和评标原则都要讨论，资格预审文件、招标文件、评标报告均需送审同意。世行对水电项目的土建国际招标更是坚持，他们很难同意由业主买施工设备供国内承包商使用，理由是要确保贷款项目的工程质量和工程进度。因此，在做可行性研究时，要考虑把哪个单项工程拿出来国际招标，应当有几个方案，因为它直接影响到贷款总额度。还有一点，世行希望影响贷款额度大的项目的国际招标，应在贷款谈判之前至少能够开标，以使世行最终认定贷款额度时依据比较充分。按这个要求，项目单位应有一个工作大纲，而且要得到上级和设计单位的支持与配合。OECF 对所有招标采购项目要求在贷款协议生效后进行。最后，贷款方对贷款使用范围和采购清单逐项审查，还要对工程内外资概算进行审查。因此在这方面的准备工作也不能轻视，特别是国际市场价格的收集和类似工程的设备价格情况，要做到心中有数。

（四）关于水电站与送出工程的协调工作

对于贷款方而言，水电项目是包括水电站及其送出工程的。因此，项目单位要注意协调水电、电力两个设计单位的前期工作。在贷款方（尤其是世行）调查时，有关送出工程的送电范围、售电协议、采购范围、内外资估算、环境评价、占地移民以及建设进度等也应准备材料。此外，还应当提醒项目单位，世行、亚行在水电项目上也在推行扩大联合融资运作的作法。也就是说，所需借款的大部分由世行或亚行贷，其余的由他们组织其它金融机构贷款。最近，广州抽水蓄能电站二期用亚行贷款和联合融资就是一例。在这种形势下，项目单位既要争取到较好的融资利率和还款（宽限）期，又要规划好哪些项目组成一个包，大致与所需融资的额度相适应，以便于签订贷款协议和采购合同，也便于今后的管理。

（中国电力技术进出口公司　程尔颐）

对贷款水电项目土建联营体投标的几点认识

自改革开放以来，水电建设项目利用国外贷款进行土建招标，已有鲁布革引水隧洞、水口电站、二滩拱坝和地下厂房，正在进行招标尚未定标的有天生桥一级溢洪道开挖和混凝土面板堆石坝，在 1994 年内开始招标的还有天荒坪蓄能电站上池沥青混凝土防渗工程。此外，水利部的小浪底水利枢纽工程也已招标。我国水电建设经验是丰富的，国内有关工程局应是有资格直接投标的。但是，除鲁布革中方只提供劳务以外，其他工程都是与国外知名的公司组成联营体来投标，而且业主希望外方为责任方。因此，对上述项目我国水电工程局或公司几乎全都参与了联营体的投标。而中标后参与项目施工的有水电十四局、闽江局（水电四、十二局参加）、水电八局和葛洲坝工程局。对投标中存在的问题和教训，也只有在中标后与外商合作中才能反映出来。

利用国外贷款水电项目的土建招标，一方面是由于我国有关方面希望引进国外先进筑坝技术和管理经验；另一方面也由于国外贷款机构在评估项目时，不但要求有国际上的技术援助和参与咨询，而且还要求部分高难技术的工程采用国际竞争性招标，优选有经验的承包商施工，该项目的贷款才能被批准。由于笔者曾参加过几个工程国际招标的评标工作和贷款项目的日常管理工作，对于参与投标联营体的中方在投标过程的运筹和应注意的问题，提出几点看法。

1. 作为联营体的中方，应了解国际土建承包市场行情　选择对象是双向的，因此，中方要表现出合作的诚意。为达到互惠互利的目的，必须知彼知己，既要充分说明我国国情和现行法规以及自身的优势，更要详细了解对方的经验和习惯作法。在此基础上，认真签订联营协议。例如水口中标联营体在投标时是中方当责任方，后来合同谈判时业主希望改变，日方当了责任方。由于关系搞不顺，工程上不去，一度世行要求中止合同，另换承包商。后来经过领导部门做各方面的工作，责任关系改回来，这才扭转了局面。这说明选择对象的重要。

2. 要慎重对待联合编标工作，要派最强阵容并能全权代表中方的人员参与　事前要认真讨论对策方案，特别要全面衡量中方的权益，并应充分准备诸如人员、设备、物价、市场行情趋势等资料。编制投标报价时，对于劳务工资、管理费用必须力争公平合理，留有余地，切不能为了中标而随意压低报价，损害自身利益。这方面教训较多。例如某局在水口参与联营体投标时，已感到劳务费用压得过低，然而在后来的二滩参与联营体投标又重蹈覆辙。但是，这次中标了，问题就突出了，结果是不但工人工资偏低，而且就连工人进场的住房和劳务管理费用也很困难，只好向上级反映弥补。

3. 投标文件应当编制清晰、完整、全面　凡是招标文件要求投标者响应的事项，必须有根据有条理地叙述清楚，千万不能留下任何问题，让业主耽心隐藏索赔的潜在风险。仍以水口为例，某联营体投标后又提出 18 个问题。在评标时，业主请来逐一澄清，最后该联营体只好撤消。因此，作为联营体中的中方，由于对国情、政策、法规比外方要理解得深刻，应当在投标之前说服对方在投标文件上不留任何问题。

4. 要发挥中方在管理层中的作用，要使外方相信中方干部的能力　这在目前还有一定困难，需要我们去努力提高外语水平，去掌握先进技术手段。只有这样，今后不论是在谈判桌上还是合作共事中，外方是会尊重中方干部的。从水口中标的联营体到二滩两个中标联营体（大坝标和地下厂房标），中外管理干部在初期总有一个较长的磨合过程。究其原因，首先都是从语言障碍以及不习惯外方的管理手段和技术措施开始的。如果中方不能直接和外方交换意见，用中方管理经验去说服对方，又不愿听从指挥，自然会有摩擦。

5. 要有自己的涉外经济、法律专家参与　通过某些中标联营体在执行承包合同所暴露的问题，可以看出当初订的联营协议和投标文件均或多或少有不利于中方的条款，或者有不尽如人意的地方，这都是不重视经济、法律专家参与的结果。例如二滩某联营体中的中方因劳务费用低，外方对提供的工人素质挑选严等原因，撤出了在协议中承担的提供劳务的义务。再如二滩中标后，作为联营体的责任方在购买新的施工机械时，竟有不和联营体内中方商量的事例，因此也产生了不少矛盾。

（中国电力技术进出口公司　程尔颐）

技　术　合　作

李家峡水电站双排机厂房的设计与国外技术合作

正在施工的黄河李家峡枢纽工程由混凝土拱坝、电站厂房、泄水道和两岸灌溉引水管道等主要建筑物组成。拱坝最大坝高165 m；电站安装5台40万kW机组，设计水头122 m；设计洪水流量4940 m^3/s，校核洪水流量7220 m^3/s。坝址河谷两岸基本对称，丰水期河面宽40～50 m。在狭窄的河谷布置大型水电站，厂房型式的合理选择更成为枢纽布置中的重要因素。在工程设计的过程中，受坝址区地形、地质条件所限，不宜采用全地下式厂房，河床坝后双排机地面厂房当时尚缺乏经验，而对河床坝后和右岸地下窑洞式混合厂房有一定经验，且地下厂房具有施工干扰少，可安排早施工，利于提前发电等优点，因此1984年初设审查和1986年初设评估，审定采用坝后河床及右岸地下窑洞混合式厂房方案。

李家峡工程于1988年4月1日导流隧洞正式开工，1991年4月4日两岸坝肩及泄水道边坡开始开挖，地下厂房未能及时安排施工，失去良机，其优点也随着时间的推移而不复存在。1991年3月，由西北院、西北电管局和黄河上游建设局组成专家组，赴独联体考察，并与莫斯科水电勘测设计院就李家峡水电站双排机组厂房设计合作问题签署了会议纪要，提交了技术任务书和工程设计有关资料。考虑到独联体已于70年代在相似狭窄的峡谷内，成功地在苏拉克河上的契尔盖和纳伦河上的托尔托古尔两座大型水电站建成双排机厂房，安全运行至今，有设计、科研、施工和运行的成套经验；我国有关方面对李家峡工程的具体条件比较了解，特别是工程已开工数年，不可能重新设计。因此，在枢纽布置的格局不变，拱坝及泄水道的布置、体型及基本尺寸不变，对外交通形式不变，电站规模及单机容量不变；主结线型式及出线回路不变，下游坝面引水管道不变，已经开挖形成的边坡不变等条件下，请莫斯科水电勘测设计院进行技术咨询和设计合作。即双方平行进行设计，共同交流讨论。设计分两阶段进行，即初步报告和最终报告，其间进行数次讨论，独联体的最终报告经初验修改后提出。经双方共同的努力，就双排机厂房设计的主要技术问题达成共识，我方较深入地了解了对方的经验。根据西北勘测设计研究院提出的设计报告，1992年3月，水利水电规划设计总院主持召开了审查会，“同意厂房布置改为坝后双排机组厂房布置”。双排机厂房设计的主要技术问题是：

（一）双排机厂房对机组效率的影响问题

双排机厂房布置时，前后两排对应机组的尾水管分上下两层重叠布置，前排机组的下层尾水管必然要采用非标准的高长型尾水管，其各部分尺寸和电站尾水渠的体型，需通过机组全模拟模型试验研究确定，以利于摸清在各种负荷的不同运行工况下，减少尾水管的压力脉动，提出机组负荷的合理分配和调度优化原则，提高机组出力和效率。

（二）机组振动及噪音的问题

根据模型试验成果，双排机运行时，上、下两层尾水管的压力脉动都有增加的趋势，但增值在1%左右；无论是单机运行还是双排机运行，后排机尾水管的压力脉动频率都明显高于前排机，不存在振动加剧和产生共振的问题。机组制作加工和安装质量应予保证，托尔托古尔水电站机组运行时，硬币能竖立在机架上而安然不动，振动极轻微，噪音很小。

（三）主厂房的起吊设备

根据设备的吊重要求，主厂房需要安装两台350 t的桥式吊车。双排机厂房的上部一般都采用双跨结构，为满足机组安装及扩大性大修的需要，存在桥吊移跨措施和附加设备问题，经研究、移跨措施采用俄方建议的活动台车。

（四）机电布置要求和水工结构措施

从独联体已建成的两座水电站和李家峡双排机厂房布置的数次讨论研究情况看，机电布置的设计原则是在满足运行要求的前提下，因地制宜，能集中则集中，不能集中则分散，与常规电站厂房的布置相比，并没有什么特殊的要求。但是双排机厂房为双层双跨的水工结构，机组主要部件之间，如高压钢管之间及其与蜗壳之间，上、下层尾水管之间的结构最小厚度反而比常规厂房的通用距离小；厂房混凝土的分层、分块，根据布置的实际情况而定，以利于解决布置需要，缩小厂房尺寸，减少工程量。

（西北勘测设计研究院　林景铭）

二滩水电站与国外技术合作

二滩水电站是一座以发电为主的综合利用水力枢纽，装机容量为330万kW。电站由国家和四川省合资建设，部分利用世界银行贷款，采用国际竞争性招标、投标方式组织施工。二滩工程从招标文件和设计图纸的编制到施工现场的项目管理均严格按照国际招标的惯例和合同文件的要求进行，并广泛地开展与国外的技术合作，合作的形式主要是采用技术咨询，有以下三种不同方式：

1. 特别咨询组　二滩特别咨询组由国际上知名的水电专家组成，专家组成员有国际大坝会议名誉主席隆德(Pierre Londe)、第15和16届国际大坝会议主席隆巴迪 (Giovanni Lombardi) 和沃尔契普 (Jan A. Veltrop)、中国原水电部副部长李鹗鼎和中国科学院院士电力部总工程师潘家铮等人。特别咨询组均采用短期咨询方式，在工程设计和施工的各个关键时段或当出现重大技术问题时，对项目进行高层次的技术咨询。根据每次咨询的不同内容其专家人选均作适当的调整。

自1986年至1994年已举行8次咨询活动，在前期阶段的咨询内容主要是针对初步设计方案优化、大坝工程和地下厂房工程国际招标文件的最终复核，以及评标和决标提出咨询意见，为缩短工期、降低造价取得了较显著的经济效益。自1991年9月主体工程正式开工后，又分别就二滩项目的国际合同现场管理、截流和导流洞施工、高边坡稳定和工程处理措施、坝基开挖和地下厂房支护，以及工程监理和如何保证工程施工质量等方面进行咨询。

2. 施工现场咨询组　二滩主体工程正式开工后，由美国哈札公司和挪威顾问集团派出专家组成的咨询组长驻现场与中方工程设计、监理工程师和项目业主共同工作。现场咨询组包括设计、合同管理、索赔处理、地质、勘测、施工进度和计算机网络管理等专家。他们对设计图纸是否符合国际惯例和合同文件的要求，根据现场实际情况和经验提出设计变更或优化的建议；从合同管理出发对承包商提交的文件进行评论和提出处理意见；对承包商提出的索赔报告进行分析，并提出咨询意见；对工程的进度控制提出建议；此外还帮助业主编制向世界银行及有关部门提交的各种报告。

3. 专题咨询　1988年至1989年美国哈札公司和挪威顾问集团的专家来华，与成都勘测设计院的工程技术人员一起办公，对二滩水电站大坝工程和地下厂房工程的招标文件编制进行咨询。在咨询专家的指导和帮助下编制出的标书被世界银行列为东南亚地区招标文件的范本，成都勘测设计院由此获得了世界银行贷款项目的咨询资格。

1992年至1993年美国哈札公司对二滩水电站水轮机、调速器及附属设备，发电机、励磁机及附属设备，计算机监控系统3组机电设备国际招标文件的编制进行技术咨询。编制出的标书受到世界银行特别咨询组（机电）专家的高度评价，认为是他们看过的最好标书，水轮发电机组的招标获得圆满的成功。

此外还成立了由挪威、美国和四川省国土移民管理机构教授、专家组成的二滩水电站环境保护特别咨询小组，对二滩库区移民和环保工作进行不定期的检查和咨询。该咨询小组的活动有利于世界银行对二滩环保和移民安置的了解，并更好地促进二滩移民和环保工作的顺利进展。

（成都勘测设计研究院　张超然）

龙滩水电站国际招标技术合作

龙滩水电站位于红水河上游，广西天峨县境内，是红水河梯级开发中的关键工程。该电站以发电为主，兼有防洪和航运效益。电站主体建筑物包括一座高192 m的碾压混凝土重力坝，装机540万kW（9×60万kW）的左岸地下厂房和右岩500 t级垂直升船机。

龙滩水电站将由国家开发银行、广西、贵州和广东合资兴建，工程外资部分拟使用世界银行贷款13亿美元，以弥补国内资金短缺并引进国外先进技术。

(1) 1990年12月，能源部国际合作司与加拿大CIPM扬子联合企业在北京签署了龙滩水电站补充咨询协议，直至1992年协议才结束。协议执行期间，加方审查了工程设计，对工程主体建筑基础进行了评价，在坝后地面厂房和右岸地下厂房方案的基础上提出了9台机全地下方案；讨论了地下洞室轴向选择；采用有限元法对厂房、岔管和高边坡做了模拟研究，对左岸蠕变岩体的稳定性进行评价并拟定处理方案；研究了二期加高方案以及施工规划和施工进度。此外，加方还对工程移民规划和环境影响进行了评价，并按世界银行要求提出了下一步工作建议。

(2) 1992年，财政部批准龙滩工程技术合作信贷558万美元，作为世界银行特咨团活动费用和前期咨询服务费用。特咨团于1993年5月12～21日在华开展了第一次咨询活动，肯定了中南勘测设计研究院的枢纽总体布置方案，并对龙滩工程施工导流、大坝上游防渗、断面设计参数、左岸蠕变体处理、输水发电系统布置、工程分标、施工进度、施工方法等提出了许多宝贵的咨询意见。1994年4月和6月，水库环评特咨团听取了中南勘测设计研究院关于水库移民和环境评价的介绍，考察了龙滩库区，并提出了水库移民和环境评价方面应当注意的问题和建议。

(3) 龙滩工程国际咨询公司选聘工作始于1993年6月，有5家咨询公司被邀请提交咨询建议书，最后收到4份建议书。通过评选和谈判，并经国家主管部门和世界银行批准，龙滩工程业主单位中国南方电力联营公司于1994年3月在广州与加拿大CCEPC－RSW公司签定了“大坝厂房咨询服务合同”，合同期限从1994年至1996年，合同金额约156万美元。咨询服务范围主要包括：①审查RCC坝的布置和结构设计，包括RCC配比、层间结合强度、上游防渗面层措施和高温雨季条件下RCC施工技术和质量控制等；②审查施工规划和进度，研究RCC坝的施工规划和进度，以便缩短大坝建设工期；③协助编写RCC坝土建工程国际招标资格预审文件和资格评审报告；④协助编写RCC坝土建工程国际招标文件；⑤编制承包商式概算，确定工程费用构成；⑥大坝标评标；⑦审查地下厂房系统的总体布置，包括机电设备布置；⑧优化地下厂房高度和跨度；⑨研究地下洞室围岩的稳定性，提出喷锚支护系统设计及主厂房内岩壁吊车梁设计；⑩优化地下厂房通风系统设计；⑪优化地下厂房系统施工规划和施工进度；⑫审查左坝肩蠕变岩体处理措施和施工规划。

同时，南方电力联营公司还与美国HARZR公司签定了“机电设备和工程投资估算咨询服务合同”，合同期限从1994年至1998年，合同金额约58万美元。咨询服务范围主要包括：①审查水轮发电机组主要参数；②审查水轮发电机组主要结构及材质，包括推力轴承位置；③协助编写水轮机和发电机采购国际招标文件；④协助编写500 kVGIS，500 kV干式电力电缆和主变采购国际招标文件；⑤协助编写计算机监控系统采购国际招标文件；⑥机电设备布置咨询。

龙滩工程已具备预备开工项目资格，可望在“九五”计划末期动工兴建。

(中南勘测设计研究院 陶碧华)

引进水电设备与技术

中国水利电力对外公司1992年及1993年新签合同额共计6.8亿美元，其中水力发电项目合同额逾4亿美元。1000万美元以上的项目有：①西藏羊卓雍湖抽水蓄能电站引进4×2.25万kW抽水蓄能机组。由奥地利伊林公司和福伊特公司供货。1992年5月4日签约，合同额3696万美元。第一台机组预计1996年投产。②天生桥一级水电站利用日本海外协力基金贷款，从日本、美国、德国、瑞典、芬兰等国家引进施工机械及材料。合同总额1751万美元。③五强溪水电站引进3×24万kW发电机组。利用日本海外协力基金贷款，由德国福伊特公司及中国哈尔滨电机厂供货。1991年底签订合同，合同额约2亿美元。第一台机组将于1994年年底投产。④天荒坪抽水蓄能电站引进6×30万kW抽水蓄能机组，包括水泵/水轮机、发电/电动机及控制保护等成套设备。利用世界银行贷款，由挪威、加拿大、奥地利厂商供货。1993年10月15日签定合同。合同额1.58亿美元。⑤天生桥一级水电站咨询项目。主要内容为对天生桥一级电站的大坝、厂房、机电设备的施工及设计、设备采购进行咨询。利用日本海外协力基金贷款。项目咨询为日本电源开发公司及工营公司。1993年5月4日签约，合同额为1210万美元。

1992年已投产的项目有：潘家口抽水蓄能3×9万kW电站机组、鲁布革水电站机组等。

(中国水利电力对外公司 王移风)

对外经济援助与国际承包劳务

对外经济援助

1992年至1993年，中国水利电力对外公司承建的经济援助项目分布在4个国家，分为工程建设及技术合作两类，①工程建设有喀麦隆拉格都水电站溢洪道、泄洪洞出口两岸二期保护工程，1990年11月20日正式开工，1992年7月5日竣工、11月17日移交该国政府。②技术合作有刚果布昂扎水电站、喀麦隆拉格都水电站、塞拉利昂哥马水电站运行、几内亚金康水电站监护运行，尚在执行当中。

（中国水利电力对外公司　王移风）

国际承包劳务

1992年及1993年，中国水利电力对外公司新签国际承包劳务合同24个，合同总金额1.1亿美元；完成营业额1.2亿美元；竣工项目22个；在建项目32个。其中较大的水力发电项目有伯利兹水电站工程，位于中美洲伯利兹共和国境内，为交钥匙项目，包括设计、土建、供货、安装、调试等。土建方面主要工程内容为：一座长157 m、高25 m混凝土重力坝，一条长4700 m、直径4.66 m引水隧洞，调压井，压力管道，厂房，尾水渠等。水利电力对外公司总承包并以自营方式实施。聘请长江水利委员会设计；聘请水电第九、第十四工程局及安徽省水利厅水利水电建筑安装公司、湖北省水利厅等进行土建施工；由中国机械设备进出口总公司负责分包供货及安装、调试等工作。工期27个月。合同金额3000万美元。截止1993年底，该项目施工设计已全部完成，土方开挖完成92%；隧洞开挖长度完成70%；混凝土浇筑完成30%；完成营业额1838万美无，占合同额的61.3%。

（中国水利电力对外公司　王移风）

水电企事业单位

21

水电工程建设单位

中国长江三峡工程开发总公司

中国长江三峡工程开发总公司(以下简称三峡总公司)成立于1993年9月27日，是为开发长江水利资源，兴建三峡工程，由国务院批准成立的。

三峡总公司是独立核算、自负盈亏、实行计划单列、具有法人地位的国有企业，是三峡工程的业主。全面负责三峡工程资金筹集、工程建设和投产后的经营管理，还将从事和参与长江流域水力资源开发，开展水利水电科学研究和技术咨询及其它多种经营活动。

三峡总公司实行国务院领导下的总经理负责制。其组织机构设置分决策层、管理层、实施层三个层次，分别定编、定员、定职责。总公司设总经理1人，副总经理5人，组成最高决策层。设总工程师、总经济师、总会计师各一人，在分管专业工作范围内参与决策。设高层次技术委员会，在总经理领导下，负责重大工程技术问题的研究和咨询。总公司下设机关职能机构和工程项目管理机构，成立了物资、设备、财务等专业公司和实业、利能、利源、江峡等经营公司，葛洲坝水电厂是总公司的组成部分。机关职能机构设办公室、工程技术部、工程建设部、计划合同部、国际合作部等10个部门。工程建设部为工程项目管理机构。此外，还在北京设立了代表处，在上海、武汉、重庆、广州等地设立了办事处。公司还创办了全国统一发行的机关报刊《中国三峡工程报》和《中国三峡建设》杂志。

三峡总公司现有职工507人(包括各独立公司112人和驻外机构41人)。各类专业技术和管理干部460人，其中享受政府特殊津贴的7人，具有高级专业技术职称的108人，具有中级专业技术职称的191人。

三峡水利枢纽位于长江西陵峡中段，坝址在湖北宜昌三斗坪。三峡水利枢纽是具有防洪、发电、航运、供水等巨大综合利用效益的特大型工程，将采用“一级开发，一次建成，分期蓄水，连续移民”的方案实施。

拦河大坝为混凝土重力坝，坝顶高程185 m，坝顶全长1983 m，溢流坝段居中，两侧为非溢流坝段。正常蓄水位高程175 m，总库容393亿m^3，其中防洪库容221.5亿m^3，能有效地拦截宜昌以上来的洪水，使荆江地区的防洪标准由目前的10年一遇提高到100年一遇，保障荆江河段的安全，并增加武汉市防洪调度的灵活性。电站系坝后式厂房分置溢洪坝段两侧坝后。左侧厂房安装14台机组，右侧厂房安装12台机组，单机容量均为70万kW。电站共装26台机，总装机容量1820万kW，年发电847亿kW·h，主要供电华中、华东，部分送川东。

通航建筑物设于左岸。永久通航建筑物为双线5级船闸及单级一垂直升船机。施工期另设单线一级临时船闸配合导流明渠满足施工期通航要求。通航建筑物年单向通过能力5000万t。工程分三期施工，主体工程施工总工期17年，正式开工后第11年永久通航建筑物启用，第一批机组发电。三峡工程的枢纽工程静态总投资按1993年的价格水平计算，为500.9亿元，不包括水库移民和输变电工程。

1994年是三峡工程全面开展施工准备和迎接主体工程正式开工的一年，是形成大开挖高峰的第一年。截至6月25日，上半年共完成土石方开挖1572.56万m^3、土石方填筑740.48万m^3、混凝土浇筑13.85万m^3、砌石8.75万m^3。上半年资金到位22.5亿元，占年资金计划的45%。到6月底征地5048亩，为年计划15930亩的31.7%。移民搬迁到6月底止有3411人，为年计划的35%。

到1994年6月底，工程的形象进度为：一期围堰全线填筑到设计高程，具备防御20年一遇洪水的能力。茅坪泄水建筑物于1994年4月17日完成隧洞开挖，目前左半侧底板衬砌混凝土已全部浇完。左岸永久船闸、临时船闸和升船机、1～6号机组厂坝段于4月中下旬相继开工后，形成了开挖的局面。至6月底，三个标段共完成土石方开挖达到690.45万m^3(包括6条施工干道在内)。开挖月强度达到240万m^3。对外交通专用公路线1994年一季度全面开工。西陵长江大桥左岸主塔钻孔桩已经完成，正在进行承台施工、场地平整、水运交通、场内交通、供电、供水、通信、生活办公及仓储房建和砂石系统等准备工程大部分项目基本按年度计划施工。

总经理陆佑楣，副总经理李永安、袁国林、贺恭、王家柱、秦中一，总工程师哈秋舲，副总经济师王梅地，副总会计师刘匡华

通讯地址：湖北省宜昌市东山大道80号；邮编：443002；电话：(0717)444572。

（中国长江三峡工程开发总公司　新　宣）

黄河上游水电工程建设局

1987年7月，根据原水利电力部(1987)水电劳字41号文批复，黄河上游水电工程建设局正式成立。其前身是李家峡工程建设局筹建处，成立于1986年5月。该局为地师级建制，企业性质，批准编制150人，现有正式职工100人。其中具有高级专业技术职称的14人，中级专业技术职称的35人，初级专业技术职称的34人。

该局是受业主（西北电业管理局）的委托，代表业主直接负责管理黄河上游在建水电工程的建设事宜。主要职能是：贯彻国家计委、电力工业部及有关省关于黄河上游建设的指示、协议；主持工程招标、议标工作并签发承包合同；进行工程建设监理；协调各参建单位之间以及同地方之间的关系，做好服务；工程施工期间主要是抓工程形象、进度、质量监督及投资控制。

该局目前负责建设的李家峡水电站，是黄河上游龙羊峡至青铜峡河段原规划开发的第3个梯级电站。电站位于青海省境内尖扎县和化隆县交界处。电站以发电为主，兼有防洪和灌溉作用。电站装机200万kW，保证出力58.1万kW，多年平均发电量59亿kW·h。电站近期将向西北电网供电，并规划向其他地区送电调峰，发挥调节补偿作用。电站建成后，每年可向国家提供利税2.5亿元，节约原煤305万t，灌溉农田10万亩。电站拦河大坝为三圆心双曲线混凝土拱坝。最大坝高165 m，坝顶高程2185 m。电站将安装5台单机容量为40万kW水轮发电机组，采用“前三后二”双排布置方案。一期工程安装4台机组，二期安装1台机组。水库总容量16.5亿m^3。

电站主要工程量包括：主体工程土石方开挖400万m^3（其中石方洞挖64万m^3）；混凝土浇筑268万m^3；钢筋制作安装7.3万t；帷幕灌浆8.42万m，固结灌浆15.2万m。

李家峡工程1992年审定修改概算一期工程静态投资为31.9003亿元，动态投资为50.5982亿元；单位千瓦造价静态1994元，动态3162元。根据国家与陕甘宁青4省(区)集资建设的协议，总投资的80%来源于国家，20%由4省(区)集资。

李家峡水电站1987年7月经国家计划委员会批准兴建，1991年列为国家重点工程。已于1991年10月按期截流，于1993年4月开始浇筑大坝混凝土，7月开始浇筑厂房混凝土。发电机组由中国东方电机厂中标。计划1996年第一台机组发电，1999年全部竣工。

李家峡电站建设引入竞争机制，所有工程项目全部实行招标议标，择优选择施工队伍。开工以来，先后进行了导流洞工程、砂石料混凝土生产系统、坝肩劈坡及基础开挖工程、电站枢纽工程、水轮发电机组设备制造等5个单项工程招标工作。截至1993年底，共签订各类合同407个。在工程建设过程中，依据承包合同，对工程建设实行全过程监理，主要是控制监督工程质量，控制工程进度，控制投资。根据工程规模、类别与不同的技术要求，采用了建设单位监理、联合监理和委托监理等形式进行监理。

局长杨建华；党委书记李培祥；副局长(代总工)徐尚阁、康凡；副总工程师刘兴安、朱尚富、岳英；副总会计师王玉清；副总经济师李中凡。

通讯地址：青海省西宁市五四西路43号；邮编：810008；电话：6146538。

（黄河上游水电工程建设局　牛淑敏）

二滩水电开发公司

二滩水电站位于雅砻江下游，距攀枝花市46 km，是雅砻江上梯级水电站之一，是以发电为主的水电枢纽工程。大坝为混凝土抛物线双曲拱坝，最大坝高240 m，坝顶长775 m，坝顶高程1205 m。地下厂房，安装6台55万kW机组，总容量330万kW，年发电量170亿kW·h。

1987年7月经国务院批准，同意将二滩水电站列入“七五”计划。由水电部和四川省合资兴建，并决定组建二滩水电站开发公司，实行计划单列，1987年列为预备项目。二滩水电开发公司为业主单位。其职责为：①负责建设期内外资金的筹措；②负责电站建设，要在规定的工期内，按批准的概算及合同所规定的技术质量标准建成电站，即要作好项目的进度控制、投资控制、质量控制等方面的工作；③负责电站运行；④负责偿还贷款本息，并以此为基点继续开发雅砻江的其他梯级；⑤在国家宏观计划指导下，与有关设计院一起做好备选项目的前期工作，以便项目的

衔接。同时组建二滩水电工程公司，负责工程监理工作。二滩水电开发公司与二滩水电工程公司签订工程师有关职责权力的合同，赋于二滩水电工程公司全权处理业主与承包商的合同事宜，包括进度控制、投资控制、质量控制以及大量的现场协调工作，监督设计院按合同要求的进度供应图纸。

由于二滩水电工程利用世界银行贷款，并且工程技术复杂，按照国际惯例及世界银行的要求，还建立了下列组织协助开发公司和工程公司的工作。①二滩水电工程公司咨询专家组，由美国哈扎公司及挪威顾问集团组成，分别由地质、开挖、坝工、设计、合同、进度、计算机及索赔方面的专家担任工作。②特别咨询团（SBC），由国内第一流的水电工程的学科带头人和国外一流的专家组成，共7人，中国专家5人，国外专家2人，由李鹗鼎担任特别咨询团主席。③纠纷仲裁组（D.R.B），由英国土木工程师协会、瑞典国际商会的代表组成，另设一位主席，共3人。其任务是当业主或承包商在索赔上对于工程师的裁决不满意、形成合同纠纷时，在法院仲裁以前，由D.R.B进行调解。④环保移民小组，由四川省环保移民负责人与世界银行推荐的专家组成，共3人，在整个工程实施期对环保及移民作出评价及建议。

二滩水电工程，经过国际招标竞争，土建工程由两个二滩联营体分别获得拱坝及地下厂房两个合同。①拱坝合同二滩联营体（EJV）由意大利英波吉洛（责任公司）、意大利托诺、法国杜美思、法国大马塞、中国水电第八工程局5家公司组成。②地下厂房合同中德二滩联营体（SGEJV）由德国霍尔兹曼（责任公司）、德国霍克梯夫、中国葛洲坝工程局3家公司组成。

二滩水电工程于1987～1991年7月进行前期准备工作，1991年9月14日正式开工，1993年11月24日实行工程截流。目前正进行主体工程施工。计划1997年11月封堵导流洞，1998年5月大坝临时底孔下闸，同年6月第一台机组试运行，10月实行商业化运行，1999年7月土建工程全部竣工，2000年6月全部工程竣工。

二滩水电开发公司总经理孙中弼；副经理刘孝璞；总经济师金洪生；总会计师春廷彦。

二滩水电工程公司总经理林椿；工程师代表王音辉；高级副代表樊增祥。

通讯地址：四川省攀枝花市；邮编：617000；电话：(0812)22456；电挂：2717；电传：611523；传真：(0812)25966。

（二滩水电开发公司办公室）

小浪底水利枢纽建设管理局

小浪底水利枢纽建设管理局，又称黄河水利水电开发总公司，组建于1991年9月，负责小浪底水利枢纽工程的建设工作，为其业主单位。该局现有职工446人，其中专业技术干部307人（教授级高工8人、高级职称58人、中级职称110人）。

小浪底水利枢纽位于黄河中游最后一段峡谷的出口，处于承上启下，控制黄河水沙的关键部位，是治理开发黄河总体布局中具有战略地位的大型综合水利工程。工程主要由一座壤土斜心墙堆石坝和北岸担负泄洪、排沙、发电任务的洞群系统（包括3条明流泄洪洞、3条孔板式消能泄洪洞，3条排沙排污洞，6条引水发电洞和1座地下厂房）两部分组成。拦河坝最大坝高154 m，最大泄流能力17315 m^3/s，水电站装机容量6×30万kW，年发电量51亿kW·h。主体工程量为：土石方开挖3249万m^3、土石方填筑5039万m^3，混凝土和钢筋混凝土300万m^3。主体工程施工总工期8年，工程总造价经世界银行评估，静态投资159.60亿元，动态投资202.47亿元。工程建成后将发挥防洪、防凌、减淤、供水、灌溉及发电等多种效益。

小浪底水利枢纽前期工程于1991年9月1日开始。3年多来，工程在南北34 km，东西17 km的施工区内形成了有22支施工队伍，1万余名施工人员和1200多台套施工机械的宏大施工场面。到1994年4月前期准备工程已完成，并通过水利部验收。主要形象进度为：10条近60 km的场内外公路已投入使用；全长508 m的黄河公路大桥已通车；专供工程使用的留庄铁路转运站可以转运货物；从华中大电网输入的两条110 kV输电线路及5座35 kV变电站已投入运行；担负生产、生活用水的洞群供水系统和蓼坞供水系统已投入运行；承包商营地及业主营地等已大部分建成，为主体工程开工创造了条件。

小浪底水利枢纽部分利用世界银行贷款，按照规定程序和国际惯例，采用国际招标方式进行工程建设。通过资格审查的10个国际联营体的34家成员公司参加投标，整个招投标工作于1994年6月完成。以意大利英波吉罗为责任公司的黄河联营体，以德国旭普林为责任公司的中德意联营体和以法国杜美思为责任公司的小浪底联营体中标，分别承担大坝标、泄洪工程标和引水发电土建标的建设。1994年7月16日，小浪底工程土建标签字仪式在北京钓鱼台国宾馆举行，邹家华副总理出席签字仪式。1994年9月12日，小浪底主体工程开工典礼在工地举行，李鹏总理出席开工典礼并宣布开工令。工程计划1997年截流。

局长、党委书记綦连安(兼);常务副局长孙景林;副局长王咸儒;党委副书记胡伯瑞;总经济师何有源;总监理工程师李武伦。

通讯地址:河南省济源市小浪底水利枢纽建设管理局;邮编:454681;电话:605221,605222。

(小浪底水利枢纽建设管理局 张新民)

湖北省清江水电开发总公司

湖北省清江水电开发总公司是经湖北省人民政府批准。于1987年1月正式成立，负责清江水电工程梯级开发的流域管理机构。它的任务是：首先建设隔河岩水电站，电站竣工后，负责电站的经营管理，依靠隔河岩水电站的经营收入，逐步开发梯级水电工程和各种资源。总公司领导的二级企业现有高坝洲工程建设公司、隔河岩水力发电厂、水布垭工程筹建处、水库调度中心、房地产开发公司、物资公司、清江旅游公司等经营公司及管理武汉、宜昌两个基地的大型水电企业，现有职工1044人，具有高级技术专业职称的47人，中级技术专业职称的196人。

清江隔河岩水电站是总公司首先组织建设的第一个大型水电工程。电站位于湖北省长阳县，由国家和湖北省合资建设。

电站装机容量4台30万kW水轮发电机组，年发电量30.4亿kW·h，保证出力18.7万kW，船闸规模为300t级船队年通过能力300万t，水库容量34亿m^3。概算总投资35.83亿元，主体工程开挖土石方588万m^3、浇筑混凝土354万m^3、土石方填筑111万m^3。

隔河岩工程采用的国内外水电新技术项目有：①挡水大坝采用上重下拱式的重力拱坝坝型；②消能防冲采用宽尾墩，表孔、底孔双层射流入池的消能防冲方式；③电站引水隧洞内径9.5m，最大内水压力100m水头，采用预应力钢筋混凝土衬砌，系国内首次应用；④30万kW发电机转子圆盘支架焊接新工艺技术；⑤压力钢管斜直段钢管采用单节下滑方式。

关键技术难题有：①隔河区帷幕灌浆22万m，最大孔深140m，在国内石灰岩岩溶区帷幕灌浆处理规模最大、孔深最深；②厂房引水洞出口高边坡，永久最大坡高110～170m，施工期最大坡高155～222m，边坡岩体上部为石灰岩，下部为软弱页岩，硬岩与软岩间夹有软弱夹层，形成上硬下软复合型高边坡；③两级垂直升船机，通货能力300t级，最大提升重量1500t，最大升程82m，两级升程共124m，为三峡工程升船机中间试验工程；④压力钢管作为明管，内直径8m，壁厚36～54mm，PD值为1.4×10^5 N/cm，国内最大。

隔河岩电站1号、2号机组提前半年分别于1993年6月、12月投产，3号、4号机组分别于1994年6月、11月投产，比计划提前一年基本建成(除通航建筑物外)，已全面发挥发电效益。

清江水电开发总公司总经理汪定国；副总经理郭际康、柳太康、李义昌、李焰云、廉乃聚，党委副书记陈德政；总工程师余建中；总经济师程炎林。

通讯地址：湖北省宜昌市樵湖二路9号；邮编：443002；电话：(0717)444151；传真：(0717)447775；电挂：3237。

(湖北省清江水电开发总公司 林 森)

贵州乌江水电开发公司

贵州乌江水电开发公司，成立于1990年4月，是我国第一个经国务院同意，由能源部和国家计划委员会批准，按流域组建的水电开发公司。该公司受贵州省人民政府和电力部双重领导。主要任务是开发贵州省境内乌江河段水力发电资源，并兴办与水电开发有关的横向经济联合企业。

该公司由中央和地方合资经营，国家将乌江渡发电厂(装机63万kW)和在建的东风水电站(装机51万kW)划归该公司经营管理。公司对规划中的9个电站，进行滚动开发。预计在25年的时间内建成总装机容量达639.5万kW的乌江水电能源基地。

该公司拥有中国大陆在岩溶地区建成的第一高坝(乌江渡大坝高165m)，并即将建成技术上更先进的一座薄拱坝(东风大坝高168m)，和一座面板堆石坝(洪家渡大坝高182.3m)，它们都是当代坝工先进技术的结晶。洪家渡电站(装机容量54万kW)已开始三通一平准备工作，电站即将开工；构皮滩(装机容量200万kW)、思林电站(装机容量84万kW)正在抓紧进行初步设计。洪家渡、构皮滩电站国家同意引进部分外资。

该公司现设6部2室，即计划部、财务部、工程部、机电部、发电部、人劳部、基建办公室、公司办公室，共有员工59人，其中有高级职称的17人，中级职称的15人，享受国家特殊津贴的5人。公司聚集了省内外一批长期从事水电工作的工程技术人员、管理人员和专家。公司章程规定：理事会是公司最高决策权力机构。理事会由7名理事组成，省政府领导任理事长，原能源部及原国家能源投资公司各派一名副理事长，乌江公司总经理任副理事长；其余理事由贵州省政府、原能源部、原能源投资公司各委派一人担任。

该公司对所辖电厂的生产、经营实行统一管理，对新建项目的资金筹集、工程建设、发电经营实行全面管理，独立核算。公司保证合资各方按合同拥有产权以及分电分利。公司所辖电厂与电网是售电和转售电的关系，按经济合同和调度协议统一调度。

理事长刘玉林；副理事长郑企仁、张全；总经理张家琦；副总经理黄坤、丁贵林。

通讯地址：贵州省贵阳市解放路32号电力大楼4楼；邮编：550002；电话：(0851)5823461、5821282—3409；传真：(0851)5821822。

（贵州乌江水电开发公司　蒲正中）

北京水电开发公司

华北电力集团公司北京水电开发公司是在1994年2月26日根据华北电集劳(1994)27号文成立的，它的前身是华北电力集团公司十三陵抽水蓄能电站工程筹建处。该公司下设经理工作处、技术工程处、计划处、物资处、财务处、外事处、人事劳资处、公安处和十三陵抽水蓄能电厂、监理公司、旅游公司等部门。

该公司主要任务是承担华北地区的水电站、抽水蓄能电站的建设及运行管理，目前主要负责十三陵抽水蓄能电站工程的建设及十三陵抽水蓄能电厂筹备工作。

十三陵抽水蓄能电站是国家和北京市“八五”期间的重点工程。电站装机容量为80万kW，安装4台单机容量为20万kW的单级混流可逆式水泵水轮机，年发电量12亿kW·h。电站建成后联入京津唐电网，主要任务是为北京地区提供可靠调峰和紧急事故备用电源，兼有填谷、调频、调相等功能，对确保首都电网的供电质量，保证电网安全稳定运行将起重要作用。该电站于1989年开始进行前期准备工作，到1994年6月，土建工程已近尾声，机组安装工作已经开始。该电站由北京市政府、原国家能源投资公司共同投资建设，并利用日本海外协力事业团提供130亿日元贷款。电站机组设备由美国伏依特公司提供，计划第一台机组于1995年12月发电，1996年4台机全部建成。

经理刘坚。

通讯地址：北京昌平水关新村；邮编：102200；电话：(010)9746982；传真：9741928；电挂：1738。

（北京水电开发公司经理工作处）

湖南五强溪水电工程建设公司

湖南五强溪水电工程建设公司(以下简称公司)于1987年2月经原水利电力部正式批准成立。公司隶属湖南省电力工业局(以下简称业主)领导，总部设在长沙市。公司受业主的委托，组织五强溪水电站工程全部建设工作，行使建设单位职责。公司现有正式职工128人，其中专业技术人员78人，高级职称16人，具体组织工程建设和进行合同管理。

五强溪水电站位于湖南省沅水下游沅陵县境内，是一个以发电为主兼有防洪、航运等综合效益的工程。电站由拦河坝、厂房和船闸三大部分组成。水库总库容42亿m^3，有效库容20.2亿m^3，防洪库容13.6亿m^3，使下游防洪标准由5年一遇提高到20年一遇，保护下游耕地190万亩，改善航道220 km。电站装机120万kW(5×24万kW)，年发电量53.7亿kW·h。永久通航建筑物为三级船闸，最大过闸船队为2×500 t，年运货量250万t，木材运量45万m^3。

1991年11月下旬实现大江截流后，五强溪工程进入全面施工的新阶段。1992年完成投资6.98亿元，完成土石方开挖80.01万m^3，土石方填筑12.91万m^3，混凝土浇筑88.4万m^3。1993年完成投资12.3亿元，完成土石方开挖75.06万m^3，土石方填筑25.2万m^3，混凝土浇筑117万m^3。已于1994年10月初下闸蓄水，12月25日首台机组投产，船闸同步运行。

为了适应工程建设发展需要，公司在体制改革和管理工作上进一步加强，主要有如下几点：①首先是加强对工程建设的责任感。1991年以来，公司和省政府、公司与各施工单位层层签订重点建设项目责任书，对主要工程形象进度、质量、安全生产及投资等进行项目管理，做到责任分明，奖罚兑现。②每年召开一次由部、省领导组成联合领导小组的会议，协调中央与地方、公司与地方及参建单位之间的关系，统一调度工程建设的财力、物力和人力，行使政府监督职能。③为了加快施工进度，1992年7月，公司采取项目法管理，成立大坝、厂房、船闸、综合4个项目部，加强对工程建设的监督、检查、协调、服务，促进工程建设。④五强溪工程建设采用工程监理制的管理方式。从1989年至1992年先后招聘3个工程监理单位，分别按合同项目进行工程施工全过程的监理，施工高峰期有监理人员93人。

建设管理工作中最主要的问题是公司权益未得到落实，公司和业主、业主和原国家能源投资公司没有签订投资包干协议，不能充分地发挥公司管理职能。另外是资金到位不及时。

公司总经理刘运仁；副总经理（兼总工程师）肖竹生；副总经理徐焕尔。

通讯地址：长沙市砂子塘梨子山43栋；邮编：410007；电话：5551089；电挂：6902。

（湖南五强溪水电工程建设公司　曹文贵）

广东抽水蓄能电站联营公司

为保证广东大亚湾核电站安全运行和解决广东电网的填谷调峰需要，1988年1月经国家批准修建广州抽水蓄能电站（以下简称广蓄电站）。电站由广东省电力集团公司、原国家能源投资公司，广东核电投资有限公司三家集资兴建，主机设备利用法国政府混合贷款引进。1988年3月经广东省政府批准成立广东抽水蓄能电站联营公司（以下简称公司）。公司作为业主单位负责筹集广蓄电站建设资金和电站建设管理。电站投产后，公司拥有电站产权，负责电厂经营及偿还集资三家资金本息及外资贷款。

公司实行领导小组领导下的总经理负责制，公司设有总经理1人，副总经理2人。公司一期机构下设计财、工程、设备、综合部，还有派驻现场的工地指挥部。公司一期工程人员定编40人。

由于公司推行业主责任制、建设监理制，施工招标制。大胆采用国内外先进科学技术和科学的管理方法，使得工程提前1年建成，取得了投资省、速度快、质量好的效果。

广蓄电站位于广东省从化县吕田镇境内，距广州直线距离90 km。第一期工程装机容量为120万kW（4×30万kW）。最大水头535 m，电站综合效率0.76。主体工程于1989年5月25日开工，第一台机组于1993年6月29日投产，2、3号机组分别于同年9月、11月相继投产，第4台机组又于1994年3月12日投产。

投产后的广蓄电站，为提高广东电网效益，保证电网质量和安全发挥了积极的作用，截至1994年4月底，电站已累计抽水3.27亿m^3，发电4.03亿kW·h。不但调峰填谷，而且它的快速起动特性多次起到电网事故备用、稳定系统周波与电压等作用，有效地保证了供电负荷与质量，在大亚湾电站调试、运行期间作用更为显著。正常运行年份，可使大亚湾核电站年发电量从100亿kW·h增加到126亿kW·h。

总经理罗绍基。

通讯地址：广州市东风东路757号；邮编：510600；电话：7767888。

（广东抽水蓄能电站联营公司　王上游）

广西岩滩水电站工程建设公司

广西岩滩水电站工程建设公司，是为了适应国家基本建设体制改革的需要，于1986年3月经原水利电力部批准、由原广西电力开发公司改组的国营企业，是独立核算、自负盈亏的经济实体。该公司作为红水河岩滩水电站工程的建设单位，受业主广西电力工业局的委托，在负责工程建设的组织管理的同时，还对设计、施工全过程进行监理，因此，又是岩滩水电站工程的监理单位。

该公司在册94人，其中有专业技术职称的89人，高级工程师22人，工程师31人；高级经济师2人，经济师7人，会计师2人；审计师1人。该公司下设技术处、机电处、经营管理处、物资处、财务处、办公室等6个职能部门。

此外，作为工程建设监理单位，1993年11月25日经国家建设部批准为广西水利水电建设监理（咨询）公司，是甲级资质建设监理单位，经国家建设部正式注册的监理工程师有19人。

该公司的经营业务，以承包大中型水电工程建设为主，兼营大中型水电建设监理及技术咨询。

该公司承建的红水河岩滩水电站坝高110 m，总装机容量121万kW（4×30.25 kW），1985年正式开工。工程采取了招标承包制、建设监理制、利用外资、优化设计、施工进度质量悬挂奖励、提高管理水平、鼓励合理化建议等一系列措施，并采用了大量先进的工程技术和引进了大批先进的施工机具，使工程实现了高速度、高质量、高效益、低消耗，在历经资金不足、机组设备交货延误等一系列外部困难的情况下，仍然取得了提前一年截流和首台机组提前3个季度于1992年9月发电的巨大成果。1993年2号机组仅用67天的时间就完成了安装调试工作，于8月22日投产发电，比合同工期提前7个月，创造了国内大型机组安装速度的先进记录。3号、4号机组计划于1994年投产。1993年，该公司在组织岩滩水电站工程建设的同时，又抽调部分力量、借付了部分资金，积极进行装机容量为9×60万kW的红水河龙滩水电站建设的前期工作，为争取龙滩水电站的早日兴建而努力。

岩滩水电站工程建设公司自成立以来，注重科学进步，积极推广新技术、新工艺，取得了显著的成果，节约了大量的建筑材料和资金，并有6个项目荣获区电力局以上单位颁发的科技进步奖，其中由公司组织进行的“碾压混凝土高强度施工研究”被列为国家“七五”重点攻关项目，并分获原能源部及广西壮族自治区科技进步一等奖，国家科技进步三等奖。公司先后荣获广西壮族自治区“重点工程建设竞赛优胜单位”，原能源部“品种、质量、效益年水电质量管理先进单位”，自治区“重点工程建设先进单位”、电力工业部“1992年电力投产一千二百万千瓦功臣单位”等荣誉称号。

公司经理李锦文(广西电力工业局副局长)；副经理刘建道、戴先俊、孙国森；总工程师吴胜光；副总工程师孙鸿秉、张治文、陈德铿；副总经济师陈裕生。

通讯地址：广西南宁市民主路6号；邮政编码：530023；电话：5865193；电挂：8410；电传：48136 GXEPBCW；传真：5855675。

（广西岩滩水电站工程建设公司办公室）

漫湾水电站工程管理局

漫湾水电站由电力部与云南省合资建设，双方签署合资建设协议，并于1985年7月批准成立漫湾水电站工程管理局(以下简称漫湾管理局)，负责组织漫湾电站建设。

该局受业主——云南省电力局委托，行使建设单位职责，在电站建设中推行投资包干责任制、招标承包制和建设监理制。实行项目管理和自行监理。库区的征地移民由云南省组建的省县两级援漫办公室实行任务和费用双包干。

该局现有职工146人。另外聘请部分具有资质的工程技术人员参加监理工作。

漫湾水电站位于澜沧江中游河段，电站总装机容量为150万kW，分两期建设。初期装机125万kW，年发电量63亿kW·h，后期年发电量77.95亿kW·h。电站采用混凝土重力坝，最大坝高132 m，主体工程和导流工程开挖量227万m^3，混凝土量215万m^3，总库容9.2亿m^3。电站初设概算总投资10.48亿元(1984年静态总投资)，单位千瓦投资696元。1992年，根据上级有关规定，对初设概算按1991年部颁定额进行了修编。电站于1984年10月通过初步设计，1985年经国家批准列入计划，进行施工准备工作，同年9月施工准备工程开工，1987年12月实现大江截流，1989年1月左岸坝肩发生大塌滑，集中治理一年多后工程转入主体施工。1991年，大坝、厂房混凝土进入浇筑高峰，全年完成混凝土74万m^3。

1992年，电站工程建设领导小组第七次会议后，工程全面掀起土建和安装高潮，全年完成混凝土量87.19 m^3。1993年，工作重点转入机电安装，3月27日1号导流洞下闸，5月21日水库正式蓄水，6月30日第1台机组(5号机)正式并网发电，比合理工期提前半年。下半年，在坝顶表孔尚无弧形闸门控制下，采用相应对策和措施，实现安全渡汛。与此同时，不失时机地抓紧6号机组安装，于12月26日实现了第2台机组投产发电的目标。大坝在经受澜沧江有水文记录以来出现的最大洪水考验之后证明，工程质量良好。1994年计划两台机组投产。

根据云南、广东、原能源部、原国家能源投资公司1991年“四方协议”精神，漫湾管理局于1993年承担了澜沧江大朝山水电站的建设管理任务。该电站总装机135万kW，其施工准备工程已于1993年底开始。

局长贺恭(1992年8月调中国长江三峡工程开发总公司)；现主要负责人由云南省电力局长朱志强兼任；副局长游万龙、陈荣华、胡以仁；总工程师张玉生。

通讯地址：昆明市小菜园江岸小区；邮编：650231；电话：5151075；电挂4425。

（漫湾水电站工程管理局　吴家厚　田世祥）

天生桥电站建设管理局

广东、广西、贵州、云南4省(区)和原能源部、原国家能源投资公司为开发红水河、南盘江等西南地区丰富的水能资源，建设相应联营电网，实现西电东送，于1991年7月29日成立中国南方电力联营公司(以下简称南电公司)，负责各联营项目的基本建设和生产经营。南电公司是全民所有制的联合企业，是独立核算、自负盈亏、自主经营，具有法人资格的经济实体。

天生桥电站建设管理局(以下简称建管局)成立于1994年11月24日，其前身为天生桥一级水电站建设管理部，是南电公司派驻的第一个水电开发项目现场的代表机构，具体负责天生桥一级水电站及天生桥二级电站二期的建设管理。建管局现有职工100余人，其中公司所属职工仅30人，其余全系聘用人员。在职工中，具有中级职称以上的技术管理干部30余人。

天生桥一级水电站位于贵州和广西之间的界河南盘江上，是红水河梯级开发的龙头电站，水库总容积102.51亿m^3。枢纽由混凝土面板堆石坝、开敞式溢洪道、放空隧洞、引水隧洞和地面厂房等主要建筑物组成。电站总装机容量120万kW(4×30万kW),年发电量52.26亿kW·h。水库建成后,除电站本身的效益外,尚可提高下游已建3座电站(天生桥二级、岩滩、大化)的保证出力,增加年发电量40.77亿kW·h。

1991年经国务院批准电站动工兴建,计划于1994年11月截流,1998年四季度第一台机投产,2000年竣工。开工以来,主要进行了征地移民、场内外道路、跨江大桥、供电、供水、通讯、砂石料加工系统、混凝土拌和系统、导流隧洞等施工准备工程。与此同时,进行了放空洞、大坝和溢洪道、引水发电系统、永久机电设备和金属结构等主体工程的招标工作。放空隧洞已于1992年开工。

南电公司是在改革开放的新形势下成立的,对天生桥一级水电站的建设要求按新的模式实行管理。电站由广东、广西、贵州三省(区)人民政府和原国家能源投资公司分别按50%、20%、10%、20%的股份比例集资,并部分利用日本海外经济协力基金贷款兴建。除施工准备工程外,一律采取招标承包(大坝和溢洪道工程、部分机电设备和施工设备采购实行国际竞争性招标)的办法管理。电站建设实行监理制。目前,建管局正努力为改革传统的水电建设管理体制不断探索。

局长赵三其;副局长叶彩鹏、李勋烈。

天生桥一级水电站建设管理部通讯地址:广西隆林天生桥镇;邮编:533409;电话:(07867)2504、(0859)23277。

(天生桥电站建设管理局　李勋烈)

四川华能太平驿水电厂建设管理局

四川华能太平驿水电厂建设管理局成立于1990年9月6日,是四川华能太平驿水电站的建设单位,对电站建设的工期、质量和总投资等全面负责,同时还负责水电厂生产运行的前期准备。

该局在董事会的领导下工作,实行局长负责制。工程建设期间,发挥建设管理的主导作用,行使"指导、协调、服务、控制"的管理职能,使施工单位、监理工程师、设计单位和管理局密切配合,在共同努力实现提前发电的大目标下,成为互相支持、协力奋战的"四位一体"。

该局设办公室(党政合署办公)、工程合同处、送变电工程处、设备物资处、财务处、保卫处、征地移民办公室等7个处室,有管理人员58人。

四川华能太平驿水电站由中国华能集团公司、四川阿坝州政府和国家能源投资公司分别以50%、40%和10%的比例合资建设经营,为岷江上游一座隧洞式引水发电站,总装机26万kW,保证出力10.5万kW,设计水头108 m,年平均利用小时6615 h,设计年平均发电量17.2亿kW·h。电站主体包括首部枢纽、引水隧洞、调压系统和厂区枢纽4大部分。主体工程于1991年7月开工,1992年11月8日提前完成截流,施工难度大的长10.5 km、开挖直径10.8 m的引水隧洞于1993年6月13日开挖贯通,只用了18个月。开挖高度80.7 m、直径28.6 m的全地下差动式调压井于1993年7月完成开挖,1994年7月初完成混凝土浇筑,开挖工期只用8个月,混凝土工期只用10个月。地下厂房枢纽工程只用23个月于1993年6月底完成开挖,然后转入混凝土浇筑、机组安装和金属结构安装。电站各项目施工进展比较快,水轮发电机组及金属结构安装的进度也比较好,首台水轮发电机组比国家批准的工期提前5个月,于1994年11月7日发电。

局长马积泉;党委书记王福增;副局长刘进森、段凌剑;总工程师卫之广。

通讯地址:四川省汶川县映秀镇;邮编:623003;电话:(08489)443000、(08489)443001;传真:(08489)443000。

(四川华能太平驿水电厂建设管理局　李明成)

天荒坪抽水蓄能电站工程建设公司

天荒坪抽水蓄能电站工程建设公司于1991年11月21日成立,行政上接受华东电力集团公司领导,具体负责天荒坪抽水蓄能电站工程建设管理。现有职工88人,其中高级职称专业人员19人,中级职称专业人员20人,初级职称专业人员23人。

天荒坪抽水蓄能电站位于浙江省安吉县境内,是我国目前在建容量最大、水头最高的纯抽水蓄能电站。电站总装机容量为180万kW(6×30万kW),年发电量为31.6亿kW·h,年抽水用电量为42.86亿kW·h,可以承担360万kW调峰、填谷任务。最高发电水头为607.5 m,上、下库平均水头为570 m。主要工程量为:土石方开挖642万m^3,其中洞挖77万m^3;土石方填筑559万m^3;混凝土29.8万m^3;沥青混凝土护面28万m^2。投资约70亿元人民币,其中利用世界银行贷款3亿美元。由原国家能源投资公司、上海市、江苏省、浙江省、安徽省、华东电力集团公司集资兴建,由华东勘测设计研究院设计。国家计划委员会于1992年6月下达施工准备计划，1993年11月列入开工项目，计划1997年第一台机组发电，2000年竣工。

工程建设管理采用业主责任制、建设监理制、招投标制。工程主要进展情况：1992年6月前期准备工作正式开始，截止1994年3月底，“三通一平”接近尾声，主体工程土建(国内)3个标(下库区及地下厂房标、上库区开挖填筑标、上游输水系统标)施工单位均进点作开工前准备，其中主厂房开挖已经开工，大溪已截流。上库沥青混凝土防渗护面标计划1994年国际招标，1995年3月进点准备；主机及监检设备采购经国际竞争性招标由挪威KVAERNER、加拿大GE、奥地利ELIN集团中标，1993年10月15日在北京举行了合同签字仪式；机电设备安装标计划1994年招标、1995年5月进点。

总经理尚明华；副总经理钟福庆、王良生、叶绍松；总工程师寻明；总经济师高波。

通讯地址：浙江省安吉县88号信箱；邮编：313302；电话：(0572)541888；传真：(0572)541774。

(天荒坪抽水蓄能电站工程建设公司
寻 明 董 红)

黑龙江省水电建设管理局

为开发黑龙江省水能资源，经黑龙江省电力工业局批准，于1990年10月5日成立了牡丹江流域水电工程筹建处，定员80人。1992年1月29日经原能源部批准成立黑龙江省水电建设管理局。管理局主要任务是对全省水电开发、建设进行管理和领导。该局目前现设8个处室、1个公司，职工109人，其中高级工程师14名、工程师29人、助工32人。该局目前负责筹建的工程有莲花、新鄂两座水电站。

莲花水电站装机容量55万kW，多年平均发电量7.97亿kW·h，水库总库容41.8亿m^3，总投资(1991年价格水平)280648万元，静态总投资181240万元，静态单位千瓦投资3295元/kW。

新鄂水电站装机容量10万kW，多年平均发电量1.838亿kW·h，水库总库容15.89亿m^3，总投资(1991年价格水平)44978万元，静态总投资34203万元，静态单位千瓦投资3420元/kW。

莲花水电站工程于1992年11月13日主体工程正式开工，至1994年4月底，累计完成石方明挖142.77万m^3、石方洞挖21.88万m^3、土方开挖103.25万m^3、坝体填筑石方53.76万m^3，围堰工程达到设计渡汛标准，进展是比较快的。

莲花水电站建设实行业主负责制。以建设单位为核心，形成建设、设计、施工、监理“四位一体”的管理机制，采取承包、奖惩等积极措施，提高工效，争取了时间，争得了效益，资金不到位，借贷保建设。

局长叶明(兼)；副局长鲍元义、于振全；赵良勤、朱纯祥、杨锡有、李敬参。

莲花水电站现场施工领导小组组长于振全，成员朱纯祥、李敬参。

管理局通讯地址：哈尔滨市红军街63号；邮编：150001；电话：(0451)3682246、3684403。

(黑龙江省水电建设管理局 王尊实)

松江河发电厂建设管理处

松江河发电厂建设管理处，由吉林省电力局领导，主要经营松江河梯级电站筹备、建设，兼营建筑。该处原名松江河水电厂筹建处，成立于1990年11月。1992年6月，根据工程建设的需要，更名为建设管理处。该处现有职工60人，专业技术干部35人，其中高级工程师3人，工程师8人，经济师1人。

松江河梯级电站由国家和吉林省联合投资开发，由吉林省电力局组织建设。

松江河梯级水电站位于吉林省东南部山区漫江和松江河两河流域，由小山、双沟、石龙3座水电站与松山引水工程和三道江河引水工程组成。总装机51万kW，年发电量8.369亿kW·h。最高坝高109.7 m，最长隧洞12.59 km，总堆石填量552.49万m^3，设计总投资14.95亿元。电站于1993年11月经国家批准正式开工。设计总工期6年9个月。建成后以发电为主，在东北电力系统中主要承担调峰及事故备用任务，并担负部分基荷。

松江河梯级电站建设，在管理体制上引进了国内外水电建设管理先进经验，着重抓了工程分项招标承包工作，实行了工程监理制，聘请了该工程的设计单位东北勘测设计研究院作为工程监理单位。

从筹建到1994年2月末，已完成投资1.12亿元。交通道路已全部形成，生活区及临时建筑已满足施工要求，小山导流洞开挖已完成五分之三，厂房、调压井、大坝、溢洪道、引水工程等项目已经开挖施工。计划1994年截流，1996年发电。

建设管理处主任柳绍城；副主任吕辅君；总工程师黄树元。

通讯地址：吉林省抚松县抚松镇南新区；邮编：134500；电话：(04459)313982。

(松江河发电厂建设管理处 于春元)

水利水电勘测设计单位

水利水电规划设计总院

水利水电规划设计总院(以下简称总院)是对全国水利水电勘测设计前期工作进行归口管理的事业单位。自1953年燃料工业部成立水电建设总局、水利部成立设计局以来,几经分合下放重建,至1982年成立水利电力部水利水电规划设计院与水利水电建设总局(两块牌子,一个单位),1986年撤销总局成立水利水电规划设计院,1989年改名为能源部水利部水利水电规划设计总院。其主要职责是:①全面负责编制水利水电长远发展规划;②统一部署大中型水利水电项目的勘测设计工作;③组织大中型水利水电项目的设计审查;④归口领导和管理部属勘测设计院;⑤对全国水利水电的前期工作和勘测设计单位实行行业管理。

总院代部直接领导北京勘测设计研究院、成都勘测设计研究院、贵阳勘测设计研究院、昆明勘测设计研究院、华东勘测设计研究院、上海勘测设计研究院、中南勘测设计研究院、西北勘测设计研究院8个部属院(分别简称北京院、成都院、贵阳院、昆明院、华东院、上海院、中南院、西北院)。1993年底,8院共有职工15513人,其中高级工程师3352人。总院对水利部各流域委员会所属设计院和各省(市、自治区)属水利水电勘测设计院共40个单位实行行业管理。

总院下设专家委员会、办公室、综合规划处、规划处、设计处、勘测处、机电处、水利处、定额预算处、水库处、电算处、计划处、财务处、审计处、劳资教育处、外事处、干部处、离退干部处、物资处、科技处、行政处、监察处、基层政治办公室、机关党委办公室、纪检组、工会等处室。水利水电勘测设计协会、《水力发电》杂志社挂靠总院。

自1979年党中央、国务院对工程勘测设计单位做出"要逐步实行企业化"的决定以来,各勘测设计单位全面推行技术经济责任制,贯彻"一业为主,两头延伸,多种经营"方针,推行全面质量管理,院长负责制,实行事业单位企业化管理,调动了广大职工的积极性,取得了显著成效。自国务院发布《全民所有制企业转换经营机制条例》后,为加快改革步伐,转换机制,经电力工业部报人事部、财政部批准,总院8个直属院自1992年起实行上缴利润包干和工效挂钩承包试点,逐步实现勘测设计成果商品化,勘测设计单位企业化。

1993年,成都院、西北院、中南院、华东院、昆明院、北京院、东北院、天津院、黄河水利委员会设计院和长江水利委员会设计局等10个单位被评为1992年中国勘察设计单位综合实力百强勘测设计院。

1992、1993年分别完成水电大中型装机投产容量分别为230.91万kW、342.48万kW;分别完成可行性研究报告6项684.9万kW、10项750.7万kW;分别完成初步设计报告13项650.24万kW、11项542.3万kW。1992、1993年全国水电装机总容量分别为4068.07万kW、4489.25万kW;年发电量分别为1314.66亿kW·h、1516.02亿kW·h。

院长高安泽;副院长高雪涛、杨惠芳、曾肇京、倪启香;总工程师许百立;副总工程师陈清濂、郭诚谦、刘文雪。

1994年8月5日,由电力工业部、水利部宣布,将水利水电规划设计总院分为电力工业部水电水利规划设计总院和水利部水利水电规划设计总院。

1994年11月9日电力工业部宣布成立电力工业部水电水利规划设计总院筹备小组,成员由高安泽、杨惠芳、弓正华、何根寿、刘文雪组成。1995年2月27日水电规办[1995]0001号文通知,启用"电力工业部水电水利规划设计总院"和"电力工业部水电水利规划设计管理局"印章。该院院长高安泽,副院长杨惠芳、弓正华、何根寿,总工程师刘文雪。

1994年12月22日水利部宣布成立水利部水利水电规划设计总院(水利部水利水电规划设计管理局),任命高雪涛为院长,曾肇京为副院长,许百立为副院长兼总工程师。水利部党组任命高雪涛为临时党委书记、王全坤为副书记。

通讯地址:北京市六铺炕一区中街3号;邮编:100011;电话:4011177。

(水利水电规划设计总院 王全坤)

北京勘测设计研究院

北京勘测设计研究院成立于1953年10月,当时隶属于燃料工业部,1958年,水利部与电力工业部合并，两部设计院也合并为水电部北京勘测设计院。1969年，北京勘测设计院撤销，1980年重新恢复建院，1992年改名为北京勘测设计研究院，隶属于电力部、水利部领导。

该院现有职工近千人，其中高级工程师180人、工程师300人、各类技术工人210人，主要承担大、中、小型水利水电工程规划、设计、科学试验、咨询、环境评价、地质勘探、测绘、水文测验、基础处理施工、工业与民用建筑设计、工程总承包及工程监理等专业技术业务。建院40年来，已完成了60余座大中型水利水电工程的勘测设计任务，设计的总装机容量达1300万kW，曾设计了国内在技术上领先的许多水利水电工程：刘家峡水电站是国内第一座高混凝土坝，第一座单机容量30万kW、装机容量超百万千瓦的电站；上犹江水电站是国内第一座坝内式厂房电站；官厅水库是国内第一座大型水库；狮子滩水库拦河坝是国内第一座堆石坝；汾河水库是国内第一次采用水中填土法建坝的工程；珠窝大坝是国内第一座在河床覆盖层上建混凝土坝的工程；岗南水电站是国内第一个安装抽水蓄能机组的工程。同时，还设计了阿尔巴尼亚的毛泽东水电站和菲尔泽水电站、几内亚的金康水电站、尼日尔的特腊水库、尼泊尔的6个小水电站等。

近年来，该院承担的设计工程主要有：安康水电站(80万kW)、大朝山水电站(135万kW)、旬阳水电站(40万kW)、喜河水电站(18万kW)、十三陵抽水蓄能电站(80万kW)、张河湾抽水蓄能电站(100万kW)、西龙池抽水蓄能电站(100万kW)、板桥峪抽水蓄能电站(100万kW)、泰安抽水蓄能电站(80万kW)、呼和浩特抽水蓄能电站(120万kW)等，设计的水利水电工程遍布20个省市自治区。

1987年经国家基本建设委员会批准为甲级勘测设计院。1992年经对外经贸部批准，获对外开展经济技术合作业务经营权，两年来已承担和参加国(境)外招投标工程10余项。1993年，经建设部批准，获工程总承包甲级资格证书。1993年实现总产值3200万元，1994年总产值达5000万元，创历史最高水平。国有资产总值积累达7000万元，人均收入与1984年相比增加近10倍。1993年在全国勘察设计系统综合实力评选中，光荣地进入百强行列。

重视科技进步是北京勘测设计研究院的基本宗旨之一。在设计上继承精益求精的传统，在技术上力求有所创新和突破，并结合变化了的市场机制和地区特点，确定了自已的专业特色，即在专业发展上开拓抽水蓄能电站技术；在设计手段上积极普及计算机的应用和CAD的开发；在勘测手段上向轻型快速方面发展；在地基处理上发展振冲技术加固软基等。从1978年以来，共获国家和部级科技进步奖30余项。

院长程载文；副院长张丕定、诸新德；总工程师刘连希；党委书记陈兴耀；副书记朱世昌。

通讯地址：北京市朝阳区定福庄西街1号；邮编：100024；电话：5765533、5766935；电挂：1091；传真：5761204。

(北京勘测设计研究院　邹立嵩)

天津勘测设计研究院

天津勘测设计研究院(以下简称天津院)是1992年中国勘察设计单位综合实力百强之一。其前身为成立于1954年的水利部北京勘测设计院和1964年成立的水电部海河设计院。“文革”期间，设计单位被下放。1979年水电部将下放人员集中，成立了天津勘测设计院。

该院现有职工1800多人，其中专业技术人员1292人，有高级工程师282人(其中国家设计大师2名，享受教授待遇的38人)、工程师548人、其它专业技术人员461人。

该院下设规划、水工、施工、机电、建筑5个专业设计处和引黄入晋工程设计处以及电子计算机技术应用处、工程监理处、地质勘探总队、航测遥感大队和科学研究所。

挂靠单位有水机磨蚀试验研究中心，隶属单位有天津大坝安全监测研究中心。该院主要技术装备有GPS全球定位系统、陆摄经纬仪、精密水准仪、激光测距仪等40台；大、中、小型各类钻机20台；地震仪6台；测井仪、钻机透视仪、井内流量仪10台；CAD工作站5个；微型计算机123台；微机排版系统1套。科研所拥有3个水工厅、1个水机厅(包括抽水蓄能试验台、立式水泵试验台和浑水水泵试验台)和1个泥沙厅以及结构、材料、环保、岩土等专业试验室10000余m^2。

该院持有工程勘察、水利水电工程设计、农业工程设计、工程总承包资格、建设项目环境影响评价甲级证书，建筑、交通(公路、水运)市政工程设计乙级证书，压力容器设计许可证书，以及建设监理资格等级证书。

该院主要业务范围包括：流域及河流规划、骨干河道整治、大中型水利水电工程勘测设计和科研试验；水利水电建设环境综合评价、基础处理、工程总承包和施工监理；工业与民用建筑、压力容器设计；工程咨询、技术开发和转让；大中型水运综合性工程(海港、内河航运码头、船闸等)勘察设计；大中小型农业工程项目设计；给水、排水、热力、道路、桥隧、防洪工程设计；二级汽车专用道路、一般二级至四级公路，特大桥、大桥、隧道及沿线设施的测设。

该院做过并已建成投产的工程勘察设计项目近50项。还承担过几内亚丁基索水电站、马里马尔卡拉水闸修复、刚果英布鲁水电站和伊拉克底比斯水坝等国外工程的设计任务。

该院历年累计获部级以上科技奖励56项，其中国家级奖励占1/3，一等奖和金奖6项。天津院承担的国家"七五"科技攻关项目"黄土高原遥感应用技术"达到国际先进水平，其中土壤侵蚀定量研究达到国际领先水平。

1992～1994年天津院取得的主要成果有：黄河万家寨水利枢纽、黄河大柳树水利枢纽（高坝）、万家寨引黄入晋工程、石漫滩水库复建工程、黄河三门峡水利枢纽改建、三门峡水电站扩机、潘家口抽水蓄能电站、永定河陈家庄水库、马来西亚槟城供水工程、独流减河防潮闸除险改建、引黄入卫临清立交穿卫枢纽、漳河河道治理、永定河中下游河道治理、南水北调东线工程、雾灵山遥桥峪抽水蓄能电站等项工程勘测设计以及海南南渡江中下游梯级开发、黄河黑山峡河段开发、岳城水库提高防洪标准等项工程规划。

院长刘英；第一副院长王宏斌；副院长牛昌民、王建平、李志英；总工程师王宏斌（兼）；副总经济师朱荣林。

通讯地址：天津市河西区洞庭路60号；邮编：300222；电话、传真：8343991。

（天津勘测设计研究院办公室）

东北勘测设计研究院

东北勘测设计研究院的前身长春水力发电设计院。成立于1957年。1958年从原水利部沈阳勘测设计院和哈尔滨勘测设计院抽调技术骨干到长春水力发电设计院成立水利电力部东北勘测设计院。1992年改名为东北勘测设计研究院。

该院现有科技人员1056人，其中教授级高级工程师24人，高级工程师216人，工程师508人。拥有VAX-8350计算机和APPOLLO计算机辅助设计系统，TOPOCART-D主体测图仪，各种勘探、试验研究仪器和设备，以及规模较大的水工试验厅。

该院主要负责东北地区大型、跨省区和国际河流流域的规划，国内外工程勘测、设计、科研、监理及环境评价工作，具有国家甲级勘测、设计证书、环评甲级证书、市政公用工程设计甲级证书、甲级工程总承包资格证书。

该院建院以来共进行了120多项大中小型水利水电工程的勘测、设计和科研工作，其中已建成投产的工程有白山、红石、桓仁、云峰、回龙山、太平哨、太平湾、丰满扩建、水丰扩建等60多项，水库总库容达500多亿m^3，水电装机容量434.8万kW。此外，还承担了广西、云南、贵州、西藏等省区20余项水利水电工程勘测、设计、科研工作。

自1978年以来荣获国家级、省部级奖励93项。白山水电站荣获国家优秀设计金牌奖和优秀勘测银牌奖；镜泊湖水电站水下岩塞爆破等工程获全国科学大会奖和吉林省优秀科技成果奖；丰满水电站泄洪洞进口水下岩塞爆破获国家级科技进步一等奖，丰满真空激光测坝变形系统等获水电部优秀科技成果奖。1993年被评为1992年度中国工程勘察设计单位综合实力百强名单。

1992年以来，该院开展了松花江流域规划、辽河流域规划、松辽流域水资源综合开发利用规划、西藏一江两河中部流域规划和中俄额尔古纳河和黑龙江界河段水资源综合利用规划，并相应提出了规划报告。完成了莲花水电站修编初步设计，尼尔基水利枢纽、满拉水利枢纽、蒲石河和荒沟抽水蓄能电站可行性研究，四湖沟选坝等工程项目的设计报告，完成了白山二期、丰满二期扩建施工图设计。进行了松辽流域北水南调工程、大藤峡水利枢纽、马鹿塘水利枢纽、毕拉河口水电站、哈达山水利枢纽、文得根水利枢纽、二道沟水电站等工程的设计工作，以及松江河梯级水电站、莲花水电站和丰满二期的施工图设计工作。

1992年以来加强对外交流、扩大国际合作，在伊朗、阿尔及利亚、尼泊尔等国进行工程设计，并派员到美国、日本、加拿大、澳大利亚等国进行技术交流与考察。

1992年增设监理工程处负责组织管理工程监理工作，现已承担了松江河梯级电站、万家寨水利枢纽工程、西泉眼水库工程、引松入长工程老爷岭输水隧洞、引碧入连等工程的监理工作。

院长王永荣；副院长管耀东、徐学策；总工程师俞介刚。

通讯地址：长春市工农大路10号；邮编：130021；电话：5607261。

（东北勘测设计研究院　朱春泉）

华东勘测设计研究院

华东勘测设计研究院（以下简称华东院）是电力工业部和水利部直属的勘察设计和研究单位。该院1954年成立于上海，1978年重建于杭州，现有职工1920

人，其中高级工程师284人(享受教授、研究员待遇42人)，工程师等技术人员900余人，专业门类齐全。该院现有固定资产6400万元，装备有VAX小型计算机1台，HP-425T等CAD工作站7台，486、386等微机100余台，拥有2个可进行大型试验的水工试验厅，拥有较先进的结构抗振、材料、岩土、化学灌浆及环保等试验设备和钻探、物探、测量等勘测设备，年完成施工图设计投资额近37亿元。

华东院持有甲级水利水电勘察设计、甲级建筑设计、甲级工程勘察、甲级工程总承包、甲级监理、甲级环境影响评价等资质证书，可为水利水电、输变电、工业及民用建筑、交通、港口、船闸、民用机场等项目提供咨询、规划、勘测、设计、试验、基础处理、建设监理和总承包等服务。该院在常规水电、抽水蓄能和潮汐发电规划设计，碾压混凝土应用、化学灌浆材料研制和施工、桩基测试、软基处理、施工网络计划等方面具有丰富经验，有的在国内同行中达到领先水平。该院已获得对外经济贸易部授予的对外经营权，可承担国外勘测、设计、咨询和监理项目，并拥有经营这些项目所需的设备、材料出口、派遣劳务人员等。

建院40年来，华东院对水力资源利用的规划设计和研究、对地区经济发展与能源建设关系的研究、对水力资源的地位和作用的论证、对地区水电开发程序及对加速水电建设政策的研究，为国家主管部门进行基本建设项目决策提供了科学依据。该院注重发挥设计在工程建设中的主导作用，不断优化设计，为缓和华东地区能源和电力紧张情况做出了贡献。华东院已完成和正在进行的规划项目有东南沿海诸河水力资源普查及主要河流开发规划、潮汐能和华东地区抽水蓄能电站普查及开发规划等29项；勘测和设计国内外水利水电工程60余座，总装机容量1500万kW，已建成水电站29座，总装机容量330万kW，在建的和进行招标设计的大中型水利水电项目10个，总装机容量360.3万kW。

50年代，该院勘察设计了新安江水电站(66.25万kW)，从主体工程开工到首台机组发电仅用3年时间，代表了当时我国水电科技和工程建设的水平，为我国自行勘测设计、建造高坝和大型水电站积累了经验。50年代到60年代，该院还承担了国内最早进行梯级开发的河流之一古田溪梯级水电站和上犹江、黄坛口、富春江、流溪河等水电工程的规划和勘测设计工作。

70年代，华东院完成的福建池潭水电站和浙江湖南镇水电站的勘察设计获国家优秀工程设计奖；80年代，该院完成的浙江紧水滩水电站勘察设计、福建水口水电站二期导流主围堰设计等获国家优秀工程设计金质奖；最近，该院勘测设计并对主体工程建设进行总承包的浙江石塘水电站获国家优秀工程设计铜质奖；正在施工的浙江天荒坪抽水蓄能电站(180万kW)及正在进行勘测设计的金沙江白鹤滩水电站(1000万kW)、雅砻江锦屏二级水电站(320万kW)等工程在技术和规模上均达到国内外先进水平。1992年以来，该院获国家及省、部颁发的科技成果奖近10项，其中优秀工程设计奖3项。成为1992年度全国工程勘察单位综合实力百强之一。

该院继成功地完成石塘水电站建设咨询和主体工程总承包、承担福建水口水电站国际国内招标咨询、参加工程监理之后，又承担了天荒坪抽水蓄能电站和长江三峡水利枢纽的临时船闸和升船机等工程的建设监理。

该院已与美、日等10多个国家和地区的20多家公司、金融机构建立了联系，进行设计或咨询等合作；在承担国外项目规划设计、技术培训及派遣专家等方面取得较好成果。该院是国内最早承担利用外资贷款项目前期工作的设计单位之一，得到世界银行中国局确认具备承担世行贷款项目咨询的能力和资格；并已为利用世行贷款的水口水电站、甘肃引大入秦、黄河小浪底水利枢纽、太湖防洪、湖南江椏水利枢纽等大中型水利水电工程提供项目咨询。

院长范成贤；党委书记何斌铨；副书记李有恒；副院长王永益、马树群、蒋效忠；总工程师蒋效忠(兼)。

通讯地址：浙江省杭州市上塘路；邮编：310014；电话：(0571)8072824；电挂：0198；传真：(0571)8076606；电传：35061 ECHIDCN。

(华东勘测设计研究院办公室)

上海勘测设计研究院

上海勘测设计研究院(以下简称上海院)始建于1954年，其前身曾名燃料工业部华东水力发电工程局、电力工业部上海勘测设计院、水电部上海勘测设计院。现有工程技术人员400人，其中高级工程师108人。

该院拥有水利水电工程甲级勘测设计证书、甲级工程总承包证书及甲级环评证书和工程监理证书。其业务范围：为用户提供水利水电工程、工业民用建筑、公路、桥梁、码头、隧道、水闸、变电站、城市工厂供电、微波塔站、城市防洪、抽水泵站、给排水工程等方面的勘测、规划、设计、研究、咨询、监理和工程总承包，以及环境影响评价和环境保护设计、计算机软件开发应用等服务。

建院40年来，先后为浙、闽、赣、皖、蜀等省完成了30余座大、中型水电站的勘测设计，总装机容量达1000万kW。周恩来总理曾题词“为我国第一座自己设计和自制设备的大型水力发电站的胜利建设而欢呼!”的新安江水电站的勘测设计,就是该院50年代的力作。1983年重建后该院又承担和完成了福建棉花滩水电站,安徽响水涧抽水蓄能电站、陕西东庄水利枢纽工程的设计;太湖流域太浦河、望虞河治理工程的规划设计;长江口综合整治、黄浦江综合治理的规划;浙江天荒坪抽水蓄能电站、广东天堂山水利枢纽工程、四川南新水电站工程的监理;广东省东深供水工程、上海市人民广场地下变电站、30层精武大厦等10余万平方米多层、高层房建的规划、设计和监理任务。近年来该院积极参加国际上的技术合作与交流,开拓国外业务,已完成了土耳其水电及巴基斯坦地下高压电缆道工程等多项设计和工程承包项目,和美国、荷兰等国就长江口开发整治建立了长期技术协作关系。该院在浦东开发区组建了浦东分院、上海前进水利水运高科技开发中心、上海兴华计算机应用研究所、岩土工程公司等机构和单位,直接参与上海市的各项工程建设。

该院装备有VAX4300型1套,APOLLO工作台2台,各类微机75台。已实现了计算机化,并广泛推广了CAD制图,提高了设计质量,缩短了设计周期。自1983年6月以来该院获国家、部、市和规划总院科技进步、优秀设计奖28项,许多工程设计得到业主好评。

近两年来该院完成的主要项目有:①棉花滩水电站初步设计及利用外资可行性研究报告,正在进行招标设计;②响水涧抽水蓄能电站可行性研究报告,现正在进行初步设计。该院设计的上海市苏州河闸桥、陈行水库、上海市人民广场地下变电站均已建成投产,同时参加完成了上海市城市第二水源研究(获上海市科技进步一等奖)。

院长唐胜德;副院长何国忠、王世民、周文通;总工程师何国忠(兼)。

通讯地址:上海逸仙路180号;邮编:200434;电话:(021) 5427100;电挂:88288;电传:303278 ECEC CN;传真:(021) 5424527。

(上海勘测设计研究院技术处)

中南勘测设计研究院

中南勘测设计研究院(以下简称中南院)于1949年5月成立于武汉市,原名中南军政委员会重工业部华中勘测处,1956年定名为武汉水力发电设计院。1958年10月由武汉迁长沙,更名长沙勘测设计院,1993年3月改称中南勘测设计研究院。

中南院是以水利水电工程建设为主的综合性甲级勘测设计研究院,1993年7月被评为1992年度中国勘察设计单位综合实力百强之一。全院职工2563人,其中高级工程师339人,工程师625人,高级会计师3人,会计师、经济师、统计师57人,技师16人。固定资产7000万元,拥有高精度经纬仪、水准仪、红外测距仪、激光准视仪、PC—1500自动控制测流系统、电子自动补偿仪、12道地震仪等设备。拥有APOLLO系统CAD工作站3个及VAX—11/750超小型计算机。科研方面有水工试验场地4600 m^2,日本产信息处理机,美国产全自动401系列光弹仪,日本产通用数据记录器,岩石三轴仪(200 t),大型压缩仪,全系列压力机(最大500 t),非金属超声检测仪,进口原子吸收分光光度计和全套环保测试仪器等。

中南院开展多功能全方位的服务,经营水利水电工程勘测、设计和科研;建筑工程设计,公路、水运、铁路和市政工程勘测设计;水利水电和建筑工程监理、项目管理和工程总承包;送变电工程和火力发电厂设计;环境影响评价和环境保护设计;以及水电工程的地基处理和工业与民用建筑的岩土工程等项目。

40余年来,该院对18条大、中型河流进行了梯级开发规划,共规划水电站181座,总装机容量2029万kW。在国内外设计建成和在建的大、中型水电站共41座,总装机容量455万kW。已建成投入运行的贵州乌江渡水电站混凝土拱形重力坝(高165 m),湖南东江水电站混凝土双曲拱坝(高157 m),均先后荣获国家优秀工程设计金质奖。尼泊尔逊科西、斯里兰卡尼兰比等水电站已竣工发电,1989年通过国际投标承担了土耳其卡拉乔伦Ⅱ级水电站施工阶段机电成套设计,该电站已于1993年12月投产发电。所承担的湖南省水酿塘水电站工程总承包已提前投产发电。该院设计建成和在建的工业与民用建筑达215万 m^2,其中20层以上高层建筑14座,最高达38层。

1979~1993年该院在勘测、设计、科研等方面荣获国家、部(省)和行业级科技进步、四优奖共106项(次),其中国家级18项。

1992~1993年该院为革命老区井冈山市设计的井冈冲水电站(装机1.2万kW)和海南特区大广坝水利水电工程(装机24万kW)均先后投产发电。由该院承担监理的广州抽水蓄能电站一期工程,是我国水电系统首次招标实施全面工程监理的工程,总装机容量120万kW,总工期57个月,第一台机组于1993年8月并网发电。由该院设计的利用世界银行贷款的红水河龙滩水电站碾压混凝土坝坝高216.5 m,装机9台,总容量540万kW,是我国目前仅次于三峡工程的巨型水电建设项目,该工程列为国家计委施工预备项目。

1992年以来，全院开展中、小型水电工程设计13项，工业与民用高层建筑16座，同时，还承接了火电、桥梁、公路、供水等工程设计，以及岩土工程、地质钻探、桩基测试、灌浆等工程项目。1993年该院在三峡工程左岸永久船闸和广州地铁工程监理招标中中标。

院长袁保平；副院长刘信真、钟金涌、童显武、廖家凯；党委书记谢弘；总工程师黄操衡。

通讯地址：湖南长沙市香樟路17号；邮编：410014；电话：5582633；电挂：6411。

（中南勘测设计研究院　何佛郎）

成都勘测设计研究院

成都勘测设计研究院是电力工业部、水利部两部直属的大型勘测设计单位。1955年建院，经过近40年的发展，现已成为具有独立承担大中型、巨型水电工程勘测、设计、科研、工程咨询、工程监理及工程总承包能力的国家甲级勘测设计研究院。全院现有职工3170人，工程技术人员及其他专业技术干部约占全院总人数的56%，其中勘察大师1人，教授级高级工程师59人，高级工程师及高级经济师、高级会计师、高级政工师等高级专业人员354人，工程师等各类中级职称的专业技术人员650人，助理职称的700余人。该院装备有勘探试验仪器设备和大型电子计算机及工程图形库微机网络系统。全院固定资产原值7600万元。主要经营：河流水力资源普查，河段的开发规划，大中小型及巨型水利枢纽和水电站的规划、勘测、设计、科研、环境保护与评价、工程咨询、工程监理、岩土工程、基础处理监测等。此外还兼营：工业与民用建筑，公路与桥涵，输电线路和变电站的勘测设计，计算机软件开发。

该院在高拱坝设计、大型地下工程设计、碾压混凝土筑坝技术、岩土工程及基础处理（尤其是深厚覆盖层勘探与深厚覆盖层筑坝技术）、大机组机电设计、高水头抽水蓄能电站设计、水电项目技术经济评价和水电规划以及国外招标投标文件的编制等方面，均具有独到的专长。

建院40年来，完成了西南地区100多条大中河流的水力资源普查；完成了金沙江、雅砻江、大渡河、岷江、嘉陵江等河流、河段的开发规划；完成了水利枢纽和水电站规划159座，其水库总容量873亿m^3，总装机容量7639万kW。由该院设计并已建成的龚咀、铜街子、映秀湾、渔子溪、南桠河、龙溪河梯级等12座大中型水电站，总装机容量260万kW；正在建设的二滩、太平驿、东西关、西藏羊卓雍湖等电站总装机容量400万kW；目前正在开展可行性研究和初步设计的溪落渡、锦屏、瀑布沟、桐子林等水电站总装机容量逾2000万kW；已经完成初步设计等待开工建设的冶勒、姚河坝、西藏耳孔等水电站装机容量62万kW；已经完成工程监理5项，工程投资1.72亿元；正在进行的工程监理6项，工程投资67.7亿元。由该院完成的二滩水电站土建工程国际招标文件被世界银行推荐为东南亚地区的范本。1989年5月，该院被世界银行列入具有承担世界银行贷款工程项目设计咨询资格的设计咨询单位。

改革开放以来，该院在社会主义物质文明和精神文明建设中取得了一系列重要成果。主要有：1993年7月被建设部、国家统计局评为1992年度全国勘察设计综合实力百强单位，名列水电系统之首位；1993年12月被四川省委、四川省人民政府授予省级文明单位；铜街子水电站荣获国家设计金奖；高坝坝基岩体稳定性评价及可利用岩体质量的研究获国家科技进步一等奖；二滩拱坝可靠度分析和碾压混凝土配合比及其性能研究获能源部科技进步三等奖；铜街子水电站复杂地基工程勘探获部级优秀工程勘察奖。还荣获了原能源部、水利部授予的“水电勘测设计系统推行TQC先进单位”和建设部授予的“推行全面质量管理先进单位”和“全国工程设计计算机应用先进集体”称号。此外还被成都市委、市政府评为“思想政治工作先进单位”、“绿化红旗单位”、“卫生红旗单位”等。

院长赵志钦；副院长李健曾、郑文正、王连华、胡敦渝、晏志勇；党委书记吉文儒；总工程师张超然。

通讯地址：成都市浣花北路1号；邮编：610072；电话：7769023、7769024。

（成都勘测设计研究院　李　桓）

昆明勘测设计研究院

为了开发云南丰富的水力资源，1954年2月建立云南水电勘测队，1957年1月成立电力工业部昆明水力发电设计院，1958年8月改称云南省水利电力局设计院，1963年6月改为水电部昆明勘测设计院，后改名为昆明勘测设计研究院。

该院是持有建设部颁发的甲级工程勘察证书，甲级水利水电工程、甲级建筑工程设计证书和国家环保局颁发的甲级环境影响评价证书的勘察设计科研单位，1993年7月被评为1992年度中国勘察设计综合实力百强单位之一。1993年底有职工2113人，其中技术干部1428人，其中高级职称295人，中级职称527人，初级职称606人。院属科研所设有水力学、岩土力学、结构材料等实验研究室，配备有VAX—8350计算机、CAD工作站及多种精良的实验研究、勘探、测绘等方面的技术装备。全院固定资产总值约5000万元。具有承担大中型水利水电工程、建筑工程、岩土工程的勘测设计、科研、工程监理、技术咨询及工程总承包等能力。

30多年来，该院完成了云南省水能资源普查，进行了澜沧江、金沙江等10多条大中型河流（段）的水能开发规划，勘测设计大中型水电站30座，总装机容量1670万kW，其中已建、在建的21座，总装机容量565万kW。已建成的有以礼河梯级、西洱河梯级、鲁布革及援非洲喀麦隆拉格都（装机7.2万kW，库容86.7亿m^3）等电站；在建的有漫湾电站（4台25万kW机组已投产发电）、天生桥一级电站及大朝山电站的地质勘测。正在勘测设计的9座，总装机容量1105万kW，有小湾（420万kW，混凝土拱坝高292 m），糯扎渡（500万kW、坝高260 m）及景洪（150万kW、坝高110 m）等电站。完成勘测设计的小型水电站165座，总装机容量90万kW。此外，还承担了25层的昆明护国大厦等工业与民用建筑工程的勘测设计及其它工程的施工。

经过多年的工程实践，该院积累了丰富的勘测、设计及科研经验。以礼河梯级电站采用跨流域引水开发，三级、四级最大水头均为629 m，属于国际上少有的高水头电站之一；鲁布革电站最大水头372.5 m，采用混流式水轮发电机组，单机15万kW，是国内同类型机组中水头最高的电站；漫湾电站混凝土重力坝，坝高132 m，最大泄洪量22300 m^3/s，在国内首次采用凝灰岩作大坝混凝土掺和料，水轮机在国内首次采用筒形阀。该院对高土石坝及地下工程的勘测设计有成功的经验。60年代初建成的毛家村大坝，坝高82.5 m，是当时全国最高的土坝，坝基河床冲积层厚32 m，采用混凝土防渗墙处理；近年建成的鲁布革粘土心墙堆石坝，坝高103.8 m，在国内的高土石坝中第一次采用软岩风化料作为防渗心墙；天生桥一级电站，将建178 m高的混凝土面板堆石坝。云南已建、在建的大中型水电站，根据地形地质条件广泛地采用了地下厂房、隧洞和地下钢管。该院设计并已建成的水电站地下洞室总长超过73.6 km。

该院积极参与国际合作与技术交流，先后派员参加了喀麦隆等7个国家的水利水电工程的勘测设计。鲁布革电站是我国首次利用世界银行贷款并进行国际竞争性招标的大型水电工程，昆明院与澳大利亚雪山公司合作编制了我国第一个土建工程国际招标文件。

该院获奖的勘测设计和科研项目中，国家级22项，部省级63项，总局（院）级10项。

现任院长董槐三；副院长陈国器、方大凤、颜震威、赵修忠、刘宗选；总工程师姚群钦。

地址：昆明市人民东路72号；邮编：650051；电话：3162093。

（昆明勘测设计研究院　陈国器）

贵阳勘测设计研究院

贵阳勘测设计研究院成立于1958年，是部属甲级水利水电工程勘测设计单位，同时具有甲级工程勘测资格，甲级工程总承包资格和乙级建筑、交通（含水运）勘测设计资格。全院拥有职工1300人，其中工程技术人员562人，专业管理人员138人，钻探等各工种技工600人。工程技术人员中高级工程师121人，工程师247人。专业管理人员中高级经济师8人，高级会计师1人，经济师17人，会计师16人。技术工人中技师8人。

全院拥有固定资产3200万元，其中各类计算机、CAD工作台、BC_2解析成图仪、SID—10型地质雷达、LCR—D型微伽重力仪、氚分析仪等先进的勘测设计科研设备占2000余万元。

建院30多年来，完成了乌江、南盘江、北盘江等30余条大中型河流的水能开发规划和107座大中型水电站（总装机1750万kW）的勘测设计。通过工程实践，形成了该院的技术特长和风格：

(1) 积累了在岩溶地区各种复杂地质条件下，结合水文水能条件和地区经济发展需要开展大中型河流规划的经验。在南盘江三江口至双江口河段规划中，该院以天生桥一、二级水电站为一组电源点分期开发的最佳方案替代了天生桥以上多级开发，为红水河水电基地建设作出了贡献；80年代与长江流域规划办公室合作完成了乌江干流规划，为加快开发这一水电富矿提供了科学的依据。

(2) 在国内首先突破岩溶地区不能修坝建库的禁区，成功地完成了猫跳河梯级开发，完成了乌江东风水电站等大型水库的勘测设计。

(3) 在设计中大胆采用新技术、新结构、新理论。该院设计的猫跳河梯级6座坝坝型各异，因地制宜，各具特色，设计先进。四级窄巷口基础拱桥上的双曲率拱坝，五级引水洞月牙型内加强肋岔管，六级中孔射流双曲率拱坝在当时均具有国内领先水平。乌江东风水电站大坝是我国目前最薄的高拱坝之一，其大流量高速水流的薄拱坝坝身泄洪设计具有国际先进水平。普定水电站高75 m的拱坝是具有国际先进水平的国内第一座碾压混凝土拱坝。

(4) 具有在复杂地质条件下进行大跨度长隧洞及

地下洞室群勘测设计的经验。猫跳河五级长 5.5 km、洞径 6 m 的引水隧洞，天生桥二级三条 9.56 km、内径 9.5～10.6 m 的引水隧洞及地下洞室群，均是在复杂地质条件下建成的国内屈指可数的宏大地下工程。

(5)具有高边坡勘测设计和治理大型滑坡的经验。天生桥二级厂区高边坡高达 380 m，规模宏大，地质条件复杂，国内外罕见，通过对此高边坡的设计及滑坡治理，掌握了高边坡稳定分析及一整套大型滑坡治理的工程措施。

(6)紧密结合工程实际开展科研工作。近年来该院承担了“高混凝土坝裂缝及其防治”、“普定碾压混凝土拱坝筑坝新技术研究”等国家“七五”和“八五”科技攻关课题，取得了丰硕成果。多年来，该院获国家级奖 7 项，获省部级奖 25 项。

院长、党委书记刘义洲；副院长欧阳孝忠、殷新德、江海洋、胡运钧；总工程师王柏乐。

通讯地址：贵州省贵阳市解放路 78 号；邮编：5850002；电话：(0851) 5825974；电挂：0522；传真：5825974。

（贵阳勘测设计研究院　郝汉椿）

西北勘测设计研究院

西北勘测设计研究院是国家甲级勘测设计研究单位。持有国家颁发的“甲级勘察证书”、“甲级设计证书”、“甲级环评证书”，为 1992 年度中国勘察设计单位综合实力百强之一，获“甲级工程总承包”资格，并享有对外经营权。全院共有职工 3050 人，其中工程技术人员 1124 人，内有高级工程师 368 人（教授级高工 47 人），工程师 379 人；专业管理人员 385 人，内有高级经济师 2 人，高级会计师 3 人，经济师 28 人，会计师 33 人；技术工人 880 人，内有技师 21 人。拥有先进的电子计算机设备、科研试验设备、自动监测设备、大型钻探机械设备等，总值 2560 万元。建立了计算机辅助设计系统（CAD）和管理信息系统（MIS）。主要承担国家大中河流的流域规划、大中型水利水电工程及工业民用建筑、水运、公路、人防等工程的勘测、设计、科研、试验和工程监理、咨询业务。

该院建院 30 余年来，先后完成了黄河上游、汉江上游、白龙江流域、甘肃河西地区和新疆等地区 20 多条河流的查勘和流域规划报告，承担勘测设计的水电站已建成的有黄河龙羊峡、刘家峡、盐锅峡、八盘峡、青铜峡、白龙江碧口、汉江石泉、褒河石门等大中型水电站 20 座，总装机容量 384 万 kW；在建的有黄河李家峡、大峡、白龙江宝珠寺、新疆哈巴河山口等 4 座水电站，总装机容量 302.5 万 kW，已完成初步设计及正在进行可行性研究的有黄河拉西瓦(372 万 kW)、公伯峡（150 万 kW)、积石峡（100 万 kW)、白龙江苗家坝(100 万 kW)等 13 座水电站，总装机容量 1020 万 kW。其中建成的有 147 m 的混凝土重力坝，178 m 的混凝土重力拱坝，101 m 的土石坝，78 m 的双曲拱坝。1978 年以来，有 80 项工程设计和科研成果荣获国家级、部(省)级优秀设计奖和科技进步奖。“七五”期间承担的国家重点科技攻关项目 16 个子题共 19 项成果中，经部级鉴定，有 16 项被评为国内领先或以上水平。其中，高坝安全监测技术及反馈专题获得总体国际先进、部分国际领先水平。“八五”期间承担了国家重点科技攻关项目 7 个半专题中 47 个子题。目前承担着长江三峡工程、黄河小浪底水利枢纽及黄河李家峡、大峡、牡丹江莲花、新疆哈巴河山口等水电站的工程监理工作。

该院参与多项国际工程项目投标、咨询、先进技术引进、考察和技术交流活动，同法国、挪威、美国、瑞典、澳大利亚、加拿大、意大利、日本、独联体成员国等国进行了技术交流、互访和考察。1988 年完成了索马里巴尔德拉水电站初步设计；1991 年与莫斯科水电设计总院合作完成了我国第一座采用双排机厂房布置的李家峡水电站设计，1992 年在叙利亚迪什林水电工程机电标的国际竞争中中标。

院长张庆堂；副院长王庆敏、郑合顺、郑建波、王民浩；党委书记薛传殿；副书记魏显中；总工程师傅建臣；总会计师王若兰；工会主席胡宋成。

通讯地址：西安市南大街；邮编：710001；电话：(029)7219408；传真：(029)7210627；电挂：西安 0554。

（西北勘测设计研究院办公室）

长江勘测规划设计研究院

长江勘测规划设计研究院（以下简称长江设计院），是长江水利委员会直属勘测设计单位。其前身为 1953 年设立的设计处，1990 年 8 月 2 日经国务院人事部批准，正式成立设计局，1994 年改为现名，具有坝工、厂房、通航建筑、金属结构、水力机械、电力、建筑、交通、自动化、施工总体布置、概算、规划、综合经济、防洪、勘测、水文、移民、环保等 60 多个专业。

长江设计院具备甲级设计证书，是 1992 年度中国勘测设计综合实力百强单位之一。现有正式职工 7474 人（1994 年底），其中教授级高级工程师 133 人、高级工程师 750 人、工程师 1475 人。主要从事水利水电工程设计，包括水电站、大坝、隧洞、船闸、升船机、输变电工程、电力系统及通信、水力机械、电力拖动、电气控制、城镇规划、公路、桥梁、码头、灌溉工程、高层民用住宅、工业厂房、自来水厂、金属结构、启闭机械、基础工程、安全监测、施工设计等方面的设计、科研、技术咨询、工程监理等。

40多年来，该院先后承担了以下工程项目的设计：已建成的有荆江分洪工程、汉江分洪工程、汉江丹江口水利枢纽、白河鸭河口水利枢纽、陆水蒲圻水利枢纽、长江葛洲坝水利枢纽；在建的有清江隔河岩水利枢纽、赣江万安水利枢纽、长江三峡水利枢纽、伯利兹Macal/Mollejon电站；待建的有南水北调中线工程、汉江王甫洲水利枢纽、澧水皂市水利枢纽、乌江彭水和构皮滩水利枢纽、嘉陵江亭子口和合川水利枢纽、赣江峡江水利枢纽、清江水布垭（半峡）和高坝洲水利枢纽等一批国内外水利水电工程，以及珠海、深圳国际机场的地基处理工程、山西禹门口挡水工程的控制爆破及水下施工技术、链子崖危岩边坡治理工程、武汉5万t水上水厂等工程项目。在水利水电科学技术方面共获得国家级、部（省）级奖励70多项。其中葛洲坝二、三江工程及其水电机组获首届国家科技进步特等奖；葛洲坝二江工程获国家优秀设计金质奖；葛洲坝大江截流获国家计划委员会优秀设计金质奖；葛洲坝大江工程设计1993年度获国家优秀设计金质奖。

院长傅秀堂；副院长袁达夫、张荣国、王思乔、谢修发、杨光煦；党委书记胡宜斌；兼职副院长包承刚、李汉青、陈金荣、翁立达；总工程师傅继涛。

通讯地址：湖北省武汉市解放大道1155号；邮编：430010；电话：(027) 2829201；传真：2829202。

（长江勘测规划设计研究院　李常发）

黄河水利委员会勘测规划设计研究院

该院1956年正式建院，1994年更名为水利部黄河水利委员会勘测规划设计研究院。现有职工2015人，其中专业技术人员1179人（具有高级职称的158人，具有中级职称的337人）。1993年7月被评为1992年度全国勘察设计综合实力百强单位之一。

该院具有国家甲级工程勘察证书、甲级工程设计证书和甲级工程总承包证书，能够承担大中型水利水电工程、火电工程、工业与民用建筑、道路与桥梁的地质勘测、规划、设计、科研、移民、环境影响评价、工程咨询、工程监理、工程总承包等工作，在对多泥沙河流的治理与开发利用方面居世界领先地位。

该院在黄河流域治理规划、水土资源开发利用、干支流防洪、大中型水利水电工程建设等方面做出了显著成绩。成功地设计了三盛公水利枢纽、天桥水电站、巴家咀水库、新桥水库、陆浑水库、汾河水电站、故县水库等几十项大中型水利水电工程。由该院设计的小浪底水利枢纽工程是国内技术难度最大的工程之一，是国家“八五”重点工程，其前期准备工程已经完成，主体土建工程完成了国际招标，已正式开工。此工程具有防洪、防凌、减淤、灌溉、发电等多种效益，建成后能使黄河下游防洪标准从不足百年一遇提高到千年一遇，是治黄的关键工程。由该院和美国水资源公司合作完成的黄河流域水资源经济模型研究成果达到世界领先水平。

1992～1993年该院共获各级科技进步奖14项，其中，《土质防渗体高土石坝研究总报告》获1993年国家科技进步一等奖，《黄河三门峡水利枢纽工程环境影响回顾评价报告书》等2项成果获1992年水利部科技进步二等奖。

院长兼党委书记陈效国；副院长谭伯琥、席家治、林秀山、谈英武、周荣芳、徐复新；党委副书记李同义；总工程师钱忠柔；副总经济师徐启晓。

通讯地址：郑州市金水路109号；邮编：450003；电话：(0371) 6222971—3566；传真：(0371) 5959236。

（黄河水利委员会勘测规划设计研究院　宋学东）

珠江水利委员会勘测设计研究院

水利部珠江水利委员会勘测设计研究院是具有水利水电工程、工民建工程、市政工程、交通工程等多种业务的、多功能的综合性勘测设计研究单位。具有国家建设部颁发的水利水电工程勘察、工程设计、建筑设计、水利水电工程总承包甲级证书及水运、公路、桥梁、市政等工程的乙级证书，是经电力工业部、水利部全面质量管理验收达标单位。院址在广州市，在珠海市设有分院，海口市设有分部。现有在职职工416人，各类专业技术人员334人，其中高级工程师102人，工程师109人。

该院主要承担珠江流域规划和重点工程项目的勘测设计工作。建院以来，完成了珠江流域综合利用规划报告、西江干流大藤峡—高要段综合利用规划报告、北江流域规划报告、珠江三角洲及口门综合利用规划、广州市防洪规划、广西梧州市防洪规划、海南省松涛灌区续建配套工程总体规划（灌溉200万亩），并对珠江流域的治理开发提出了近、远期目标。由该院进行勘测设计的工程中已建和在建的有：珠江主要的出海口门

——磨刀门的治理开发工程、引西江水对珠海、澳门供水工程、广东省北江飞来峡水利枢纽、白石窑水电站、广昌供水泵站，以及八乡水电站、双东水电站等工程；正在开展前期工作的有思贤滘水利枢纽、北江濛里水电站、东湖抽水蓄能电站、广西柳江红花水电站；与兄弟单位合作进行的广西长洲水利枢纽、百色水利枢纽的初步设计和贵州榕江水利枢纽的前期工作；承担惠州大亚湾供水工程及白石窑水电站的监理及一批工程的质量监测工作。与日本国际协力事业团(JICA)合作完成北江飞来峡水利枢纽可行性研究报告；与水利水电科学研究院等单位合作完作了孟加拉国布拉马普得拉河的防洪规划。经国家批准，与香港蔡炳荣建筑工程设计顾问公司合作成立了广东珠荣工程设计有限公司。

建院以来，该院承担的勘测设计的水利水电工程共27座，总装机容量246万kW，水库总库容297亿m^3，其中已经竣工的工程9项，正在施工的5项。还完成了一大批工业与民用建筑工程和中小型公路、交通、码头的设计，工民建设计面积达100余万m^2，其中广州抽水蓄能电站综合大楼获广东省优秀设计三等奖。

在完成的勘测、设计项目中，共有34个项目获奖，其中国家、部级奖6项，省级奖4项。该院研制的计算机避雷器，荣获国家专利权，已投入批量生产。

院长、党委书记郑仁义；副院长张玉荣、黄刚强、游赞培；总工程师余伟桥。

通讯地址：广州市沙河瘦狗岭；邮编：510611；电话：7705724、7576988（总机）；传真：7705724。

（珠江水利委员会勘测设计研究院　刘素萍）

淮河水利委员会规划设计研究院

水利部淮河水利委员会规划设计研究院成立于1981年，现有职工248人，其中高级工程师（包括教授级）36人，工程师78人，专业技术人员占职工总数80%以上。持有水利设计甲级、环境影响评价甲级、水文水资源调查评价甲级、工程总承包甲级、水电设计乙级、勘测乙级、建筑设计乙级证书，主要承担水利水电工程规划、勘测、设计、环境评价、水利资源调查评价、建筑工程设计、工程总承包以及软地基加固处理设计与施工任务。

该院自成立以来，先后完成了淮河流域规划、临淮岗洪水控制工程可行性研究、埃塞俄比亚全国小水电普查、南水北调东线第一期工程总体设计、淮河流域微波通信工程土建与铁塔工程设计及一大批大、中型泵站、闸坝和工业民用建筑工程的勘测设计、地基处理与施工任务。

该院10多年来共荣获各类奖40余项（次），其中获国家、省、部级奖20多项（次）。《中华人民共和国水力资源普查成果（分流域）第五卷——淮河流域》获国家科技进步一等奖，《淮河流域及山东半岛水资源利用》获国家科技进步二等奖。

院长刘勇；副院长朱国仁、宁勇、段红东。

通讯地址：安徽省蚌埠市凤阳西路41号；邮编：233001；电话：246392、247081。

（淮河水利委员会规划设计研究院
肖锡骐　郑杰华）

广西电力工业勘察设计院

广西电力工业勘察设计院创建于1958年，职工主要来自前电力部广州水力发电设计院、中南电力设计院、水利部广州水利设计院和广西水电厅勘测设计处等单位。原称广西壮族自治区水利电力厅（局）勘测设计院。1980年广西水利电力局分为水利和电力两个厅（局）建制，将该院划归电力局主管，改名为广西电力工业勘测设计院，1990年又改称广西电力工业勘察设计院。该院为水电、火电合一的勘察设计单位，是广西规模最大的勘察设计院。该院下设一个勘察分院，并在海南省设立分院。全院现有职工800余人，其中具有高级专业技术职称的152名，中级专业技术职称的234名，初级职称的200余名。

建设部等评定的资质：水利水电、火电、送变电、电力系统规划、通讯工程的勘察设计、环境影响评价、水文水资源调查评价、工程勘察、工程总承包等均为甲级证书；建筑、交通工程为乙级证书。

该院技术装备先进，拥有VAX—11/750，HP9000/827计算机各1套，CAD工作台APOLLO—DN3500，HP9000/700　20台、微机110台；各类软件400多个；MIS局域网已初具规模；勘测设备有光电联合测定仪、无线电波测定仪、岩土工程综合测试仪、1200 mm大口径钻机等96台；印制设备有方正电脑排版系统2套等。

36年来，该院先后完成了红水河、郁江、柳江、桂江等河流的综合利用规划，广西电网规划，完成各类水电、电力工程项目500多项。主要有：西津、青狮潭、洛东、大化、岩滩等水利水电工程60余项，装机227.7万kW，灌溉面积400余万亩；大、中、小型火电工程20余项，装机容量约155万kW；110～500 kV送电线路154条，总长约7000 km；110～500 kV变电站84座，总容量约10700 MVA；民用建筑约14万m^2。多年来该院还承担了越南、布隆迪和卢旺达等国的6项援外工程。

该院设计的全国大型水电站之一的岩滩水电站，坝高110 m，装机121.6万kW，是目前国内混流式机组尺寸最大的电站，1号机组提前9个月于1992年9月发电。1992年以来，该院设计的百龙滩水电站（19.2万kW），是目前全国最大的在建的6×3.2万kW灯泡贯流式水力发电机组。此外，已完成初步设计的大、中型工程还有长洲水电站（62.13万kW，采用19×3.27万kW贯流式水力发电机组）；红水河的恶滩水电站（56万kW）及桂林市黄沙河跨流域引水落差533 m的3座梯级电站。同时又开展了南盘江下游开发补充规划工作。目前正在设计、施工的项目有：中、小型火电工程7项，装机容量185万kW；500 kV输电线路2条，长300 km；500 kV变电所一座，容量1500 MVA。担任监理的工程有：海南省大广坝水利枢纽及红水河百龙滩电站。

该院自1978年以来，先后获得国家级、省部级优秀设计奖、优秀勘察奖、科技进步奖共76项。其中国家级奖有14项，如大化水电站枢纽工程获国家优秀设计金质奖、优秀勘察银质奖和优秀工程银质奖；红水河综合利用规划和岩滩水电站碾压混凝土围堰快速施工两项获国家科技进步三等奖。1993年，广西壮族自治区人民政府授予该院“重点工程建设先进单位”。

院长杨长宇；党委书记刘益祥；副院长李健宗、于贵海、胡建东；总工程师谢德浚；副总会计师吴万昌；副总经济师周才力。

通讯地址：广西南宁市建政路10号；邮编：530023；电话：5863989；传真：（0771）5862655。

（广西电力工业勘测设计院　李启杰）

水利水电科研单位

中国水利水电科学研究院

中国水利水电科学研究院（以下简称水科院）是隶属于中国科学院、水利部和电力工业部的综合性的水利电力工程技术的科学研究机构。1958年6月由原水利部水利科学研究院、电力工业部水电科学研究院和中国科学院水工研究室合并而成。主要从事水利水电工程关键技术研究，包括：水资源开发利用、农田水利工程、河流及水库泥沙、水质检测与评价、高速水流和洪水演进、高坝结构和新型建筑材料、岩土工程及地基加固、工程抗震防护和爆破、工程监测及缺陷处理、水轮机和水泵开发、水电站自动化和水情自动测报、电厂冷却工程、水利水电工程经济、中国水利史、科研试验仪器研制等。1993年底有职工1521人，其中科技人员1059人，具有高级职称的281人，中级职称的479人。

水科院的大型试验研究检测设备有：水力机械试验室（包括水力机械开放式能量试验台、贯流式水轮机、水泵及轴流泵试验台、高精度水力机械通用试验台及浑水试验台）；高速水流试验室（包括流速高达35 m/s的高速循环水洞和流量达1000 L/s的大型减压箱）；结构振动试验室（主要设备为亚洲最大的5 m×5 m电液伺服式6个自由度频域模拟地震振动台）；土力学和岩石力学试验室（主要设备有大型高压三轴试验机、大型渗透仪、大型固结仪、电液闭路伺服控制刚性岩石试验机等）；水轮机调速器动态仿真试验室；水质试验室；450g—T土工离心机试验室；泥沙工程试验室和冷却水工程试验室、高坝结构与材料试验室等。

1978年恢复重建以来的主要科研成果有：水工混凝土温度应力的研究；滴水灌溉新技术推广；中国水资源初步评价；宽尾墩、窄缝挑坎新型消能工及掺气减蚀的研究和应用；水电厂多微机分布控制系统；土的液化研究；拱坝优化方法、程序的应用；水库淤积与河床演变通用数学模型研究；水轮机调速器动态特性测试系统；高精度水力机械模型通用试验台等，共获国家科技进步奖32项；部省级科技进步奖187项（截止到1992年年底）。

1993年由水科院负责完成的“七五”国家科技攻关成果“土质防渗体高土石坝研究”获国家科技进步一等奖，“泥沙运动随机理论研究”获国家自然科学三等奖，“龙滩及漫湾水电站混凝土坝与地基联合作用仿真分析”，“应用于大型水轮发电机组的高能氧化锌非线性电阻天磁级转子过电压保护装置灭磁系统”获国家科技进步三等奖。

院长梁瑞驹；副院长张启舜、张贵堂、高季章、董哲仁；副总工程师张有天、单鹰、何少苓。

通讯地址：北京市海淀区车公庄西路20号（北

院)、北京市海淀区复兴路甲1号(南院);邮编:100044(北院)、100038(南院);电挂:1172(北院)、6807(南院);电话:8415522(北院)、8515511(南院);传真:(010)8412316。

(中国水利水电科学研究院 董哲仁 陈祥建)

南京水利科学研究院

南京水利科学研究院建于1935年10月,原名中央水工试验所,是中国成立最早的水利科学研究机构。全院现有职工861人,其中技术人员622人(中国科学院院士2名、正高级职称技术人员32名、高级职称技术人员187名,中级职称技术人员347名)。全院占地29万 m^2,科研用房11万 m^2,拥有各种大型试验厅室30座,其中水电站试验大厅4939 m^2,装配有一流输水设备。全院拥有各类技术设备4200台件,价值2873万元,其中国外进口仪器设备101台件。

南京水利科学研究院是面向国内外的综合性水利科学研究机构,兼有应用、基础和开发研究,承担水利、水电、水运工程和其它有关工程中方向性、关键性和综合性的科学试验研究任务,以及理论和管理方面的研究。设有水工、河港、土工、材料结构4个研究所和水利大坝安全监测技术部、勘测设计院、技术情报研究室等,专业研究方向逐步发展到30个。

随着我国改革开放的不断深入,科技工作面向经济建设主战场,该院又开拓了工程设计、土建工程监理、土建工程施工、高新技术开发、质量检测等方面的业务。平均每年承担科研任务500多项,提出科研成果近300项。主要的研究内容有:①水电站泥沙工程研究,曾进行葛洲坝、三峡等水利枢纽工程坝区泥沙问题研究,提出众多方案为设计部门所采用,葛洲坝科研工作曾获国家科技进步特等奖;②水电站空化空蚀试验及抗冲耐磨材料的研究,为长江三峡、二滩、刘家峡、紧水滩、漫湾、天生桥等大型水电工程进行了多项此类试验研究;③水电站枢纽研究,全国已建的和正在建的大、中型通航建筑物大多数都在该院进行模型试验研究;④水电站坝基渗流研究,对葛洲坝、龙羊峡、富春江等大中型水利枢纽进行过试验研究工作,土坝渗流安全分析研究及其应用推广曾获国家科技进步三等奖;⑤水工水力学研究,曾为新安江、潘家口、水口、二滩、葛洲坝、天生桥等大、中型电站分别进行过包括枢纽整体布置、施工导流、溢流坝、泄洪底孔、阀门及闸门等方面的研究工作;⑥软基加固技术,用振动水冲法加碎石桩加固南通天生港电厂扩建工程、宁夏大武口电厂等工程软土地基软基加固的技术开发与应用曾获国家科技进步二等奖;⑦灰坝筑坝技术,为谏壁电厂的松林山灰库(场)进行振冲加固,仪征热电厂贮灰场、徐六泾电厂灰坝、华能南京电厂等进行软基加固;⑧环境水力学研究,先后为上海石洞口电厂、内蒙古达拉特电厂等诸多电厂进行了取排水口水力学问题,泥沙问题物理模型和数学模型研究工作;⑨混凝土无损检测技术,先后为葛洲坝水利枢纽大坝等多座水利枢纽建筑物进行检测。其它还有抽水蓄能技术、离心模拟试验技术、防腐技术等都做了大量工作。"灰渣筑坝技术研究"获原能源部1992年度科技进步一等奖;"泄水建筑物不同水动力条件下空化及非金属材料抗控蚀问题研究"获原能源部1992年度科技进步二等奖和国家科技进步三等奖。

院长周保中;副院长杨鸿明、张瑞凯。

通讯地址:南京市广州路223号;邮编:210029;电话:6634178。

(南京水利科学研究院 胡 又)

长江科学院

长江科学院是水利部长江水利委员会所属综合性科研机构,创建于1951年10月。1956年发展为长江水利科学研究院,1986年改名为长江科学院。现有职工1060人,其中各类专业技术人员830人,具有高级职称的177人,中级职称的278人。在汉口、宜昌、丹江口、重庆、深圳、珠海等地建有科研基地10余处,实验室(厅)近6万 m^2,拥有科研仪器设备4000余台件,图书15万册。全院下设有河流、水工、土工、岩基、材料结构、爆破与振动、控制设备、仪器及自动化8个专业研究所,宜昌水利科学研究所及大坝安全监测中心也归属该院。此外,还设有微机应用研究室、新材料开发研究室、研究生部、院报编辑部。《长江科学院院报》在国内外公开发行。

长江科学院配合长江流域规划及干支流治理与水资源开发进行科学试验研究,并承担国内、外工程建设的试验研究和咨询服务。主要研究领域有:水库泥沙淤积及对策;河道特性及整治措施;航道及船闸水力学;大流量江河导流截流;泄水建筑物大单宽流量消能防冲及高速水流;土坝与围堰土料特性及防渗;土基及软弱夹层地基土质学及土力学特性;围堰、坝基渗流及其控制;大坝岩基、地下洞室和岩石高边坡的稳定性、喷锚支护技术、岩体力学特性;混凝土高坝的三向应力;复杂基岩对坝体应力和稳定的影响;新型大坝水泥及外加剂养护剂的研制;水工混凝土材料特性及破坏机制;抗磨蚀新材料;坝基灌浆材料及灌浆工艺;混凝土快速施工新技术；基础开挖爆破新技术；建筑物控制爆破拆除；抗震试验分析；电子计算机在水利水电科研工作中的应用；大坝性状和安全监测、预报；电站控制设备及水工仪器的研制等。

40年来，长江科学院承担过荆江分洪工程、汉江杜家台分洪工程及丹江口、三峡、陆水、鸭河口、万安、葛洲坝、乌江渡、彭水、隔河岩等大中型水利枢纽和长江中下游河道整治的科学试验。

70年代以来、长江科学院有250多项成果获国家、部、省市各级奖励。长江荆江河段特性及人工裁弯河道演变研究等8项成果获得1978年全国科学大会奖；“低热微膨胀水泥及应用”1979年获国家二等发明奖；“地质力学模型试验及其在水电工程中的应用”1985年获国家科学技术进步二等奖；以长江科学院为主要试验研究单位的“葛洲坝二、三江工程及其水电机组”1985年获国家科学技术进步特等奖。该院承担了“七五”国家重点科技攻关项目——长江三峡工程重大科学技术研究的6个专题、63个子题，其中专题研究成果中有2项达国际先进水平、4项达国内领先水平。“三峡水库回水变动区泥沙冲淤河床演变对防洪、航运影响及其对策”1991年获国家计划委员会、科学技术委员会、财政部的重大科技成果奖。

在援外及国际技术合作方面，先后参加过阿富汗、喀麦隆、索马里、科威特、斯里兰卡和伊拉克水利水电建设，并就水利科学技术重点项目与加拿大、美国、瑞典、意大利、荷兰和英国等开展了技术合作。

1992年以来，长江科学院密切配合三峡工程初步设计、南水北调工程可行性研究和隔河岩工程建设等，开展了大量的科学研究工作，提出科研成果报告600份，共有21项成果获国家、部、省市级奖励。其中，“长科院大型离心机与试验技术”获1993年国家科技进步三等奖，“长江三峡工程防护问题研究”获1993年水利部科技进步一等奖，有4项成果被授予专利权。

院长包承纲；副院长陈华康、王式勇；总工程师王德厚。

通讯地址：武汉市黄浦路23号；邮编：430010；电话：(027) 2873600、2829710；传真：(027) 2829726。

（长江科学院　张政权）

黄河水利委员会水利科学研究院

黄河水利委员会水利科学研究院创建于1950年，是以河流泥沙研究为重点的综合性水利科学研究机构。现有职工389人，其中科技人员269人，有68人具有高级职称。院下设泥沙、水力学、工程力学3个研究所，水土保持、防腐抗磨、新技术应用3个试验研究室。拥有各类科研试验厅、室32个，水力学及泥沙动力学试验水槽10余条，各类仪器设备2600余台，其中用于砂砾石料动静态试验的高压三轴仪为全国仅有两台中的一台。

40多年来，该院始终坚持以治黄科研为中心的原则，围绕黄河的治理与开发，完成了大量带有全局性、关键性的重大课题。累计取得各类科研成果1800余项，其中获国家级奖12项，省部级奖35项。

科技体制改革以来，遵照科学技术必须面向经济建设的方针，该院在完成治黄科研任务的同时，还面向社会，承担了其它江河流域的水利工程及能源、交通、冶金、城市建设部门的科研试验任务。每年有近百项科研成果直接为生产和设计部门应用，取得了良好的经济和社会效益。

院长姚传江；副院长邱玉芬（女）、冯金亭、张红武；总工程师赵文林。

通讯地址：河南郑州市顺河路1号；邮编：450003；电话：6222971—4525。

（黄河水利委员会水利科学研究院　办公室）

水利电力信息研究所

水利电力信息研究所成立于1964年7月。1966年“十年动乱”开始，机构被拆散，人员下放。1975年9月，水利电力部在原科学技术研究所情报室基础上组建水利电力科学技术情报研究所。1993年更名为水利电力信息研究所（下简称信息研究所）。1994年1月，水利部和电力工业部党组决定，将信息研究所一分为二，分属水利部和电力工业部。

该所现有职工330名，其中高级专业人员62名（教授级16名），中级专业人员110名。该所拥有较先进的信息基础设施和信息工作手段。水利电力系统最早的国际联机检索终端在该所运行多年，该终端能与美国、西欧四大信息检索系统和中国科技信息所数据库联网检索，在国内主要城市已建立29个远程分终端。在DPS7/717中型计算机和微机上分别建立的水利电力中文文献数据库、西文水资源数据库、水利电力专家咨询数据库和电力标准全文数据库（光盘），可提供全面的资料查询和检索查新服务。各种微型计算机60余台，还有缩微、录相、照像、印刷等设备。

该所还具有归口管理水利电力系统信息工作和科技期刊工作的职能，其主要研究方向和任务是：研究国外水利、电力及能源发展政策、水平、速度和经营管理经验与规律，为研究制定我国的水利、电力和能源发展方针、政策、规划与科技攻关提供信息和咨询；研究国内外水利电力建设技术现状和发展趋势，宣传推广适用新技术、新材料、新工艺和新设备；收集、加工、开发和管理水利电力科技文献资料，协调组织建立现代化计算机文献检索服务系统，建设各类数据库，提供联机检索和文献咨询服务；归口管理水利电力系统信息业务，组织协调信息网站活动，开展信息交流和信息服务；编辑出版《水利水电技术》、《水利水电标准化》、《国外水利水电信息》、《中国电力》、《世界电力信息》、《电力技术标准化》、《Electricity》等科技刊物和信息调研资料；编纂水利电力专业年鉴和外文版交流资料；出版水利电力科技文摘和文献检索刊物；从事专业标准规划、体系、水平等信息研究，代理国内外专利申请和专利诉讼，开展国际科技与信息交流活动。

1984年以前，该所获部级科技成果奖9项，1985年至1993年，获部级科技进步奖34项，信息成果奖33项。现在，年编译报导量超过1000万字，其中主要出版物600万字，专题调研450万字。各类数据库年增记录15万条。《水利水电技术》和《中国电力》两个部级刊物，被评为全国优秀科技期刊。1992年以来完成的主要成果有：现代电力工业水平（包括水电，下同），国外能源政策，一些国家和地区电力工业体制和资金来源，国外电价研究，国际河流开发和管理经验，国外水利投资与回收政策，国外水库移民与安置补偿，高坝关键技术发展分析研究，国外中水头抽水蓄能电站开发情况研究，国外水电机组延长寿命研究。

分所后，电力工业部信息研究所所长冯涪生；副所长李东、孙嘉平。水利部信息研究所所长吴舜龄；副所长谈国良。

通讯地址：北京德外六铺炕；邮编：100011；电话：4012244。

（水利电力信息研究所　李启双）

电力工业部大坝安全监察中心

为加强部属水电站大坝安全管理工作，原水利电力部于1985年批准成立了水利电力部水电站大坝安全监察中心，现名电力工业部大坝安全监察中心（以下简称中心）为司局级事业单位。其主要职责为：

(1) 拟订有关水电站大坝安全管理的规章，经批准后监督其实施。

(2) 负责编制水电站大坝安全的近期工作计划和远景规划。

(3) 对水电站大坝安全实行监察，进行大坝安全巡查；参加主管局组织的重要大坝安全检查；对报部的安全检查报告和鉴定报告提出评价；确认部属水电站大坝的险坝项目及其危险程度，经主管部门审批后，监督主管局除险加固。

(4) 受部委托主持重要水电站大坝的加固设计审查。

(5) 负责组织建立大中型水电站大坝的安全监察数据库、程序库和档案库。

(6) 负责组织大坝监测系统更新改造及自动化的规划，并配合主管机构实施。

(7) 负责大坝安全管理技术的交流、新技术的推广应用。

(8) 提出水电站大坝安全管理人员的培训计划并组织实施。

(9) 指导各大区水电站大坝安全监察（测）机构的工作。

该中心现有40人，其中高级工程师25人（其中教授级6人），工程师12人。中心下设一室四处，即总工程师室、检审处、法规处、信息处、监测处。中心成立以来，主要进行了以下工作：

(1) 编制大坝安全管理法规文件。其中《水电站大坝安全管理暂行办法》、《水电站大坝安全检查施行细则》由部批准分别于1987年1988年颁发；《水电站大坝安全监测管理办法》、《大坝加固和改造工程暂行规定》已报电力工业部审批。

(2) 建立健全管理机构。在各电力主管部门的支持下已有12个网局、省局设立地区大坝安全监察中心。

(3) 对部属水电站大坝现状进行安全检查，此项工作包括了以下三方面内容：①对部属水电站大坝现状进行全面调查，根据调查结果编写了调研报告。②对部属水电站大坝每年进行巡查。③对部属水电站大坝从1988年起开展首轮定期检查，迄今已完成56座，正在进行29座，预计1995年年底部属近100座水电站可基本完成。通过上述定期检查工作，基本上摸清部属水电站大坝的安全状况，促进更新改造及补强加固工作，改善了大坝安全状况。

(4) 对部属水电站大坝的安全监测设施进行调查，编制了《水电站大坝安全监测设施更新改造规则》，已由部批准实施。

（5）每年汛前组织人员去有关水电厂进行防汛检查。

（6）建立数据库，通过对包括3个子系统、26个数据库的大型软件系统《大坝安全信息系统》的开发，把大坝安全监察的各种信息存储起来，其中《中国水电站特性数据库》已存入230万字节的信息。

（7）开展科研、培训及学术交流活动。对大坝裂缝成因、坝基防渗帷幕的衰减、梯级电站的优化调度等进行了研究，由河海大学配合举办培训班，对电厂职工进行培训。积极开展学术交流活动，1992年在杭州与中国水力发电工程学会，国际大坝委员会联合召开"大坝安全监测技术国际学术讨论会"。

中心主任范成贤；常务副主任马树群；总工程师蒋效忠。

通讯地址：杭州市上塘路；邮编：310014；电话：（0571）8076860、8072824；传真：（0571）8076860。

（电力工业部大坝安全监察中心）

电力工业部电力自动化研究院

电力工业部电力自动化研究院前身为电力工业部南京自动化研究所，建于1973年，系电力工业部直属专业研究机构，主要承担电力系统及其自动化领域的理论研究、新技术应用、新产品开发任务。全院现有职工912名，其中各类专业技术人员733名（包括高级工程师186名，工程师349名，获博士、硕士学位者205名），分设系统工程、自动控制、继电保护、远动技术、系统仿真、计算机技术、通信技术、农电通信与自动化、大坝监测自动化、水情测报等10个专业研究室和1个成套设备制造厂以及若干个从事技术经营、管理与服务的部门。全院占地面积4万m^2，科研、生产面积3万m^2，装备有电力系统动态模拟、计算机辅助设计、环境试验、计算中心等具有现代化设备的实验室。

主要研究领域包括：电网调度自动化和能量管理系统，电力系统分析和计算，电力系统安全稳定控制，水、火电站自动化，变电所自动化，农电自动化；高压、超高压及中低压各级电网保护和主设备保护，电力系统远动，电力系统通信，混凝土坝安全监测，水情自动测报，数字仿真及人工智能等领域的新理论、新技术、新系统、新装备。该院具有电力系统通信、远动、继电保护及自动化工程的设计权，电力系统及其自动化硕士学位的授予权以及直接对外贸易经营权。定期公开出版的学术刊物有《电力系统自动化》、《大坝观测与土工测试》。

经国家科委批准，1992年在该院建立了国家电力自动化工程技术研究中心，承担计算机技术的应用和软件开发，电力系统仿真和分析等高新技术的应用研究与工程化开发。另外，部电力系统自动化设备质量检验测试中心、部大坝资料分析中心、部南京水利电力技术培训中心均设在该院。

该院自创建以来，完成国家下达和用户委托的研究任务共690多项，其中146项获国家、省和部级重大科技成果奖，取得专利25项，70多项成果转让给国内有关工厂投入了批量生产。到1994年已夺得21个国际招标项目。

在水电厂自动控制方面，该院为各类水电厂研究开发了以微型或小型计算机为基础的分层分布监控系统以及多种用于自动化监测、控制和调节的装置，形成了可供用户自由选择的成套系列产品。如ST—3000系列大型水电站计算监控系统、ST—2000系列梯级调度中心和中型水电站计算机监控系统、ST—1000系列中小型水电站计算机监控系统及微机型水轮机调速装置、发电机励磁调节装置等自动化设备。这些研究成果已在葛洲坝、丹江口、桓仁梯级、黄龙滩、池潭等水电站获得了广泛应用，取得了显著的技术经济效益。

在水电站大坝安全监测方面，该院研究开发了监测混凝土坝的非接触式垂线坐标仪，引张线遥测仪、电感式倾斜仪、变位仪和能消除长导线电阻影响的自动检测和数据处理系统，监测土石坝的电阻片应变计、土压计、孔隙压力计及遥测多用数字应变计。

在水情测报和流量测量技术方面，该院开发了应用于流域水系和水电站库区洪水自动测报的HTFS—86水情实时测报系统及ST—911超声波流量测量系统。

院长顾煜麟；副院长陈龙臣、李福生、宋振沪；总工程师薛禹胜。

通讯地址：南京市蔡家巷24号；邮编：210003；电话：6636374。

（电力工业部电力自动化研究院）

电力工业部水利部长春机械研究所

该所成立于1980年6月，是部直属专门从事水利施工机械研究、设计的科研单位。职工116人，技术人员占70%以上，有高级职称的22人，其中教授级高工2人。

该所已完成第一期规划建设项目，初具规模，已拥有设备较完善的科研大楼和设计室，装备先进的测试仪器和计算机工作站。完全能对水利施工机械产品质量进行监测检验并对产品结构作优化设计。第二期规划项目，正在实施部“质检中心”，试验车间在建设中。

该所主要研制的有适宜于在沼泽地、松软地面以及沿海滩涂等使用的施工机械，包括：开挖、运输、打桩、清淤机械；沟渠的开挖、衬砌、暗管敷设机械；电站尾水清淤机械；水库、河道、沟渠清淤机械及堤坝防渗养护机械；风力提水发电机械等。尤其是对在河道、沼泽地等清淤用的清淤机的研究、设计具有一定的经验和专长。该所还承担引进国外水利施工机械的选型和技术咨询、技术服务、技术培训、技术转让等任务。

该所平均每年约有3～4个课题项目在研制，已有10余项形成生产能力。如SQXY—30型两栖式清淤机已生产600余台，适用于中小型河道、水库清淤。此机获水电部科技进步三等奖；SLWY—60型水陆挖掘机，在黑龙江省三江平原沼泽地、山西运城等地区引黄灌溉工程中得到应用，获水利部科技进步奖。

所长杨金叙；副所长刘俊（兼总工程师）、高国柱。

通讯地址：长春市南湖大路21号；邮编：130012；电话：5953224；电挂：5010。

（电力工业部长春机械研究所　张玉林）

机电研究所

机电研究所（原称地质勘探机电研究所）建于1981年，隶属关系几经变化，1994年更名为为水利部、电力工业部机电研究所。全所占地5万m^2；1993年底在职职工为265人，其中专业技术人员126人（高级14人，中级52人），工人126人。

自1989年起实行所长负责制。所内现设有所长办公室、经营办公室、科技办公室、工厂和后勤办公室等5个部门。其中工厂按企业法人营业登记；科技办公室下属的自动化元件开发中心、结构与材料研究开发中心、计算机应用开发中心、机组检测中心和技术服务中心为独立核算单位；工厂和这几个中心都按科、工、贸一体化形式各自成为经济实体。

该所以研制开发高新机电产品为主，主要任务是：电力系统高压强流空心线圈类产品及相关电气产品的开发研制，批量生产电网通讯及保护用的阻波器；水电站自动化元件系统优化配置研究，新型自动化元件和单元监测仪器装置的开发研究及生产；水电机组稳定性、流量效率试验及其故障诊断技术、装置的研究开发；机电设备技术改造，弹性金属塑料瓦的研制和推广应用；水电站、船闸、施工设备（如混凝土拌合楼、自动焊接装置）的计算机监控装置的开发；技术录像片的录制、编辑、制作和展览会的技术服务；水电站机电、金属结构安装技术咨询和监理、监造工作等。全国水利水电机电技术信息网、电力工业部水力发电机电工程质量监督站、电力部水轮发电机质量检测中心等机构设置在该所。主办《水电站机电技术》杂志。

所长黄景湖；总工程师曹洪恩。

通讯地址：天津蓟县兴华大街19号；邮编：301900；电挂：88011；电话：(022) 9142383。

（机电研究所　黄景湖）

杭州机械设计研究所

杭州机械设计研究所创建于1956年，前身为水利水电建设总局上海机械设计室，是部直属科研设计院所。专门从事水利水电和电力工程建设使用的各种施工机械、施工辅助企业、电站配套设备以及风力发电设备的设计研究工作。现有职工220人，其中各类技术人员181人，具有高级职称的2人，中级职称的60人。机构设置有混凝土机械、起重运输机械、电厂输煤除灰机械、电气与自控设备、风力发电设备以及工业与民用建筑等6个专业设计研究室。拥有各类计算机10余台和试验测试研究设备20余台套。

1980年迁杭州重建机械所以来，至1991年底，先后为葛洲坝、龙羊峡、安康、东江、白山、太平湾、紧水滩、天生桥、岩滩、漫湾、东风、隔河岩、五强溪、水口、三峡等水电工程和谏壁、镇海、赤峰、台州、杭州、温州、南京、平圩、北仑港、齐鲁石化、洛璜、靖远、渭河、吴泾、威海等火电厂及其他建设工程完成科研设计项目300余项。1992～1993年，完成各种科研成果37项。其中：水口工程混凝土预冷及生产系统获国家科技进步二等奖和能源部电力科技进步一等奖，20 t650 m无塔架缆机和LF型附壁式冷风机获能源部电力科技进步二等奖，气力输送片冰技术获水利部科技进步三等奖。

所长李志云；副所长乔世珊；总工程师赵纲。

通讯地址：浙江省杭州市教工三路18号；邮编：310012；电话：8064117。

（杭州机械设计研究所　王士俊）

水电施工企业

中国水利水电工程总公司

中国水利水电工程总公司(以下简称水电总公司)成立于1988年10月，是国家大型水利水电工程建设综合企业，具有设计、施工，机电设备、工程机具制造、构配件生产等能力，归口管理全国19个水电施工和机械制造企业，其中水电工程局16个、科技实业公司1个，水工机械厂和水电设备厂各1个。全系统共有职工16万人。

总公司的直属单位有中国水利水电第一～第十四工程局（以下简称水电一～十四局)，闽江工程局、基础工程局等16个水电施工单位，是全国水电建设施工的骨干企业，均具有水电建筑施工一级企业资质。1993年水电总公司被建设部首批核定为工程总承包一级企业，并经国家对外经济贸易部批准获对外承包工程权。

为适应社会主义市场经济的需要，总公司各直属企业，加快了企业内部改革、转换经营机制步伐，大量压缩非生产机构，精减非生产人员，创办经济实体，转变机关职能，提高工作效率。从1991年开始，全面推广了项目法施工，加快了企业内部三项制度的改革和结构的调整，大幅度提高了企业的劳动生产率，促进了施工水平的提高。1992年总公司系统完成建筑施工产值34.39亿元，比1991年增长了44%，全员劳动生产率按施工产值计算16466元/人年。1993年进一步取得了突破性进展，完成建筑施工产值超40亿元，全员劳动生产率达2.5万元/人年。并取得了水电年装机突破300万kW的历史新记录，达到309万kW。使水口、广蓄、隔河岩、漫湾、岩滩以及五强溪等百万千瓦级电站高速优质建设，实现了百万千瓦级电站4～5年建成发电的目标。

1992年，总公司系统多种经营工作在冶炼、房地产、建材、机电、化工、服装、针织、食品、工艺品生产以及商业外贸等行业全方位发展，全年创产值7.69亿元，1993年达11.3亿元，实现利润4300万元，多种经营从业人员达5万人。水电一局、三局、四局、七局、十局、十一局、十四局等单位都通过不同方式使多种经营已开始由单纯的安置型向效益性过渡。当前水电施工企业仍面临相当大的困难：一是市场机制不完善，招投标行为不规范，尤其是当前价格体制不合理，加上水电施工企业内部效益观念不强，造成企业低利或无利经营。二是历史遗留的负担沉重，如离退休人员多，截止1993年，全系统离退休人员61295人；企业办社会负担重，造成非生产人员多、负担重，全系统每年为此支出约2.5亿元，平均每个在职职工需负担1200元/人年；基地建设欠帐多，迄今仍有3.8万户职工未解决住房，其中2万余户职工仍栖身于危房或临时工棚中，急待解决；老弱病残多，劳保支出负担重，企业每年需负担1.2亿元，平均每个职工负担600元。

要解决水电施工企业困难，一方面要靠国家在政策上给予扶持，创造适应水电施工企业发展的外部环境；另一方面更主要的是靠企业的内部改革加强企业管理工作来实现。

总经理张基尧；副总经理罗洪、王高亮、孙玉才；总工程师何本善。

通讯地址：北京德外裕民东里甲20号；邮编：100029；电话：2042266。

(中国水利水电工程总公司　冯有维)

中国葛洲坝水利水电工程集团公司

中国长江葛洲坝工程局组建于1970年，是以水利水电工程施工为主，工业、第三产业为辅的大型综合性国有企业，1990年2月经国务院建设部核定为水利水电施工一级企业，6月，获建设部颁发的《施工企业对外（国际）承包工程资质证书》。1993年获得建设部颁发的《工程总承包资质等级证书》，成为全国首批一级资质的工程总承包企业。1994年6月，经国家批准长江葛洲坝工程局改组为中国葛洲坝水利水电工程集团公司，列入国务院大型企业集团试点单位，在国家计划中实行单列，具有对外承包工程资质，享有对外经贸业务权。

该局现有职工49166人，专业技术人员8409人，其中具有高级技术职称的579人，中级技术职称的2538人，初级技术职称的4280人。有各类主要机械设备16804台(套)，固定资产原值12.4亿元。年土石方挖填能力3437万m^3，混凝土浇筑400万m^3，金属结构安装2.5万t，大型水轮发电机组安装6台，各类基础处理造孔20万m，灌浆15万m^2，500 kV输变电线架设500 km，非标准机电设备制造3000台，水泥生产60万t。

该局经营业务范围：承接大、中、小水利水电工程以及隧道、港口、公路、桥梁、机场、工业民用建筑、火力发电厂等土木工程，承接各类基础处理、输变电、水下疏浚、控制爆破的施工。在混凝土面板堆石坝、碾压混凝土坝等坝工技术，预裂爆破、大型水电机组安装和洞挖施工方面尤为见长。同时，还利用基地的人员、技术、厂房、设备等优势，发展以机电、建材、化工、冶炼、轻工为主的工业生产及旅游、服务等第三产业。

该局1970年至1988年，主要承担葛洲坝水利枢纽工程的施工任务。1987年，在葛洲坝工程二期工程施工中，创造了一年内在同一场地安装大型水轮发电机6台，总容量75万kW，单机安装工期33天的3项全国最高记录。1988年12月，工程全面发挥效益，比合同工期提前一年，多发电38.5亿kW·h，多创发电产值2.5亿元。1991年经国家竣工验收委员验收认为"施工质量优良"，二期工程被国家评为优质工程。从1984年起，在国内14个省(自治区)投标承包大、中、小水电工程38项，其它工程1027项，合同总金额60.16亿元，并在国外承包了阿尔及利亚贝尼·哈龙水坝工程，巴基斯坦帕特菲特水渠疏浚工程。

1994年完成企业总产值20.36亿元，全员劳动生产率达39976元/人年，综合利润突破了3000万元大关，土石方挖填4384.5万m^3，水电装机7台，总容量133万kW。

1992年11月，葛洲坝工程局与三峡工程开发总公司议标承包了包括15个项目的三峡工程前期施工准备工程以及右岸一期工程施工任务；1993年又签订了三峡施工承包合同(协议)18项，合同总金额20.23亿元；1994年签订三峡施工承包合同(协议)45项，合同总金额6.62亿元，有8000多职工参加施工，投入主要机械设备1207台(套)。

1981年葛洲坝大江截流工程获国家优质工程金质奖；1985年葛洲坝二、三江工程及其水电机组获国家科技进步特等奖，经国家质量审定委员会批准，获银质奖；1986年获水利电力部授予的"电力投产功臣"单位；1987年被中华全国总工会命名为"社会主义双文明建设先进集体"，并颁发"五一"劳动奖状，同年获国家经委、中国施工企协授予的"全国优秀施工管理企业"称号；1988年以来一直保持着中宣部、全国总工会授予的"全国思想政治工作优秀企业"称号。

董事长兼总经理乔生祥；党委书记、副董事长周大兵；副总经理陈燕敦、林善祥、易运堂、黄华平、王广杰、王治山、谢毅；总工程师孙瑞兴；总会计师姚本安。

通讯地址：湖北省宜昌市清波路10号；邮编：443002；电话：(0717) 447448；电挂：5514；传真：(0717) 447953。

(中国葛洲坝水利水电工程集团公司 涂方萌)

中国水利水电第一工程局

中国水利水电第一工程局(简称水电一局)，始建于1958年，是以营建大中型河川水利水电枢纽为主，具有综合施工能力的水利水电建筑施工一级企业。现有职工1.4万人，其中各类专业技术人员2952人，具有高级职称的211人，中级职称的1052人；企业资产总额3.20亿元，施工设备7000多台套。

自建局以来，先后建成了辽宁桓仁、回龙山水电站、吉林白山和红石水电站。参加了大伙房、清河红山水库的兴建，水丰电站的修复和丰满电站扩建。累计完成水电装机240万kW，其中白山水电站总装机150万kW，该电站1984年一年安装投产2台30万kW机组，创当时全国同行业建国以来最高纪录。红石水电站装机20万kW，开工3年即投产发电。

80年代中期以来，该局在承建白山二期水电工程的同时，开始面向社会参与竞争。先后承建完成了吉林省长山热电厂五期扩建180 m高烟囱、90 m高凉水塔工程，辽宁省辽阳市、营口市水源工程，华能营口热电厂部分工程，观音阁水库碾压混凝土工程，内蒙古元宝山煤矿矿区剥离工程等。

1991年，该局实现了白山二期和丰满扩机两台机按期投产发电，被能源部授予电力投产功臣单位称号。1991年，该局承担了北京十三陵抽水蓄能电站两条引水洞土建和钢管制作安装工程。同年中标黑龙江省莲花水电站工程，只用9个月就完成了计划33个月才能完成的前期准备工作，受到能源部和黑龙江省政府的表扬。1993年末，承担了位于吉林省境内的松江河梯级电站工程，1993年还承担了位于浙江省境内的天荒坪抽水蓄能电站上斜引水洞工程，在黑龙江省又承担了宝山水电站工程。在承担观音阁水库工程建设中，采用当今较先进的RCD筑坝技术进行施工，创造了年浇筑50万方混凝土的好成绩。在长春第一汽车制造厂扩建工程中，先后优质高速完成了二铸、轻发、奥迪等30万m^2大型工业厂房工程建设。仅用一年半的时间就安装了3台75 t热水锅炉，创全国同行业最新纪录。还高质量完成了沈铁高速公路部分路段施工任务。此外先后派出两批近300名工作人员，参加装机400万kW的俄罗斯鲍古昌水电站施工。

在发展主业的同时，先后与俄、韩、美等国和台湾厂家建立了合资企业。目前已形成了机械制造、科技开发、生物制药、房地产开发、工程勘测设计、饮料、服务、印刷以及外贸、商业等多行业的产业发展格局。

局长刘俊峰；副局长林永强、苏凡胜、刘玉明、张光钧；总工程师常焕生；总经济师王良生。

通讯地址：吉林省永吉县口前镇；邮编：132200；电话：222918。

（中国水利水电第一工程局 徐孝忠）

中国水利水电第二工程局

中国水利水电第二工程局（以下简称水电二局），成立于1958年，现有固定职工3684人，各类专业技术管理人员679人，其中：高级工程师55人（教授级7人），工程师140人；高级经济师9人，经济师36人；高级会计师3人，会计师28人，高级统计师1人，统计师3人。技术工人占工人总数的70%以上，平均技术等级超过7级，有技师27人。拥有固定资产原值4676万元，各类技术装备700余台（套），总功率17677 kW。

水电二局是一个以施工为主的综合性企业，集土建施工、地下工程、防水防腐、基础处理、市政管线、机电安装、金属结构制造及安装、机械修造、工民建设计与施工、工程经济咨询、轻钢设计与施工、物资供销、经济贸易和房地产开发等于一身，为一级企业。该局共参加过16个项目的工程建设，独立建成电站3座，它们是：全国第一座软基混凝土重力坝、引水隧洞长7633 m的下马岭水电站，北京地下电厂和自行设计、自行施工和安装的下苇甸水电站。还主持和参加了官厅水库抗震加固和改扩建工程，密云水库白河主坝泄水洞、潮河主坝泄空洞、人防洞及其电站工程，京西电厂铁路专用线、循环水隧洞及泵站工程，北京市斋堂水库和白河堡水库等项目的建设与施工。共安装了各式各类水轮发电机组近100台，总容量超100万kW，安装了北京市两套大型游乐设备和多套其他工艺设备，制造和安装了水电站金属结构近10000 t；先后援建、承包和参加了17个国家24个项目国外工程的勘测设计和施工，它们是蒙古哈尔哈林灌溉工程、尼日耳特腊水库工程、伊拉克农业大学体育馆轻钢建筑工程、伊拉克迪维达制管工程、突尼斯麦—崩水渠工程、索马里贾拉拉克西地区勘测设计和都都布莱分洪工程、老挝赛拉巴姆电站和土耳其卡拉乔轮电站的水轮发电机组安装。自1981年起，部分施工队伍从事工民建施工，先后承建了工业厂房、科研用房、医院、住宅和新村建筑工程，竣工面积60万m^2。

水电二局有“深层取砂及震动三轴试验研究”等4项科研项目列为北京市重要科技成果；“化学灌浆材料及工艺”、“滑动模板在水工混凝土工程中的应用”获全国科学大会奖；“密云水库水下岩塞爆破”获水利部科技二等奖；“使用震冲法加密饱和松散砂层”及研制的YQ-150潜孔钻XM除尘器分别获北京市科委及水利部科技三等奖。在工程施工中，有密云水库潮河泄水洞工程、水科院冷却水试验工程和安贞医院等9项被评为优质工程。

1992～1994年，水电二局完成山西省万家寨引黄工程支（北）04隧洞段工程、河北省桃林口水库金属结构制作工程、北京西客站鹰山嘴1号隧道工程、福州市“太平洋城”基础处理工程及其他工业与民用建筑工程，同时，在经济贸易和房地产开发等领域内扩展市场，创企业总产值2.3亿元，实现利润800万元。

局长程国清；副局长王岩峰、商树先、徐世明；总工程师肖中兴；总会计师李伯玉；总经济师查德法。

通讯地址：北京德胜门外六铺炕；邮编：100011；电话：2023344；传真：2018014。

（中国水利水电第二工程局 华海良）

中国水利水电第三工程局

中国水利水电第三工程局（简称水电三局），组建于1956年，现有职工15033人，工程技术人员1224人，其中高级工程师163人，工程师298人；专业管理人员2246人，其中高级经济师9人，高级会计师5人，经济师165人，会计师104人；技术工人8658人，平均技术等级7.26级，其中技师113人。该局现有设备3477台套，装备总功率86343.3 kW，原值30583万元。该局主要从事水利水电工程建筑与安装，兼营公路建设、工业民用建筑、砂石料生产、铁合金冶炼、汽车改装等。拥有施工科研及检测机构、乙级勘测设计机构、配套的金结制造和安装能力，可以承接工程总承包任务。企业资质等级为水利水电建筑施工一级，水利水电基础处理一级、水利水电设备安装一级，公路建设二级和工业民用建筑三级。

30多年来，该局独自承建或参建了三门峡、盐锅峡、陆浑、八盘峡、刘家峡、青铜峡、石门、石泉、安康等大型水利水电工程，9座水库总库容460多亿m^3，总装机容量330.70万kW。以部分承包或支援的方式参加了葛洲坝、红石、乌江渡、龙羊峡水电站及密云水库的建设。以经援或劳务方式派员到阿尔及利亚、索马里、突尼斯、伊拉克等国承担水利水电工程施工任务。1985年以来，该局先后中标承包了山西平朔安太堡煤矿公路工程、秦皇岛引青济秦渠首工程、四川资中五里店水电站工程、四川射洪螺丝池电航工程、阿尔及利亚布库尔丹水库等。已建成的水利水电枢纽工程质量均达到国家和部验收标准。刘家峡水电站获全国科学大会科技成果奖，石泉水电站工程1983年获国家优质工程银质奖，石门水库1985年被水电部授予"一级优质工程奖"，即将竣工的安康水电站已完建部分经国家和上级验收，质量良好，混凝土主体工程获得能源部优质工程奖，4台机组安装分别一次合格，运行正常。

该局取得重大的科技成果主要有："射钉法"检测硬化混凝土强度技术；混凝土快速测强的研究应用；竖向钢筋电渣压力自动焊接；开挖工程的控制爆破、预裂爆破技术；"岩音声发射仪"监测滑坡和塌方预报；低热微膨胀水泥进行大坝甲、乙块并仓浇筑试验；取消试验片、现场直接焊接机组转轮本体；发电机组推力轴承冷却，采用推力外循环；主体工程混凝土掺粉煤灰的研究应用（掺量大、范围广、在大坝抗冲部位"禁区"也掺）；六氟化硫组合电器取代常规设备用于电站和变电所；SK—H002型混凝土施工缝毛面处理剂属国内首创；土工织物作为反滤料应用于漫湾电站围堰；悬臂式钢模板取代普通定型木模板；大坝表孔溢流面使用液压滑升模板；研制出化学灌浆浆材、两种轻型化灌泵。该局氢氧源焊割设备厂生产的TQH—4型氢氧源焊割机，荣获第三届全国新技术、新产品展览会金奖、国际能源电力展览会金奖；该局汉江彩色钢化玻璃厂1992年开发的新产品——区域钢化玻璃，填补了陕西省的空白。

1991年以来，该局中标承包了甘肃大峡水电站工程、四川泸县流滩坝电航工程、甘肃临洮三甲水电站工程、河南小浪底水利枢纽南岸公路、左岸洞群出口开挖工程、陕西泾惠渠渠首工程、湖北谷城白水峪水电站工程、四川丰都石板水电站拦河坝工程、安康机场扩建工程、石泉两河胡家湾电站、宝珠寺电站帷幕灌浆、珠海机场、三峡十三小区场地平整、浙江溪口抽水蓄能工程，与水电七局、八局联合中标的三峡左岸1—6坝段基础开挖工程等。

1992年全年共完成产值42424.31万元，人均劳动生产率16834.87元/人年。投产机组5台，总装机45.15万kW。1993年共完成投资3.117亿元，人均劳动生产率13199元/人年。大峡工程于1993年11月26日截流成功。多种经营完成产值2083.59万元，销售收入4428.1万元，为年计划的119.68%，缴纳税金80.6万元。

现任局长李友仁；党委书记赵庆安；副局长胡懋初、李卫、于彦洲、刘洪学；总工程师蔡泽夏；总会计师方浩；代总经济师蒲绪林。

通讯地址：陕西省安康市张岭；邮编：725011；电话：（0915）212766、（0915）214294；电传：70060 TCB CN；传真：（0915）214455；电挂：3499。

（中国水利水电第三工程局　张金斗）

中国水利水电第四工程局

中国水利水电第四工程局（简称水电四局），是国家一级资质施工企业，成立于1958年10月。该局以大、中型水电站工程建筑施工、机电设备安装为主，同时兼营金属结构制造及安装、房屋建筑、小水电建安工程以及交通（航务、公路、铁路、桥涵、港口）综合工程施工和第三产业等。

该局拥有13600余名职工，各类工程技术人员807名。其中高级工程师85名，工程师344名。专业管理人员618名，其中高级经济师19名，经济师141名，高级会计师5名，会计师63名。技术工人10500余名，其中：技师91名，平均技术等级8.95级。拥有各种施工设备5346台（套），主要施工机械1303台（套），设备固定资产原值35122万元，总动力12.2万kW。

从建局至1993年底，该局先后在黄河上游建成了刘家峡、盐锅峡、八盘峡、龙羊峡4座大、中型水电站，装机22台，总容量303.7万kW；通过投标竞争，中标承担了水口、岩滩水电站共9台机组200.5万kW的安装任务。

改革开放以来，该局积极转换经营机制，深化内部改革，积极参加工程建设招标投标竞争，中标承担了李家峡水电站、水口水电站土建和机电安装，引大入秦灌溉工程、小干沟水电站、岩滩水电站机电安装、略阳火电厂机电安装、大峡金属结构制造安装、羊湖蓄能电站压力钢管制造安装，尼傲水电站、万家寨水利枢纽、福建闽江引水工程、三峡工程部分工程等工程的施工任务。该局还兴办了96个工业及第三产业项目，安置待业人员3300余人。施工产值由1983年的1.6亿元增加到1993年的4.04亿元；多种经营产值由1983年的120万元增加到1993年的4290万元；全员劳动生产率由1983年的9300元/人年，增加到1993年的27483元/人年。

1978年以来该局荣获国家、省、部级管理及科技奖主要项目有：刘家峡水电站获国家科学技术奖、国家质量奖；龙羊峡混凝土心墙上游围堰设计及监测成果分析，获水电部科技进步一等奖，DH型混凝土高效减水剂的研制与应用获国家科学技术进步三等奖；龙羊峡水电站坝顶500 t门机安装，获机电部科技特等奖、国家科技进步一等奖；龙羊大坝安全监测反馈技术获能源部科技二等奖。该局荣获全国施工企业管理优秀奖，获全国能源工业、先进集体称号，获青海省先进企业称号。获青海省"精神文明建设先进单位"，1991年评为全国民族团结进步先进集体；李家峡指挥部获原能源部思想政治工作优秀企业等。

局长李其友；副局长王增录、王德乾、王冰、王振南、郑振宇、程国银；党委书记郭建堂；总工程师袁延举；总经济师张儒林；总会计师施朵日。

通讯地址：西宁互助西路136号；邮编：810006；电话：8149917、8149918、8149919；电挂：5017；电传：77004 HEFEB CN；传真：(0971) 8149160。

（中国水利水电第四工程局总经办）

中国水利水电第五工程局

中国水利水电第五工程局(以下简称水电五局)创建于1954年。该局是具有法人地位的水利水电建筑安装一级施工企业，现有职工12000人，各类专业技术人员2225人，拥有净值23000万元先进配套的施工安装机械设备，年施工生产能力为土石方挖填1000万m^3，混凝土浇筑80万m^3，大型隧洞开挖衬砌成洞1000延m，大型发电机组安装3台，金属结构制作安装5000 t，年完成产值5亿元以上。

水电五局能独立承担大型水利水电、土木建筑、交通运输、市政建筑和各类地下工程施工；能独立进行中小型水利水电工程和一般民用建筑勘测设计及试验检测，具有各类发电机组、电气设备的安装能力，各类金属结构、混凝土构件的制作安装能力。历年承建竣工的主要工程有碧口水电站、岳城水库、引滦入唐输水工程、于桥水库电站、常州前黄热电厂、引黄济青棘洪滩水库工程、潘家口水库机组安装和抽水蓄能机组安装、山西册田水库、四川荣县双溪水库等。局下设专业施工处（队）10个，分别住屯于河北省三河市、高碑店市、涿州市和四川省广元市，施工队伍遍及全国7省市。

局长杨锡纯；副局长宋维众、董其春、胡裕志、王巽、杨青海；总工程师李昭畔。

通讯地址：四川省广元市宝轮镇；电话：(0839) 522560；邮编：628003；电挂：5918；传真：522609。

（中国水利水电第五工程局办公室）

中国水利水电第六工程局

中国水利水电第六工程局（简称水电六局），创建于1958年11月。现有职工总数9200人。各类专业技术人员1200人，其中具有高中级职务的人数480名。拥有施工设备净值13340万元，人均技术装备率14500元。水电六局是国家一级施工企业，是一支主管大中型水利水电工程施工的国营建筑队伍。该局具有大型压力钢管、钢闸门、拦污栅等金属结构制造和起重机械制造的资格，以电熔镁生产和服务业为骨干的第三产业已步入市场。该局勘测设计院于1993年经建设部评定为乙级设计和工程总承包资格单位，测量队为辽宁省持甲级证书的测量单位。

该局于1965年建成了中朝鸭绿江云峰水电站中方侧的引水及发电系统工程，1975年建成了四川省境内的渔子溪一级水电站，1978年至1985年间，在辽宁省境内连续建成了浑江太平哨水电站，中朝鸭绿江太平湾水电站和长甸水电站。1986年后竞争中标建设了太子河观音阁水库工程、丰满水电站大坝加固和Ⅱ期扩机工程、察尔森水库复建工程、小浪底水利枢纽前期准备工程、云峰水电站大坝溢流面修补工程等10余座水电工程的部分项目。目前正在建设的工程项目有：北京十三陵抽水蓄能电站、小浪底水利枢纽、万家寨、莲花泡、三峡、桃林口水库等工程的部分项目。对外承担了尼泊尔王国马相迪水电站引水隧洞和发电厂房的土建工程、伊拉克共和国巴士拉1号船闸工程(因海湾战争中断）的建设。

水电六局曾先后被电力工业部、辽宁省政府命名为先进集体、优秀施工企业、企业管理优秀单位、保发电投产的"功臣单位"。太平哨水电站引水隧洞施工技术曾获1978年全国科学大会银质奖。在水电工程建设的围堰防渗、混凝土施工工艺与温控、坝基基础处理、大坝监测、水轮机组安装等施工技术，曾获部科技进步奖励，质量优秀奖励。在马相迪水电站施工中，分别以22个月和10个月的施工速度完成7119 m引水隧洞的开挖支护及混凝土衬砌工程。由该局施工建设的十三陵抽水蓄能电站的地下厂房，跨度和高度居目前国内同类工程之首，以22个月工期完成开挖与支护（包括顶拱混凝土衬砌6个月），经1994年鉴定，认定其施工速度与施工水平达国内领先水平和国际水平；应用于该工程尾水隧洞混凝土衬砌的针梁模板，同时鉴定为改进设计达国内领先水平。

该局1992年和1993年，均被列入全国500家最大经营规模建筑业企业行列。1993年劳动生产率达5

万元/人·年。现在该局已拥有每年完成土石方填挖300万m^3、断面100m^2以上的洞挖5000m，混凝土浇筑100万m^3，金属结构制造安装1万t、砂石骨料生产150万t，基础处理及灌浆5万m，安装大中型水轮发电机组和50万V等级以下的送变电工程的施工能力。

局长郑应显；副局长刘云祥、张再新、甄志强、陈兵、陈贵如；总工程师李秀卿。

通讯地址：辽宁省丹东市太平湾；邮编：118216；电话：(0415) 4190011、4190002；电挂：(丹东) 6858；传真：(0415) 4190051。

(中国水利水电第六工程局　李秀卿)

中国水利水电第七工程局

中国水利水电第七工程局(以下简称水电七局)是中国水利水电建筑安装一级综合施工企业，成立于1965年。现有职工16000余人，具有高级技术职称的261人，中级技术职称的940人，各类熟练技术工人13000余人。拥有净值3.6亿元以上的大中型先进设备5470台套，动力装备率为12 kW/人，技术装备率为2.2万元/人。主要年生产能力为：土石方挖填280万m^3，混凝土浇筑130万m^3，金属结构制作安装1万t，大型水轮发电机组安装4台。

主要经营范围：水利、水电、机场跑道、飞机库工程建筑施工和设备安装。兼营：中小型电站及高层房屋设计、施工，地下水下工程、送变电工程、基础处理工程施工；金属结构制作安装、铁路、高等级公路、桥梁建筑施工等。

水电七局从成立至今，已独立承建了龚咀、南桠河三级、铜街子3个国家大中型水电站、以及谭家堰、黄葛浩、南津驿、安居等33座地方中小型水电站、总装机300万kW。承建了103飞机库、五强溪船闸以及公路、铁路等工业民用建筑项目38个。还派专家和技术骨干队伍参加了几内亚、索马里、伊拉克、朝鲜、泰国等国家的水电工程建设。

在承建的工程中，二滩导流洞是世界最大的导流洞之一，高27.5 m、宽24.5 m，开挖断面628 m^2。该局采用毫秒微差爆破等系列新技术，创月单洞洞挖石方10.6万m^3的全国记录，提前完成合同。在我国目前跨度最大(140 m)的103飞机库施工中，该局采用地面拼装库顶网架，利用小型机具整体提升的先进工艺，在国内尚属首创。正在建设中的五强溪船闸也是我国目前级差最大的船闸，为国内船闸施工积累了经验。尤其是在复杂地质条件下建设铜街子水电站、该局采用了碾压混凝土筑坝、面板堆石坝、大型沉井群、全方位预裂爆破、承重格式防渗墙、预应力锚索等一系列新技术新工艺。其中碾压筑坝技术经国家级评审鉴定认为"总体达到国际先进水平，部分达到国际领先水平"，获能源部科技进步二等奖。

近几年，水电七局先后被原能源部、四川省和中国水利水电工程总公司授予水电质量管理先进企业，优质建筑企业、科技开发应用先进企业等称号；1991年该局在全国500家最大建筑企业中名列43位，1992年在四川建筑企业百强评比中名列第4名，并获四川省最佳省级文明单位称号；1993年被评为四川省"重点建设先进单位"和"铜街子水电站重点建设先进单位"。

局长、党委书记邳大兴；副局长刘国贤、夏文泽、任增荣、张乾元；总工程师问庆阳；总经济师方可权；总会计师吴树明。

通讯地址：四川省乐山市沙湾区牛石镇；邮编：614907；电话：(0833) 232346，232347，232349；传真：234716；电挂：6894。

(中国水利水电第七工程局办公室)

中国水利水电第八工程局

中国水利水电第八工程局(以下简称水电八局)，始建于1952年。在40余年的水利水电建设事业中，逐步发展壮大，已成为国家大型水利水电施工一级企业，有职工15000余人，其中专业技术人员3800余人。曾先后被国务院、国家经委、全国总工会命名为"工业交通基本建设战线先进企业"和"全国先进施工企业"。具有完成年施工产值8亿元以上，完成土石方开挖400万m^3，混凝土浇筑150万m^3，金属结构制作安装2万t，砂石料生产300万m^3，钻孔灌浆11.5万m的生产能力，同时具备大型水电机组和500 kV送变电工程安装能力的大型水电施工企业。

40余年来，水电八局先后在湖南、湖北、贵州、四川、云南等16个省、市、自治区及斯里兰卡、尼泊尔王国等地单独或参与承建的大中型水利水电工程计90余项，其中有乌江渡、柘溪、凤滩、东江、五强溪、普定、二滩等大型水电站及荆江分洪、韶山灌区、欧阳海灌区、斯里兰卡尼兰比电站、金河治理工程等。单独承建的水电站总装机容量达350万kW，其中有湖南凤滩水电站是国内已建水电站中第一座最高空腹重力拱坝(坝高105 m)；湖南东江水电站是国内第一座双曲高拱坝(坝高157 m)；贵州乌江渡水电站是我国在岩溶地区修建的第一座大型水电工程(坝高165 m)，该工程荣获国家优质工程银质奖和国家科技进步一等奖；贵州普定水电站全断面碾压混凝土拱坝是国家"八五"

重点科技攻关项目，是目前世界上最高的碾压混凝土拱坝(坝高 75 m)，该坝经专家组鉴定碾压混凝土拱坝施工工艺和层间结合、异种混凝土结合处理技术已达国际先进水平；湖南五强溪水电站表面弧形闸门(23×19 m)是目前世界上最大的弧形闸门，混流式水涡轮(ϕ8 m)和引水压力钢管(ϕ11.2 m)，也是目前国内最大直径的，此外国内最大年产 300 万 t 人工砂石生产系统也在五强溪水电站。

改革开放以来，该局已有 33 项重大科研成果荣获国家和部、省级科研进步奖，其中 1992 年至今有：与中南勘测设计研究院合作的“湖南省东江水电站双曲拱坝坝后背管的设计与施工”获国家科技进步三等奖和原能源部科技进步二等奖；“湖南省五强溪水电站工程第一期导流围堰水下混凝土施工”获原能源部科技进步二等奖及湖南省建设科技进步一等奖；与中南勘测设计研究院合作研究的“施工期环境的温度、湿度、风速等条件和混凝土内部温度与混凝土裂缝的关系”获能源部科技进步四等奖；“湖南省五强溪水电站二期截流设计与施工”获湖南省建设科技进步二等奖。

局长湛世明；第一副局长李永铭；副局长万善仁、杨荣强、陈光元；总工程师黄树棠；总经济师张建人；总会计师刘义德。

通讯地址：湖南省长沙市城南中路 2 号；邮编：410007；电话：5563840。

（中国水利水电第八工程局总工程师办公室）

中国水利水电第九工程局

中国水利水电第九工程局（以下简称水电九局），组建于 1958 年，属国家一级施工企业，现有在职职工 8872 人，各类专业技术干部 2149 人，其中具有高级职称的 140 人，中级职称的 430 人。全局自有机械设备总台数 3000 台（件），总功率为 5.9 万 kW，全局固定资产原值 2.25 亿元，拥有流动资产 6.7 亿元，长期投资达 1348.7 万元。

30 多年来，水电九局成功地开发了猫跳河。在该河上建成了 7 座坝型各异的水电站，积累了一整套河流梯级开发的施工经验。同时，先后承担了贵州乌江渡、青海龙羊峡、四川渔子溪等大型水电站的部分施工任务。并有部分施工队伍参加伊拉克、突尼斯、刚果、伯尼兹等国的水利水电工程建设。目前，水电九局正承担着国家重点工程乌江东风水电站的建设任务，并于 1994 年初下闸蓄水，同年 8 月 26 日实现了首台机组并网发电一次成功，现进入试生产期。除此之外，水电九局还担负着天生桥(一、二级)水电站调压井、压力管道、放空隧洞等工程的施工任务。近年来，水电九局积极参与了市场竞争，仅 1993 年中标的大型工程就有：湖南江垭水库导流洞工程和三峡工程进场专用公路。

通过猫跳河、乌江渡、东风等电站的施工，水电九局积累了丰富的在岩溶地区建设水电站的施工经验，能够胜任水电站建筑与安装工程、大型调压井及地下洞室群施工，火电厂建筑与安装工程，地下连续墙和混凝土防渗墙施工，220 kV 输变电设计和安装工程，压力钢管制作与安装工程以及工业及民用建筑安装，航务工程，公路及桥梁工程等等，还将经营范围扩展到了其他领域如商品混凝土及其构件、各类施工机械配件及三材经销、宾馆服务、边境贸易、种植和养殖等领域。水电九局还在广西自治区北海市成立了“水电九局北海光明公司”，正承担着北铁公路、北海大道、明珠大厦的施工任务，并开展了多层次的经营业务；在贵阳成立了“光明房地产开发公司”、“新发展商品混凝土公司”；在海南省海口市新组建了海南公司。

在工程建设中，水电九局长期坚持技术革新和科学研究活动，坚持新技术、新材料和科技成果的推广运用，并取得了丰硕的成果。其中岩溶地区勘察及岩溶地基处理、水工隧洞及大跨度地下洞室喷锚支护和混凝土衬砌技术、月牙形内加强肋岔管及无梁岔管获得“全国科学技术奖”；岩溶勘探及工程处理、白云岩制水工混凝土砂技术等 18 个项目获得“贵州省科学技术奖”；水电九局承担的国家“七五”重点科技攻关项目“高混凝土坝快速施工技术研究”专题经评审鉴定会鉴定，此专题研究成果总体上达到国际先进水平，并获能源部科学技术进步二等奖；“东风薄拱坝基础填槽混凝土掺氧化镁技术”获 1993 年度贵州省科学技术进步三等奖；“乌江东风电站帷幕灌浆试验”获 1993 年度贵州省科学技术进步三等奖。

局长柳克勤；总工程师刘颖；总经济师王献修；总会计师向国彪。

通讯地址：贵阳市解放路 80 号；邮编：550002；电话：(0851) 5825773；电挂：（黔西）7193；传真：(0851) 5823674。

（中国水利水电第九工程局办公室）

中国水利水电第十工程局

中国水利水电第十工程局(以下简称水电十局)系国家一级施工企业，全国 500 家最大建筑企业之一。它是承担水利、水电工程建筑及勘测设计、机电安装、工民建建筑的现代化综合性企业。全局现有职工 7000 人，其中高级工程师、高级经济师、高级会计师

121人；工程师及获得各种中等技术职称的共638人；受过各种专业技术培训的在岗职工1066人。拥有大中型施工机械700余台（件），机械装备1.4亿元。

水电十局曾先后参加过狮子滩、磨房沟、映秀湾、渔子溪一级、二级等30多座大中型水电站建设，建成水电站总装机容量160多万kW，同时还先后承担过100多座电站的机电安装，并承揽过美国、阿尔巴尼亚、菲律宾、奥地利等国的工程金属结构制作安装和机组安装。该局还承担公路、桥梁、机场、商厦等各种大规模建筑，并与日本、意大利、澳大利亚等国的公司合作承担了一系列国际工程。在科学技术方面，该局先后与山东水科院等单位合作研制成功了水泥裹沙喷射混凝土、光面爆破、药卷锚杆粘接剂等新工艺，并在全国地下工程施工中得到广泛推广运用；瞬凝堵漏喷混凝土新工艺正在研究试验过程中；在渔子溪二级电站施工中，该局成功地引进了瑞典阿里马克爬罐进行了斜井掘进，其技术已接近世界先进水平；红外测距、微机等广泛运用于生产和管理中。

1992年以来，该局先后中标承建了阿坝州太平驿电站、沐川黄丹电站、雅安雨城电站、都江堰市驾虹电站和白果岗电站以及海南大广坝电站机电制作安装等工程，共完成投资5亿多元。全局年产值由1986年的5000万元上升为1993年的1.76亿元，年人均劳动生产率由1986年的7000元上升为1993年的2.18万元。在此期间，该局与意大利CMC公司联合完成了由世界银行贷款兴建的甘肃引大入秦工程第二组标，并提前19个月安装完毕中国最大的钢管倒虹吸的引大入秦水磨沟倒虹吸工程，被评为优质工程。该局最近又经中国四川国际工程公司联系中标了乌干达欧文电站；巴基斯坦巴特尔电站工程正在进一步洽谈中。两项国外工程总投资4000万美元。

全局从事二三产业、多种经营的职工达1377人，占全局职工总数的五分之一，创年产值2200万元。

局长马世绵；副局长秦锡翔；党委书记王国华；副书记袁志伦；总工程师钟永为；总经济师邓积瑜；总会计师刘高峰。

通讯地址：四川都江堰市蒲阳路；邮编：611830；电话：(08236)283995、283411、283412；电挂：0577。

（中国水利水电第十工程局办公室）

中国水利水电第十一工程局

中国水利水电第十一工程局（以下简称水电十一局），前身为黄河三门峡工程局，成立于1955年12月，以从事大中型水利水电工程施工为主。国家建设部核定为水利水电建筑施工一级企业。全局现有职工7180人，其中，高、中级专业技术人员727人，拥有固定资产2.19亿元，大中型施工设备2000台套。下辖9个专业化建筑安装施工分局以及配套的设计、计量、科研机构与商业、饮食业、自办工业企业等多种经营单位和医院、学校、基地等教育、卫生服务设施。

水电十一局先后建成了黄河三门峡水利枢纽、伊河陆浑水库、黄河渠村分洪闸、洛河故县水库等大中型水利水电工程，参加了青铜峡、盐锅峡、刘家峡、龚咀、葛洲坝、天桥等水电站的施工，承担了河南省板桥、石漫滩水库复建工程的地质勘探和初步设计任务，为地方建成了一批小水电站和输变电工程，完成了几内亚、阿富汗、阿尔巴尼亚、伊拉克、毛里塔尼亚、尼泊尔等国外的一批水利水电工程援建和承包施工任务。近几年先后投标承建了三门峡电熔刚玉厂、中原黄金冶炼厂以及一批公路、桥梁、输水灌溉工程和成套设备安装。目前正担负着三门峡水利枢纽二期改建和扩机工程、黄河小浪底水利枢纽前期工程施工和石漫滩水库工程施工任务。

该局1994年共完成产值达31502万元，实现利润1260万元，全员劳动生产率达到42192元/人年。1994年，多种经营产值达到13571万元，利润达到472万元。

该局先后获全国科学大会奖5项、国家科技进步奖2项、河南省重大科技成果奖9项。研究试验成功了大坝混凝土掺粉煤灰技术，在三门峡和故县大坝施工中被广泛采用。研制成功特种深水围堰，解决了三门峡底孔改建的关键课题。故县大坝坝基软化泥化性F_5断层化学灌浆处理技术，达到了国内领先水平。在国内水利水电施工中率先设计、安装和使用架空索道运输砂石料。

该局1992年获中国水电企协“企业管理优秀单位”称号。1992、1993年和1994年被列为“全国500家最大建筑施工企业”和一次被列为“全国500家最佳经济效益建筑施工企业”。

局长段子印；副局长陈甲荣、何先伦、刁振昌、凌玉柱、王学鲁、陈国华、王宗敏；总工程师陈甲荣（兼）；总经济师凌玉柱（兼）；总会计师王链。

通讯地址：河南省三门峡市湖滨区；邮编：472000；电话：(03891) 222925；电挂：0005；传真：222925—3339。

（中国水利水电第十一工程局办公室）

中国水利水电第十二工程局

中国水利水电第十二工程局（以下简称水电十二

局），前身为电力工业部新安江水力发电工程局，创建于1956年，是一个具有近40年历史、有较雄厚的施工经验和技术力量的水电施工企业。企业资质等级为水电建筑安装一级、工业及民用建筑二级。持有国家施工企业资质等级一级证书和对外总承包工程资质证书。企业现有职工8000余人，其中各类专业技术人员1700多人（内具有高级技术职称的109人，中级技术职称的580人）；拥有承担大型水利水电工程和其他建筑安装工程的主要机械设备600多台（套），总功率6.5万kW，原值1亿余元；具有承建大型水电站建设工程和从事水利、火电、工业及民用建筑安装工程施工总承包的能力，在石方开挖、洞挖、大体积混凝土浇筑、岩基处理、混凝土面板堆石坝建筑、发电机组和变配电设备安装等方面，具有较雄厚的施工技术实力。

水电十二局成立以来完成的主要工程项目有新安江、富春江、湖南镇、紧水滩、石塘等大中型水电站。截止1990年底，累计安装大中型水轮发电机组38台，总装机容量为169.57万kW，并建设了温州发电厂一期工程、金华热电厂及主楼15层的联合国亚太地区小水电研究培训中心大楼和多座垃圾坝、储灰库等大中型工程。

该局在30多年的发展中，注重科学进步，形成了一支较强的科研队伍，有20多个科研项目和技术获得国家、部和省级奖励。由该局承建的浙江成屏一级水电站混凝土面板堆石坝（坝高74.6 m），经专家鉴定，各项技术指标处于国内先进水平，其中3项达到世界先进水平，为国内当时同类型坝中施工最成功的一例。目前，在建的福建龙岩万安溪水电站，在总结了成屏电站面板堆石坝施工技术的基础上，取得了更大的成功，得到各方面专家的充分肯定。

局长张介中；党委书记赵铭身；总工程师董润生；总经济师马如骐；副总会计师章银先。

通讯地址：①浙江省金华市白龙桥；邮编：321027；电话：(0579) 2211000；传真：(0579) 2211001；电挂：4101。②杭州市长生路1号；邮编：310006；电话：(0571) 7065947；传真：(0571) 7088338。

（中国水利水电第十二工程局　许贺龙）

中国水利水电第十三工程局

1962年由福建闽江工程局的部分人员和设备转移到山东德州成立水利电力部马颊河疏浚工程局，1965年部属卫河疏浚工程局并入，1969年更名为水利电力部第十三工程局，现定名为中国水利水电第十三工程局（以下简称水电十三局）。1991年被建设部批准为一级资质施工企业；1992～1994年被列为全国500家最大经营规模建筑企业之一。

水电十三局现有职工6239人，其中各类专业人员1812人，有高级职称215人，中级职称643人。拥有各类工程船舶百余艘，从荷兰进口的海狸4600型、3800型绞吸式挖泥船最大挖深18 m，最大排距5000 m；为适应在通航水域内施工，配有自浮式柔性水下潜管，可隔江取土进行疏浚和吹填作业，年疏浚生产能力2000万m^3，还装备有日、德、美、法、意等国进口的大型挖掘、装载、吊装、运输等机械设备700余台，年生产能力1500万m^3。主要设备有1.6～3.8 m^3正铲、反铲液压挖掘机；2.2～5.6 m^3装载机、180～320马力推土机；13～20t自卸汽车和散装水泥运输汽车；40～90 t汽车吊和履带吊、40～100 t平板拖车等，总功率119053 kW，固定资产原值2.309亿元。

该局主要任务：承担各类江河湖海疏浚工程；大坝吹填加固、围海造地、庄台吹填任务；大型水电站工程的砂石料运输、开挖出渣；煤矿、公路以及其他土石方开挖填筑工程；基础强夯工程；土石坝、桥、涵、闸等水工建筑工程；还可承担18层以下，30 m跨度以下的房屋建筑，高度50 m以下的水塔、烟囱等构筑物的施工。该局曾先后在全国27个省市自治区和国外承建水利水电和河海疏浚工程100余项，其中部、省、局级优质工程共28项。

局长张林；副局长张广旗、刘起涛；总工程师张广旗（兼）；总经济师黄正宇；总会计师张训化。

通讯地址：山东省德州市；邮编：253009；电话：621400。

（中国水利水电第十三工程局　周　建）

中国水利水电第十四工程局

中国水利水电第十四工程局（以下简称水电十四局），组建于1954年5月，资质等级为“国家建筑安装一级”。是一个以水利水电建筑安装工程为主的具有总承包能力的综合性大型施工企业。现有员工14988人，具有高级职称的389人，其中高级工程师247人（含教授级高工35人），高级经济师和高级会计师13人；具有中级职称的1091人，其中工程师325人，经济师、会计师、翻译和统计师191人；技师172人，熟练技术工人6806人。

水电十四局拥有各类先进的施工机械设备5000台套。年开挖并填筑土石方500万m^3，混凝土浇筑50万m^3；金属结构制造安装4000 t，创一个电站年机组安装投产90万kW（3×30万kW）的全国纪录；钻孔灌浆8万m，房屋建筑4万m^2。

该局在40年的施工实践中，研制和推广使用重要科学技术成果获部、省及国家级科技奖57项。其中采用风化料作为土坝防渗心墙，2×200 t岩壁吊车梁，900 m高水头压力钢管制作和安装，600 m高水头无钢衬钢筋混凝土斜井和岔管，大断面、长隧洞快速施工及围岩稳定监测，高速水流作用下的混凝土表面处理技术等方面处于同行业先进水平。

该局对高水头电站、高土石坝、高混凝土坝、高混凝土面板堆石坝、混凝土碾压坝、大断面长隧洞地下工程、复杂地质工程处理、大型机组和金属结构安装具有丰富的施工经验和良好质量信誉。1991年被评为“能源部先进施工企业”、“水电质量管理先进企业”，被授予“重合同、守信誉”荣誉称号；同年，被中国水利水电工程总公司评为“科技开发推广应用先进单位”。1992年列为中国500家最大建筑施工企业第34名；云南省百强建筑施工企业第二名；1993年被评为中国500家最大经营规模建筑业企业第58名。

40年来，该局完成了云南石龙坝水电站（我国大陆第一座水电站）的改建和扩建工程，先后建成了六郎洞电站（新中国第一个引用地下水发电的电站）、以礼河梯级电站（一级电站毛家村大坝为当时最高的粘土心墙坝，三、四级为当时最高水头的引水式电站）、绿水河梯级电站、大寨电站、西洱河梯级电站、鲁布革电站（我国第一个引用外资的电站）、广州抽水蓄能电站、福建省南一水库等一批大中型水电工程；还参与了漫湾电站公路和隧洞工程及红水河天生桥一、二级电站建设。在国外承建了喀麦隆拉格都水电站、中非共和国姆巴里水电站；还派出专家和工程技术人员参加了阿尔巴尼亚、阿尔及利亚、突尼斯、尼泊尔、伯利兹等国外工程的咨询和建设工作。在省内还建成中小型水电站100余座。40年来安装水轮发电机组214台（其中单机容量15万kW机组4台，30万kW可逆式机组4台），装机总容量300多万kW。完成大中型各类堤坝39座，其中土石坝20座，混凝土坝17座（包括碾压混凝土坝）；地下厂房14座；洞井工程120余km；土石方工程6000余万m^3，混凝土工程近400万m^3，金属结构制作安装4万余t，修建公路300余km。目前中标在建的工程项目有广州抽水蓄能电站二期工程（120万kW）、浙江天荒坪抽水蓄能电站（180万kW）地下厂房及下库坝工程、云南大朝山电站（125万kW）导流洞工程、湖南白云电站、福建山仔电站、江西斗晏电站、云南龙江电站、元江依萨河电站、长江三峡公路隧洞等工程。

局长马洪琪；副局长陆承吉、曹保华、刘冬成、陈银根；党委书记汪先绪；副书记汪其大；总经济师赵正杰；总会计师刘东生。

通讯地址：云南省昆明市环城东路159号；邮编：650041；电话：3335216；电挂：6080；电传：64042FCB CN；传真：（0871）3333460。

（中国水利水电第十四工程局办公室）

闽江工程局

闽江工程局创建于1957年，曾先后建成古田溪梯级水电站和水口、沙溪口等大中型水电站共11座，总装机容量达263.7万kW以上，是福建省水电建设和基础设施建设的主力军，为福建省经济腾飞做出了较大的贡献。

改革开放以来，为适应市场竞争的需要，闽江工程局已逐步形成一家既能从事大中型水电站工程及金属结构制作安装工程，又能从事机场、道路、桥梁、涵洞、高速公路等工程的施工以及建筑工程设计的大型综合性建筑施工企业。

闽江工程局是全国500家最大建筑施工企业之一，全国水利水电施工及机电设备安装一级资质企业。拥有施工机械3605台（件），固定资产1.5亿元，现有职工5655人，有职称的各类专业人员1229人，中高级以上技术管理人员555人，具有雄厚的经济实力和技术能力，并具有在国外承包工程的资质。

目前承揽的工程主要有：水东、漠武、高砂、金山等中型水电站工程、厦门高崎国际机场二期场道工程、杭州至宁波高速公路七合同工程、长乐国际机场第三合同工程、厦门中亚工业城、嵩屿火电厂、集美水厂、珠海火电厂以及厦、漳、泉市政道路工程和机电安装工程等。

以闽江工程局为责任方的中外联营体在建设水口水电站过程中实行了项目法施工和管理并取得了成功。1992年水口电站在全国5个百万kW级水电站质量评比中列居首位，获优质工程奖，并创造了全国同行业中采用新技术新工艺施工的7项全国纪录。1984年厦门机场工程获国家银质奖；1982年池潭水电站获水电站优秀工程奖；1989年福州火电厂灰坝工程获华能国际电力开发公司授予的工程进度金奖；1990年被建设部授予“全国施工技术进步先进企业”；1990年被国家计委评为全国重点工程建设施工A级信誉单位；1991年被能源部授予全国水电系统科技开发、推广应用先进企业；1993年被福建省建设委员会授予（1988～1992年）工程质量创优先进施工企业；被中国企业评价中心福建分中心授予“93施工企业规模评价排名前企业”。

局长、总经理容加利；党委书记田进先；党委副书记陈亮、宗水根；副局长王方、杨凤悟、赖爱宝；总工程师吴澄；总经济师王方（兼）；副总经济师楼仕珊；总会计师肖仲谋。

通讯地址：福州市湖东路82号；邮编：350003；电话：(0591) 7821294、7812264；传真：0591－7853663。

（闽江工程局 刘鑫孙）

中国水利水电基础工程局

中国水利水电基础工程局创建于1959年，前身为水电部水电总局基础处理总队，文革初期，总队撤消，施工队伍划归各水电工程局，1982年重新组建了水电部地质勘探基础处理公司，1992年10月，易为现名。

该局现有职工2016人，技术干部424人，其中各种中级职称技术人员231人，高级职称69人，技术装备率近9000元/人，年施工能力为防渗墙5万余m^2，钻孔灌浆10万m。1982年重新组建以来，已累计完成防渗墙25万余m^2，钻孔灌浆35万余m。

该局是从事水利水电基础工程专业化施工的国家大型企业，资质等级为一级，系目前部属唯一专营基础处理工程的施工企业。多年来，该局注重科学技术的引进开发与利用，掌握了诸如防渗墙快速成墙、高速灌浆工艺、高喷、锚索、振冲、强夯、无轨滑模等多种基础处理工程专业的先进施工方法和技术。

该局下设10个施工处及软基公司、科研所、修配厂、设计、咨询公司等二级单位，拥有齐全的施工设备、雄厚的技术力量，能够为国内外广大客户提供水利电力、高层工民建、桥梁、港口等大型工程的基础施工、科研、设计、技术咨询等项服务。

该局自创建以来，先后承担了密云、葛洲坝、龙羊峡、铜街子、隔河岩、水口、天生桥等100余座大中型水利水电工程的基础施工。此外，以援建和劳务形式参加过喀麦隆、阿尔巴尼亚、突尼斯、伊拉克等国的水电建设。目前，大部分队伍正在黄河小浪底与长江三峡工程施工。该局承建工程合格率为100%，优质工程量平均达94%。有水口等9项工程被评为部（省）级优质工程，所承担的国家“六五”“七五”“八五”科技攻关项目有20项分别获国家科技进步奖和原水电部、原能源部、电力工业部科技进步奖，获得3项国家专利，有多篇科技论文与著作发表出版，为丰富基础工程领域的科学体系做出应有的贡献。

该局拥有基础工程施工领域的多项第一，创造出目前国内在建防渗墙深81.9 m的新纪录，宽1.4 m的国内防渗墙最宽纪录，国内首创的钢筋笼工字型防渗墙，国内首创塑性混凝土防渗墙，天生桥复杂地层高速灌浆，目前国内锚索工艺最大吨位600 t纪录等等。

1992年以来，该局取得的成果有：1992年被国家建设部、国家统计局等单位联合评为“1992年度中国建筑施工企业综合实力100强”之一，1992年荣列管理世界中国企业评价中心、国家统计局、建设部共同评选的“中国500家最大建筑业企业”之一，1993年在天津市举行的最大建筑施工企业100家评价中列第32位。

局长：郝鸿禄。

通讯地址：天津市武清县杨村镇建设北路1号；邮编：301700；电话：9341551、9341552；传真：9345523；电挂：89040。

（中国水利水电基础工程局办公室）

武警水电指挥部系统

中国人民武装警察部队水电指挥部

中国人民武装警察部队水电指挥部，原为中国人民解放军基本建设工程兵水电指挥部，1985年根据国务院中央军委的决定由中国人民解放军转入中国人民武装警察部队序列，现辖武警水电第一总队、武警水电第二总队、武警水电第三总队和武警水电学校。为适应承担三峡水利枢纽永久船闸工程任务的需要，还组建了武警水电部队三峡工程指挥部。现有干战职工17000余人，其中技术干部1720人，有高级职称166人，中级职称456人，其他专业技术干部1098人。它是一支组织军事化、管理严谨、装备精良、技术先进、调动灵活的部队。主要承担水利水电建筑安装工程、地质勘探、基础处理、地下工程施工和中小型水电站的设计，并能承担公路、铁路、机场、港口码头、工业与民用建筑和输变电线路等工程建设。在特殊情况下还承担起维护社会稳定的任务。

现在承担的指令性任务有：由武警水电一总队承建的天生桥二级水电站；由武警水电二总队承建的万安水电站；由武警水电三总队承建的西藏羊卓雍湖抽水蓄能电站和西藏那曲地区的查龙水电站。随着改革开放的不断深入，我国水电建设的管理体制不断变化，武警水电部队也走向市场参与了社会竞争，除已完成通过投标承建的新疆大山口水电站、福建良浅水电站、江西大余峡江水电站、江西龙南龙头壁水电站外，还投标承建了天生桥一级水电站、三峡水利枢纽永久船闸的第一期土石方开挖、福建班竹溪水电站、江西南车水库、江西信江航运枢纽、江苏魏村水利枢纽等。天生桥一级水电站和三峡水利枢纽永久船闸工程无论在投资上还是在工程规模和难度上，都使武警水电部队在招投标承建工程中跃上了新台阶。另外还承建了菲律宾宾佳水电站的修复工作。在开展主要业务活动的同时，还积极开展了多种经营活动。

武警水电部队 1992 年至 1994 年共完成装机 108 万 kW（其中万安水电站 20 万 kW，天生桥二级水电站 88 万 kW）；完成基建投资 37.65 亿元（1994 年为计划数，下同）；土石方开挖 285.9 万 m^3；混凝土浇筑 72.7 万 m^3；隧洞掘进 11158 m。西藏羊湖抽水蓄能电站的关键工程——引水隧洞于 1993 年 9 月胜利贯通；查龙水电站 1993 年开工，当年实现截流，这是武警水电部队的官兵在海拔 4400 m 以上严重缺氧情况下取得的巨大成就。

中国人民武装警察部队水电指挥部主任贺毅少将；副主任刘源少将（兼）、崔军少将、汪成杰少将、陈方枢大校；政委汪恕诚（电力工业部副部长，兼）；第二政委刘源少将；政治部主任李克忠少将；副总工程师廖灿戊大校。

通讯地址：北京广安门外水口子村 51 号；邮编：100055；电话：3467799。

（武警水电指挥部　张津生）

武警水电一总队

中国人民武装警察部队水电第一总队（江南水利水电工程公司，以下简称武警水电一总队）是一支担负大型水利水电工程建筑的施工部队，为水利水电建筑施工一级企业。这支部队的前身为原水利电力部四川水力发电工程局，于 1966 年改编组建为基建工程兵，1985 年由基建工程兵 00619 部队转入武警序列。

武警水电一总队辖有 6 个支队及基础处理营、修配厂、科研所、总库、医院、教导队、学校与宜昌、柳州基地等直属单位。部队现有干战职工 7800 余人，各类专业技术人员 600 人，其中具有高级职称的 40 人，中级职称的 150 余人。人均动力装备能力为 25.6 kW。具有单独承担大中型水利水电工程综合施工的能力，亦可担负工民建筑、铁路、公路、桥梁及其它土建工程施工。

这支部队先后承担与建成过狮子滩、大洪河、上硐、回龙寨、下硐、石棉、映秀湾水电站；潘家口水利枢纽一期、引滦入还、引还入陡、潘家口水利枢纽二期及新疆大山口水电站等 10 多座大中型水电站和水库工程。还参加了首都机场、北京饭店、其它市政工程以及广西平果铝厂、云南漫湾水电站高边坡治理等项目的建设。在潘家口水利枢纽一期工程施工中，曾创造过提前一年截流、提前一年蓄水、提前一年发电与投资比概算节约 5000 万元的好成绩。分别被基建工程兵、原水电部、国家经委和全国总工会授予“第一流基建队伍”、“建设四化的光荣尖兵”、“优秀施工队伍”、“全国先进施工企业”等光荣称号和金质奖章，誉为“金奖之师”。

1982 年部队转战天生桥二级水电站工程。该工程有三条总长近 30 km、衬砌直径 8.7～9.8 m 的引水隧洞，工程地质和水文地质十分复杂，多种不良地质现象并存，以“地质博物馆”著称。施工中曾成功地进行了碾压混凝土筑坝、380 m 高边坡与 150 余万 m^3 大型滑坡综合治理、水泥裹砂（石）泵送混凝土、混凝土双掺技术、水工隧洞预应力混凝土衬砌、地下洞室围岩岩爆研究等一批科研项目与新技术的开发和应用。水工隧洞预应力混凝土衬砌、岩质高边坡稳定分析与地下洞室围岩岩爆研究 3 个项目，分别获得部级科技进步二等和三等奖。1992 年底 1 号引水隧洞充水，并实现 1 号机组并网发电，至 1994 年 3 月份，天生桥二级水电站已有 3 台 22 万 kW 大型发电机组并网运行。

该部队目前在建的项目有：天生桥二级电站、天生桥一级电站、桃林口水利枢纽、三峡永久船闸、菲律宾宾佳水电站改建工程，还承建贵阳火车站住宅楼以及厦门、珠海、海口开发区的土建和民用建筑施工，并在成都市办有商品混凝土厂。

总队长魏祥彪；副队长方平德、孙震宇、李光强、谢映怀；政治委员张进才；副政治委员顾延民；总工程师方平德；总经济师孙志诚。

通讯地址：广西隆林县天生桥；邮编：533409；电话：（0859）222748、（07867）2359；电挂：6700；传真：0859222748—2055。

（武警水电一总队办公室）

武警水电二总队

中国人民武装警察部队水电第二总队（以下简称武警水电二总队）的前身是中国人民解放军华东野战军第九十师，1952年改编为中国人民解放军水利工程第一师，参加治淮工程系列的佛子岭、梅山水库建设。1955年集体转业成为治淮委员会下属的施工队伍。1958年成立陈村水库工程局，1962年被命名为水利电力部陈村水力发电工程局，1969年改称为水利电力部第十四工程局，1978年整编改组为中国人民解放军基建工程兵00639部队，1985年改编为中国人民武装警察部队水电第二总队。

武警水电二总队为水利水电建筑安装一级施工企业，中国五百家大型建筑企业之一。1978年被授予“国家二级企业”称号，主要承担大中型水利水电建筑安装及基础处理工程，并能承担公路、铁路、机场、码头、港口及民用建筑等工程。目前具备年开挖土石方1000万m^3，年浇筑混凝土100万m^3，年制作安装金属结构3000 t，年安装水轮发电机组2台（每台10万kW）的生产能力。部队在控制爆破、特种材料灌浆技术、碾压混凝土施工、水下砂砾料开采、大型水轮机组安装、金属结构制作安装等施工技术方面有专长。部队现有干战职工6000人，其中技术人员655人，高级技术职称58人，中级技术职称178人。技术装备总功率12万kW，人均装备率约20 kW。

该部队从50年代开始，长期从事水电工程建设，转战安徽、江西、江苏、福建、广东、河南、湖北、青海、西藏等地，先后建成佛子岭、梅山、响洪甸、磨子潭、丰乐、陈村、纪村、石门电站以及江都大型排灌站等水电水利工程，并先后支援参加了三门峡、葛洲坝、碧口、龙羊峡等工程的建设。近几年来承包建成了福建泰宁良浅水电站、江西大余峡口及滩头水电站、全南虎头陂水电站、黄云水库等中小电站。目前在建工程有江西万安水电站（已蓄水发电）、江西泰和南车水库、江西信江界牌水利枢纽、江苏魏村水利枢纽等。还派出部分人员参加了西藏羊卓雍湖抽水蓄能电站的建设。通过投标，已中标承担了举世瞩目的长江三峡水利枢纽永久船闸一期开挖工程的施工任务，还同时承担了三峡工程的警卫和消防任务。

该部队在土石方开挖施工中，引进推广了预裂爆破、光面爆破、深孔爆破、多分段大区微差控制爆破等技术；首创的保护层一次爆除技术获水电部科技进步二等奖。在基础处理灌浆技术方面，先后在丙凝灌浆、中化—798环氧系列灌浆、丙烯酸盐化学灌浆、湿磨细水泥灌浆方面处在国内同行前列，其中与中科院广化所合作的中化—798灌浆技术获中科院科技进步一等奖；自行开发的WJ—88系列灌浆材料及工艺，在软弱地层灌浆处理技术上有重大突破，已应用于新安江大坝泥化页岩夹层处理并取得良好效果。在万安工程混凝土施工中，开发了掺加粉煤灰和多种外加剂的双掺技术；使用了钢纤维、铁钢砂、丙乳、硅粉、水下不分散混凝土等多类特种混凝土；在金属结构机电制作安装施工中，完成了国内最高水头（32.5 m）单级船闸的安装调试运行，质量优良。万安水电站4台10万kW机组安装全部优良，被评为优质工程。部队还在新余、厦门、常州、深圳等城市承建了城市道路、立交桥、中型桥梁、高层房屋、填海造地等工程。

总队长杨沛田；政委杨进国；总工程师梅锦煜；总会计师赵永胜；总经济师林勉。

通讯地址：江西省新余市赣新西路9号；电话：(0790) 443600；邮编：336525；电挂：4195。

（武警水电二总队武资）

武警水电三总队

中国人民武装警察部队水电第三总队（以下简称武警水电三总队）是为开发国家能源，承担西藏羊卓雍湖抽水蓄能电站建设的需要，于1991年5月经国务院、中央军委批复，在原武警水电工程指挥所基础上改建组成的。人员由从武警水电一总队、二总队中抽调出的一批有实际工作经验和组织指挥才能的干部、技术骨干和原武警水电独立支队合并组成。武警水电三总队是一支组织形式军事化，实行企业管理，具有独特经营和管理方式的施工队伍。部队管理严格、作风顽强、纪律严明，尤其适应承担条件艰苦，技术要求高，施工难度大，工期要求紧的施工任务，是一支具有雄厚经济技术实力、高度机械化装备、机动性强的基本建设突击队。

经营范围：主要承担国内外大中型水利水电工程的勘测、设计和施工；公路、铁路、码头、工业及民用建筑工程、基础处理、大型土石方工程、管道线路铺设、市政工程建设；工程监理、技术咨询等技术服务工作；施工机械租赁、批发、零售，代购代销建筑材料、建筑工程机电设备等。

现在承建的工程有：西藏自治区羊卓雍湖抽水蓄能电站，西藏那曲地区查龙水电站及成都安蓉大厦。

部队资质等级，水利水电建筑施工一级企业，兼营水利水电设备安装二级企业，公路工程二级企业，工业及民用建筑施工三级企业，水利水电勘测设计乙级单位。

现有人员：截至1993年底，在册人员总数3496人，其中有技术经济职称人员369人，中、高级技术人员125人。总队下辖4个支队和水利水电勘测设计院。

总队长方长铨；政委林振和。

通讯地址：四川省成都市茶店子；邮编：610036；电话：(028)7768134、7777610；传真：(028)7768134；电挂：6156。

（武警水电三总队办公室）

水电机械机组制造企业

哈尔滨电机有限责任公司

哈尔滨电机有限责任公司的前身是哈尔滨电机厂，创建于1951年，是我国最大的水轮机和电机制造厂，工厂面积70余万m^2，职工1.3万人，其中技术人员2400人（高级工程师500多人）。到1994年底，已经生产水火电发电设备共约600台，总容量达4900万kW，其中水电设备为1400万kW，约占国产总装机容量的1/3，居全国发电设备制造行业之首。葛洲坝水电厂所装21台世界最大尺寸的转浆式水电机组中哈尔滨电机厂制造的为13台（转轮直径达10.2 m），并且获得了国家质量金奖和科技进步特等奖。我国当前已经安装和投入运行的30万kW级国内最大容量混流式水电机组共计18台，其中12台为哈尔滨电机厂制造，分别安装在白山、刘家峡、隔河岩和岩滩水电厂。该厂为水口水电厂供货的20万kW机组（水轮机最大出力23.5万kW），是世界上容量最大的轴流式水电机组。该厂不仅为我国的水电建设提供了大批机组，而且有许多产品出口到加拿大、美国、委内瑞拉、菲律宾、土耳其、朝鲜和刚果等国。

该厂生产的国内最大的60万kW汽轮发电机已安全投入运行数年，并已形成年产60万kW和30万kW汽轮发电机300万kW以上的能力。还生产水火电机组的控制设备，到1994年底为我国冶金、化工、石油、矿山、国防等部门提供了35000多台、总容量达1100万kW的大中型交直流电机。1994年哈尔滨电机厂生产的水电机组、汽轮发电机和交直流电机合计容量超过500万kW，产值超过6亿元。

拥有600多名科研工作人员的哈尔滨大电机研究所是哈尔滨电机厂的科研和新产品开发基地，又是全国水电设备、汽轮发电机和大型电机制造行业的科研归口单位。其高水头水力试验台是国内最早投入工业试验、设备先进的高水头试验台，自行设计研制的模型转轮最高效率已经超过93%。积累了一大批从6 m低水头到830 m高水头的性能优良的水轮机模型转轮和水力设计资料，可供各种水头段的电站设计选择。已经建成国内最大的3000 t级推力轴承试验台，第一台岩滩机组2750 t推力轴承曾在该台进行实物工业试验。

改革开放十多年来，该厂积极发展国际合作，在水电方面先后与德国的西门子公司和伏依特公司、挪威的KB公司、日本的日立公司、加拿大的GE公司和马林公司以及奥地利的依林公司等厂家合作生产了鲁布革15万kW372.5 m高水头混流式机组、水口20万kW转桨式机组、隔河岩30.6万kW混流式机组、加拿大尼泊温电站9万kW转桨式水轮机以及出口委内瑞拉的多台大型水轮机，填补了我国高水头混流式水电机组及4000 t级推力轴承的空白，发展了我国水电设备设计工艺技术。1994年1月该厂与日本日立公司合资兴办了哈电日立电力设备新技术开发有限公司，在高水头抽水蓄能水电机组和低水头大容量灯泡贯流式水电机组方面也在利用双方联合的优势，开拓国内外的市场。

为了解决水电设备特大型部件的运输问题，该厂与渤海造船厂在葫芦岛海边合建了滨海水电大件加工厂，特大型水电部件可通过海上及内河运输送往电站工地，已经成功地为岩滩、隔河岩、水口、天生桥等大型机组提供了转轮、转子支架或机架中心体等特大型部件，并将为制造三峡70万kW机组发挥重要作用。

董事长：劳达前；总经理：盛树仁。

通讯地址：哈尔滨市大庆路；邮编：150040；电话：(0451)2102601；电挂：0767；电传：87015 HEMWCN；传真：(0451)2102580。

（哈尔滨电机有限责任公司　王初铭）

东方电机股份有限公司

东方电机股份有限公司成立于1993年12月28日，由原东方电机厂重组设立。原东方电机厂始建于

1958年，于1966年正式建成投产。

东方电机股份有限公司是中国研制大型发电设备的三大基地之一，公司占地面积47万余m^2，员工8千余人，属国家大型一类企业，并荣获全国“五一劳动奖状”。目前具有水电机组年产60万kW、汽轮发电机年产180万kW和交直流电机年产40万kW生产能力。

该公司的主要产品有：水轮机、水轮发电机、汽轮发电机、同步调相机和大中型同步电动机、异步电动机、直流发电机、直流电动机及发电设备辅机等。公司以质量第一、信誉至上为宗旨，先后被国家原机电部、中国工商银行和地方政府命名为机电行业企业管理优秀单位、“AAA”特级信用单位、重合同守信誉单位。该公司产品多次在国家、省部级质量评比中获奖，是国内唯一同时荣获水、火电设备质量金奖的发电设备制造企业。产品不但畅销国内，还远销北美及欧洲、亚洲、非洲的十多个国家和地区，受到众多用户的好评。近3年国内市场占有率约为30%，其中水电市场约为40%，火电市场约为25%。

截至1993年底，该公司已为龙羊峡、葛洲坝、漫湾、铜街子、万安、安康、大化、龚咀、丹江口、乌江渡、潘家口等近百个电站提供水电机组209套，达1024万kW。其中，迄今世界上转轮直径最大的长江葛洲坝17万kW轴流转桨式水电机组荣获国家科技进步特等奖；目前国内投运的单机容量最大的黄河上游龙羊峡32万kW水电机组获国家科技进步一等奖及优质产品金奖。公司正在生产的最大水电机组是李家峡40万kW水电机组，即将生产的最大水电机组是二滩55万kW水电机组。并积极开展三峡70万kW巨型水电机组、大型抽水蓄能和贯流式水电机组的开发研究工作。

总经理陈已建；副总经理饶芳权、佟承祥、秦泽浚、钟树森、樊世英（兼总工程师）、陈明万。

通讯地址：四川省德阳；邮编：618000；电话：2201209、2201219；传真：0086－0838－2202408。

（东方电机股份有限公司　王森平）

重庆水轮机厂

重庆水轮机厂成立于1938年，现为生产大、中、小型成套水力发电设备的国家大型二类企业，行政隶属重庆市机械工业局。业务隶属机械工业部。现有职工4320人，其中：工程技术人员444人（高级工程师76人，工程师313人）。工厂占地面积30.6万m^2，其中生产建筑面积11.7万m^2，固定资产净值12016多万元，主要生产设备632台，设有水轮、电机、重型装配、铆焊、铸造、电器、线圈7大主要车间，工具、机修2个辅助车间。并设有水电设备研究所、水轮机模型试验室、发电机试验站、绝缘材料试验室、计算机中心、理化计量室等。

该厂经过多次扩建和技术改造，现已发展成为一个能够研究、设计、制造水头3～1200 m，水轮机转轮直径0.6～7 m，单机容量0.02万～20万kW的贯流式、轴流式、混流式、冲击式成套水轮发电机组及辅助设备的国家重点骨干企业。

该厂为湖南永兴电站、福建高沙电站、四川三台文峰电站、东西关电站、槽鱼滩电站、云南西耳河三级电站、新疆大山口电站、托海电站、云南田坝电站、四川汶川草波电站、广西天湖电站生产了水轮发电机组。天湖电站水轮机设计水头高达1022.4 m，是全国最高水头电站，目前已投入运行。

该厂现年销售总产值达1.8亿元。累计生产水轮发电机组4600多台套，为国内外装备了1650多座电站。产品遍及国内29个省市、自治区，并先后出口美国、加拿大、秘鲁、布隆迪、印度尼西亚等国。

厂长王春毅；总工程师申忠禄。

通讯地址：重庆市李家沱马王坪正街10号；邮编：630054；电话：2851246、2850301－3465；传真：0811－2851249。

（重庆水轮机厂　陈国基）

天津发电设备总厂

天津发电设备总厂是我国生产成套发电设备的骨干企业之一，始建于1938年，1958年扩建，开始生产水轮发电机组成套设备，现成为生产大中型成套水力发电设备和大中型水泵机组等产品的大型专业化工厂。它由总厂本部和分厂——天津水电控制设备厂组成，现有职工4650人，其中技术人员410人。

总厂本部占地面积32.48万m^2，其中建筑面积14.45万m^2。职工人数4075人，其中工程技术人员359人，高级工程师50人，高级经济师、高级会计师5人。设备总数1017台，其中主要设备723台，金属切割设备328台，固定资产（原值）9232万元。

（一）主要产品

(1) 水轮发电机组成套设备。①混流式机组。已生产适用于20～400 m水头范围，单机容量为0.08～17万kW共38个规格，24个容量等级的产品，最大转轮直径4.1 m，其中为湖南东江水电站生产了4套12.5万kW机组，为贵州东风水电厂生产了3台17万kW机组，为四川渔子溪二级电站生产了单机容量4万

kW 的高水头机组，该机组在该站实现三个汛期不大修，达到了国家计委科研攻关的目标。②轴流式机组，已生产了适用 4～78 m 水头范围、单机容量为 0.05 万～1.8 万 kW 共 17 个规格、13 个容量等级的产品，最大转轮直径 4.1 m。正在设计制造单机 4 万 kW，直径 5.8 m 轴流转桨式机组。③贯流式机组。1964 年开始，在国内首先与科研单位、大专院校合作，陆续研制了单机容量为 40 kW，200 kW，2500 kW，3750 kW，1 万 kW，1.5 万 kW 机组，适于 1.3～20 m 水头范围，目前正在设计制造 1.8 万 kW 灯泡贯流式机组，最大转轮直径达 5.8 m。其中安装在白垢电站的 1 万 kW 机组获 1987 年国家科技进步二等奖。④ 抽水蓄能机组。1967 年该厂研制了单机 1.1 万 kW 双转速斜流可逆式抽水蓄能机组，该机组 1978 年获全国科学大会奖。

(2) 大中型水泵机组成套设备。已生产的产品有：630 kW、750 kW、900 kW、1600 kW、2800 kW，全调节式、半调节式，适用于河水及海水的大中型轴流水泵机组。为天津引滦工程、山东引黄济青工程、黑龙江新河宫工程提供常年输水泵组，目前正着手设计制造南水北调东线淮安三站大型可逆贯流泵组。同时也正在为山西引黄入晋工程，开展混流式高扬程单机容量为 7000 kW 水泵机组的研究、试验工作。其中为天津市引滦工程提供的 630 kW、900 kW 等四种轴流泵组 1985 年获国家科技进步三等奖。

(3)柴油发电机组和移动式电站。该厂是国内最早生产军用、民用柴油发电机组和移动式电站的企业。柴油发电机组有 24 kW～750 kW，14 个容量规格，形成无刷系列，有保护型和应急型。移动式电站有 50 kW～200 kW，6 个容量规格。其中 120 kW 移动式电站 1978 年获全国科学大会奖。

(二) 技术引进、技术合作与产品出口

(1)技术引进。从法国奈尔皮克公司引进了世界上最先进的模型转轮技术，已用在贵州省东风电站 17 万 kW 混流式机组上。从瑞典诺哈佛公司引进了混流式抽水蓄能机组的模型转轮技术，最高扬程可达 180 m，它的改进型正准备应用到引黄入晋工程。

(2) 产品出口。1981 年，该厂为我国首次对外(喀麦隆)提供 4 台单机容量 1.8 万 kW 轴流转桨式机组。为我国出口容量及转轮直径最大的转桨式机组。该厂还向尼泊尔提供 3 台单机容量 3350 kW 混流式机组，向几内亚先后提供 8 台单台容量 800 kW 混流式机组。此外，还向国外提供柴油发电机组及移动式电站。

(三) 企业发展规划

为适应我国水电发展的需要，该厂在“八五”到“九五”末期的主导产品规划目标是：混流式机组单机容量 30 万 kW，转轮直径 6.0 m；轴流式机组单机容量 6 万～10 万 kW，转轮直径 8.0 m；灯泡贯流式机组单机容量 2 万～4 万 kW，转轮直径 7.3 m；抽水蓄能式机组单机容量 10 万～20 万 kW，转轮直径 5.0 m。水电产品成套化年生产能力 80 万 kW，其中贯流式机组 20 万 kW。

厂长孙桂池；总工程师杨鸿年。

通讯地址：天津市北仓工业区；邮编：300400；电话：6392401。

(天津发电设备总厂　费树年)

富春江水电设备总厂

富春江水电设备总厂(富春江水工机械厂)是我国研制大中型成套水轮发电机组的主要厂家之一，承担水轮发电机组、电站备品配件、金属结构件及施工起重设备设计、制造和安装，是国家大型企业、扩大外贸自主权企业和国家二级企业。

该厂创建于 1970 年，隶属电力工业部，归中国水利水电工程总公司领导。现有职工 2224 名，其中各类专业技术人员 525 人，具有高级职称 48 人，中级职称 191 人。工厂占地面积 37.6 万 m^2，拥有 FB225 五轴数控铣镗床、ϕ16 m、ϕ12.5 m、ϕ8 m 立式车床，ϕ5.6 m ×12 m 卧式车床、T6920A 落地铣镗床等设备 1300 余台套。该厂建立了水力机械研究所，引进了具有国际先进水平的水轮机模型试验台及计算机辅助系统。

该厂自 1972 年研制出当时国内转轮直径最大的 6 万 kW 水轮发电机组以来，产品已销往国内 28 个省、市、自治区的 130 余座水电站、火电厂，为国内 15 座水电站提供了 40 余台成套机组，其中转轮直径为 8 m 的 7.5 万 kW、6 万 kW 成套轴流式机组各 4 台套。并有 5.35 万 kW 混流式水轮机等 4000 余 t 的机电产品销往美国、冰岛、巴基斯坦等国家、创汇 1000 多万美元。

随着改革开放的进一步深入和社会主义市场经济体制的建立，富春江水电设备总厂确定了“科技兴厂”的方针，制订了“巩固轴流机组，发展贯流机组，开发混流机组”的新产品开发战略。先后有 16 项产品分别获国家、部、省的科技进步奖和优质产品奖。国内第一座引进先进技术和装备的高精度、多功能水轮机模型试验台于 1992 年 2 月通过了由原能源部主持的国家鉴定验收。该试验台能进行能量、气蚀、飞逸特性及压力脉动等试验。立式台适用于混流式、轴流式水轮机模型试验，卧式台适用于灯泡贯流式水轮机模型试验。测试效率综合误差≤0.25‰，达到国际先进水平。投入工业运行以来，已完成了10个转轮的模型试验，其中5个通过了验收。为广西马骝滩电站研制的3台转轮直径5.5 m、单机容量1.55万kW的贯流式机组，属国家级重大新产品。3台机组于1993年2月全部投产发电，技术参数达到指标要求，性能良好。

引进国外先进水力模型软件，研制成功了三门峡水电站扩机增容的6号机。该机组转轮直径5.5 m，单机容量7.5万kW，在国内首次采用全不锈钢转轮，被视为该水头段的更新换代产品。7号机现已在制作中。

除此，工厂还完成了大峡电站4×7.5万kW机组的模型试验和设计工作，并投料制作。此外还研制出了目前亚洲最大、列世界第二位的五强溪电站19 m×23 m超大型弧形表孔门。为引进国外资金、技术和管理经验，工厂与日本富士电机株式会社采用“嫁接”方式进行合资的“富春江富士电机有限公司”已挂牌运营。

厂长陈启平；副厂长张信江、宋兆光、郭岳汀、方金校。

通讯地址：浙江省桐庐县富春江镇；邮编：311504；电话：(0571) 4651111、4651211；电挂：1381；传真：(0571) 4621950。

（富春江水电设备总厂　赵凯鹏）

郑州水工机械厂

郑州水工机械厂于1955年建厂，是全民所有制大型骨干企业，国家二级企业，外贸进出口自营企业，拥有固定资产（原值）5000多万元，占地面积26万m^2，现有职工1766人，其中工程技术、经营管理人员占20%以上。厂内拥有各种先进的机械设备千余台（套）及物理、化学、机械、液压、电气等全套检测试验手段，并有专用铁路线与郑州铁路枢纽站相连。年综合生产能力近万吨。

该厂“郑水牌”产品主要有：

1. 自动化混凝土搅拌楼（站）系列　包括50～270 m^3/h搅拌楼、15～80 m^3/h搅拌站及微机控制搅拌楼、预冷温控搅拌楼、移动式搅拌站等。

2. 水利闸门启闭机系列　包括各种固定式、移动式、盘香式、门式卷扬启闭机和液压启闭机，其中固定式启门力达2×360 t、门式达500 t。

3. 金属结构产品　包括各种平面闸门、弧型闸门、船闸人字门、压力钢管、拦污栅、火电站锅炉钢排架、电站厂房钢结构等。

4. 一、二类压力容器产品　包括20万kW、30万kW火电机组锅炉除氧器等。

5. 电站机械　包括起重机械1000 tm、1500 tm、3000 tm、3450 tm塔式起重机，各类电厂桥式起重机、捞渣机、环式给煤机等电厂除渣设备、输煤设备。

郑州水工机械厂有5项产品通过了按国际标准进行的验收。郑水牌产品获得国家质量奖5项，省、部优质产品奖7项。其中大型闸阀式平面闸门成套设备荣获国家金质奖，水工金属结构平面闸门、船闸人字门、混凝土搅拌楼等4项产品获国家银质奖，荣获部、省质量管理奖、部科技进步奖。

郑水牌产品已在水利电力、能源交通、港口城建等行业几十个国家重点工程中应用。如：葛洲坝、刘家峡、龙羊峡、李家峡、水口、漫湾、鲁布革、东风、岩滩、天生桥、五强溪、宝珠寺、万安、万家寨等水电站；漳泽、北仑港、望亭、太原、利港、福州等火电厂、秦山核电厂；首钢、宝钢、鞍钢、武钢、太钢等钢铁公司；上海、青岛、石臼港、连云港等港口工程；上海、大连、成都、徐州、北京、厦门、呼和浩特等地的城建工程。郑水牌产品还远销到斯里兰卡、阿尔巴尼亚、突尼斯、尼泊尔、马来西亚、印度尼西亚、中非、朝鲜等国家。

厂长何百庭。

通讯地址：郑州市棉纺路22号；邮编：450052；电话：(0371) 7448366、7446162；传真：0371－7973504；电传：46065 ZHMF CN；电挂：（郑州）0208。

（郑州水工机械厂　李凤玲）

杭州发电设备厂

杭州发电设备厂创建于1956年，经过近40年的建设和发展，已成为中国中小型发电设备出口的重要供货基地，被国家列为重点骨干企业、大型二档企业。该厂隶属于杭州市机械工业局，现有职工3000余人，其中工程技术人员400余人。全厂占地34.3万m^2，总建筑面积18.9万m^2，其中生产性建筑面积10.2万m^2。1993年固定资产7251.35万元，实现工业总产值1.25亿元，商品产值1.04亿元，出口创汇311.5万美元。

该厂配有各类主要设备536种，其中金属切割设备313台（精大稀设备57台，锻压设备48台），关键设备有加工直径10 m和6.3 m的立车，加工长度14 m的卧车、加工直径200 mm的镗铣床，起吊能力100 t的行车以及电脑控制的大型自动切割机，具有辅助设计功能的电子计算机系统，大型水轮发电机转子磁极线圈扁绕机等多种，年生产能力55万kW。

该厂主要产品有：容量为6 kW～10万kW，水头2～500 m的各式水轮发电机组成套设备（包括水轮机、发电机、阀门、调速器、励磁装置、永磁机等）；750

kW～2.5万kW的汽轮发电机组等。曾多次荣获部、省、市的优质产品称号。

该厂产品遍销全国30多个省、市、自治区，1979年小水电机组打入国际市场，产品远销美国、加拿大、瑞典、菲律宾、土耳其、伊朗、智利、泰国、印尼等30多个国家和地区，深受各国客商的信赖和赞许。在国际小水电设备市场上产生了较大的影响。

1985年该厂被国务院批准为出口扩权企业，1989年首家通过由机电部组织的水电产品质量出口许可证验收，同年被评为“国家二级企业”，1992年被国家经贸部批准为自营进出口企业，是全国同行业中获得进出口贸易自主权的企业。

厂长许国清。

通讯地址：浙江萧山；邮编：311200；电挂：2894（萧山）；电话：（0571）5151337、5157439、2622311；电传：35080 ZHEEW CN；传真：（0571）5150466。

（杭州发电设备厂　徐祖华）

上海水工机械厂

上海水工机械厂是水利电力修造系统和全国机械工业的重点企业之一。原直属水利电力部，现隶属上海市电力工业局。该厂创建于1951年3月1日，前身是美商美孚公司上海浦东油栈的一部分，1957年起致力于水利电力建设事业，由生产一般土方机械发展到独立设计制造大型精密的施工机械、电站辅机；由单为水电建设服务转向水火电并重；1987年始为火电服务为主，并为水利、电力、煤炭、冶金、交通运输等行业提供了多种规格的大型设备和备品配件。

该厂现有1400余名职工，其中工程技术专业人员150名。厂区占地近8万m^2，拥有机电设备近800台，主要生产设备390台。有一支重视质量、应变能力强、善于开发新产品的技术队伍。近几年一直保持了较好的经济效益。到1993年，该厂已形成上煤设备、牵张设备、浓相干式输灰设备和各类挂车4大类近百种系列产品。

该厂于1993年研制成功的纵横拼接式400 t液压全挂车是目前国产的最大吨位的全挂车。60～200 t液压全挂车若干主要质量指标已达到或优于国外先进同类产品水平，于1988年获国家质量银奖。100 t液压全挂车、42吨横伸式挂车和22吨半挂车已进入国际市场。

该厂1987年分别获得上海市和原水电部的质量管理奖；1987年和1988年被评为原水电部和上海市的思想政治工作优秀企业；1986年以来保持了上海市文明单位的称号；1988年获国家二级企业称号。1992年获能源部“质量、安全、文明生产创水平达标”企业称号。1980年以来已有硬岩隧洞掘进机等14种产品20余次获市、部、国家级奖励。

厂长穆鹏飞；副厂长范德兴、屠宪阳；总工程师穆鹏飞（兼）。

通讯地址：上海市广中路1001号；邮编：200072；电话：6650088；电挂：2970；传真：6657888。

（上海水工机械厂办公室）

吉林水工机械厂

吉林水工机械厂建厂于1937年，是电力工业部直属重点骨干企业，是我国大、中型水电站、火电厂建设工程施工用大型起重机的主要生产厂家。厂址位于吉林市松花江畔，占地面积37万m^2，厂区面积27万m^2，建筑面积10万m^2，铁路专用线直通厂区。现有主要设备336台，有完善的理化试验设备和计量检测设备，是国家一级计量单位。现有职工1595人，其中各类专业技术人员412人，从事设计、工艺、计量、检验研究的工程技术人员165人，高级工程师21人，工程师68人。

该厂生产的主要产品有：DMQ540/30型门座起重机（部优质产品，已生产200余台）、SDMQ1260/60型门座起重机（国家银牌、国家科技进步二等奖）、TQ1000/60型塔机（全国科学大会奖）、SDTQ1800/60型单臂塔架起重机（水电部重大科技成果三等奖）、联合研制的DBQ3000型塔式起重机（国家金牌奖、部科技进步三等奖）、最新开发研制的DBQ4000型塔式起重机（国家级重点新产品）、LQ系列新型龙门起重机等，还与德国libherr公司合作生产154/200HC型定臂自升塔机（用于大亚湾核电站）以及与PWH公司合作生产了20 t高架缆索起重机（用于五强溪水电站），最近开发的新型桥式起重机系列产品也将陆续投放市场。

吉林水工机械厂是国内最早推行全面质量管理的企业之一，对产品生产的全过程建立了完整的质量保证体系。自1985年以来，主要产品采用了国际先进标准，并于1990年荣获国家质量管理奖。

通讯地址：吉林省吉林市江南吉石公路20号；邮编：132011；电话：（0432）661781。

（吉林水工机械厂　王海宇）

夹江水工机械厂

夹江水工机械厂是国家机械工业重点企业，是西南地区唯一为全国水利水电工程提供大中型和超大型施工专用设备及永久性设备的大型专业化骨干基地，是国家大型企业、是我国金属制品业的百强企业之一。

该厂是由三门峡水工机械厂、卫河工程局修配厂内迁组建。1966年破土动工，1969年建成投产。原名水电部四川水工机械厂，1970年改名水电部第七工程局水工机械厂，1983年改名水利电力部夹江水工机械厂，1992年改名夹江水工机械厂。

该厂设有结构、铸造、金工、齿轮、混凝土泵、装配、动力、热处理、锻造、制氧、金属防腐、包装、运输等车间、分厂。现有生产性建筑7万多m^2，各类机械设备600余台，固定资产原值6000余万元，拥有职工1700多人，其中各类专业技术人员300多人（高级职称30人）。年综合产量为1.55万t。主要产品有4大类50多种，已先后为30余座大中型水电站制造了10万余t金属结构件和1500多台机械设备，上缴国家利税为建厂投资的11倍。

该厂主要产品为4大类：①水利水电工程的水工金属结构。主要种类有引水钢管、各种平板闸门和弧形闸门、船闸人字闸门、链轮门及电站和电厂钢骨架结构等。有多种产品先后获省部优产品称号。②水利电力建设及其它建设的专用施工机械。主要种类有全液压系列混凝土泵、全液压混凝土喷射机、双臂隧洞作业车、碾压混凝土振动碾、振动机、刷毛机、真空吸污机、侧卸混凝土运输车、全液压带电作业车、立卧自能式混凝土吊罐及洞内钢模台车等。HB30、40、50和60系列混凝土泵为全国首创，年产量达300台套以上，产品质量达到80年代国际先进水平，并荣获国家发明奖、国家科技进步奖、省、部优质产品称号。③水利水电工程施工专用起重机与闸门启闭机。主要种类有：大坝施工专用各类缆索起重机、门座式起重机、塔式起重机、桥式起重机、液压闸门启闭机、卷扬式闸门启闭机、龙门式闸门启闭机等。其中大型缆索起重机被部质量标准所认证为优等品，并与美国EDER公司和德国PWH公司合作生产。一些产品一直保持省、部优称号。已具备生产容量为500 t的各类启闭机、大型桥机和门机，250 t升船机的能力。④其它水电设备。主要有ϕ400～ϕ1000全液压控制调压阀等，荣获全国科学大会奖。工厂产品遍及全国30个省市自治区，并有部分产品出口。

厂长刘均宏；副厂长郭文良、周秉义、宣志潮、徐洪兴；总工程师王维鄂；总经济师周秉义（兼）。

通讯地址：四川省夹江县；邮编：614100；电话：661611；传真：08438－661531；电挂：3055。

（夹江水工机械厂办公室）

南京电力自动化设备总厂

南京电力自动化设备总厂隶属于电力工业部，创建于1940年。其前身为水工仪器实验工厂，后依次更名为南京水工仪器设备厂，南京水利电力仪表厂，南京电力自动化设备厂，南京电力自动化设备总厂。

该厂占地面积8万m^2，建筑面积9万m^2，固定资产3500万元。现有职工1672人，其中专业技术人员825人。拥有一个设计研究所、11个分厂、6个公司和二个集体企业。并在上海、江苏、厦门、深圳、江西、四川、北京等地建立了40多个合作生产经营点，20多个高科技工作开发基地，基本形成了科研生产一体化、产品制造专业化的规模集团型企业。

该厂是电力工业部归口生产电力系统自动化成套设备、土工试验仪器和大坝观测仪器的大型骨干企业。是目前国内最大的静态继电保护及电力自动化设备制造厂。主要生产和开发的产品有：电力主设备保护装置；输电线路保护装置；电网调度自动化、厂站自动化、热工自动化设备；土工试验仪器、大坝观测仪器；各类控制屏柜、测试仪表及电厂水处理系统装置等400多个品种。主要产品采用国际标准，60%以上产品实现微机化。有19项产品获省、部优质产品奖，2项获国家优质产品银质奖，2项获国家优质产品金质奖。近些年来，产品适用范围已由水电系统扩大到铁路、矿山、冶金、石化、建筑及其它公共事业等领域。产品遍及全国，有的已进入国际市场。

该厂每年均有10多项新产品通过技术鉴定并投产，这些新产品都具有国内或国际先进水平，实现了产品生产一代、设计一代、储备一代的战略方针，使产品的技术、质量始终保持国内领先地位，近3年来新产品产值均占全年总产值的60%以上。

该厂曾荣获水电部“优质服务标兵”称号；两次评为水电部“电力建设功臣单位”；1990年荣获“国家二级企业”称号；连续多年荣获市“重合同，守信用”企业称号；产品质量连续3年抽查合格；1985～1993年连续多年被江苏省电力局评为“双文明”单位。

该厂1987年开始实行承包责任制，1993年又进一步深化内部机制改革，全面推行了效益、责任和奖金挂钩的承包经营责任制，极大地调动了生产、科研一线广大职工的积极性和主动性。1993年全年工业总产值为1.15亿元，比上年增长47.08%，实现销售收入为1.36亿元，比上年增长85.82%；新财务制度下利税达到1358万元，与上年同口径相比，增长96.1%；利润达904万元，与上年同口径相比增长166%；1993年全员劳动生产率为69123万元/人。各项主要经济指标均创历史最好水平。

厂长沈建石；副厂长徐临、吴京翠、金军、曾顺明、吴济安、陈礼东；总工程师吴济安（兼）。

通讯地址：南京市新模范马路38号；邮编：210003；电话：6631394。

（南京电力自动化设备总厂　严友好）

水电咨询、对外公司

华源水利水电工程咨询公司

华源水利水电工程咨询公司（以下简称公司）成立于1988年4月，是由原水利电力部在体制改革中批准组建的。该公司是为水利水电建设提供设计、施工技术、企业经营管理、机电安装与机械设备采购等咨询服务并承担工程建设监理任务的全民所有制企业，是自主经营、自负盈亏的经济法人。

做为一个独立的智力型第三产业部门，公司聘有60多位国内从事水利水电建设具有丰富的设计、施工经验的老专家组成专家委员会；同时与部属设计院、工程局、科研院（所）建立了协作关系，可根据服务项目内容聘请专业对口的专家参与短（长）期的专项技术咨询工作；为广泛开展横向联合，组成了以华源咨询公司为主体，有12个咨询公司（所）参加的具有可以承担可行性研究、初步设计、评估、编标、招投标、施工管理、机械设备配套、选型、机电安装及技术培训等综合服务能力的咨询联合体。其成员为：①华源南方水电咨询公司（宜昌）；②贵州水利水电咨询公司（贵阳）；③湖南水电工程咨询公司（长沙）；④陕西华源水电工程咨询公司（安康）；⑤宜昌华源武警水电工程咨询公司；⑥华源西南水电工程咨询公司（成都）；⑦华源西部水电工程咨询工程公司（兰州）；⑧东方水电工程咨询公司（杭州）；⑨华夏水电经济研究所（长沙）；⑩电联电子技术开发经营部（北京）；⑪青海华源水电工程咨询公司（西宁）；⑫江西华源水电工程咨询公司（南昌）。并在浙江杭州组建了公司直属的机电技术开发中心，承担机电新技术设计、制造、开发等业务。

公司成立6年来，已先后承担了28座大、中型水电工程（总计装机容量为1081万kW）的全面和单项技术咨询及施工监理任务。主要项目名称与内容如下：

（1）设计咨询。①水口水电站主围堰及截流设计；②水口水电站二期混凝土生产及预冷系统设计；③福建万安溪水电站设计优化；④江西东津水电站设计优化；⑤广西大埔水电站初步设计；⑥广西浮石水电站初步设计；⑦四川西河水电站可行性研究及初步设计；⑧天生桥一级水电站主围堰及截流；⑨天生桥一级水电站大坝人工砂石骨料生产系统及施工供水系统设计。

（2）投标咨询。①水电一局辽宁观音阁水库碾压混凝土大坝投标书；②三厂一局水口水电站金属结构制作联合投标书；③水电基础公司水口水电站防渗墙投标书；④武警水电一总队天生桥一级电站混凝土面板堆石坝投标书。

（3）施工及机电安装技术咨询。①宝珠寺水电站施工技术咨询；②东风水电站施工技术咨询；③岩滩水电站机电安装技术咨询；④天生桥二级水电站高压钢管钢板质量鉴定；⑤普定水电站碾压混凝土拱坝施工技术咨询；⑥湖南白云水电站混凝土面板堆石坝施工技术咨询；⑦福建万安溪水电站混凝土面板堆石坝施工技术咨询；⑧广州抽水蓄能电站混凝土面板堆石坝和碾压混凝土坝施工技术咨询；⑨潘家口抽水蓄能电站机组安装技术咨询；⑩三峡工程低水头发电的技术方案论证；⑪新疆山口水电站混凝土面板堆石坝施工技术咨询；⑫夹江水工厂缆机生产制造咨询；⑬河北桃林口水库碾压混凝土坝咨询；⑭天生桥一级水电站混凝土面板堆石坝施工技术咨询；⑮三峡水轮发电机冷却方式调查研究。

（4）施工监理（包括技术咨询）。①江西龙潭水电站全面施工监理；②江西东津水电站全面施工监理；③四川铜头水电站全面施工监理；④四川雨城水电站全面施工监理；⑤湖北朝阳寺水电站全面施工监理；⑥湖北白水峪水电站全面施工监理；⑦广东白石窑水电站全面施工监理；⑧广西浮石水电站全面施工监理；⑨漫湾水电站机电安装监理；⑩天生桥二级水电站机电安装及钢管制造安装监理；⑪东风水电站工程质量监督及机电安装监理；⑫宝珠寺水电站工程质量监督；⑬西藏羊卓雍湖水电站钢管制造安装监理；⑭广西荣地水电站碾压混凝土坝施工监理；⑮十三陵抽水蓄能电站机电设备安装工程监理。

华源咨询公司领导成员：特别顾问李鹗鼎；高级顾问潘家铮、崔宗培、罗西北、王京；顾问谭靖夷、林伯诜、马仲珩；名誉董事长刘书田；董事长王干国；副董事长翟益涛、纪云生、王冰；总经理翟益涛（兼）；副总经理罗洪、雷文第、胡允谟、张继华；总工程师纪云生（兼），专家委员会主任王冰（兼）。

公司办事机构：经理部、监理部、技术部、机电部。

通讯地址：北京西城区安德路34号；邮编：100011；电话：4238433。

（华源水利水电工程咨询公司）

水电勘测设计咨询公司情况表

单位名称	领导姓名	成立年月	业务范围	已完成主要项目	地址	邮编	电话
中国水利水电建设工程咨询公司	杨惠芳	1981.7	主营：水利水电工程规划、设计、科研、技术咨询、工程监理及工程总承包 兼营：建筑、电力110 kV及以下送变电，与水利水电工程有关的物资设备销售	①“水电工程建设程序研究报告”已基本为电力工业部采纳。②泰安抽水蓄能电站、南澳风能发电场、呼和浩特抽水蓄能电站上库可行性研究报告编制。③科特迪瓦格格杜灌溉工程设计（正施工），协助外经部对加纳等国十余项援外项目咨询。④参加省主持的白石窑等30余项中型电站设计审查。⑤承担八盘峡等6座大型水电站扩机咨询及审查。⑥承担西江长洲等4座大、中型电站全过程咨询工作。⑦承担溪口抽水蓄能水电站监理任务和水布垭电站设计监理任务	北京市西城区六铺炕	100011	(010)4014176
中国水利水电建设工程咨询成都公司	赵志钦	1988.1	水利水电工程技术咨询和技术服务	①完成东西关、黄丹、石板水、金银台、明台等15项工程各设计阶段的咨询、评审等工作。②参加了省外的隔河岩、天生桥一级、大峡、彭水、鲁布革；省内的青居、槽鱼滩、铜头等多项大中型水利水电工程咨询、评审等工作。③完成了甘堡、湄沱、南新水电站的施工监理，现正在进行太平驿、东西关、黄丹水电站施工管理	成都市青羊宫	610072	(028)7769023
中国水利水电建设工程咨询昆明公司	牟锡林	1988.4	主营：水利水电工程前期的文件编制、项目评估、土建和设备招标文件的编制与评估、勘测、施工、试车投产和调试的技术服务 兼营：科研实验、技术培训、经验交流、项目管理、技术咨询服务	1992年参加了昆明院编制并完成天生桥一级水电站178 m高混凝土面板堆石坝和溢洪道、土建及金属结构工程的国际招标文件，并承担导流洞围岩变形观测及施工洪水预报设计；1989至1994年承担漫湾水电站的监理工作及水情测报；1991～1993年完成农村地方水电（徐村电站、螺丝湾电站、小中甸水库）可行性研究；同时完成腊庄电站、依萨河电站的监理任务	昆明市交三桥	650051	(0871)3162093

续表

单位名称	领导姓名	成立年月	业务范围	已完成主要项目	地址	邮编	电话
中国水利水电建设工程咨询中南公司	陈明惠	1988.2	主营：水利水电前期工程、土建、设备招标的文件编制与评估，人员培训，勘测、施工、试车投产和项目管理（建设管理）等技术咨询服务 兼营：承担水利水电等有关建设工程项目的总承包	①工程咨询：完成广东省花山、鱼跳、高塘等电站的可行性工作，三峡工程施工初步规划，上犹江大坝安全复核，铜头电站拱坝CAD咨询计算，黄龙滩水电站扩机可行性研究等。②工程监理：包括广州抽水蓄能电站一期，二期工程监理、一期机电监理，五强溪电站部分工程监理，水酿塘、井岗山电站监理，以及广州地下铁道东山口、烈士陵园车站土建工程监理等，1993年底又经过投标，签订了三峡永久船闸工程监理等。③与中电总公司、福建CMEC公司共同投标，签订了土耳其卡拉乔伦2级电站成套设备供货设计，全部机电设计及现场技术咨询由我公司承担，该电站两台机组已于1993年底1994年初全部投产发电商业运行	长沙市圭塘	410014	(0731) 5582633
中国水利水电建设工程咨询北京公司	李例	1985.7	主营：水利水电科研试验工作的评价与咨询 兼营：工程监理	①鱼洞水库设计咨询。②组织桃林口水库设计评估。③吉林省安图县水电规划。④参加小浪底、三峡、隔河岩、万家寨、天生桥等水电站以及天荒坪、广蓄、十三陵、羊湖等抽水蓄能电站的审查与评估。⑤参加引水渠规范、水工荷载规范、水工结构统一标准等规范的编写工作。⑥十三陵抽水蓄能电站的监理。⑦桃林口水库工程的监理。	北京市朝阳区定福庄	100024	(010) 5767034
中国水利水电建设工程咨询贵阳公司	刘义洲	1988.4	主营：水利水电工程勘测设计的技术咨询及科研 兼营：水运、公路、人防、电力线路及建筑工程技术咨询	①完成猫跳河梯级6座水电站、天生桥二级水电站、东风水电站、普定水电站、洪家渡水电站等多座水电站的勘测设计咨询和评估。②进行了普定水电站及木浪河水库的施工管理	贵阳市解放路78号	550002	(0851) 5825974
中国水利水电建设工程咨询上海东华公司	张汉江	1985.3	主营：水利、电力工程的技术咨询、技术服务、设计及工程承包和监理 兼营：市政、交通、港口及其他工业、民用建筑的工程项目的招标、技术咨询服务	①土耳其水电站设计，1992年投产。②长江口入海航道可行性研究、伯利兹水电站预备可行性研究、上海城市电网改造可行性研究等。③巴基斯坦卡拉奇电缆工程，1993年投产。④纪村大坝加固和安全定检。⑤广东天堂山水利枢纽工程监理。⑥向香港供水的东深二期工程大型泵站设计，1992年开始投产	上海市逸仙路180号	200434	(021) 5420093

续表

单位名称	领导姓名	成立年月	业务范围	已完成主要项目	地址	邮编	电话
中国水利水电建设工程咨询渤海公司	曹楚生	1988.7	主营：水利、电力及与其有关的工程建设、技术改造和投产后的技术开发、转让、咨询、技术中介服务 兼营：与主营有关的机电设备、电子仪器、仪表配套、零售、安装维修及咨询服务；高分子聚合物的开发	1992年～1994年完成项目约40项，以下列举主要项目：①海南省北部地区水资源开发报告的编制。②聚合物耐磨抗蚀保护涂层研制成功。③石漫滩水库复建工程招标设计。④云南省应用遥感技术作土壤侵蚀和土地利用调查	天津市河西区洞庭路60号	300222	(022)8342227
中国水利水电建设工程咨询西北公司	张庆堂	1988.6	主营：水利水电建设工程勘测、设计、科研试验的技术咨询 兼营：土木、水运、公路、人防工程勘测设计、科研试验的技术咨询	①黄河青铜峡、唐渠水电站的初设和技施设计。②汉江石泉水电站扩机可行性研究。③秦岭火电厂灰坝设计。④黑山峡河段开发方案咨询。⑤青铜峡水电站水库洪水及淹没影响分析。⑥兰州水泵厂供热改造扩容工程。⑦城镇综合楼、供销社多层商场设计	西安市南大街	710001	(029)7234291
中国水利水电建设工程咨询甘肃公司	欧炎伦	1985.3	主营：水利水电工程建设前期文件编制、技术施工图编制、技术咨询 兼营：室内外装饰设计	①引大入秦工程(灌溉面积86万亩)前期文件编制、招投标服务。②黄河柴家峡水电站前期文件编制、勘测、设计。③临洮三甲水电站前期文件编制、招投标、勘测、设计。④迭部尼傲峡水电站前期文件编制、勘测、设计。⑤红古享堂峡水电站前期文件编制、勘测、设计。⑥海潮坝水库大坝工程建设监理。⑦甘肃省文艺中心大楼(建筑面积6700 m²)	甘肃省兰州市平凉路182号	730000	(0931)8417121
中国水利水电建设工程咨询东方公司	凌鼎钫	1988.2	主营：水电建设工程科技开发、工程项目管理、咨询服务 兼营：水电建设工程所需设备制造、材料选型配套、订购提供代理和中介服务、设备修理、检验、机电设备	①江西省龙潭水电站施工监理。②天荒坪抽水蓄能电站进厂公路施工监理。③贵州东风电站高压闸门制作与施工监理。④参加广西天生桥水电站机电安装监理。⑤参加云南漫湾水电站机电安装监理。⑥参加广东白石窑水电站施工监理。⑦浙江上标二级水电站施工监理。⑧江西东津水电站评标咨询	浙江省杭州市教工三路18号	310012	(0571)8054769

(中国水利水电建设工程咨询公司　徐洪亮　张书军)

中国水利电力对外公司

中国水利电力对外公司(外文简称:CWE)是国内最早从事水利电力对外经济技术合作的专业性公司。由原中国水利工程公司(成立于1980年6月)和中国成套设备出口公司电力分公司合并而成。其下设北京、上海分公司,服务公司;在亚、非、拉美的国家和地区设驻外机构10余个。公司总资产约10亿元人民币。

该公司主要业务范围是:①承包海外水利电力及相关工程;②承包国内外资水利电力及相关工程;③对外派遣承包工程所需的工程技术人员及劳务人员;④承包海外水利电力工程的咨询、勘测、设计;⑤承建国家交给的水利电力方面的经援工程;⑥承办海外工程所需设备、材料的出口;⑦承办国内水利电力系统水利电力设备、材料及技术的进出口业务;⑧承办国家许可的商品进出口业务;⑨利用外方资源、资金与技术在国内开展合作项目;⑩在海外举办非贸易性企业。

国际承包劳务方面,至1993年底该公司已在30多个国家和地区经营对外承包劳务项目270余个,累计签订合同额11亿美元,完成营业额7亿美元,累计派出各类人员3万余人次。由于严格遵守国际承包行业的条款,在承担项目的国家和地区建立了良好的信誉,多次获得国际奖及优质工程证书。

经援方面,在40个国家共建项目约130项,总计13亿元人民币。共完成灌溉面积17413公顷;修水渠、堤坝长度276 km;修建水电站37座,总装机容量185万kW;完成输变电线路总长度2798 km。

进口方面,该公司与经贸部有关部门共同承办了水利电力系统大型成套设备以及自动化、通信系统、科研测试仪器、计算机软件等总金额达40多亿美元的进口项目,所进口的发电设备约占我国电力建设投产总量的20%。另外,公司具有500万美元以下进口项目的签约权,近年来自签进口合同共计150项,总金额7600余万美元。

在开办企业和多种经营方面,该公司自1984年开始创办合资企业,至目前已在海内外开办合资企业及合作项目20余个,总投资1800万美元。经营状况普遍较好,取得了一定的经济效益。

该公司自1989年以来,已连续5年被美国《工程新闻记录》杂志列为世界225家大国际承包公司之一;1991年度被列为全国500家大型服务企业之一,1992年度被列为全国前35位对外经济合作企业之一。

总经理季昌化;副总经理赵振民(兼总工程师)、金祖兆、马漆波、王硕豪(兼总会计师)、关仁卿。

通讯地址:北京德胜门外六铺炕;邮编:100011;电话:4015511。

(中国水利电力对外公司　王移风)

鲁布革水电科技实业公司

鲁布革水电科技实业公司是经电力工业部1993年10月批准在鲁布革工程管理局的基础上组建的国有企业,它的上级主管是中国水利水电工程总公司。

鲁布革水电科技实业公司的前身——鲁布革工程管理局是鲁布革水电工程的建设单位,代行项目业主职责,并行使工程监理单位职能,全面负责该工程的项目管理。鲁布革工程是我国水电建设史上第一个大额度利用世行贷款、第一个实行土建工程国际招标和引进现代项目管理的水电项目,在国内率先执行项目业主负责制、招投标承包制和工程监理制。该工程取得了工期提前、投资低于总概算和工程质量优良的好成绩,并培养造就了一批具有现代国际项目管理经验的人才。以"鲁布革冲击"著称的改革浪潮自80年代中期始就强烈地冲击着我国水电建设乃至整个基建行业的旧体制,至今鲁布革经验已在全国各地开花结果。

为弘扬鲁布革改革精神、发展鲁布革管理经验,推进基建体制改革,转换经营机制,经电力工业部研究批准在鲁管局的基础上组建成立了鲁布革水电科技实业公司,并经核准颁发了水电工程监理单位资质证书。公司拥有一批经验丰富参加过鲁布革、二滩、广州抽水蓄能等大型工程建设管理的专家学者,其中获国务院颁发的"为发展我国工程技术事业做出突出贡献"证书的专家3人,具有教授级高级工程师职称的5人,还有十多位具有高、中级职称的科技人员。

鲁布革水电科技实业公司开展下列业务:①可行性研究评估;②招投标文件编制;③引进外资和设备;④工程设计和承包;⑤工程管理和监理;⑥技术改造和培训;⑦外事接待和翻译;⑧商业经营和中介。

公司成立以后,即为我国最大的几个水电站——长江三峡、四川二滩、黄河小浪底等进行了技术和经济咨询服务,并承担了三峡等工程的一些科研项目。投资兴办的实业有昆明捷兴岩土仪器制造公司,合股经营石林航空公司等第三产业。

总经理商舸;副总经理周醒钟。

通讯地址:云南省昆明市环城东路159号;邮编:650041;电话:(0871)3329580、3321561;传真:(0871)3329580。

(鲁布革水电科技实业公司　黄奋杰)

大事记

22

中国水力发电大事记（1992～1994）

1 9 9 2 年

1月3日 能源部和水利部联合发出水人劳[1991]152号文：鉴于葛洲坝大江工程已全部竣工，并正式通过了国家验收，同意撤销原水电部驻葛洲坝代表处。

1月5～10日 全国能源工作会议在北京召开。会议着重研究了进一步搞好能源大中型企业的措施，特别是深化企业内部机制改革，加强管理，提高人员素质，推进技术进步，提高劳动生产率和经济效益的目标和措施。会议提出了1992年电力发展目标：全国发电量达到7100亿kW·h，投产大中型发电机组1000万kW，其中水电207万kW。

李鹏总理、朱镕基副总理等领导同志于1月9日下午同出席能源会议的部分代表进行座谈，并作了重要指示。李鹏总理在谈到水电问题时指出："水电是再生能源，这些年水电比重在下降，今后要投入更多的力量开发水电。""水电长期以来电价比较低，加上投资大，工期长，没有能力还本付息。有些制度不合理，如大坝折旧50年才折完。旧的难改，改了以后影响财政，但新的可以做一些改革，以使我们水电有还款能力，能够滚动发展。"

1月9日 《中国有条红水河》7集电视连续剧在京首映，全国政协副主席钱正英、程思远及能源部、水利部、国家民委、广播电影电视部等单位的领导和有关人士出席了首映式。这部电视剧是用艺术手法描写红水河水电站开发过程中的故事。

1月11～14日 国家计委、能源部、农业部、水利部、林业部、财政部联合在北京召开全国100个农村能源综合建设县工作会议。会议总结了"六五"、"七五"期间综合建设示范工作经验，部署安排了"八五"期间100个县的能源综合建设工作。

李鹏总理、邹家华副总理等领导同志于13日在人民大会堂接见出席100个农村能源综合建设县工作会议的代表。李总理指出：建设100个农村小水电县的工作已经如期完成，并取得了很好的效果。现在又开始新的100个县的综合能源建设工作，不仅是小水电，还包括其他能源，如风能、沼气、太阳能、地热资源等，要更广泛的综合利用各种能源。预祝这项工作取得成功。

1月12日 我国具有世界先进水平的高速水力学国家重点实验室在成都科技大学建成，并通过国家级验收。这个重点实验室始建于1988年5月，耗资600多万元，共有18套大型设备。它可供大型水利水电高坝工程进行高速水流、泥沙淤积、生态环境等一系列课题的科技攻关和基础研究，还可供各种新的设计方案和工程构想进行模拟实验和前期论证。

1月14～17日 全国水利水电规划设计工作会议在北京召开。会议要求：为适应水利水电发展形势的需要，要努力加快前期工作步伐。水利水电规划设计总院安排1992年的水电勘测设计项目46项，其中规划15项，计划完成5项；可行性研究15项、2995万kW，计划完成4项、278万kW；初步设计16项、1351万kW，计划完成8项、353万kW。

1月15～20日 中国水利水电工程总公司在北京召开工作会议。会议交流了水利水电第十四工程局等11个单位的经验，研究部署了1992年的主要经济技术指标和主要工作措施，以确保工程建设任务安全、优质、高效地全面完成。1992年主要经济技术指标为：①建筑业总产值27.5亿元，增长10%；②全员劳动生产率12700元/（人·年）；③多种经营产值（营业额）5亿元；④减少亏损2000万元，减亏率33%；⑤"三材"节约率：钢3%，木材5%，水泥8%；⑥工程合格率100%，工程优良品率80%以上；⑦因工死亡事故率0.3‰以下，杜绝重大伤亡事故。

1月16～22日 武警水电部队在北京召开党委扩大会和"双先"会议。会议在总结该部队承担天生桥二级、万安水电站及潘家口、羊卓雍湖抽水蓄能电站工程建设成绩、经验的基础上，要求部队今后要在转变经营机制，实行一业为主、多种经营，以及狠抓基层施工的施工管理、技术培训和质量管理三方面下功夫。

1月17日 李鹏总理主持召开国务院第95次常务会议，听取了国务院三峡工程审查委员会关于对《长江三峡工程可行性研究报告》审查意见的汇报。

1月19～29日 全国政协副主席钱正英率领全国政协水电专家代表团视察了建设中的水口水电站工地及福建省其他水利水电工程，并对福建省后续电源的开发等工作提出了意见。

1月21～24日 《长江三峡水利枢纽环境影响报告书》预审会在北京召开。审查委员会通过了关于《长江三峡水利枢纽环境影响报告书》的审查意见。

1月26日 国务委员、财政部长王丙乾考察了三峡工程坝址和葛洲坝水利枢纽工程。他指出：葛洲坝电站不仅要为拟建的三峡工程提供资金，还要提供全方位的运行经验和合格的技术人才。当听到葛洲坝电站上网电价偏低时，王丙乾指出：将来的三峡工程起步电价不要定得太低，不要以后再节节高；起步电价定高点，让大家适应。

2月3日 能源部以能源计［1992］111号文印发《关于加快技术改造、推进技术进步的意见》文件。其中“对水电站的改造主要立足于利用现有水库容量及水工设施进行增容扩机改造，以增加系统的调峰容量，提高运行的经济性。‘八五’期间初步安排2座水电厂的改造，容量为36.2万kW。”在技术引进方面，主要“引进低水头灯泡式机组的制造技术，以开发我国大量低水头水能资源，减少淹没损失，以及引进大型水电机组推力轴承技术等”。

2月12日 华源水利水电工程咨询公司召开董事会，总结几年来的工作和研究下一步的工作部署。该公司兼工程监理和技术咨询于一体，自1988年成立4年来，先后同19座大中型水电站和30个单位签订合同41项，其中仅对9座大中型水电站的设计优化和新技术应用，就降低造价5000万元。1992年计划除继续承担13座大中型水电站的咨询、监理工作外，还将开拓国外技术咨询服务，争取打入国际市场。

2月12日 能源部、水利部联合以能源水规［1991］127号文颁发了《水利水电工程施工机械台班费定额》。

2月13～22日 由能源部主持，邀请有关部委、科研院所、高等院校及设计、制造等单位的专家组成的鉴定委员会对富春江水电设备总厂研制的水力机械模型试验台进行鉴定。鉴定认为，该试验台能满足反击式水轮机、水泵—水轮机及水泵多功能试验的要求，达到了国际先进水平。

2月14～18日 由国务委员陈俊生主持，国务院三峡工程移民领导小组在北京京西宾馆召开三峡工程移民试点工作会议。会议交流了几年来移民试点工作经验，部署了1992年移民试点的工作。

2月15日 《中国水利报》报道：大型系列丛书《黄河志》首批3部书——《黄河大事记》、《黄河规划志》和《黄河防洪记》最近由河南人民出版社出版。李鹏总理为《黄河志》作序，田纪云副总理和全国政协副主席钱正英分别为《黄河防洪记》和《黄河规划志》作序。

2月20～21日 江泽民总书记主持中央政治局常委会议，听取了三峡工程的情况汇报。

2月21日 国家计委批复水利部水电［1991］28号文，原则同意将小水电“以电养电”的政策扩大到装机5万kW。《批复》指出：在项目审批程序上要严格按基本建设有关规定办理，凡是由中央水利补助投资的5万kW以下（含5万kW）的农村水电项目，由水利部审批；全部由地方投资的项目，由省（区、市）审批。其审批文件均要报国家计委备案。

2月29日 能源部、水利部联合发出关于颁发《水工建筑物滑动模板施工技术规范》的通知。该规范自1992年6月1日起实施。

2月下旬 水利部在海南省三亚市召开了全国农村水电初级电气化工作汇报会议。根据会议精神，水利部以电综字［1992］7号文发出《关于进一步落实第二批电气化县建设任务的通知》，要求各省、区与各电气化县人民政府签订达标责任合同。合同内容包括达标验收的主要指标，省、县投资比例和分年集资数额，以及省、县各自的责任与奖惩办法等。

3月2～9日 国务院副总理田纪云到长江三峡考察，重点考察了库区的移民工作。他指出：兴建三峡工程一旦作出决策，首当其冲的是移民问题。移民工作宜早不宜迟，宜前不宜后，宜快不宜慢，越拖越被动，必须抓紧抓好。

3月4日 《中国水利报》报道：龙羊峡水电站500t双向门式起重机经过两年安全运行，收效显著，最近荣获国家科技进步一等奖和机械电子工业部特等奖。该起重机是由西北勘测设计院和太原重型机械厂等单位联合设计，于1989年4月投入运行。

3月10日 水利部以水电［1992］2号文通知发布《小水电供电区农村初级电气化标准》（SL30－92），并规定自1992年7月1日起实施。原标准《一百个农村电气化试点县初级阶段验收条例》（SD178－86）同时作废。

3月10日 能源部、水利部联合以能源技［1992］194号文印发了《水利、电力科技情报工作规则》和《1991年～2000年全国水利和电力科技情报工作发展规划》两个文件。

3月12日 《中国电力报》报道：中国农业银行1992年增列7亿元农村水电专项贷款，其中3亿元主要投向第一、二批农村电气化县建设及其配套的输变电工程，其余4亿元用于支持地、县办的骨干电站、电网及配套火电厂。

3月12日 水利部以水移［1992］3号文发出通知，颁发《水库移民专项资金管理办法》和《水库移民生产周转金管理办法》两个文件。

3月16日 国务院总理李鹏在谭启龙同志写给他的关于《三峡工程建设要同开发长江上游水力资源、振兴中西部经济统筹规划》的信上批示："请送家华同志阅。"邹家华副总理指示："请复制送计委、水利部、能源部、林业部领导阅。谭老的意见应在结合治理开发长江的工作中考虑安排。"谭启龙在信中说："当前全国正在开展三峡工程大讨论。论证的中心不要就三峡论三峡，而应从我国经济发展总体战略资源、加快我国中西部经济建设统筹规划。"

3月18～23日 李家峡双排机组厂房布置审查会及高边坡处理技术讨论会在李家峡水电站工地召开。会议基本同意西北勘测设计院提出的专题报告，认为设计采用的双排机组厂房与初设审查的混合式厂房，两种布置在技术上都是可行的，但前者工程投资比后者节约4000万元（静态），能满足1996年第一台机组发电。会议还就该电站导流洞进口高边坡加固处理，Ⅰ、Ⅱ号滑坡稳定性分析工程处理等问题进行了讨论，并提出了一些有益的意见。

3月20日 李鹏总理在七届全国人大第五次会议上作的政府工作报告中谈兴建长江三峡工程问题时说："全国人民非常关心的三峡工程，是一项具有防洪、发电、航运、供水等综合效益的巨大工程，论证工作已经进行多年，权衡利弊，认为兴建三峡工程是必要的，技术上是可行的，经济上是合理的，随着经济的发展，国力也是可以承担的。国务院向本次大会提出专门议案，建议将兴建三峡工程列入国民经济和社会发展十年规划，由国务院根据国民经济的实际情况，选择适当时机组织实施。"

3月21日 邹家华副总理在七届全国人大五次会议第二次大会上，就《国务院关于提请审议兴建长江三峡工程的议案》作了说明。

3月21日 国务院秘书长罗干在能源部国际合作司报给国务院关于西藏羊卓雍湖抽水蓄能电站机组引进情况的报告上批示："在引进设备上要把符合羊卓雍湖电站的质量要求放在第一位，一定要把电站建好，而且要充分听取西藏自治区人民政府的意见。"

3月25日 国务院以国发［1992］20号文批转国家计委《关于加强水库移民工作的若干意见》，要求各省、自治区、直辖市人民政府及国务院有关部门，结合实际情况认真贯彻执行。《意见》包括提高对移民工作重要性的认识、加强移民前期工作、做好移民安置规划、理顺移民管理体制、用好管好移民经费、加强人才培训、加强对移民工作的领导等7个部分。国务院副总理朱镕基在批示中指出：这个文件是写得好的。经验证明，移民经费必须从预算中划出，交给省市级政府包干使用，而且要包死。

3月28日 全国政协七届五次大会召开，参加大会的全国政协委员共1576人，以1518票的多数票通过了国务院提出的关于兴建三峡工程议案的报告。

4月1日 水利部以水电［1992］4号文印发了《第一批农村水电初级电气化达标县目标管理若干规定》。《规定》要求各达标县在"八五"期末应达到如下目标：县内自办电源（含在县外投资联办电源）的供电率达60%以上；全县户通电率达92%以上，供电保证率达85%以上；人均年用量增长30%～50%；户均年生活用电量增长20%～30%；电力设施主要设备完好率达96%以上；综合网损率降至11%以下；电力安全运行水平达到同等企业的中等以上水平。

4月3日 第七届全国人民代表大会第五次会议以1767票赞成、177票反对、664票弃权，通过了关于兴建长江三峡工程的决议。

4月3～6日 水利水电规划设计总院在北京主持召开了黄河小浪底水利枢纽原型观测设计专题报告审查会。经研究原则同意该专题报告。

4月4日 国务院三峡工程审查委员会办公室在北京人民大会堂举行记者招待会，杨振怀、李伯宁、潘家铮、徐乾清、游吉寿、王家柱等回答了中外记者的提问。

4月6日 《人民日报》发表社论《贺三峡工程列入十年规划》。

4月7～14日 水利水电规划设计总院和陕西省计委在安康市主持召开石泉二期工期初步设计审查会。二期工程包括石泉水电站扩机工程、通航过坝复建工程和喜河反调节水电站工程三部分。扩机工程包括增建的2台4.5万kW水轮发电机组及相应工程措施；复建通航过坝工程为1座50t级斜面升船机及相应措施；喜河反调节水电站装机3×6万kW。二期工程分别由北京勘测设计研究院、西北勘测设计研究院进行勘测设计。会议审查认为，二期工程初步设计工作能满足初步设计阶段要求，方案可行，关键数据可靠，同意通过审查。

4月9～11日 国家计委组织24名专家和各部门代表对龙滩水电站坝址和库区进行考察。考察结束后，专家们对龙滩水电站的工程技术施工设计和库区移民安置规划进行了评估。国家计委将根据专家们的评估意见，批准立项和开工建设。

4月10日 《科技日报》全文公布了《国家中长期科学技术发展纲要》，其中将"复杂条件下建设大型水电站的技术"列为发展重点之一。

4月13日 国家计委报请国务院批准，批复了能源部《关于红水河龙滩水电站项目建议书》的报告，同意建设龙滩水电站。该电站正常蓄水位按400m设计，近期按375 m建设，安装7台单机容量为60万kW机组，总装机容量为420万kW，静态总投资估算为90亿元，由国家能源投资公司与广西、贵州、广东三省（区）合资建设，投资比例分别为40%、25%、20%、15%。远期加高大坝，实现正蓄水位400 m时，再增装两台机组，总容量达到540万kW。

4月13～14日 “以三板溪为龙头，加速沅水干流水电开发的建议”评议会在长沙召开。会议认为，三板溪是沅水上游的一座大型水电站，又是具有多年调节性能的“龙头”水电站。电站装机100万kW，多年平均发电量24.5亿kW·h，工程静态总投资22亿元(1990年价格)。该电站不仅本身动能经济指标优越，而且对下游梯级电站具有很大的调节作用，是一个不可多得的好电源点，建议湖南省政府积极与有关方沟通，争取国家将该工程列入“八五”计划，并建议成立沅水流域开发公司，利用五强溪水电站以电养电，逐级逐座建设。

4月13～18日 水利水电规划设计总院在河南省郑州市召开了全国水利水电勘测设计单位QC小组研讨会。会议认为，自1987年开展QC小组活动以来，全系统已有15个QC小组获国家级或国家工程建设优秀QC小组称号，有103个QC小组获部奖，成绩是显著的。会议还听取了黄河水利委员会设计院、河南省水利设计院等6个单位的经验介绍，并就如何进一步提高全系统QC小组活动水平和成果质量提出了要求。

4月15日 能源部、国家能源投资公司、湖北省政府在隔河岩水电站工地签订了《清江高坝洲水电站合资建设协议》。《协议》确定：工程投资由国家能源投资公司和湖北省各承担50%，合资双方按最终投资比例长期拥有产权并分电分利。高坝洲水电站位于湖北省枝城市境内，是隔河岩水电站下游的反调节梯级电站，装机容量24万kW。

4月18～20日 水利水电规划设计总院在北京主持召开了龙滩水电站库区移民安置实施规划报告审查会。会议对广西、贵州两省（区）分别提出的龙滩库区移民安置实施规划报告进行了审查，认为上述报告的工作深度，特别是农村移民生产安置规划的深度超过以往其他水电站立项前的移民安置规划工作深度，达到了初设审查会提出的要求，从而为国家决策兴建龙滩水电站提供了条件。

4月22日 能源部以能源计[1992]394号文发出了《关于认真贯彻执行加强水库移民工作的若干意见的通知》。

4月22～28日 能源部会同云南省人民政府在昆明召开了澜沧江小湾水电站可行性研究报告审查会。会议认为，《报告》的内容与深度已达到本阶段要求。审查同意工程开发任务以发电为主，装机420万kW，供电云南及广东；选用小湾坝段中坝址及混凝土双曲拱坝坝型；初选单机为70万kW的混流式水轮发电机等。会议还对初设阶段的主要工作提出了要求。

5月1日 陕西安康水电站水情自动测报系统投入试运行。该系统是我国目前水电系统中规模最大的水情遥测系统之一，采用超短波无线通讯方式，由25个遥测雨量站、9个遥测水位站、5个中继站及中心站遥测前置机组成，横跨四川、陕西10个县市，覆盖面积14900 km²。

5月4日 西藏羊卓雍湖抽水蓄能电站机电设备进口合同在北京签订。机电设备包括4台抽水蓄能机组、主变压器及发电机出口断路器等全部利用国家外汇采购。通过技术经济综合比较，选定由奥地利伊林公司和伏依特公司组成的联营体供货。

5月4～8日 水利水电规划设计总院与广东省建委共同主持召开了广州抽水蓄能电站二期工程初步设计报告审查会。经会议研究，同意二期工程装机规模为120万kW，其上、下游水库利用一期工程的上、下水库大坝加高。枢纽布置的总格局与一期工程大致相同：引水系统为一洞4机，上、下调压井，钢筋混凝土叉管，高压管道为斜井的方案。

5月5～7日 能源部在吉林丰满发电厂召开了全国水电厂机电设备技术改造规划会议。会议认为，目前我国运行20年以上的大中型水电机组有272台，容量在748万kW以上，这些机组都不同程度地存在老化问题，技术改造任务十分艰巨。这次会议共规划技改项目133个，匡算投资为6亿元。为搞好“八五”期间的技改工作，能源部电力司要求有关单位加强技术改造的全过程管理。

5月5～9日 水利水电规划设计总院在上海主持召开了全国水利水电勘测设计第二次技术标准工作会议。会议讨论修订了《水利水电勘测设计技术标准工作管理暂行办法》，研究提出了“八五”期间力争完成的《水利水电勘测设计技术标准体系》的措施。该体系127个项目中，已颁发和完成70项，尚余的50多项标准，大部已开编，要力争按期完成，以便使我国有一批初步配套的、反映我国水平和经验的水利水电勘测设计技术标准。

5月9日 能源部以能源计[1992]435号文发出《关于核定电力大中型基本建设项目总投资的通知》。其中规定：“大中型水电建设项目核定总投资的工作由水利水电规划设计总院负责并组织有关投资方和有关单位审查后批准。具体工作由项目原设计单位承担。”

5月17～21日 全国大型水电厂（站）1991年度劳动竞赛经验交流会在四川映秀湾水电厂召开。会议总结交流了经验，表彰了柘溪、丰满、丹江口、葛洲坝、东江、新安江、大化、刘家峡、映秀湾等9座水电厂（站）。

5月19～24日 中国电力企业联合会和国际贸易促进会在北京国际展览中心联合举办第四届国际能源（电力）展览会，参展单位有来自欧共体10个成员国以及澳大利亚、加拿大、挪威、美国、日本和中国等18个国家和地区的280多个参展单位。展出的产品包括各种先进的发电和输配电设备、控制系统、测试仪器以及名优产品等。李鹏总理为展览会题词："加快改革开放步伐，促进电力工业发展。"

5月22日 邹家华副总理在国家计委召集国务院有关部门研究水电发展战略问题，指出水电开发是我国目前电力建设的重点，2000年前力争新发展水电装机4500万kW，其中由能源部门主持兴建3000万kW，水利部门主持兴建地方水电1500万kW。

5月27日～6月1日 水利水电规划设计总院与河北省计经委在石家庄市共同主持召开张河湾抽水蓄能电站可行性研究报告审查会。该电站位于河北省井陉县甘陶河上，装机容量100万kW（4×25万kW），年发电量约18亿kW·h。会议通过了可行性研究报告，有关部门还签订了初步设计阶段投资协议书。

5月28～29日 乌江水电开发公司第一次理事会在贵阳市召开。理事会讨论通过了《贵州乌江水电开发公司章程》。按能源水电（1990）372号文规定，乌江渡发电厂和在建的东风水电站自1992年7月1日起划归乌江水电开发公司经营管理和继续按原计划组织建设。从此，一种可以大力加快水电发展步伐的新机制正式启动，并开始实际投入运行。

5月29～31日 能源部电力司在湖南柘溪水电厂召开全国水电站尾水清渣工作现场会。据对丰满等11座已经清渣的水电厂统计，清渣总投资1233万元，清渣总方量约84万m^3，年增发电量2.09亿kW·h，效益十分显著。目前部属大中型水电厂中还有约30座存在堆渣壅高水位问题，每年损失电能约10亿kW·h，约占全国水电总发电量的1%，这是很大的浪费。会议要求各网、省电管局、电力局于1992年底前制订出所属水电厂尾水清渣规划，2000年前基本完成已建水电厂的尾水清渣工作。对目前在建的水电站，要求把尾水清渣问题解决在施工阶段、竣工验收之前。

6月3～8日 全国政协副主席钱正英在北京主持召开《三峡工程初步设计阶段水库淹没处理及移民安置规划大纲》审查会议。该大纲由长江水利委员会编出初审稿，会议对送审稿作了肯定，认为经过补充修改后的《大纲》，可以作为编制移民规划和指导三峡工程移民的纲领性文件。

6月4～6日 能源部在浙江省桐乡县召开了全国农村电气化建设工作座谈会。会议经过研究讨论，提出了"到2000年，全国要有50%的县实现电气化，农村年用电量要达到3600亿kW·h，农村人均年用电量达到350～360kW·h，实现小康水平"的目标。

6月7～26日 应加拿大魁北克省国际事务部部长恰卡先生的邀请，能源部副部长陆佑楣对加拿大进行了友好访问，随后又顺访了美国。在加拿大访问期间，陆副部长一行同加方就两国进一步加强水力发电领域的合作问题进行了会谈，并重点考察了魁北克省的詹姆斯湾大型水电站群和不列颠哥伦比亚省的哥伦比亚河。在美国期间，陆副部长一行沿哥伦比亚河考察了3座水电站。

6月14日 在"75·8"暴雨中失事的河南板桥水库重新在淮河支流的汝河上游崛起，并由淮河水利委员会组织的验收领导小组进行了竣工初步验收，认为工程质量总体上达到优良。新的板桥水库系1986年国家计委批准复建并列入"七五"国家重点建设项目，总投2亿多元。复建后的水库控制流域面积768km^2，总库容6.6亿m^3，电站装机容量3200kW，灌溉面积45万亩。

6月14日 水利部以水移［1992］14号文发出了《关于认真贯彻执行国务院批转国家计委〈关于加强水库移民工作若干意见〉的通知》。

6月18日 吉林丰满水电站二期扩建工程最后一台8.5万kW的10号机组投产，至此，该电站总装机容量达72.5万kW。

6月24日 吉林白山水电站二期工程最后一台30万kW机组正式投产，至此，该电站全部建成，总装机容量达150万kW。白山水电站自1983年12月一期工程第一台机组发电以来，累计发电170亿kW·h，已收回全部投资。

6月24～27日 国务院在京召开了长江三角洲及长江沿江地区经济规划座谈会。会上，李鹏总理在谈到加快长江三角洲和沿江地区改革开放和经济发展时说：我们要以上海浦东的改革开放和三峡工程建设为契机，使长江沿江地区开放的步子更大些，改革更深入一些，在注重效益的前提下，发展速度更快一些。

6月24～28日 水利水电规划设计总院会同吉林省计划经济委员会在丰满共同主持召开了丰满水电站三期扩建工程初步设计审查会议。会议审查同意丰满三期扩建工程由两部分组成：一是利用原泄洪洞改、扩建引水发电系统；二是在大坝下游修建一座反调节水库。会议认为，东北勘测设计院提出的初步设计报告深度能基本满足要求。

6月30日～7月4日 水利水电规划设计总院在北京召开了水利水电概预算专业会议。与会代表就如何进一步完善水利水电工程概预算的编制和工程造价的控制，以及概预算专业今后如何适应改革开放的新形势等问题，提出了意见和建议。

7月2日 水利部、财政部、劳动部联合以水人劳[1992] 4号文发出《关于加强水利系统地方电力企业经营管理的意见》。

7月6～8日 能源部科学技术司在京召开部直属电力（包括水电）科研院、所第五次工作会议。其主要内容是:学习贯彻邓小平同志南巡讲话精神，进一步转变科研院、所管理体制，以激励广大干部、科技人员的积极性，使电力科研院、所科技体制改革迈上一个新台阶。会上决定成立电力科技集团开发公司，以充分发挥科研院、所的作用和优势。

7月12日 《水力发电》杂志发表了能源部水电开发司司长汪恕诚撰写的《世纪大跨越——谈水电建设的体制改革》的文章。文章中总结了改革开放以来我国水电建设体制改革、转换机制的基本经验，提出了进一步深化改革中急需解决的一些问题，展望了我国水电建设世纪大跨越的历史使命。

7月14～16日 水利水电规划设计总院在北京召开全国水利水电勘测设计系统TQC总结表彰会，表彰成都、中南、华东、天津等12个勘测设计院为推行TQC的先进单位，同时表彰了68名积极分子。能源部、水利部联合以能源水规[1992]654号文发表彰通报。

7月20日 北京十三陵抽水蓄能电站引进机组设备合同签字仪式在人民大会堂举行，中国技术进出口总公司与美国伏依特公司在合同上签字。这项工程是由日本海外协力基金提供设备贷款，美国伏依特公司以99.79亿日元中标，由伏依特公司制造提供4台水泵水轮机组，奥地利依林公司分包制造提供4台发电电动机组。

7月21日 黑龙江莲花水电站主体土建工程招标揭晓，7项主体土建工程全部由水电第一工程局中标，中标价为4.2亿元。

7月31日～8月2日 能源部副部长陆佑楣和国家计委副主任姚振炎在广州召开了南方四省（区）联合办电第五次领导小组会议。会议就天生桥一级水电站建设、龙滩水电站列项、天广输变电工程建设等问题进行了讨论，协调并签署了天广线直流输电工程的协议。会议还就小湾、糯扎渡两电站的阶段总费用问题进行了讨论。

8月4～7日 西北五省（区）水力发电工程学会联系网扩大工作会议在宁夏青铜峡水电厂召开。会议主要交流了水力机械磨蚀，大型水电站机组增容、扩机和技术改造等方面的经验。会议收到论文24篇，其中宣读了16篇。

8月10～12日 水利水电规划设计总院与山东省计委在泰安市共同主持召开山东省抽水蓄能电站规划选点报告审查会。会议同意北京勘测设计院推荐的泰安抽水蓄能电站作为山东省第一座抽水蓄能电站开展可行性研究工作。该电站规划利用已建的大河水库为下水库，并调整水库的任务以发电为主，兼顾灌溉、防洪和工业供水。

8月11～14日 国务院在北京召开三峡工程库区移民对口支援工作会议，全国21个省、自治区、直辖市和8个计划单列市的负责人及中央有关部门、有关方面负责人200多人参加了会议。李鹏总理在会上讲了话。他说，兴建三峡工程当前最重要、难度最大、最为紧迫的任务，是做好库区100万移民的安置工作，因此，支援三峡库区移民就是支援三峡工程建设，加快移民步伐就是加快三峡工程建设进度。他要求各地、各行业、各部门都要大力支援，为做好三峡库区移民作贡献。

8月15～19日 中国水力发电工程学会水能规划及动能经济专业委员会在黑龙江镜泊湖召开抽水蓄能电站经济效益学术讨论会。会议着重讨论了抽水蓄能电站规划选点的经验，及其经济性和财务可行性，并提出了建议。会议还论证了黑龙江电网修建抽水蓄能电站的必要性和紧迫性，并就抽水蓄能电源点进行研讨。会议认为，规划中的荒沟抽水蓄能电站位于莲花水电站上游17 km处，以即将开工的莲花水电站的水库为下池，靠近火电抽水电源，电站装机120万kW，地理位置优越，地质地形条件较好，交通方便，工期短，造价低，建成后可以成为黑龙江电网调峰的骨干电源。

8月19日 水利水电规划设计总院通过学习《全民所有制工业企业转换经营机制条例》，制订并发出了《关于转换经营机制的初步意见》，要求各直属勘测设计院要向“自主经营、自负盈亏、自我发展、自我约束，自立社会”，具有一业特长、多种经营、多种功能的高科技服务的咨询企业发展。总院本身要逐步向“小管理、大咨询、大实体”发展。

8月24日 贵州东风水电站工地于当日晨6点零5分，10号坝段发生悬臂段浇筑支撑垮塌事故，造成6人死亡，1人轻伤。

8月28日 经广西自治区政府批准，“广西桂冠电力有限责任公司”宣告成立。这是全国水电行业、广西电力行业第一家有限责任公司。公司注册资金5.2亿元，其中电力局1亿元，广西工商银行信托投资公司

0.8 亿元，广西建设开发公司 0.8 亿元，南宁交通银行 0.1 亿元，企业法人股 1 亿元，个人股 1.5 亿元。公司董事长为广西区电力局局长罗宏格。广西电力桂冠有限责任公司的成立，使由于缺乏资金而搁置多年的百龙滩水电站（19.2 万 kW）得以顺利开工，并以不同常规的施工速度快速施工，计划于 1995 年底第一台机组发电。

8 月底 据《中国水利报》9 月 2 日报道：为进一步贯彻政企分开原则，促进水利水电施工企业转换经营机制，由中国水利水电工程总公司申报，国家工商行政管理局批准，部属水利水电施工企业名称，由原“水利电力部第×工程局”更名为“中国水利水电第×工程局”；原“水利电力部长江葛洲坝工程局”更名为“中国水利水电长江葛洲坝工程局”；原“水利电力部地质勘探基础处理公司”更名为“中国水利水电地质勘探基础处理工程局”。

9 月 11 日 北京十三陵抽水蓄能电站举行地下厂房工程揭幕和上池大坝奠基仪式。国务院总理李鹏出席仪式并讲了话。

9 月 14～16 日 中国水利水电建设工程咨询公司各单位深化改革座谈会在京举行。会议认为，根据目前新的形势，组建以咨询公司为核心，以 8 个直属勘测设计研究院为主力的水利水电设计咨询行业集团公司是必要的。会议还就咨询公司提出的《组建中国水利水电建设工程咨询集团公司建议书》进行了研讨。

9 月 16 日 广西岩滩水电站首台 30.25 万 kW 机组于 1 时 40 分并网发电，比计划投产发电期提前 9 个半月。该电站是我国水电基建中最早推行业主总承包责任制、“项目包建合同”、招标投标试点的大型水电工程。在工程施工中，大力推广应用碾压混凝土筑坝等先进技术，实现了高速度、高质量、高效益、低消耗，能源部贺电称之为在建的大型水电站树立了榜样。

9 月 22～25 日 水利部在北京召开了全国水利系统水电建设前期工作会议。会议对水利部门到 2000 年完成新增水电装机 1500 万 kW 前期工作的任务提出了措施和对策，并作出了如下具体安排：大型水利水电工程 200 万～300 万 kW，中型水利水电工程 600 万～800 万 kW，小型水电 600 万～800 万 kW，即用 1800 万 kW 的投产计划来保证 1500 万 kW 任务的完成。在大型工程方面安排了三门峡扩机及飞来峡、长洲、江垭、小浪底、万家寨等项目。

9 月 27 日 潘家口抽水蓄能电站首台 4 号 9 万 kW 机组并网发电，72 小时带负荷运行情况良好，发电 327 万 kW·h。

10 月 4 日 四川铜街子水电站第一台 15 万 kW 机组于本日 11 点 35 分并网发电，比国家计划提前 3 个月。该电站由成都勘测设计研究院设计，中国水利水电第七工程局施工。该电站在施工过程中采用了许多新技术，如为了挡住左岸 2 km 多长的巨型滑坡体向河床位移，采用 23 个大型“沉井群”的施工方法，取得预期效果；在坝基开挖中，采用斜面、水面、垂直等全方位的预裂爆破技术，有效地保护了坝体结构和附近水工建筑物的安全，缩短了建设周期。

10 月 4～5 日 龙羊峡水力发电厂 3 条 330 kV 线路经过的湟源县蒙古道和湟中县盘道地区普降大雪，造成线路严重覆冰，8 座铁塔倒塌，迫使龙羊峡水电厂 4 台 32 万 kW 机组全停。经过青海省电力局组织紧急抢修，于 10 月 17 日零时 50 分恢复送电。

10 月 8～11 日 水利水电规划设计总院在贵阳市召开了全国水利水电勘测工作会议。会议讨论了由总院提出的《水利水电勘测队伍状况及其调整意见》、《水电前期项目执行收费标准及前期勘测设计费偿还的若干补充规定》、《关于水利水电勘测设计前期工作实行项目承包的补充规定》、《水利水电勘测设计单位财务结算办法》、《勘测技术发展目标》及《保证材料供应，促进装备发展，努力为勘测工作创造物质条件》等 6 个专题报告，研究了进一步深化改革的措施。会议还表彰了 43 个先进集体和 44 名先进生产者。

10 月 17～20 日 能源部在京召开三峡工程输变电设计工作会议，讨论了设计工作纲要并对设计工作进行了部署。会议要求有关单位尽快组织强有力的领导班子和工作班子，力争 1993 年第一季度提出本阶段的设计文件。

10 月 18 日 水利部和湖南省《联合开发治理澧水流域协议书》签字仪式在京举行，杨振怀部长和陈邦柱省长分别代表水利部和湖南省在协议书上签了字。澧水是湖南流入洞庭湖四大流域之一，可开发的水能资源为 220 多万 kW。协议商定：共同组建澧水流域水利水电开发公司，根据国家批准该流域的规划，包括建设、经营和管理流域内的水利水电工程，并兴办与之相应的横向经济项目。公司经营的增值将作为澧水流域滚动开发资金。近期开发项目为江垭枢纽工程，双方将各自筹资 50%的建设资金。

10 月 19 日 我国第一座水头超过 1000 m 的中型水电站——广西天湖水电站 2 台双喷嘴冲击式水轮发电机组并网发电。该电站位于广西全州县境内，为引水式，集中落差 1074 m，为我国水头最高的水电站，居亚洲第三位。电站装机 6 万 kW（4×1.5 万 kW），年发电量 1.85 亿 kW·h。工程由桂林水电设计院设计，广西水电厅、桂林行署组织施工，设备制造安装和调试由重庆水轮机厂负责。

10 月 20～31 日 能源部陆佑楣副部长应埃及电

力能源部部长阿巴扎先生的邀请，对埃及进行了访问。访问的目的是，结合我国三峡及其它大型水电工程的建设，考察埃及电力建设现状，吸取一定经验，并探讨两国在能源和电力方面的合作。访埃期间，陆佑楣一行还考察了阿斯旺水坝等水利水电工程。

10月22～24日　能源部电力科技进步奖评委会在京召开评审会，评审出1992年度能源部电力科技进步奖获奖项目188项，其中直接水电项目57项，"水口水电工程混凝土预冷及生产系统"、"土质防渗系统"、"SJ—721A双微机水轮机调速器"、"灰渣筑坝技术研究"等4项获应用成果一等奖。

10月23～27日　中国水力发电工程学会在天津召开三届二次理事会及第三次中青年科技干部学术报告会，到会理事、中青年代表及特邀代表150余人。会议同意李鹗鼎理事长所作的工作报告；交流了中青年干部论文（已编印成册）。会议还表彰了东北地区、湖南、湖北、广西、四川、陕西等6个先进学会，水库经济专业委员会1个先进集体，及69名学会工作积极分子。会议还对《中国水力发电年鉴》编辑部荣获全国"老有所为先进集体创新奖"和《水力发电学报》获优秀期刊三等奖给予高度评价。

10月25～30日　中国水力发电工程学会水库经济专业委员会1992年年会在长沙召开。会议讨论了"水库淹没处理投资结构与物资用量"、"大中型水电站水库移民后期扶持和库区建设基金政策的研究和建议"、"水库移民机构设置情况的调查与建议"、"水库移民资金使用管理机制"4个课题的研究报告，认为都已达到预定要求，对今后工作有参考意义。会议还研究确定了1993年需要开展的"城镇搬迁标准与补偿费用的研究"、"水库移民安置与库区产业劳动力配置的研究"、"社会主义市场经济对水库移民工作的可能影响的研究"、"移民生产安置效果的调查研究"、"确定水库回水末端技术标准的研究"等5个主要研究课题。

10月26日～11月3日　能源部副部长史大桢应世界银行邀请，率团赴马来西亚出席由世界银行召开的"关于亚洲地区私人投资在电力发展中的作用"会议。会上，史大桢介绍了我国电力发展状况，利用国外私人投资发展电力的经验和我国电力发展对资金的需求，并阐述了中国鼓励国际金融机构和私人投资电力项目的有关政策及规定。会议期间，史大桢还就扩大在中国发展电力领域合作的可能性同亚洲国家、地区及国际金融组织的官员和著名私人企业家进行了探讨。

10月28日　《中国大百科全书·水利》卷出版发行庆祝会在京举行。

10月29日　全国人大常委会委员长万里视察北京十三陵抽水蓄能电站工地。

10月30日～11月5日　中国水力发电工程学会水工水力学专业委员会、水能规划及动能经济专业委员会、福建省龙岩地区行政公署在福建省龙岩市联合召开全国中小河流梯级开发综合利用研讨会，到会代表92人。会议交流研讨了中小河流梯级开发的经验、优化理论及存在的主要问题，其中重点研讨了龙岩地区"汀江流域综合开发规划"和"水资源综合开发规划"。会议认为，汀江流域开发应以水能资源开发为"龙头"，结合各县资源现状，择优开发永定（棉花滩）水电站（装机60万kW，设计年均发电量15.1亿kW·h）、金山水电站（装机3万～4万kW，设计年发电量1.2亿～1.4亿kW·h）及其它中小型水电站，其中永定水电站宜早开发，以加快龙岩革命老区人民的脱贫致富。

11月9日　国家计委以计建设［1992］2006号文印发《关于建设项目实行业主责任制的暂行规定》的通知。《通知》要求国务院有关部门（公司），各省、自治区、直辖市及计划单列市计委（计经委），有关省、自治区、直辖市及计划单列市建委（建设厅），按照全国基本建设项目管理座谈会上领导同志的讲话精神，结合本部门（公司）、本地区的实际情况认真贯彻执行。

11月10日　能源部为落实朱镕基副总理的指示精神，致函国家技术监督局，提出抓好发电设备质量，加强电站成套设备质量管理和质量监督工作的措施。主要内容是：制造厂要建立完整的质量保证体系，使产品质量直接与企业利益挂钩，并接受有关部门的监督；加强业主的质量管理权利和责任，强化全过程质量管理；业主在设备订货时坚持招标、议标和择优订货等。

11月10～12日　能源部在大连市召开能源部电力系统加速发展多种经营现场会。会议认为，电力企业多种经营自1984年望亭会议、1990年昌平会议以来，经过安置型、福利型两个发展阶段后，目前正处于向产业化发展的第三个阶段，已成为电力企业三大支柱之一。会议部署了今后8年电力系统多种经营的发展战略和措施，提出了到2000年实现多种经营总收入突破300亿的目标。会议特别强调了水电施工企业由于"包袱"沉重，发展多种经营更为紧迫，要早决策、早行动，以求早日走出困境。

11月13日　黑龙江莲花水电站主体工程正式开工。该电站位于牡丹江下游、海林市境内，以发电为主，兼有防洪等综合利用效益。大坝为混凝土面板堆石坝，坝高71.8 m；水库总库容41.8亿m^3，调节库容15.9亿m^3；电站装机55万kW（4×13.75万kW），年发电量7.97亿kW·h；工程动态总投资28.06亿元（1991年概算价），其中70%由国家开发银行贷款，

30%由省政府投资。黑龙江水电建设管理局为业主单位，由东北勘测设计研究院负责设计，水利水电第一、第六工程局及铁道部十三局中标承包施工。

11月16日 李鹏总理在罗干、史大桢、陆佑楣等陪同下，于视察三峡工程途中又一次到葛洲坝电厂。当电厂领导汇报到葛洲坝为三峡电站积累了大江大河水库调度，超高压大功率发供电设备运行、管理和维护，直流输电，管理和技术人才的培养等4条经验时，李鹏总理说：这些经验非常重要，建三峡就应充分利用葛洲坝电厂现有的条件和人才优势，不搞重复建设，将来三峡电站投产后，应和葛洲坝实行总厂制，葛洲坝现有的3000人编制应把三峡电站也管起来。

11月17～19日 中国电力企业联合会在重庆市召开理事会。与会代表围绕电力企业如何转变经营机制、走向市场等问题进行了探索。会议认为，电价走入市场经济，是电力企业转换经营机制的关键，是落实投资功能的关键，是电力行业走向良性循环的关键，因此，电价该是多少就应该收多少。只有这样，电力企业才可能有较多的利润和自有资金，才可建立起投资的功能。

11月17～21日 中国电力企业联合会科技工作部、中国水力发电工程学会碾压混凝土坝专业委员会、水利水电规划设计总院等6个单位在昆明联合召开了碾压混凝土筑坝技术经验交流研讨会，到会专家、学者165人。会上，有关单位介绍了龙滩、普定、大朝山、龙门滩、荣地、大广坝、宝珠寺、桃林口、温泉堡、石林、广州抽水蓄能下库、万安、潘家口下池等18个工程的设计、施工情况，全面展示了我国碾压混凝土技术的经验和成果，同时对今后进一步研究发展碾压混凝土技术提出了6点建议。

11月18日 河南石漫滩水库复建工程动工兴建。该工程始建于1951年4月，“75.8”特大暴雨中因洪水漫坝而溃决。复建工程于1991年被列为国家“八五”重点项目，工程总投资1.79亿元，计划工期3年，由淮河水利委员会和河南省合资复建。

11月19日 国务院在武汉市召开三峡工程建设工作会议。会议由李鹏总理主持，副总理邹家华、国务委员陈俊生、全国政协副主席钱正英、国务院秘书长罗干以及国务院有关部门和湖北、四川两省的负责人出席了会议。会议研究了成立三峡工程建设领导机构问题，讨论了三峡工程的前期准备工作。

11月21～23日 水利水电规划设计总院在福州市主持召开全国水利水电勘测设计系统92年部级QC小组成果发布会。各勘测设计院提出申请发布的成果72项，经过评委的资格预审、初评和最后评定，共有50项成果获奖，其中一等奖4项，二等奖14项，三等奖32项。

11月25日 建设部以建设字第848号文发出《关于授予全国工程勘察先进单位的通知》。《通知》中水利水电勘测设计系统名列先进单位的有16个，其中部直属的有中南勘测设计研究院勘测公司、昆明勘测设计研究院勘测总队、北京勘测设计研究院勘测处、东北勘测设计研究院勘测公司、长江水利委员会勘测总队、珠江水利委员会勘测设计院测量大队。省（市、区）属的有天津、吉林、江苏、福建、江西、河南、广西、陕西、新疆、甘肃等省院的勘测队。

11月25～28日 中国水力发电工程学会水电建设管理专业委员会在岩滩水电站工地召开1992年年会，参加的代表80余名。会议围绕我国水电建设如何更加适应社会主义市场经济体制问题，例如探索有中国特色的项目业主责任制问题，水电建设管理模式问题及市场经济与设计改革问题等，进行了研讨。会议还提出了1993年要进一步研究的4个课题：①水电建设项目业主责任制；②业主责任制与设计管理；③水电建设管理改革的完善与深化；④甲乙方经济效益问题的探讨与分析。

11月28日 湖南省政府在长沙市举行表彰大会，表彰中国水利水电第八工程局、第七工程局在五强溪水电站施工中，于11月份创造了月浇筑主体工程混凝土13万m^3的先进记录（其中中国水利水电第八工程局浇筑11万m^3，日浇筑突破5000 m^3；中国水利水电第七工程局浇筑2万m^3），并颁发奖金63万元，其中中国水利水电第八工程局55万元，中国水利水电第七工程局8万元。

11月28日 中共中央政治局常委乔石在湖南视察南津渡水电站时说：现在各地办小水电的积极性很高，这是件好事。我在全国看了一些县，由于能源问题经济发展不快，都还比较穷，我们都非常同情。通过自己想办法办小水电，促进经济发展，所以各方面都要支持，包括大电网也要支持小水电，使小水电的发展有一个好的环境。

11月29日 能源部在湖北宜昌市召开葛上±500 kV直流输电工程竣工庆祝会。该工程西起葛洲坝，东至上海，全长1060 km，于1985年10月动工兴建，1989年9月极Ⅰ投入运行，1990年8月极Ⅱ和双极投入运行，到1992年10月底已完成两年商业运行。至此，输电能力为120万kW的输电工程宣告竣工。

12月3～9日 水利水电规划设计总院会同广西自治区建委在梧州市共同主持审查《长洲水利枢纽初步设计报告》。该枢纽工程的主要任务是发电和航运。电站装机62.13万kW（19×3.27万kW，灯泡贯流式机组），设计年发电量30.91亿kW·h；改善浔江航运条件，使西江干线满足国家Ⅲ级航道要求。由广西电力局勘测设计院和珠江水利委员会设计院共同勘测设计。

12月5～7日 全国"重视老年工作领导者功勋奖"和"老有所为先进集体创新奖"表彰大会在人民大会堂召开。水电系统荣获"老有所为先进集体创新奖"的有中国水力发电年鉴编辑部、清江隔河岩水电站葛洲坝老年施工队两个单位；获"重视老年工作领导者功勋奖"有中国水利水电第一工程局党委书记孙玉才、中国水利水电第十三工程局党委书记刘福及武汉水利电力学院副院长李喜尔等3同志。表彰会期间，国务委员陈俊生在会上讲了话，胡锦涛等中央领导接见了会议代表并合影留念。

12月8日 潘家口抽水蓄能电站最后一台机组（3号机）完成72 h试运行，正式移交生产，标志着该电站二期工程全部投产。

12月10～11日 我国改革开放的窗口和管理体制改革的试点——鲁布革水电站正式通过国家竣工验收。验收委员会认为，鲁布革水电站已按国家批准的设计文件要求全部建成，工程设计合理先进，施工质量优良，工程运行正常，电站达到了设计出力，工程投资未突破概算，同意验收移交运行单位管理。

12月12日 江西万安水电站最后一台机组（4号机）并网成功，至此，该电站4台机组、总容量40万kW全部投产。国务院副总理邹家华为此题词："加速水电能源建设，推动老区经济腾飞"。

12月15日 武警水电部队西藏羊卓雍湖电站建设事迹报告团首场报告在能源部机关举行。报告团的4位武警官兵分别介绍了西藏羊卓雍湖电站建设情况，武警水电三总队及全体官兵、先进个人艰苦奋斗的感人事迹，引起了很大反响。在首场报告后，该报告团还将赴河北、河南、湖北等地作巡回报告。

12月15日 西南地区第一个500 kV超高压输变电工程投运并网成功。该工程包括从天生桥至贵阳的260 km 500 kV输电线路和1座500 kV变电站。它的投运，可为振兴贵州省经济输送可靠电源，并为今后川、桂、黔三省500 kV联网打下基础。

12月16～28日 中朝水力发电公司理事会第45次会议在朝鲜平壤举行。

12月17日 经国家对外经济贸易部审查核准，北京勘测设计研究院获对外开展经济技术合作业务经营权。

12月19～23日 水利水电规划设计总院会同贵州省计委在贵阳市共同主持审查并通过了《乌江洪家渡水电站初步设计报告》。洪家渡位于乌江北岸六冲河下游，地处贵州省织金、黔西两县交界处，是乌江梯级中唯一具有多年调节水库的"龙头"梯级。大坝采用混凝土面板堆石坝坝型，最大坝高182.3 m，水库总库容49.25亿m^3，调节库容33.6亿m^3，电站装机54万kW（3×18万kW），设计年发电量15.94亿kW·h。电站建成后，可提高下游乌江渡、东风等电站保证出力23.9万kW，增加年发电量6.57亿kW·h。工程由贵阳勘测设计院研究设计。

12月21日 新疆境内当前最大的水电工程——大山口水电站最后一台2万kW机组并网发电。至此，该电站4台机组、总容量8万kW全部投入运行。李鹏总理为之题词："热烈祝贺大山口水电站建成发电"。

12月22日 红水河上游南盘江上的天生桥二级水电站第一台（1号机）22万kW机组并网发电，国务院专门发了贺电，国务院总理李鹏、副总理邹家华、全国政协副主席钱正英分别题词祝贺。该电站为贵阳勘测设计研究院进行设计，武警水电部队第一总队进行施工。自1985年正式开工以来，在各参战单位的共同努力下，完成了国内最大的高边坡治理，建成了我国在岩溶地区最长、最大的引水发电隧洞，战胜了罕见的溶洞、岩爆、涌水、暗河等难题。电站最终装机132万kW，建成后将把黔、桂两省（区）电网联结起来，并向广东送电，是"西电东送"的重要工程之一。

12月24日 陕西安康水电站最后一台20万kW机组并网发电。至此，该电站4台机组、总容量80万kW全部投入运行。

12月28日 《中国水力发电年鉴》第三卷（1989～1991）首发式会议在京举行，参加会议的有在京编委及有关部门领导、专家60余人。第三卷年鉴发行8490册，跻身国内专业年鉴前列。

12月底 中国水利电力对外公司连续4次进入美国《工程新闻记录》杂志250家大国际承包公司排名之列，并居国内国际经济技术合作公司前10名行列。至1992年底，该公司已在世界31个国家及地区承建了265项工程，公司总资产已达10亿元人民币，正向着实业化、集团化、国际化、多元化方向发展。

12月31日 为积极推动和加速龙滩水电站建设，经水利水电规划设计总院批准，中南勘测设计研究院在广西天峨县成立龙滩分院，正式挂牌办公。

12月31日 全年新增水电装机279.72万kW，年末水电装机总容量4068.07万kW（其中小水电1441.91万kW），年发电量1314.66亿kW·h（其中小水电442亿kW·h），分别占整个电力装机容量和年发电量的24.5%和17.4%。

1992年水电建设出现了新的形势。在改革方面，水电建设体制初步理顺，项目业主责任制已在20多个水电工程中付诸实施，不同施工组织模式促进了工程建设，收到了缩短工期，节约投资，提高质量的效果。水电施工企业经过“阵痛”已走出低谷，全面扭转了亏损局面。但改革的配套、完善还有大量工作要做，设计单位如何由事业体制转变为企业体制需要重点突破，以适应招标承包的市场经济要求。

1992 年全国水电基建投资 105.38 亿元，占整个电力基建投资 400.23 亿元的 26.3%，与 1991 年相比，绝对值增加 35.89 亿元，所占比重提高了 4.3 个百分点。但与“五五”、“六五”比起来，水电投资所占比重仍分别下降了 8 和 1.2 个百分点。其主要原因是政策、体制问题等诸多因素影响所致，同时地方集资部分大量投入火电，投入水电的甚少。因此，水电在整个电力工业中的比重，无论是装机容量还是年发电量都有所下降，以致造成国家能源结构越来越不合理，这是值得严重注意的问题。

（王　波）

1993 年

1月3日　国务院以国发［1993］1 号文发出《关于成立国务院三峡工程建设委员会的通知》。委员会由李鹏总理任主任委员，邹家华副总理、陈俊生国务委员及郭树言、肖秧、李伯宁任副主任委员。委员会成员由国家有关部委负责人组成。委员会下设办公室、移民开发局（机构设在国家计委）。成立中国长江三峡工程开发总公司，调能源部副部长陆佑楣任总经理。

1月5～8日　能源部在京召开全国能源工作会议。会议的重点是：按照市场经济的客观要求，把降低成本和提高经济效益作为企业生产经营工作的中心，并以精简机构和人员为突破口，进一步下放权力，促进企业转换机制，使能源工业登上一个新台阶。会议安排 1993 年电力计划为：中央安排的电力投资为 522 亿元，其中水电 114.8 亿元，火电 310.96 亿元，送变电 73.76 亿元；计划投产大中型机组 1205.2 万 kW，其中水电 314.7 万 kW；计划新开工项目 34 项、2068.7 万 kW，其中水电 6 项、916.2 万 kW；计划发电量 8000 亿 kW·h，其中水电 1270 亿 kW·h。

1月8～9日　中国水利水电工程总公司在京召开各工程局局长会议，就水电施工企业如何加快改革，转换经营机制，全面走向市场及总公司的发展方向等问题进行了探讨。

1月9～10日　能源部在京召开部直属科研院、所长工作会议。会议中心议题是：继续贯彻国家关于科研院、所科技体制改革的精神，推广南京自动化研究所科技体制改革的经验，进一步深化科技体制改革。

1月11日　中国华北、东北、华东、华中、西北五大电力集团成立大会在北京举行，李鹏总理出席成立大会并讲了话。这五大电力集团是在我国原有的五大电网的基础上成立的，负责 21 个省、市、自治区的电力供应，其装机容量和年发电量分别为 1.18 亿 kW 和 5070 亿 kW·h，分别占全国总装机容量和总发电量的 70%以上。

1月11日　为解决安徽省电网调峰容量不足和电网的安全稳定运行问题，国家计委批准建设响洪甸混合式抽水蓄能电站。建设规模为 2 台、单机容量 4 万 kW 的抽水蓄能机组，与已建的 1 台 4 万 kW 常规水电机组组成总容量为 12 万 kW 的混合式抽水蓄能电站。该电站由国家能源投资公司和安徽省合资建设，合资比例分别为 30%和 70%。国家按投资比例拥有电站产权，并分电分利。电站建成后，由安徽省电力局负责经营。

1月11日　建设部设计管理司以建设资字［1993］第 3 号文发出关于印发《工程建设（勘察设计）QC 小组活动管理办法》及《国家工程建设（勘察设计）优秀 QC 小组评选细则》的通知，要求各地区、各部门结合具体情况贯彻执行。

1月14日　能源部在京召开水电规划座谈会，研究“八五”计划及后 10 年实现新增水电装机 4500 万 kW 目标的措施。专家们认为，“八五”计划头两年，水电建设新开工规模仅 579 万 kW，仅为“八五”计划的 25%，只占电力新开工规模的 21%；水电建设投资只占电力总投资的 24%。如上述问题不能解决，4500 万 kW 的目标难以完成。会议从几个方面就解决资金问题和加快水电建设提出了措施。

1月14～20日　能源部部长黄毅诚一行对云南省的能源建设进行了考察，并和普朝柱书记、和志强省长、李树基副省长及省有关领导进行了座谈。黄毅诚指出：水电资源是云南省的一大优势，要大力发展。开发水电首先要解决投资问题。除国家投资外，省里也要千方百计地集资，另外要吸引外省特别是广东省来投资，能利用部分外资更好。

1月20日　能源部以能源水电［1993］49 号文颁发《水电工程建设监理暂行规定》、《水电工程建设监理单位资质管理试行办法》、《水电工程监理工程师资质管理试行办法》等 3 个文件，从颁布之日起施行。

1月20日　水利部建设监理单位和监理工程师资格评审委员会召开第一次全体会议，审查批准了第一批水利工程建设监理师 96 人，并以水利部水建［1993］72 号文公布。

1月21日　天广（天生桥二级电站至广州罗洞）

500 kV 超高压输电线路的天来段（至广西来宾）于21时48分投入运行。天广输变电工程全长935 km，在平果、来宾、罗洞设有3座变电站，在梧州设有1座开关站。第一阶段“天来段”的投入运行，使广西和贵州两个独立电网实现了联网运行。

1月 能源部在海南省海口市召开了电力营业工作会议。为了尽快适应建立社会主义市场经济的需要，会议提出了加快电力营业工作改革的措施。在电价改革方面，拟在所有用户中全部推行峰谷电价和半枯季节电价，并在电网内部管理上也要采用峰谷电价，即网局对各省局、省局对各地市局、地市局对各县局，以及调峰的电厂与电网之间，都实行峰谷考核。

2月3～6日 水利水电规划设计总院在京召开全国水利水电规划设计工作会议。会议中心是研讨水利水电勘测设计单位由事业体制转变为企业体制的问题。会议还对1993年大中型水电规划设计任务作了安排：规划8项，计划完成5项；可行性研究17项、3229万kW，计划完成4项、340万kW；初步设计22项、2109万kW，计划完成3项、490万kW。

2月10日 国务委员陈俊生在京主持召开全国水资源与水土保持工作领导小组会议，审查通过了《珠江流域综合利用规划纲要》。这个纲要从防洪、发电、航运、灌溉、供水、水土保持、水资源保护和河口开发等方面进行了全面规划，其中发电方面规划可开发水电装机2512万kW，年发电量1168亿kW·h，已开发的按电量计只约占10%，因此开发潜力很大，是重要的水电基地。

2月17日 能源部发出《关于加强当前电力生产、建设工作的通知》。《通知》指出：为完成1993年投产大中型水、火电机组1200万kW的基建任务，一要坚决抓好设备特别是水电设备的催交工作，精心组织，务必完成；二要努力与当地政府和银行等部门密切配合，保证资金及时到位；三要抓好开工项目的前期准备工作，为正式开工创造条件。《通知》还强调要大力抓好安全工作，要求1993年设备事故次数比1992年降低5%以上；人身伤亡事故降低15%以上；要坚决杜绝电网瓦解、大面积停电、重大设备损坏及水电厂大坝垮坝、洪水漫坝和水淹厂房等重大事故的发生。

2月18日 《中国电力报》报道：能源部、国家能源投资公司联合在成都召开1993年西藏电力重点工程会议。会议根据中共西藏自治区党委、政府制定的国民经济5年发展规划和10年规划、要求全区国民经济发展速度按8%递增，到2000年全区装机总容量要达到41万kW。为此，要求羊卓雍湖电站要实现1995年首台机组发电的目标；对沃卡水电梯级开发、日喀则水电站等的前期准备工作要抓紧进行；拉萨10 kV网络改造及拉萨东部电网35 kV线路建设速度要不断加快。

2月18日 能源部部长黄毅成视察四川省能源工业后指出：四川有极其丰富的水能资源，很多电源点利用小时都在5000小时以上。要优先发展容量大、具有多年调节性能的水电站，瀑布沟、锦屏等水电站要抓紧工作。当前要抓紧开发一批投资少、工期短、效益好的中型水电站，以填补二滩水电站建成前无机可投的空档。四川电力上去了，“龙头”起来了，就会带动各行各业的发展，经济就会起飞。

2月21日 被江泽民总书记称为“争气洞”的二滩水电站右岸导流洞提前7天全线贯通，为该电站1993年12月截流创造了条件。该导流洞全长1167 m，开挖断面628 m^2，是世界上最大的水利水电导流洞。负责该导流洞施工的中国水利水电第七工程局职工，在施工中创造了日洞挖5000 m^3、月洞挖12.2万m^3的我国水电建设史上的新纪录。

2月26日～3月2日 水利水电规划设计总院会同云南省建委、计委、电力局在昆明共同主持召开大朝山水电站初步设计审查会。通过审查，认为北京、昆明勘测设计研究院共同提出的《澜沧江大朝山水电站初步设计报告》内容和深度基本达到了本阶段的要求，同意该初步设计报告。该电站设计装机容量135万kW（6×22.5万kW），年均发电量59.31亿kW·h。工程预计所需资金64亿元，其中60%由国家能源投资公司筹集，40%由云南省筹集。

3月4日 能源部在京召开“建设西南水电能源基地战略研究”成果评审会，对这一课题研究成果进行了鉴定。该课题由中国水力发电工程学会牵头，组织云、贵、川3省及北京有关单位专家，经过近两年的调查研究和分析论证，提出了《建设西南水电能源基地战略研究报告》。经过评审鉴定认为，这项研究成果处于国内领先水平，对国家在能源基地建设中进行战略决策，发展西南地区经济的规划与实施，具有重要的咨询和参谋作用，建议尽早组建金沙江水电开发联营公司，促进西南水能资源的综合开发。

3月9日 水利水电规划设计总院在京召开1992年度科技进步奖评审会议，共评审出获奖项目34个，其中一等奖6个，二等奖13个，三等奖15个。

3月15日 国务院总理李鹏在八届全国人大第一次会议上所作的《政府工作报告》中，在谈到能源工业建设时指出：“加强能源建设，实行开发与节约并重的方针。”“大力发展电力工业，5年新增装机容量6500万kW。”在谈到水利建设时指出：“要搞好淮河、太湖等大江、大河、大湖的综合治理，抓紧黄河小浪底水利枢纽和南水北调工程建设。三峡水利枢纽工程已经七届全国人大五次会议批准，要做好移民工作，积极创造条件，在适当时候开工。”

3月15～17日 西藏自治区计划经济委员会、工业电力厅会同水利水电规划设计总院在北京召开《沃卡河水电规划报告》审查会。该规划报告由成都勘测设计研究院和西藏水电勘测设计院共同编制。通过审查，会议同意沃卡河的开发目标为发电基地，基本同意“一库四级”的开发方案，即自上而下为零级（沃卡，装机3.72万kW）、一级（白巴，装机1.8万kW）、二级（1986年已建，待扩建）、三级（1987年已建，待扩建）。近期先开发一级电站。

3月15～25日 中国水利水电工程总公司在福建水口水电站工地召开项目法施工经验交流会。会议认为，项目法施工的核心在于精干、高效的组织结构；高效智能的管理层；一专多能的作业层。这三个层次通过完善的制度，形成有机的联系。

3月17日 《中国水利报》报道：广西百色市经自治区计委和水电厅验收，成为全国“八五”计划期间200个农村初级电气化建设县的第一个达标县。该市发电装机已达2.64万kW，年发电量达8614万kW·h，用电面达92.5%，用电保证率达85%以上。

3月22日 八届全国人大一次会议第四次大会以2274票的赞同票通过了国务院机构改革方案的决定，撤销能源部，新组建电力工业部。并于3月29日八届全国人大一次会议第七次大会上，根据国务院李鹏总理的提名，任命史大桢为电力工业部部长。主管水电的副部长为汪恕诚。

3月22～26日 水利水电规划设计总院会同安徽省计委在芜湖市组织审查通过了由上海、华东勘测设计研究院共同完成的“响水涧抽水蓄能电站可行性研究报告”。该电站位于安徽省繁昌县境内，距芜湖市30 km。电站装机容量100万kW，日最大发电量500万kW·h，日最大抽水电量714万kW·h。工程总投资28.8亿元。工程建成后，将满足华东电网调峰的紧迫需要。

3月下旬 国家计委致函原能源部，同意天生桥二级水电站二期工程与一期工程衔接连续建设。二期工程规模为44万kW（2×22万kW），工程总投资控制在7.86亿元以内。所需投资按原能源部与国家能源投资公司及广东、广西、贵州3省（区）人民政府1988年签订的《关于合资建设天生桥水电站的协议书》规定的比例分别承担。

4月2日 国务院三峡工程建设委员会第一次会议在北京中南海举行。李鹏总理在会上作了重要讲话。他说：当前的工作重点是做好各项准备工作，筹建机构，特别是抓紧初步设计审查；要开拓筹资渠道，探索适合三峡建设的筹资方式，不仅要筹措好资金，而且要精打细算，管好用好资金。为了适应社会主义市场经济新体制，三峡工程建设要采取国际上通行的办法，实行工程项目业主责任制。

4月12日～5月3日 应加拿大能源集团公司的邀请，甘肃省水利厅和省电力局代表团访问加拿大，就合作兴建洮河上的酒甸峡水电站和合作开发黄河干流上的“小三峡”（大峡、小峡、乌金峡）水电项目，与加拿大能源集团公司分别签订了协议。协议规定：“小三峡”水电工程自1991年开工到2000年全部建成投产，建设总投资为25亿元人民币，先开发、经营大峡水电站（装机30万kW，已于1991年开工，投资10亿元人民币，1997年投产）。合资公司注册资本四方出资比例分别为“中国国家能源投资公司45%；甘肃省电力建设投资公司20%；甘肃电力公司5%；加拿大能源集团公司30%。合营四方一致同意委托甘肃电力公司负责该项目的建设和生产经营管理。关于合作开发酒甸峡水电站协议规定：该电站装机20万kW，总投资12亿元人民币，由加拿大能源集团公司向加拿大政府及其他国家金融组织筹资1.2亿美元，贷款给甘肃省水利厅。贷款宽限期从贷款合同生效之日计算，共8年时间。还款期从贷款限期结束后算起，共20年时间。

4月16日 建设部以建设［1993］293号文发出《关于公布第三届全国工程设计计算机获得优秀软件成果奖的通知》，全国共118项（一等奖5项，二等奖38项，三等奖75项），其中水电系统获奖的有：中南勘测设计研究院编制的水工隧洞钢筋混凝土衬砌CAD软件、成都勘测设计研究院编制的地震层析成象应用软件包，获二等奖；成都勘测设计研究院编制的ADSC－CK拱坝多拱架法应力分析程序、岩坡及拱座抗滑稳定浮值分析程序，北京勘测设计研究院编制的工程地质专业CAD软件，广西电力工业勘察设计院编制的二维多项式趋势面分析在水利电力工程中的应用软件，获三等奖。

4月18日 湖北高坝洲水电站准备工程开工。高坝洲位于湖北枝城县境内，是长江支流清江梯级开发中最下游的一个梯级，也是隔河岩电站的反调节水库。电站装机容量25.2万kW，设计年发电量10.2亿kW·h。

4月25日 水利水电规划设计总院组织审查通过了由天津勘测设计研究院完成的万家寨水利枢纽工程初步设计。该工程位于黄河北干流上段的托克托至龙口峡谷河段内，水库总库容8.96亿m^3，调节库容4.45亿m^3，采用“蓄清排浑”的运行方式。大坝为混凝土半整体式重力坝，最大坝高90 m，坝后式厂房，总装机容量108万kW，设计年发电量27.5亿kW·h。工程总投资约38亿元，预计总工期6年半。

4月下旬～5月上旬 由南方电力联营公司倡议，中国电力企业联合会和中国水力发电工程学会组织，有华东、华中电力集团公司，广东省电力局和深圳能源办等单位领导和专家参加，实地考察了金沙江水电资源情况，探讨联合开发、西电东送的前景。这次考察从昆明开始，沿江考察了上虎跳峡、下虎跳峡、金安桥、观音岩、白鹤滩、溪落渡、向家坝等7个电站坝址。考察认为，金沙江水能资源富集程度为世界之最，其年径流量1500亿m^3，约为黄河的3倍，干流落差3280 m，总可开发容量达7512万kW，且前期工作已有一定基础，坝址地质条件较好，交通条件也已有较大改善，建议采取措施，继续抓紧前期工作，制订相应政策，按市场经济原则筹集建设资金，促其尽快开发，西电东送具有良好前景。

5月5日 天生桥二级水电站1号差动式调压井2个闸门井（升压管）在2号机进行甩负荷试验时，于23时3分2号机增荷到22万kW，至23时32分因电气设备故障自动甩负荷后（1号机同时带5万kW负荷运行），发生破坏性倒塌事故。事故发生后，电力工业部、武警水电指挥部有关同志立即前去处理。据专家初步分析，这次事故的原因是多方面的，有设计方面的，也有施工方面的。为了保证该电站工程安全和长期运行稳定，经研究决定，将原设计的差动式调压井改为阻抗式调压井。

5月5日 云南玉溪卷烟厂与昆明勘测设计研究院签订了《云南省澜沧江景洪水电站勘测设计协议书》。《协议书》规定：玉溪卷烟厂拟投资建设景洪水电站，委托昆明勘测设计研究院完成景洪电站可行性研究和初步设计阶段的勘测设计及科学试验工作，并要求昆明勘测设计研究院于1993年6月提出电站项目建议书，争取1996年底完成初步设计。景洪水电站是澜沧江中下游梯级开发的第六个梯级电站，装机容量150万kW，年发电量70亿kW·h，静态总投资约60亿元(1993年6月价格水平)。电力部副部长汪恕诚在《协议书》上批示："由一个企业独资建设一个150万kW的大水电站，如能实现的话，又将是我国水电建设史上的一件大事，我们应给予积极支持。可以作为深化水电设计改革试点"。

5月5日 新组建的电力工业部在京举行首次新闻发布会。会上，史大桢部长详细阐述了电力工业部的任务、改革发展目标及要重点抓好的工作。他指出：电力工业部将按照"规划、协调、服务、监督"的八字原则转变职能，并加速企业机制转换；电价改革首先要突破价格严重低于价值的不合理局面；股份制办电必须大力推行，但应遵循电力内部规律和国务院的20字办电方针；今后5年内外资在中国电力建设投资中的比重，将由目前的1/10提高到1/5。

5月7～11日 水利水电规划设计总院在四川彭水苗族土家族自治县组织审查通过了由长江水利委员会完成的《乌江彭水水利枢纽（长溪坝址）可行性研究报告》。彭水枢纽位于四川省彭水苗族土家族自治县境内，以发电为主，其次是航运，兼顾防洪及其它。大坝为混凝土重力坝，最大坝高110 m，总库容13.35亿m^3。电站装机108万kW，与东风、乌江渡联合运用，保证出力24.85万kW，设计年均发电量57.74亿kW·h，是川东地区的骨干电站，建设条件较好，建议尽早立项兴建。

5月8日 《中国电力报》报道：经国家对外贸易经济合作部批准，中国水利水电工程总公司获得对外承包工程施工和劳务合作权。范围包括：本行业国外工程和境内外资工程；工程所需设备、材料出口；对外派遣本行业工程、生产及服务的劳务人员；按国家有关规定在国（境）外举办企业等。

5月10～13日 1993年度国家工程建设（勘察设计）优秀QC小组初评会在北京召开。经过初评，全国共有41个QC小组被评为1993年度工程建设（勘察设计）优秀QC小组，并从这41个QC小组中推荐了15个QC小组在成果发表会上发表成果，其中水利水电方面被推荐发表的成果有"在水口水电站设计中实现溢洪道预应力梁整体多目标优化"(华东勘测设计研究院)、"提高海南1：1万航测成图质量"(天津勘测设计研究院)、"解决容量法测定水中SO_4含量时的返工问题"（山西水利勘测设计院）等3项。

5月12～13日 电力工业部在京召开股份制工作座谈会，史大桢部长在会上指出：按照我们目前情况，把已出台的政策都用上，电力也只能保持年递增8%～9%的水平，要想再快一点，就只能突破原有集资办电的概念，走股份制的道路。因此，推行股份制办电是电力工业实现超常规发展的重大举措之一，也是电力工业部要抓的一项重要工作。

5月18日 世界银行执行董事会审议通过，天荒坪抽水蓄能电站工程获得3亿美元贷款。这笔贷款主要将用于采购电站主机、监控和电气设备，其中主机设备国际招标已在上海开标，法国、挪威、加拿大、意大利、奥地利等国10余家厂商组成的5个集团参加了投标，正在评标中。天荒坪抽水蓄能电站位于浙江省安吉县境内，安装6台、单机30万kW可逆式水泵水轮发电机组，总装机容量180万kW。工程国内总投资35亿元人民币，由国家能源投资公司、上海市、江苏省、浙江省、安徽省及华东电力集团共同集资。

5月18至22日 中国水利水电工程总公司在京召开工作会议。会议在总结1992年经验的基础上，提出1993年的发展目标：计划完成施工产值40亿元，全员劳动生产率达到2万元/（人·年）以上；多种经营产值（营业额）达到10亿元，创利税5000万元，从业人员达到5万人。会议还讨论修改了《推行项目法施工的实施意见》、《关于进一步转变观念，加大改革力度，超常发展多种经营的意见》、《水电工程投招标注意事项》、《水电施工企业在投招标工程中的索赔管理程序》等文件。

5月23日 国务院批复《关于珠江流域综合规划审查意见的报告》，同意审查意见，并就防洪、发电、航运、供水、灌溉等方面提出了批复意见。其中发电方面，提出“西江干流（南盘江、红水河、西江干流大藤峡至高要河段）、北江干流、东江干流及西江主要支流北盘江、柳江、郁江、桂江、贺江10条主要河流（河段）水电梯级开发规划，要有计划地实施，并要注意梯级间水位的衔接，兼顾航运。同时，应积极扶持山区、贫困地区，开发中小河流的水能资源，促进山区经济发展。”对近期工程项目，同意规划选定的防洪工程飞来峡、大藤峡、百色、长洲、柴石滩、榕江、思贤滘等；水电工程包括天生桥、龙滩等大型水电站，以及主要干支流规划的中型水电站。

5月28日 电力工业部在京召开成立大会，国务院副总理邹家华到会讲话。他说：新成立的电力工业部是国务院管理全国电力行业的职能部门，是对电力全行业的管理，而不管其办电的资产属于谁或哪个别的部门。史大桢部长在会上作了题为《努力开创中国电力工业改革与发展的新局面》的报告。

6月4日 湖北隔河岩水电站第一台30万kW机组于今天11时46分并网发电，比国家计划时间（1993年12月）提前6个月零25天，可多发电6亿kW·h以上，可创直接经济效益2.2亿元，新增工业产值30亿元。该电站总装机容量120万kW（4×30万kW），是我国首家以地方投资为主建设的大型水电工程，总投资35亿元中，省自筹部分占70%。其中利用加拿大政府混合贷款1.08亿美元，1、2号机组及其主要电器设备均从加拿大引进。在工程建设中，施行业主责任制，实现了当年施工、当年截流，对控制投资，缩短工期，确保工程质量，起了十分重要的作用。

6月5日 中国水利水电工程总公司以中水电[1993]20号文印发《水电建筑安装施工企业转换经营机制实施意见》、《水利水电施工企业推行项目法施工的实施意见》和《水利水电施工企业工程投标工作若干意见》3个文件，自印发日起贯彻实施。

6月5日 由中国惠侨银行筹委会投资5亿美元，与兰州水电开发总公司联合建设黄河柴家峡水电站及一批资源开发项目合同在兰州签署。惠侨银行是中国目前唯一的股份制跨国金融机构，由美国文特尔国际投资集团、台湾大安集团、菲律宾信安银行等国外资金股东和中资股东——北京新华尾气净化器有限公司组成，主要投资开发中国大陆的能源、交通等建设项目。兰州水电开发总公司是兰州市水电局创办的经济实体。双方合作开发的柴家峡水电站位于兰州市中山桥以西31 km处的黄河干流上，总装机容量9.65万kW，年发电量5.46亿kW·h，将用于新的有色金属基地建设和农村用电。

6月18日 位于猫跳河上的李官水电站竣工投产。至此，这条河流上已建成7座水电站，水能资源已全部开发完毕。猫跳河是乌江的一条支流，1958～1979年间建成了红枫、百花、修文、窄巷口、红林、红岩6个梯级电站，总装机容量23.9万kW。进入90年代后，贵阳市人民政府、贵州省电力局等单位集资2500万元，利用该河最后剩余的20 m水头，在百花和修文之间建成装机1.3万kW的李官水电站，使梯级总装机容量增加到25.2万kW。

6月18～23日 国际大型水电站设备和施工展览会在北京举行。本次展览会是由电力工业部、水利部、中国国际贸易促进会、中国长江三峡工程开发总公司联合举办的。来自法国、加拿大等12个国家和地区的70余家厂商参加了展览，展示和介绍了各自在水电建设方面的先进技术和设备。展览会期间，还举办了三峡工程技术研讨会，为国内外企业展示了三峡工程发展和合作的前景。

6月21～25日 93国际中小水电设备技术展示会在杭州市举行。本次展示会是由亚太地区小水电研究培训中心承办的。国外有40多个国家近100名政府官员和厂商参加，国内也有近100家机电设备制造厂家参展，还有30多个省、市、自治区的水电建设管理部门组团或组织地方水电建设单位参加了各项活动。经过5天展示，设备订货成交和意向性成交额达1.2亿多元，达到了预期的目标。此外，展示会上还出现了设备转让、专利转让等多种技贸、经贸活动。

6月23日 电力工业部史大桢部长接受中央电视台记者采访。他在介绍了改革开放以来我国电力建设成就的同时，着重谈了如何进一步超常发展的问题。他说，按照我们现在的情况，各种政策和手段都用上，电力发展年增长率只能达到8%左右，即相当于年投产大中型机组1200万kW。要做到超常发展，必须解决如下三个问题：一是电价必须走出去，要改变目前价格严重偏离价值的局面，建立合理的电价制度；二是在国内广泛集资，即在现有的集资政策之外，还要扩大范围和规模；三是充分利用外资。通过采取这些措施，力争把全国电力增长速度提高到10%～12%，即每年投产规模达到1500万～1700万kW。

6月28日 我国第一个高海拔输变电项目——漫湾至昆明500 kV输变电工程建成投产，为漫湾水电站“6·30”发电创造了条件。漫昆500 kV输变电工程包括漫昆一回线、漫昆二回线、500 kV草铺变电站及漫昆微波通信工程等，整个工程提前半年竣工。

6月29日 我国第一座100万kW级大型抽水蓄能电站——广州抽水蓄能电站第一台30万kW机组并网发电。电站施工从1988年9月26日“两洞一口”开工算起至第一台机组发电，历时4年零9个月，实现了我国100万kW级大型水电站四五年发电的目标。该工程由中国水利水电第十四工程局与广蓄联营公司、中南勘测设计研究院和工程监理互相配合，按项目法施工原则，组建了精干、高效的施工队伍和管理机构，采用了先进的施工管理方法，施工高峰人数仅2600人，走出了一条有中国特色的水电建设快速施工的路子。在工程施工中，还采用了一系列新技术和新工艺，也加快了工程进度；工程质量为国内一流水平。

6月29日 国务院以国发［1993］56号文转发国家计委《关于西南和华南部分省区区域规划纲要》的通知，要求有关省区和部门结合本地区、本部门的计划安排和经济工作贯彻落实。该《纲要》指出，本区域可开发的水能资源在全国占有突出地位，要大力开发水电，要有步骤、有重点地加快南盘江～红水河、澜沧江、乌江、大渡河、雅砻江、金沙江等六大河流的梯级开发，除在建的岩滩、天生桥二级、东风、铜街子要求“八五”期末建成投产外，要新建龙滩、天生桥一级、长洲、百龙滩、恶滩、大藤峡、平班、大朝山、小湾、糯扎渡、洪家渡、构皮滩、思林、彭水、瀑布沟、桐子林、向家坝、溪落渡等18座大型水电站，除满足所在省区需要外，要大规模向东送电。该《纲要》规划到2005年。

6月29日 国务院总理李鹏签署国务院第115号令，正式颁布《电网调度管理条例》，自1993年11月1日起施行。电力工业部于7月19日发出通知，要求各电管局，各省、自治区、直辖市电力局认真组织好《条例》的学习、宣传和贯彻落实工作。

6月 由建设部、国家统计局、中国建设企业评价中心共同进行的“1992年中国建筑施工企业综合实力100强”评选结果揭晓。24家电力建设施工企业榜上有名，其中水电方面有中国水利水电第八工程局、中国水利水电基础工程局、陕西省水电工程局等3个单位。

6月30日 云南漫湾水电站第一台25万kW机组于16时38分并网发电。该电站是我国100万kW级大型水电站中第一个实行中央与地方合资建设，实行合成招标及建设监理制试点的国家重点建设项目，1984年9月开始施工准备，1986年5月导流洞开工，1987年12月截流，进入主体工程施工。第一期装机125万kW（5×25万kW），年发电量77.6亿kW·h，预计1995年一期工程竣工。第二期工程再增装25万kW，最终总装机150万kW。漫湾水电站的投产，对解决云南电力紧张状况，实现云电东送（至广州）和推动澜沧江的开发利用，将起十分重要的作用。

6月 武汉市河道科研所主办的《河道》杂志1993年第1期上发表了温善章、陈升辉、赵业安三位同志署名的《黄河三门峡工程回顾与评价》的文章。文章认为，三门峡工程从原来的“蓄水拦沙”的高坝大库大水电站，改为“蓄清排浑”的滞洪排沙，低水头径流电站，黄河下游河道从原来的完全依靠三门峡水库及上中游解决洪水泥沙，改为通过综合治理，尽量发挥河道的排洪排沙作用，表明原规划设计与决策是失误的。文章还分析了原规划对大量淹没农田重视不够、对下游决口的严重程度估计过头、对三门峡大库拦沙防洪效益估计过大、对下游的安全泄量选用过低、对水土保持和拦泥库措施不切实际、对比较方案研究太少等6个方面的失误原因和应吸取的教训。

6月 1986年11月开始复建的河南板桥水库通过国家竣工验收。复建后的板桥水库按100年一遇洪水设计，按可能最大洪水校核。最大坝高50.5 m（比垮坝前加高3.66 m），总库容6.75亿m^3（比垮坝前多1.83亿m^3），保坝入库洪水洪峰流量20000 m^3/s，3日洪量10亿m^3。设计保证下游1500 km^2的防洪安全，灌溉面积45万亩，向驻马店供水1.5 m^3/s，电站装机3200 kW（4×800 kW）。总投资约2.2亿元。

7月2日 电力工业部印发了《电力工业部机关工作人员保持廉洁的七项规定》。《规定》中对反对用公款大吃大喝，反对在公务活动中收受礼品、礼金和有价证券，不得利用职权为本部门、本单位和个人谋利益，以及部机关在职干部不得经商办企业等方面，都作了明确的规定。

7月8～10日 由财政部、电力工业部和世界银行共同在北京举办了“中国电力部门改革战略选择国际研讨会”。研讨会围绕4个研究课题进行深入讨论：①中国电力工业体制改革的组织结构选择；②关于建立与社会主义市场经济体制相适应的电力法规和体系的建议；③中国电力企业改革的战略选择（公司化组织、商业化经营）；④中国电力工业资金筹措方案选择。

7月9日 建设部以建设［1993］501号文颁发了第一批设计单位甲级工程总承包资格证书，其中水利水电系统有北京、华东、成都、贵阳、中南、昆明、东北、天津等8个直属勘测设计研究院；还有长江水利委员会、淮河水利委员会规划设计研究院、黄河水利委员会勘测规划研究院、广西电力工业勘察设计院、北京市水利规划设计研究院、新疆水利水电工程建设承包公司，以及福建、贵州、宁夏3个省（区）水利水电勘测设计院，总计17个单位。

7月15日 清江隔河岩水电站首台机组提前发电庆功会在现场召开，钱正英、汪恕诚、陆佑楣等出席了会议。湖北省政府以电站提前发电收益的40%重奖有功单位和个人。

7月16～19日 中国电力信托投资有限公司筹备会董事会成立大会在北京召开。该公司是1993年2月经中国人民银行同意，由电力工业部牵头，向社会定向募股着手筹建的。其经营宗旨是：按照国家统一的经营方针、政策及有关法律、法规，以发展经济、稳定货币、提高经济效益为目标，运用灵活多样的信贷方式，开辟资金渠道，挖掘闲散资金，积极开拓国际国内金融业务，促进电力事业的发展。公司行政上隶属电力工业部，业务上接受中国人民银行的领导、管理、协调、监督和稽核。

7月23日 为了加快澧水流域的综合开发，由水利部和湖南省合资兴办的澧水流域水利水电开发公司在湖南成立。该公司由部、省共管，以省为主，并实行董事会领导下的总经理负责制。公司近期在建项目为江垭水利枢纽和索溪裕水库。江垭枢纽是澧水流域的主要防洪骨干工程，兼有发电、灌溉、航运、供水、旅游等综合效益，电站装机30万kW，设计年发电量7.74亿kW·h，总投资16.42亿元。目前已开展工程前期工作，争取1994年截流，1997年发挥防洪效益，1998年第一台机组发电。

7月下旬 天生桥至广州±500 kV直流输电工程经国家计委审批，并经国务院批准立项。该线路全长980 km，设天生桥马窝换流站及广州北郊换流站两处。工程将利用日本海外协力基金贷款。工程总投资26亿元人民币，其中日方贷款210亿日元。内资由国家能源投资公司和广东省分别承担30%和70%。

7月26日 受李鹏总理委托，国务院副总理邹家华在北京主持召开国务院三峡建设委员会第二次会议，审查批准了《长江三峡水利枢纽初步设计报告（枢纽工程）》。该报告共分11卷，即综合说明、水文、地质、规划、枢纽布置和建筑物设计、机电、施工、概算、工程泥沙问题、经济评价、环境保护等，于5月13～25日由126名专家分组审查通过。根据批准的初步设计报告，长江三峡工程建设将采用“明渠通航，三期导流”的施工方案；单机容量由68万kW增加到70万kW，装机总容量由1768万kW增加到1820万kW，增加52万kW；设计年均发电量由840亿kW·h增加到847亿kW·h；施工总工期和发电工期比可行性研究报告提前1年，总工期为17年，首批发电工期为11年；枢纽工程概算控制在500.9亿元（按1993年5月价格水平）以内。

7月30日 云南鲁布革水电站6点30分通过220kV鲁天输电线路（鲁布革至天生桥二级）及500 kV输电线路（天生桥二级至广东佛山）向广东输电，使“云电东送”成为现实。根据协议，云南从1993年至2012年间，每年6～10月向广东输送丰水期电能，其中1993年至1996年每年丰水期向广东先期送电9亿kW·h。这是云南的资源优势与广东的经济优势相结合、能源丰富地区与缺能源地区相结合的一种新型的经济开发模式。

8月2日 由国家建设部、国家统计局与中国建设企业评价中心共同组织进行的“1992年中国勘察设计单位综合实力一百强”评比结果在《经济日报》上公布，其中水利水电方面有成都勘测设计研究院(22)、长江水利委员会（29）、西北勘测设计研究院（34）、东北勘测设计研究院（35）、中南勘测设计研究院（47）、华东勘测设计研究院（52）、昆明勘测设计研究院（59）、天津勘测设计研究院（74）、黄河水利委员会勘测设计研究院（80）、北京勘测设计研究院（98）及福建省水利水电勘测设计研究院（95）等11个单位。括弧中的数字是所获得的名次。

8月3日 电力工业部副部长查克明、汪恕诚在北京接见了电力系统跨进建筑施工企业“百强”行列和跨进勘察设计行业“百强”单位的代表。查克明对这些跨“百强”企事业单位提出了新的要求，并强调要处理好六个关系：一是国际一流与企业实际水平逐步接近的关系；二是企业的发展与挖潜、目前与长远的关系；三是电力建设安全第一、质量第一与速度的关系；四是各种电源建设与电网建设的关系；五是加大改革力度与加强内部管理、提高“三基”水平的关系；六是艰苦创业、基建光荣与改善职工生活的关系。

8月7日 电力工业部以电办［1993］263号文公布了1992年度电力优秀工程设计、优秀工程勘察共24项，其中水电13项。获水电优秀工程设计的有葛洲坝大江工程设计、铜街子水电站、白山水电站二期工程设计、石塘水电站、盐锅峡水电站9号机组扩建工程、丰满水电站9号10号机扩建工程、红枫堆石坝钻孔灌浆防渗处理、葛洲坝500 kV变电所电气设计、西沟水电站工程设计、四川甘堡水电站等10项；获水电优秀工程勘察的有东江水电站工程勘察、铜街子水电站复杂地基工程勘察、石塘水电站工程勘察等3项。

8月8日 福建水口水电站第一台单机容量20万kW机组正式投产。该电站装机容量140万kW（7

×20 万 kW)，是华东地区最大的水电站。工程部分利用世界银行贷款。土建主体工程施工和部分机电设备采购采用国际竞争性招标。福建省电力局为业主，华东勘测设计研究院为工程设计单位，华田联营公司和中国水利水电第四工程局分别承担土建主体工程施工和机电设备安装。水口水电站工程建设公司受业主委托，对工程进行全面管理，行使建设单位和工程师单位的职责。工程施工中实行严格合同管理，整个施工队伍只有 3000 余人，实现了优质、高速、高效。

8 月 8 日 “小浪底水轮机中间试验电站可行性研究报告”通过审查，并确定在三门峡建立小浪底水轮机抗磨蚀研究中试基地。

8 月 11～13 日 电力工业部在大连市召开电力工业利用外资工作会议。会议主题是：总结经验，研究新形势下利用外资的新情况、新问题，进一步扩大利用外资办电的规模。会议指出：自 1982 年鲁布革水电站第一个利用外资项目以来，至 1992 年底，以各种形式利用外资的国家和地方电力项目 55 个，总装机容量 3372 万 kW，利用外资总额 119 亿美元(其中水电项目 17 个，装机容量 1384 万 kW，利用外资总额 22.8 亿美元)。会议提出了在新形势下利用外资的意见和建议。

8 月 13 日 西北勘测设计研究院为龙羊峡水电站设计的巨型多分支发电机变压器组继电保护装置在中国首届科技博览会上获金奖。该装置经联机查新和专家鉴定，认为其差动保护和单元件发电机内部短路的理论研究和工程设计均属国内首创，失励磁保护达到国际先进水平。

8 月 17～22 日 水利水电规划设计总院在辽宁丹东市主持召开 1993 年度水利水电勘测设计系统优秀 QC 小组评审会。经过评审，有 25 个 QC 小组获优秀 QC 小组奖，其中二等奖 11 个，三等奖 14 个。

8 月 19 日 李鹏总理签署国务院第 126 号令，发布了《长江三峡工程建设移民条例》，自发布之日起施行。该条例于 6 月 29 日由国务院第六次常务会议审查通过。

8 月 20 日 经建设部审查核定，中国水利水电工程总公司、长江葛洲坝工程局为我国首批一级工程总承包企业，可承担土木工程建设项目的总承包。

8 月 26 日～9 月 2 日 电力工业部派四川电力局、部援藏办和成都援藏办的同志组成考察团赴西藏考察电力工业。考察团先后到日喀则地区、山南地区、羊卓雍湖抽水蓄能电站和拉萨电网等进行调查研究，了解西藏电力工业中存在的主要问题，并提出了意见和建议。

8 月 27 日 位于青海省共和县境内、恰不恰河上的沟后水库，于晚 10 时许突然垮坝，洪水直扑下游 13 km 处居住有数十个单位、3 万多人的恰不恰镇，造成严重灾害：死亡 288 人，失踪 40 人，受伤 330 余人，冲毁房屋 2932 间，直接经济损失 1.53 亿元。该水库大坝为钢筋混凝土面板砂砾石坝，总库容 310 万 m^3（垮坝时实际蓄水 290 万 m^3），1989 年投入运行。灾害发生后，朱镕基副总理打电话给在现场指挥抢救的青海省省长田成平，代表国务院向受难者家属及灾区群众表示慰问，并指示一定要把灾民安排好。8 月 29 日，以国务院副秘书长刘济民为团长的 14 人慰问团赶赴灾区，处理善后事宜。

8 月 31 日 天生桥二级水电站 1 号调压井胸墙垮塌事故发生后（5 月 5 日），中国水利水电第九工程局职工与武警水电一总队指战员密切配合，紧急拟订清除塌方废渣和修复调压井方案，从 5 月 13 日开始清渣起，经过 108 天的紧张战斗，完成了清除井筒下 3100 余 m^3 废渣及修复改造调压井工程的任务，1 号调压井于 8 月 30 日晚 11 时 50 分胜利充水，1 号机组于 8 月 31 日恢复发电，2 号机组也重新进入试机和发电试验。

8 月 31 日 水利水电规划设计总院以水规计［1993］044 号文批复昆明勘测设计研究院《关于建议加快景洪水电站前期工作的请示》报告。批复同意景洪水电站可行性研究与初步设计合并进行，作为大(1) 型水电站初步设计与可行性研究合并的试点。景洪水电站将由云南玉溪卷烟厂投资开发，已向昆明院预拨了 1993 年度勘测设计费 400 万元。目前昆明院已完成了勘测设计大纲，勘测队伍已进驻现场开展工作。

9 月 1～4 日 中国电力企业联合会在全国电力企业管理工作座谈会上，向获得全国电力企业管理现代化优秀成果的单位颁发了证书。其中水电系统有：“项目法施工的推行应用与研究”（葛洲坝工程局乔生祥、黄华平、栾德贵、陈志鸿等）、“高等网络技术的研究与应用”(葛洲坝工程局周厚贵)两项成果获二等奖；“用预测法制定经营计划确定承包经济指标”（中国水利水电第十三工程局朱允立、魏万里、赵士哲、叶慧修）、“运用目标成本管理，促进企业扭亏为盈”（葛洲坝工程局陈燕敖、姚本安、李韶秋）等两项成果获三等奖。

9 月 2 日 国务院办公厅以国办发［1993］51 号文发出了《电力工业部职能配置、内设机构和人员编制方案》。《方案》指出：组建电力工业部的指导思想是：政企职责分开，大力简政放权，由部门管理转向行业管理，加强规划、协调、服务职能。

9 月 8 日 经国务院经济贸易办公室批准，电力工业部组建成立的中能电力科技开发公司在京举行开业典礼。成立该公司的目的，是为了把科研力量联在一起，把软件的开发和硬件的制作统在一起，活跃电力技术市场。公司实行自主经营，独立核算，自负盈亏，具有法人资格的直属于电力工业部的全民所有制企业。公司董事长为王林，总经理为王建忠。

9月9日 电力工业部和中国电力企业联合会在北京召开庆祝教师节座谈会，重点座谈了如何进一步办好电力系统教育的问题。会议提出电力教育改革的基本思路是：改革学校领导体制，即除重点学校和行业性明显的学校继续由部直接管理外，其他具备条件的部分本科院校，争取加入企业集团，或与企业集团联合办学；全部专科学校都加入企业集团，以企业集团为主领导。

9月13～27日 电力工业部部长史大桢率领中国电力代表团访问加拿大、美国两国，向两国政界和企业界宣传了中国扩大利用外资的方针政策，介绍了中国电力市场的广阔前景，并考察了两国现代化的水、火、核电站及电站设备制造厂。访问期间，代表团分别与加拿大第一副总理夏瑞（音译）和美国能源部部长奥来瑞（音译）举行了会谈，并分别就引进外资问题达成了意向性意见。

9月21日 中国水利水电工程总公司在山东德州召开全国水电施工企业走向市场经济对策研讨会。会议收到论文27篇，并从不同侧面对水电施工企业如何走向市场、如何落实企业转换经营机制14项权利、如何用好用足现行国家政策、水电施工企业如何走向国际市场，以及固定资产如何保值增值等问题，进行了广泛的探索和研讨。

9月22日 电力工业部以电政法[1993]391号文颁发了《电力行业股份制企业试点暂行规定》。《规定》中明确了试点的目的和原则，并对试点的范围和组建方式、申报及管理等方面作了具体规定。

9月23日 原水电部副部长、水利部顾问王英先同志因病在京逝世，享年73岁。

9月25日 羊卓雍湖抽水蓄能电站引水隧洞全线贯通。该隧洞位于海拔4400余m高度，是目前世界上海拔最高的引水隧洞。主洞全长5888 m，开挖直径3.5 m，是羊卓雍湖电站的关键工程。负责施工的武警水电部队第三总队官兵，在高寒缺氧、大型机械又无法进洞作业的艰苦条件下，采用人工打钻出碴，从1991年5月开工以来，经过两年多艰苦奋战，闯过50多处塌方段，终于胜利打通。

9月25日 电力工业部、国家经济体制改革委员会、国家经济贸易委员会联合发出通知，正式颁发《全民所有制电力企业转换经营机制实施办法（试行）》，要求认真遵照执行。该《实施办法》共38条，其中心内容是：把应该下放给企业的权力都彻底下放，以确保责权一致，增强企业活力。其中有关大中型水电建设项目初步设计的审查和审批权的界定是：装机规模50万kW及以上的水电站，国际、省际交界河流和跨流域引水的水电站，以及利用外资建设的水电站由部审查和审批；除此以外的，由集团公司、省公司等业主审查和审批。

9月26日 原水力发电建设总局、水利水电建设总局副总工程师、顾问，水电部技术咨询张昌龄同志，因病在京逝世，享年87岁。

9月27日 国家对外经济贸易合作部正式授予西北勘测设计研究院对外经营权，并明确了4条经营范围。

9月27日 中国长江三峡工程开发总公司正式挂牌成立，标志着三峡工程准备工作的开始。

9月28日 据《中国电力报》报道：经国家物价局和电力工业部批准，清江隔河岩水电站上网电价定为0.352元/(kW·h)，这是全国大型水电站中首次实行的还本付息电价；同时，在电网中，隔河岩电站只是服从电网统一调度，其所有权不属电网，电网与电站是买电与卖电的关系。

9月29日 中国水利水电第一、第十一、第十四工程局经过协商，组成了参加三峡工程建设的联合体。该联合体按照国际惯例实行股份制，3个局所占的股份分别为40%、30%和30%。此前，由中国水利水电第三、第七、第八工程局组成的“三峡工程378联营体”（彭启友任董事长，李友仁、邳大兴任副董事长），以及由中国水利水电第四、第五、第六、第九工程局组成瞄准三峡工程的“四达集团公司”相继成立，至此，中国水利水电工程总公司系统已有10家工程局组成了三大集团，发挥各自优势，集中力量进军三峡工程。

9月29日 有关投资各方签订了《广东抽水蓄能电站联营公司（有限）合同》，明确该公司的组织形式为有限责任公司，股东三方以各认缴的出资额对广蓄公司承担有限责任。该公司注册资本为10.6亿元，负责建设和经营广蓄电站一、二期工程，总装机容量为240万kW。

10月3～4日 全国政协副主席钱伟长率领的三峡文物考察团一行38人，自重庆乘船而下，沿途考察了三峡文物情况，认真听取了考古队、宜昌市及长江三峡工程开发总公司负责人的汇报，并就如何解决保护三峡文物工作中存在的问题，提出了意见和建议。

10月6日 由管理世界中国企业评价中心与国家统计局、建设部共同举办的“1993年中国500家最大建筑业企业评价”在京揭晓，按最大经营规模划分，中国水利水电工程总公司所属16家企业入选。其中：

长江葛洲坝工程局以1992年实现106301万元的总收入名列第二，中国水利水电第八工程局、第十四工程局、第七工程局、第四工程局分列第34位、58位、71位、98位。按最佳经济效益划分，有两家水电施工企业入选，第八工程局列第28位，基础工程局列第32位。

10月8日 水利部部长钮茂生在全国水利工作会议上所作的报告中指出：要加快水电建设。90年代全国水利系统要新增水电装机1500万kW，其中大型280万kW，中型620万kW，小型600万kW；建成农村初级电气化县500个。

10月11日 安康水电站的资金报表显示：1993年计划安排投资1.443亿元，而1～9月资金到位5600万元，仅占年度计划的38.8%，时间已过3/4，而资金到位仅1/3多。该电站装机80万kW，总投资24亿元，在长达15年的建设中，按合理工期，其年度投资计划很少得到保证。据统计，仅1981～1986年的6年间，总计少投资1.82亿元，致使总工期拖后，造成严重浪费。

10月14日 电力工业部以电人教［1993］407号文批复水利水电规划设计总院《关于实行工资总额同经济效益挂钩试点实施方案》。批复指出：从1992年开始对水利水电规划设计总院管理的各设计院实行工资总额同经济效益挂钩的办法，即工资总额增长与实现收入和实现税利复合挂钩。

10月15日 由中国进出口公司所属的中技国际招标公司负责采购的世界银行贷款项目——天荒坪抽水蓄能电站主机设备引进合同在京签字，李鹏总理出席了签字仪式，并会见了参与合作的中外厂商代表。此次引进的天荒坪总容量180万kW的可逆混流式抽水蓄能机组，是采用招标方式采购的。参与投标竞争的7国14家厂商，经过投标竞争，最后挪威克瓦纳——加拿大奇异—奥地利伊林制造集团中标。

10月21日 电力工业部在京主持审查通过了对《西南和华南六省区能源工业发展与布局规划研究报告》的鉴定。这一研究课题是1992年初国家计委下达的《西南与华南部分省区区域规划研究》课题中的一个专题(专题组组长为朱尔明)。《研究报告》根据大量基本资料，运用系统工程方法，把西南富能地区与华南缺能地区结合起来，提出了建立西南主要能源基地、实行西电东送、资源互补等观点。其主要观点与内容已被国家计委纳入《西南和华南部分省区区域规划纲要》中。该《纲要》已由国务院以国发［1993］56号文批转有关省区和部门贯彻落实。

10月21～23日 中国水力发电工程学会水电建设管理专业委员会第三次年会在漫湾水电站工地召开。会议交流了有关水电建设管理的重要成果和新的经验，并就水电建设管理体制改革和经营机制的建立、运行进行了探讨。会议还提出了下一步专委会研究的4个课题：①公司制的探索与实践；②业主责任制的强化与完善（结合公司制改造）；③水电投资控制的框架设想；④市场经济体制下国内外资金筹集方式。

10月22～25日 第二次全国工业污染防治工作会议在京召开，电力部副部长查克明在发言中建议大力发展水电作为电力工业防治环境污染的有效措施之一。他特别强调水能资源的开发利用应得到国家在法律、政策、资金各方面的支持，并应享受其它一次能源开发利用所享受的优惠政策。

10月23～27日 水利水电规划设计总院在京召开直属院院长深化改革座谈会和工效挂钩工作会议。会议研究了水电勘测设计单位如何走向市场的问题，交流了各院深化改革、转换经营机制的经验，具体研究部署了实行工效挂钩试点的实施方案。人事部综合计划司工资处处长李文锦就实行工效挂钩试点的实施方案作了说明。

10月24日 长江三峡工程的施工前期准备工作，以环绕中堡岛的200条船和200台高吨位大卡车同时向滚滚长江抛卸块石和沙土4万m^3的一期围堰工期开始而拉开序幕。三峡工程总公司在中堡岛上举行了准备工程开工典礼。

10月26日 建设部发布1993年第3号公告，审查批准了全国312个设计单位具有甲级工程总承包资格，其中水利水电方面有：部直属的北京、华东、成都、贵阳、中南、昆明、西北、东北、天津、上海等10个勘测设计研究院，中国水利水电建设工程咨询公司，长江水利委员会，黄河水利委员会、淮河水利委员会、珠江水利委员会分属的3个勘测设计院，总计15个单位。此外，还有北京、河北、福建、广东、贵州、陕西、青海、宁夏、新疆等省（区）水利水电勘测设计院，以及广西电力工业勘察设计院共计12个单位。

10月26～29日 中国水力发电工程学会和国际大坝委员会在北京新大都饭店共同主持召开国际高土石坝学术研讨会。会议以混凝土面板堆石坝为主，包括土质心墙堆石坝施工导流等方面的内容。参加会议的有来自海外17个国家的专家学者42人及陪同人员20人，中国专家110人（含台湾省4人，陪同人员3人）。会议收到19个国家和地区的作者论文95篇，其中国外28篇，国内67篇（包括台湾省2篇）。会议交流了几乎包括世界各国近期完成的和正在建设的主要高土石坝，特别是混凝土面板堆石坝工程的建设经验和科研成果，以及堆石坝设计和施工方面的最新趋势。

10月 《李鹏论发展中国电力工业》一书出版。该书收集了李鹏同志自1979年至1993年这一时段内关于发展中国电力工业的重要论述，包括讲话、谈话、指示、题词共111篇。其中关于水电方面的专门论述有《二滩水电站是解决四川能源的关键一着棋》（1982）、《我国水电开发方针及加快建设的战略措施》（1984）、《关于农村电气化工作的意见》(1986)、《在国务院三峡工程建设工作会议上的讲话》(1992)等15篇。在其它一些文章中也有一些关于水电的内容。

11月2～3日 以文嘉为团长的亚洲开发银行能源考察团，在结束对泰国、越南的考察后来到漫湾水电站工地进行考察。通过考察，确认在澜沧江上建水电站对下游湄公河没有什么损害，消除了他们原来对生态环境影响的顾虑。考察团还探求了中国云南电网与泰国、越南电网联网的可能性。

11月3～7日 全国首次抽水蓄能技术经济研讨会在天津召开。会议主要探索了抽水蓄能电站技术经济的合理性及其今后的发展道路。会议认为，我国各地区特别是东南沿海地区电网峰谷差越来越大，调峰矛盾十分突出，因此，今后在发展高水头、大容量抽水蓄能电站的同时，还应因地制宜地发展中低水头和小容量的抽水蓄能电站。关于主机设备问题，既要积极引进高水平技术，又要尽快提高我国机电设备的制造水平。会议还确定由天津市水力发电工程学会、天津勘测设计研究院筹组中国水力发电工程学会抽水蓄能专业委员会。

11月5日 电力工业部就南方4省（区）联合办电协调小组成员调整一事发出通知，其调整后的成员名单如下：组长陆延昌（电力工业部副部长）；成员王文泽（国家能源投资公司总经理）、张高丽（广东省人民政府副省长）、王蓉贞（广西壮族自治区人民政府特邀顾问）、朱绍尧（云南省人民政府副省长）、姚继元（贵州省人民政府副省长）。

11月6～12日 中国第22届电网调度运行工作会议在厦门召开。会议指出，由于全国燃料和水能资源的分布特点，决定了从北到南都要形成西电东送的局面：北端由“三西”向华北、山东、华东送电；中端由三峡电站及四川水电东送华东；南端由云南水电、煤电东送广东。全国电网互联已不是遥远之事，各级电网调度部门要有思想、技术和措施上的准备，在管好现有电网的基础上，促进全国电网联网局面的形成。

11月8～19日 水利部移民办公室、中国水力发电工程学会水库经济专业委员会、水利部科教司、河海大学、世界银行经济发展学院于河海大学共同举办了水库移民安置国际高级研讨会。参加会议的有有关单位领导和中外专家、教授60余人，其中世界银行4人，印度2人，土耳其1人。会议共收到报告23份，其中国外专家8份。会议分移民政策与法规、移民经济开发、移民安置规划、监测与评估、培训与研究5个专题进行了讨论。23个报告将由承办者分中、英文出版发行。

11月15～17日 由中国国家科委和美国美洲华侨工程科技学会主办、中国能源研究会承办的“93中美能源会议”在北京举行。电力部副部长陆延昌在开幕式上介绍了中国电力工业的现状、发展规划和合作前景，美国能源部副部长杰克·西格参加了会议。双方代表就水电、核电、新能源等方面的合作前景进行了探讨，并共同建议成立中美能源合作与发展促进会，以加快中美能源科技合作步伐，进一步确立重点能源合作项目，增加两国在能源领域里交流的频率与深度。国务院副总理邹家华、国务委员、国家科委主任宋健分别会见了美方代表。

11月16～19日 由中国水利学会和广西科学技术协会等4个单位联合主办的“93国际中小水电学术会议在桂林召开，参加会议的有中国、加拿大、奥地利、瑞典、挪威、法国等国家和台湾地区的水电专家学者170余人。会上，部分国内外专家宣读了中小水电科学技术各研究领域的学术论文，并进行了讨论。

11月19日 财政部、国家计委以［93］财综字第158号文件向电力工业部、水利部和各省、自治区、直辖市财政厅（局）、物价局（委员会）发出通知，对中央直属水电厂的发电用水和火电厂循环冷却用水暂不征收水资源费。《通知》指出：根据《中华人民共和国水法》的规定，“水资源费的征收办法由国务院规定”，考虑到发电企业的生产特点，在国务院对水资源费征收办法做出统一规定前，对中央直属水电厂的发电用水和火电厂的循环冷却用水暂不征收水资源费，待国家统一办法出台后，按统一办法的规定执行。电力工业部于11月24日以电经［1993］500号文件通知各电管局，各省、自治区、直辖市电力局，要求严格执行［93］财综字第158号文件。

11月19～22日 水利水电规划设计总院在京召开水利水电勘测设计质量工作会议。会议在总结成绩、经验的基础上，着重分析研究了近年来出现的一些重大工程质量问题，提出了保证、提高勘测设计质量的措施。会议还就《关于加强水利水电勘测设计产品质量管理的若干规定（讨论稿）》、《关于合理调整水电工程设计阶段的报告（讨论稿）》、《水电预可行性研究报告编制暂行规定（讨论稿）》、《GB/TI9004－ISO9004质量管理和质量体系要素指南——水利水电勘测设计行业实施大纲（送审稿）进行了讨论。

11月21日 20时黄河大峡水电站截流成功。截流流量为1000 m^3/s，截流方案采用上横围堰从左到右立堵进占方式，戗堤高程为海拔 1454 m。

11月22日　由国家能源投资公司、甘肃省电力建设投资开发公司、甘肃省电力公司三方组建的甘肃“小三峡”水电开发有限责任公司在兰州签约成立，这是甘肃省电力工业第一家大型股份制企业。该公司近期将建设与经营黄河上的大峡、小峡、乌金峡 3 个水电站工程。三方投资比例为 50%、30%、20%。

11月25～26日　受电力工业部委托，中国电力企业联合会在京主持召开电力改革与发展研讨会。会上，电力工业部及中国电力企业联合会领导人通报了电力工业改革与发展的形势，国家计委、国家体改委、国家经贸委、国有资产管理局、中国人民银行、国务院发展研究中心、中国证卷监督管理委员会等部门和单位的领导和专家作了专题报告，对于促进电力改革的力度与发展战略，作了理论与思想上的准备。

11月26日　15时23分，二滩水电站截流成功，比计划提前 14 天。此次截流，根据二滩山高坡陡、截流流量大、覆盖层深等情况，采用了双戗堤分担水头，平、立堵综合截流方案。截流时河道流量 1090 m^3/s，总落差 4.94 m。合龙后，左岸导流洞分流 440 m^3/s，右岸导流洞分流 600 m^3/s，戗堤渗流量 50 m^3/s。

11月下旬　国家计委下达 14 个预备项目的电力基本建设计划，其中水电方面有：红水河龙滩水电站（420 万 kW）；广州抽水蓄能电站二期（120 万 kW）；安徽响洪甸抽水蓄能电站（8 万 kW，地方项目）。另外还有 2 个中央水利项目和 1 个地方准备项目，即湖南江垭水利枢纽工程（30 万 kW）、湖北王甫洲水利枢纽工程（10.9 万 kW）；及新疆和甸乌鲁瓦提水利枢纽工程（6 万 kW，地方项目）。

12月4日　富春江水电设备总厂研制的黄河三门峡水电站 6 号机组出厂。该机组为混流式，单机容量 7.5 万 kW，转轮直径 5.5 m，是我国首次采用全不锈钢制作的大型混流式转轮。

12月5日　水利水电规划设计总院以水规设［1993］055 号文颁发了《关于加强勘测设计产品质量管理的若干规定》，自颁发之日起执行。

12月11日　电力工业部以电人教函［1993］135 号文发出《关于调整部科技进步奖评审委员会成员的通知》。调整后的评审委员会主任为陆延昌；副主任为周小谦、臧明昌、潘家铮、郑企仁。

另外，还随《通知》印发了《电力工业部科学技术进步奖励办法（试行）》、《电力工业部科学技术进步奖励办法实施细则（试行）》两个文件。

12月11日　国务院副总理邹家华视察二滩水电站工地，并作了指示。他说：对二滩水电站这样的大工程要有全方位的质量；要把电站和电网作为两个项目来抓；资金上要支持二滩建设。在谈到电力建设方针时，邹副总理说：电力建设方针是水火并举，因地制宜，而四川应多发展水电。水电建设方针是大中小结合，高低水头结合，流域梯级开发综合利用，还应贯彻流域梯级滚动开发的方针。

12月11～12日　四川省政府在攀枝花市召开四川省水电开发研讨会，规划部署了至本世纪末四川省水电开发的战略任务。会议由四川省省长助理邹广严主持，甘宁平副省长、电力工业部汪恕诚副部长出席会议并讲了话。会议认为，四川省水能资源在整个能源资源构成中约占 80%，但由于各种原因，在目前能源生产构成中，水能还不到 11%。因此，要解决当前四川能源紧缺问题，必须突出水电，大幅度地增加水电装机。会议提出了到 2000 年前新增水电装机 1000 万～1200 万 kW 的方案，并在资金筹集、流域开发、税收政策等方面提出了一系列设想。正在二滩水电站工地视察的邹家华副总理听取了会议情况汇报后指出：四川省加快水电开发带动经济发展的路子是对的，但在开发过程中要坚持大中小结合、高低水头并举的方针，搞流域滚动开发，成立“一条河”的开发公司。

12月18～23日　国务院总理李鹏率领有关部委领导同志到三峡工程工地考察了该工程施工准备工作情况，先后察看了中堡岛、一期土石围堰施工现场和朱家湾移民点，并召开了 5 次座谈会，就三峡工程的建设、移民、资金、工程设备、坝区规划、黄龙寺机场建设等重大问题，与有关方面负责人、专家进行了座谈，并作了一系列重要指示，其中特别强调三峡工程成败的关键在于移民，并确定于近日在京召开三峡工程移民工作会议。

12月21～22日　电力工业部在京召开利用外资管理工作会议。会议指出：为了保证国民经济每年增长 8%～9%的速度发展，基本缓解缺电局面，要求到本世纪末全国发电装机容量达到 3.1 亿 kW，其中水电争取到 7000 万～8000 万 kW。要实现上述目标，目前基本问题仍然是资金和设备制造能力不足。要解决这个问题，除了国内采取各种有效措施外，必须依靠利用外资来弥补。据测算，到本世纪末，大约有 25%的电力建设资金需要引进外资补充。会议强调，要进一步拓宽利用外资的渠道和规模，把利用外资办电作为一件大事来抓。

12月22日　电力工业部以电计［1993］567 号文发出《关于调整水电工程设计阶段的通知》，对水电工程设计阶段的划分作了如下调整：①增加预可行性研究报告阶段；②将原有可行性研究和初步设计两阶段合并统称为可行性研究阶段，取消原初步设计阶段；③招标设计阶段；④施工详图阶段。并随通知颁发了《水电工程预可行性研究报告编制暂行规定(试行)》文件。

12月27日 电力工业部以电水农［1993］583号文颁发了《水电建设工程施工安全管理暂行办法》，自颁发之日起执行。

12月27至29日 电力工业部在京召开全国电力工作会议。会议中心议题是：研究在建立社会主义市场经济体制进程中，深化电力改革，加快电力发展，促进我国电力工业上新台阶的战略思想和具体措施。史大桢部长在会上作了《全面贯彻十四届三中全会精神，努力完成电力改革发展的历史使命》的报告。会议确定1994年计划投产大中型机组1202万kW，其中水电358万kW国家计划投产957.75万kW，其中水电280.75万kW；部提出再争取多投产244.25万kW，其中水电77.25万kW；预期1994年全国发电量8900亿kW·h，其中水电1460亿kW·h，火电7630亿kW·h，核电80亿kW·h。本世纪末全国电力发展的目标是：1995～1997年平均新增发电机组约1500万kW，1998～2000年平均新增约2000万kW。在发展电源的同时，保持电网的同步增长。这样，至本世纪末，全国发电总装机规模达到3.1亿kW，其中水电装机规模争取达到7000万～8000万kW。

12月27～30日 国务院三峡工程建设委员会在京召开首次移民工作会议，国务院副总理邹家华、国务委员陈俊生、建设委员会副主任郭树言在会上就当前和今后三峡工程的移民工作作了重要讲话。为了使移民工作做得更加细致扎实，有关部门正在编制三峡库区移民安置规划和三峡地区经济发展规划纲要，并从1994年起至2000年，国家每年给三峡库区安排一定的技术改造专款，用于三峡库区受淹搬迁企业的技术改造。

12月28日 云南大朝山水电站前期工程开工。该电站位于云南省云县和景东县交界处的澜沧江中游，坝址处距上游漫湾水电站141 km，装机容量135万kW（6×22.5万kW），年均发电量59.31亿kW·h。该电站工程静态总投资44.6亿元（1993年初价格水平，不包括配套送变电工程投资），动态总投资为80.7亿元。工程由国家能源投资公司和云南省合资建设，投资比例分别为60%和40%。工程由昆明勘测设计研究院设计，漫湾水电工程管理局承担工程筹建工作。

12月下旬 国家科委根据1992年科技统计年报数据，对全国4871个自然科学领域的研究与开发机构(不含国防科技工作系统)的综合科技实力和运行绩效进行评价，评出了1992年全国综合科技实力最强和运行绩效最好的300家科研机构。其中水利水电方面有：南京自动化研究所列工业类综合科技实力第七位，运行绩效第一位；水利水电科学研究院列农、林、渔、水利类综合科技实力第一位，运行绩效第十五位；南京水利科学研究院列农、林、渔、水利类综合科技实力第五位，运行绩效第十四位。

12月底 葛洲坝工程局今年完成6台、总机容量154万kW的装机任务，占全国大中型水电装机总容量（334.85万kW）的46%，创造了全国一个单位完成水电装机的新纪录。这6台机组是：隔河岩2台单机容量30万kW的机组；漫湾2台单机容量25万kW的机组；天生桥二级2台单机容量22万kW的机组。

12月29日 海南大广坝水电枢纽工程1号机6万kW顺利通过验收，正式并网发电。该工程装机容量24万kW，年均发电量5.2亿kW·h，灌溉农田99.5万亩。工程于1989年2月15日开始施工准备，1990年6月正式开工。由中南勘测设计研究院设计，葛洲坝工程局等单位施工。

12月 由广西电力局提议，经广西桂冠电力有限责任公司董事会通过，将大化水电站作为电力局资产入股桂冠公司。大化水电站装机40万kW，资产总额重估为11.86亿元，其中净资产8.69亿元，负债约3.17亿元。负债部分不作股本金投入，而将债务转给桂冠公司，并决定今后这部分债务形成的资产也归桂冠公司占有。大化电站并入桂冠公司后，经广西自治区政府同意，电价由每千瓦小时6分提高到16分。

12月30日 江垭水利枢纽（电站装机30万kW）工程截流成功。该工程于上午9时45分开始截流，12时45分土石围堰合垅。截流时流量33 m^3/s，最大流速4.9 m/s，垅口水头差大于2 m。

12月31日 全年新增水电装机391.18万kW，年末水电装机总容量4459.25万kW（其中小水电1505.53万kW），年发电量1507.43亿kW·h（其中小水电471.21亿kW·h），分别占整个电力装机容量和年发电量的24.4%和18%。

1993年全国水电基建投资131.74亿元，占整个电力基建投资（557.88亿元）的23.6%，比1992年下降2.7个百分点。全国投产大中型水电站机组首次突破300万kW、达到334.85万kW（全口径），仅次于巴西，位居世界第二。今年水电建设的特点是：①广州抽水蓄能、漫湾、隔河岩、水口、岩滩等大型水电站先后进入投产高峰期，其中漫湾、隔河岩实现“一年双投”，广州抽水蓄能电站实现“一年三投”；②工期普遍缩短，工程质量好，27个在建工程优良品率逾80%；③今年大中型水电站机组投产任务是在克服投资严重滞后的不利条件后超额完成的，上半年资金平均到位率仅29%，下半年到位率才有较明显的改善。

1993年水电建设虽然取得很大成绩，但从电力增长总的情况看，无论是水电装机容量还是发电量，在整个电力装机容量和发电量中的比重都在继续下降。当前水电建设中存在的主要问题仍是资金不足，而资金不足又源于没有按市场经济规律及水电的特殊经济规律办事，具体说就是水电电价即丰谷差电价问题仍未突破，严重抑制了水电优越性的发挥，致使水电缺乏自我发展能力，特别是我国东南部地区要大力发展抽水蓄能电站，不解决丰谷差电价问题，矛盾会越来越突出。另一重要问题是前期工作经费严重不足，勘测设计工作滞后，亟需国家制订政策，广开集资渠道，及时抓紧解决。

（王 波）

1 9 9 4 年

1月3日 12集大型系列电视片《大三峡》于该日晚开始，在中央电视台第一套节目连续播出，每晚播出2集。

1月5～6日 青海尼集康水电有限责任公司在西宁市开会成立，这是实行股份制开发水电的公司。“尼集康”包括龙羊峡水电站下游青海省境内的尼那、直岗拉卡、康扬3座水电站，其装机容量依次为16万、15万、22万～23万kW，总装机容量为53万～54万kW，年均发电量20.5亿kW·h，工程静态总投资为23.3亿元。在公司发起人会上，各出资方经过协商，确认了各自的股本金限额，同意按相应比例承担融资金额。国家能源投资公司、中国华水水电开发总公司黄河水电工程公司、中国西北电力集团公司、西北勘测设计研究院、青海省投资公司（含海东地区、黄南州、海南州）、青海电力公司、青海省水利水电公司、中国水利水电第四工程局、黄河上游水电建设局共同签订了出资协议书，并成为股东。公司注册资金3亿元人民币。

1月8日 电力工业部邀请国家计委、国家能源投资公司、中国国际工程咨询公司等部门有关专家在京召开水电前期工作协调会，研究讨论水电前期工作滞后的问题。会议认为，前期工作与建设规模不相适应是当前水电建设中的突出矛盾，如不及时解决，不仅将影响“八五”、“九五”的开工规模，还会影响下个世纪的水电投产。水电前期工作滞后的主要原因是经费不足，据测算，1994～1996年期间现有前期工作经费，只能满足最低限度所需经费的1/4～1/3。因此，专家们建议：必须按社会主义市场经济改变管理体制，即由过去的中央直接管理改为分区、分省管理；对前期工作经费要制订政策，明确中央、网局、省局、省计委、流域开发公司和投资方的责任，多层次、多渠道加以解决。

1月10日 电力工业部召开1994年第一次基建协调会，安排今年电力投产计划。1994年国家计划初步安排投产大中型发电机组957.75万kW，其中水电280.75万kW；电力工业部争取多投产247.25万kW，其中水电77.25万kW。

1月17～18日 水利水电规划设计总院主持，审查通过了《金沙江溪落渡、向家坝水电站“西电东送”初步研究报告》。该报告由成都勘测设计研究院主办，中南、华东勘测设计研究院及电力科学研究院协办共同编制完成的。审查会认为，金沙江是我国最大的水电能源基地，加快金沙江梯级开发，是我国一次能源平衡的需要，也是我国能源配置的基本格局；同时鉴于金沙江梯级大都属巨型电站，又属界河工程，要实现“西电东送”，首先要解决好“东资西投”问题。建议由电力主管部门早日采取措施，组织协调，促进金沙江梯级电站及早动工兴建。

1月18～20日 湖北省政府在武昌主持召开《清江流域水电开发规划报告（1993修订）》审查会，电力工业部、国家能源投资公司、水利水电规划设计总院、华中电管局、长江水利委员会、清江水电开发总公司等15个单位58名专家参加。会议通过了规划报告。《报告》建议，在隔河岩水电站1994年基本建成后，应抓紧兴建下游装机25.2万kW的高坝洲和上游装机160万～180万kW的水布垭两座具有综合效益的大型水电站。

1月20日 建设部以建设[1994]57号文通知，决定授予全国137名优秀勘察设计院长荣誉称号，其中水利水电直属院有董槐三、杨培柏、袁保平、王永荣、曹士杰等5位同志，他们分别为昆明、成都、中南、东北、上海勘测设计研究院的院长。

1月20日 广西罗洞至广东江门500 kV输变电工程竣工投产。至此，全长1040 km的天生桥至广东500 kV超高压输电线路全部建成，以此为骨干的粤、桂、滇、黔4省（区）互联电网将发挥更大效益。

1月22日 国家计委、电力工业部联合发出《关于提高电力价格的通知》。《通知》指出：为解决中央建设项目还贷的需要，全国电价平均水平在1993年电价基础上，平均每千瓦小时提高1.5分；三峡工程建设基金征收标准由现行每千瓦小时3厘提高到4厘，仍按原规定范围和标准征收；电力建设基金每千瓦小时2分和三峡工程建设基金每千瓦小时4厘仍在目录电价中征收；实行统一销售的电网1994年目录电价从1月15日起执行，1993年国家计委、电力工业部印发的各网目录电价表同时废止。

1月25日 水利水电规划设计总院在京召开1994年水电前期工作预安排会议，并着重讨论了资金筹措体制建设问题。会议认为，水电前期工作滞后，已成为十分严峻的问题。按照规划，“八五”和“九五”的开工规模分别是2590万kW和4000万kW，预计只能保证“八五”中的2090万kW和“九五”中1800万kW，缺口分别为500万kW和1200万kW；可行性研究和初步设计，“八五”末分别是4600万kW和2400万kW，预计只能满足2500万kW和1000万kW，缺口分别为2100万kW和1400万kW。因此必须深化改革，搞好资金筹措体制建设。会议提出把前期工作区分为政府行为（项目建议书阶段以前的工作）和企业行为（项目建议书阶段以后的工作）两部分，前者经费由政府负责，后者经费由企业负责，以使前期工作经费有合理而稳定的来源。

1月29日 中国人民建设银行总行向王甫洲水利水电总公司转贷奥地利政府贷款协议签字仪式在武汉举行。该项目利用奥政府专项贷款59694万奥地利先令（约合5000万美元），引进奥地利4台单机容量2.73万kW灯泡贯流式机组。王甫洲工程位于丹江口水电站以下30km的老河口市，以发电为主，兼有航运、灌溉、养殖、旅游等综合效益。电站装机10.92万kW，年均发电量5.88亿kW·h。工程动态总投资12.7亿元，由建设银行、水利部与湖北省合资建设。

2月1日 中国电机工程学会理事长张凤祥（原水电部副部长）在中国水力发电工程学会举行的新春座谈会上发出“如再不多搞水电要误大事”的呼吁。他说：“火电建设到本世纪末就搞不下去了，中国有3亿kW水电，要想办法开发出来。我国火电已搞了不少，火电烧煤排出的SO_2，不仅会污染中国，而且是个世界性的问题。火电在沿海地区发展很快，特别是从吴淞口到南京沿长江一线，排了11个大型火电厂，差不多平均每40km有一座大火电厂，摆满了，所以沿海已经搞不下去了。无论是从资源的合理配置或者经济性来说，再不集中力量开发宝贵的水能资源，是要误大事的。去年我随中国水力发电工程学会去金沙江考察，又加深了这个概念。所以在本世纪末和下个世纪初要大力发展水电。

2月22日 据《中国电力报》报道：国家科学技术奖励工作办公室公布了1993年度国家科技进步奖441项及国家发明奖175项的公报。其中水电方面有：“土质防渗体高土石坝研究”获国家级科技进步一等奖；“SSj-3021型水电站计算机监控系统”、“水口水电工程混凝土预冷及生产系统（与LF型附壁式冷风机合并）”获国家级科技进步二等奖；“龙滩及漫湾水电站混凝土坝与地基联合作用仿真分析”、“应用于大型水轮发电机组的高能氧化锌非线性电阻灭磁及转子过电压保护装置”获国家级科技进步三等奖。“泄水建筑物不同水力条件下空化及非金属材料抗空蚀问题”获国家发明三等奖；“导流洞混凝土堵头高块连续浇筑侧壁不灌浆新技术”获国家发明四等奖。

2月24日 电力工业部1993年度科技进步奖评审结果在京揭晓，共计评出获奖成果149项，其中水电方面34项（应用性研究成果16项，理论性研究成果18项），“天生桥二级水电站1号引水隧洞不良地质段高压固结灌浆和锚杆快速施工”、“高压长斜井快速施工技术”获应用性研究成果一等奖；“水电站群优化补偿调节及三峡水库综合利用优化调节”获理论性研究成果一等奖。

2月24～27日 水利部、国家计委、中国农业银行在京联合召开了全国农村水电电气化工作会议。水利部副部长张春园作了《大力发展农村水电，努力完成第二批200个初级电气化县建设任务》的报告。报告分4个部分：①3年来农村水电及电气化县建设工作的回顾；②今明两年农村水电和初级电气化县的任务；③深化农村水电的改革；④坚定不移地坚持两个文明一起抓。会上还向14个达标县颁发了奖状和证书。李鹏总理、陈俊生国务委员分别致信会议，对“八五”期间200个水电初级农村电气化县建设的如期完成提出殷切的期望。

2月26日 电力工业部规划计划司在京召开了“加快水电开发政策讨论会”，就有关水电政策总体设计上的几个问题进行了研讨：①盘活存量，解决好资本金和融资问题。应成立流域或地区性水电开发公司，必须把过去已建成的水电站划给这些公司。②国家政策倾斜，应从水电工程特点出发、制订有利于国家和地方、有利于合理和加快开发的政策。③推行现代企业制度，企业办水电，不能再承担防洪、航运、灌溉、养殖等社会义务，为水电开发创造公平合理的外部条件。④要改变资源无价及由于开发水电给地方加重负担的不合理状况，适当提高水库建设和维护基金；⑤研究水电开发政策重点应放在西南。

2月28日～3月3日 中国长江三峡工程总公司根据国务院三峡建设委员会授权，在坝区主持召开三峡技术设计审查工作会，120名专家、学者参加了会议。会议的主要任务是：明确并协调各单项技术设计的内容、要求和进度，商定审查工作计划和办法，使各项技术设计都成为优秀的设计。会议听取了长江水利委员会副总工程师郑守仁和8个单项工程技术设计负责人分别作的工作情况和有关技术问题的汇报，并通过了“会议纪要”和《技术设计审查工作若干规定（试行）》。会上，李鹗鼎、张光斗、杨贤溢、严恺被聘为三峡工程总公司技术委员会顾问，李浩钧等18名专家被聘为8个专题的正副组长。

3月8日 据《中国水利报》报道，根据一些科学家和工程技术专家建议，国家自然科学基金委员会决定将“三峡水利枢纽关键技术问题的应用基础研究”、“长江三峡水轮发电机组关键技术基础性研究”列为重大项目。其中第一项总投资750万元，国家自然科学基金委员会投入300万元，三峡工程开发总公司投入450万元。

3月8～11日 中国水利水电工程总公司在长沙召开“深化企业内部改革研讨会”。会上，中国水利水电第八工程局介绍了通过建立、完善内部五大模拟市场（劳务、设备租赁、物资采购、资金、技术），按照市场法则进行生产要素配置，及在五强溪推行项目法施工的经验。会议就进一步深化企业内部改革问题进行了研讨、交流，并要求认真抓好以下三项工作：①理顺产权关系，逐步建立现代企业制度；②完善市场规范，增强企业竞争和适应能力；③尽快建立社会保障制度，以减少企业负担。

3月12日 广州抽水蓄能电站在1993年实现创纪录的“一年三投”后，第四台机组又于本日零时并网发电。至此，一期工程4台机组、总容量120万kW全部投产。从第一台机组并网发电到第四台机组投产相隔仅8个半月时间。在这8个半月中，累计抽水2.73亿m^3，发电3.27亿kW·h，除用于调峰填谷外，还多次起到电网事故备用、稳定电网周波与电压的作用，有效地保证了供电负荷与质量。在正常运行年份，可使大亚湾核电站年发电量从100亿kW·h增加到126亿kW·h。

3月14日 全国优秀工程勘察设计评委会公布了全国第六届优秀工程设计、第四届优秀工程勘察获奖项目。其中水电方面获优秀工程设计金奖的有葛洲坝大江工程（长江水利委员会）、四川铜街子水电站（成都勘测设计研究院）；获银奖的有白山水电站二期工程（东北勘测设计研究院）；获铜质奖的有浙江石塘水电站（华东勘测设计研究院）、广东长潭水电工程（广东省水电勘测设计院）、黄河盐锅水电站9号机组扩建工程（西北勘测设计研究院）、小干沟混凝土面板堆石坝设计（青海省水利水电勘测设计院）。获优秀工程勘察金奖的有东江水电工程勘察（中南勘测设计研究院）。

3月16日 电力工业部以1994年第一号令发布《电力工业部标准化管理办法》。该办法分“总则”、“机构和分工”、“计划”、“标准制修订和审批发布”、“标准实施与监督”、“标准化经费”、“附则”等7章、35条，自发布之日起施行。原《能源部电力标准化管理办法》同时废止。

3月18日 电力工业部部党组在京召开全国电力系统反腐败工作电话会议，史大桢部长作了题为“紧紧围绕经济建设中心，深入持久地开展反腐败斗争，加强行业作风建设”的讲话。《讲话》中指出：自去年9月至12月，全国电力系统共查处大案要案131件。

3月18日 葛洲坝水电厂董事会在宜昌正式成立。这是遵照李鹏总理的指示和国务院三峡工程建设委员会第一次会议纪要精神，在把葛洲坝电厂的产权由华中电网划给中国长江三峡工程开发总公司之后，成立电厂董事会，更有利于发挥电厂的经济效益，达到为三峡工程更多筹集资金的目的，也是大型电力企业转换经营机制的有益尝试。

3月18日 电力工业部在成都主持召开“西藏电力重点工程会议”，汪恕诚副部长及西藏自治区常务副主席江措参加了会议。会议重点讨论了在建的电力重点项目羊卓雍湖和查龙水电站工程的建设，并就羊卓雍湖电站生产管理体制、人员培训以及与电站运行有关的电网建设等问题进行了研究。会议还高度评价了武警水电三总队在承担两电站施工任务中表现的顽强拼搏的“羊湖精神”，要求各有关部门团结协作，力争羊卓雍湖电站1995年底发电试运行。

3月20日 据《中国电力报》报道：龙羊峡水力发电厂受到中宣部表彰、并被评为全国学雷锋先进集体。该电站自1987年10月发电以来，年年超额完成发电任务，年年达到安全运行指标，曾被评为全国500家最佳经济效益企业之一。

3月20日 湖南五强溪水电站超大型表孔弧门由富春江水电设备总厂研制成功。该门宽19 m，高23 m，承受水压力52000 kN左右，在国内最大，属世界水平。

3月22～24日 电力工业部在京召开三峡水电站输电系统设计讨论会。会上，专家们就三峡水电的送电范围，华东、华中和川东的设计输电能力，华东和华中的联网方式及联网效益，电站出线回路数，三峡电力系统的调度原则，以及三峡输变电工程的工程总量及总投资控制等问题进行了认真讨论，为下一步将三峡输电系统设计正式文件上报审批打下了基础。

3月22～24日 国家重点科技攻关项目——贵州普定全断面碾压混凝土拱坝专题协调会在贵阳市召开，李鹗鼎等100余名专家参加了会议。会议认为：普定拱坝最大坝高75 m，是目前世界上采用全断面碾压混凝土施工最高的拱坝；大坝共计混凝土14.2万m^3，其中碾压混凝土12.3万m^3，占混凝土总量的87%；该坝自1993年5月挡水以来，经过汛期多次洪峰考验，大坝运行正常；由中国水利水电第八工程局承担的“碾压混凝土通仓、连续施工工艺研究”与“普定碾压混凝土现场质量控制研究”课题，经鉴定，其成果已达国际先进水平。

3月25日 国务院第15次常务委员会审查通过了《90年代国家产业政策纲要》。《纲要》指出：“电力工业要实行因地制宜，水火并举、适当发展核电的方针”。

3月28日 由加拿大通用电气公司向二滩水电站提供6台、单机容量55万kW水轮发电机组的合同签字仪式在北京人民大会堂举行。合同签字后，加拿大通用电气公司将与我国东方电机厂合作生产，加方在技术、质量、交货期等方面对业主——二滩水电开发总公司负责，中方厂家对加方公司负责。

3月29日 以素宾·博卡扬博士为首的泰国MDX公司代表团与云南省电力工业局（公司）在昆明饭店签订了“关于合作建设云南澜沧江水电工程项目及向泰国售电意向书”。素宾·博卡扬博士与云南省电力工业局局长、省电力公司总经理朱志强代表双方在意向书上签了字。该意向书的签订，对于中、泰双方合作开发澜沧江水能资源是一个良好开端，对云南省打入东南亚电力市场将起一定的推动作用。

3月29日 电力工业部在京召开部直属科研院所深化改革座谈会。会议明确提出：为了增强科研院所自我发展和市场竞争能力，“稳住一头，放开一片”的方针不变，即在确保重大科研攻关项目的同时，对直属科研院所全部放开，本着自愿的原则，选择自主的形式，走自力更生发展之路。要以经济效益为中心，加强科技成果的商品化、产业化。

3月29～31日 电力工业部在宜昌市召开“1994年水电投产工作会议”，汪恕诚副部长出席并主持了会议。会议对1994年面临的又一个300万kW投产计划的艰巨性和有利形势取得共识，并提出了深化企业体制改革等一系列构想和举措。会议还表彰了在1993年水电投产中作出重大贡献的6个功臣单位、20个功臣集体、54个功臣个人。其中6个功臣单位是：广州抽水蓄能电站联营公司，清江水电开发总公司，漫湾水电工程管理局，中国水利水电第七工程局，葛洲坝工程局机电建设公司，中国水利水电第十四工程局广东分局。

4月4～8日 三峡工程大坝、厂房专家组第一次审查会议在北京召开。这次大坝专家组的中心议题是关于大坝采用碾压混凝土方案的专题审查。专家们审查后认为，在三峡工程大坝部分采用碾压混凝土在技术上是可行的，但必须采用一切必要措施确保其施工质量，特别要保证层面结合良好和上游防渗层的可靠防渗效果。厂房专家组基本同意初步设计审定的电站总体布置。26台机组布置在泄水建筑物两侧，左右厂房分别布置14台和12台；厂房型式为常规坝后式；设3个安装场等。

4月5日 水利部与四川省政府举行盛大庆典，共贺都江堰工程建成2250周年。有关领导和数十万群众参加庆典。都江堰目前灌溉范围6市34县，干渠总长2437 km，灌溉面积1002.88万亩；小水电站368座，年发电量10亿kW·h。李鹏总理为此题词：“千年伟业，泽惠天府”。

4月9～13日 应云南省省长和志强的邀请，国家开发银行行长姚振炎、电力工业部副部长汪恕诚、国家开发投资公司筹备组组长王文泽与广东省省长朱森林、副省长张高丽等，赴云南考察电力建设和部分地区经济发展情况，并就联合办电和其它领域经济合作问题进行了会谈和讨论。经过会谈后商定：两省在过去签订各项协议的基础上，继续推进联合办电，根据各自经济实力，长计划，短安排，确保重点，分步实施，抓紧曲靖、小湾等电站尽快上马。其中要求小湾电站工程于1995年第三季度完成初步设计，1996年开工。大朝山电站由国家、云南省和云南红塔集团三方合资兴建，其建设及经营将按有限责任公司体制组建，建议国家将其列入1994年正式开工项目。

4月11～15日 电力工业部水电开发与农村电气化司在清华大学举办“国际工程造价讲座暨水电工程造价改革工作座谈会”。出席会议的有电力工业部有关司局、业主单位、设计院、工程局，以及国家计委、建设部、水利部代表约70名。会议期间，听取了英国诺丁汉大学Keith Sane先生和英国高锋咨询公司Hing Ley先生就有关问题所作的讲座，并专门探讨了水电工程造价管理如何适应市场经济的需要，研究了水电工程造价改革的方向、内容及今明两年急需解决的问题。汪恕诚副部长在闭幕会讲了话。

4月18～26日 水利水电规划设计总院在成都主持召开金沙江溪落渡水电站坝址选择会议。参加会议的有有关单位专家、领导和代表100余人。会议认真比较了玄武岩坝段上、中、下3个坝址，一致认为中坝址的工程地质条件和枢纽布置条件都明显优于上坝址和下坝址，因此同意选定中坝址；同时对下一步工作提出了指导性的意见和建议。

4月22日 三门峡水电站扩机工程6号机组（7.5万kW）于22时正式并网发电。该扩机工程于1990年立项，1991年4月15日正式开工，先后完成了进口压低工程、尾水和基坑开挖、机组安装、中控室改造等工作，于3月31日基本完成了主机安装任务。

4月23日 据在广西召开的全国中小水（火）电建设计划工作会议上统计，全国水利系统已建立小型电力股份企业140余家，其中已有14家规范的股份有限公司。四川乐山电力股份有限公司是水利系统第一家上市的公司。

4月27日 电力工业部和水电工会在京联合召开全国电力工业劳动模范和先进集体表彰大会，共表彰了11名特等劳动模范、306名劳动模范、100个先进集体。其中水电方面有特等劳动模范3名、劳动模范67名、先进集体26个。3名特等劳动模范是：中国水利水电第三工程局基础处理公司职工王勇社（中共党员）、中国水利水电第八工程局白沙局砂石部修理工向应宏（中共党员）、葛洲坝工程局水泥厂厂长潘德富（中共党员，高级工程师）。

5月5～14日 全国政协副主席钱正英率专家考察了金沙江。考察结束后指出：金沙江确是我国水能资源最富集而又具有开发条件的河流，分10级开发，其中溪落渡、向家坝可作为起步工程。这两个工程的装机容量（1500万kW）和发电量（800亿kW·h）相当一个三峡工程，建成后可增加三峡电站的保证出力和发电量，削减三峡入库洪水，拦沙以延长三峡水库年限，可成为三峡工程的后续工程，实现长江流水作业，连续开发。

5月9～13日 三峡水电站左岸厂房机组安装进度讨论会在武汉西陵大厦举行，到会专家与有关单位代表46人。会议听取了长江水利委员会的6项专题报告，经过讨论一致认为，初步设计拟定的“2—4—4—4”装机方案（即第11年投产2台，以后每年投产4台）是可行的。鉴于其安装强度可谓世界第一，须制订周密的工作计划和加强调度管理才能实现。在技术设计阶段一切应确保这一方案的实施。

5月10日 电力工业部以电水规[1994]278号文印发了水利水电行业甲级勘察设计资格名单，其中部直属的有北京、上海、华东、中南、贵阳、成都、昆明、西北、天津、东北等勘测设计研究院，以及长江水利委员会、黄河水利委员会勘测规划设计研究院、珠江水利委员会勘测设计院、中国水利水电建设工程咨询公司等14个单位。另还有广西电力工业勘测设计院及甘肃、辽宁、陕西、黑龙江、安徽、浙江、四川、湖北、湖南、福建、广东、江西、新疆、广西等省（区）属水利水电设计院15个。共计29个单位。

5月11日 李鹏总理在中南海紫光阁接见电力工业部部长史大桢、副部长陆延昌等，在谈到有关水电电价问题时指出：水电站要按成本核算电价成本，不能光算折旧。一个大坝50年折旧期就没有多少钱了，算起来成本很低，水电就发展不起来。如果搞贷款建设，其电价按还款期间还本付息核算，水电就可以促上去了。三峡水电站建设11年第一台机发电，17年全部建成，试运行3年，仅9年的发电期就有5000多亿kW·h电。即是说，除了4厘钱的建设基金加上葛洲坝水电站的贡献外，基本上20年就还清。20年以后，就可以利用三峡的收益实行滚动发展，开发上游电站，形成一个水电滚动开发的机制。

5月15日 国家开发投资公司、云南红塔（集团）总公司、云南省投资公司、云南省电力公司等4家企业共同组建云南大朝山水电有限责任公司，并在漫湾水电站工地签订了股东出资协议和通过了公司章程（草案）。大朝山水电站位于澜沧江上（漫湾水电站下游），装机135万kW，总投资80多亿元，上述4方按5∶3∶1∶1的比例出资建设。

5月17日 中共中央政治局常委、中央军委副主席刘华清视察三峡工程工地。

5月18～21日 中国水利水电工程总公司在京召开工作会议。中心是如何建立适应水电施工行业特点的现代企业制度的问题。会议明确提出了1994年的奋斗目标：全系统经营产值70亿元、利润3000万元、劳动生产率3.4万元/（人·年）、职工人均收入6000元，加快工程建设，确保300万kW投产目标和施工合同工期的实现。会议还对《关于干部交流任职的实施意见》等11个文件进行了研讨；同时表彰了乔生祥等28位有突出成绩的企业领导同志，并发了奖金。

5月24～27日 电力工业部首届新技术产品及科技攻关成果展示交易会在北京举行。在160多个单位的1000多个项目参展中，有许多项目已在生产过程中取得显著的效益，如获得国家科技进步一等奖的“土质防渗体高土石坝研究”和获得国家科技进步二等奖的“葛洲坝至上海直流输电工程系统分析、试验研究及系统调试”等项目。

5月25～27日 国家计委、国家经贸委、电力工业部在京联合召开全国农村电气化工作会议，共商实施“电力扶贫共富工程”，推进农村电气化建设。会议提出90年代农村电气化的奋斗目标：到本世纪末以前，用7年时间消灭28个无电县，基本消灭无电乡和无电村，解决“八大片”无电人口集中的用电问题，使全国农村户通电率达到95%以上；同时建成1000个农村电气化县（含农村水电初级电气化县600个）。到本世纪末，全国县及县以下总用电量达到5200kW·h。会议还对《90年代中国农村电气化发展纲要》、《电力扶贫共富工程实施意见》、《建设农村电气化县实施意见》等文件进行了认真的讨论。

5月30日 《瞭望》周刊杂志报道：我国将来的最大水电站——西藏墨脱水电站（容量4380万kW，相当于2.4个三峡水电站）所在区域、地处南迦巴瓦峰与佳拉白垒峰之间的雅鲁藏布江大峡谷，经中国科学院地理学家杨逸畴、大气物理学家高登义、植物学家李渤生，以1∶1.5万地形图和航测图为依据，测定该峡谷最大深度达5382 m，比世界著名的秘鲁科尔卡大峡谷（深度3200 m）、美国科罗拉多大峡谷（深度2133 m）分别深2182 m和3249 m，为世界之最。

6月1日 贵州普定水电站第一台机组（2.5万kW）并网发电。

6月3日 中国工程院在北京成立，选出首批96名院士，水利水电系统潘家铮、张光斗、文伏波3名专家入选，其中潘家铮当选为工程院副院长。

6月9日 全国政协副主席钱正英视察十三陵抽水蓄能电站工地。她认为十三陵抽水蓄能电站工程的管理单位、施工单位，以及设计、监理几方面关系相处得很好，堪称为好典型。她特别强调抽水蓄能电站的重要性，并说：从华北全网看，光十三陵80万kW是不行的，应该接连搞几个，以形成流水作业。

6月14～16日 中国水利水电工程总公司在山东德州召开总公司系统多种经营座谈会，提出了1994年主要指标是：完成产值（营业额）14亿元、实现利润5000万元和从事多种经营人员5.5万人，分别比1993年的9.95亿元、3898万元和5万人增加40%、28%和10%。

6月15～17日 中国施工企业管理协会在云南昆明召开第十次年会，表彰了1993年度36家全国优秀施工企业，中国水利水电第八工程局榜上有名。该局深化内部改革，转换经营机制，创造了良好的经济效益和社会效益，1993年企业总产值达7亿多元，全员劳动生产率达3.5万元，是全国水电系统唯一获“全国优秀施工企业”称号的单位。

6月16日 根据建设部《关于评选工程设计计算机应用先进集体的通知》（建设［1994］203号文）评选出电力工程（水、火电）设计计算机应用先进集体8个，其中水电方面3个，依次是：西北勘测设计研究院、成都勘测设计研究院、北京勘测设计研究院。

6月16～25日 水利水电规划设计总院会同四川省建委、计委在成都召开审查会，通过了对大渡河瀑布沟水电站初步设计的审查。该电站位于汉源、甘洛两县交界处的大渡河上，距成都市约200 km。工程以发电为主，兼有漂木、防洪等综合效益。大坝最大坝高186 m，总库容51.77亿m^3，装机330万kW，年发电量145.8亿kW·h。电站建成后，将可增加下游龚咀、铜街子两电站保证出力21万kW，年电量7.8亿kW·h，并能改善下游梯级电站的泥砂淤积问题，亟待近期开发。

6月19～22日 在西班牙巴塞罗那举行的第二次全球超级工程会议上，三峡工程被选为世界超级工程。长江三峡工程开发总公司副总经理王家柱出席了这次会议。全球超级工程会议是由美国世界发展理事会（WDC）发起组织的国际性会议（第一次会议于1992年在美国檀香山举行），主要探讨从全球战略角度来规划、实施这些巨型工程，促进全球性的经济技术合作和地区经济的发展。

6月21日 电力工业部部长史大桢在电力工业科学技术工作会议开幕式上讲话时指出：电力工业改革与发展的任务，是建立4种机制和推进4项跨世纪导向工程。4种机制是：①建立新的电价机制；②建立水电滚动开发机制；③建立核电滚动开发机制；④建立电力工业扩大利用外资的机制。4项跨世纪导向工程是：①跨大区联网工程；②电力扶贫共富工程；③节能节电工程；④洁净煤发电工程。

6月21～23日 电力工业部在京召开全国科学技术工作会议。会议中心任务是：面向21世纪，运用市场机制，发挥科技先导作用，促进电力工业发展。会议认为，电力科技改革的最终目标是：解决科技与经济的结合问题；电力科技进步工作应紧紧围绕电力工业4项跨世纪战略导向工程；建立全电力行业的综合科技体系；企业要成为技术开发、科技成果推广应用和科技投入的主体；科研院所要大胆改革，走自己的路；加快培养青年科技人员。会议还提出了《电力工业部关于科技进步的决定》，并提出了《电力工业科学技术发展规划（2000～2010～2020）》、《电力工业技术与装备政策》、《电力工业部青年科技基金试行办法》和《关于电力工业重大科技项目管理的若干规定》等文件。

6月26日～7月16日 电力工业部水电工程造价考察团赴日本、马来西亚及香港等地，就如何确定水电工程造价、如何对水电工程造价进行管理和控制等方面的问题进行了考察。这次考察是根据部领导指示，本着水电工程造价要“适应社会主义市场经济体制，从中国国情出发，体现水电工程特点，与国际惯例接轨”的宗旨进行的。

6月27日～7月9日 世界银行以马斯特洛维持为团长的一行8人，在成都圆满结束对四川500 kV输电工程的评估。该工程包括2600 km 500 kV输电线路、5座变电站及1座开关站的建设，总投资逾100亿元人民币（含世界银行贷款2.7亿美元）。这次评估的主要目的是：完成在建的二滩水电站工程，并建设500 kV输电网联接二滩电站和四川电网，以缓解四川严重缺电的局面。国家财政部、电力工业部、国家开发银行及四川省有关部门的领导和专家参加了评估。

6月28日 吉林松江河梯级水电站主体工程开工。该电站位于长白山区第二松花江上游，由漫江松山引水工程和松江河上的小山（16万kW）、双沟（28万kW）、石龙（7万kW）3个梯级水电站组成，总装机容量51万kW，由国家和吉林省合资建设，工程动态总投资16.7亿元。该工程自1990年8月签订合资建设协议后，吉林省即组建专门机构投入电站的前期准备工作，此前厂区已基本实现“五通一平”，小山导流洞已于今年6月6日全线贯通，预计9月截流，1997年实现并网发电。

6月 由中国水力发电工程学会承担的“90年代水电科技发展战略研究”项目，从1992年5月开始，经过27名专家1年多的工作，于本月完成了研究总报告和9份子题报告。这项研究瞄准2010年前水电工程建设中的关键技术问题，包括15个研究领域，分别列出了需要组织攻关的专题。

7月1日 云南省电力局副局长、省电力公司副总经理谢昆生和泰国MDX有限公司执行总裁罗依分别代表双方在中泰云南景洪电站合作咨询协议书上正式签字。此协议书的签订，将意味着双方跨国合作，共同研究开发澜沧江梯级水电站，以及向泰国输送季节性电能的可行性。

7月16日 黄河小浪底水利枢纽工程国际招标合同签字仪式在北京钓鱼台国宾馆举行，国务院副总理邹家华出席了签字仪式。这次主体工程国际招标分大坝、泄水工程、引水发电工程3个标，共有9个国家、34家公司组成10个联营体参加了投标。3个标的中标承包商分别为黄河承包商联营体、中德意联营体和小浪底联营体(其责任公司分别为意大利英波吉罗、德国旭普林和法国杜美思公司)。中标价总金额约73亿元人民币。

7月19～20日 中央和南方四省（区）联合办电协调领导小组第六次会议在北京召开。会议就联合办电所面临的一些重大问题进行决策，以推动联合办电的进一步发展。会议确定：为争取联合办电重点项目——天生桥一级水电站1998年发电，今年11月要努力实现截流。根据这一目标，各投资方对1993年尚未到位的资金，要于今年8月15日前全部到位；对1994年应到位的资金，按协定比例于11月以前到位。

7月21日 电力工业部以电技[1994]446号文发出了《关于加快科技进步的决定》。《决定》中提出了电力科技发展的战略与目标，争取到本世纪末，电力行业某些领域的技术水平达到90年代国际先进水平，并且要在面向21世纪的发、输、配、用电和环保关键技术上有所突破，争取到2020年全行业的技术水平达到国际先进水平，高新技术的研究开发与工业发达国家基本同步，并在某些方面处于领先。《决定》还制订了为实现科技发展战略目标的一系列措施。

7月25日 庆祝国际泥沙培训中心成立10周年招待会在北京友谊宾馆举行。该中心是10年前由中国政府代表钱正英与联合国教科文组织总干事姆博签订协议后成立的。10年来，该中心主办和协办了16个国际和亚洲地区的学术讨论会，有48个国家的2000名专家出席了会议，扩大了中国泥沙研究成果在国际上的影响。另外，还举办了11次国际和亚洲培训班，共有30个国家的400名学员接受了培训。

7月29～31日 电力工业部在京召开全国电力教育工作会议，讨论制定了《电力工业部关于落实〈中国教育改革和发展纲要〉创建一流电力教育培训体系的实施意见》，确定本世纪末电力教育的奋斗目标和主要任务，研究解决电力教育改革与发展中的重大问题。会上，电力工业部命名并表彰了19所电力职业技术教育标兵学校、48所电力职业技术教育先进学校。

8月初 国家计委行文通知：中国长江三峡工程开发总公司从1994年起，在国家计划中实行单列。单列主要内容为工程建设投资计划、技术改造投资计划、财务计划、物资计划、科技计划等。同时中国长江三峡工程开发总公司还享有1000万美元以下的吸引外资直接投资项目审批权。

8月11日 电力工业部决定成立移民工作领导小组，汪恕诚副部长任组长，周小谦总工程师任副组长。其职责是：研究拟订水电工程移民的政策、法规标准等；负责移民安置规划及补偿概算的问题；归口管理水电工程的移民工作，负责与省、区、市移民机构的联系等。

8月11～23日 电力工业部副部长汪恕诚一行7人，视察查勘了黄河上游龙羊峡至青铜峡河段25个梯级中的17个水电站和坝址以及3个火电厂。这次察勘有三个任务：一是李家峡水电站发电后哪个点子衔接为宜；二是进一步了解黑山峡河段开发方式；三是掌握黄河滚动开发的条件。考察后认为，黄河上游梯级工程前期工作很充分，水电开发条件好，指标优越，李家峡发电后，应该再上一座100万kW级的大型水电站；中型水电的开发可根据各省区实际，由各省区决定。

8月12日 湖北省政府在隔河岩水电站工地召开“加快清江流域开发现场办公会”，省长贾志杰，副省长李大强、王生铁、陈水文、苏晓云及省有关部门负责人参加了会议。会议确定，应在隔河岩水电站建设取得成绩的基础上，迅速进行全流域的水电开发，即加快隔河岩下游的高坝洲（25.2万kW）和上游水布垭（160万～180万kW）两个梯级电站的建设。会议还原则通过了《清江流域开发纲要》。

8月12日 建设部以建设[1994]497号文公布了

全国第二批120名勘测设计大师名单，其中水利水电方面有王三一、吴奠清、曹克明、洪庆余、林昭等5位同志。

8月14日 中共中央政治局委员、国务委员李铁映在西藏考察工作期间，接见了担任羊卓雍湖电站建设任务的武警水电部队第三总队全体官兵并题词："奉献者的颂歌"。

8月21日 福建省支援西藏水电站建设的专家一行13人，在省水电厅副厅长蔡健民的带领下，赴西藏米林县现场查勘。根据安排，有福建省水电厅包干援建的南伊水电站（1500 kW）和厦门市援建的东久林场水电站（400 kW）。援建工程采取交钥匙的办法，即负责资金、施工、管理和人员培训等。

8月23～26日 水利部科学技术进步奖评审委员会在京召开会议，评出1994年度水利部科学技术进步奖项目74项（一等奖6项，二等奖15项，三等奖53项），其中"长江流域综合利用规划简要报告"（长江水利委员会）、"小浪底工程进水塔群结构安全分析和孔板塔抗震模型试验研究"（水利水电科学研究院）获应用成果一等奖。

8月 电力工业部向部属各单位印发了《关于贯彻〈中国教育改革和发展纲要〉，创建一流电力教育培训体系的实施意见》、《电力工业部关于部属高校体制改革的决定》、《关于明确部属高校办学自主权的若干意见》、《关于加强和改革成人教育工作的若干意见》等4个文件，便于各单位学习和贯彻执行。

9月1日 湖北省清江水电投资公司与华中电力集团公司在北京签订了合资开发清江流域水电资源协议。协议规定：湖北省同意将国家已投入隔河岩工程的资金所形成的产权由华中电力集团接手管理。华中电力集团作为国家出资方代表继续与湖北地方出资方代表（即清江水电投资公司）合作开发清江干流高坝洲、水布垭两座大型水电站和清江若干支流的中小型水电站。协议双方同意按《公司法》组成新的董事会，在适当时候进行股份制改造，并争取股票在国内外上市。

9月1日 海南省无偿援建西藏的丁青水电站开工。该电站装机容量1200 kW（3×400 kW），首台机组计划1995年9月发电，1996年9月竣工。为保证工程顺利施工，海南省有关部门在现场成立了电站建设指挥部。

9月3日 贵州东风水电站第一台17万kW机组正式并网发电。负责该电站施工任务的中国水利水电第九工程局，1985年初准备工程开工，1987年完成"三通一平"前期工程，1989年1月30日实现截流，1990年初大坝坝基开始浇筑，1991年2月完成坝肩开挖并转入大坝混凝土浇筑，1993年12月导流洞下端封堵，1994年4月水库开始蓄水，同年6月首台机组吊装成功。整个施工过程，推广应用20多项新技术、新工艺和科研成果，加快了进度，保证了质量，合格率100%。

9月3日 李岚清副总理在宜昌市宣布：国务院已批准建立长江三峡经济开放区，并实行沿海经济开放区的政策。开放区包括属于三峡库区的17个县市。国务院还决定将宜昌市、万县市、涪陵市列为沿江开发城市，实行沿海开放城市的政策。

9月5日 经国家科委批准，中国科学院、水利部、电力工业部水利水电科学研究院更名为中国水利水电科学研究院。该院更名后，其研究方向、研究任务不变。

9月7～9日 邹家华副总理率领国家有关部门负责人深入三峡工地考察，其目的旨在确定三峡主体工程正式开工的时间。经过考察认为，三峡工程自去年7月进入施工准备阶段以来，形象面貌初具规模，已具备主体工程正式开工的条件。同时在设计准备、施工准备、资金准备等方面作了重要指示，特别强调要严格地坚持"一个中心、三个制度"的原则，即招标承包制、建设监理制和合同管理制这三大制度一定要围绕业主负责制这个中心开展工作。

9月初 国务院以国函[1994]82号文批复《松花江流域规划》、《辽河流域规划》、《松辽水资源综合开发利用规划》。该三大规划是由松辽水利委员会协同黑龙江、吉林、辽宁、内蒙古4省区历经10年完成的。

9月12日 黄河小浪底工程主体工程正式开工。该工程自1991年9月准备工程开工以来，累计完成投资12.99亿元。李鹏总理参加了开工典礼，并作了《建设小浪底工程，为治理黄河水患而奋斗》的报告。他要求把小浪底工程建设成为"一流设计、一流施工、一流质量、一流管理"的优质工程。

9月12日 广州抽水蓄能电站二期主体工程开工。二期工程装机规模与一期工程一样，为120万kW（4×30万kW），年发电量25.089亿kW·h，担负广东电力系统中的调峰任务和配合大亚湾核电站安全经济运行，在可能条件下还担负系统中的临时紧急备用及调频、调相等任务，并吸收大亚湾的低谷电量和水电弃水电量。该工程总投资为18.6652亿元，其中外资1.8926亿美元，内资8.3694亿元。第一台机组计划于1998年7月发电，全部完工时间为1999年6月。该工程建设单位为广州抽水蓄能电站联营公司，设计单位为广东省水利电力勘测设计研究院，施工单位为中国水利水电第十四工程局广东分局。

9月15日 邹家华副总理在北京与正在对三峡

工程输变电工程初步设计进行审查的25位专家举行了座谈。他指出：三峡工程发电后，涉及的不是一个电网而是几个电网的关系问题，必将促进全国电网的形成，要求专家们对系统设计切实把好关。在谈及当前电量供需矛盾突出的问题时，他说：解决的办法除继续发展火电外，要加快水电资源的开发。过去很长一段时间水电发展慢了点，原因是上网电价太低，水电缺乏自我发展能力，今后要作必要的调整，要坚持滚动、流域、梯级、综合开发的方针。

9月中旬 邹家华副总理、国家计委叶青副主任等在京听取了浙江省省长万学远、常务副省长柴松岳等汇报该省有关电力工作情况后，邹家华就浙江的潮汐能开发利用谈了自己的意见。他说：浙江海岸线长、港湾多，开发潮汐能是个方向。浙江已搞了9座潮汐电站，有一定经验，但规模都太小；规模太大也不行，不仅投资大，技术问题也多。在浙江省推荐的3个方案中，邹副总理认为规模相对较小的黄门峡潮汐电站方案可以先考虑。该电站位于三门县健跳港，设计坝址宽200 m，装机2.2万kW，年发电量6990万kW·h，总投资估算约4亿元。

9月19日 电力工业部以电技[1994]562号文印发《电力工业技术政策》及《电力工业装备政策》。《技术政策》提出："优先开发水电势在必行"，"把建设重点放在水电是当务之急"。要以建设大型水电站为骨干，以河流梯级开发和综合利用为原则，大、中、小相结合。要加强前期工作，提高勘测、设计现代化水平，采用施工新技术，缩短勘测设计和建设周期，降低造价。要因地制宜地发展抽水蓄能电站，改善电网质量。《装备政策》提出：在"九五"及2000年以后一段时期，必须发展各种水头下的大容量水轮发电机组，其最大单机功率将由目前的32万kW发展到70万kW。

9月19日 电力工业部以电技[1994]563号文印发了《电力工业科学技术发展规划》(1994～2000～2010～2020)，提出了电力科技发展的战略方针和目标。其中水电技术方面，在2000年之前，要掌握500万kW以上规模的高难度巨型水电站的工程技术，要使我国地下工程建设达到国际先进水平，开发先进实用的水情自动测报系统，完成水电站技术改造规划及相关技术政策，开发改善水电站环境的新技术，建立我国水电站建设环境评价标准体系，完善并推广大坝监测系统；2010年前，要继续开发并完善单机50万～70万kW混流式水轮发电机组，继续开展金沙江水电基地千万kW级水电站群的高难度建设技术研究；到2020年要完成对世界最大水电站—雅鲁藏布江墨脱水电站的经济技术论证。

9月25～28日 由中国水力发电工程学会和河海大学联合举办的1994年抽水蓄能电站国际学术讨论会在南京召开。参加会议的代表，除国内有关单位的95人外，还有来自美、法、日、德、意、奥(奥地利)、瑞(瑞士)等10余个国家和地区的39名专家、学者。会上交流了论文93篇，并就抽水蓄能电站的规划设计、工程建设、运行管理、经济评估，以及水工结构和地下工程、水力学过渡过程、机组计算控制和自动化监测、可逆式机组、蓄能泵和辅助设备等问题，进行了交流与讨论。

9月29日 国务院以国函[1994]第100号文对国家计委、财政部、人事部、中央编委《关于工程设计单位改为企业若干问题的意见》作出批复。《批复》中强调："工程勘察设计单位改为企业，是工程勘察设计体制改革的一项重要内容，请你们会同国务院有关部门，按照统一政策、分类指导的原则，抓紧研究制定实施意见和配套办法，使这项工作有领导、有组织、有步骤地进行。"

9月底 黄河龙羊峡水电站底孔偏心铰弧门研制荣获联合国技术信息促进系统发明创新科技之星大奖。该大奖是由联合国开发计划署和联合国科技发展基金组织旨在促进世界各国之间的技术转让、经济合作而设立的奖项。偏心铰弧门是由富春江水电设备总厂研制的，在此之前已获国家科技进步奖。

10月上旬 水利部与中国长江三峡工程开发总公司联合在京召开鉴定会，对"长江三峡工程古洪水研究"课题通过了评审鉴定。该课题是由河海大学水资源水文系、长江水利委员会水文局的专家、学者历时3年完成的。研究成果表明，长江三峡1870年的洪水从原估算的重现期840年延长到2500年，而且是迄今2500年间的最大洪水，从而为三峡大坝能抵遇2500年一遇的洪水提供了可靠的科学依据。

10月11日 电力工业部发布第三号令，公布《电网调度管理条例实施办法》。该《办法》包括电网调度组织管理、计划管理、并网管理、罚则等内容，它强调电网运行必须统一调度，分级管理。本《实施办法》自公布之日起施行。

10月13日 国务院总理李鹏在辽宁考察期间，于本日视察了东北电力集团。当得知东北地区电网最大负荷达1879万kW、全口径装机容量为2600万kW时，李鹏总理说："为了适应经济发展的需要，东北电力应该保持同步增长的势头"。在谈到东北电网水电比重小，调峰容量不足的问题时，李鹏总理说："上次我去丰满，听说那里规划容量为100万kW，还有马家反调节水库，要快搞，不搞丰满难以发挥调峰作用。"

10月14～16日 中共中央总书记江泽民在中央书记处书记温家宝、副总参谋长徐惠滋、国家计委副主任兼三峡办主任郭树言、交通部长黄镇东等陪同下，视察了三峡工程，先后察看了三峡水库淹没区、移民安置开发点和大坝施工现场三斗坪等。在听取三峡工程开发总公司负责人汇报有关工程准备工作进行情况后，江总书记指出：三峡工程具有防洪、发电、航运等巨大效益，它不仅在中国而且在世界上也是罕见的特大工程，是功在当代、造福子孙的伟大事业，各项工程要确保质量，务求万无一失。工程建设、移民工作和库区发展要通盘考虑，协调进行，并建议主体工程于今年12月正式开工。江总书记还题了“向参加三峡工程的广大建设者致敬”的题词。

10月15日 水利水电规划设计总院会同青海省建设厅于西宁市主持召开了公伯峡水电站工程初步设计审查会，通过了西北勘测设计研究院所作的初步设计报告。该电站位于青海省循化县和化隆县交界处，是龙羊峡以下第四个梯级电站。大坝为混凝土面板堆石坝，最大坝高127 m，总库容6.2亿m^3，装机容量150万kW，年发电量为51.4亿kW·h。

10月16日 贵州省人民政府在东风水电站工地举行隆重的发电庆典，贵州省省长陈士能、电力工业部副部长汪恕诚等出席了庆典。在庆典大会上，贵州省政府授予中国水利水电第九工程局、贵州乌江水电开发公司、中南勘测设计研究院、东风电厂等6个单位为“东风工程优秀建设单位”称号，授予张家琦、柳克勤为“东风工程优秀组织者”称号。

10月19～21日 水利部水电及农村电气化司在京召开第三批农村水电初级电气化县规划选点工作座谈会，要求各省、区抓紧抓好“九五”期间300个电气化县的规划选点工作，在1995年4月份以前做好规划，5～6月份以省政府名义向国务院提出申请报告。2000年全国要建设1000个农村电气化县，其中水利部负责完成600个电气化县的建设。

10月20～24日 “国际能源（电力）及供应技术和设备展览会”在北京中国国际展览中心举行，这是中国电力工业部、中国核工业总公司、中国电力企业联合会、中国国际贸易促进会联合举办的，是近10年来国内规模最大、级别最高的国际电力展览。来自德、英、法、意、美、加等21个国家和地区的222家公司、厂商参加了展览，主要展出水电、火电、核电、潮汐发电等发电设备、输配电设备及技术、控制及测试设备和仪表等。国务院总理李鹏题词祝贺：“办好国际电力展览，促进中国电力发展”。

10月21日 电力工业部以电技［1994］570号文发出《关于建立电力行业青年科技促进费的决定》。《决定》指出：为实现电力工业科技发展规划（1994～2000～2010～2020年）规定的目标，把加强电力行业青年科技人才的培养放在重要的战略地位，尽快造就一批进入世界电力科技前沿的跨世纪学术和技术带头人，因此决定建立“电力行业青年科技促进费”。该项促进费每年不少于100万元。

10月26日 西藏自治区工业电力厅和广东省电力局等单位联合审查通过了西藏林芝八一水电站改造初步设计方案。该项目系广东省根据党中央、国务院的安排，由广东省电力局具体承担的援建任务。建设项目包括6850 kW的电站、林芝地区配电网和变电站改造、日吉措湖口调蓄工程等。工程预计于1995年10月西藏自治区成立30周年庆典前完成。

10月26日 国家计委、电力工业部联合发文，批复了《京津唐电网峰谷分时电价实施办法》，并明确自1994年11月1日起实行。该《办法》规定：除行政机关、学校（不含校办工厂）、部队（不含生产企业）、医院、地铁、无轨电车、自来水、煤气及居民用电外的所有用户，以及趸售转供单位均实行峰谷分时电价。新的峰谷电价由原来的2∶1扩大到4∶1左右。最高的达到4.5∶1。

10月30日～11月3日 西北5省（区）水力发电工程学会联系网在西安市召开第九次会议，会议主题是“西北电网调峰问题”。与会专家和代表就此问题展开了讨论，并提出建议：加速西北水电资源开发；对水电厂进行技术改造；加强西北电网中火电调峰能力；做好抽水蓄能电站的前期工作；水电装机规模要考虑西北电网调峰的特点和需要；加强电网管理，理顺各方关系。

11月1日 贵州省人民政府复函贵州乌江水电开发公司，授予该公司清水河梯级电站开发、经营管理权。具体采取以贵州乌江水电开发公司为主组建责任公司，并吸收省内有关部门参加的方式进行开发。清水河是乌江中游右岸较大的一级支流，目前规划开发5个梯级，总装机容量26.7万kW，年发电量12.89亿kW·h。

11月2日 中共中央政治局常委、国务院副总理朱镕基视察三峡工程。

11月3日 万家寨水利枢纽主体工程正式开工，比计划提前半年。由中国水利水电第四工程局承担施工任务。

11月3～5日 国家计委、国家经贸委和电力工业部联合在郑州市召开全国节约用电工作会议。会议分析了我国当前节能节电工作面临的新情况和新问题，讨论了《1994～2000年节电规划》（讨论稿）和进一步加强节电工作的任务和措施，提出了7年（1994～2000年）节电1200亿～1400亿kW·h（即年平均节电量170亿～200亿kW·h）的节电目标。李鹏总理为会议题词："开发与节约并重，节能节电利国利民。"

11月7日 华能太平驿水电站第一台6.5万kW机组正式并网发电。该电站位于四川省阿坝州岷江上游，装机26万kW（4×6.5万kW），总投资14.5亿元，由华能集团公司、阿坝州政府和原国家能源投资公司按5：4：1的投资比例合资建设。在建设过程中，利用华能机制，实行集团公司控股，地方和中央参股的股份制合资形式，坚持按市场规律办事，做到了投资省、工期短、效益好，为我国水电建设体制改革走出一条成功之路。国务院副总理邹家华对电站投产致电祝贺，肯定了华能集团的作法，并作出了要一条河、一条河实行滚动开发的重要指示。

11月15～17日 中国水利水电工程总公司在湖北宜昌市召开大会，表彰了徐永利、刘伟民、王兴朝、张野、吴文豪、陈伯华、王正林、刘起涛、王琪、江小兵等"10佳中青年专业技术人员"和"100名优秀中青年专业技术人员"，为建设一支跨世纪水电工程专业技术人才队伍打基础。

11月18～21日 电力工业部水电开发及农村电气化司在成都召开"全国中型水电经验交流暨发展研讨会"。会议着重推广了华能集团开发太平驿水电工程的经验，分析研究了我国中型水电开发现状及存在问题，并制订了加强开发的措施。

11月20日 由国家开发投资公司、云南红塔集团、云南省投资公司、云南省电力公司等4方组成的云南大朝山水电有限责任公司董事会正式成立，这是我国第一次有国营企业集团直接投资建设大型水电站的有限责任公司。

11月21日 由武警水电一总队和巴西的门德斯·丘利尔工程公司联合组建的南方水电工程联合有限公司，在天生桥一级水电站C_3标招投标中夺标，本日在京与业主单位南方电力联营公司举行了签字仪式。

11月22日 青海省委、省政府委托省纪委、监察厅召开新闻发布会，公布了对沟后水库垮坝事故责任人员的处理决定。经调查认定，垮坝的直接原因是混凝土面板漏水和坝体排水不畅导致坝体失稳而溃决，是一起重大的责任事故。

11月25～28日 水利水电规划设计总院在京召开由直属设计院院长、党委书记参加的座谈会，就直属水电勘测设计院由事业改为企业的有关问题进行了研究讨论。

11月26日 清江隔河岩水电站第四台30万kW机组正式并网发电，至此，总装机容量120万kW的电站比国家计划提前1年全面建成投产。该电站自1988年元月正式开工以来，实行业主责任制管理，建管结合，流域开发，滚动发展，到第一台机组发电仅用5年零5个月时间。到本日为止，电站已安全运行336天，累计发电26亿kW·h，创直接经济效益近10亿元。由于提前1年全部投产，仅银行利息就可节省3亿元。隔河岩电站的全部投产，大大增强了华中电网的调峰能力，改善电网运行质量，缓解湖北省乃至整个华中地区电力紧张局面，发挥极其重要的作用。

11月底 由全国政协副主席、著名爱国人士霍英东资助兴建的广东翁源县黄竹坪（霍英东）水电站投产发电。翁源县系全国第二批农村电气化县，黄竹坪水电站由于资金困难迟迟上不了马，霍英东先生乃决定捐赠1000万港元，同时以优惠条件贷款1000万港元帮助兴建，从而使该电站能于1992年6月19日开工。经过2年零4个多月的建设如期完工。在建设过程中、霍英东先生曾4次亲临建设工地，十分关心水电站的施工进度和工程质量。

12月1日 武汉水利电力大学迎来40周年校庆，中共中央总书记江泽民、国务院总理李鹏分别为之题词："发挥综合性大学优势，为水利电力事业发展作出更大贡献"；"深化教育体制改革，培养水利电力人才"。该校现有2个学院、15个系（部）、13个科研所，在校学生近万人，是目前水利电力类专业最全、办学规模最大、综合实力最强的学校。

12月3日 中国水利水电第四工程局李家峡施工局科研人员研制的"巨型压力钢管整体卷制新技术"通过青海省科委主持的技术鉴定。鉴定认为，该项技术实用性强，技术新颖，提高工效3倍多，达到国际先进水平，具有重大推广价值和显著经济效益。它应用于李家峡工程引水钢管制作，可节约投资500万元。此技术已向国家申报了专利。

12月5日 由富春江水电设备总厂与日本富士电机株式会社合资兴建的"富春江富士电机有限公司"合同签字仪式在浙江杭州举行。该合资公司是我水电设备行业开发研制大型灯炮式贯流机组的首家合资企业，投资总额2500万美元。企业投产后，年产水轮发电设备15万～30万kW，最终达到60万kW。

12月8日 由钱正英、王林、潘家铮、汪德方4人联名发起的"中华电力教育基金会筹备会"成立大会在海南省海口市召开，有11家捐资100万元以上和11家捐资50万元以上的企业代表在捐资证书上签字。张绍贤当选为基金会（筹）常务理事会理事长。

12月12日 四川铜街子水电站第四台机组并网发电，至此，该电站总装机容量60万kW（4×15万kW）全部建成投产，从而为大渡河梯级滚动开发创造了条件。

12月14日 三峡工程开工典礼在工地隆重举行，国务院总理李鹏亲临大会宣布正式开工，并在大会上发表了《功在当代利千秋》的重要讲话。该工程位于长江干流三峡河段的西陵峡中游，下距葛洲坝工程约40 km。大坝为混凝土重力坝，最大坝高175 m，水库总库容393亿 m^3，其中防洪库容221.5亿 m^3，通过调洪可削减洪峰流量2.7万～3.3万 m^3/s，使荆江河段防洪标准由现在不足10年一遇提高到百年一遇。电站装机容量1820万kW（26×70万kW），年发电量846.8亿kW·h，是目前世界上最大的水电站。改善航运里程650 km，使重庆到宜昌航道通行的船队吨位由现在的3千吨级提高至万吨级。还有其它养殖、旅游等巨大的综合利用效益。

12月15日 首届农村水电科技进步奖获奖项目23项在《中国水利报》公布，其中科技进步一等奖1项，二等奖7项，三等奖8项；科技论文二等奖3项，三等奖4项。《河北省小水电规划研究》获科技进步一等奖。

12月15日 联合国国际小水电中心在浙江杭州宣告成立。该中心由联合国开发计划署等3个联合国组织与中国水利部、对外经济贸易部共同倡议成立，有关国家参加。其主要任务是：推动全球小水电事业发展，促进南南合作，振兴发展中国家的农村经济和环境改善；加速我国小水电的进一步发展，促进我国小水电设备的出口。中心总部设在杭州农村电气化研究所，该所所长童建栋被选为中心主任。

12月18日 葛洲坝水利水电工程集团暨中国葛洲坝水利水电工程集团公司在湖北宜昌市宣告成立。葛洲坝集团是目前全国唯一的一家施工建筑企业集团，也是全国56家试点企业集团中唯一的一家建筑企业集团。中国葛洲坝集团公司是葛洲坝集团的核心企业，经国家对外贸易经济合作部批准，它将成为协外企业，享有对外经贸，包括独立对外承包工程和经营进出口业务权。该集团公司董事长兼总理为乔生祥。

12月20日 国务院新闻办公室在京举行中外记者招待会，邀请国务院三峡建设委员会副主任郭树言、三峡工程开发总公司总经理陆佑楣等，回答了中外记者提出的关于施工准备和资金来源、重大设备和施工方式、环境保护、三峡经济开发区及库区移民安置等方面的问题。

12月23～26日 电力工业部在京召开全国电力工作会议，史大桢部长在会上作了《贯彻落实中央经济工作会议精神，努力实现1995年电力工作目标》的报告。会议研究总结了1994年的工作，提出了1995年电力发展的基本思路和目标任务。具体目标是：完成年发电量9900亿kW·h，比1994年增长9.4%，其中水电1700亿kW·h，火电8078亿kW·h，核电122亿kW·h；计划投产大中型发电机组1011万kW，其中水电179万kW，火电832万kW。会议还研究了“九五”电力发展计划，认为要实现到2000年全国发电装机容量达到3亿kW左右的目标，水电要重点抓好“两江两河”，即长江上中游干支流、澜沧江、黄河上游、红水河的开发；火电要重点抓好“三口”，即坑口、港口、路口电厂的建设；核电要重点抓好“两二一辽”，即广东二核、浙江二核、辽宁核电的建设。

12月25日 湖南五强溪水电站第一台24万kW机组并网发电。该电站装机容量120万kW（5×24万kW），年发电量53.7亿kW·h，是湖南省最大的水电站。工程于1986年复工，1988年主体工程由中国水利水电第八工程局中标承建，同年10月进入主体工程施工阶段，1991年11月实行大江截流。在施工中，成功地制作和安装了目前亚洲最大的弧形闸门与国内最大的引水压力钢管，以及克服了其它一系列高难技术难题，为提高我国水电技术水平作出了贡献。

12月26日 位于黔、桂两省交界处的天生桥一级水电站大江截流成功。该电站是红水河10个梯级电站中的“龙头”工程，装机容量120万kW（4×30万kW），年发电量52.26亿kW·h。担负主体工程施工任务的为武警水电一总队，计划1998年第一台机组发电，1999年竣工。

12月28～29日 水利部在京召开支援西藏工作会议，安排至本世纪末29个水利水电援藏项目，总投资11亿多元，其中满拉水利枢纽工程投资9.4亿元，是29个项目中最大的一项。另外还将为西藏全面完成10个有水无电县的建设任务。

12月 国务院发展研究中心《管理世界》中国企业评价中心、建设部建筑企业评价中心和国家统计局固定资产统计司共同进行的“1994年度中国500家最大建筑业企业评价”结果揭晓，其中按总收入（营业额）规模衡量，原长江葛洲坝工程局以总收入15.64亿元列500家最大经营规模企业第五名；按综合经济效益模型衡量，武警水电一总队以工程成本降低率、全员劳动生产率、资金利税率、产值利税率、人均利税率5项指标总分第一排500家最佳经济效益企业第一名。

12月31日 滇、黔、桂、粤4省（区）南方互联电网自1993年8月3日形成以来至本日止，互送电量100亿kW·h以上，其中送广东45.5亿kW·h，为缓解电力严重短缺的广东省起到“雪中送炭”的作用，取得了良好的社会效益。

12月31日 全年新增水电装机容量444.12万kW，年末水电装机总容量4903.37万kW（其中小水电1577.76万kW），年发电量1667.86亿kW·h（其中小水508.66亿kW·h），分别为整个电力装机容量和年发电量的24.53%和17.89%。

1994年全国水电基建投资167.12亿元，占整个电力基建投资725.98亿元的23%，比1993年下降了0.6个百分点。1994年底，全国大中型水电站（容量10万kW以上）的设计储备为：预可行性研究（含原可行性研究）35项、2705万kW，其中常规电站22项、1852万kW，抽水蓄能电站11项、769万kW，扩机工程2项、84万kW；可行性研究（含原初步设计）30项、1770.8万kW，其中常规电站27项、1630.8万kW，抽水蓄能电站1项、100万kW，扩机工程2项、40万kW。

1994年是水电体制改革10周年。10年来，变化是巨大的，成绩也是巨大的。今年投产的大中型水电机组达371.89万kW（全口径），超过1993年，是建国以来投产最多的一年；三峡工程正式开工更是举世瞩目的大事。水电建设管理体制的框架，即业主责任制、建设监理制和招标承包制基本确定，设计单位"事改企"已经开始，对今后水电的发展将起重要作用。但存在的问题也不少，最大的问题是一些大型项目立不上项，有的新开工项目建设资金特别是地方资金落实不下来，将影响今后水电建设和新机组的投产水平。

（王　波）

（本大事记承张培基同志审阅，并提了许多宝贵意见，谨此致谢）

附　录

国外水电发展水平

水能资源开发利用

水能资源概况

据世界能源会议《能源资源调查》1992年统计资料，全世界理论水能资源共35万亿kW·h，其中可开发水能资源为15万亿kW·h，比1974年统计数9.8万亿kW·h增加了42.5%。至1990年世界已建水电站总装机容量62842万kW，年发电量21615亿kW·h，世界总的水能资源利用程度为15.47%。亚、非、拉发展中国家水能资源约占世界的65%，开发利用得较少。欧、美、大洋洲、前苏联、日本等发达国家的水能资源约占世界水能资源的35%，已开发利用的较多。世界各大洲的水能资源统计情况见表1，一些国家可能开发的水能资源见表2。

表1　　世界各大洲水能资源统计表

洲或国别	理论水能蕴藏量（亿kW·h/年）	技术可开发水能资源（亿kW·h/年）	经济可开发水能资源（亿kW·h/年）
亚洲	120000	51000	24500
拉美	95000	40000	30000
非洲	35000	16000	7000
发展中国家	250000	107000	61500
前苏联	39420	14200	10950
北美	23000	12500	9700
欧洲	24400	12150	8410
日本	7180	1350	1140
大洋洲	6000	2800	1800
发达国家	100000	43000	32000
全世界	350000	150000	93500

注　1. 亚洲数字不包括前苏联亚洲部分和日本；2. 欧洲数字不包括前苏联欧洲部分；3. 全世界和各大洲的统计数主要根据《1993年国际水力发电与坝工建设手册》，有些洲的统计数参照各国数据作了调整。

表2　　世界一些国家可能开发水能资源统计表

国家	技术可开发水能资源		国土面积（万km²）	每平方公里可能开发的水能资源（万kW·h/年）	1991年人口（万人）	按人口平均每人水能资源（kW·h/年）
	装机容量（万kW）	年发电量（亿kW·h）				
中国	37853	19233	960	20.0	114191.0	1684
前苏联	31574	14200	2240	6.3	29146.3	4871
巴西	21300	11949	851	14.0	15332.2	7793
加拿大	16280	8140	998	8.1	2702.3	30122
扎伊尔	12000	7740	235	32.9	3086.2	25079
印度	8000	6000	328	18.2	87096.8	688
美国	14670	5294	937	5.6	25177.1	2102
哥伦比亚		5208	114	45.6	3931.0	13248
委内瑞拉		2772	91.2	30.3	1777.6	15594
土耳其		2160	78.0	27.6	5700.4	3789
挪威		2000	32.4	61.7	426.2	46926
阿根廷		1720	278	6.1	3271.2	5258
日本	3280	1347	37.2	36.2	12392.1	1086
瑞典		1300	45.0	22.0	861.9	15082
意大利		765	30.1	25.4	5778.3	1324
奥地利		750	8.4	89.2	782.3	9587
法国		720	54.7	13.1	5664.4	1271
西班牙		656	50.5	12.9	3928.4	1669
瑞士		410	4.1	100	675.5	6069

注　以技术可开发年发电量为序排列。

（水利电力信息研究所　常秀堂）

水能资源开发利用

按1990年常规水电统计，世界水能利用程度较高的国家有：法国（74%），瑞士（72%），日本（66%），巴拉圭（61%），挪威（60%），英国（58%），瑞典（56%），捷克和斯洛伐克（57%），芬兰（55%），美国（55%），联邦德国（52%），加拿大（50%）。详见下表。

一些国家1990年水电开发情况表

国家	装机容量			年发电量			可开发水能资源（亿kW·h/年）	水能资源开发程度（%）
	水电装机（万kW）	电力总装机（万kW）	水电比重（%）	水电发电量（亿kW·h）	总发电量（亿kW·h）	水电比重（%）		
美国	9014	77540	11.6	2910	30311	9.6	5294	55.0**
前苏联	6410	33310	19.2	2330	17260	13.5	10950*	21.3
加拿大	5938	10414	57.0	2967	4818	61.6	5930*	50.0
巴西	4556	5289	86.1	2072	2222	93.2	11949	17.3
日本	3783	19476	19.4	958	8572	11.2	1347	66.2**
中国	3605	13789	26.1	1264	6213	20.3	19233	6.6
挪威	2694	2719	99.1	1211	1216	99.6	2000	60.0**
法国	2475	10341	23.9	573	4196	13.7	720	74.3**
印度	1886	7599	24.8	661	2860	23.1	6000	11.0
意大利	1877	5655	33.2	351	2169	16.2	765	41.3**
瑞典	1633	3419	17.8	731	1465	49.9	1300	55.8**
西班牙	1605	4327	37.1	262	1506	17.4	656	34.9**
瑞士	1235	1630	75.8	310	558	55.5	410	71.5**
奥地利	1092	1684	64.8	325	504	64.5	750	39.1**
委内瑞拉	791	1865	42.4	372	610	61.0	2772	13.4
墨西哥	784	2927	26.8	252	1225	20.6	1596*	15.8
澳大利亚	727	3678	19.8	148	1546	9.6	300*	49.3
哥伦比亚	727	941	76.5	272	360	75.6	5208	5.2
联邦德国	710	9975	7.1	175	4547	3.8	270	51.9**
南斯拉夫	700	1647	42.5	201	859	23.4	660	30.5
土耳其	677	1632	41.5	231	575	40.2	2160	10.6
阿根廷	650	1713	37.9	131	509	35.6	1720	10.2**
巴拉圭	579	580	99.8	243	243	99.8	396*	61.4
罗马尼亚	558	2290	24.4	110	643	17.1	400	27.5
朝鲜	500	950	52.6	318	535	59.4	800	39.8
新西兰	465	750	62.0	219	302	72.5	772	28.4
英国	417	7306	5.7	71	3190	2.2	60	57.8**
葡萄牙	336	738	45.5	98	285	32.6	245	37.3
捷克和斯洛伐克	294	2074	14.2	47	893	5.3	108	56.5**
巴基斯坦	290	914	31.7	169	439	38.5	1200	14.1
扎伊尔	277	283	97.7	60	62	97.5	7740	0.8
埃及	274	1174	23.3	81	395	20.5	150	54.0
芬兰	262	1322	19.8	109	545	20.0	197	55.3

* 指经济可开发水能资源。

** 由水电总发电量减去抽水蓄能发电量（得常规水电发电量），除以可开发水能资源而得。

1990年水电装机容量（包括抽水蓄能电站）较多的国家有：美国（9014万kW），前苏联（6410万kW），加拿大（5938万kW），巴西（4556万kW），日本（3783万kW）。我国3605万kW，居第6位（现已超过日本居第5位）。

据1990年统计，现有水电装机占本国电力总装机比重较高的国家有：巴拉圭（99.8%），挪威（99.1%），扎伊尔（97.7%），巴西（86.1%），哥伦比亚（76.5%），瑞士（75.8%），奥地利（64.8%），加拿大（57.0%），朝鲜（52.6%）等。

1980～1990年新增水电装机较多的国家有：巴西（1804万kW），中国（1573万kW），美国（1349万kW），前苏联（1159万kW），加拿大（1161万kW），日本（805万kW）。

（水利电力信息研究所　常秀堂）

几个国家的水电开发

（一）美国

美国水电开发已有100多年的历史。据统计，1920年全国水电装机容量480万kW，1950年达1867万kW，至1990年发展到9014万kW，1950年至1990年，平均年增长率为4.0%。美国已建成100万kW以上的大型水电站17座，在建和拟建的还有5座，共计22座，其中8座为抽水蓄能电站。

美国近期水电发展趋势是：①对原有水电站进行扩建，增大装机，使原担负电力系统基本负荷改变为担负尖峰负荷；②在缺乏常规水能资源的地区发展抽水蓄能电站，配合核电站和高压高温火电机组在电力系统中担负调峰任务；③重新开发小水电，对过去为防洪、灌溉、航运而修建的水利枢纽，增加机组进行发电。

美国可开发水电装机容量14670万kW，年发电量5294亿kW·h，居世界第七位。1990年水电发电量2910亿kW·h，与可开发水能资源相比，其开发利用程度为55%。

美国抽水蓄能电站1960年仅有9万kW，现已发展到1710万kW。由于常规水电的适宜坝址已很少，加上开发新常规水电工程的投资大以及人们对生态环境方面的要求，因此美国对抽水蓄能的关注日益加重。目前在建的有3座，共198万kW，还有47座正在进行规划设计。共有资源4750万kW。

美国初期所建的大都是混合式抽水蓄能电站，每站规模不大，从几万千瓦到十几万千瓦，近期所建大都是纯抽水蓄能电站，每站规模较大，巴斯康蒂装机容量210万kW，是目前世界上最大的抽水蓄能电站。美国已建、在建100万kW以上的抽水蓄能电站有8座，水头108～530 m。

（二）前苏联

前苏联按各河流规划，可开发的水电装机容量31574万kW，年发电量14200亿kW·h，居世界第二位。水电装机容量1921年仅有1.8万kW，到1950年达322万kW，1990年发展到6410万kW，从1950年至1990年的40年中增长近20倍，平均年增长率为7.76%。1990年水电年发电量为2330亿kW·h。居世界第三位。水能资源开发利用程度为21.3%，欧洲部分开发较多，亚洲部分尚有巨大潜力。

前苏联的水电建设先从人口稠密的欧洲部分开始，最早开发的有：乌克兰第聂伯河，已建6座共358万kW；俄罗斯伏尔加河干支流，已建11座共1132万kW（其中干流857万kW）。50年代开发的有：地广人稀的俄罗斯西伯利亚东部的叶尼塞河干、支流，已建8座共2337万kW；以及格鲁吉亚的英古里河，塔吉克斯坦的瓦赫什河，吉尔吉斯的纳伦河，哈萨克的额尔齐斯河等。

前苏联已建成装机容量在100万kW以上的大水电站17座，在建的8座，共计25座，其中4座为抽水蓄能电站。最大的是叶尼塞河上的萨扬舒申斯克水电站，装机容量640万kW，于1963年开工，1978年用临时转轮低水头发电，1987年完成，历时24年。

前苏联水电建设的发展趋势是：在亚洲区域结合当地的工矿建设继续兴建大型水电站，组成部分生产综合体，就地供电；在欧洲部分则开始发展抽水蓄能电站，在电力系统中配合核电站担负调峰任务。

（三）加拿大

加拿大技术可开发水能资源16280万kW，经济可开发年发电量5930亿kW·h，居世界第四位。

加拿大水电开发利用较早，1950年有水电装机容量773万kW，1990年发展到5938万kW，40年内平均年增长率5.2%。加拿大的电力工业一直以水电开发为主。1990年水电年发电量2967亿kW·h，居世界首位，其水能资源开发利用程度已达50%。

加拿大的水电开发，早期主要在人口较多的南部地区，近期转向人烟稀少的北部边远地区。70年代起，在詹姆斯湾地区集中开发拉格朗德河。该河地处北纬53°以上的严寒地区，居民稀少，交通不便，施工条件困难。

加拿大已建成100万kW以上的大型水电站15座，在建的有2座，共17座，没有抽水蓄能电站。最大的水电站是拉格朗德2级水电站，主副土石坝和地下厂房工程量都很大，1973年开工，1979年发电，1981年装完第一期16台大机组共532.8万kW，历时8年；

规划21座大型水电站，总装机容量7057万kW，现已建、在建水电站9座，总装机容量2737万kW。该河流上所建工程多是高坝大库，森林淹没多。近些年由于对水电开发环境生态问题的呼声日益强烈，80年代末又再次修订开发方案。按照新方案，梯级数将增加，动力指标下降，建筑物的总造价有所增加，但库区淹没损失、库盘清理费、移民及各种设施的迁移费等都可减少50%以上。拉格朗德河开发是加拿大詹姆斯湾地区水电开发的主要部分，为了增加各梯级的发电水量，规划从相邻两河跨流域引水扩大其发电能力。工程分两期进行：一期工程总装机1028.2万kW，1985年竣工；二期工程总装机568万kW，1987年开工，现已有3座电站投运，其它4座将陆续在1995年左右完工。

国外还有一些几乎未曾开发的大河流，如亚马逊河、湄公河等，现正在进行深入研究，制定规划。

国外对于已开发河流流域的注意力，已从开发转向全面有效的管理、全流域统一调度管理、更新改造、改建扩建挖掘潜力等方面。如田纳西河流域，开始了进行三项重大活动：①水电系统现代化，提高容量和效率，保证运行可靠性；②进行大坝安全分析、更新、改建、检查、维护，制订应急措施；③改善水质和水生生物生长环境。

在国外，对流域水电开发的主要责难之一是淹没损失太大。但近些年来许多国家出现了单位发电量淹没面积逐渐减小的趋势，原因主要有：①大规模水电建设从平原转向山区或山前地带；②梯级开发使库容减小；③过去水库淹没面积没有控制标准，为了获得计划中的发电量和装机容量，没有考虑被淹没土地的价值等，现在许多国家已制定了不同的淹没面积标准。

（水利电力信息研究所　陈海燕）

水电工程经济

美国联邦政府1960～1970年间水电投资47.23亿美元，增加水电装机1403.9万kW；1970～1975年间水电投资49.22亿美元，增加水电装机1074.4万kW；1975～1978年间水电投资64.13亿美元，增加水电装机713.6万kW。从70年代末开始，美国水电开发速度放慢，投资大大减少，如1978～1979年度水电投资仅400万美元。美国70年代新建水电站每千瓦造价在800美元以上，抽水蓄能电站160～370美元，扩建水电站163～278美元；到80年代新建水电站上涨到每千瓦造价2600美元，抽水蓄能电站875美元。造价急剧上涨的原因是材料和设备涨价、工资增加、开发地址条件越来越不经济、生态环境保护费增加等。美国实行的不是全国统一电价，制定电价除考虑运行维修费、还本付息费、各种税、自留盈余外，还考虑水力发电目标替代其它目标偿还部分投资等因素。国营电站的投资利率比私营电站低，国营电站免征某些税，因此国营电站的电价相应较低。美国全国平均电价，1960年为2.25美分/kW·h，1976年为3.8美分/kW·h，1980年为4.49美分/kW·h，1989年为6.44美分/kW·h，1992年为7.07美分/kW·h。

前苏联1971～1980年水电投资73.82亿卢布（约合98亿美元），增加装机2093万kW；1981～1985年水电投资41亿卢布（约合53亿美元），增加装机961万kW。水电站每千瓦造价70年代为112～340卢布（约合149～450美元），1981～1985年为360卢布，1985年以后，每千瓦造价陡增至1000卢布左右。前苏联1961～1987年水电站的平均电能生产成本为0.12～0.20戈比/kW·h。经济改革前电价按利润率为生产基金（含周转资金）的12%确定，综合平均电价为1.82戈比/kW·h左右。80年代后期为保证电力企业有足够的资金扩大再生产，决定提高电价，1991年起实行的综合平均电价为2.6戈比/kW·h，还计划进一步提高电价。

加拿大以水电为主，电力投资中水电的比重很大。1971～1980年水电投资134亿加元（约合120.8亿美元），增加装机1947万kW。计划1988～1998年水电投资710亿加元，大部分用于修建新水电站。加拿大水电每千瓦造价比美国低，70年代平均为580美元，80年代初为855～934美元，80年代末90年代初规划的水电站预估造价为1400～2200美元。加拿大的电价约为美国电价的1/2，1987年的平均电价为4.4美分/kW·h。

巴西80年代以前经济发展迅速，水电投资很大，水电装机增长很快。1971～1975年水电投资为64亿美元，1978～1982年为256亿美元。伊泰普等几座特大型水电站均是70年代开工建设的。原计划1981～1990年电力投资770亿美元，投入水电3557万kW、火电99万kW、核电312万kW，实际新增水电装机为2300万kW。1990～2000年计划每年电力投资60亿美元，投入水电2300万kW，但由于通货膨胀率高、经济发展缓慢，1990年实际只投资30.71亿美元（不含伊泰普水电站投资），其中用于水电建设的投资仅13.7亿美元。巴西60年代水电站每千瓦投资为100～300美元，80年代以来由于通货膨胀剧烈，造价一直上涨，至90年代初平均约1000美元左右。伊泰普水电站每千瓦造价为1810美元（直接造价为900

美元/kW)。巴西60年代以来一直按还本付息和有自我发展能力核定电价，但80年代后期政府为控制通货膨胀限制提高电价，1990年的平均电价为8美分/kW·h。

日本常规水电站每千瓦造价最高，50、60年代（主要是中型电站）为450～630美元，70年代（多为小型电站）为1200～1800美元，80年代（多为小型电站）为1300～7600美元。抽水蓄能电站80年代每千

水 电 站 建

国外1990～1994年完成
（≥100万

水电站名称	国家	河流	坝型	坝高/顶长 (m)	总库容 (亿 m³)
罗贡(Rogun)	前苏联	瓦赫什河	土石坝	335/612	130
辛戈(Xingo)	巴西	圣弗朗西斯科	混凝土面板堆石坝	140/850	38
亚西雷塔(Yacyreta)	阿根廷/巴拉圭	巴拉那	土坝/重力坝	43/69600	210
卡鲁阿奇(Caruachi)	委内瑞拉	卡罗尼	混凝土面板堆石坝/土坝/重力坝	44/4320	35.2
阿塔图克(Ataturk)	土耳其	幼发拉底河	心墙堆石坝	184/1820	487
马卡瓜Ⅱ(Macagua Ⅱ)	委内瑞拉	卡罗尼	混凝土面板堆石坝	20/2806	3.63
布列亚(Bureya)	前苏联	布列亚河	重力坝	139/810	209
拉格朗德2A (La Grand 2A)	加拿大	拉格朗德河	土坝	168/2826	617
和平(Hoa-Binh)	越南	沱江(黑水河)	土石坝	128/734	94.5
卡巴拉津(Kambaratinsk)	前苏联	纳伦河	土坝/重力坝	255/560	46.5
伊塔(Ita)	巴西	乌拉圭河	混凝土面板堆石坝	128/880	51
卡通(Katun)	前苏联	卡通河	土坝/重力坝	185/760	58
贝克赫姆(Bekhme)	伊拉克	大扎卜	土坝/堆石坝	204/600	330
普雷德拉代尔阿吉拉(Piedra del Aguila)	阿根廷	利迈	重力坝	163/820	113
拉格朗德Ⅰ(La Grand Ⅰ)	加拿大	拉格朗德河	土坝/重力坝	60/3175	12
塞格雷杜(Segredo)	巴西	伊瓜苏	混凝土面板堆石坝	130/688	29.5
塞拉-达麦萨(Serra De Mesa)	巴西	托坎廷斯	土坝	144/1544	544
代赫里(Tehri)	印度	帕吉勒提	土坝/重力坝	261/575	35.4

瓦造价为340～1100美元。日本全国以火电为主，电价主要取决于燃料价格，1978年平均电价为13～15日元/kW·h（约合6.2～7.1美分/kW·h），1983年增至24.5日元/kW·h（约合10.3美分/kW·h）。

从以上资料可看出，各国水电工程的造价均在上涨，电价也呈上涨趋势；制定电价时大多要考虑还本付息和有自我发展能力等因素。

（水利电力信息研究所　陈海燕）

设　与　管　理

和在建的大型常规水电站
kW）一览表

厂房型式	水轮机型式	机组台数/单机容量（台/万kW）	装机容量（万kW）	备注
地下	混流式	6/60	360	
半露天	混流式	6/50	300	1987年开建，1994年开始运行，计划1994年完成
地面	轴流转桨式	20/13.5	270	1993年开始运行，计划1997年完成
	轴流转桨式	14/17.3	242.4	1989年开建，2001年开始运行，计划2003年完成
地面	混流式	8/30	240	1983年开建，1992年开始运行，1993年完成
	混流式	12/19.8	237.6	1985年开建，1995年开始运行，计划1996年完成
	混流式	6/33.3	199.8	1994年开始运行
地下	混流式	6/33.3	199.8	1991年开始运行，1992年完成
地下	轴流转桨式	8/24	192	1989年开始运行，1993年完成
地面	混流式	4/47.5	190	
户内	混流式	6/27	162	1988年开建，1998年开始运行，计划1998年完成
			160	
地下	混流式	6/26	156	
地面	混流式	4/35	140	1992年开始运行，1993年完成
户外	轴流定桨式	12/11.4	136.8	1994年开始运行，1994年完成
半户外	混流式	4/31.5	126	1986年开建，1992年开始运行，1992年完成
地下	混流式	3/40	120	1987年开建，1996年开始运行，计划1998年完成
	混流式	4/25	100	1997年开始运行，计划1997年完成

（水利电力信息研究所　徐方军）

抽水蓄能电站建设

目前抽水蓄能(以下简称蓄能)电站建设已在许多国家得到发展。据英刊《水力发电与坝工建设 1993 年手册》调查数字，目前世界已有 37 个国家共建成蓄能电站 280 余座，总容量 8356 万 kW，相当于全世界水电总装机容量的 13.4%；在建蓄能电站 42 座，总容量 2486 万 kW。可以预见，蓄能电站仍将保持较高的发展速度。

美国和日本的蓄能容量居各国首位。1991 年，已建蓄能电站容量美国为 1809 万 kW，日本为 1701 万 kW，美、日两国蓄能电站总容量占世界总容量的 42%。其次是意大利，蓄能容量为 645 万 kW，位居世界第三。英国、德国蓄能装机容量分别占本国水电总装机容量的 57%和 61%。前苏联起步较晚，近年来发展迅速，有一大批蓄能电站正在施工和规划中。中国、印度和伊朗也在积极规划和建设蓄能电站。部分国家蓄能电站开发情况见表。

世界部分国家抽水蓄能电站开发情况表

(按 1991 年已运行装机容量大小排列)

国家	运行中		施工中		规划中		1990/1991
	电站数	装机容量(万 kW)	电站数	装机容量(万 kW)	电站数	装机容量(万 kW)	蓄能电站发电量(亿 kW·h/年)
美国	38	1809.1	2	97.5	34	2028.7	—
日本	38	1700.5	8	548.0	—	—	—
意大利	20	644.9	3	60.0	1	100.0	32.59
德国	33	561.8	0	0	1	106.0	34.96
西班牙	23	491.5	3	132.0	11	—	33.75
法国	22	490.0	0	0	0	0	45.56
奥地利	16	281.5	0	0	5	180.0	32.00
澳大利亚	6	256.5	0	0	1	0.1	—
英国	3	238.8	0	0	0	0	7.56
瑞士	18	176.8	1	0.5	5	103.3	16.40
南非	3	158.0	0	0	1	100.0	18.41
波兰	3	133.0	1	75.0	4	208.0	19.02
捷克和斯洛伐克	5	131.9	1	65.0	1	71.0	6.32
比利时	2	130.7	0	0	0	0	7.42
南斯拉夫	2	113.0	0	0	0	0	0
卢森堡	1	109.6	0	0	0	0	7.45
韩国	2	103.2	1	60.0	5	270.0	15.64
挪威	7	99.5	1	5.0	1	—	14.09
阿根廷	2	97.4	0	0	0	0	5.20
俄罗斯	1	80.0	1	40.0	1	250.0	6.83
世界总计	—	8356.1	—	2485.7	—	—	—

注　资料来源为英刊《水力发电与坝工建设 1993 年手册》。

早期蓄能电站都是日循环运行，现代大多数都作周循环运行。世界已建、在建蓄能电站中，很多是采用地下式或半地下式厂房（日本占 2/3，美国占 1/3，许多欧洲国家都占半数以上）。此外，一些国家还在研究设计全封闭式蓄能电站，即把厂房和上、下水库均布置在地下。各国蓄能电站规模在不断扩大，目前世界已建成 100 万 kW 以上的大型蓄能电站 30 余座，最大的仍属美国巴斯康蒂电站，总装机 210 万 kW。美国和前苏联准备开工和在建中的电站，不乏 150 万～300 万 kW 的大型蓄能电站。一些国家在规划蓄能电站时，采用建立动力综合体的作法，把蓄能电站与常规水、火（核）电站布置在一起，使水库兼作火（核）电站的冷却水池，起到综合利用的效果。这样可以比电站单独布置节约投资 10%～15%。

下面简要介绍几个国家的蓄能电站建设情况。

(一) 美国

美国的蓄能电站建设始于 50 年代，70 年代发展迅速。80 年代竣工的蓄能电站有 5 座，其中包括 2 座 100 万 kW 以上的大电站。这一时期美国水电开发速度大为降低，有一批大型燃煤和核能基荷电站相继建成,从而使许多地区面临非峰荷电能长期过剩问题,这便为以后开发中等规模的蓄能电站提供了新的机会。90年代正值美国蓄能开发新的高峰期,现有40余座蓄能电站处于在建和规划中。这些电站全部建成后,将会使全美蓄能容量翻一番。在已获FERC初步批准的蓄能电站中,共有6座装机100万kW以上的大型工程,其中最大的是位于科罗拉多州的多明格斯工程,装机容量250万kW。此外,新泽西州的霍普山工程(200万kW)和俄亥俄州的萨米特工程(150万kW)已获得FERC许可证。目前处于规划和已获得许可证阶段的有40余座蓄能电站,其平均容量约为60万kW。

近些年来,美国的科研部门和电力企业正在研究采用地下水库的蓄能电站,以适应环境和其它方面的要求。1992年8月,FERC向霍普山蓄能工程颁发了许可证。该电站采用闭合循环设计,上池人工开挖,下池利用废弃的铁矿井,厂房设在地下,水头810 m,计划1994年8月开工,1999年底完工,总费用18亿美元,建成后将成为美国第二大蓄能电站。

(二) 日本

日本蓄能电站建设始于30年代。在60、70年代,建设了一批蓄能电站。80年代,随着电力工业的发展,核电比重逐年增加,系统的峰谷差又相对加大,促使蓄能电站建设进一步发展。1991年,日本水电装机容量3785万kW,其中蓄能电站占44.91%。预计到2000年,水电装机容量4550万kW,其中蓄能容量2100万kW,约占46.15%。

日本修建蓄能电站的特点是高水头、大容量,且多采用地下厂房。在站址选择上重点考虑的因素是:靠近负荷中心;附近有大规模高效率的火电站或核电站;已有或可能建设大容量送电设备与用电地区相连接。日本蓄能电站的建设,按计划新增发电设备容量的20%左右安排。

日本目前已建和在建100万kW以上的蓄能电站有13座,其中最大的是在建的葛野川蓄能电站,共安装4台40万kW机组,水头700 m。工程于1993年动工,预计到1999年1、2号机组投产。

(三) 前苏联

前苏联70年代初建成第一座试验性蓄能电站。现施工中的大型蓄能电站有4座,共计690万kW,水头为89~140 m;处于施工准备阶段的有2座,共计450万kW;另有规划工程项目9座,总容量近2000万kW。

为加快工程建设速度,提高质量,前苏联以扎戈尔斯克电站为先行工程,大力推行电站厂房结构和机电设备的定型化和标准化。

(水利电力信息研究所 林雁庆)

水电站水轮发电机组设备

(一) 水轮发电机组技术水平和发展趋势

当今世界水轮发电机组研制的总趋势是:发展大容量机组,开发低水头贯流式机组,发展抽水蓄能机组,改善机组性能,提高水电机组的运行可靠性。

1. 提高机组的单机容量　迄今已运行的各类最大容量的常规水轮发电机组,混流式为美国大古力第三电厂机组,70万kW;轴流转桨式为中国水口水电站机组,20万kW;轴流定桨式为加拿大灰岩水电站机组,13万kW;斜流式为前苏联泽雅水电站机组,21.5万kW;灯泡式为日本只见水电站机组,6.5万kW;冲击式为挪威西玛水电站机组,31万kW。

2. 开发低水头贯流式机组　据日本日立公司调查,今后世界市场需求的低水头水电机组将占20%左右。在各种贯流式机组中,灯泡式机组由于效率高、气蚀性能好、结构紧凑等优点而倍受青睐。这一机型在欧洲国家已进入通用阶段,并且迅速向亚洲、北美洲和非洲发展。80年代中期,美国悉尼墨雷装配式低水头电站建成,电站安装8台2.4万kW的灯泡式机组,转轮直径8.2 m,创世界纪录。1989年运行的日本只见电站灯泡式机组,为目前世界最大容量的灯泡式机组,由日立公司制造。日本富士公司正致力于开发比转速超过1000 m·kW的高性能灯泡式机组。

3. 发展抽水蓄能机组　抽水蓄能机组继续向高水头、大容量的方向发展。日本正在为鹿角川电站研制造大型可逆混流式机组,水头达728 m,单机容量41.2万kW,计划于90年代末投入运行。这是继保加利亚茶伊拉电站机组(最大水头677 m,最大扬程701 m)之后水头最高的单级可逆混流式机组。为了改善多级可逆式机组的调节性能,日本、美国和法国的一些公司一直在从事设有活动导叶的二级可逆式水泵水轮机的研究。日本一些电力公司和水轮机制造厂,对1000 m、1200 m、1500 m水头的这种机组进行了试验研究,获得了大量的数据资料。法国研制出的机组已安装在试验性电站中。美国科学家A. Gokhman研究出的可调节式二级可逆水泵水轮机获得美国国家专利。

80年代,抽水蓄能机组变速系统的研究与开发在美、日、德等国家得到重视,并于80年代末期进入应用阶段。这种变速系统是将变流装置接入转子实现机组变速运行的。

(二) 世界水轮机制造业发展动向

近20年来,水轮机制造业经营困难,随之发生一系列合并和吞并现象，迄今形成了四大水轮机联合企业集团，它们是：CGE Alsthom 集团，Kvaerner Hydro Power A/S 集团，Sulzer Escher Wyss 集团和 Voith 集团。这几个集团各自拥有5～7个子公司，分布在世界各地。Voith 和 Sulzer Escher Wyss 两大集团资格最老，技术和产品实力最雄厚。Kvaerner 集团自80年代崛起，先后向瑞典、英国和美国水轮机制造业渗透，将其并为自己的子公司。1989年8月，迫于Kvaerner公司迅速实行企业联合带来的危机，Sulzer Escher Wyss 和 Voith 两大集团宣布在水轮机和造纸机械的经营开发方面实行密切的业务协作。

为了克服当前水轮机制造业所面临的困难，世界许多国家的水轮机制造厂开展了国际间的生产协作，以提高技术和价格方面的竞争能力。

（水利电力信息研究所 林雁庆）

水电站运行

（一）提高水电站运行自动化水平

目前国外许多水电站运行都采用梯级调度和集中控制，通过计算机和远程终端设备对电站机组进行遥控。电站自动化系统具有监视、调节、控制、保护、量测等多种功能，并可对电站和机组的各种数据进行采集、处理、显示和打印记录。

电站计算机监控系统多采用分层分布系统结构。分层分布系统大多为三层，即单元控制层、集中监控层和电网调度层。它把电站自动化的各种功能，采用分层处理的方式构成计算机系统，通过各种总线形式连接起来，从而形成一个完整的、功能较全的计算机网络。

（二）提高水电机组运行可靠性的技术措施

可靠性技术在60年代开始应用于电力系统。近10几年来，世界各国对水电设备可靠性的研究工作日益重视。提高可靠性的主要技术措施之一，就是发展水电机组的故障诊断技术。

目前各国都在研究开发水电设备的在线监测系统。它充分利用计算机技术和信息传输技术，实现水电机组主要数据的自动收集，通过在线监视早期发现异常征兆，并通过磁盘记录运行数据，实现数据的统一管理。这样，运行人员可以在远离水电厂的控制所内，实时地监视水电设备的运行状况，当设备发生异常征兆时，及早采取措施。据有关专家统计，仅靠常规监测系统发现机组运行中主要缺陷的可能性约为19%，而采用现代化诊断手段，主要缺陷的76%都能早期发现。

为诊断发电机过热，前苏联电力科学研究院研制出一套以涂料为敏感性物质的测试装置，在过热时它能析出气体并以颜色显示温度，同时配有电离箱、色谱仪、记录仪和其它辅助设备。根据示性气体的成分可以确定过热区域，过热部位和程度则根据温度指示剂（示温纸）的颜色确定。

加拿大已开发出线绕组局部放电检测分析仪，并已推广使用。这种仪器可用于监测绝缘的早期劣化，诊断故障的类型和绝缘劣化的程度。

发电机结构部件磨损和老化规律，可借助仿真模型进行研究。发电机结构的模型方案数，可根据相应的主要缺陷发展时段数确定。该时段数在缺陷发展因果图上可以查到。

美国电力研究院研制出一种发电机定子扫描装置。这是一种带电运行的全时段监测和诊断系统。扫描器安装在转子上，转子每转一圈，即可对定子内表面进行一次数据采集。扫描系统由传感器组、转子功率调节器、遥测装置、控制装置4个重要子系统组成，具有监视、诊断和控制3种功能。

（三）水电站更新改造

在全世界的水电站中，有1/10多是运行40年以上的老水电站。老水电站设计陈旧，技术经济指标差，面临更新改造问题。

据美国统计，全美水电站通过更新改造可以提高出力510万kW，而投资只占新建电站的1/3，美国为此制定改造计划并陆续实施。美国垦务局现已对所属12座水电站44台机组进行技术改造，增容137.2万kW，又计划在1995年完成11台机组的改造任务，再增容23万kW。据美刊最近报道，美田纳西流域管理局打算在10年内对88台机组进行更新改造。纽约电管局在对装机240万kW的尼亚加水电站进行更新改造中耗资5亿美元，增容33万kW。

前苏联对运行25年以上的水电站所作的统计表明，有22%的水轮机和30%的发电机处于事故状态下运行。前苏联欧洲部分需要改造的水电总容量为800万kW，经改造可增容60万kW。

加拿大安大略省水电局为改造其约占一半的水电站，正在实施一项耗资巨大的更新改造计划。1988年该水电局还准备对33座小水电站实行改造，使其增容19万kW。

（四）大坝安全监测

在大坝安全监测方面，主要还是对变形、位移、渗水量、渗透压力等进行观测。近年来，在高精度、高性能观测仪器的基础上，自动化监测系统发展很快，在计算机系统的支持下，可实现数据采集、整理和资料分析的自动化。类似的系统已在意大利、法国等国的许多大坝中采用。但应指出，有效的仪器观测与定期专家评定的有机结合仍是最安全和有效的途径。在资料分析技术方面，各国学者非常活跃，对安全判断准则、数学模型进行了大量研究，反演分析已得到广泛运用，大坝的安全监测从大坝设计阶段就开始，并把监测资料反馈到以后的大坝设计中。

（水利电力信息研究所　林雁庆　吴　洵）

潮汐电站建设

全世界每年海洋潮汐所具有的能量约为220000亿kW·h，但经济上可开发的只有2000亿kW·h左右。现有潮汐电站的年发电量不到6亿kW·h。

建设潮汐电站的主要障碍是经济因素。潮汐电站所需的投资多；运行水头低，且多变，其水头平均值往往不到最大水头值的70%，因此装机容量得不到充分利用，一般设计的容量系数都在0.23到0.37之间。运行水头低还使得土木工程和机械设备必须很大，建设时间长，以致建设期间的利息在总投资中占有相当大的比重。

由于上述原因，实际上除在能量较集中和自然条件允许可用较低的费用建设潮港池的地点外，目前在其它地点建设潮汐电站几乎是不可能的。

世界上适合开发的潮汐资源有一半以上集中在5个地区：加拿大芬迪湾的上游，英国塞文河口，法国的西北海岸，鄂霍次克海和中国的东南海岸。其它可开发利用潮汐能的地区有英国的默西河口、白海、印度的卡奇湾、韩国西海岸、澳大利亚的北海岸、阿拉斯加的库克湾和阿根廷的圣河塞湾。

由于建设投资多，目前世界上已建成的潮汐电站只有4座：法国的拉朗斯电站、加拿大的安纳波利斯电站、中国的江厦试验电站和前苏联的基什拉亚古巴试验电站。已建和研究中的潮汐电站见下表。

世界已建和研究中的潮汐电站情况表

潮汐电站	平均潮汐水头(m)	流域面积(km^2)	装机容量(万kW)	设计发电量(亿kW·h/年)	投运日期或目前状态
拉朗斯（La Rance，法国）	8	17	24	5.4	1966
基什拉亚古巴（Kislaya Guba，前苏联）	2.4	2	0.04		1968
江厦（中国）	7.1	2	0.32	0.11	1980（第1台机组）
安纳波利斯（Annapolis，加拿大）	6.4	6	1.78	0.5	1984
塞文（Severn，英国）	8.3	520	800	144	研究中
A8（加拿大）	9.2	90	140	34.2	研究中
B9（加拿大）	11.0	240	486.4	140.04	研究中
加罗利马（Garolim，北朝鲜）	5.1	85	40	8	研究中
卡奇（kutch，印度）	5.0	170	60	16	研究中
塞库雷湾（Secure Bay，澳大利亚）	5.2	94	74	14	研究中
沃尔科特湾（Walcott Inlet，澳大利亚）	5.5	264	175	33.1	研究中
默西（Mersey，英国）	6.5	60	70	13.9	研究中

法国的拉朗斯潮汐电站是目前世界上已建的最大的潮汐电站，总装机容量24万kW，装机24台。机组型式为转桨式灯泡式机组，导水机构可调。机组额定水头5.75 m，额定流量192 m^3/s，转轮直径5.35 m，水转机转速93.8 r/min，发电机转速也为93.8 r/min，飞逸转速380 r/min，设计年发电量5.4亿kW·h。位于加拿大芬迪湾的安纳波利斯潮汐电站是目前世界上采用最大的全贯流式机组的电站，其装机容量为1.78万kW，装机1台。转轮直径7.6 m，额定转速50 r/min，设计水头5.5 m，额定流量378 m^3/s，飞逸转速98 r/min。前苏联的基什拉亚古巴电站是一座装机0.04万kW的试验性电站，机组为灯泡式机组，额定水头1.3 m，额定流量32.9 m^3/s，单机出力0.04万kW，转轮直径3.3 m，水轮机转速22 r/min，发电机转速600 r/min。在该电站设计中，为节省投资，采用可浮在水中的厂房，这就要求厂房墙体非常薄（15 cm厚）而且坚固。运行实践表明，情况良好。

全贯流式机组与灯泡式机组相比有以下特点：控制和维修比较容易；转动部分转动惯量大，可以改善在速度调节方面的稳定性，从而减小出力波动；浸入水中的结构部分较小，因而水流受影响较小，这样可以减小水流进口到转轮之间的距离，从而减少土木工程量，厂房长度和宽度将减小约10%～15%；电站的上层结构重量减少，天吊可以配得小一点。总的来说，工程投资可大大减少。

（水利电力信息研究所　徐方军）

水 电 工 程 建 筑

高 坝 建 设 水 平

(一) 土石坝

在世界高坝建设中，土石坝占有相当大的比例。截至 1993 年底，在有统计的 104 座高于 150 m 的大坝中，土石坝为 44 座，占 42%。目前世界上最高的大坝——塔吉克斯坦的罗贡坝，就是土石坝，坝高达 335 m。世界上已建和在建最高的 10 座土石坝情况见表 1。

表 1 世界上已建和在建最高的 10 座土石坝情况表

坝 名	国 家	坝高 (m)	坝顶长 (m)	坝体体积 (万 m^3)	竣工时间
罗 贡	塔吉克斯坦	335	660	7550	在建
努列克	塔吉克斯坦	300	704	5800	1980
奇科森	墨西哥	261	485	1537	1980
特 里	印 度	261	575	2703	在建
坎巴拉丁	吉尔吉斯斯坦	255	560	1122	在建
吉 肖	印 度	253	360	1885	在建
瓜维奥	哥伦比亚	246	390	1776	1990
麦 卡	加拿大	242	792	3211	1972
契 伏	哥伦比亚	237	280	1080	1975
奥罗维尔	美 国	230	2073	5964	1968

近年来，土石坝建设在以下几个方面取得了突破性的进展：①大大拓宽了筑坝材料范围。过去被认为不能筑坝的软岩和风化岩石，已成功地用于土石高坝；②防渗层类型趋于多样化，其设计与施工技术达到新的水平；③高坝坝基深覆盖层的处理技术有较大进展，混凝土防渗墙深度已接近 150 m，灌浆帷幕已接近 200 m；④合成土工材料在土石坝中的应用越来越广泛，主要用于防渗、加固和护面。

近年来，混凝土面板堆石坝修建的比例越来越大。这种坝型具有填筑量小、设计施工简便等优点。目前已建和在建的最高混凝土面板堆石坝是墨西哥在建的阿瓜米尔帕坝，坝高 187 m。我国在建的天生桥一级高坝采用混凝土面板堆石坝坝型，坝高为 178 m，位居世界第二。据统计，已建和在建的混凝土面板堆石坝数量在 70 座以上，其中高度超过 100 m 的高坝有 27 座。

目前混凝土面板堆石坝坝高尽管还未突破 200 m，但从技术上讲，修建更高的混凝土面板堆石坝是完全可能的。据预测，这种坝将成为今后 200 m 级高坝竞争坝型。目前至少有 6 座 200 m 左右的高混凝土面板堆石坝正在进行技术设计。

(二) 混凝土坝

混凝土坝仍然是主要坝型，其发展趋势是越来越多地修建拱坝和碾压混凝土坝。截至 1993 年底，世界最高的 12 座混凝土坝情况见表 2。

表 2 12 座最高的混凝土坝情况表

坝 名	国 家	坝 型	坝高 (m)	坝顶长 (m)	坝底宽 (m)	坝体体积 (万 m^3)	竣工时间
大狄克桑斯	瑞 士	重力坝	285	695	225	600	1961
英古里	格鲁吉亚	双曲拱坝	272	680	86	396	1980
瓦依昂	意大利	双曲拱坝	262	190	22	35	1961
莫瓦桑	瑞 士	双曲拱坝	251	520	53	208	1957
萨扬舒申斯克	俄罗斯	重力拱坝	242	1066	114	908	1989
埃尔卡洪	洪都拉斯	双曲拱坝	234	382	48	160	1985
契尔克	俄罗斯	双曲拱坝	233	333	30	136	1978
巴克拉	印 度	重力坝	226	518	190	413	1963
胡 佛	美 国	重力拱坝	221	379	202	248	1935
康脱拉	瑞 士	双曲拱坝	220	380	25	66	1965
姆拉丁其	南斯拉夫	双曲拱坝	220	268	29	74	1976
德沃歇克	美 国	重力坝	219	1002	152	493	1973

近年来，碾压混凝土坝已发展成为混凝土坝的一个重要部分，自80年代开始修建以来，已建和在建的超过80座，其中坝高超过80 m的有11座。已建成的最高碾压混凝土坝是日本的境川坝，坝高115 m。在建的最高碾压混凝土坝是日本宫濑坝，坝高155 m。实践证明，碾压混凝土坝是一种很有发展前途的坝型，它的优势主要是成本低和施工速度快，在所建工程中已得到充分体现。至于存在的一些问题(如漏水等)已逐步获得解决。修建更高的碾压混凝土坝在技术上是可行的。美国正在设计高212 m的奥伯恩碾压混凝土坝，南非准备建造162 m高的莫海尔和180 m高的马赛两座碾压混凝土双曲拱坝。

(水利电力信息研究所 姜 斌)

碾压混凝土坝的设计与施工

近年来，碾压混凝土筑坝技术在世界上发展很快。据不完全统计，自80年代开始修建碾压混凝土坝以来，已建和在建的碾压混凝土坝有80多座，其中坝高超过80 m的有11座；坝高超过100 m的有6座。日本是世界上修建碾压混凝土坝最多的国家，其次是美国，已建成的坝高90 m的上静水坝碾压混凝土方量居世界首位，达113万m^3。

碾压混凝土筑坝技术是在不同国家同时发展起来的，归纳起来主要有三种不同的设计施工方法：①干贫碾压混凝土坝法。这种方法的配合比设计起源于美国，胶结材料含量较低，水泥和粉煤灰的总量低于120 kg/m^3，粉煤灰掺量为0%～40%。按这种方法建成的第一座碾压混凝土坝是美国的温彻斯特坝。②碾压混凝土坝法。这种方法起源于日本，水泥和粉煤灰的含量为120～140 kg/m^3，粉煤灰掺量为20%～30%，日本的碾压混凝土坝都以此为基础进行设计和施工。③胶结材料含量较高的碾压混凝土坝法。这种方法起源于英国，水泥和粉煤灰的含量高于200 kg/m^3，其中大部分是粉煤灰。为了防渗，坝的上、下游面使用普通混凝土。美国的上静水坝采用了这种方法。

上述三种方法各有优缺点。在80年代后期和90年代初建造碾压混凝土坝时，一般综合考虑三种方法，根据坝本身的具体情况，选取最优的组合方案。美国的埃尔克里克坝，部分地采用了美国式的方法和日本式的方法，首次将设计和施工合成一个体系，在节省费用和高速铺筑方面成为美国碾压混凝土坝的典范。这项工程既保持了碾压混凝土的低成本(25.6美元/m^3)，又在控制裂缝、防止渗漏和制备无孔隙碾压混凝土的工艺上有许多创新。例如，为了获得所要求的压实度，将碾压混凝土铺成许多不分离的薄层，最厚为15 cm，一直铺到60 cm。每一层的表面除按要求碾压外，再用推土机履带至少压两遍。另外，必须严格控制经实验确定的碾压混凝土的总用水量。

日本的玉川坝，坝高100 m，坝顶长442 m，坝体积115万m^3，其中碾压混凝土方量77万m^3，是日本一座有代表性的碾压混凝土坝，混凝土浇筑历时33个月。为了加快速度，在斜坡上铺设轨道输送混凝土，由于是下仓面浇筑，还使用了缆式起重机、自卸卡车和皮带运输机等工具。浇筑层厚度为75 cm，日最大浇筑量为5800 m^3。

日本的境川坝，1991年7月建成，是目前世界上已建成的最高的碾压混凝土坝，坝高115 m，坝顶长298 m，上游面直立，76 m以下为1:0.8的坡度，外部混凝土和内部混凝土采用不同的配比，碾压层厚为75 cm。施工时采用两台容量为4.5 m^3的倾斜式输送机，另外还配有缆式起重机和自卸卡车，日最大铺筑量为1520 m^3。混凝土的水泥用量91 kg/m^3，粉煤灰掺量39 kg/m^3。

日本宫濑坝，是目前世界上在建的最高的碾压混凝土坝，坝高155 m，坝顶长400 m。为了施工方便，修建了斜坡式卷扬机道，可将装有混凝土料的自卸卡车直接送到浇筑部位。卷扬机道还可将振动碾、起重机等其它重型机具运到坝下。为了减轻振动碾对操作人员的危害，在碾压机械上装设了自动控制系统。为了保证水平施工缝的强度和抗渗性，专门设计了一种混凝土浆皮清除机。

美国上静水坝，坝高90 m，是美国目前最高的碾压混凝土坝。该坝碾压混凝土中水泥与粉煤灰用量之比为31%比69%，水灰比为0.43，高粉煤灰含量可以提高不透水性。基础底板用普通混凝土分块浇筑，当各块达到同一水平面时，再向上浇筑坝体碾压混凝土，上、下游坝面用滑模施工，不设横缝。

(水利电力信息研究所 姜 斌)

混凝土面板堆石坝的设计与施工

混凝土面板堆石坝是近年来世界筑坝技术发展较快的一种坝型(参见前面"高坝建设水平"条目)。

目前，世界上高度超过100 m而且运行情况良好的混凝土面板堆石坝，第一座是澳大利亚坝高110 m的谢塞纳坝，建成于1971年，该坝集中了混凝土面板堆石坝的基本原理；第二座是巴西的阿利亚河口坝，该坝最大坝高160 m，1980年建成后，大大促进了巴西混凝土面板堆石坝技术的发展；第三座是1984年建成的哥伦比亚坝高148 m的萨尔瓦欣纳坝。

体现现代设计和施工水平的混凝土面板堆石坝，是在建的智利高100 m的埃尔托罗坝、巴西高145 m的塞格雷多坝和高140 m的辛戈坝。埃尔托罗坝的主要特点反映在覆盖层处理和趾板施工上：大坝设在30 m厚的砾石层上，采用一道混凝土截水墙，与砾石层上的趾板柔性连接。筑坝材料主要是卵砾石料，尽可能地使用石方开挖弃料。塞格雷多坝参考了阿利亚河口坝的经验，上游坝坡由1.4变陡为1.3；减少了面板钢筋含量，中心部位只用0.3%的水平钢筋；取消中间一道止水，而在周边缝附近采用3 m厚的细料反滤层；趾板钢筋与施工缝是连续的。辛戈坝与塞格雷多坝类似，它的特点是坝的下游坡采用碾压混凝土法施工。

从已建和在建的混凝土面板堆石坝来看，如果堆石体质量较好，上、下游坝坡常采用同样坡度，一般为1.3～1.4。如果堆石为软岩或砾石，或者坝较高，下游坝坡通常放缓为1.5～1.6。近年来垫层料粒径有变小的趋势。

世界最高的墨西哥阿瓜米尔帕坝，在设计时曾进行大型实验室试验，并参考其他国家的经验，将原设计的硬岩堆石修改为砾石—堆石混合坝体，充分利用了当地足够的砾石冲积料，大大降低了工程造价。

目前堆石料的施工，高度在100 m左右的面板堆石坝，基本用10 t级振动碾(振动频率一般为1800～2000次/min)，主堆石料厚度一般为0.8～1.0 m，碾压4～8遍，碾压时掺水20%～25%。对于更高的坝，一般用更大型的振动碾(如15 t)碾压，铺料厚度减为0.6 m。

趾板和面板主要用滑模施工。近年来无轨滑模发展很快，其施工速度可达有轨滑模的3倍。

面板堆石坝技术近10年来的进展情况大致是：阿里亚河口坝是混凝土面板堆石坝技术发展的里程碑，成为后来许多工程的参照原型。塞格雷多坝吸收了阿里亚河口坝的基本设计思想，又进行了修改和不同处理，在趾板和面板的设计上，比阿里亚河口坝厚度减少了0.1 m，甚至面板再薄一些也可以接受(如为0.3+0.002 H)。薄板和少筋反映现代的设计趋势。阿里亚河口坝周边接缝是成功的，但塞格雷多坝又进行了简化和改进：用砂浆垫层取代沥青垫层，置于止水下面；取消中部的PVC止水，强调有选择的覆盖接缝的粉质砂区($d_{50}=0.5$ mm)的有效止水性能；用一种防水的纤维增强橡胶膜取代垂直接缝上的木板，以保证玛瑞脂填料的有效止水作用，等等。

(水利电力信息研究所　姜　斌)

水泥灌浆新技术

水泥灌浆目前仍然是基础处理的重要手段之一，近年来国外在这方面有许多革新与发展。

(一)超细水泥灌浆材料

80年代初，日本首先研制成功超细水泥和湿磨水泥浆，随后美、法、德等国也研制了超细水泥和粘度近似化学浆液的超细水泥浆。把水泥的比表面积提高到8000 cm²/g以上，使之可以灌入渗透系数为10^{-3}～10^{-4} cm/s的细砂层和一般水泥灌不进去的破碎带和裂隙宽度为0.06 mm的岩体。尤其是湿磨水泥浆，其水泥比表面积和浆液性能都优于干磨超细水泥，又可以避免超细水泥运输和储存的麻烦。90年代初，日本又研制出超细水泥干粉灌浆新方法。这一方法是用压缩空气把经过表面处理的超细水泥粉灌入地基，在地下水化后形成和普通水泥一样耐久、化学稳定的结石。试验证明，它可灌入细砂层和日本典型的“masa”和“snirasu”软岩中。

(二)稳定水泥浆和膏状水泥浆灌浆新技术

澳大利亚灌浆专家A.C.郝斯伯，推荐使用小水灰比的稳定水泥浆灌浆。瑞士G.隆巴迪通过流变学试验和分析，论证了稳定水泥浆有能使基础充填完好、结石密实、强度高和耐久等优点，因此能提高帷幕的力学性质。还因为稳定的稠浆扩散范围有限，可减少浆液流失，因而大大降低灌浆过程中抬动岩体的危险性。至80年代后期，世界上已有许多国家把水泥灌浆的浆液水灰比由0.6～10.0缩小到0.4～3.0范围以内，例如：巴西伊泰普工程采用0.66，洪都拉斯埃尔卡洪高拱坝采用0.47，泰国高兰坝采用1.3，德国伊格可斯巴赫大坝采用2.4～2.0，美国戴维斯·克里克坝采用2.0。

西德W.维特科于80年代中采用专门的工艺研制成水灰比为0.4至0.47的膏状水泥浆，在浆中加入5%的膨润土和适量高效塑化剂，使浆液既稳定又有一定的流动性，可灌入0.1～0.45 mm的岩层裂隙和细砂中，又可灌注孔洞达20 cm的砾石层；浆体不会扩散到不需要的范围，也不需要花时间稳压排除浆中多余的水分。

(三)高速搅拌机

目前，世界上许多国家使用高速搅拌机(1500～3000 r/min)制浆。经高速搅拌的浆液，通常被称为胶体或半胶体，其稳定性好，可灌性高。因此要制作稳定的水泥浆和超细水泥浆，都必须用高速搅拌机。各国常用的高速搅拌机主要有：英国的“colcrete”型高速搅拌机，法国巴奇公司的“Bachy”型高速紊流搅拌机，瑞典阿特拉斯公司研制的“cemix”型高速搅拌机，美国的双滚轴高速搅拌机，以及瑞士的连续高速搅拌机、高速剪切搅拌机、高速涡流快速搅拌机等。

（四）压密灌浆

在近20年来，国外较多地应用压密灌浆来修复和稳定沉陷建筑物。在此基础上，美国W.H.贝克提出用压密灌浆方法解决土石坝潜在液化承载地基的加固问题。80年代，压密灌浆在美国已得到普遍应用，并引起国际上的很大关注，被认为是解决坝基有潜在液化土体的新的有效方法。

（五）水泥灌浆工艺自动化

计算机在水泥灌浆领域的应用是日本于70年代首先开始的，起初只是用来确定孔位。至1982年，日本研制出灌浆过程全部实现自动操作的系统。随后加拿大研制出通用于监测灌浆的压力传感器和浆液流量计，以及双道式图表记录和$X-Y$曲线测绘仪，可用来很好地测定灌浆过程中的灌浆压力和浆液流量。同时美国研制出计算机评估灌浆系统，通过该系统可自动记录灌浆压力和浆液流量，以及实时地显示出来自灌浆现场的观测资料，还可以收集和打印所有的报告、图表，并能编写报告等。法国研制出数字化测示参数技术，可测示地基勘探过程和灌浆过程中的各项参数，并储存在磁带上，用专门的程序进行处理，处理结果可直接用于灌浆自动化的设计和检查灌浆效果。

由于电子技术引入灌浆领域，可以较好地把握地质条件，适时调整浆液配比和灌浆压力，实现灌浆自动化，确保灌浆效果，节省劳力，缩短工期，降低工程造价。更重要的是可以把长期主要依据工程师经验的灌浆工艺逐渐变成一门科学技术。

（六）岩石灌浆标准

近几年来，人们逐渐认识了岩基的吸水率和灌浆吸浆率之间没有明显的关系，不可能有普遍适用的岩基帷幕灌浆的标准，因此吕荣岩基灌浆标准渐渐受到怀疑，甚至被遗弃。近来已有许多国家制定了各自的标准，如德国的库兹纳提出2～3 *Lu*为考虑灌浆标准的上限，高度小于20 m的坝基渗水率小于此值时不考虑灌浆。埃沃特用“比可灌性”的观点分析，提出低于5 *Lu*的岩基一般不用灌浆。法国李斯勒通过水力计算分析和试验，提出岩基帷幕灌浆标准的近似值为：*Lu*大于30的可灌性好，可以灌好；5～20的不一定需要灌浆，也不一定能灌好；*Lu*为1～3时，不需灌浆。日本用电子技术了解基础的裂隙情况后，通过计算确定每个地区是否需要灌浆。澳大利亚A.C.郝斯伯提出混凝土重力坝基岩帷幕灌浆的标准为3～7 *Lu*，土坝和土石坝为3～15 *Lu*。从现有的资料可见，岩基帷幕灌浆标准有明显放宽的趋势，这样可大大减少岩基帷幕灌浆的工作量。另外，随着电子技术在灌浆工程中的应用，灌浆标准定将会越来越科学和合理。

（水利电力信息研究所　郭玉花）

防渗墙的建造水平

近年来，国外防渗墙的施工机械和工艺有了较大的发展。防渗墙不仅用于深厚覆盖层地基及坝体的渗漏处理，而且在软岩及风化岩中用以代替灌浆帷幕处理。

（一）开挖机具和挖掘管理系统

随着防渗墙规模和应用范围的扩大，其施工机具也在逐步更新，现已开发出对地层适应性强、开挖深度大、精度高、效率高的开挖机具。在抓斗式机具方面有：意大利土力公司（SOIL—MEC）生产的4种21个规格的钢丝绳抓斗和BH—7、BH—12型短导杆式液压抓斗；日本真砂（MASAGO）工业株式会社生产的MHL系列和MEH系列的液压导板抓斗等。在回转式机械方面有：日本利根公司研制的BW系列多头长墙钻机和EM系列电动铣槽钻机；德国宝峨公司生产的BC系列液压双轮铣槽钻机等。在回转式挖掘机械中，适合于大深度（100 m以上）的机型有BWN—90120、BWN—1500 KI、HF—4000、HF—10000、EM—240、EM—320、BC—70等，其中HF—10000型的开挖深度可达170 m，宽度可达320 cm。德国宝峨公司1992年生产出MBC—30型微型双轮铣槽钻机，其长、宽、高均不超过5 m，适合于在狭小空间例如隧洞内作业。

随着挖掘机械性能的提高，国外出现了用于液压挖掘机的计算机挖掘管理系统。该系统采用专家系统，可自动控制开挖速度和排泥量；装备各种仪器以提高精度，并且能通过计算机正确迅速地处理各种数据。在开挖精度控制方面，已开发出各种实时验证方法，对于大深度、大厚度地下墙的开挖质检，已使用超声波来确定孔壁的状态。

（二）造孔泥浆

在造孔泥浆方面，一般仍采用聚合物系列泥浆或膨润土系列泥浆。对泥浆的质量管理除采用传统方法外，还发展了一些新方法。例如，日本的土屋幸太郎、小山浩史等开发了泥浆质量管理全自动计测装置，该装置能自动计测泥浆的造壁性、粘性、容重、PH值和温度。国外的制浆设备大多为高速搅拌机，其容积为1～1.5 m^3，生产能力为10～20 m^3/h，并且只要采用膨润土浆液固壁均备有足够的泥浆除砂净化设备。除砂器的类型有BE100、BE150、BE250、2×BE150(250)等，处理能力为100～500 m^3/h。此外，国外还生产一种集制浆和除砂为一体的自动循环制浆站。

（三）墙体材料

国外的墙体材料与国内差别不大，主要有刚性混凝土、塑性混凝土、自凝灰浆、沥青混合料等；其中塑性混凝土由于能适应变形，已越来越多地应用于地基和土石围堰的防渗及险坝加固。例如：智利的科尔本坝采用塑性混凝土修建了最大墙深为68 m的防渗墙；1988年竣工的日本只见坝采用膨润土混凝土修建了深约20 m的防渗墙。目前国外不仅在中低水头而且在高水头工程中采用了塑性混凝土建造防渗墙。这些工程防渗墙墙体混凝土的强度均不高，一般限定28天的抗压强度小于1.5 MPa，90天不超过2.0 MPa，弹性模量E<1000 MPa，尽可能接近相应冲积层本身的变形模量，以适应地基的变形；配料中尽可能减少水泥用量，一般为70～200 kg/m^3。

（水利电力信息研究所　冉崇辉）

长大隧洞的设计与施工

在水电工程中，水工隧洞的断面尺寸、长度和埋深越来越大，而且遇到的地质条件越来越复杂，这种情况给水工隧洞的设计和施工提出了更高的要求。

目前已经认识到，长大隧洞的正确设计和安全快速施工，其重要前提是准确掌握所在区域的地质情况，主要包括地质构造及岩性、水文地质条件、岩体完整性、岩体初始应力、不良地质现象等等。

为使地质勘探简便快速，发达国家广泛采用地质测绘、遥感和物探等新技术。如瑞典80 km长的博尔门水工隧洞，由于洞线较长，地质勘探工程量大，采用了多种勘探方法和新技术：地面地质测绘使用航测等先进手段，完成了1600 km^2范围的地质普查，确定了洞线的大致走向和可能出现软弱岩层的位置；应用综合物探技术，安排了200 km的地震剖面；利用磁性勘测，圈定了辉绿岩岩脉，还在重点位置进行了钻探。

由于有许多无法预料的情况会在施工中随时发生，隧洞施工过程中的地质详查越来越受到重视。通过这种详查，一方面可以根据已裸露的岩体分析补充新的地质资料，并视实际情况及时修改设计，更改施工程序；另一方面可以及时有效地预报前方地区的地质状况。

在长大水工隧洞设计中，越来越多地注意选择经济合理的洞线，以充分利用地形、地质条件，避开断层破碎带和地下水丰富的地区。另外，为了降低隧洞造价，尽量缩短洞长和一洞多用，这是一个新的设计趋势。为了缩短洞长，有可能将隧洞坡度变陡，尽管这样会给施工造成一定难度，但随着施工技术的进步，陡坡度的施工问题能够得到妥善解决。

为解决长大隧洞的围岩稳定问题，对围岩的分析研究已达到相当的深度，采用的方法有：有限元分析、模型试验和新奥法理论等。目前常用的支护方法主要有喷混凝土、锚杆、钢筋混凝土衬砌等。喷混凝土主要围绕减少回弹、提高质量和降低劳动强度进行研究和改进。锚杆的型式有多种多样，如屈服锚杆和膨胀性锚杆，是高地应力地区的有效支护手段。目前不论采用何种支护衬砌，都能实现高度机械化。

长大隧洞的施工主要是采用钻爆法、隧洞掘进机法，或者两种方法联合运用。

在钻爆法掘岩方面，目前发展较快、应用较广的是多臂钻车，钻臂数量有2～7把。1台多臂钻可以控制掌子面达100 m^2以上。新型的多臂钻一般有多种用途，除钻孔外，还可装药、打设锚杆、撬除危岩等。在爆破方面，炸药的品种越来越多，可以根据不同的地质情况和施工要求选用最有效的炸药。起爆雷管分为即发、毫秒延迟、米秒延迟等品种，其中毫秒延迟雷管达80段之多。起爆方式大多为非电起爆。出渣方面的趋势是机械化程度越来越高。随着计算机及激光技术的发展，炮眼布置程序化和准确定位已达到新的水平。

近年来，掘进机施工发展很快，主要表现在：①对付坚硬岩石的能力有很大提高。美国罗宾斯公司推出的直径483 mm的盘形滚刀，承受荷载可达312 kN，高于以前的任何滚刀。②为了提高掘进机的适用性，罗宾斯公司和瑞典阿特拉斯·科普柯公司相继推出了变直径的掘进机，后者生产的贾瓦MK27型掘进机直径可以在6.4 m和12.4 m之间变动。③发展双护盾掘进机，将硬岩掘进技术和软岩掘进技术结合起来，大大拓宽了掘进机的掘进范围。另外，使用掘进机还可以开挖陡坡度的隧洞，如日本蛇尾川抽水蓄能电站斜井坡度达52°30′，用掘进机从下向上开挖直径2.3 m的导洞，获得成功。

（水利电力信息研究所　姜　斌）

地下厂房的设计与施工

近20多年来，世界上修建的水电站地下厂房数量越来越多，规模不断扩大。目前已建成200万kW以上的特大型地下厂房有15座，尺寸最大的是加拿大拉格朗德二级水电站地下厂房，为483 m×26 m×47 m，装机532.8万kW；开挖方量最大的是加拿大丘吉尔瀑布水电站地下厂房，达175万m^3；最宽的是美国巴斯康蒂和路丁顿抽水蓄能电站地下厂房，宽度为 51 m；最高的是奥地利的奎泰抽水蓄能电站地下厂房，高达 82 m；埋深最大的是挪威的德里瓦水电站地下厂房，达 1100 m。

我国已建成的地下厂房最大的是刘家峡水电站地下厂房，装机容量 122.5 万 kW，尺寸为 170 m×24 m×61 m；在建的地下厂房最大的是二滩水电站地下厂房，装机 330 万 kW，尺寸为 296 m×26 m×72.6 m。

近年来修建的大型地下厂房，大多为洞洞相连的洞室群，围岩受力条件更为复杂。设计地下厂房时，总体布置是具有龙头性质的一项大型系统工程，必须反复论证选定；勘探工作要求准确、细致，并要进行合理的模型试验及应力与稳定性分析。地下厂房轴线直接关系到围岩稳定性、工程量和工程造价，因此受到格外重视，要求经过反复论证比较才能确定。

地下厂房设计的关键是要保证施工期间的安全顺利和运行期间的围岩稳定，因此支护成为一个主要研究课题。近年来随着新奥法理论的发展与实践，越来越多的地下厂房采用喷锚支护作为永久性支护。它的优点是能保持岩体内部结构稳定，阻止次生应力产生，而且工艺简便。如加拿大的丘吉尔瀑布水电站地下厂房，尺寸为 300 m×25 m×50 m，采用喷锚支护作永久支护，效果良好。预应力锚索更是新开发的一种支护手段。

为了减小洞室净空，岩壁吊车梁在许多国家得到认可和采用。我国已建成的鲁布革水电站地下厂房和在建的广州抽水蓄能电站(简称广蓄)地下厂房，均成功地采用了岩壁吊车梁；特别是广蓄的岩壁吊车梁，设计起重量为 400 t，动荷超载试验时为 480 t，已跨入世界大型岩壁吊车梁的行列。

日、美和西欧一些国家已经开始对地下洞室进行三维解析计算，特别是将数值分析和现场监测有机地结合起来，互相校核、检验，从而保证和增强了设计的完整性和准确性。

大型洞室的开挖一般采用先导后扩法或台阶法。为了控制超挖和提高开挖速度，经常采用控制爆破、深孔爆破和预裂爆破等技术。在开挖速度上，首推加拿大的丘吉尔瀑布水电站和麦卡水电站的地下厂房，前者月平均开挖强度为 5.15 万 m^3，最大月开挖强度为 5.7 万 m^3；后者月平均强度为 4.4 万 m^3。最大月强度达 5.9 万 m^3。开挖速度快的原因主要是采用了先进配套的施工设备，深孔、大药量光面预裂梯段爆破新技术，以及高水平的施工组织等。

为了加快进度、节省投资，把施工时的临时支护和永久支护有机地结合起来。支护施工近年来已实现高度机械化，锚杆作业可以在钻孔台车上一次完成。许多国家已经使用自动喷射机械手。

由于洞室埋深的增加，开挖时有可能发生岩爆。目前有报道的发生较强烈岩爆的地下厂房是挪威西玛水电站，岩层为前寒武纪的花岗岩及花岗片麻岩，岩爆碎石呈卵形，爆飞石块最大达到 2 m 见方、厚 0.5 m，飞石可以从一侧喷射到 20 m 宽的另一侧。处理岩爆时，使用 3～8 m 长的锚杆、钢丝网和喷混凝土，锚杆间距为 1 m，喷混凝土层厚 5 cm，顶拱喷层厚 10 cm。

近年来，施工监测和信息化施工管理在大型洞室施工中越来越受到重视。如日本蛇尾川抽水蓄能电站地下厂房，在施工中进行了很多监测工作，包括围岩位移测定、弹性波速测定、地应力变化测定、声发射测定、净空位移测定等。信息化施工管理的基本原理是将力学计算方法和经验方法有机地结合起来，它是随施工监测和计算机应用技术的发展而发展起来的。

(水利电力信息研究所 姜 斌)

漫湾水电站工程管理局

漫湾水电站工程管理局是1985年7月由原水利电力部批准成立的，属国营企业性质，是具有独立法人资格的经济实体，实行工程建设总承包，主要承担国家重点工程云南澜沧江漫湾水电站的建设及工程监理任务。

本局承建的漫湾水电站于1986年5月开工，第二年12月提前1年截流，1993年6月第一台机组提前半年投产发电，现已有3台机组投产发电，1995年6月第一期5台单机25万kW机组可全部投产发电。漫湾工程的2号导流洞和围堰工程被评为省、部优良工程，本局1993年被评为电力工业部功臣单位。1992年本局又承担了澜沧江上总装机容量为135万kW的大朝山水电站的建设任务，前期准备工作已基本完成，导流洞工程于1993年12月正式开工。

本局定员180人，现有职工142人，各类专业技术人员125人，其中具有高级技术职称的27人、中级职称的53人。

本局经过9年工程建设管理的实践，积累了丰富的经验，可以承担大型水电站的招投标、承发包的工程建设管理以及工程监理、技术咨询等工作。现在正在向着公司制的方向迈进，以适应市场经济发展的形势和同时承担两个或多个大型水电站建设的任务。

责人：朱志强（云南省电力局局长兼）
局长：游万龙、陈荣华、胡以仁、凌圳
工程师：张玉生
总工程师：冯励生、郭世明
总经济师：潘治华

本部地址：昆明市小菜园江岸小区
邮编：650231
电话：（0871）5151075　5151679
电挂：4425
传真：（0871）5151975

漫湾水电站首台机组发电（1993年6月30日）庆典上云南省和志强省长与管理局领导成员合影。

左起：总工张玉生，副局长陈荣华，和志强省长，原局长贺恭，副局长游万龙、胡以仁

水口水电站
工程建设公司

法人代表、总经理：陈贤桂

水口水电站工程建设公司是1985年3月经原水利电力部批准组建的水电工程建设管理机构，是国营企业性质的经济实体，是对业主实行工程建设承包的独立法人。本公司实行总经理负责制，对水口工程进行全面管理，行使建设单位和工程师单位的职责。经过9年多的工程管理实践，本公司已基本适应了招投标、承发包的建设监理工作。

水口水电站是我国华东地区最大的常规水电站，是国家“七五”计划中按合理工期组织建设的重点项目。电站总装机容量140万kW，年平均发电量49.5亿kW·h。水口工程于1987年3月9日开工，1993年8月1日第一台机组正式发电，仅用不到6年5个月的时间，比国家批准的考核工期提前11个月。工程建设部分利用世界银行贷款，土建主体工程和部分机电设备、材料采购采用国际竞争性招标，是我国水电建设管理体制改革的试点项目之一。

在1991年“质量、品种、效益年”中，本公司被原能源部评定为水电质量管理先进企业，从1993年8月初水口水电站首台机组发电到1994年8月底3号机发电，3台机组的投产均比国家批准的考核工期大大提前，实现了高速度、高质量、高效益的建设目标。目前本公司正朝着不断完善合同管理体制的方向迈进。

法人代表、总经理：陈贤桂
公司地址：福州市火车站迎宾路4号
邮　　码：350017
电　　话：(0591) 578690 (办)
传　　真：578980
电　　挂：福州市8299

广东抽水蓄能电站联营公司

●广东抽水蓄能电站联营公司（有限）于1988年经国家批准组建，在广州注册。联营公司股东是广东省电力集团公司、原国家能源投资公司和核工业总公司。联营公司是从事大型水电站开发、组织建设、经营管理的大型企业，也承担大、中型水电站投资筹划、设计、施工组织、设备引进、工程监理等技术咨询业务。目前，公司定编60人，高级工程师、工程师占70%，是一支技术力量雄厚、人员精练、各专业配置合理、实践经验丰富的专业技术队伍。

●公司组建以来，成功地组织建成了我国第一座120万kW高水头、大容量抽水蓄能电站——广州抽水蓄能电站。该电站一期工程4台30万kW的机组已全部投入商业运行。电站一期工程在联营公司的组织下取得了工程投资省（结算约合每千瓦人民币2230元）、建设速度快（比国家批准的建设工期提前1年发电）、工程质量好、机组性能优越的建设效果。这些成绩的取得，是国家和广东省政府坚持改革开放政策的结果，也是联营公司精心组织、精心策划的结果。1993年联营公司被电力工业部命名为水电投产功臣单位，被广东省委、省政府授予模范集体荣誉。1994年10月1日，广蓄电站作为广东省改革开放15年突出成果，它的模型送到北京劳动人民文化宫参加45周年国庆展览活动，向党和国家领导人及首都人民汇报。

●广东抽水蓄能电站联营公司热忱希望与海内外各界人士合作，为开发我国的电力资源作出贡献。

公司地址：广州市东风东路757号
联系电话：7779109
电　　挂：7193
传　　真：7779184
邮政编码：510600

广东抽水蓄能电站联营公司

贵州乌江水电开发公司

总经理：张家琦(法人代表)

贵州乌江水电开发公司，是我国第一个经中华人民共和国国务院同意、由原能源部和国家计委批准、按流域组建的水电开发公司。本公司受贵州省人民政府和电力工业部双重领导。主要任务是开发贵州省境内乌江河段水电资源，并兴办与水电开发有关的横向经济联合企业。

本公司由中央和地方合资经营。国家将乌江渡发电厂(装机 63 万 kW)和在建的东风水电站(装机 51 万 kW)划归公司经营管理。公司对规划中的 9 个电站，进行滚动开发，预计用 25 年的时间建成总装机容量达 639.5 万 kW 的乌江水电能源基地。

公司拥有国内在岩溶地区建成的第一高坝(乌江渡大坝高 165 m)，并即将建成技术上更先进的薄拱坝(东风大坝高 165 m)和面板堆石坝(洪家渡坝高 182.3 m)。

公司充分利用国家和地方对能源开发的优惠政策，采用先进的技术手段和科学管理方法，不断提高经济效益，实现自我滚动发展。

公司广开集资途径，热忱欢迎国内外投资者来联营兴办企业。公司以诚实可靠的信誉，提供优惠的投资条件，保证投资者获得最佳的经济效益。

公司地址：贵州省贵阳市解放路 32 号电力大楼四楼
邮编：550002　电话：(0851)523461　传真：(0851)521822

法人代表、总经理、党委书记：
汪定国（湖北省人民政府副秘书长）

湖北省清江水电开发总公司，经湖北省人民政府批准于1987年元月正式成立，是具有法人资格、实行独立核算的国有特大型企业，为开发清江流域水力资源各梯级工程的建设管理单位。其任务是，首先建设隔河岩水电站，竣工后负责电站的领导和经营管理，依靠隔河岩水电站的经营收入，逐步开发清江其他梯级水电工程和资源。经过8年的艰苦创业，该总公司已发展成为管理高坝洲工程建设公司、水布垭（半峡）工程建设公司筹建处、隔河岩水力发电厂和武汉贸易公司、清江房地产开发公司、清江水电物资公司、清江旅游服务公司等多种经营的公司及管理武汉、宜昌、长阳三个基地的大型水电企业。

清江隔河岩水电站是总公司组织建设的第一个大型水电工程。电站位于湖北省长阳县，由国家和湖北省合资建设。电站总装机120万kW，安装4台30万kW水轮发电机组，年发电量30.4亿kW·h。工程还利用加拿大政府1.08亿美元混合贷款，引进加拿大水轮发电机组和主要电器设备。隔河岩水电站于1987年元月开工，截至1994年11月26日，电站枢纽工程基本建成，4台机组均已投产发电，工程预计1996年竣工。高坝洲水电站计划1995年开工，水布垭（半峡）水电站开始项目可行性研究。

清江开发总公司准备用15年左右时间，建成清江三个梯级电站，总装机300～350万kW，发电量100亿kW·h，形成固定资产200亿元以上。通过以水电开发为先导，带动清江流域多资源、多目标、多方位的综合开发，到21世纪初，把清江水电开发总公司建成为跨地区、跨行业、跨国界的大型股份制企业集团。

湖北省清江水电开发总公司

总公司地址：湖北省宜昌市樵湖二路9号　邮编：443002
电话：(0717)444151　传真：(1017)447775　电挂：3237宜昌

小浪底水利枢纽建设管理局

局长、党委书记：綦连安

小浪底水利枢纽建设管理局，又称黄河水利水电开发总公司，组建于1991年9月，负责小浪底水利枢纽工程的建设工作。小浪底工程咨询公司负责小浪底工程建设的监理工作。本局现有职工446人，专业技术干部307人，其中：教授级高工8人，有高级职称的58人，有中级职称的110人，具有中专以上学历人员332人。

小浪底水利枢纽前期工程始于1991年9月1日。3年多来，在中央领导的关怀和水利部直接领导下，经过建设、设计、监理、施工、移民单位的艰苦努力，前期准备工程已于1994年4月完成，并通过水利部验收。主要形象面貌是：10条近60 km的场内外公路已投入使用；全长508 m的黄河公路大桥已通车；专为工程使用的留庄铁路转运站开始接货；从华中大电网输入的两条110 kV输电线路及5座35 kV变电站已投入运行；担负生产、生活用水的供水系统已正常供水，南北岸两座容量各为200门程控交换机的邮电局已建成开业，400门程控总机可以通过南岸微波系统和北岸光缆系统，分别从洛阳和济源进入国内、国际通道；承包商营地和业主营地已大部分建成，从而为主体工程开工创造了条件。

小浪底水利枢纽工程部分利用世界银行贷款，按照规定程序和国际惯例，采用国际招标方式进行工程建设。招投标工作于1994年6月完成。以意大利英波吉罗为责任公司的黄河联营体、以德国旭普林为责任公司的中德意联营体和以法国杜美思为责任公司的小浪底联营体分别中标，分别承担大坝标、泄洪工程标和引水发电土建标的建设。7月16日，小浪底水利枢纽工程土建标签字仪式在北京钓鱼台国宾馆举行，国务院副总理邹家华出席签字仪式。9月12日，小浪底水利枢纽主体工程开工典礼在小浪底工地举行，国务院总理李鹏出席开工典礼并宣布开工令。目前小浪底主体工程建设已全面展开，小浪底水利枢纽建设管理局全体职工正在为确保1997年工程截流而努力奋斗。

局长、党委书记：
綦连安（兼）
常务副局长：孙景林
副局长：王咸儒
总监理工程师：李武伦
总经济师：何有源
党委副书记：胡伯瑞

总部地址：河南省郑州市金水路11号　邮编：450003　电话：6222971－2905
现场地址：河南省济源市　邮编：454681　电话：605221，605222

二滩水电开发公司

二滩水电开发公司工地办公大楼

二滩水电站建设规模宏大，施工条件复杂，由中央和四川省合资并部分利用世界银行贷款兴建。二滩水电开发公司就是为组织好该水电站的建设，于1989年10月由能源部根据国家计委有关文件精神商得四川省同意决定成立的。

本公司作为二滩水电站项目业主单位(1995年2月改建为有限责任公司)具体负责：建设期内外资筹措；在规定工期内按批准概算及合同规定技术质量标准建成电站，做好进度、投资、质量等控制工作；电站运行经营；偿还项目贷款本息；雅砻江流域水电项目滚动开发；在国家宏观计划指导下与有关设计单位一起做好备选项目前期作。为适应国际合同管理，本公司组建了二滩水工程公司，作为二滩水电项目的工程师监理机

本公司是一个技术密集型企业，为了搞好担负的水电项目的建设管理、规划研究和项目估，集中了一批对水电开发规划、设计、施工、工项目管理和运行有经验的工程师和专家，同时国内外著名设计科研机构、工程公司、咨询公司立广泛的联系与合作，以保证水电开发和项目理工作达到最优水平。

自1991年9月二滩水电站正式开工以来，公司大力推行项目业主责任制、国际招标承包和建设监理制，在多国承包商和咨询人员共同力下，工程进展顺利，已于1993年11月26日合同工期提前14天实现截流。目前主体工程正施工，计划第1台机组1998年6月试运行，同10月投入商业化运行，1999年7月土建工程工，2000年6月全部工程竣工。

本公司愿与国内外同行加强业务联系和友好合作。

二滩水电开发公司

总经理：刘俊峰　总工程师：林椿

副总经理：蔡新鉴　总会计师：春廷彦

二滩水电工程公司

总经理：王音辉

地址：四川省攀枝花市　邮编：617000　电话：(0812)22456

电挂：2717　电传：611523　传真：(0812)25966

中国南方电力联营公司
天生桥电站建设管理局

中国南方电力联营公司1991年3月26日经上级批准成立天生桥一级水电站建设管理部。考虑到天生桥二级电站二期建设组织交由南电公司负责，遂于1994年11月24日成立天生桥电站建设管理局，其主要职责是：①负责筹集建设资金；②提出项目建设的规模、方案、坝址选择和需要落实的资料；③负责组织工程设计、监理、设备采购和施工的招标工作，审定招标方案，自主确定设计、监理、设备和施工的投、中标单位；④审定工程设计和项目概算；⑤审定项目年度集资计划；⑥指导协调工程建设中的重大问题；⑦征地移民拆迁组织。目前本局的主要机构有办公室、计划合同处、财务处、机电物资处、工程管理处。

天生桥一级水电站厂房边坡

天生桥一级水电站导流洞进水塔施工

南电联公司
副总经理　局　长：赵三其
　　　　　副局长：叶彩鹏　李勋烈
地址：广西隆林县天生桥镇
电话：(07867) 860091　邮编：533409　电挂：8888

李鹏总理等参加十三陵抽水蓄能电站揭幕奠基典礼

法人代表：刘坚

北京水电开发公司

地址：北京昌平水关新村
电话：(10) 9746982　　邮编：102200

北京水电开发公司成立于1994年2月26日，其前身是十三陵抽水蓄能电站工程筹建处。

本公司负责北京地区的抽水蓄能电站、常规水电站的开发、建设和运行管理。目前，主要负责十三陵抽水蓄能电站工程的建设和十三陵抽水蓄能电厂的筹建工作。

十三陵抽水蓄能电站位于北京昌平县境内。该电站利用十三陵水库为下水库，在左岸蟒山岭后的上寺沟内建上水库，发电厂房和水道系统全部修建在蟒山岩体内；上下水库间的水平距离为2120 m，最大落差481 m，电站装机容量80万kW。电站的主要任务是为北京地区提供可靠的调峰事故备用电源，兼有填谷、调频、调相等功能。

十三陵抽水蓄能电站由北京市人民政府、原国家能源投资公司合资建设，并利用日本海外协力事业团提供的130亿日元贷款。机组设备由美国伏依特公司中标制造。电站主体工程分别由中国水电第一、五、六工程局承担。

黑龙江省水电建设管理局

局长：叶明

黑龙江省水电建设管理局是黑龙江省水电建设开发的管理机构。目前，管理局负责兴建的莲花水电站采用了业主负责制、工程监理制和合同招标承包制的管理模式。

为了加快黑龙江省水电建设开发，在莲花水电站建设中，管理局运用科学方法，确定了1992年开工、1994年大江截流、1996年发电的奋斗目标。在前期筹建工作中，建设者们用8个月的时间完成了2年零9个月的计划准备工作，创造了我国东北寒冷地区水电建设的较快速度，受到水电专家的好评。

莲花水电站建设经过近3年的不懈努力，前两个目标已分别于1992年11月、1994年10月实现。

目前，莲花水电站的建设者，在水电建设管理局的领导下，正以顽强的精神，战严寒、斗酷暑，战斗在莲花水电站建设工地上，力争1996年发电，为黑龙江省的水电建设再创辉煌。

局长：叶明（黑龙江省电力工业局副局长）
地址：哈尔滨市红军街39号
电话：（0451）3682246、3684403
邮编：150001

莲花水电站大江截流龙口立堵
（摄影：于英斌）

建设中的四川华

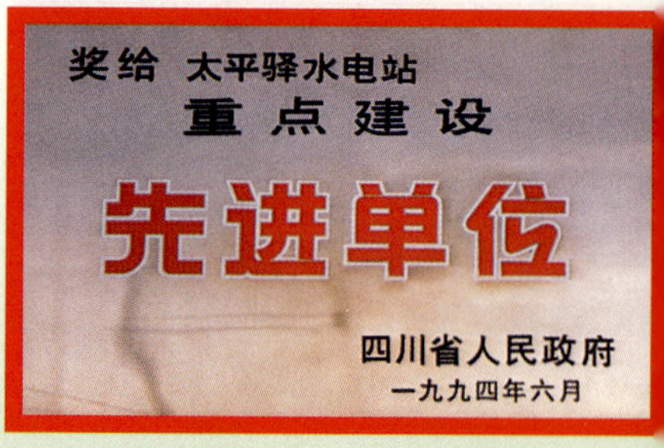

四川华能太平驿水电站，由中国华能集团公司、四川阿坝州政府和原国家能源投资公司分别以50％、40％和10％的比例合资建设经营，为岷江上游一座隧洞引水式发电站，总装机26万kW，保证出力10.5万kW，设计水头108 m，年平均利用小时6615 h，设计年平均发电量17.2亿kW·h。

电站主体包括首部枢纽、引水隧洞、调压系统和厂区枢纽四大部分，送出工程包括约120 km220 kV线路和30万kVA中枢变电站。

主体工程于1991年7月开工，1992年11月8日提前完成截流，施工难度大的长10.5 km、开挖直径10.8 m的引水隧洞于1993年6月13日开挖贯通，时间只用了18个月。开挖高度80.7 m、直径28.6 m的全地下差动式调压井于1993年7月完成开挖，1994年7月初完成混凝土浇筑，开挖工期只用8个月，混凝土工期只用10个月。地下厂房枢纽工程只用23个月于1993年6月末完成开挖，然后转入混凝土浇筑、机组安装和金属结构安装。电站各项目施工进展比较快，水轮发电机组及金属结构安装的进度也比较好，首台水轮发电机组比国家批准的工期提前于1994年11月7日并网发电。

董事长尹洪路（中）副董事长王福增（右）
建设管理局局长马积泉（左）

董 事 长：尹洪路
副董事长：王福增
局　　长：马积泉
地　　址：四川省汶川县映秀镇
邮政编码：623003
电　　话：(08489) 443000
传　　真：(08489) 443000

能太平驿水电站

1号机定子组装

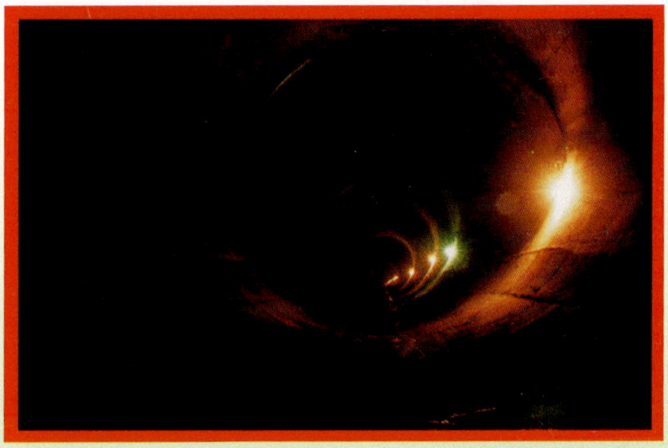

长10.5 km、直径9 m的引水隧洞全断面衬砌成形

坚持改革和合作是太平驿水电站建设管理的宗旨。太平驿水电站的建设坚持实行项目业主责任制的管理模式，坚持全面、公正的招投标，坚持实施监理工程师制，坚持以管理局为主导的施工单位、监理、设计、管理局四方齐心协力、荣辱与共的“四位一体”合作精神，这些是太平驿水电站建设成功之本，也是加快水电能源开发的必由之路。

太平驿水电站中央控制室

西北勘测设计研究院

院长：张庆堂

经营范围：

1. 水利水电工程总承包；

2. 水利水电工程勘测设计（包括与工程有关的配套项目设计）、科研试验；

3. 水利水电工程环境保护评价；

4. 水利水电工程监理；

5. 水利水电工程技术咨询；

6. 河流流域规划、河流综合治理及水资源开发；

7. 土木、公路、水运、桥梁、人防等工程的综合勘察、设计与规划；

8. 国（境）外工程的勘测、咨询、设计、监理及工程项目所需的设备、材料出口。

碧口水电站

白龙江碧口水电站，坝高 101.8 m，在建时为国内最高的土石坝工程，装机容量 30 万 kW。该工程的碾压式堆石技术及其它多项技术处于当时国内领先地位，并有多项技术荣获 1978 年全国科学技术大会优秀成果奖。

由本院设计已建成的部分水利水电工程

龙羊峡水电站

黄河龙羊峡水电站为混凝土重力拱坝，最大坝高 178 m（国内最高），水库总库容 247 亿 m^3（国内最大），装机容量 128 万 kW。工程建设中采用 30 余项新技术，均居国内领先水平，并有多项技术荣获国家级科技进步奖和优秀设计奖。

刘家峡水电站

荣获国家优秀设计奖的黄河刘家峡水电站为整体式混凝土重力坝，最大坝高 147 m，库容 57 亿 m^3，装机容量 116 万 kW，在坝高、地下厂房规模、高速水流、单机容量、超高压输变电工程和设备等方面均居当时国内首位。

石门水利枢纽工程

汉江褒河石门水库是以灌溉为主，结合发电、防洪等综合利用的水利枢纽工程，坝型为混凝土双曲拱坝，坝高 88 m，在建时为国内最高薄拱坝，采用坝身大孔口泄洪，荣获国家优秀设计表扬奖。

院长：张庆堂
地址：陕西省西安市南大街
电话：(029) 719408
电挂：西安市 0554
传真：710627
邮编：710001

院部办公大楼

法人代表：程载文

北京勘测设计研究院

北京勘测设计研究院是电力工业部、水利部直属的设计研究单位，具有国家颁发的甲级勘测设计资格证书、工程总承包资格证书、环境评价甲级资格证书及对外经营权。本院专业齐全，设备先进，技术力量雄厚，现有工程技术人员600余人。主要经营：大中小型水利水电规划、设计、科研试验、咨询、环境评价、地质勘探、测绘、水文测验，基础工程施工，工业与民用建筑设计，工程总承包，工程监理；公路、水运、人防、送变电工程的勘测设计；国外和国内外资工程的勘测、咨询、设计和监理及工程所需的设备、材料出口；对外派遣本部门勘测、咨询、设计和监理业务人员；在国（境）外兴办各类企业等。

北京院建院40年来，完成了60余座大中型水利水电工程的勘测设计任务。目前承担的具有代表性的工程项目有：大朝山水电站、十三陵抽水蓄能电站、张河湾抽水蓄能电站、西龙池抽水蓄能电站、呼和浩特抽水蓄能电站、泰安抽水蓄能电站等，总装机容量达800万kW。北京院在竞争中求生存、求发展、深化改革，积极推行技术经济承包责任制和全面质量管理，发挥优势、拓宽功能，增强了活力，提高了经济效益。从1978年以来，共获国家和部级科技进步奖30余项。1993年在全国勘察设计系统综合实力评选中，光荣地进入"百强"行列，为今后的发展和繁荣，奠定了坚实的基础。

北京院将遵循生产与科学研究并重的方针，愿以自己的技术优势、精良的技术装备、丰富的工程经验，本着"质量第一，用户至上，恪守信誉"的宗旨，竭诚与国内外同行交流合作，互利互惠，为各界提供优质的服务。

地　　址：北京市朝阳区
定福庄西街1号
电　　话：5765533
电报挂号：1091
邮政编码：100024

北京勘测设计研究院办公区

成都勘测设计研究院

法人代表：赵志钦

荣获国家设计金质奖的铜街子水电站

成都勘测设计研究院是电力工业部直属、拥有甲级证书的大型勘测设计科研和工程总承包单位。现有职工 3170 人，其中工程技术人员 1357 人，教授级高级工程师 59 人，高级工程师 336 人，工程师 570 人；其他专业的高、中级职称管理人员 294 人。固定资产 7660 万元，装备精良，技术力量雄厚，专业设置齐全，具有承担大中型水电工程勘测、设计、科研、工程咨询、工程监理、岩土工程及工程总承包的能力。有一整套 TQC 质量保证体系，是国家甲级勘测设计系统推行全面质量管理的先进单位。在建设部、国家统计局评出的“1992 年度全国勘测设计综合实力百强单位”中居第 22 位，在水电勘测设计系统排名第一。本院在高拱坝设计、大型地下工程设计、碾压混凝土筑坝技术、岩土工程及基础处理尤其是深厚覆盖层勘探与深厚覆盖层建坝技术、大型机组机电设计、高水头抽水蓄能电站设计、水电技术经济及环保评价、水电规划等方面都具明显的优势。

本院党政领导齐心协力，在两个文明建设中取得了显著成绩，1993 年 12 月被四川省人民政府命名为省级文明单位。为适应社会主义市场经济体制，进一步增强活力，本院正抓紧机遇推进三项制度改革，尽早完成事业体制向企业体制的转换，并瞄准现代企业制度的目标逐步进行改造。

法人代表：赵志钦
地址：四川省成都市青羊宫
电话：(028) 7769023
电挂：0423
邮编：610072

中南勘测设计研究院

院长：袁保平

中南勘测设计研究院有40多年的历史，1993年3月始改称中南勘测设计研究院，是一个以水利水电工程建设为主的综合性甲级勘测设计研究院，1993年7月被评为1992年度中国勘察设计单位综合实力百强之一。全院职工2563人，其中高级工程师329人，工程师625人，高级经济师10人，高级会计师3人，会计师、经济师、统计师57人，技师16人。固定资产7000万元，拥有先进的勘探、试验仪器设备和计算机、CAD工作站。

本院开展多功能全方位的服务，经营水利水电工程勘测、设计和科研；建筑工程设计、公路、水运、铁路和市政工程勘测设计；水利水电和建筑工程监理、项目管理和工程总承包；送变电工程和火力发电厂设计；环境影响评价和环境保护设计；以及水电工程的地基处理和工业与民用建筑的岩土工程等。

40余年来，本院对18条大、中型河流进行了梯级开发规划，共181座水电站，总装机容量2029万kW。在国内外设计建成和在建的大、中型水电站共41座，总装机容量455万kW。1979～1993年，本院在勘测、设计、科研等方面荣获国家、部（省）和行业级科技进步、四优奖共106项（次），其中国家级18项。

1993年本院在三峡工程左岸永久船闸和广州地铁工程监理招标中中标，标志着本院工程监理信誉已得到社会的承认。本院在广州抽水蓄能电站的监理工作已成为我国的先进典型之一。

本院从1988年1月开始推行全面质量管理，1989年10月通过达标验收，被评为能源部、水利部以及建设部推行全面质量管理的先进单位。本院奉行“质量第一”的宗旨，信守合同，竭诚为业主服务，为工程建设服务，坚持“一业为主、多种功能、多种经营”的发展方针，面向国内、国际市场，热诚希望与各界朋友合作，共同发展。

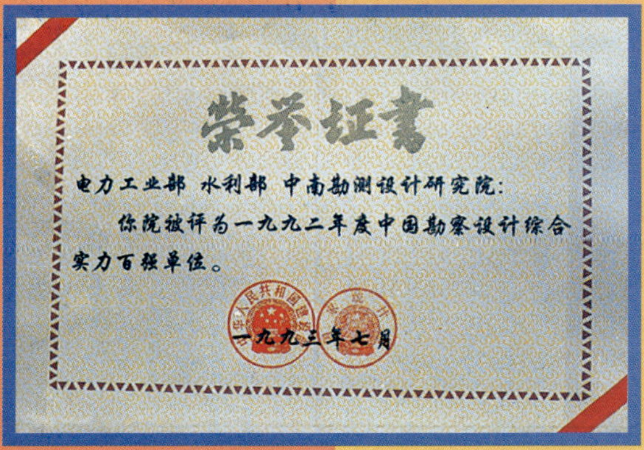

院　　长：袁保平
院　　址：湖南省长沙市香樟路17号
邮　　编：410014
电　　传：98144 MSDRI CN
电　　挂：长沙6411
电　　话：（0731）5582633
传　　真：（0731）5584080

院长：管耀东

法人、院长：管耀东

地址：吉林省长春市工农大路6号
电话：5653281，5653315
电传：B3061 SLWCN
电报：2765 2766
传真：5653315
邮编：130021

东北勘测设计研究院

东北勘测设计研究院是水利部、电力工业部直属设计院，主要负责东北地区大江大河及国际界河流域规划、工程勘测、设计、科研、监理及环评工作。具有国家甲级勘测、设计证书；环评影响综合评价甲级证书；市政公用工程设计甲级证书；建筑设计甲级证书；通用勘察甲级证书。1958年建院以来，共进行了120多项大中型水利水电工程的勘测、设计和科研工作，现已建成投产的60多座。1978年以来，获得国家、省、部级科技进步奖和优秀设计奖达92项。

现有科技人员2241人，其中教授级高级工程师35人，高级工程师258人，中级职称876人，初级职称1072人。拥有国内外先进水平的VAX－8350大型计算机和APPOLLO计算机辅助设计系统，航测成图等先进设备，各种试验研究仪器及规模较大的水工试验厅。

在伊朗、伊拉克、尼泊尔、阿尔及利亚等国进行工程设计及技术合作。曾长期与朝鲜民主主义人民共和国合作进行鸭绿江、图门江的水力资源开发规划设计；与俄罗斯合作进行额尔古纳河及黑龙江水资源开发规划。曾派员到美国、日本、加拿大、葡萄牙、澳大利亚、俄罗斯等国进行技术交流与考察。1988年承担了我国第一个国际招标的水电站鲁布革水电站的工程监理工作。1992年承担并开展了松江河梯级水电站、引松入长工程、西泉眼水电站的工程监理工作。

白山地下水电站

院长（法定代表人）：唐胜德

上海勘测设计研究院

上海勘测设计研究院是电力工业部、水利部直属甲级工程设计研究院，始建于1954年。本院专业齐全，设备先进，技术力量雄厚，经验丰富，具有承担大中型水利水电工程勘测、设计、科研、咨询、监理、环境影响评价及工程总承包的资格和能力。拥有一支技术密集、服务优质的队伍。现有工程技术人员400人，其中高级工程师108人。

建院40年来，先后为浙、闽、赣、皖、蜀等省完成30余座大、中型水电站的勘测设计，总装机容量达1000万kW。1983年重建后，本院又完成和承担了福建永定（棉花滩）水电站设计，安徽响水涧抽水蓄能电站设计，陕西东庄水利枢纽工程设计，太湖流域太浦河、望虞河治理工程规划设计，长江口综合整治规划，黄浦江综合治理规划，浙江天荒坪抽水蓄能电站、广东天堂山水利枢纽工程、四川南新水电站工程监理及广东省东深供水工程，上海市人民广场地下变电站，吴淞路闸桥，陈行水库，上海、江苏10余座城市变电站，10余万m^2多层、高层房建规划、设计和监理任务。近年来，本院还积极参加国际上的技术合作与交流，开拓国外业务。为贯彻“一业为主，两头延伸，多种经营”的方针，结合浦东开发开放，本院在浦东开发区组建了浦东分院、上海前进水利水运高科技开发中心、上海兴华计算机应用研究所、岩土工程公司等机构和单位，直接参与上海市的各项工程建设。

本院设备精良，设计手段先进，装备有VAX4300型1套，APOLLO工作站2台，各类微机42台，已实现了计算计算机化，并广泛推广了CAD制图，提高了设计质量，缩短了设计周期。积极开发应用计算机，有6项优化程序获国家、部级奖。自1983年6月以来，本院获国家、部、市和规划总院科技进步、优秀设计奖28项，许多工程设计得到业主好评。

本院拥有水利水电工程甲级勘测设计证书、甲级工程总承包证书及甲级环评证书和工程监理证书。本院愿竭诚为用户提供水利水电工程、工业民用建筑、公路、桥梁、码头、隧道、水闸、变电站、城市工厂供电、微波塔站、城市防洪、抽水泵站、给排水工程等勘测、规划、设计、研究、咨询、监理和工程总承包，以及环境影响评价和环境保护设计，计算机软件开发应用等服务。

院　　长：唐胜德
副 院 长：何国忠
王世民
周文通
总工程师：何国忠

院址：上海市逸仙路180号　邮编：200434
电话：(021)5427100　电挂：88288
电传：303278ECEC CN　传真：(021)5424527

葛洲坝水利水电工程集团

董事长兼总经理：乔生祥

葛洲坝水利水电工程集团是经国家批准，以全国最大建筑施工企业中国葛洲坝水利水电工程集团公司(原长江葛洲坝工程局)为核心企业，以承包工程为主，集工业、第三产业为一体，多元化经营的大型企业集团。集团职工近6万人，专业技术、专业管理人员8000余人；机械、设备13000余台(套)；目前主要有12个专业化、机械化工程公司，6个较大型工业企业，9个大型商贸、旅游、服务性公司和4个勘测、科研、设计单位，累计企、事业单位450个。年施工产值、多种经营产值达18亿元。

集团具有工程总承包一级资质、水利水电建设一级资质和对外承包工程资质，具备土石方挖填3450万m^3/年、混凝土浇筑280万m^3/年、金属结构制作安装2.2万t/年的综合施工、生产能力。爆破、碾压混凝土、面板坝、混凝土温度控制（7℃工程）等施工技术在全国同行业中居领先地位。高速装机技术、隧洞360°环向预应力施工技术达到国际先进水平。曾成功地建成了举世闻名的长江葛洲坝水利枢纽，投标承建了广西岩滩水电站导流渠和围堰、桂平航运枢纽、湖北隔河岩水电站、云南漫湾水电站混凝土施工和机电安装、海南大广坝水利枢纽、河南板桥水库、深圳黄田机场和盐田港建设、珠海机场、三峡右岸、一期工程等。走向市场8年，承包了近1100个项目，承包合同金额68.02亿元(按当时不变价计算)，已完成工程投资43.61亿元；共装机近400万kW。同时，还在国外承包了6个工程项目，已创汇4316.8万美元。投标承包长江三峡工程分项工程合同金额25亿元，占目前已发包项目合同总金额的84.33%。

集团工业、第三产业已形成经济规模，较大的工业生产企业100余家，第三产业130余家，合资、合作企业30余家，年产值（营销额）达5亿元。工业涉及建材、冶炼、制造、机电、化工、轻工等6个门类60个行业，产品200余种。近两年来，工业有10项产品出口，创汇近1000万美元。

集团拥有长江上闻名的五星级豪华旅游船“平湖2000号”、“东吴号”和平湖系列旅游船；还有星级酒店、高级宾馆和神农架狩猎场、大老岭避暑山庄、古生物中华鲟研究所和中华鲟园，为中外游客提供优质服务和优良的旅游环境。集团8.4 km^2的基地是宜昌市区重要组成部分，商贸发达、市场繁荣，是三峡工程建设可靠的后方基地，是中外客商争相投资兴业的最佳场所。

地址：湖北省宜昌市　电话：447907
电挂：5514　传真：447953　邮编：443002

中国水利水电第一工程局

中国水利水电第一工程局机械厂拥有铆焊、铸造、锻压、切削和齿轮加工、热处理等设备250多台套。年生产水利工程的各种闸门、拦污栅等金属结构1500 t；铸铁、铸钢配件1000 t；各种齿轮3万件套；承修各类国产、进口推土机、装载机、运输车辆和小轿车100余台；还有雄厚的施工机械修配、组装和运输能力。奉行“质量第一、用户至上”的宗旨，来图来样定制、来料加工、现场服务、技术协作，合作方式灵活。愿与国内外生产厂家、贸易机构建立联系，共同经销、开发产品或合资办厂。

本局广源贸易公司同俄罗斯切博克萨雷工业拖拉机生产联合体合资建立了“吉林市联谊施工机械修配有限公司”，在我国直接经销俄产T330AP－1－01重型推土机。该机整机功率385HP，机型先进，性能优良，是我国电力、交通、矿山等工程建设的大型土方机械。分别在三峡、长春、石家庄设有办事处，现场交货，提供配件、维修等售后服务。

机械厂的机械加工车间及部分产品

机械厂厂长：吴　勇
联系电话：（04421）222918－56
广源贸易公司经理：胡佰仁
联系电话：（04421）222918－134
地址：吉林省永吉县口前镇
永吉大街113号
邮编：132200

直销的俄产T330AP－1－01型推土机

中国水利水电第三工程局

安康水电站

中国水利水电第三工程局组建于1956年，现隶属于中国水利水电工程总公司。本局现有职工15033人，工程技术人员1224人，其中高级工程师163人，工程师298人；专业管理人员2246人，其中高级经济师9人，高级会计师5人，经济师165人，会计师104人；技术工人8658人，平均技术等级7.26级，其中技师113人。本局现有固定资产3477台套，装备总功率86343.3kW，原值30583万元，净值21168万元。

本局主要从事水利水电工程建筑与安装，兼营公路建设、工业民用建筑、砂石料生产、铁合金冶炼、汽车改装等。拥有施工科研及检测机构、乙级勘测设计机构、配套的金结制造和安装能力，可以承接工程总承包任务。企业资质等级为水利水电建筑施工一级，水利水电基础处理一级，水利水电设备安装一级，公路建设二级和工业民用建筑三级。

30多年来，本局独自承建或参建了三门峡、盐锅峡、陆浑、八盘峡、刘家峡、青铜峡、石门、石泉、安康等大型水利水电工程，8座水库总库容440多亿 m^3，总装机容量330.70万kW。以部分承包或支援的方式参加了葛洲坝、红石、乌江渡、龙羊峡水电站及密云水库的建设。以经援或劳务方式派员到阿尔及利亚、索马里、突尼斯、伊拉克等国承担水利水电工程施工任务。1985年以来，本局先后中标承包了山西平塑安太堡煤矿公路工程、秦皇岛引青济秦渠首工程、四川资中五里店水电站工程、四川射洪螺丝池电航工程、阿尔及利亚布库尔丹水库等。已建成的水利水电枢纽工程质量均达到国家和部验收标准。刘家峡水电站获全国科学大会科技成果奖；石泉水电站工程1983年获国家优质工程银质奖，石门水库1985年被水电部授予“一级优质工程奖”，即将竣工的安康水电站已完建部分经国家和上级验收，质量良好，混凝土主体工程获得能源部优质工程奖，4台机组安装分别一次合格，运行正常。近年来，本局十分重视施工科学技术的研究和新技术、新工艺、新设备、新材料的推广应用，促进了企业的技术进步，取得了明显的经济效益。

1991年以来，本局中标承包了甘肃大峡水电站工程，四川泸县流滩坝电航工程，河南小浪底水利枢纽南岸公路、左岸洞群出口开挖工程，陕西泾惠渠渠首工程，湖北谷城白水峪水电站工程，四川丰都石板水电站拦河坝工程，安康机场扩建工程，石泉两河胡家湾电站，宝珠寺电站帷幕灌浆，珠海机场，三峡十三小区场地平整，三峡南村坪砂石料，浙江溪口抽水蓄能工程，与水电七局、八局联合中标的三峡左岸1～6坝段基础开挖工程。

我局重合同，守信誉，保质量，保工期；讲效益求发展，愿竭诚为国内外单位提供最佳服务。

局　　长：李友仁
局党委书记：赵庆安
副 局 长：胡懋初　李　卫
于彦洲　刘洪学
总工程师：蔡泽夏
总会计师：方　浩
代总经济师：蒲绪林
地　址：陕西省安康市张岭
邮　编：725011
电　话：（0915）212766
（0915）214294
电　挂：3499
电　传：70060 TCB CN
传　真：（0915）214455

中国水利水电第四工程局

中国水利水电第四工程局成立于 1958 年，是国家一级施工企业。现有职工 14885 人，中高级专业技术人员 1067 人，注册资金 2.9 亿元，拥有主要施工设备 5346 台(套)。本局是一支实力雄厚、装备精良、施工经验丰富的水电施工队伍。

本局的主要施工能力有：石方挖填 500 万 m^3/年，混凝土浇筑 100 万 m^3/年，隧洞成洞(断面 200～250 m^2)1000m/年，岩基灌浆 10 万 m/年，金属结构制安 5000 t/年，岩石锚固 500 万・t・m/年，水轮发电机组安装 64万～100 万 kW/年。

35 年来，本局在黄河上游先后建成盐锅峡、刘家峡、八盘峡、龙羊峡 4 座大中型水电站，总装机容量为 303.7 万 kW。由本局建设的龙羊峡水电站，在当时我国以水库库容量最大(247 亿 m^3)、大坝最高(178m)、水轮发电机组单机容量最大(32 万 kW)、地质条件最复杂而被称为"挑战性"工程。到 1992 年底，全国已建成的装机百万千瓦以上的 3 座电站中，本局就建设了 2 座。

本局荣获的主要荣誉称号有：刘家峡水电站获国家优秀工程奖；自行设计施工的龙羊峡水电站上游围堰获原水电部水电总局优质工程奖；1987 年被全国施工企协授予施工企业管理优秀奖。

法人代表、局长：李其友

法人代表、局长：李其友
总工程师：袁延举
总经济师：张儒林
总会计师：施朵日
地址：青海省西宁市互助西路 136 号
邮编：810006
电话：(0971)8149917　8149918
电传：77004HEFEB CN
电挂：5017
传真：49160　(0971)8149160

中国水利水电第八工程局

局长：湛世明

中国水利水电第八工程局始建于1952年，现已成为国家大型水利水电施工一级企业，有职工15000余人，基本形成现代企业管理体制的国有大型建筑施工企业。现有专业技术人员3800余人，具有完成年施工产值8亿元以上，完成土石方开挖400万m^3，混凝土浇筑150万m^3，金属结构制作安装2万t，砂石料生产300万m^3，钻孔灌浆11.5万m的生产能力；同时具有大型水电机组和50万V送变电工程安装能力。

40余年来，本局单独或参与承建的大中型水利水电工程计90余项，其中有乌江渡、柘溪、凤滩、东江、五强溪、普定、二滩等大型水电站，以及荆江分洪、韶山灌区、欧阳海灌区、斯里兰卡尼兰比电站、金河治理等工程。单独承建的水电站总装机容量达350万kW，其中，湖南凤滩水电站是国内已建水电站中第一座最高空腹重力拱坝（坝高105 m）；湖南东江水电站是国内第一座双曲高拱坝（坝高157 m）；贵州省乌江渡水电站是我国在岩溶地区修建的第一座大型水电工程（坝高165 m），该工程荣获国家优质工程银质奖和国家科技进步一等奖；贵州普定水电站全断面碾压混凝土拱坝是国家“八五”重点科技攻关项目，是目前世界上最高的碾压混凝土拱坝（坝高75 m），异种混凝土结合处理技术已达国际领先水平；湖南省五强溪水电站，表面弧形闸门（23m×19m）是目前世界上最大的弧形闸门，混流式水涡轮（ϕ8m）和引水压力钢管（ϕ11.2m），是目前国内直径最大的，年产300万t的人工砂石生产系统也是国内最大的。

在长期的水电施工实践中，本局已有33项重大科研成果荣获国家和部、省级科研进步奖，其中1992年至今，计有：“湖南省东江水电站双曲拱坝后背管设计与施工”获国家科技进步三等奖和原能源部科技进步二等奖；“湖南省五强溪水电站工程第一期导流围堰水下混凝土施工”获原能源部科技进步二等奖；“施工期环境的温度、湿度、风速等条件和混凝土内部温度与混凝土裂缝的关系”获原能源部科技进步四等奖。

随着社会主义市场经济体制的建立和完善，水电八局变过去的行政管理模式为专业业务管理模式，以崭新的姿态，加速企业内部经营机制转换，加快施工装备的更新改造，竭诚为国内外水电工程建设提供优质勘测、设计、施工、监理及咨询服务。

局长：湛世明　第一副局长：李永铭　副局长：万善仁、杨荣强、陈光元
总工程师：黄树棠　总经济师：张建人　总会计师：刘义德

地址：湖南省长沙市城南中路2号　电话：5563841
传真：5563353　电挂：1485
邮编：410007

中国水利水电第九工程局组建于 1958 年，属国家一级施工企业，是一个技术力量雄厚、施工经验丰富、工艺设备先进的水电施工企业。本局现有在职职工 8872 人，各类专业技术干部 2149 人，其中具有高级职称的 140 人，中级职称的 430 人。全局自有机械设备总台数 3000 台（件），总功率为 5.9 万 kW。全局固定资产原值 2.25 亿元，拥有流动资产 6.7 亿元，长期投资达 1348.7 万元。

30 多年来，本局在猫跳河上建成了 7 座坝型各异的水电站，积累了一整套河流梯级开发的施工经验。同时，先后承担了贵州乌江渡、青海龙羊峡、四川渔子溪等大型水电站的部分施工任务。并有部分施工队伍参加伊拉克、突尼斯、刚果、伯尼兹等国的水利水电工程建设。目前，本局正承担着国家重点工程乌江东风水电站的建设任务，还担负着天生桥一、二级水电站调压井、压力管道、放空隧洞等工程的施工任务。

在社会主义市场经济体制渐趋完善的形势下，本局不仅注重加快内部机构改革的步伐，还充分发挥国有大型企业的优势，参与市场竞争，仅 1993 年中标的大型工程就有湖南江垭水库导流洞工程和三峡工程进场专用公路等工程。

在艰苦的创业过程中，本局积累了丰富的在岩溶地区建设水电站的施工经验，形成了强大的生产能力，能够胜任水电站建筑与安装工程，大型调压井及地下洞室群施工，火电厂建筑与安装工程，地下连续墙和混凝土防渗墙施工，220kV 输变电设计和安装工程，压力钢管制作与安装工程以及工业及民用建筑安装工程，航务工程，公路及桥梁工程等等。

在企业转换经营机制的今天，本局还将经营范围扩展到其他领域，如商品混凝土及其构件、各类施工机械配件及三材经销、宾馆服务、边境贸易、种植和养殖等领域。

本局长期坚持技术革新和科学研究活动，坚持新技术、新材料和科技成果的推广运用，并取得了丰硕的成果。其中“岩溶地区勘察及岩溶地基处理”、“水工隧洞及大跨度地下洞室喷锚支护和混凝土衬砌技术”、“月牙形内加强肋岔管及无梁岔管”获得全国科学技术奖；“岩溶勘探及工程处理”、“白云岩制水工混凝土砂技术”等 18 个项目获得“贵州省科学技术奖”；承担的国家“七五”重点科技攻关项目“高混凝土坝快速施工技术研究”专题，经鉴定认为研究成果总体上达到国际先进水平，并获原能源部科学技术进步二等奖，电力工业部 1992 年度科学技术进步二等奖；“东风薄拱坝基础填槽混凝土掺氧化镁技术”获 1993 年度贵州省科学技术进步三等奖；“乌江东风电站帷幕灌浆试验”获 1993 年度贵州省科学技术进步三等奖。

正在承担建设的东风水电站工程

法人代表、局长：柳克勤　　总工程师：刘颖
总经济师：王献修　　总会计师：向国彪
地址：贵州省贵阳市解放路 80 号
邮编：550002　　电挂：（黔西）7193
电话：（0851）5825773　　传真：（0851）5823674

中国水利水电第九工程局

局长：马世绵

中国水利水电第十工程局

中国水利水电第十工程局是电力工业部直属的国家一级水电建筑施工企业，是中国水利水电总公司的成员企业。从 1991 年起，本局就跻身于中国 500 家最大建筑施工企业之列，现有企业职工 7000 人，其中各类专业技术人员 2400 人，有高级职称的 121 人。全局拥有大中型施工机具 700 台（套），固定资产总值 1.4 亿元。

本局是中国组建最早的大型水电施工企业之一。40 多年来，建成了一批大中型水利水电工程，承担了冶金、化工、机械、交通、工民建等重点工程建设任务，以及国外的多项工程，深受国内外用户的好评。

本局愿竭诚为国内外用户提供下列服务：

- **各类大中小型水利水电建筑工程施工；**
- **水工金属结构制作安装；**
- **各类水轮发电机组安装；**
- **变电站施工，包括 10～220kV 输电线路架设、各种高低压电力电气仪表试验检测；**
- **工业与民用建筑施工，包括大型仓库、公路、桥梁等建筑；**
- **大件吊装与运输，拥有起重量为 8～70 t 的各种汽车吊、40～100t 拖车及各种载重汽车；**
- **汽车及施工机械修理；**
- **勘测设计、工程咨询、工程监理及评估等；**
- **商品混凝土生产及供应；**
- **重型机械配件经销**

局长：马世绵
单位地址：四川都江堰市
阳路 177 号
电话：(08236) 283412
电挂：0577
邮编：611830

由本局修建的渔子溪二级水电站闸首

中国水利水电第十一工程局

法人代表、局长段子印

中国水利水电第十一工程局成立于1955年12月，是建设部核定的水利水电建筑施工一级企业、河南省一级先进企业和国家二级企业。1992、1993和1994年三次被列入中国500家最大建筑施工企业及一次被列为500家最佳经济效益建筑施工企业；1994年荣获河南省施工企业50强第二名；多次被水利部和电力工业部授予各类先进单位称号。

本局现有职工7180人，其中，高、中级专业技术人员727人，拥有固定资产2.19亿万元，大中型施工机械设备2000台（套）。下辖9个专业化建筑安装施工分局以及科研、设计、生产经营单位。

建局近40年来，先后建成了黄河三门峡水利枢纽、伊河陆浑水库、黄河渠村分洪闸、洛河故县水利枢纽工程等大中型水利水电工程。参加了青铜峡、盐锅峡、刘家峡、龚咀、葛洲坝和天桥等水电站的施工，承担了河南省板桥、石漫滩水库复建工程的地质勘探和初步设计任务，完成了几内亚、阿富汗、阿尔巴尼亚、伊拉克、毛里塔尼亚、尼泊尔等国外的一批水利水电工程援建和承包施工任务。目前正担负三门峡水利枢纽二期改建和扩机工程、黄河小浪底水利枢纽前期和主体工程以及石漫滩水库工程等国家、省重点项目施工任务。

在长期施工生产实践中，本局积累了大型水利水电工程施工和管理的丰富经验，取得了一批科研成果，其中获全国科学大会奖5项，国家科技进步奖2项，河南省重大科技成果奖9项，水电部一、二级优质工程和省级优质工程各1项。

改革开放以来，本局还积极开展对外投标承包和多种经营，初步形成了建筑施工、自办工业和第三产业三大支柱。1994年多种经营产值达到13571万元，利润472万元，实现了建局史上的一次突破，取得了两个文明建设双丰收。

法人代表、局长兼党委书记：段子印
地址：河南省三门峡市
电话：222925　222926（总机）
传真：222925—3339
邮编：472000

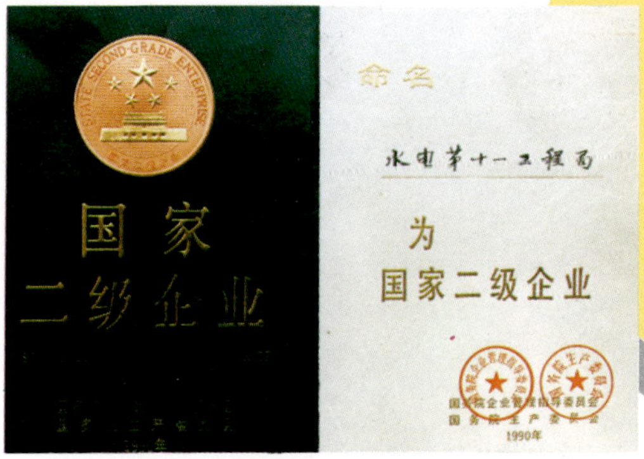

闽江工程局

闽江工程局创建于1957年，曾先后建成古田溪梯级水电站和水口、沙溪口等大中型水电站共11座，总装机容量达263.7万kW以上，是福建省水电建设和基础设施建设的主力军，为福建省经济腾飞做出了较大的贡献。

改革开放以来，本局已逐步成为一家既能从事大中型水电站工程及金属结构制作安装工程，又能从事机场、道路、桥梁、涵洞、高速公路等工程的施工以及建筑工程设计的大型综合性建筑施工企业。本局是全国500家最大建筑施工企业之一，全国水利水电施工及机电设备安装一级资质企业。拥有施工机械3605台（件），固定资产1.5亿元，现有职工5655人，有职称的各类专业人员1229人，中高级以上技术管理人员555人，具有雄厚的经济实力和技术能力，并具有在国外承包工程的资质。目前承揽的工程主要有：水东、漠武、高砂、金山等中型水电站工程，厦门高崎国际机场二期场道工程，杭州至宁波高速公路七合同工程，长乐国际机场第三合同工程，厦门中亚工业城，嵩屿火电厂，集美水厂，珠海火电厂，以及厦、漳、泉市政道路工程和机电安装工程等。

以本局为责任方的中外联营体在建设水口水电站过程中实行了项目法施工和管理并取得了成功。1992年水口电站在全国5个百万千瓦级水电站质量评比中列居首位，获优质工程奖，并创造了全国同行业中采用新技术、新工艺施工的7项全国记录。1984年厦门机场工程获国家银质奖；1982年池潭水电站获水电站优秀工程奖；1989年福州火电厂灰坝工程获华能国际电力开发公司“工程进度金奖”；1990年被建设部授予“全国施工技术进步先进企业”；1990年被国家计委评为全国重点工程建设施工A级信誉单位；1991年被原能源部授予全国水电系统科技开发、推广应用先进企业；1993年被福建省建设委员会授予1988～1992年工程质量创优先进施工企业；被中国企业评价中心福建分中心授予1993年施工企业规模评价排名前企业。

地址：福州市湖东路82号
邮编：350003
电话：（0591）7821294
（0591）7812264
传真：（0591）7853663

局长、总经理：容加利

座落在福州市中心的局办公大楼

中国安能建设总公司

CHINA ANNENG CONSTRUCTION CORPORATION

总经理：贺毅　　常务副总经理：刘源

为适应改革开放的形势，中国人民武装警察水电部队经中华人民共和国原能源部和对外经济贸易部核准，在国家工商行政管理局注册登记了中国安能建设总公司。

中国安能建设总公司的基本力量是由50年代我国最早的水利水电施工队伍组成，均为部属水利水电安装一级企业。建国以来，建成了安徽省的佛子岭、梅山、响洪甸、陈村、纪村，四川省的映秀湾、狮子滩、上硐、回龙寨、下硐、石棉、大洪河，河北省的潘家口水利枢纽一期和二期工程、引滦入唐工程，西藏沙贡、波密、林芝，新疆的大山口等水利水电工程。参与施工的有河南三门峡隧洞混凝土衬砌、甘肃碧口水电站隧洞工程、湖北省葛洲坝厂房混凝土浇筑、青海省龙羊峡水电站厂房开挖及混凝土浇筑、吉林白山水电站开挖和四川二滩水电站坝址选择，以及渔子溪、龚咀、向家坝、溪落渡、桐子林的地质勘探，现正在施工的项目有南盘江天生桥二级水电站、天生桥一级水电站，江西万安水电站、南车水库、信江界牌航运枢纽，西藏羊卓雍湖抽水蓄能电站、查龙水电站、满拉水库，三峡永久船闸一期工程，江苏魏村水利枢纽，福建斑竹溪水电站，河北省桃林口水库等。涉外工程有菲律宾宾加水电站的修复改建工程、巴基斯坦帕特二期排水工程。共投产242万kW，在建装机规模188万kW（不包括参建工程项目）。

本公司还承担了厦门海沧工业区、嵩屿电厂、马青公路、珠海高速公路、北京大兴工业园、天津逸仙科学园等一大批交通和市政能源工程建设。在北京、上海、贵阳、郑州、海南进行了房地产开发，还有一批中型企业，如煤矿、油井、焦化厂、商品混凝土工厂、汽车修理厂等。

本公司施工技术力量雄厚，各类专业技术干部1185人，具有高级技术职称者159人，中级技术职称者160人。公司各类施工机械设备配套齐全，性能优越，具有年开挖土石方1500万 m^3 和浇筑混凝土100万 m^3 的能力。

详细地址	北京丰台区水口子村51号			邮　编	100055
联系电话	3467799			传　真	3467799－8331
总 经 理	贺　毅	常务副总经理	刘　源	主管部门	电力工业部
注册资本	2760万元	职工人数	15600人	所 有 制	全民
资质等级	水利水电建筑施工一级			资质证编号	37131241
经营范围	主　营	大中型水利水电工程、房屋、公路、桥梁、港口等土木工程建筑施工，水电设备安装，金属结构制造安装，地质勘探，基础处理			
	兼　营	与主要业务有关的技术咨询、技术服务、施工机械租赁、维修			

中国人民武装警察部队水电第一总队

中国人民武装警察部队水电第一总队是一支拥有雄厚技术力量、专业配套齐全、施工机械先进的部级水利水电建筑安装一级企业。现有各类专业技术人员600余人，其中具有高级技术职称的40人，中级技术职称的150人。人均动力设备能力25.6 kW，具有年土石方开挖1000万 m^3 及年混凝土浇筑100万 m^3 的能力。能承担大中型水利水电工程建设，擅长于坝工、地下洞室、高边坡、水电站厂房、基础处理等项目的施工，亦可承担铁路、公路桥梁及其它民用建筑的施工。已建成的工程有：四川省的映秀湾、大洪河、狮子滩、上硐、回龙寨、下硐、石棉等水电站；河北省的潘家口水利枢纽、引滦入还、引还入陡及北京市部分工业及民用建筑施工。在潘家口水利枢纽一期工程中创造了提前1年截流、提前1年蓄水、提前1年发电、节省投资5000万元的好成绩，被上级领导机关授予"第一流基建队伍"、"全国先进施工企业"的光荣称号。目前在建工程有：天生桥二级水电站、桃林口水利枢纽、天生桥一级水电站准备工程、三峡永久性船闸一期土石方开挖、菲律宾宾佳水电站改建工程，以及厦门、珠海、海口开发区的一些工业及民用建筑，并在成都市办有商品混凝土厂。

武警水电第一总队竭诚欢迎国内外同仁在平等互利的基础上真诚合作，建立业务联系，承接水利水电工程建筑任务。

总队长：魏祥彪
地址：广西隆林县天生桥
邮编：533409
电挂：6700
电话：(0859)222748　(07867)2359

总队长：魏祥彪

中国人民武装警察部队水电第二总队

中国人民武装警察部队水电第二总队是以军队的组织形式长期担负水利水电建筑安装任务的施工部队，为国家建设部评定的水利水电建筑安装一级施工企业，中国五百家大型建筑企业之一。主要承担大中型水利水电建筑安装及基础处理工程，并能承担公路、铁路、机场、码头、港口、工业及民用建筑和高压输电线路架设等工程。现有施工、管理人员 6000 余人，其中技术人员 655 人，有高级职称的 58 人，中级职称的 178 人。

武警水电二总队现有固定资产 1.6 亿元，流动资金 4000 万元，技术装备总动力 13 万 kW，人均装备能力约 20 kW，大型土石方开挖设备、混凝土拌和运输和浇筑设备、水上砂石料开采筛分设备、钻探灌浆设备配套齐全。具有年开挖土石方 1000 万 m^3、年浇筑混凝土 100 万 m^3、年钻灌 10000 m、年金属结构制安 3000 t 的能力，是目前国内擅长建造轻型混凝土坝、重力坝、土石坝，安装大型成套水轮发电机组和 110、220kV、六氟化硫全封闭组合电器升压变电站及输电线路的施工单位之一。承担并建成的大中型工程有：陈村水电站、纪村水电站、佛子岭水库、峡口水电站，参与施工的有三门峡水电站隧洞混凝土衬砌、白龙江水电站隧洞工程、龙羊峡水电站坝基开挖及厂房工程。目前在建工程：万安水电站、良浅水电站。

近年来，部队在施工中不断总结经验，加强内部管理，提高整体素质，开发引进新技术、新工艺。首创的基岩保护层一次爆除技术曾获水电科技进步二等奖。与中科院广化所合作的中化—798 化学灌浆技术获中科院科技进步一等奖，低毒丙凝灌浆获中科院科技进步三等奖。

武警水电二总队采用部队的组织形式和项目经理责任制相结合的经营机制，集部队和企业的双重优势于一身，1989 年在水电施工企业中首家被国务院授予国家二级企业称号，1993 年被建设银行江西省分行评定为特级（AAA）信用企业。

总队长（法人代表）：杨沛田

总队政委：杨进国

总队长（法人代表）：杨沛田

总队政委：杨进国　　邮编：336525

总工程师：梅锦煜　　电挂：4195

总经济师：林　勉　　电话：（0790）443600

总会计师：赵永胜　　传真：（0790）443600—2336

地址：江西省新余市赣 新西路 9 号

中国人民武装警察部队水电第三总队

中国人民武装警察部队水电第三总队是根据国务院、中央军委国函[1991]30号文，于1991年5月在原武警水电工程指挥所基础上改建组成的。部队的主要任务是承担国家能源开发，尤其是祖国西南特别艰苦地区的能源建设任务和其它突击性任务。目前承担的在建工程主要是西藏自治区羊卓雍湖抽水蓄能电站、西藏那曲地区查龙水电站以及成都安蓉大厦等。部队资质为：水利水电建筑施工一级企业，兼营水利水电设备安装二级企业；公路工程二级企业；工业及民用建筑施工三级企业；水利水电勘测设计乙级单位。其经营范围为：主要承担国内外大中型水利水电工程的勘测、设计、施工；公路、铁路、码头、工业及民用建筑、基础处理、大型土石方工程施工，管道线路铺设，市政工程建设；工程监理、技术咨询等技术服务工作；施工机械租赁、批发、零售，代购代销建筑材料、建筑工程机电设备等。总队下辖四个支队和水利水电勘测设计院。

武警水电三总队是一支以军事组织形式、实行企业管理、具有独特经营和管理方式的施工队伍。技术力量雄厚，有一大批既有现代管理知识又有丰富实践经验的工程技术人员和各类经营管理人员。在册人员总数3496人，其中技术经济职称人员369人，中、高级技术职称人员125人。他们大都具有从事水利水电建筑施工与管理30年以上的经验，分别参加过狮子滩、回龙寨、大马、南桠河、映秀湾、葛洲坝、陈村、万安、潘家口、天生桥二级等大中型水电站及引滦工程的建设，以及雅砻江上的二滩、桐子林，金沙江上的向家坝、溪落渡等大型水电站的地质勘探工作。总队拥有配套齐全的大中型施工机械，尤其配备有从美国、德国、瑞典、日本等国进口的多臂钻、推土机、震动压路机、25～80 t汽车吊、挖掘机、装载机、大吨位自卸车、自动化混凝土拌和楼、混凝土运输设备等具有世界先进水平的施工机械，具有年土石方开挖100万m^3、浇筑混凝土30万m^3的生产能力。武警水电三总队装备有现代化的办公设备和卫星通信地球站、无线电台、程控电话系统等先进的通信设施。同时为进一步提高施工组织管理水平，建立了计算机网络系统对工程进行微机管理。

武警水电三总队1991年7月被原能源部授予先进施工企业称号，同年12月方长铨总队长被建设部评为全国施工企业优秀项目经理。1992年被评为全国五百家最大建筑企业。

总队为进一步深化部队内部改革，切实做到转换经营机制，面向市场，“一业为主，多种经营”，于1993年成立安蓉建设总公司，下设安蓉水电科技开发公司、安蓉房地产开发公司、安蓉宾馆、医院、年产50万m^3的大型砂石料场、商品混凝土和混凝土预制构件厂等。

总队长：方长铨

总队长：方长铨
总队政委：林振和
副总工程师：王信
总会计师：范守明
总经济师：何永佳

地址：四川省成都市茶店子
邮编：610036　电话：(028)7768134，7777610
传真：(028)7768134　电挂：6156

1987年开始建第二期工程，再加6台大机组，于1991～1992年装完，增加装机199.8万kW，工期仅5年。其次为丘吉尔瀑布水电站542.85万kW，从开工至开始发电只4年3个月，全部完成共7年。500万kW以上的水电站有2座。

加拿大兴建的大型水电站的水库都比较大，调节性能都很好，库容系数一般在0.63～1.28之间。

为把边远地区的电力送到用电中心，加拿大输电技术发展很快，分别采用500kV和735kV交流以及±500kV直流输电，送电距离在900～1300km之间。

(四) 巴西

巴西可开发水电装机容量21300万kW，年发电量11949亿kW·h，居世界第三位。

巴西水能资源主要分布在三大水系：东南地区的巴拉那河水系，占27.2%；东北的圣弗朗西斯科河水系，占8.6%；北部荒辟的亚马逊水系，占46.3%；其它小支流占17.9%。

1950年巴西仅有水电装机154万kW，居世界第12位，至1990年发展到4556万kW，跃居世界第4位。从1950年到1990年的40年中平均年增长率达8.85%，是水电发展较快的国家。1990年水电年发电量2072亿kW·h，其可开发水能资源的开发利用程度为17.3%。

在巴西的电力工业中，历来是以水电为主，1990年按装机容量计的水电比重为86.1%，按年发电量计水电比重为93.2%。巴西的水电开发，早期是在经济比较发达的东南部地区开发沿海一些小河流，以中小型水电站为主；20世纪60年代开始开发巴拉那河流域，至今干流已建和在建大水电站5座，总装机1473万kW，各支流已建和在建10万kW以上水电站29座，总装机容量2679万kW，干支流合计4152万kW。圣弗朗西斯科河已建和在建大型水电站5座，共装机1350万kW。亚马逊河是世界第一大河，流域大部分在巴西境内，因干流河道较宽，比降较缓，故未考虑兴建水电站，其各支流水能资源很丰富，但多位于人烟稀少的边远丛林地区，施工困难较大，故开发较少，仅在小支流上兴建了一些中小型水电站。70年代以后，开始开发边远地区，在亚马逊地区东部的托坎廷斯河上兴建了图库鲁伊水电站，第一期装机400万kW，已完成，用以开发利用当地丰富的铁矿和铝矾土矿等矿产资源，发展北部地区经济。

(五) 日本

日本可开发水电装机容量3280万kW，年发电量1347亿kW·h，目前已开发66.2%。

日本燃料资源贫乏，煤、油、气都要靠进口，水能资源是本土的主要能源。日本过去执行水主火辅的电力方针，水电比重曾达到80%～90%，到1960年水电比重还超过50%。以后因进口廉价石油大量发展火电，70年代以来又积极发展核电，因而水电比重逐年下降，目前变为火主水辅。日本1990年水电总装机为3783万kW，其中抽水蓄能电站1700万kW，年发电量为958亿kW·h，分别占电力总装机和总发电量的19.4%和11.2%。

日本没有大河流，中小河流很多，常规水电以中型水电为主，一般装机在1万～20万kW左右，1万kW以下的小水电站也不少，最大的常规水电站装机容量为38万kW。从70年代起，日本对一些河流进行了重新开发，废弃原有的小水电站，重建较大的水电站，使水能资源得到了更好的利用。

由于日本大量发展高参数火电机组和核电站，这些电站只适宜担负电力系统基荷较经济，缺乏调峰容量，因而必须兴建一大批抽水蓄能电站。1960年日本抽水蓄能电站装机仅有6万kW，到1990年已发展到1700万kW，增加了280多倍。这些抽水蓄能电站装机大都在20万kW以上，已建成100万kW以上的有9座，在建的有3座，合计12座。这些大型抽水蓄能电站的水头都比较高，在200～700m之间。

(水利电力信息研究所　常秀堂)

河流流域开发

国外流域开发，一般都注意与地区经济发展密切结合，注意对全流域进行统一规划、干支流梯级一齐开发，充分利用水能资源；同时考虑防洪、航运、灌溉、供水、旅游等综合利用目标，并根据情况变化不断修订规划，力争取得最大社会经济效益。

国外一些大河流，如密西西比河、哥伦比亚河、科罗拉多河、伏尔加河、罗讷河、多瑙河，经济技术可开发的梯级在80年代初以前已全部或基本开发完毕，仅有个别梯级因环境、生态、淹没、景观等原因而未开发。

国外另一些大河流，如巴拉那河、叶尼塞河、拉格朗德河干支流，至今仍在加紧开发。巴拉那河是世界上大河流域中已开发水电容量最多的，其干流规划有10级大水电站，总装机容量3730万kW，其中已建、在建6级水电站（60、70年代各投运1级，伊泰普水电站1991年全面竣工，在建3级），总装机容量2379万kW；各支流已建、在建10万kW以上的水电站29座，总装机容量3012万kW。对于叶尼塞河，前苏联曾集中力量开发，还结合本地区工矿企业的发展成立了布拉茨克—乌斯特依里姆区域生产综合体和萨扬区域生产综合体，迄今已取得了很大效果。叶尼塞河干支流原

水利部、电力工业部机电研究所

我所愿为国内外用户提供可靠、先进、实用的技术、产品和服务

产品开发、研究制造

线路阻波器

400～2500 A 全系列产品

电站自动化技术

监测、控制、执行元件及其优化配置

弹性金属塑料瓦

水轮发电机组推力瓦、导瓦

计算机应用技术

电站、泵站、船闸、拌和楼监控系统

1 | 2
3 | 4

行业管理、技术服务

- 水轮发电机质量检测中心：水力机组稳定性、流量效率试验及其故障诊断
- 电力工业部水力发电机电工程质量监督站、电力工业部水力发电机电工程质量检测中心：水电机电安装工程和机电设备制造质量监督、技术咨询及监理、监造业务
- 水利水电机电技术信息中心：技术咨询、网刊发行
- 声像技术服务中心：电视录像片摄制、编辑、制作，展览会技术服务

法人代表：黄景湖

单位地址：天津蓟县兴华大街 19 号　邮编：301900　电话：(022) 9142383

传真：(022) 9142247

北京办事处：北京市安德路 65 号电力规划设计院主楼 238 甲室

电话：(01) 4013311 转 4372

富春江水电设备总厂

富春江水电设备总厂是我国研制大中型成套水轮发电机组的主要厂家之一。设有水力机械研究所和国际先进水平的水轮机模型试验台。拥有FB225五轴数控铣镗床，ϕ16m、ϕ12.5m立车等设备1200台套，为国内120余座电站提供了产品，其中有转轮直径8m的75MW轴流机组、转轮直径5.5m的15.5MW贯流机组及转轮直径5.5m的75MW混流式机组，并有51.5MW混流式水轮机等3700余t产品销往美、日等8个国家。

主要产品

- 成套大中型水轮发电机组
- 电站备品配件
- 电站金属结构
- 电站施工机械
- 起重设备

法人代表、厂长：陈启平

厂址：浙江省桐庐县富春江镇
电话：（0571）4651111　4651211
电挂：1381
传真：（0571）4621950
邮编：311504

中国长江三峡工程开发总公司设备公司

地址：中国湖北省宜昌市绿萝路 29 号　邮编：443000
电话：（0717）444572－2180～2189　443372 443374
电挂：2841　传真：（0717）443380

设备公司
法人代表、总经理：
萧崇乾

中国长江三峡工程开发总公司设备公司（简称三峡工程设备公司）是中国长江三峡工程开发总公司的子公司，是具有法人资格的经济实体。

三峡工程设备公司代表三峡工程的业主负责设备采购及有关管理业务。其业务范围包括采购三峡工程所需的发电和输变电设备，金属结构及大型和专用施工机械，从事大型专用施工机械的租赁，开展设备零配件，特种油料的供应，设备维修，开发机电设备的科研和技术服务及有关的经营活动。

三峡工程设备公司诚挚希望与国内外各界人士和企业建立更广泛的联系，并进行多种形式的合作。

中国长江三峡工程开发总公司物资公司

地址：中国湖北省宜昌市绿萝路 29 号　邮编：443000
电话：（0717）442396　电挂：2836
传真：（0717）441681

中国长江三峡工程开发总公司物资公司，是中国长江三峡工程开发总公司的直属企业，是具有法人资格的经济实体。

物资公司代表三峡工程业主，全权负责三峡工程所需主要物资的计划、订购、供应和管理，主营金属材料、建筑材料、化工制品和木材等。并依据工商行政部门核准的经营范围和国家赋予总公司的外经贸权，积极组织各类建设物资的内外经营活动，并可在三峡工程建设红线区内设置经营场所。

物资公司竭诚为三峡工程、地方建设和全社会服务。

物资公司
法人代表、经理：
史振宇

中国电力出版社

史大桢部长(右三)、赵希正副部长(右四)与社领导合影

社　长：程忠智
副社长：张克让、宗
总编辑：贺至刚
水力发电编辑室主任：
杨万涛

中国电力出版社是由电力工业部主管的专业科技出版社。主要出版电力各专业的各类图书和音像制品。本社曾随主管部机构的演变而几易其名。如从 1951 年 3 月成立的燃料工业出版社算起，本社已有 44 年的历史，累计出版 5600 余种各类图书和数十种音像制品，为新中国电力工业的发展做出了积极贡献。

本社前身水利电力出版社因出版方向正确和为水利、电力两大行业服务的宗旨明确，出书质量好，而于 1993 年被中宣部和新闻出版署联合评为全国十五家优秀图书出版单位之一。为了理顺关系，更好地履行水利部、电力工业部两部赋予的职能，加強行业管理和适应深化改革的需要，1994 年 1 月两部经协商决定撤销水利电力出版社，两部分别成立出版社，电力工业部成立中国电力出版社，并于 1995 年 2 月为新闻出版署批准。

中国电力出版社设置 4 个编辑室（电力第一编辑室、电力第二编辑室、热力编辑室、水力发电编辑室），拥有专业编辑 40 余人。美术设计、版式设计、微机排版、校对、描图、印制、发行各生产环节配套，技术力量雄厚。本社将一如既往地坚持“质量第一、服务第一”的方针，致力于电力各专业（包括火力发电，水力发电，核电及新能源发电，电力系统及自动化，输配电，供用电，农村用电及农业电气化等）各类图书的编辑、出版和发行工作，尽心尽力为电力工业发展服务。

本社水力发电编辑室现有编辑 6 人，专业配套齐全，知识结构较新。主要负责编辑出版水力发电各专业的学术专著、技术标准、技术手册、年鉴、词典、史志、大中专教材和职工培训读物等。热诚欢迎水电系统各行业的广大作译者踊跃投稿。

地址：北京西城区三里河路6号
邮编：100044　电话：(10) 8358031
传真：(10) 8316845　电挂：北京 81605